Recommended by Teachers
Trusted by Toppers

All in One

गणित

CBSE कक्षा 9

Theory व Solved Examples ▪ NCERT, EXEMPLAR व अन्य प्रश्न ▪ सैम्पल पेपर्स

लेखक
ऋचा अग्रवाल (नगरपालिका कन्या इंटर कॉलिज मुजफ्फरनगर),

सह लेखक
ब्रिजेश द्विवेदी

AF814350

arihant
SUCCESS AND NOTHING LESS

अरिहन्त प्रकाशन

(स्कूल डिवीज़न सीरीज़)

卐 रजि. कार्यालय

'रामछाया' 4577/15, अग्रवाल रोड, दरिया गंज, नई दिल्ली-110002
फोन: 011-47630600, 43518550; फैक्स: 011-23280316

मुख्य कार्यालय

कालिन्दी, टी०पी० नगर, मेरठ (यूपी)-250002 फोन: 0121-7156203, 7156204

卐 शाखा कार्यालय

आगरा, अहमदाबाद, बरेली, बंगलुरु, चेन्नई, दिल्ली, गुवाहाटी, हैदराबाद, जयपुर, झाँसी, कोलकाता, लखनऊ, नागपुर तथा पुणे

卐 PO No : TXT-XX-XXXXXXX-X-XX

Published by Arihant Publications (India) Ltd.

'अरिहन्त' की पुस्तकों के बारे में अधिक जानकारी के लिए हमारी वेबसाइट
www.arihantbooks.com पर लॉग इन करें या info@arihantbooks.com पर सम्पर्क करें।

Follow us on

卐 मूल्य ₹ 400.00

प्रोडक्शन टीम

पब्लिशिंग मैनेजर	*कवर डिज़ाइनर*	*इनर डिज़ाइनर*
महेन्द्र सिंह रावत, केशव मोहन	सलमान	अंकित त्यागी
प्रोजेक्ट हैड	*पेज लेआउट*	*प्रूफ रीडर*
अश्वनी	दीपक बिष्ट	रेखा सिंह

Index *cum* Study Planner

	Studied	Revised	Exam ready

One Book- Endless Features

to Help you Succeed

टॉपिक लिस्ट

अध्ययन की शुरूआत में, सभी टॉपिकों को सूचीबद्ध किया गया है। जिससे विद्यार्थी यह जान सकें कि वे क्या पढ़ने जा रहे है।

अध्याय

01

संख्या पद्धति

(Number System)

पिछली कक्षाओं में, आप विभिन्न प्रकार की संख्याएँ (प्राकृतिक संख्याएँ, पूर्णांक व परिमेय संख्याएँ) तथा इनका संख्या रेखा पर निरूपण पढ़ चुके हैं। परंतु इस अध्याय में, हम परिमेय संख्याएँ आवर्ती/सांत परिमेय संख्या के रूप में तथा अपरिमेय संख्याओं (जैसे– $\sqrt{2}, \sqrt{3}$) का अस्तित्व एवं इनका संख्या रेखा पर निरूपण आदि के बारे में अध्ययन करेंगे।

टॉपिक्स
- संख्या पद्धति की मूलभूत संकल्पनाएँ
- वास्तविक संख्याओं का दशमलव प्रसार
- वास्तविक संख्याओं पर संक्रियाएँ
- वास्तविक संख्याओं के लिए घातांकों के नियम

NCERT फोल्डर

पाठ्यपुस्तक के प्रत्येक अध्याय में NCERT पाठ्यपुस्तक के अभ्यास प्रश्नों का उत्तर सरल भाषा में दिया गया है तथा उतना ही उत्तर दिया गया है जितना कि प्रश्न में अनिवार्य रूप से पूछा गया है। NCERT प्रश्नोत्तर को यहाँ देने का मुख्य उद्देश्य यह है कि छात्र NCERT का पूर्ण अभ्यास एक ही पुस्तक में कर सकें।

सम्पूर्ण अध्ययन

प्रत्येक अध्याय के प्रारंभ में Theory को Easy to Read/Understand रूप में दिया गया है। Theory को छोटे छोटे टॉपिकों में बाटाँ गया है जिससे विद्यार्थी सभी टॉपिकों का सरलता पूर्वक अध्ययन कर सके। Theory के बीच में चित्र, साधित उदाहरण आदि दिए गए हैं, जिनकी सहायता से विद्यार्थी विषय संकल्पनाओं को आसानी से समझ पाएँगे।

टॉपिक 1
संख्या पद्धति की मूलभूत संकल्पनाएँ

संख्या एक गणितीय साधन है जिसका उपयोग गणना व मापन में किया जाता है। पिछली कक्षाओं में, हमने भिन्न प्रकार की संख्याओं का अध्ययन किया है अब हम उन संख्याओं का शीघ्र पुनरावलोकन कर अन्य संख्याओं का अध्ययन करेंगे।

प्राकृतिक संख्याएँ (Natural Numbers)

वे संख्याएँ, जो गिनने में प्रयुक्त होती हैं जैसे 1,2,3,4,..., प्राकृतिक संख्याएँ कहलाती हैं। सबसे छोटी प्राकृतिक संख्या 1 है, परंतु सबसे बड़ी प्राकृतिक संख्या ज्ञात नहीं की जा सकती है क्योंकि प्रत्येक संख्या की अग्रवर्ती संख्या एक प्राकृतिक संख्या होती है। प्राकृतिक संख्याओं के समुच्चय को 'N' द्वारा प्रदर्शित करते हैं।

जैसे—$N = \{1, 2, 3, 4, ...\}$

NCERT फाल्डर

प्रश्नावली 1.1

1. क्या शून्य एक परिमेय संख्या है तथा क्या इसे आप p/q के रूप में लिख सकते हैं, जहाँ p और q पूर्णांक हैं और $q \neq 0$ है?

हल हाँ, शून्य को $\frac{0}{1}$ प्रकार से लिख सकते हैं। (जहाँ, 0 तथा 1 पूर्णांक हैं और $q = 1$, जोकि शून्य के बराबर नहीं है)

2. 3 और 4 के बीच में छः परिमेय संख्याएँ ज्ञात कीजिए।

3 और 4 के बीच में छः परिमेय संख्या $(x+d), (x+2d), (x+3d), (x+4d), (x+5d)$ और $(x+6d)$ है, जहाँ $d = \frac{y-x}{n+1}$, $x = 3$, $y = 4$ और $n = 6$ है।

हल यहाँ, $4 > 3$; माना $x = 3, y = 4$ और $n = 6$

तब, $d = \frac{y-x}{n+1} = \frac{4-3}{6+1} = \frac{1}{7}$

इसलिए, 3 और 4 के बीच छः परिमेय संख्या

$= (x+d), (x+2d), (x+3d), (x+4d), (x+5d)$ और $(x+6d)$

$= \left(3+\frac{1}{7}\right), \left(3+\frac{2}{7}\right), \left(3+\frac{3}{7}\right), \left(3+\frac{4}{7}\right), \left(3+\frac{5}{7}\right)$ और $\left(3+\frac{6}{7}\right)$

$= \frac{22}{7}, \frac{23}{7}, \frac{24}{7}, \frac{25}{7}, \frac{26}{7}$, और $\frac{27}{7}$

(iii) असत्य (चूँकि $\frac{1}{3}, \frac{6}{7}, \frac{10}{19}$ पूर्ण संख्याएँ नहीं होती हैं)

प्रश्नावली 1.2

1. नीचे दिए गए कथन सत्य हैं या असत्य। कारण के साथ अपने उत्तर दीजिए।
 (i) प्रत्येक अपरिमेय संख्या एक वास्तविक संख्या होती है।
 (ii) संख्या रेखा का प्रत्येक बिंदु $\sqrt{m}$ के रूप का होता है, जहाँ m एक प्राकृत संख्या है।
 (iii) प्रत्येक वास्तविक संख्या एक अपरिमेय संख्या होती है।

हल (i) सत्य [∵ वास्तविक संख्याएँ = परिमेय संख्याएँ + अपरिमेय संख्याएँ]

(ii) असत्य [चूँकि किसी भी प्राकृत संख्या का वर्गमूल ऋणात्मक संख्या नहीं हो सकती है]

(iii) असत्य [चूँकि वास्तविक संख्याओं के समुच्चय में परिमेय संख्याएँ भी उपस्थित रहती हैं]

2. क्या सभी धनात्मक पूर्णांकों के वर्गमूल अपरिमेय होते हैं? यदि नहीं, तो एक ऐसी संख्या के वर्गमूल का उदाहरण दीजिए जो एक परिमेय

टॉपिक प्रश्नावली

विद्यार्थी को अध्याय को सुचारू रूप से Step-byStep पढ़ने के लिए टॉपिक प्रश्नावलियाँ दी गई है। जिससे विद्यार्थी नियमित अन्तराल के बाद अभ्यास कर सकें।

प्रश्नावली 1.1

1. निम्नलिखित कथन सत्य है या असत्य? अपने उत्तर का औचित्य दीजिए।
 (i) प्रत्येक पूर्ण संख्या एक प्राकृतिक संख्या है।
 (ii) शून्य न तो ऋणात्मक और न ही धनात्मक पूर्णांक होती है।
 (iii) किन्हीं दो परिमेय संख्याओं के बीच अनेक परिमेय संख्या होती है।
2. निम्न संख्याओं के बीच परिमेय संख्या ज्ञात कीजिए।
 (i) 8 और 9
 (ii) $\frac{1}{9}$ और $\frac{2}{9}$
 (iii) −3 और −4
 (iv) 0.75 और 1.2
 (iii) 1 और 2 के बीच पाँच परिमेय संख्याएँ
 (iv) −2 और −3 के बीच तीन परिमेय संख्याएँ
 (v) $-\frac{2}{5}$ और 2 के बीच तीन परिमेय संख्याएँ
 (vi) 0 और 0.5 के बीच आठ परिमेय संख्याएँ
4. निम्नलिखित कथन सत्य है या असत्य? अपने उ कीजिए।
 (i) प्रत्येक वास्तविक संख्या या तो अपरिमेय संख्या परिमेय संख्या।
 (ii) $\sqrt{7}$ एक अपरिमेय संख्या है परंतु वास्तविक है।
 (iii) 4 एक वास्तविक संख्या है परंतु अपरिमेय संख

One Book- Endless Features
to Help you Succeed

अध्याय : एक नजर में

प्रत्येक अध्याय के अंत में अध्याय का सारांश दया गया है, जो परीक्षा या स्कूल टेस्ट्स के समय अध्याय का रिवीज़न करने में मदद करेगा।

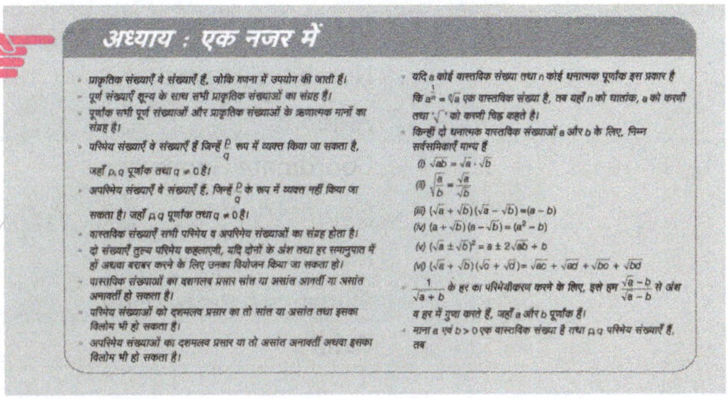

परीक्षा अभ्यास

पाठ्यपुस्तक के प्रत्येक अध्याय के NCERT प्रश्नोत्तर के पश्चात् 'परीक्षा अभ्यास' दिया गया है, जिसमें वस्तुनिष्ठ प्रश्न, अतिलघु उत्तरीय, लघु उत्तरीय और दीर्घ उत्तरीय आदि प्रश्न दिए गए हैं। परीक्षा अभ्यास देने का मुख्य उद्देश्य यह है कि छात्र अपने द्वारा अध्याय में पढ़ी हुई पाठ्य सामग्री से संबंधित प्रश्नोत्तर का अध्ययन यहाँ कर सकते हैं।

सैंपल पेपर्स

पुस्तक के अंत में CBSE के नवीनतम पाठ्यक्रम व नवीनतम सैंपल पेपर पर आधारित 3 सैंपल पेपर्स दिए गए हैं। सभी सैंपल पेपर्स को परीक्षा पैटर्न व समय सीमा को ध्यान में रखकर तैयार किया गया है। इन सैंपल पेपर्स की प्रैक्टिस कर छात्र परीक्षा की सटीक तैयारी कर सकते हैं।

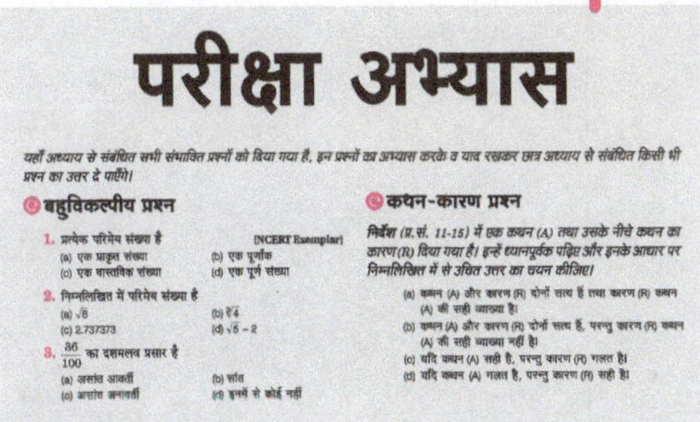

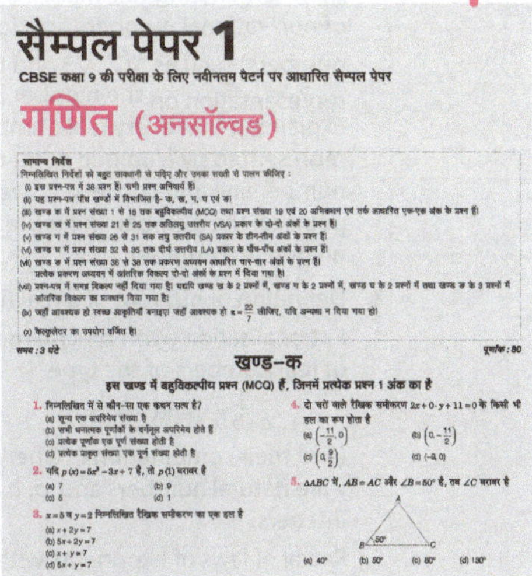

Latest Course Structure

Time: 3 Hrs | Total Marks : 80

Units	Unit Name	Marks
I	Number Systems	10
II	Algebra	20
III	Coordinate Geometry	04
IV	Geometry	27
V	Mensuration	13
VI	Statistics & Probability	06
	Total	**80**

S. No.	Content	Competencies	Explanation
	Unit 1: Number Systems		
1.	**Real Numbers** 1. Review of representation of natural numbers, integers and rational numbers on the number line. Representation of terminating/non-terminating recurring decimals on the number line through successive magnification. Rational numbers as recurring/ terminating decimals. Operations on real numbers. 2. Examples of non-recurring /non-terminating decimals. Existence of non-rational numbers (irrational numbers) such as $\sqrt{2}$, $\sqrt{3}$ and their representation on the number line. Explaining that every real number is represented by a unique point on the number line and conversely, *viz.* every point on the number line represents a unique real number. 3. Definition of *n*th root of a real number. 4. Rationalisation (with precise meaning) of real numbers of the type $\frac{1}{a+b\sqrt{x}}$ and $\frac{1}{\sqrt{x}+\sqrt{y}}$ (and their combinations), where *x* and *y* are natural numbers and *a*, *b* are integers. 5. Recall of laws of exponents with integral powers. Rational exponents with positive real bases (to be done by particular cases, allowing learner to arrive at the general laws.)	Develops a deeper understanding of numbers, including the set of real numbers and its properties. • Recognizes and appropriately uses powers and exponents. • Computes powers and roots and applies them to solve problems.	Differentiates rational and irrational numbers based on decimal representation. • Represents rational and irrational numbers on the number line. • Rationalizes real number expressions such as $\frac{1}{a+b\sqrt{x}}$ and $\frac{1}{\sqrt{x}+\sqrt{y}}$, where x, y are natural numbers and a, b are integers. • Applies laws of exponents

S. No.	Content	Competencies	Explanation
	Unit II : Algebra		
1.	**Polynomials** 1. Definition of a polynomial in one variable with examples and counter examples, Coefficients of a polynomial, terms of a polynomial and zero polynomial. 2. Degree of a polynomial. 3. Constant, linear, quadratic, cubic polynomials; monomials, binomials, trinomials. Factors and multiples. 4. Zeroes of a polynomial. 5. Motivate and state the remainder theorem with examples. 6. Statement and proof of the Factor Theorem. Factorisation of $ax^2 + bx + c$, $a \neq 0$, where a, b and c are real numbers and of cubic polynomials using the Factor Theorem. 7. Recall of algebraic expressions and identities. Verification of identities $(x + y + z)^2 = x^2 + y^2 + z^2 + 2xy + 2yz + 2zx$, $(x \pm y)^3 = x^3 \pm y^3 \pm 3xy(x \pm y)$, $x^3 \pm y^3 = (x \pm y)(x^2 \quad xy + y^2)$, $x^3 + y^3 + z^3 - 3xyz = (x + y + z)(x^2 + y^2 + z^2 - xy - yz - zx)$ and their use in factorisation of polynomials.	Learns the art of factoring polynomials.	Defines polynomials in one variable. • Identifies different terms and different types of polynomials. • Finds zeros of a polynomial • Proves factor theorem and applies the theorem to factorize polynomials. • Proves and applies algebraic identities up to degree three.
2.	**Linear Equations in Two Variables** 1. Recall of linear equations in one variable. Introduction to the equation in two variables. 2. Focus on linear equations of the type $ax+by+c = 0$. Explain that a linear equation in two variables has infinitely many solutions and justify their being written as ordered pairs of real numbers, plotting them and showing that they lie on a line. Explain that a linear equation in two variables has infinitely many solutions and justify their being written as ordered pairs of real numbers, plotting them and showing that they lie on a line.	Visualizes solutions of a linear equation in two variables as ordered pair of real numbers on its graph	Describes and plot a linear equation in two variables.

S. No.	Content	Competencies	Explanation
	Unit III : Coordinate Geometry		
1.	**Coordinate Geometry** 1. The Cartesian plane, coordinates of a point 2. Names and terms associated with the coordinate plane, notations.	Specifies locations and describes spatial relationships using coordinate geometry.	Describes cartesian plane and its associated terms and notations
	Unit IV : Geometry		
1.	**Introduction to Euclid's Geometry** 1. History - Geometry in India and Euclid's geometry. Euclid's method of formalising observed phenomenon into rigorous Mathematics with definitions, common/obvious notions, axioms/postulates and theorems. 2. The five postulates of Euclid. Equivalent versions of the fifth postulate. Showing the relationship between axiom and theorem, for example: (a) Given two distinct points, there exists one and only one line through them. (Axiom) (b) (Prove) Two distinct lines cannot have more than one point in common. (Theorem)	• Proves theorems using Euclid's axioms and postulates– for triangles, quadrilaterals, and circles and applies them to solve geometric problems.	• Understands historical relevance of Indian and Euclidean Geometry. • Defines axioms, postulates, theorems with reference to Euclidean Geometry.
2.	**Lines and Angles** 1. (Motivate) If a ray stands on a line, then the sum of the two adjacent angles so formed is 180° and the converse. 2. (Prove) If two lines intersect, the vertically opposite angles are equal. 3. (Motivate) Lines which are parallel to a given line are parallel.	• Derives proofs of mathematical statements particularly related to geometrical concepts, like parallel lines by applying axiomatic approach and solves problems using them.	• Visualizes, explains and applies relations between different pairs of angles on a set of parallel lines and intersecting transversal. • Solves problems based on parallel lines and intersecting transversal.
3.	**Triangles** 1. (Motivate) Two triangles are congruent if any two sides and the included angle of one triangle is equal to any two sides and the included angle of the other triangle (SAS Congruence). 2. (Prove) Two triangles are congruent if any two angles and the included side of one triangle is equal to any two angles and the included side of the other triangle (ASA Congruence). 3. (Motivate) Two triangles are congruent if three sides of one triangle are equal (respectively) to three sides of the other triangle (SSS Congruence).	• Describe relationships including congruency of two-dimensional geometrical shapes (lines, angle, triangles) to make and test conjectures and solve problems. • Derives proofs of mathematical statements particularly related to geometrical concepts triangles by applying axiomatic approach and solves problems using them.	• Visualizes and explains Congruency properties of two triangles • Applies Congruency Criteria to solve problems

	4. (Motivate) Two right angled triangles are congruent if the hypotenuse and a side of one triangle are equal (respectively) to the hypotenuse and a side of the other triangle. (RHS Congruence) 5. (Prove) The angles opposite to equal sides of a triangle are equal. 6. (Motivate) The sides opposite to equal angles of a triangle are equal.		
4.	**Quadrilaterals** 1. (Prove) The diagonal divides a parallelogram into two congruent triangles. 2. (Motivate) In a parallelogram, opposite sides are equal and conversely. 3. (Motivate) In a parallelogram, opposite angles are equal and conversely. 4. (Motivate) A quadrilateral is a parallelogram, if a pair of its opposite sides is parallel and equal. 5. (Motivate) In a parallelogram, the diagonals bisect each other and conversely. 6. (Motivate) In a triangle, the line segment joining the mid-points of any two sides is parallel to the third side and is half of it and (motivate) its converse.	• Derives proofs of mathematical statements particularly related to geometrical concepts of quadrilaterals by applying axiomatic approach and solves problems using them.	• Visualizes and explains properties of quadrilaterals • Solves problems based on properties of quadrilaterals.
5.	**Circles** 1. (Prove) Equal chords of a circle subtend equal angles at the centre and (motivate) its converse. 2. (Motivate) The perpendicular from the centre of a circle to a chord bisects the chord and conversely, the line drawn through the centre of a circle to bisect a chord is perpendicular to the chord. 3. (Motivate) Equal chords of a circle (or of congruent circles) are equidistant from the centre (or their respective centres) and conversely. 4. (Prove) The angle subtended by an arc at the centre is double the angle subtended by it at any point on the remaining part of the circle. 5. (Motivate) Angles in the same segment of a circle are equal. 6. (Motivate) If a line segment joining two points subtends equal angle at two other points lying on the same side of the line containing the segment, the four points lie on a circle. 7. (Motivate) The sum of either of the pair of the opposite angles of a cyclic quadrilateral is 180° and its converse.	• Proves theorems about the geometry of a circle, including its chords and subtended angles	• Visualizes and explains properties of circles. • Solves problems based on properties of circle.

Unit V : Mensuration

1.	**Areas** 1. Area of a triangle using Heron's formula (without proof).	• Visualizes, represents and calculates the area of a triangle using Heron's formula.	• States and applies Heron's Formula to find area of a triangle.
2.	**Surface Areas and Volumes** 1. Surface areas and volumes of spheres (including hemispheres) and right circular cones.	• Visualizes and uses mathematical thinking to discover formulas to calculate surface areas and volumes of solid objects (spheres, hemispheres and right circular cones)	• Solves problems based on surface areas and volumes of three-dimensional shapes (spheres/hemi-sphere, right circular cones).

Unit VI : Statistics

1.	**Statistics** 1. Bar graphs 2. Histograms (with varying base lengths) 3. Frequency polygons.	• Draws and interprets bar graph, histogram and frequency polygon	• Represents data using Bar Graph, Histogram and frequency polygon.

Topic/Chapters to be Assessed Formatively

The following topics are included in the syllabus but will be assessed only formatively to reinforce understanding without adding to summative assessments. This reduces academic stress while ensuring meaningful learning. Schools can integrate these with existing chapters as they align well. Relevant NCERT textual material is enclosed for reference.

S. No.	Content	Competencies	Explanation
	Unit II: Algebra		
1.	**Linear Equations In Two Variables** 1. Graph of linear equations in two variables. 2. Examples, problems from real life, including problems on Ratio and Proportion and with algebraic and graphical solutions being done simultaneously.	• Visualizes solutions of a linear equation in two variables as ordered pair of real numbers on its graph.	Describes and plot a linear equation in two variables. • Exemplifies a linear equation in two variables and its possible solutions using real life examples.
	Unit III: COORDINATE GEOMETRY		
1.	**Coordinate Geometry:** 1. Plotting points in the plane.	• Specifies locations and describes spatial relationships using coordinate geometry, e.g., plotting points in a plane	• Plots/locates points in the plane.
	Unit IV: Geometry		
1.	**Lines and Angles** 1. (State without proof) Results on corresponding angles, alternate angles, interior angles when a transversal intersects two parallel lines. 2. (Prove) The sum of the angles of a triangle is 180°. 3. (State without proof) If a side of a triangle is produced, the exterior angle so formed is equal to the sum of the two interior opposite angles.	• Derives proofs of mathematical statements particularly related to geometrical concepts, like parallel lines by applying axiomatic approach and solves problems using them.	• Visualizes, explains and applies relations between different pairs of angles on a set of parallel lines and intersecting transversal. • Solves problems based on parallel lines and intersecting transversal. • Visualizes the relation between exterior and interior angles of a triangle.
2.	**Triangles** 1. (State without proof) Triangle inequalities and relation between 'angle and facing side' inequalities in triangles.	• Derives proofs of mathematical statements particularly related to geometrical concepts in triangles by applying axiomatic approach and solves problems using them.	• Defines and applies triangle inequalities with reference to angles and sides
3.	**Areas Of Parallelograms And Triangles** 1. (Prove) Parallelograms on the same base and between the same parallels have equal area. 2. (State without proof) Triangles on the same base (or equal bases) and between the same parallels are equal in area.	• Find areas of all types of triangles by using appropriate formulae and apply them in real life situations	• Finds area of rectangle, parallelogram and triangle.

4.	**Circles** 1. Through examples, arrive at definition of circle and related concepts-radius, circumference, diameter, chord, arc, secant, sector, segment, subtended angle. 2. (State without proof) There is one and only one circle passing through three given non-collinear points.	• Proves theorems about the geometry of a circle, including its chords and subtended angles	• Solves problems based on properties of circle.
5.	**Constructions** 1. Construction of bisectors of line segments and angles of measure 60°, 90°, 45° etc., equilateral triangles. 2. Construction of a triangle given its base, sum/difference of the other two sides and one base angle.	• Constructs different geometrical shapes like bisectors of line segments, angles and their bisectors and triangles satisfying given constraints.	• Constructs line-segments, bisectors of line-segments, angles and triangle with given conditions.
	Unit V: Mensuration		
1.	**Areas** 1. Application of heron's formula in finding the area of a quadrilateral	• Visualizes, represents and calculates the area of a triangle using Heron's formula.	• States and applies Heron's Formula to find area of a quadrilateral.
2.	**Surface Areas And Volumes** 1. Surface areas and volumes of cubes, cuboids and right circular cylinders.	• Visualizes and uses mathematical thinking to discover formulas to calculate surface areas and volumes of solid objects (cubes, cuboids and right circular cylinders)	• Solves problems based on surface areas and volumes of three-dimensional shapes (cube, cuboid and right circular cylinders).
	Unit VI: Statistics		
1.	**Statistics** 1. Introduction to Statistics: Collection of data, presentation of data — tabular form, ungrouped / grouped data. 2. Mean, median and mode of ungrouped data.	• Applies measures of central tendencies such as mean, median and mode of ungrouped data.	• Organizes raw data in tabular form. • Calculates mean, median, mode of ungrouped data
2.	**Probability** 1. History, Repeated experiments and observed frequency approach to probability. Focus is on empirical probability. (A large amount of time to be devoted to group and to individual activities to motivate the concept); 2. The experiments to be drawn from real - life situations, and from examples used in the chapter on statistics).	• Applies concepts from probability to solve problems on the likelihood of everyday events.	• Conceptualizes probability using repeated experiments and observed frequencies.

अध्याय

01

संख्या पद्धति

(Number System)

पिछली कक्षाओं में, आप विभिन्न प्रकार की संख्याएँ (प्राकृतिक संख्याएँ, पूर्णांक व परिमेय संख्याएँ) तथा इनका संख्या रेखा पर निरूपण पढ़ चुके हैं। परंतु इस अध्याय में, हम परिमेय संख्याएँ आवर्ती/सांत परिमेय संख्या के रूप में तथा अपरिमेय संख्याओं (जैसे– $\sqrt{2}$, $\sqrt{3}$) का अस्तित्व एवं इनका संख्या रेखा पर निरूपण आदि के बारे में अध्ययन करेंगे।

टॉपिक्स

- *संख्या पद्धति की मूलभूत संकल्पनाएँ*
- *वास्तविक संख्याओं का दशमलव प्रसार*
- *वास्तविक संख्याओं पर संक्रियाएँ*
- *वास्तविक संख्याओं के लिए घातांकों के नियम*

टॉपिक 1

संख्या पद्धति की मूलभूत संकल्पनाएँ

संख्या एक गणितीय साधन है जिसका उपयोग गणना व मापन में किया जाता है। पिछली कक्षाओं में, हमने भिन्न प्रकार की संख्याओं का अध्ययन किया है अब हम उन संख्याओं का शीघ्र पुनरावलोकन कर अन्य संख्याओं का अध्ययन करेंगे।

प्राकृतिक संख्याएँ (Natural Numbers)

वे संख्याएँ, जो गिनने मे प्रयुक्त होती हैं जैसे 1,2,3,4,..., प्राकृतिक संख्याएँ कहलाती हैं। सबसे छोटी प्राकृतिक संख्या 1 है, परंतु सबसे बड़ी प्राकृतिक संख्या ज्ञात नहीं की जा सकती है क्योंकि प्रत्येक संख्या की अग्रवर्ती संख्या एक प्राकृतिक संख्या होती है। प्राकृतिक संख्याओं के समुच्चय को 'N' द्वारा प्रदर्शित करते हैं।

जैसे—$N = \{1, 2, 3, 4, \ldots\ldots\}$

पूर्ण संख्याएँ (Whole Numbers)

प्राकृतिक संख्याओं के साथ शून्य को सम्मिलित करने पर प्राप्त होने वाली संख्याएँ, पूर्ण संख्याएँ कहलाती हैं। सभी पूर्ण संख्याओं के संग्रह को W से प्रदर्शित करते हैं।

$$W = \{0, 1, 2, 3, \ldots\}$$

पूर्णांक (Integers)

सभी पूर्ण संख्याओं (प्राकृतिक संख्याएँ + शून्य) तथा प्राकृतिक संख्याओं के ऋणात्मकों के संग्रह को पूर्णांकों का संग्रह कहते हैं। इसे Z से प्रदर्शित करते हैं। जैसे- $Z = \{\ldots, -3, -2, -1, 0, 1, 2, 3, \ldots\}$

यहाँ, शून्य से छोटे पूर्णांक को **ऋणात्मक पूर्णांक** तथा शून्य से बड़े पूर्णांक को **धनात्मक पूर्णांक** कहते हैं।

परिमेय संख्याएँ (Rational Numbers)

वे संख्याएँ जिन्हें $\frac{p}{q}$ के रूप में लिखा जा सकता हो, जहाँ p तथा q पूर्णांक और $q \neq 0$ होना अनिवार्य है। परिमेय संख्याएँ कहलाती हैं। परिमेय संख्याओं के संग्रह को Q से प्रदर्शित करते हैं

अर्थात् $Q = \{\frac{p}{q}$, जहाँ p व q पूर्णांक तथा $q \neq 0$ है$\}$

जैसे— $\frac{-1}{2}, \frac{3}{2}, \frac{4}{12}, \frac{5}{15}$... आदि परिमेय संख्याएँ हैं।

नोट

- *प्रत्येक प्राकृतिक संख्या एक पूर्ण संख्या होती है।*
- *प्रत्येक पूर्ण संख्या (शून्य के अतिरिक्त) एक प्राकृतिक संख्या होती है।*
- *शून्य एक पूर्ण संख्या है परंतु प्राकृतिक संख्या नहीं।*
- *प्रत्येक प्राकृतिक व पूर्ण संख्या एक पूर्णांक है।*
- *शून्य न तो ऋणात्मक और न ही धनात्मक पूर्णांक है।*
- *प्रत्येक प्राकृतिक संख्या, पूर्ण संख्या तथा पूर्णांक एक परिमेय संख्या होती है। जैसे– $1 = \frac{1}{1}$ अथवा $5 = \frac{5}{1}$*
- *दो परिमेय संख्याओं के मध्य अपरिमित रूप से अनेक परिमेय संख्याएँ होती हैं।*

तुल्य परिमेय संख्याएँ
(Equivalent Rational Numbers)

वे परिमेय संख्या, जिसके अंश तथा हर दोनों ही बराबर हो या बराबर करने के लिए उनका वियोजन किया जा सकता हो, तुल्य परिमेय संख्या कहलाती हैं।

जैसे— $\frac{1}{2} = \frac{2}{4} = \frac{10}{20} = \frac{25}{50} = \frac{47}{94}$

नोट

जब एक परिमेय संख्या $\frac{p}{q}$ है या जब हम $\frac{p}{q}$ को संख्या रेखा पर निरूपित करते हैं, तब हम यह मान लेते हैं कि $q \neq 0$ और p व q का 1 के अतिरिक्त अन्य कोई उभयनिष्ठ गुणनखंड नहीं है अर्थात् p व q को सहअभाज्य संख्याएँ (coprime numbers) मानते हैं।

परिमेय संख्याओं के इस रूप को मानक रूप कहते हैं।

जैसे– $\frac{1}{2}, \frac{5}{9}$ आदि।

दो संख्याओं के मध्य परिमेय संख्याएँ ज्ञात करना (Method to Determine Rational Numbers between Two Numbers)

किन्हीं दो परिमेय संख्याओं के मध्य एक या एक से अधिक असंख्य परिमेय संख्याएँ होती हैं जिनको ज्ञात करने के लिए निम्न विधि का प्रयोग करते हैं–

जब एक परिमेय संख्या ज्ञात करनी हो

माना x तथा y दो संख्याएँ इस प्रकार हैं कि $x < y$, तब $\frac{1}{2}(x+y)$ एक परिमेय संख्या है, जो x तथा y के मध्य स्थित है।

उदाहरण 1 3 और 4 के बीच परिमेय संख्या ज्ञात कीजिए।

> यहाँ, $4 > 3$ इसलिए 3 व 4 के मध्य परिमेय संख्या ज्ञात करने के लिए 3 तथा 4 का मध्य-बिंदु ज्ञात करते हैं।

हल यहाँ, $4 > 3$

हम जानते हैं कि यदि दो संख्याएँ x तथा y इस प्रकार हैं कि $y > x$, तब x तथा y के मध्य परिमेय संख्या $\frac{x+y}{2}$ होती है।

इसलिए, 3 तथा 4 के बीच परिमेय संख्या $= \frac{3+4}{2} = \frac{7}{2}$

जब एक से अधिक परिमेय संख्याएँ ज्ञात करनी हों

माना x तथा y दो परिमेय संख्याएँ इस प्रकार हैं कि $y > x$

तब, x तथा y के मध्य n परिमेय संख्याएँ ज्ञात करने के लिए माना $d = \frac{y-x}{n+1}$, तब x तथा y के मध्य n परिमेय संख्याएँ निम्न हैं

$$(x+d), (x+2d), (x+3d), \ldots, (x+nd), \text{ जहाँ } d = \frac{y-x}{n+1}$$

नोट *किन्हीं दो परिमेय संख्याओं के मध्य परिमेय संख्या/संख्याओं को भी मानक रूप में लिखते हैं।*

उदाहरण 2 $\frac{3}{5}$ और $\frac{2}{3}$ के बीच चार परिमेय संख्याएँ ज्ञात कीजिए।

हल यहाँ, $\frac{2}{3} > \frac{3}{5}$

इसलिए, इनके मध्य चार परिमेय संख्याएँ $(x+d), (x+2d), (x+3d)$ तथा $(x+4d)$ होंगी, जहाँ $d = \frac{y-x}{n+1}$

तथा $n = x$ व y के मध्य ज्ञात करने वाली परिमेय संख्याओं की संख्या

यहाँ, $\frac{2}{3} > \frac{3}{5}$

इसलिए, माना $x = \frac{3}{5}, y = \frac{2}{3}$ तथा $n = 4$

अब, $d = \frac{\frac{2}{3} - \frac{3}{5}}{4+1} = \frac{\frac{10-9}{15}}{5} = \frac{1}{15 \times 5} = \frac{1}{75}$

यहाँ, $x + d = \frac{3}{5} + \frac{1}{75} = \frac{45+1}{75} = \frac{46}{75}$

$x + 2d = \frac{3}{5} + \frac{2}{75} = \frac{45+2}{75} = \frac{47}{75}$

$x + 3d = \frac{3}{5} + \frac{3}{75} = \frac{45+3}{75} = \frac{48}{75} = \frac{16}{25}$

तथा $x + 4d = \frac{3}{5} + \frac{4}{75} = \frac{45+4}{75} = \frac{49}{75}$

अतः $\frac{3}{5}$ तथा $\frac{2}{3}$ के बीच अभीष्ट चार परिमेय संख्याएँ $\frac{46}{75}, \frac{47}{75}, \frac{16}{25}$ तथा $\frac{49}{75}$ हैं।

उदाहरण 3 -5 और -6 के बीच चार परिमेय संख्याएँ ज्ञात कीजिए।

हल यहाँ, $-5 > -6$, इसलिए माना $x = -6, y = -5$ तथा $n = 4$

अब, $d = \frac{y-x}{n+1} = \frac{-5-(-6)}{4+1} = \frac{-5+6}{5} = \frac{1}{5}$

इसलिए, -5 और -6 के बीच चार परिमेय संख्याएँ

$= (x + d), (x + 2d), (x + 3d)$ तथा $(x + 4d)$

$= \left(-6 + \frac{1}{5}\right), \left(-6 + \frac{2}{5}\right), \left(-6 + \frac{3}{5}\right)$ तथा $\left(-6 + \frac{4}{5}\right)$

$= \left(\frac{-30 + 1}{5}\right), \left(\frac{-30 + 2}{5}\right), \left(\frac{-30 + 3}{5}\right)$ तथा $\left(\frac{-30 + 4}{5}\right)$

$= \frac{-29}{5}, \frac{-28}{5}, \frac{-27}{5}$ तथा $\frac{-26}{5}$

उपरोक्त संख्याएँ, -5 और -6 के बीच स्थित अभीष्ट परिमेय संख्याएँ हैं।

उदाहरण 4 0 और 0.1 के बीच नौ परिमेय संख्याएँ ज्ञात कीजिए।

हल यहाँ $0.1 > 0$, इसलिए माना $x = 0, y = 0.1$ तथा $n = 9$

अब, $d = \frac{y - x}{n + 1} = \frac{0.1 - 0}{9 + 1} = \frac{0.1}{10} = 0.01$

इसलिए 0 और 0.1 के बीच नौ परिमेय संख्याएँ

$= (x + d), (x + 2d), (x + 3d), (x + 4d), (x + 5d), (x + 6d), (x + 7d), (x + 8d)$ तथा $(x + 9d)$

$= (0 + 0.01), (0 + 2 \times 0.01), (0 + 3 \times 0.01), (0 + 4 \times 0.01), (0 + 5 \times 0.01), (0 + 6 \times 0.01), (0 + 7 \times 0.01), (0 + 8 \times 0.01)$ तथा $(0 + 9 \times 0.01)$

$= 0.01, 0.02, 0.03, 0.04, 0.05, 0.06, 0.07, 0.08$ तथा 0.09

$= \frac{1}{100}, \frac{2}{100}, \frac{3}{100}, \frac{4}{100}, \frac{5}{100}, \frac{6}{100}, \frac{7}{100}, \frac{8}{100}$ तथा $\frac{9}{100}$

$= \frac{1}{100}, \frac{1}{50}, \frac{3}{100}, \frac{1}{25}, \frac{1}{20}, \frac{3}{50}, \frac{7}{100}, \frac{2}{25}$ तथा $\frac{9}{100}$

अपरिमेय संख्याएँ (Irrational Numbers)

वे संख्याएँ जिन्हे $\frac{p}{q}$ के रूप में व्यक्त नहीं किया जा सकता, जहाँ p तथा q पूर्णांक और $q \neq 0$ है, अपरिमेय संख्याएँ कहलाती हैं।

जैसे— $\sqrt{2}, \sqrt{5}, \pi, \ldots$

नोट *किन्हीं दो दी हुई अपरिमेय संख्याओं के बीच अपरिमित रूप से अनेक अपरिमेय संख्याएँ होती हैं। प्रतीक '$\sqrt{\ }$' संख्या के वर्गमूल को इंगित करता है। जैसे– $\sqrt{4} = 2$ है, यद्यपि 2 और –2 दोनों ही संख्या 4 के वर्गमूल हैं।*

संख्या रेखा पर अपरिमेय संख्या को निरूपित करना

निम्न उदाहरण की सहायता से $\sqrt{n}$ रूप की अपरिमेय संख्याओं (जहाँ, n एक धनात्मक पूर्णांक) को संख्या रेखा पर निरूपण करते हैं।

उदाहरण 5 संख्या रेखा पर $\sqrt{13}$ को निरूपित कीजिए।

हल सर्वप्रथम दी गई संख्या को प्राकृतिक संख्या के वर्गों के योगफल के रूप में लिखते हैं। अतः $13 = 9 + 4 = 3^3 + 2^2$

इसलिए, $a = 3$ तथा $b = 2$

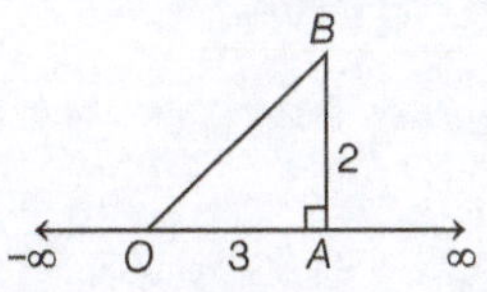

संख्या रेखा पर $OA = 3$ इकाई तथा $AB = 2$ इकाई इस प्रकार खींचिए कि $AB \perp OA$ तथा OB को मिलाएँ।

पाइथागोरस प्रमेय से,

$OB = \sqrt{OA^2 + AB^2} = \sqrt{3^2 + 2^2} = \sqrt{9 + 4} = \sqrt{13}$

यहाँ, बिंदु O को केंद्र तथा OB माप की समान त्रिज्या लेकर बिंदु B से एक चाप लगाया, जोकि संख्या रेखा को बिंदु C पर काटता है।

अतः OC माप, $\sqrt{13}$ को निरूपित करती है।

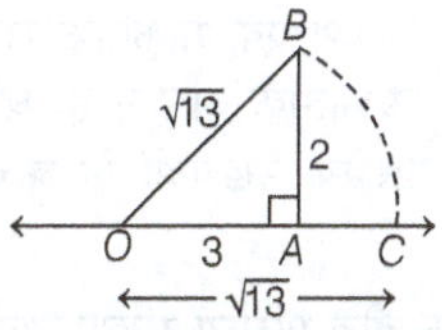

उदाहरण 6 संख्या रेखा पर $\sqrt{3}$ को निरूपित कीजिए।

हल सर्वप्रथम 3 को प्राकृतिक संख्याओं के वर्ग के योगफल अर्थात् $1 + 2$ अथवा $1^2 + (\sqrt{2})^2$ के रूप में लिखते हैं।

$\therefore \quad a = 1$ तथा $b = \sqrt{2}$

यहाँ, $\sqrt{2}$ पुनःकरणीगत संख्या है, तब प्रथम $\sqrt{2}$ को संख्या रेखा पर निरूपित करेंगे।

$\therefore \quad 2 = 1 + 1 = (1)^2 + (1)^2$

$\therefore \quad a = 1$ तथा $b = 1$

संख्या रेखा पर $OA = 1$ तथा $AB = 1$ इस प्रकार खींचिए कि

$OA \perp AB$

इस प्रकार, $OB = \sqrt{OA^2 + AB^2}$

$= \sqrt{1^2 + 1^2} = \sqrt{2}$

OB को मिलाइए। O को केन्द्र मानकर OB त्रिज्या का चाप खींचिए, जो संख्या रेखा को P पर काटता है।

इस प्रकार, $OP = \sqrt{2}$

पुनः $3 = (1)^2 + (\sqrt{2})^2$

यदि $BC = 1$, तब $BC = 1$ इस प्रकार खींचिए कि $OB \perp BC$

O को केन्द्र मानकर OC त्रिज्या का एक चाप खींचिए, जो संख्या रेखा को Q पर काटता है।

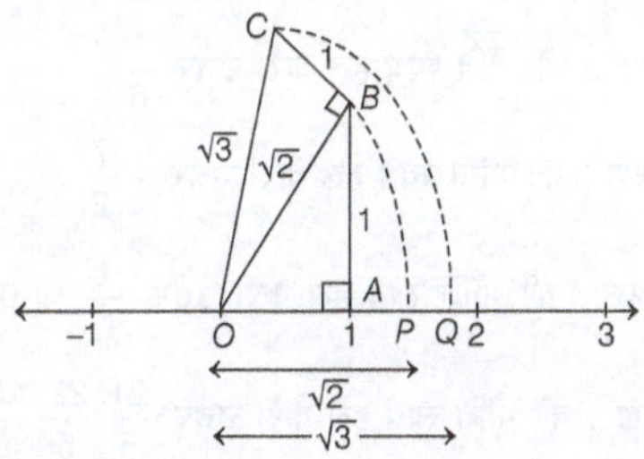

इस प्रकार, $OQ = \sqrt{3}$ को निरूपित करता है।

वास्तविक संख्याएँ (Real Numbers)

सभी परिमेय संख्याओं तथा अपरिमेय संख्याओं को एकसाथ लेकर बनने वाले संग्रह को वास्तविक संख्याओं का संग्रह कहते हैं। इन्हें R से प्रदर्शित करते हैं। सभी परिमेय तथा अपरिमेय संख्याएँ वास्तविक संख्याएँ होती हैं।

नोट *संख्या रेखा पर प्रत्येक वास्तविक संख्या को एक अद्वितीय बिंदु द्वारा निरूपित करते हैं तथा संख्या रेखा पर प्रत्येक बिंदु एक अद्वितीय वास्तविक संख्या द्वारा निरूपित होता है।*

प्रश्नावली 1.1

1. निम्नलिखित कथन सत्य है या असत्य? अपने उत्तर का औचित्य दीजिए।

(i) प्रत्येक पूर्ण संख्या एक प्राकृतिक संख्या है।

(ii) शून्य न तो ऋणात्मक और न ही धनात्मक पूर्णांक होती है।

(iii) किन्हीं दो परिमेय संख्याओं के बीच अनेक परिमेय संख्या होती हैं।

2. निम्न संख्याओं के बीच परिमेय संख्या ज्ञात कीजिए।

(i) 8 और 9

(ii) $\frac{1}{9}$ और $\frac{2}{9}$

(iii) -3 और -4

(iv) 0.75 और 1.2

3. निम्न संख्याओं के बीच परिमेय संख्याएँ ज्ञात कीजिए।

(i) 4 और 5 के बीच चार परिमेय संख्याएँ

(ii) $\frac{2}{5}$ और $\frac{3}{4}$ के बीच पाँच परिमेय संख्याएँ

(iii) 1 और 2 के बीच पाँच परिमेय संख्याएँ

(iv) -2 और -3 के बीच तीन परिमेय संख्याएँ

(v) $-\frac{2}{5}$ और 2 के बीच तीन परिमेय संख्याएँ

(vi) 0 और 0.5 के बीच आठ परिमेय संख्याएँ

4. निम्नलिखित कथन सत्य है या असत्य? अपने उत्तर की पुष्टि कीजिए।

(i) प्रत्येक वास्तविक संख्या या तो अपरिमेय संख्या होती है या परिमेय संख्या।

(ii) $\sqrt{7}$ एक अपरिमेय संख्या है परंतु वास्तविक संख्या नहीं है।

(iii) 4 एक वास्तविक संख्या है परंतु अपरिमेय संख्या नहीं है।

5. निम्न संख्याओं को संख्या रेखा पर निरूपित कीजिए

(i) $\sqrt{5}$ (ii) $\sqrt{17}$

(iii) $\sqrt{10}$ (iv) $\sqrt{6}$

संकेत एवं हल

1. (i) असत्य, चूँकि 0 (शून्य) प्राकृतिक संख्या नहीं है।

(ii) सत्य, चूँकि 0 (शून्य) न तो धनात्मक और न ही ऋणात्मक पूर्णांक है।

(iii) सत्य, क्योंकि दो परिमेय संख्याओं के बीच अनेक परिमेय संख्याएँ विद्यमान होती हैं।

2. (i) उदाहरण 1 की भाँति स्वयं हल करें। **उत्तर** $\frac{17}{2}$,

(ii) उदाहरण 2 की भाँति स्वयं हल करें। **उत्तर** $\frac{1}{6}$

(iii) उदाहरण 3 की भाँति स्वयं हल करें। **उत्तर** $-\frac{7}{2}$

(iv) उदाहरण 4 की भाँति स्वयं हल करें। **उत्तर** $\frac{39}{40}$ या 0.975

3. (i) उदाहरण 1 की भाँति स्वयं हल करें। **उत्तर** $\frac{21}{5}, \frac{22}{5}, \frac{23}{5}, \frac{24}{5}$

(ii) उदाहरण 2 की भाँति स्वयं हल करें।

उत्तर $\frac{11}{24}, \frac{31}{60}, \frac{23}{40}, \frac{19}{30}, \frac{83}{120}$

(iii) उदाहरण 1 की भाँति स्वयं हल करें।

उत्तर $\frac{7}{6}, \frac{4}{3}, \frac{3}{2}, \frac{5}{3}, \frac{11}{6}$

(iv) उदाहरण 3 की भाँति स्वयं हल करें।

उत्तर $-\frac{11}{4}, -\frac{5}{2}, -\frac{9}{4}$

(v) उदाहरण 2 की भाँति स्वयं हल करें।

उत्तर $\frac{1}{5}, \frac{4}{5}, \frac{7}{5}$

(vi) उदाहरण 4 की भाँति स्वयं हल करें।

उत्तर $\frac{1}{18}, \frac{1}{9}, \frac{1}{6}, \frac{2}{9}, \frac{5}{18}, \frac{1}{3}, \frac{7}{18}, \frac{4}{9}$

4. (i) सत्य (ii) असत्य, क्योंकि $\sqrt{7}$ एक अपरिमेय संख्या है। प्रत्येक अपरिमेय संख्या वास्तविक संख्या होती है।

(iii) सत्य

5. उदाहरण 5 की भाँति स्वयं हल करें।

टॉपिक 2
वास्तविक संख्याओं का दशमलव प्रसार

वास्तविक संख्या को दशमलव के रूप में भी व्यक्त किया जा सकता है। वास्तविक संख्या का दशमलव प्रसार सांत या अनवसानी आवर्ती या अनवसानी अनावर्ती हो सकता है। किसी वास्तविक संख्या को मुख्यतः दो प्रमुख प्रकारों—परिमेय संख्या तथा अपरिमेय संख्या में वर्गीकृत किया जा सकता है। अतः वास्तविक संख्या के दशमलव प्रसार का अध्ययन निम्नवत् है

परिमेय संख्याओं का दशमलव प्रसार
(Decimal Expansions of Rational Numbers)

रूप $\frac{p}{q}, q \neq 0$ की सभी परिमेय संख्याओं में, q द्वारा p को भाग देने पर दो स्थितियाँ उत्पन्न हो सकती हैं या तो शेषफल शून्य हो या कभी भी शून्य न हो तथा हमें शेषफल का एक आवर्ती प्रसार प्राप्त हो।

स्थिति I जब शेषफल शून्य होता है

इस स्थिति में, निश्चित चरणों के पश्चात् दशमलव प्रसार सांत या समाप्त अर्थात् शेषफल शून्य हो जाता है। इस प्रकार की संख्याओं के दशमलव प्रसार को सांत (terminating) दशमलव कहते हैं।

जैसे—

(i) $\frac{1}{4}$

$$\begin{array}{r|l} 4 & 10 \quad 0.25 \\ & \underline{8} \\ & 20 \\ & \underline{20} \\ & 0 \end{array}$$

$\therefore \frac{1}{4} = 0.25$

यहाँ, संख्या 1 को 4 से भाग देने पर दशमलव रूप में मान 0.25 प्राप्त होता है अर्थात् शेषफल शून्य हो जाता है, इसलिए $\frac{1}{4}$ में सांत दशमलव प्रसार है।

(ii) $\frac{639}{250}$

$$\begin{array}{r|l} 250 & 639 \quad 2.556 \\ & \underline{500} \\ & 1390 \\ & \underline{1250} \\ & 1400 \\ & \underline{1250} \\ & 1500 \\ & \underline{1500} \\ & 0 \end{array}$$

$\therefore \frac{639}{250} = 2.556$

यहाँ, संख्या 639 को 250 से भाग देने पर, हमें यर्थात् मान 2.556 प्राप्त होता है अर्थात् शेषफल शून्य है, इसलिए $\frac{639}{250}$ में सांत दशमलव प्रसार है।

स्थिति II जब शेषफल कभी भी शून्य नहीं होता है

संख्या p को q से विभाजित करने पर, यदि शेषफल शून्य न हो तथा कुछ चरणों के बाद शेष के कुछ भाग की (समान आवृत्ति में) पुनरावृत्ति हो, तब इस दशमलव प्रसार को अनवसानी आवर्ती (Non-terminating recurring) दशमलव प्रसार कहते हैं। यहाँ, पुनरावृत्ति अंकों को बार '—' लगाकर दर्शाते हैं।

जैसे—

(i) $\frac{2}{3}$

$$\begin{array}{r|l} 3 & 20 \quad 0.66 \\ & \underline{18} \\ & 20 \\ & \underline{18} \\ & 2 \end{array}$$

$\therefore \frac{2}{3} = 0.666...$ या $\frac{2}{3} = 0.\overline{6}$

यहाँ, संख्या 2 को 3 से भाग देने पर, खंड 6 की पुनरावृत्ति होती है अर्थात् शेषफल शून्य नहीं है, इसलिए $\frac{2}{3}$ में अनवसानी आवर्ती दशमलव प्रसार है।

(ii) $\frac{1}{7}$

$$\begin{array}{r|l} 7 & 10 \quad 0.142857142857 \\ & \underline{7} \\ & 30 \\ & \underline{28} \\ & 20 \\ & \underline{14} \\ & 60 \\ & \underline{56} \\ & 40 \\ & \underline{35} \\ & 50 \\ & \underline{49} \\ & 10 \\ & \underline{7} \\ & 30 \\ & \underline{28} \\ & 20 \\ & \underline{14} \\ & 60 \\ & \underline{56} \\ & 40 \\ & \underline{35} \\ & 50 \\ & \underline{49} \\ & 1 \end{array}$$

$\therefore \frac{1}{7} = 0.1428571428571.....$ या $\frac{1}{7} = 0.\overline{142857}$

यहाँ, संख्या 1 को 7 से भाग देने पर, 142857 की पुनरावृत्ति होती है अर्थात् शेषफल शून्य नहीं है।

इसलिए, $\frac{1}{7}$ में अनवसानी आवर्ती दशमलव प्रसार है।

नोट *(i) एक संख्या, जिसका दशमलव प्रसार सांत या अनवसानी आवर्ती होता है, परिमेय होती है।*

(ii) किन्हीं दो अपरिमेय संख्याओं के बीच अनेक अनवसानी अनावर्ती संख्याएँ होती हैं।

उदाहरण 1 **निम्नलिखित को दशमलव रूप में लिखिए तथा ज्ञात कीजिए कि प्रत्येक संख्या में दशमलव प्रसार किस प्रकार का है?**

(i) $\frac{39}{100}$ (ii) $5\frac{1}{8}$ (iii) $\frac{4}{13}$

(iv) $\frac{2}{15}$ (v) $\frac{329}{500}$ **[NCERT Exemplar]**

हल (i) यहाँ, $\frac{39}{100} = 0.39$

अतः यह सांत दशमलव प्रसार है।

(ii) यहाँ, $5\frac{1}{8} = \frac{41}{8}$

संख्या 41 को 8 से विभाजित करने पर,

8) 41 (5.125
40
10
8
20
16
40
40
0

$\therefore \frac{41}{8} = 5.125$

अतः यह प्रसार सांत दशमलव है।

(iii) दिया है, $\frac{4}{13}$

4 को 13 से विभाजित करने पर,

13) 40 (0.307692
39
100
91
90
78
120
117
30
26
4

$\therefore \frac{4}{13} = 0.\overline{307692}$

अतः यह प्रसार अनवसानी आवर्ती है।

(iv) दिया है, $\frac{2}{15}$

2 को 15 से विभाजित करने पर,

15) 20 (0.133
15
50
45
50
45
5

$\therefore \frac{2}{15} = 0.1\overline{3}$

अतः यह प्रसार अनवसानी आवर्ती है।

(v) दिया है, $\frac{329}{500}$ 329 को 500 से विभाजित करने पर,

500) 3290 (0.658
3000
2900
2500
4000
4000
0

$\therefore \frac{329}{500} = 0.658$ अतः यह प्रसार सांत दशमलव है।

अनवसानी (असांत) आवर्ती दशमलव प्रसार को $\frac{p}{q}$ रूप में व्यक्त करना (Method to Convert Non-Terminating Recurring Decimal Expansion in the Form of $\frac{p}{q}$)

एक अनवसानी आवर्ती दशमलव को $\frac{p}{q}$ के रूप में परिवर्तित करने के लिए हम निम्नलिखित चरणों का प्रयोग करते हैं।

चरण I अनवसानी आवर्ती दशमलव प्राप्त करें तथा इसे x के बराबर लिखें।

चरण II दशमलव बिंदु के बाद उन अंकों की संख्या ज्ञात करें जिनके ऊपर रेखा दंड (Bar) नहीं है। माना दशमलव बिंदु के बाद ऐसे अंकों की संख्या n है।

चरण III x के दोनों पक्षों में 10^n से इस प्रकार गुणा करें जिससे कि आवर्ती दशमलव, दशमलव बिंदु के दायीं ओर रहे।

चरण IV शुद्ध आवर्ती दशमलव को $\frac{p}{q}$ के रूप में परिवर्तित करने की विधि का उपयोग कीजिए तथा x का मान प्राप्त कीजिए।

उदाहरण 2 $0.\overline{7}$ को $\frac{p}{q}$ रूप में व्यक्त कीजिए।

हल सर्वप्रथम दिए गए दशमलव प्रसार को x मानते हैं।

माना $x = 0.\overline{7} \Rightarrow x = 0.777$ ...(i)

यहाँ, केवल अंक 1 की पुनरावृत्ति है।

इसलिए समी (i) के दोनों पक्षों को 10 से गुणा करने पर,

$$10x = 7.77 \quad ...(ii)$$

अब, समी (ii) में से समी (i) को घटाने पर हमें अभीष्ट परिणाम प्राप्त होगा।

समी (ii) में से समी (i) को घटाने पर,

$$10x - x = 7.777... - 0.777...$$

$$\Rightarrow \quad 9x = 7 \Rightarrow x = \frac{7}{9}$$

अतः $$0.\overline{7} = \frac{7}{9}$$

उदाहरण 3 संख्या $0.2\overline{35}$ को $\frac{p}{q}$ रूप में व्यक्त कीजिए, जहाँ p तथा q पूर्णांक व $q \neq 0$ है।

हल माना $x = 0.23535$ ...(i)

समी (i) के दोनों पक्षों को 10 से गुणा करने पर,

$$10x = 2.3535 \quad ...(ii)$$

यहाँ, हम देखते हैं कि दो अंक की पुनरावृत्ति है।
इसलिए, समी (ii) को 100 से गुणा करने पर,

$$1000x = 235.3535 \quad \text{...(iii)}$$

समी (iii) में से समी (ii) को घटाने पर,

$$990x = 233$$

$$\Rightarrow \quad x = \frac{233}{990}$$

अतः $\quad 0.2\overline{35} = \frac{233}{990}$

उदाहरण 4 संख्या 0.00323232.... को $\frac{p}{q}$ रूप में व्यक्त कीजिए।

हल माना $x = 0.00323232 \quad \text{...(i)}$

समी (i) को 100 से गुणा करने पर,

$$100x = 0.323232 \quad \text{...(ii)}$$

पुनः समी (ii) को 100 से गुणा करने पर,

$$10000x = 32.3232 \quad \text{...(iii)}$$

समी (iii) में से समी (ii) को घटाने पर,

$$10000x - 100x = 32.3232... \; 0.3232...$$

$$\Rightarrow \quad 9900x = 32$$

$$\Rightarrow \quad x = \frac{32}{9900} = \frac{8}{2475}$$

अतः $\quad 0.003232... = \frac{8}{2475}$

अपरिमेय संख्याओं का दशमलव प्रसार
(Decimal Expansions of Irrational Numbers)

एक अपरिमेय संख्या का दशमलव प्रसार अनवसानी अनावर्ती होता है। दूसरे शब्दों में, एक संख्या, जिसका दशमलव प्रसार अनवसानी अनावर्ती होता है, अपरिमेय होती है।

जैसे— माना $\sqrt{2}$ और π दो अपरिमेय संख्याएँ हैं जिनके दशमलव प्रसार इस प्रकार हैं $\sqrt{2} = 1.41421356237309504880168872420096...$

तथा $\pi = 3.14159265358979323846264338327950...$

सामान्यत: π का सन्निकट मान $\frac{22}{7}$ लेते हैं जोकि परिमेय संख्या है परंतु $\pi \neq \frac{22}{7}$ है।

π का मान

यूनान का प्रबुद्ध व्यक्ति आर्कमिडीज ही प्रथम व्यक्ति थे जिसने π के दशमलव प्रसार में अंकों को अभिकलित किया था। उन्होंने यह दिखाया कि $3.140845 < \pi < 3.142857$ होता है। आर्यभट्ट जो एक महान भारतीय गणितज्ञ और खगोलविद् थे ने उन्होंने चार दशमलव स्थानों तक शुद्ध का मान (3.1416) ज्ञात किया था। उच्च चाल कम्प्यूटरों (High Speed Computer) और उन्नत कलन विधियों को प्रयोग करके 1.24 ट्रिलियन से भी अधिक दशमलव स्थानों तक π का मान अभिकलित किया जा चुका है।

उदाहरण 5 $\frac{1}{7}$ और $\frac{1}{3}$ के बीच अपरिमेय संख्या ज्ञात कीजिए।

हल अपरिमेय संख्या ज्ञात करने के लिए, सर्वप्रथम 1 को 7 से तथा 1 को 3 से विभाजित करते हैं।

अब,

```
7 ) 10 ( 0.142857...
     7
    ---
    30
    28
    ---
     20
     14
     ---
      60
      56
      ---
       40
       35
       ---
        50
        49
        ---
         1
```

$\therefore \frac{1}{7} = 0.142857 = 0.\overline{142857}$

अब,

```
3 ) 10 ( 0.33...
     9
    ---
    10
     9
    ---
     1
```

अतः $\frac{1}{3} = 0.333 = 0.\overline{3}$

स्पष्ट है कि अभीष्ट अपरिमेय संख्या $0.\overline{142857}$ और $0.\overline{3}$ के बीच स्थित होगी।

अतः $\frac{1}{7}$ और $\frac{1}{3}$ के बीच अभीष्ट अपरिमेय संख्या 0.2101001000.... है।

नोट *छात्र अपने अनुसार अन्य संख्या भी लिख सकते हैं। इसमें संख्या का कोई विशेष उल्लेख नहीं है।*

उदाहरण 6 $\frac{1}{7}$ और $\frac{2}{7}$ के बीच दो अपरिमेय संख्याएँ ज्ञात कीजिए।

दिया है, $\frac{1}{7} = 0.142857142857...$

हल दिया है, $\frac{1}{7} = 0.\overline{142857}$ तथा $\frac{2}{7} = 0.\overline{285714}$

उपरोक्त अपरिमेय संख्या अनवसानी अनावर्ती दशमलव है।

इसलिए, $\frac{1}{7}$ और $\frac{2}{7}$ के बीच दो अपरिमेय संख्या

0.1430143001430001.... तथा 0.254025400254.... हो सकती हैं।

नोट *इस प्रश्न में, हम अपरिमित रूप से अनेक अपरिमेय संख्याएँ लिख सकते हैं।*

प्रश्नावली 1.2

1. संख्या $\sqrt{5}$ का दशमलव प्रसार अनवसानी आवर्ती है, क्या यह सत्य है?

2. निम्न संख्याओं को दशमलव रूप में लिखिए तथा बताइए दशमलव प्रसार किस रूप का है–

(i) $\frac{56}{1000}$

(ii) $\frac{2}{11}$

(iii) $3\frac{6}{7}$

(iv) $\frac{4}{9}$

(v) $\frac{13}{25}$

3. $\frac{3}{7}$ के दशमलव प्रसार में पुनरावृत्ति अंकों की संख्या ज्ञात कीजिए।

4. निम्न संख्याओं को $\frac{p}{q}$ रूप में व्यक्त कीजिए जहाँ $q \neq 0$

(i) $0.\overline{4}$ (ii) $0.\overline{8}$

(iii) $0.\overline{68}$ (iv) $1.3\overline{2}$

(v) $0.\overline{12}$ (vi) $18.\overline{48}$

(vii) $0.1\overline{7}$ (viii) $0.12\overline{3}$

5. निम्न ज्ञात कीजिए

(i) $\frac{2}{3}$ और $\frac{8}{9}$ के बीच दो अपरिमेय संख्या

(ii) $\frac{1}{9}$ और $\frac{1}{7}$ के बीच अपरिमेय संख्या

(iii) $\sqrt{3}$ और $\sqrt{5}$ के बीच तीन अपरिमेय संख्या

6. निम्नलिखित संख्याओं में से परिमेय या अपरिमेय संख्या को सत्यापन के साथ वर्गीकृत कीजिए।

(i) 0.5918 (ii) 1.010010001...

संकेत एवं हल

1. नहीं, चूँकि $\sqrt{5}$ एक अपरिमेय संख्या है तथा प्रत्येक अपरिमेय संख्या सदैव अनवसानी अनावर्ती संख्या होती है।

2. (i) उदाहरण 1 की भाँति स्वयं हल करें। **उत्तर** 0.056, सांत

(ii) उदाहरण 1 की भाँति स्वयं हल करें। **उत्तर** $0.\overline{18}$, असांत

(iii) उदाहरण 1 की भाँति स्वयं हल करें। **उत्तर** $3.\overline{857142}$ असांत

(iv) उदाहरण 1 की भाँति स्वयं हल करें। **उत्तर** $0.\overline{4}$, असांत

(v) उदाहरण 1 की भाँति स्वयं हल करें। **उत्तर** 0.52, सांत

3. 6

4. (i) उदाहरण 2 की भाँति स्वयं हल करें। **उत्तर** $\frac{4}{9}$

(ii) उदाहरण 2 की भाँति स्वयं हल करें। **उत्तर** $\frac{8}{9}$

(iii) उदाहरण 3 की भाँति स्वयं हल करें। **उत्तर** $\frac{68}{99}$

(iv) उदाहरण 2 की भाँति स्वयं हल करें। **उत्तर** $\frac{119}{90}$

(v) उदाहरण 3 की भाँति स्वयं हल करें। **उत्तर** $\frac{4}{33}$

(vi) उदाहरण 3 की भाँति स्वयं हल करें। **उत्तर** $\frac{610}{33}$

(vii) उदाहरण 2 की भाँति स्वयं हल करें। **उत्तर** $\frac{8}{45}$

(viii) उदाहरण 2 की भाँति स्वयं हल करें। **उत्तर** $\frac{111}{900}$

5. (i) उदाहरण 5 की भाँति स्वयं हल करें।

उत्तर (i) 0.6868868886... तथा 0.7070070007...

(ii) उदाहरण 5 की भाँति स्वयं हल करें।

उत्तर 0.1303003000

(iii) उदाहरण 6 की भाँति स्वयं हल करें।

उत्तर 1.8010010001...., 1.9010010001... तथा 2.010010001...

6. (i) परिमेय, क्योंकि इसका दशमलव प्रसार सांत है।

(ii) अपरिमेय, क्योंकि इसका दशमलव प्रसार असांत अनवसानी अनावर्ती है।

टॉपिक 3
परिमेय संख्याओं का संख्या रेखा पर निरूपण

यहाँ संख्या रेखा पर परिमेय संख्या के निरूपण की व्याख्या करेंगे। परिमेय संख्या पूर्णांक अथवा दशमलव हो सकती है, इसलिए पूर्णांक तथा दशमलव दोनों के निरूपण की विधि का अलग-अलग अध्ययन करेंगे।

पूर्णांक के लिए (For Integers)

माना अनंत लंबाई की एक रेखा XY खींचते है। इस रेखा पर कोई बिंदु O लीजिए। माना यह बिंदु पूर्णांक 0 (शून्य) को दर्शाता है। तत्पश्चात् एक स्थिर लंबाई (इकाई लंबाई) की समान दूरी को बिंदु O के दोनों तरफ समान-समान लंबाई पर अंकित करते हैं।

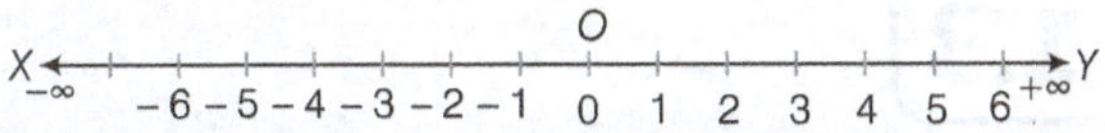

बिंदु O के दाईं ओर बिंदु O से 1 इकाई, 2 इकाई, 3 इकाई, 4 इकाई आदि पर स्थित बिंदु पूर्णांक 1, 2, 3, 4,... आदि को निरूपित करते हैं।

समान रूप से, बिंदु O के बाईं ओर, बिंदु O से 1 इकाई, 2 इकाई, 3 इकाई, 4 इकाई आदि पर स्थित बिंदु पूर्णांक −1, −2, −3, −4 आदि को निरूपित करते हैं।

चूँकि, रेखा XY को बिंदु O की दोनों दिशाओं में अंतहीन लंबाई तक बढ़ाया जा सकता है इसलिए प्रत्येक पूर्णांक (ऋणात्मक व धनात्मक) को रेखा पर किसी बिंदु द्वारा निरूपित कर सकते हैं।

दशमलव के लिए (For Decimal)

हम जानते हैं, कि किन्हीं दो पूर्णांकों के मध्य अनेक वास्तविक संख्याएँ (दशमलव संख्याएँ) होती हैं। इसलिए, दशमलव संख्याओं को भी संख्या रेखा (दो पूर्णांकों के मध्य) पर निरूपित किया जा सकता है। संख्या रेखा पर दशमलव संख्या का निरूपण एक जटिल प्रक्रिया है। आवर्धन लेंस की सहायता से संख्या रेखा पर संख्याओं के निरूपण को स्पष्ट रूप से देखने के इस प्रक्रम को **उत्तरोत्तर आवर्धन प्रक्रम** कहा जाता है।

अनवसानी आवर्ती दशमलव प्रसार वाली संख्या (या वास्तविक संख्या के निरूपण) को संख्या रेखा पर देखने के इस प्रक्रम को हम निम्नलिखित उदाहरण द्वारा स्पष्ट रूप से समझ सकते हैं।

उदाहरण 1 4 दशमलव स्थानों तक संख्या रेखा पर $6.3\overline{7}$ को देखिए।

हल **चरण I** यहाँ, $6.3\overline{7}$, 6 और 7 के बीच यह संख्या स्थित है। सर्वप्रथम संख्या रेखा खींचकर उत्तरोत्तर आवर्धन की सहायता से 6 व 7 के बीच का स्थान निर्धारण करते हैं।

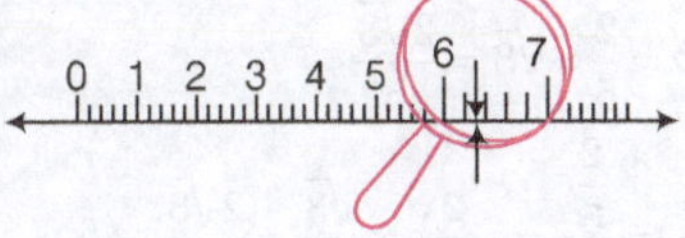

चरण II तत्पश्चात् निरूपण को और अधिक स्पष्ट रूप से देखने के लिए आवर्धित करके वास्तविक रेखा के इस भाग को दस बराबर भागों में बाँट देते हैं तथा 6 के दाईं ओर के प्रथम बिंदु को 6.1 तथा दूसरे को 6.2, इसी प्रकार आगे अंकित कर देखते हैं।

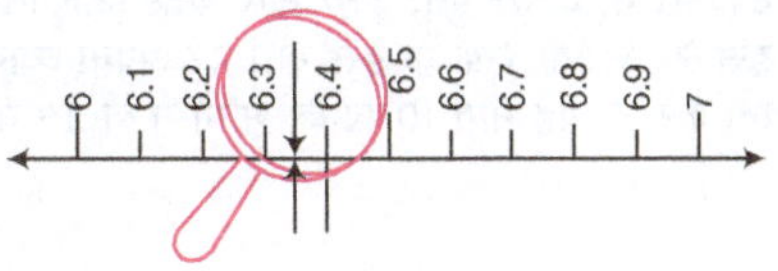

चरण III अब, हम देखते हैं कि 6.37, 6.3 और 6.4 के बीच में स्थित है इसलिए $6.3\overline{7}$ को और अधिक स्पष्ट रूप से देखने के लिए आवर्धित करके इसे पुनः दस बराबर भागों में बाँटते हैं तथा 6.3 के दाईं ओर प्रथम बिंदु को 6.31, दूसरे को 6.32 और इसी प्रकार आगे के बिंदुओं को अंकित कर देखते हैं।

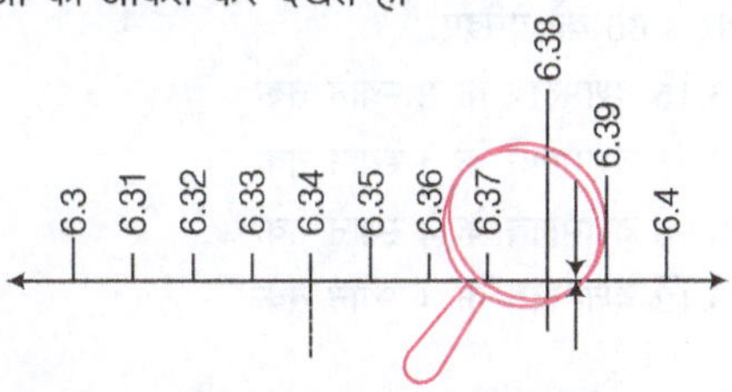

चरण IV अब अगले चरण में आवर्धन शीशे की सहायता से देख सकते हैं कि संख्या 6.377, 6.37 और 6.38 के बीच स्थित है इसलिए इस भाग को पुनः दस बराबर भागों में बाँटकर पूर्व में वर्णित अनुसार 6.37 के दाईं ओर प्रथम बिंदु को 6.371, दूसरे को 6.372 और इसी प्रकार आगे के बिंदुओं को अंकित कर देखते हैं।

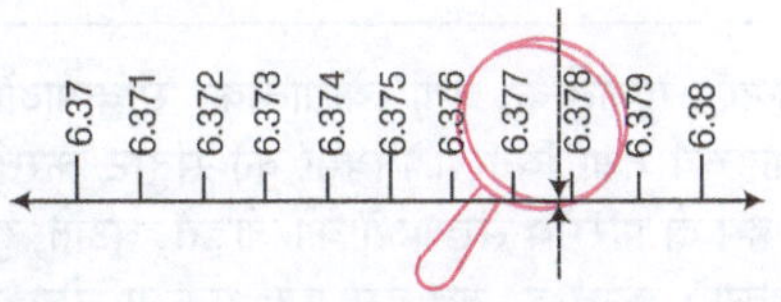

चरण V अंतिम चरण में निरूपण को और अधिक स्पष्ट रूप से देखने के लिए, इसे आवर्धित करते हैं तथा 6.377 तथा 6.378 के इस भाग को पुनः 10 बराबर भागों में बाँट देते हैं और $6.3\overline{7}$ के निरूपण को देखते हैं जैसा- कि आकृति में दिखाया गया है।

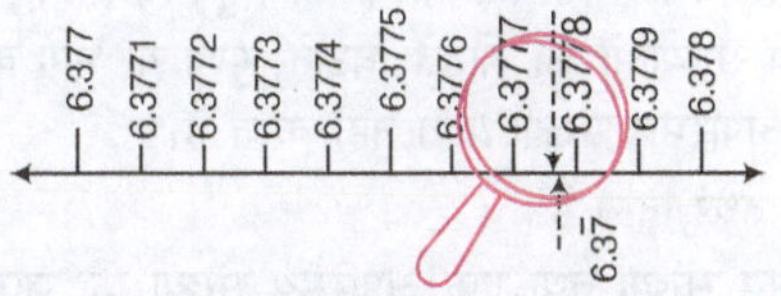

लंबाई में कमी की कल्पना करके हम इस प्रकिया को निरंतर आगे बढ़ा सकते हैं। अतः 6.3777 इन सभी विभाजन का सातवाँ चिह्न है।

उदाहरण 2 उत्तरोत्तर आवर्धन की सहायता से, संख्या रेखा पर 4.575 को देखिए।

हल हम जानते हैं कि, 4.575, 4 और 5 के बीच यह संख्या स्थित है अब 4 और 5 के बीच संख्या रेखा के इस भाग को 10 बराबर भागों में बाँट देते हैं और इस भाग के प्रत्येक बिंदु को अंकित कर आवर्धन शीशे की सहायता से 4.5 और 4.6 के बीच इस भाग को स्पष्ट रूप से देखते हैं।

अब, 4.5 और 4.6 के बीच 4.575 चित्र (i) स्थित है अतः 4.5 और 4.6 के बीच के इस भाग पर आवर्धन द्वारा स्पष्ट रूप से देखते हैं तथा इसे दस बराबर भागों में बाँटते हैं।

यहाँ पहला चिह्न 4.51 को निरूपित करेगा, दूसरा चिह्न 4.52 को निरूपित करेगा, आदि। इसे और अधिक स्पष्ट रूप से आवर्धित करते हैं। अब इस आकृति में, 4.575 पुनः 4.57 और 4.58 [आकृति (ii)] के बीच स्थित है इसलिए संख्या रेखा के इस भाग पर अपना ध्यान केंद्रित करें और कल्पना करें कि यह भाग 10 बराबर भागों में बाँटा गया है। [आकृति (iii)]।

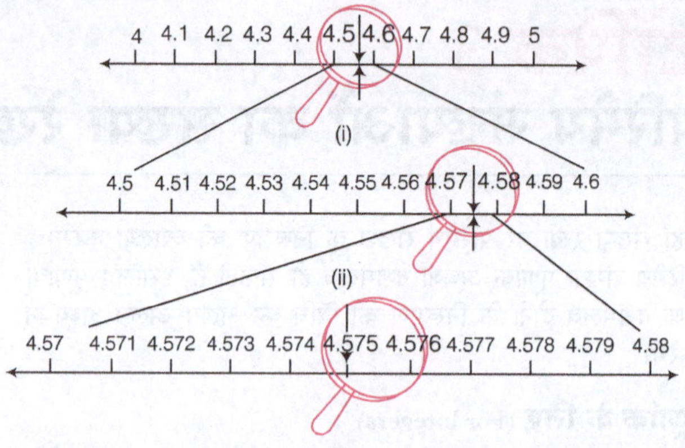

जिससे पहला चिह्न 4.571 को निरूपित करता है, अगला चिह्न 4.572 को निरूपित करता है, आदि। अतः 4.575 इस उपविभाजन का पाचवाँ चिह्न है।

प्रश्नावली 1.3

1. उत्तरोत्तर आवर्धन की सहायता से, संख्या रेखा पर दिखाइए। संख्या रेखा पर 4.65 को देखिए।

(i) $6.\overline{15}$ दशमलव के 3 स्थान तक

(ii) $2.\overline{35}$ दशमलव के 4 स्थान तक

(iii) $3.\overline{98}$ दशमलव के 4 स्थान तक

(iv) $3.\overline{12}$ दशमलव के 4 स्थान तक

(v) $4.\overline{18}$ दशमलव के 3 स्थान तक

(vi) $5.\overline{38}$ दशमलव के 3 स्थान तक

2. उत्तरोत्तर आवर्धन की सहायता से, संख्या रेखा पर निरूपण देखिए।

(i) 4.65 (ii) 3.256

(iii) 5.235 (iv) 13.625

(v) 10.28

टॉपिक 4
वास्तविक संख्याओं पर संक्रियाएँ

वास्तविक संख्याएँ गुणात्मक तथा योगात्मक संक्रियाओं के लिए क्रमविनिमेय, साहचर्य तथा वितरण नियमों को संतुष्ट करती हैं। इसके अतिरिक्त, यदि हम दो परिमेय संख्याओं को जोड़ते, घटाते, गुणा या भाग (शून्य को छोड़कर) करते हैं, तब हम पुनः एक परिमेय संख्या प्राप्त करते हैं (अर्थात् परिमेय संख्याएँ योग, अंतर, गुणा तथा भाग के सापेक्ष संवृत्त (closed) होती हैं।)

अपरिमेय संख्याएँ भी, गुणात्मक तथा योगात्मक संक्रियाओं के लिए क्रमविनिमेय, साहचर्य तथा वितरण नियमों को संतुष्ट करती हैं, जबकि यदि हम दो अपरिमेय संख्याओं को जोड़ते, घटाते, गुणा या भाग करते हैं, तब हम सदैव एक अपरिमेय संख्या प्राप्त नहीं करते हैं।

इनके जुड़े कुछ तथ्य निम्न हैं

(i) एक परिमेय संख्या तथा एक अपरिमेय संख्या का जोड़ या घटाव अपरिमेय होता है।

जैसे— माना $a = \frac{2}{3}$ (परिमेय) तथा $b = \sqrt{3}$ (अपरिमेय) है।

तब, $a + b = \frac{2}{3} + \sqrt{3} = \frac{2 + 3\sqrt{3}}{3}$ [अपरिमेय]

तथा $a - b = \frac{2}{3} - \sqrt{3} = \frac{2 - 3\sqrt{3}}{3}$ [अपरिमेय]

अतः यह सत्य है।

(ii) एक अपरिमेय संख्या के साथ एक शून्येत्तर (Non-zero) परिमेय संख्या का गुणनफल या भागफल अपरिमेय होता है।

जैसे— माना $a = \frac{2}{5}$ [परिमेय]

तथा $b = \sqrt{3}$ [अपरिमेय]

तब, $ab = \frac{2}{5} \times \sqrt{3} = \frac{2\sqrt{3}}{5}$ [अपरिमेय]

तथा $\frac{a}{b} = \frac{\frac{2}{5}}{\sqrt{3}} = \frac{2}{5\sqrt{3}} \times \frac{\sqrt{3}}{\sqrt{3}} = \frac{2\sqrt{3}}{15}$ [अपरिमेय]

अतः यह सत्य है।

(iii) यदि हम दो अपरिमेय संख्याओं को जोड़ें, घटाएँ, गुणा करें या एक अपरिमेय संख्या को दूसरी अपरिमेय संख्या से भाग दें, तो परिणाम परिमेय या अपरिमेय कुछ भी हो सकता है।

जैसे— माना दो अपरिमेय संख्याएँ $a = 1 + \sqrt{2}$ तथा $b = 1 - \sqrt{2}$ है।

तब, $a + b = 1 + \sqrt{2} + 1 - \sqrt{2} = 2$ [परिमेय]

अथवा माना दोनों अपरिमेय संख्याएँ $a = \sqrt{2} + 1$ तथा $b = \sqrt{2} - 1$ हैं।

तब, $a + b = \sqrt{2} + 1 + \sqrt{2} - 1 = 2\sqrt{2}$ [अपरिमेय]

अत: यह सत्य है।

उदाहरण 1 कारण सहित बताइए, निम्नलिखित में कौन-सी संख्या परिमेय है या अपरिमेय?

(i) $5 - 3\sqrt{5}$ (ii) $(3 + \sqrt{27}) - (\sqrt{12} + \sqrt{3})$

(iii) $\dfrac{5\sqrt{10}}{3\sqrt{10}}$ (iv) $\dfrac{6}{\sqrt{5}}$

हल (i) यहाँ, 5 एक परिमेय संख्या तथा $3\sqrt{5}$ एक अपरिमेय संख्या है। चूँकि एक परिमेय संख्या तथा एक अपरिमेय संख्या का अंतर सदैव एक अपरिमेय संख्या होता है, इसलिए $5 - 3\sqrt{5}$ एक अपरिमेय संख्या है।

(ii) $(3 + \sqrt{27}) - (\sqrt{12} + \sqrt{3})$

सरल करने पर, $(3 + 3\sqrt{3}) - (2\sqrt{3} + \sqrt{3})$

$= 3 + 3\sqrt{3} - 2\sqrt{3} - \sqrt{3}$

$= 3$, जोकि एक परिमेय संख्या है।

(iii) $\dfrac{5\sqrt{10}}{3\sqrt{10}} = \dfrac{5}{3}$, जोकि एक परिमेय संख्या है।

(iv) यहाँ, 6 एक परिमेय संख्या तथा $\sqrt{5}$ तक अपरिमेय संख्या है। चूँकि हम जानते हैं कि एक परिमेय संख्या को अपरिमेय संख्या से भाग करने पर, सदैव अपरिमेय संख्या प्राप्त होती है इसलिए, $\dfrac{6}{\sqrt{5}}$ एक अपरिमेय संख्या है।

उदाहरण 2 $\left(\dfrac{2}{3}\sqrt{7} - \dfrac{1}{2}\sqrt{2} + 6\sqrt{11}\right)$ तथा $\left(\dfrac{\sqrt{7}}{3} + \dfrac{3}{2}\sqrt{2} - \sqrt{11}\right)$ का योग कीजिए।

हल $\dfrac{2}{3}\sqrt{7} - \dfrac{1}{2}\sqrt{2} + 6\sqrt{11} + \dfrac{\sqrt{7}}{3} + \dfrac{3}{2}\sqrt{2} - \sqrt{11}$

$= \left(\dfrac{2}{3} + \dfrac{1}{3}\right)\sqrt{7} + \left(\dfrac{-1}{2} + \dfrac{3}{2}\right)\sqrt{2} + (6-1)\sqrt{11}$

$= \left(\dfrac{3}{3}\right)\sqrt{7} + \left(\dfrac{2}{2}\right)\sqrt{2} + 5\sqrt{11}$

$= \sqrt{7} + \sqrt{2} + 5\sqrt{11}$

उदाहरण 3 $6\sqrt{21}$ को $2\sqrt{7}$ से भाग दीजिए।

हल $6\sqrt{21} \div 2\sqrt{7}$

$= \dfrac{6\sqrt{21}}{2\sqrt{7}} = \dfrac{6\sqrt{3 \times 7}}{2\sqrt{7}} = \dfrac{6\sqrt{3}\sqrt{7}}{2\sqrt{7}} = 3\sqrt{3}$

किसी धनात्मक वास्तविक संख्या x के लिए ज्यामितीय रूप से $\sqrt{x}$ ज्ञात करने की विधि

इस विधि को निम्न उदाहरण की सहायता से सरलतापूर्वक यह देख सकते हैं कि किस प्रकार $\sqrt{n}$ को संख्या रेखा पर, जहाँ n एक धनात्मक पूर्णांक है, निरूपित किया जाता है तथा यह भी ज्ञात किया जाता है कि किस प्रकार $\sqrt{x}$ को (जहाँ $x > 0$ है) ज्यामितीय रूप से ज्ञात किया जाता है।

चरण I सर्वप्रथम, संख्या रेखा पर स्थिर बिंदु से x दूरी को अंकित करते हैं।

चरण II अगले चरण में, बिंदु B से 1 इकाई दूरी पर स्थित बिंदु C को अंकित करके, AC का मध्य-बिंदु ज्ञात करते हैं।

चरण III अब, एक अर्द्धवृत्त खींचते हैं।

अब, केंद्र O तथा त्रिज्या OC लेकर एक अर्द्धवृत्त खींचते हैं।

चरण IV अब, $\sqrt{x}$ ज्ञात करने के लिए बिंदु B से अर्द्धवृत्त पर एक लंब खींचते हैं। तत्पश्चात्, AC पर लंब BD खींचते हैं जोकि अर्द्धवृत्त को बिंदु D पर काटता है, तब $BD = \sqrt{x}$

अत: BD से $\sqrt{x}$ ज्यामितीय रूप से प्राप्त होता है।

चरण V अब, हम रेखा BC को संख्या रेखा मानते हैं (जहाँ, BC को शून्य मान लें)

चरण VI अत में, संख्या रेखा पर $\sqrt{x}$ को निरूपित करने के लिए B को केंद्र तथा BD को त्रिज्या मानकर एक चाप काटें।

अब, B को केंद्र तथा BD त्रिज्या लेकर एक चाप काटा जोकि संख्या रेखा पर E बिंदु पर मिलता है।

अत: संख्या रेखा पर बिंदु E $\sqrt{3.5}$ को निरूपित करता है।

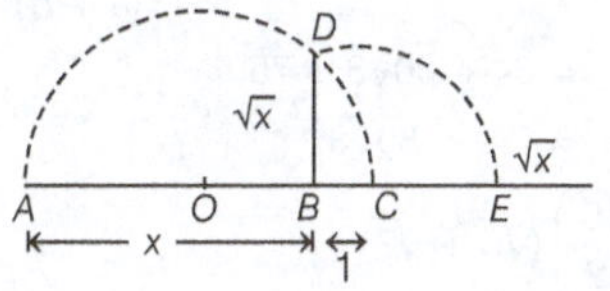

उदाहरण 4 संख्या रेखा पर संख्या $\sqrt{5.26}$ का ज्यामितीय निरूपण कीजिए।

हल सर्वप्रथम, एक रेखाखंड $AB = 5.26$ इकाई खींचा तथा इसे बिंदु C तक इस प्रकार बढ़ाया कि $BC = 1$ इकाई। माना O, AC का मध्य-बिंदु है। अब, O को केंद्र तथा OC त्रिज्या लेकर एक अर्द्धवृत्त खींचा। इसके पश्चात् बिंदु B से AC पर एक लंब BD खींचा जोकि अर्द्धवृत्त को बिंदु D पर काटता है। अत: BD दूरी $\sqrt{5.26} \approx 2.29$ को ज्यामितीय रूप से निरूपित करती है। अब, BC को संख्या रेखा मानकर, केंद्र B तथा त्रिज्या BD लेकर एक चाप काटा जो AC को बढ़ाने पर बिंदु E पर मिलता है। अत: संख्या रेखा पर बिंदु E $\sqrt{5.26}$ को निरूपित करता है।

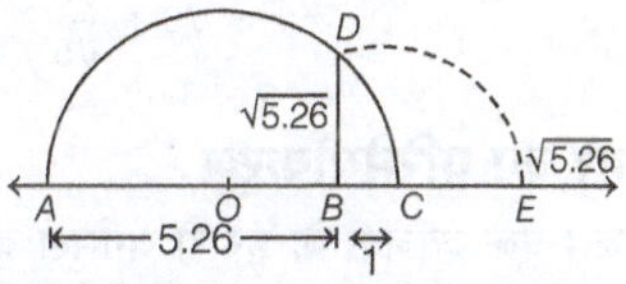

करणी चिह्न (Radical Sign)

माना एक वास्तविक संख्या $a\ (>0)$ तथा n एक धनात्मक पूर्णांक है।

तब, $a^{\frac{1}{n}} = \sqrt[n]{a}$ (करणी) एक वास्तविक संख्या है।

तब n को करणी की घात, a को करणीगत राशि तथा '$\sqrt{\ }$' को करणी चिह्न कहते हैं। यदि $n = 2$ है, तब $a^{\frac{1}{2}} = \sqrt[2]{a}$ को a का वर्गमूल कहते हैं।

नोट *व्यंजक $\sqrt[n]{a}$ को करणी कहते हैं।*

निम्नलिखित सर्वसमिकाएँ धनात्मक वास्तविक संख्याओं a और b के लिए पूर्णतः मान्य हैं।

(i) $\sqrt{ab} = \sqrt{a} \cdot \sqrt{b}$

(ii) $\sqrt{\frac{a}{b}} = \frac{\sqrt{a}}{\sqrt{b}}$

(iii) $(\sqrt{a} + \sqrt{b})(\sqrt{a} - \sqrt{b}) = a - b$

(iv) $(a + \sqrt{b})(a - \sqrt{b}) = a^2 - b$

या $(\sqrt{a} + b)(\sqrt{a} - b) = a - b^2$

(v) $(\sqrt{a} \pm \sqrt{b})^2 = a \pm 2\sqrt{ab} + b$

(vi) $(\sqrt{a} + \sqrt{b})(\sqrt{c} + \sqrt{d}) = \sqrt{ac} + \sqrt{ad} + \sqrt{bc} + \sqrt{bd}$

उदाहरण 5 निम्नलिखित को हल कीजिए।

(i) $(8 + 3\sqrt{2})$ तथा $(8 - 3\sqrt{2})$ का गुणनफल ज्ञात कीजिए।

(ii) $(8 + 5\sqrt{3})$ का वर्ग ज्ञात कीजिए।

(iii) $\left(\sqrt{\frac{3}{5}} + \sqrt{\frac{5}{2}}\right)$ तथा $(\sqrt{5} + \sqrt{2})$ का गुणनफल ज्ञात कीजिए।

हल (i) $(8 + 3\sqrt{2})(8 - 3\sqrt{2})$

$= (8)^2 - (3\sqrt{2})^2$ $[\because (a + b)(a - b) = a^2 - b^2]$

$= 64 - 18 = 46$

(ii) $(8 + 5\sqrt{3})^2 = (8)^2 + 2 \times 8 \times 5\sqrt{3} + (5\sqrt{3})^2$

$[\because (a + b)^2 = a^2 + 2ab + b^2]$

$= 64 + 80\sqrt{3} + 75$

$= 139 + 80\sqrt{3}$

(iii) $\left(\sqrt{\frac{3}{5}} + \sqrt{\frac{5}{2}}\right)(\sqrt{5} + \sqrt{2})$

$= \frac{\sqrt{3}}{\sqrt{5}} \times \sqrt{5} + \frac{\sqrt{3}}{\sqrt{5}} \times \sqrt{2} + \frac{\sqrt{5}}{\sqrt{2}} \times \sqrt{5} + \frac{\sqrt{5}}{\sqrt{2}} \times \sqrt{2}$

$= \sqrt{3} + \frac{\sqrt{6}}{\sqrt{5}} + \frac{5}{\sqrt{2}} + \sqrt{5}$

हर का परिमेयीकरण

जब एक व्यंजक के हर में वर्गमूल वाला एक पद होता है (या कोई संख्या करणी चिह्न के अंदर हो), तब इसे एक ऐसे तुल्य व्यंजक, जिसका हर एक परिमेय संख्या है, में रूपांतरित करने की क्रियाविधि को हर का परिमेयीकरण कहा जाता है।

$\frac{1}{\sqrt{a} + b}$ के हर का परिमेयीकरण करने के लिए इसमें $\frac{\sqrt{a} - b}{\sqrt{a} - b}$ से गुणा की जाती है, जहाँ a तथा b पूर्णांक हैं।

नोट *$(\sqrt{a} + b)$ का संयुग्मी $(\sqrt{a} - b)$ तथा $(\sqrt{a} - \sqrt{b})$ का संयुग्मी $(\sqrt{a} + \sqrt{b})$ होता है।*

उदाहरण 6 $\frac{5}{\sqrt{3} - \sqrt{5}}$ के हर का परिमेयीकरण कीजिए।

हर का परिमेयीकरण करने के लिए, हर के संयुग्मी से अंश व हर को गुणा करते हैं जिससे हर से करणी चिन्ह् समाप्त हो जाता है।

हल माना $y = \frac{5}{\sqrt{3} - \sqrt{5}}$ तथा इसका हर $= \sqrt{3} - \sqrt{5}$

यहाँ, हर $(\sqrt{3} - \sqrt{5})$ का संयुग्मी $(\sqrt{3} + \sqrt{5})$ है।

$\therefore \quad y = \frac{5}{\sqrt{3} - \sqrt{5}} \times \frac{\sqrt{3} + \sqrt{5}}{\sqrt{3} + \sqrt{5}}$ [परिमेयीकरण करने पर]

$= \frac{5(\sqrt{3} + \sqrt{5})}{(\sqrt{3})^2 - (\sqrt{5})^2}$ $[\because (a - b)(a + b) = a^2 - b^2]$

$= \frac{5(\sqrt{3} + \sqrt{5})}{3 - 5} = -\frac{5}{2}(\sqrt{3} + \sqrt{5})$

उदाहरण 7 $\frac{(\sqrt{3} - \sqrt{5})(\sqrt{5} + \sqrt{3})}{7 - 2\sqrt{5}}$ को सरल कीजिए।

हल $\frac{(\sqrt{3} - \sqrt{5})(\sqrt{3} + \sqrt{5})}{7 - 2\sqrt{5}} = \frac{(\sqrt{3})^2 - (\sqrt{5})^2}{7 - 2\sqrt{5}}$

$[\because (a - b)(a + b) = a^2 - b^2]$

$= \frac{3 - 5}{7 - 2\sqrt{5}} \times \frac{7 + 2\sqrt{5}}{7 + 2\sqrt{5}}$

[परिमेयीकरण करने पर]

$= \frac{-2(7 + 2\sqrt{5})}{(7)^2 - (2\sqrt{5})^2}$ $[\because (a - b)(a + b) = a^2 - b^2]$

$= \frac{-2(7 + 2\sqrt{5})}{49 - 20} = \frac{-2(7 + 2\sqrt{5})}{29}$

$= \frac{-14 - 4\sqrt{5}}{29}$

उदाहरण 8 यदि $\sqrt{2} = 1.4142$ हो, तब $\sqrt{\frac{\sqrt{2} - 1}{\sqrt{2} + 1}}$ का मान ज्ञात कीजिए।

सर्वप्रथम हर के परिमेयीकरण के लिए हर के संयुग्मी $(\sqrt{2} - 1)$ से अंश तथा हर को गुणा कर सरल करते हैं तत्पश्चात् $\sqrt{2}$ के दिए गए मान को रखते हैं।

हल दिया है, $\sqrt{2} = 1.4142$

अब, $\sqrt{\frac{\sqrt{2} - 1}{\sqrt{2} + 1}} = \sqrt{\frac{(\sqrt{2} - 1)}{(\sqrt{2} + 1)} \times \frac{(\sqrt{2} - 1)}{(\sqrt{2} - 1)}}$ [परिमेयीकरण करने पर]

$= \sqrt{\frac{(\sqrt{2} - 1)^2}{2 - 1}}$ $[\because (a + b)(a - b) = a^2 - b^2]$

$= \frac{\sqrt{(\sqrt{2} - 1)^2}}{1}$

$= \sqrt{2} - 1 = 1.4142 - 1$ $[\because \sqrt{2} = 1.4142]$

$= 0.4142$

उदाहरण 9 $\frac{4\sqrt{3} + 5\sqrt{2}}{\sqrt{48} + \sqrt{18}}$ का परिमेयीकरण कीजिए।

हल $\frac{4\sqrt{3} + 5\sqrt{2}}{\sqrt{48} + \sqrt{18}} = \frac{4\sqrt{3} + 5\sqrt{2}}{4\sqrt{3} + 3\sqrt{2}} \times \frac{4\sqrt{3} - 3\sqrt{2}}{4\sqrt{3} - 3\sqrt{2}}$ [परिमेयीकरण करने पर]

$= \frac{(4\sqrt{3} + 5\sqrt{2})(4\sqrt{3} - 3\sqrt{2})}{(4\sqrt{3})^2 - (3\sqrt{2})^2}$

$[\because (a - b)(a + b) = a^2 - b^2]$

$$= \frac{4\sqrt{3}\,(4\sqrt{3} - 3\sqrt{2}) + 5\sqrt{2}\,(4\sqrt{3} - 3\sqrt{2})}{48 - 18}$$

$$= \frac{48 - 12\sqrt{6} + 20\sqrt{6} - 30}{30}$$

$$= \frac{18 + 8\sqrt{6}}{30} = \frac{9 + 4\sqrt{6}}{15}$$

उदाहरण 10 यदि $x = 1 + \sqrt{2}$ हो, तब $\left(x - \frac{1}{x}\right)^3$ का मान ज्ञात कीजिए।

हल दिया है, $x = 1 + \sqrt{2}$

अब, $\frac{1}{x} = \frac{1}{1+\sqrt{2}} = \frac{1}{1+\sqrt{2}} \times \frac{1-\sqrt{2}}{1-\sqrt{2}}$ [परिमेयीकरण करने पर]

$$= \frac{1-\sqrt{2}}{1^2 - (\sqrt{2})^2} \quad [\because (a-b)(a+b) = a^2 - b^2]$$

$$= \frac{1-\sqrt{2}}{1-2} = \frac{1-\sqrt{2}}{-1} = \sqrt{2} - 1$$

तथा $x - \frac{1}{x} = (1 + \sqrt{2}) - (\sqrt{2} - 1) = 1 + \sqrt{2} - \sqrt{2} + 1 = 2$

$$\therefore \left(x - \frac{1}{x}\right)^3 = (2)^3 = 8$$

उदाहरण 11 यदि $\frac{3+\sqrt{7}}{3-\sqrt{7}} = a + b\sqrt{7}$ हो, तब a तथा b के मान ज्ञात कीजिए।

हल दिया है, $a + b\sqrt{7} = \frac{3+\sqrt{7}}{3-\sqrt{7}}$

$$\Rightarrow \quad a + b\sqrt{7} = \frac{3+\sqrt{7}}{3-\sqrt{7}} \times \frac{3+\sqrt{7}}{3+\sqrt{7}} \quad \text{[परिमेयीकरण करने पर]}$$

$$\Rightarrow \quad a + b\sqrt{7} = \frac{(3+\sqrt{7})^2}{(3)^2 - (\sqrt{7})^2} \quad [\because (a-b)(a+b) = a^2 - b^2]$$

$$= \frac{9 + 7 + 6\sqrt{7}}{9-7} \quad [\because (a+b)^2 = a^2 + b^2 + 2ab]$$

$$\Rightarrow \quad a + b\sqrt{7} = \frac{16 + 6\sqrt{7}}{2} = 8 + 3\sqrt{7}$$

दोनों पक्षों में a तथा b के गुणांकों की तुलना करने पर,

$$a = 8$$

तथा $b = 3$

उदाहरण 12 दर्शाइए कि

$$\frac{1}{3-\sqrt{8}} - \frac{1}{(\sqrt{8}-\sqrt{7})} + \frac{1}{(\sqrt{7}-\sqrt{6})} - \frac{1}{(\sqrt{6}-\sqrt{5})} + \frac{1}{(\sqrt{5}-2)} = 5$$

हल बायाँ पक्ष $= \frac{1}{3-\sqrt{8}} - \frac{1}{(\sqrt{8}-\sqrt{7})} + \frac{1}{(\sqrt{7}-\sqrt{6})} - \frac{1}{(\sqrt{6}-\sqrt{5})} + \frac{1}{(\sqrt{5}-2)}$

$$= \frac{1}{(3-\sqrt{8})} \times \frac{3+\sqrt{8}}{3+\sqrt{8}} - \frac{1}{(\sqrt{8}-\sqrt{7})} \times \frac{\sqrt{8}+\sqrt{7}}{\sqrt{8}+\sqrt{7}} + \frac{1}{\sqrt{7}-\sqrt{6}} \times \frac{\sqrt{7}+\sqrt{6}}{\sqrt{7}+\sqrt{6}} - \frac{1}{(\sqrt{6}-\sqrt{5})} \times \frac{\sqrt{6}+\sqrt{5}}{\sqrt{6}+\sqrt{5}} + \frac{1}{\sqrt{5}-2} \times \frac{\sqrt{5}+2}{\sqrt{5}+2}$$

$[\because (a+\sqrt{b})(a-\sqrt{b}) = a^2 - b$ तथा $(\sqrt{a}+\sqrt{b})(\sqrt{a}-\sqrt{b}) = a - b]$

$$= \frac{3+\sqrt{8}}{9-8} - \frac{(\sqrt{8}+\sqrt{7})}{8-7} + \frac{(\sqrt{7}+\sqrt{6})}{7-6} - \frac{(\sqrt{6}+\sqrt{5})}{6-5} + \frac{(\sqrt{5}+2)}{5-4}$$

$$= 3 + \sqrt{8} - \sqrt{8} - \sqrt{7} + \sqrt{7} + \sqrt{6} - \sqrt{6} - \sqrt{5} + \sqrt{5} + 2$$

$= 3 + 2 = 5 =$ दायाँ पक्ष **इति सिद्धम्**

उदाहरण 13 यदि $x = \frac{\sqrt{3}+\sqrt{2}}{\sqrt{3}-\sqrt{2}}$ तथा $y = \frac{\sqrt{3}-\sqrt{2}}{\sqrt{3}+\sqrt{2}}$ हो, तब $(x+y)^2$ का मान ज्ञात कीजिए।

हल दिया है, $x = \frac{\sqrt{3}+\sqrt{2}}{\sqrt{3}-\sqrt{2}} = \frac{\sqrt{3}+\sqrt{2}}{\sqrt{3}-\sqrt{2}} \times \frac{\sqrt{3}+\sqrt{2}}{\sqrt{3}+\sqrt{2}}$ [परिमेयीकरण करने पर]

$$= \frac{(\sqrt{3}+\sqrt{2})^2}{(\sqrt{3})^2 - (\sqrt{2})^2} \quad [\because (a+b)(a-b) = a^2 - b^2]$$

$$= \frac{(\sqrt{3})^2 + (\sqrt{2})^2 + 2\sqrt{3}\cdot\sqrt{2}}{3-2} \quad [\because (a+b)^2 = a^2 + b^2 + 2ab]$$

$$= \frac{3 + 2 + 2\sqrt{6}}{1}$$

$$= 3 + 2 + 2\sqrt{6}$$

$$\therefore \quad x = 5 + 2\sqrt{6} \quad \text{...(i)}$$

साथ ही, दिया है $y = \frac{\sqrt{3}-\sqrt{2}}{\sqrt{3}+\sqrt{2}} = \frac{1}{x} = \frac{1}{5+2\sqrt{6}}$ [समी (i) से]

$$= \frac{1}{5+2\sqrt{6}} \times \frac{5-2\sqrt{6}}{5-2\sqrt{6}} \quad \text{[परिमेयीकरण करने पर]}$$

$$= \frac{5-2\sqrt{6}}{(5)^2 - (2\sqrt{6})^2} \quad [\because (a-b)(a+b) = a^2 - b^2]$$

$$= \frac{5-2\sqrt{6}}{25-24}$$

$$\therefore \quad y = \frac{5-2\sqrt{6}}{1} = 5 - 2\sqrt{6}$$

अब, $x + y = 5 + 2\sqrt{6} + 5 - 2\sqrt{6} = 10$

दोनों पक्षों का वर्ग करने पर,

$$(x+y)^2 = (10)^2 = 100$$

प्रश्नावली 1.4

1. कारण सहित बताइए नीचे दी गई संख्याओं में कौन–कौन-सी संख्या परिमेय है और कौन-सी अपरिमेय?

(i) $7 + 2\sqrt{3}$ (ii) $(4 + \sqrt{32}) + (\sqrt{64} - 4\sqrt{2})$

(iii) $\frac{\sqrt{80}}{\sqrt{720}}$

2. यदि a तथा b प्राकृतिक संख्याएँ हैं, तब $(\sqrt{a} + \sqrt{b})(\sqrt{a} - \sqrt{b})$ एक परिमेय है क्या यह सत्य है?

3. ज्यामितीय विधि से, संख्या रेखा पर प्रदर्शित कीजिए

(i) $\sqrt{8.47}$ (ii) $\sqrt{3.7}$

(iii) $\sqrt{10.5}$ (iv) $\sqrt{3.85}$

(v) $\sqrt{7.65}$

4. निम्नलिखित को सरल कीजिए

(i) $(\sqrt{3} - \sqrt{2})^2$ (ii) $(\sqrt{5} + \sqrt{7})(\sqrt{5} - \sqrt{11})$

(iii) $\left(\sqrt{\frac{2}{5}} + \sqrt{\frac{3}{2}}\right)(\sqrt{2} + \sqrt{3})$ (iv) $(\sqrt{5} - \sqrt{3})^2$

5. निम्न के हर का परिमेयीकरण कीजिए।

(i) $\frac{2}{\sqrt{3} - \sqrt{5}}$ (ii) $\frac{1}{\sqrt{5} - \sqrt{4}}$

(iii) $\frac{5\sqrt{3} + 3\sqrt{5}}{5\sqrt{3} - 3\sqrt{5}}$

6. यदि $\sqrt{3} = 1.732$ तथा $\sqrt{2} = 1.414$ हो, तब $\frac{1}{\sqrt{3} - \sqrt{2}}$ का मान ज्ञात कीजिए।

7. यदि $\sqrt{3} = 1.732$ तथा $\sqrt{5} = 2.236$ हो, तब $\frac{8}{\sqrt{3} + \sqrt{5}}$ का मान ज्ञात कीजिए।

8. यदि $x = 1 - \sqrt{2}$, तब $\left(x - \frac{1}{x}\right)^3$ का मान ज्ञात कीजिए।

9. a तथा b के मान ज्ञात कीजिए।

(i) $\frac{2 + \sqrt{3}}{2 - \sqrt{3}} = a + b\sqrt{3}$

(ii) $\frac{\sqrt{5} + \sqrt{3}}{\sqrt{5} - \sqrt{3}} = a + \sqrt{15}b$

(iii) $\frac{5 + 2\sqrt{3}}{7 + 4\sqrt{3}} = a + b\sqrt{3}$

(iv) $\frac{\sqrt{2} + \sqrt{3}}{3\sqrt{2} - 2\sqrt{3}} = a + b\sqrt{6}$

10. सिद्ध कीजिए $\frac{1}{2 + \sqrt{3}} + \frac{2}{\sqrt{5} - \sqrt{3}} + \frac{1}{2 - \sqrt{5}} = 0$

11. सरल कीजिए $\frac{1}{2 + \sqrt{5}} + \frac{1}{\sqrt{5} + \sqrt{6}} + \frac{1}{\sqrt{6} + \sqrt{7}} + \frac{1}{\sqrt{7} + \sqrt{8}}$

संकेत एवं हल

1. उदाहरण 1(i) की भाँति स्वयं हल करें।

उत्तर

(i) अपरिमेय

(ii) $4 + \sqrt{32} + \sqrt{64} - 4\sqrt{2} = 4 + 4\sqrt{2} + 8 - 4\sqrt{2} = 12$ (परिमेय)

(iii) $\frac{\sqrt{80}}{\sqrt{720}} = \sqrt{\frac{80}{720}} = \sqrt{\frac{1}{9}} = \frac{1}{\sqrt{3 \times 3}} = \frac{1}{3}$ (परिमेय)

2. सत्य

3. उदाहरण 4 की भाँति स्वयं हल करें।

4. उदाहरण 5 की भाँति स्वयं हल करें। **उत्तर** (i) $5 - 2\sqrt{6}$

(ii) $5 - \sqrt{55} + \sqrt{35} - \sqrt{77}$

(iii) $\frac{2}{\sqrt{5}} + \sqrt{\frac{6}{5}} + \sqrt{3} + \frac{3}{\sqrt{2}}$

(iv) $8 - 2\sqrt{15}$

5. (i) उदाहरण 6 की भाँति स्वयं हल करें। **उत्तर** $-(\sqrt{3} + \sqrt{5})$

(ii) उदाहरण 6 की भाँति स्वय हल करें। **उत्तर** $\sqrt{5} + \sqrt{4}$

(iii) उदाहरण 9 की भाँति स्वयं हल करें। **उत्तर** $4 + \sqrt{15}$

6. उदाहरण 8 की भाँति स्वयं हल करें। **उत्तर** 8, 3.146

7. उदाहरण 8 की भाँति स्वयं हल करें। **उत्तर** 2.02

8. उदाहरण 10 की भाँति स्वयं हल करें। **उत्तर** 8

9. उदाहरण 11 की भाँति स्वयं हल करें।

उत्तर (i) $a = 7$ तथा $b = 4$ (ii) $a = 4, b = 1$

(iii) $a = 11$ तथा $b = -6$ (iv) $a = 2$ तथा $b = \frac{5}{6}$

10. उदाहरण 12 की भाँति स्वयं हल करें।

11. उदाहरण 12 की भाँति स्वयं हल करें। **उत्तर** $-2 + \sqrt{8}$

टॉपिक 5
वास्तविक संख्याओं के लिए घातांकों के नियम

माना एक वास्तविक संख्या $a\,(>0)$ तथा अपरिमेय संख्या p, q है, तब

(i) $a^p \times a^q = a^{p+q}$ जैसे- $(3)^5 \times (3)^7 = (3)^{5+7} = (3)^{12}$

(ii) $(a^p)^q = a^{pq}$ जैसे- $(5^3)^5 = (5)^{15}$

(iii) $\dfrac{a^p}{a^q} = a^{p-q}$ जैसे- $\dfrac{(3)^7}{(3)^5} = (3)^{7-5} = (3)^2$

(iv) $a^p \times b^p = (ab)^p$ जैसे- $(2)^3 \times (3)^3 = (6)^3$

(v) $a^{-p} = \dfrac{1}{a^p}$ जैसे- $3^{-5} = \dfrac{1}{(3)^5}$

(vi) $\left(\dfrac{a}{b}\right)^{-p} = \left(\dfrac{b}{a}\right)^p$ जैसे- $\left(\dfrac{3}{5}\right)^{-6} = \left(\dfrac{5}{3}\right)^6$

(vii) $a^{\frac{m}{n}} = (\sqrt[n]{a})^m = \sqrt[n]{a^m}$, जहाँ $m, n \in N$

जैसे- $4^{\frac{3}{2}} = (\sqrt{4})^3 = 2 \times 2 \times 2 = 8$ या $4^{\frac{3}{2}} = \sqrt{4^3} = \sqrt{4 \times 4 \times 4} = 8$

उदाहरण 1 $[(16)^{\frac{1}{2}}]^{\frac{1}{2}}$ का मान ज्ञात कीजिए।

हल $[(16)^{\frac{1}{2}}]^{\frac{1}{2}} = \left[(2^4)^{\frac{1}{2}}\right]^{\frac{1}{2}}$ $\quad [\because (a^m)^n = a^{mn}]$

$= [2^{4 \times \frac{1}{2}}]^{\frac{1}{2}} = [2^2]^{\frac{1}{2}}$

$= \left[2^{2 \times \frac{1}{2}}\right] = 2^1 = 2$

उदाहरण 2 व्यंजक $[\{(81)^{-\frac{1}{2}}\}^{-\frac{1}{4}}]^2$ को सरल कीजिए।

हल $(81)^{-\frac{1}{2} \times \left(-\frac{1}{4}\right) \times 2} = (81)^{\frac{1}{4}} = [(3)^4]^{\frac{1}{4}} = (3)^{4 \times \frac{1}{4}}$ $\quad [\because (a^m)^n = (a)^{mn}]$

$= 3$

उदाहरण 3 व्यंजक $\left[\left(\dfrac{5}{6}\right)^{\frac{1}{5}}\right]^{-\frac{1}{6}}$ को सरल कीजिए।

हल $\left[\left(\dfrac{5}{6}\right)^{\frac{1}{5}}\right]^{-\frac{1}{6}} = \left(\dfrac{5}{6}\right)^{\frac{1}{5} \times -\left(\frac{1}{6}\right)} = \left(\dfrac{5}{6}\right)^{-\frac{1}{30}}$

$= \left(\dfrac{6}{5}\right)^{\frac{1}{30}}$ $\quad \left[\because \left(\dfrac{a}{b}\right)^{-p} = \left(\dfrac{b}{a}\right)^p\right]$

उदाहरण 4 $\left(\dfrac{81}{16}\right)^{-\frac{3}{4}} \times \left[\left(\dfrac{9}{25}\right)^{\frac{3}{2}} \div \left(\dfrac{5}{2}\right)^{-3}\right]$ का मान ज्ञात कीजिए।

हल $\left[\left(\dfrac{3}{2}\right)^4\right]^{-\frac{3}{4}} \times \left[\dfrac{\left\{\left(\dfrac{3}{5}\right)^2\right\}^{\frac{3}{2}}}{\left(\dfrac{5}{2}\right)^{-3}}\right] = \left(\dfrac{3}{2}\right)^{4 \times \left(-\frac{3}{4}\right)} \times \left[\left(\dfrac{3}{5}\right)^{2 \times \frac{3}{2}}\right] \times \left(\dfrac{5}{2}\right)^3$

$= \left(\dfrac{3}{2}\right)^{-3} \times \left(\dfrac{3}{5}\right)^3 \times \left(\dfrac{5}{2}\right)^3 = \dfrac{2^3}{3^3} \times \dfrac{3^3}{5^3} \times \dfrac{5^3}{2^3}$ $\quad \left[\because \left(\dfrac{a}{b}\right)^{-m} = \left(\dfrac{b}{a}\right)^m\right]$

$= 1$

उदाहरण 5 $\sqrt[4]{12} \times \sqrt[7]{6}$ का मान ज्ञात कीजिए।

हल $\sqrt[4]{12} \times \sqrt[7]{6} = (2 \times 2 \times 3)^{\frac{1}{4}} \times (2 \times 3)^{\frac{1}{7}}$ $\quad \left[\because \sqrt[n]{a} = a^{\frac{1}{n}}\right]$

$= 2^{1/4} \times 2^{1/4} \times 3^{1/4} \times 2^{1/7} \times 3^{1/7}$

$= 2^{1/4+1/4+1/7} \times 3^{1/4+1/7}$

$= 2^{1/2+1/7} \times 3^{1/4+1/7}$ $\quad [\because a^m \times a^n + a^{m+n}]$

$= 2^{9/14} \times 3^{11/28} = \sqrt[14]{2^9} \times \sqrt[28]{3^{11}}$

$= \sqrt[28]{2^{18}} \times \sqrt[28]{3^{11}} = \sqrt[28]{2^{18} \times 3^{11}}$ $\quad [\because \sqrt[n]{a} \times \sqrt[n]{b} = \sqrt[n]{ab}]$

उदाहरण 6 सरल कीजिए $\sqrt{m^2n^2} \times \sqrt[6]{m^2n^2} \times \sqrt[3]{m^2n^2}$

हल $\sqrt{m^2n^2} \times \sqrt[6]{m^2n^2} \times \sqrt[3]{m^2n^2} = (m^2n^2)^{1/2} \times (m^2n^2)^{1/6} \times (m^2n^2)^{1/3}$

$= (m^2n^2)^{\frac{1}{2}+\frac{1}{6}+\frac{1}{3}}$ $\quad [\because (a)^m \times (a)^n = (a)^{m+n}]$

$= (m^2n^2)^{\frac{3+1+2}{6}} = (m^2n^2)^{6/6} = m^2n^2$

उदाहरण 7 यदि $125^x = \dfrac{25}{5^x}$ हो, तब x का मान ज्ञात कीजिए।

हल दिया है, $125^x = \dfrac{25}{5^x}$

$\Rightarrow \quad (5^3)^x = \dfrac{5^2}{5^x} \Rightarrow \quad 5^{3x} = 5^{2-x}$

दोनों पक्षों की घातों की तुलना करने पर,

$3x = 2 - x \Rightarrow 4x = 2$

$\therefore \quad x = \dfrac{2}{4} = \dfrac{1}{2}$

उदाहरण 8 यदि $\left(\dfrac{6}{5}\right)^x \left(\dfrac{5}{6}\right)^{2x} = \dfrac{125}{216}$ हो, तब x का मान ज्ञात कीजिए।

हल दिया है, $\left(\dfrac{6}{5}\right)^x \left(\dfrac{5}{6}\right)^{2x} = \dfrac{125}{216}$

$\Rightarrow \quad \left(\dfrac{5}{6}\right)^{-x} \times \left(\dfrac{5}{6}\right)^{2x} = \left(\dfrac{5}{6}\right)^3$ $\quad \left[\because \left(\dfrac{a}{b}\right)^m = \left(\dfrac{b}{a}\right)^{-m}\right]$

$\Rightarrow \quad \left(\dfrac{5}{6}\right)^{-x+2x} = \left(\dfrac{5}{6}\right)^3$ $\quad [\because (a)^m \times (a)^n = (a)^{m+n}]$

$\Rightarrow \quad \left(\dfrac{5}{6}\right)^x = \left(\dfrac{5}{6}\right)^3$

दोनों पक्षों की घातों की तुलना करने पर,

$\therefore \quad x = 3$

उदाहरण 9 सरल कीजिए $\dfrac{6^{\frac{2}{3}}\times\sqrt[3]{6^7}}{\sqrt[3]{6^6}}$

हल $\dfrac{6^{2/3}\times\sqrt[3]{6^7}}{\sqrt[3]{6^6}}=\dfrac{\sqrt[3]{6^2}\times\sqrt[3]{6^7}}{\sqrt[3]{6^6}}$

$=\dfrac{\sqrt[3]{6^2\times 6^7}}{\sqrt[3]{6^6}}$ $\quad[\because \sqrt[n]{a}\times\sqrt[n]{b}=\sqrt[n]{a\times b}]$

$=\dfrac{\sqrt[3]{6^9}}{\sqrt[3]{6^6}}$ $\quad[\because a^m\times a^n=(a)^{m+n}]$

$=\sqrt[3]{\dfrac{6^9}{6^6}}=\sqrt[3]{6^{9-6}}$ $\quad\left[\because \dfrac{\sqrt[n]{a}}{\sqrt[n]{b}}=\sqrt[n]{\dfrac{a}{b}}\text{ तथा } a^m\div a^n=(a)^{m-n}\right]$

$=\sqrt[3]{6^3}=6$ $\quad[\because \sqrt[m]{a^m}=a]$

उदाहरण 10 सिद्ध कीजिए कि

$$(x^{a-b})^{a+b}\cdot(x^{b-c})^{b+c}\cdot(x^{c-a})^{c+a}=1$$

हल बायाँ पक्ष $=(x^{a-b})^{a+b}\cdot(x^{b-c})^{b+c}\cdot(x^{c-a})^{c+a}$

$=x^{a^2-b^2}\cdot x^{b^2-c^2}\cdot x^{c^2-a^2}$ $\quad[\because (A-B)(A+B)=A^2-B^2]$

$=x^{a^2-b^2+b^2-c^2+c^2-a^2}=x^0$ $\quad[\because A^m\times A^n=A^{m+n}]$

$=1=$ दायाँ पक्ष

इति सिद्धम्

उदाहरण 11 सिद्ध कीजिए कि

$$\left(\frac{x^{a^2}}{x^{b^2}}\right)^{\frac{1}{a+b}}\cdot\left(\frac{x^{b^2}}{x^{c^2}}\right)^{\frac{1}{b+c}}\cdot\left(\frac{x^{c^2}}{x^{a^2}}\right)^{\frac{1}{c+a}}=1$$

हल बायाँ पक्ष $=\left(\dfrac{x^{a^2}}{x^{b^2}}\right)^{\frac{1}{a+b}}\cdot\left(\dfrac{x^{b^2}}{x^{c^2}}\right)^{\frac{1}{b+c}}\cdot\left(\dfrac{x^{c^2}}{x^{a^2}}\right)^{\frac{1}{c+a}}$

$=(x^{a^2-b^2})^{\frac{1}{a+b}}\cdot(x^{b^2-c^2})^{\frac{1}{b+c}}\cdot(x^{c^2-a^2})^{\frac{1}{c+a}}$ $\quad\left[\because \dfrac{A^m}{A^n}=A^{m-n}\right]$

$=[x^{(a-b)(a+b)\frac{1}{a+b}}]\cdot[x^{(b-c)(b+c)\frac{1}{b+c}}]\cdot[x^{(c-a)(c+a)\frac{1}{c+a}}]$ $\quad[\because A^2-B^2=(A-B)(A+B)]$

$=(x^{a-b})\cdot(x^{b-c})\cdot(x^{c-a})$ $\quad[\because (A^m)^n=A^{mn}]$

$=x^{a-b+b-c+c-a}$ $\quad[\because A^m\times A^n=A^{m+n}]$

$=x^0=1=$ दायाँ पक्ष $\quad[\because x^0=1]$

उदाहरण 12 मान ज्ञात कीजिए $\dfrac{2^{40}+2^{39}+2^{38}}{2^{41}+2^{40}-2^{39}}$

हल $\dfrac{2^{40}+2^{39}+2^{38}}{2^{41}+2^{40}-2^{39}}=\dfrac{2^{38}(2^2+2^1+1)}{2^{39}(2^2+2^1-1)}$

[अंश व हर में से क्रमशः 2^{39} तथा 2^{38} उभयनिष्ठ लेने पर]

$=2^{38-39}\left(\dfrac{4+2+1}{4+2-1}\right)$ $\quad\left[\because \dfrac{a^p}{a^q}=a^{p-q}\right]$

$=2^{-1}\times\dfrac{7}{5}=\dfrac{1}{2}\times\dfrac{7}{5}=\dfrac{7}{10}$

उदाहरण 13 यदि $2^x=3^y=6^z$ हो, तब सिद्ध कीजिए $\dfrac{1}{x}+\dfrac{1}{y}-\dfrac{1}{z}=0$ या $z=\dfrac{xy}{x+y}$

हल माना $2^x=3^y=6^z=k$

$\Rightarrow$ $2^x=k, 3^y=k$ तथा $6^z=k$

$\Rightarrow$ $2=k^{\frac{1}{x}}, 3=k^{\frac{1}{y}}$ तथा $6=k^{\frac{1}{z}}$

अब, $6=(k)^{\frac{1}{z}}$

$\Rightarrow$ $2\times 3=(k)^{\frac{1}{z}}$

$\Rightarrow (k)^{\frac{1}{x}}\times(k)^{\frac{1}{y}}=(k)^{\frac{1}{z}}$

$\Rightarrow$ $(k)^{\frac{1}{x}+\frac{1}{y}}=(k)^{\frac{1}{z}}$

दोनों पक्षों में समान घातों की तुलना करने पर,

$$\frac{1}{x}+\frac{1}{y}=\frac{1}{z}$$

$\therefore$ $\dfrac{1}{x}+\dfrac{1}{y}-\dfrac{1}{z}=0$

$\Rightarrow$ $\dfrac{1}{z}=\dfrac{1}{x}+\dfrac{1}{y}\Rightarrow\dfrac{1}{z}=\dfrac{x+y}{xy}$

या $z=\dfrac{xy}{x+y}$

इति सिद्धम्

प्रश्नावली 1.5

1. निम्नलिखित का मान ज्ञात कीजिए।

(i) $\sqrt{3^{-2}}$ (ii) $\left[\left(\frac{3}{5}\right)^{\frac{1}{4}}\right]^{-\frac{1}{5}}$

(iii) $(14641)^{0.25}$ (iv) $\left(\frac{3125}{243}\right)^{-\frac{4}{5}}$

(v) $\frac{4}{(125)^{-\frac{2}{3}}} - \frac{1}{(16)^{-\frac{3}{4}}}$ (vi) $[9\,(64^{\frac{1}{3}} + 125^{\frac{1}{3}})^3]^{\frac{1}{4}}$

2. यदि $z = 0.0064$ हो, तब $\left(\frac{1}{z}\right)^{\frac{1}{2}}$ का मान ज्ञात कीजिए।

3. यदि $81^x = \frac{9}{3^x}$ हो, तब x का मान ज्ञात कीजिए।

4. सरल कीजिए $\frac{a^{-1}}{a^{-1}+b^{-1}} + \frac{a^{-1}}{a^{-1}-b^{-1}} = \frac{2b^2}{b^2-a^2}$

5. यदि $a^2 - b^2 = 1$ हो, तब $[(\mu)^{a-b}]^{a+b}$ का मान ज्ञात कीजिए।

6. यदि $2^{9x} \div 2^{2x} = \sqrt[7]{2^{14}}$ हो, तब x का मान ज्ञात कीजिए।

7. यदि $a = 2$ तथा $b = 3$ हो, तब निम्नलिखित के मान ज्ञात कीजिए।

(i) $(a^b + b^a)^{-1}$

(ii) $(a^a + b^b)^{-1}$

8. सिद्ध कीजिए कि $\frac{2^{30} + 2^{29} + 2^{28}}{2^{31} + 2^{30} - 2^{29}} = \frac{7}{10}$

9. $\sqrt[5]{\sqrt[4]{3^2}}$ का मान ज्ञात कीजिए।

10. $\sqrt[4]{3\sqrt{2^2}}$ का मान ज्ञात कीजिए।

11. यदि $a = \frac{2^{x-1}}{2^{x-2}}, b = \frac{2^{-x}}{2^{x+1}}$ तथा $a - b = 0$ हो, तब x का मान ज्ञात कीजिए।

संकेत एवं हल

1. (i) **संकेत** $\sqrt{3^{-2}} = (3^{-2})^{\frac{1}{2}} = 3^{-1} = \frac{1}{3}$

(ii) **संकेत** $\left[\left(\frac{3}{5}\right)^{\frac{1}{4}}\right]^{-\frac{1}{5}} = \left(\frac{3}{5}\right)^{\frac{1}{4}\times\frac{-1}{5}} = \left(\frac{3}{5}\right)^{-\frac{1}{20}} = \left(\frac{5}{3}\right)^{\frac{1}{20}}$

(iii) **संकेत** $(14641)^{0.25} = (14641)^{\frac{25}{100}} = (14641)^{\frac{1}{4}} = [(11)^4]^{\frac{1}{4}} = 11$

(iv) **संकेत** $\left(\frac{3125}{243}\right)^{-\frac{4}{5}} = \left(\frac{243}{3125}\right)^{\frac{4}{5}} = \left[\left(\frac{3}{5}\right)^5\right]^{\frac{4}{5}} = \left(\frac{3}{5}\right)^4 = \frac{81}{625}$

(v) **संकेत** $4 \times (125)^{\frac{2}{3}} - (16)^{\frac{3}{4}} = 92$

(vi) **संकेत** $[(9\{(4^3)^{\frac{1}{3}} + (5^3)^{\frac{1}{3}}\}^3]^{\frac{1}{4}} = 9$

2. **संकेत** $\left(\frac{1}{0.0064}\right)^{\frac{1}{2}} = \left(\frac{10000}{64}\right)^{\frac{1}{2}} = 12.5$

3. **संकेत** $3^{4x} = 3^{2-x} \Rightarrow x = \frac{2}{5}$

5. **संकेत** $[\mu]^{a^2-b^2} = \mu$ $[\because$ दिया है, $a^2 - b^2 = 1]$

6. **संकेत** $2^{9x-2x} = 2^{\frac{14}{7}} \Rightarrow 2^{7x} = 2^2$

$\Rightarrow 7x = 2$

$\Rightarrow x = \frac{2}{7}$

7. (i) **संकेत** $(2^2 + 3^2)^{-1} = (8+9)^{-1}$

$= (17)^{-1} = \frac{1}{17}$

(ii) **संकेत** $(2^2 + 3^3)^{-1} = (4 + 27)^{-1}$

$= (31)^{-1} = \frac{1}{31}$

9. **संकेत** $\sqrt[5]{\sqrt[4]{3^2}} = [(3^2)^{\frac{1}{4}}]^{\frac{1}{5}} = 3^{\frac{1}{10}}$

10. प्रश्न 9 की भाँति स्वयं हल करें।

11. **संकेत** $\frac{2^{x-1}}{2^{x-2}} - \frac{2^{-x}}{2^{x+1}} = 0$

$\Rightarrow 2^{x-1-x+2} - 2^{-x-x-1} = 0$

$\Rightarrow 2^1 - 2^{-2x-1} = 0$

$\Rightarrow 2^{-2x-1} = 2^1$

$\Rightarrow -2x - 1 = 1$

$\Rightarrow x = -1$

NCERT फोल्डर

प्रश्नावली 1.1

1. क्या शून्य एक परिमेय संख्या है तथा क्या इसे आप p/q के रूप में लिख सकते हैं, जहाँ p और q पूर्णांक हैं और $q \neq 0$ है?

हल हाँ, शून्य को $\frac{0}{1}$ प्रकार से लिख सकते हैं। [जहाँ, 0 तथा 1 पूर्णांक हैं और $q = 1$, जोकि शून्य के बराबर नहीं है]

2. 3 और 4 के बीच में छः परिमेय संख्याएँ ज्ञात कीजिए।

3 और 4 के बीच में छः परिमेय संख्या $(x + d), (x + 2d), (x + 3d), (x + 4d), (x + 5d)$ और $(x + 6d)$ है, जहाँ $d = \frac{y - x}{n+1}$, $x = 3$, $y = 4$ और $n = 6$ है।

हल यहाँ, $4 > 3$; माना $x = 3, y = 4$ और $n = 6$

तब, $d = \frac{y-x}{n+1} = \frac{4-3}{6+1} = \frac{1}{7}$

इसलिए, 3 और 4 के बीच छः परिमेय संख्या

$= (x + d), (x + 2d), (x + 3d), (x + 4d), (x + 5d)$ और $(x + 6d)$

$= \left(3+\frac{1}{7}\right), \left(3+\frac{2}{7}\right), \left(3+\frac{3}{7}\right), \left(3+\frac{4}{7}\right), \left(3+\frac{5}{7}\right)$ और $\left(3+\frac{6}{7}\right)$

$= \frac{22}{7}, \frac{23}{7}, \frac{24}{7}, \frac{25}{7}, \frac{26}{7}$, और $\frac{27}{7}$

3. $\frac{3}{5}$ और $\frac{4}{5}$ के बीच पाँच परिमेय संख्याएँ ज्ञात कीजिए।

हल यहाँ, $\frac{4}{5} > \frac{3}{5}$, इसलिए माना $x = \frac{3}{5}, y = \frac{4}{5}$ और $n = 5$ है।

तब, $d = \frac{y-x}{n+1} = \left(\frac{\frac{4}{5}-\frac{3}{5}}{5+1}\right) = \frac{\frac{1}{5}}{6} = \frac{1}{30}$

इसलिए, $\frac{3}{5}$ और $\frac{4}{5}$ के बीच पाँच परिमेय संख्याएँ

$= (x + d), (x + 2d), (x + 3d), (x + 4d)$ और $(x - 5d)$

$= \left(\frac{3}{5}+\frac{1}{30}\right), \left(\frac{3}{5}+\frac{2}{30}\right), \left(\frac{3}{5}+\frac{3}{30}\right), \left(\frac{3}{5}+\frac{4}{30}\right)\left(\frac{3}{5}+\frac{5}{30}\right)$

$= \frac{20}{30}, \frac{21}{30}, \frac{22}{30}, \frac{23}{30}, \frac{24}{30}$

4. नीचे दिए गए कथन सत्य हैं या असत्य। कारण के साथ अपने उत्तर दीजिए।

(i) प्रत्येक प्राकृत संख्या एक पूर्ण संख्या होती है।

(ii) प्रत्येक पूर्णांक एक पूर्ण संख्या होती है।

(iii) प्रत्येक परिमेय संख्या एक पूर्ण संख्या होती है।

हल (i) सत्य, क्योंकि प्राकृतिक संख्याएँ 1, 2, 3, 4, ... ∞ तथा पूर्ण संख्याएँ 0, 1, 2, 3, 4, ... ∞ होती हैं।

या

पूर्ण संख्याओं का संग्रह सभी प्राकृतिक संख्याओं को रखता है।

(ii) असत्य (चूँकि पूर्ण संख्याओं की सूची में ऋणात्मक पूर्णांक सम्मिलित नहीं होते हैं)

(iii) असत्य $\left(\text{चूँकि } \frac{1}{3}, \frac{6}{7}, \frac{10}{19} \text{ पूर्ण संख्याएँ नहीं होती हैं}\right)$

प्रश्नावली 1.2

1. नीचे दिए गए कथन सत्य हैं या असत्य। कारण के साथ अपने उत्तर दीजिए।

(i) प्रत्येक अपरिमेय संख्या एक वास्तविक संख्या होती है।

(ii) संख्या रेखा का प्रत्येक बिंदु $\sqrt{m}$ के रूप का होता है, जहाँ m एक प्राकृत संख्या है।

(iii) प्रत्येक वास्तविक संख्या एक अपरिमेय संख्या होती है।

हल (i) सत्य [∵ वास्तविक संख्याएँ = परिमेय संख्याएँ + अपरिमेय संख्याएँ]

(ii) असत्य [चूँकि किसी भी प्राकृत संख्या का वर्गमूल ऋणात्मक संख्या नहीं हो सकती है]

(iii) असत्य [चूँकि वास्तविक संख्याओं के समुच्चय में परिमेय संख्याएँ भी उपस्थित रहती हैं]

2. क्या सभी धनात्मक पूर्णांकों के वर्गमूल अपरिमेय होते हैं? यदि नहीं, तो एक ऐसी संख्या के वर्गमूल का उदाहरण दीजिए जो एक परिमेय संख्या है।

हल नहीं, सभी धनात्मक संख्याओं का वर्गमूल अपरिमेय नहीं होता है।

जैसे– $\sqrt{16} = 4$; यहाँ, 4 एक परिमेय संख्या है।

3. दिखाइए कि संख्या रेखा पर $\sqrt{5}$ को किस प्रकार निरूपित किया जा सकता है?

हल हम जानते हैं कि $\sqrt{5} = \sqrt{4+1} = \sqrt{2^2 + 1^2}$

समकोण ΔOQP इस प्रकार बनाते हैं कि

$OQ = 2$ इकाई, $PQ = 1$ इकाई

तथा $\angle OQP = 90°$

अब, पाइथागोरस प्रमेय का प्रयोग करने पर,

$OP^2 = OQ^2 + PQ^2$

$= 2^2 + 1^2$

$\Rightarrow \quad OP = \sqrt{4+1} = \sqrt{5}$

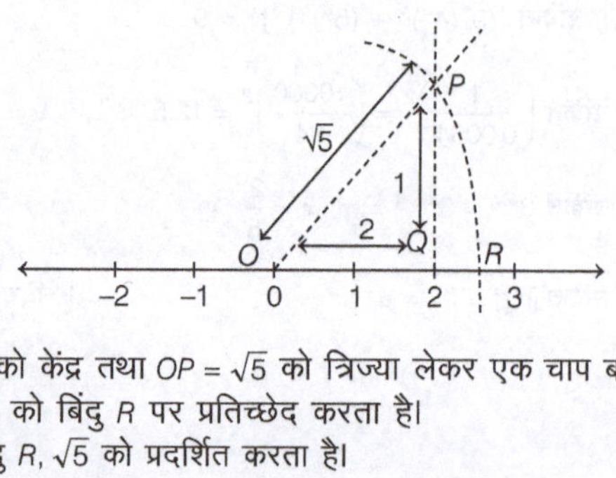

अब, O को केंद्र तथा $OP = \sqrt{5}$ को त्रिज्या लेकर एक चाप बनाते हैं जो रेखा को बिंदु R पर प्रतिच्छेद करता है।

अतः बिंदु R, $\sqrt{5}$ को प्रदर्शित करता है।

4. कक्षा के लिए क्रियाकलाप (वर्गमूल सर्पिल की रचना) कीजिए।

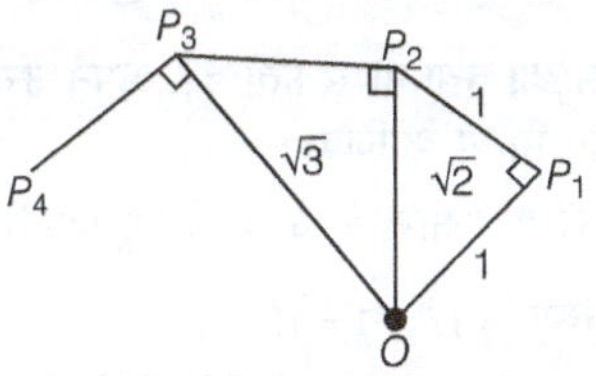

हल कागज की एक बड़ी शीट लीजिए और नीचे दी गई विधि से 'वर्गमूल सर्पिल' (square root spiral) की रचना कीजिए। सबसे पहले एक बिंदु O लीजिए और एकक लंबाई का रेखाखंड (line segment) OP खींचिए। एकक लंबाई वाले OP_1 पर लंब रेखाखंड P_1P_2 खींचिए। अब OP_2 पर लंब रेखाखंड P_2P_3 खींचिए, तब OP_3 पर लंब रेखाखंड P_3P_4 खींचिए। इस प्रक्रिया को जारी रखते हुए OP_{n-1} पर एकक लंबाई वाला लंब रेखाखंड खींचकर आप रेखाखंड $P_{n-1}P_n$ प्राप्त कर सकते हैं। इस प्रकार आप बिंदु $O, P_1, P_2, P_3, \ldots, P_n, \ldots$ प्राप्त कर लेंगे और उन्हें मिलाकर $\sqrt{2}, \sqrt{3}, \sqrt{4}, \ldots$ को दर्शाने वाला एक सुंदर सर्पिल प्राप्त कर लेंगे।

प्रश्नावली 1.3

1. निम्नलिखित भिन्नों को दशमलव रूप में लिखिए और बताइए कि प्रत्येक का दशमलव प्रसार किस प्रकार का है?

(i) $\frac{36}{100}$ (ii) $\frac{1}{11}$ (iii) $4\frac{1}{8}$

(iv) $\frac{3}{13}$ (v) $\frac{2}{11}$ (vi) $\frac{329}{400}$

हल (i) स्पष्ट है कि $\frac{36}{100}$ को 0.36 लिख सकते हैं।

$\therefore \quad \frac{36}{100} = 0.36$ [सांत दशमलव]

(ii) 1 को 11 से विभाजित करने पर,

$$\begin{array}{r} 0.0909 \\ 11\overline{)100} \\ \underline{99} \\ 100 \\ \underline{99} \\ 1 \end{array}$$

$\therefore \quad \frac{1}{11} = 0.090909\ldots = 0.\overline{09}$ [असांत आवर्ती]

(iii) यहाँ, $4\frac{1}{8} = \frac{4 \times 8 + 1}{8} = \frac{33}{8}$

33 को 8 से विभाजित करने पर,

$$\begin{array}{r} 4.125 \\ 8\overline{)33} \\ \underline{32} \\ 10 \\ \underline{8} \\ 20 \\ \underline{16} \\ 40 \\ \underline{40} \\ \times \end{array}$$

$\therefore \quad \frac{33}{8} = 4.125$ [सांत दशमलव]

(iv) दिया है, $\frac{3}{13}$

3 को 13 से विभाजित करने पर,

$$\begin{array}{r} 0.230769 \\ 13\overline{)30} \\ \underline{26} \\ 40 \\ \underline{39} \\ 100 \\ \underline{91} \\ 90 \\ \underline{78} \\ 120 \\ \underline{117} \\ 3 \end{array}$$

$\therefore \quad \frac{3}{13} = 0.\overline{230769}$ [असांत आवर्ती]

(v) दिया है, $\frac{2}{11}$

2 को 11 से विभाजित करने पर,

$$\begin{array}{r} 0.1818 \\ 11\overline{)20} \\ \underline{11} \\ 90 \\ \underline{88} \\ 20 \\ \underline{11} \\ 90 \\ \underline{88} \\ 2 \end{array}$$

$\therefore \quad \frac{2}{11} = 0.181818\ldots = 0.\overline{18}$ [असांत आवर्ती]

(vi) दिया है, $\frac{329}{400}$

329 को 400 से विभाजित करने पर,

$$\begin{array}{r} 0.8225 \\ 400\overline{)3290} \\ \underline{3200} \\ 900 \\ \underline{800} \\ 1000 \\ \underline{800} \\ 2000 \\ \underline{2000} \\ \times \end{array}$$

$\therefore \quad \frac{329}{400} = 0.8225$ [सांत दशमलव]

2. आप जानते हैं कि $\frac{1}{7} = 0.\overline{142857}$ है। वास्तव में, लंबा भाग दिए बिना क्या आप यह बता सकते हैं कि $\frac{2}{7}, \frac{3}{7}, \frac{4}{7}, \frac{5}{7}$ तथा $\frac{6}{7}$ के दशमलव प्रसार क्या हैं और यदि हाँ, तो कैसे?

[संकेत— *$\frac{1}{7}$ का मान ज्ञात करते समय शेषफलों का अध्ययन सावधानी से कीजिए।*]

हल दिया है, $\frac{1}{7} = 0.\overline{142857}$

$\frac{2}{7} = 2 \times \frac{1}{7} = 2 \times 0.\overline{142857} \Rightarrow \frac{2}{7} = 0.\overline{285714}$

$\frac{3}{7} = 3 \times \frac{1}{7} = 3 \times 0.\overline{142857} \Rightarrow \frac{3}{7} = 0.\overline{428571}$

$\frac{4}{7} = 4 \times \frac{1}{7} = 4 \times 0.\overline{142857} \Rightarrow \frac{4}{7} = 0.\overline{571428}$

$\frac{5}{7} = 5 \times \frac{1}{7} = 5 \times 0.\overline{142857} \Rightarrow \frac{5}{7} = 0.\overline{714285}$

$\frac{6}{7} = 6 \times \frac{1}{7} = 6 \times 0.\overline{142857} \Rightarrow \frac{6}{7} = 0.\overline{857142}$

3. निम्नलिखित को $\frac{p}{q}$ के रूप में व्यक्त कीजिए, जहाँ p और q पूर्णांक हैं तथा $q \neq 0$ है।

(i) $0.\overline{6}$ (ii) $0.4\overline{7}$ (iii) $0.\overline{001}$

हल (i) माना $x = 0.\overline{6} = 0.666...$ ...(i)

समी (i) को 10 से गुणा करने पर, $10x = 6.666...$ ...(ii)

समी (ii) में से समी (i) को घटाने पर,

$(10x - x) = (6.666...) - (0.666...)$

$\Rightarrow 9x = 6 \Rightarrow x = \frac{6}{9} \Rightarrow x = \frac{2}{3}$

(ii) माना $x = 0.4\overline{7} = 0.4777...$ ...(i)

समी (i) को 10 से गुणा करने पर,

$10x = 4.777...$ ...(ii)

समी (ii) को 10 से गुणा करने पर,

$100x = 47.777...$ ...(iii)

समी (iii) में से समी (ii) को घटाने पर,

$(100x - 10x) = (47.777...) - (4.777...)$

$\Rightarrow 90x = 43 \Rightarrow x = \frac{43}{90}$

(iii) माना $x = 0.\overline{001} = 0.001001001...$ ...(i)

समी (i) को 1000 से गुणा करने पर,

$1000x = 1.001001001...$ ...(ii)

समी (i) को समी (ii) में से घटाने पर,

$(1000x - x) = (1.001001001... - 0.001001001...)$

$\Rightarrow 999x = 1 \Rightarrow x = \frac{1}{999}$

4. 0.99999... को $\frac{p}{q}$ के रूप में व्यक्त कीजिए। क्या आप अपने उत्तर से आश्चर्यचकित हैं? अपने अध्यापक और कक्षा के सहयोगियों के साथ उत्तर की सार्थकता पर चर्चा कीजिए।

हल माना $x = 0.99999...$ ...(i)

समी (i) को 10 से गुणा करने पर, $10x = 9.99999...$ ...(ii)

समी (i) को समी (ii) में से घटाने पर,

$(10x - x) = (9.99999... - 0.99999...)$

$\Rightarrow 9x = 9 \Rightarrow x = \frac{9}{9} = 1$

हाँ, हम उत्तर में पूर्णांक (1) प्राप्त कर आश्चर्यचकित हैं चूँकि दशमलव के पश्चात् अनंत रूप से 9 की पुनरावृत्ति हो रही है परंतु अंत में एक पूर्णांक प्राप्त होता है।

5. $\frac{1}{17}$ के दशमलव प्रसार में अंकों के पुनरावृत्ति खंड में अंकों की अधिकतम संख्या क्या हो सकती है? अपने उत्तर की जाँच करने के लिए विभाजन क्रिया कीजिए।

हल $\frac{1}{17}$ के दशमलव प्रसार में अंकों के पुनरावृत्ति खंड में अंकों की अधिकतम संख्या = 17 − 1 = 16

दिया है,

```
        0.0588235294117647
    17 ) 100
          85
          150
          136
           140
           136
             40
             34
              60
              51
               90
               85
                50
                34
                160
                153
                  70
                  68
                   20
                   17
                    30
                    17
                    130
                    119
                     110
                     102
                       80
                       68
                       120
                       119
                         1
```

अतः $\frac{1}{17} = 0.\overline{0588235294117647}...$, 16 अंकों का पुनरावृत्ति खंड है।

6. $\frac{p}{q}$ $(q \neq 0)$ के रूप की परिमेय संख्याओं के अनेक उदाहरण लीजिए, जहाँ p और q पूर्णांक हैं जिनका 1 के अतिरिक्त अन्य कोई उभयनिष्ठ गुणनखंड नहीं है और जिसका सांत दशमलव निरूपण (प्रसार) है। क्या आप यह अनुमान लगा सकते हैं कि q को कौन-सा गुण अवश्य संतुष्ट करना चाहिए?

हल माना $\frac{p}{q}$ के रूप में विभिन्न परिमेय संख्याएँ जिनमें p तथा q पूर्णांक हैं जिसमें 1 को छोड़कर कोई भी उभयनिष्ठ गुणनखंड नहीं है तथा सांत दशमलव निरूपण (प्रसार) रखती है। इस प्रकार हैं,

$\frac{1}{2}, \frac{1}{4}, \frac{5}{8}, \frac{36}{25}, \frac{7}{125}, \frac{19}{20}, \frac{29}{16}$.... आदि।

सभी स्थितियों में हम प्राकृतिक संख्या के बारे में सोचते हैं जिसे जब हम उसके हर से गुणा करते हैं, तो वह 10 या 10 की घात में संख्या देता है।

$$\frac{1}{2}=\frac{1\times 5}{2\times 5}=\frac{5}{10}=0.5$$
$$\frac{1}{4}=\frac{1\times 25}{4\times 25}=\frac{25}{100}=0.25$$
$$\frac{5}{8}=\frac{5\times 125}{8\times 125}=\frac{625}{1000}=0.625$$
$$\frac{36}{25}=\frac{36\times 4}{25\times 4}=\frac{144}{100}=1.44$$
$$\frac{7}{125}=\frac{7\times 8}{125\times 8}=\frac{56}{1000}=0.056$$
$$\frac{19}{20}=\frac{19\times 5}{20\times 5}=\frac{95}{100}=0.95$$
$$\frac{29}{16}=\frac{29\times 625}{16\times 625}=\frac{18125}{10000}=1.8125$$

उपरोक्त से, हम प्राप्त करते हैं कि उपरोक्त संख्याओं का दशमलव प्रसार सांत है। इसके अनुदिश हम देखते हैं कि उपरोक्त संख्याओं का हर $2^m \times 5^n$ के रूप में है, जहाँ m तथा n प्राकृतिक संख्याएँ हैं। इस प्रकार, परिमेय संख्याओं का दशमलव निरूपण एक सांत दशमलव के रूप में प्रदर्शित कर सकते हैं।

7. ऐसी तीन संख्याएँ लिखिए जिनके दशमलव प्रसार अनवसानी अनावर्ती हों।

हल 0.74074007400074000074...
0.66506650066500066500000...
तथा 0.70700700070000...

8. परिमेय संख्याओं $\frac{5}{7}$ और $\frac{9}{11}$ के बीच की तीन अलग-अलग अपरिमेय संख्याएँ ज्ञात कीजिए।

हल अपरिमेय संख्याओं को ज्ञात करने के लिए, सर्वप्रथम हम 5 को 7 से तथा 9 को 11 से विभाजित करेंगे।

अतः

```
        0.714285...
    7 ) 50
        49
         10
          7
          30
          28
           20
           14
            60
            56
             40
             35
              5
```

अतः $\frac{5}{7}=0.714285...=0.\overline{714285}$

```
       0.8181...
  11 ) 90
       88
        20
        11
         90
         88
          20
          11
           9
```

अतः $\frac{9}{11}=0.8181...=0.\overline{81}$

$\therefore$ अभीष्ट संख्याएँ निम्न हैं

0.73073007300073000073...; 0.76507650076500076500000...
तथा 0.80800800080000...

9. बताइए कि निम्नलिखित संख्याओं में कौन-कौन सी संख्याएँ परिमेय और कौन-कौन सी संख्याएँ अपरिमेय हैं?

(i) $\sqrt{23}$ (ii) $\sqrt{225}$
(iii) 0.3796 (iv) 7.478478..
(v) 1.101001000100001...

हल (i) $\sqrt{23}$ (अपरिमेय, चूँकि 23 एक पूर्ण वर्ग संख्या नहीं है।)

(ii) $\sqrt{225}=15$ (परिमेय) (पूर्ण संख्या)

(iii) 0.3796 = परिमेय (सांत दशमलव प्रसार)

(iv) $7.478478...=7.\overline{478}$ = परिमेय (असांत आवर्ती)

(v) 1.101001000100001... = अपरिमेय (असांत अनावर्ती)

प्रश्नावली 1.4

1. बताइए नीचे दी गई संख्याओं में कौन-कौन परिमेय हैं और कौन-कौन अपरिमेय हैं?

(i) $2-\sqrt{5}$ (ii) $(3+\sqrt{23})-\sqrt{23}$
(iii) $\frac{2\sqrt{7}}{7\sqrt{7}}$ (iv) $\frac{1}{\sqrt{2}}$
(v) 2π

हल (i) अपरिमेय

[$\because$ 2 एक परिमेय संख्या है तथा $\sqrt{5}$ एक अपरिमेय संख्या है]
अतः $2-\sqrt{5}$ एक अपरिमेय संख्या है।

(ii) $3+\sqrt{23}-\sqrt{23}=3$ [परिमेय]

(iii) $\frac{2\sqrt{7}}{7\sqrt{7}}=\frac{2}{7}$ [परिमेय]

(iv) $\frac{1}{\sqrt{2}}$ [अपरिमेय]

[$\because$ $1\neq 0$ एक परिमेय संख्या है तथा $\sqrt{2}\neq 0$ एक अपरिमेय संख्या है]
अतः $\frac{1}{\sqrt{2}}$ एक अपरिमेय संख्या है। [$\because$ एक अशून्य परिमेय संख्या के साथ एक अपरिमेय संख्या का भागफल अपरिमेय होता है]

(v) 2π [अपरिमेय]

[$\because$ 2 एक परिमेय संख्या है तथा π एक अपरिमेय संख्या है]
अतः 2π एक अपरिमेय संख्या है। [$\because$ एक अशून्य परिमेय संख्या के साथ एक अपरिमेय संख्या का गुणनफल अपरिमेय होता है]

2. निम्नलिखित व्यंजकों में से प्रत्येक व्यंजक को सरल कीजिए।

(i) $(3+\sqrt{3})(2+\sqrt{2})$
(ii) $(3+\sqrt{3})(3-\sqrt{3})$
(iii) $(\sqrt{5}+\sqrt{2})^2$
(iv) $(\sqrt{5}-\sqrt{2})(\sqrt{5}+\sqrt{2})$

हल (i) $(3+\sqrt{3})(2+\sqrt{2})=3(2+\sqrt{2})+\sqrt{3}(2+\sqrt{2})$
$=6+3\sqrt{2}+2\sqrt{3}+\sqrt{6}$

(ii) $(3+\sqrt{3})(3-\sqrt{3})=3^2-(\sqrt{3})^2$ [$\because (a+b)(a-b)=a^2-b^2$]
$=9-3=6$

(iii) $(\sqrt{5}+\sqrt{2})^2 = (\sqrt{5})^2 + 2\sqrt{5}\times\sqrt{2} + (\sqrt{2})^2$

$[\because (a+b)^2 = a^2 + 2ab + b^2]$

$= 5 + 2\sqrt{10} + 2 = 7 + 2\sqrt{10}$

(iv) $(\sqrt{5}-\sqrt{2})(\sqrt{5}+\sqrt{2}) = (\sqrt{5})^2 - (\sqrt{2})^2$

$[\because (a-b)(a+b) = a^2 - b^2]$

$= 5 - 2 = 3$

3. आपको याद होगा कि π को एक वृत्त की परिधि (मान लीजिए c) और उसके व्यास (मान लीजिए d) के अनुपात से परिभाषित किया जाता है अर्थात् $\pi = \frac{c}{d}$ है। यह इस तथ्य का अंतर्विरोध करता हुआ प्रतीत होता है कि π अपरिमेय है। इस अंतर्विरोध का निराकरण आप किस प्रकार करेंगे?

हल इसका कोई अंतर्विरोध नहीं है। स्मरण रहे कि जब कभी भी एक स्केल से या किसी अन्य युक्ति से लंबाई मापते हैं, तब आपको केवल एक सन्निकट परिमेय मान प्राप्त होता है। अतः यह अनुभव नहीं कर पाते कि c तथा d अपरिमेय हैं।

अतः स्पष्ट है कि $\frac{c}{d} = \frac{22}{7}$, जोकि π का एक सन्निकट मान है।

4. संख्या रेखा पर $\sqrt{9.3}$ को निरूपित कीजिए।

हल एक दी हुई रेखा पर एक स्थिर बिंदु A से 9.3 इकाई की दूरी पर चिह्न लगाने पर एक ऐसा बिंदु B प्राप्त होता है जिससे कि $AB = 9.3$ इकाई। B से 1 इकाई की दूरी पर चिह्न लगाइए और इस नए बिंदु को C मान लीजिए। AC का मध्य-बिंदु O मान लीजिए। O को केंद्र और OC को त्रिज्या मानकर एक अर्द्धवृत्त बनाइए। AC पर लंब एक ऐसी रेखा खींचिए जो B से होकर जाती है और अर्द्धवृत्त को D पर काटती हो, तब $BD = \sqrt{9.3}$ है।

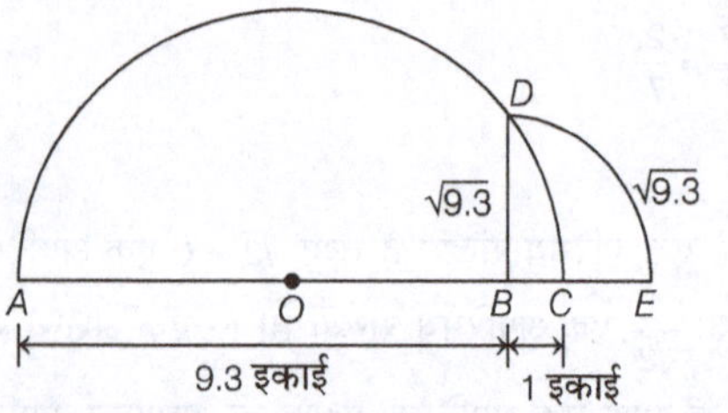

अब माना BC संख्या रेखा है, B को मूलबिन्दु मान लें और $BC = 1$ लें, B को केंद्र और BD को त्रिज्या मानकर एक चाप खींचिए जो संख्या रेखा को E पर काटता है, तब E, $\sqrt{9.3}$ निरूपित करता है।

5. निम्नलिखित के हरों का परिमेयीकरण कीजिए।

(i) $\frac{1}{\sqrt{7}}$ (ii) $\frac{1}{\sqrt{7}-\sqrt{6}}$

(iii) $\frac{1}{\sqrt{5}+\sqrt{2}}$ (iv) $\frac{1}{\sqrt{7}-2}$

हल (i) $\frac{1}{\sqrt{7}} \times \frac{\sqrt{7}}{\sqrt{7}} = \frac{\sqrt{7}}{7}$ [$\sqrt{7}$ से गुणा तथा भाग करने पर]

(ii) $\frac{1}{\sqrt{7}-\sqrt{6}} \times \frac{\sqrt{7}+\sqrt{6}}{\sqrt{7}+\sqrt{6}}$ [$\sqrt{7}+\sqrt{6}$ से गुणा तथा भाग करने पर]

$= \frac{\sqrt{7}+\sqrt{6}}{(\sqrt{7})^2-(\sqrt{6})^2} = \frac{\sqrt{7}+\sqrt{6}}{7-6} = \sqrt{7}+\sqrt{6}$

(iii) $\frac{1}{\sqrt{5}+\sqrt{2}} \times \frac{\sqrt{5}-\sqrt{2}}{\sqrt{5}-\sqrt{2}} = \frac{\sqrt{5}-\sqrt{2}}{(\sqrt{5})^2-(\sqrt{2})^2}$

[$\sqrt{5}-\sqrt{2}$ से गुणा तथा भाग करने पर]

$= \frac{\sqrt{5}-\sqrt{2}}{5-2} = \frac{\sqrt{5}-\sqrt{2}}{3}$

(iv) $\frac{1}{\sqrt{7}-2} \times \frac{\sqrt{7}+2}{\sqrt{7}+2} = \frac{\sqrt{7}+2}{(\sqrt{7})^2-2^2}$

[$\sqrt{7}+2$ से गुणा तथा भाग करने पर]

$= \frac{\sqrt{7}+2}{7-4} = \frac{\sqrt{7}+2}{3}$

प्रश्नावली 1.5

1. निम्न का मान ज्ञात कीजिए।

(i) $64^{\frac{1}{2}}$ (ii) $32^{\frac{1}{5}}$ (iii) $125^{\frac{1}{3}}$

हल (i) $64^{\frac{1}{2}} = (8\times 8)^{\frac{1}{2}} = 8^{2\times\frac{1}{2}} = 8$

(ii) $32^{\frac{1}{5}} = (2\times2\times2\times2\times2)^{\frac{1}{5}} = 2^{5\times\frac{1}{5}} = 2$

(iii) $125^{\frac{1}{3}} = (5\times5\times5)^{\frac{1}{3}} = 5^{3\times\frac{1}{3}} = 5$

2. निम्न का मान ज्ञात कीजिए।

(i) $9^{\frac{3}{2}}$ (ii) $32^{\frac{2}{5}}$

(iii) $16^{\frac{3}{4}}$ (iv) $125^{\frac{-1}{3}}$

हल (i) $9^{\frac{3}{2}} = (3^2)^{\frac{3}{2}} = 3^3 = 27$ (ii) $32^{\frac{2}{5}} = (2^5)^{\frac{2}{5}} = 2^2 = 4$

(iii) $16^{\frac{3}{4}} = (2^4)^{\frac{3}{4}} = 2^3 = 8$ (iv) $125^{-\frac{1}{3}} = (5^3)^{-\frac{1}{3}} = 5^{-1} = \frac{1}{5}$

3. निम्न का मान ज्ञात कीजिए।

(i) $2^{\frac{2}{3}}\cdot 2^{\frac{1}{5}}$ (ii) $\left(\frac{1}{3^3}\right)^7$

(iii) $\frac{11^{\frac{1}{2}}}{11^{\frac{1}{4}}}$ (iv) $7^{\frac{1}{2}}\cdot 8^{\frac{1}{2}}$

हल (i) $2^{\frac{2}{3}}\cdot 2^{\frac{1}{5}} = 2^{\frac{2}{3}+\frac{1}{5}} = 2^{\frac{10+3}{15}} = 2^{\frac{13}{15}}$ $[\because x^a\cdot x^b = x^{a+b}]$

(ii) $\left(\frac{1}{3^3}\right)^7 = \frac{1}{3^{3\times7}} = \frac{1}{3^{21}} = 3^{-21}$ $[\because (x^a)^b = x^{ab}]$

(iii) $\frac{11^{\frac{1}{2}}}{11^{\frac{1}{4}}} = 11^{\frac{1}{2}} \times 11^{-\frac{1}{4}} = 11^{\frac{1}{2}-\frac{1}{4}} = 11^{\frac{2-1}{4}} = 11^{\frac{1}{4}}$ $\left[\because \frac{x^a}{x^b} = x^{a-b}\right]$

(iv) $7^{\frac{1}{2}}\cdot 8^{\frac{1}{2}} = (7\cdot 8)^{\frac{1}{2}} = (56)^{\frac{1}{2}}$ $[\because x^a\cdot y^a = (xy)^a]$

अध्याय : एक नजर में

- प्राकृतिक संख्याएँ वे संख्याएँ हैं, जोकि गणना में उपयोग की जाती हैं।
- पूर्ण संख्याएँ शून्य के साथ सभी प्राकृतिक संख्याओं का संग्रह हैं।
- पूर्णांक सभी पूर्ण संख्याओं और प्राकृतिक संख्याओं के ऋणात्मक मानों का संग्रह है।
- परिमेय संख्याएँ वे संख्याएँ हैं जिन्हें $\frac{p}{q}$ रूप में व्यक्त किया जा सकता है, जहाँ p, q पूर्णांक तथा $q \neq 0$ है।
- अपरिमेय संख्याएँ वे संख्याएँ हैं, जिन्हें $\frac{p}{q}$ के रूप में व्यक्त नहीं किया जा सकता है। जहाँ p, q पूर्णांक तथा $q \neq 0$ है।
- वास्तविक संख्याएँ सभी परिमेय व अपरिमेय संख्याओं का संग्रह होता है।
- दो संख्याएँ तुल्य परिमेय कहलाएगी, यदि दोनों के अंश तथा हर समानुपात में हों अथवा बराबर करने के लिए उनका वियोजन किया जा सकता हो।
- वास्तविक संख्याओं का दशमलव प्रसार सांत या असांत आवर्ती या असांत अनावर्ती हो सकता है।
- परिमेय संख्याओं को दशमलव प्रसार का तो सांत या असांत तथा इसका विलोम भी हो सकता है।
- अपरिमेय संख्याओं का दशमलव प्रसार या तो असांत अनावर्ती अथवा इसका विलोम भी हो सकता है।
- यदि a एक परिमेय और b एक अपरिमेय संख्या है, तब $a + b$ और $a - b$ एक अपरिमेय तथा ab और $\frac{a}{b}$ अपरिमेय होंगे, जहाँ $b \neq 0$ है।
- यदि a और b दोनों अपरिमेय संख्याएँ हैं, तब $a + b$, $a - b$, ab और $\frac{a}{b}$ परिमेय या अपरिमेय हो सकती हैं।
- यदि a कोई वास्तविक संख्या तथा n कोई धनात्मक पूर्णांक इस प्रकार है कि $a^{\frac{1}{n}} = \sqrt[n]{a}$ एक वास्तविक संख्या है, तब यहाँ n को घातांक, a को करणी तथा '$\sqrt{\ }$' को करणी चिह्न कहते है।
- किन्हीं दो धनात्मक वास्तविक संख्याओं a और b के लिए, निम्न सर्वसमिकाएँ मान्य हैं
  - (i) $\sqrt{ab} = \sqrt{a} \cdot \sqrt{b}$
  - (ii) $\sqrt{\frac{a}{b}} = \frac{\sqrt{a}}{\sqrt{b}}$
  - (iii) $(\sqrt{a} + \sqrt{b})(\sqrt{a} - \sqrt{b}) = (a - b)$
  - (iv) $(a + \sqrt{b})(a - \sqrt{b}) = (a^2 - b)$
  - (v) $(\sqrt{a} \pm \sqrt{b})^2 = a \pm 2\sqrt{ab} + b$
  - (vi) $(\sqrt{a} + \sqrt{b})(\sqrt{c} + \sqrt{d}) = \sqrt{ac} + \sqrt{ad} + \sqrt{bc} + \sqrt{bd}$
- $\frac{1}{\sqrt{a} + b}$ के हर का परिमेयीकरण करने के लिए, इसे हम $\frac{\sqrt{a} - b}{\sqrt{a} - b}$ से अंश व हर में गुणा करते हैं, जहाँ a और b पूर्णांक हैं।
- माना a एवं $b > 0$ एक वास्तविक संख्या है तथा p, q परिमेय संख्याएँ हैं, तब
  - (i) $a^p \times a^q = a^{p+q}$
  - (ii) $(a^p)^q = a^{pq}$
  - (iii) $\frac{a^p}{a^q} = (a)^{p-q}$
  - (iv) $a^p \times b^p = (ab)^p$
  - (v) $a^{-p} = \frac{1}{a^p}$
  - (vi) $\left(\frac{a}{b}\right)^{-p} = \left(\frac{b}{a}\right)^p$
  - (vii) $a^{m/n} = (\sqrt[n]{a})^m = (\sqrt[m]{a})^n$, जहाँ $m, n \in N$

परीक्षा अभ्यास

यहाँ अध्याय से संबंधित सभी संभावित प्रश्नों को दिया गया है, इन प्रश्नों का अभ्यास करके व याद रखकर छात्र अध्याय से संबंधित किसी भी प्रश्न का उत्तर दे पाएँगे।

बहुविकल्पीय प्रश्न

1. प्रत्येक परिमेय संख्या है **[NCERT Exemplar]**

(a) एक प्राकृत संख्या (b) एक पूर्णांक
(c) एक वास्तविक संख्या (d) एक पूर्ण संख्या

2. निम्नलिखित में परिमेय संख्या है

(a) $\sqrt{8}$ (b) $\sqrt[3]{4}$
(c) 2.737373 (d) $\sqrt{5}-2$

3. $\frac{36}{100}$ का दशमलव प्रसार है

(a) असांत आवर्ती (b) सांत
(c) असांत अनावर्ती (d) इनमें से कोई नहीं

4. 4 तथा 5 के बीच परिमेय संख्या होगी

(a) $\frac{7}{2}$ (b) $\frac{9}{2}$
(c) $\frac{11}{2}$ (d) इनमें से कोई नहीं

5. निम्नलिखित में से कौन-सी एक अपरिमेय संख्या है? **[NCERT Exemplar]**

(a) $2-\sqrt{5}$ (b) $(3+\sqrt{23})-\sqrt{23}$
(c) $\frac{2\sqrt{7}}{7\sqrt{7}}$ (d) $2\sqrt{3}\times\sqrt{3}$

6. $2^{\frac{2}{3}}\times 2^{\frac{1}{3}}$ का मान है **[NCERT Exemplar]**

(a) 2^3 (b) 3^2
(c) 2 (d) $\frac{1}{2}$

7. $\frac{1}{\sqrt{7}-1}$ के हर का परिमेयीकरण करने पर प्राप्त संख्या है

(a) $\frac{\sqrt{7}+1}{6}$ (b) $\frac{\sqrt{7}-1}{3}$
(c) $\frac{\sqrt{7}+1}{5}$ (d) $\frac{\sqrt{7}+1}{45}$

8. $(3\sqrt{2}+4)-(2-\sqrt{2})$ बराबर है

(a) $2+2\sqrt{2}$ (b) $2-2\sqrt{2}$
(c) $-2+2\sqrt{2}$ (d) $2+4\sqrt{2}$

9. $(3+\sqrt{3})(3-\sqrt{3})$ का मान है

(a) 27 (b) $6\sqrt{3}$
(c) 6 (d) 9

10. $\sqrt[4]{\sqrt[3]{x^2}}$ का मान है

(a) $x^{\frac{1}{2}}$ (b) $x^{\frac{1}{6}}$ (c) x (d) $x^{\frac{1}{3}}$

कथन-कारण प्रश्न

***निर्देश** (प्र. सं. 11-15) में एक कथन (A) तथा उसके नीचे कथन का कारण (R) दिया गया है। इन्हें ध्यानपूर्वक पढ़िए और इनके आधार पर निम्नलिखित में से उचित उत्तर का चयन कीजिए।*

(a) कथन (A) और कारण (R) दोनों सत्य हैं तथा कारण (R) कथन (A) की सही व्याख्या है।
(b) कथन (A) और कारण (R) दोनों सत्य हैं, परन्तु कारण (R) कथन (A) की सही व्याख्या नहीं है।
(c) यदि कथन (A) सही है, परन्तु कारण (R) गलत है।
(d) यदि कथन (A) गलत है, परन्तु कारण (R) सही है।

11. कथन (A) $\frac{437}{999}$ का दशमलव प्रसार 0.437437 ...... के रूप का है, जो परिमेय है।

कारण (R) एक अनवसानी आवर्ती दशमलव प्रसार वाली संख्या एक परिमेय संख्या होती है।

12. कथन (A) यदि $a=3$ और $b=4$, तब b^a का मान 64 है।

कारण (R) यदि $a=4$ और $b=5$, तब a^2+b^2 का मान 41 है।

13. कथन (A) यदि $\sqrt{2}=1.414$ और $\sqrt{3}=1.732$, तब $\frac{2-\sqrt{3}}{\sqrt{3}}$ का दशमलव के तीन अंकों तक सरलतम मान 0.354 है।

कारण (R) यदि $\sqrt{2}=1.414$, $\sqrt{5}=2.236$ तथा $\sqrt{10}=3.162$, तब $\frac{\sqrt{2}+1}{\sqrt{5}}$ का सरलतम मान 1.079 है।

14. कथन (A) दो अपरिमेय संख्याओं $4+3\sqrt{2}$ तथा $4-3\sqrt{2}$ का योगफल 8 है जो एक परिमेय संख्या है।

कारण (R) दो अपरिमेय संख्याओं का योगफल सदैव एक परिमेय संख्या होती है।

15. कथन (A) $\frac{3}{5}$ और $\frac{2}{3}$ के ठीक मध्य की परिमेय संख्या $\frac{19}{30}$ है।

कारण (R) दो परिमेय संख्याओं a और b के ठीक मध्य की परिमेय संख्या $\frac{1}{2}(a+b)$ होती है।

अतिलघु उत्तरीय प्रश्न

16. संख्या $(-5+2\sqrt{5}-\sqrt{5})$ की प्रकृति किस प्रकार की है?

17. यदि $x=(7+4\sqrt{3})$ हो, तब व्यंजक $x+\frac{1}{x}$ का मान ज्ञात कीजिए।

18. $\sqrt{2}$ और $\sqrt{3}$ के बीच कौन-सी संख्या परिमेय संख्या है?

(i) $\frac{\sqrt{2}+\sqrt{3}}{2}$ (ii) $\frac{\sqrt{2}\cdot\sqrt{3}}{2}$ (iii) 1.5

19. $(256)^{0.16} \times (256)^{0.09}$ का मान ज्ञात कीजिए।

20. यदि $\sqrt{3} = 1.732$ है, तो $\frac{2}{\sqrt{3}}$ का सन्निकटन मान ज्ञात कीजिए।

21. सरल करें $\frac{1}{3+\sqrt{5}}$

22. $(\sqrt{3}+\sqrt{7})$ को $\sqrt{3}-\sqrt{7}$ से भाग दें।

23. $\frac{6}{\sqrt{12}-\sqrt{3}}$ को हल करें।

24. अभिव्यक्ति $(4\sqrt{5}-3\sqrt{2})(3\sqrt{5}+5\sqrt{2})$ को सरल करें।

25. $(25)^{1/3} \times (5)^{1/3}$ को सरल करें।

26. $\frac{\sqrt[4]{16}}{\sqrt[4]{81}}$ का मान ज्ञात कीजिए।

27. दर्शाइए कि $\frac{1}{1+x^{a-b}} + \frac{1}{1+x^{b-a}} = 1$

28. यदि $\sqrt{3} = 1.73205$ है, तब $\sqrt{\frac{2(\sqrt{3}-1)}{\sqrt{3}+1}}$ का मान क्या होगा?

लघु उत्तरीय प्रश्न

29. सत्य (T)/ असत्य (F) लिखिए

(i) संख्या रेखा पर प्रत्येक बिंदु $-\sqrt{m}$ किस रूप का होता है, जहाँ m एक प्राकृतिक संख्या है।

(ii) प्रत्येक वास्तविक संख्या या तो परिमेय संख्या होती है या अपरिमेय।

(iii) π अपरिमेय संख्या तथा $\frac{22}{7}$ परिमेय संख्या है।

(iv) परिमेय संख्या तथा अपरिमेय संख्या का गुणनफल एक परिमेय संख्या होती है।

30. औचित्य देते हुए, निम्नलिखित को परिमेय या अपरिमेय संख्याओं के रूप में वर्गीकृत कीजिए।

(i) $3\sqrt{18}$ (ii) $(1+\sqrt{5})-(4+\sqrt{5})$

(iii) 1.030030003.... (iv) $\sqrt{\frac{9}{27}}$

(v) 0.3796 **[NCERT Exemplar]**

31. निम्नलिखित के बीच एक परिमेय तथा एक अपरिमेय संख्या ज्ञात कीजिए।

(i) $-\frac{2}{5}$ और $\frac{1}{2}$

(ii) 0.15 और 0.16 **[NCERT Exemplar]**

32. $\frac{1}{\sqrt{3}+\sqrt{2}}$ के हर का परिमेयीकरण कर $\sqrt{2} = 1.414$ तथा $\sqrt{3} = 1.732$ की सहायता से व्यंजक का मान ज्ञात कीजिए।

33. यदि $\frac{\sqrt{3}+1}{\sqrt{3}-1} = a + b\sqrt{3}$ है, तब a तथा b के मान ज्ञात कीजिए।

34. यदि $\sqrt{2} = 1.414$ तथा $\sqrt{3} = 1.732$ है, तब $\frac{4}{3\sqrt{3}-2\sqrt{2}} + \frac{3}{3\sqrt{3}+2\sqrt{2}}$ का मान ज्ञात कीजिए।

35. सरल कीजिए $\sqrt{a^3b^4}\cdot\sqrt[3]{a^4b^3}$

36. सरल कीजिए $\sqrt[3]{27} - 7\sqrt[3]{216} + 10\sqrt[6]{64} + \sqrt[2]{121}$

37. सरल कीजिए $\frac{16\times 2^{n+1} - 4\times 2^n}{16\times 2^{n+2} - 2\times 2^{n+2}}$

38. यदि x व y दो धनात्मक वास्तविक संख्याएँ हैं, तब $3\sqrt{xy^2} \div x^2y$ का मान ज्ञात कीजिए।

39. $\frac{1}{\sqrt{5}+\sqrt{3}} + \frac{1}{2}(\sqrt{5}-\sqrt{3})$ को सरल करें।

40. माना x और y क्रमश: परिमेय और अपरिमेय संख्याएँ हैं। क्या $x+y$ निश्चित रूप से एक अपरिमेय संख्या है? अपने उत्तर की पुष्टि के लिए एक उदाहरण दीजिए। **[NCERT Exemplar]**

41. $32.12\overline{35}$ को $\frac{p}{q}$ के रूप में व्यक्त कीजिए।

42. 0.0333....और 0.444....का योगफल ज्ञात कीजिए।

43. $\sqrt{4.3}$ का ज्यामितीय विधि से मान ज्ञात कीजिए।

44. यदि $a = 6+2\sqrt{3}$ है, तब $a-\frac{1}{a}$ का मान ज्ञात कीजिए।

45. सरल कीजिए $\frac{4-\sqrt{5}}{4+\sqrt{5}} + \frac{4+\sqrt{5}}{4-\sqrt{5}}$

46. $\frac{4}{2+\sqrt{3}+\sqrt{7}}$ के हर का परिमेयीकरण कीजिए।

47. यदि $\sqrt{3} = 1.732$ तथा $\sqrt{5} = 2.236$ है, तब $\frac{6}{\sqrt{5}-\sqrt{3}}$ का मान ज्ञात कीजिए। **[NCERT Exemplar]**

48. यदि a और b दो परिमेय संख्याएँ हैं तथा $\frac{2+\sqrt{3}}{2-\sqrt{3}} = a + b\sqrt{3}$ है, तब a^2+b^2 का मान ज्ञात कीजिए।

49. सरल कीजिए $\frac{\sqrt{25}}{\sqrt[3]{64}} + \left(\frac{256}{625}\right)^{-\frac{1}{4}} + \frac{1}{\left(\frac{64}{125}\right)^{\frac{2}{3}}}$

50. $\frac{(243)^{\frac{n}{5}}\cdot 3^{2n+1}}{9^n \times 3^{n-1}}$ का मान ज्ञात कीजिए।

51. यदि x, y और z धनात्मक वास्तविक संख्याएँ हैं, तब दिखाइए कि $\sqrt{x^{-1}y}\cdot\sqrt{y^{-1}z}\cdot\sqrt{z^{-1}x}=1$

52. यदि $2^{7x}\div 2^{2x}=\sqrt[5]{2^{15}}$ है, तब x का मान ज्ञात कीजिए।

53. यदि $x=3+\sqrt{8}$ है, तब $\left(x^2+\frac{1}{x^2}\right)$ का मान ज्ञात कीजिए।

54. दिखाइए कि $\frac{x^{a(b-c)}}{x^{b(a-c)}}\div\left(\frac{x^b}{x^a}\right)^c=1$

दीर्घ उत्तरीय प्रश्न

55. $0.6+0.\overline{7}+0.4\overline{7}$ को $\frac{p}{q}$ के रूप में व्यक्त कीजिए, जहाँ p और q पूर्णांक हैं तथा $q\neq 0$ **[NCERT Exemplar]**

56. यदि a और b दोनों परिमेय संख्याएँ हैं तथा $\frac{\sqrt{11}-\sqrt{7}}{\sqrt{11}+\sqrt{7}}=a-b\sqrt{77}$ है, तब a तथा b के मान ज्ञात कीजिए।

57. यदि $\frac{7+3\sqrt{5}}{3+\sqrt{5}}-\frac{7-3\sqrt{5}}{3-\sqrt{5}}=a+\sqrt{5}b$ है, तब a और b के मान ज्ञात कीजिए।

58. यदि $a=\frac{1}{7-4\sqrt{3}}$ और $b=\frac{1}{7+4\sqrt{3}}$ है, तब निम्नलिखित के मान ज्ञात कीजिए

(i) a^2+b^2 (ii) a^3+b^3

59. यदि $x=(5+2\sqrt{6})$ है, तब दिखाइए कि $\sqrt{x}+\frac{1}{\sqrt{x}}=2\sqrt{3}$

60. सरल कीजिए $\frac{-3}{\sqrt{3}+\sqrt{2}}-\frac{3\sqrt{2}}{\sqrt{6}+\sqrt{3}}+\frac{4\sqrt{3}}{\sqrt{6}+\sqrt{2}}$

61. $\frac{4}{(216)^{-\frac{2}{3}}}+\frac{1}{(256)^{-\frac{3}{4}}}+\frac{2}{(243)^{-1/5}}$ का मान ज्ञात कीजिए। **[NCERT Exemplar]**

62. $\frac{1}{\sqrt{7}+\sqrt{3}-\sqrt{2}}$ का परिमेयीकरण कीजिए।

केस स्टडी आधारित प्रश्न

63. असहाय तथा अनाथ व्यक्तियों की सहायता करना हमारे समाज की सामूहिक जिम्मेदारी है। शहर में इस भावना को मापने के लिए एक सर्वे पारित किया गया। सर्वे में पाया गया कि 13 परिवारों में से 7 परिवार अपनी आय का कुछ हिस्सा अनाथालय, वृद्धाआश्रम या शारीरिक रूप से विकलांग व्यक्तियों के लिए दान करते हैं।

उपरोक्त सूचना के आधार पर निम्नलिखित प्रश्नों के उत्तर दीजिए।

(i) उस परिवार का भिन्न लिखिए, जोकि दान करता है।

(a) $\frac{7}{13}$ (b) $\frac{6}{13}$ (c) $\frac{5}{13}$ (d) $\frac{8}{13}$

(ii) उस परिवार का भिन्न लिखिए, जोकि दान नहीं करता है।

(a) $\frac{5}{13}$ (b) $\frac{6}{13}$ (c) $\frac{4}{13}$ (d) $\frac{2}{13}$

(iii) उस परिवार के भिन्न का दशमलव रूप लिखिए, जोकि दान करता है।

(a) $0.\overline{538471}$ (b) $0.\overline{538461}$
(c) $0.\overline{548471}$ (d) इनमें से कोई नहीं

(iv) उस परिवार के भिन्न का दशमलव रूप लिखिए, जोकि दान नहीं करता है।

(a) $0.\overline{461538}$ (b) $0.\overline{46128}$
(c) $0.\overline{465138}$ (d) $0.\overline{416538}$

(v) $\frac{2}{11}$ का दशमलव प्रसार किस प्रकार का है?

(a) सांत (b) असांत
(c) असांत पुनरावृत्त (d) असांत अपुनरावृत्त

64. कक्षा 'IX' के विषय 'संख्या पद्धति' की तैयारी की जाँच हेतु गणित अध्यापक ने श्यामपट्ट पर दो संख्याएँ लिखी (जैसा कि आकृति में दिखाया है) तथा उन दो संख्याओं से सम्बन्धित प्रश्न विद्यार्थियों से पूछे, जोकि निम्नवत् हैं, तब प्रश्नों के उत्तर दीजिए।

(i) $\frac{2}{11}$ का दशमलव रूप लिखिए।

(a) $0.\overline{81}$ (b) $0.\overline{18}$ (c) $0.\overline{17}$ (d) $0.\overline{71}$

(ii) $0.3\overline{8}$ का $\frac{p}{q}$ रूप लिखिए।

(a) $\frac{5}{18}$ (b) $\frac{7}{18}$ (c) $\frac{11}{18}$ (d) $\frac{1}{18}$

(iii) $\frac{2}{11}$ का दशमलव प्रसार किस प्रकार का है?

(a) असांत (b) सांत
(c) असांत पुनरावृत्त (d) असांत अपुनरावृत्त

(iv) यदि $0.3\overline{8}$ का $\frac{p}{q}$ रूप $\frac{m}{n}$ है, तब $(m+n)$ का मान है

(a) 25 (b) 11
(c) 29 (d) 23

(v) $0.3\overline{8}$ का दशमलव प्रसार किस प्रकार का है?

(a) सांत (b) असांत
(c) असांत पुनरावृत्त (d) असांत अपुनरावृत्त

संकेत एवं हल

1. (c) चूँकि वास्तविक संख्याएँ, परिमेय तथा अपरिमेय संख्याओं का संग्रह होती हैं।

2. (c) (a) $\sqrt{8} = 2\sqrt{2}$, अपरिमेय संख्या है

(b) $\sqrt[3]{4} = 2^{\frac{2}{3}}$ अपरिमेय संख्या है

(c) 2.737373 एक निश्चित मान है। अतः यह संख्या परिमेय है।

(d) $\sqrt{5} - 2$ एक अपरिमेय संख्या है, चूँकि $\sqrt{5}$ अपरिमेय संख्या है।

3. (*b*) $\frac{36}{100} = 0.36$

अतः $\frac{36}{100}$ का दशमलव प्रसार सांत है।

4. (*b*) 4 तथा 5 के बीच परिमेय संख्या $= \frac{4+5}{2} = \frac{9}{2}$

5. (*a*) $\because$ (a) एक परिमेय तथा एक अपरिमेय संख्या का अंतर सदैव अपरिमेय संख्या होता है। अतः $2 - \sqrt{5}$ एक अपरिमेय संख्या है।

(b) $(3 + \sqrt{23}) - \sqrt{23} = 3 + \sqrt{23} - \sqrt{23} = 3$, परिमेय संख्या है।

(c) $\frac{2\sqrt{7}}{7\sqrt{7}} = \frac{2}{7}$, परिमेय संख्या है।

(d) $2\sqrt{3} \times \sqrt{3} = 2 \times 3 = 6$, परिमेय संख्या है $[\because \sqrt{3} \times \sqrt{3} = 3]$

6. (c) $2^{\frac{2}{3}} \times 2^{\frac{1}{3}} = 2^{\left(\frac{2}{3}+\frac{1}{3}\right)}$ $[\because a^m \times a^n = a^{m+n}]$

$$= 2^{\frac{2+1}{3}} = 2^{\frac{3}{3}} = 2^1 = 2$$

7. (*a*) $\frac{1}{\sqrt{7}-1} = \frac{1}{\sqrt{7}-1} \times \frac{\sqrt{7}+1}{\sqrt{7}+1}$

$$= \frac{\sqrt{7}+1}{(\sqrt{7})^2 - (1)^2} = \frac{\sqrt{7}+1}{7-1} = \frac{\sqrt{7}+1}{6}$$

8. (*d*) $(3\sqrt{2} + 4) - (2 - \sqrt{2}) = 3\sqrt{2} + 4 - 2 + \sqrt{2}$

$$= (4-2) + (3\sqrt{2} + \sqrt{2})$$
$$= 2 + 4\sqrt{2}$$

9. (*c*) $(3 + \sqrt{3})(3 - \sqrt{3}) = (3^2 - 3)$

$[\because (a + \sqrt{b})(a - \sqrt{b}) = a^2 - b]$

$$= 9 - 3 = 6$$

10. (*b*) $\sqrt[4]{\sqrt[3]{x^2}} = \left(\sqrt[3]{x^2}\right)^{\frac{1}{4}} = (x^2)^{\frac{1}{3} \times \frac{1}{4}}$

$$= (x)^{\frac{2}{3 \times 4}} = (x)^{\frac{1}{6}} = x^{\frac{1}{6}}$$

11. (a) **कथन** (A) 437 को 999 से भाग देने पर,

$$\frac{437}{999} = 0.437437....$$

हम देखते हैं कि दी गई संख्या का दशमलव प्रसार अनवसानी आवृर्त्ती है जो एक परिमेय संख्या है।

अतः कथन (A) सही है।

कारण (R) एक अनवसानी आवृर्त्ती दशमलव प्रसार वाली संख्या एक परिमेय संख्या होती है। अतः कारण (R) सही है।

अतः कथन (A) और कारण (R) दोनों सही हैं तथा कारण (R) कथन (A) की सही व्याख्या करता है।

12. (*b*) **कथन** (A) दिया है, $a = 3$, $b = 4$

$\therefore$ $b^a = (4)^3 = 64$

अतः कथन (A) सत्य है।

कारण (R) दिया है, $a = 4$, $b = 5$

$\therefore$ $a^2 + b^2 = (4)^2 + (5)^2 = 16 + 25 = 41$

इसलिए, कारण (R) सही है।

अतः कथन (A) और कारण (R) दोनों सत्य हैं, परन्तु कारण (R) कथन (A) की सही व्याख्या नहीं है।

13. (*d*) **कथन** (A) दिया है, $\sqrt{2} = 1.414$, $\sqrt{3} = 1.732$

$$\therefore \quad \frac{2-\sqrt{3}}{\sqrt{3}} = \frac{2-\sqrt{3}}{\sqrt{3}} \times \frac{\sqrt{3}}{\sqrt{3}}$$
$$= \frac{2\sqrt{3}-3}{3} = \frac{2(1.732)-3}{3}$$
$$= \frac{3.464-3}{3} = \frac{0.464}{3} = 0.154$$

अतः कथन (A) गलत है।

कारण (R) दिया है, $\sqrt{2} = 1.414$, $\sqrt{5} = 2.236$ तथा $\sqrt{10} = 3.162$

$$\therefore \quad \frac{\sqrt{2}+1}{\sqrt{5}} = \frac{\sqrt{2}+1}{\sqrt{5}} \times \frac{\sqrt{5}}{\sqrt{5}}$$
$$= \frac{\sqrt{10}+\sqrt{5}}{5} = \frac{3.162+2.236}{5} = \frac{5.398}{5} = 1.0796$$

इसलिए, कारण (R) सही है।

अतः कथन (A) गलत तथा कारण (R) सही है।

14. (*c*) **कथन** (A) दी गई अपरिमेय संख्याएँ $4 + 3\sqrt{2}$ तथा $4 - 3\sqrt{2}$ हैं।

$\therefore$ दोनों अपरिमेय संख्याओं का योग $= 4 + 3\sqrt{2} + 4 - 3\sqrt{2}$

$= 8$(परिमेय संख्या)

अतः कथन (A) सही है।

कारण (R) दो अपरिमेय संख्याओं का योगफल सदैव एक परिमेय संख्या या अपरिमेय संख्या [जैसे $(3 + \sqrt{2}) + (\sqrt{3} - 1)$] हो सकती है।

अतः कारण (R) सही नहीं है।

इसलिए, कथन (A) सही है, परन्तु कारण (R) सही नहीं है।

15. (*a*) **कथन** (A) दो परिमेय संख्याएँ, $a = \frac{3}{5}$, $b = \frac{2}{3}$

$\therefore$ a और b के ठीक मध्य की परिमेय संख्या $= \frac{1}{2}(a + b)$

$$= \frac{1}{2}\left(\frac{3}{5} + \frac{2}{3}\right) = \frac{1}{2} \times \frac{9+10}{15} = \frac{19}{30}$$

अतः कथन (A) सही है।

कारण (R) दो परिमेय संख्याओं a और b के ठीक मध्य की परिमेय संख्या $= \frac{1}{2}(a + b)$ होती है। अतः कारण (R) सही है।

इसलिए, कथन (A) और कारण (R) दोनों सही हैं तथा कारण (R) कथन (A) की सही व्याख्या करता है।

16. **संकेत** दिया है, $-5 + 2\sqrt{5} - \sqrt{5} = -5 + \sqrt{5}$

यहाँ, -5 एक परिमेय संख्या और $\sqrt{5}$ एक अपरिमेय संख्या है हम जानते हैं कि, परिमेय संख्या और अपरिमेय संख्या का योगफल सदैव अपरिमेय संख्या होता है। इसलिए, $(-5 + \sqrt{5})$ एक अपरिमेय संख्या है। अतः $(-5 + 2\sqrt{5} - \sqrt{5})$ एक अपरिमेय संख्या है।

17. संकेत दिया है, $x = 7 + 4\sqrt{3}$

अब, $\frac{1}{x} = \frac{1}{7+4\sqrt{3}} \times \frac{7-4\sqrt{3}}{7-4\sqrt{3}}$ [हर का परिमेयीकरण करने पर]

$= \frac{7-4\sqrt{3}}{(7)^2-(4\sqrt{3})^2}$ [$\because (a-b)(a+b) = a^2 - b^2$]

$= \frac{7-4\sqrt{3}}{49-48} = 7 - 4\sqrt{3}$

$\therefore x + \frac{1}{x} = 7 + 4\sqrt{3} + 7 - 4\sqrt{3} = 14$

18. संकेत दी गई संख्याएँ $\sqrt{2}$ और $\sqrt{3}$ अर्थात् 1.414 व 1.732 हैं।

(i) $\frac{\sqrt{2}+\sqrt{3}}{2}$ एक अपरिमेय संख्या है इसलिए यह सही हल नहीं है।

(ii) $\frac{\sqrt{2}\cdot\sqrt{3}}{2} = \frac{\sqrt{6}}{2}$ एक अपरिमेय संख्या है इसलिए यह सही हल नहीं है।

(iii) हम जानते हैं कि 1.5, 1.414 और 1.732 के बीच स्थित हैं इसलिए यह सही हल है।

19. संकेत दिया है, $(256)^{0.16} \times (256)^{0.09}$

$= (256)^{0.16+0.09}$ [$\because (a)^m \times (a)^n = (a)^{m+n}$]

$= (256)^{0.25} = (256)^{25/100}$

$= (256)^{\frac{1}{4}} = [(4)^4]^{\frac{1}{4}} = 4$ [$\because (a^m)^n = (a)^{mn}$]

20. संकेत दिया है, $\frac{2}{\sqrt{3}}$

अंश व हर में $\sqrt{3}$ से गुणा करने पर,

$\frac{2}{\sqrt{3}} = \frac{2}{\sqrt{3}} \times \frac{\sqrt{3}}{\sqrt{3}} = \frac{2\sqrt{3}}{3} = \frac{2}{3} \times 1.732 = \frac{3.464}{3}$

$= 1.15466.... = 1.155$ (लगभग)

21. संकेत $\frac{1}{3+\sqrt{5}}$ में परिमेयीकरण के लिए $(3-\sqrt{5})$ से हर और अंश में गुणा करें

$\frac{1}{3+\sqrt{5}} \times \frac{(3-\sqrt{5})}{(3-\sqrt{5})} = \frac{3-\sqrt{5}}{(3)^2-(\sqrt{5})^2} = \frac{3-\sqrt{5}}{9-5} = \left(\frac{3-\sqrt{5}}{4}\right)$

22. संकेत $\frac{\sqrt{3}+\sqrt{7}}{\sqrt{3}-\sqrt{7}} \times \frac{\sqrt{3}+\sqrt{7}}{\sqrt{3}+\sqrt{7}}$ [परिमेयीकरण]

$= \frac{(\sqrt{3}+\sqrt{7})^2}{(\sqrt{3})^2-(\sqrt{7})^2} = \frac{3+7+2\sqrt{21}}{3-7} = -\frac{10+2\sqrt{21}}{4}$

$= -\left(\frac{5+\sqrt{21}}{2}\right)$

23. संकेत $\frac{6}{\sqrt{12}-\sqrt{3}} = \frac{6}{\sqrt{12}-\sqrt{3}} \times \frac{\sqrt{12}+\sqrt{3}}{\sqrt{12}+\sqrt{3}}$ [परिमेयीकरण]

$= \frac{6(\sqrt{12}+\sqrt{3})}{(\sqrt{12})^2-(\sqrt{3})^2} = \frac{6(\sqrt{12}+\sqrt{3})}{12-3}$

$= \frac{6(\sqrt{12}+\sqrt{3})}{9} = \frac{2(\sqrt{12}+\sqrt{3})}{3}$

24. संकेत $(4\sqrt{5}-3\sqrt{2})(3\sqrt{5}+5\sqrt{2})$

$= 12 \times 5 - 9\sqrt{10} + 20\sqrt{10} - 15 \times 2$

$= 60 + 11\sqrt{10} - 30$

$= 30 + 11\sqrt{10}$

25. संकेत $(25)^{1/3} \times (5)^{1/3} = (5^2)^{1/3} \times (5)^{1/3} = 5^{\frac{2}{3}+\frac{1}{3}} = 5^{3/3} = 5$

26. संकेत $\frac{\sqrt[4]{16}}{\sqrt[4]{81}} = \frac{\sqrt[4]{2\times2\times2\times2}}{\sqrt[4]{3\times3\times3\times3}} = \frac{2}{3}$

27. संकेत बायाँ पक्ष $= \frac{1}{1+x^{a-b}} + \frac{1}{1+x^{b-a}}$

$= \frac{1}{1+\frac{x^a}{x^b}} + \frac{1}{1+\frac{x^b}{x^a}} = \frac{1}{\frac{x^b+x^a}{x^b}} + \frac{1}{\frac{x^a+x^b}{x^a}}$

$= \frac{x^b}{x^b+x^a} + \frac{x^a}{x^a+x^b}$

$= \frac{x^b+x^a}{x^b+x^a} = 1 =$ दायाँ पक्ष **इति सिद्धम्**

28. संकेत $\sqrt{\frac{2(\sqrt{3}-1)}{\sqrt{3}+1}} = \sqrt{\frac{2(\sqrt{3}-1)}{(\sqrt{3}+1)} \times \frac{(\sqrt{3}-1)}{(\sqrt{3}-1)}}$

[हर का परिमेयीकरण करने पर]

$= \sqrt{\frac{2(\sqrt{3}-1)^2}{(\sqrt{3})^2-(1)^2}}$

[$\because (a+b)(a-b) = (a^2-b^2)$]

$= \sqrt{\frac{2(\sqrt{3}-1)^2}{3-1}} = \sqrt{(\sqrt{3}-1)^2} = \sqrt{3}-1$

$= 1.73205 - 1 = 0.73205$

29. (i) असत्य (ii) सत्य (iii) सत्य (iv) असत्य

30. (i) **संकेत** $3\sqrt{18} = 3\sqrt{9\times2} = 9\sqrt{2}$ (अपरिमेय संख्या), जोकि एक परिमेय तथा अपरिमेय संख्या का गुणनफल है यद्यपि एक अपरिमेय संख्या है।

(ii) **संकेत** $(1+\sqrt{5})-(4+\sqrt{5}) = 1+\sqrt{5}-4-\sqrt{5} = -3$ [परिमेय संख्या]

(iii) **संकेत** 1.030030003.....(अपरिमेय संख्या) क्योंकि दशमलव प्रसार असांत अनावर्ती है।

(iv) **संकेत** $\sqrt{\frac{9}{27}} = \sqrt{\frac{1}{3}}$ (अपरिमेय संख्या), जोकि एक परिमेय तथा एक अपरिमेय संख्या का भागफल है, परिणामतः एक अपरिमेय संख्या है।

(v) **संकेत** $0.3796 = \frac{3796}{10000}$ (परिमेय संख्या), क्योंकि दशमलव प्रसार सांत है।

31. (i) **संकेत** $-\frac{2}{5}$ और $\frac{1}{2}$ के बीच परिमेय संख्या $= \frac{1}{2}\left(-\frac{2}{5}+\frac{1}{2}\right) = \frac{1}{20}$

अतः $-\frac{2}{5}$ और $\frac{1}{2}$ अर्थात् -0.4 और 0.5 के बीच अपरिमेय संख्या 0.151151115.... है।

(ii) **संकेत** 0.15 और 0.16 के बीच परिमेय संख्या 0.151 है।

अतः 0.15 और 0.16 के बीच अपरिमेय संख्या 0.1515515551.... है।

32. संकेत $\frac{1}{\sqrt{3}+\sqrt{2}} = \frac{1}{\sqrt{3}+\sqrt{2}} \times \frac{\sqrt{3}-\sqrt{2}}{\sqrt{3}-\sqrt{2}}$

[परिमेयीकरण करने पर]

$= \frac{\sqrt{3}-\sqrt{2}}{(\sqrt{3})^2-(\sqrt{2})^2}$

[$\because (a+b)(a-b) = a^2 - b^2$]

$= \frac{\sqrt{3}-\sqrt{2}}{3-2} = \sqrt{3}-\sqrt{2}$

$= 1.732 - 1.414 = 0.318$

33. संकेत $\frac{\sqrt{3}+1}{\sqrt{3}-1} = \frac{\sqrt{3}+1}{\sqrt{3}-1} \times \frac{(\sqrt{3}+1)}{(\sqrt{3}+1)}$ [परिमेयीकरण करने पर]

$= \frac{(\sqrt{3}+1)^2}{(\sqrt{3})^2-(1)^2}$ $[\because (a-b)(a+b) = a^2 - b^2]$

$= \frac{(\sqrt{3}+1)^2}{3-1} = \frac{3+1+2\sqrt{3}}{2}$ $[\because (a+b)^2 = a^2 + b^2 + 2ab]$

$= \frac{4+2\sqrt{3}}{2} = 2+\sqrt{3}$

$\therefore \quad 2+\sqrt{3} = a + b\sqrt{3}$ [दिया है]

दोनों पक्षों की तुलना करने पर,

$a = 2, b = 1$

34. संकेत $\frac{4}{3\sqrt{3}-2\sqrt{2}} + \frac{3}{3\sqrt{3}+2\sqrt{2}}$

$= \frac{4(3\sqrt{3}+2\sqrt{2}) + 3(3\sqrt{3}-2\sqrt{2})}{(3\sqrt{3}-2\sqrt{2})(3\sqrt{3}+2\sqrt{2})}$

$= \frac{12\sqrt{3}+8\sqrt{2}+9\sqrt{3}-6\sqrt{2}}{(3\sqrt{3})^2-(2\sqrt{2})^2}$ $[\because (a+b)(a-b) = a^2 - b^2]$

$= \frac{21\sqrt{3}+2\sqrt{2}}{27-8}$

$= \frac{21\sqrt{3}+2\sqrt{2}}{19} = \frac{21 \times 1.732 + 2 \times 1.414}{19}$

$[\because \sqrt{2} = 1.414$ और $\sqrt{3} = 1.732]$

$= \frac{36.372 + 2.828}{19} = \frac{39.2}{19}$

$= 2.06316 \approx 2.063$

35. संकेत $\sqrt{a^3 b^4} \cdot \sqrt[3]{a^4 b^3} = \sqrt{(ab^2)^2 a} \cdot \sqrt[3]{(ab)^3 a}$

$= \{(ab^2)^2\}^{\frac{1}{2}} (a)^{\frac{1}{2}} \times \{(ab)^3\}^{\frac{1}{3}} (a)^{\frac{1}{3}}$

$= ab^2 a^{1/2} \times aba^{\frac{1}{3}}$

$= a^2 b^3 a^{\frac{1}{2}} \times a^{\frac{1}{3}}$

$= a^2 b^3 \cdot a^{\frac{1}{2}+\frac{1}{3}}$ $[\because a^m \times a^n = a^{m+n}]$

$= a^2 b^3 (a)^{5/6}$

$= a^{\left(2+\frac{5}{6}\right)} b^3$

$= a^{\frac{12+5}{6}} b^3 = a^{\frac{17}{6}} b^3$

36. संकेत $\sqrt[3]{27} - 7\sqrt[3]{216} + 10\sqrt[6]{64} + \sqrt[2]{121}$

$= \sqrt[3]{3^3} - 7\sqrt[3]{6^3} + 10\sqrt[6]{2^6} + \sqrt[2]{11^2}$

$= (3^3)^{\frac{1}{3}} - 7(6^3)^{\frac{1}{3}} + 10(2^6)^{\frac{1}{6}} + (11^2)^{\frac{1}{2}}$

$= (3)^{3 \times \frac{1}{3}} - 7(6)^{3 \times \frac{1}{3}} + 10(2)^{6 \times \frac{1}{6}} + (11)^{2 \times \frac{1}{2}}$

$= 3^1 - 7 \times 6^1 + 10 \times 2^1 + 11^1$

$= 3 - 42 + 20 + 11$

$= 34 - 42 = -8$

37. संकेत $\frac{16 \times 2^{n+1} - 4 \times 2^n}{16 \times 2^{n+2} - 2 \times 2^{n+2}}$

$= \frac{2^4 \times 2^{n+1} - 2^2 \times 2^n}{2^4 \times 2^{n+2} - 2 \times 2^{n+2}} = \frac{2^{n+5} - 2^{n+2}}{2^{n+6} - 2^{n+3}}$

$= \frac{2^{n+5} - 2^{n+2}}{2 \cdot 2^{n+5} - 2 \cdot 2^{n+2}}$

$= \frac{2^{n+5} - 2^{n+2}}{2(2^{n+5} - 2^{n+2})} = \frac{1}{2}$

38. संकेत $\sqrt[3]{xy^2} \div x^2 y = \frac{\sqrt[3]{xy^2}}{x^2 y} = \frac{(xy^2)^{\frac{1}{3}}}{x^2 y} = x^{\frac{1}{3}} \cdot \frac{y^{\frac{2}{3}}}{x^2 y}$

$[\because (ab)^m = a^m b^m$ तथा $(a^m)^n = a^{mn}]$

$= x^{\frac{1}{3}-2} \cdot y^{\frac{2}{3}-1}$ $\left[\because \frac{a^m}{a^n} = a^{m-n}\right]$

$= x^{\frac{1-6}{3}} \cdot y^{\frac{2-3}{3}} = x^{-\frac{5}{3}} \cdot y^{-\frac{1}{3}}$

$= \frac{1}{x^{\frac{5}{3}} \cdot y^{\frac{1}{3}}}$

39. संकेत $\frac{1}{\sqrt{5}+\sqrt{3}} + \frac{1}{2}(\sqrt{5}-\sqrt{3})$

$= \frac{\sqrt{5}-\sqrt{3}}{(\sqrt{5}+\sqrt{3})(\sqrt{5}-\sqrt{3})} + \frac{1}{2}(\sqrt{5}-\sqrt{3})$

$= \frac{\sqrt{5}-\sqrt{3}}{(\sqrt{5})^2-(\sqrt{3})^2} + \frac{\sqrt{5}-\sqrt{3}}{2}$

$= \frac{\sqrt{5}-\sqrt{3}}{2} + \frac{\sqrt{5}-\sqrt{3}}{2}$

$= \frac{\sqrt{5}-\sqrt{3}+\sqrt{5}-\sqrt{3}}{2}$

$= \frac{2(\sqrt{5}-\sqrt{3})}{2}$

$= (\sqrt{5}-\sqrt{3})$

40. संकेत हाँ, $(x + y)$ आवश्यक रूप से एक अपरिमेय संख्या है।

जैसे—माना $x = 2$ तथा $y = \sqrt{3}$, तब $x + y = 2 + \sqrt{3}$

यदि संभव है, माना $x + y = 2 + \sqrt{3}$ एक परिमेय संख्या है।

मान लीजिए, $a = 2 + \sqrt{3}$

दोनों पक्षों का वर्ग करने पर,

$a^2 = (2+\sqrt{3})^2$

$\Rightarrow \quad a^2 = 2^2 + (\sqrt{3})^2 + 2(2)(\sqrt{3})$

$\Rightarrow \quad a^2 = 4 + 3 + 4\sqrt{3}$

$\Rightarrow \quad \frac{a^2-7}{4} = \sqrt{3}$

$\because$ a परिमेय है

$\Rightarrow \frac{a^2-7}{4}$ परिमेय है

$\Rightarrow \sqrt{3}$ परिमेय है।

परंतु यह सत्य के विपरीत है चूँकि $\sqrt{3}$ एक अपरिमेय संख्या है।

इस प्रकार, हमारी संकल्पना गलत है।

अतः $x + y$ एक अपरिमेय संख्या है।

41. **संकेत** हमें $32.12\overline{35}$ को $\frac{p}{q}$ रूप में व्यक्त करना है।

माना $x = 32.12353535...$

$\therefore$ $100x = 3212.3535$ ...(i)

[दोनों पक्षों को 100 से गुणा करने पर]

तथा $10000x = 321235.3535$ ...(ii)

[पुनः दोनों पक्षों को 100 से गुणा करने पर]

समी (ii) में से समी (i) को घटाने पर,

$10000x - 100x = (321235.3535...) - (3212.3535...)$

$\Rightarrow 9900x = 318023$

$\Rightarrow x = \frac{318023}{9900}$

जोकि अभीष्ट रूप है।

42. **संकेत** माना $x = 0.0333$ ...(i)

समी (i) के दोनों पक्षों को 10 से गुणा करने पर,

$10x = 0.333$ ...(ii)

पुनः समी (ii) के दोनों पक्षों को 10 से गुणा करने पर,

$100x = 3.333$ ...(iii)

समी (iii) में से समी (ii) को घटाने पर,

$100x - 10x = 3.333... - 0.333...$

$\Rightarrow 90x = 3$

$\Rightarrow x = \frac{3}{90}$

पुनः माना $y = 0.444$ ...(iv)

समी (iv) को 10 से गुणा करने पर,

$10y = 4.444$ ...(v)

समी (v) में से समी (iv) को घटाने पर,

$10y - y = 4.444... - 0.444...$

$\Rightarrow 9y = 4 \Rightarrow y = \frac{4}{9}$

$\therefore$ 0.0333.... और 0.444 का योग $= x + y$

$= \frac{3}{90} + \frac{4}{9} = \frac{3+40}{90} = \frac{43}{90}$

43. **संकेत** सर्वप्रथम एक रेखाखंड $AB = 4.3$ इकाई खींचा तथा इसे बिंदु C तक इस प्रकार बढ़ाया कि $BC = 1$ इकाई। इसके पश्चात् AC का मध्य-बिंदु O ज्ञात किया जिनका केंद्र O और OA त्रिज्या लेकर एक अर्द्धवृत्त खींचा।

अब, $BD \perp AC$ खींचा जोकि अर्द्धवृत्त को D पर प्रतिच्छेद करता है तब, $BD = \sqrt{4.3}$ इकाई

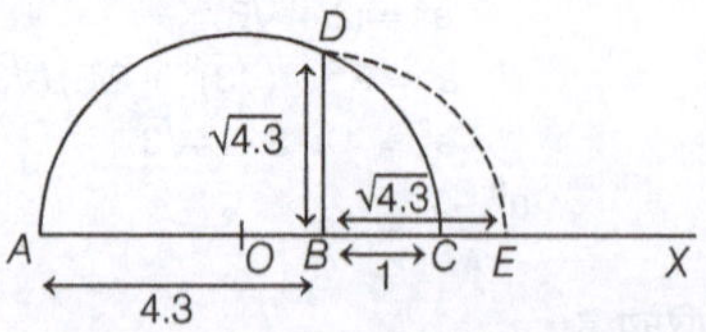

अब, संख्या रेखा पर $\sqrt{4.3}$ की स्थिति ज्ञात करने के लिए BC को संख्या रेखा मानते हैं। (जहाँ B शून्य है)

इसके बाद B को केंद्र तथा BD को त्रिज्या मानकर एक चाप काटा जोकि AC को बढ़ाने पर बिंदु E पर मिलता है।

$BE = BD = \sqrt{4.3}$ इकाई

अतः E, $\sqrt{4.3}$ को निरूपित करता है।

44. **संकेत** दिया है, $a = 6 + 2\sqrt{3}$

$\therefore a - \frac{1}{a} = 6 + 2\sqrt{3} - \frac{1}{6+2\sqrt{3}}$

$= 6 + 2\sqrt{3} - \frac{1}{6+2\sqrt{3}} \times \frac{6-2\sqrt{3}}{6-2\sqrt{3}}$

[हर का परिमेयीकरण करने पर]

$= 6 + 2\sqrt{3} - \frac{(6-2\sqrt{3})}{(6)^2 - (2\sqrt{3})^2}$

[$\because (a+b)(a-b) = a^2 - b^2$]

$= 6 + 2\sqrt{3} - \frac{(6-2\sqrt{3})}{36-12} = 6 + 2\sqrt{3} - \frac{(6-2\sqrt{3})}{24}$

$= \frac{144 + 48\sqrt{3} - 6 + 2\sqrt{3}}{24}$

$= \frac{138 + 50\sqrt{3}}{24} = \frac{69 + 25\sqrt{3}}{12}$

45. **संकेत** $\frac{4-\sqrt{5}}{4+\sqrt{5}} + \frac{4+\sqrt{5}}{4-\sqrt{5}}$

$= \frac{(4-\sqrt{5})^2 + (4+\sqrt{5})^2}{(4+\sqrt{5})(4-\sqrt{5})} = \frac{16 + 5 - 8\sqrt{5} + 16 + 5 + 8\sqrt{5}}{16-5}$

$= \frac{21 - 8\sqrt{5} + 21 + 8\sqrt{5}}{11} = \frac{42}{11}$

46. पेज 13 उदाहरण 9 की भाँति स्वयं हल करें।

उत्तर $\frac{2\sqrt{3}}{3} + 1 - \frac{\sqrt{21}}{3}$

47. **संकेत** $\frac{6}{\sqrt{5}-\sqrt{3}} = \frac{6}{\sqrt{5}-\sqrt{3}} \times \frac{\sqrt{5}+\sqrt{3}}{\sqrt{5}+\sqrt{3}}$

[परिमेयीकरण करने पर]

$= \frac{6(\sqrt{5}+\sqrt{3})}{(\sqrt{5})^2 - (\sqrt{3})^2}$ [$\because (a-b)(a+b) = a^2 - b^2$]

$= \frac{6(\sqrt{5}+\sqrt{3})}{5-3} = \frac{6(\sqrt{5}+\sqrt{3})}{2}$

$= 3(\sqrt{5}+\sqrt{3}) = 3(2.236 + 1.732)$

[$\because \sqrt{5} = 2.236$ और $\sqrt{3} = 1.732$ दिया है]

$= 3(3.968) = 11.904$

48. **संकेत** $\frac{2+\sqrt{3}}{2-\sqrt{3}} = \frac{2+\sqrt{3}}{2-\sqrt{3}} \times \frac{2+\sqrt{3}}{2+\sqrt{3}}$ [परिमेयीकरण करने पर]

$= \frac{2+\sqrt{3})^2}{(2)^2 - (\sqrt{3})^2}$ [$\because (a-b)(a+b) = a^2 - b^2$]

$= \frac{(2+\sqrt{3})^2}{4-3}$

$= (2+\sqrt{3})^2 = 4 + 3 + 4\sqrt{3}$

[$\because (a+b)^2 = a^2 + b^2 + 2ab$]

$= 7 + 4\sqrt{3}$

परंतु $\frac{2+\sqrt{3}}{2-\sqrt{3}} = a + b\sqrt{3}$

$\therefore a + b\sqrt{3} = 7 + 4\sqrt{3}$

दोनों पक्षों में a और b के गुणांकों की तुलना करने पर,

$a = 7, b = 4$

$\therefore a^2 + b^2 = (7)^2 + (4)^2$

$= 49 + 16 = 65$

49. **संकेत** $\frac{\sqrt{25}}{\sqrt[3]{64}}+\left(\frac{256}{625}\right)^{-\frac{1}{4}}+\frac{1}{\left(\frac{64}{125}\right)^{\frac{2}{3}}}$

$$=\frac{\sqrt{5\times 5}}{\sqrt[3]{4\times 4\times 4}}+\left(\frac{625}{256}\right)^{\frac{1}{4}}+\left(\frac{125}{64}\right)^{\frac{2}{3}}\quad\left[\because\left(\frac{a}{b}\right)^{-m}=\left(\frac{b}{a}\right)^{m}\right]$$

$$=\frac{5}{4}+\left(\frac{5\times5\times5\times5}{4\times4\times4\times4}\right)^{1/4}+\left(\frac{5\times5\times5}{4\times4\times4}\right)^{2/3}$$

$$=\frac{5}{4}+\left(\frac{5^4}{4^4}\right)^{\frac{1}{4}}+\left(\frac{5^3}{4^3}\right)^{\frac{2}{3}}$$

$$=\frac{5}{4}+\left(\frac{5}{4}\right)^{4\times\frac{1}{4}}+\left(\frac{5}{4}\right)^{3\times\frac{2}{3}}\quad[\because (a^m)^n=a^{mn}]$$

$$=\frac{5}{4}+\frac{5}{4}+\left(\frac{5}{4}\right)^2$$

$$=\frac{5}{4}+\frac{5}{4}+\frac{25}{16}$$

$$=\frac{20+20+25}{16}=\frac{65}{16}$$

50. **संकेत** $\frac{(243)^{\frac{n}{5}}\cdot(3)^{2n+1}}{9^n\times(3)^{n-1}}\cdot(3)^{2n+1}$

$$=\frac{(3\times3\times3\times3\times3)^{\frac{n}{5}}}{(3^2)^n\times(3)^{n-1}}\cdot(3)^{2n+1}$$

$$=(3^5)^{n/5}\times\frac{(3)^{2n+1}}{(3^2)^n\times(3)^{n-1}}$$

$$=\frac{3^n\times(3)^{2n+1}}{3^{2n}\times(3)^{n-1}}=\frac{(3)^{3n+1}}{(3)^{3n-1}}\quad[\because a^m\times a^n=a^{m+n}]$$

$$=(3)^{3n+1-(3n-1)}\quad[\because a^m\div a^n=a^{m-n}]$$

$$=(3)^2=9$$

51. **संकेत** बायाँ पक्ष $=\sqrt{x^{-1}y}\cdot\sqrt{y^{-1}z}\cdot\sqrt{z^{-1}x}$

$$=\sqrt{\frac{y}{x}}\cdot\sqrt{\frac{z}{y}}\cdot\sqrt{\frac{x}{z}}\quad\left[\because a^{-m}=\frac{1}{a^m}\right]$$

$$=\left(\frac{y}{x}\right)^{\frac{1}{2}}\left(\frac{z}{y}\right)^{\frac{1}{2}}\left(\frac{x}{z}\right)^{\frac{1}{2}}=\frac{(y)^{\frac{1}{2}}}{(x)^{\frac{1}{2}}}\cdot\frac{(z)^{\frac{1}{2}}}{(y)^{\frac{1}{2}}}\cdot\frac{(x)^{\frac{1}{2}}}{(z)^{\frac{1}{2}}}=1$$

= दायाँ पक्ष **इति सिद्धम्**

52. **संकेत** दिया है, $2^{7x}\div 2^{2x}=\sqrt[5]{2^{15}}$

$\Rightarrow\quad (2)^{7x-2x}=\sqrt[5]{2^{15}}\quad[\because a^m\div a^n=a^{m-n}]$

$\Rightarrow\quad (2)^{5x}=(2)^{15\times\frac{1}{5}}\quad[\because (a^m)^n=a^{mn}]$

$\Rightarrow\quad 2^{5x}=2^3$

दोनों पक्षों में 2 की घात की तुलना करने पर,

$$5x=3$$

$\therefore\quad x=\frac{3}{5}$

53. **संकेत** दिया है, $x=3+\sqrt{8}$

$\therefore\ \frac{1}{x}=\frac{1}{3+\sqrt{8}}=\frac{1}{3+\sqrt{8}}\times\frac{(3-\sqrt{8})}{(3-\sqrt{8})}$ [परिमेयीकरण करने पर]

$$=\frac{3-\sqrt{8}}{(3)^2-(\sqrt{8})^2}\quad[\because (a-b)(a+b)=a^2-b^2]$$

$$=\frac{3-\sqrt{8}}{9-8}=3-\sqrt{8}$$

अब, $\left(x+\frac{1}{x}\right)=3+\sqrt{8}+3-\sqrt{8}=6$

दोनों पक्षों का वर्ग करने पर,

$$x^2+\frac{1}{x^2}+2=(6)^2$$

$\therefore\quad x^2+\frac{1}{x^2}=36-2=34$

54. **संकेत** बायाँ पक्ष $=\frac{x^{a(b-c)}}{x^{b(a-c)}}\div\left(\frac{x^b}{x^a}\right)^c$

$$=\frac{(x)^{ab-ac}}{(x)^{ab-bc}}\div\frac{(x)^{bc}}{(x)^{ac}}\quad[\because (a^m)^n=a^{mn}]$$

$$=(x)^{ab-ac-(ab-bc)}\div(x)^{bc-ac}\quad\left[\because\frac{a^m}{a^n}=a^{m-n}\right]$$

$$=(x)^{ab-ac-ab+bc}\div(x)^{bc-ac}$$

$$=(x)^{bc-ac}\div(x)^{bc-ac}$$

$$=(x)^{bc-ac-bc+ac}\quad[\because (a)^m\div(a)^n=(a)^{m-n}]$$

$=(x)^0=1=$ दायाँ पक्ष **इति सिद्धम्**

55. **संकेत** $0.\bar{7}$ व $0.4\bar{7}$ को NCERT फोल्डर प्रश्नावली 1.3 प्रश्न 3(i) व (ii) की भाँति स्वयं हल करें।

$\therefore\quad 0.6+0.\bar{7}+0.4\bar{7}=\frac{6}{10}+\frac{7}{9}+\frac{43}{90}$

$$=\frac{54+70+43}{90}=\frac{167}{90}$$

56. **संकेत** दिया है, $\frac{\sqrt{11}-\sqrt{7}}{\sqrt{11}+\sqrt{7}}=a-b\sqrt{77}$

बायाँ पक्ष $=\frac{(\sqrt{11}-\sqrt{7})}{(\sqrt{11}+\sqrt{7})}=\frac{\sqrt{11}-\sqrt{7}}{\sqrt{11}+\sqrt{7}}\times\frac{\sqrt{11}-\sqrt{7}}{\sqrt{11}-\sqrt{7}}$

[परिमेयीकरण करने पर]

$$=\frac{(\sqrt{11}-\sqrt{7})^2}{(\sqrt{11})^2-(\sqrt{7})^2}\quad[\because (a+b)(a-b)=a^2-b^2]$$

$$=\frac{(\sqrt{11}-\sqrt{7})^2}{11-7}=\frac{11+7-2\times\sqrt{11}\times\sqrt{7}}{4}$$

$[\because (a-b)^2=a^2+b^2-2ab]$

$$=\frac{18-2\sqrt{77}}{4}=\frac{9}{2}-\frac{1}{2}\cdot\sqrt{77}$$

परंतु $\frac{\sqrt{11}-\sqrt{7}}{\sqrt{11}+\sqrt{7}}=a-b\sqrt{77}$ [दिया है]

$\therefore\quad\frac{9}{2}-\frac{1}{2}\sqrt{77}=a-b\sqrt{77}$

दोनों पक्षों की तुलना करने पर,

$$a=\frac{9}{2}\text{ तथा } b=\frac{1}{2}$$

57. **संकेत** दिया है, $\dfrac{7+3\sqrt{5}}{3+\sqrt{5}} - \dfrac{7-3\sqrt{5}}{3-\sqrt{5}} = a+\sqrt{5}b$

$$\Rightarrow \frac{(7+3\sqrt{5})(3-\sqrt{5})-(7-3\sqrt{5})(3+\sqrt{5})}{(3+\sqrt{5})(3-\sqrt{5})} = a+\sqrt{5}b$$

$$\Rightarrow \frac{21-7\sqrt{5}+9\sqrt{5}-15-(21+7\sqrt{5}-9\sqrt{5}-15)}{9-5}$$

$$= a+\sqrt{5}\,b \quad [\because (A+B)(A-B)=A^2-B^2]$$

$$\Rightarrow \frac{6+2\sqrt{5}-(6-2\sqrt{5})}{4} = a+\sqrt{5}b$$

$$\Rightarrow \frac{6+2\sqrt{5}-6+2\sqrt{5}}{4} = a+\sqrt{5}b$$

$$\Rightarrow \frac{4\sqrt{5}}{4} = a+\sqrt{5}b$$

$$\Rightarrow 0+\sqrt{5} = a+\sqrt{5}b$$

दोनों पक्षों की तुलना करने पर,

$$a = 0 \text{ तथा } b = 1$$

58. **संकेत** दिया है,

$$a = \frac{1}{7-4\sqrt{3}} = \frac{1}{7-4\sqrt{3}} \times \frac{7+4\sqrt{3}}{7+4\sqrt{3}}$$

[परिमेयीकरण करने पर]

$$= \frac{7+4\sqrt{3}}{(7)^2-(4\sqrt{3})^2} \quad [\because (a-b)(a+b)=a^2-b^2]$$

$$= \frac{7+4\sqrt{3}}{49-48}$$

$$= 7+4\sqrt{3}$$

तथा $b = \dfrac{1}{7+4\sqrt{3}}$

$$= \frac{1}{7+4\sqrt{3}} \times \frac{7-4\sqrt{3}}{7-4\sqrt{3}} \quad \text{[परिमेयीकरण करने पर]}$$

$$= \frac{7-4\sqrt{3}}{7^2-(4\sqrt{3})^2} \quad [\because (a-b)(a+b)=a^2-b^2]$$

$$= \frac{7-4\sqrt{3}}{49-48}$$

$$= 7-4\sqrt{3}$$

$\therefore\ a+b = 7+4\sqrt{3}+7-4\sqrt{3} = 14$

तथा $ab = (7+4\sqrt{3})(7-4\sqrt{3})$

$$= (7)^2-(4\sqrt{3})^2 = 49-48$$

$$[\because (a-b)(a+b)=a^2-b^2]$$

$$= 1$$

(i) $\because (a+b)^2 = a^2+b^2+2ab$

$\Rightarrow (14)^2 = a^2+b^2+2$

$\therefore a^2+b^2 = 196-2$

$= 194$

(ii) $\because (a+b)^3 = a^3+b^3+3ab(a+b)$

$\therefore a^3+b^3 = (a+b)^3-3ab(a+b)$

$= (14)^3 - 3\times 1\times 14$

$= 2744-42$

$= 2702$

59. **संकेत** दिया है, $x = 5+2\sqrt{6}$

अब, $\dfrac{1}{x} = \dfrac{1}{5+2\sqrt{6}} \times \dfrac{5-2\sqrt{6}}{5-2\sqrt{6}}$ [परिमेयीकरण करने पर]

$$= \frac{5-2\sqrt{6}}{(5)^2-(2\sqrt{6})^2} \quad [\because (a-b)(a+b)=a^2-b^2]$$

$$= \frac{5-2\sqrt{6}}{25-24} = 5-2\sqrt{6}$$

$$\therefore\ x+\frac{1}{x} = 5+2\sqrt{6}+5-2\sqrt{6} = 10$$

$$\Rightarrow\ x+\frac{1}{x}+2 = 12 \quad \text{[दोनों पक्षों में 2 जोड़ने पर]}$$

$$\Rightarrow \left(\sqrt{x}+\frac{1}{\sqrt{x}}\right)^2 = (2\sqrt{3})^2 \quad \left[\because \left(\sqrt{a}+\frac{1}{\sqrt{a}}\right)^2 = a+\frac{1}{a}+2\right]$$

दोनों पक्षों में धनात्मक वर्गमूल लेने पर,

$$\sqrt{x}+\frac{1}{\sqrt{x}} = 2\sqrt{3}$$

नोट *चूँकि $\sqrt{x}$ सदैव धनात्मक मान है, इसलिए $\sqrt{x}+\dfrac{1}{\sqrt{x}}$ सदैव धनात्मक मान होगा।*

60. **संकेत** $\dfrac{-3}{\sqrt{3}+\sqrt{2}} - \dfrac{3\sqrt{2}}{\sqrt{6}+\sqrt{3}} + \dfrac{4\sqrt{3}}{\sqrt{6}+\sqrt{2}}$

$$= \frac{-3}{\sqrt{3}+\sqrt{2}} \times \frac{\sqrt{3}-\sqrt{2}}{\sqrt{3}-\sqrt{2}} - \frac{3\sqrt{2}}{\sqrt{6}+\sqrt{3}} \times \frac{\sqrt{6}-\sqrt{3}}{\sqrt{6}-\sqrt{3}} + \frac{4\sqrt{3}}{\sqrt{6}+\sqrt{2}} \times \frac{\sqrt{6}-\sqrt{2}}{\sqrt{6}-\sqrt{2}}$$

[परिमेयीकरण करने पर]

$$= \frac{-3(\sqrt{3}-\sqrt{2})}{(\sqrt{3})^2-(\sqrt{2})^2} - \frac{3\sqrt{2}\,(\sqrt{6}-\sqrt{3})}{(\sqrt{6})^2-(\sqrt{3})^2} + 4\sqrt{3} \times \frac{(\sqrt{6}-\sqrt{2})}{(\sqrt{6})^2-(\sqrt{2})^2}$$

$$[\because (a-b)(a+b)=a^2-b^2]$$

$$= \frac{-3(\sqrt{3}-\sqrt{2})}{1} - \frac{3\sqrt{2}(\sqrt{6}-\sqrt{3})}{6-3} + \frac{4\sqrt{3}(\sqrt{6}-\sqrt{2})}{6-2}$$

$$= -3(\sqrt{3}-\sqrt{2}) - \sqrt{2}(\sqrt{6}-\sqrt{3}) + \sqrt{3}(\sqrt{6}-\sqrt{2})$$

$$= -3\sqrt{3}+3\sqrt{2}-\sqrt{12}+\sqrt{6}+\sqrt{18}-\sqrt{6}$$

$$= -3\sqrt{3}+3\sqrt{2}-2\sqrt{3}+\sqrt{6}+3\sqrt{2}-\sqrt{6}$$

$$= 6\sqrt{2}-5\sqrt{3}$$

61. **संकेत** $\dfrac{4}{(216)^{-\frac{2}{3}}} + \dfrac{1}{(256)^{-\frac{3}{4}}} + \dfrac{2}{(243)^{-\frac{1}{5}}}$

$$= 4\times(216)^{\frac{2}{3}} + (256)^{\frac{3}{4}} + 2\times(243)^{\frac{1}{5}} \quad \left[\because \frac{1}{(a)^{-m}} = a^m\right]$$

$$= 4\times(6\times6\times6)^{\frac{2}{3}} + (4\times4\times4\times4)^{\frac{3}{4}} + 2(3\times3\times3\times3\times3)^{\frac{1}{5}}$$

$$= 4\times(6^3)^{\frac{2}{3}} + (4^4)^{\frac{3}{4}} + 2\times(3^5)^{\frac{1}{5}}$$

$$= 4\times(6)^2+(4)^3+2\times(3)^1 \quad [\because (a^m)^n = a^{mn}]$$

$$= 4\times36+64+6$$

$$= 144+64+6$$

$$= 150+64$$

$$= 214$$

62. **संकेत** $\frac{1}{\sqrt{7}+\sqrt{3}-\sqrt{2}}$

$= \frac{1}{[(\sqrt{7}+\sqrt{3})-\sqrt{2}]} \times \frac{(\sqrt{7}+\sqrt{3})+\sqrt{2}}{(\sqrt{7}+\sqrt{3})+\sqrt{2}}$ [परिमेयीकरण करने पर]

$= \frac{\sqrt{7}+\sqrt{3}+\sqrt{2}}{[(\sqrt{7}+\sqrt{3})^2-(\sqrt{2})^2]}$ $[\because (a+b)(a-b)=a^2-b^2]$

$= \frac{\sqrt{7}+\sqrt{3}+\sqrt{2}}{(\sqrt{7})^2+(\sqrt{3})^2+2\sqrt{7}\sqrt{3}-2}$ $[\because (a+b)^2=a^2+b^2+2ab]$

$= \frac{\sqrt{7}+\sqrt{3}+\sqrt{2}}{7+3+2\sqrt{21}-2}$

$= \frac{\sqrt{7}+\sqrt{3}+\sqrt{2}}{8+2\sqrt{21}}$

$= \frac{\sqrt{7}+\sqrt{3}+\sqrt{2}}{2(4+\sqrt{21})}$

$= \frac{\sqrt{7}+\sqrt{3}+\sqrt{2}}{2(4+\sqrt{21})} \times \frac{4-\sqrt{21}}{4-\sqrt{21}}$ [परिमेयीकरण करने पर]

$= \frac{4\sqrt{7}+4\sqrt{3}+4\sqrt{2}-7\sqrt{3}-3\sqrt{7}-\sqrt{42}}{2(16-21)}$

$[\because (a+b)(a-b)=a^2-b^2]$

$= \frac{\sqrt{7}-3\sqrt{3}+4\sqrt{2}-\sqrt{42}}{-10}$

$= \frac{3\sqrt{3}-4\sqrt{2}+\sqrt{42}-\sqrt{7}}{10}$

63. (i) (a) कुल परिवार =13

दान करने वाला परिवार =7

$\therefore$ परिवार का वह भिन्न जोकि दान करता $= \frac{7}{13}$

(ii) (b) कुल परिवार =13

दान ना करने वाला परिवार =13−7=6

$\therefore$ परिवार का वह भिन्न जोकि दान नहीं करता $= \frac{6}{13}$

(iii) (b) दिया है, $\frac{7}{13}$

```
13) 7.0 (0.53846153
    65
     50
     39
     110
     104
       60
       52
        80
        78
         20
         13
          70
          65
           50
           39
           11
```

$\therefore \frac{7}{13} = 0.\overline{538461}$

(iv) (a) दिया है, $\frac{6}{13}$

```
13) 6.0 (0.46153846
    52
     80
     78
      20
      13
       70
       65
        50
        39
        110
        104
          60
          52
           80
           78
            2
```

$\therefore \frac{6}{13} = 0.\overline{461538}$

(v) (c) $\because \frac{2}{11} = 0.\overline{18}$

अत: $\frac{2}{11}$ असांत पुनरावृत्त दशमलव प्रसार है।

64. (i) (b) दिया है, $\frac{2}{11}$

```
11) 20 (0.1818
    11
     90
     88
      20
      11
       90
       88
        2
```

$\therefore 2 = 0.\overline{18}$

(ii) (b) माना $x = 0.3\overline{8}$

$\Rightarrow x = 0.3888 \ldots$

$10x = 3.888 \ldots$

$100x = 38.888 \ldots$

$\Rightarrow (100x - 10x) = (38.888\ldots) - (3.888\ldots)$

$\Rightarrow 90x = 35$

$\therefore x = \frac{35}{90} = \frac{7}{18}$

(iii) (c) $\because \frac{2}{11} = 0.\overline{18}$

$\therefore \frac{2}{11}$ का दशमलव प्रसार असांत पुनरावृत्त है।

(iv) (a) $\because \frac{m}{n} = \frac{7}{18}$

$\therefore m + n = 25$

(v) (c) $0.3\overline{8}$ का दशमलव प्रसार असांत पुनरावृत्त है।

अध्याय

02

बहुपद

(Polynomial)

पिछली कक्षाओं में, हमनें बीजीय व्यंजकों और इनकी संक्रियाओं (योग, अंतर, गुणन तथा भाजन) व गुणनखंड में उपयोगी कुछ बीजीय सर्वसमिकाओं $[(x+y)^2 = x^2 + y^2 + 2xy$, $x^2 - y^2 = (x+y)(x-y)$ आदि का अध्ययन किया। इस अध्याय में हम, एक चर वाले बहुपद व उसके वर्गीकरण का अध्ययन करेंगे। साथ ही, हम गुणनखंड प्रमेय एवं बहुपदों के गुणनखंड में इनके उपयोग व कुछ बीजीय सर्वसमिकाओं का अध्ययन करेंगे।

टॉपिक्स

- एक चर वाले बहुपद एवं उनके प्रकार
- बहुपद के शून्यक
- बहुपद के गुणनखंड
- बीजगणितीय सर्वसमिकाएँ

टॉपिक 1

एक चर वाले बहुपद एवं उनके प्रकार

बहुपद के अध्ययन से पूर्व हम कुछ महत्त्वपूर्ण परिभाषाओं का अध्ययन करेंगे।

- **चर राशि** (Variables) किसी समीकरण में उपस्थित अज्ञात राशि चर राशि कहलाती है। इसे सामान्यत: अक्षरों x, y, z आदि के द्वारा निरूपित किया जाता है। किसी चर के विभिन्न अंकीय मान हो सकते हैं अर्थात् इसका कोई निश्चित मान नहीं होता है। जैसे— समीकरण $2x+5=4$ में x चर राशि है।
- **अचर राशि** (Constants) अचर राशि वह राशि होती है जिसका मान निश्चित होता है। दूसरे शब्दों में, 'किसी समीकरण में उपस्थित ज्ञात राशि को अचर राशि कहते हैं।' इसे सामान्यत: अक्षरों a, b, c आदि के द्वारा निरूपित किया जाता है। जिनका निश्चित अंकीय मान होता है। जैसे— -4, 3, π आदि सभी अचर हैं।
- **बीजीय व्यंजक** (Algebric expressions) जब चर तथा अचर राशियों को चार मूलभूत संक्रियाओं योग, अंतर, गुणा तथा भाजन द्वारा संयुक्त रूप से सम्मिलित किया जाता है, तब यह संयोग बीजीय व्यंजक कहलाता है। जैसे— $6x^2 - 5y^2 + 2xy$ एक बीजीय व्यंजक है। यहाँ, x एवं y चर राशियाँ हैं तथा 6, – 5 एवं 2 अचर राशियाँ हैं, जोकि परस्पर गुणा होकर योग, अंतर आदि के चिह्नों से जुड़कर एक बीजीय व्यंजक को निर्मित करती हैं।

एक चर वाला बहुपद
(Polynomial in One Variable)

ऐसे बीजीय व्यंजक, जिनमें चर राशियाँ केवल ऋणेत्तर पूर्णांक (धनात्मक तथा शून्य) घात के रूप में हो, एक चर वाले बहुपद कहलाते हैं। यदि किसी बहुपद में चर x हो, तब इसे $p(x)$ या $q(x)$ या $r(x)$ आदि के द्वारा निरूपित किया जाता है।

फलन $p(x) = a_0 + a_1x + a_2x^2 + \dots + a_nx^n$ एक बहुपद है, जहाँ $a_0, a_1, a_2, \dots, a_n$ वास्तविक संख्याएँ हैं, $a_n \neq 0$ तथा n एक ऋणेत्तर पूर्णांक है। जैसे—

(i) $p(x) = 3x^3 - 6x + 10$ पूर्णांकों पर चर x में बहुपद है।

(ii) $p(x) = 9x^2 + \sqrt{7}x - \sqrt{3}$ वास्तविक संख्याओं पर चर x में बहुपद है।

(iii) $p(x) = \frac{3}{4}x^3 - \frac{5}{4}x^2 + 2x - 5$ परिमेय संख्याओं पर चर x में बहुपद है।

नोट *प्रत्येक बहुपद में पदों की संख्या निश्चित होती है तथा प्रत्येक बहुपद एक चर राशि पर निर्भर करता है।*

उदाहरण 1 निम्नलिखित फलनों में कौन-कौन से बहुपद हैं?

(i) $2x^2 - x + 1$ (ii) $2x^2 - 5x + 3$

(iii) $4x^2 - 3x + 1$ (iv) $x^2 + 4x + 5$

(v) $\sqrt{3}x^3 + x^2 - 1$ (vi) $\sqrt{2}t + \sqrt{3}\sqrt{t}$

(vii) $\sqrt{5}y + \sqrt{7}\sqrt{y}$ (viii) $x^2 - \left(\frac{3}{x^2}\right) + 16$

(ix) $\frac{2}{3}x^3 - \frac{5}{4}x^2 + 3x - 6$

यहाँ, व्यंजक +, – संक्रियाओं द्वारा जुड़े हुए हैं। यदि इन व्यंजकों में चर राशियाँ ऋणेत्तर पूर्णांक (धनात्मक तथा शून्य) घात के रूप में हों, तो वह व्यंजक बहुपद होगा, अन्यथा नहीं।

हल (i) $2x^2 - x + 1$ एक बहुपद है, क्योंकि इसके प्रत्येक पद में चर राशि x की घात ऋणेत्तर (धनात्मक) पूर्णांक है।

(ii) $2x^2 - 5x + 3$ एक बहुपद है, क्योंकि इसके प्रत्येक पद में चर राशि x की घात ऋणेत्तर (धनात्मक) पूर्णांक है।

(iii) $4x^2 - 3x + 1$ एक बहुपद है, क्योंकि इसके प्रत्येक पद में चर राशि x की घात ऋणेत्तर (धनात्मक) पूर्णांक है।

(iv) $x^2 + 4x + 5$ एक बहुपद है, क्योंकि इसके प्रत्येक पद में चर राशि x की घात ऋणेत्तर (धनात्मक) पूर्णांक है।

(v) $\sqrt{3}x^3 + x^2 - 1$ एक बहुपद है, क्योंकि इसके प्रत्येक पद में चर राशि x की घात ऋणेत्तर (धनात्मक) पूर्णांक है।

(vi) $\sqrt{2}t + \sqrt{3}\sqrt{t} = \sqrt{2}\cdot t + \sqrt{3}\cdot t^{1/2}$ एक बहुपद नहीं है, क्योंकि इसके द्वितीय पद में चर राशि t की घात $\frac{1}{2}$ है, जोकि ऋणेत्तर (धनात्मक) पूर्णांक नहीं है।

(vii) $\sqrt{5}y + \sqrt{7}\sqrt{y} = \sqrt{5}y + \sqrt{7}y^{\frac{1}{2}}$ एक बहुपद नहीं है, क्योंकि द्वितीय पद में चर राशि y की घात $\frac{1}{2}$ है, जोकि ऋणेत्तर (धनात्मक) पूर्णांक नहीं है।

(viii) $x^2 - \left(\frac{3}{x^2}\right) + 16 = x^2 - 3x^{-2} + 16$ एक बहुपद नहीं है, क्योंकि इसके द्वितीय पद में चर राशि x की घात -2 है, जोकि ऋणेत्तर (धनात्मक) पूर्णांक नहीं है।

(ix) $\frac{2}{3}x^3 - \frac{5}{4}x^2 + 3x - 6$ एक बहुपद है, क्योंकि इसके प्रत्येक पद में चर राशि x की घात ऋणेत्तर (धनात्मक) पूर्णांक है।

उदाहरण 2 निम्नलिखित व्यंजकों में से कौन एक अथवा अधिक चर में बहुपद है? अपने उत्तर का कारण भी दीजिए।

(i) $3x^2 - 5x$

(ii) $5y^2 + 8x$

(iii) $\sqrt{t} + 3y$

(iv) $x^3 + x^2 + \frac{1}{x}$

हल (i) दिया गया व्यंजक $3x^2 - 5x$ है।
यहाँ, व्यंजक एक चर में तथा चर की घात पूर्णांक है।
अतः दिया गया व्यंजक एक चर वाला बहुपद है।

(ii) दिया गया व्यंजक $5y^2 + 8x$ है।
यहाँ, व्यंजक दो चर में तथा चर की घात ऋणेत्तर पूर्णांक है।
अतः दिया गया व्यंजक दो चर वाला बहुपद है।

(iii) दिया गया व्यंजक $\sqrt{t} + 3y$ या $t^{1/2} + 3y$ है।
यहाँ, चरों की घात ऋणेत्तर पूर्णांक नहीं है।
अतः यह बहुपद नहीं है।

(iv) दिया गया व्यंजक $x^3 + x^2 + \frac{1}{x}$ या $x^3 + x^2 + x^{-1}$ है।
यहाँ, व्यंजक एक चर में है परंतु चर की घात ऋणेत्तर (धनात्मक) पूर्णांक नहीं है।
अतः यह बहुपद नहीं है।

बहुपद के पद और गुणांक
(Term and Coefficient of Polynomial)

पद (Term)

बहुपद के वे भाग, जो '+' तथा '–' चिह्नों के द्वारा पृथक् रहते हैं, बहुपद के पद (Term) कहलाते हैं। जैसे— $x^2 - 4x + 7$ में x^2, $4x$ तथा 7 बहुपद के पद हैं।

गुणांक (Coefficient)

यदि किसी चर राशि में किसी अचर राशि से गुणा की जाए, तो यह अचर राशि दी गई चर राशि का गुणांक कहलाती है। समीकरण $ax^2 + bx + c$ में x^2 का गुणांक a, x का गुणांक b तथा c एक अचर राशि है। बहुपद का प्रत्येक पद एक गुणांक अवश्य रखता है।

जैसे—बहुपद $x^2 - 4x + 7$ में x^2 का गुणांक 1 तथा $-4x$ में x का गुणांक -4 है।

नोट *$x + \frac{1}{x}$, $\sqrt{x+3}$, $\sqrt[3]{y} + y^2$ आदि बहुपद नहीं हैं क्योंकि यहाँ, बहुपद का घातांक पूर्ण संख्या नहीं है।*

उदाहरण 3 $(3x+x^3)\left(x+\frac{1}{x}\right)$ में x^2 का गुणांक ज्ञात कीजिए।

हल दिया है, $(3x+x^3)\left(x+\frac{1}{x}\right)$

$$= 3x \times x + 3x \times \frac{1}{x} + x^3 \times x + x^3 \times \frac{1}{x}$$
$$= 3x^2 + 3 + x^4 + x^2$$
$$= x^4 + 4x^2 + 3$$

अतः x^2 का गुणांक 4 है।

बहुपद की घात (Degree of a Polynomial)

एक बहुपद में चर की अधिकतम घात वाले पद के घातांक को बहुपद की घात कहा जाता है।

(i) **एक चर में** (In one variable) एक चर वाले बहुपद की स्थिति में, चर की अधिकतम घात बहुपद की घात कहलाती है।

जैसे— $\sqrt{2} - y^3 + y^5 + 2y^6$; y में घात 6 का एक बहुपद है।

$\frac{4}{3} + \frac{3}{5}x - 5x^2 + \frac{1}{2}x^3 + x^5$; x में घात 5 का एक बहुपद है।

$6x + \sqrt{3}$; x में घात 1 का एक बहुपद है।

(ii) **दो या अधिक चरों में** (In two or more variables) दो या दो से अधिक चर वाले बहुपद की स्थिति में, प्रत्येक पद में चरों की घातों का योग लेते हैं तथा किसी भी पद में प्राप्त अधिकतम योग को बहुपद की घात कहते हैं।

जैसे— $3x^3 - 7x^2y^2 + 8$; x तथा y में घात 4 का एक बहुपद है।

$8a^8b - 4ab + \sqrt{2}$; a तथा b में घात 9 का एक बहुपद है।

नोट *(i) एक शून्येत्तर अचर बहुपद की घात शून्य होती है।*

(ii) एक शून्य बहुपद की घात परिभाषित नहीं होती है।

उदाहरण 4 निम्नलिखित बहुपदों की घात बताइए।

(i) $7x^2 + 2x + 5$ (ii) $8xy^2 - 4y + 6$

(iii) $7n^2m + 4m$ (iv) $2z + 5$ (v) 4

हल (i) दिए गए बहुपद $7x^2 + 2x + 5$ में चर x की सबसे बड़ी घात वाला पद $7x^2$ का घातांक 2 है। अतः बहुपद की घात 2 है।

(ii) दिया गया बहुपद $8xy^2 - 4y + 6$ है।

यहाँ, प्रथम पद में चर की घातों का योग $1 + 2$ अर्थात् 3 है जोकि अधिकतम है।

अतः बहुपद की घात 3 है।

(iii) दिया गया बहुपद $7n^2m + 4m$ है।

यहाँ, बहुपद m तथा n के पदों में है इसलिए प्रथम पद में m और n की घातों का योग $2 + 1$ अर्थात् 3 है जोकि अधिकतम है।

अतः बहुपद की घात 3 है।

(iv) दिए गए बहुपद $(2z + 5)$ में चर z की सबसे बड़ी घात वाले पद $2z$ का घातांक 1 है।

अतः बहुपद की घात 1 है।

(v) दिया गया बहुपद $= 4 = 4 \times 1 = 4 \times x^0 = 4x^0$

यहाँ, x की अधिकतम घात 0 है, अतः बहुपद की घात 0 है।

बहुपदों का वर्गीकरण

बहुपदों का वर्गीकरण मुख्यतः दो प्रकार से किया जाता है

1. पदों की संख्या के आधार पर
2. घात की संख्या के आधार पर

1. पदों की संख्या के आधार पर

(Based on Number of Terms)

पदों की संख्या के आधार पर बहुपद को निम्न तीन भागों में विभक्त किया जाता है

(i) **एकपदीय बहुपद** (Monomial) ऐसा बहुपद, जिसमें केवल एक ही पद होता है, एकपदीय बहुपद कहलाता है।

जैसे— $5x, 7, 3x^2, -7x^2, 4^2$ आदि एकपदीय बहुपद हैं।

(ii) **द्विपदीय बहुपद** (Binomial) ऐसा बहुपद, जिसमें केवल दो पद होते हैं, द्विपदीय बहुपद कहलाता है।

जैसे— $(3 - 5x)$ और $(7x^2 + y)$, $(7x^2y + 3y)$, $(y^{30} + 1)$ तथा $(z^{23} - z^2)$ आदि द्विपदीय बहुपद हैं।

(iii) **त्रिपदीय बहुपद** (Trinomial) ऐसा बहुपद, जिसमें केवल तीन पद होते हैं, त्रिपदीय बहुपद कहलाता है।

जैसे—$(\sqrt{3}xy + \sqrt{2}xy^2 + \sqrt{5})$, $(8 + 3x + x^2)$, $(\sqrt{2} + x - x^2)$ एक त्रिपदीय बहुपद है।

2. घात की संख्या के आधार पर

(On the Basis of Degree of Variables)

घात की संख्या के आधार पर बहुपद को निम्न भागों में विभक्त किया गया है

(i) **अचर बहुपद** (Constant polynomial) ऐसा बहुपद, जिसमें केवल अचर पद अर्थात् x^0 का पद होता है, अचर बहुपद कहलाता है।

जैसे—3, −7 और $\frac{5}{4}$ अचर बहुपद हैं।

(ii) **रैखिक बहुपद** (Linear polynomial) ऐसा बहुपद, जिसमें चर राशि की अधिकतम घात 1 हो, रैखिक बहुपद कहलाता है।

जैसे—(i) $x + 5, x$ में एक रैखिक बहुपद है।

(ii) $7y - 9, y$ में एक रैखिक बहुपद है।

(iii) $5z + \sqrt{7}$, z में एक रैखिक बहुपद है।

इस प्रकार, यह ज्ञात होता है कि एक चर वाले रैखिक बहुपद में अधिकतम दो पद हो सकते हैं, इसलिए रैखिक बहुपद का मानक रूप $ax + b$ होगा, जहाँ a तथा b अचर राशियाँ हैं तथा $a \neq 0$ है।

इसी प्रकार, $ay + b$, y में रैखिक बहुपद होगा, जहाँ a तथा b अचर राशियाँ हैं तथा $a \neq 0$ है।

(iii) **द्विघात बहुपद** (Quadratic polynomial) ऐसा बहुपद, जिसमें चर राशि की अधिकतम घात 2 हो, द्विघात बहुपद कहलाता है।

जैसे—

(i) $5y^2 - 6y - 3$, y में द्विघात बहुपद है।

(ii) $x^2 + 9x - \frac{3}{2}$; x में द्विघात बहुपद है।

इस प्रकार, यह ज्ञात होता है कि एक चर वाले द्विघात में अधिकतम 3 पद होते हैं, इसलिए द्विघात बहुपद का मानक रूप $ax^2 + bx + c$ होगा, जहाँ a, b, c अचर राशियाँ हैं तथा $a \neq 0$ है।

इसी प्रकार, y में द्विघात बहुपद $ay^2 + by + c = 0$ होगा, जहाँ a, b, c अचर राशियाँ हैं तथा $a \neq 0$ है।

(iv) **त्रिघात बहुपद** (Cubic polynomial) ऐसा बहुपद, जिसमें चर राशि की अधिकतम घात 3 हो, त्रिघात बहुपद कहलाता है।
जैसे— (i) $3x^3 - 5x^2 + 6x + 1$, x में त्रिघात बहुपद है।
(ii) $6y^3 + 7y^2 - 5y + 1$, y में त्रिघात बहुपद है।
इस प्रकार, यह ज्ञात होता है कि एक चर वाले त्रिघात बहुपद में अधिकतम चार पद हो सकते हैं, इसलिए त्रिघात बहुपद का मानक रूप $ax^3 + bx^2 + cx + d$ होगा, जहाँ a, b, c, d अचर राशियाँ हैं तथा $a \neq 0$ है।
इसी प्रकार, $ay^3 + by^2 + cy + d$, y में त्रिघात बहुपद है, जहाँ a, b, c, d अचर राशियाँ हैं तथा $a \neq 0$ है।

(v) **चतुर्घात बहुपद** (Biquadratic or quartic polynomial) ऐसा बहुपद, जिसमें चर राशि की अधिकतम घात 4 हो, चतुर्घात बहुपद कहलाता है। जैसे—$x^4 + 2x^3 + 3x^2 + x + 5$, x में चतुर्घात बहुपद है।
इस प्रकार, यह ज्ञात होता है कि एक चर वाले चतुर्घात बहुपद का मानक रूप $ax^4 + bx^3 + cx^2 + dx + e$ होगा, जहाँ a, b, c, d तथा e अचर राशियाँ हैं तथा $a \neq 0$ है।
इसी प्रकार, $ay^4 + by^3 + cy^2 + dy + e$, y में चतुर्घात बहुपद है, जहाँ a, b, c, d तथा e अचर राशियाँ हैं तथा $a \neq 0$ है।

(vi) ***n* घातीय बहुपद** (n Degree polynomial) एक चर x में n घातीय बहुपद का व्यंजक निम्न रूप में है
$p(x) = a_n x^n + a_{n-1}x^{n-1} + a_{n-2}x^{n-2} + \ldots + a_2x^2 + a_1x + a_0$
जहाँ, $a_n, a_{n-1}, \ldots a_2, a_1, a_0$ अचर तथा $a_n \neq 0$ है।
यहाँ, $a_nx^n, a_{n-1}x^{n-1}, a_{n-2}x^{n-2} \ldots a_2x^2, a_1x$ और a_0 बहुपद $p(x)$ के पद तथा $a_n, a_{n-1}, a_{n-2}, \ldots a_2, a_1, a_0$ बहुपद के गुणांक कहलाते हैं।

(vii) **शून्य बहुपद** (Zero polynomial) यदि $a_0 = a_1 = a_2 = \ldots = a_n = 0$ (सभी गुणांक शून्य) हो, तब शून्य बहुपद प्राप्त होता है जिसे 0 से निरूपित करते हैं।

उदाहरण 5 निम्नलिखित व्यंजकों में पदों के आधार पर एकपदीय, द्विपदीय और त्रिपदीय बहुपद ज्ञात कीजिए।
(i) $4y + 3y^2$ (ii) $3x$ (iii) $5t^3 + 6t + 2$

यदि बहुपद में पदों की संख्या 1, 2 और 3 है तब इनके संगत बहुपदों को एकपदीय, द्विपदीय और त्रिपदीय बहुपद कहते हैं।

हल (i) दिए गए बहुपद $4y + 3y^2$ में पदों की संख्या 2 है। अतः यह द्विपदीय बहुपद है।
(ii) दिए गए बहुपद $3x$ में पदों की संख्या 1 है। अतः यह एकपदीय बहुपद है।
(iii) दिए गए बहुपद $5t^3 + 6t + 2$ में पदों की संख्या 3 है। अतः यह त्रिपदीय बहुपद है।

उदाहरण 6 दिए गए बहुपदों में से रैखिक बहुपद, द्विघात बहुपद, त्रिघात बहुपद तथा चतुर्घात बहुपद चुनकर लिखिए।
(i) $3x^2 + 5$ (ii) $z^3 + 4z + 1$
(iii) $4t$

यदि बहुपद की घात 1, 2 और 3 है, तब इनके संगत बहुपदों को रैखिक, द्विघात और त्रिघात बहुपद कहते हैं।

हल (i) $3x^2 + 5$
यहाँ, x की अधिकतम घात 2 है। अतः यह द्विघात बहुपद है।
(ii) $z^3 + 4z + 3$
यहाँ, z की अधिकतम घात 3 है। अतः यह त्रिघात बहुपद है।
(iii) $4t$
यहाँ, t की अधिकतम घात 1 है। अतः यह रैखिक बहुपद है।

प्रश्नावली 2.1

1. x के बहुपद में x की घात के लिए आवश्यक प्रतिबंध क्या है?
2. शून्य बहुपद की घात क्या होती है?
3. दिए गए व्यंजकों में से कौन-सा व्यंजक बहुपद है? अपने उत्तर का औचित्य दीजिए।
(i) $\sqrt{2x-1}$
(ii) $x^2 + \frac{3x^{3/2}}{\sqrt{x}}$
(iii) $\frac{x-1}{x+1}$
[NCERT Exemplar]
4. निम्नलिखित में से कौन-से व्यंजक बहुपद हैं? अपने उत्तर का औचित्य दीजिए।
(i) $\frac{(x-2)(x-4)}{x}$ (ii) $\frac{1}{5x^{-2}} + 5x + 7$
[NCERT Exemplar]
5. निम्नलिखित व्यंजकों में से कौन-सा व्यंजक एक अथवा अधिक चरों में बहुपद है? अपने उत्तर का कारण दीजिए।
(i) $5x^{3/2} + 2y + 1$ (ii) $x^4 + 2y + 1$
(iii) $\frac{x^4 + x^3 + x}{x}$ (iv) $\sqrt{y^3} + y^2 + 3$

6. निम्नलिखित बहुपदों में x^2 का गुणांक ज्ञात कीजिए।

(i) $(x-4)(x-4)$ (ii) $1-x^2-x^3+2x^7$

(iii) $(x+4)(x+4)(x+4)$ (iv) $(2x-5)(2x^2-3x+1)$

(v) $(3x^2+2x-4)(x^2-3x-2)$

7. $(x+3)^3$ के विस्तार में x का गुणांक ज्ञात कीजिए। **[NCERT Exemplar]**

8. निम्नलिखित बहुपदों की घात ज्ञात कीजिए। **[NCERT Exemplar]**

(i) $\sqrt{5}$ (ii) $1-x^2-x^3+2x^7$

(iii) $(x-1)(x+1)$ (iv) $4x^4+0\cdot3x^3+0\cdot x^5+5x+7$

(v) $2x+y-3$

9. निम्नलिखित बहुपदों को पदों के आधार पर एकपदीय, द्विपदीय आदि बहुपदों में वर्गीकृत कीजिए।

(i) $20y^3+3y+8$

(ii) 4

(iii) x^2+5x

10. निम्नलिखित बहुपदों को घात के आधार पर रैखिक, द्विघात आदि बहुपदों में वर्गीकृत कीजिए।

(i) 5 (ii) $2x-3$

(iii) $2t^3-3t^2+5t-4$ (iv) $3y^2-4x+5$

(v) $2x^4-5x^3+4x^2-3x+2$

11. यदि $p=3$ है, तब बहुपद $g(x)=(p-x)^3+14$ की घात ज्ञात कीजिए।

12. निम्न बहुपदों का एक उदाहरण दीजिए, जोकि

(i) घात 1 का एकपदीय हो।

(ii) घात 22 का द्विपदीय हो।

(iii) घात 5 का त्रिपदीय हो।

13. बहुपद $\frac{x^3+2x+1}{5}-\frac{7}{2}x^2-x^6$, के लिए ज्ञात कीजिए **[NCERT Exemplar]**

(i) बहुपद की घात (ii) x^3 का गुणांक

(iii) x^6 का गुणांक (iv) अचर पद

संकेत एवं हल

1. ऋणेत्तर पूर्णांक अथवा पूर्ण संख्या।

2. अपरिभाषित

3. (i) उदाहरण 1 की भाँति स्वयं हल करें।

उत्तर बहुपद नहीं है।

(ii) $f(x)=x^2+3x^{\frac{3}{2}-\frac{1}{2}}=x^2+3x$ **उत्तर** बहुपद है।

(iii) उदाहरण 1 की भाँति स्वयं हल करें। **उत्तर** बहुपद नहीं है।

4. उदाहरण 1 की भाँति स्वयं हल करें।

उत्तर

(i) बहुपद नहीं है।

(ii) बहुपद

5. उदाहरण 2 की भाँति स्वयं हल करें।

उत्तर

(i) बहुपद नहीं है। (ii) दो चरों वाला बहुपद

(iii) एक चर वाला बहुपद (iv) बहुपद नहीं है।

6. उदाहरण 3 की भाँति स्वयं हल करें।

उत्तर

(i) 1 (ii) −1

(iii) 12 (iv) −16

(v) −16

7. संकेत $(x+3)^3=x^3+27+9x^2+27x$

उत्तर x^2 का गुणांक 9 है।

8. उदाहरण 4 की भाँति स्वयं हल करें।

उत्तर

(i) 0 (ii) 7

(iii) 2 (iv) 4

(v) 1

9. उदाहरण 5 की भाँति स्वयं हल करें।

उत्तर

(i) त्रिपदीय (ii) एकपदीय

(iii) द्विपदीय

10. उदाहरण 6 की भाँति स्वयं हल करें।

उत्तर

(i) अचर (ii) रैखिक

(iii) त्रिघातीय (iv) द्विघातीय

(v) चर्तुघातीय

11. संकेत $g(x)=(3-x)^3+14=27-x^3-27x+9x^2+14$

$=-x^3+9x^2-27x+41$

उत्तर 3

12. (i) $4t$

(ii) $5x^{22}+3$

(iii) $2x^5+6x+7$

13. (i) 6 (ii) $\frac{1}{5}$ (iii) −1 (iv) $\frac{1}{5}$

टॉपिक 2
बहुपद के शून्यक

बहुपद का मान (Value of a Polynomial)

दिए गए बहुपद में चर का विशेष मान रखने पर प्राप्त मान बहुपद का मान कहलाता है। $x = a$ पर बहुपद $p(x)$ के मान को $p(a)$ से निरूपित करते हैं।

जैसे— माना $p(x) = 5x^3 - 2x^2 + 3x - 2$

$x = 1$ पर, $p(1) = 5(1)^3 - 2(1)^2 + 3(1) - 2$

$= 5 - 2 + 3 - 2$

$= 8 - 4 = 4$

इसलिए, $x = 1$ पर दिए गए बहुपद $p(x)$ का मान 4 है।

उदाहरण 1 दिए गए चरों के मान पर निम्नलिखित बहुपदों के मान ज्ञात कीजिए।

(i) $q(y) = 3y^3 - 4y + \sqrt{11}$, $y = 2$ पर

(ii) $p(t) = 4t^4 + 5t^3 - t^2 + 6at$, $t = a$ पर

हल (i) दिया है, $q(y) = 3y^3 - 4y + \sqrt{11}$

$q(y)$ में $y = 2$ रखने पर,

$q(2) = 3(2)^3 - 4(2) + \sqrt{11}$

$= 3 \times 8 - 8 + \sqrt{11}$

$= 24 - 8 + \sqrt{11}$

$= 16 + \sqrt{11}$

जोकि $y = 2$ पर $q(y)$ का अभीष्ट मान है।

(ii) दिया है, $p(t) = 4t^4 + 5t^3 - t^2 + 6$

बहुपद $p(t)$ में $t = a$ रखने पर,

$p(a) = 4(a)^4 + 5(a)^3 - (a)^2 + 6a(a)$

$= 4a^4 + 5a^3 - a^2 + 6a^2$

$= 4a^4 + 5a^3 + 5a^2$

जोकि $t = a$ पर $p(t)$ का अभीष्ट मान है।

बहुपद के शून्यक (Zeroes of a Polynomial)

एक वास्तविक संख्या k बहुपद $p(x)$ का शून्यक कहलाती है यदि $p(k) = 0$।

बहुपद का शून्यक, बहुपद का मूल भी कहलाता है।

उदाहरण 2 बहुपद $2x + 4$ का शून्यक ज्ञात कीजिए।

हल दिया गया बहुपद,

$p(x) = 2x + 4$

$p(x) = 0$ रखने पर,

$2x + 4 = 0 \Rightarrow 2x = -4$

$\Rightarrow \quad x = \frac{-4}{2} = -2$

अतः $x = -2$ बहुपद $2x + 4$ का एक शून्यक है।

दिया गया मान बहुपद का शून्यक है अथवा नहीं, जाँच करने की विधि

यदि एक चर (माना x) में एक बहुपद दिया गया है तथा चर का एक मान (माना) $x = c$ भी दिया गया है, तब यह जाँच करने के लिए x का दिया गया मान दिए गए बहुपद का शून्यक है अथवा नहीं, हम निम्न चरणों का प्रयोग करते हैं

चरण I सर्वप्रथम दिए गए बहुपद माना $p(x)$ को लेते हैं।

चरण II दिए गए बहुपद में $x = c$ रखकर $p(c)$ का मान ज्ञात करते हैं।

चरण III यदि $p(c) = 0$ है, तब $x = c$ दिए गए बहुपद का एक शून्यक होगा तथा यदि $p(c) \neq 0$ तब $x = c$ दिए गए बहुपद का एक शून्यक नहीं होगा।

उदाहरण 3 सत्यापित कीजिए कि -2 और 3 बहुपद $x^2 - x - 6$ के शून्यक हैं।

हल माना दिया गया बहुपद

$p(x) = x^2 - x - 6$ ...(i)

समी (i) में $x = -2$ रखने पर,

$p(-2) = (-2)^2 - (-2) - 6$

$= 4 + 2 - 6 = 0$

पुनः समी (i) में $x = 3$ रखने पर,

$p(3) = (3)^2 - 3 - 6$

$= 9 - 3 - 6 = 0$

यहाँ, $p(-2) = 0$ तथा $p(3) = 0$

इसलिए, $x = -2$ और $x = 3$ दिए गए बहुपद के शून्यक हैं।

उदाहरण 4 यदि $x = \frac{3}{2}$, बहुपद $2x^2 + kx - 12$ का एक शून्यक है, तब k का मान ज्ञात कीजिए।

हल माना $p(x) = 2x^2 + kx - 12$

चूँकि, $x = \frac{3}{2}$ बहुपद का शून्यक है।

$\therefore \quad p\left(\frac{3}{2}\right) = 0$

$\Rightarrow \quad 2\left(\frac{3}{2}\right)^2 + k\left(\frac{3}{2}\right) - 12 = 0$

$\Rightarrow \quad \frac{9}{2} + \frac{3k}{2} - 12 = 0$

$\Rightarrow \quad \frac{3k}{2} = \frac{24 - 9}{2}$

$\Rightarrow \quad 3k = 15$

$\Rightarrow \quad k = 5$

अतः k का मान 5 है।

उदाहरण 5 यदि $x=3$ और $x=0$ बहुपद $2x^3-8x^2+ax+b$ के शून्यक हों, तब a और b के मान ज्ञात कीजिए।

माना दिया गया बहुपद $p(x)$ है यदि $x=3$ और $x=0$ बहुपद $p(x)$ के शून्यक हैं, तब यह मान बहुपद को संतुष्ट करेंगे अर्थात् $p(3)=0$ और $p(0)=0$

हल माना $p(x)=2x^3-8x^2+ax+b$

चूँकि $x=3$, बहुपद का शून्यक है।

$\therefore \quad p(3)=0 \Rightarrow 2(3)^3-8(3)^2+a\times 3+b=0$

$\Rightarrow \quad 2\times 27-8\times 9+3a+b=0$

$\Rightarrow \quad 54-72+3a+b=0$

$\Rightarrow \quad -18+3a+b=0$

$\Rightarrow \quad 3a+b=18 \quad \ldots(i)$

साथ ही, $x=0$ भी बहुपद का शून्यक है।

$\therefore \quad p(0)=0$

$\Rightarrow \quad 2(0)^3-8(0)^2+a\times 0+b=0$

$\Rightarrow \quad 0-0+0+b=0 \Rightarrow b=0 \quad \ldots(ii)$

समी (i) में $b=0$ रखने पर,

$3a+0=18 \Rightarrow 3a=18$

$\therefore \quad a=\frac{18}{3}=6$

अतः $a=6$ तथा $b=0$

बहुपद के शून्यकों के गुणधर्म

- *शून्य, बहुपद का शून्यक हो सकता है।*
- *प्रत्येक रैखिक बहुपद एक और केवल एक ही शून्यक रखता है।*
- *एक बहुपद के शून्यक को बहुपद का मूल भी कहते हैं।*
- *एक शून्येत्तर अचर बहुपद का कोई शून्यक नहीं होता है।*
- *प्रत्येक वास्तविक संख्या शून्य बहुपद का एक शून्यक होती है।*
- *एक बहुपद में एक से अधिक शून्यक हो सकते हैं।*
- *एक बहुपद के शून्यकों की अधिकतम संख्या इसकी घात के बराबर होती है।*

प्रश्नावली 2.2

1. यदि $p(x)=x^2-2\sqrt{2}x+1$ है, तब $p(2\sqrt{2})$ का मान ज्ञात कीजिए। **[NCERT Exemplar]**

2. निम्न का मान ज्ञात कीजिए।

(i) यदि $f(x)=x-9$ है, तब $f(x)-f(-x)$

(ii) यदि $p(x)=4x^5-3x^4-5x^3+x^2-8$, तब $p(-1)$

(iii) यदि $q(x)=x^3+3x^2+3x+1$, तब $q(-2)+q(-3)+q\left(\frac{1}{2}\right)$

3. यदि $f(t)=4t^2-3t+6$ है, तब ज्ञात कीजिए

(i) $f(4)$

(ii) $f(-5)$

4. किसी त्रिघातीय बहुपद में कितने शून्यक हो सकते हैं?

5. किसी शून्य बहुपद के कितने शून्यक हो सकते हैं?

6. बहुपद $p(x)=a^2x, a\neq 0$ का शून्यक क्या है?

7. निम्नलिखित बहुपदों के शून्यक ज्ञात कीजिए।

(i) $p(x)=4-3x$ (ii) $p(t)=2t-\frac{5}{2}$

(iii) $q(y)=2y-\frac{1}{2}$ (iv) $r(z)=\frac{z}{2}-3$

8. सत्यापित कीजिए कि दिखाए गए मान निम्नलिखित स्थितियों में संगत बहुपद के शून्यक हैं।

(i) $p(y)=2y^2+5y-3, y=-\frac{1}{2}$ पर

(ii) $p(z)=z^2+z-6, z=-3$ पर

(iii) $p(x)=2x^3-3x^2+5x-1, x-1$ पर

(iv) $p(x)=2x^3-9x^2+x+12, x=\frac{3}{2}$ पर

(v) $p(x)=2x^3-3x^2+7x+6, x=1, \frac{1}{2}$ पर

9. यदि $x=2$ और $x=0$, बहुपद $2x^3-5x^2+ax+b$ के शून्यक हैं, तब a व b के मान ज्ञात कीजिए।

संकेत एवं हल

1. उदाहरण 1 की भाँति स्वयं हल करें। **उत्तर** 1

2. (i) **संकेत** $f(x)-f(-x)=(x-9)-(-x-9)$

उत्तर $2x$

(ii) -9 (iii) $\frac{-45}{8}$

3. (i) 58 (ii) 121

4. 3

5. अनंत रूप से अनेक शून्यक

6. $x=0$

7. उदाहरण 2 की भाँति स्वयं हल करें।

उत्तर (i) $\frac{4}{3}$ (ii) $\frac{5}{4}$ (iii) $\frac{1}{4}$ (iv) 6

8. उदाहरण 3 की भाँति स्वयं हल करें।

उत्तर (i) नहीं (ii) हाँ (iii) नहीं (iv) नहीं (v) हाँ, नहीं

9. उदाहरण 5 की भाँति स्वयं हल करें। **उत्तर** $a=2, b=0$

टॉपिक 3
बहुपद के गुणनखंड

गुणनखंड प्रमेय (Factor Theorem)

यदि $p(x)$ घात $n \geq 1$ वाला एक बहुपद हो और a कोई वास्तविक संख्या हो, तो

(i) यदि $p(a) = 0$ हो, तब $x - a, q(x)$ का एक गुणनखंड होता है।

(ii) यदि $x - a, p(x)$ का एक गुणनखंड हो, तब $p(a) = 0$ होता है।

उपरोक्त प्रमेय को निम्नलिखित प्रकार से सत्यापित कर सकते हैं

(i) दिया है, $f(a) = 0$

माना कि बहुपद $f(x)$ को $(x-a)$ से भाग देने पर, भागफल $g(x)$ होगा।

शेषफल प्रमेय द्वारा, जब $f(x)$ को $(x-a)$ से भाग दिया जाता है, तब शेषफल $f(a)$ होगा।

$\therefore \quad f(x) = (x - a)\, g(x) + f(a)$

$\Rightarrow \quad f(x) = (x - a) \cdot g(x) \qquad [\because f(a) = 0$ (दिया है)]

इसलिए $f(a), f(x)$ का एक गुणनखंड है।

(ii) माना कि $(x-a)$, बहुपद $f(x)$ का गुणनखंड है।

$f(x)$ को $(x-a)$ से भाग देने पर, माना कि भागफल $g(x)$ है।

$\therefore \quad f(x) = (x - a) \cdot g(x)$

अब $x = a$ रखने पर,

$$f(a) = (a - a) \cdot g(a) = 0 \cdot g(a) \Rightarrow f(a) = 0$$

अतः यदि $(x-a), f(x)$ का एक गुणनखंड है, तब $f(a) = 0$

नोट

- *यदि $(x + a)$, $f(x)$ का गुणनखंड है, तब $f(-a) = 0$*
- *यदि $(ax - b)$, $f(x)$ का गुणनखंड है, तब $f\left(\frac{b}{a}\right) = 0$*
- *यदि $(x - a)(x - b)$, $f(x)$ का गुणनखंड है, तब $f(a) = 0$ और $f(b) = 0$*

गुणनखंड प्रमेय पर आधारित भिन्न प्रकार की समस्याएँ

प्रकार I इस प्रकार की समस्या में एक से अधिक घात वाला बहुपद जिसमें अज्ञात अथवा (राशि जिसे ज्ञात करना है) तथा बहुपद का एक गुणनखंड दिया गया होता है तब अभीष्ट हल ज्ञात करने के लिए सर्वप्रथम दिए गए पद को $f(x)$ मानते हैं तथा गुणनखंड को शून्य के बराबर रखते हैं (माना $x = a$) इसके पश्चात् प्राप्त $x = a$ के मान को दिए गए बहुपद में इस प्रकार रखते हैं कि $f(a) = 0$, अब अंत में प्राप्त समीकरण को सरल कर अभीष्ट परिणाम प्राप्त करते हैं।

उदाहरण 1 यदि $(2x-1)$, बहुपद $2x^3 + px^2 + 11x + p + 3$ का एक गुणनखंड है, तब p का मान ज्ञात कीजिए।

हल माना दिया गया बहुपद $q(x) = 2x^3 + px^2 + 11x + p + 3$ है।

यदि $q(x)$, $(2x - 1)$ से पूर्णतः विभाज्य है, तब $(2x - 1)$ बहुपद $q(x)$ का गुणनखंड होगा।

$\therefore \quad 2x - 1 = 0 \Rightarrow x = \frac{1}{2}$

$q(x)$ में $x = \frac{1}{2}$ रखने पर,

$$q\left(\frac{1}{2}\right) = 2 \times \left(\frac{1}{2}\right)^3 + p\left(\frac{1}{2}\right)^2 + 11 \times \frac{1}{2} + p + 3 = 0$$

$$\Rightarrow \quad 2 \times \frac{1}{8} + p \times \frac{1}{4} + \frac{11}{2} + p + 3 = 0$$

$$\Rightarrow \quad \frac{1}{4} + \frac{p}{4} + \frac{11}{2} + p + 3 = 0$$

$$\Rightarrow \quad \frac{1 + p + 22 + 4p + 12}{4} = 0 \Rightarrow 5p + 35 = 0$$

$$\Rightarrow \quad 5p = -35 \Rightarrow p = -7$$

अतः दिया गया बहुपद $(2x - 1)$ से भाज्य है, यदि $p = -7$ है।

उदाहरण 2 यदि $(x-a)$, बहुपद $4x^2 - mx - na$ का एक गुणनखंड है, तब सिद्ध कीजिए $a = \frac{m+n}{4}$

हल माना कि $p(x) = 4x^2 - mx - na$

यदि $(x - a)$, $p(x)$ का गुणनखंड है, तब $p(a) = 0$

$\therefore \quad 4a^2 - ma - na = 0$

$\Rightarrow \quad a(4a - m - n) = 0$

$\Rightarrow \quad 4a - m - n = 0 \qquad [\because a \neq 0]$

$\Rightarrow \quad 4a - (m + n) = 0$

$\Rightarrow \quad 4a = m + n$

$\therefore \quad a = \frac{m + n}{4}$ **इति सिद्धम्**

उदाहरण 3 यदि $(x+2)$ और $(x+1)$ बहुपद $x^3 + 3x^2 - 2mx + n$ के गुणनखंड हैं, तब m और n ज्ञात कीजिए।

हल माना $f(x) = x^3 + 3x^2 - 2mx + n$

चूँकि, $(x + 2)$ तथा $(x + 1)$ बहुपद $f(x)$ के गुणनखंड हैं।

$\therefore \quad f(-2) = 0$ तथा $f(-1) = 0$

$\Rightarrow \quad (-2)^3 + 3(-2)^2 - 2m(-2) + n = 0$

तथा $\quad (-1)^3 + 3(-1)^2 - 2m(-1) + n = 0$

$\Rightarrow \quad -8 + 12 + 4m + n = 0$

तथा $-1+3+2m+n=0$

$\Rightarrow$ $4m+n=-4$ ...(i)

तथा $2m+n=-2$ ...(ii)

समी (ii) को 2 से गुणा करके समी (ii) में से समी (i) को घटाने पर,

$$4m+2n-(4m+n)=-4-(-4)$$

$\Rightarrow$ $n=0$

समी (i) में $n=0$ रखने पर,

$$4m+0=-4$$

$\Rightarrow$ $m=-1$

अतः $m=-1$ और $n=0$

प्रकार II इस प्रकार की समस्या में, हमें एक से अधिक घात वाला बहुपद $p(x)$ तथा एक रैखिक बहुपद $q(x)$ दिया गया होता है तब हमें यह सत्यापित करना होता है कि $q(x)$, बहुपद $p(x)$ का एक गुणनखंड है अथवा नहीं। इसके लिए हम सर्वप्रथम रैखिक बहुपद $q(x)$ को शून्य के बराबर रखकर $[q(x)=0]$ चर x का मान $[q(x)$ का शून्यक] ज्ञात करते हैं तत्पश्चात् चर के इस मान को बहुपद $p(x)$ में रखकर सरल करने पर यदि शून्य प्राप्त होता है, तब $q(x)$ बहुपद $p(x)$ का गुणनखंड होगा अथवा नहीं।

उदाहरण 4 गुणनखंड प्रमेय की सहायता से, दर्शाइए कि $(x+1)$, बहुपद $x^{19}+1$ का गुणनखंड है।

हल माना $p(x)=x^{19}+1$ तथा $q(x)=x+1$

$q(x)=0$ रखने पर,

$$x+1=0$$

$\Rightarrow$ $x=-1$

बहुपद $p(x)$ में $x=-1$ रखने पर,

$$p(-1)=(-1)^{19}+1=-1+1=0$$

अतः गुणनखंड प्रमेय से सत्यापित है कि $(x+1)$, $x^{19}+1$ का गुणनखंड है।

द्विघात बहुपदों का गुणनखंड

(Factorisation of a Quadratic Polynomial)

द्विघातीय बहुपद ax^2+bx+c रूप के जहाँ a, b, c अचर तथा $a\neq 0$ के गुणनखंडन की विभिन्न विधियों जैसे मध्य पद को विभक्त करके तथा गुणनखंड प्रमेय द्वारा किया जा सकता है। दोनों विधियों का विवरण निम्नवत् हैं

1. मध्य पद को विभक्त करके

(By Splitting the Middle Term)

माना किसी द्विघाती बहुपद ax^2+bx+c जिसके गुणनखंड $(px+q)$ और $(rx+s)$ हैं, तब

$$ax^2+bx+c=(px+q)(rx+s)$$
$$=prx^2+(ps+qr)x+qs$$

दोनों पदों में x^2, x तथा अचर पदों की तुलना करने पर,

$$a=pr, b=ps+qr \text{ तथा } c=qs$$

यहाँ, b दो संख्याओं ps तथा qr का योगफल है जिनका गुणनफल $(pr)(qs)=ac$

अतः ax^2+bx+c का गुणनखंडन करने हेतु b को दोनों संख्याओं के योग (या अंतर) के रूप में लिखते हैं जिनका गुणनफल ac है।

नोट *बहुपदों ax^2+bx-c का गुणनखंड करने के लिए, b को दोनों संख्याओं के अंतर के रूप में लिखते हैं जहाँ गुणनफल $(-ac)$ है।*

उदाहरण 5 बहुपद $2x^2+7x+3$ के गुणनखंड मध्य पद विभक्त द्वारा कीजिए।

यहाँ, $ac=2\times3=6$, इसलिए हम $b=7$ को दो ऐसी संख्याओं में विभक्त कर सकते हैं जिनका योगफल 7 तथा गुणनफल 6 हो। स्पष्टतः $6+1=7$ और $6\times1=6$

हल दिया गया बहुपद $2x^2+7x+3$ की तुलना द्विघात बहुपद के मानक रूप ax^2+bx+c से करने पर,

$$a=2, b=7 \text{ तथा } c=3$$

अब, $ac=2\times3=6$

इसलिए, 6 के गुणनखंड के सभी संभव युग्म (1, 6) व (2, 3) हैं।

स्पष्ट युग्म (1, 6) से,

$$1+6=7=b$$

$$\therefore 2x^2+7x+3=2x^2+(1+6)x+3=2x^2+x+6x+3$$
$$=x(2x+1)+3(2x+1)=(2x+1)(x+3)$$

2. गुणनखंड प्रमेय का प्रयोग करके

(By Using Factor Theorem)

सर्वप्रथम दिए गए बहुपद $p(x)=ax^2+bx+c$ को निम्न रूप में लिखते हैं

$$p(x)=a\left(x^2+\frac{b}{a}x+\frac{c}{a}\right)=a\cdot g(x) \quad \text{...(i)}$$

जहाँ, $g(x)=x^2+\frac{b}{a}x+\frac{c}{a}$

अर्थात् सर्वप्रथम x^2 के गुणांक को 1 बनाते हैं यदि 1 नहीं हो।

इसके पश्चात् बहुपद $g(x)$ के अचर पद $\left(\frac{c}{a}\right)$ के संभव गुणनखंड ज्ञात करते हैं।

अब $g(x)=0$ रखकर गुणनखंड ज्ञात करते हैं। (माना $x=\alpha, x=\beta$) इनके पश्चात् बहुपद $g(x)$ को इस प्रकार लिखते हैं कि वह दो पदों का गुणनफल बन जाए, तब $g(x)=(x-\alpha)(x-\beta)$,

अब $p(x)$ के अभीष्ट गुणनखंड प्राप्त करने के लिए समीकरण (i) में $g(x)$ का मान रखते हैं।

उदाहरण 6 गुणनखंड प्रमेय की सहायता से x^2-5x+6 के गुणनखंडन कीजिए।

हल माना दिया गया बहुपद $f(x)=x^2-5x+6$ है।

यहाँ, x^2 का गुणांक 1 है, इसलिए हमें इसे $a\,g(x)$ रूप में लिखने की आवश्यकता नहीं है।

अब, यहाँ अचर पद 6 है जिसके गुणनखंड निम्न हैं :

$\pm1, \pm2, \pm3$ और ±6

$x=2$ पर, $f(2)=2^2-5\times2+6$
$=4-10+6=10-10=0$

$x=3$ पर, $f(3)=3^2-5\times3+6$
$=9-15+6=15-15=0$

अतः $(x-2)$ और $(x-3)$ दिए गए द्विघातीय बहुपद के गुणनखंड हैं।

त्रिघातीय बहुपदों का गुणनखंडन
(Factorisation of a Cubic Polynomial)

त्रिघातीय बहुपदों का गुणनखंडन करने के लिए, हम निम्न चरणों का उपयोग करते हैं

चरण I सर्वप्रथम दिए गए त्रिघातीय बहुपद

$p(x) = ax^3 + bx^2 + cx + d$ को

$$p(x) = a\left(x^3 + \frac{b}{a}x^2 + \frac{c}{a}x + \frac{d}{a}\right) = ag(x) \quad ...(i)$$

के रूप में लिखते हैं।

जहाँ, $g(x) = x^3 + \frac{b}{a}x^2 + \frac{c}{a}x + \frac{d}{a}$

अर्थात् सर्वप्रथम् x^3 के गुणांक को एक के बराबर बनाते हैं यदि न हो। तत्पश्चात् अचर पद ज्ञात करते हैं।

चरण II बहुपद $g(x)$ के अचर पद $\left(\frac{d}{a}\right)$ के सभी संभव गुणनखंड ज्ञात करते हैं।

चरण III अब ज्ञात करते हैं कि अचर पद के किस गुणनखंड पर $p(x)$ शून्य है जिससे $p(x)$ का एक मान शून्य प्राप्त होता है, अर्थात् $(x-\alpha)$।

चरण IV अगले चरण में, बहुपद $p(x)$ को प्राप्त गुणनखंड व द्विघात बहुपद के गुणनफल के रूप में लिखते हैं

अर्थात् $p(x) = (x - \alpha)(a_1x^2 + b_1x + c_1)$

चरण V अंत में, प्राप्त द्विघाती बहुपद को पिछली विधियों (मध्य पद विभक्त करके, गुणनखंड प्रमेय द्वारा) द्वारा हल करते हैं। जिसके परिणामस्वरूप तीनों गुणनखंड प्राप्त हो जाते हैं।

उदाहरण 7 गुणनखंड प्रमेय का प्रयोग करके, $x^3 - 6x^2 + 3x + 10$ का गुणनखंड कीजिए।

हल माना $p(x) = x^3 - 6x^2 + 3x + 10$

यहाँ, अचर पद = 10 और x^3 का गुणांक एक है।

यहाँ, अचर पद 10 के संभव गुणनखंड ± 1, ± 2, ± 5 और ± 10 हैं।

$x = -1$ पर,

$p(-1) = (-1)^3 - 6(-1)^2 + 3(-1) + 10 = -1 - 6 - 3 + 10 = 0$

इसलिए, $(x + 1)$, $p(x)$ का गुणनखंड है।

$p(x)$ को $(x + 1)$ से भाग देने पर,

भागफल = $x^2 - 7x + 10$

इसलिए, $p(x) = (x + 1)(x^2 - 7x + 10)$

मध्य पदों को विभक्त करने पर,

$p(x) = (x + 1)\{x^2 - (5 + 2)(x) + 10\}$

[$\because 2 + 5 = 7$ तथा $2 \times 5 = 10$]

$= (x + 1)\{x^2 - 5x - 2x + 10\}$

$= (x + 1)\{x(x - 5) - 2(x - 5)\}$

$= (x + 1)(x - 2)(x - 5)$

उदाहरण 8 $2x^3 - 5x^2 - 19x + 42$ के गुणनखंड कीजिए।

हल माना $p(x) = 2x^3 - 5x^2 - 19x + 42$

यहाँ, x^3 का गुणांक 1 नहीं है, इसलिए प्रथमतया हम x^3 के गुणांक को एक बनाएँगे

अर्थात् $p(x) = 2\left(x^3 - \frac{5}{2}x^2 - \frac{19}{2}x + \frac{42}{2}\right) = 2g(x) \quad ...(i)$

जहाँ, $g(x) = x^3 - \frac{5}{2}x^2 - \frac{19}{2}x + 21$

जहाँ, अचर पद 21 है जिसके सभी गुणनखंड ±1, ±3, ± 7 और ± 21 हैं।

$x = 1$ पर,

$g(1) = (1)^3 - \frac{5}{2}(1)^2 - \frac{19}{2}(1) + 21$

$= 1 - \frac{5}{2} - \frac{19}{2} + 21 = -12 + 22 = 10 \neq 0$

इसलिए, $(x - 1)$, $g(x)$ का गुणनखंड नहीं है।

$x = 2$ पर,

$g(2) = (2)^3 - \frac{5}{2}(2)^2 - \frac{19}{2}(2) + 21$

$= 8 - \frac{5}{2} \times 4 - \frac{38}{2} + 21 = 8 + 21 - \frac{20}{2} - \frac{38}{2}$

$= 29 - \frac{58}{2} = 29 - 29 = 0$

इसलिए, $(x - 2)$, $g(x)$ का गुणनखंड है।

$g(x)$ को $(x - 2)$ से भाग देने पर, हमें भागफल $\left(x^2 - \frac{x}{2} - \frac{21}{2}\right)$ प्राप्त होता है।

$\therefore \quad g(x) = (x - 2)\left(x^2 - \frac{x}{2} - \frac{21}{2}\right)$

समी (i) से, $p(x) = 2 \times (x - 2)\frac{(2x^2 - x - 21)}{2}$

$= (x - 2)(2x^2 - x - 21)$

$= (x - 2)[2x^2 - 7x + 6x - 21]$

[$\because 6 \times (-7) = -42$ और $6 - 7 = -1 = b$, मध्य पद को विभक्त करके]

$= (x - 2)[x(2x - 7) + 3(2x - 7)]$

$= (x - 2)(2x - 7)(x + 3)$

उदाहरण 9 यदि $p(x) = x^3 - 4x^2 + x + 6$ है, तब दर्शाइए कि $p(3) = 0$ और $p(x)$ के गुणनखंड भी कीजिए।

हल दिया है, $p(x) = x^3 - 4x^2 + x + 6 \quad ...(i)$

समी (i) में $x = 3$ रखने पर,

$p(3) = (3)^3 - 4(3)^2 + 3 + 6$

$= 27 - 36 + 9 = 0$

इति सिद्धम्

चूँकि $p(3) = 0$ है, इसलिए $x - 3$, $p(x)$ का गुणनखंड होगा।

$\therefore \quad p(x) = (x - 3)(x^2 - x - 2)$

$= (x - 3)(x^2 - 2x + x - 2)$

[$\because -2 + 1 = -1$ तथा $-2 \times 1 = -2$]

$= (x - 3)[x(x - 2) + 1(x - 2)]$

$= (x - 3)(x + 1)(x - 2)$

प्रश्नावली 2.3

1. यदि $x^2 + px - 30 = (x-5)(x+6), \forall\, x$, तब p का मान ज्ञात कीजिए।

2. यदि $x-2$ और $x-\frac{1}{2}$ दोनों बहुपद px^2+5x+r के गुणनखंड हैं तब दर्शाइए कि $p=r$

3. निम्नलिखित बहुपदों के गुणनखंड कीजिए (मध्य पद विभक्त द्वारा)।

(i) x^2+2x-3 (ii) $3x^2+7x-6$

(iii) $2x^2+3\sqrt{5}x+5$

4. निम्नलिखित बहुपदों के गुणनखंड प्रमेय द्वारा गुणनखंड कीजिए।

(i) $x^2+5x-66$ (ii) $3x^2-11x-4$

(iii) $x^2+\frac{12}{35}x+\frac{1}{35}$

5. बहुपद $p(x)=x^2+x-6$ के गुणनखंड क्या होंगे?

6. बहुपद $3x^2-x-4$ के गुणनखंड ज्ञात कीजिए।

7. निम्नलिखित के गुणनखंड कीजिए।

(i) $ab(x^2+1)+x(a^2+b^2)$

(ii) $x^2-(a+b)x+ab$ (iii) $\sqrt{2}\,x^2+3x+\sqrt{2}$

(iv) $x^2-24x-180$ (v) $5\sqrt{5}\,x^2+20x+3\sqrt{5}$

8. (i) बहुपद x^2-4x+4 के गुणनखंड कीजिए।

(ii) बहुपद $8a^3+b^3+12ba^2+6ab^2$ के गुणनखंड कीजिए।

9. बहुपद $x^3-2x^2y+3xy^2-6y^3$ के गुणनखंड कीजिए।

10. बहुपद $3u^3-4u^2-12u+16$ के गुणनखंड कीजिए।

11. बहुपद x^3+2x^2-5x-6 के गुणनखंड कीजिए।

12. निम्नलिखित के गुणनखंड कीजिए।

(i) $x^3+13x^2+32x+20$ (ii) $2t^3-5t^2-19t+42$

13. यदि $(x-4)$ बहुपद $q(x)=x^3-5x^2-px+24$ का गुणनखंड है, तब p का मान ज्ञात कीजिए।

14. बहुपद $x^3-1^3-10x^2-53x-41$ के गुणनखंड कीजिए।

15. यदि (x^2-1), बहुपद ax^3+bx^2+cx+d, का गुणनखंड है, तब दर्शाइए कि $a+c=0$

16. (i) यदि $(x-3)$, बहुपद $k^2x^3-x^2+3x-1$ का एक गुणनखंड है, तब k का मान ज्ञात कीजिए।

(ii) यदि $(x+2)$, बहुपद x^3+6x^2+4x+k का गुणनखंड है, तब k का मान ज्ञात कीजिए।

17. यदि $(x-2)$, बहुपद $8x^3+4x^2-3x+k$ का गुणनखंड है, तब k का मान ज्ञात कीजिए।

18. (i) गुणनखंड प्रमेय के प्रयोग से, दर्शाइए कि $(x-2)$ बहुपद $2x^3-3x^2-17x+30$ का गुणनखंड है।

(ii) गुणनखंड प्रमेय के प्रयोग से, दर्शाइए कि $(x-1)$ बहुपद $4x^3+3x^2-4x-3$ का गुणनखंड है।

19. ज्ञात कीजिए कि $(x-2)$, बहुपद $3x^4+4x^3-10x^2-5x-28$ का गुणनखंड है।

20. दर्शाइए कि $(x+5)$, बहुपद $f(x)=x^3+x^2+3x+115$ का गुणनखंड है।

21. जाँच कीजिए कि $(-2x-5)$, बहुपद $p(x)=3x^4+5x^3-2x^2-4$ का गुणनखंड है अथवा नहीं।

संकेत एवं हल

1. **संकेत** $x^2+px-30=x^2+x-30=0 \Rightarrow px=x$ **उत्तर** $p=1$

3. उदाहरण 5 की भाँति स्वयं हल करें।

उत्तर (i) $(x-1)(x+3)$ (ii) $(x+3)(3x-2)$

(iii) $(2x+\sqrt{5})(x+\sqrt{5})$

4. उदाहरण 6 की भाँति स्वयं हल करें।

उत्तर (i) $(x+11)(x-6)$ (ii) $(x-4)(3x+1)$

(iii) $\left(x+\frac{1}{7}\right)\left(x+\frac{1}{5}\right)$

5. $(x+3), (x-2)$

6. $(x+1), (3x-4)$

7. (i) $(ax+b)(bx+a)$ (ii) $(x-a)(x-b)$

(iii) $(x+\sqrt{2})(\sqrt{2}x+1)$ (iv) $(x+6)(x-30)$

(v) $(5x+3\sqrt{5})(\sqrt{5}x+1)$

8. (i) $(x-2)(x-2)$ (ii) $(2a+b)(2a+b)(2a+b)$

9. $(x-2y)(x^2+3y^2)$

10. $(u-2)(u+2)(3u-4)$

11. $(x+1)(x-2)(x+3)$

12. (i) $(x+2)(x+1)(x+10)$ (ii) $(t-2)(t+3)(2t-7)$

13. **संकेत** $r(x)=0$, जहाँ $r(x)=x^3-5x^2-px+2y$ **उत्तर** $p=2$

14. $(x+1)(x+3)(x-14)$

16. उदाहरण 1 की भाँति स्वयं हल करें। **उत्तर** (i) $\left[k=\pm\frac{1}{3\sqrt{3}}\right]$ (ii) -8

17. $k=-74$

18. उदाहरण 4 की भाँति स्वयं हल करें।

19. नहीं

20. नहीं

टॉपिक 4
बीजगणितीय सर्वसमिकाएँ

बीजगणितीय सर्वसमिका एक बीजीय समीकरण होती है जोकि चरों के सभी मानों के लिए सत्य होती है। कुछ बीजगणितीय सर्वसमिकाएँ निम्न हैं

(i) $(x+y)^2 = x^2 + 2xy + y^2$

(ii) $(x-y)^2 = x^2 - 2xy + y^2$

(iii) $x^2 - y^2 = (x-y)(x+y)$

(iv) $(x+a)(x+b) = x^2 + (a+b)x + ab$

(v) $(x+y+z)^2 = x^2 + y^2 + z^2 + 2xy + 2yz + 2zx$
$= \Sigma x^2 + 2\Sigma xy$

(vi) $(x+y)^3 = x^3 + y^3 + 3xy(x+y)$
$= x^3 + y^3 + 3x^2y + 3xy^2$

(vii) $(x-y)^3 = x^3 - y^3 - 3xy(x-y) = x^3 - y^3 - 3x^2y + 3xy^2$

(viii) $x^3 - y^3 = (x-y)(x^2 + xy + y^2)$
$= (x-y)[(x-y)^2 + 3xy]$

(ix) $x^3 + y^3 = (x+y)(x^2 - xy + y^2)$
$= (x+y)[(x+y)^2 - 3xy]$

(x) $x^3 + y^3 + z^3 - 3xyz$
$= (x+y+z)(x^2 + y^2 + z^2 - xy - yz - zx)$
$= (x+y+z)[(x+y+z)^2 - 3(xy + yz + zx)]$

यदि $(x+y+z) = 0$, तब $x^3 + y^3 + z^3 = 3xyz$

(xi) $x^2 + y^2 + z^2 - xy - yz - zx$
$= \frac{1}{2}[(x-y)^2 + (y-z)^2 + (z-x)^2]$

नोट *यहाँ दाईं तरफ स्थित व्यंजक को बाईं तरफ स्थित व्यंजक का विस्तारित रूप कहते हैं।*

बीजगणितीय सर्वसमिकाओं पर आधारित प्रश्न

उपरोक्त सर्वसमिकाओं का उपयोग विभिन्न प्रकार के प्रश्नों जैसे—बीजगणितीय व्यंजक के गुणनखंड करने, बिना गुणा करें गुणनफल ज्ञात करना, आदि को हल करने में कर सकते हैं जिन पर आधारित कुछ उदाहरण निम्नवत् हैं

उदाहरण 1 उपर्युक्त सर्वसमिका के उपयोग से, $4x^2 - \frac{y^2}{9}$ के गुणनखंड कीजिए।

हल $4x^2 - \frac{y^2}{9} = (2x)^2 - \left(\frac{y}{3}\right)^2 = \left(2x - \frac{y}{3}\right)\left(2x + \frac{y}{3}\right)$

$[\because a^2 - b^2 = (a-b)(a+b)]$

उदाहरण 2 गुणन परिकलन किए बिना, 105×106 का मान ज्ञात कीजिए।

हल सर्वप्रथम, 105 को $100+5$ और 106 को $100+6$ रूप में लिखते हैं।

$\therefore\ 105 \times 106 = (100+5) \times (100+6)$
$= (100)^2 + (5+6)\,100 + (5 \times 6)$
$[\because (x+a)(x+b) = x^2 + (a+b)x + ab]$
$= 10000 + 11 \times 100 + 30$
$= 10000 + 1100 + 30$
$= 11130$

उदाहरण 3 व्यंजक $\left(x - \frac{1}{2}y + \frac{1}{3}z\right)^2$ का विस्तार कीजिए।

हल $\left(x - \frac{1}{2}y + \frac{1}{3}z\right)^2 = (x)^2 + \left(-\frac{1}{2}y\right)^2 + \left(\frac{1}{3}z\right)^2 + 2x\left(-\frac{1}{2}y\right) + 2\left(-\frac{1}{2}y\right)\left(\frac{1}{3}z\right) + 2\left(\frac{1}{3}z\right)(x)$

$[\because (a+b+c)^2 = a^2 + b^2 + c^2 + 2ab + 2bc + 2ca]$

$= x^2 + \frac{1}{4}y^2 + \frac{1}{9}z^2 - xy - \frac{yz}{3} + \frac{2zx}{3}$

उदाहरण 4 उपर्युक्त सर्वसमिका के उपयोग से, $(104)^3$ का मान ज्ञात कीजिए।

हल बिना घात के दी गई संख्या 104 है जोकि 100 से अधिक है, इसलिए इसे $100+4$ के रूप में लिख सकते हैं।

$\therefore\ (104)^3 = (100+4)^3$

$(100+4)^3$ की $(x+y)^3$ से तुलना करने पर,

$x = 100$ तथा $y = 4$

बीजगणितीय सर्वसमिका के उपयोग से,

$(x+y)^3 = x^3 + y^3 + 3xy(x+y)$

हम प्राप्त करते हैं

$(104)^3 = (100+4)^3$
$= (100)^3 + (4)^3 + 3(100)(4)(100+4)$
$= 1000000 + 64 + 1200\,(104)$
$= 1000000 + 64 + 124800$
$= 1124864$

नोट *जब हमें किसी संख्या का वर्ग, घन आदि ज्ञात करना हो, परंतु यदि दी गई संख्या 10, 100, 1000 या 10000 से अधिक हो, तब इसे $10+a, 100+a, 1000+a$ या $10000+a$ के रूप में लिख कर हल करते हैं। इसी प्रकार यदि दी गई संख्या 10, 100, 1000 या 10000 से कम हो, तब इसे $10-a, 100-a, 1000-a, 10000-a$ के रूप में लिखकर हल करते हैं, जहाँ a एक संख्या है।*

उदाहरण 5 उपर्युक्त सर्वसमिका के उपयोग से, $25x^2 + 4y^2 + 9z^2 - 20xy - 12yz + 30zx$ के गुणनखंड कीजिए।

हल दिया है, $25x^2 + 4y^2 + 9z^2 - 20xy - 12yz + 30zx$

दिए गए व्यंजक को दोबारा इस प्रकार लिख सकते हैं

$(5x)^2 + (2y)^2 + (3z)^2 - 2 \times 5x \times 2y - 2 \times 2y \times 3z + 2 \times 3z \times 5x$

$= (5x)^2 + (-2y)^2 + (3z)^2 + 2(5x)(-2y) + 2(-2y)(3z) + 2(3z)(5x)$

$= (5x - 2y + 3z)^2$

$[\because a^2 + b^2 + c^2 + 2ab + 2bc + 2ca = (a + b + c)^2]$

उदाहरण 6 उपर्युक्त सर्वसमिका के उपयोग से, $\frac{x^3}{8} - 64 - 3x^2 + 24x$ के गुणनखंड कीजिए।

हल दिया है, $\frac{x^3}{8} - 64 - 3x^2 + 24x$

दिए गए व्यंजक को हम इस प्रकार लिख सकते हैं

$\left(\frac{x}{2}\right)^3 - (4)^3 - 3x(x - 8)$

$= \left(\frac{x}{2}\right)^3 - (4)^3 - 3 \times \frac{x}{2} \times 4\left(\frac{x}{2} - 4\right)$

$= \left(\frac{x}{2} - 4\right)^3$ $[\because a^3 - b^3 - 3ab(a - b) = (a - b)^3]$

$= \left(\frac{x}{2} - 4\right)\left(\frac{x}{2} - 4\right)\left(\frac{x}{2} - 4\right)$

उदाहरण 7 सरल कीजिए

$$(x + y)^3 - (x - y)^3 - 6y(x + y)(x - y)$$

हल $(x + y)^3 - (x - y)^3 - 6y(x + y)(x - y)$

$= (x + y)^3 - (x - y)^3 - 3(x + y)(x - y)[(x + y) - (x - y)]$

$= ([x + y) - (x - y)]^3$ $[\because a^3 - b^3 - 3ab(a - b) = (a - b)^3]$

$= (2y)^3 = 8y^3$

उदाहरण 8 यदि $x^2 + \frac{1}{x^2} = 7$ है, तब $\left(x + \frac{1}{x}\right)$ के धनात्मक मान की सहायता से, $x^3 + \frac{1}{x^3}$ का मान ज्ञात कीजिए।

हल दिया है, $x^2 + \frac{1}{x^2} = 7$

$\Rightarrow$ $x^2 + \frac{1}{x^2} + 2 = 7 + 2$ [दोनों पक्षों में 2 जोड़ने पर]

$\Rightarrow$ $\left(x + \frac{1}{x}\right)^2 = (3)^2$

धनात्मक वर्गमूल लेने पर,

$x + \frac{1}{x} = 3$ ... (i)

अब, दोनों तरफ घन लेने पर,

$x^3 + \left(\frac{1}{x}\right)^3 + 3x \times \frac{1}{x}\left(x + \frac{1}{x}\right) = (3)^3$

$\Rightarrow$ $x^3 + \frac{1}{x^3} + 3(3) = 27$ [समी (i) से]

$\therefore$ $x^3 + \frac{1}{x^3} = 27 - 9 = 18$

उदाहरण 9 यदि $a + b + c = 9$ और $ab + bc + ca = 40$ है, तब $a^2 + b^2 + c^2$ का मान ज्ञात कीजिए।

हल दिया है, $a + b + c = 9$

दोनों पक्षों का वर्ग करने पर, $(a + b + c)^2 = (9)^2$

$\Rightarrow$ $a^2 + b^2 + c^2 + 2ab + 2bc + 2ca = 81$

$\Rightarrow$ $a^2 + b^2 + c^2 + 2(ab + bc + ca) = 81$

$ab + bc + ca = 40$ रखने पर,

$a^2 + b^2 + c^2 + 2 \times 40 = 81$

$\therefore$ $a^2 + b^2 + c^2 = 81 - 80 = 1$

उदाहरण 10 उपर्युक्त सर्वसमिका के उपयोग से, निम्न व्यंजकों का गुणनफल कीजिए

$$(3x - 5y - 4)(9x^2 + 25y^2 + 15xy + 12x - 20y + 16)$$

हल $(3x - 5y - 4)(9x^2 + 25y^2 + 15xy + 12x - 20y + 16)$

$= [3x + (-5y) + (-4)][(3x)^2 + (-5y)^2 + (-4)^2 - (3x)(-5y) - (-5y)(-4) - (-4)(3x)]$

$= (3x)^3 + (-5y)^3 + (-4)^3 - 3 \times 3x \times (-5y) \times (-4)$

$[\because a^3 + b^3 + c^3 - 3abc = (a + b + c)(a^2 + b^2 + c^2 - ab - bc - ca)]$

$= 27x^3 - 125y^3 - 64 - 180xy$

ज्यामितीय आकृति पर आधारित प्रश्न

कभी-कभी प्रश्नों में कुछ ज्यामितीय आकृतियों (जैसे—वर्ग, घन आदि) के क्षेत्रफल और आयतन से संबंधित बहुपद के रूप में दिए गए होते हैं जिन्हें हल करके विमाएँ ज्ञात करनी होती हैं।

इसके लिए, सर्वप्रथम दिए गए बहुपद के गुणनखंड ज्ञात करके तत्पश्चात् किसी भी गुणनखंड को कोई भी विमा मानकर हल करते हैं।

उदाहरण 11 आयत जिसका क्षेत्रफल $4a^2 + 4a - 3$ है, की विमाओं (लंबाई व चौड़ाई) के लिए संभव व्यंजक ज्ञात कीजिए। **[NCERT Exemplar]**

हल दिया है, आयत का क्षेत्रफल $= 4a^2 + 4a - 3$

$= 4a^2 + 6a - 2a - 3$ [मध्य पद को विभक्त करके]

$= 2a(2a + 3) - 1(2a + 3)$

$= (2a - 1)(2a + 3)$

इसलिए, लंबाई/चौड़ाई के लिए संभव व्यंजक $= (2a - 1)$

तथा चौड़ाई/लंबाई के लिए संभव व्यंजक $= (2a + 3)$

उदाहरण 12 एक घनाभ जिसका आयतन $36kx^2y - 21kxy^2 + 3ky^3$ है, की विमाओं के लिए संभव व्यंजक क्या है?

हल घनाभ का आयतन $= 36kx^2y - 21kxy^2 + 3ky^3$

$= 3ky[12x^2 - 7xy + y^2]$

$= 3ky[12x^2 - 4xy - 3xy + y^2]$

$= 3ky[4x(3x - y) - y(3x - y)]$

$= 3ky(4x - y)(3x - y)$

इसलिए, संभावित घनाभ की लंबाई $= 3ky$

संभावित घनाभ की चौड़ाई $= 4x - y$

और संभावित घनाभ की ऊँचाई $= 3x - y$

इनके अतिरिक्त और भी बहुत-सी संभावनाएँ हो सकती हैं।

प्रश्नावली 2.4

1. $y^2 - \frac{x^2}{100}$ के गुणनखंडन के लिए कौन सी सर्वसमिका उपयोगी होगी?

2. उपर्युक्त सर्वसमिका का उपयोग करके निम्नलिखित के गुणनफल ज्ञात कीजिए।

(i) $(x-3)(x+3)$

(ii) $(y+5)(y-7)$

3. गुणन परिकलन किए बिना निम्नलिखित के मान ज्ञात कीजिए।

(i) 77×79

(ii) 109×105

(iii) 108×100

4. उपर्युक्त सर्वसमिका के उपयोग से निम्नलिखित में से प्रत्येक को विस्तारित कीजिए।

(i) $(x-2y-3z)^2$

(ii) $(a+2b+5c)^2$

(iii) $(-2x+5y-3z)^2$

(iv) $\left(\frac{1}{2}a - \frac{1}{3}b + c\right)^2$

5. उपर्युक्त सर्वसमिका के उपयोग से निम्नलिखित के गुणनखंड कीजिए।

(i) $4y^2 + 4xy + x^2$

(ii) $9z^2 - 6zy + y^2$

(iii) $y^2 - \frac{z^2}{25}$

6. उपर्युक्त सर्वसमिका के उपयोग से निम्नलिखित के गुणनखंड कीजिए।

(i) $4a^2 + 9b^2 + 16c^2 + 12ab - 24bc - 16ca$

(ii) $x^2 + 4y^2 + z^2 - 4xy - 4yz + 2xz$

7. निम्नलिखित घनों को प्रसारित रूप में लिखिए।

(i) $\left(\frac{3}{2}x + 1\right)^3$ (ii) $\left(\frac{x}{2} - \frac{y}{3}\right)^3$

8. उपर्युक्त सर्वसमिका के उपयोग से, निम्नलिखित के मान ज्ञात कीजिए।

(i) $(997)^3$ (ii) $(103)^3$

9. उपर्युक्त सर्वसमिका के उपयोग से, निम्नलिखित के मान ज्ञात कीजिए।

(i) $125x^3 + y^3$

(ii) $8x^3 - (2x - y)^3$

(iii) $(2x - 5y)^3 - (2x - y)^3$

10. उपर्युक्त सर्वसमिका के उपयोग से, निम्नलिखित के मान ज्ञात कीजिए।

(i) $x^3 - 8y^3 - 6x^2y + 12xy^2$

(ii) $27a^3 + \frac{1}{64b^3} + \frac{27a^2}{4b} + \frac{9a}{16b^2}$

11. वास्तव में घनों का परिकलन किए बिना, निम्नलिखित के मान ज्ञात कीजिए।

(i) $(0.2)^3 - (0.3)^3 + (0.1)^3$ (ii) $(7)^3 - (4)^3 - (3)^3$

12. सरल कीजिए

$(2a+b)^3 - (2a-b)^3 - 6b(2a+b)(2a-b)$

13. उपर्युक्त सर्वसमिका के उपयोग से, सरल कीजिए।

$(a-b-1)(a^2+b^2+1+ab+a-b)$

14. उस आयत की लंबाई और चौड़ाई के लिए संभव व्यंजक दीजिए, जिसका क्षेत्रफल $35y^2 + 8y - 16$ है।

15. यदि $a + b + c = 5$ और $ab + bc + ca = 10$ है, तब सिद्ध कीजिए कि $a^3 + b^3 + c^3 - 3abc = -25$

[NCERT Exemplar]

16. यदि $a + b = 12$ तथा $ab = 27$ है, तब $a^3 + b^3$ का मान ज्ञात कीजिए।

17. यदि $y^2 + \frac{1}{y^2} = 23$ है, तब $\left(y + \frac{1}{y}\right)$ के ऋणात्मक मान की सहायता से $y^3 + \frac{1}{y^3}$ का मान ज्ञात कीजिए।

18. यदि $x - \frac{1}{x} = 2$ है, तब $x^4 + \frac{1}{x^4}$ का मान ज्ञात कीजिए।

संकेत एवं हल

1. $(a^2 - b^2) = (a+b)(a-b)$ अर्थात् $\left(y - \frac{x}{10}\right)\left(y + \frac{x}{10}\right)$

2. (i) $(x-3)(x+3) = x^2 - 9$

(ii) $(y+5)(y-7) = y^2 - 2y - 35$

3. (i) $77 \times 79 = (78-1)(78+1) = (78)^2 - (1)^2 = 6084 - 1$

उत्तर 6083

(ii) $(100+9)(100+5) = 11445$

(iii) $(100+8)(100+0) = 10800$

4. (i) $x^2 + 4y^2 + 9z^2 - 4xy + 12yz - 6zx$

(ii) $a^2 + 4b^2 + 25c^2 + 4ab + 20bc + 10ac$

(iii) $4x^2 + 25y^2 + 9z^2 - 20xy - 30yz + 12zx$

(iv) $\frac{a^2}{4} + \frac{b^2}{9} + c^2 - \frac{ab}{3} - \frac{2bc}{3} + ac$

5. (i) $4y^2 + 4xy + x^2 = (2y)^2 + 2(2y)x + x^2$

$= (2y+x)^2 = (2y+x)(2y+x)$

(ii) $(3z-y)(3z-y)$ (iii) $\left(y - \frac{z}{5}\right)\left(y + \frac{z}{5}\right)$

6. (i) $(-2a - 3b + 4c)(-2a - 3b + 4c)$

(ii) $(x - 2y + z)(x - 2y + z)$

7. (i) $\frac{27}{8}x^3 + \frac{27}{4}x^2 + \frac{9}{2}x + 1$

(ii) $\frac{x^3}{8} - \frac{x^2y}{4} + \frac{xy^2}{6} - \frac{y^3}{27}$

8. (i) $(997)^3 = (1000-3)^3$

$= (1000)^3 - 9000000 + 27000 - 27 = 991026973$

(ii) $(103)^3 = (100+3)^3 = 1092727$

9. (i) $(5x + y)(25x^2 - 5xy + y^2)$

(ii) $(2x)^3 - (2x - y)^3$

$= [2x - (2x - y)][(2x)^2 + (2x - y)^2 + 2x(2x - y)]$

$= y[12x^2 + y^2 - 6xy]$

(iii) $-250y^3 - 120x^2y$

10. (i) $(x - 2y)^3$ (ii) $\left(3a + \frac{1}{4b}\right)^3$

11. (i) -0.018 (ii) 252

12. उदाहरण 7 की भाँति स्वयं हल करें। **उत्तर** $8b^3$

13. $a^3 - b^3 - 1 - 3ab$

14. उदाहरण 11 की भाँति स्वयं हल करें।

उत्तर लंबाई/चौड़ाई $= 7y - 4$ तथा चौड़ाई/लंबाई $= 5y + 4$

16. $a^3 + b^3 = (a+b)(a^2 - ab + b^2)$

$= (a+b)((a+b)^2 - 3ab)$

उत्तर 756

17. उदाहरण 8 की भाँति स्वयं हल करें। **उत्तर** -110

18. **संकेत** $\left(x - \frac{1}{x}\right) = 2$

$\Rightarrow \quad x^2 + \left(\frac{1}{x}\right)^2 - 2x \times \frac{1}{x} = 4$

$\Rightarrow \quad x^2 + \frac{1}{x^2} = 6$

$(x^2)^2 + \left(\frac{1}{x^2}\right)^2 + 2(x^2)\left(\frac{1}{x^2}\right) = 36$

$\Rightarrow \quad x^4 + \frac{1}{x^4} = 34$

NCERT फोल्डर

प्रश्नावली 2.1

1. निम्नलिखित व्यंजकों में से कौन-कौन एक चर में बहुपद हैं और कौन-कौन नहीं हैं? कारण सहित उत्तर दीजिए।

(i) $4x^2 - 3x + 7$ (ii) $y^2 + \sqrt{2}$

(iii) $3\sqrt{t} + t\sqrt{2}$ (iv) $y + \frac{2}{y}$

(v) $x^{10} + y^3 + t^{50}$

हल यहाँ, (i) तथा (ii) एक चर वाला बहुपद है, (v) तीन चर वाला बहुपद है तथा (iii) और (iv) बहुपद नहीं हैं क्योंकि इनकी चरों की घात शून्येत्तर पूर्णांक नहीं है।

2. निम्नलिखित में से प्रत्येक में x^2 का गुणांक लिखिए।

(i) $2 + x^2 + x$ (ii) $2 - x^2 + x^3$

(iii) $\frac{\pi}{2}x^2 + x$ (iv) $\sqrt{2}\,x - 1$

हल (i) $2 + x^2 + x$ में x^2 का गुणांक 1 है।

(ii) $2 - x^2 + x^3$ में x^2 का गुणांक –1 है।

(iii) $\frac{\pi}{2}x^2 + x$ में x^2 का गुणांक $\frac{\pi}{2}$ है।

(iv) $\sqrt{2} \cdot x - 1$ में x^2 का गुणांक 0 है। $[\because 0 \cdot x^2 + \sqrt{2} \cdot x - 1]$

3. 35 घात के द्विपद का और 100 घात के एकपदी का एक-एक उदाहरण दीजिए।

हल (i) $y^{35} + 2$, घात 35 का एक द्विपद है।

(ii) y^{100}, घात 100 का एक एकपदी है।

4. निम्नलिखित बहुपदों में से प्रत्येक बहुपद की घात लिखिए।

(i) $5x^3 + 4x^2 + 7x$ (ii) $4 - y^2$

(iii) $5t - \sqrt{7}$ (iv) 3

हल (i) बहुपद $5x^3 + 4x^2 + 7x$ में, चर x की अधिकतम घात 3 है। अतः बहुपद की घात 3 है।

(ii) बहुपद $4 - y^2$ में, चर y की अधिकतम घात 2 है। अतः बहुपद की घात 2 है।

(iii) बहुपद $5t - \sqrt{7}$ में, चर t की अधिकतम घात 1 है। अतः बहुपद की घात 1 है।

(iv) बहुपद 3 में, कोई भी चर पद उपस्थित नहीं है अर्थात् यह एक अचर बहुपद है तथा अचर बहुपद में किसी भी चर की अधिकतम घात शून्य होती है। अतः बहुपद की घात 0 है।

5. बताइए कि निम्नलिखित बहुपदों में से कौन-कौन बहुपद रैखिक हैं, कौन-कौन द्विघाती हैं और कौन-कौन त्रिघाती हैं?

(i) $x^2 + x$ (ii) $x - x^3$

(iii) $y + y^2 + 4$ (iv) $1 + x$

(v) $3t$ (vi) r^2

(vii) $7x^3$

हल (i) बहुपद $x^2 + x$ की घात 2 है। अतः यह एक द्विघाती बहुपद है।

(ii) बहुपद $x - x^3$ की घात 3 है। अतः यह एक त्रिघाती बहुपद है।

(iii) बहुपद $y + y^2 + 4$ की घात 2 है। अतः यह एक द्विघाती बहुपद है।

(iv) बहुपद $1 + x$ की घात 1 है। अतः यह एक रैखिक बहुपद है।

(v) बहुपद $3t$ की घात 1 है। अतः यह एक रैखिक बहुपद है।

(vi) बहुपद r^2 की घात 2 है। अतः यह एक द्विघाती बहुपद है।

(vii) बहुपद $7x^3$ की घात 3 है। अतः यह एक त्रिघाती बहुपद है।

प्रश्नावली 2.2

1. निम्नलिखित पर बहुपद $5x - 4x^2 + 3$ के मान ज्ञात कीजिए।

(i) $x = 0$ (ii) $x = -1$

(iii) $x = 2$

हल माना $p(x) = 5x - 4x^2 + 3$

(i) $x = 0$ पर, $p(x) = 5x - 4x^2 + 3$ का मान है

$p(0) = 5 \times 0 - 4 \times 0^2 + 3 \Rightarrow p(0) = 3$

(ii) भाग (i) की भाँति स्वयं हल करें। **उत्तर** = – 6

(iii) भाग (i) की भाँति स्वयं हल करें। **उत्तर** = – 3

2. निम्नलिखित बहुपदों में से प्रत्येक बहुपद के लिए $p(0)$, $p(1)$ और $p(2)$ ज्ञात कीजिए।

(i) $p(y) = y^2 - y + 1$ (ii) $p(t) = 2 + t + 2t^2 - t^3$

(iii) $p(x) = x^3$ (iv) $p(x) = (x-1)(x+1)$

हल (i) $p(y) = y^2 - y + 1$

$\therefore$ $p(0) = 0^2 - 0 + 1 \Rightarrow p(0) = 1$

$p(1) = 1^2 - 1 + 1 \Rightarrow p(1) = 1$

तथा $p(2) = 2^2 - 2 + 1 = 4 - 2 + 1 \Rightarrow p(2) = 3$

(ii) भाग (i) की भाँति स्वयं हल करें। **उत्तर** 2, 4, 4

(iii) भाग (i) की भाँति स्वयं हल करें। **उत्तर** 0, 1, 8

(iv) भाग (i) की भाँति स्वयं हल करें। **उत्तर** – 1, 0, 3

3. सत्यापित कीजिए कि दिखाए गए मान निम्नलिखित स्थितियों में संगत बहुपद के शून्यक हैं।

(i) $p(x) = 3x + 1; x = -\frac{1}{3}$

(ii) $p(x) = 5x - \pi; x = \frac{4}{5}$

(iii) $p(x) = x^2 - 1; x = 1, -1$

(iv) $p(x) = (x+1)(x-2); x = -1, 2$

(v) $p(x) = x^2; x = 0$

(vi) $p(x) = lx + m; x = -\frac{m}{l}$

(vii) $p(x) = 3x^2 - 1; x = -\frac{1}{\sqrt{3}}, \frac{2}{\sqrt{3}}$

(viii) $p(x) = 2x + 1; x = \frac{1}{2}$

हल (i) यदि $x = -\frac{1}{3}$, $p(x)$ का शून्यक है, तब $p\left(-\frac{1}{3}\right) = 0$

$\therefore \quad p\left(-\frac{1}{3}\right) = 3 \times \left(-\frac{1}{3}\right) + 1 = -1 + 1 \Rightarrow p\left(-\frac{1}{3}\right) = 0$

अतः $x = -\frac{1}{3}$, $p(x)$ का शून्यक है।

(ii) भाग (i) की भाँति स्वयं हल करें। **उत्तर** नहीं

(iii) भाग (i) की भाँति स्वयं हल करें।

उत्तर $x = -1$ तथा 1, दोनों शून्यक हैं।

(iv) भाग (i) की भाँति स्वयं हल करें।

उत्तर $x = -1$ तथा 2, दोनों शून्यक हैं।

(v) भाग (i) की भाँति स्वयं हल करें। **उत्तर** शून्यक है।

(vi) भाग (i) की भाँति स्वयं हल करें। **उत्तर** शून्यक है।

(vii) भाग (i) की भाँति स्वयं हल करें।

उत्तर $x = -\frac{1}{\sqrt{3}}$, बहुपद का शून्यक है तथा $x = \frac{2}{\sqrt{3}}$, बहुपद का शून्यक नहीं है।

(viii) भाग (i) की भाँति स्वयं हल करें। **उत्तर** नहीं।

4. निम्नलिखित स्थितियों में से प्रत्येक स्थिति में बहुपद का शून्यक ज्ञात कीजिए।

(i) $p(x) = x + 5$ (ii) $p(x) = x - 5$

(iii) $p(x) = 2x + 5$ (iv) $p(x) = 3x - 2$

(v) $p(x) = 3x$ (vi) $p(x) = ax, a \neq 0$

(vii) $p(x) = cx + d; c \neq 0$ (c, d वास्तविक संख्याएँ हैं)

हल (i) दिया है, $p(x) = x + 5$

अब, $p(x) = 0$

$\Rightarrow \quad x + 5 = 0$

$\Rightarrow \quad x = -5$

अतः -5, बहुपद $p(x)$ का शून्यक है।

(ii) भाग (i) की भाँति स्वयं हल करें। **उत्तर** 5

(iii) भाग (i) की भाँति स्वयं हल करें। **उत्तर** $\frac{-5}{2}$

(iv) भाग (i) की भाँति स्वयं हल करें। **उत्तर** $\frac{2}{3}$

(v) भाग (i) की भाँति स्वयं हल करें। **उत्तर** 0

(vi) भाग (i) की भाँति स्वयं हल करें। **उत्तर** 0

(vii) भाग (i) की भाँति स्वयं हल करें। **उत्तर** $\frac{-d}{c}$

प्रश्नावली 2.3

1. बताइए कि निम्नलिखित बहुपदों में से किस बहुपद का एक गुणनखंड $x + 1$ है?

(i) $x^3 + x^2 + x + 1$ (ii) $x^4 + x^3 + x^2 + x + 1$

(iii) $x^4 + 3x^3 + 3x^2 + x + 1$

(iv) $x^3 - x^2 - (2 + \sqrt{2})x + \sqrt{2}$

हल $(x + 1)$ का शून्यक -1 है। [$\because x + 1 = 0 \Rightarrow x = -1$]

(i) माना $p(x) = x^3 + x^2 + x + 1$

तब $p(-1) = (-1)^3 + (-1)^2 + (-1) + 1$

$= -1 + 1 - 1 + 1$

$\Rightarrow p(-1) = 0$

अतः शेषफल प्रमेय से, $(x + 1)$ बहुपद $x^3 + x^2 + x + 1$ का एक गुणनखंड है।

(ii) भाग (i) की भाँति स्वयं हल करें। **उत्तर** नहीं।

(iii) भाग (i) की भाँति स्वयं हल करें। **उत्तर** नहीं।

(iv) भाग (i) की भाँति स्वयं हल करें। **उत्तर** नहीं।

2. गुणनखंड प्रमेय लागू करके बताइए कि निम्नलिखित स्थितियों में से प्रत्येक स्थिति में $g(x)$, $p(x)$ का एक गुणनखंड है या नहीं।

(i) $p(x) = 2x^3 + x^2 - 2x - 1, g(x) = x + 1$

(ii) $p(x) = x^3 + 3x^2 + 3x + 1, g(x) = x + 2$

(iii) $p(x) = x^3 - 4x^2 + x + 6, g(x) = x - 3$

हल (i) $g(x) = x + 1$ का शून्यक $x = -1$ है। [$\because x + 1 = 0 \Rightarrow x = -1$]

माना $p(x) = 2x^3 + x^2 - 2x - 1$

तब $p(-1) = 2(-1)^3 + (-1)^2 - 2(-1) - 1 = -2 + 1 + 2 - 1$

$\Rightarrow \quad p(-1) = 0$

अतः $g(x)$, $p(x)$ का गुणनखंड है।

(ii) भाग (i) की भाँति स्वयं हल करें। **उत्तर** नहीं।

(iii) भाग (i) की भाँति स्वयं हल करें। **उत्तर** नहीं।

3. k का मान ज्ञात कीजिए, जबकि निम्नलिखित स्थितियों में से प्रत्येक स्थिति में $(x - 1)$, $p(x)$ का एक गुणनखंड हो।

(i) $p(x) = x^2 + x + k$ (ii) $p(x) = 2x^2 + kx + \sqrt{2}$

(iii) $p(x) = kx^2 - \sqrt{2}x + 1$ (iv) $p(x) = kx^2 - 3x + k$

हल $(x - 1)$ का शून्यक 1 है। [$\because x - 1 = 0 \Rightarrow x = 1$]

(i) चूँकि $(x - 1)$ बहुपद $p(x)$ का एक गुणनखंड है।

तब, $p(1) = 0$ [शेषफल प्रमेय से]

माना $p(x) = x^2 + x + k \Rightarrow (1)^2 + 1 + k = 0$

$\Rightarrow \quad 2 + k = 0 \Rightarrow k = -2$

(ii) भाग (i) की भाँति स्वयं हल करें। **उत्तर** $= -2-\sqrt{2}$

(iii) भाग (i) की भाँति स्वयं हल करें। **उत्तर** $= \sqrt{2}-1$

(iv) भाग (i) की भाँति स्वयं हल करें। **उत्तर** $= \frac{3}{2}$

4. निम्नलिखित के गुणनखंड ज्ञात कीजिए।

(i) $12x^2 - 7x + 1$ (ii) $2x^2 + 7x + 3$

(iii) $6x^2 + 5x - 6$ (iv) $3x^2 - x - 4$

हल (i) $12x^2 - 7x + 1 = 12x^2 - 4x - 3x + 1$

[मध्य पद के विभक्तिकरण से]

$= 4x(3x-1) - 1(3x-1) = (3x-1)(4x-1)$

(ii) भाग (i) की भाँति स्वयं हल करें। **उत्तर** $(x+3)(2x+1)$

(iii) भाग (i) की भाँति स्वयं हल करें। **उत्तर** $(2x+3)(3x-2)$

(iv) भाग (i) की भाँति स्वयं हल करें। **उत्तर** $(3x-4)(x+1)$

5. निम्नलिखित के गुणनखंड ज्ञात कीजिए।

(i) $x^3 - 2x^2 - x + 2$ (ii) $x^3 - 3x^2 - 9x - 5$

(iii) $x^3 + 13x^2 + 32x + 20$ (iv) $2y^3 + y^2 - 2y - 1$

हल (i) माना $p(x) = x^3 - 2x^2 - x + 2$

$p(x)$ का अचर पद 2 है।

$\therefore$ 2 के गुणनखंड ± 1 तथा ± 2 हैं।

अब, $p(1) = 1^3 - 2(1)^2 - 1 + 2 = 1 - 2 - 1 + 2 \Rightarrow p(1) = 0$

ट्रायल विधि से हम प्राप्त करते हैं, $p(1) = 0$

अतः $(x-1)$, बहुपद $p(x)$ का एक गुणनखंड है।

$\therefore \; x^3 - 2x^2 - x + 2 = x^3 - x^2 - x^2 + x - 2x + 2$

$= x^2(x-1) - x(x-1) - 2(x-1)$

$= (x-1)(x^2 - x - 2) = (x-1)(x^2 - 2x + x - 2)$

$= (x-1)[x(x-2) + 1(x-2)] = (x-1)(x-2)(x+1)$

(ii) भाग (i) की भाँति स्वयं हल करें। **उत्तर** $(x-5)(x+1)^2$

(iii) भाग (i) की भाँति स्वयं हल करें।

उत्तर $(x+1)(x+10)(x+2)$

(iv) भाग (i) की भाँति स्वयं हल करें। **उत्तर** $(y-1)(y+1)(2y+1)$

प्रश्नावली 2.4

1. उपर्युक्त सर्वसमिकाओं का प्रयोग करके निम्नलिखित गुणनफल ज्ञात कीजिए।

(i) $(x+4)(x+10)$ (ii) $(x+8)(x-10)$

(iii) $(3x+4)(3x-5)$ (iv) $\left(y^2+\frac{3}{2}\right)\left(y^2-\frac{3}{2}\right)$

(v) $(3-2x)(3+2x)$

हल (i) $(x+4)(x+10)$

सर्वसमिका $(x+a)(x+b) = x^2 + (a+b)x + ab$ का प्रयोग करने पर, $(x+4)(x+10) = x^2 + (4+10)x + (4 \times 10)$

$[\because a = 4, b = 10]$

$= x^2 + 14x + 40$

(ii) $(x+8)(x-10)$

सर्वसमिका $(x+a)(x+b) = x^2 + (a+b)x + ab$ का प्रयोग करने पर,

$(x+8)(x-10) = x^2 + [8 + (-10)]x + (8)(-10)$

$[\because a = 8, b = -10]$

$= x^2 - 2x - 80$

(iii) भाग (ii) की भाँति स्वयं हल करें। **उत्तर** $9x^2 - 3x - 20$

(iv) $\left(y^2+\frac{3}{2}\right)\left(y^2-\frac{3}{2}\right)$

सर्वसमिका $(x+y)(x-y) = x^2 - y^2$ का प्रयोग करने पर,

$$\left(y^2+\frac{3}{2}\right)\left(y^2-\frac{3}{2}\right) = (y^2)^2 - \left(\frac{3}{2}\right)^2 = y^4 - \frac{9}{4}$$

(v) भाग (ii) की भाँति स्वयं हल करें। **उत्तर** $9 - 4x^2$

2. सीधे गुणा किए बिना निम्नलिखित गुणनफलों के मान ज्ञात कीजिए।

(i) 103×107 (ii) 95×96 (iii) 104×96

हल (i) $103 \times 107 = (100+3)(100+7)$

$= 100 \times 100 + (3+7)(100) + (3 \times 7)$

[सर्वसमिका $(x+a)(x+b) = x^2 + (a+b)x + ab$ से]

$= 10000 + 1000 + 21 = 11021$

(ii) $95 \times 96 = (100-5)(100-4)$

$= 100 \times 100 + [(-5) + (-4)]100 + (-5) \times (-4)$

[सर्वसमिका $(x+a)(x+b) = x^2 + (a+b)x + ab$ से]

$= 10000 - 900 + 20 = 9120$

(iii) $104 \times 96 = (100+4)(100-4) = (100)^2 - 4^2$

[सर्वसमिका $(x+y)(x-y) = x^2 - y^2$ से]

$= 10000 - 16 = 9984$

3. उपर्युक्त सर्वसमिकाएँ प्रयोग करके निम्नलिखित के गुणनखंड कीजिए।

(i) $9x^2 + 6xy + y^2$ (ii) $4y^2 - 4y + 1$

(iii) $x^2 - \frac{y^2}{100}$

हल (i) $9x^2 + 6xy + y^2 = (3x)^2 + 2 \times 3x \times y + (y)^2 = (3x+y)^2$

[सर्वसमिका $x^2 + 2xy + y^2 = (x+y)^2$ से]

(ii) $4y^2 - 4y + 1 = (2y)^2 - 2(2y)(1) + (1)^2 = (2y-1)^2$

[सर्वसमिका $x^2 - 2xy + y^2 = (x-y)^2$ से]

(iii) $x^2 - \frac{y^2}{100} = x^2 - \left(\frac{y}{10}\right)^2 = \left(x+\frac{y}{10}\right)\left(x-\frac{y}{10}\right)$

[सर्वसमिका $x^2 - y^2 = (x+y)(x-y)$ से]

4. उपर्युक्त सर्वसमिकाओं का प्रयोग करके निम्नलिखित में से प्रत्येक का प्रसार कीजिए।

(i) $(x+2y+4z)^2$ (ii) $(2x-y+z)^2$

(iii) $(-2x+3y+2z)^2$ (iv) $(3a-7b-c)^2$

(v) $(-2x+5y-3z)^2$ (vi) $\left[\frac{1}{4}a-\frac{1}{2}b+1\right]^2$

हल (i) $(x+2y+4z)^2 = x^2+(2y)^2+(4z)^2+2(x)(2y)+2(2y)(4z)+2(4z)(x)$
[सर्वसमिका $(x+y+z)^2 = x^2+y^2+z^2+2xy+2yz+2zx$ से]
$= x^2+4y^2+16z^2+4xy+16yz+8zx$

(ii) $(2x-y+z)^2 = (2x)^2+(-y)^2+z^2+2(2x)(-y)+2(-y)(z)+2(z)(2x)$
[सर्वसमिका $(x+y+z)^2 = x^2+y^2+z^2+2xy+2yz+2zx$ से]
$= 4x^2+y^2+z^2-4xy-2yz+4zx$

(iii) $(-2x+3y+2z)^2 = (-2x)^2+(3y)^2+(2z)^2+2(-2x)(3y)+2(3y)(2z)+2(2z)(-2x)$
[सर्वसमिका $(x+y+z)^2 = x^2+y^2+z^2+2xy+2yz+2zx$ से]
$= 4x^2+9y^2+4z^2-12xy+12yz-8zx$

(iv) $(3a-7b-c)^2 = (3a)^2+(-7b)^2+(-c)^2+2(3a)(-7b)+2(-7b)(-c)+2(-c)(3a)$
[सर्वसमिका $(x+y+z)^2 = x^2+y^2+z^2+2xy+2yz+2zx$ से]
$= 9a^2+49b^2+c^2-42ab+14bc-6ac$

(v) $(-2x+5y-3z)^2 = (-2x)^2+(5y)^2+(-3z)^2+2(-2x)(5y)+2(5y)(-3z)+2(-3z)(-2x)$
[सर्वसमिका $(x+y+z)^2 = x^2+y^2+z^2+2xy+2yz+2zx$ से]
$= 4x^2+25y^2+9z^2-20xy-30yz+12zx$

(vi) $\left(\frac{1}{4}a-\frac{1}{2}b+1\right)^2 = \left(\frac{1}{4}a\right)^2+\left(-\frac{1}{2}b\right)^2+1^2+2\left(\frac{1}{4}a\right)\left(-\frac{1}{2}b\right)+2\left(-\frac{1}{2}b\right)(1)+2(1)\left(\frac{1}{4}a\right)$
[सर्वसमिका $(x+y+z)^2 = x^2+y^2+z^2+2xy+2yz+2zx$ से]
$= \frac{1}{16}a^2+\frac{1}{4}b^2+1-\frac{ab}{4}-b+\frac{1}{2}a$

5. निम्नलिखित के गुणनखंड कीजिए।

(i) $4x^2+9y^2+16z^2+12xy-24yz-16xz$

(ii) $2x^2+y^2+8z^2-2\sqrt{2}xy+4\sqrt{2}yz-8xz$

हल (i) $4x^2+9y^2+16z^2+12xy-24yz-16xz$
$= (2x)^2+(3y)^2+(-4z)^2+2(2x)(3y)+2(3y)(-4z)+2(-4z)(2x)$
$= (2x+3y-4z)^2$
[सर्वसमिका $(x+y+z)^2 = x^2+y^2+z^2+2xy+2yz+2zx$ से]

(ii) $2x^2+y^2+8z^2-2\sqrt{2}xy+4\sqrt{2}yz-8xz$
$= (-\sqrt{2}x)^2+(y)^2+(2\sqrt{2}z)^2+2(-\sqrt{2}x)(y)+2(y)(2\sqrt{2}z)+2(2\sqrt{2}z)(-\sqrt{2}x)$
$= (-\sqrt{2}x+y+2\sqrt{2}z)^2$
[सर्वसमिका $(x+y+z)^2 = x^2+y^2+z^2+2xy+2yz+2zx$ से]

6. निम्नलिखित घनों को प्रसारित रूप में लिखिए।

(i) $(2x+1)^3$ (ii) $(2a-3b)^3$

(iii) $\left(\frac{3}{2}x+1\right)^3$ (iv) $\left(x-\frac{2}{3}y\right)^3$

हल (i) $(2x+1)^3 = (2x)^3+1^3+3(2x)(1)(2x+1)$
[सर्वसमिका $(x+y)^3 = x^3+y^3+3xy(x+y)$ से]
$= 8x^3+1+6x(2x+1)$
$= 8x^3+1+12x^2+6x = 8x^3+12x^2+6x+1$

(ii) $(2a-3b)^3 = (2a)^3-(3b)^3-3(2a)(3b)(2a-3b)$
[सर्वसमिका $(x-y)^3 = x^3-y^3-3xy(x-y)$ से]
$= 8a^3-27b^3-18ab(2a-3b)$
$= 8a^3-27b^3-36a^2b+54ab^2$
$= 8a^3-36a^2b+54ab^2-27b^3$

(iii) भाग (i) की भाँति स्वयं हल करें।
उत्तर $\frac{27}{8}x^3+\frac{27}{4}x^2+\frac{9}{2}x+1$

(iv) भाग (ii) की भाँति स्वयं हल करें।
उत्तर $x^3-2x^2y+\frac{4}{3}xy^2-\frac{8}{27}y^3$

7. उपर्युक्त सर्वसमिकाएँ प्रयोग करके निम्नलिखित के मान ज्ञात कीजिए।

(i) $(99)^3$ (ii) $(102)^3$ (iii) $(998)^3$

हल (i) $(99)^3 = (100-1)^3 = (100)^3-(1)^3-3\times100\times1(100-1)$
[सर्वसमिका $(x-y)^3 = x^3-y^3-3xy(x-y)$ से]
$= 1000000-1-300(100-1)$
$= 1000000-1-30000+300 = 970299$

(ii) $(102)^3 = (100+2)^3 = (100)^3+(2)^3+3\times100\times2(100+2)$
[सर्वसमिका $(x+y)^3 = x^3+y^3+3xy(x+y)$ से]
$= 1000000+8+600(100+2)$
$= 1000000+8+60000+1200 = 1061208$

(iii) भाग (i) की भाँति स्वयं हल करें। **उत्तर** 994011992

8. निम्नलिखित में से प्रत्येक के गुणनखंड कीजिए।

(i) $8a^3+b^3+12a^2b+6ab^2$

(ii) $8a^3-b^3-12a^2b+6ab^2$

(iii) $27-125a^3-135a+225a^2$

(iv) $64a^3-27b^3-144a^2b+108ab^2$

(v) $27p^3-\frac{1}{216}-\frac{9}{2}p^2+\frac{1}{4}p$

हल (i) $8a^3+b^3+12a^2b+6ab^2 = (2a)^3+b^3+3\times2a\times b(2a+b)$
$= (2a+b)^3$
[सर्वसमिका $(x+y)^3 = x^3+y^3+3xy(x+y)$ से]

(ii) $8a^3-b^3-12a^2b+6ab^2 = (2a)^3+(-b)^3+3\times2a\times(-b)[(2a)+(-b)]$
$= (2a)^3-(b)^3-3\times2a\times b(2a-b)$
$= (2a-b)^3$
[सर्वसमिका $(x-y)^3 = x^3-y^3-3xy(x-y)$ से]

(iii) भाग (ii) की भाँति स्वयं हल करें। **उत्तर** $(3-5a)^3$

(iv) भाग (ii) की भाँति स्वयं हल करें। **उत्तर** $(4a-3b)^3$

(v) भाग (ii) की भाँति स्वयं हल करें। **उत्तर** $\left(3p-\frac{1}{6}\right)^3$

9. सत्यापित कीजिए।

(i) $x^3+y^3=(x+y)(x^2-xy+y^2)$

(ii) $x^3-y^3=(x-y)(x^2+xy+y^2)$

हल (i) हम जानते हैं कि $(x+y)^3=x^3+y^3+3xy(x+y)$

बायाँ पक्ष $=x^3+y^3=(x+y)^3-3xy(x+y)$

$=(x+y)[(x+y)^2-3xy]$

$=(x+y)(x^2+y^2+2xy-3xy)$ [$\because (x+y)^2=x^2+y^2+2xy$]

$=(x+y)(x^2+y^2-xy)$

= दायाँ पक्ष **इति सिद्धम्**

(ii) भाग (i) की भाँति स्वयं हल करें।

10. निम्नलिखित के गुणनखंड कीजिए।

(i) $27y^3+125z^3$ (ii) $64m^3-343n^3$

हल (i) $27y^3+125z^3=(3y)^3+(5z)^3$

$=(3y+5z)[(3y)^2-(3y)(5z)+(5z)^2]$

[सर्वसमिका $x^3+y^3=(x+y)(x^2-xy+y^2)$ से]

$=(3y+5z)(9y^2-15yz+25z^2)$

(ii) $64m^3-343n^3=(4m)^3-(7n)^3$

$=(4m-7n)[(4m)^2+(4m)(7n)+(7n)^2]$

[सर्वसमिका $x^3-y^3=(x-y)(x^2+xy+y^2)$ से]

$=(4m-7n)(16m^2+28mn+49n^2)$

11. गुणनखंडन कीजिए $27x^3+y^3+z^3-9xyz$

हल $27x^3+y^3+z^3-9xyz=(3x)^3+y^3+z^3-3\times 3x\times y\times z$

$=(3x+y+z)[(3x)^2+y^2+z^2-3xy-yz-z(3x)]$

[सर्वसमिका $x^3+y^3+z^3-3xyz=(x+y+z)(x^2+y^2+z^2-xy-yz-zx)$ से]

$=(3x+y+z)(9x^2+y^2+z^2-3xy-yz-3zx)$

12. सत्यापित कीजिए $x^3+y^3+z^3-3xyz$

$$=\frac{1}{2}(x+y+z)[(x-y)^2+(y-z)^2+(z-x)^2]$$

हल प्रश्न 11 की भाँति स्वयं हल करें।

13. यदि $x+y+z=0$ हो, तो दिखाइए कि $x^3+y^3+z^3=3xyz$ है।

हल हम जानते हैं कि $x^3+y^3+z^3-3xyz$

$=(x+y+z)(x^2+y^2+z^2-xy-yz-zx)$

[सर्वसमिका $x^3+y^3+z^3-3xyz=(x+y+z)(x^2+y^2+z^2-xy-yz-zx)$ से]

$=0(x^2+y^2+z^2-xy-yz-zx)$ [$\because x+y+z=0$, दिया है]

$=0$

$\therefore x^3+y^3+z^3=3xyz$ **इति सिद्धम्**

14. वास्तव में घनों का परिकलन किए बिना निम्नलिखित में से प्रत्येक का मान ज्ञात कीजिए।

(i) $(-12)^3+(7)^3+(5)^3$

(ii) $(28)^3+(-15)^3+(-13)^3$

हल हम जानते हैं कि

$x^3+y^3+z^3-3xyz=(x+y+z)(x^2+y^2+z^2-xy-yz-zx)$

यदि $x+y+z=0$, तब $x^3+y^3+z^3-3xyz=0$

या $x^3+y^3+z^3=3xyz$

(i) हमें $(-12)^3+(7)^3+(5)^3$ का मान ज्ञात करना है।

यहाँ, $-12+7+5=0$

$\therefore (-12)^3+(7)^3+(5)^3=3\times(-12)(7)(5)$

$=-1260$

(ii) भाग (i) की भाँति स्वयं हल करें। **उत्तर** 16380

15. नीचे दिए गए आयतों, जिनमें उनके क्षेत्रफल दिए गए हैं, में से प्रत्येक की लंबाई और चौड़ाई के लिए सम्भव व्यंजक दीजिए।

(i) क्षेत्रफल $=25a^2-35a+12$

(ii) क्षेत्रफल $=35y^2+13y-12$

हल (i) दिया है, आयत का क्षेत्रफल

$=25a^2-35a+12=25a^2-20a-15a+12$ [मध्य पद के विभक्तिकरण से]

$=5a(5a-4)-3(5a-4)=(5a-4)(5a-3)$

लंबाई के लिए पर्याप्त व्यंजक $=5a-3$ तथा चौड़ाई $=5a-4$

(ii) भाग (i) की भाँति स्वयं हल करें। **उत्तर** चौड़ाई $=5y+4$

16. घनाभों (cuboids), जिनके आयतन नीचे दिए गए हैं, की विमाओं के लिए सम्भव व्यंजक क्या हैं?

(i) आयतन $=3x^2-12x$

(ii) आयतन $=12ky^2+8ky-20k$

हल (i) दिया है, घनाभ का आयतन $=3x^2-12x=3x(x-4)$

अतः घनाभ की विमाओं के लिए संभव व्यंजक 3, x तथा $(x-4)$ हैं।

(ii) दिया है, घनाभ का आयतन $=12ky^2+8ky-20k$

$=12ky^2+20ky-12ky-20k$ [मध्य पद के विभक्तिकरण से]

$=4ky(3y+5)-4k(3y+5)$

$=(3y+5)(4ky-4k)$

$=(3y+5)4k(y-1)$

अतः घनाभ की विमाओं के लिए संभव व्यंजक $4k$, $(3y+5)$ तथा $(y-1)$ हैं।

अध्याय : एक नजर में

- चर व अचर राशियों का वह समूह जोकि चार मूलभूत अंकीय संक्रियाओं $+, -, \times$ और $\div$ द्वारा संयोजित होता है, उसे बीजीय व्यंजक कहते हैं, जैसे– $6x^2 - 5y^2 + 2xy$ आदि।
- वह बीजीय व्यंजक जिसमें चर की घात एक पूर्ण संख्या हो, उसे एक चर वाला बहुपद कहते हैं। जैसे– $3x^2 + 2x^2 - 7x + 5$ आदि।
- बहुपद में चर की अधिकतम घात को, बहुपद की घात कहते हैं।
- पदों की संख्या के आधार पर
  (i) वह बहुपद जिसमें एक शून्येत्तर पद हो, उसे एकदीय बहुपद कहते हैं।
  (ii) वह बहुपद जिसमें दो शून्येत्तर पद हो, उसे द्विपदीय बहुपद कहते हैं।
  (iii) वह बहुपद जिसमें तीन शून्येत्तर पद हो, उसे त्रिपदीय बहुपद कहते हैं।
- चरों की संख्या के आधार पर
  (i) शून्य घात के बहुपद को, अचर बहुपद कहते हैं।
  (ii) एक घात वाले बहुपद को, रैखिक बहुपद कहते हैं।
  (iii) घात 2 वाले बहुपद को, द्विघात बहुपद कहते हैं।
  (iv) घात 3 वाले बहुपद को, त्रिघाती बहुपद कहते हैं।
  (v) घात 4 वाले बहुपद को, चतुर्घात बहुपद कहते हैं।
- बहुपद में चर के विशिष्ट मान को रखने पर प्राप्त मान को उस चर पर बहुपद का मान कहते हैं।
- बहुपद $p(x)$ का एक शून्यक संख्या α इस प्रकार है कि $p(\alpha) = 0$, इसे बहुपद समीकरण $p(x) = 0$ का मूल भी कहते हैं।
- माना $f(x)$, n घात $(n \geq 1)$ का एक बहुपद है तथा a कोई वास्तविक संख्या a है, तब
  (i) यदि $f(a) = 0$ है, तब $(x - a)$, $f(x)$ का गुणनखंड होगा।
  (ii) यदि $(x - a)$, $f(x)$ का गुणनखंड है, तब $f(a) = 0$ होगा।
- बीजीय सर्वसमिका
  (i) $(x + y)^2 = x^2 + y^2 + 2xy$
  (ii) $(x - y)^2 = x^2 + y^2 - 2xy$
  (iii) $x^2 - y^2 = (x + y)(x - y)$
  (iv) $(x + a)(x + b) = x^2 + (a + b)x + ab$
  (v) $(x + y + z)^2 = x^2 + y^2 + z^2 + 2xy + 2yz + 2zx$
  (vi) $(x + y)^3 = x^3 + y^3 + 3xy(x + y)$
  (vii) $(x - y)^3 = x^3 - y^3 - 3xy(x - y)$
  (viii) $x^3 - y^3 = (x - y)(x^2 + xy + y^2)$
  (ix) $x^3 + y^3 = (x + y)(x^2 - xy + y^2)$
  (x) $x^3 + y^3 + z^3 - 3xyz = (x + y + z)(x^2 + y^2 + z^2 - xy - yz - zx)$, यदि $x + y + z = 0$ हो, तब $x^3 + y^3 + z^3 = 3xyz$
  (xi) $x^2 + y^2 + z^2 - xy - yz - zx = \frac{1}{2}[(x - y)^2 + (y - z)^2 + (z - x)^2]$

परीक्षा अभ्यास

यहाँ अध्याय से संबंधित सभी संभावित प्रश्नों को दिया गया है, इन प्रश्नों का अभ्यास करके छात्र अध्याय से संबंधित किसी भी प्रश्न का उत्तर दे पाएँगे।

बहुविकल्पीय प्रश्न

1. निम्नलिखित में से कौन-सा एक बहुपद है? **[NCERT Exemplar]**

(a) $\frac{x^3}{2} - \frac{2}{x^2}$ (b) $\sqrt{2x} - 1$

(c) $x^2 + \frac{3x^{3/2}}{\sqrt{x}}$ (d) $\frac{x-1}{x+1}$

2. यदि $p(x) = 5x^2 - 3x + 7$ है, तो $p(1)$ बराबर है

(a) 7 (b) 9 (c) 5 (d) 1

3. बहुपद $p(x) = 3x + 5$ का शून्यक है

(a) 0 (b) $-\frac{3}{5}$ (c) $-\frac{5}{3}$ (d) 3

4. बहुपद $\frac{\pi}{2}x^3 + 3x^2 + x$ में x^2 का गुणांक है

(a) 1 (b) 2

(c) 3 (d) 4

5. बहुपद $p(x) = (x-1)^2 - (x+1)^2$ के शून्यक है

(a) 0 (b) 1

(c) 2 (d) 3

6. $x+1$, निम्नलिखित में से कौन-से बहुपद का एक गुणनखंड है **[NCERT Exemplar]**

(a) $x^3 + x^2 + x + 1$

(b) $x^4 + x^3 + x^2 + x + 1$

(c) $x^4 + 3x^3 + 3x^2 + x + 1$

(d) $x^3 - x^2 - (2+\sqrt{2})x + \sqrt{2}$

7. $x^2 + 2x + 1$ के गुणनखंड हैं **[NCERT Exemplar]**

(a) $(x-1)^2$ (b) $(x+1)^2$

(c) $(x-1)(x+1)$ (d) इनमें से कोई नहीं

8. व्यंजक $x^2 - 5x + 6$ के गुणनखंड हैं

(a) $(x+3)(x-2)$ (b) $(x-2)(x-3)$

(c) $(x-3)(x+2)$ (d) $(x+3)(x+2)$

9. $152^2 - 151^2$ का मान है

(a) 203 (b) 303

(c) 403 (d) 373

10. यदि $(x-1)$ बहुपद $x^2 + x + k$ का एक गुणनखंड है, तो R का मान होगा

(a) 1 (b) 2

(c) -2 (d) -1

कथन-कारण

निर्देश (प्र.सं. 11-15) में एक कथन (A) तथा उसके नीचे कथन का कारण (R) दिया गया है। इन्हें ध्यानपूर्वक पढ़िए और इनके आधार पर निम्नलिखित में से उचित उत्तर का चयन कीजिए।

(a) कथन (A) और कारण (R) दोनों सत्य हैं तथा कारण (R) कथन (A) की सही व्याख्या है।

(b) कथन (A) और कारण (R) दोनों सत्य हैं, परन्तु कारण (R) कथन (A) की सही व्याख्या नहीं है।

(c) यदि कथन (A) सही है, परन्तु कारण (R) गलत है।

(d) यदि कथन (A) गलत है, परन्तु कारण (R) सही है।

11. कथन (A) जब $P(x) = x^3 - 6x^2 + 2x - 4$ को $3x - 1$ से भाग किया जाता है, तब शेषफल $-\frac{107}{27}$ प्राप्त होता है।

कारण (R) यदि एक बहुपद $P(x)$ को $ax - b$ से भाग किया जाता है, तब $x = \frac{b}{a}$ पर $P(x)$ का मान शेषफल होता है।

12. कथन (A) बहुपद $(x-2)(x-3)(x+4)$ की घात 4 है।

कारण (R) एक बहुपद के शून्यकों की संख्या उस बहुपद की घात होती है।

13. कथन (A) $a^2 + b^2 + 2ab + 2bc + 2ca$ का मान 200 है जब $a + b = 10, c = 5$

कारण (R) $x^2 + \frac{1}{x^2} + 2 - 2x - \frac{2}{x}$ का मान 8 है, जब $x = 2 - \sqrt{3}$

14. कथन (A) -2 और 3 बहुपद $x^2 - x - 6$ के शून्यक है

कारण (R) यदि $x = a$ बहुपद $P(x)$ का एक शून्यक है, तब $p(a) = 0$

15. कथन (A) $x^2 - 5x + 6$ के गुणनखण्ड $(x-2)(x-3)$ है।

कारण (R) प्रत्येक बहुपद के दो अलग-अलग गुणनखण्ड होते है।

अतिलघु उत्तरीय प्रश्न

16. निम्नलिखित बहुपदों में प्रत्येक की घात ज्ञात कीजिए।

(i) $3x - 2$ (ii) -20 (iii) $x^3(2 - x^3)$

17. यदि $49x^2 - b = \left(7x + \frac{1}{2}\right)\left(7x - \frac{1}{2}\right)$ है, तो b का मान ज्ञात कीजिए। **[NCERT Exemplar]**

18. व्यंजक $ab+bc+ax+cx$ के गुणनखंड ज्ञात कीजिए।

19. $(x+y)^3-(x^3+y^3)$ के गुणनखंड क्या होंगे? **[NCERT Exemplar]**

20. $(996)^2$ का मान ज्ञात करने का सबसे उत्तम तरीका क्या है?

21. उस घनाभ के लिए संभव विमाएँ ज्ञात कीजिए, जिसका आयतन $2x^2-16$ है।

22. व्यंजक $(25x^2-1)+(1+5x)^2$ के गुणनखंड कीजिए। **[NCERT Exemplar]**

23. 249^2-248^2 का मान ज्ञात कीजिए। **[NCERT Exemplar]**

24. उपर्युक्त सर्वसमिका के उपयोग से 305×308 का मान ज्ञात कीजिए।

25. यदि $x^2+\frac{1}{x^2}=51$ है, तो $x+\frac{1}{x}$ का मान ज्ञात कीजिए।

26. यदि $\frac{x}{y}+\frac{y}{x}=-1, x\neq0, y\neq0$ है, तब x^3-y^3 का मान ज्ञात कीजिए। **[NCERT Exemplar]**

27. घनों का परिकलन किए बिना, $-(0.4)^3-(0.2)^3+(0.6)^3$ का मान ज्ञात कीजिए।

लघु उत्तरीय प्रश्न

28. निम्नलिखित कथन सत्य है या असत्य, लिखिए? अपने उत्तर का औचित्य कीजिए। **[NCERT Exemplar]**

(i) एक द्विपद के अधिकतम दो पद हो सकते हैं।

(ii) प्रत्येक बहुपद एक द्विपद है।

(iii) एक द्विपद की घात 6 हो सकती है।

(iv) एक बहुपद का शून्यक सदैव 1 होता है।

(v) एक बहुपद के दो से अधिक शून्यक नहीं हो सकते हैं।

29. निम्नलिखित बहुपदों के $p(0)$, $p(1)$ और $p(-2)$ ज्ञात कीजिए।

(i) $p(x)=10x-4x^2-3$ (ii) $p(y)=(y+2)(y-2)$

30. बहुपद $p(x)=(x-2)^2-(x+2)^2$ के शून्यक ज्ञात कीजिए। **[NCERT Exemplar]**

31. निम्नलिखित व्यंजकों के गुणनखंड कीजिए।

(i) $25x^2+9y^2+9z^2-30xy-18yz+30xz$

(ii) $9x^2+16y^2+4z^2-24xy+16yz-12xz$

32. गुणनखंड कीजिए

(i) $2x^2-7x-15$

(ii) $84-2r-2r^2$

33. गुणनखंड कीजिए $2x^2-\frac{5}{6}x+\frac{1}{12}$

34. गुणनखंड कीजिए $7\sqrt{2}x^2-10x-4\sqrt{2}$

35. गुणनखंड कीजिए $x^3-x^2+ax+x-a-1$

36. गुणनखंड कीजिए $3a^3b-243ab^3$

37. गुणनखंड कीजिए x^4-625

38. गुणनखंड कीजिए a^3+b^3+a+b

39. गुणनखंड कीजिए $x(x-y)^3+3x^2y(x-y)$

40. सरल कीजिए $\sqrt{2a^2+2\sqrt{6}ab+3b^2}$

41. हल कीजिए $5(3x+y)^2+6(3x+y)-8$

42. गुणनखंड कीजिए $x^2+\frac{1}{x^2}-2-3x+\frac{3}{x}$

43. व्यंजक $24\sqrt{3}x^3-125y^3$ के गुणनखंड कीजिए।

44. व्यंजक $(x^2+4)-2a-a^2-5$ के गुणनखंड कीजिए।

45. उपर्युक्त सर्वसमिका के उपयोग से, $\left(a-\frac{1}{a}\right)\left(a+\frac{1}{a}\right)\left(a^2+\frac{1}{a^2}\right)\left(a^4+\frac{1}{a^4}\right)$ के गुणनखंड कीजिए।

46. यदि $a^2+\frac{9}{a^2}=31$ है, तब $\left(a-\frac{3}{a}\right)$ का धनात्मक मान क्या होगा?

47. यदि $(x+4)$, बहुपद $x^3-x^2-14x+24$ का एक गुणनखंड है, तब अन्य गुणनखंड ज्ञात कीजिए।

48. व्यंजक $2x^3-3x^2-17x+30$ के गुणनखंड कीजिए।

49. निम्नलिखित के गुणनखंड कीजिए।

(i) $9x^2+4y^2+16z^2+12xy-16yz-24xz$

(ii) $16x^2+4y^2+9z^2-16xy-12yz+29xz$ **[NCERT Exemplar]**

50. निम्नलिखित के गुणनखंड कीजिए।

(i) $1-64a^3-12a+48a^2$

(ii) $8p^3+\frac{12}{5}p^2+\frac{6}{25}p+\frac{1}{125}$

51. मान ज्ञात कीजिए $(2x-y+3z)(4x^2+y^2+9z^2+2xy+3yz-6xz)$ **[NCERT Exemplar]**

52. निम्नलिखित व्यंजक को सरल कीजिए।

(i) $(x+y+z)^2+(x+y-z)^2$

(ii) $(2x+p-c)^2-(2x-p+c)^2$

53. गुणनखंड कीजिए $27x^3-(3x-y)^3$

54. गुणनखंड कीजिए x^4-3x^2+2

55. यदि $\sqrt{u}+\sqrt{v}-\sqrt{w}=0$ है, तब $(u+v-w)$ का मान ज्ञात कीजिए।

56. यदि $y-\frac{1}{y}=9$ है, तब $\left(y^2+\frac{1}{y^2}\right)$ और $\left(y^4+\frac{1}{y^4}\right)$ ज्ञात कीजिए।

57. निम्नलिखित के गुणनखंड कीजिए।

$$a^3(b-c)^3+b^3(c-a)^3+c^3(a-b)^3$$

58. यदि $x-y=5$ और $xy=84$ है, तब x^3-y^3 का मान ज्ञात कीजिए।

59. यदि $x^2+\frac{1}{x^2}=14$ है, तब $x^3+\frac{1}{x^3}$ का मान ज्ञात कीजिए।

दीर्घ उत्तरीय प्रश्न

60. यदि a, b और c सभी शून्येत्तर संख्याएँ इस प्रकार हैं कि $a+b+c=0$, तब सिद्ध कीजिए $\frac{a^2}{bc}+\frac{b^2}{ca}+\frac{c^2}{ab}=3$ **[NCERT Exemplar]**

61. व्यंजक $9x^2+y^2+z^2-6xy+2yz-6xz$ के गुणनखंड कीजिए तथा जब $x=1, y=2$ और $z=-1$ है, तब व्यंजक का मान ज्ञात कीजिए।

62. सिद्ध कीजिए

$$(a+b+c)^3-a^3-b^3-c^3=3(a+b)(b+c)(c+a)$$

[NCERT Exemplar]

63. ऊँटों के समूह का एक चौथाई भाग वन में तथा समूह की संख्या के वर्गमूल के दोगुना ऊँट पर्वत पर तथा शेष 15 ऊँटों को नदी के किनारे पर देखा गया, तब ऊँटों की संख्या ज्ञात कीजिए।

64. गुणनखंड कीजिए $-x^2+\frac{1}{x^2}+2-2x-\frac{2}{x}$

65. यदि $x+y+z=1, xy+yz+zx=-1$ और $xyz=-1$ है, तब $x^3+y^3+z^3$ का मान ज्ञात कीजिए।

66. गुणनखंड कीजिए a^7-ab^6

67. व्यंजक $(x^2+4x+4)(x^2+6x+9)$ का वर्गमूल ज्ञात कीजिए।

68. सरल कीजिए

$$\frac{(a^2-b^2)^3+(b^2-c^2)^3+(c^2-a^2)^3}{(a-b)^3+(b-c)^3+(c-a)^3}$$

69. यदि $x=(2+\sqrt{5})^{1/2}+(2-\sqrt{5})^{1/2}$ और $y=(2+\sqrt{5})^{1/2}-(2-\sqrt{5})^{1/2}$ है, तब x^2+y^2 का मान ज्ञात कीजिए।

70. यदि $a+b+c=5$ और $ab+bc+ca=15$ है, तब $(a+b)^3+(b+c)^3+(a+c)^3-3(a+b)(b+c)(a+c)$ का मान ज्ञात कीजिए।

71. गुणनखंड कीजिए $a^{12}y^4-a^4y^{12}$

केस स्टडी आधारित प्रश्न

72. दिल्ली के DAV स्कूल ने विद्यार्थियों के लिए विभिन्न शैक्षणिक भ्रमणों के संचालन का निर्णय लिया। इसलिए कक्षा IX के कुल विद्यार्थियों के वर्ग के $\frac{1}{12}$ वें भाग को ऐतिहासिक भ्रमण पर ले जाने का निर्णय लिया तथा कुल विद्यार्थियों के $\frac{7}{12}$ वें भाग को अनाथाश्रम पर ले जाने का जबकि 15 विद्यार्थियों ने गरीब बच्चों को शिक्षा प्रदान कराने का निर्णय लिया है।

उपरोक्त जानकारी के आधार पर निम्नलिखित प्रश्नों के उत्तर दीजिए।

(i) विद्यार्थियों की कुल संख्या को बहुपद $p(x)$ के रूप में व्यक्त कीजिए।

(a) $\frac{x^2}{12}+\frac{7}{12}x+15$ (b) $\frac{x^2}{4}+\frac{7}{4}x+10$
(c) $\frac{7x^2}{12}+\frac{1}{12}+10$ (d) $\frac{x^2}{4}+\frac{7}{4}+15$

(ii) बहुपद में x का गुणांक लिखिए।

(a) $\frac{9}{13}$ (b) $\frac{7}{12}$ (c) $\frac{11}{12}$ (d) $\frac{13}{12}$

(iii) बहुपद में x^2 का गुणांक लिखिए।

(a) $\frac{1}{13}$ (b) $\frac{1}{10}$ (c) $\frac{1}{12}$ (d) 15

(iv) $x=2$ पर, $p(x)$ का मान है

(a) $\frac{33}{2}$ (b) $\frac{11}{2}$ (c) $\frac{22}{3}$ (d) $\frac{14}{3}$

(v) $x=-1$ पर, $p(x)$ बराबर है

(a) $\frac{19}{2}$ (b) $\frac{29}{2}$ (c) $\frac{9}{2}$ (d) $\frac{39}{2}$

73. दान-पुण्य तथा जरुरतमंद व्यक्तियों को कुछ सामान देना मनुष्य का मानवीय गुण है। जब हम दान-पुण्य करते हैं, तब इसके बदले में हमे कुछ पुण्य प्राप्ति की आशा नहीं रखनी चाहिए। इसी प्रक्रिया में, दान-पुण्य की कड़ी में अनाथालय में फल बाँटने के लिए, किशन ने ₹ 80 प्रति किलो के भाव से x किग्रा सेब तथा ₹ 40 प्रति किलो के भाव से सन्तरे खरीदे। इसके साथ ही, 10 किग्रा अनार ₹120 प्रति किलो की दर से खरीदे। यहाँ सन्तरों की मात्रा, सेब की मात्रा के वर्ग के बराबर है।

उपरोक्त जानकारी के आधार पर निम्नलिखित प्रश्नों के उत्तर दीजिए।

(i) इस प्रकार मात्रा की कुल लागत का समीकरण है

(a) $80x-40x^2-1200$
(b) $80x+x^2-1200$
(c) $80x+40x^2+1200$
(d) $1200x^2+80x-40$

(ii) फल की कुल मात्रा का समीकरण है

(a) x^2+x-10 (b) x^2+x+10
(c) x^2-x-10 (d) $10x^2+x+1$

(iii) मात्रा की कुल लागत के समीकरण की घात ज्ञात कीजिए।
(a) 1 (b) 2 (c) 3 (d) 4

(iv) कुल मात्रा के समीकरण में x^2 का गुणांक ज्ञात कीजिए।
(a) 1 (b) 2 (c) 3 (d) 4

(v) जब $x = 5$ है, तब कुल लागत ज्ञात कीजिए।
(a) ₹ 1600 (b) ₹ 2100
(c) ₹ 2600 (d) ₹ 3100

74. दो मित्र विक्की तथा लव एकसाथ व्यापार शुरू करते हैं। उन्होंने अपनी पूँजी को चर व्यय के आधार पर बाँटने का निर्णय लिया। उन दोनों साझेदारों द्वारा लगाई गई पूँजी का बहुपद $6x^2 + 11x - 35$ है, जोकि उसके द्वारा प्रत्यक्ष रूप से लगाई पूँजियों का गुणनफल है।

उपरोक्त सूचना के आधार पर निम्नलिखित प्रश्नों के उत्तर दीजिए।

(i) विक्की तथा लव का कुल व्यय (जब $x = 10$) होगा
(a) ₹ 375 (b) ₹ 475
(c) ₹ 575 (d) ₹ 675

(ii) विक्की तथा लव के भिन्न-भिन्न भाग क्या होंगे?
(a) $2x + 7, 3x - 5$ (b) $3x - 5, 2x + 7$
(c) दोनों (a) तथा (b) (d) इनमें से कोई नहीं

(iii) x का मान क्या होगा, जब उनके द्वारा लगाई गई पूँजी बराबर हो?
(a) 12 (b) 10 (c) 8 (d) 6

(iv) x का मान क्या होगा, जब उनके द्वारा लगाई पूँजी 0 के बराबर हो?
(a) $-\frac{7}{2}$ (b) $\frac{5}{3}$
(c) दोनों (a) तथा (b) (d) इनमें से कोई नहीं

(v) उनके व्यय का योगफल क्या होगा?
(a) $5x - 2$ (b) $5x + 2$
(c) $4x - 2$ (d) $4x + 2$

75. राजीव एक दूधवाला है, जोकि गाय का दूध ₹ 50 प्रति ली, भैंस का दूध ₹ 60 प्रति ली तथा बकरी का दूध ₹ 70 प्रति ली के भाव से बेचता है। यदि वह गाय का दूध x ली बेचता है, तब भैंस के दूध की मात्रा बकरी के दूध की मात्रा के वर्ग के बराबर है तथा वह बकरी का केवल 10 ली दूध बेचता है।

उपरोक्त सूचना के आधार पर निम्नलिखित प्रश्नों के उत्तर दीजिए।

(i) दूध की मात्रा की कुल लागत का समीकरण लिखिए।
(a) $6x^2 + 50x + 70$ (b) $60x^2 + 50x + 700$
(c) $50x^2 + 60x + 70$ (d) $50x^2 + 60x + 700$

(ii) दूध की कुल मात्रा का समीकरण लिखिए।
(a) $x^2 + x + 5$ (b) $x^2 + x$
(c) $x^2 + x + 10$ (d) $x^2 + x + 20$

(iii) दूध की मात्रा की कुल लागत की समीकरण की घात लिखिए।
(a) 1 (b) 2
(c) 3 (d) 4

(iv) यदि राजीव गाय का 10 ली दूध बेचता है, तब उसका कुल विक्रय होगा
(a) ₹ 6200 (b) ₹ 7200
(c) ₹ 8200 (d) ₹ 9200

(v) यदि राजीव भैंस का 25 ली दूध एक दिन में बेचता है, तब बेचे गए दूध की कुल मात्रा होगी
(a) 10 ली (b) 20 ली
(c) 30 ली (d) 40 ली

संकेत एवं हल

1. (c) $x^2 + \frac{3x^{\frac{3}{2}}}{\sqrt{x}} = x^2 + 3x^{\frac{3}{2}-\frac{1}{2}} = x^2 + 3x$

2. (b) $p(x) = 5x^2 - 3x + 7$
$\therefore \quad p(1) = 5(1)^2 - 3(1) + 7 = 5 - 3 + 7 = 9$

3. (c) दिया है, $p(x) = 3x + 5$
अब, $p(x) = 0 \Rightarrow 3x + 5 = 0 \Rightarrow x = \frac{-5}{3}$
अतः बहुपद $p(x)$ का शून्यक $-\frac{5}{3}$ है।

4. (c) $\frac{\pi}{2}x^3 + 3x^2 + x$ में x^2 का गुणांक 3 है।

5. (a) दिया है, $p(x) = (x-1)^2 - (x+1)^2$
$$= [(x-1)+(x+1)][(x-1)-(x+1)]$$
$$= [x-1+x+1][x-1-x-1]$$
$$= (2x)(-2) = -4x$$
शून्यक ज्ञात करने के लिए, $p(x) = 0$
$\therefore \quad -4x = 0 \Rightarrow x = 0$
अतः $p(x)$ का अभीष्ट शून्यक शून्य है।

6. (a) माना $(x + 1)$, बहुपद $x^3 + x^2 + x + 1$ का एक गुणनखंड है।
$$x + 1 = 0 \Rightarrow x = -1$$
अतः $x = -1$, बहुपद $x^3 + x^2 + x + 1$ का शून्यक है।
$\therefore \quad (-1)^3 + (-1)^2 + (-1) + 1 = 0$
$\Rightarrow \quad -1 + 1 - 1 + 1 = 0$
$\Rightarrow \quad 0 = 0$
अतः हमारी संकल्पना सत्य है।

7. (b) दिया गया बहुपद $= x^2 + 2x + 1 = (x)^2 + 2(x)(1) + (1)^2$
$= (x+1)^2 \quad [\because (a+b)^2 = a^2 + b^2 + 2ab]$

8. (b) दिया गया बहुपद,
$$x^2 - 5x + 6 = x^2 - (3+2)x + 6$$
$$= x^2 - 3x - 2x + 6$$

परीक्षा अभ्यास

$= x(x-3) - 2(x-3)$
$= (x-2)(x-3)$

9. (*b*) $152^2 - 151^2 = (152+151)(152-151)$
$= 303 \times 1 \quad [\because a^2 - b^2 = (a+b)(a-b)]$
$= 303$

10. (*c*) माना $p(x) = x^2 + x + k$
चूँकि $(x-1)$ बहुपद $p(x)$ का गुणनखंड है।
तब, $p(1) = 0$
$\Rightarrow \quad (1)^2 + 1 + k = 0$
$\Rightarrow \quad 1 + 1 + k = 0$
$\Rightarrow \quad 2 + k = 0$
$\Rightarrow \quad k = -2$

11. (*a*) **कथन** (A) $P(x) = x^3 - 6x^2 + 2x - 4$
जब $3x - 1 = 0$ तब $x = \frac{1}{3}$, $P(x)$ में रखने पर,
$$\text{शेषफल} = p\left(\frac{1}{3}\right)$$
$$= \left(\frac{1}{3}\right)^3 - 6\left(\frac{1}{3}\right)^2 + 2\left(\frac{1}{3}\right) - 4$$
$$= \frac{1}{27} - \frac{6}{9} + \frac{2}{3} - 4 = \frac{1 - 18 + 18 - 108}{27}$$
$$= \frac{-107}{27}$$
अत कथन (A) सही है।
कारण (R) शेषफल प्रमेय की परिभाषा से कारण (R) सही है।
अतः कथन (A) और कारण (R) दोनों सत्य हैं तथा कारण (R) कथन (A) की सही व्याख्या है।

12. (*d*) **कथन** (A) बहुपद $= (x-2)(x-3)(x+4)$
$= (x-2)(x^2 + x - 12)$
$= x^3 + x^2 - 12x - 2x^2 - 2x + 24$
$= x^3 - x^2 - 14x + 24$
$\therefore$ बहुपद की घात 3 है।
अतः कथन (A) गलत है।
कारण (R) एक बहुपद के शून्यकों की संख्या उस बहुपद की घात होती है, सही है।
इसलिए, कारण (R) सही है।
अतः कथन (A) गलत है, परन्तु कारण (R) सही है।

13. (*b*) **कथन** (A) $a^2 + b^2 + 2ab + 2bc + 2ca$
$= (a+b)^2 + 2c(b+a)$
$= (10)^2 + 2 \times 5 \times 10$
$= 100 + 100 = 200$
अतः कथन (A) सही है।
कारण (R) दिया है,
$$\therefore \quad \frac{1}{x} = \frac{1}{2-\sqrt{3}} = \frac{1}{2-\sqrt{3}} \times \frac{2+\sqrt{3}}{2+\sqrt{3}}$$
$$= \frac{2+\sqrt{3}}{4-3} = 2 + \sqrt{3}$$
अब, $x + \frac{1}{x} = 2 - \sqrt{3} + 2 + \sqrt{3} = 4$
$$\therefore \quad x^2 + \frac{1}{x^2} + 2 - 2x - \frac{2}{x} = \left(x + \frac{1}{x}\right)^2 - 2\left(x + \frac{1}{x}\right)$$
$$= (4)^2 - 2(4) = 16 - 8 = 8$$
अतः कारण (R) सही है।
इसलिए, कथन (A) और कारण (R) दोनों सही हैं, परन्तु कारण (R) कथन (A) की सही व्याख्या नहीं है।

14. (a) **कथन** (A) माना $P(x) = x^2 - x - 6$
$\therefore \quad P(-2) = (-2)^2 - (-2) - 6$
$= 4 + 2 - 6 = 0$
$\therefore \; -2$ बहुपद का एक शून्यक है।
पुनः $P(3) = (3)^2 - (3) - 6$
$= 9 - 3 - 6 = 0$
$\therefore$ 3 बहुपद का एक शून्यक है।
अतः कथन (A) सही है।
कारण (R) यदि $x = a$ बहुपद $P(x)$ का एक शून्यक है, तब $P(a) = 0$ सत्य है। इसलिए, कारण (R) सही हैं।
अतः कथन (A) और कारण (R) दोनों सही हैं तथा कारण (R) कथन (A) की सही व्याख्या है।

15. (c) **कथन** (A) $x^2 - 5x + 6 = x^2 - 3x - 2x + 6$
$= x(x-3) - 2(x-3)$
$= (x-3)(x-2)$
$\therefore$ कथन (A) सही है।
कारण (R) प्रत्येक बहुपद के दो अलग-अलग गुणनखण्ड होते हैं, गलत है क्योंकि बहुपद के गुणनखण्ड की संख्या उसकी घात पर निर्भर करती है और किसी बहुपद के दो गुणनखण्ड समान हो सकते हैं।
इसलिए, कारण (R) गलत है।
अतः कथन (A) सही है, परन्तु कारण (R) गलत है।

16. (i) दिया है, $3x - 2$
यहाँ, चर x की अधिकतम घात 1 है, इसलिए इसकी घात 1 है।
(ii) दिया है, -20 अर्थात् $-20x^0$
यहाँ, चर x की अधिकतम घात 0 है, इसलिए इसकी घात 0 है।
(iii) दिया है, $x^3(2 - x^3)$ अर्थात् $2x^3 - x^6$
यहाँ, चर x की अधिकतम घात 6 है, इसलिए इसकी घात 6 है।

17. **संकेत** दिया है, $49x^2 - b = \left(7x + \frac{1}{2}\right)\left(7x - \frac{1}{2}\right)$
$$\Rightarrow \quad 49x^2 - b = (7x)^2 - \left(\frac{1}{2}\right)^2$$
$$\Rightarrow \quad 49x^2 - b = 49x^2 - \frac{1}{4}$$
तुलना करने पर,
$$-b = -\frac{1}{4}$$
$$\Rightarrow \quad b = \frac{1}{4}$$

18. **संकेत** $ab + bc + ax + cx = b(a+c) + x(a+c)$
$= (a+c)(b+x)$
अतः $(a+c)$ और $(b+x)$ गुणनखंड है।

19. **संकेत** $(x+y)^3-(x^3+y^3)$
$$= x^3+y^3+3xy^2+3x^2y-x^3-y^3$$
$$= 3xy^2+3x^2y$$
$$= 3xy(x+y)$$

20. **संकेत** $(996)^2$ का मान ज्ञात करने का सबसे उत्तम तरीका $(1000-4)^2$ है।

21. **संकेत** माना $p(x)=2x^2-16=2(x^2-8)=2\{x^2-(2\sqrt{2})^2\}$
$$=2(x+2\sqrt{2})(x-2\sqrt{2}) \quad [\because a^2-b^2=(a+b)(a-b)]$$
अतः घनाभ की संभव विमाएँ 2, $(x+2\sqrt{2})$ और $(x-2\sqrt{2})$ हैं। [$\because$ घनाभ का आयतन $= lbh$]

22. **संकेत** $(25x^2-1)+(1+5x)^2=25x^2-1+1+25x^2+10x$ $[\because (a+b)^2=a^2+b^2+2ab]$
$$=50x^2+10x$$
$$=10x(5x+1)$$

23. **संकेत** $249^2-248^2=(249+248)(249-248)$ $[\because a^2-b^2=(a-b)(a+b)]$
$$=497\times 1=497$$

24. **संकेत** $305\times 308=(300+5)\times(300+8)$
$$=(300)^2+(5+8)\times 300+5\times 8$$
$[\because (x+a)(x+b)=x^2+(a+b)x+ab]$
$$=90000+3900+40$$
$$=93940$$

25. **संकेत** $\left(x+\frac{1}{x}\right)^2=x^2+\frac{1}{x^2}+2$

$\therefore \quad \left(x+\frac{1}{x}\right)^2=51+2=53 \quad \left[\because x^2+\frac{1}{x^2}=51\right]$

$\Rightarrow \quad x+\frac{1}{x}=\sqrt{53}$ [धनात्मक वर्गमूल लेने पर]

26. **संकेत** दिया है, $\frac{x}{y}+\frac{y}{x}=-1$

$\Rightarrow \quad \frac{x^2+y^2}{xy}=-1 \Rightarrow x^2+y^2=-xy$

अब, $x^3-y^3=(x-y)(x^2+xy+y^2)$
$$=(x-y)(-xy+xy) \quad [\because x^2+y^2=-xy]$$
$$=(x-y)0=0$$

27. **संकेत** हम जानते हैं कि $x+y+z=0$, तब
$$x^3+y^3+z^3=3xyz$$
$\therefore \quad (-0.4)^3+(-0.2)^3+(0.6)^3=3(-0.4)(-0.2)(0.6)=0.144$

28. (i) सत्य, क्योंकि केवल दो पद वाले बहुपद को द्विपद कहते हैं।

(ii) असत्य, क्योंकि बहुपद रैखिक, द्विपदीय, त्रिपदीय आदि हो सकता है।

(iii) असत्य, एक द्विपद की घात 2 होती है।

(iv) असत्य, एक बहुपद का शून्यक कुछ भी हो सकता है।

(v) असत्य, क्योंकि यदि बहुपद रैखिक है, तो शून्यक एक, यदि द्विपदी है, तो शून्यक दो, यदि त्रिपदी है तो शून्यक तीन होते हैं आदि।

29. (i) **संकेत** दिया गया बहुपद
$$p(x)=10x-4x^2-3 \quad \ldots(\text{i})$$
समी (i) में क्रमशः $x=0$, 1 और -2 रखने पर,
$$p(0)=10(0)-4(0)^2-3$$
$$=0-0-3=-3$$
$$p(1)=10(1)-4(1)^2-3$$
$$=10-4-3=10-7=3$$
और $\quad p(-2)=10(-2)-4(-2)^2-3$
$$=-20-4\times 4-3$$
$$=-20-16-3=-39$$
अतः $p(0), p(1)$ और $p(-2)$ के मान क्रमशः -3, 3 और -39 हैं।

(ii) **संकेत** दिया गया बहुपद
$$p(y)=(y+2)(y-2) \quad \ldots(\text{i})$$
समी (i) में $y=0$, 1 और -2 रखने पर,
$$p(0)=(0+2)(0-2)=-4$$
$$p(1)=(1+2)(1-2)=3\times(-1)=-3$$
तथा $\quad p(-2)=(-2+2)(-2-2)$
$$=0(-4)=0$$
अतः $p(0), p(1)$ और $p(-2)$ के मान क्रमशः -4, -3 और 0 हैं।

30. **संकेत** दिया है, $p(x)=(x-2)^2-(x+2)^2$
$$=[(x-2)+(x+2)][(x-2)-(x+2)]$$
$[\because a^2-b^2=(a-b)(a+b)]$
$$=(x-2+x+2)(x-2-x-2)$$
$$=(2x)(-4)=-8x$$
शून्यक ज्ञात करने के लिए, $p(x)=0$

$\therefore \quad -8x=0 \Rightarrow x=0$

अतः $p(x)$ का अभीष्ट शून्यक शून्य (0) है।

31. (i) **संकेत** $25x^2+9y^2+9z^2-30xy-18yz+30xz$
$$=(5x)^2+(-3y)^2+(3z)^2+2\times 5x\times(-3y)+2\times(-3y)\times 3z+2\times 3z\times 5x$$
$$=(5x-3y+3z)^2$$
$[\because (x+y+z)^2=x^2+y^2+z^2+2xy+2yz+2zx]$
$$=(5x-3y+3z)(5x-3y+3z)$$

(ii) **संकेत** $9x^2+16y^2+4z^2-24xy+16yz-12xz$
$$=(-3x)^2+(4y)^2+(2z)^2+2\times(-3x)\times(4y)+2\times(4y)\times(2z)+2\times(2z)\times(-3x)$$
$$=(-3x+4y+2z)^2$$
$[\because (x+y+z)^2=x^2+y^2+z^2+2xy+2yz+2zx]$
$$=(-3x+4y+2z)(-3x+4y+2z)$$

32. (i) **संकेत** $2x^2-7x-15=2x^2-10x+3x-15$
$$=2x(x-5)+3(x-5)$$
$$=(2x+3)(x-5)$$

(ii) **संकेत** $84-2r-2r^2=-2(r^2+r-42)$
$$=-2(r^2+7r-6r-42)$$
$$=-2[r(r+7)-6(r+7)]$$
$$=-2(r-6)(r+7)=2(6-r)(r+7)$$

33. **संकेत** $2x^2-\frac{5}{6}x+\frac{1}{12}=\frac{24x^2-10x+1}{12}$

यहाँ, $24x^2-10x+1$ द्विघातीय बहुपद है इसलिए हम -10 को दो ऐसे भागों में विभाजित करने का प्रयास करते हैं जिनका योगफल -10 और गुणनफल 24 है।

स्पष्टतः $-6-4=-10$ तथा $(-6)\times(-4)=24$

$\therefore\ 2x^2 - \frac{5x}{6} + \frac{1}{12} = \frac{1}{12}[24x^2 - (6+4)x + 1]$

[मध्य पद को विभक्त करके]

$= \frac{1}{12}[24x^2 - 6x - 4x + 1]$

$= \frac{1}{12}[6x(4x-1) - 1(4x-1)]$

$= \frac{1}{12}(4x-1)(6x-1)$

34. **संकेत** $7\sqrt{2}\,x^2 - 10x - 4\sqrt{2}$

$= 7\sqrt{2}\,x^2 - (14-4)x - 4\sqrt{2}$ [मध्य पद को विभक्त करके]

$= 7\sqrt{2}\,x^2 - 14x + 4x - 4\sqrt{2}$

$= 7\sqrt{2}\,x(x-\sqrt{2}) + 4(x-\sqrt{2})$

$= (x-\sqrt{2})(7\sqrt{2}\,x + 4)$

35. **संकेत** $x^3 - x^2 + ax + x - a - 1$

$= x^3 - x^2 + ax - a + x - 1$

$= x^2(x-1) + a(x-1) + 1(x-1) = (x-1)(x^2+a+1)$

36. **संकेत** $3a^3b - 243ab^3 = 3ab(a^2 - 81b^2)$

$= 3ab[(a)^2 - (9b)^2]$

$= 3ab(a-9b)(a+9b)$ $[\because a^2 - b^2 = (a-b)(a+b)]$

37. **संकेत** $x^4 - 625 = (x^2)^2 - (25)^2 = (x^2-25)(x^2+25)$

$[\because a^2 - b^2 = (a-b)(a+b)]$

$= [(x)^2 - (5)^2](x^2+25)$

$= (x+5)(x-5)(x^2+25)$

$[\because a^2 - b^2 = (a-b)(a+b)]$

38. **संकेत** $a^3 + b^3 + (a+b)$

$= (a+b)(a^2 - ab + b^2) + (a+b)$

$[\because a^3 + b^3 = (a+b)(a^2 - ab + b^2)]$

$= (a+b)(a^2 - ab + b^2 + 1)$

39. **संकेत** $x(x-y)^3 + 3x^2y(x-y)$

$= (x-y)[x(x-y)^2 + 3x^2y]$

$= x(x-y)[(x-y)^2 + 3xy]$

$= x(x-y)(x^2 + y^2 - 2xy + 3xy)$

$[\because (x-y)^2 = x^2 + y^2 - 2xy]$

$= x(x-y)(x^2 + y^2 + xy)$

40. **संकेत** $\sqrt{2a^2 + 2\sqrt{6}\,ab + 3b^2}$

$= \sqrt{2a^2 + (\sqrt{6}+\sqrt{6})ab + 3b^2}$

[मध्य पद को विभक्त करके]

$= \sqrt{2a^2 + \sqrt{6}\,ab + \sqrt{6}\,ab + 3b^2}$

$= \sqrt{\sqrt{2}\,a(\sqrt{2}\,a + \sqrt{3}\,b) + \sqrt{3}\,b(\sqrt{2}\,a + \sqrt{3}\,b)}$

$= \sqrt{(\sqrt{2}\,a + \sqrt{3}\,b)(\sqrt{2}\,a + \sqrt{3}\,b)}$

$= \sqrt{(\sqrt{2}\,a + \sqrt{3}\,b)^2}$

$= \sqrt{2}\,a + \sqrt{3}\,b$

41. **संकेत** माना $(3x+y) = p$, तब दिया गया व्यंजक $5p^2 + 6p - 8$ होगा। यहाँ, 6 को हम दो ऐसे भागों में विभाजित करने का प्रयास करेंगे जिनका योगफल 6 और गुणनफल -40 हो।

स्पष्टतः $10 - 4 = 6$ तथा $10 \times (-4) = -40$

$\therefore\ 5p^2 + 6p - 8 = 5p^2 + (10-4)p - 8$

$= 5p^2 + 10p - 4p - 8$

$= 5p(p+2) - 4(p+2)$

$= (p+2)(5p-4)$

$p = 3x + y$ रखने पर,

$5(3x+y)^2 + 6(3x+y) - 8$

$= (3x + y + 2)(15x + 5y - 4)$

42. **संकेत** $x^2 + \frac{1}{x^2} - 2 - 3x + \frac{3}{x}$

$= \left(x^2 + \frac{1}{x^2} - 2\right) - 3\left(x - \frac{1}{x}\right)$

$= \left(x - \frac{1}{x}\right)^2 - 3\left(x - \frac{1}{x}\right)$

$[\because (a-b)^2 = a^2 + b^2 - 2ab]$

$= \left(x - \frac{1}{x}\right)\left(x - \frac{1}{x} - 3\right)$

43. **संकेत** $24\sqrt{3}\,x^3 - 125y^3 = (2\sqrt{3}\,x)^3 - (5y)^3$

$= (2\sqrt{3}\,x - 5y)[(2\sqrt{3}\,x)^2 + (5y)^2 + 2\sqrt{3}\,x \times 5y]$

$[\because a^3 - b^3 = (a-b)(a^2 + b^2 + ab)]$

$= (2\sqrt{3}\,x - 5y)(12x^2 + 25y^2 + 10\sqrt{3}\,xy)$

44. **संकेत** $(x^2 + 4) - 2a - a^2 - 5 = x^2 - 2a - a^2 - 1$

$= x^2 - (1 + 2a + a^2)$

$= x^2 - (1+a)^2$ $[\because (a+b)^2 = a^2 + b^2 + 2ab]$

$= [x - (1+a)][x + (1+a)]$

$[\because a^2 - b^2 = (a-b)(a+b)]$

$= (x - 1 - a)(x + 1 + a)$

45. **संकेत** $\left(a - \frac{1}{a}\right)\left(a + \frac{1}{a}\right)\left(a^2 + \frac{1}{a^2}\right)\left(a^4 + \frac{1}{a^4}\right)$

$= \left[\left(a^2 - \frac{1}{a^2}\right)\left(a^2 + \frac{1}{a^2}\right)\right]\left(a^4 + \frac{1}{a^4}\right)$

$[\because a^2 - b^2 = (a-b)(a+b)]$

$= \left[(a^2)^2 - \frac{1}{(a^2)^2}\right]\left[a^4 + \frac{1}{a^4}\right]$

$= \left(a^4 - \frac{1}{a^4}\right)\left(a^4 + \frac{1}{a^4}\right) = (a^4)^2 - \left(\frac{1}{a^4}\right)^2 = a^8 - \frac{1}{a^8}$

46. **संकेत** $a^2 + \frac{9}{a^2} = 31$ ...(i)

अब, $\left(a - \frac{3}{a}\right)^2 = a^2 + \frac{9}{a^2} - 6$ $[\because (a-b)^2 = a^2 + b^2 - 2ab]$

$\Rightarrow \left(a - \frac{3}{a}\right)^2 = 31 - 6$ [समी (i) से]

$\Rightarrow \left(a - \frac{3}{a}\right)^2 = 25 \Rightarrow a - \frac{3}{a} = \sqrt{25}$

[धनात्मक वर्गमूल लेने पर]

$\therefore\ a - \frac{3}{a} = 5$

47. **संकेत** माना $p(x) = x^3 - x^2 - 14x + 24$

दिया है, $(x+4)$ $p(x)$ का गुणनखंड है।

$\therefore x^3 - x^2 - 14x + 24$

$= x^3 + 4x^2 - 5x^2 - 20x + 6x + 24$

$= x^2(x+4) - 5x(x+4) + 6(x+4)$

$= (x+4)(x^2 - 5x + 6)$ [$(x+4)$ उभ्यनिष्ठ लेने पर]

अब, x^2-5x+6 के गुणनखंड मध्य पद विभक्त द्वारा करते है।

$\therefore\ x^2-5x+6=x^2-3x-2x+6$
$=x(x-3)-2(x-3)$
$=(x-3)(x-2)$

अतः बहुपद के अन्य गुणनखंड $(x-2)$ और $(x-3)$ है।

48. **संकेत** माना $p(x)=2x^3-3x^2-17x+30$

बहुपद $p(x)$ का अचर पद = 30

∴ 30 के गुणनखंड निम्न हैं

$\pm1, \pm2, \pm3, \pm5, \pm6, \pm10, \pm15, \pm30$

प्रयास विधि से, हमने ज्ञात किया कि $p(2)=0$

इसलिए, $(x-2)$, $p(x)$ का गुणनखंड होगा।

$[\because 2(2)^3-3(2)^2-17(2)+30=16-12-34+30=0]$

अब, हम देख सकते हैं कि

$2x^3-3x^2-17x+30=2x^3-4x^2+x^2-2x-15x+30$
$=2x^2(x-2)+x(x-2)-15(x-2)$
$=(x-2)(2x^2+x-15)$ [$(x-2)$ उभयनिष्ठ लेने पर]

अब, $(2x^2+x-15)$ को या तो मध्य-पद विभक्त करके या गुणनखंड प्रमेय द्वारा गुणन खंडित कर सकते हैं।

अब, $(2x^2+x-15)=2x^2+6x-5x-15$ [मध्य पद को विभक्त करके]
$=2x(x+3)-5(x+3)=(x+3)(2x-5)$

$\therefore 2x^3-3x^2-17x+30=(x-2)(x+3)(2x-5)$

49. (i) **संकेत** $9x^2+4y^2+16z^2+12xy-16yz-24xz$
$=(3x)^2+(2y)^2+(-4z)^2+2(3x)(2y)+2(2y)(-4z)+2(-4z)(3x)$
$=(3x+2y-4z)^2$
$[\because (a+b+c)^2=a^2+b^2+c^2+2ab+2bc+2ca]$
$=(3x+2y-4z)(3x+2y-4z)$

(ii) **संकेत** $16x^2+4y^2+9z^2-16xy-12yz+24xz$
$=(4x)^2+(-2y)^2+(3z)^2+2(4x)(-2y)+2(-2y)(3z)+2(4x)(3z)$
$=(4x-2y+3z)^2$ $[\because (a+b+c)^2=a^2+b^2+c^2+2ab+2bc+2ca]$
$=(4x-2y+3z)(4x-2y+3z)$

50. (i) **संकेत** $1-64a^3-12a+48a^2$
$=(1)^3-(4a)^3-3\times1^2\times4a+3\times1\times(4a)^2$
$=(1-4a)^3$
$[\because (a-b)^3=a^3-b^3-3a^2b+3ab^2]$
$=(1-4a)(1-4a)(1-4a)$

(ii) **संकेत** $8p^3+\frac{12}{5}p^2+\frac{6}{25}p+\frac{1}{125}$
$=(2p)^3+3\times(2p)^2\times\frac{1}{5}+3\times(2p)\times\left(\frac{1}{5}\right)^2+\left(\frac{1}{5}\right)^3$
$=\left(2p+\frac{1}{5}\right)^3$ $[\because (a+b)^3=a^3+b^3+3a^2b+3ab^2]$
$=\left(2p+\frac{1}{5}\right)\left(2p+\frac{1}{5}\right)\left(2p+\frac{1}{5}\right)$

51. **संकेत** $(2x-y+3z)(4x^2+y^2+9z^2+2xy+3yz-6xz)$
$=(2x-y+3z)[(2x)^2+(-y)^2+(3z)^2-(2x)(-y)-(-y)(3z)-(2x)(3z)]$
$=(2x)^3+(-y)^3+(3z)^3-3(2x)(-y)(3z)$
$[\because (a+b+c)(a^2+b^2+c^2-ab-bc-ca)=a^3+b^3+c^3-3abc]$
$=8x^3-y^3+27z^3+18xyz$

52. (i) **संकेत** $(x+y+z)^2+(x+y-z)^2$
$=(x^2+y^2+z^2+2xy+2yz+2zx)+(x^2+y^2+z^2+2xy-2yz-2zx)$
$[\because (a+b+c)^2=a^2+b^2+c^2+2ab+2bc+2ca]$
$=2x^2+2y^2+2z^2+4xy$

(ii) **संकेत** $(2x+p-c)^2-(2x-p+c)^2$
$=(4x^2+p^2+c^2+4xp-2pc-4xc)-(4x^2+p^2+c^2-4xp-2pc+4xc)$
$[\because (a+b+c)^2=a^2+b^2+c^2+2ab+2bc+2ca]$
$=4x^2+p^2+c^2+4xp-2pc-4xc-4x^2-p^2-c^2+4xp+2pc-4xc$
$=8xp-8xc=8x(p-c)$

53. **संकेत** $27x^3-(3x-y)^3=(3x)^3-(3x-y)^3$
$=[3x-(3x-y)][(3x)^2+(3x-y)^2+3x\times(3x-y)]$
$[\because a^3-b^3=(a-b)(a^2+b^2+ab)]$
$=y(9x^2+9x^2+y^2-6xy+9x^2-3xy)$
$[\because (a-b)^2=a^2+b^2-2ab]$
$=y(27x^2+y^2-9xy)$
$=27x^2y+y^3-9xy^2$

54. **संकेत** माना $p(x)=x^4-3x^2+2$

$x^2=y$ रखने पर, दी गई व्यंजक होगी

$p(x)=y^2-3y+2$

यहाँ, हम -3 को दो ऐसे भागों में विभाजित करने का प्रयास करेंगे जिनका योगफल (-3) और गुणनफल (2) है।

स्पष्टतः $-2-1=-3$ तथा $-2\times(-1)=2$

$\therefore\ p(x)=y^2-2y-y+2$ [मध्य पद को विभक्त करके]
$=y(y-2)-1(y-2)$
$=(y-2)(y-1)$

$y=x^2$ रखने पर,

$p(x)=(x^2-2)(x^2-1)=[(x)^2-(\sqrt{2})^2][(x)^2-(1)^2]$
$=(x-\sqrt{2})(x+\sqrt{2})(x-1)(x+1)$
$[\because a^2-b^2=(a-b)(a+b)]$

55. **संकेत** दिया है, $\sqrt{u}+\sqrt{v}-\sqrt{w}=0 \Rightarrow \sqrt{u}+\sqrt{v}=\sqrt{w}$

दोनों पक्षों का वर्ग करने पर,

$(\sqrt{u}+\sqrt{v})^2=(\sqrt{w})^2$

$\Rightarrow\ u+v+2\sqrt{uv}=w$ $[\because (a+b)^2=a^2+b^2+2ab]$

$\therefore\ u+v-w=-2\sqrt{uv}$

अतः $u+v-w$ का मान $(-2\sqrt{uv})$ है।

56. **संकेत** दिया है, $y-\frac{1}{y}=9$

दोनों पक्षों का वर्ग करने पर,

$\left(y-\frac{1}{y}\right)^2=(9)^2$

$\Rightarrow\ y^2+\frac{1}{y^2}-2\times y\times\frac{1}{y}=81$

$$[\because (a-b)^2 = a^2 + b^2 - 2ab]$$

$\Rightarrow \quad y^2 + \frac{1}{y^2} = 81 + 2 \Rightarrow y^2 + \frac{1}{y^2} = 83$

पुनः दोनों पक्षों का वर्ग करने पर,

$$\left(y^2 + \frac{1}{y^2}\right)^2 = (83)^2$$

$\Rightarrow \quad y^4 + \frac{1}{y^4} + 2 \times y^2 \times \frac{1}{y^2} = 6889$

$$[\because (a+b)^2 = a^2 + b^2 + 2ab]$$

$\Rightarrow \quad y^4 + \frac{1}{y^4} = 6889 - 2$

$\Rightarrow \quad y^4 + \frac{1}{y^4} = 6887$

अतः $y^2 + \frac{1}{y^2} = 83$ तथा $y^4 + \frac{1}{y^4} = 6887$

57. संकेत $a^3(b-c)^3 + b^3(c-a)^3 + c^3(a-b)^3$

$= [a(b-c)]^3 + [b(c-a)]^3 + [c(a-b)]^3$

$a(b-c) = x, b(c-a) = y$ तथा $c(a-b) = z$ रखने पर,

$a^3(b-c)^3 + b^3(c-a)^3 + c^3(a-b)^3$

$= x^3 + y^3 + z^3 = 3xyz$

$$\left[\begin{array}{l}\because x + y + z = a(b-c) + b(c-a) \\ \quad + c(a-b) \\ = ab - ac + bc - ba + ca - bc = 0\end{array}\right]$$

$= 3[a(b-c)][b(c-a)][c(a-b)]$

$[x = a(b-c), y = b(c-a)$ और $z = c(a-b)$ रखने पर$]$

$= 3abc(a-b)(b-c)(c-a)$

58. संकेत $x^3 - y^3 = (x-y)(x^2 + y^2 + xy)$

$= (x-y)[(x-y)^2 + 2xy + xy]$

$$\left[\begin{array}{l}\because (x-y)^2 = x^2 + y^2 - 2xy \\ \therefore (x-y)^2 + 2xy = x^2 + y^2\end{array}\right]$$

$= (x-y)[(x-y)^2 + 3xy]$

$= 5[(5)^2 + 3 \times 84] \quad [\because x - y = 5$ तथा $xy = 84]$

$= 5(25 + 252) = 5 \times 277 = 1385$

59. संकेत हम जानते हैं कि

$$\left(x + \frac{1}{x}\right)^2 = x^2 + \frac{1}{x^2} + 2 \times x \times \frac{1}{x}$$

$$[\because (a+b)^2 = a^2 + b^2 + 2ab]$$

$\therefore \quad \left(x + \frac{1}{x}\right)^2 = x^2 + \frac{1}{x^2} + 2$

$\Rightarrow \quad \left(x + \frac{1}{x}\right)^2 = 14 + 2 = 16 \quad \left[\because \text{दिया है, } x^2 + \frac{1}{x^2} = 14\right]$

$\Rightarrow \quad x + \frac{1}{x} = \pm\sqrt{16}$ [वर्गमूल लेने पर]

$\therefore \quad x + \frac{1}{x} = \pm 4$

स्थिति I जब $x + \frac{1}{x} = 4$ है, तब

$$\left(x + \frac{1}{x}\right)^3 = x^3 + \left(\frac{1}{x}\right)^3 + 3 \times x \times \frac{1}{x}\left(x + \frac{1}{x}\right)$$

$$[\because (a+b)^3 = a^3 + b^3 + 3ab(a+b)]$$

$\Rightarrow \quad \left(x + \frac{1}{x}\right)^3 = x^3 + \frac{1}{x^3} + 3\left(x + \frac{1}{x}\right)$

$\Rightarrow \quad (4)^3 = x^3 + \frac{1}{x^3} + 3 \times 4$

$\Rightarrow \quad 64 = x^3 + \frac{1}{x^3} + 12$

$\therefore \quad x^3 + \frac{1}{x^3} = 64 - 12 = 52$

स्थिति II जब $x + \frac{1}{x} = -4$ है, तब

$$\left(x + \frac{1}{x}\right)^3 = x^3 + \frac{1}{x^3} + 3\left(x + \frac{1}{x}\right)$$

$\Rightarrow \quad (-4)^3 = x^3 + \frac{1}{x^3} + 3(-4)$

$\therefore \quad x^3 + \frac{1}{x^3} = -64 + 12 = -52$

60. संकेत दिया है, $a + b + c = 0$

$\because a^3 + b^3 + c^3 - 3abc$

$= (a+b+c)(a^2 + b^2 + c^2 - ab - bc - ca)$

$\therefore a^3 + b^3 + c^3 - 3abc = 0$

$\Rightarrow \quad a^3 + b^3 + c^3 = 3abc$

$\Rightarrow \quad \frac{a^3 + b^3 + c^3}{abc} = 3$ [दोनों पक्षों में abc से भाग देने पर]

$\Rightarrow \quad \frac{a^3}{abc} + \frac{b^3}{abc} + \frac{c^3}{abc} = 3$

$\therefore \quad \frac{a^2}{bc} + \frac{b^2}{ac} + \frac{c^2}{ab} = 3$ **इति सिद्धम्**

61. संकेत माना $E = 9x^2 + y^2 + z^2 - 6xy + 2yz - 6xz$

$= (3x)^2 + (-y)^2 + (-z)^2 + 2(3x)(-y) + 2(-y)(-z) + 2(3x)(-z)$

$= (3x - y - z)^2$

$$[\because (a+b+c)^2 = a^2 + b^2 + c^2 + 2ab + 2bc + 2ca]$$

$x = 1, y = 2$ और $z = -1$ रखने पर,

$E = [3 \times 1 - 2 - (-1)]^2$

$= (3 - 2 + 1)^2 = 2^2 = 4$

62. संकेत सिद्ध करना है।

$(a+b+c)^3 - a^3 - b^3 - c^3 = 3(a+b)(b+c)(c+a)$

बायाँ पक्ष $= [(a+b+c)^3 - a^3] - (b^3 + c^3)$

$= (a+b+c-a)[(a+b+c)^2 + a^2 + a(a+b+c)] - [(b+c)(b^2 + c^2 - bc)]$

$$\left[\begin{array}{l}\because a^3 + b^3 = (a+b)(a^2 + b^2 - ab) \\ \text{तथा } a^3 - b^3 = (a-b)(a^2 + b^2 + ab)\end{array}\right]$$

$= (b+c)[a^2 + b^2 + c^2 + 2ab + 2bc + 2ca + a^2 + a^2 + ab + ac] - (b+c)(b^2 + c^2 - bc)$

$= (b+c)[b^2 + c^2 + 3a^2 + 3ab + 3ac - b^2 - c^2 + 3bc]$

$= (b+c)[3(a^2 + ab + ac + bc)]$

$= 3(b+c)[a(a+b) + c(a+b)]$

$= 3(b+c)[(a+c)(a+b)]$

$= 3(a+b)(b+c)(c+a) =$ दायाँ पक्ष **इति सिद्धम्**

63. संकेत माना ऊँटों की कुल संख्या x है।

तब, वन में देखे गए ऊँटों की संख्या $= \frac{x}{4}$

पर्वत पर देखे गए ऊँटों की संख्या $= 2\sqrt{x}$

नदी के किनारे पर देखे गए ऊँटों की संख्या = 15

$\therefore$ ऊँटों की कुल संख्या $= \frac{x}{4} + 2\sqrt{x} + 15$

$\Rightarrow \quad x = \frac{x}{4} + 2\sqrt{x} + 15$

$\Rightarrow \quad x - \frac{x}{4} - 2\sqrt{x} - 15 = 0$

$\Rightarrow \quad \frac{4x - x - 8\sqrt{x} - 15 \times 4}{4} = 0$

$\Rightarrow \quad 3x - 8\sqrt{x} - 60 = 0 \quad \ldots(i)$

माना $\sqrt{x} = y$, तब समी (i) होगी

$3y^2 - 8y - 60 = 0$

$\Rightarrow \quad 3y^2 - (18-10)y - 60 = 0$ [मध्य पद को विभक्त करके]

$\Rightarrow \quad 3y^2 - 18y + 10y - 60 = 0$

$\Rightarrow \quad 3y(y-6) + 10(y-6) = 0$

$\Rightarrow \quad (3y+10)(y-6) = 0$

$\Rightarrow \quad 3y + 10 = 0$ तथा $y - 6 = 0$

$\Rightarrow \quad 3y = -10$ तथा $y = 6$

$\Rightarrow \quad y = \frac{-10}{3}$ तथा $y = 6$

जब $y = -\frac{10}{3}$ है, तब

$\sqrt{x} = -\frac{10}{3}$ जोकि संभव नहीं है [$y = \sqrt{x}$ रखने पर]

जब $y = 6$ तब $\sqrt{x} = 6$ [$y = \sqrt{x}$ रखने पर]

$\Rightarrow \quad x = 6^2$ [दोनों पक्षों का वर्ग करने पर]

$\Rightarrow \quad x = 36$

अतः ऊँटों की कुल संख्या 36 है।

64. **संकेत** $x^2 + \frac{1}{x^2} + 2 - 2x - \frac{2}{x}$

$= (x)^2 + \frac{1}{(x)^2} + 2 \times x \times \frac{1}{x} - 2\left(x + \frac{1}{x}\right)$

$= \left(x + \frac{1}{x}\right)^2 - 2\left(x + \frac{1}{x}\right)$ [$\because a^2 + b^2 + 2ab = (a+b)^2$]

$= \left(x + \frac{1}{x}\right)\left(x + \frac{1}{x} - 2\right)$

$= \left(x + \frac{1}{x}\right)\left[(\sqrt{x})^2 + \left(\frac{1}{\sqrt{x}}\right)^2 - 2 \times \sqrt{x} \times \frac{1}{\sqrt{x}}\right]$

$= \left(x + \frac{1}{x}\right)\left(\sqrt{x} - \frac{1}{\sqrt{x}}\right)^2$

$= \left(x + \frac{1}{x}\right)\left(\sqrt{x} - \frac{1}{\sqrt{x}}\right)\left(\sqrt{x} - \frac{1}{\sqrt{x}}\right)$

65. **संकेत** दिया है,

$x + y + z = 1$

तथा $\left.\begin{array}{r} xy + yz + zx = -1 \\ xyz = -1 \end{array}\right\} \quad \ldots(i)$

अब, $(x+y+z)^2 = x^2 + y^2 + z^2 + 2xy + 2yz + 2zx$

$\Rightarrow \quad (x+y+z)^2 = x^2 + y^2 + z^2 + 2(xy + yz + zx)$

$\Rightarrow \quad (1)^2 = x^2 + y^2 + z^2 + 2(-1)$ [समी (i) से]

$\Rightarrow \quad 1 + 2 = x^2 + y^2 + z^2$

$\Rightarrow \quad x^2 + y^2 + z^2 = 3 \quad \ldots(ii)$

पुनः $x^3 + y^3 + z^3 - 3xyz$

$= (x + y + z)[x^2 + y^2 + z^2 - (xy + yz + zx)]$

$\Rightarrow x^3 + y^3 + z^3 - 3 \times (-1) = (1)[3 - (-1)]$

[समी (i) तथा (ii) से]

$\Rightarrow \quad x^3 + y^3 + z^3 + 3 = 4$

$\therefore \quad x^3 + y^3 + z^3 = 1$

66. **संकेत** $a^7 - ab^6 = a(a^6 - b^6) = a[(a^3)^2 - (b^3)^2]$

$= a(a^3 - b^3)(a^3 + b^3)$

[$\because a^2 - b^2 = (a-b)(a+b)$]

$= a[(a-b)(a^2 + ab + b^2)]$

$[(a+b)(a^2 - ab + b^2)]$

$= a(a-b)(a+b)(a^2 + ab + b^2)(a^2 - ab + b^2)$

67. **संकेत** $\because \quad (x^2 + 4x + 4)(x^2 + 6x + 9)$

$= [x^2 + (2+2)x + 4][x^2 + (3+3)x + 9]$

[मध्य पद को विभक्त करके]

$= [x^2 + 2x + 2x + 4][x^2 + 3x + 3x + 9]$

$= [x(x+2) + 2(x+2)][x(x+3) + 3(x+3)]$

$= [(x+2)(x+2)][(x+3)(x+3)]$

$= (x+2)^2(x+3)^2$

दोनो पक्षों का वर्गमूल लेने पर, $\sqrt{(x^2 + 4x + 4)(x^2 + 6x + 9)}$

$= \sqrt{(x+2)^2(x+3)^2} = (x+2)(x+3)$

$= x^2 + 5x + 6$

68. **संकेत** यहाँ, $(a^2 - b^2) + (b^2 - c^2) + (c^2 - a^2) = 0$

$\therefore (a^2 - b^2)^3 + (b^2 - c^2)^3 + (c^2 - a^2)^3$

$= 3(a^2 - b^2)(b^2 - c^2)(c^2 - a^2)$

[यदि $x + y + z = 0$, तब $x^3 + y^3 + z^3 = 3xyz$]

$\Rightarrow (a^2 - b^2)^3 + (b^2 - c^2)^3 + (c^2 - a^2)^3$

$= 3(a-b)(a+b)(b-c)(b+c)(c-a)(c+a)$

[$\because (a^2 - b^2) = (a-b)(a+b)$]

समान रूप से, $(a-b) + (b-c) + (c-a) = 0$

$\therefore (a-b)^3 + (b-c)^3 + (c-a)^3 = 3(a-b)(b-c)(c-a)$

अब, $\frac{(a^2 - b^2)^3 + (b^2 - c^2)^3 + (c^2 - a^2)^3}{(a-b)^3 + (b-c)^3 + (c-a)^3}$

$= \frac{3(a-b)(a+b)(b-c)(b+c)(c-a)(c+a)}{3(a-b)(b-c)(c-a)}$

$= (a+b)(b+c)(c+a)$

69. **संकेत** हम जानते हैं कि $x^2 + y^2 = (x+y)^2 - 2xy$

अब, $(x+y)^2 = [(2+\sqrt{5})^{1/2} + (2-\sqrt{5})^{1/2}$

$+ (2+\sqrt{5})^{1/2} - (2-\sqrt{5})^{1/2}]^2$

$= [2(2+\sqrt{5})^{1/2}]^2 = 4(2+\sqrt{5})^{1/2 \times 2}$

$= 4(2+\sqrt{5}) = 8 + 4\sqrt{5} \quad \ldots(i)$

तथा $2xy = 2[(2+\sqrt{5})^{1/2} + (2-\sqrt{5})^{1/2}]$

$[(2+\sqrt{5})^{1/2} - (2-\sqrt{5})^{1/2}]$

$= 2[((2+\sqrt{5})^{1/2})^2 - ((2-\sqrt{5})^{1/2})^2]$

[$\because (a+b)(a-b) = a^2 - b^2$]

$= 2[2 + \sqrt{5} - 2 + \sqrt{5}]$

$= 2 \times 2\sqrt{5} = 4\sqrt{5} \quad \ldots(ii)$

अतः $x^2 + y^2 = (x+y)^2 - 2xy$

$= 8 + 4\sqrt{5} - 4\sqrt{5} = 8$ [समी (i) तथा (ii) से]

70. **संकेत** दिया है, $a+b+c=5$

दोनों पक्षों का वर्ग करने पर,

$$(a+b+c)^2 = 25$$

$\Rightarrow a^2+b^2+c^2+2ab+2bc+2ca=25$

$\Rightarrow a^2+b^2+c^2=25-2\times15=-5$ ...(i)

$[\because ab+bc+ca=15]$

अब, $(a+b)^3+(b+c)^3+(a+c)^3 - 3(a+b)(b+c)(a+c)$

$=(a+b+b+c+c+a)[(a+b)^2+(b+c)^2+(c+a)^2 - (a+b)(b+c)-(b+c)(c+a)-(c+a)(a+b)]$

$=2(a+b+c)[a^2+b^2+2ab+b^2+c^2+2bc + c^2+a^2+2ac-ab-ac-b^2-bc - bc-ba-c^2-ca-ca-cb-a^2-ab]$

$=2(a+b+c)(a^2+b^2+c^2-ab-bc-ac)$

$=2\times5(-5-15)=-200$

71. **संकेत** $a^{12}y^4-a^4y^{12}=a^4y^4(a^8-y^8)$

$=a^4y^4[(a^4)^2-(y^4)^2]$

$=a^4y^4[(a^4+y^4)(a^4-y^4)]$ $[\because a^2-b^2=(a-b)(a+b)]$

$=a^4y^4[(a^4+y^4)\{(a^2)^2-(y^2)^2\}]$

$=a^4y^4[(a^4+y^4)(a^2+y^2)(a^2-y^2)]$

$=a^4y^4[(a^4+y^4)(a^2+y^2)(a+y)(a-y)]$

72. (i) (a) माना दी गई कक्षा में विद्यार्थियों की संख्या x है, तब ऐतिहासिक भ्रमण पर जाने वाले विद्यार्थियों की संख्या $=\frac{1}{12}x^2$

वृद्धाआश्रम पर जाने वाले विद्यार्थियों की संख्या $=\frac{7}{12}x$

गरीब बच्चों को पढ़ाने वाले विद्यार्थियों की संख्या =15

उपरोक्त सूचना की सहायता से,

अभीष्ट बहुपद, $p(x)=\frac{x^2}{12}+\frac{7}{12}x+15$

(ii) (b) बहुपद $p(x)$ में x का गुणांक $\frac{7}{12}$ है।

(iii) (c) बहुपद $p(x)$ में x^2 का गुणांक $\frac{1}{12}$ है।

(iv) (a) दिया है, $p(x)=\frac{x^2}{12}+\frac{7}{12}x+15$

$\therefore\quad p(2)=\frac{4}{12}+\frac{7}{12}\times2+15=\frac{1}{3}+\frac{7}{6}+15$

$=\frac{2+7+90}{6}=\frac{99}{6}=\frac{33}{2}$

(v) (b) दिया है, $p(x)=\frac{x^2}{12}+\frac{7}{12}x+15$

$\therefore\quad p(-1)=\frac{(-1)^2}{12}+\frac{7}{12}(-1)+15$

$=\frac{1}{12}-\frac{7}{12}+15$

$=\frac{1-7+180}{12}$

$=\frac{174}{12}=\frac{29}{2}$

73. (i) (c) प्रश्नानुसार, मात्रा की कुल लागत का समीकरण x के पदों में होगा,

$p(x)=80x+40x^2+10\times120$

$=80x+40x^2+1200$

(ii) (b) x के पदों में कुल मात्रा का समीकरण है

$g(x)=x+x^2+10$

(iii) (b) $p(x)$ की घात 2 है।

(iv) (a) x^2+x+10 में x^2 का गुणांक 1 है।

(v) (c) यहाँ, $x=5$

$\therefore\quad p(5)=80\times5+40\times(5)^2+1200$

$=400+1000+1200=₹\ 2600$

अतः किशन ने 5 किग्रा सेब ₹ 2600 में खरीदे।

74. माना विक्की तथा लव के कुल व्यय को $p(x)$ दर्शाता है।

$\therefore\quad p(x)=6x^2+11x-35$

(i) (d) कुल व्यय (जब $x=10$), $p(10)$ होगा।

$\therefore\quad p(10)=6(10)^2+11\times10-35$

$=600+110-35=₹\ 675$

(ii) (c) दिया है, $p(x)=6x^2+11x-35$

$=6x^2+21x-10x-35$

$=3x(2x+7)-5(2x+7)$

$=(2x+7)(3x-5)$

$\therefore$ विक्की तथा लव द्वारा लगाई गई पूँजीयों का भाग या तो $(2x+7)(3x-5)$ या $(3x-5), (2x+7)$ है।

(iii) (a) दिया है, $2x+7=3x-5$

$\Rightarrow\quad x=12$

$x=12$ पर, दोनों भाग बराबर हैं।

(iv) (c) दिया है, $6x^2+11x-35=0$

$\Rightarrow\quad (2x+7)(3x-5)=0$

$\Rightarrow\quad x=-\frac{7}{2}$ या $\frac{5}{3}$

(v) (b) व्ययों का योगफल $=2x+7+3x-5=5x+2$

75. (i) (b) माना दूध की मात्रा की कुल लागत का समीकरण $p(x)$ है।

$\therefore\quad p(x)=50x+60x^2+10\times70$

$=60x^2+50x+700$

(ii) (c) माना दूध की कुल मात्रा को $q(x)$ दर्शाता है।

$\therefore\quad q(x)=x+x^2+10$

(iii) (b) $p(x)$ की घात 2 है।

(iv) (b) दिया है, $x=10$

$\therefore p(10)=60(10)^2+50\times10+700$

$=6000+500+700=₹\ 7200$

(v) (d) दिया है, $x^2=25$

$\Rightarrow\quad x=5$

$\therefore\quad q(5)=5+5^2+10$

$=5+25+10$

$=40$ ली

अध्याय

03

निर्देशांक ज्यामिति

(Coordinate Geometry)

यह गणित की वह शाखा है, जिसमें ज्यामिति संबंधी समस्याओं को हल करने के लिए बीजगणितीय विधियों का प्रयोग किया जाता है। गणित की इस शाखा में बिंदु की स्थिति को निर्देशांकों द्वारा निरूपित किया जाता है। इसलिए गणित की इस शाखा को निर्देशांक ज्यामिति कहते हैं। यहाँ किसी बिंदु, रेखा या किसी ज्यामितीय आकृति को दर्शाने के लिए कार्तीय तल का उपयोग किया जाता है जिसका वर्णन निम्न प्रकार से अध्याय में दिया गया है

टॉपिक्स

- *निर्देशांक पद्धति*
- *चतुर्थांश*

निर्देशांक पद्धति

तल में किसी बिंदु की स्थिति को दर्शाने के लिए जिस पद्धति का प्रयोग किया जाता है, उसे निर्देशांक पद्धति कहते हैं। निर्देशांक पद्धति में दो परस्पर लंबवत् रेखाएँ XX' एवं YY' खींचते हैं, जो परस्पर एक-दूसरे को बिंदु O पर प्रतिच्छेद करती है। प्रतिच्छेद बिंदु O को मूलबिंदु तथा XOX' तथा YOY' को **समकोणिक निर्देशांक** कहते हैं।

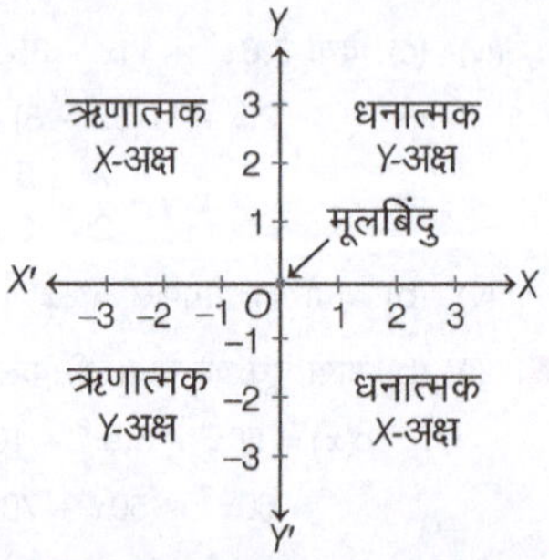

- **X-अक्ष** (X-axis) OX, X-अक्ष की **धनात्मक दिशा** तथा OX', X-अक्ष की **ऋणात्मक दिशा** को निरूपित करती है।
- **Y-अक्ष** (Y-axis) OY, Y-अक्ष की **धनात्मक दिशा** तथा OY', Y-अक्ष की **ऋणात्मक दिशा** को निरूपित करती है।
- **निर्देश फ्रेम** (Frame of reference) X-अक्ष, Y-अक्ष और मूलबिंदु O का सामूहिक रूप, निर्देश फ्रेम कहलाता है।

चतुर्थांश (Quadrant)

X और Y-अक्ष का प्रतिच्छेद समतल को चार भागों में विभाजित करता है। इन चारों भागों को चतुर्थांश कहते हैं, जिन्हें OX से वामावर्त (anti-clockwise) दिशा में क्रमशः प्रथम, द्वितीय, तृतीय और चतुर्थ चतुर्थांश कहते हैं।

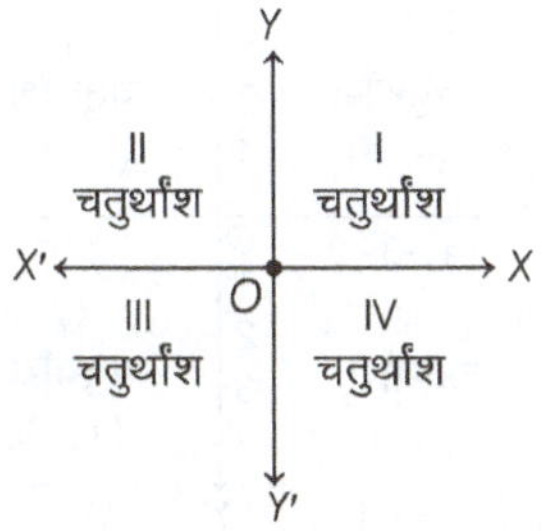

(i) XOY को प्रथम चतुर्थांश कहते हैं।
(ii) $X'OY$ को द्वितीय चतुर्थांश कहते हैं।
(iii) $X'OY'$ को तृतीय चतुर्थांश कहते हैं।
(iv) XOY' को चतुर्थ चतुर्थांश कहते हैं।

इस प्रकार, इस तल में दोनों अक्ष और चारों चतुर्थांश सम्मिलित है। इस तल को **कार्तीय तल** (Cartesian plane) या **निर्देशांक तल** (Coordinate plane) या XY-तल (XY-plane) कहते हैं।

कार्तीय तल में किसी बिंदु के निर्देशांक
(Coordinates of a Point in Cartesian Plane)

वह समतल जिस पर X-अक्ष और Y-अक्ष स्थित होते हैं, **कार्तीय तल** या **XY-समतल** कहलाता है। किसी बिंदु को कार्तीय तल में दर्शाने के लिए इसकी X-अक्ष और Y-अक्ष से दूरी की आवश्यकता होती है। इन दूरियों को ही बिंदु के निर्देशांक कहते हैं। कार्तीय तल में स्थित प्रत्येक बिंदु के दो निर्देशांक होते हैं—x-निर्देशांक और y-निर्देशांक।

(i) **किसी बिंदु का x-निर्देशांक** Y-अक्ष से X-अक्ष की दिशा में नापी गई लांबिक दूरी होती है। जिसे X-अक्ष पर मापा जाता है। x-निर्देशांक को **भुज** (Abscissa) भी कहते हैं।

(ii) **किसी बिंदु का y-निर्देशांक** X-अक्ष से Y-अक्ष की दिशा में नापी गई लंबवत् दूरी होती है। जिसे Y-अक्ष पर मापा जाता है। y-निर्देशांकों को **कोटि** (Ordinate) भी कहते हैं।

किसी बिंदु के x-निर्देशांक और y-निर्देशांक के संयुक्त रूप को उस बिंदु के **निर्देशांक** (Coordinate) कहते हैं।

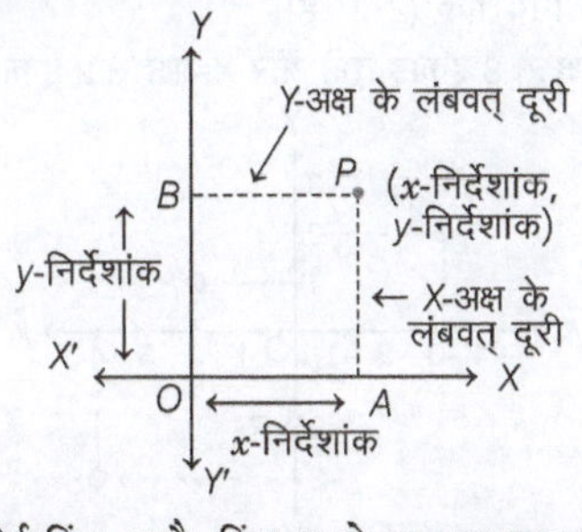

माना समतल में कोई बिंदु P है। बिंदु P से X-अक्ष तथा Y-अक्ष पर क्रमशः PA तथा PB लंब खींचिए। दूरी PB बिंदु P के भुजा या x-निर्देशांक तथा दूरी PA बिंदु P की कोटि या y-निर्देशांक को दर्शाती है।

इस प्रकार, यदि $PB = OA = x$ तथा $PA = OB = y$ है, तो बिंदु P के निर्देशांक x और y होंगे, जिन्हें क्रमित युग्म $P(x, y)$ से प्रदर्शित करते हैं। किसी बिंदु को निर्देशांक निरूपित करने वाले बिंदु के भुज को सदैव क्रमित युग्म से पहले स्थान पर कोटि को दूसरे स्थान पर लिखते हैं। अतः $(x, y) \neq (y, x)$

महत्त्वपूर्ण बिंदु

(i) मूलबिंदु के निर्देशांक (0, 0) होते हैं।
(ii) X–अक्ष पर प्रत्येक बिंदु के निर्देशांक (जोकि X–अक्ष पर है) $(x, 0)$ होते हैं।
(iii) Y–अक्ष पर प्रत्येक बिंदु के निर्देशांक (जोकि Y–अक्ष पर है) $(y, 0)$ होते हैं।
(iv) X–अक्ष तथा Y–अक्ष के बीच का कोण 90° होता है।

नोट

- *X–अक्ष के लंबवत् रेखा Y–अक्ष के समांतर होती है।*
- *X–अक्ष के समांतर रेखा Y–अक्ष के लंबवत् होती है।*
- *यदि X–अक्ष के दो या दो से अधिक बिंदु समान हैं तो उन बिंदुओं को मिलाने वाली रेखा Y–अक्ष के समांतर होती है।*
- *माना किसी बिंदु के निर्देशांक (x, y) बराबर (अर्थात् $x \neq y$) नहीं है। यदि निर्देशांक x और y को आपस में बदल दिया जाए तो निर्देशांक (y, x) का स्थान, (x, y) के स्थान से अलग होगा। [$\because$ निर्देशांक $(x, y) \neq$ निर्देशांक (y, x)]*
- *यदि किसी बिंदु के निर्देशांक बराबर $(x = y)$ हैं, तो एक–दूसरे को आपस में बदल देने पर उनका स्थान नहीं बदलता है।*

उदाहरण 1 उस बिंदु के निर्देशांक ज्ञात कीजिए जो X-अक्ष से y इकाई दूरी पर और Y-अक्ष से x-इकाई दूरी पर स्थित है।

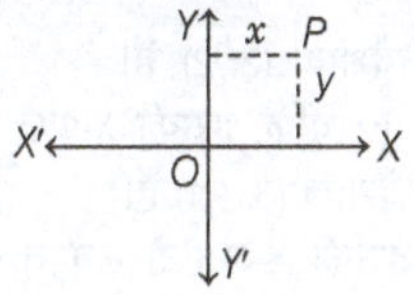

हल उस बिंदु P के निर्देशांक $P(x, y)$ है।

उदाहरण 2 यदि दो बिंदुओं के निर्देशांक $A(3, 4)$ और $B(-2, 5)$ हैं, तब (बिंदु A का भुज) – (बिंदु B का भुज) का मान ज्ञात करो।

हल दिया है, बिंदु $A(3, 4)$ अर्थात् A का भुज = 3
और बिंदु $B(-2, 5)$ अर्थात् B का भुज = –2
$\therefore$ बिंदु A का भुज – बिंदु B का भुज $= 3-(-2) = 3+2 = 5$

उदाहरण 3 X-अक्ष पर मूलबिंदु से –4 इकाई की दूरी पर स्थित बिंदु P के निर्देशांक ज्ञात कीजिए।

हल X-अक्ष पर मूलबिंदु से –4 इकाई की दूरी पर स्थित बिंदु P के निर्देशांक (–4, 0) होंगे, क्योंकि X-अक्ष पर स्थित प्रत्येक बिंदु का y-निर्देशांक शून्य होता है।

उदाहरण 4 यदि दो क्रमित युग्म $(x-3, -6)$ तथा $(4, x-y)$ बराबर हो तो x तथा y का मान ज्ञात कीजिए।

हल दिए गए क्रमित युग्म $(x-3, 6)$ तथा $(4, x-y)$ हैं।
चूँकि क्रमित युग्म परस्पर बराबर हैं।
$\therefore x - 3 = 4 \Rightarrow x = 7$ तथा $-6 = x + y$
$\Rightarrow \quad -6 = 7 + y \Rightarrow y = -13$
अतः $x = 7$ तथा $y = -13$

उदाहरण 5 निम्न आकृति में LM एक रेखा है जो Y-अक्ष के समांतर है तथा उससे 3 मात्रक की दूरी पर है।

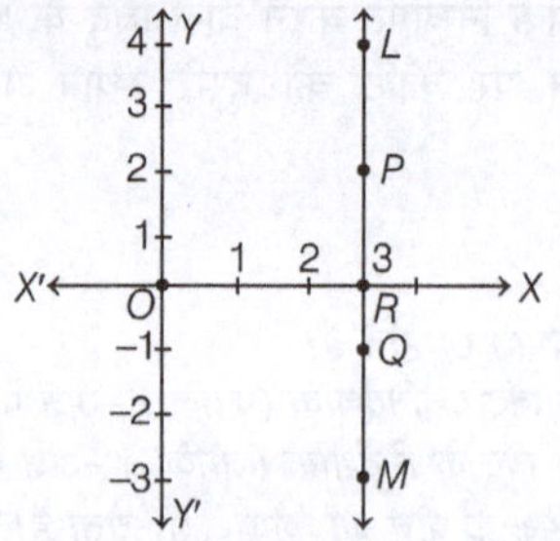

(i) बिंदुओं P, R और Q के निर्देशांक क्या हैं?

(ii) बिंदुओं L और M के भुजों में क्या अंतर है? **[NCERT Exemplar]**

हल दिया है, LM, Y-अक्ष के समांतर रेखा है और इसकी Y-अक्ष से लंबवत् दूरी 3 इकाई है।

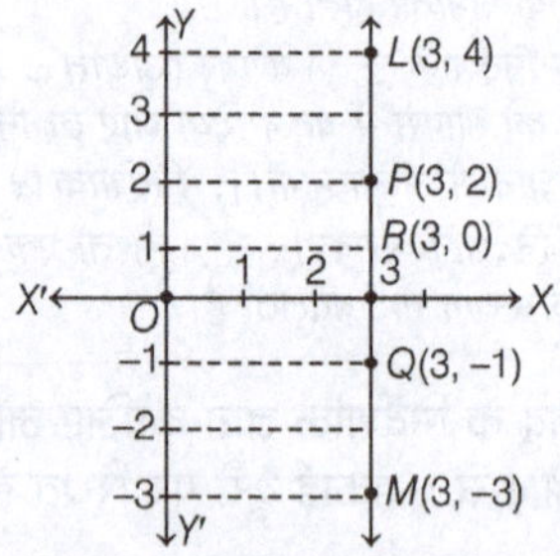

(i) बिंदु P के निर्देशांक (3, 2) हैं।

[$\because$ चूँकि, इसकी X-अक्ष से लंबवत् दूरी 2 इकाई है]

बिंदु Q के निर्देशांक (3, – 1) हैं।

[$\because$ इसकी X-अक्ष से लंबवत् दूरी 1 इकाई है, Y-अक्ष की ऋणात्मक दिशा में]

बिंदु R के निर्देशांक (3, 0) है।

[$\because$ यह X-अक्ष पर स्थित है इसलिए y का निर्देशांक शून्य होगा]

(ii) बिंदु का भुज $L = 3$, बिंदु M का भुज $= 3$

$\therefore$ बिंदु L व M के भुज में अंतर $= 3 - 3 = 0$

विभिन्न चतुर्थांशों में निर्देशांकों के चिह्न
(Signs of Coordinate in Different Quadrant)

चतुर्थांश में स्थित किसी बिंदु के निर्देशांक को चिंहित करने के लिये निर्धारित नियमों का उपयोग करना चाहिए जोकि निम्न प्रकार से हैं :

- यदि कोई बिंदु प्रथम चतुर्थांश में स्थित है, तब बिंदु (+, +) के रूप का होगा क्योंकि प्रथम चतुर्थांश धनात्मक X-अक्ष तथा धनात्मक Y-अक्ष से परिबद्ध होता है।
- यदि कोई बिंदु द्वितीय चतुर्थांश में स्थित है तब बिंदु (–, +) के रूप में होगा क्योंकि द्वितीय चतुर्थांश ऋणात्मक X-अक्ष तथा धनात्मक Y-अक्ष से परिबद्ध होता है।
- यदि कोई बिंदु तृतीय चतुर्थांश में स्थित है तब बिंदु (–, –) के रूप में होगा क्योंकि तृतीय चतुर्थांश ऋणात्मक X-अक्ष और ऋणात्मक Y-अक्ष से परिबद्ध होता है।
- यदि कोई बिंदु चतुर्थ चतुर्थांश में स्थित है तब बिंदु (+, –) के रूप में होगा क्योंकि चतुर्थ चतुर्थांश धनात्मक X-अक्ष और ऋणात्मक Y-अक्ष से परिबद्ध होता है।

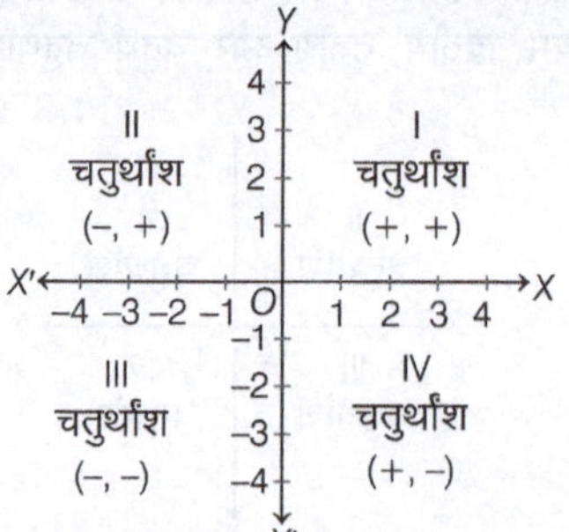

विभिन्न चतुर्थांशों में स्थित बिंदुओं के निर्देशांकों के चिह्नों को निम्न सारणी द्वारा समझा जा सकता है

क्षेत्र	चतुर्थांश	X-अक्ष तथा Y-अक्ष की प्रकृति	x-निर्देशांक के चिह्न	y-निर्देशांक के चिह्न	बिंदु के निर्देशांक
XOY	प्रथम	$x > 0, y > 0$	+	+	(+, +)
$X'OY$	द्वितीय	$x < 0, y > 0$	–	+	(–, +)
$X'OY'$	तृतीय	$x < 0, y < 0$	–	–	(–, –)
XOY'	चतुर्थ	$x > 0, y < 0$	+	–	(+, –)

उदाहरण 6 दिए गए ग्राफ में स्थित बिंदुओं के निर्देशांक ज्ञात कीजिए।

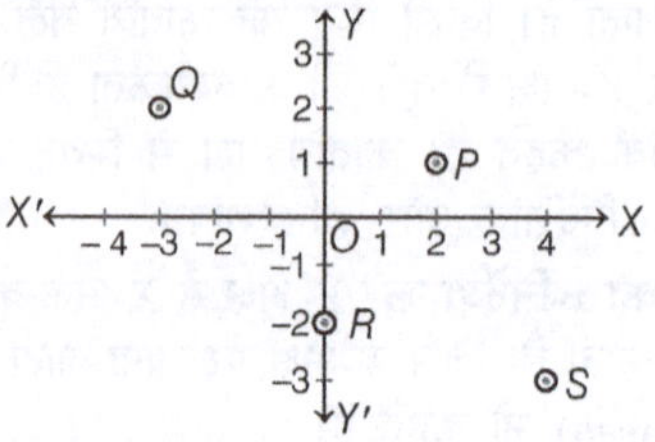

हल यहाँ, ग्राफ में स्थित बिंदु P, Q, R तथा S हैं। अब, X-अक्ष तथा Y-अक्ष पर स्थित बिंदुओं P, Q, R तथा S से लंबवत् रेखाएँ खींचते हैं।

बिंदु P, Y-अक्ष से 2 इकाई दूरी पर स्थित है और X-अक्ष से 1 इकाई दूरी पर स्थित है।

बिंदु P प्रथम चतुर्थांश में स्थित है।

$\therefore$ बिंदु P के निर्देशांक (2, 1) है।

बिंदु Q, Y-अक्ष से 3 इकाई दूरी और X-अक्ष से 2 इकाई दूरी पर स्थित हैं।

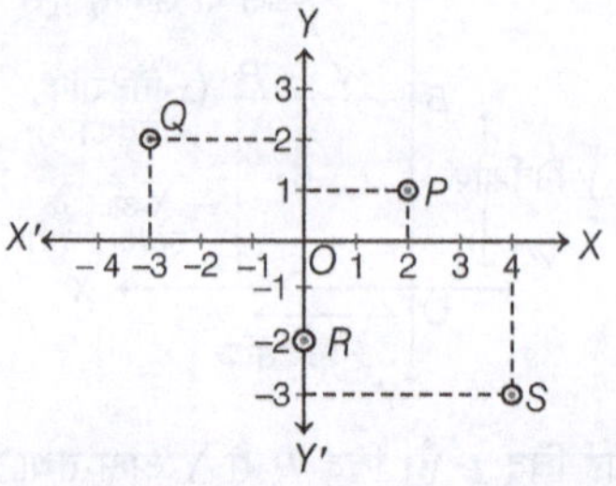

बिंदु Q द्वितीय चतुर्थांश में स्थित है।

∴ बिंदु Q के निर्देशांक (–3, 2) है।

बिंदु R, Y-अक्ष से 0 इकाई दूरी पर स्थित है और X-अक्ष से 2 इकाई दूरी पर स्थित है। बिंदु R, Y-अक्ष से ऋणात्मक दिशा में स्थित है।

∴ बिंदु R के निर्देशांक (0, – 2) हैं।

बिंदु S, Y-अक्ष से 4 इकाई दूरी पर और X-अक्ष से 3 इकाई दूरी पर स्थित हैं। बिंदु S चतुर्थ चतुर्थांश में हैं।

∴ बिंदु S के निर्देशांक (4, – 3) है।

उदाहरण 7 दी गई आकृति में, बिंदु O, रेखा OA तथा OB का प्रतिच्छेदी बिंदु है तथा 2 इकाई भुजा का एक वर्ग $OABC$ है। तब बिंदुओं A, B और C की स्थिति ज्ञात कीजिए।

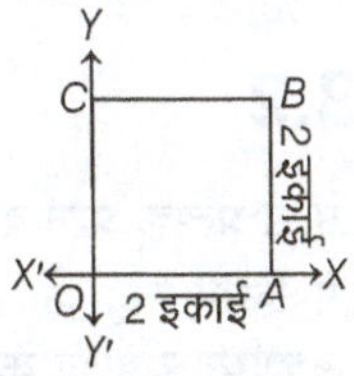

हल यहाँ, स्थिति का तात्पर्य बिंदु के निर्देशांक से है।

बिंदु A धनात्मक X-अक्ष पर x इकाई दूरी, प्रतिच्छेदी बिंदु O से 2 इकाई दूरी पर स्थित, अतः इसकी स्थिति (2, 0) होगी। बिंदु B प्रथम चतुर्थांश में है और दोनों अक्षों से 2 इकाई दूरी पर स्थित, अतः स्थिति (2, 2) होगी और बिंदु C, धनात्मक Y-अक्ष पर प्रतिच्छेदी बिंदु O से 2 इकाई दूरी पर स्थित है, अतः इसके स्थिति बिंदु (0, 2) होंगे।

उदाहरण 8 निम्नलिखित बिंदु किस चतुर्थांश अथवा किस अक्ष पर स्थित है? (–3, 5), (4, – 1), (2, 0), (2, 2), (–3, –6)

हल (i) बिंदु (–3, 5) के लिए, यहाँ x-निर्देशांक ऋणात्मक है और y-निर्देशांक धनात्मक है। अतः यह द्वितीय चतुर्थांश में स्थित है।

(ii) बिंदु (4, – 1) के लिए, x-निर्देशांक धनात्मक और y-निर्देशांक ऋणात्मक हैं, अतः यह चतुर्थ चतुर्थांश में स्थित है।

(iii) बिंदु (2, 0) के लिए, x-निर्देशांक धनात्मक और y-निर्देशांक शून्य है। अतः यह X-अक्ष पर स्थित है।

(iv) बिंदु (2, 2) के लिए, x-निर्देशांक और y-निर्देशांक दोनों धनात्मक हैं। अतः यह प्रथम चतुर्थांश में स्थित है।

(v) बिंदु (–3, – 6) के लिए,
x-निर्देशांक तथा y-निर्देशांक दोनों ऋणात्मक हैं। अतः तृतीय चतुर्थांश में हैं।

उदाहरण 9 निम्नलिखित आकृति देखकर बिंदु P, Q, R तथा S के लिए लिखिए

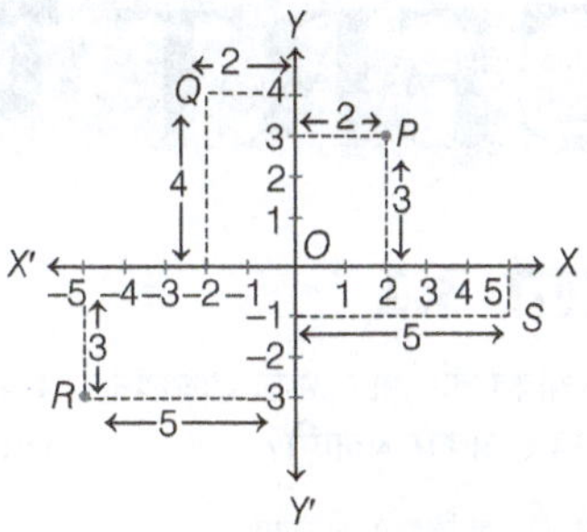

(i) भुज (ii) कोटि

(iii) निर्देशांक (iv) चतुर्थांश जिसमें वह बिंदु स्थित है।

हल बिंदु P के लिए

(i) बिंदु का भुज = 2

(ii) बिंदु की कोटि = 3

(iii) बिंदु के निर्देशांक = (2, 3)

(iv) बिंदु (2, 3) प्रथम चतुर्थांश में स्थित है।

बिंदु Q के लिए

(i) बिंदु का भुज = –2

(ii) बिंदु की कोटि = 4

(iii) बिंदु के निर्देशांक = (–2, 4)

(iv) बिंदु (–2, 4) द्वितीय चतुर्थांश में स्थित है।

बिंदु R के लिए

(i) बिंदु का भुज = –5

(ii) बिंदु की कोटि = –3

(iii) बिंदु के निर्देशांक = (–5, – 3)

(iv) बिंदु (–5, – 3) तृतीय चतुर्थांश में स्थित है।

बिंदु S के लिए

(i) बिंदु का भुज = 5

(ii) बिंदु की कोटि = –1

(iii) बिंदु के निर्देशांक = (5, – 1)

(iv) बिंदु (5, – 1) चतुर्थ चतुर्थांश में है।

NCERT फोल्डर

प्रश्नावली 3.1

1. एक अन्य व्यक्ति को आप अपने अध्ययन मेज पर रखें टेबल लैम्प की स्थिति किस प्रकार बताएँगे? **[NCERT Exemplar]**

हल हम टेबल लैंप की एक बिंदु A की तरह तथा टेबल की एक तल की तरह कल्पना करते हैं। टेबल के किन्ही दो लंबवत् किनारों को लेते हैं, माना वे किनारे OX तथा OY हैं। बड़े किनारे OX से टेबल लैंप A की दूरी मापते हैं, माना यह दूरी 25 सेमी है। पुनः छोटे किनारे OY से टेबल लैंप A की दूरी मापते हैं, माना यह दूरी 15 सेमी है। इस प्रकार, किनारों OX तथा OY से टेबल लैंप की स्थिति (15, 25) है।

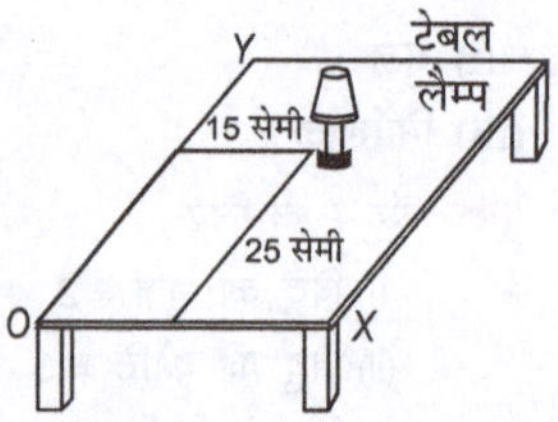

2. सड़क योजना एक नगर में दो मुख्य सड़कें हैं जो नगर के केंद्र पर मिलती हैं। ये दोनों सड़कें उत्तर-दक्षिण की दिशा और पूर्व-पश्चिम की दिशा में हैं। नगर की अन्य सभी सड़कें इन मुख्य सड़कों के समांतर परस्पर 200 मी की दूरी पर हैं। प्रत्येक दिशा में लगभग पाँच सड़कें हैं। 1 सेमी = 200 मी का पैमाना लेकर अपनी नोट बुक में नगर का एक मॉडल बनाइए। सड़कों को एकल रेखाओं से निरूपित कीजिए।

आपके मॉडल में एक-दूसरे को काटती हुई अनेक क्रॉस-स्ट्रीट (चौराहे) हो सकती हैं। एक विशेष क्रॉस-स्ट्रीट दो सड़कों से बनी हैं जिनमें से एक उत्तर-दक्षिण दिशा में जाती है और दूसरी पूर्व-पश्चिम की दिशा में। प्रत्येक क्रॉस-स्ट्रीट का निर्देशन इस प्रकार किया जाता है कि यदि दूसरी सड़क उत्तर-दक्षिण दिशा में जाती है और पाँचवीं सड़क पूर्व-पश्चिम दिशा में जाती है और ये एक क्रॉसिंग पर मिलती हैं, तब इसे हम क्रॉस-स्ट्रीट (2, 5) कहेंगे। इसी परंपरा से यह ज्ञात कीजिए कि

(i) कितनी क्रॉस-स्ट्रीटों को (4, 3) माना जा सकता है?

(ii) कितनी क्रॉस-स्ट्रीटों को (3, 4) माना जा सकता है?

हल सड़क योजना को निम्नलिखित चित्र द्वारा दर्शाया गया है

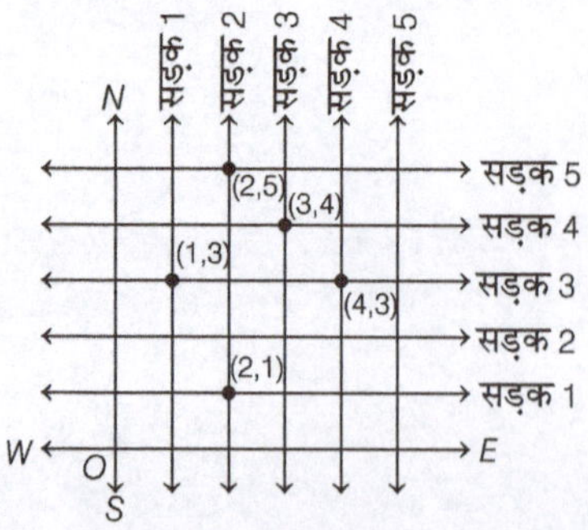

(i) यहाँ पर केवल एक ही क्रॉस-स्ट्रीट है जिसको (4, 3) माना जा सकता है।

(ii) यहाँ पर केवल एक ही क्रॉस-स्ट्रीट है जिसको (3, 4) माना जा सकता है।

प्रश्नावली 3.2

1. निम्नलिखित प्रश्नों में से प्रत्येक प्रश्न का उत्तर दीजिए।

(i) कार्तीय तल में किसी बिंदु की स्थिति निर्धारित करने वाली क्षैतिज और ऊर्ध्वाधर रेखाओं के क्या नाम हैं?

(ii) इन दोनों रेखाओं से बने तल के प्रत्येक भाग के नाम बताइए।

(iii) उस बिंदु का नाम बताइए, जहाँ ये दो रेखाएँ प्रतिच्छेदित होती हैं।

हल (i) क्षैतिज रेखा को X-अक्ष तथा ऊर्ध्वाधर रेखा को Y-अक्ष कहा जाता है।

(ii) क्षैतिज तथा ऊर्ध्वाधर रेखाओं द्वारा बने तल के प्रत्येक भाग को चतुर्थांश कहा जाता है।

(iii) क्षैतिज तथा ऊर्ध्वाधर रेखाएँ मूलबिंदु पर प्रतिच्छेदित होती हैं।

2. निम्नलिखित आकृति देखकर, निम्नलिखित को लिखिए।

(i) B के निर्देशांक

(ii) C के निर्देशांक

(iii) निर्देशांक (−3, −5) द्वारा पहचाना गया बिंदु

(iv) निर्देशांक (2, −4) द्वारा पहचाना गया बिंदु

(v) D का भुज

(vi) बिंदु H की कोटि

(vii) बिंदु L के निर्देशांक

(viii) बिंदु M के निर्देशांक

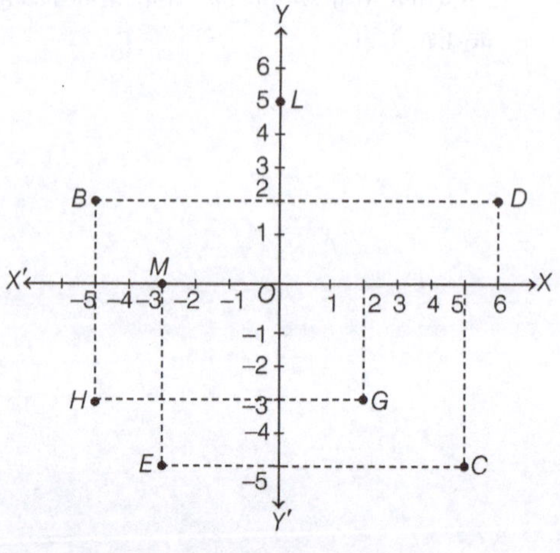

हल (i) बिंदु B, Y-अक्ष से ऋणात्मक X-अक्ष की दिशा में 5 इकाई दूरी पर स्थित है और X-अक्ष से धनात्मक Y-अक्ष की दिशा में 2 इकाई दूरी पर स्थित है। अतः बिंदु P के निर्देशांक $(-5, 2)$ है।

(ii) भाग (i) की भाँति स्वयं हल करें। **उत्तर** $(5, -5)$

(iii) बिंदु E, जो कि Y-अक्ष से ऋणात्मक X-अक्ष के अनुदिश 3 इकाई दूरी पर है और X-अक्ष से ऋणात्मक Y-अक्ष के अनुदिश 5 इकाई दूरी पर है।

(iv) भाग (iii) की भाँति स्वयं हल करें। **उत्तर** G

(v) बिंदु D, Y-अक्ष से धनात्मक X-अक्ष के अनुदिश 6 इकाई दूरी पर है। इस प्रकार भुज 6 है।

(vi) बिंदु H, X-अक्ष से, ऋणात्मक Y-अक्ष के अनुदिश 3 इकाई दूरी पर है। इस प्रकार इसकी कोटि -3 है।

(vii) भाग (i) की भाँति स्वयं हल करें। **उत्तर** $(0, 5)$

(viii) भाग (i) की भाँति स्वयं हल करें। **उत्तर** $(-3, 0)$

अध्याय : एक नजर में

- *कार्तीय पद्धति में, दो परस्पर लंबवत् रेखाएँ XX' (क्षैतिज रेखा) एवं YY' (लंबवत् रेखा) हैं जो परस्पर एक-दूसरे को मूलबिंदु पर परिच्छेद करती हैं।*
- *Y-अक्ष से किसी बिंदु की दूरी, x का निर्देशांक (या भुज) और X-अक्ष से किसी बिंदु की दूरी, y का निर्देशांक (या कोटि) कहलाती है।*
- *भुज और कोटि के युग्म को बिंदु का निर्देशांक कहते हैं।*
- *Y-अक्ष पर, X-अक्ष का कोई भी बिंदु शून्य और X-अक्ष पर, Y-अक्ष का कोई भी बिंदु शून्य होता है।*
- *अक्ष का तल चार चतुर्थांशों में बँटा होता है*
  - *(i) पहले चतुर्थांश में $x > 0, y > 0$ अर्थात् $(+, +)$*
  - *(ii) दूसरे चतुर्थांश में $x < 0, y > 0$ अर्थात् $(-, +)$*
  - *(iii) तीसरे चतुर्थांश में $x < 0, y < 0$ अर्थात् $(-, -)$*
  - *(iv) चतुर्थ चतुर्थांश में $x > 0, y < 0$ अर्थात् $(+, -)$*

परीक्षा अभ्यास

बहुविकल्पीय प्रश्न

1. बिंदु (–5, 8) स्थित है **[NCERT Exemplar]**

(a) प्रथम चतुर्थांश में (b) द्वितीय चतुर्थांश में
(c) तृतीय चतुर्थांश में (d) चतुर्थ चतुर्थांश में

2. एक बिंदु तृतीय चतुर्थांश में स्थित है। उसकी X-अक्ष तथा Y-अक्ष से दूरी क्रमशः 2 तथा 3 इकाई है, उस बिंदु के निर्देशांक होंगे **[NCERT Exemplar]**

(a) (3, 2) (b) (–3, – 2)
(c) (4, 3) (d) (3, 4)

3. बिंदुओं $P(0, 3), Q(1, 0), R(0, -1), S(-5, 0)$ और $T(1, 2)$ में से कौन-कौन-से बिंदु X-अक्ष पर स्थित नहीं हैं? **[NCERT Exemplar]**

(a) P और R (b) Q और S
(c) P, R और T (d) Q, S और T

4. निम्नलिखित आकृति में P के निर्देशांक हैं

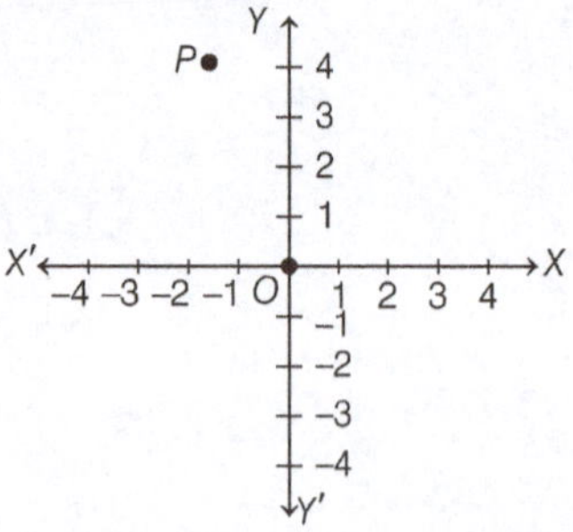

[NCERT Exemplar]

(a) (–4, 2) (b) (–2, 4) (c) (4, – 2) (d) (2, – 4)

कथन-कारण प्रश्न

***निर्देश** (प्र. सं. 5-9) में एक कथन (A) तथा उसके नीचे कथन का कारण (R) दिया गया है। इन्हें ध्यानपूर्वक पढ़िए और इनके आधार पर निम्नलिखित में से उचित उत्तर का चयन कीजिए।*

(a) कथन (A) और कारण (R) दोनों सत्य हैं तथा कारण (R) कथन (A) की सही व्याख्या है।
(b) कथन (A) और कारण (R) दोनों सत्य हैं, परन्तु कारण (R) कथन (A) की सही व्याख्या नहीं है।
(c) यदि कथन (A) सही है, परन्तु कारण (R) गलत है।
(d) यदि कथन (A) गलत है, परन्तु कारण (R) सही है।

5. कथन (A) बिन्दु $(-3, 8)$ और $(8, -3)$ कार्तीय तल में विभिन्न स्थितियों पर हैं।

कारण (R) यदि $x \neq y$, तब कार्तीय तल में बिन्दु (x, y) की स्थिति बिन्दु (y, x) की स्थिति से अलग होती है।

6. कथन (A) बिन्दु $(-6, 0)$ Y-अक्ष पर तथा बिन्दु $(0, -7)$ X-अक्ष पर स्थित है।

कारण (R) X-अक्ष पर स्थित प्रत्येक बिन्दु की X-अक्ष से दूरी शून्य होती है तथा Y-अक्ष पर स्थित प्रत्येक बिन्दु की Y-अक्ष से दूरी शून्य होती है।

7. कथन (A) निम्नलिखित ग्राफ में, P और Q बिन्दुओं के निर्देशांक $P(2,2)$ और $Q(-3, -2)$ हैं।

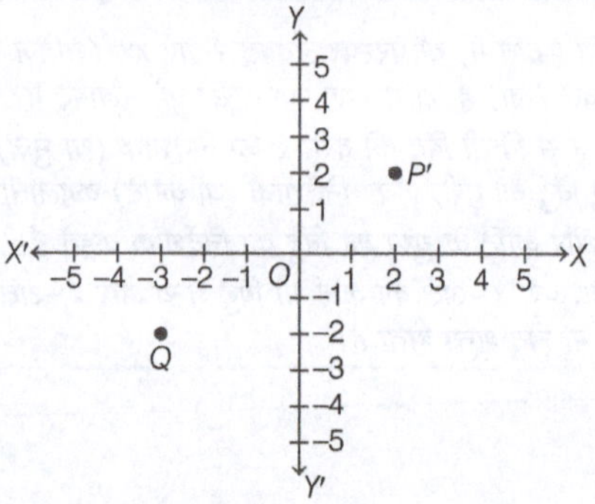

कारण (R) निर्देशांक अक्षों से किसी बिन्दु से लम्बवत् रेखाएँ खींचकर बिन्दु के निर्देशांक ज्ञात कर सकते हैं।

8. कथन (A) बिन्दु $(-3, 4)$ और $(4, -3)$ क्रमशः द्वितीय और चतुर्थ चतुर्थांश में स्थित है।

कारण (R) द्वितीय और चतुर्थ चतुर्थांश के बिन्दुओं के चिह्न क्रमश (+, –) और (–, +) के रूप का होता है।

9. कथन (A) बिन्दु $(4, 7)$ का भुज 4 तथा कोटि 7 है।

कारण (R) किसी बिन्दु के x-निर्देशांक को उस बिन्दु का भुज और y-निर्देशांक को उस बिन्दु की कोटि कहते हैं।

अतिलघु उत्तरीय प्रश्न

10. X-अक्ष और Y-अक्ष पर बिंदुओं की अधिकतम संख्या ज्ञात करो।

11. उस बिंदु के निर्देशांक लिखिए जो X-अक्ष पर मूलबिंदु से 6 इकाई दूरी पर धनात्मक X-अक्ष की दिशा में स्थित है।

12. यदि किसी बिंदु P की X-अक्ष से लांबिक दूरी 5 मात्रक हो तथा इस लंब का पाद X-अक्ष की ऋणात्मक दिशा पर स्थित हो, तो बिंदु P के निर्देशांक ज्ञात कीजिए। **[NCERT Exemplar]**

13. दिए गए बिंदु किस चतुर्थांश में स्थित हैं? ज्ञात कीजिए।

(i) (4, –2) (ii) (–3, 7)
(iii) (–1, –2) (iv) (3, 6)

14. उस बिंदु के निर्देशांक ज्ञात कीजिए जहाँ दोनों अक्ष मिलते हैं।

15. बिंदु (3, 0) और (0, 4) किस अक्ष पर स्थित है? **[NCERT Exemplar]**

16. बिंदु $S(-3, 6)$ की Y-अक्ष से दूरी ज्ञात कीजिए।

17. यदि दो बिंदुओं के निर्देशांक $P(-2, 3)$ और $Q(-3, 5)$ है, तब (P का भुज) − (Q का भुज) का मान ज्ञात कीजिए।

18. बिंदु (6, 4) की X-अक्ष से लांबिक दूरी ज्ञात कीजिए।

19. Y-अक्ष पर स्थित वह बिंदु जो X-अक्ष से 3 इकाई की दूरी पर स्थित है, के निर्देशांक ज्ञात कीजिए।

20. निम्नलिखित आकृति में बिंदु (−5, 3), किस बिंदु का निर्देशांक है?

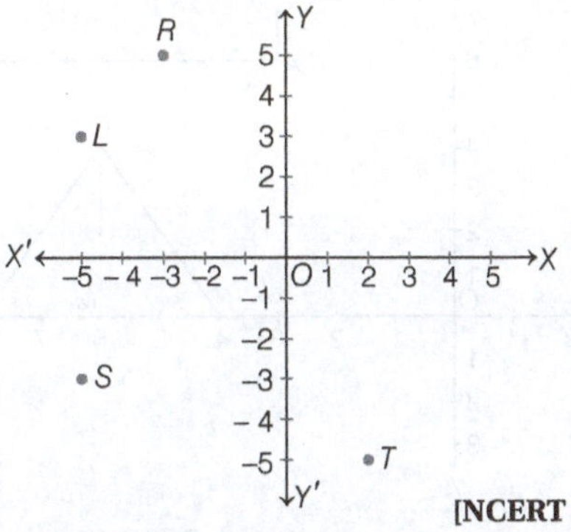

[NCERT Exemplar]

21. उस बिंदु के निर्देशांक लिखिए जो Y-अक्ष पर मूलबिंदु से 4 इकाई दूरी पर ऋणात्मक Y-अक्ष की दिशा में स्थित है।

22. यदि $(x+2, 4) = (5, y-2)$, तो निर्देशांक (x, y) के मान ज्ञात कीजिए।

23. यदि $(4, y+3) = (x-3, -5)$, तो बिंदु जिसके निर्देशांक (x, y) हैं, किस चतुर्थांश में स्थित है?

24. दो बिंदु जिनके निर्देशांक क्रमशः (5,−3) और (5, 7) हैं और रेखा पर स्थित हैं, किस अक्ष के समांतर है?

25. निम्नलिखित आकृति में, बिंदु (−3,−3) के निर्देशांक ज्ञात कीजिए।

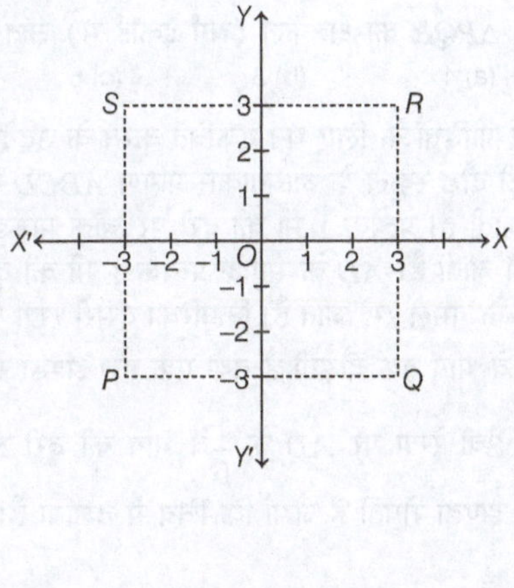

लघु उत्तरीय प्रश्न

26. निम्नलिखित आकृति से बिंदु P, Q, R, S, T, Q और O के निर्देशांक ज्ञात करो

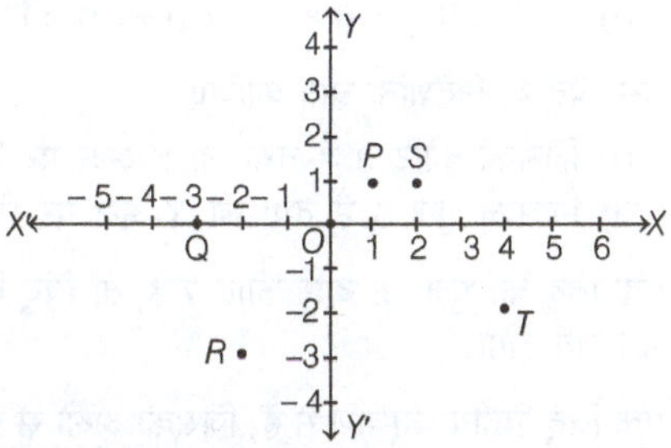

27. दी गई आकृति में, बिंदु O केंद्र वाले वृत्त की त्रिज्या 3 इकाई है। यदि बिंदु O मूलबिंदु पर स्थित है, तब वृत्त पर स्थित बिंदु B के निर्देशांक ज्ञात कीजिए।

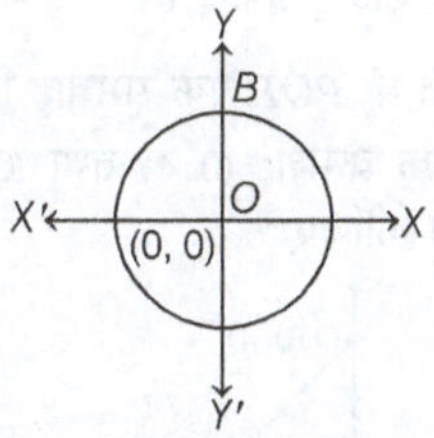

28. एक बिंदु Y-अक्ष से 5 इकाई दूरी पर X-अक्ष पर स्थित है। इसके निर्देशांक क्या होंगे। यदि वह बिंदु X-अक्ष से ऋणात्मक दिशा में 5 इकाई दूरी पर, Y-अक्ष पर स्थित हो तब इसके क्या निर्देशांक होंगे?

29. दिए गए चित्र को देखिए तथा ज्ञात कीजिए

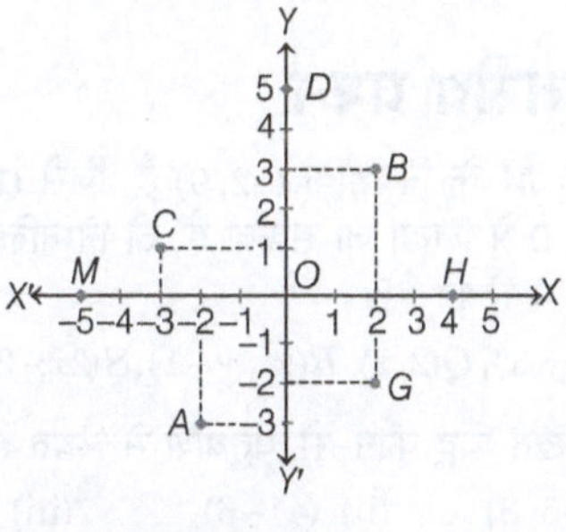

(i) बिंदु B के निर्देशांक

(ii) वह बिंदु जिसके निर्देशांक (−2, −3) है।

(iii) बिंदु D का भुज

(iv) बिंदु M की कोटि

(v) वह बिंदु जिसके समान भुज है।

(vi) वह बिंदु जिसकी समान कोटि है।

30. वह बिंदु किस चतुर्थांश में स्थित होगा, जिसके दोनों निर्देशांक ऋणात्मक हैं? **[NCERT Exemplar]**

31. X-अक्ष पर स्थित दो बिंदुओं और Y-अक्ष पर स्थित दो बिंदुओं के निर्देशांक ज्ञात कीजिए जो मूलबिंदु से समान दूरी पर हैं।

32. उस चतुर्थांश का नाम बताइए जिसमें आलेख के बिंदु $P(x, y)$ स्थित है, जब

(i) $x>0$ और $y>0$ (ii) $x<0$ और $y<0$

33. उस बिंदु के निर्देशांक ज्ञात कीजिए

(i) जिसकी कोटि 3 है तथा जो Y-अक्ष पर स्थित है।

(ii) जिसकी भुज 5 है तथा जो X-अक्ष पर स्थित है।

34. एक बिंदु का भुज –5 और कोटि 7 है, तो बिंदु किस चतुर्थांश में स्थित होगा?

35. एक बिंदु द्वितीय चतुर्थांश में हैं, जिसकी अक्षों से दूरियाँ क्रमश: 4 इकाई और 5 इकाई हैं। इस बिंदु के निर्देशांक ज्ञात कीजिए।

36. तृतीय चतुर्थांश में स्थित आयत के शीर्ष के निर्देशांक ज्ञात कीजिए, जहाँ कार्तीय तल में X-अक्ष पर लंबाई p इकाई और Y-अक्ष पर चौड़ाई q इकाई है।

37. दी गई आकृति में, PQR एक समबाहु त्रिभुज है जिसमें Q तथा R के निर्देशांक क्रमश: $(0, 4)$ तथा $(0, -4)$ हैं। शीर्ष P के निर्देशांक ज्ञात कीजिए।

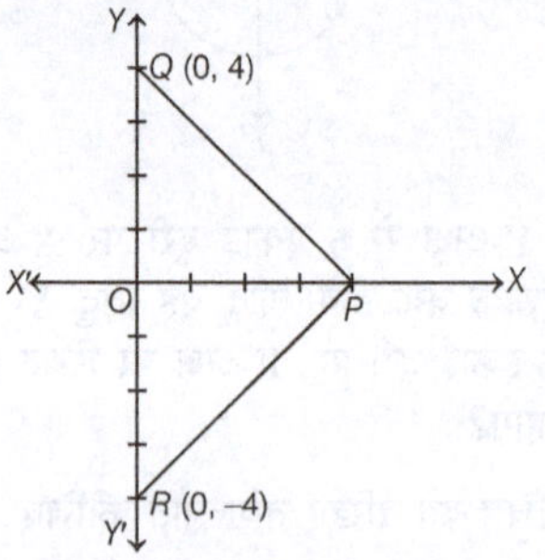

दीर्घ उत्तरीय प्रश्न

38. यदि बिंदु M के निर्देशांक $(-2, 9)$ है, जिसे $(1+x, y^2)$ तथा $y>0$ में लिखा जा सकता है, तो निम्नलिखित बिंदु किस चतुर्थांश में स्थित है?

$$P(y, x), Q(2, x), R(x^2, y-1), S(2x, -3y)$$

39. निम्नलिखित बिंदु कौन-से चतुर्थांश में स्थित हैं?

(i) $(-5, 3)$ (ii) $(4, -6)$ (iii) $(-3, 2)$

(iv) $(5, 4)$ (v) $(-4, -2)$ (vi) $(1, -3)$

(vii) $(-2, 4)$ (viii) $(3, 5)$ (ix) $(-3, -5)$

40. कार्तीय तल पर, उन चार बिंदुओं के निर्देशांक ज्ञात कीजिए जो मूलबिंदु से 5 इकाई दूरी पर स्थित है।

41. एक पुलिस और एक चोर दोनों ज्वैलरी बॉक्स से समान दूरी पर स्थित हैं। माना यदि ज्वैलरी बॉक्स मूलबिंदु है तथा पुलिस की स्थिति के निर्देशांक $(0, 5)$ है और चोर की स्थिति के निर्देशांक की कोटि शून्य (0) है, तब चोर की स्थिति ज्ञात कीजिए।

केस स्टडी आधारित प्रश्न

42. DPS विद्यालय कमजोर वर्ग की छात्राओं को नि:शुल्क शिक्षा प्रदान करता है। स्थानीय निकाय दी गई आकृति अनुसार आयताकार प्लॉट $ABCD$ पर DPS विद्यालय खोलना चाहता है, जोकि सोहन लाल नामक व्यक्ति की जमीन है। वह चित्र में दर्शाए अनुसार इस प्लॉट को त्रिभुजाकार प्लॉट PQR से परिवर्तित करना चाहता है।

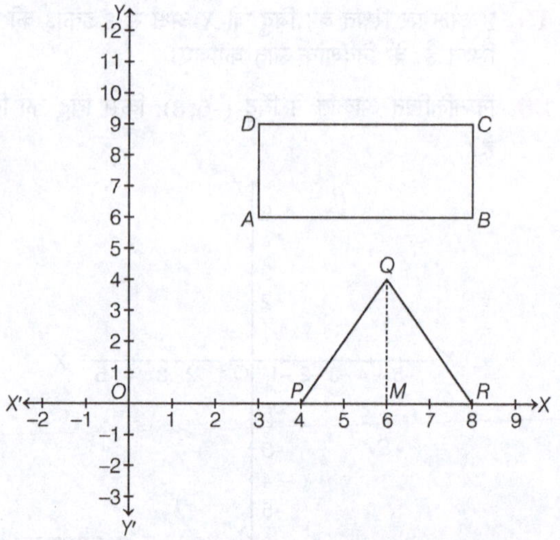

उपरोक्त सूचना के आधार पर, निम्नलिखित प्रश्नों के उत्तर दीजिए।

(i) बिन्दु C के निर्देशांक हैं

(a) (9, 8) (b) (8, 9)
(c) (7, 8) (d) (8, 7)

(ii) बिन्दु A के निर्देशांक हैं

(a) (6, 3) (b) (3, 6)
(c) (5, 3) (d) (3, 5)

(iii) बिन्द O के निर्देशांक हैं

(a) (4, 5) (b) (3, 6) (c) (6, 4) (d) (4, 6)

(iv) आयत $ABCD$ का क्षेत्रफल (वर्ग इकाई में) ज्ञात कीजिए।

(a) 15 (b) 10 (c) 8 (d) 12

(v) ΔPQR का क्षेत्रफल (वर्ग इकाई में) ज्ञात कीजिए।

(a) 4 (b) 8 (c) 6 (d) 10

43. कैंसर पीड़ितों के लिए धन एकत्रित करने के उद्देश्य हेतु एक चैरिटी दौड़ स्कूल के आयताकार प्रांगण $ABCD$ में आयोजित की जाती है। प्रत्येक 1 मी की दूरी पर चॉक पाउडर से रेखाएँ खींची जाती हैं। AD के सापेक्ष प्रत्येक 1 मी की दूरी पर 100 पौधों के गमले रखे जाते हैं। निहारिका दूसरी रेखा पर दूरी AD के $\frac{1}{4}$वें भाग तक दौड़ती है तथा एक हरा झण्डा रोपती है एवं प्रीती 8वीं रेखा पर AD के $\frac{1}{5}$वें भाग की दूरी तक दौड़कर लाल झण्डा रोपती है जैसा कि चित्र में दर्शाया है।

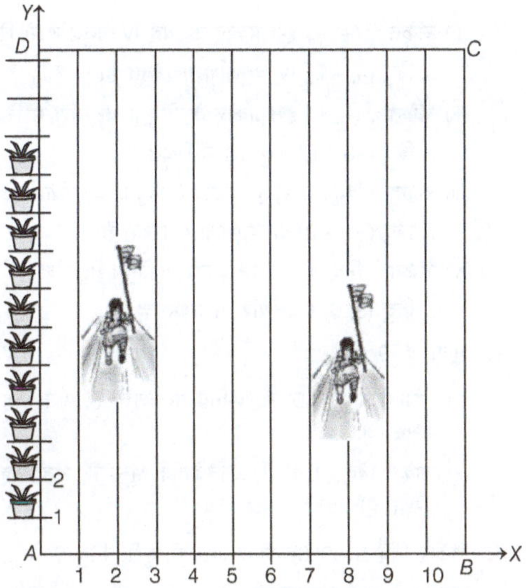

उपरोक्त सूचना के आधार पर, निम्नलिखित प्रश्नों के उत्तर दीजिए।

(i) हरे झण्डे के निर्देशांक होंगे

(a) (25, 2) (b) (2, 25)
(c) (4, 25) (d) (3, 25)

(ii) लाल झण्डे के निर्देशांक होंगे

(a) (20, 8) (b) (20, 7)
(c) (8, 20) (d) (7, 20)

(iii) हरे झण्डे के निर्देशांक किस चतुर्थांश में स्थित हैं?

(a) प्रथम चतुर्थांश (b) द्वितीय चतुर्थांश
(c) तृतीय चतुर्थांश (d) चतुर्थ चतुर्थांश

(iv) लाल झण्डे के निर्देशांक किस चतुर्थांश में स्थित है?

(a) द्वितीय चतुर्थांश (b) प्रथम चतुर्थांश
(c) तृतीय चतुर्थांश (d) चतुर्थ चतुर्थांश

(v) यदि दो बिन्दुओं के निर्देशांक A (2, 25) तथा B (8, 20) है, तब (B की भुजा) – (A की भुजा) होगी

(a) 0 (b) 3 (c) 6 (d) 8

44. एक विद्यालय ने जूनियर वर्ग (I-V कक्षा) तथा सीनियर वर्ग (VI-XII वर्ग) के लिए खेल का मैदान निर्मित करने का विचार किया। खेल का मैदान नीचे दी गई आकृति अनुसार है

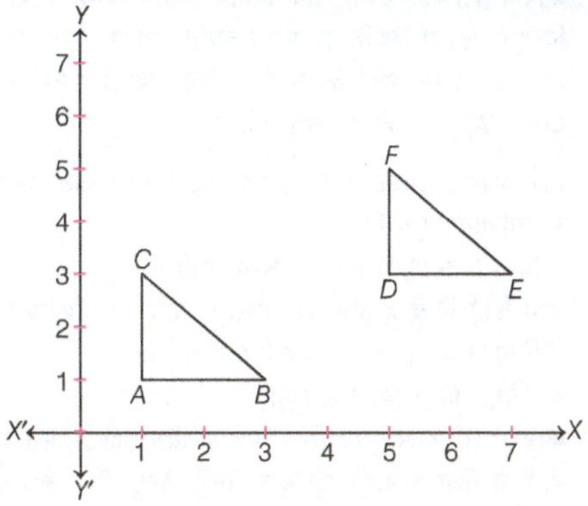

उपरोक्त सूचना के आधार पर, निम्नलिखित प्रश्नों के उत्तर दीजिए।

(i) बिन्दु A के निर्देशांक है

(a) (1, 1) (b) (2, 2)
(c) (4, 4) (d) (5, 5)

(ii) बिन्दु F के निर्देशांक है

(a) (1, 1) (b) (2, 2)
(c) (4, 4) (d) (5, 5)

(iii) खेल के मैदान ΔABC का क्षेत्रफल, A_1 बराबर है

(a) 1 वर्ग इकाई (b) 2 वर्ग इकाई
(c) 3 वर्ग इकाई (d) 4 वर्ग इकाई

(iv) खेल के मैदान ΔDEF का क्षेत्रफल, A_2 बराबर है

(a) 1 वर्ग इकाई (b) 2 वर्ग इकाई
(c) 3 वर्ग इकाई (d) 4 वर्ग इकाई

(v) निम्नलिखित में कौन-सा सही है?

(a) $A_2 > A_2$ (b) $A_1 < A_2$
(c) $A_1 = A_2$ (d) इनमें से कोई नहीं

संकेत एवं हल

1. (*b*) ∵ बिंदु (–5, 8) में x-निर्देशांक ऋणात्मक तथा y-निर्देशांक धनात्मक है।

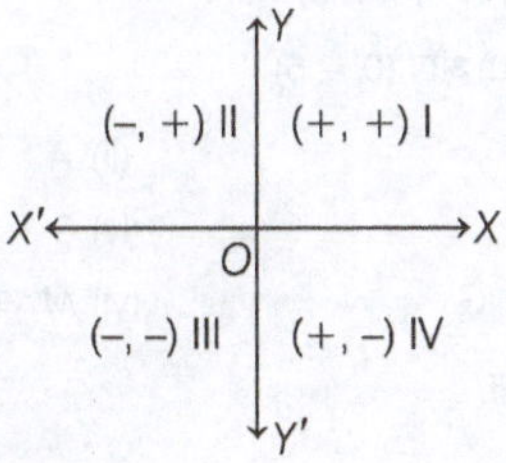

अतः यह बिंदु द्वितीय चतुर्थांश में स्थित है।

2. (*b*) यहाँ, बिंदु की X-अक्ष से दूरी = बिंदु की कोटि
= 2

तथा Y-अक्ष से दूरी = बिंदु का भुज = 3

∵ बिंदु तृतीय चतुर्थांश में स्थित है।

अतः निर्देशांक = (– भुज, – कोटि)
= (–3, – 2)

3. (*b*) हम जानते हैं कि बिंदु, जिसकी कोटि शून्य होती है, वह X-अक्ष पर स्थित नहीं होता।

4. (*b*) चूँकि दिया गया बिंदु P द्वितीय चतुर्थांश में स्थित है, अतः इसका भुज ऋणात्मक तथा कोटि धनात्मक होगी।

5. (*b*) **कथन** (A) बिन्दु $(-3, 8)$ और $(8, -3)$ विभिन्न स्थितियों में हैं, क्योंकि ये बिन्दु क्रमशः द्वितीय और चतुर्थ चतुर्थांश में हैं।
इसलिए, कथन (A) सही है।
कारण (R) यदि $x \neq y$, तब कार्तीय तल में बिन्दु (x, y) की स्थिति बिन्दु (y, x) से स्थिति से अलग होगी। इसलिए, कारण (R) सही है।
अतः कथन (A) और कारण (R) दोनों सही हैं, परन्तु कारण (R) कथन (A) की सही व्याख्या नहीं है।

6. (*d*) **कथन** (A) हम जानते हैं कि कोई बिन्दु Y-अक्ष पर स्थित है, यदि x-निर्देशांक शून्य है।
$\therefore$ बिन्दु $(-6, 0)$, Y-अक्ष पर स्थित नहीं है।
तथा कोई बिन्दु X-अक्ष पर स्थित है यदि y-निर्देशांक शून्य है।
$\therefore$ बिन्दु $(0, -7)$, X-अक्ष पर स्थित नहीं है।
इसलिए, कथन (A) गलत है।
कारण (R) X-अक्ष पर स्थित प्रत्येक बिन्दु की X-अक्ष से दूरी शून्य होती है तथा Y-अक्ष पर स्थित किसी बिन्दु की Y-अक्ष से दूरी शून्य होती है। इसलिए, कारण (R) सही है।
अतः कथन (A) गलत है, परन्तु कारण (R) सही है।

7. (*a*) **कथन** (A) दिए गए ग्राफ से $P(2, 2)$ और $Q(-3, -2)$ है।
इसलिए कथन (A) सही है।
कारण (R) निर्देशांक अक्षों से किसी बिन्दु पर लम्बवत् रेखाएँ खीचंकर उस बिन्दु के निर्देशांक ज्ञात कर सकते हैं। इसलिए, कारण (R) सही है।
अतः कथन (A) और कारण (R) दोनों सही हैं तथा कारण (R) कथन (A) की सही व्याख्या है।

8. (*c*) **कथन** (A) बिन्दु $(-3, 4)$ और $(4, -3)$ क्रमशः $(-, +)$ और $(+, -)$ के रूप में है। इसलिए ये बिन्दु क्रमशः द्वितीय और चतुर्थ चतुर्थांश में स्थित होंगें।
अतः कथन (A) सही है।
कारण (R) द्वितीय और चतुर्थ चतुर्थांश के चिन्ह $(-, +)$ और $(+, -)$ के रूप में होते हैं। इसलिए, कारण (R) गलत है।
अतः कथन (A) सही है, परन्तु कारण (R) गलत है।

9. (a) **कथन** (A) हम जानते हैं कि किसी बिन्दु का x-निर्देशांक उसका भुज और y-निर्देशांक उसकी कोटि होता है।
$\therefore (4, 7)$ का भुज $= 4$, कोटि $= 7$
इसलिए, कथन (A) सही है।
कारण (R) कारण (R) सही है।
अतः कथन (A) और कारण (R) दोनों सत्य हैं तथा कारण (R) कथन (A) की सही व्याख्या है।

10. X-अक्ष और Y-अक्ष पर बिंदुओं की संख्या अनंत है।

11. **संकेत** हम जानते हैं कि X-अक्ष पर किसी बिंदु के निर्देशांक $(x, 0)$ होते हैं।
$\therefore$ धनात्मक X-अक्ष पर मूलबिंदु से 6 इकाई दूरी पर स्थित बिंदु का निर्देशांक $(6, 0)$ होगा।

12. **संकेत** हम जानते हैं कि बिंदु की X-अक्ष से लंबवत् दूरी उस बिंदु का y-निर्देशांक देती है। यहाँ लंब का पाद X-अक्ष की ऋणात्मक दिशा में स्थित है, इसलिए बिंदु या तो II या III चतुर्थांश में स्थित है। अतः बिंदु P के निर्देशांक 5 और -5 हैं।

13. (i) **संकेत** $\because (+, -)$ इस प्रकार के बिंदु IV चतुर्थांश में स्थित होते हैं।
$\therefore$ बिंदु $(4, -2)$, IV चतुर्थांश में स्थित है।
(ii) **संकेत** $\because (-, +)$ इस प्रकार के बिंदु II चतुर्थांश में स्थित होते हैं।
$\therefore$ बिंदु $(-3, 7)$ II चतुर्थांश में स्थित है।
(iii) **संकेत** $\because$ बिंदु $(-, -)$ इस प्रकार के बिंदु III चतुर्थांश में स्थित होते हैं।
$\therefore$ बिंदु $(-1, -2)$ III चतुर्थांश में स्थित है।
(iv) **संकेत** $\because$ बिंदु $(+, +)$ इस प्रकार के बिंदु I चतुर्थांश में स्थित होते हैं।
$\therefore$ बिंदु $(3, 6)$ I चतुर्थांश में स्थित है।

14. मूलबिंदु $(0, 0)$

15. (i) **संकेत** बिंदु $(3, 0)$ में, y-निर्देशांक शून्य है, अतः यह X-अक्ष पर स्थित है।
(ii) **संकेत** बिंदु $(0, 4)$ में, x-निर्देशांक शून्य है, अतः यह Y-अक्ष पर स्थित है।

16. **संकेत** बिंदु $S(-3, 6)$ की Y-अक्ष से दूरी, बिंदु S के x-निर्देशांक के बराबर है अर्थात् 3 इकाई।

17. **संकेत** P का भुज $- Q$ का भुज $= -2 - (-3) = -2 + 3 = 1$

18. प्रश्न 16 की भाँति स्वयं हल करें। **उत्तर** 4 इकाई

19. उदाहरण 3 की भाँति स्वयं हल करें। **उत्तर** $(0, 3)$ और $(0, -3)$

20. **संकेत** बिंदु $(-5, 3)$ के लिए, x-निर्देशांक ऋणात्मक है और y-निर्देशांक धनात्मक है। इसलिए यह II चतुर्थांश में स्थित होगा। इसकी Y-अक्ष से लंबवत् दूरी भी 5 इकाई और X-अक्ष से दूरी 3 इकाई है।
अतः आवश्यक बिंदु L है।

21. $(0, -4)$

22. **संकेत** $\because (x + 2, 4) = (5, y - 2)$
$\therefore x + 2 = 5$ और $y - 2 = 4$
$\therefore x = 3$ और $y = 6$

23. **संकेत** $\because (4, y + 3) = (x - 3, -5)$
$\therefore x - 3 = 4$ तथा $y + 3 = -5$
$\therefore x = 7$ तथा $y = -8$
$\therefore (x, y) = (7, -8)$
$\therefore$ बिंदु (x, y), IV चतुर्थांश में स्थित है।

24. X-अक्ष पर 5 इकाई धनात्मक दूरी पर Y-अक्ष के समान्तर है।

25. बिंदु P

26. $P(1, 1), Q(-3, 0), R(-2, -3), S(2, 1), T(4, -2)$ और $O(0, 0)$

27. बिंदु B का निर्देशांक $(0, 3)$ है।

28. $(5, 0)$, $(-5, 0)$ और $(0, -5)$

29. (i) $(2, 3)$ (ii) A
(iii) 0 (iv) 0
(v) B और G (vi) M और H

30. तृतीय चतुर्थांश

31. संकेत माना दोनों अक्ष पर मूलबिंदु से समान दूरी a है।
तब, X-अक्ष पर दो बिंदुओं के निर्देशांक $(a, 0)$ तथा $(-a, 0)$ हैं और Y-अक्ष पर दो बिंदुओं के निर्देशांक $(0, a)$ और $(0, -a)$ हैं।

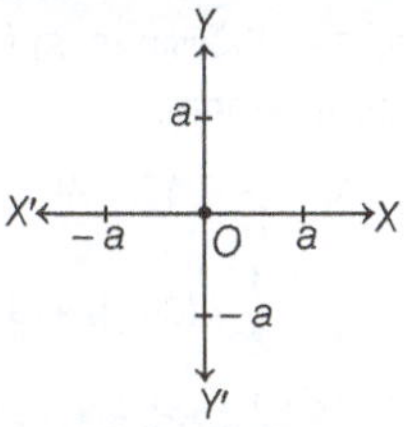

32. (i) **संकेत** बिंदु $P(x, y)$ में $x > 0$, अर्थात् इसका भुज धनात्मक है और $y > 0$, अर्थात् इसकी कोटि धनात्मक है।
$\therefore$ बिंदु $P(x, y)$, I चतुर्थांश में स्थित है।

(ii) **संकेत** बिंदु $P(x, y)$ में $x < 0$, अर्थात् इसका भुज ऋणात्मक है और $y < 0$ है, अर्थात् इसकी कोटि ऋणात्मक है।
$\therefore$ बिंदु $P(x, y)$ III चतुर्थांश में स्थित है।

33. (i) (0, 3) (ii) (5, 0)

34. II चतुर्थांश

35. संकेत $\therefore$ बिंदु II चतुर्थांश में है।
$\therefore$ बिंदु का भुज ऋणात्मक तथा कोटि धनात्मक होगी।
$\therefore$ अभीष्ट बिंदु के निर्देशांक = (–4, 5)

36. संकेत माना हम XOX' और YOY' अक्ष खींचते हैं और अक्षों पर उपयुक्त इकाइयों पर दूरी चुनते हैं। मूलबिंदु से ऋणात्मक X-अक्ष की दिशा में p इकाई दूरी पर X-अक्ष पर बिंदु A चिंहित करते हैं और मूलबिंदु से ऋणात्मक Y-अक्ष की दिशा में q इकाई दूरी पर Y-अक्ष पर बिंदु C चिंहित करते हैं।
अब बिंदु C से गुजरते हुए X-अक्ष के समांतर रेखा खींचते हैं और बिंदु A से गुजरते हुए Y-अक्ष के समांतर रेखा खींचते हैं। ये रेखाएँ एक-दूसरे को बिंदु B पर प्रतिच्छेद करती हैं।
इस प्रकार, हम एक $OABC$ आयत प्राप्त करते हैं। इसके शीर्ष के निर्देशांक $O(0, 0)$, $A(-p, 0)$, $B(-p, -q)$ और $C(0, -q)$ हैं।
$\therefore$ तृतीय चतुर्थांश में स्थित आयत के निर्देशांक = $(-p, -q)$

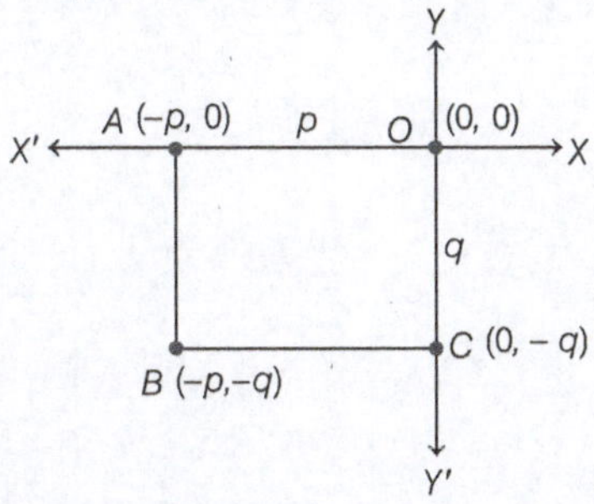

37. संकेत $\because QR = 4 + 4 = 8$

माध्यिका OP की लंबाई $= \dfrac{\sqrt{3}}{2} \times QR$

$= \dfrac{\sqrt{3}}{2} \times 8 = 4\sqrt{3}$

[$\because$ समबाहु त्रिभुज की माध्यिका $= \dfrac{\sqrt{3}}{2} \times$ भुजा]

$\therefore$ बिंदु P के निर्देशांक हैं $(4\sqrt{3}, 0)$

38. संकेत दिया है, $(-2, 9) = (1 + x, y^2)$ और $y > 0$ निर्देशांक की तुलना करने पर,

$1 + x = -2 \Rightarrow x = -3$

और $y^2 = 9 \;\Rightarrow\; y = \pm 3, y = 3,$ [$\because y > 0$]

अब $P(y, x) = P(3, -3)$ जो IV चतुर्थांश में हैं [$\because x > 0$ तथा $y < 0$]
बिंदुओं को जोड़ने पर हमें चतुर्भुज $ABCD$ प्राप्त होता है, जिसकी चारों भुजाएँ समान हैं और विकर्ण बराबर हैं।

$Q(2, x) = Q(2, -3),$

जो IV चतुर्थांश में है। [$\because x > 0$ तथा $y < 0$]
$R(x^2, y - 1) = R(9, 2)$ जो I चतुर्थांश में है [$\because x > 0$ तथा $y > 0$]
तथा $S(2x, -3y) = S(-6, -9)$
जो III चतुर्थांश में है [$\because x < 0$ तथा $y < 0$]

39. (i) **संकेत** बिंदु (–5, 3) में, x-निर्देशांक ऋणात्मक तथा y-निर्देशांक धनात्मक है। अतः यह II चतुर्थांश में स्थित है।

(ii) **संकेत** बिंदु (4, – 6) में x-निर्देशांक धनात्मक और y-निर्देशांक ऋणात्मक है अतः यह IV चतुर्थांश में स्थित है।

(iii) II चतुर्थांश (iv) I चतुर्थांश
(v) III चतुर्थांश (vi) IV चतुर्थांश
(vii) II चतुर्थांश (viii) I चतुर्थांश
(ix) III चतुर्थांश

40. (5, 0), (0, 5), (–5, 0), (0, – 5)

41. या तो (5, 0) या (–5, 0)

42. (i) (b) बिन्दु C के निर्देशांक (8, 9) है।

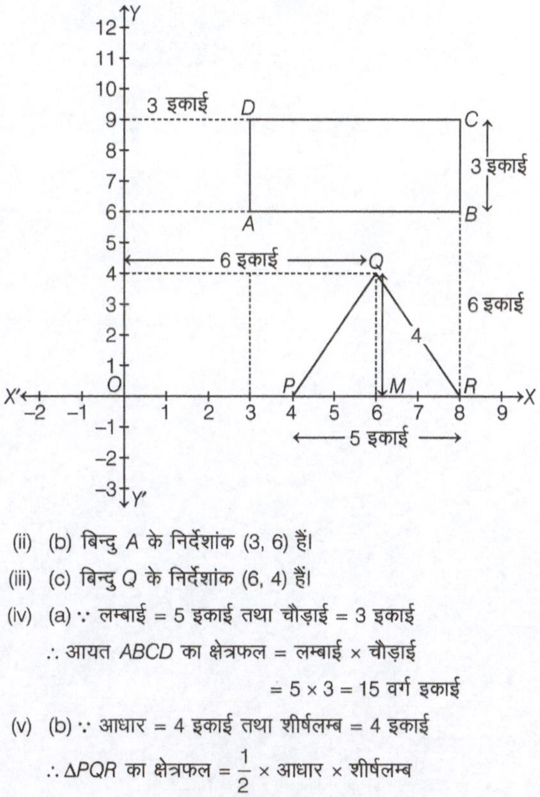

(ii) (b) बिन्दु A के निर्देशांक (3, 6) हैं।

(iii) (c) बिन्दु Q के निर्देशांक (6, 4) हैं।

(iv) (a) $\because$ लम्बाई = 5 इकाई तथा चौड़ाई = 3 इकाई
$\therefore$ आयत $ABCD$ का क्षेत्रफल = लम्बाई × चौड़ाई
= 5 × 3 = 15 वर्ग इकाई

(v) (b) $\because$ आधार = 4 इकाई तथा शीर्षलम्ब = 4 इकाई

$\therefore \Delta PQR$ का क्षेत्रफल $= \dfrac{1}{2} \times$ आधार × शीर्षलम्ब

$= \dfrac{1}{2} \times 4 \times 4 = 8$ वर्ग इकाई

43. (i) (b) दिया है, एक आयताकार क्षेत्र *ABCD* जिसमें ऊर्ध्वाधर रेखाएँ चॉक पाउडर की सहायता से 1 मी की दूरी पर खींची गई हैं। साथ ही, *AD* के सापेक्ष प्रत्येक 1 मी की दूरी पर कुल 100 पौधे लगाए गए हैं

अर्थात् *AD* की कुल लम्बाई = 100 मी

अब, माना *AB* *X*-अक्ष तथा *AD* *Y*-अक्ष को दर्शाता है।

चूँकि निहारिका दूसरी रेखा पर *AD* की कुल दूरी के $\frac{1}{4}$वें भाग तक दौड़ती है तथा एक हरा झण्डा रोपित करती है।

$\therefore$ हरे झण्डे की स्थिति $= \left(2, \frac{1}{4} \times 100\right) = (2, 25)$

(ii) (c) चूँकि, प्रीति 8वीं रेखा पर *AD* की कुल दूरी के $\frac{1}{5}$वें भाग तक दौड़ती है तथा एक लाल झण्डा रोपित करती है।

$\therefore$ लाल झण्डे की स्थिति $= \left(8, \frac{1}{5} \times 100\right) = (8, 20)$

(iii) (a) बिन्दु (2, 25) के लिए x तथा y दोनों निर्देशांक धनात्मक हैं, इसलिए यह प्रथम चतुर्थांश में स्थित होगा।

(iv) (b) बिन्दु (8, 20) के लिए, x तथा y दोनों निर्देशांक धनात्मक हैं, इसलिए यह प्रथम चतुर्थांश में स्थित होगा।

(v) (c) दिए गए बिन्दु *A* (2, 25) के लिए

अर्थात् *A* की भुजा = 2

तथा बिन्दु *B* (8, 20) अर्थात् *B* की भुजा = 8

$\therefore$ *B* की भुजा − *A* की भुजा = 8 − 2 = 6

44. (i) (a) आलेख से, *A* के निर्देशांक (1, 1) है।

(ii) (d) आलेख से, *F* के निर्देशांक (5, 5) है।

(iii) (b) *ABC* मैदान का क्षेत्रफल,

$$A_1 = \frac{1}{2} \times AB \times AC$$
$$= \frac{1}{2} \times (3-1) \times (3-1)$$
$$= \frac{1}{2} \times 2 \times 2$$
$$= 2 \text{ वर्ग इकाई}$$

(iv) (b) *DEF* मैदान का क्षेत्रफल,

$$A_2 = \frac{1}{2} \times DE \times DF$$
$$= \frac{1}{2} \times (7-5) \times (5-3)$$
$$= \frac{1}{2} \times 2 \times 2$$
$$= 2 \text{ वर्ग इकाई}$$

(v) (c) भाग (iii) तथा (iv) से, स्पष्ट है कि $A_1 = A_2$

Topics to be Assessed Formatively

कार्तीय तल में किसी बिंदु को आलेखित करना

बिंदु को आलेखित करना निम्न उदाहरणों की सहायता से समझेंगे।

उदाहरण 1 कार्तीय तल में बिंदुओं (3, 4), (–3, –3), (–7, 6) और (0, –6) को आलेखित कीजिए और चतुर्थांश/अक्षों में उनकी स्थिति को बताइए।

हल सर्वप्रथम *XOX*′ और *YOY*′ अक्ष एक-दूसरे के लंबवत् खींचते हैं तथा अक्षों पर इकाइयाँ भी खींचते हैं।

माना 1 सेमी = 1 इकाई खींचते हैं।

यहाँ बिंदु *P*(3, 4), *Y*-अक्ष से 3 इकाई दूरी पर और *X*-अक्ष से 4 इकाई पर हैं।

बिंदु *Q*(–3, – 4) ऋणात्मक *Y*-अक्ष से 3 इकाई दूरी पर और ऋणात्मक *X*-अक्ष से 4 इकाई दूरी पर है।

बिंदु *R*(–7, 6) ऋणात्मक *Y*-अक्ष से 7 इकाई दूरी पर और धनात्मक *X*-अक्ष से 6 इकाई दूरी पर हैं।

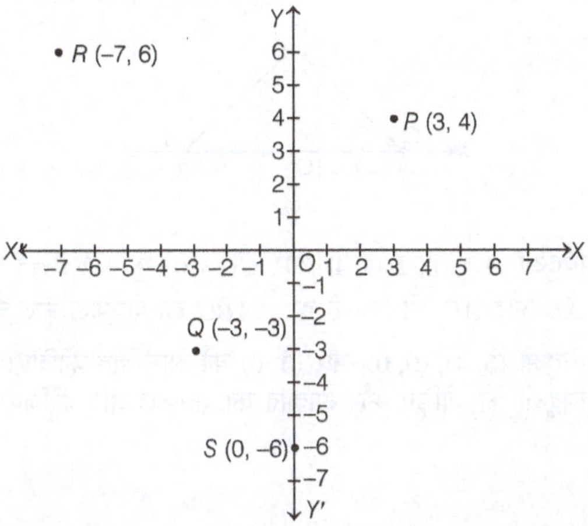

इस आलेख से स्पष्ट है कि बिंदु (3, 4) प्रथम चतुर्थांश में स्थित हैं। बिंदु *R*(–7, 6) द्वितीय चतुर्थांश में स्थित है, बिंदु *Q*(–3, 3) तृतीय चतुर्थांश में और बिंदु *S*(0, – 6) *Y*-अक्ष पर स्थित है।

उदाहरण 2 दिए गए बिंदुओं $P(-3, 2), Q(-7, -3)$ $R(6, -3)$ और $S(2, 2)$ को आलेखित कीजिए तथा इसे क्रम से मिलाने पर प्राप्त आकृति का नाम बताइए।

हल माना *XOX*′ एवं *YOY*′ एक-दूसरे के लंबवत् अक्ष हैं और अक्षों पर एक उचित दूरी पर इकाइयाँ चुनते हैं। माना 1 सेमी = 1 इकाई। तब दिए गए बिंदु ग्राफ निम्न प्रकार से आलेखित किए गए हैं

माना 1 सेमी = 1 इकाई। तब दिए गए बिंदु ग्राफ निम्न प्रकार से आलेखित किए गए है।

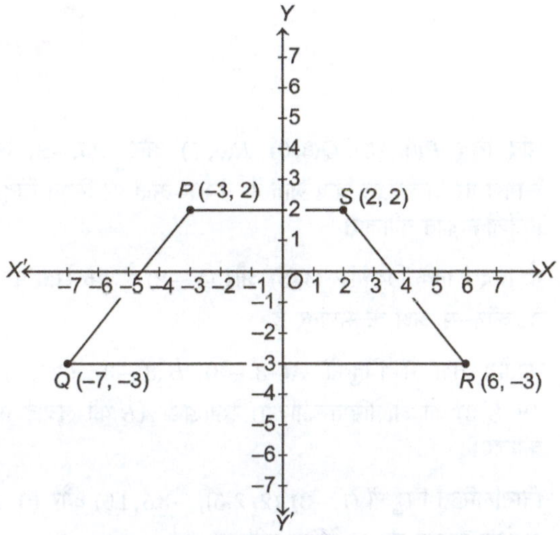

दिए गए बिंदुओं को आलेख कागज पर आलेखित करने पर प्राप्त आकृति एक समलंब *PQRS* है।

उदाहरण 3 (i) बिंदु $P(1, 0), Q(4, 0)$ और $S(1, 3)$ को आलेखित कीजिए। बिंदु R के निर्देशांक ज्ञात कीजिए, ताकि $PQRS$ एक वर्ग हो।

(ii) आकृति $PQRS$ में रेखाखंड SR की लंबाई निर्धारित कीजिए।

हल (i) सर्वप्रथम, *XOX*′ और *YOY*′ अक्षों को एक-दूसरे के लंबवत् खींचते हैं, और अक्षों पर एक उचित समान दूरी पर इकाइयाँ चुनते हैं।

माना 1 सेमी = 1 इकाई।

बिंदु *P*(1, 0) में, *y*-निर्देशांक शून्य है, अतः यह *X*-अक्ष पर *Y*-अक्ष से 1 इकाई दूरी पर स्थित है।

बिंदु *Q*(4, 0) में, *y*-निर्देशांक शून्य है, अतः यह *X*-अक्ष पर *Y*-अक्ष से 4 इकाई पर दूरी पर स्थित है।

बिंदु *S*(1, 3) *Y*-अक्ष से 1 इकाई दूरी पर और *X*-अक्ष से 3 इकाई दूरी पर स्थित है।

इन सभी बिंदुओं को आलेखित करने पर हमें निम्न आलेख प्राप्त होता है

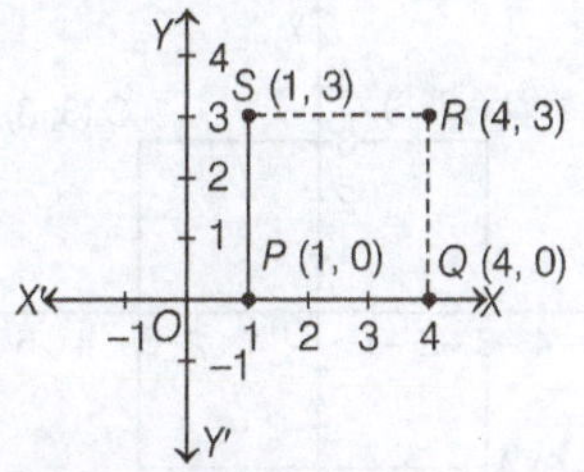

अब, हमें आलेख पर बिंदु *R* को इस प्रकार दर्शाने की आवश्यकता है कि *PQRS* एक वर्ग है।

इसके लिए रेखा बिंदु Q से और PS के समांतर खींचते हैं और बिंदु S से और PQ के समांतर रेखा खींचते हैं। दोनों रेखाएँ एक बिंदु पर प्रतिच्छेद करती है जिसे R कहते हैं। इस प्रकार, हमें एक वर्ग $PQRS$ प्राप्त होता है। स्पष्टतया, R का भुज Q के भुज के बराबर अर्थात् 4 होगा और R की कोटि, S की कोटि के बराबर अर्थात् 3 होगी। अतः बिंदु R के निर्देशांक (4, 3) है।

(ii) हम जानते हैं कि $S(1, 3)$ और $R(4, 3)$

यहाँ, हम देखते हैं कि बिंदु S और R के y-निर्देशांक समान है।

∴ रेखाखंड SR की लंबाई

= दोनों बिंदुओं S और R के x-निर्देशांकों में अंतर

= 4 − 1 = 3 इकाई

प्रश्नावली

1. यदि बिंदु $P(0, -5)$, $Q(3, 0)$, $R(0, 7)$ और $S(5, -2)$ आलेख कागज पर आलेखित किए जाते हैं, तब Y-अक्ष पर स्थित बिंदुओं के निर्देशांक ज्ञात कीजिए।

2. दो बिंदु जिनके निर्देशांक (4, 3) और (4, −2) हैं एक रेखा पर स्थित है, कौन-से अक्ष के समांतर है?

3. कार्तीय तल में बिंदुओं $A(-3, -3)$, $B(3, -3)$, $C(3, 3)$ और $D(-3, 3)$ को आलेखित कीजिए। रेखाखंड AB की लंबाई भी ज्ञात कीजिए।

4. निम्नलिखित बिंदुओं (1, −3), (2, 2.5), (−3.5, 1.5) और (0, 4) को आलेख कागज पर आलेखित कीजिए।

5. बिंदुओं $P(2, 0)$, $Q(5, 0)$ और $S(2, 4)$ को आलेखित कीजिए तथा बिंदु R के निर्देशांक ज्ञात कीजिए जबकि $PQRS$ एक आयत है।

6. बिंदु $A(5, 3)$, $B(-2, 3)$ और $D(5, -4)$ एक वर्ग $ABCD$ के तीन शीर्ष हैं। एक आलेख कागज पर इन बिंदुओं को आलेखित कीजिए और फिर शीर्ष C के निर्देशांक ज्ञात कीजिए।

7. कार्तीय तल में बिंदुओं (3, 2), (−2, 2), (−2, −2) और (3, −2) को आलेखित कीजिए। दिए गए बिंदुओं को मिलाने पर प्राप्त आकृति का नाम बताइए।

8. आलेख कागज पर बिंदु $P(2, 4)$ को आलेखित कीजिए। अब बिंदु P का X-अक्ष और Y-अक्ष में परावर्तनों को आलेखित कीजिए और उन्हें क्रमशः बिंदु Q और R से दर्शाइए। इस प्रकार प्राप्त ΔPQR का नाम बताइए।

9. निम्न सारणी में दिए गए बिंदुओं (x, y) को आलेखित कीजिए:

x	4	5.5	−2	−1	0	2.5
y	−5	−3	5	−6	5	0

10. दी गई आकृति में, ABC एक समबाहु त्रिभुज है। शीर्ष B और C के निर्देशांक क्रमशः (3, 0) और (−3, 0) हैं। शीर्ष A के निर्देशांक ज्ञात कीजिए। इसका क्षेत्रफल भी ज्ञात कीजिए।

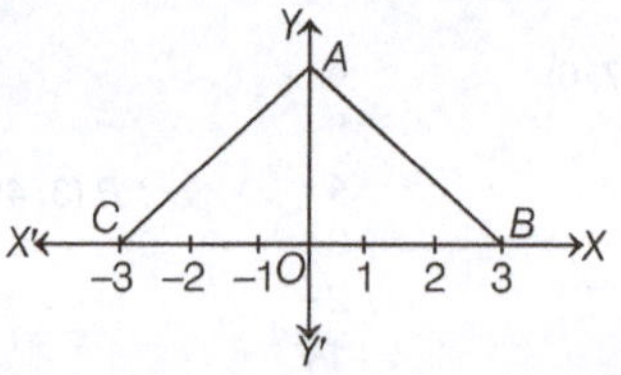

11. बिंदुओं $A(4, 0)$, $B(4, 4)$ और $C(-3, 0)$ को आलेखित कीजिए। AB और AC को मिलाते हुए ΔABC का क्षेत्रफल ज्ञात कीजिए।

12. बिंदुओं (5, 4), (0, 0) और (5, 0) को आलेखित कीजिए। बिंदुओं को जोड़िए और आकृति का क्षेत्रफल ज्ञात कीजिए।

उत्तर

1. P और R

2. Y-अक्ष

3. AB की लंबाई = 6 इकाई

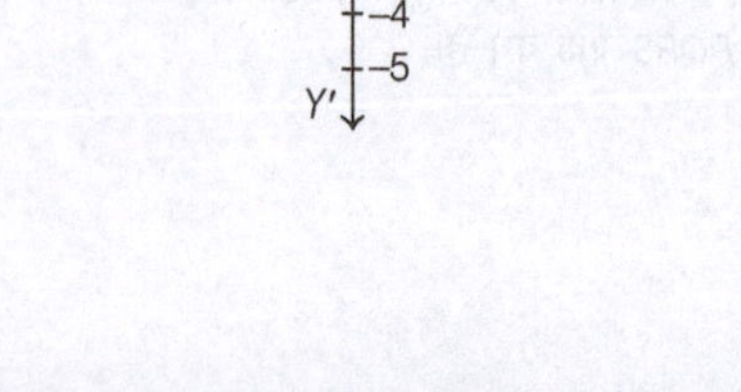

5. $R(5, 4)$

6. $C(-2, -4)$

7. आयत

ΔPQR एक समकोण त्रिभुज है, जो बिंदु P पर समकोण है।

10. बिन्दु A के निर्देशांक = $(0, 3\sqrt{3})$ तथा $9\sqrt{3}$ वर्ग इकाई

11. 14 वर्ग इकाई

12. 10 वर्ग इकाई

अध्याय

04

दो चरों वाले रैखिक समीकरण

(Linear Equations in Two Variables)

पिछली कक्षाओं में, हम एक चर वाले रैखिक समीकरणों जैसे $x+2=0$, $\sqrt{2}y+\sqrt{5}=0$, आदि के बारे में अध्ययन कर चुके हैं। हम यह भी जानते हैं कि ऐसे समीकरणों का एक अद्वितीय (अर्थात् एक और केवल एक) हल होता है तथा इस प्रकार के समीकरणों के हलों को संख्या रेखा पर किस प्रकार निरूपित किया जाता है। इस अध्याय में, हम एक चर वाले रैखिक समीकरणों पर पुन: विचार कर उनसे संबंधित ज्ञान का प्रयोग को दो चरों वाले रैखिक समीकरणों को हल करने में करेंगे।

टॉपिक्स

- बीजीय समीकरण
- रैखिक समीकरण का हल

बीजीय समीकरण (Algebraic Equation)

बीजीय समीकरण, बीजीय व्यंजकों की समानता का वह कथन होता है जिसमें एक अथवा अधिक चर उपस्थित होते हैं। जैसे–$2x-3y=7$ एक बीजीय समीकरण है। बराबर चिह्न के बाईं ओर का व्यंजक समीकरण का **बाँया पक्ष** (LHS) तथा बराबर चिह्न के दाईं ओर का व्यंजक समीकरण का **दायाँ पक्ष** (RHS) कहलाता है।

एक चर में रैखिक समीकरण (Linear Equation in One Variable)

वह समीकरण जिसमें केवल एक ही चर राशि हो तथा उसकी घात भी 1 हो, एक चर में रैखिक समीकरण कहलाती है। अन्य शब्दों में, $ax+b=0$ रूप की समीकरण, जहाँ a तथा b वास्तविक संख्याएँ, $a \neq 0$ एवं x एक चर है, को एक चर में रैखिक समीकरण कहते हैं।

जैसे—(i) $5x+8=9-x$ (ii) $\frac{2}{3}y+7=\frac{y}{2}$ (iii) $t+3t=9-t$

दो चरों में रैखिक समीकरण (Linear Equation in Two Variables)

वह समीकरण जिसको $ax+by+c=0$ के रूप में रखा जा सकता है, जहाँ a, b और c वास्तविक संख्याएँ हैं तथा $a \neq 0$ और $b \neq 0$ है, दो चरों x और y में एक रैखिक समीकरण कहलाता है। समीकरण $ax+by+c=0$ में, x तथा y के मान सदैव वास्तविक होते हैं।

जैसे— (i) $x+2y=3$ (ii) $\sqrt{2}x+\sqrt{3}y=9$

नोट
- *सामान्यत: इस प्रकार के समीकरणों के चरों को x और y द्वारा प्रदर्शित किया जाता है, परंतु इन्हें प्रदर्शित करने के लिए अन्य अक्षरों का भी प्रयोग किया जा सकता है।*
- *रूप $ax+by+c=0$ को दो चरो वाले रैखिक समीकरणों का मानक रूप भी कहते हैं।*

उदाहरण 1 निम्न समीकरणों में से प्रत्येक को $ax+by+c=0$ के रूप में लिखिए एवं प्रत्येक स्थिति में a, b तथा c के मान लिखिए।

(i) $3x+2y=2.5$ (ii) $x-5=\sqrt{3}y$

(iii) $x=2y$

हल (i) दिया है, $3x+2y=2.5$ या $3x+2y-2.5=0$

इस समीकरण की तुलना $ax+by+c=0$ से करने पर,

$a=3, b=2$ तथा $c=-2.5$

(ii) दिया है, $x-5=\sqrt{3}y \Rightarrow x-5-\sqrt{3}y=0$

इस समीकरण की तुलना $ax+by+c=0$ से करने पर,

$a=1, b=-\sqrt{3}$ तथा $c=-5$

(iii) दिया है, $x=2y \Rightarrow x-2y=0 \Rightarrow x-2y+0=0$

इस समीकरण की तुलना $ax+by+c=0$ से करने पर,

$a=1, b=-2$ तथा $c=0$

एक चर वाले रैखिक समीकरण को दो चर वाले रैखिक समीकरण के रूप में लिखना

एक चर (माना x) वाले रैखिक समीकरण को दो चर वाले रैखिक समीकरण के रूप में भी प्रदर्शित कर सकते हैं। इसके लिए अन्य चर (माना y) के गुणांक को शून्य के रूप में लेकर दिए गए समीकरण को $ax+by+c=0$ के रूप में लिखते हैं।

जैसे— $x=-5$ को $x+5=0$ अथवा $x+0\cdot y+5=0$ भी लिख सकते हैं।

उदाहरण 2 निम्नलिखित समीकरणों में से प्रत्येक को दो चर वाले समीकरण के रूप में लिखिए।

(i) $2y=3$ (ii) $3x=-5$

हल (i) $2y=3$ को $0\cdot x+2y-3=0$ के रूप में लिख सकते हैं।

(ii) $3x=-5$ को $3x+0\cdot y+5=0$ के रूप में लिख सकते हैं।

दिए गए कथन को दो चर वाले रैखिक समीकरण के रूप में लिखने की विधि

दिए गए कथन अथवा शाब्दिक समस्याओं को दो चरों वाले रैखिक समीकरण के रूप में लिखने के लिए, सर्वप्रथम अज्ञात (चर) राशि को चिहिंत कर उन्हें x तथा y मानते हैं।

तत्पश्चात् दिए गए प्रतिबंध को x तथा y के पदों में लिखकर इसे $ax+by+c=0$ के रूप में परिवर्तित करते हैं जोकि दो चरों में प्राप्त अभीष्ट समीकरण है।

उदाहरण 3 एक बॉल पेन की कीमत एक फाउण्टेन पेन की कीमत के आधे से ₹ 5 कम है। इस कथन को दो चरों वाले रैखिक समीकरण के रूप में व्यक्त कीजिए।

हल यहाँ, बॉल पेन तथा फाउण्टेन पेन की कीमत चर राशि है।

इसलिए, माना बॉल पेन की कीमत = ₹ x

तथा फाउण्टेन पेन की कीमत = ₹ y

प्रश्नानुसार,

बॉल पेन की कीमत = फाउण्टेन पेन की कीमत का आधा − 5

$\Rightarrow \quad x=\frac{y}{2}-5 \Rightarrow x=\frac{y-10}{2}$

$\Rightarrow \quad 2x=y-10 \Rightarrow 2x-y+10=0$

जोकि दो चरों में अभीष्ट रैखिक समीकरण है।

रैखिक समीकरण का हल
(Solution of a Linear Equation)

किसी रैखिक समीकरण में चर राशि का वह मान जिसे समीकरण में उस चर के स्थान पर रखने पर समीकरण संतुष्ट हो जाती है अर्थात् जिसे रखने पर समीकरण के दोनों पक्ष (बाँया अथवा दाँया) बराबर हो जाते हैं, समीकरण का हल कहलाता है।

एक चर वाले रैखिक समीकरण का हल
(Solution of a Linear Equation in One Variable)

किसी रैखिक समीकरण में चर राशि (माना x) का वह मान जोकि चर x में दिए गए समीकरण को संतुष्ट करता हो, समीकरण का हल (या मूल) कहलाता है। जैसे— रैखिक समीकरण $3x+5=0$ का हल $-\frac{5}{3}$ है।

नोट एक चर वाले रैखिक समीकरण का हल अद्वितीय होता है।

दो चरों वाले रैखिक समीकरण का हल
(Solution of a Linear Equation in Two Variables)

x और y के मानों का युग्म जो समीकरण $ax+by+c=0$, $a\neq 0$ तथा $b\neq 0$ को संतुष्ट करता है, रैखिक समीकरण का हल कहलाता है।

समीकरण के हल को क्रमित युग्म (x, y) के रूप में लिखते हैं क्रमित युग्म में, सर्वप्रथम x के मान को तत्पश्चात् y के मान को लिखते हैं। दो चर वाले रैखिक समीकरण के अपरिमित रूप से अनेक हल होते हैं।

जैसे— रैखिक समीकरण $3x+2y=14$ क्रमित युग्म $(x=0, y=7)$, $(x=2, y=4)$ तथा $\left(x=5, y=-\frac{1}{2}\right)$ आदि द्वारा संतुष्ट होता है। इसलिए उपरोक्त क्रमित युग्म दिए गए रैखिक समीकरण के हल हैं।

परंतु क्रमित युग्म $(x=1, y=5)$ रैखिक समीकरण को संतुष्ट नहीं करता है, इसलिए यह दिए गए समीकरण का हल नहीं होगा।

नोट *यदि समान संख्या को समीकरण के दोनों पक्षों में जोड़ा (या घटाया) जाता है तथा समीकरण के दोनों पक्षों को समान शून्येत्तर संख्या द्वारा गुणा या भाग किया जाता है, तो रैखिक समीकरण का हल अप्रभावित रहता है।*

दो चरों वाले रैखिक समीकरण के हल ज्ञात करने की विधि

माना दो चर में दी गई रैखिक समीकरण $ax+by+c=0$, जहाँ, $a\neq 0$ तथा $b\neq 0$ है, तब समीकरण के हल ज्ञात करने के लिए, निम्नलिखित चरणों का प्रयोग करते हैं।

चरण I सर्वप्रथम, दी गई समीकरण में चर x (या y) का अनुरूप मान रखते हैं (एक चर की रैखिक समीकरण में परिवर्तित करने के लिए) तत्पश्चात् प्राप्त समीकरण को हल करके अन्य चर का संगत मान ज्ञात करते हैं। जिससे दी गई समीकरण के हल का एक क्रमित युग्म प्राप्त होता है।

चरण II चरण I को पुन: दोहराते हैं, अर्थात् चर x (या y) का अन्य अनुरूप मान रखकर समीकरण को सरल करते हैं जिससे दी गई समीकरण के हल का अन्य क्रमित युग्म प्राप्त होता है।

नोट *सरलतापूर्वक हल करने के लिए समीकरण में $x = 0$ रखते हैं और y का संगत मान प्राप्त करते हैं। इसी प्रकार, $y = 0$ रखकर x का संगत मान प्राप्त कर लेते हैं।*

उदाहरण 4 समीकरण $4x+3y=12$ के चार अलग-अलग हल ज्ञात कीजिए।

हल दी गई समीकरण निम्न है $4x+3y=12$ ...(i)

समी (i) में, $x=0$ रखने पर,

$$4(0)+3y=12 \Rightarrow 3y=12 \Rightarrow y=\frac{12}{3}=4$$

इसलिए, (0, 4) दी समीकरण का एक हल है।

समी (i) में, $y=0$ रखने पर,

$$4x+3(0)=12$$

$$\Rightarrow \quad 4x=12 \Rightarrow x=\frac{12}{4}=3$$

इसलिए, (3, 0) दी गई समीकरण का एक हल है।

समी (i) में $x=1$ रखने पर,

$$4(1)+3y=12 \Rightarrow 3y=12-4=8 \Rightarrow y=\frac{8}{3}$$

इसलिए, $\left(1, \frac{8}{3}\right)$ दी गई समीकरण का अन्य हल है।

पुन: समी (i) में $x=2$ रखने पर,

$$4(2)+3y=12 \Rightarrow 3y=12-8=4$$

$$\Rightarrow \quad y=\frac{4}{3}$$

इसलिए, $\left(2, \frac{4}{3}\right)$ भी दी गई समीकरण का हल होगा।

अत: दी गई समीकरण के अपरिमित हलों में से चार हल (0, 4), (3, 0), $\left(1, \frac{8}{3}\right)$ तथा $\left(2, \frac{4}{3}\right)$ हैं।

उदाहरण 5 दो संख्याओं में से बड़ी संख्या के 3 गुने में छोटी संख्या से भाग देने पर भागफल तथा शेषफल क्रमश: 2 और 7 प्राप्त होते हैं, तब दो चरों में रैखिक समीकरण बनाइए तथा इसके दो हल ज्ञात कीजिए।

हल माना बड़ी तथा छोटी संख्या क्रमश: x और y हैं।

तब, प्रश्नानुसार,

$$3x=2y+7$$

$$\Rightarrow \quad 3x-2y-7=0$$

जोकि दो चरों में अभीष्ट रैखिक समीकरण है।

अब, $x=0$ रखने पर, $0-2y-7=0 \Rightarrow y=-\frac{7}{2}$

इसलिए, $3x-2y-7=0$ का एक हल $\left(0, -\frac{7}{2}\right)$ है।

पुन: $x=\frac{1}{3}$ रखने पर, $3\times\frac{1}{3}-2y-7=0 \Rightarrow y=-3$

इसलिए, $3x-2y-7$ का दूसरा हल $\left(\frac{1}{3}, -3\right)$ है।

अत: दो हल $\left(0, -\frac{7}{2}\right)$ तथा $\left(\frac{1}{3}, -3\right)$ हैं।

दिए गए मानों का युग्म दी गई समीकरण का हल है अथवा नहीं, जाँचने की विधि

कभी-कभी, प्रश्न में हमें चर के मानों के युग्म दिए गए होते हैं तथा हमें यह जाँचना होता है कि दिया गया युग्म, दी गई दो चरों वाली रैखिक समीकरण का हल है अथवा नहीं। इसके लिए, दिए गए मानों को दी गई समीकरण में रखकर (प्रतिस्थापित कर) हल करते हैं। यदि दायाँ पक्ष = बायाँ पक्ष प्राप्त होता है, तब दिया गया युग्म समीकरण का हल होगा अथवा नहीं।

उदाहरण 6 जाँच कीजिए कि $x=2$ तथा $y=1$ निम्नलिखित समीकरणों के हल हैं अथवा नहीं।

(i) $2x+5y=9$ (ii) $x+y+4=0$ (iii) $\frac{5}{2}x+3y=14$

हल दिया है, $x=2$ तथा $y=1$

(i) दी गई रैखिक समीकरण $2x+5y=9$ है।

बाएँ पक्ष में $x=2$ तथा $y=1$ रखने पर,

बायाँ पक्ष $=2x+5y=2(2)+5(1)=4+5=9=$ दायाँ पक्ष

इसलिए, $x=2$ तथा $y=1$ दिए गए समीकरण का हल है।

(ii) दी गई रैखिक समीकरण $x+y+4=0$ है।

x तथा y के मान बाएँ पक्ष में रखने पर,

बायाँ पक्ष $=x+y+4=2+1+4=7\neq 0$

$\Rightarrow$ बायाँ पक्ष $\neq$ दायाँ पक्ष

इसलिए, $x=2$ तथा $y=1$ दिए गए समीकरण का हल नहीं है।

(iii) दी गई रैखिक समीकरण $\frac{5}{2}x+3y=14$ है।

बाएँ पक्ष में x तथा y के मानों को रखने पर,

बायाँ पक्ष $=\frac{5}{2}x+3y=\frac{5}{2}(2)+3(1)=5+3=8\neq 14$

$\Rightarrow$ बायाँ पक्ष $\neq$ दायाँ पक्ष

इसलिए, $x=2$ तथा $y=1$ दिए गए समीकरण का हल नहीं है।

अज्ञात राशि का मान ज्ञात करना जब समीकरण का हल दिया गया हो

यदि समीकरण का हल दिया गया हो, तो अज्ञात राशि (माना k) का मान ज्ञात करने के लिए दिए गए हल (अर्थात् x और y के मान) को दी गई रैखिक समीकरण में रखकर सरल करते हैं, जिससे k का अभीष्ट मान प्राप्त होता है।

उदाहरण 7 निम्नलिखित समीकरणों में से प्रत्येक में k का मान ज्ञात कीजिए, यदि $x=1$ तथा $y=1$ इनके हल हैं।

(i) $9kx+12ky=63$ (ii) $5x+2ky=3k$

हल (i) दी गई समीकरण $9kx+12ky=63$ है।

समी में, $x=1$ तथा $y=1$ रखने पर,

$$9k(1)+12k(1)=63 \Rightarrow 9k+12k=63$$

$$\Rightarrow \quad 21k=63 \Rightarrow k=\frac{63}{21}=3$$

अत: k का अभीष्ट मान 3 है।

(ii) दी गई समीकरण $5x+2ky=3k$ है।

समी में, $x=1$ तथा $y=1$ रखने पर,

$$5(1)+2k(1)=3k \Rightarrow 5+2k=3k$$

$$\Rightarrow \quad 5=3k-2k \Rightarrow k=5$$

अत: k का अभीष्ट मान 5 है।

NCERT फोल्डर

प्रश्नावली 4.1

1. एक नोटबुक की कीमत एक कलम की कीमत से दोगुनी है। इस कथन को निरूपित करने के लिए दो चरों वाला एक रैखिक समीकरण लिखिए।

[**संकेत** मान लीजिए नोटबुक की कीमत ₹x है और कलम की कीमत ₹y है]

हल माना नोटबुक की कीमत = ₹x तथा कलम की कीमत = ₹y

प्रश्नानुसार,

नोटबुक की कीमत = 2 (कलम की कीमत)

$\Rightarrow \quad x = 2y \Rightarrow x - 2y = 0$

जोकि दो चरों में अभीष्ट रैखिक समीकरण है।

2. निम्नलिखित रैखिक समीकरणों को $ax + by + c = 0$ के रूप में व्यक्त कीजिए और प्रत्येक स्थिति में a, b और c के मान बताइए।

(i) $2x + 3y = 9.\overline{35}$ (ii) $x - \frac{y}{5} - 10 = 0$

(iii) $-2x + 3y = 6$ (iv) $x = 3y$

(v) $2x = -5y$ (vi) $3x + 2 = 0$

(vii) $y - 2 = 0$ (viii) $5 = 2x$

हल (i) $2x + 3y = 9.\overline{35} \Rightarrow 2x + 3y - 9.\overline{35} = 0$

$ax + by + c = 0$ के साथ तुलना करने पर,

$a = 2, b = 3$ तथा $c = -9.\overline{35}$

(ii) $x - \frac{y}{5} - 10 = 0$

$ax + by + c = 0$ के साथ तुलना करने पर,

$a = 1, b = -\frac{1}{5}$ तथा $c = -10$

(iii) $-2x + 3y = 6 \Rightarrow -2x + 3y - 6 = 0$

$ax + by + c = 0$ के साथ तुलना करने पर,

$a = -2, b = 3$ तथा $c = -6$

(iv) $x = 3y \Rightarrow x - 3y + 0 = 0$

$ax + by + c = 0$ के साथ तुलना करने पर,

$a = 1, b = -3$ तथा $c = 0$

(v) $2x = -5y \Rightarrow 2x + 5y + 0 = 0$

$ax + by + c = 0$ के साथ तुलना करने पर,

$a = 2, b = 5$ तथा $c = 0$

(vi) $3x + 2 = 0 \Rightarrow 3x + 0 \cdot y + 2 = 0$

$ax + by + c = 0$ के साथ तुलना करने पर,

$a = 3, b = 0$ तथा $c = 2$

(vii) $y - 2 = 0 \Rightarrow 0 \cdot x + y - 2 = 0$

$ax + by + c = 0$ के साथ तुलना करने पर,

$a = 0, b = 1$ तथा $c = -2$

(viii) $5 = 2x \Rightarrow 2x + 0 \cdot y - 5 = 0$

$ax + by + c = 0$ के साथ तुलना करने पर,

$a = 2, b = 0$ तथा $c = -5$

प्रश्नावली 4.2

1. निम्नलिखित विकल्पों में से कौन-सा विकल्प सत्य है और क्यों?

$y = 3x + 5$ का

(i) एक अद्वितीय हल है।

(ii) केवल दो हल हैं।

(iii) अपरिमित रूप से अनेक हल हैं।

हल (iii) हम जानते हैं कि दो चरों वाले रैखिक समीकरण के अपरिमित रूप से अनेक हल होते हैं। यहाँ, दी गई समीकरण $y = 3x + 5$ दो चरों x और y में रैखिक समीकरण हैं, इसलिए इसके अपरिमित रूप से अनेक हल हैं।

2. निम्नलिखित समीकरणों में से प्रत्येक समीकरण के चार हल लिखिए।

(i) $2x + y = 7$ (ii) $\pi x + y = 9$ (iii) $x = 4y$

हल (i) यहाँ, दी गई समीकरण $y = 3x + 5$ दो चरों x और y में रैखिक समीकरण है, इसलिए इसके अपरिमित रूप से अनेक हल हैं।

दी गई समीकरण, $2x + y = 7$ ...(i)

समी (i) में $x = 0$ रखने पर,

$y = 7$

इसलिए, (0, 7) दी गई समीकरण का एक हल है।

इसी प्रकार, समी (i) में $y = 0$ रखने पर,

$2x = 7 \Rightarrow x = \frac{7}{2}$

इसलिए, $\left(\frac{7}{2}, 0\right)$ दी गई समीकरण का हल है।

समी (i) में, $x = 1$ रखने पर,

$2(1) + y = 7 \Rightarrow y = 5$

इसलिए, (1, 5) भी दी गई समीकरण का एक हल है।

पुनः समी (i) में $x = 2$ रखने पर,

$2(2) + y = 7 \Rightarrow y = 7 - 4 = 3$

इसलिए, (2, 3) दी गई समीकरण का एक हल है।

अतः दी गई समीकरण के अपरिमित अनेक हलों में से चार हल (0, 7), $\left(\frac{7}{2}, 0\right)$, (1, 5) तथा (2, 3) हैं।

(ii) भाग (i) की भाँति स्वयं हल करें।

उत्तर (0, 9), $\left(\frac{9}{\pi}, 0\right)$, $(1, 9 - \pi)$ तथा $(-1, 9 + \pi)$.

(iii) भाग (i) की भाँति स्वयं हल करें।

उत्तर (0, 0), (4, 1), $\left(2, \frac{1}{2}\right)$ तथा $\left(1, \frac{1}{4}\right)$

3. बताइए कि निम्नलिखित हलों में कौन-कौन से समीकरण $x - 2y = 4$ के हल हैं और कौन-कौन से हल नहीं हैं?

(i) (0, 2) (ii) (2, 0)

(iii) (4, 0) (iv) $(\sqrt{2}, 4\sqrt{2})$

(v) (1, 1)

हल दी गई समीकरण $x-2y=4$ है।

(i) समीकरण के बाएँ पक्ष में $x=0$, $y=2$ रखने पर,

बायाँ पक्ष $= 0-2\times2 = 0-4 = -4 \neq 4 =$ दायाँ पक्ष

अतः $(0, 2)$ समीकरण $x-2y=4$ का हल नहीं है।

(ii) समीकरण के बाएँ पक्ष में $x=2$, $y=0$ रखने पर,

बाएँ पक्ष $= 2-2\times0 = 2-0 = 2 \neq 4 =$ दायाँ पक्ष

अतः $(2, 0)$ समीकरण $x-2y=4$ का हल नहीं है।

(iii) समीकरण के बाएँ पक्ष में $x=4$, $y=0$ रखने पर,

बायाँ पक्ष $= 4-2\times0 = 4-0 = 4 =$ दायाँ पक्ष

अतः $(4, 0)$ समीकरण $x-2y=4$ का हल है।

(iv) भाग (i) की भाँति स्वयं हल करें।

उत्तर $(\sqrt{2}, 4\sqrt{2})$, समीकरण $x-2y=4$ का हल नहीं है।

(v) भाग (i) की भाँति स्वयं हल करें।

उत्तर $(1, 1)$, समीकरण $x-2y=4$ का हल नहीं है।

4. k का मान ज्ञात कीजिए, $x=2$, $y=1$ समीकरण $2x+3y=k$ का एक हल हो।

हल दी गई समीकरण $2x+3y=k$ है।

यदि $x=2$ तथा $y=1$ दी गई समीकरण का हल है, तब यह अवश्य दी गई समीकरण को संतुष्ट करेगा।

इसलिए, समीकरण में $x=2$ तथा $y=1$ रखने पर,

$$2(2)+3(1)=k$$

$$\Rightarrow \quad 4+3=k$$

$$\Rightarrow \quad k=7$$

अध्याय : एक नजर में

- *बीजीय समीकरण, बीजीय व्यंजकों की समानता का वह कथन होता है, जिसमें एक अथवा अधिक चर होते हैं।*
- *वह समीकरण जिसमें उच्चतम घात 1 वाला केवल एक ही चर हो, एक चर में रैखिक समीकरण कहलाती है।*
- *वह समीकरण जिसको $ax+by+c=0$ के रूप में रखा जा सकता है, जहाँ a, b व c वास्तविक संख्याएँ हैं तथा $a\neq0, b\neq0$ है, दो चरों x और y में एक रैखिक समीकरण कहलाता है।*
- *एक चर माना x वाले रैखिक समीकरण को हम दो चरों वाले रैखिक समीकरण में लिख सकते हैं जिसमें दूसरे चर (माना y) का गुणांक शून्य लिया जाता है।*
- *रैखिक समीकरण का हल अप्रभावित रहता है, जब*
  - *(i) समीकरण के दोनों पक्षों में से समान संख्या को जोड़ा (या घटाया) जाए।*
  - *(ii) समीकरण के दोनों पक्षों को शून्येत्तर संख्या द्वारा गुणा (या भाग) किया जाए।*

परीक्षा अभ्यास

यहाँ अध्याय से संबंधित सभी संभावित प्रश्नों को दिया गया है, इन प्रश्नों का अभ्यास करके व याद रखकर छात्र अध्याय से संबंधित किसी भी प्रश्न का उत्तर दे पाएँगे।

बहुविकल्पीय प्रश्न

1. $x=5, y=2$ निम्नलिखित रैखिक समीकरण का एक हल है **[NCERT Exemplar]**

(a) $x+2y=7$ (b) $5x+2y=7$
(c) $x+y=7$ (d) $5x+y=7$

2. दो चरों वाले रैखिक समीकरण $2x+0\cdot y+11=0$ के किसी भी हल का रूप होता है **[NCERT Exemplar]**

(a) $\left(-\frac{11}{2}, 0\right)$ (b) $\left(0, -\frac{11}{2}\right)$ (c) $\left(0, \frac{9}{2}\right)$ (d) $(-9, 0)$

3. रैखिक समीकरण $9=7x$ का $ax+by+c=0$ रूप है

(a) $7x+9=0$ (b) $7x+0y-9=0$
(c) $9x+7y-7=0$ (d) $7x+y-8=0$

4. $y=3x+5$ के लिए निम्नलिखित विकल्पों में से कौन-सा विकल्प सत्य है?

(a) एक अद्वितीय हल है (b) केवल दो हल हैं
(c) अपरिमित रूप से अनेक हल हैं (d) कोई हल नहीं है

5. यदि $(4, 2)$ रैखिक समीकरण $5x-7y+k=0$ का हल है, तो k का मान है

(a) -5 (b) -7 (c) -6 (d) -8

कथन-कारण प्रश्न

***निर्देश** (प्र.सं. 6-10) में एक कथन (A) तथा उसके नीचे कथन का कारण (R) दिया गया है। इन्हें ध्यानपूर्वक पढ़िए और इनके आधार पर निम्नलिखित में से उचित उत्तर का चयन कीजिए।*

(a) कथन (A) और कारण (R) दोनों सत्य हैं तथा कारण (R) कथन (A) की सही व्याख्या है।
(b) कथन (A) और कारण (R) दोनों सत्य हैं, परन्तु कारण (R) कथन (A) की सही व्याख्या नहीं है।
(c) यदि कथन (A) सही है, परन्तु कारण (R) गलत है।
(d) यदि कथन (A) गलत है, परन्तु कारण (R) सही है।

6. कथन (A) K के सभी मान के लिए, $\left(-\frac{3}{2}, K\right)$ रैखिक समीकरण $2x+3=0$ का एक हल है।

कारण (R) रैखिक समीकरण $ax+b=0$ को दो चरों वाली समीकरण $ax+y+b=0$ के रूप में विस्तारित किया जा सकता है।

7. कथन (A) एक नोट बुक की कीमत एक पेन की कीमत का तीन गुना है। इस कथन की रैखिक समीकरण $x-3y=0$ होगी। (जहाँ एक नोट बुक की कीमत ₹x तथा एक पेन की कीमत ₹y है)

कारण (R) एक पेन की कीमत ₹ 3 तथा एक नोट बुक की कीमत ₹ 1 हो सकती है।

8. कथन (A) रैखिक समीकरण $y=2x+3$ के अपरिमित रूप से अनेक हल होंगे।

कारण (R) दो चरों वाली रैखिक समीकरण के अपरिमित रूप से अनेक हल होते हैं।

9. कथन (A) रैखिक समीकरण $x-2y=4$ का एक हल $(4,0)$ है।

कारण (R) रैखिक समीकरण का प्रत्येक हल समीकरण को सन्तुष्ट नहीं करता है।

10. कथन (A) यदि $x=3, y=2$ समीकरण $3x+2y=K$ का एक हल है, तब $K=11$

कारण (R) रैखिक समीकरण $3x+2y=K$ में x और y के रखने पर K का मान प्राप्त किया जा सकता है।

अतिलघु उत्तरीय प्रश्न

11. यदि $\pi x+3y=25$ तथा $y=1$ है, तब x ज्ञात कीजिए। ($\pi=\frac{22}{7}$ लीजिए)

12. क्या $(0, 3)$ रैखिक समीकरण $3x+4y=12$ का हल है?

13. वह रैखिक समीकरण लिखिए, जहाँ (a, a) रूप का बिंदु सदैव स्थित होता है।

14. $x=1$ और $y=2$ द्वारा x और y में कितने रैखिक समीकरण संतुष्ट होते हैं?

15. रैखिक समीकरण $2x+0\cdot y=9$ के किसी हल का रूप क्या होगा?

16. यदि किसी रैखिक समीकरण के हल $(-2,-2)$, $(0,0)$ और $(2,2)$ है, तब रैखिक समीकरण बताइए।

17. रैखिक समीकरण $x+2y=1$ के दो हल लिखिए।

लघु उत्तरीय प्रश्न

18. निम्नलिखित रैखिक समीकरणों को $ax+by+c=0$ के रूप में व्यक्त कीजिए और प्रत्येक स्थिति में a, b और c के मान बताइए।

(i) $2x+3y=5$ (ii) $x=-5+3y$ (iii) $\pi y=2x$

(iv) $y=9$ (v) $\frac{x}{3}-\frac{y}{4}=2$ (vi) $12y-\frac{1}{3}=x$

19. एक चर में रैखिक समीकरण $3x+7=0$ दी गई है, तब इसके कितने हल होंगे?

20. समीकरण $x=2y$ के दो हल लिखिए।

21. समीकरण $2x+y=7$ के चार हल बताइए।

22. ज्ञात कीजिए कि $(\sqrt{3},0)$ रैखिक समीकरण $3\sqrt{3}x-3y=9$ का एक हल है अथवा नहीं।

23. जाँच कीजिए कि निम्नलिखित में से कौन-सा रैखिक समीकरण $3y-2x=1$ का हल है।

(i) (4, 3) (ii) $(2\sqrt{2}, 3\sqrt{2})$

24. यदि $(5, k)$ रैखिक समीकरण $2x+y-6=0$ का हल है, तब k का मान ज्ञात कीजिए।

25. निम्नलिखित में से प्रत्येक के लिए a का मान ज्ञात कीजिए, यदि $x=1$ तथा $y=1$ इनके हल हैं

(i) $x-y=a$ (ii) $3x+ay=6$

26. दी गई समीकरण $2x-5y=7$ में, y को x के पदों में व्यक्त कीजिए। जाँच कीजिए कि $(-3,-2)$ दी गई समीकरण का हल है।

27. यदि $(1,-1)$ समीकरण $3x-ky=8$ का हल है, तो k का मान ज्ञात कीजिए।

28. c के किस मान के लिए, रैखिक समीकरण $2x+cy=8$ के हल में x और y के मान बराबर होंगे?

29. मान लीजिए कि y, x के अनुक्रमानुपाती है। यदि $x=4$ होने पर $y=12$ हो, तो एक रैखिक समीकरण लिखिए। जब $x=5$ है, तो y का क्या मान है?

30. बिंदु (2, 3) रैखिक समीकरण $3x-(a-1)y=2a-1$ का हल है। यदि (2,3) रैखिक समीकरण $5x+(1-2a)y=3b$ का भी हल है, तब b का मान ज्ञात कीजिए।

31. यदि हम दिल्ली बस स्टैंड से आगरा के लिए 2 टिकट तथा मथुरा के लिए 3 टिकट खरीदते हैं तब उनकी कुल कीमत ₹440 है। इस स्थिति को रैखिक समीकरण के रूप में दर्शाइए।

32. पुस्तक का मूल्य, पेन के मूल्य के दोगुने से ₹ 20 अधिक है, तब उपरोक्त कथन को रैखिक समीकरण रूप में दर्शाइए।

33. पाँच वर्ष पूर्व, नूरी की आयु सोनू की आयु की तीन गुना थी। उपरोक्त सूचना को रैखिक समीकरण रूप में व्यक्त कीजिए।

34. एक ऑटो रिक्शा के किराए के रूप में पहले किमी के लिए ₹10 तथा उसके बाद की दूरी के लिए प्रति किलोमीटर ₹ 8 हैं। यदि x किमी की दूरी के लिए, ₹ y का किराया दिया गया हो, तो उक्त कथन को निरूपित करने वाला रैखिक समीकरण लिखिए।

35. किराए पर पुस्तक देने वाला एक पुस्तकालय पहले तीन दिनों के लिए एक निश्चित शुल्क तथा उसके बाद प्रतिदिन की दर से अतिरिक्त शुल्क लेता है। आरुषि ने एक पुस्तक के सात दिनों के लिए ₹37 दिए। यदि निश्चित शुल्क ₹ x तथा प्रतिदिन का शुल्क ₹ y हो, तो उपयुक्त कथन को निरूपित करने के लिए एक रैखिक समीकरण लिखिए।

36. किसी संख्या के दोगुने में से 7 घटाने पर 69 प्राप्त होता है, तब उपरोक्त कथन के लिए रैखिक समीकरण लिखिए। साथ ही, इसका एक हल ज्ञात कीजिए तथा बताइए कि समीकरण के कितने हल हो सकते हैं?

37. यदि अंश में 1 जोड़ दिया जाए तथा हर में से 1 घटा दिया जाए तब भिन्न 1 प्राप्त होता है, उपरोक्त सूचना के लिए रैखिक समीकरण दर्शाइए।

38. एक छात्रावास के मासिक व्यय का एक भाग नियत है तथा शेष इस पर निर्भर करता है कि छात्र ने कितने दिन भोजन लिया है। एक विद्यार्थी A को, जो 20 दिन भोजन करता है, ₹1000 छात्रावास के व्यय के लिए अदा करने पड़ते हैं जबकि एक विद्यार्थी B को, जो 26 दिन भोजन करता है, छात्रावास के व्यय के लिए ₹1180 अदा करने पड़ते हैं। तब,

(i) उपरोक्त स्थितियों के लिए दो चरों में रैखिक समीकरण बनाइए।

(ii) नियत व्यय और प्रतिदिन के भोजन का मूल्य ज्ञात कीजिए।

केस स्टडी आधारित प्रश्न

39. राधा अपने जन्मदिवस के उपलक्ष्य पर अनाथालय में चॉकलेट वितरित करती है वह प्रत्येक बच्चे को 5 चॉकलेट तथा वयस्क को 20 चॉकलेट देती है। माना बच्चों की संख्या x तथा चॉकलेटों की संख्या y है।

उपरोक्त जानकारी के आधर पर निम्नलिखित प्रश्नों के उत्तर दीजिए।

(i) प्रश्नानुसार एक रैखिक समीकरण लिखिए।

(a) $y=20x+5$ (b) $x=20y+5$
(c) $y=5x+20$ (d) $y=20x+10$

(ii) यदि वह 145 चॉकलेट वितरित करती है, तब अनाथालय में बच्चों की संख्या कितनी होगी?

(a) 20 (b) 25 (c) 30 (d) 35

(iii) यदि वह 205 चॉकलेट वितरित करती है, तब अनाथालय में बच्चों की संख्या कितनी होगी?

(a) 36 (b) 37 (c) 39 (d) 41

(iv) यदि बच्चों की संख्या 20 हो, तब चॉकलेटों की संख्या होगी

(a) 70 (b) 90 (c) 120 (d) 75

(v) यदि बच्चों की संख्या 27 हो, तब चॉकलेटों की संख्या क्या होगी?

(a) 135 (b) 145 (c) 155 (d) 165

40. विकसित तथा विकासशील दोनों प्रकार के देशों के शहरी क्षेत्रों में कार पार्किंग एक बड़ी समस्या है। जयपुर शहर के GT मॉल में दो घण्टे के लिए कार पार्किंग का शुल्क ₹ 30 तथा आगे के प्रत्येक घण्टे के लिए शुल्क ₹ 10 प्रति घण्टा है।

उपरोक्त जानकारी के आधर पर निम्नलिखित प्रश्नों के उत्तर दीजिए।

(i) कुल पार्किंग समय x घण्टे तथा कुल शुल्क ₹ y मान लेने पर, रैखिक समीकरण लिखिए

(a) $10x + y - 10 = 0$ (b) $10x - y + 10 = 0$
(c) $8x + y - 10 = 0$ (d) $8x - y + 10 = 0$

(ii) यदि $y = 20$ है, तब x का मान होगा

(a) 1 (b) 2 (c) 3 (d) 4

(iii) यदि $x = 2$ है, तब y का मान होगा

(a) 10 (b) 20 (c) 30 (d) 40

(iv) यदि पार्किंग क्षेत्र में दो घण्टे के लिए कार पार्किंग का शुल्क ₹ 50 हो, तब रैखिक समीकरण ज्ञात कीजिए।

(a) $10x - y + 30 = 0$ (b) $10x + y + 30 = 0$
(c) $10x + y - 30 = 0$ (d) $30x + y - 10 = 0$

(v) यदि आगे वाले प्रत्येक घण्टा का पार्किंग शुल्क ₹ 8 प्रति घण्टा हो, तब रैखिक समीकरण लिखिए।

(a) $10x - y + 8 = 0$ (b) $10x - y + 10 = 0$
(c) $8x - y + 14 = 0$ (d) $8x - y + 8 = 0$

41. भारत विश्व का चौथा सबसे बड़ा ऊर्जा का उपभोक्ता है। निजी वाहनों की संख्या बढ़ने के साथ भारत देश में पेट्रोल तथा पेट्रोलियम पदार्थों की खपत लगातार बढ़ती जा रही है।

उपरोक्त जानकारी के आधार पर निम्नलिखित प्रश्नों के उत्तर दीजिए।

(i) प्रत्येक छः महीने में पेट्रोल की कीमत में ₹ 5 प्रति लीटर की वृद्धि होती है, दिसम्बर 2018 में पेट्रोल की कीमत को x तथा पेट्रोल की वर्तमान कीमत को y लेते हुए दिसम्बर 2019 में पेट्रोल पर व्यय किए धन का रैखिक समीकरण लिखिए।

(a) $y = x + 8$ (b) $y = x + 12$
(c) $y = x + 10$ (d) $y = x + 14$

(ii) पेट्रोल की कीमतों में लगातार वृद्धि होने के कारण, लोग CNG की ओर अग्रसर होते जा रहे हैं, जिसकी कीमत एक वर्ष में ₹ 5 प्रति लीटर बढ़ती है। दिसम्बर 2017 में CNG की कीमत a तथा दिसम्बर 2018 में कीमत b लेते हुए रैखिक समीकरण लिखिए।

(a) $b = a + 6$ (b) $b = a + 5$
(c) $b = a + 9$ (d) $b = a + 7$

(iii) यदि भाग (i) में $y = 20$ है, तब x का मान होगा

(a) 6 (b) 8
(c) 10 (d) 12

(iv) यदि भाग (ii) में $b = 20$ हो, तब a का मान होगा

(a) 3 (b) 5
(c) 7 (d) 9

(v) यदि भाग (i) में $x = 5$ हो, तब y का मान होगा

(a) 15 (b) 16 (c) 17 (d) 18

संकेत एवं हल

1. (c) समीकरण $x + y = 7$ में $x = 5$ तथा $y = 2$ रखने पर,

$$5 + 2 = 7 \Rightarrow 7 = 7$$

अतः $x = 5, y = 2$ समीकरण $x + y = 7$ का एक हल है।

2. (a) दी गई रैखिक समीकरण निम्न है

$$2x + 0 \cdot y + 11 = 0$$

$$\Rightarrow \quad 2x + 11 = 0$$

$$\Rightarrow \quad x = -\frac{11}{2} \text{ तथा } y = 0$$

अतः $\left(-\frac{11}{2}, 0\right)$ दी गई रैखिक समीकरण के हल का अभीष्ट रूप है।

3. (b) दी गई रैखिक समीकरण $9 = 7x$

$$\Rightarrow \quad 7x - 9 = 0 \Rightarrow 7x + 0y - 9 = 0$$

यह समीकरण $ax + by + c = 0$ रूप में है।

4. (c) हम जानते हैं कि दो चरों वाले रैखिक समीकरण के अपरिमित रूप से अनेक हल होते हैं। यहाँ, दी गई समीकरण $y = 3x + 5$ दो चरों x और y में रैखिक समीकरण है, इसलिए इसके अपरिमित रूप से अनेक हल हैं।

5. (c) दिया है, (4, 2) रैखिक समीकरण $5x - 7y + k = 0$ का हल है।

$\therefore$ $x = 4, y = 2$ दी गई समीकरण में रखने पर,

$$5(4) - 7(2) + k = 0 \Rightarrow k = -6$$

6. (c) **कथन** (A) $\left(-\frac{3}{2}, K\right)$ रैखिक समीकरण $2x + 3 = 0$ का एक हल है।

$\therefore$ यह हल समीकरण को सन्तुष्ट करेगा, तब

$$2\left(-\frac{3}{2}\right) + 3 = 0 \quad \Rightarrow -3 + 3 = 0$$

$\Rightarrow$ $0 = 0$, जोकि सत्य है

अतः समीकरण का हल K के मान पर निर्भर नहीं करता है।

इसलिए, कथन (A) सही है।

कारण (R) रैखिक समीकरण $ax + b = 0$ को दो चरों वाली रैखिक समीकरण के रूप में विस्तारित करने पर, $ax + 0y + b = 0$, जो दी गई समीकरण के बराबर नहीं है।

इसलिए, कारण (R) सही नहीं है।

अतः कथन (A) सही है, परन्तु कारण (R) गलत है।

7. (c) **कथन** (A) एक नोट बुक की कीमत = 3 × एक पेन की कीमत

$\Rightarrow \quad x = 3y$

$\Rightarrow x - 3y = 0$, जो दी गई समीकरण के बराबर है।

इसलिए, कथन (A) सही है।

कारण (R) 1 पेन की कीमत, $y = 3$ तथा 1 नोट बुक की कीमत, $x = 1$ दी गई समीकरण में रखने पर,

$$1 - 3(3) = 0$$

$$\Rightarrow \quad 1 - 9 = 0$$

$= -8 = 0$, जोकि असत्य है।

अतः 1 पेन की कीमत ₹3 तथा नोट बुक की कीमत ₹1 नहीं हो सकती है।

इसलिए, कारण (R) गलत है।

अतः कथन (A) सही है, परन्तु कारण (R) गलत है।

8. (a) **कथन** (A) दी गई समीकरण, $y = 2x + 3$

x और y के अनेक मान समीकरण को सन्तुष्ट करेंगे। अर्थात् इस समीकरण के अपरिमित रूप से अनेक हल होंगे।

इसलिए, कथन (A) सही है।

कारण (R) कारण (R) सही है।

अतः कथन (A) और कारण (R) दोनों सही हैं तथा कारण (R) कथन (A) की सही व्याख्या है।

9. (c) **कथन** (A) दी गई रैखिक समीकरण, $x - 2y = 4$

समीकरण में $x = 4, y = 0$ रखने पर, $4 - 0 = 4$

$\Rightarrow 4 = 4$, जोकि सत्य है।

अतः (4, 0) समीकरण का एक हल है।

इसलिए, कथन (A) सही है।

कारण (R) कारण (R) गलत है, क्योंकि रैखिक समीकरण का प्रत्येक हल समीकरण को सन्तुष्ट करता है।

इसलिए, कथन (A) सही है, परन्तु कारण (R) गलत है।

10. (d) **कथन** (A) दी गई समीकरण, $3x + 2y = K$

$x = 3, y = 2$ समीकरण में रखने पर, $3(3) + 2(2) = K$

$$\Rightarrow \quad 9 + 4 = K \Rightarrow K = 13$$

इसलिए, कथन (A) गलत है।

कारण (R) कारण (R) सही है।

अतः कथन (A) गलत है परन्तु कारण (R) सही है।

11. $x = 7$

12. **संकेत** हाँ, क्योंकि समीकरण में $x = 0, y = 3$ निर्देशांकों के मान रखने पर यह संतुष्ट होती है।

13. $y = x$

14. **संकेत** बिंदु (1, 2) द्वारा अपरिमित रूप से अनेक रैखिक समीकरण संतुष्ट होते हैं।

15. **संकेत** $\left(\frac{9}{2}, m\right)$, जहाँ m एक वास्तविक संख्या है।

16. **संकेत** रैखिक समीकरण के हल (−2, −2), (0, 0) और (2, 2) हैं।

$\therefore x = -2, y = -2 \Rightarrow x = y$

$x = 0, y = 0 \Rightarrow x = y$ तथा $x = 2, y = 2 \Rightarrow x = y$

अतः अभीष्ट रैखिक समीकरण $x = y$ या $x - y = 0$ है।

17. **संकेत** दी गई समीकरण, $x + 2y = 1$

$$\Rightarrow \quad 2y = 1 - x$$

जब $x = 1$, तब $y = 0$ तथा जब $x = 3$, तब $y = -1$

अतः अनेक हलों में से दो हल (1, 0) तथा (3, −1) हैं।

18. (i) उदाहरण 1 की भाँति स्वयं हल करें।

उत्तर $2x + 3y - 5 = 0$; $a = 2, b = 3, c = -5$

(ii) $x - 3y + 5 = 0$; $a = 1, b = -3, c = 5$

(iii) $2x - \pi y = 0$; $a = 2, b = -\pi, c = 0$

(iv) $y - 9 = 0$; $a = 0, b = 1, c = -9$

(v) $4x - 3y - 24 = 0$; $a = 4, b = -3, c = -24$

(vi) $3x - 36y + 1 = 0$; $a = 3, b = -36, c = 1$

19. एक चर में रैखिक समीकरण का एक अद्वितीय हल होता है।

20. उदाहरण 4 की भाँति स्वयं हल करें। **उत्तर** (2, 1), (− 4, − 2)

21. उदाहरण 4 की भाँति स्वयं हल करें। **उत्तर** (0, 7), (1, 5), (2, 3), (− 1, 9)

22. उदाहरण 6 की भाँति स्वयं हल करें। **उत्तर** हाँ

23. उदाहरण 6 की भाँति स्वयं हल करें।

उत्तर (i) हाँ, (ii) नहीं

24. उदाहरण 7 की भाँति स्वयं हल करें। **उत्तर** $k = -4$

25. उदाहरण 7 की भाँति स्वयं हल करें। (i) $a = 0$, (ii) $a = 3$

26. **संकेत** दी गई समीकरण निम्न है

$$2x - 5y = 7$$

$$\Rightarrow \quad y = \frac{2x - 7}{5}$$

समीकरण में $x = -3$ रखने पर,

$$y = \frac{2(-3) - 7}{5} = -\frac{13}{5} \neq -2$$

इसलिए, (− 3, − 2) दी गई समीकरण का हल नहीं है।

27. $k = 5$

28. **संकेत** समीकरण $2x + cy = 8$ के हल x और y बराबर है।

$\therefore$ समी में $y = x$ रखने पर,

$$2x + cx = 8 \Rightarrow c = \frac{8 - 2x}{x}$$

29. **संकेत** दिया है, y, x के अनुक्रमानुपाती है।

$$\therefore \quad y \propto x \Rightarrow y = kx \quad \ldots (i)$$

जहाँ, k एक स्वेच्छ अचर है।

साथ ही, दिया है, $y = 12, x = 4$

तब, समी (i) से,

$$12 = k \cdot 4 \Rightarrow k = \frac{12}{4} = 3$$

अतः अभीष्ट रैखिक समीकरण $y = 3x$ है।

जब $x = 5$ तब $y = 3 \times 5 = 15$

30. **संकेत** चूँकि (2, 3) रैखिक समीकरण $3x - (a - 1)y = 2a - 1$ का हल है। इसलिए, (2, 3) दी गई समीकरण को संतुष्ट करेगा।

$$\therefore \quad 3 \times 2 - (a - 1) \times 3 = 2a - 1$$

$$\Rightarrow \quad a = 2 \quad \text{[हल करने पर]}$$

साथ ही (2, 3) रैखिक समीकरण $5x + (1 - 2a)y = 3b$ का भी हल है।

$$\therefore \quad 5 \times 2 + (1 - 2 \times 2)3 = 3b \quad [\because a = 2]$$

$$\Rightarrow \quad b = \frac{1}{3} \quad \text{[हल करने पर]}$$

31. उदाहरण 3 की भाँति स्वयं हल करें। **उत्तर** $2x + 3y = 440$

32. उदाहरण 3 की भाँति स्वयं हल करें। **उत्तर** $x = 2y + 20$

33. **संकेत** माना नूरी तथा सोनू की वर्तमान आयु क्रमशः x तथा y वर्ष है, तब $(x-5)=3(y-5)$ **उत्तर** $x-3y=-10$

34. दिया है, 1 किमी का किराया = ₹ 10
शेष $(x-1)$ किमी का किराया = ₹ 8
∴ अभीष्ट समीकरण निम्न है, $10+8(x-1)=y$
$\Rightarrow 8x-y+2=0$ या $y=8x+2$

35. $x+4y=37$

36. $2x-7=69$; 38; इसका केवल एक हल होगा।

37. **संकेत** माना अंश तथा हर क्रमशः x तथा y हैं, तब प्रश्नानुसार,
$\frac{x+1}{y-1}=1$
उत्तर $x-y=-2$

38. (i) छात्र A के लिए, $x+20y=1000$, छात्र B के लिए, $x+26y=1180$ (ii) नियत शुल्क x = ₹ 400 तथा प्रतिदिन के भोजन का शुल्क y = ₹ 30

39. (i) (c) दिया है, बच्चों की संख्या $=x$
तथा वितरित की गई चॉकलेटों की कुल संख्या $=y$
अब, दिए गए प्रतिबन्ध से,
$$y=5x+20$$
(ii) (b) यहाँ, $y=145$, तब
$145=5x+20$
$\Rightarrow 5x=125$
$\Rightarrow x=25$
(iii) (b) यहाँ, $y=205$, तब
$205=5x+20$
$\Rightarrow 5x=185$
$\Rightarrow x=37$
(iv) (c) यहाँ, $x=20$
अब, $y=20\times5+20$
$\Rightarrow y=100+20$
$\Rightarrow y=120$
(v) (c) यहाँ, $x=27$
अब, $y=27\times5+20$
$\Rightarrow y=135+20$
$\Rightarrow y=155$

40. (i) (b) कुल पार्किंग समय $=x$ घण्टे
तथा कुल शुल्क = ₹ y
अब, प्रश्नानुसार
$30+10(x-2)=y$
$\Rightarrow 30+10x-20=y$
$\Rightarrow 10x-y+10=0$
(ii) (a) $\because y=20$
$\therefore 10x-20+10=0$
$\Rightarrow 10x=10 \Rightarrow x=1$
(iii) (c) $\because x=2$
$\therefore 10\times2-y+10=0$
$\Rightarrow y=20+10=30$
(iv) (a) कुल पार्किंग समय $=x$ घण्टे
तथा कुल शुल्क = ₹ y
अब, प्रश्नानुसार
$50+10(x-2)=y$
$\Rightarrow 50+10x-20=y$
$\Rightarrow 30+10x=y$
$\Rightarrow 10x-y+30=0$
(v) (c) कुल पार्किंग समय $=x$ घण्टे
तथा कुल शुल्क = ₹ y
अब, प्रश्नानुसार
$30+8(x-2)=y$
$\Rightarrow 30+8x-16=y$
$\Rightarrow 8x-y+14=0$

41. (i) (c) दिया है, दिसम्बर 2018 में पेट्रोल की कीमत ₹ x तथा दिसम्बर 2019 में पेट्रोल की वर्तमान कीमत ₹ y है।
चूँकि, प्रत्येक छः महीने में पेट्रोल की कीमत ₹ 5 प्रति लीटर की दर से बढ़ती है।
तब प्रश्नानुसार, $y=x+10$
(ii) (b) दिया है, दिसम्बर 2017 में CNG की कीमत ₹ a तथा दिसम्बर 2018 में CNG की कीमत ₹ b है।
तब, प्रश्नानुसार
$$b=a+5$$
(iii) (c) $\because y=20$
तब, $y=x+10$
$\Rightarrow 20=x+10$
$\Rightarrow x=10$
(iv) (b) $\because b=10$
$\therefore 10=a+5$
$\Rightarrow a=10-5=5$
(v) (a) $\because x=5$
$\therefore y=5+10 \Rightarrow y=15$

Topics to be Assessed Formatively

दो चरों वाले रैखिक समीकरण का आलेख

हम जानते हैं कि दो चरों वाले रैखिक समीकरण के अपरिमित रूप से अनेक हल होते हैं। हम हलों का मान-युग्मों में लिखते हैं तथा इन बिंदुओं को ग्राफ पेपर पर आलेखित करते हैं।

इन्हें मिलाने पर एक रेखा प्राप्त होती है। यह सरल रेखा ही, रैखिक समीकरण का आलेख कहलाती है।

अतः हम निष्कर्ष निकाल सकते हैं, कि दो चरों वाले रैखिक समीकरण के आलेख पर स्थित प्रत्येक बिंदु रैखिक समीकरण का एक हल होता है। साथ ही, रैखिक समीकरण का प्रत्येक हल रैखिक समीकरण के आलेख पर स्थित एक बिंदु होता है।

दो चर वाले रैखिक समीकरण का आलेख खींचने की विधि

माना दो चरों वाला रैखिक समीकरण $ax + by + c = 0$ है, जहाँ $a \neq 0, b \neq 0$ तथा x, y चर राशि हैं, तब इसका आलेख खींचने के लिए हम निम्नलिखित चरणों का उपयोग करते हैं

चरण I सर्वप्रथम दी गई रैखिक समीकरण लिखिए तथा y को x के पदों में व्यक्त कीजिए।

अर्थात् $by = -(ax + c)$

$$\Rightarrow \quad y = -\frac{(ax + c)}{b} \quad \ldots(i)$$

चरण II तत्पश्चात् समी (i) में x के स्वेच्छ विभिन्न मान रखकर y के संगत मान ज्ञात कीजिए।

यदि संभव हो तो x के वे पूर्णांक मान लीजिए जिसके लिए y के संगत मान भी पूर्णांक हों।

चरण III x के मानों के नीचे y के संगत मानों को लिखकर, निम्न सारणी बनाइए।

x	x_1	x_2	x_3	x_4
y	y_1	y_2	y_3	y_4

चरण IV अब आलेख पेपर पर निर्देशांक अक्ष खींचकर उपयुक्त पैमाना मानकर बिंदुओं (x_1, y_1) (x_2, y_2) ...को आलेखित कीजिए।

चरण V बिंदुओं $(x_1, y_1), (x_2, y_2), \ldots$ को मिलाइए जिससे हमें एक सरल रेखा प्राप्त होती है जिसे हम दोनों दिशाओं में बढ़ा सकते हैं।

इस प्रकार प्राप्त सरल रेखा दी गई समीकरण का अभीष्ट आलेख होता है।

उदाहरण 1 समीकरण $y - x = 2$ को आलेखित कीजिए।

हल दी गई समीकरण $y - x = 2$ को निम्न रूप में लिख सकते हैं

$$y = 2 + x \quad \ldots(i)$$

जब, $x = -2$, तब समी (i) से,

$$y = 2 - 2 = 0$$

जब $x = 0$, तब समी (i) से,

$$y = 2$$

जब $x = 1$, तब समी (i) से,

$$y = 2 + 1 = 3$$

इस प्रकार, प्राप्त सारणी निम्न है

x	0	−2	1
y	2	0	3

अब निर्देशांक अक्ष XOX' तथा YOY' खींचते हैं तथा उपर्युक्त पैमाना लेकर बिंदुओं $A(-2, 0), B(0, 2)$ तथा $C(1, 3)$ को अंकित करते हैं। बिंदुओं A, B तथा C को मिलाने पर, एक सरल रेखा AC प्राप्त होती है।

अतः रेखा AC दी गई रैखिक समीकरण का अभीष्ट आलेख प्रदर्शित करती है।

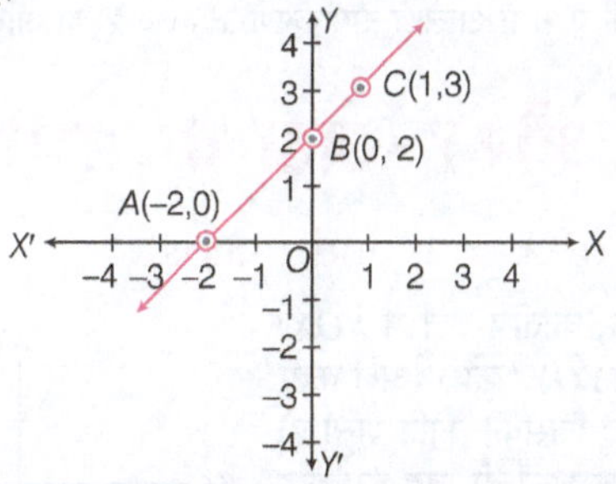

नोट *$y = mx$, जहाँ m एक वास्तविक संख्या है, प्रकार का समीकरण मूलबिंदु से होकर जाने वाली एक सरल रेखा जो चतुर्थांश I और III में होगी, को निरूपित करता है।*

उदाहरण 2 समीकरण $2x + y = 6$ का आलेख खींचिए तथा वह बिंदु भी ज्ञात कीजिए जहाँ आलेख Y-अक्ष को प्रतिच्छेद करता है।

हल दी गई समीकरण $2x + y = 6$ है तब, $y = 6 - 2x$

जब $x = 0$, तब $y = 6 - 2(0) = 6$

जब $x = 1$, तब $y = 6 - 2(1) = 6 - 2 = 4$

जब $x = 2$, तब $y = 6 - 2(2) = 6 - 4 = 2$

इस प्रकार, प्राप्त सारणी निम्न है।

x	0	1	2
y	6	4	2

अब, बिंदुओं $A(0, 6)$, $B(1, 4)$ तथा $C(2, 2)$ को आलेख पर अंकित कर एक सरल रेखा द्वारा मिलाते हैं।

अतः एक सरल रेखा AC प्राप्त होती है जोकि दी गई रैखिक समीकरण का अभीष्ट आलेख प्रदर्शित करती है। साथ ही, आलेख से स्पष्ट है कि आलेख Y-अक्ष को बिंदु $(0, 6)$ पर प्रतिच्छेद करता है।

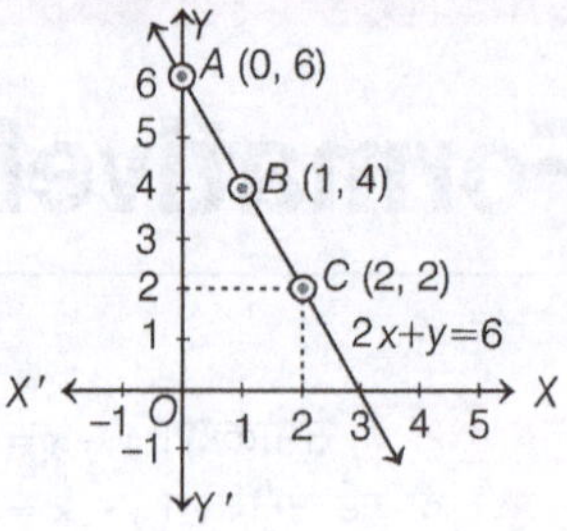

उदाहरण 3 नीचे दिए गए विकल्पों में से, उस समीकरण को चुनिए जिसका आलेख संलग्न चित्र में दिया गया है।

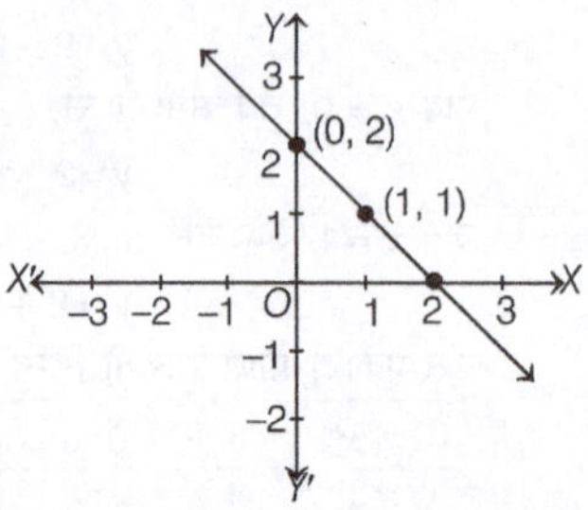

(i) $x+y=2$

(ii) $x-y=2$

(iii) $2x+2y=6$

हल (i) आलेख पर दिए गए बिंदु $(0, 2)$ और $(1, 1)$ हैं। इसलिए, ये बिंदु रेखा के समीकरण को संतुष्ट करेंगे। अब, $(0, 2)$ पर, $x+y=0+2=2$

तथा $(1, 1)$ पर, $x+y=1+1=2$

यहाँ दिए गए बिंदु समीकरण $x+y=2$ को संतुष्ट करते हैं।

अतः दिए गया आलेख समीकरण $x+y=2$ का आलेख है।

X-अक्ष और Y-अक्ष के समीकरण

(Equation of X-axis and Y-axis)

हम जानते हैं कि, कार्तीय तल में XOX' को X-अक्ष तथा YOY' को Y-अक्ष कहा जाता है। वह बिंदु जिसकी कोटि शून्य हो अर्थात् y-निर्देशांक शून्य हो, तब हम कह सकते हैं कि वह बिंदु X-अक्ष पर स्थित होगा। इसलिए, $(a, 0)$ रूप का बिंदु X-अक्ष पर स्थित होगा। साथ ही, यदि $a<0$ है, तब यह X-अक्ष की ऋणात्मक दिशा में तथा यदि $a>0$ हो, तब यह X-अक्ष की धनात्मक दिशा में स्थित होगा।

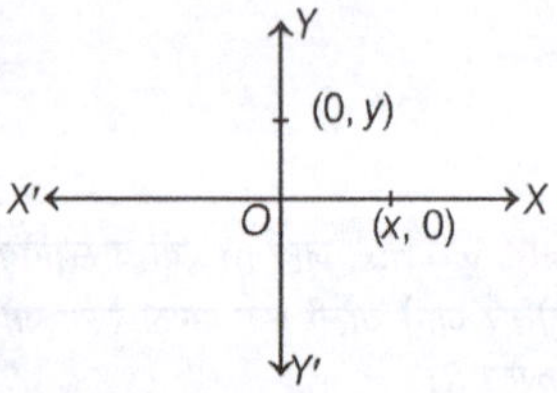

अतः X-अक्ष का एक चर में समीकरण $y=0$ तथा X-अक्ष का दो चरों में समीकरण $1\cdot x+0\cdot y=0$ है। यह समीकरण दर्शाती है कि, x के प्रत्येक मान के लिए y का संगत मान शून्य है अर्थात् रैखिक समीकरण के प्रत्येक हल के संगत बिंदु X-अक्ष पर स्थित होता है। इसी प्रकार $(0, b)$ रूप का बिंदु Y-अक्ष पर स्थित होगा। साथ ही, यदि $b<0$ है, तब यह Y-अक्ष की ऋणात्मक दिशा में तथा यदि $b>0$ है, तब यह Y-अक्ष की धनात्मक दिशा में स्थित होगा।

अतः Y-अक्ष का एक चर में समीकरण $x=0$ तथा Y-अक्ष का दो चरों में समीकरण $1\cdot x+0\cdot y=0$ है। यह समीकरण दर्शाती है कि, y के प्रत्येक मान के लिए, x का संगत मान शून्य है अर्थात् रैखिक समीकरण के प्रत्येक हल के संगत बिंदु Y-अक्ष पर स्थित होता है।

Y-अक्ष के समांतर रेखाओं के समीकरण

(Equation of Lines Parallel to Y-axis)

माना $x-a=0$ एक समीकरण है, तब

(i) यदि हम इसे केवल एक चर x वाला एक समीकरण मान लें, तब इसका एक अद्वितीय हल $x=a$ होता है, जोकि संख्या रेखा पर स्थित एक बिंदु है।

(ii) यदि $x-a=0$ को दो चरों x तथा y वाला समीकरण माना जाए तब इसे $x+0\cdot y-a=0$ के रूप में व्यक्त किया जा सकता है। इस समीकरण के अपरिमित रूप से अनेक हल (a, r) के रूप में होंगे, जहाँ r एक वास्तविक संख्या है। साथ ही, (a, r) के रूप में व्यक्त प्रत्येक बिंदु इस समीकरण पर स्थित होगा।

अतः उपरोक्त समीकरण Y-अक्ष के समांतर रेखा को प्रदर्शित करता है।

नोट *यदि $a>0$ है, तब $x=a$, X-अक्ष की धनात्मक दिशा में Y-अक्ष के समांतर रेखा को तथा $x=-a$, X-अक्ष की ऋणात्मक दिशा में Y-अक्ष के समांतर रेखा को प्रदर्शित करता है।*

उदाहरण 4 दिए गए समीकरणों का एक चर तथा दो चरों के समीकरण रूप में ज्यामितीय निरूपण कीजिए।

(i) $x=4$ (ii) $x+1=0$

हल (i) दी गई समीकरण $x=4$ है।

यदि हम इसे केवल एक चर वाला समीकरण मान ले, तब इसका एक अद्वितीय हल $x=4$ होगा जोकि संख्या रेखा पर स्थित एक बिंदु है।

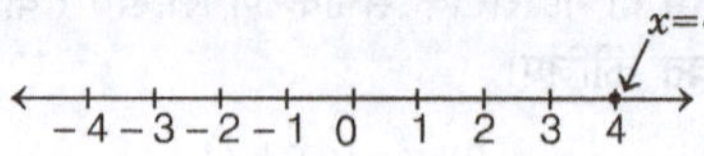

जब इसे दो चरों वाला समीकरण माना जाए, तब इसे $x+0\cdot y=4$ के रूप में लिख सकते हैं तथा रेखा द्वारा प्रदर्शित कर सकते हैं। यहाँ, y के सभी मान मान्य हैं क्योंकि $0\cdot y$ सदैव 0 होता है जबकि, x समीकरण $x=4$ को अवश्य संतुष्ट करेगा।

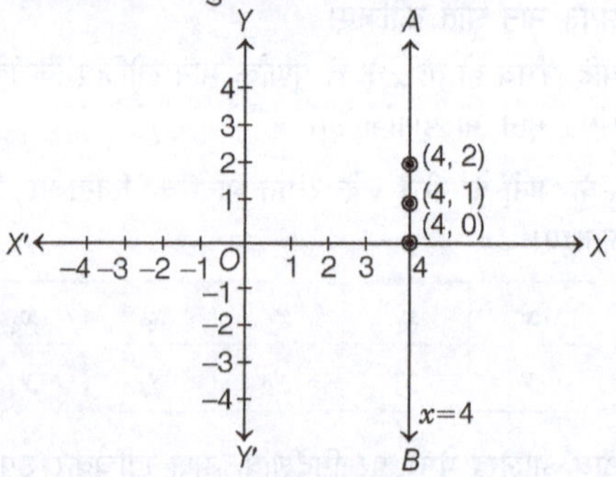

यहाँ, आलेख में AB, Y-अक्ष के समांतर एक रेखा है जोकि X-अक्ष की धनात्मक दिशा में Y-अक्ष से 4 इकाई दूरी पर स्थित है।

(ii) दी गई समीकरण $x+1=0$ है।

जब इसे केवल एक चर वाला समीकरण मान लिया जाता है, तब इसका एक अद्वितीय हल $x=-1$ होगा, जोकि संख्या रेखा पर स्थित एक बिंदु है।

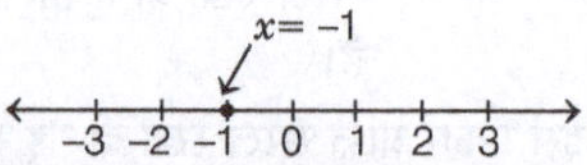

जब इसे दो चरों वाला समीकरण मान लिया जाए, तब इसे $1\cdot x+0\cdot y+1=0$ के रूप में व्यक्त कर सकते हैं। यहाँ y के सभी मान

मान्य हैं, क्योंकि $0 \cdot y$ सदैव 0 होता है, जबकि x, समीकरण $x + 1 = 0$ को अवश्य संतुष्ट करेगा।

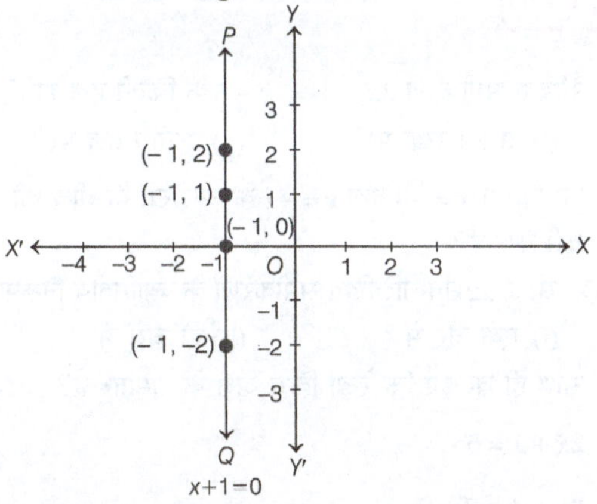

यहाँ, आलेख में PQ, Y-अक्ष के समांतर एक रेखा है जोकि X-अक्ष की ऋणात्मक दिशा में Y-अक्ष से 1 इकाई दूरी पर स्थित है।

X-अक्ष के समांतर रेखाओं के समीकरण

(Equation of Lines Parallel to X-axis)

माना $y - b = 0$ एक समीकरण है, तब

(i) यदि हम इसे केवल एक चर y वाला समीकरण मान लें, तब इसका एक अद्वितीय हल $y = b$ होता है, जोकि संख्या रेखा पर स्थित एक बिंदु है।

(ii) यदि इसे दो चरों x तथा y वाला समीकरण मान लिया जाए, तब इसे $0 \cdot x + 1 \cdot y - b = 0$ के रूप में व्यक्त किया जा सकता है। इस समीकरण के अपरिमित रूप से अनेक हल (r, b) के रूप में होंगे, जहाँ r एक वास्तविक संख्या है।

साथ ही, (r, b) के रूप में व्यक्त प्रत्येक बिंदु इस समीकरण पर स्थित होगा। अतः उपरोक्त समीकरण X-अक्ष के समांतर रेखा को प्रदर्शित करता है।

नोट *यदि $b > 0$ है, तब $y = b$, Y-अक्ष की धनात्मक दिशा में X-अक्ष के समांतर रेखा को तथा $y = -b$, Y-अक्ष की ऋणात्मक दिशा में X-अक्ष के समांतर रेखा को प्रदर्शित करता है।*

उदाहरण 5 समीकरण $3y - 3 = 13 - y$ को हल कीजिए तथा प्राप्त हल को प्रदर्शित कीजिए।

(i) संख्या रेखा पर

(ii) कार्तीय तल पर

हल दी गई समीकण $3y - 3 = 13 - y$ है।

$$\Rightarrow 3y + y = 13 + 3 \Rightarrow 4y = 16 \Rightarrow y = \frac{16}{4} = 4$$

(i) यदि $y = 4$ को केवल एक चर वाला समीकरण मान लें, तब इसका एक अद्वितीय हल $y = 4$ होगा, जोकि संख्या रेखा पर स्थित एक बिंदु है।

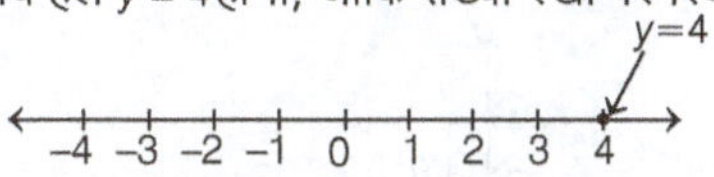

(ii) यदि $y = 4$ को दो चरों x तथा y वाला समीकरण मान लिया जाए, तब इसे $0 \cdot x + 1 \cdot y = 4$ के रूप में लिख सकते हैं तथा इसे रेखा द्वारा प्रदर्शित किया जा सकता है।

यहाँ, x के सभी मान मान्य हैं, क्योकि $0 \cdot x$ सदैव 0 होता है। जबकि, y समीकरण $y = 4$ को अवश्य संतुष्ट करेगा।

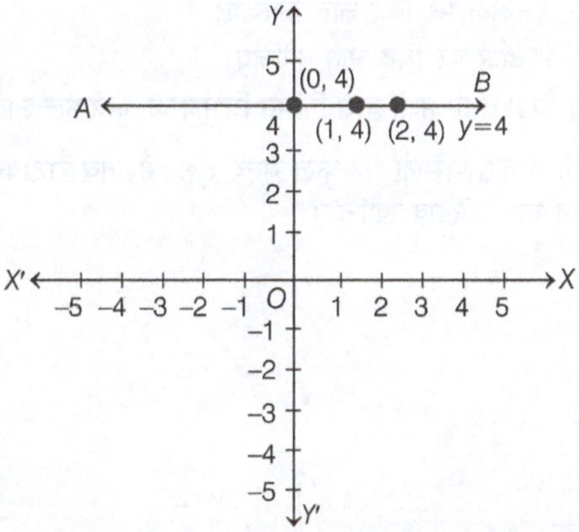

यहाँ, आलेख में AB, X-अक्ष के समांतर एक रेखा है जोकि Y-अक्ष की धनात्मक दिशा में X-अक्ष से 4 इकाई दूरी पर स्थित है। इसके अपरिमित अनेक हल (1, 4), (2, 4), (3, 4), ... हो सकते हैं।

प्रश्नावली

1. कार्तीय तल पर $2x-3y+12=0$ का आलेख खींचिए तथा वह बिंदु भी ज्ञात कीजिए जहाँ आलेख Y-अक्ष को प्रतिच्छेद करता है।

2. रैखिक समीकरणों $y=x$ तथा $y=2x$ को समान कार्तीय तल पर आलेखित कीजिए। इस आलेख के बारे में आपके विचार क्या है?

3. नीचे दिए गए आलेख का अध्ययन कर निम्न प्रश्नों का उत्तर दीजिए।

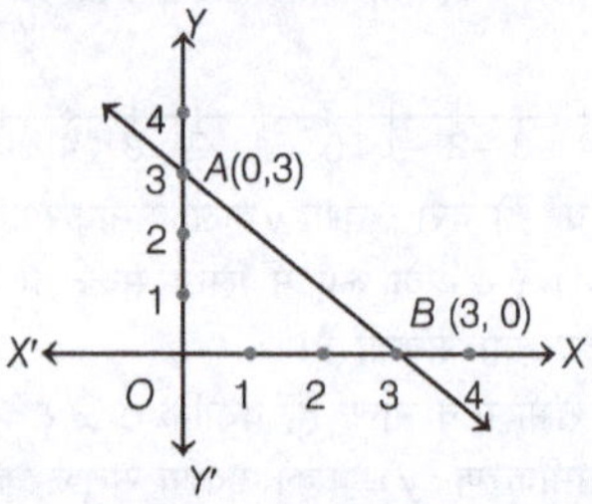

(i) X-अक्ष पर बिंदु ज्ञात कीजिए।

(ii) Y-अक्ष पर बिंदु ज्ञात कीजिए।

(iii) रेखा तथा अक्षों द्वारा निर्मित त्रिभुज का क्षेत्रफल ज्ञात कीजिए।

4. 2 पेनों तथा 5 पेंसिलों का कुल मूल्य ₹ 60 है, तब रैखिक समीकरण निर्मित कर आलेख खींचिए।

5. रैखिक समीकरण $2x + 1 = x - 3$ के कितने हल होंगे?

(i) संख्या रेखा पर? (ii) कार्तीय तल पर?

6. समीकरण $x=-4$ तथा $x=-1$ के आलेखों के बीच की दूरी क्या है?

निर्देश (प्र. सं. 7-12) निम्नलिखित समीकरणों के ज्यामितीय निरूपण कीजिए।

(i) एक चर में (ii) दो चरों में

साथ ही बताइए कि रेखा किस अक्ष के समांतर है?

7. $2x+1=5$

8. $3x+4=7+2x$

9. $-4-2x=x+5$

10. $2x+7=5x-5$

11. $3y+4=10$

12. $4y+3=2y+9$

उत्तर

1. (0, 4)

2.

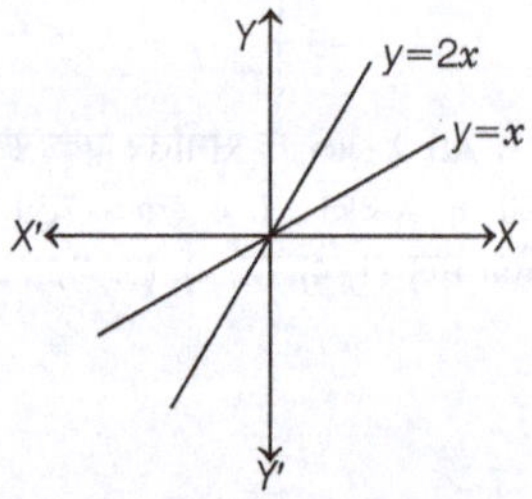

आलेख से, हमारा यह विचार है कि दोनों रेखाएँ परस्पर केवल बिंदु (0, 0) पर मिलती हैं।

3. (i) (3, 0) (ii) (0, 3) (iii) $\frac{9}{2}$ वर्ग इकाई

5. (i) एक (ii) अपरिमित रूप से अनेक हल

6. 3 इकाई

7. Y-अक्ष

8. Y-अक्ष

9. Y-अक्ष

10. Y-अक्ष

11. X-अक्ष

12. X-अक्ष

अध्याय

05

यूक्लिड की ज्यामिति का परिचय

(Introduction to Euclid's Geometry)

'ज्यामिति' (geometry) शब्द की उत्पत्ति यूनानी भाषा के शब्दों 'जियो' (geo) अर्थात् 'पृथ्वी या भूमि' तथा मैट्रीन (Metrein) अर्थात् मापन से हुई है। इससे ऐसा प्रतीत होता है कि ज्यामिति का उद्‌गम पृथ्वी या भूमि को मापने की आवश्यकता के कारण हुआ है। लगभग 300 ई.पू. मिस्र में अलेक्जेंड्रिया के एक विख्यात गणित के शिक्षक यूक्लिड (Euclid) ने तत्कालीन समय तक गणित के सभी ज्ञान को एकत्रित किया और उसे एलीमेंट्स (Elements) नामक अपने सुप्रसिद्ध ग्रंथ के रूप में व्यवस्थित किया। उन्होंने ग्रंथ 'एलीमेंटस' को 13 अध्यायों में विभाजित किया, जिनमें से प्रत्येक अध्याय को 'पुस्तिका' माना जाता है। इन पुस्तिकाओं ने समस्त विश्व की ज्यामिति से संबंधित समझ को प्रभावित किया। इस अध्याय के अंतर्गत हम, ज्यामिति के प्रति यूक्लिड के दृष्टिकोण की चर्चा करेंगे तथा ज्यामिति के वर्तमान स्वरूप से उनके दृष्टिकोण को जोड़ने का प्रयास करेंगे।

यूक्लिड की परिभाषाएँ (Euclid's Definitions)

एक ठोस (solid) का निश्चित आकार, माप और स्थिति होती है तथा उसे एक स्थान से दूसरे स्थान तक सरलतापूर्वक ले जाया जा सकता है। इसकी परिसीमाएँ **पृष्ठ** (surface) कहलाती है। ये परिसीमाएँ आकाश के एक भाग को दूसरे भाग से अलग करती है एवं इनकी कोई मोटाई भी नहीं होती। पृष्ठों की परिसीमाएँ वक्र (curves) अथवा सरल रेखाएँ (straight lines) होती हैं। इन सरल रेखाओं के सिरे बिंदु (points) होते हैं।

अत: ठोसों से बिंदुओं तक के तीन चरणों (ठोस-पृष्ठ-रेखाएँ-बिंदु) पर विचार करते हैं। प्रत्येक चरण में, हम एक विस्तार से वंचित होते हैं जिसे हम विमा (dimension) कहते हैं।

इसलिए, यह कहा जा सकता है कि एक ठोस की तीन विमाएँ, एक पृष्ठ की दो विमाएँ, एक रेखा की एक विमा तथा एक बिंदु की कोई विमा नहीं होती है। यूक्लिड ने उपरोक्त कथनों को संक्षिप्त रूप में परिभाषाओं के रूप में प्रस्तुत किया। उन्होंने उपरोक्त रहस्योद्‌घाटनों का आरंभ 'एलीमेंट्स' की पुस्तक 1 में 23 परिभाषाएँ (definitions) द्वारा किया।

इनमें से कुछ परिभाषाएँ निम्नवत हैं:

(i) **बिंदु** (point) वह है जिसका कोई भाग नहीं होता है।

(ii) **रेखा** (line) चौड़ाई रहित लंबाई होती है।

(iii) एक रेखा के सिरे बिंदु (points) होते हैं।

टॉपिक्स

- *यूक्लिड की परिभाषाएँ*
- *यूक्लिड की अभिगृहीत तथा अभिधारणाएँ*

(iv) **सरल रेखा** वह रेखा है जोकि स्वयं पर बिंदुओं के बराबर रूप में स्थित होती है।

(v) **पृष्ठ** (Surface) वह है जिसकी केवल लंबाई एवं चौड़ाई होती है।

(vi) पृष्ठ के **किनारे** (Edges) रेखाएँ होती हैं।

(vii) वह पृष्ठ जोकि स्वयं पर सरल रेखाओं के साथ सपाट रूप से स्थित होता है **समतल पृष्ठ** (Plane surface) कहलाता है।

यदि आप ध्यानपूर्वक उपरोक्त परिभाषाओं को देखें, तो पाएँगे कि कुछ पदों जैसे— भाग, चौड़ाई, लंबाई आदि को स्पष्ट रूप से आगे और अधिक समझाने की आवश्यकता है।

उदाहरण— बिंदु की परिभाषा पर विचार कीजिए जो यूक्लिड ने दी है। इस परिभाषा में 'एक भाग' को परिभाषित करने की आवश्यकता है। मान लीजिए कि हम यह परिभाषित करें कि एक भाग वह है जो 'क्षेत्र' घेरता है, तो हमें पुनः 'क्षेत्र' को परिभाषित करने की आवश्यकता होगी। अतः एक वस्तु को परिभाषित करने के लिए, आपको अनेक वस्तुओं को परिभाषित करने की आवश्यकता होती है और बिना किसी अंत के परिभाषाओं की एक लंबी श्रृंखला प्राप्त होती है।

नोट *कुछ गणितज्ञों द्वारा यह सुविधाजनक पाया गया कि कुछ ज्यामितीय पदों को अपरिभाषित (Undefined) मान लिया जाए। इस विधि से हम एक बिंदु की ज्यामितीय संकल्पना का ऊपर दी हुई परिभाषा की तुलना में बेहतर अंतर्ज्ञानात्मक अभ्यास प्राप्त करेंगे। इसलिए हम बिंदु को एक सूक्ष्म बिंदी से निरूपित करते हैं परंतु इस सूक्ष्म बिंदी की कुछ न कुछ विमा अवश्य होती है।*

यूक्लिड की अभिगृहीत तथा अभिधारणाएँ (Euclid's Axioms and Postulates)

अपनी इन परिभाषाओं से प्रारंभ करते हुए, यूक्लिड ने कुछ गुणधर्मों को बिना सत्यापित किए सत्य कथन मानने की कल्पना की जबकि ये कल्पनाएँ वास्तव में, 'स्पष्टतः सर्वव्यापी सत्य' थी। यूक्लिड ने इनकों दो वर्गों में विभाजित किया है।

(i) **अभिधारणा** (Postulate) अभिधारणा शब्द का उपयोग उन कल्पनाओं के लिए किया जो विशेष रूप से ज्यामिति से संबंधित थी। वास्तव में, अभिधारणा एक क्रिया है। यदि हम कहें कि 'माना कि अवधारणा है', तब हम सर्वप्रथम कुछ कथन मानते हैं जोकि ब्रह्मांड में कुछ तथ्यों पर आधारित होते हैं तत्पश्चात् उनकी सत्यता। वैधता की जाँच करते हैं। यदि वह कथन सत्य/वैध है, तब वह अभिधारणा होगी अथवा नहीं।

(ii) **अभिगृहीत** (Axioms) ऐसे आधारभूत तथ्य जो बिना किसी प्रमाण के सत्य मान लिए जाते हैं, अभिगृहीत कहलाते हैं।

यूक्लिड की अभिगृहीत (Euclid's Axioms)

यूक्लिड की कुछ अभिगृहीतियाँ नीचे दी गई हैं:

अभिगृहीत 1. वे वस्तुएँ जो एक ही वस्तु के बराबर हों, एक-दूसरे के बराबर होती है। जैसे— यदि $\overline{AB}=\overline{CD}$ तथा $\overline{CD}=\overline{EF}$ तब, $\overline{AB}=\overline{EF}$

अर्थात् यदि रेखाखंड AB, रेखाखंड CD के बराबर है तथा रेखाखंड CD, रेखाखंड EF के बराबर है, तब रेखाखंड AB, रेखाखंड EF के बराबर होगा।

अभिगृहीत 2. यदि बराबरों को बराबरों में जोड़ा जाए, तो पूर्ण भी बराबर होते हैं। जैसे— यदि $m\angle ABC = m\angle DEF$, तब

$$m\angle ABC + m\angle XYZ = m\angle DEF + m\angle XYZ$$

अर्थात् यदि $\angle ABC$ की माप, $\angle DEF$ की माप के बराबर है, तब दोनों पक्षों में समान माप $\angle XYZ$ जोड़ दिया जाए, तब हमें $\angle ABC$ तथा $\angle XYZ$ का योग, $\angle DEF$ तथा $\angle XYZ$ के योग के बराबर प्राप्त होगा।

अभिगृहीत 3. यदि बराबरों को बराबरों में से घटा दिया जाए, तो शेषफल भी बराबर होते हैं। जैसे-यदि $4x=5y$, तब $4x-2=5y-2$

अभिगृहीत 4. वे वस्तुएँ जोकि परस्पर (एक-दूसरे के) संपाती हो, एक दूसरे के बराबर होती है।

जैसे— यदि $\overline{AB}, \overline{PQ}$ के साथ इस प्रकार संपाती है कि बिंदु A, P पर तथा बिंदु B, Q के ऊपर स्थित हो, तब $\overline{AB}=\overline{PQ}$ होगा अर्थात् यदि दो वस्तुएँ समरूप हैं, तब वे एक-दूसरे के बराबर होंगी। अन्य शब्दों में, प्रत्येक वस्तु स्वयं के बराबर होती है। यह अध्यारोपण के सिद्धांत की तर्कसंगतता को प्रकट करता है।

अभिगृहीत 5. संपूर्ण भाग, अपने भाग से बड़ा होता है।

जैसे— यदि $x=y+z$ (जहाँ, $y, z \neq 0$), तब $x>y$ तथा $x>z$ अर्थात् यदि y एक दूसरी राशि x का एक भाग है, तब x को हम y तथा तीसरी राशि z के योगफल के रूप में लिख सकते हैं।

संकेत रूप में, $x>y$, तब इसका आशय यह है कि यहाँ एक राशि z इस प्रकार स्थित होगी कि $x=y+z$

अभिगृहीत 6. एक ही वस्तुओं के दोगुने परस्पर बराबर होते हैं।

जैसे— यदि $y=2x$ तथा $z=2x$, तब $y=z$

अभिगृहीत 7. समान वस्तुओं के आधे एक-दूसरे के बराबर होते हैं।

जैसे— यदि $y=\frac{x}{z}$ तथा $z=\frac{x}{z}$, तब $y=z$

नोट *अभिगृहीतों का निकाय सुसंगत कहलाता है, यदि इन अभिगृहीतों में से एक ऐसा कथन निकालना असंभव है, जोकि पूर्व में सिद्ध किए गए कथन का विरोधाभास करता हो।*

उदाहरण 1 दी गई आकृति में, $\angle 1=\angle 4$ तथा $\angle 3=\angle 2$ दिया है, तब हम किस अभिगृहीत से यह सिद्ध कर सकते है। यदि $\angle 2=\angle 4$ है, तब $\angle 1=\angle 3$ होगा?

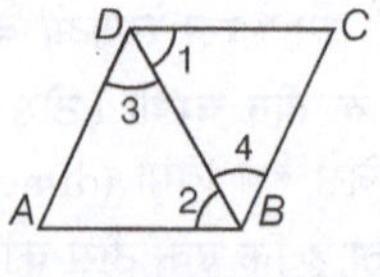

हल दिया है, $\angle 1=\angle 4$

तथा $\angle 3=\angle 2$ ...(i)

यदि $\angle 2=\angle 4$

तब, $\angle 2=\angle 1$ [$\because \angle 1=\angle 4$, 1 अभिगृहीत द्वारा] ...(ii)

$\Rightarrow$ $\angle 3=\angle 1$ [$\because \angle 2=\angle 3$]

अतः उपरोक्त परिणाम को दर्शाने के लिए अभिगृहीत 1 का प्रयोग करेंगे।

उदाहरण 2 दो सेल्समैनों ने अगस्त के महीने में बराबर बिक्री की। सितंबर में, प्रत्येक सेल्समैन अपनी बिक्री अगस्त के महीने की बिक्री की दोगुनी कर लेता है। दोनों की सितंबर की बिक्रियों की तुलना कीजिए। यहाँ कौन-सी अभिगृहीत प्रयोग में ली गई है?
साथ ही इस स्थिति के लिए हम इसके अतिरिक्त अन्य कौन-सी दो अभिगृहीतों का प्रयोग कर सकते हैं।

हल माना प्रत्येक सेल्समैन की अगस्त के महीने की बिक्री x है। यदि हम दोनों सेल्समैनों के साझे में समान मात्रा x को जोड़ दे, तब हम बिक्री $2(x + x)$ प्राप्त करते हैं।

यूक्लिड के अभिगृहीत के अनुसार, 'यदि बराबर भागों को बराबर भागो में जोड़ा जाए, तो पूर्ण भी बराबर होते हैं तथा एक ही वस्तुओं के दोगुने परस्पर बराबर होते हैं।' अत: सितम्बर के महीने की बिक्री $= x$
यूक्लिड की अभिगृहीत 6 के अनुसार, एक ही वस्तुओं के दोगुने परस्पर बराबर होते हैं इसलिए, सितंबर के महीने में पुन: बिक्री बराबर होगी।
यूक्लिड की अभिगृहीत 6 के अतिरिक्त हम अन्य दो अभिगृहीत 2 तथा अभिगृहीत 3 का उपयोग कर सकते हैं।

उदाहरण 3 नीचे दी गई आकृति में,

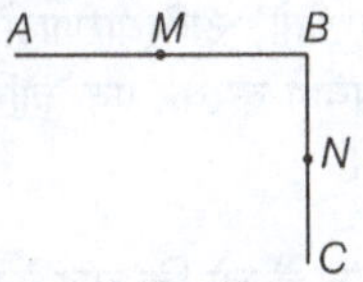

(i) यदि $AB = BC$ है, तब M, AB का तथा N, BC का मध्य-बिंदु होगा, तब दर्शाइए कि $AM = NC$

(ii) यदि $BM = BN$ है, तब M, AB का तथा N, BC का मध्य-बिंदु होगा, तब दर्शाइए कि $AB = BC$

हल (i) दिया है, $AB = BC$ ...(i)

चूँकि M, AB का मध्य-बिंदु है।

$\therefore$ $AM = MB = \frac{1}{2}AB$ ...(ii)

साथ ही N, BC का मध्य-बिंदु है।

$\therefore$ $BN = NC = \frac{1}{2}BC$ ...(iii)

अभिगृहीत 7 के अनुसार, समान अवयवों के आधे परस्पर बराबर होते हैं।

समी (i) के दोनों पक्षों को $\frac{1}{2}$ से गुणा करने पर,

$\frac{1}{2}AB = \frac{1}{2}BC \Rightarrow AM = NC$ [समी (ii) तथा (iii) से]

(ii) दिया है, $BM = BN$ ...(i)

चूँकि M, AB का मध्य-बिंदु है।

$\therefore$ $AM = BM = \frac{1}{2}AB$

$\Rightarrow$ $2AM = 2BM = AB$ ...(ii)

साथ ही N, BC का मध्य-बिंदु है।

$\therefore$ $BN = NC = \frac{1}{2}BC$

$\Rightarrow$ $2BN = 2NC = BC$ ...(iii)

अभिगृहीत 6 के अनुसार, समान अवयवों के दोगुने परस्पर बराबर होते हैं।

समी (i) को 2 से गुणा करने पर,

$2BM = 2BN$

$\Rightarrow$ $AB = BC$ [समी (ii) तथा (iii) से]

इति सिद्धम्

उदाहरण 4 दी गई आकृति में, यदि $\angle DOB = 87°$, $\angle COA = 82°$ तथा $\angle BOA = 35°$ है, तब $\angle COB$ तथा $\angle COD$ के मान ज्ञात कीजिए।

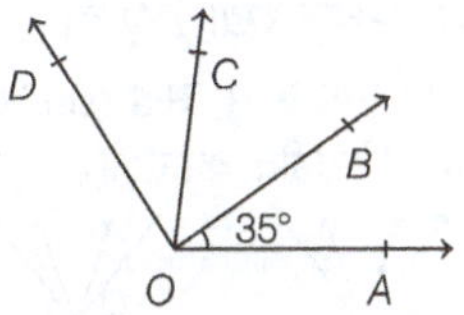

> अभिगृहीत 1 का प्रयोग करें, अर्थात् वे वस्तुएँ जो एक ही वस्तु के बराबर हो, परस्पर बराबर होती है तथा अभिगृहीत 3 से, यदि बराबरों को बराबरों में से घटाया जाए, तब शेषफल भी बराबर होते हैं।

हल आकृति से, $\angle DOB = \angle DOC + \angle COB$

दिया है, $\angle DOB = 87°$

$\therefore$ $\angle DOC + \angle COB = 87°$ [अभिगृहीत 1 से] ...(i)

इसी प्रकार, $\angle COB + \angle BOA = \angle COA$

$\Rightarrow$ $\angle COB + \angle BOA = 82°$ ...(ii)

[$\because \angle COA = 82°$, दिया है]

परंतु $\angle BOA = 35°$ [दिया है]

समी (ii) से, $\angle COB + 35° = 82°$

$\Rightarrow$ $\angle COB + 35° - 35° = 82° - 35°$

[अभिगृहीत 3 से, समान वस्तु को घटाने पर अर्थात् दोनों पक्षों में $\angle BOA = 35°$ घटाने पर]

$\Rightarrow$ $\angle COB = 47°$ ...(iii)

एक ही वस्तु घटाने पर, समी (i) के दोनों पक्षों में से $\angle COB$ घटाने पर [अभिगृहीत 3 के उपयोग से]

$\Rightarrow$ $\angle DOC = 87° - \angle COB$

$\Rightarrow$ $\angle DOC = 87° - 47°$ [समी (iii) से]

$\therefore$ $\angle DOC = 40°$

अत: $\angle COB = 47°$

तथा $\angle DOC$ या $\angle COD = 40°$

यूक्लिड अभिधारणाएँ (Euclid's Postulates)

अभिधारणा 1

एक बिंदु से एक अन्य बिंदु तक एक सीधी रेखा खींची जा सकती है।

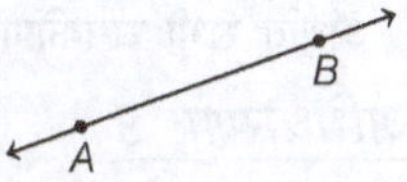

इसका आशय यह है कि दो भिन्न (distinct) बिंदुओं से होकर कम से कम एक रेखा अवश्य खींची जा सकती है, परंतु इससे यह कहा नहीं जा सकता कि ऐसी एक से अधिक सीधी रेखाएँ नहीं हो सकती। परंतु यूक्लिड ने बार-बार समस्त कार्यों में कल्पना की है कि दो भिन्न बिंदुओं से एक अद्वितीय (unique) रेखा ही खींची जा सकती है।

उपरोक्त परिणाम को हम एक अभिगृहीत के रूप में नीचे दे रहे है:

अभिगृहीत (Axiom)

दिए हुए दो भिन्न बिंदुओं से होकर जाने वाली एक उभयनिष्ठ रेखा खींची जाती है। दी गई आकृति में ध्यान दीजिए कि, बिंदु P से होकर जाने वाली रेखाओं की संख्या, जोकि बिंदु Q से भी गुजरती है केवल एक अर्थात् PQ है। इसी प्रकार, बिंदु Q से होकर जाने वाली रेखाओं की संख्या, जोकि बिंदु P से भी गुजरती है, केवल एक, अर्थात रेखा PQ है।

इस प्रकार, उपरोक्त कथन एक स्वयं सिद्ध (self-evident) सत्य है, इसी कारणवश हम इसे एक अभिगृहीत कहते हैं।

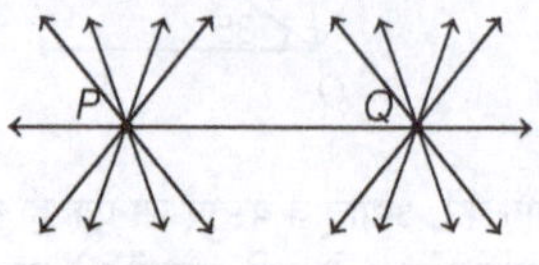

अभिधारणा 2

एक सांत रेखा (terminated line) को अनिश्चित रूप से बढ़ाया जा सकता है।

यूक्लिड की सांत रेखा एक रेखाखंड कहलाती है। इस प्रकार वर्तमान की भाषा के अनुसार, 'एक रेखाखंड को दोनों ओर विस्तार करके एक रेखा बनाई जा सकती है।'

अभिधारणा 3

किसी केंद्र और किसी त्रिज्या से एक वृत्त खींचा जा सकता है।

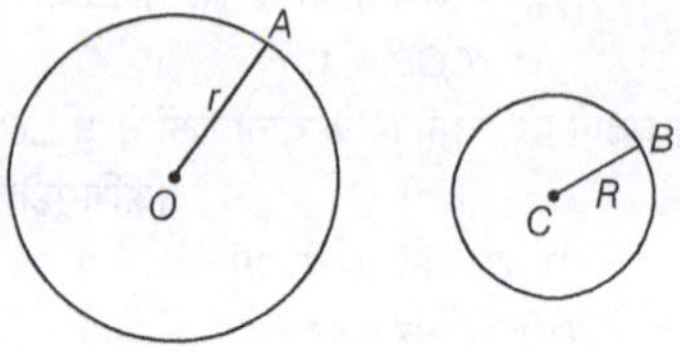

अभिधारणा 4

सभी समकोण एक-दूसरे के बराबर होते हैं।

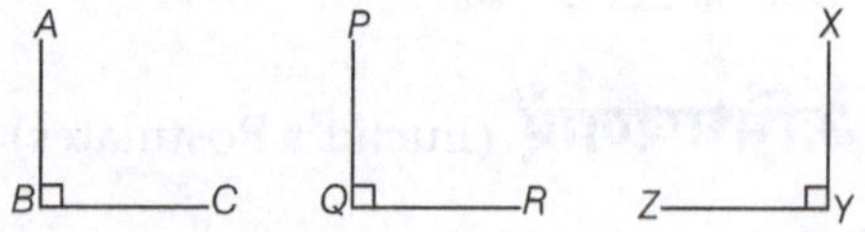

यदि $\angle ABC = 90°$, $\angle PQR = 90°$ तथा $\angle XYZ = 90°$

तब, $\angle ABC = \angle PQR = \angle XYZ$

अर्थात् सभी समकोण एक-दूसरे के बराबर हैं।

अभिधारणा 5

यदि एक सीधी रेखा दो सीधी रेखाओं पर गिरकर अपने एक ही ओर दो अंत: कोण इस प्रकार बनाए कि इन दोनों कोणों का योग मिलकर दो समकोणों से कम हो, तो वे दोनों सीधी रेखाएं अनिश्चित रूप से बढ़ाए जाने पर उसी ओर मिलती हैं जिस ओर यह योग दो समकोणों से कम होता है।

उदाहरण— रेखा PQ, रेखाओं AB और CD पर इस प्रकार गिरती है कि अंत: कोणों 1 और 2 का योग, जो PQ के बाईं ओर स्थित है, 180° से कम है। अत: रेखाएँ AB और CD अन्तत: PQ के बाईं ओर प्रतिच्छेद करेंगी।

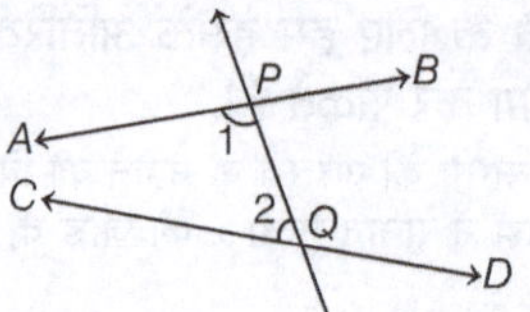

अभिधारणाएँ 1 से 4 इतनी सरल और स्पष्ट है कि उन्हें स्वयं सिद्ध सत्य के रूप में मान लिया जाता है। यूक्लिड ने अपनी अभिधारणाएँ एवं अभिगृहितों को प्रदान करने के पश्चात् , इनका प्रयोग अन्य परिणामों को सत्यापित करने में किया। उन्होंने पुन: इन परिणामों का प्रयोग करके, निगमनिक तर्कण (deductive reasoning) द्वारा कुछ और परिणामों को सिद्ध किया। जिन कथनों को उन्होंने सिद्ध किया वे कथन साध्य (preposition) अथवा प्रमेय (theorems) कहलाती थी।

यूक्लिड ने अपनी अभिगृहीतो, अभिधारणाओं, परिभाषाओं एवं पूर्व में सिद्ध की हुई प्रमेयों का प्रयोग करके, एक तार्किक शृंखला में 465 साध्य निगमित (deduce) किए।

उदाहरण 5 **एक वर्ग बहुभुज है जो कि चार रेखाखंडों द्वारा बना हुआ है, जिसमें से तीन रेखाखंडों की लंबाई, चौथी रेखाखंड की लंबाई के बराबर है तथा इसके सभी कोण समकोण हैं। यूक्लिड अभिगृहीत/अभिधारणा के प्रयोग से, सिद्ध कीजिए कि वर्ग की सभी भुजाएँ एवं कोण बराबर होते हैं।**

हल माना $ABCD$ एक वर्ग है, तब

$$AB = CD$$

$$AD = CD \text{ तथा } BC = CD$$

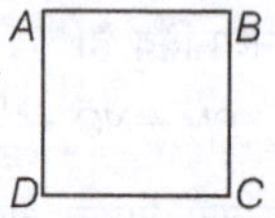

अभिगृहीत 1 से,

$$AB = BC = AD = CD$$

साथ ही, $\angle A = 90°$, $\angle B = 90°$, $\angle D = 90°$ तथा $\angle C = 90°$

अभिधारणा 4 से, $\angle A = \angle B = \angle C = \angle D$

अत: वर्ग की सभी भुजाएँ एवं कोण बराबर हैं।

प्रमेय *दो भिन्न रेखाओं में एक से अधिक बिंदु उभयनिष्ठ नहीं हो सकता है।*

इस प्रमेय को हम निम्नलिखित तरीके से सिद्ध कर सकते हैं

दिया है दो भिन्न रेखाएँ l और m हैं।

सिद्ध करना है l और m में केवल एक उभयनिष्ठ बिंदु है।

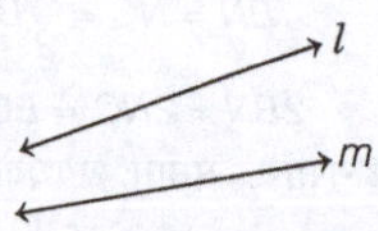

उपपति माना कि दो रेखाएँ l और m परस्पर दो भिन्न बिंदुओं P और Q पर प्रतिच्छेद करती है।

तब, रेखा l पर दोनों बिंदु P तथा Q एवं रेखा M पर दोनों बिंदु P तथा Q स्थित होंगे। परंतु अभिगृहीत के अनुसार, हम जानते हैं कि दो भिन्न बिंदुओं से केवल एक रेखा गुजर सकती है।

$\therefore \quad l = m$

इसलिए, हमारा अनुमान गलत है।

अतः दो भिन्न रेखाओं में एक से अधिक बिंदु उभयनिष्ठ नहीं हो सकते हैं।

इति सिद्धम्

कुछ आधारभूत परिभाषाएँ (Some Basic Definitions)

- **रेखाखंड** (Line segment) रेखा का वह भाग, जिसके दो अंतः बिंदु हो, एक रेखाखंड कहलाता है।
- **एक रेखाखंड का अंतः बिंदु** (Interior point of a line segment) एक बिंदु P, रेखाखंड AB का अंतः बिंदु कहलाता है यदि P, A तथा B के बीच स्थित हों, परंतु P न तो A न ही B पर हो, अर्थात P, बिंदु A व बिंदु B से भिन्न है।

  स्पष्टतः, अंतः बिंदुओं A तथा B के अतिरिक्त रेखाखंड AB पर स्थित सभी बिंदु इसके अंतः बिंदु होते हैं।
- **रेखाखंडों की सर्वांगसमता** (Congruence of Line Segments) दो रेखाखंड $\overline{AB}$ तथा $\overline{CD}$ सर्वांगसम होते हैं यदि एक को दूसरे पर अध्यारोपित करने पर वह उसे पूर्णतः आच्छादित कर ले। यदि रेखाखंड AB, रेखाखंड CD के सर्वांगसम है तो इसे $\overline{AB} \cong \overline{CD}$ के द्वारा निरूपित करते हैं।
- **किरण** (Ray) रेखा का वह भाग, जिसका एक अंतः बिंदु हो, एक किरण कहलाती है।

किरण AB को $\overrightarrow{AB}$ से प्रदर्शित करते हैं।

- **विपरीत किरणें** (Opposite rays) दो किरणें $\overrightarrow{AB}$ तथा $\overrightarrow{AC}$ विपरीत किरणें कहलाती हैं यदि ये दोनों संरेख हों तथा बिंदु A दोनों किरणों में एकमात्र उभयनिष्ठ बिंदु हो।
- **संरेख बिंदु** (Collinear points) यदि तीन या तीन से अधिक बिंदु एक ही रेखा पर स्थित हो, तो वे संरेख बिंदु कहलाते हैं।
- **प्रतिच्छेदी रेखाएँ** (Intersecting lines) दो रेखाएँ जिनका प्रतिच्छेद अरिक्त हो, प्रतिच्छेदी रेखाएँ कहलाती है। यहाँ, उभयनिष्ठ बिंदु 'प्रतिच्छेद बिंदु' कहलाता है।
- **संगामी रेखाएँ** (Concurrent lines) यदि तीन अथवा अधिक रेखाएँ एक ही बिंदु पर प्रतिच्छेद करें, तो वे रेखाएँ संगामी रेखाएँ कहलाती है।
- **पिरामिड** (Pyrmaid) एक पिरामिड ठोस आकृति है जिसका आधार एक त्रिभुज या वर्ग या अन्य कोई बहुभुज हो सकता है तथा इसकी पार्श्वफलक सदैव त्रिभुजाकार रूप में होती है जो कि शीर्ष पर एक बिंदु पर मिलती है।

उदाहरण 6 दी गई आकृति में, यदि A, B और C तीन बिंदु एक रेखा पर तथा B, A व C के बीच स्थित है, तब सिद्ध कीजिए कि $AB + BC = AC$

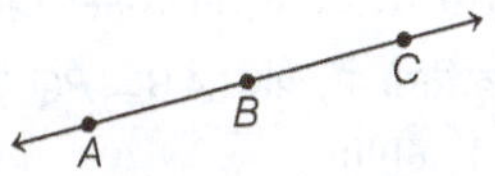

हल दी गई आकृति में AC, $AB + BC$ के साथ संपाती है।

अभिगृहीत 4 के अनुसार, यदि दो वस्तुएँ परस्पर संपाती हों, तब वह एक-दूसरे के बराबर होती है, इसलिए इसे इस प्रकार निगमित कर सकते हैं।

$$AB + BC = AC$$

उदाहरण 7 सिद्ध कीजिए कि एक दिए हुए रेखाखंड पर एक समबाहु त्रिभुज की रचना की जा सकती है।

हल माना एक रेखाखंड AB दिया हुआ है।

यहाँ, हमें यह सिद्ध करने की आवश्यकता है कि एक समबाहु त्रिभुज की रचना की जा सकती है।

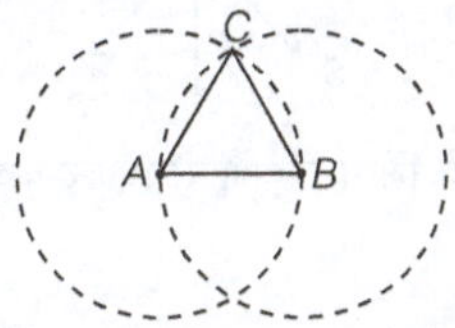

उपपत्ति बिंदु A को केंद्र और त्रिज्या AB लेकर, यूक्लिड की अभिधारणा 3 का प्रयोग करके हम एक वृत्त की रचना कर सकते हैं।

अतः, हम केंद्र A लेकर और त्रिज्या AB लेकर वृत्त बना सकते हैं। इसी प्रकार, यूक्लिड अभिधारणा 3 का प्रयोग करके, हम बिंदु B को केंद्र और BA को त्रिज्या लेकर एक वृत्त बनाते हैं।

माना दोनों वृत्त (वास्तव में चाप) एक बिंदु, माना C पर प्रतिच्छेद करते हैं।

अब, हम AC और BC को मिलाकर त्रिभुज ABC प्राप्त करते हैं।

अब, $\quad AC = AB \quad$ [एक ही वृत्त की त्रिज्याएँ] ...(i)

और $\quad BA = BC \quad$ [एक ही वृत्त की त्रिज्याएँ] ...(ii)

इसलिए समी (i) और (ii) से, $AB = BC = AC$

[यूक्लिड के अभिगृहीत का प्रयोग करके कि वे वस्तुएँ जो एक वस्तु के बराबर हों, एक परस्पर के बराबर होती हैं]

अतः ABC एक समबाहु त्रिभुज है। **इति सिद्धम्**

NCERT फोल्डर

प्रश्नावली 5.1

1. निम्नलिखित कथनों में से कौन-से कथन सत्य हैं और कौन-से कथन असत्य हैं? अपने उत्तरों के लिए कारण दीजिए।

(i) एक बिंदु से होकर केवल एक ही रेखा खींची जा सकती है।

(ii) दो भिन्न बिंदुओं से होकर जाने वाली असंख्य रेखाएँ हैं।

(iii) एक निश्चित रेखा दोनों ओर अनिश्चित रूप से बढ़ाई जा सकती है।

(iv) यदि दो वृत्त बराबर हैं, तो उनकी त्रिज्याएँ बराबर होती हैं।

(v) निम्न आकृतियों में, यदि $AB = PQ$ और $PQ = XY$ है, तो $AB = XY$ होगा।

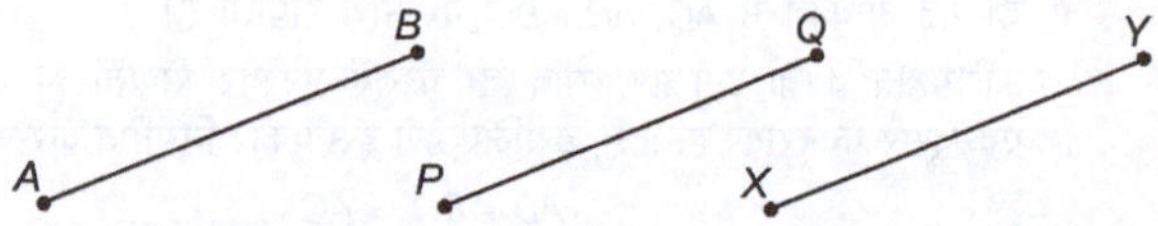

हल (i) *असत्य*, एक बिंदु O से होकर अपरिमित रूप से अनेक रेखाएँ खीची जा सकती हैं।

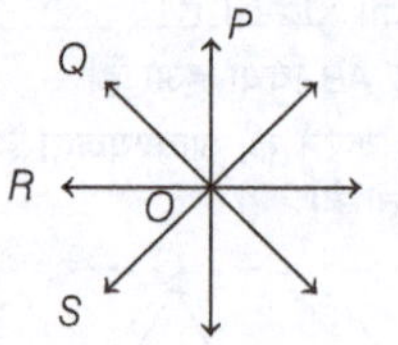

(ii) *असत्य*, दो भिन्न बिंदुओं से होकर केवल एक ही रेखा खींची जा सकती है।

(iii) *सत्य*,

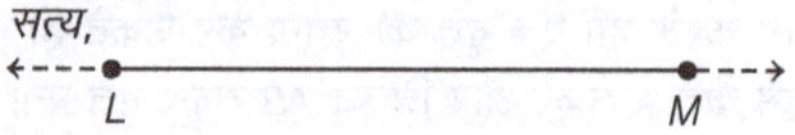

(iv) *सत्य*, दो बराबर वृत्तों की त्रिज्याएँ सदैव बराबर होती हैं।

(v) $AB = PQ$ ...(i)

$PQ = XY \Rightarrow XY = PQ$ ...(ii)

समी (i) तथा (ii) से, $AB = XY$

2. निम्नलिखित पदों में से प्रत्येक की परिभाषा दीजिए। क्या इनके लिए कुछ ऐसे पद हैं जिन्हें परिभाषित करने की आवश्यकता है? वे क्या हैं और आप इन्हें कैसे परिभाषित कर पाएँगे?

(i) समांतर रेखाएँ (ii) लंब रेखाएँ

(iii) रेखाखंड (iv) वृत्त की त्रिज्या (v) वर्ग

हल (i) **समांतर रेखाएँ** एक समतल में दो रेखाओं को समांतर कहते हैं, यदि वे कोई भी उभयनिष्ठ बिंदु नहीं रखती हैं। चित्र में, x तथा y समांतर रेखाएँ हैं क्योंकि इनमें कोई भी उभयनिष्ठ बिंदु नहीं है तथा हम इन्हें $x \parallel y$ भी लिखते हैं। यहाँ, पद बिंदु अपरिभाषित होता है।

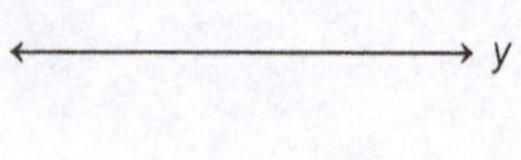

(ii) **लंब रेखाएँ** एक समतल में दो रेखाओं को लंबवत् कहते हैं, यदि वे एक-दूसरे को केवल एक ही समकोण पर प्रतिच्छेद करती हैं।

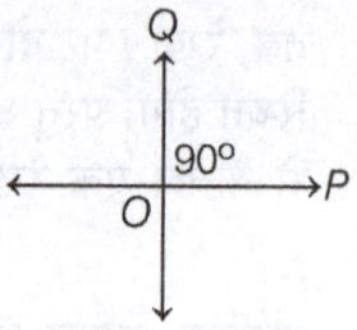

चित्र में, P तथा Q को लंबवत् रेखाएँ कहते हैं क्योंकि ये एक-दूसरे को 90° पर प्रतिच्छेद करती हैं तथा इन्हें $Q \perp P$ भी लिखते हैं।

यहाँ, पद एक समकोण अपरिभाषित होता है।

(iii) **रेखाखंड** दो बिंदुओं के बीच की निश्चित दूरी (लंबाई) को रेखाखण्ड कहते हैं।

चित्र में, A तथा B के बीच निश्चित लंबाई एक रेखाखंड है तथा इसे $\overline{AB}$ से निरूपित किया जाता है।

यहाँ, पद निश्चित लंबाई अपरिभाषित होती है।

(iv) **वृत्त की त्रिज्या** वृत्त पर स्थित किसी बिंदु से केंद्र के बीच की दूरी को वृत्त की त्रिज्या कहते हैं। चित्र में, OA वृत्त की त्रिज्या है।

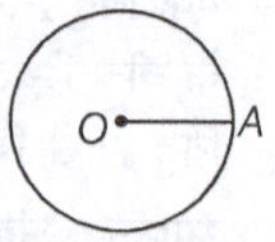

यहाँ, पद बिंदु तथा केन्द्र अपरिभाषित होते हैं।

(v) **वर्ग** एक वर्ग, एक आयत होता है जिसकी लंबाई तथा चौड़ाई समान होती हैं। आकृति में, AB, BC, CD और AD बराबर हैं।

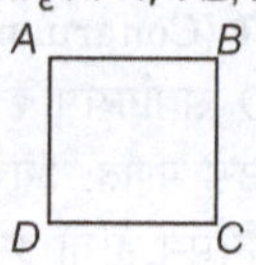

यहाँ, पद लंबाई, चौड़ाई तथा आयत अपरिभाषित होते हैं।

3. नीचे दी हुई दो अभिधारणाओं पर विचार कीजिए।

(i) दो भिन्न बिंदु A और B दिए रहने पर, एक तीसरा बिंदु C ऐसा विद्यमान है जो A और B के बीच स्थित होता है।

(ii) यहाँ कम-से-कम ऐसे तीन बिंदु विद्यमान हैं कि वे एक रेखा पर स्थित नहीं हैं।

क्या इन अभिधारणाओं में कोई अपरिभाषित शब्द है? क्या ये अभिधारणाएँ अविरोधी हैं? क्या ये यूक्लिड की अभिधारणाओं से प्राप्त होती हैं? स्पष्ट कीजिए।

हल अनेक अपरिभाषित शब्द होते हैं जिनकी जानकारी (ज्ञान) होनी चाहिए। ये संगत होते हैं क्योंकि ये दो विभिन्न परिस्थितियों पर निर्भर करते हैं।

(i) यदि दो बिंदु A तथा B दिए गए हैं, तब एक तीसरा बिंदु C अस्तित्व में है जो बिंदुओं A तथा B के बीच में होता है।

(ii) यदि दो बिंदु A तथा B दिए गए हैं, तब हम एक बिंदु C ले सकते हैं जो बिंदुओं A तथा B से होकर जाने वाली रेखा पर स्थित नहीं होता है।

ये अभिधारणाएँ यूक्लिड की अभिधारणाओं से प्राप्त नहीं होती हैं। फिर भी, ये अभिगृहितों से प्राप्त होती हैं।

यूक्लिड अभिधारणा 1 कहती है कि दिए हुए दो भिन्न बिंदुओं से होकर एक अद्वितीय रेखा खींची जा सकती है।

4. यदि दो बिंदुओं A और B के बीच एक बिंदु C ऐसा स्थित है कि $AC = BC$ है, तो सिद्ध कीजिए कि $AC = AB/2$ है। एक आकृति खींचकर इसे स्पष्ट कीजिए।

हल दो बिंदुओं A तथा B से होकर एक रेखा ऐसी खींची जाती है कि उनके बीच एक बिंदु C स्थित हो। रेखाखंड AC को लेते हैं तथा रेखा AB पर रखते हैं अर्थात् AC रेखाखंड AB को एक के ऊपर एक क्षेत्र में घेरता है।

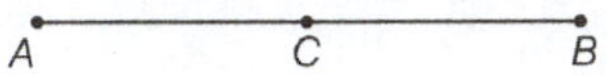

$$AB = AC + CB$$

$\therefore$ $AB = AC + AC$ [$\because BC = AC$, दिया है]

$\Rightarrow$ $AB = 2AC$

$\therefore$ $AC = \frac{1}{2}AB$ **इति सिद्धम्**

5. **प्रश्न 4 में, C रेखाखंड AB का एक मध्य-बिंदु कहलाता है। सिद्ध कीजिए कि एक रेखाखंड का एक और केवल एक ही मध्य-बिंदु होता है।**

हल यहाँ, बिंदु C रेखाखंड AB का मध्य-बिंदु इस प्रकार है कि

$$AC = BC$$

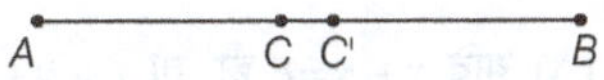

माना AB के दो मध्य-बिंदु C तथा C' हैं।

$\therefore$ $AC = \frac{1}{2}AB$ तथा $AC' = \frac{1}{2}AB \Rightarrow AC = AC'$

यह तभी संभव है जब C तथा C' संपाती हों।

इसलिए बिंदु C', बिंदु C पर स्थित है।

अतः प्रत्येक रेखाखण्ड का एक और केवल एक ही मध्य-बिंदु होता है।

इति सिद्धम्

6. **निम्न आकृति में, यदि $AC = BD$ है, तो सिद्ध कीजिए कि $AB = CD$ है।**

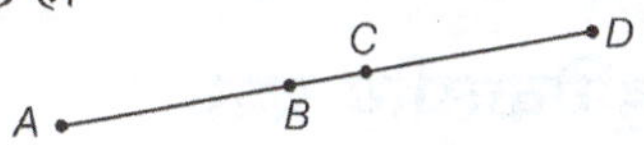

हल दिया है, $AC = BD$

$\Rightarrow$ $AC - BC = BD - BC$ [दोनों तरफ BC को घटाने पर]

$\therefore$ $AB = CD$ **इति सिद्धम्**

7. **यूक्लिड की अभिगृहीतों की सूची में दिया हुआ अभिगृहीत 5 एक सर्वव्यापी सत्य क्यों माना जाता है? (ध्यान दीजिए कि यह प्रश्न पाँचवीं अभिधारणा से संबंधित नहीं है।)**

हल अभिगृहीत 5 के अनुसार, 'पूर्ण अपने भाग से बड़ा होता है' ये सार्वत्रिक सत्य है।

माना एक रेखाखंड $PQ = 8$ सेमी तथा इसके अंतर्गत एक बिंदु R की कल्पना इस प्रकार की जाती है कि $PR = 5$ सेमी।

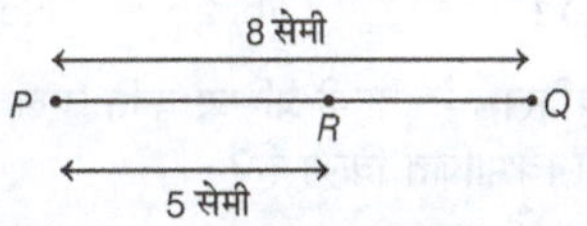

अतः स्पष्ट है कि PR रेखाखंड PQ का एक भाग है तथा R इसके अंतर्गत स्थित है। चूँकि PR, PQ से छोटा है। अतः पूर्ण अपने भाग से बड़ा होता है

अध्याय : एक नजर में

- *अभिगृहीत या अभिधारणाओं की मान्यताएँ जो स्पष्ट सार्वभौमिक सत्य हैं। वे सिद्ध नहीं हैं।*
- *प्रमेय कथन है जो परिभाषाओं का प्रयोग करके सिद्ध होते हैं।*

यूक्लिड के अभिगृहीत

- *अभिगृहीत 1 वे अवयव, जो एक ही अवयव के बराबर हों, एक-दूसरे के बराबर होती हैं।*
- *अभिगृहीत 2 यदि बराबर अवयव को बराबर अवयव में जोड़ा जाए, तो पूर्ण भी बराबर होते हैं।*
- *अभिगृहीत 3 यदि बराबर अवयव को बराबर अवयव में से घटाया जाए, तो शेषफल भी बराबर होते हैं।*
- *अभिगृहीत 4 वे अवयव, जो परस्पर संपाती हों, एक-दूसरे के बराबर होते हैं।*
- *अभिगृहीत 5 पूर्ण अपने भाग से बड़ा होता है।*
- *अभिगृहीत 6 एक ही अवयवों के दोगुने परस्पर बराबर होते हैं।*
- *अभिगृहीत 7 एक ही अवयवों के आधे परस्पर बराबर होते हैं।*

यूक्लिड की अभिधारणा

- *अभिधारणा 1 एक बिंदु से एक अन्य बिंदु तक एक सीधी रेखा खींची जा सकती है।*
- *अभिधारणा 2 एक सांत रेखा को अनिश्चित रूप से बढ़ाया जा सकता है।*
- *अभिधारणा 3 किसी को केंद्र मानकर और किसी त्रिज्या से एक वृत्त खींचा जा सकता है।*
- *अभिधारणा 4 सभी समकोण एक-दूसरे के बराबर होते हैं।*

परीक्षा अभ्यास

बहुविकल्पीय प्रश्न

1. यदि $x+y=8$ हो, तो $x+y+z=8+z$ होगा। यूक्लिड की अभिगृहीत, जो इस कथन को स्पष्ट करती है, निम्नलिखित है **[NCERT Exemplar]**

(a) पहली अभिगृहीत (b) दूसरी अभिगृहीत
(c) तीसरी अभिगृहीत (d) चौथी अभिगृहीत

2. ठोसों से बिंदुओं तक तीन चरण हैं **[NCERT Exemplar]**

(a) ठोस-पृष्ठ-रेखाएँ-बिंदु (b) ठोस-रेखाएँ-पृष्ठ-बिंदु
(c) रेखाएँ-बिंदु-पृष्ठ-ठोस (d) रेखाएँ-पृष्ठ-बिंदु-ठोस

3. एक पृष्ठ की विमाओं की संख्या है **[NCERT Exemplar]**

(a) 1 (b) 2 (c) 3 (d) 0

4. यूक्लिड ने अपनी प्रसिद्ध कृति 'एलीमेंटस' को कितने अध्यायों में विभाजित किया है? **[NCERT Exemplar]**

(a) 13 अध्याय (b) 12 अध्याय
(c) 11 अध्याय (d) 9 अध्याय

5. 'एलीमेंटस' में साध्यों की कुल संख्या है **[NCERT Exemplar]**

(a) 465 (b) 460 (c) 13 (d) 55

6. निम्नलिखित में से कौन-सी एक यूक्लिड की अभिधारणा नहीं है? **[NCERT Exemplar]**

(a) एक सांत रेखा को अनिश्चित रूप से बढ़ाया जा सकता है
(b) एक बिंदु से एक अन्य बिंदु तक एक सीधी रेखा खींची जा सकती है
(c) वे वस्तुएँ जो परस्पर संपाती हो एक-दूसरे के बराबर होती हैं
(d) सभी समकोण एक-दूसरे के बराबर होते हैं

कथन-कारण प्रश्न

निर्देश (प्र.सं. 7-11) में एक कथन (A) तथा उसके नीचे कथन का कारण (R) दिया गया है। इन्हें ध्यानपूर्वक पढ़िए और इनके आधार पर निम्नलिखित में से उचित उत्तर का चयन कीजिए।

(a) कथन (A) और कारण (R) दोनों सत्य हैं तथा कारण (R) कथन (A) की सही व्याख्या है।
(b) कथन (A) और कारण (R) दोनों सत्य हैं, परन्तु कारण (R) कथन (A) की सही व्याख्या नहीं है।
(c) यदि कथन (A) सही है, परन्तु कारण (R) गलत है।
(d) यदि कथन (A) गलत है, परन्तु कारण (R) सही है।

7. **कथन** (A) यदि रेखाएँ AB, AC, AD और AE एक रेखा l के समान्तर है, तो बिन्दु A, B, C, D और E संरेख है।

कारण (R) बिन्दु A से होकर एक और केवल एक रेखा खींची जा सकती है जो l के समान्तर हो।

8. **कथन** (A) दो दिए हुए बिन्दुओं से, एक अद्वितीय रेखा होकर जा सकती है।

कारण (R) यदि A, B और C एक रेखा पर तीन बिन्दु है तथा B, A और C के बीच में स्थित है, तब $AB+BC=AC$

9. **कथन** (A) यदि बराबरों को बराबरों में से घटा दिया जा, तो शेषफल भी बराबर होते है।

कारण (R) यह कथन यूक्लिड का अभिगृहीत है।

10. **कथन** (A) सम्पूर्ण भाग, अपने भाग से बड़ा होता है।

कारण (R) समान वस्तुओं के आधे एक-दूसरे के बराबर होते हैं।

11. **कथन** (A) यदि $x+y=8$ हो, तो $x+y+z=8+z$ होगा।

कारण (R) यह कथन यूक्लिड को अभिगृहीत 1 द्वारा सत्य है।

अतिलघु उत्तरीय प्रश्न

12. गणित की सभी शाखाओं में कौन-सा पद सदैव सत्य माना गया है?

13. प्राचीन भारत में आयतों, त्रिभुजों और समलंबों से संयोजित आकारों की वेदियाँ किस उद्देश्य के लिए प्रयोग होती थी?

14. यूक्लिड ने अपनी प्रसिद्ध कृति 'एलीमेंट्स' को कितने अध्यायों में विभाजित किया?

15. रेखाखंड AB की उस परिस्थिति को इस प्रकार परिभाषित कीजिए, जब बिंदु C को रेखाखंड AB का मध्य-बिंदु कहते हों।

16. यदि बिंदु B, A और C के बीच हों, $AC=19$ सेमी और $BC=8$ सेमी हैं, तब AB की माप क्या है?

17. बिंदु P, $\angle BAC$ के मध्य में आता है। यदि $\angle BAC=70°$ और $\angle BAP=42°$, तब $\angle PAC$ की माप ज्ञात कीजिए।

18. कथन 'रेखाएं समांतर हैं, यदि वे एक-दूसरे को नहीं काटती हैं', तो कौन-सा पद व्यक्त करता है?

19. स्पष्ट कीजिए कि एक बिंदु C को बिंदुओं A और B के बीच स्थित कहा जाता है।

20. यदि $x+y=10$ है, तब $x+y+z=10+2$

यहाँ कौन-सी अभिगृहीत का प्रयोग किया गया है?

21. समीकरण $y-25=40$ को हल कीजिए तथा बताइए कि आप यहाँ कौन-सी अभिगृहीत का प्रयोग करेंगे?

22. यदि A, B और C तीन संरेखीय बिंदु हैं, तब इनसे निर्धारित सभी रेखाखंडों के नाम बताइए।

23. चार बिंदु A, B, C और D संरेखीय बिंदु हैं, तब इनसे निर्धारित सभी रेखाखंडों को सूचित कीजिए।

लघु उत्तरीय प्रश्न

24. बताइए कि निम्नलिखित कथन सही या गलत है। अपने उत्तर की जाँच भी कीजिए।

(i) यूक्लिड की ज्यामिति केवल समतल आकृतियों के लिए वैद्य है।

(ii) यूक्लिड की चौथी अभिगृहीत यह कहती है कि सभी अवयव स्वयं के समान हैं।

(iii) दो भिन्न कटान रेखाएं एक ही रेखा के समांतर नहीं हो सकती हैं।

25. निम्नलिखित कथनों का अध्ययन कीजिए जिन्हें अभिगृहीत माना गया है

(i) यदि एक तिर्यक रेखा दो समांतर रेखाओं को प्रतिच्छेद करती है, तब यह आवश्यक नहीं है कि संगत कोण बराबर हो।

(ii) यदि एक तिर्यक रेखा दो समांतर रेखाओं को प्रतिच्छेद करती है, तब एकांतर अंत:कोण बराबर होते हैं।

क्या उपरोक्त अभिगृहितों का निकाय सुसंगत है अपने उत्तर का औचित्य दीजिए।

26. जॉन की आयु मोहन की आयु के समान है। राम भी मोहन की आयु के समान है। यूक्लिड की अभिगृहीत बताइए जोकि जॉन और राम की आयु संबंध को दर्शाती है।

27. यूक्लिड की अभिधारणा और अभिगृहीत के बीच क्या अंतर है?

28. निम्न में से कौन-सा कथन सत्य है?

(i) एक रेखाखंड की कोई निश्चित लंबाई नहीं है।

(ii) एक रेखा एक समतल को तीन भागों में विभक्त करती है नाम है- दो आधे समतल और एक रेखा स्वयं।

(iii) तीन रेखाएं संपाती होती है यदि वे एक ही बिंदु पर मिलती है।

(iv) दो रेखाएं संपाती होती है यदि वे एक उभयनिष्ठ बिंदु से होकर जाती है।

29. एक कोण अपने पूरक से 25° अधिक है, तब इसकी माप क्या होगी?

30. यदि $AB = (x+3)$, $BC = 2x$ तथा $AC = 4x-5$ है, तब x के किस मान के लिए, B रेखा AC पर स्थित होगी?

31. यदि $x+y=10$ तथा $x=z$ है, तब दर्शाइए कि $z+y=10$

32. संलग्न आकृति में निम्नलिखित के नाम बताइए

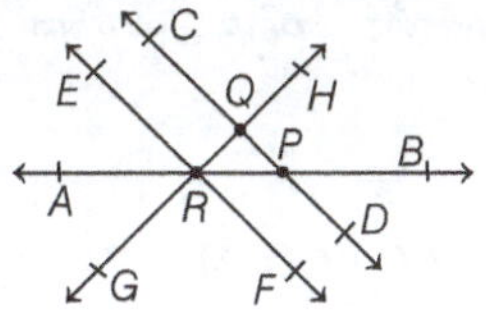

(i) प्रतिच्छेदी रेखाओं के दो युग्मों एवं उनके संगत प्रतिच्छेदन बिंदु का।

(ii) तीन संगामी रेखाएँ एवं उनका प्रतिच्छेदन बिंदु।

(iii) तीन किरणें।

(iv) दो रेखाखंड।

33. दी गई आकृति में, यदि $AB = BC$ तथा $BX = BY$ है, तब दर्शाइए कि $AX = CY$

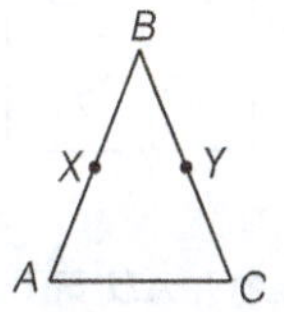

34. दी गई आकृति में, यदि $\angle 1 = \angle 3$, $\angle 2 = \angle 4$ तथा $\angle 3 = \angle 4$ है, तब $\angle 1$ व $\angle 2$ के बीच संबंध लिखिए।

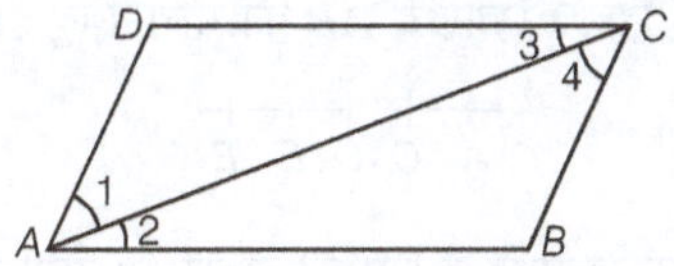

35. दी गई आकृति में, यदि $QX = \frac{1}{2}XY$ है, $PX = \frac{1}{2}XZ$ तथा $QX = PX$ है, तब दर्शाइए कि $XY = XZ$ है।

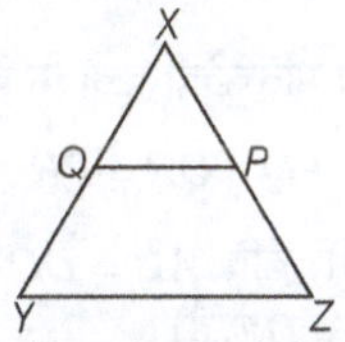

36. दी गई आकृति में, यदि $\angle 2 = \angle 1$ तथा $\angle 3 = \angle 4$ है, तब θ ज्ञात कीजिए।

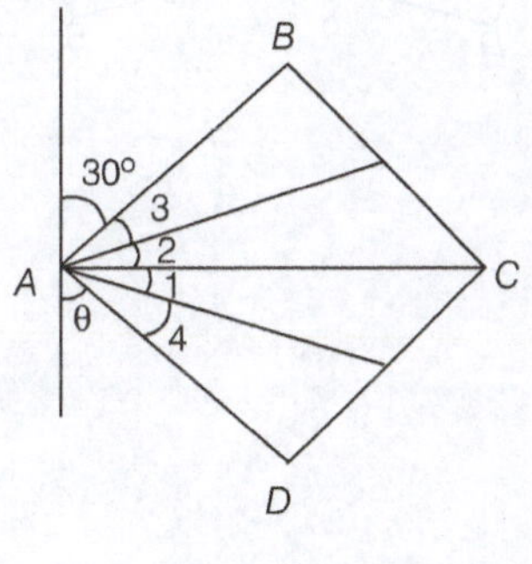

परीक्षा अभ्यास

37. यदि S, ΔPQR के अंतः में एक बिंदु इस प्रकार है कि $\angle PQR = 80°$ और $\angle PQS = 35°$ तब $\angle RQS$ की माप ज्ञात कीजिए।

38. दी गई आकृति को ध्यान से देखिए। दिखाइए कि लंबाई $AH > AB + BC + CD$ की लंबाई का योग

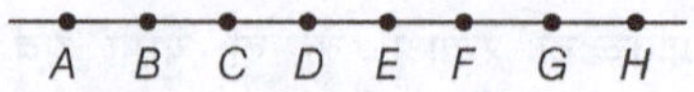

39. दिए गए चित्र में,

$$PR = RS \text{ और } RQ = RT$$

दिखाइए कि $PQ = ST$ और इसके पक्ष में यूक्लिड की अभिगृहीत लिखिए।

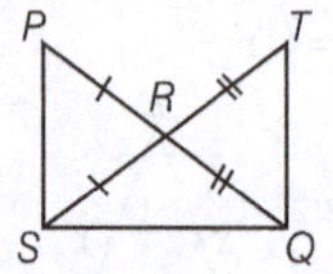

40. यदि रेखाएं AB, AC, AD और AE एक रेखा l के समांतर है, तब दिखाए कि बिंदु A, B, C और D संरेख हैं।

41. दी गई आकृति में, यदि $AE = CB$ और $DE = CD$ तब सिद्ध कीजिए कि D रेखाखंड AB का मध्य-बिंदु है।

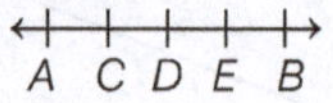

42. PQ एक रेखाखंड है जिसकी लंबाई 12 सेमी है तथा R बिंदु इस पर इस प्रकार स्थित है कि $PR = 8$ सेमी है, तब QR, $PQ^2 - PR^2$ तथा $PR^2 + QR^2 + 2PR \cdot QR$ के मान ज्ञात कीजिए।

43. यदि P तथा Q दो प्रतिच्छेदी वृत्तों के केंद्र हैं, तब दर्शाइए कि

$$PQ = QR = PR$$

44. दी गई आकृति में, यदि $AC = DC$ तथा $CB = CE$ है, तब दर्शाइए कि $AB = DE$ है।

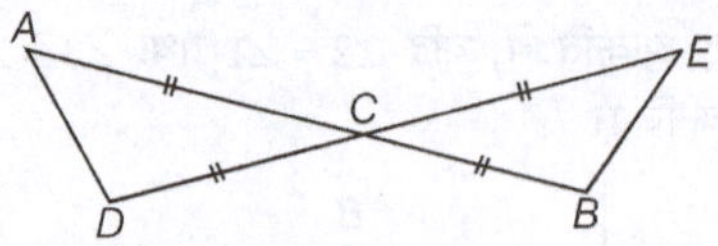

दीर्घ उत्तरीय प्रश्न

45. निम्नलिखित अभिगृहीतों को पढ़िए :

(i) वे वस्तुएँ, जो एक-वस्तु के बराबर हो, एक-दूसरे के बराबर होती है।

(ii) यदि बराबरों को बराबरों में जोड़ा जाए, तो पूर्ण भी बराबर होते हैं।

(iii) एक ही वस्तुओं के दोगुने परस्पर बराबर होते हैं। जाँच कीजिए कि दिए एक अभिगृहितों के निकाय संगत हैं अथवा असंगत।

46. एक समबाहु त्रिभुज तीन रेखाखंडों से बना एक बहुभुज है जिनमें से दो रेखाखंड तीसरे रेखाखंड के बराबर हैं तथा इसका प्रत्येक कोण 60° का है।

इस परिभाषा में, उन पदों को परिभाषित कीजिए जिन्हें आप आवश्यक समझते हैं। क्या इसमें कोई अपरिभाषित पद है? क्या आप इसका औचित्य दे सकते हैं कि एक समबाहु त्रिभुज के सभी कोण और सभी भुजाएँ बराबर होती हैं?

47. दी गई आकृति में, $\angle ABC = \angle ACB$ तथा $\angle 3 = \angle 4$ है, तब दर्शाइए कि $BD = DC$ है।

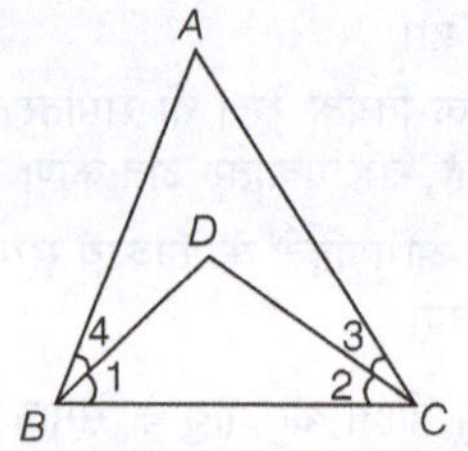

48. दी गई आकृति में, निम्न के नाम लिखिए-

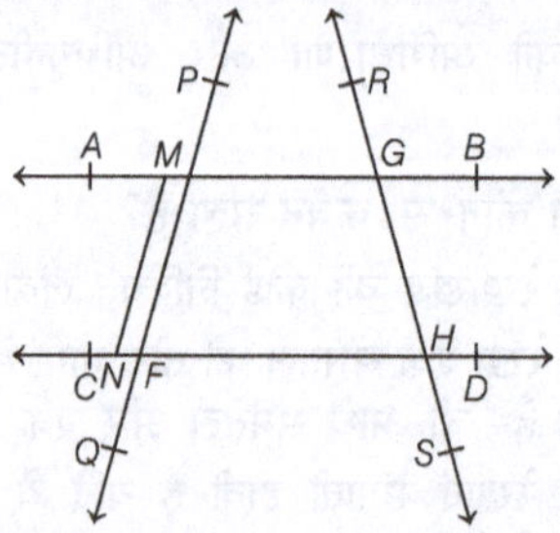

(i) छः बिंदु (ii) पांच रेखाखंड
(iii) चार संरेख बिंदु (iv) चार रेखाएं

परीक्षा अभ्यास

संकेत एवं हल

1. (b) दूसरे अभिगृहीत के द्वारा, यदि बराबर को बराबर में जोड़ा जाए, तो पूर्ण भी बराबर होते हैं।

2. (a) ठोसों से बिन्दुओं तक के तीन चरण इस प्रकार हैं
ठोस-पृष्ठ-रेखाएँ-बिंदु

3. (b) एक पृष्ठ की दो विमाएँ होती हैं।

4. (a) यूक्लिड ने अपनी प्रसिद्ध कृति 'एलीमेंटस' को 13 अध्याय में विभाजित किया है।

5. (a) एलीमेंटस में कुल 465 साध्य हैं।

6. (c) वे वस्तुएँ, जो परस्पर संपाती हों एक-दूसरे के बराबर होती हैं, यूक्लिड का अभिगृहीत है न कि अभिधारणा।

7. (a) **कथन** (A) एक बिन्दु से होकर जो रेखा l पर नहीं है, l के समान्तर एक और केवल एक रेखा हो सकती है।

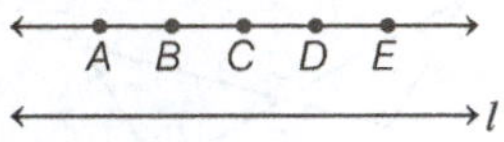

$\therefore A, B, C, D$ और E संरेख है।
इसलिए, कथन (A) सही है।
कारण (R) कारण (R) सही है।
अतः कथन (A) और कारण (R) दोनों सही हैं तथा कारण (R) कथन (A) की सही व्याख्या करता है।

8. (b) **कथन** (A) कथन (A) सही है।
कारण (R)

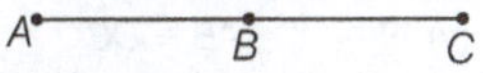

$\because B$, A तथा C का मध्य बिन्दु है।
$\therefore AB + BC = AC$
इसलिए, कारण (R) सही है।
अतः कथन (A) और कारण (R) दोनों सही हैं, परन्तु कारण (R) कथन (A) की सही व्याख्या नहीं है।

9. (a) **कथन** (A) कथन (A) सही है, जो यूक्लिड का अभिगृहीत 2 है।
कारण (R) कारण (R) सत्य है।
अतः कथन (A) तथा कारण (R) दोनों सही हैं तथा कारण (R) कथन (A) की सही व्याख्या करता है।

10. (b) **कथन** (A) कथन (A) सही है, जो यूक्लिड का अभिगृहीत 5 है।
कारण (R) कारण (R) सही है जो यूक्लिड का अभिगृहीत 7 है।
अतः कथन (A) और कारण (R) दोनों सही हैं परन्तु कारण (R), कथन (A) की सही व्याख्या नहीं है।

11. (c) **कथन** (A) यदि $x + y = 8$
$\Rightarrow x + y + z = 8 + z$ (दोनों पक्षों में z जोड़ने पर अभिगृहीत 2 से)
इसलिए, कथन (A) सही है।
कारण (R) यह कथन यूक्लिड के अभिगृहीत 2 से सही है। इसलिए, कारण (R) गलत है।
अतः कथन (A) सही है, परन्तु कारण (R) गलत है।

12. अभिगृहीत

13. घरेलू पूजा कार्य में

14. 13 अध्यायों में

15. मध्य-बिंदु रेखा का वह अंतः बिंदु होता है जोकि रेखा को दो बराबर भागों में विभाजित करता है।

16. 11 सेमी

17. 28°

18. अभिधारणा

19. जब तीन अथवा अधिक बिंदु एक ही रेखा पर स्थित हों, संरेखीय बिंदु कहलाते हैं।

20. यहाँ, अभिगृहीत 2 का प्रयोग किया गया है।

21. दिया है, $y - 25 = 40$

$\Rightarrow \quad y - 25 + 25 = 40 + 25$ [अभिगृहीत 2 के प्रयोग से]

$\Rightarrow \quad y = 65$

अतः इस प्रश्न में अभिगृहीत 2 का प्रयोग करेंगे।

22. $\overline{AB}, \overline{BC}, \overline{AC}$

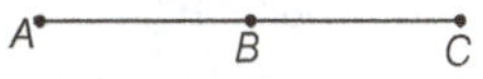

23. $\overline{AB}, \overline{BC}, \overline{CD}, \overline{AC}, \overline{BD}, \overline{AD}$

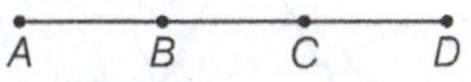

24. (i) सही, यह वक्र तल पर वैध नहीं है।
(ii) सही,
(iii) सही, यह यूक्लिड की पाँचवीं अवधारणों के समान है।

25. अभिगृहितों का एक निकाय संगत कहलाता है, यदि निकाय का एक अभिगृहीत दूसरे अभिगृहीत का विरोधाभास न करें।
(i) हम जानते हैं कि, यदि एक तिर्यक रेखा दो समांतर रेखाओं को प्रतिच्छेद करती है, तब संगत कोणों का प्रत्येक युग्म बराबर होता है जोकि एक प्रमेय है इसलिए कथन 7 असत्य है, अतः यह एक अभिगृहीत नहीं है।
(ii) साथ ही, हम जानते हैं कि यदि एक तिर्यक रेखा दो समांतर रेखाओं को प्रतिच्छेद करती है, तब एकांतर अंतः कोणों के प्रत्येक युग्म बराबर होते हैं, यह भी एक प्रमेय है इसलिए, कथन II सत्य है।
अतः यह एक अभिगृहीत है। अतः दिए गए कथनों में, I असत्य तथा कथन II एक अभिगृहीत है। इसलिए, दिए गए अभिगृहितों का निकाय संगत नहीं है अर्थात् असंगत है।

26. अभिगृहीत 1

27. यूक्लिड ने अभिधारणा पद का प्रयोग ज्यामिति के लिए किया है और इसके अलावा अन्य के लिए अभिगृहीत कहा गया है।

28. (i) गलत (ii) गलत (iii) सही (iv) गलत

29. **संकेत** कथन के अनुसार,
हमें प्राप्त होता है: $x = 25° + (90° - x)$

$\Rightarrow \quad x = 115° - x \Rightarrow 2x = 115°$

$\Rightarrow \quad x = \dfrac{115°}{2} = 57\dfrac{1°}{2}$

30. **संकेत** दिया है, $AB = (x + 3)$, $BC = 2x$ तथा $AC = (4x - 5)$
यदि B रेखा AC पर स्थित है, तब

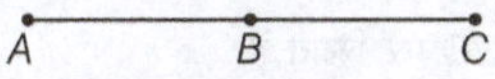

$\therefore \quad AC = AB + BC$

$\Rightarrow \quad 4x - 5 = x + 3 + 2x$

हल करने पर, $\quad x = 8$

31. संकेत दिया है, $\quad x + y = 10 \quad$ ...(i)

और $\quad x = z \quad$ ...(ii)

समी (i) के दोनों पक्षों में y घटाने पर, हमें प्राप्त होता है,

$x + y - y = 10 - y \quad$ [अभिगृहीत 3 से]

$\Rightarrow \quad z = 10 - y \quad$ [समी (ii) से]

दोनों पक्षों में y जोड़ने पर,

$z + y = 10 - y + y \quad$ [अभिगृहीत 2 से]

$\Rightarrow \quad z + y = 10 \quad$ **इति सिद्धम्**

32. (i) $\overleftrightarrow{EF}, \overleftrightarrow{GH}, R$ (ii) $\overleftrightarrow{AB}, \overleftrightarrow{EF}, \overleftrightarrow{GH}, R$

(iii) $\overrightarrow{RB}, \overrightarrow{RH}, \overrightarrow{RG}$ (iv) $\overline{RQ}, \overline{RP}$

33. संकेत दिया है, $\quad AB = BC \quad$ ...(i)

और $\quad BX = BY \quad$ ...(ii)

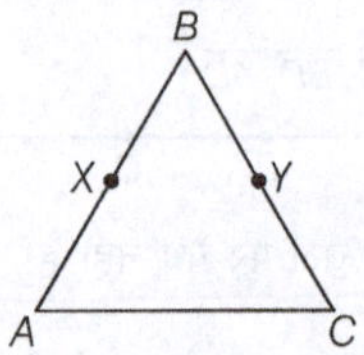

समी (i) से समी (ii) को घटाने पर,

$AB - BX = BC - BY$

$\Rightarrow \quad AX = CY$

34. संकेत दिया है, $\quad \angle 1 = \angle 3, \angle 3 = \angle 4 \quad$ ...(i)

तथा $\quad \angle 2 = \angle 4 \quad$ ...(ii)

अभिगृहीत 1 के प्रयोग से, $\angle 1 = \angle 4 \quad$ ...(iii)

समी (ii) व (iii) से, $\quad \angle 1 = \angle 2 \quad$ [अभिगृहीत 1 से]

35. संकेत दिया है, $\quad QX = \frac{1}{2} XY \quad$ ...(i)

$PX = \frac{1}{2} XZ \quad$ ...(ii)

तथा $\quad QX = PX \quad$ ...(iii)

समी (i), (ii) व (iii) से,

$\frac{1}{2} XY = \frac{1}{2} XZ$

$\therefore \quad XY = XZ$ [अभिगृहीत 6 से] **इति सिद्धम्**

36. $\theta = 30°$

37. 45°

38. स्वयं करें।

39. यूक्लिड अभिगृहीत 2

40. स्वयं करें।

42. संकेत दिया है, $PQ = 12$ सेमी तथा $PR = 8$ सेमी

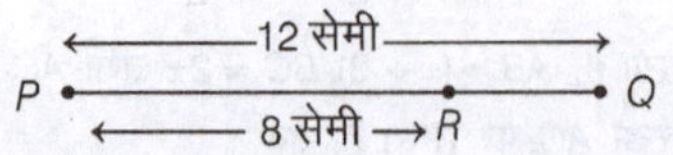

यहाँ, बिंदु R, PQ पर स्थित है

$\therefore \quad PR + QR = PQ$

अभिगृहीत 3 के प्रयोग से,

$QR = 4$ सेमी

$PQ^2 - PR^2 = 80$ सेमी^{2}

$PR^2 + QR^2 + 2PR \cdot QR = 144$ सेमी^{2}

43. संकेत दिया है, $PQ = PR \quad$ [P केंद्र वाले वृत्त की त्रिज्याएँ] ...(i)

और $\quad PQ = QR \quad$ [Q केंद्र वाले वृत्त की त्रिज्याएँ] ...(ii)

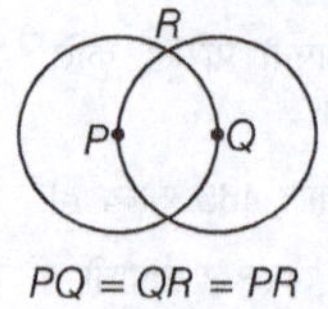

समी (i) और (ii) से, $\quad PQ = QR = PR$

[वस्तुएँ जो एक वस्तु के बराबर हों, एक-दूसरे के बराबर होती हैं।] **इति सिद्धम्**

44. संकेत

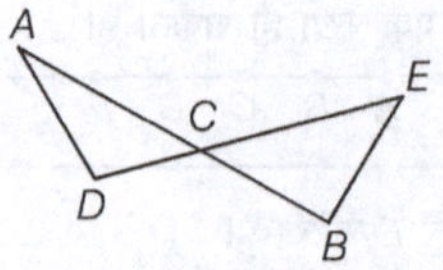

दिया है, $\quad AC = DC \quad$ ...(i)

$CE = CB \quad$ ...(ii)

$AC + CB = AB \quad$ ...(iii)

$DC + CE = DE \quad$ ...(iv)

समी (i) और (ii) से समी (iii) में AC और CB के मान रखने पर

$DC + CE = AB \quad$ ...(v)

समी (iv) और (v) से, $\quad AB = DE \quad$ **इति सिद्धम्**

45. संकेत चूँकि तीनों अभिगृहीत यूक्लिड की अभिगृहीत है इसलिए इन्हें हम अन्य कथनों में निगमित नहीं कर सकते जोकि अन्य अभिगृहीतों का विरोधाभास या खंडन करती हो।

अतः दिया गया अभिगृहीतों का निकाय संगत है।

46. परिभाषित किए जाने वाले पद निम्न हैं:

बहुभुज तीन या तीन से अधिक रेखाखंडों से बनी एक सरल बन्द आकृति।

रेखाखंड रेखा का वह भाग जिसके दो अंत बिंदु हों।

रेखा अपरिभाषित पद।

बिंदु अपरिभाषित पद।

कोण उभयनिष्ठ शीर्ष वाली दो किरणों से बनी आकृति।

किरण रेखा का वह भाग जिसका अंत बिंदु हो।

न्यून कोण वह कोण, जिसका मापन 0° से 90° के मध्य होता है।

समबाहु त्रिभुज में सभी कोणों का मापन 60° होता है तथा सभी भुजाएँ भी बराबर होती हैं।

47. संकेत दिया है, $\quad \angle ABC = \angle ACB \quad$ ...(i)

तथा $\quad \angle 4 = \angle 3 \quad$ ...(ii)

अब, अभिगृहीत 3 के प्रयोग से हल करने पर,

ΔBDC में,

$\angle 1 = \angle 2 \Rightarrow DC = BD$

या $\quad BD = DC$

[चूँकि बराबर कोण की सम्मुख भुजाएँ बराबर होती है]

48. (i) E, F, G, H, M, N (ii) $\overline{EG}, \overline{FH}, \overline{EF}, \overline{GH}, \overline{MN}$

(iii) M, E, G, B (iv) $\overleftrightarrow{AB}, \overleftrightarrow{CD}, \overleftrightarrow{PQ}, \overleftrightarrow{RS}$

अध्याय

06

रेखाएँ और कोण

(Lines and Angles)

इस अध्याय में, हम कोणों के उन गुणों का अध्ययन करेंगे जब दो रेखाएँ एक-दूसरे को प्रतिच्छेद करती हैं और साथ ही, कोणों के उन गुणों का भी अध्ययन करेंगे जब एक रेखा दो अथवा दो से अधिक समांतर रेखाओं को भिन्न-भिन्न बिंदुओं पर प्रतिच्छेद करती हैं।

टॉपिक्स

- आधारभूत पद और परिभाषाएँ
- कोण
- कोणों के युग्म
- समांतर रेखाएँ
- तिर्यक रेखाएँ
- एक ही रेखा के समांतर रेखाएँ

आधारभूत पद और परिभाषाएँ (Basic Terms and Definitions)

बिंदु (Point)

बारीक पैंसिल द्वारा कागज पर बना सूक्ष्म चिह्न एक बिंदु को निरूपित करता है। इसे अंग्रेजी वर्णमाला के बड़े अक्षरों A, B, C, D आदि द्वारा प्रदर्शित किया जाता है। संलग्न चित्र में, A एक बिंदु है।

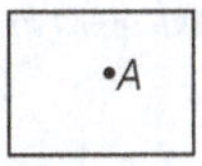

रेखा (Line)

सरल रेखा बिंदुओं का एक समुच्चय होती है, जिसकी केवल लंबाई होती है चौड़ाई या मोटाई नहीं होती है। *अथवा* रेखा वह सरल पथ है जोकि दोनों दिशाओं में अनंत तक विस्तृत होता है इसे सामान्यत: $\overleftrightarrow{AB}$ या $\overleftrightarrow{BA}$ के द्वारा निरूपित किया जाता है।

नोट *रेखा का कोई अंत: बिंदु नहीं होता है।*

किरण (Ray)

रेखा का वह भाग जिसका एक अंत: बिंदु हो, एक किरण कहलाती है।

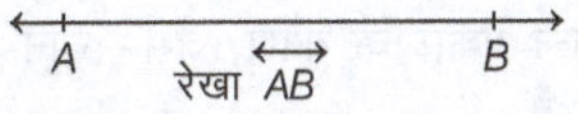

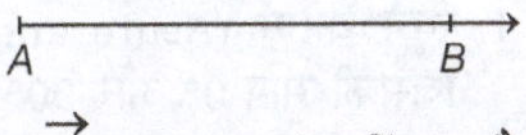

किरण AB को $\overrightarrow{AB}$ से प्रदर्शित करते हैं। रेखा $\overrightarrow{AB}$ का एक अंत: बिंदु A है जिसे प्रारंभ बिंदु (Initial point) कहते हैं। अत: किरण की कोई निश्चित लंबाई नहीं होती है।

रेखाखंड (Line Segment)

रेखा का वह भाग जिसके दो अंत: बिंदु हों, रेखाखंड कहलाता है। रेखाखंड AB को $\overline{AB}$ द्वारा प्रदर्शित किया जाता है।

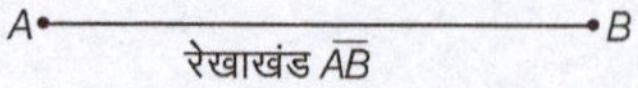

रेखाखंड $\overline{AB}$

रेखाखंड की एक निश्चित लंबाई होती है, जिसको मापा जा सकता है। रेखाखंड $\overline{AB}$, रेखाखंड $\overline{BA}$ दोनों एक ही रेखाखंड के समान रूप हैं।

रेखा, किरण तथा रेखाखंडों के मध्य अंतर

रेखा	किरण	रेखाखंड
रेखा का कोई अंत: बिंदु नहीं होता है	किरण का केवल एक अंत: बिंदु होता है	रेखाखंड के दो अंत: बिंदु होते हैं।
एक रेखा की लंबाई अनिश्चित होती है।	एक किरण की लंबाई भी अनिश्चित होती है	एक रेखाखंड की लंबाई निश्चित होती है।
रेखा को हम कागज पर खींच नहीं सकते। इसे हम सामान्य रूप से चित्र द्वारा प्रदर्शित कर सकते हैं।	किरण को हम कागज पर खींच नहीं सकते। इसे हम सामान्यत: चित्र द्वारा प्रदर्शित कर सकते हैं।	रेखाखंड को कागज पर खींच सकते हैं।
रेखा $\overleftrightarrow{AB}$ का निरूपण ←A—B→	किरण $\overrightarrow{AB}$ का निरूपण A—B→	रेखाखंड $\overline{AB}$ का निरूपण A—B

नोट *इस अध्याय में हम उपरोक्त संकेतों का प्रयोग नहीं करेंगे तथा रेखा AB, किरण AB, रेखाखंड AB एवं उनकी लंबाई को एक ही संकेत AB द्वारा व्यक्त करेंगे। कभी-कभी हम रेखाओं को छोटे अक्षरों जैसे l, m, n...... आदि द्वारा भी व्यक्त करते हैं।*

संरेख तथा असंरेख बिंदु

(Collinear and non-collinear points)

यदि तीन या अधिक बिंदु एक ही रेखा पर स्थित हों, तो वे संरेख बिंदु कहलाते हैं अन्यथा वे असंरेख बिंदु कहलाते हैं।

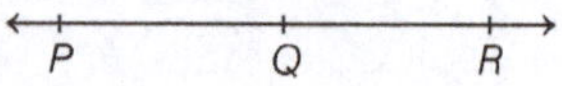

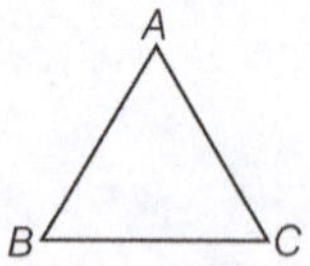

चित्र में, P, Q तथा R संरेख बिंदु हैं तथा A, B तथा C असंरेख बिंदु हैं।

उदाहरण 1 दी गई आकृति में, नाम लिखिए।

(i) रेखाखंड

(ii) किरण

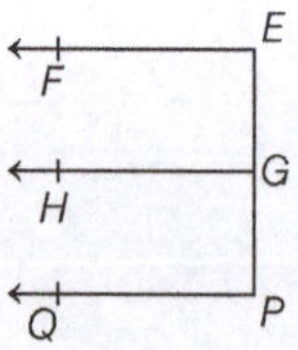

इस प्रकार के प्रश्नों में हम रेखाखंडों तथा किरणों के गुणधर्मों का उपयोग करेंगे। (अर्थात् रेखाखंड की लंबाई निश्चित होती है तथा किरण का केवल एक अंत: बिंदु होता है।)

हल यहाँ, $\overline{GE}$, $\overline{GP}$ और $\overline{EP}$ रेखाखंड तथा $\overrightarrow{EF}$, $\overrightarrow{GH}$ और $\overrightarrow{PQ}$ किरण हैं।

प्रतिच्छेदी रेखाएँ और अप्रतिच्छेदी रेखाएँ

(Intersecting Lines and Non-intersecting Lines)

रेखाएँ PQ और RS प्रतिच्छेदी रेखाएँ हैं क्योंकि ये परस्पर बिंदु O पर प्रतिच्छेद करती हैं।

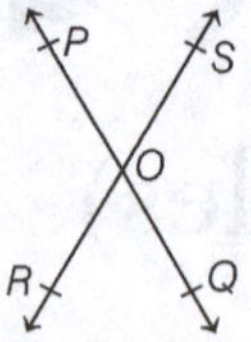

प्रतिच्छेदी रेखाएँ

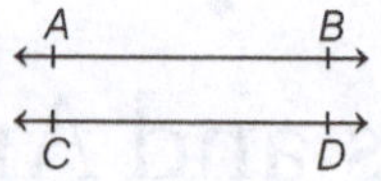

अप्रतिच्छेदी (समांतर) **रेखाएँ**

रेखाएँ AB तथा CD अप्रतिच्छेदी रेखाएँ अर्थात् समांतर रेखाएँ हैं क्योंकि ये एक-दूसरे को कभी भी प्रतिच्छेद नहीं करेंगी।

इन दोनों समांतर रेखाओं के विभिन्न बिंदुओं पर उनके उभयनिष्ठ लंबों की लंबाईयाँ समान रहती हैं। यह समान लंबाई दोनों समांतर रेखाओं के बीच की दूरी कहलाती है।

नोट *यदि दो रेखाएँ अप्रतिच्छेदी हैं, तब वे समांतर होंगी, इसका विपरीत भी सत्य है।*

कोण (Angle)

जब दो किरणें एक ही अंत: बिंदु से प्रारंभ होती हैं, तो वे एक कोण बनाती हैं।

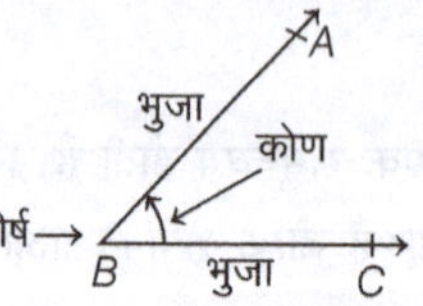

कोण को बनाने वाली दोनों किरणें ($\overrightarrow{BA}$ तथा $\overrightarrow{BC}$) कोण की भुजाएँ कहलाती हैं और वह उभयनिष्ठ अंत: बिंदु (B) कोण का शीर्ष कहलाता है।

कोण ABC को $\angle ABC$ से प्रदर्शित करते हैं।

कोणों के प्रकार (Types of Angles)

विभिन्न प्रकार के कोण, जैसे- न्यून कोण, समकोण, अधिक कोण आदि निम्न हैं

1. **न्यून कोण** (Acute angle) एक न्यून कोण वह कोण होता है, जिसकी माप $0°$ और $90°$ के बीच में होती है।

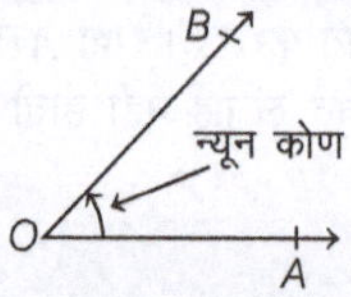

उपरोक्त आकृति में, $\angle AOB$ एक न्यून कोण है

अर्थात् $0° < \angle AOB < 90°$

2. **समकोण** (Right angle) एक समकोण वह कोण है, जिसकी माप ठीक 90° होती है।

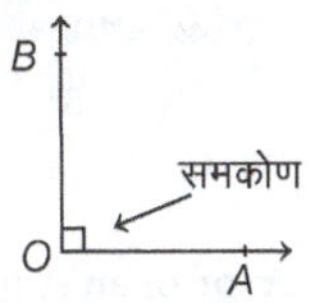

उपरोक्त आकृति में, $\angle AOB$ एक समकोण है अर्थात् $\angle AOB = 90°$ तथा $BO \perp OA$ है।

3. **अधिक कोण** (Obtuse angle) अधिक कोण वह कोण है, जिसकी माप 90° से अधिक परंतु 180° से कम होती है।
निम्न आकृतियों में, $\angle AOB$ तथा $\angle PQR$ अधिक कोण हैं।

(i) $90° < \angle AOB < 180°$

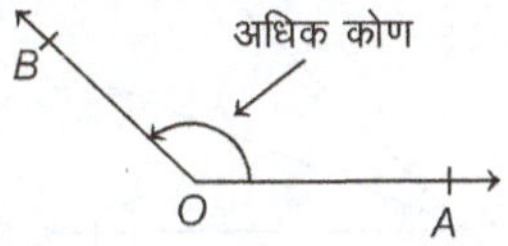

(ii) $90° < \angle PQR < 180°$

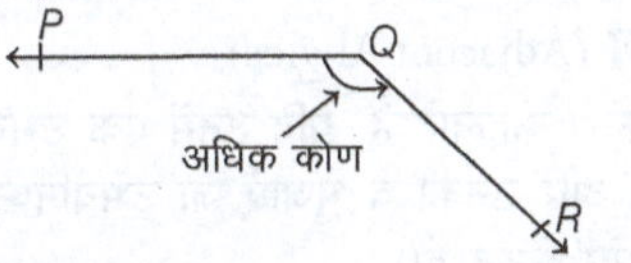

4. **ऋजु कोण** (Straight angle) ऋजु कोण वह कोण है, जो 180° के बराबर होता है। निम्न आकृति में, $\angle AOB = 180°$ एक ऋजु कोण है। एक ऋजु कोण में दो समकोण होते हैं।

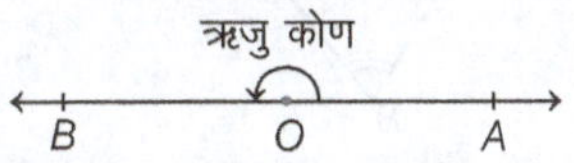

5. **प्रतिवर्ती कोण** (Reflex angle) प्रतिवर्ती कोण वह कोण है, जो 180° से अधिक परंतु 360° से कम माप का होता है।
निम्न आकृतियों में, $\angle AOB$ तथा $\angle PQR$ प्रतिवर्ती कोण हैं।

(i) 180° < प्रतिवर्ती $\angle AOB < 360°$

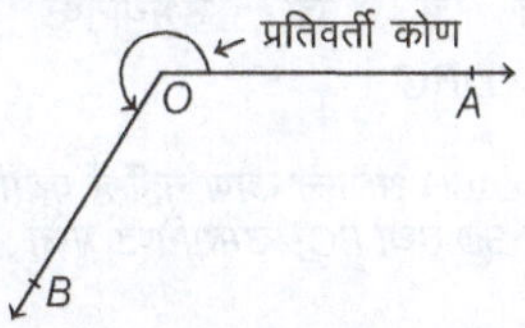

(ii) 180° < प्रतिवर्ती $\angle PQR < 360°$

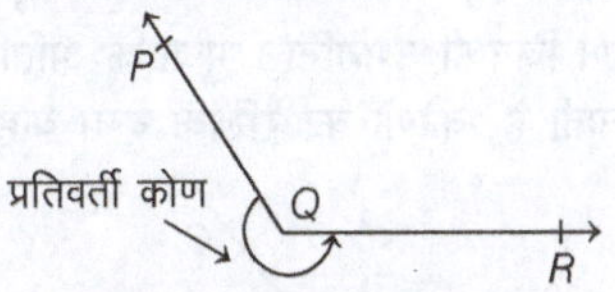

6. **संपूर्ण कोण** (Complete angle) वह कोण जिसकी माप 360° हो, उसे संपूर्ण कोण कहते हैं।
दी गई आकृति में, $\angle AOA = 360°$ एक संपूर्ण कोण है।

उदाहरण 2 निम्न आकृतियों में कौन-से प्रकार के कोण निर्मित हैं?

(i)

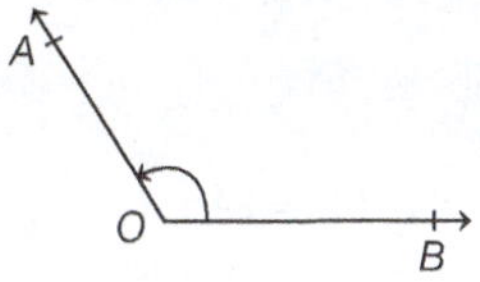

(ii)

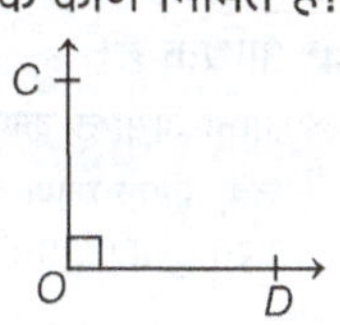

(iii)

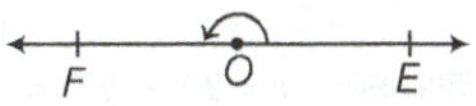

(iv)

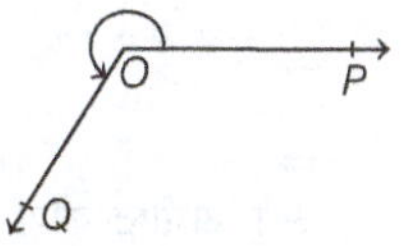

(v)

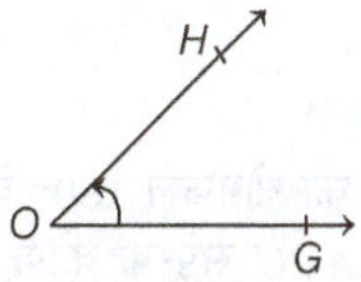

(vi)

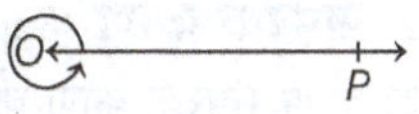

हल (i) दी गई आकृति में, $\angle AOB$ अधिक कोण है
अर्थात् $90° < \angle AOB < 180°$

(ii) दी गई आकृति में, $\angle COD$ समकोण है अर्थात् $\angle COD = 90°$

(iii) दी गई आकृति में, $\angle FOE$ ऋजु कोण है अर्थात् $\angle FOE = 180°$

(iv) दी गई आकृति में, $\angle POQ$ प्रतिवर्ती कोण है
अर्थात् 180° < प्रतिवर्ती $\angle POQ < 360°$

(v) दी गई आकृति में, $\angle HOG$ न्यून कोण है
अर्थात् $0° < \angle HOG < 90°$

(vi) दी गई आकृति में, $\angle POP$ एक संपूर्ण कोण है अर्थात् $\angle POP = 360°$

उदाहरण 3 कौन-से कोण का मान 180° से अधिक परंतु 360° से कम होता है?

हल प्रतिवर्ती कोण में, कोण का मान 180° से अधिक परंतु 360° से कम होता है।

कोणों के युग्म (Pair of Angles)

कोणों के युग्मों के अंतर्गत पूरक कोण, संपूरक कोण, आसन्न कोण तथा कोणों के रैखिक युग्म आते हैं।

1. **पूरक कोण** (Complementary angles) दो कोण पूरक कोण कहलाते हैं, यदि उनका योगफल 90° के बराबर होता है।

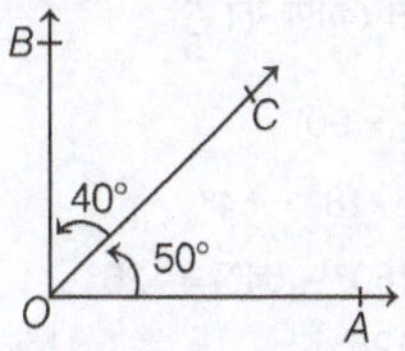

संलग्न आकृति में, $\angle COB$ तथा $\angle AOC$ संपूरक कोण हैं।

$[\because \angle COB + \angle AOC = 40° + 50° = 90°]$

उदाहरण 4 यदि दो कोण एक-दूसरे के पूरक हैं, तब वे किस प्रकार के कोण होंगे?

हल हम जानते हैं कि यदि दो कोणों का योग 90° है, तब वे पूरक कोण कहलाते हैं, इसलिए उनमें से प्रत्येक कोण न्यून कोण होगा।

उदाहरण 5 उस कोण का मान ज्ञात कीजिए, जोकि उसके पूरक कोण से 24° अधिक है।

हल माना अभीष्ट कोण का मान x है।

तब, पूरक कोण $(90° - x)$ होगा।

प्रश्नानुसार, दोनों कोणों के मध्य का अंतर = 24°

$\therefore \quad x - (90° - x) = 24° \Rightarrow x - 90° + x = 24°$

$\Rightarrow \quad 2x = 114° \Rightarrow x = \frac{114°}{2}$

$\Rightarrow \quad x = 57°$ तथा $90° - x = 90° - 57° = 33°$

अतः अभीष्ट कोण का मान 57° है।

2. संपूरक कोण (Supplementary Angles)

दो कोण संपूरक कोण कहलाते हैं, यदि दोनों का योगफल 180° के बराबर होता है। संलग्न आकृति में, $\angle BOC$ तथा $\angle AOC$ संपूरक कोण हैं।

$[\because \angle BOC + \angle AOC = 120° + 60° = 180°]$

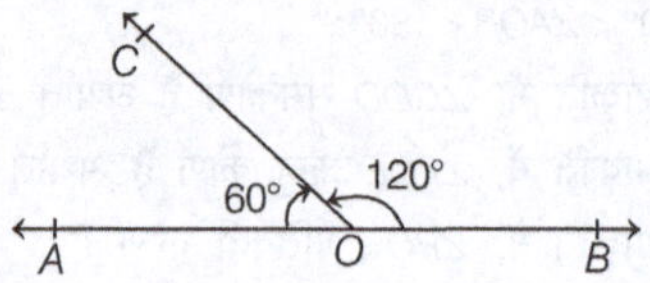

उदाहरण 6 यदि दो संपूरक कोण 3 : 2 के अनुपात में हैं, तो कोणों के मान ज्ञात कीजिए।

सर्वप्रथम हम कोणों के अनुपात को चर के पदों के रूप में लिखते हैं। तत्पश्चात् संपूरक कोणों के योग के गुणधर्म का उपयोग करते हैं।

हल माना दो संपूरक कोण $3x$ और $2x$ हैं।

हम जानते हैं कि संपूरक कोणों का योगफल 360° के बराबर होता है।

$\therefore 3x + 2x = 180° \Rightarrow 5x = 180° \Rightarrow x = \frac{180°}{5} = 36°$

इसलिए, $3x = 3 \times 36° = 108°$

तथा $2x = 2 \times 36° = 72°$

अतः दो संपूरक कोण 108° तथा 72° हैं।

उदाहरण 7 किसी समकोण के $\frac{3}{5}$ वें भाग का संपूरक कोण ज्ञात कीजिए।

हल दिया है, कोण = समकोण का $\frac{3}{5}$

$= \frac{3}{5} \times 90°$

$= 3 \times 18° = 54°$

54° का संपूरक = (180° − 54°) = 126°

अतः अभीष्ट कोण 126° है।

उदाहरण 8 एक कोण की माप ज्ञात कीजिए यदि उसके पूरक कोण का छः गुना, उसके संपूरक कोण के दोगुने से 12° कम हो।

हल माना अभीष्ट कोण x है।

तब, इसका संपूरक कोण $(180° - x)$ और पूरक कोण $(90° - x)$ होगा।

प्रश्नानुसार,

$6(90° - x) = 2(180° - x) - 12°$

$\Rightarrow \quad 540° - x = 360° - 2x - 12°$

$\Rightarrow \quad 540° - 360° + 12° = 4x$

$\Rightarrow \quad 4x = 192°$

$\Rightarrow \quad x = 48°$

अतः अभीष्ट कोण की माप 48° है।

3. कोणों का अर्द्धक (Bisector of an Angle)

वह किरण, जो कोण को दो समान भागों में विभाजित करें, वह कोण का अर्द्धक कहलाती है।

यदि किरण AD, $\angle BAC$ की अर्द्धक है, तब

$$\angle BAD = \angle CAD = \frac{1}{2} \angle BAC$$

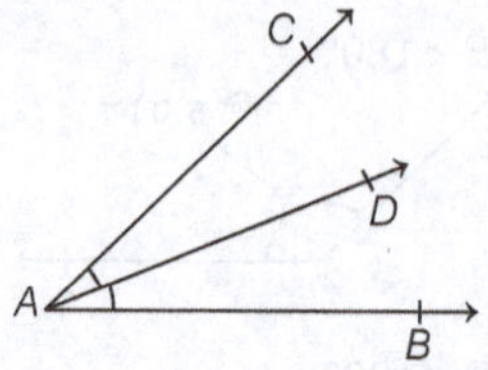

4. आसन्न कोण (Adjacent Angles)

दो कोण आसन्न कोण कहलाते हैं, यदि उनमें एक उभयनिष्ठ शीर्ष हो, एक उभयनिष्ठ भुजा हो और उनकी वे भुजाएँ जो उभयनिष्ठ नहीं हैं, उभयनिष्ठ भुजा के विपरीत ओर स्थित हों।

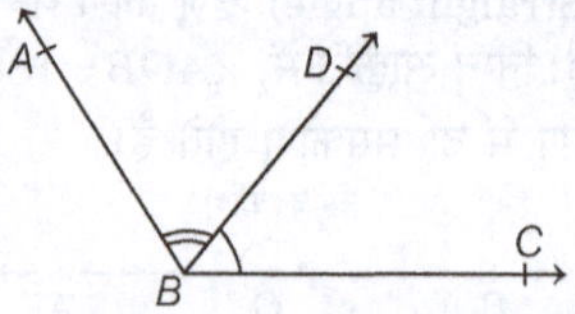

दी गई आकृति में, $\angle ABD$ और $\angle DBC$ आसन्न कोण हैं। किरण BD इनकी उभयनिष्ठ भुजा है और B इनका उभयनिष्ठ शीर्ष है। किरण BA और किरण BC वे भुजाएँ हैं, जो उभयनिष्ठ नहीं हैं। इसके अतिरिक्त, जब दो कोण आसन्न होते हैं, तो उनका योग उस कोण के बराबर होता है जो इनकी उन भुजाओं से बनता है, जो उभयनिष्ठ नहीं है। अतः $\angle ABC = \angle ABD + \angle DBC$

नोट *यहाँ, $\angle ABC$ तथा $\angle ABD$ आसन्न कोण नहीं हैं क्योंकि इनकी वे भुजाएँ जो उभयनिष्ठ नहीं हैं अर्थात् BD तथा BC, उभयनिष्ठ भुजा AB की समान ओर स्थित हैं।*

5. कोणों का रैखिक युग्म (Linear Pair of Angles)

दो ऐसे आसन्न कोण जिनकी उभयनिष्ठ भुजा के अतिरिक्त अन्य दो भुजाएँ एक सीधी रेखा बनाती हैं, कोणों का रैखिक युग्म कहलाते हैं।

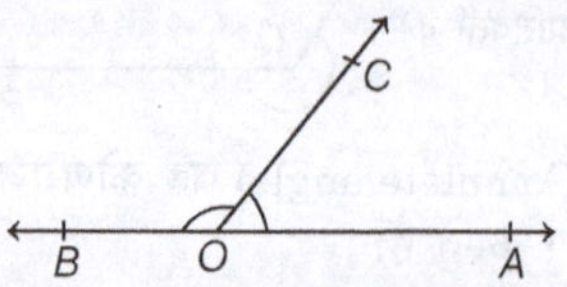

दी गई आकृति में, $\angle AOC$ तथा $\angle BOC$ कोणों के रैखिक युग्म बनाते हैं। चूँकि उभयनिष्ठ भुजा OC के अतिरिक्त अन्य दो भुजाएँ OB और OA एक सीधी रेखा बनाती है।

6. **शीर्षाभिमुख कोण** (Vertically Opposite Angles)
जब दो रेखाएँ एक-दूसरे को एक बिंदु पर प्रतिच्छेद करती हैं, तो शीर्षाभिमुख कोण बनते हैं।

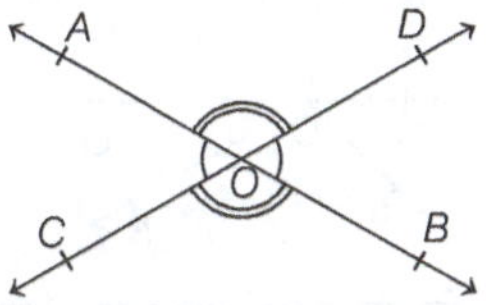

दी गई आकृति में दो रेखाएँ AB तथा CD परस्पर बिंदु O पर प्रतिच्छेद करती हैं, तब यहाँ शीर्षाभिमुख कोण के दो युग्म बनते हैं। इनमें से एक युग्म $\angle AOD$, $\angle BOC$ तथा दूसरे युग्म $\angle AOC$, $\angle BOD$ हैं।

कोणों के युग्मों के मध्य संबंध

(Relation between Pairs of Angles)
कोणों के रैखिक युग्मों के मध्य कुछ संबंध अभिगृहीत तथा प्रमेय के रूप में नीचे दिए गए हैं

अभिगृहीत 1 यदि एक किरण एक रेखा पर आपतित हो (या खड़ी हो), तब इस प्रकार बने दोनों आसन्न कोणों का योगफल 180° होता है।

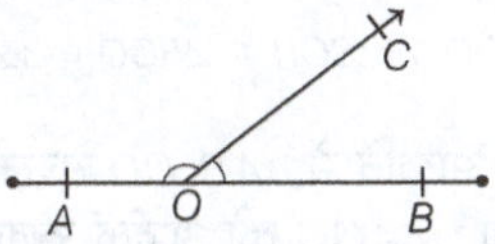

उपरोक्त आकृति में, $\angle AOC + \angle BOC = 180°$
जहाँ, $\angle AOC$ तथा $\angle BOC$ रैखिक युग्म हैं।

अभिगृहीत 2 यदि दो आसन्न कोणों का योगफल 180° है, तब कोणों की उभयनिष्ठ भुजाएँ एक रेखा या दो सम्मुख किरणें बनाती हैं।
उपरोक्त दोनों अभिगृहीतों को सम्मिलित रूप में रैखिक युग्म अभिगृहीत (Linear pair axiom) कहते हैं।

प्रमेय 1 यदि दो रेखाएँ एक-दूसरे को प्रतिच्छेद करती हैं, तो शीर्षाभिमुख कोण बराबर होते हैं।
उपरोक्त प्रमेय को निम्न प्रकार से सिद्ध कर सकते हैं
दिया है दो रेखाएँ AB तथा CD परस्पर बिंदु O पर प्रतिच्छेद करती हैं।

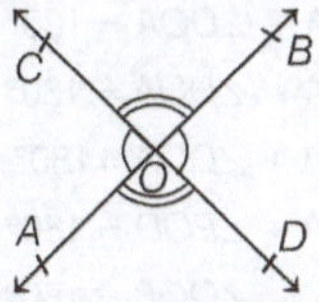

सिद्ध करना है शीर्षाभिमुख कोण बराबर होते हैं।
(i) $\angle AOC = \angle BOD$ (ii) $\angle AOD = \angle BOC$

उपपत्ति (i) यहाँ, किरण OC रेखा AB पर आपतित है।
$\therefore$ $\angle AOC + \angle BOC = 180°$ [रैखिक युग्म अभिगृहीत से] ...(i)
पुन: किरण OB रेखा CD पर आपतित है।
$\therefore$ $\angle BOC + \angle BOD = 180°$ [रैखिक युग्म अभिगृहीत से] ...(ii)

समी (i) तथा (ii) से,
$$\angle AOC + \angle BOC = \angle BOC + \angle BOD$$
दोनों पक्षों में से $\angle BOC$ घटाने पर,
$$\angle AOC = \angle BOD$$
(ii) इसी प्रकार, हम सिद्ध कर सकते हैं कि
$$\angle AOD = \angle BOC$$ इति सिद्धम्

रेखाओं तथा कोणों पर आधारित समस्याएँ

(Problems Based on Lines and Angles)
रेखाओं तथा कोणों पर आधारित विभिन्न प्रकार की समस्याओं (या प्रश्नों) को रैखिक युग्म अभिगृहीत तथा उपरोक्त प्रमेय की सहायता से हल किया जाता है।

उदाहरण 9 दी गई आकृति में, रेखाएँ AB तथा CD परस्पर बिंदु O पर प्रतिच्छेद करती हैं, x, y तथा z के मान ज्ञात कीजिए।

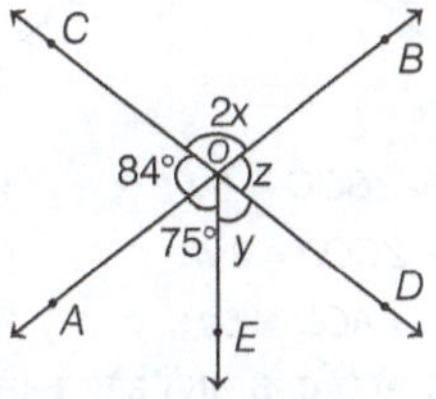

हल यहाँ, AOB तथा COD सरल रेखाएँ हैं।
इसलिए रैखिक युग्म अभिगृहीत से,
$$\angle AOC + \angle BOC = 180°$$
$\Rightarrow$ $84° + 2x = 180° \Rightarrow 2x = 96°$
$\Rightarrow$ $x = 48°$
आकृति से, $z = 84°$ [शीर्षाभिमुख कोण]
$\therefore$ $\angle AOE + \angle EOD + \angle DOB = 180°$
[$\because$ AOB एक सरल रेखा है]
$\Rightarrow$ $75° + y + z = 180°$
$\Rightarrow$ $75° + y + 84° = 180°$
$\Rightarrow$ $y = 180° - 159°$
$\Rightarrow$ $y = 21°$
अत: $x = 48°$, $y = 21°$ तथा $z = 84°$

उदाहरण 10 सिद्ध कीजिए कि रैखिक युग्मों के कोणों के अर्द्धक समकोण बनाते हैं।

हल माना $\angle AOC$ तथा $\angle BOC$ कोणों के रैखिक युग्म बनाते हैं, जिसमें OD तथा OE क्रमश: $\angle AOC$ तथा $\angle BOC$ के अर्द्धक हैं।
सिद्ध करना है $\angle DOE = 90°$

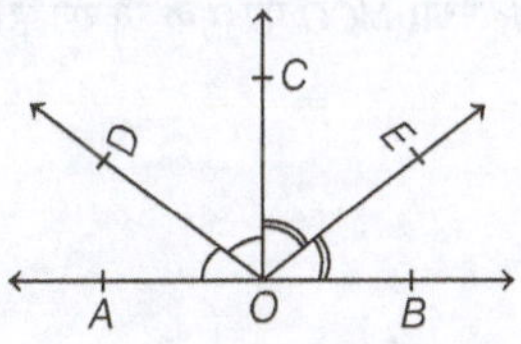

उपपत्ति यहाँ, AOB एक सरल रेखा है।

$\therefore \quad \angle AOC + \angle BOC = 180°$ [रैखिक युग्म अभिगृहीत से]

$\Rightarrow \quad \frac{1}{2}\angle AOC + \frac{1}{2}\angle BOC = 90°$ [दोनों पक्षों में 2 से भाग देने पर]

$\Rightarrow \quad \angle DOC + \angle COE = 90°$

[यहाँ, OD, $\angle AOC$ का समद्विभाजक है तथा OE, $\angle BOC$ का समद्विभाजक है]

$\therefore \quad \angle DOE = 90°$ **इति सिद्धम्**

उदाहरण 11 दी गई आकृति में, AB, CD तथा PQ तीनों रेखाएँ बिंदु O पर संगामी हैं। यदि $\angle AOP = 5y$, $\angle QOD = 2y$ तथा $\angle BOC = 5y$ है, तब y का मान ज्ञात कीजिए।

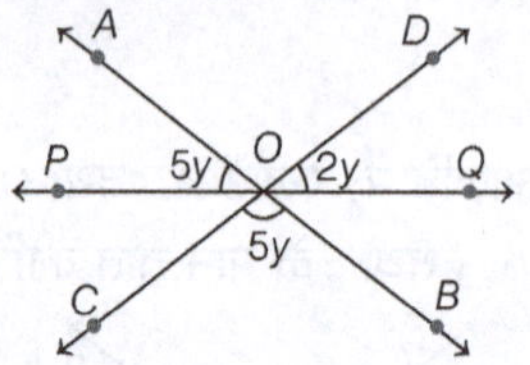

हल दी गई आकृति से,

$\angle AOP = \angle BOQ = 5y$ [शीर्षाभिमुख कोण]...(i)

$\angle QOD = \angle COP = 2y$ [शीर्षाभिमुख कोण]...(ii)

तथा $\angle BOC = \angle AOD = 5y$ [शीर्षाभिमुख कोण]...(iii)

हम जानते हैं कि किसी बिंदु के चारों ओर बनने वाले कोणों का योग 360° होता है।

$\therefore \angle AOP + \angle BOQ + \angle QOD + \angle COP + \angle BOC + \angle AOD = 360°$

$\Rightarrow \quad 5y + 5y + 2y + 2y + 5y + 5y = 360°$ [समी (i), (ii) तथा (iii) से]

$\Rightarrow \quad 24y = 360°$

$\therefore \quad y = \frac{360°}{24} = 15°$

उदाहरण 12 दी गई आकृति में, OP, OQ, OR तथा OS चार किरणें हैं, तब सिद्ध कीजिए कि $\angle POQ + \angle ROQ + \angle SOR + \angle POS = 360°$

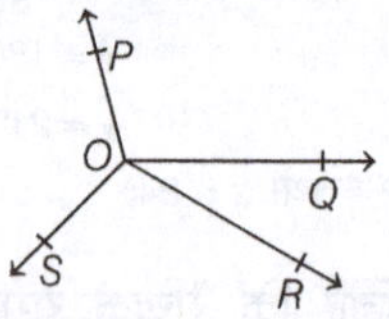

सर्वप्रथम, किसी भी एक किरण को पीछे की ओर एक बिंदु तक बढ़ाइए तथा फिर रैखिक युग्म अभिगृहीत का प्रयोग कीजिए।

हल किरण OQ को विपरीत दिशा में बिंदु M तक बढ़ाइए, तब रेखा MOQ प्राप्त होती है। अब OP रेखा MOQ पर एक किरण है।

तब रैखिक युग्म अभिगृहीत से,

$\angle MOP + \angle POQ = 180°$ ...(i)

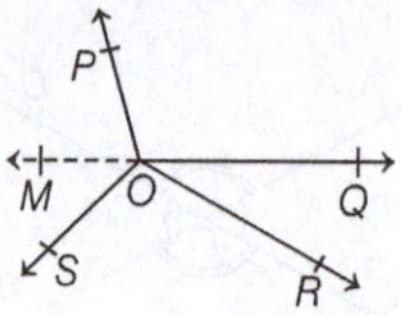

इसी प्रकार, OS किरण रेखा MOQ पर स्थित है, तब रैखिक युग्म अभिगृहीत से,

$\angle MOS + \angle SOQ = 180°$ ...(ii)

साथ ही, $\angle SOR$ तथा $\angle ROQ$ आसन्न कोण हैं।

$\therefore \quad \angle SOQ = \angle SOR + \angle ROQ$ ...(iii)

समी (iii) से, $\angle SOQ$ का मान समी (ii) में रखने पर,

$\angle MOS + \angle SOR + \angle ROQ = 180°$ ...(iv)

अब, समी (i) तथा (iv) को जोड़ने पर,

$\angle MOP + \angle POQ + \angle MOS + \angle SOR + \angle ROQ = 180° + 180°$

$\Rightarrow \angle MOP + \angle MOS + \angle POQ + \angle SOR + \angle ROQ = 360°$...(v)

परंतु $\quad \angle MOP + \angle MOS = \angle POS$

तब, समी (v) से,

$\angle POS + \angle POQ + \angle SOR + \angle ROQ = 360°$ **इति सिद्धम्**

उदाहरण 13 दी गई आकृति में, AB, CD सरल रेखाएँ तथा OP, OQ क्रमशः $\angle BOD$ तथा $\angle AOC$ की अर्द्धक रेखाएँ हैं, तब दर्शाइए कि किरण OP तथा OQ समान रेखा पर स्थित हैं।

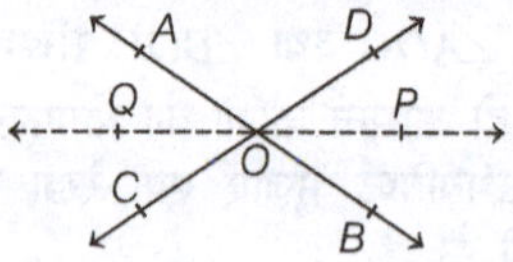

हल दी गई आकृति में,

$\angle AOC = \angle BOD$ [शीर्षाभिमुख कोण]

$\Rightarrow \quad \frac{1}{2}\angle AOC = \frac{1}{2}\angle BOD$ [दोनों तरफ 2 से भाग करने पर]

$\Rightarrow \quad \angle COQ = \angle POD$ ...(i)

[$\because OQ$, $\angle AOC$ को तथा OP, $\angle BOD$ को समद्विभाजित करता है]

अब, रेखा CD एक सीधी रेखा है तथा रेखा OA इससे होकर जाती है।

$\therefore \quad \angle COA + \angle DOA = 180°$ [रेखीय युग्म अभिगृहीत से]

$\Rightarrow \angle COQ + \angle QOA + \angle DOA = 180°$

$\Rightarrow \angle POD + \angle QOA + \angle DOA = 180°$ [समी (i) से]

$\Rightarrow \angle QOA + \angle DOA + \angle POD = 180°$

$\Rightarrow \quad \angle QOP = 180°$

अतः QOP एक सरल रेखा है।

इसलिए किरण OP तथा OQ एक ही रेखा से होकर जाती है।

इति सिद्धम्

समांतर रेखाएँ (Parallel Lines)

यदि दो रेखाएँ एक ही समतल में स्थित हों तथा किसी भी दिशा में बढ़ाने पर एक-दूसरे को प्रतिच्छेद न करें, तब इस प्रकार की रेखाएँ समांतर रेखाएँ कहलाती हैं।

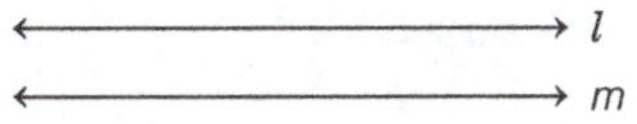

यदि l तथा m दो समांतर रेखाएँ हैं, तब इसे $l \parallel m$ लिखते हैं तथा इसे पढ़ते हैं l, m के समांतर है

स्पष्टतः जब $l \parallel m$, तब $m \parallel l$ होगी।

तिर्यक रेखाएँ (Transversal Lines)

वह रेखा जो दो या अधिक रेखाओं को भिन्न बिंदुओं पर प्रतिच्छेद करती हैं, एक तिर्यक रेखा कहलाती है।

यहाँ रेखा l रेखाओं क्रमशः m तथा n के लिए एक तिर्यक रेखा है। रेखा l रेखाओं m और n को क्रमशः बिंदुओं P और Q पर प्रतिच्छेद करती हैं, तब प्रत्येक बिंदु P और Q पर चार कोण बनाती हैं। जिनके नाम $\angle 1, \angle 2, \angle 3, \angle 4$, तथा $\angle 5, \angle 6, \angle 7, \angle 8$ हैं।

$\angle 1, \angle 2, \angle 7$ तथा $\angle 8$ **बाह्य कोण** (Exterior angle) कहलाते हैं।

$\angle 3, \angle 4, \angle 5$ तथा $\angle 6$ **अंतः कोण** (Interior angle) कहलाते हैं।

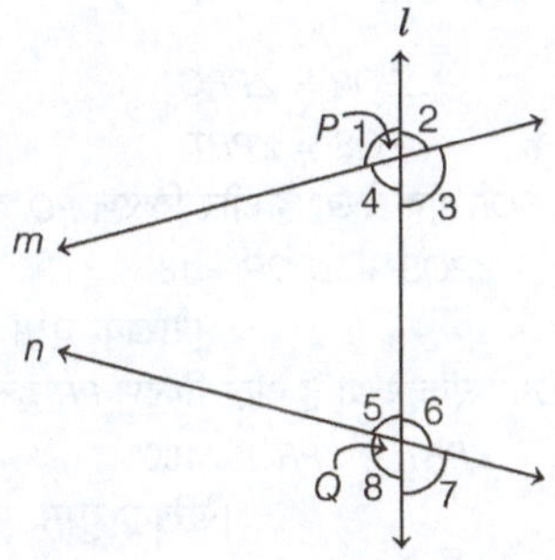

एक ही रेखा के समांतर रेखाएँ

(Lines Parallel to the Same Line)

प्रमेय 2 वे रेखाएँ जो एक ही रेखा के समांतर हों, परस्पर समांतर होती हैं।

दिया है तीन रेखाएँ a, b और c इस प्रकार हैं कि

$$a \parallel c \text{ तथा } b \parallel c$$

सिद्ध करना है $a \parallel b$

रचना एक तिर्यक रेखा r खींचिऐं जोकि रेखाओं a, b तथा c को क्रमशः P, Q तथा R पर काटती हैं।

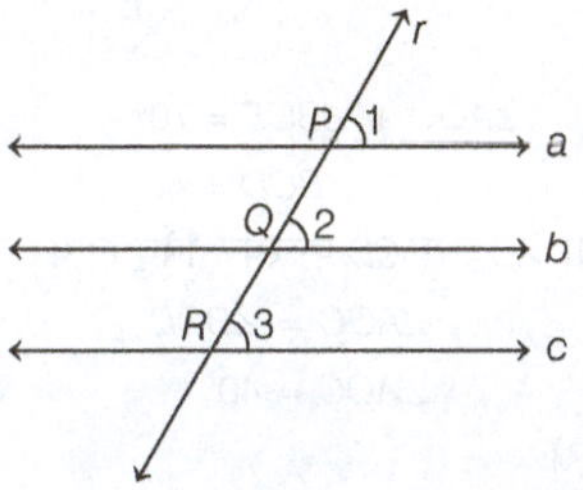

उपपत्ति चूँकि, समांतर रेखाओं a तथा c को तिर्यक रेखा क्रमशः P व R पर प्रतिच्छेद करती है।

$\therefore$ $\angle 1 = \angle 3$ [संगत कोण अभिगृहीत से] ...(i)

पुनः समांतर रेखाओं b तथा c को तिर्यक रेखा क्रमशः Q व R पर प्रतिच्छेद करती है।

$\therefore$ $\angle 2 = \angle 3$ [संगत कोण अभिगृहीत से] ...(ii)

समी (i) तथा (ii) से, $\angle 1 = \angle 2$

परंतु उपरोक्त कोण संगत कोण हैं।

$\therefore$ $a \parallel b$ [संगत कोण अभिगृहीत के विलोम से]

इति सिद्धम्

NCERT फोल्डर

प्रश्नावली 6.1

1. दी गई आकृति में, रेखाएँ AB तथा CD बिंदु O पर प्रतिच्छेद करती हैं। यदि $\angle AOC + \angle BOE = 70°$ तथा $\angle BOD = 40°$ है, तो $\angle BOE$ और प्रतिवर्ती $\angle COE$ ज्ञात कीजिए।

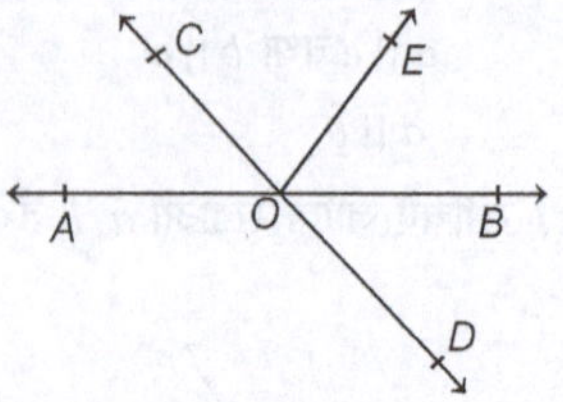

हल दिया है, $\angle AOC + \angle BOE = 70°$ ...(i)

तथा $\angle BOD = 40°$ ...(ii)

साथ ही, रेखा AB तथा CD परस्पर बिंदु O पर प्रतिच्छेद करती हैं।

इसलिए, $\angle AOC = \angle BOD$ [शीर्षाभिमुख कोण]

$\Rightarrow$ $\angle AOC = 40°$

अब समी (i) से,

$40° + \angle BOE = 70° \Rightarrow \angle BOE = 70° - 40°$

$\therefore$ $\angle BOE = 30°$

अब, CD पर किरण OB आपतित होती है।

इसलिए, $\angle BOD + \angle BOC = 180°$ ...(iii)

[रैखिक युग्म अभिगृहीत से]

साथ ही, $\angle COE$ तथा $\angle BOE$ आसन्न कोण हैं।

इसलिए, $\angle BOC = \angle COE + \angle BOE$

समी (iii) में, $\angle BOC$ का मान रखने पर,

$\angle BOD + \angle COE + \angle BOE = 180°$

$\Rightarrow$ $40° + \angle COE + 30° = 180°$

$\Rightarrow$ $\angle COE + 70° = 180°$

$\Rightarrow$ $\angle COE = 180° - 70° = 110°$

साथ ही, $\angle COE +$ प्रतिवर्ती $\angle COE = 360°$

[चूँकि एक ही बिंदु पर बनने वाले कोणों का योग 360° होता है]

$\Rightarrow$ $\angle 110° +$ प्रतिवर्ती $\angle COE = 360°$

$\therefore$ प्रतिवर्ती $\angle COE = 360° - 110° = 250°$

2. दी गई आकृति में, रेखाएँ XY और MN बिंदु O पर प्रतिच्छेद करती हैं। यदि $\angle POY = 90°$ तथा $a : b = 2 : 3$ है, तो c का मान ज्ञात कीजिए।

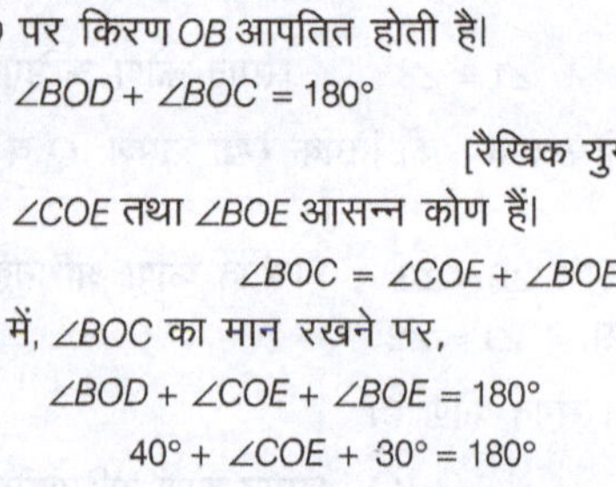

हल यहाँ, OP रेखा XY पर एक किरण है।

अतः $\angle POY + \angle POX = 180°$ [रैखिक युग्म अभिगृहीत से]

$\Rightarrow$ $90° + a + b = 180°$

$\Rightarrow$ $a + b = 90°$ ...(i)

तथा $a : b = 2 : 3$ [दिया है]

माना $a = 2k$ तथा $b = 3k$

अब, समी (i) से, $2k + 3k = 90° \Rightarrow 5k = 90°$

$\Rightarrow$ $k = 18°$

$\therefore$ $a = 2 \times 18° = 36°$

तथा $b = 3 \times 18° = 54°$

अब, $\angle MOX + \angle XON = 180°$ [रैखिक युग्म अभिगृहीत से]

$\Rightarrow$ $b + c = 180° \Rightarrow 54° + c = 180°$

$\therefore$ $c = 126°$

3. निम्न आकृति में, यदि $\angle PQR = \angle PRQ$ है, तो सिद्ध कीजिए कि $\angle PQS = \angle PRT$ है।

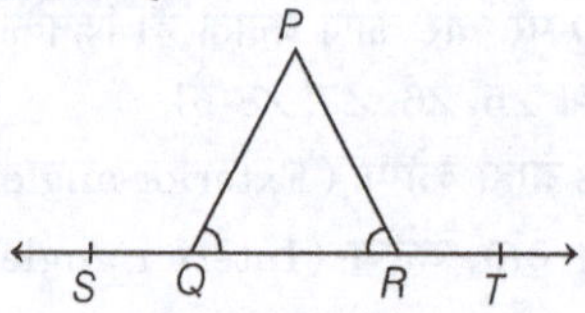

हल **दिया है** $\angle PQR = \angle PRQ$

सिद्ध करना है $\angle PQS = \angle PRT$

उपपत्ति यहाँ, SQR एक रेखा है और किरण PQ इस पर आपतित है।

$\therefore$ $\angle PQS + \angle PQR = 180°$

[रैखिक युग्म अभिगृहीत से]...(i)

इसी प्रकार, QRT एक रेखा है और किरण PR इस पर आपतित है।

$\therefore$ $\angle PRT + \angle PRQ = 180°$

[रैखिक युग्म अभिगृहीत से] ...(ii)

समी (i) तथा (ii) से,

$\angle PQS + \angle PQR = \angle PRT + \angle PRQ$

$\Rightarrow$ $\angle PQS + \angle PRQ = \angle PRT + \angle PRQ$

[दिया है, $\angle PQR = \angle PRQ$]

$\Rightarrow$ $\angle PQS = \angle PRT$ **इति सिद्धम्**

4. निम्न आकृति में, यदि $x + y = w + z$ है, तो सिद्ध कीजिए कि AOB एक रेखा है।

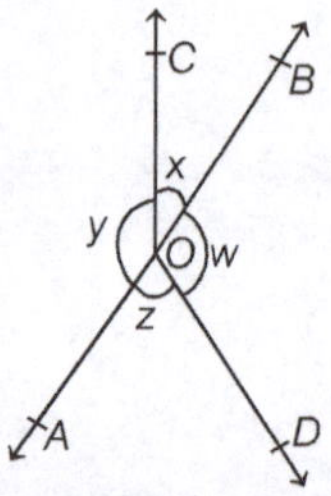

हल हम जानते हैं कि एक बिंदु पर बने सभी कोणों का योग 360° होता है।

$\therefore$ $x + y + w + z = 360°$ ...(i)

दिया है, $x + y = w + z$

तब, $x + y + x + y = 360°$ [समी (i) से]

$\Rightarrow$ $2(x + y) = 360°$

$\Rightarrow$ $x + y = 180°$ [रैखिक युग्म अभिगृहीत से]

अतः AOB एक सरल रेखा है।

5. दी गई आकृति में, POQ एक रेखा है। किरण OR रेखा PQ पर लंब है। किरणों OP तथा OR के बीच में OS एक अन्य किरण है। सिद्ध कीजिए

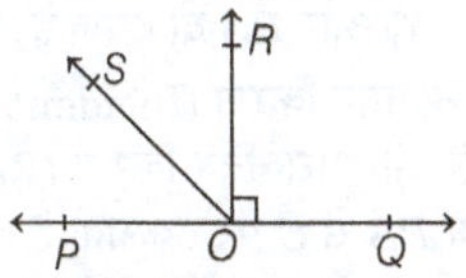

$$\angle ROS = \frac{1}{2}(\angle QOS - \angle POS)$$

हल दिया है, OR रेखा PQ पर लंब है।

$\therefore$ $\angle POR = \angle ROQ = 90°$

अब, $\angle POR = 90° \Rightarrow \angle POS + \angle ROS = 90°$

$\Rightarrow$ $\angle ROS = 90° - \angle POS$

दोनों पक्षों में $\angle ROS$ जोड़ने पर,

$2\angle ROS = 90° - \angle POS + \angle ROS$

$\Rightarrow$ $2\angle ROS = (90° + \angle ROS) - \angle POS$

$\Rightarrow$ $2\angle ROS = \angle QOS - \angle POS$

[$\because \angle QOS = \angle ROQ + \angle ROS = 90° + \angle ROS$]

$\Rightarrow$ $\angle ROS = \frac{1}{2}[\angle QOS - \angle POS]$ **इति सिद्धम्**

6. यह दिया है कि $\angle XYZ = 64°$ है, तो XY को बिंदु P तब बढ़ाया गया है। दी हुई सूचना से एक आकृति खींचिएँ। यदि किरण YQ, $\angle ZYP$ को समद्विभाजित करती है, तो $\angle XYQ$ और प्रतिवर्ती $\angle QYP$ के मान ज्ञात कीजिए।

हल दिया है, $\angle XYZ = 64°$ तथा XY को बिंदु P तक बढ़ाया गया है। इसलिए, PYX एक सरल रेखा है।

$\therefore$ $\angle PYX = 180°$

अब, YZ रेखा PYX पर एक किरण है।

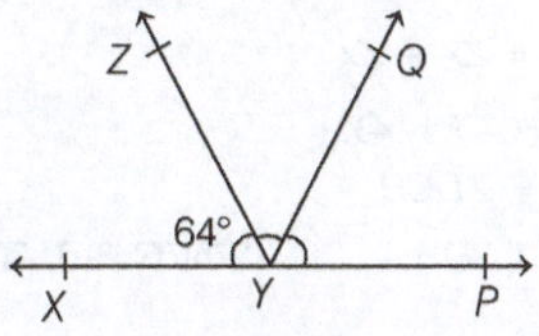

इसलिए, $\angle XYZ + \angle ZYP = 180°$ [रैखिक युग्म अभिगृहीत से]

$\Rightarrow$ $64° + \angle ZYP = 180°$

$\Rightarrow$ $\angle ZYP = 180° - 64° = 116°$

$\Rightarrow$ $\angle ZYQ + \angle QYP = 116°$ ...(i)

यदि किरण YQ, $\angle ZYP$ को समद्विभाजित करती है, तब

$\angle QYP = \angle ZYQ$ ...(ii)

समी (i) में, $\angle QYP$ का मान रखने पर,

$\angle ZYQ + \angle ZYQ = 116°$

$\Rightarrow$ $2\angle ZYQ = 116°$

$\Rightarrow$ $\angle ZYQ = \frac{116°}{2} \Rightarrow \angle ZYQ = 58°$ ...(iii)

समी (ii) तथा (iii) से,

$\angle QYP = 58°$

अब, $\angle XYQ = \angle XYZ + \angle ZYQ = 64° + 58° = 122°$

और प्रतिवर्ती $\angle QYP = 360° - \angle QYP = 360° - 58°$

[$\because \angle QYP = \angle ZYQ = 58°$]

$= 302°$

प्रश्नावली 6.2

1. निम्न आकृति में, यदि $AB \parallel CD$, $CD \parallel EF$ और $y : z = 3 : 7$ है, तो x का मान ज्ञात कीजिए।

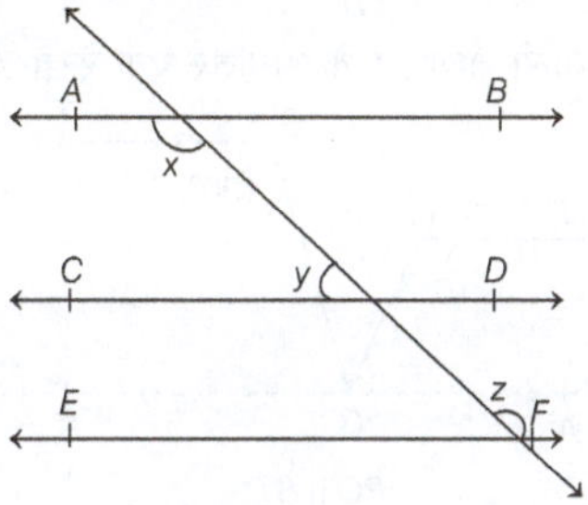

हल दिया है, $AB \parallel CD$ तथा $CD \parallel EF$

$\therefore$ $AB \parallel EF$

[$\because$ रेखाएँ जोकि एक ही रेखा के समांतर हों, वे एक-दूसरे के समांतर होती हैं]

तब, $\angle x = \angle z$ [एकांतर अंतः कोण] ...(i)

साथ ही, दिया है कि $y : z = 3 : 7$

$\Rightarrow$ $y : x = 3 : 7$ [समी (i) से] ...(ii)

माना $\angle y = 3a$ तथा $\angle x = 7a$

अब, $AB \parallel CD$

$\therefore$ $\angle x + \angle y = 180°$

[तिर्यक रेखा के एक ओर के अंतः कोण संपूरक होते हैं]

$\Rightarrow$ $7a + 3a = 180°$ [$\because \angle y = 3a$ तथा $\angle x = 7a$]

$\Rightarrow$ $10a = 180° \Rightarrow a = \frac{180°}{10} = 18°$

अतः $x = 7a = (7 \times 18)° = 126°$

2. निम्न आकृति में, यदि $AB \parallel CD$, $FE \perp CD$ और $\angle GED = 126°$ है, तो $\angle AGE$, $\angle GEF$ और $\angle FGE$ ज्ञात कीजिए।

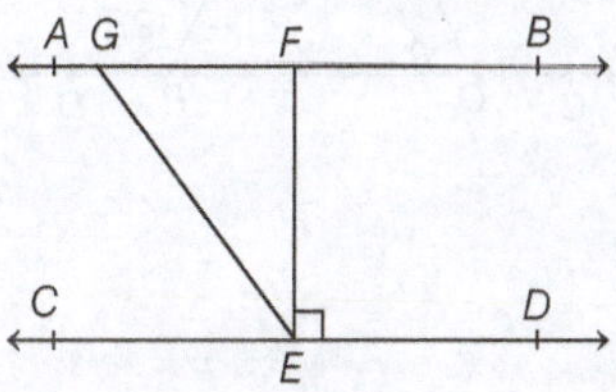

हल यहाँ, $\angle AGE = \angle GED$ [एकांतर अंतः कोण]

परंतु $\angle GED = 126°$ [दिया है]

$\Rightarrow$ $\angle GEF + \angle FED = 126°$

$\Rightarrow \quad \angle GEF + 90° = 126°$ $\quad [\because EF \perp CD]$

$\Rightarrow \quad \angle GEF = 36°$

तथा $\angle AGE + \angle FGE = 180°$ [रैखिक युग्म अभिगृहित से]

$\Rightarrow \quad 126° + \angle FGE = 180° \Rightarrow \angle FGE = 54°$

अतः $\angle AGE = 126°$, $\angle GEF = 36°$ तथा $\angle FGE = 54°$

3. निम्न आकृति में, यदि $PQ \parallel ST$, $\angle PQR = 110°$ तथा $\angle RST = 130°$ है, तो $\angle QRS$ ज्ञात कीजिए।

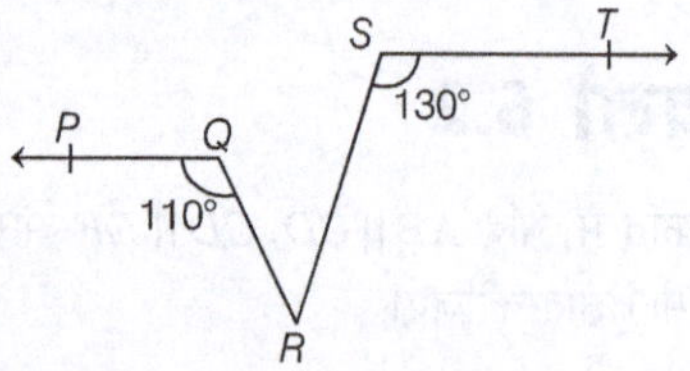

हल R से जाने वाली तथा ST के समांतर एक रेखा AB खींचते हैं।

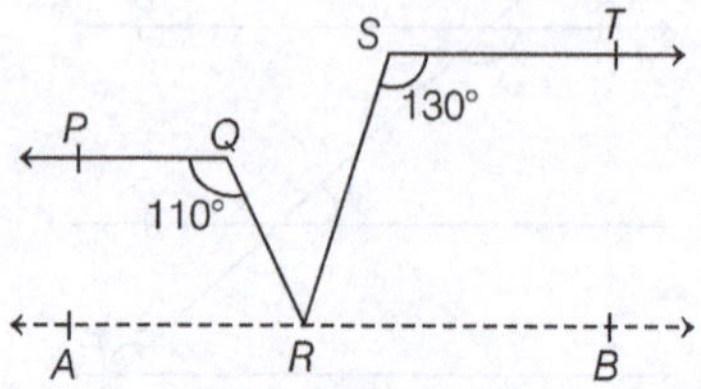

अब $\quad PQ \parallel ST$

$\therefore \quad AB \parallel PQ \parallel ST$

$\angle PQR + \angle QRA = 180°$

[तिर्यक रेखा के एक ओर के अंतः कोण संपूरक होते हैं]

$\Rightarrow \quad 110° + \angle QRA = 180°$ $\quad [\angle PQR = 110°$, दिया है]

$\Rightarrow \quad \angle QRA = 70°$

दिया है, $\quad \angle TSR = 130°$ तथा $ST \parallel AB$

$\therefore \quad \angle ARS = 130°$ [एकांतर अंतः कोण]

अब, $\quad \angle ARS = \angle ARQ + \angle QRS$

$\Rightarrow \quad 130° = 70° + \angle QRS$ $\quad [\because \angle QRA = \angle ARQ = 70°]$

$\Rightarrow \quad \angle QRS = 130° - 70° = 60°$

$\Rightarrow \quad \angle QRS = 60°$

4. निम्न आकृति में, यदि $AB \parallel CD$, $\angle APQ = 50°$ और $\angle PRD = 127°$ है, तो x और y का मान ज्ञात कीजिए।

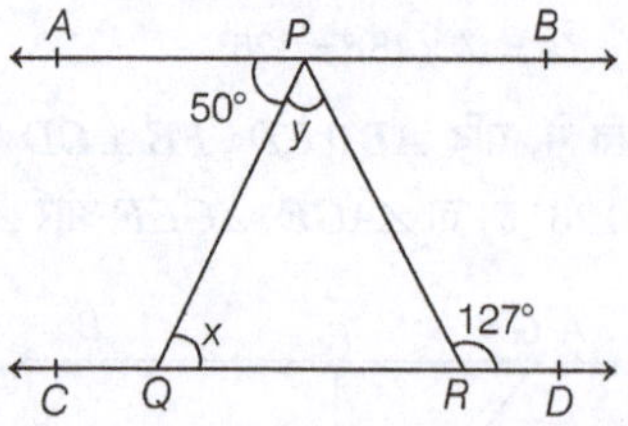

हल दिया है, $AB \parallel CD$, $\angle APQ = 50°$ तथा $\angle PRD = 127°$

$\therefore \quad \angle APQ + \angle PQC = 180°$

$\Rightarrow \quad 50° + \angle PQC = 180° \Rightarrow \angle PQC = 130°$

साथ ही, $\quad \angle PQC + \angle PQR = 180°$

$\Rightarrow \quad 130° + x = 180° \Rightarrow x = 50°$

साथ ही, $\quad \angle APR = \angle PRD$ [एकांतर अंतः कोण]

$\Rightarrow \quad 50° + y = 127° \Rightarrow y = 77°$

अतः $x = 50°$ तथा $y = 77°$

5. निम्न आकृति में, PQ और RS दो दर्पण हैं, जो एक-दूसरे के समांतर रखे गए हैं। एक आपतन किरण (Incident ray) AB, दर्पण PQ से B पर टकराती है और परावर्तित किरण (Reflected ray) पथ BC पर चलकर दर्पण RS से C पर टकराती है तथा पुनः CD के अनुदिश परावर्तित हो जाती है। सिद्ध कीजिए कि $AB \parallel CD$ है।

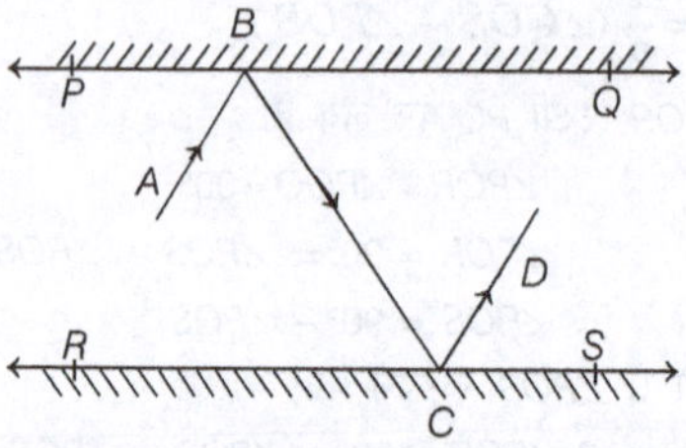

हल $BE \perp PQ$ तथा $CF \perp RS$ खींचिए।

$\Rightarrow \quad BE \parallel CF$

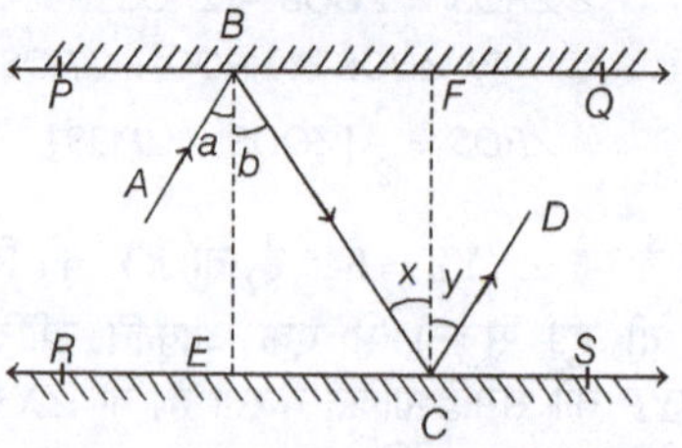

साथ ही, $\angle a = \angle b$ [$\because$ आपतित कोण = परावर्तित कोण] ...(i)

तथा $\quad \angle x = \angle y$ ...(ii)

$\because BE \parallel CF$ तथा BC तिर्यक रेखा है।

$\therefore \quad \angle b = \angle x$ [एकांतर अंतः कोण]

$\Rightarrow \quad 2\angle b = 2\angle x$ [दोनों तरफ 2 से गुणा करने पर]

$\Rightarrow \quad \angle b + \angle b = \angle x + \angle x$

$\Rightarrow \quad \angle a + \angle b = \angle x + \angle y$ [समी (i) और (ii) से]

$\Rightarrow \quad \angle ABC = \angle DCB$

अतः $\quad AB \parallel CD$ [एकांतर अंतः कोणों के अभिगृहीत से]

इति सिद्धम्

अध्याय : एक नजर में

- वह रेखाखंड जिसे दोनों दिशाओं में अनंत तक बढ़ाया जा सके, उसे रेखा कहते हैं, इसे $\overleftrightarrow{AB}$ अथवा $\overleftrightarrow{BA}$ द्वारा निरूपित करते हैं।
- तीन अथवा तीन से अधिक बिंदु यदि एक ही रेखा पर स्थित हों, तो उन्हें संरेखीय बिंदु कहते हैं अन्यथा वे बिंदु असंरेखीय बिंदु कहलाते हैं।
- दो रेखाएँ प्रतिच्छेदी रेखाएँ कहलाती हैं यदि वे एक–दूसरे को एक बिंदु पर प्रतिच्छेद करती हैं।
- एक ही समतल में स्थित ऐसी रेखाएँ जो किसी भी दिशा में बढ़ाने पर एक–दूसरे को प्रतिच्छेद न करें, समांतर रेखाएँ कहलाती हैं।
- वह रेखा जो दो या अधिक रेखाओं को भिन्न बिंदुओं पर प्रतिच्छेद करती हैं, तिर्यक रेखा कहलाती हैं।
- यदि कोई तिर्यक रेखा दो समांतर रेखाओं को प्रतिच्छेद करती है, तब
  - *(i)* एकांतर अंत: कोणों का प्रत्येक युग्म बराबर होता है, इसका व्युत्क्रम भी सत्य है।
  - *(ii)* तिर्यक रेखा के एक ही ओर बने अंत: कोणों के प्रत्येक युग्म का योगफल 180° होता है अर्थात् ये कोण संपूरक होते हैं।
  - *(iii)* संगत कोणों का प्रत्येक युग्म बराबर होता है।
- जब दो किरणें एक ही अंत: बिंदु से प्रारंभ होती हैं, तो एक कोण बनता है।
  - *(i)* न्यून कोण वह कोण जिसकी माप 0° से अधिक परंतु 90° से कम होती है।
  - *(ii)* समकोण वह कोण जिसकी माप 90° होती है।
  - *(iii)* अधिक कोण वह कोण जिसकी माप 90° से अधिक परंतु 180° से कम होती है।
  - *(iv)* ऋजु कोण वह कोण जिसकी माप 180° होती है।
  - *(v)* प्रतिवर्ती कोण वह कोण जिसकी माप 180° से अधिक परंतु 360° से कम होती है।
  - *(vi)* संपूर्ण कोण वह कोण जिसकी माप 360° होती है।
  - *(vii)* पूरक कोण दो कोण पूरक कहलाते हैं, यदि कोणों की माप का योगफल 90° होता है
  - *(viii)* संपूरक कोण दो कोण संपूरक कहलाते हैं, यदि कोणों की माप का योगफल 180° होता है।
  - *(ix)* कोणों का समद्विभाजक वह किरण, जोकि कोण को दो समान भागो में विभाजित करे, कोणों की समद्विभाजक कहलाती है।
  - *(x)* आसन्न कोण दो कोण आसन्न कोण कहलाते हैं, यदि *(a)* उनमें उभयनिष्ठ शीर्ष हो। *(b)* उनमें उभयनिष्ठ भुजा हो। *(c)* तथा अन्य भुजाएँ, उभयनिष्ठ भुजा के विपरीत दिशा में हों।
  - *(xi)* कोणों का रैखिय युग्म दो आसन्न कोण परस्पर मिलकर एक सरल रैखिक युग्म बनाते हैं यदि इनकी गैर उभयनिष्ठ भुजाएँ सरल रेखा पर दो विपरीत किरणों के रूप में हों।
  - *(xii)* शीर्षाभिमुख कोण जब दो रेखाएँ एक–दूसरे को एक बिंदु पर प्रतिच्छेद करती हैं, तो शीष त्रिभुज कोण बनते हैं।
- कोणों के युग्मों पर आधारित अभिगृहीत तथा प्रमेय अभिगृहीत यदि एक किरण एक रेखा पर आपतित हो, तब इस प्रकार बने आसन्न कोणों का योगफल 180° होता है। (इसका विपरीत भी सत्य है)
- यदि दो रेखाएँ एक–दूसरे को काटती हैं, तो प्राप्त शीर्षाभिमुख कोण बराबर होते हैं।
- तीन प्रतिच्छेदी रेखाओं द्वारा घिरी हुई बंद आकृति एक त्रिभुज कहलाती है।

परीक्षा अभ्यास

यहाँ अध्याय से संबंधित सभी संभावित प्रश्नों को दिया गया है, इन प्रश्नों का अभ्यास करके व याद रखकर छात्र अध्याय से संबंधित किसी भी प्रश्न का उत्तर दे पाएँगे।

बहुविकल्पीय प्रश्न

1. निम्न आकृति में, यदि $AB || CD || EF$, $PQ || RS$, $\angle RQD = 25°$ और $\angle CQP = 60°$ है, तो $\angle QRS$ बराबर है

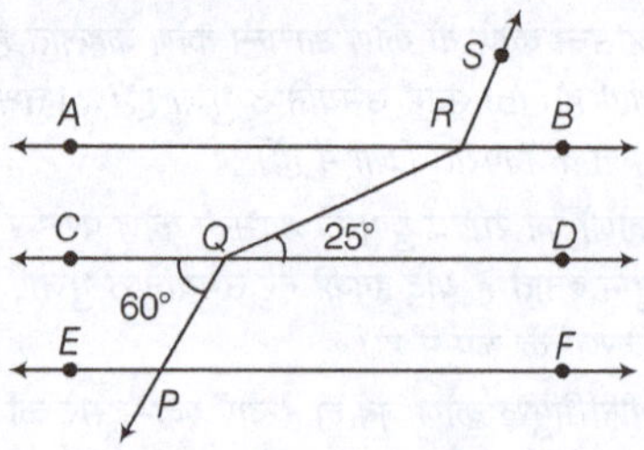

(a) 85° (b) 135 (c) 145° (d) 110°

2. संलग्न आकृति में, POQ एक रेखा है, x का मान है

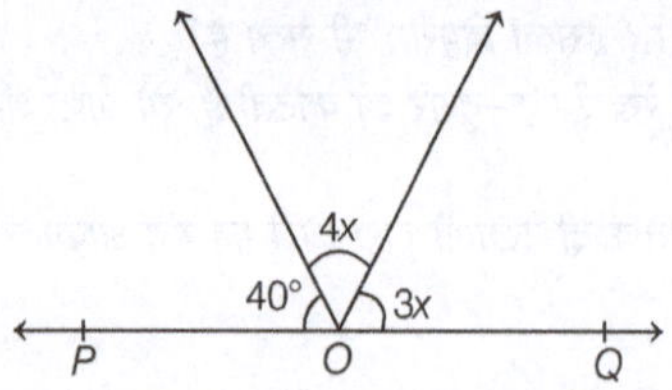

(a) 20° (b) 25° (c) 30° (d) 35°

3. दी गई आकृति में, यदि POQ एक रेखा है, तो x का मान होगा

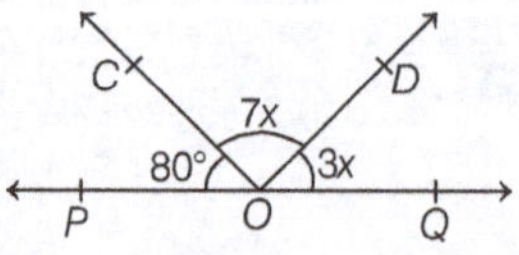

(a) 10° (b) 15° (c) 20° (d) 25°

कथन-कारण प्रश्न

***निर्देश** (प्र. सं. 4-8) में एक कथन (A) तथा उसके नीचे कथन का कारण (R) दिया गया है। इन्हें ध्यानपूर्वक पढ़िए और इनके आधार पर निम्नलिखित में से उचित उत्तर का चयन कीजिए।*

(a) कथन (A) और कारण (R) दोनों सत्य हैं तथा कारण (R) कथन (A) की सही व्याख्या है।

(b) कथन (A) और कारण (R) दोनों सत्य हैं, परन्तु कारण (R) कथन (A) की सही व्याख्या नहीं है।

(c) यदि कथन (A) सही है, परन्तु कारण (R) गलत है।

(d) यदि कथन (A) गलत है, परन्तु कारण (R) सही है।

4. कथन (A) एक रैखिक युग्म के कोणों के अर्द्धकों के बीच का कोण समकोण होता है।

कारण (R) यदि दो आसन्न कोणों का योग 180° है, तब कोणों की वे भुजाएँ जो उभ्यनिष्ठ नहीं हैं एक सरल रेखा में होती हैं।

5. कथन (A) वे रेखाएँ जो एक ही रेखा के समान्तर हो, परस्पर समान्तर होती है।

कारण (R) एक ही समतल में स्थित ऐसी रेखाएँ जो किसी भी दिशा में बढ़ाने पर एक-दूसरे को प्रतिच्छेद न करे, लम्बवत् रेखाएँ कहलाती हैं।

6. कथन (A) दी गई आकृति में x का मान 20° होगा

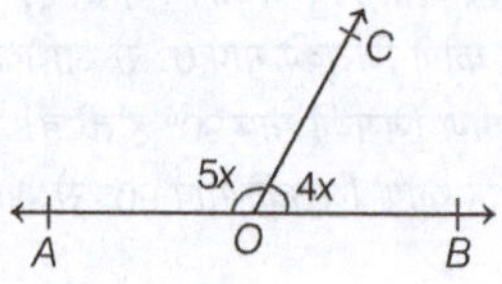

कारण (R) दो आसन्न कोणों का योग सदैव 180° होता है।

7. कथन (A) दी गई आकृति में, $\angle AOC$ तथा $\angle AOD$ शीर्षाभिमुख कोण हैं।

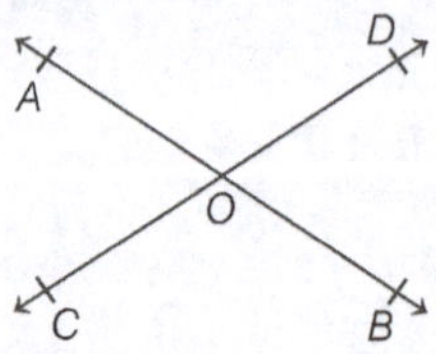

कारण (R) शीर्षाभिमुख कोण बराबर होते हैं।

8. कथन (A) दी गई आकृति में, $AB || CD$, तब $\angle 1 = \angle 2$ (l एक तिर्यक रेखा)

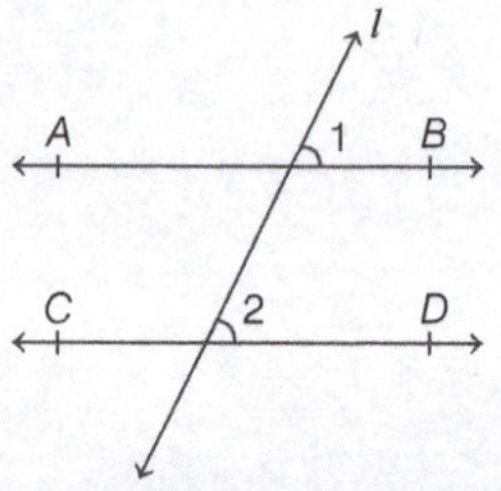

कारण (R) यह दो समान्तर रेखाओं को एक तिर्यक रेखा प्रतिच्छेद करती है, तो संगत कोण बराबर होते हैं।

अतिलघु उत्तरीय प्रश्न

9. जब दो रेखाएँ एक बिंदु पर प्रतिच्छेद करती हैं, तो ज्ञात कीजिए कि कितने आसन्न कोणों के युग्म बनते हैं?

10. यदि दो पूरक कोणों में $2:3$ का अनुपात है, तो कोण ज्ञात कीजिए।

11. यदि दो संपूरक कोणों में $13:5$ का अनुपात है, तो कोण ज्ञात कीजिए।

12. दी गई आकृति में, $AB \parallel CD$ है। यदि $\angle ABO = 45°$ तथा $\angle COD = 100°$ है, तब $\angle ODC$ ज्ञात कीजिए।

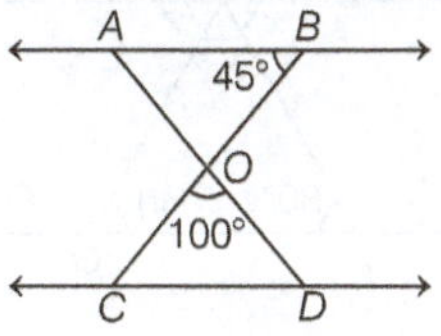

13. दिए गए चित्र से, x का मान ज्ञात कीजिए।

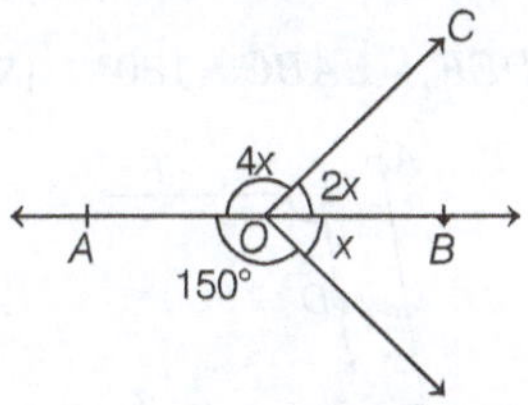

14. दी गई आकृति में, यदि POQ एक रेखा है, तो x का मान ज्ञात कीजिए।

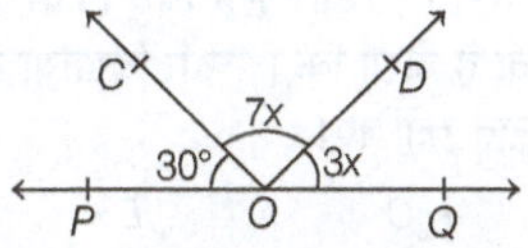

15. दी गई आकृति में, $x + y$ के किस मान के लिए ABC एक सरल रेखा होगी? अपने उत्तर का औचित्य दीजिए।
[NCERT Exemplar]

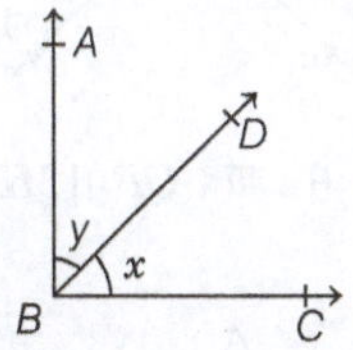

16. यदि एक कोण अपने पूरक कोण के चार गुने के बराबर है, तब कोण ज्ञात कीजिए।

17. उस कोण का मान ज्ञात कीजिए जोकि अपने पूरक कोण से 36° अधिक है।

18. उस कोण का मान ज्ञात कीजिए जोकि अपने संपूरक कोण से 25° कम है।

19. यदि दो संपूरक कोण $11:7$ के अनुपात में हैं, तो कोण ज्ञात कीजिए।

20. यदि एक कोण का संपूरक इसके $\frac{1}{5}$ वें भाग के बराबर है, तो कोण तथा इसका संपूरक ज्ञात कीजिए।

21. यदि एक कोण का पूरक इसके संपूरक का एक-तिहाई है, तब कोण ज्ञात कीजिए।

22. यदि OA, OB, OC तथा OD किरणें वामावर्त दिशा में इस प्रकार हैं कि $\angle AOB = \angle COD = 100°$, $\angle BOC = 82°$ तथा $\angle AOD = 78°$ हैं, तब क्या यह कहना सत्य है कि AOC तथा BOD रेखाएँ हैं।

23. दी गई आकृति में, $\angle POR$ तथा $\angle QOR$ रैखिक युग्म बनाते हैं तथा $a - b = 80°$ है, तब a तथा b के मान ज्ञात कीजिए।

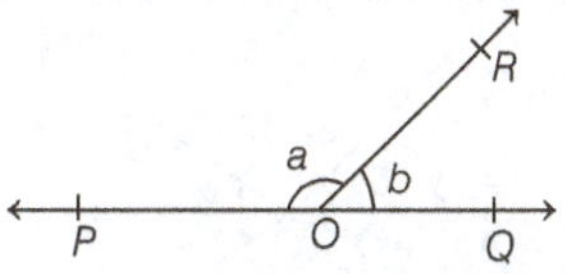

24. यदि कोण a तथा b कोणों के रैखिक युग्म बनाते हैं तथा $a - 2b = 30°$ है, तब a तथा b के मान ज्ञात कीजिए।

लघु उत्तरीय प्रश्न

25. दी गई आकृति में, x का मान ज्ञात कीजिए।

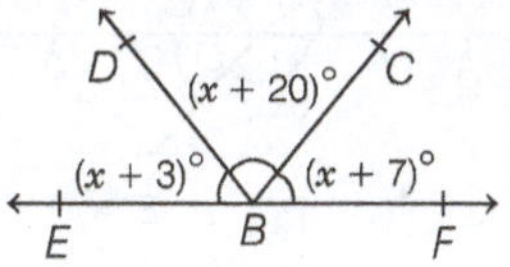

26. x का मान ज्ञात कीजिए।

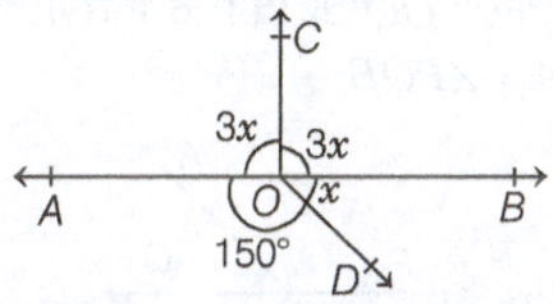

27. दी गई आकृति में, यदि AOB एक सरल रेखा है, तब x का मान ज्ञात कीजिए।

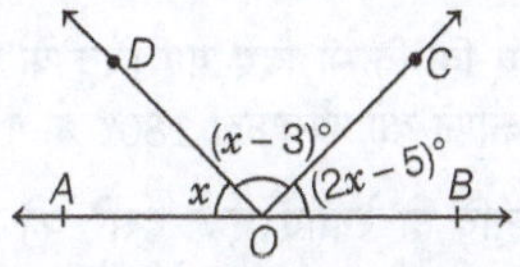

28. तीन रेखाएँ AB, CD तथा EF परस्पर बिंदु O पर मिलकर चित्रानुसार कोण बनाती हैं, तब x, y, z तथा u के मान ज्ञात कीजिए।

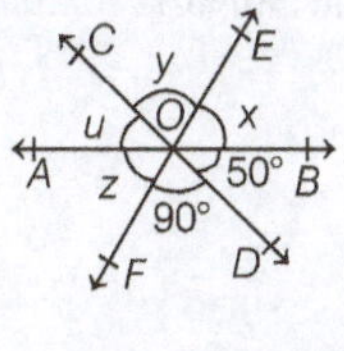

29. दी गई आकृति में, दो सरल रेखाएँ PQ और RS परस्पर बिंदु O पर प्रतिच्छेद करती हैं। यदि $\angle POT = 75°$ है, तब a, b तथा c के मान ज्ञात कीजिए।

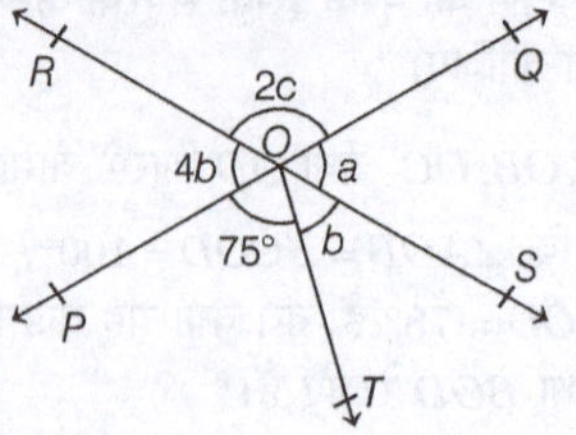

30. दी गई आकृति में, यदि $y = 20°$ है, तब सिद्ध कीजिए कि AOB एक सरल रेखा है।

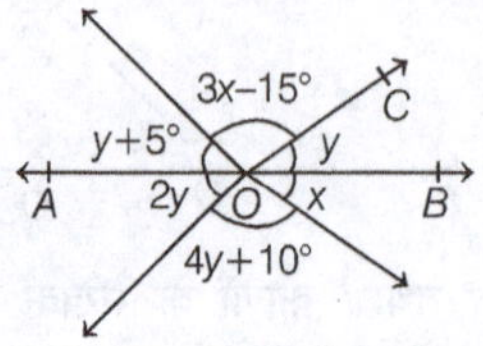

31. दी गई आकृति में, y का मान ज्ञात कीजिए।

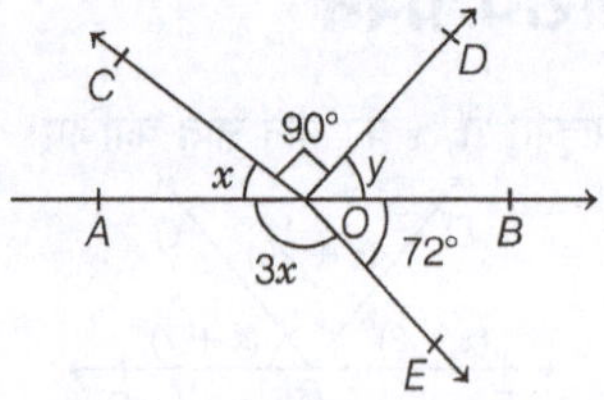

32. दी गई आकृति में, OQ, $\angle AOB$ को समद्विभाजित करती है। यदि OP, किरण OQ के विपरीत किरण है, तो सिद्ध कीजिए कि $\angle POA = \angle POB$

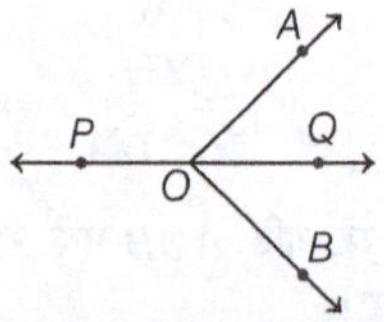

33. सिद्ध कीजिए कि किसी दिए गए बिंदु के एक ही तरफ बनने वाले सभी कोणों का योगफल 180° होता है।

34. सिद्ध करें, यदि दो रेखाएँ एक-दूसरे को प्रतिच्छेद करती है, तब शीर्षाभिमुख कोण बराबर होते हैं।

35. यदि दो पूरक कोण इस प्रकार हैं कि एक कोण का दोगुना, तीसरे कोण के तीनगुना की माप के बराबर है, तब सबसे बड़े कोण की माप ज्ञात कीजिए।

36. दी गई आकृति में, $AB \parallel DC$ तथा $AD \parallel BC$ हैं, तब सिद्ध कीजिए कि $\angle DAB = \angle DCB$ है।

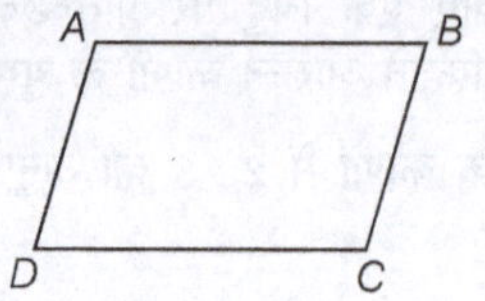

37. दी गई आकृति में, $AB \parallel CD$ है, तब x, y और z के मान ज्ञात कीजिए।

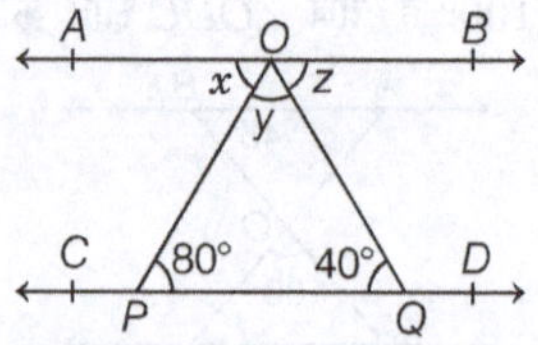

38. दी गई आकृति में, $BA \parallel ED$ तथा $BC \parallel EF$ है, तब दर्शाइए कि

$$\angle DEF + \angle ABC = 180° \quad \textbf{[NCERT Exemplar]}$$

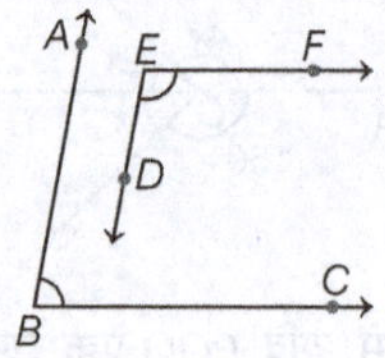

39. तीन रेखाएँ AB, CD और EF बिंदु O पर कोण बनाते हुए इस प्रकार मिलती हैं जैसा कि चित्र में दिखाया गया है। x, y, z और u के मान ज्ञात कीजिए।

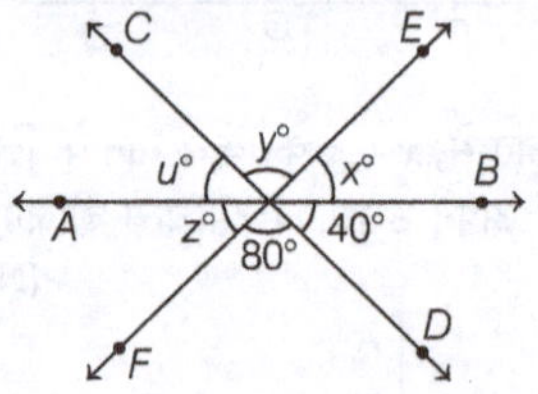

40. दी गई आकृति में, यदि $QP \parallel ML$, तब x का मान ज्ञात कीजिए।

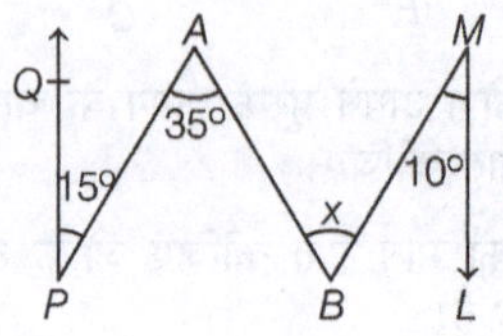

परीक्षा अभ्यास

दीर्घ उत्तरीय प्रश्न

41. एक कक्षा में अध्यापिका बच्चों को 13 सेमी त्रिज्या के पिज्जा को 5 बराबर भागों में बाँटने को बोलती है। एक विद्यार्थी कहता है कि पिज्जा का प्रत्येक भाग केंद्र पर 72° का कोण बनाता है। क्या यह उत्तर सही है? कारण दीजिए। यह क्या दर्शाता है?

42. एक कक्षा में बैठने के लिए प्रयोग की गई कुर्सियों की आकृति निम्न है। कुर्सी की सीट और कमर के बीच का कोण ज्ञात कीजिए। इससे विद्यालय के किन मूल्यों का पता चलता है?

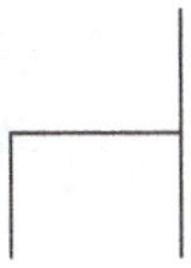

केस स्टडी आधारित प्रश्न

43. क्रीडा कालांश में, मेरठ पब्लिक स्कूल के एक अध्यापक ने पहेली खेल खिलाने का निर्णय लिया। इसके लिए अध्यापक ने सबसे पहले चित्रानुसार धरातल पर एक आकृति बनाई।

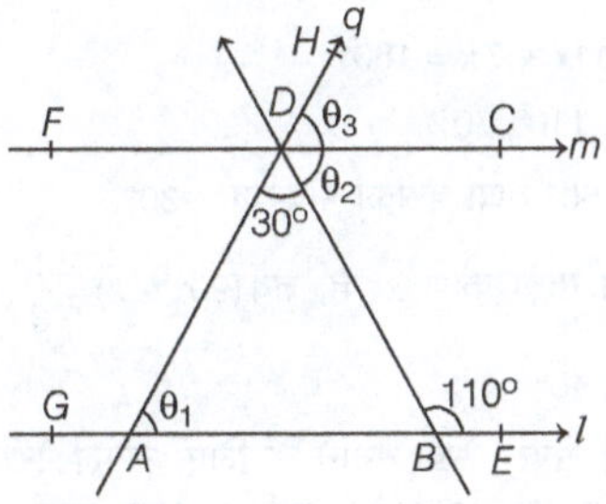

यहाँ, रेखा l, m के समान्तर तथा q एक तिर्यक रेखा है जब अध्यापक उस आकृति को बना रहा था, तब लम्बाई मापने के लिए उसके पास किसी भी प्रकार का स्केल नहीं था। परन्तु वह जानता था कि जो भुजा छोटे कोण के सामने है वह छोटी तथा जो भुजा बड़े कोण के सामने है वह बड़ी होगी।

इस खेल में, अध्यापक दो विद्यार्थियों विक्की तथा विशाल को आमन्त्रित करता है तथा विक्की व विशाल को क्रमश: A तथा B पर खड़े होने के लिए कहता है। तब, निम्नलिखित प्रश्नों के उत्तर दीजिए।

(i) $\angle ABD$ की माप है
(a) 70° (b) 80°
(c) 90° (d) 100°

(ii) θ_1 की माप है
(a) 70° (b) 80°
(c) 90° (d) 100°

(iii) θ_2 की माप है
(a) 60° (b) 70°
(c) 80° (d) 90°

(iv) θ_3 की माप है
(a) 60° (b) 70°
(c) 80° (d) 90°

(v) $\angle GAD$ की माप है
(a) 100° (b) 90°
(c) 110° (d) 120°

संकेत एवं हल

1. (c) $\because PQ \parallel RS$

$\therefore \quad \angle PQC = \angle BRS = 60°$ [एकांतर बहिष्कोण]
[$\because \angle PQC = 60°$ (दिया है)]

तथा $\angle DQR = \angle QRA = 25°$ [एकांतर अंत:कोण]
[$\because \angle QRA = 25°$ (दिया है)]

$\because \quad \angle QRS = \angle QRA + \angle ARS$

$\therefore \quad = \angle QRA + (180° - \angle BRS)$
[रेखीय युग्म अभिगृहीत]

$= 25° + 180° - 60° = 145°$

2. (b) चित्र में, POQ एक सरल रेखा है।

$\therefore \quad 40° + 4x + 3x = 180°$ [रैखिक युग्म कोण]

$\Rightarrow \quad 7x = 140°$

$\Rightarrow \quad x = 20°$

3. (a) चूँकि POQ एक रेखा है।

$\therefore \quad 80° + 7x + 3x = 180°$

$\Rightarrow \quad 10x = 100°$

$\Rightarrow \quad x = 10°$

4. (b) **कथन** (A) यहाँ, $\angle AOC + \angle BOC = 180°$
[रैखिक युग्म कोण]

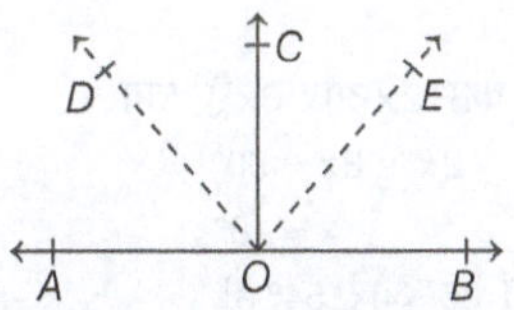

$\Rightarrow \quad \frac{1}{2}(\angle AOC + \angle BOC) = \frac{180°}{2}$

$\Rightarrow \quad \frac{1}{2}\angle AOC + \frac{1}{2}\angle BOC = 90°$

$\Rightarrow \quad \angle COD + \angle COE = 90°$

इसलिए, कथन (A) सत्य है।

कारण (R) यदि दो आसन्न कोणों का योग 180° है, तब कोणों की वे भुजाएँ जो उभयनिष्ठ नहीं हैं एक सरल रेखा में होती हैं।

इसलिए, कारण (R) सही है।

अत: कथन (A) और कारण (R) दोनों सही हैं तथा कारण (R) कथन (A) की सही व्याख्या नहीं करता है।

5. (c) **कथन** (A) वे रेखाएँ जो एक ही रेखा के समान्तर हो परस्पर समान्तर होती हैं।

जैसे– $a \parallel c$ तथा $b \parallel c$, तब $a \parallel b$

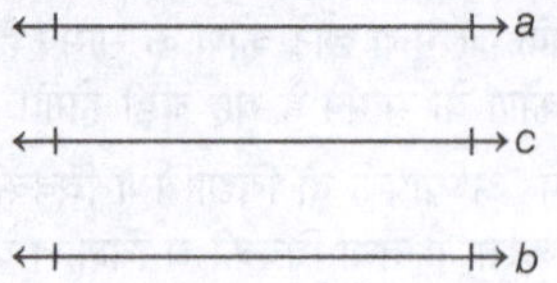

इसलिए, कथन (A) सही है।

कारण (R) एक ही समतल में स्थित ऐसी रेखाएँ जो किसी भी दिशा में बढ़ाने पर एक-दूसरे को प्रतिच्छेद न करे, समान्तर रेखाएँ कहलाती हैं।

इसलिए, कारण (R) गलत है।

अतः कथन (A) सही है, परन्तु कारण (R) गलत है।

6. (c) **कथन** (A) दी गई आकृति में,

$\angle AOC + \angle BOC = 180°$ [रैखिक युग्म]

$\Rightarrow \quad 5x + 4x = 180°$

$\Rightarrow \quad 9x = 180°$

$\Rightarrow \quad x = 20°$

इसलिए, कथन (A) सही है।

कारण (R) दो आसन्न कोण का योग सदैव 180° नहीं होता है। इसलिए, कारण (R) गलत है।

अतः कथन (A) सही है परन्तु कारण (R) गलत है।

7. (d) **कथन** (A) दी गई आकृति में, $\angle AOC$ और $\angle AOD$ रैखिक युग्म कोण है या आसन्न कोण है, शीर्षाभिमुख नहीं।

इसलिए, कथन (A) गलत है।

कारण (R) शीर्षाभिमुख कोण बराबर होते हैं। इसलिए, कारण (R) सही है।

अतः कथन (A) गलत है परन्तु कारण (R) सही है।

8. (a) **कथन** (A) दी गई आकृति से, $\angle 1 = \angle 2$ (संगत कोण हैं)

इसलिए, कथन (A) सही है।

कारण (R) कारण (R) सही है।

अतः कथन (A) और कारण (R) दोनों सही हैं तथा कारण (R) कथन (A) की सही व्याख्या है।

9. 4

10. **संकेत** माना कोण $2x$ और $3x$ हैं, तब

$2x + 3x = 90°$

$\Rightarrow \quad x = 18°$

अभीष्ट कोण 36° और 54° हैं।

11. प्रश्न 10 की भाँति स्वयं हल करें।

उत्तर 130°, 50°

12. **संकेत** यहाँ, $\angle COD = \angle AOB = 100°$ [शीर्षाभिमुख कोण]

ΔAOB में, $\angle AOB + \angle ABO + \angle BAO = 180°$

$\Rightarrow \quad 100° + 45° + \angle BAO = 180°$

$\Rightarrow \quad \angle BAO = 35°$

$\therefore \quad \angle ODC = \angle BAO = 35°$ [एकांतर कोण]

13. **संकेत** एक बिंदु पर बने सभी कोणों का योग = 360°

$\therefore \quad 150° + 4x + 2x + x = 360°$

$\Rightarrow \quad 7x = 210$

$\Rightarrow \quad x = 30°$

14. **संकेत** चूँकि, POQ एक सरल रेखा है।

इसलिए, $30° + 7x + 3x = 90°$

$\Rightarrow \quad 10x = 150°$

$\Rightarrow \quad x = 15°$

15. **संकेत** $x + y$ का मान 180° होना आवश्यक है चूँकि ABC का एक सरल रेखा होने के लिए, दो आसन्न कोणों का योग 180° होना आवश्यक है।

उत्तर 180°

16. **संकेत** माना कोण x है, तब

$x = 4(90° - x)$

$\Rightarrow \quad 5x = 360° \Rightarrow x = 72°$

17. **संकेत** माना कोण x है तब, $x - (90° - x) = 36° \Rightarrow x = 63°$

18. **संकेत** माना कोण x है।

तब, $x = (180° - x) - 25° \Rightarrow x = \frac{155°}{2} = 77.5°$

19. **संकेत** माना दो कोण $11x$ तथा $7x$ हैं।

तब, $11x + 7x = 180°$

उत्तर 110°, 70°

20. $x = 150°$ तथा इसका संपूरक = 30°

21. **संकेत** माना कोण x है, तब $(90° - x) = \frac{1}{3}(180° - x)$

उत्तर 45°

22. **संकेत** सरल रेखा बनाने के लिए, सरल रेखा पर सभी कोणों का योगफल 180° होना चाहिए। **उत्तर** नहीं

23. **संकेत** चूँकि $a + b = 180°$ [रैखिक युग्म] ...(i)

तथा $a - b = 80°$ [दिया है] ...(ii)

समी (i) तथा (ii) को हल करने पर, a तथा b के मान प्राप्त होते हैं।

उत्तर $a = 130°$ तथा $b = 50°$

24. प्रश्न 23 की भाँति स्वयं हल करें।

उत्तर $a = 130°$ तथा $b = 50°$

25. **संकेत** सरल रेखा पर सभी कोणों के मानों का योग 180° होता है।

अत, $(x + 3)° + (x + 20)° + (x + 7)° = 180°$ **उत्तर** 50°

26. **संकेत** यहाँ, $3x + 3x + x + 150° = 360°$ **उत्तर** 30°

27. प्रश्न 25 की भाँति स्वयं हल करें। **उत्तर** 47°

28. उदाहरण 9 की भाँति स्वयं हल करें।

उत्तर $x = 40°$, $y = 90°$, $z = 40°$ तथा $u = 50°$

29. **संकेत** रेखा RS लेने पर, $4b + 75° + b = 180°$

[सरल रेखा पर बने कोणों का योग 180° होता है]

$\Rightarrow \quad b = 21°$

रेखा PQ लेने पर,

$75° + b + a = 180°$

$\Rightarrow \quad 75° + 21° + a = 180° \Rightarrow a = 84°$

पुनः रेखा RS लेने पर,

$$2c + a = 180°$$

$\Rightarrow$ $2c + 84° = 180°$

$\Rightarrow$ $c = 48°$

उत्तर $a = 84°, b = 21°$ तथा $c = 48°$

30. **संकेत** हमें यहाँ सिद्ध करना है कि $(y + 5°) + (3x - 15°) + y$ का योगफल 180° के बराबर होता है।

31. **संकेत** AOB एक रेखा है।

$\therefore$ $3x + 72° = 180° \Rightarrow x = 36°$ तथा $x + 90° + y = 180°$

$\Rightarrow$ $36° + 90° + y = 180°$

$\Rightarrow$ $y = 54°$

32. **संकेत** दिया है, OQ, $\angle AOB$ को समद्विभाजित करती है, तब

$\angle AOQ = \angle BOQ = x$ (माना)

साथ ही, OP किरण OQ के विपरीत किरण है।

इसलिए, POQ एक रेखा है।

किरण OA, PQ पर आपतित है।

$\therefore$ $\angle POA + \angle AOQ = 180°$ [रैखिक युग्म अभिगृहीत से]

$\Rightarrow$ $\angle POA + x = 180°$

$\Rightarrow$ $\angle POA = 180° - x$ ...(i)

साथ ही किरण OB रेखा PQ पर आपतित है।

$\therefore$ $\angle POB + \angle BOQ = 180°$

$\Rightarrow$ $\angle POB + x = 180°$

$\Rightarrow$ $\angle POB = 180° - x$

समी (i) तथा (ii) से,

$\angle POA = \angle POB$ इति सिद्धम्

33. **संकेत**

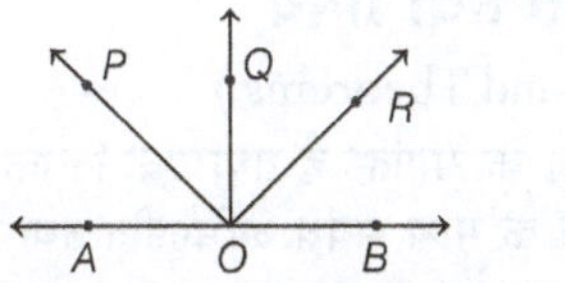

चूँकि, किरण OP रेखा AB पर आपतित है।

$\therefore$ $\angle POA + \angle POB = 180°$

$\Rightarrow$ $\angle POA + [\angle POQ + \angle QOR + \angle ROB] = 180°$

[$\because \angle POB = \angle POQ + \angle QOR + \angle ROB$]

अतः दिए गए बिंदु के एक ही तरफ बनने वाले सभी कोणों का योगफल 180° होता है। इति सिद्धम्

34. प्रमेय 1 पेज 103 पर देखें।

35. 54°

36. **संकेत** दिया है, $AB || CD$ तथा BC एक तिर्यक रेखा है जोकि क्रमशः B तथा C बिंदुओं पर प्रतिच्छेद करती है, तब

$\angle ABC + \angle DCB = 180°$ ...(i)

इसी प्रकार, $\angle DAB + \angle ABC = 180°$ ...(ii)

समी (i) व (ii) से, $\angle ABC + \angle DCB = \angle DAB + \angle ABC$

$\Rightarrow$ $\angle DAB = \angle DCB$

37. **संकेत** दिया है, $AB || CD$,

तब, $\angle AOP = \angle OPQ$ [एकांतर कोण]

$\Rightarrow$ $x = 80°$

इसी प्रकार, $\angle BOQ = \angle OQP$ [एकांतर कोण]

$\Rightarrow$ $z = 40°$

अब, $x + y + z = 180°$ [रैखिक युग्म अभिगृहीत से]

$\Rightarrow$ $80° + 40° + y = 180° \Rightarrow y = 60°$

38. **संकेत** किरण EF को विपरीत दिशा में बढ़ाने पर यह AB को P पर प्रतिच्छेद करती है।

चूँकि $EF || BC$

इसलिए, $PF || BC$ तथा PB एक तिर्यक रेखा है।

$\therefore$ $\angle EPB + \angle PBC = 180°$ ...(i)

साथ ही, $AB || ED$ तथा PE एक तिर्यक रेखा है।

$\therefore$ $\angle EPB = \angle DEF$ ...(ii)

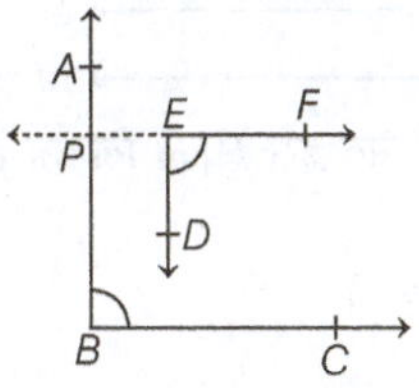

समी (i) तथा (ii) से, $\angle DEF + \angle ABC = 180°$

39. उदाहरण 9 की भाँति स्वयं हल करें।

उत्तर $x = 60°, y = 80°, z = 60°$ तथा $u = 40°$

40. $AC || PQ || BR || ML$ खींचिए

उत्तर $x = 30°$

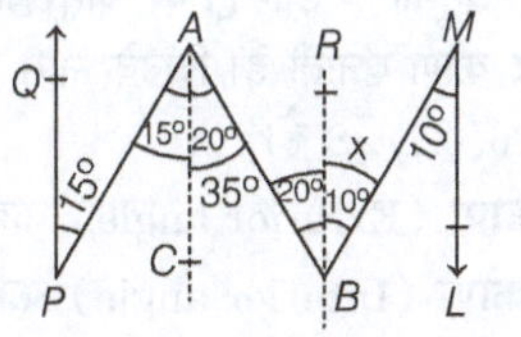

41. हाँ, सभी के लिए समानता को दर्शाता है।

42. 90°, विद्यार्थियों के स्वास्थ्य के प्रति जागरूकता को दर्शाता है।

43. (i) (a) दी गई आकृति में,

$\angle ABD + \angle DBE = 180°$ [रैखिक युग्म अभिगृहीत से]

$\Rightarrow$ $\angle ABD + 110° = 180°$ [$\because \angle DBE = 110°$]

$\Rightarrow$ $\angle ABD = 180° - 110° = 70°$

(ii) (b) ΔABD में, $\angle ABD + \angle DAB + BDA = 180°$

$\Rightarrow$ $\theta_1 + 70° + 30° = 180°$ [$\because \angle ABD = 70°$]

$\Rightarrow$ $\theta_1 = 180° - 100° = 80°$

(iii) (b) जैसा कि $l || m$, इसलिए दो अन्तःकोणों का योगफल 180° होता है।

$\therefore$ $\theta_2 + \angle DBE = 180°$

$\Rightarrow$ $\theta_2 + 110° = 180° \Rightarrow \theta_2 = 70°$

(iv) (c) साथ ही, HDA एक सरल रेखा है, इसलिए

$\theta_3 + \theta_2 + 30° = 180°$

$\Rightarrow$ $\theta_3 + 70° + 30° = 180°$

$\Rightarrow$ $\theta_3 = 180° - 100° = 80°$

(v) (a) $\because \angle GAD + \angle DAB = 180°$ [रैखिक युग्म अभिगृहीत से]

$\Rightarrow$ $\angle GAD + 80° = 180°$

$\Rightarrow$ $\angle GAD = 100°$

Topics to be Assessed Formatively

समांतर रेखाएँ (Parallel Lines)

यदि दो रेखाएँ एक ही समतल में स्थित हों तथा किसी भी दिशा में बढ़ाने पर एक-दूसरे को प्रतिच्छेद न करें, तब इस प्रकार की रेखाएँ समांतर रेखाएँ कहलाती हैं।

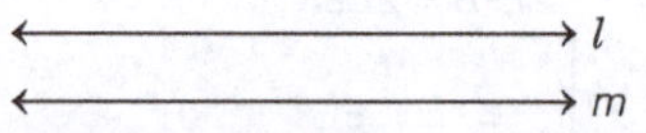

यदि l तथा m दो समांतर रेखाएँ हैं, तब इसे $l \| m$ लिखते हैं तथा इसे पढ़ते हैं l, m के समांतर है

स्पष्टतः जब $l \| m$, तब $m \| l$ होगी।

तिर्यक रेखा (Transversal Line)

वह रेखा जो दो या अधिक रेखाओं को भिन्न बिंदुओं पर प्रतिच्छेद करती हैं, एक तिर्यक रेखा कहलाती है।

यहाँ रेखा l रेखाओं क्रमशः m तथा n के लिए एक तिर्यक रेखा है। रेखा l रेखाओं m और n को क्रमशः बिंदुओं P और Q पर प्रतिच्छेद करती हैं, तब प्रत्येक बिंदु P और Q पर चार कोण बनाती हैं। जिनके नाम

$\angle 1, \angle 2, \angle 3, \angle 4,$ तथा $\angle 5, \angle 6, \angle 7, \angle 8$ हैं।

$\angle 1, \angle 2, \angle 7$ तथा $\angle 8$ **बाह्य कोण** (Exterior angle) कहलाते हैं।

$\angle 3, \angle 4, \angle 5$ तथा $\angle 6$ **अंतः कोण** (Interior angle) कहलाते हैं।

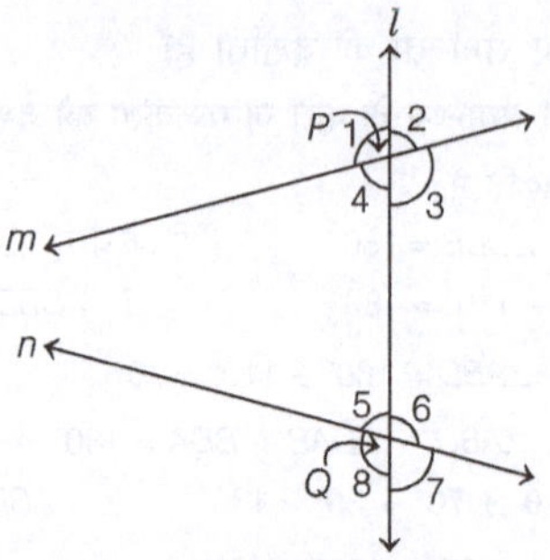

हम इन 8 कोणों का वर्गीकरण निम्न समूहों में करते हैं

1. संगत कोण (Corresponding Angles)

तिर्यक रेखा के एक ही तरफ बने दो कोण संगत कोण कहलाते हैं, यदि दोनों कोण दोनों रेखाओं के या तो ऊपर अथवा नीचे की ओर बने हों।

चित्र में, संगत कोणों के युग्म निम्नलिखित हैं:

(a) $\angle 1$ तथा $\angle 5$ (b) $\angle 2$ तथा $\angle 6$
(c) $\angle 4$ तथा $\angle 8$ (d) $\angle 3$ तथा $\angle 7$

2. एकांतर कोण (Alternate Angles)

जब दो रेखाओं को तीसरी रेखा (तिर्यक रेखा) प्रतिच्छेदित करें, तब तिर्यक रेखा की विपरीत ओर बने कोणों के युग्म एकांतर कोण कहलाते हैं।

(i) **एकांतर अंतः कोण** (Alternate Interior Angles)

निम्नलिखित कोणों के युग्मों को एकांतर अंतः कोणों के युग्म कहते हैं।

(a) $\angle 4$ तथा $\angle 6$
(b) $\angle 3$ तथा $\angle 5$

(ii) **एकांतर बाह्य कोण** (Alternate Exterior Angles)

निम्नलिखित कोणों के युग्मों को एकांतर बाह्य कोणों के युग्म कहते हैं।

(a) $\angle 1$ तथा $\angle 7$
(b) $\angle 2$ तथा $\angle 8$

नोट *सामान्यतः एकांतर अंतः कोण के स्थान पर एकांतर कोण का प्रयोग करते हैं।*

3. तिर्यक रेखा के एक ही ओर के अंतः कोण

(Interior Angles on the same side of the Transversal)

तिर्यक रेखा के एक ही ओर के अंतः कोणों को क्रमागत अंतः कोण (Consecutive interior angles) या संबंधित कोण (Allied angles) या सहअंतःकोण (Cointerior angles) भी कहा जाता है।

(a) $\angle 4$ तथा $\angle 5$
(b) $\angle 3$ तथा $\angle 6$

कुछ अभिगृहीत तथा प्रमेय

(Some Axioms and Theorems)

जब रेखा m, रेखा n के समांतर है तथा एक तिर्यक रेखा l इसे प्रतिच्छेद करती है, तब कोणों के मध्य संबंध अभिगृहीत तथा प्रमेय के रूप में प्राप्त होते हैं जोकि निम्नवत् हैं:

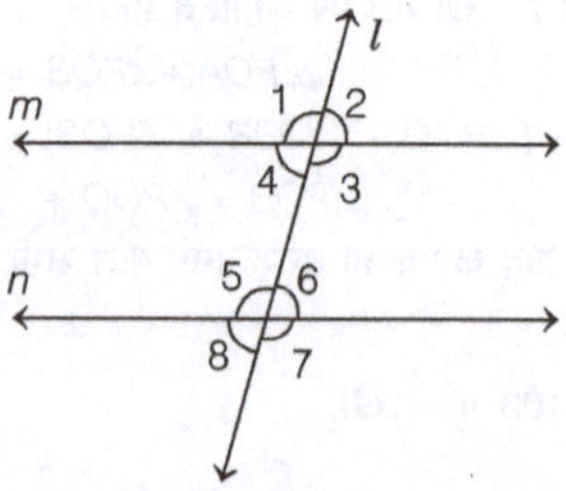

अभिगृहीत 1. यदि एक तिर्यक रेखा दो समांतर रेखाओं को प्रतिच्छेद करे, तो संगत कोणों का प्रत्येक युग्म बराबर होता है।

अर्थात् $\angle 1 = \angle 5, \ \angle 2 = \angle 6$

तथा $\angle 4 = \angle 8, \ \angle 3 = \angle 7$

अभिगृहीत 2. यदि एक तिर्यक रेखा दो रेखाओं को इस प्रकार प्रतिच्छेद करे कि संगत कोणों का एक युग्म बराबर है, तो दोनों रेखाएँ परस्पर समांतर होती हैं। (अभिगृहीत 1 का विलोम)

प्रमेय 1 यदि एक तिर्यक रेखा दो समांतर रेखाओं को प्रतिच्छेद करे, तो एकांतर अंतः कोणों का प्रत्येक युग्म बराबर होता है।

दिया है *AB* तथा *CD* दो समांतर रेखाएँ हैं तथा तिर्यक रेखा *r*, *AB* को *P* तथा *CD* को *Q* पर इस प्रकार प्रतिच्छेद करती है कि ($\angle 3, \angle 5$) तथा ($\angle 4, \angle 6$) एकांतर अंतः कोणों के युग्म बनाते हैं।

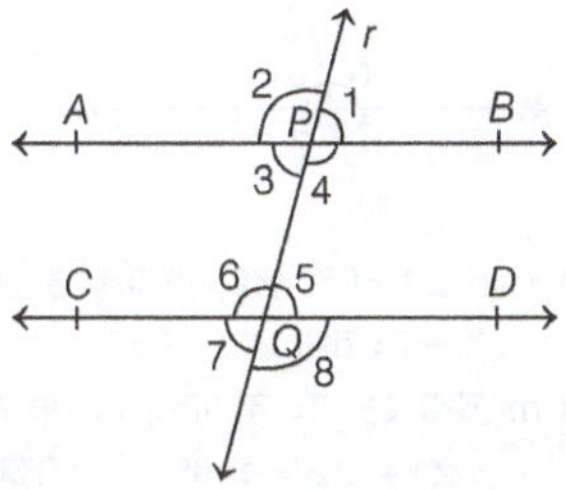

सिद्ध करना है $\angle 3 = \angle 5$ तथा $\angle 4 = \angle 6$

उपपत्ति दिया है

$\angle 1 = \angle 3$ ...(i) [शीर्षाभिमुख कोण]

तथा $\angle 1 = \angle 5$ ...(ii) [संगत कोण]

समी (i) तथा (ii) से,

$\angle 3 = \angle 5$

पुनः $\angle 2 = \angle 4$ [शीर्षाभिमुख कोण]

तथा $\angle 2 = \angle 6$ [संगत कोण]

समी (iii) तथा (iv) से,

$\angle 4 = \angle 6$

अतः $\angle 3 = \angle 5$ तथा $\angle 4 = \angle 6$ इति सिद्धम्

प्रमेय 2 यदि एक तिर्यक रेखा दो रेखाओं को इस प्रकार प्रतिच्छेद करे कि एकांतर अंतः कोणों का एक युग्म बराबर है, तो दोनों रेखाएँ परस्पर समांतर होती हैं। (प्रमेय 1 का विलोम)

दिया है एक तिर्यक रेखा *r*, प्रतिच्छेदी रेखाओं *AB* तथा *CD* को क्रमशः *P* तथा *Q* पर इस प्रकार प्रतिच्छेदित करती है कि

$\angle 3 = \angle 5$

तथा $\angle 4 = \angle 6$

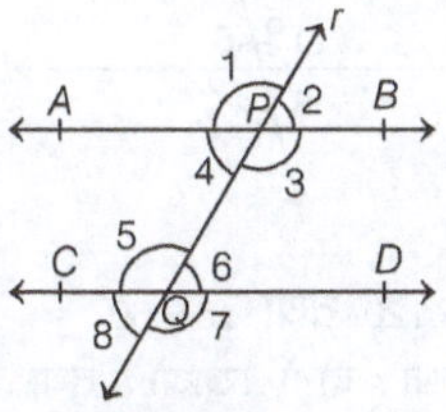

सिद्ध करना है *AB*, *CD* के समांतर है

अर्थात् $AB \parallel CD$

उपपत्ति दिया है

$\angle 3 = \angle 5$ [एकांतर अंतः कोण] ...(i)

तथा $\angle 3 = \angle 1$ [शीर्षाभिमुख कोण] ...(ii)

तब, समी (i) तथा (ii) से, $\angle 1 = \angle 5$

जोकि संगत कोण हैं।

इसलिए, $AB \parallel CD$ [संगत कोण अभिगृहीत के विलोम से]

इति सिद्धम्

प्रमेय 3 यदि एक तिर्यक रेखा दो समांतर रेखाओं को प्रतिच्छेद करे, तो तिर्यक रेखा के एक ही ओर के अंतः कोणों का प्रत्येक युग्म संपूरक होता है।

दिया है रेखाएँ *AB* तथा *CD* दो समांतर रेखाएँ हैं तथा तिर्यक रेखा *r*, रेखा *AB* को *P* तथा *CD* को *Q* पर प्रतिच्छेद करते हुए क्रमागत अंतः कोणों के दो युग्म ($\angle 4, \angle 5$) तथा ($\angle 3, \angle 6$) बनाती है।

सिद्ध करना है तिर्यक रेखा के एक ही ओर के अंतः कोणों का प्रत्येक युग्म संपूरक होता है। अर्थात् $\angle 3 + \angle 6 = 180^\circ$ तथा

$\angle 4 + \angle 5 = 180^\circ$

उपपत्ति यहाँ, किरण *PQ* रेखा *AB* पर आपतित है।

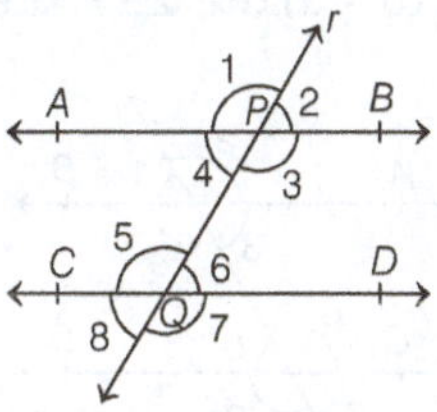

इसलिए $\angle 4 + \angle 3 = 180^\circ$ [रैखिक युग्म अभिगृहीत से] ...(i)

परंतु $\angle 3 = \angle 5$ [एकांतर अंतः कोण]

समी (i) में, $\angle 3 = \angle 5$ रखने पर,

$\angle 4 + \angle 5 = 180^\circ$

पुनः किरण *PQ* रेखा *CD* पर आपतित है।

इसलिए, $\angle 5 + \angle 6 = 180^\circ$ ...(ii)

परंतु $\angle 5 = \angle 3$ [एकांतर अंतः कोण]

समी (ii) में, $\angle 5 = \angle 3$ रखने पर, $\angle 3 + \angle 6 = 180^\circ$

अतः $\angle 3 + \angle 6 = 180^\circ$ तथा $\angle 4 + \angle 5 = 180^\circ$ इति सिद्धम्

प्रमेय 4 यदि एक तिर्यक रेखा दो रेखाओं को इस प्रकार प्रतिच्छेद करे कि तिर्यक रेखा के एक ही ओर के अंतः कोणों का एक युग्म संपूरक है, तो दोनों रेखाएँ परस्पर समांतर होती हैं। (प्रमेय 3 का विलोम)

दिया है एक तिर्यक रेखा *r* दो रेखाओं *AB* तथा *CD* को बिंदु *P* तथा *Q* पर इस प्रकार प्रतिच्छेद करती हैं कि $\angle 3, \angle 6$ तथा $\angle 4, \angle 5$ तिर्यक रेखा *r* के एक ही ओर अंतः कोणों के युग्म बनते हैं तथा

$\angle 3 + \angle 6 = 180^\circ$ और $\angle 4 + \angle 5 = 180^\circ$

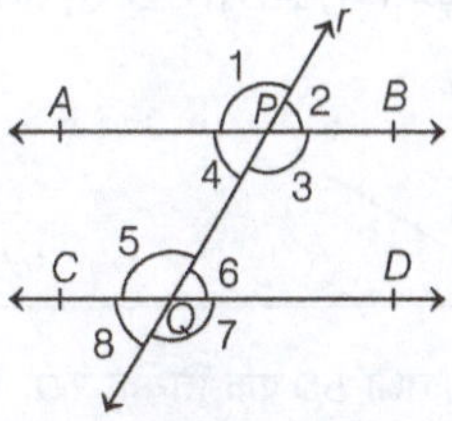

सिद्ध करना है $AB \parallel CD$

उपपत्ति यहाँ, किरण *PB* रेखा *r* पर आपतित है।

$\therefore$ $\angle 2 + \angle 3 = 180^\circ$ [रैखिक युग्म अभिगृहीत से] ...(i)

साथ ही, $\angle 3 + \angle 6 = 180^\circ$ ...(ii)

तब समी (i) तथा (ii) से, $\angle 2 + \angle 3 = \angle 3 + \angle 6$

दोनों पक्षों में से $\angle 3$ घटाने पर, $\angle 2 = \angle 6$

जोकि संगत कोण हैं।

इसलिए, $AB \parallel CD$ [संगत कोण अभिगृहीत के विलोम से]

इति सिद्धम्

अभिगृहीत तथा प्रमेय पर आधारित समस्याएँ

(Problems Based on Axioms and Theorems)

उपरोक्त अभिगृहीतों तथा प्रमेयों की सहायता से (विभिन्न प्रकार की समस्याओं या प्रश्नों को) हल किया जा सकता है इन समस्याओं का हल करने के लिए कोई विशेष तरीका नहीं होता परंतु समस्याओं को हल करने में अभिगृहीतों और प्रमेयों के प्रयोग का तरीका निम्न उदाहरणों द्वारा समझा जा सकता है।

उदाहरण 1 दी गई आकृति में, दिया है $AB \parallel CD$ तथा r एक तिर्यक रेखा है। यदि $\angle 1 = (110^\circ - x)$ तथा $\angle 5 = 4x$ है, तब $\angle 1$ तथा $\angle 5$ के मान ज्ञात कीजिए।

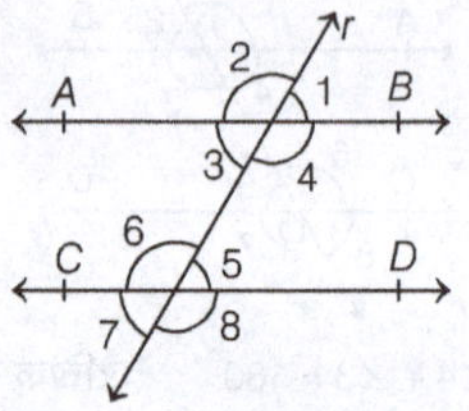

संगत कोणों के गुणधर्मों का उपयोग कर, x का मान ज्ञात कीजिए। तत्पश्चात् $\angle 1 = (110^\circ - x)$ तथा $\angle 5 = 4x$ में x का मान रखकर, $\angle 1$ तथा $\angle 5$ के मान प्राप्त कीजिए।

हल दिया है, $AB \parallel CD$, $\angle 1 = (110^\circ - x)$

तथा $\angle 5 = 4x$

यहाँ, $\angle 1 = \angle 5$ [संगत कोण अभिगृहीत से]

इसलिए, $110^\circ - x = 4x$

$\Rightarrow$ $4x + x = 110^\circ$

$\Rightarrow$ $5x = 110^\circ$

$\Rightarrow$ $x = \frac{110^\circ}{5} = 22^\circ$

अतः $\angle 1 = 110^\circ - x = 110^\circ - 22^\circ = 88^\circ$

तथा $\angle 5 = 4x = 4 \times 22^\circ = 88^\circ$

उदाहरण 2 दी गई आकृति में, $AB \parallel CD$ है, तब y का मान क्या होगा?

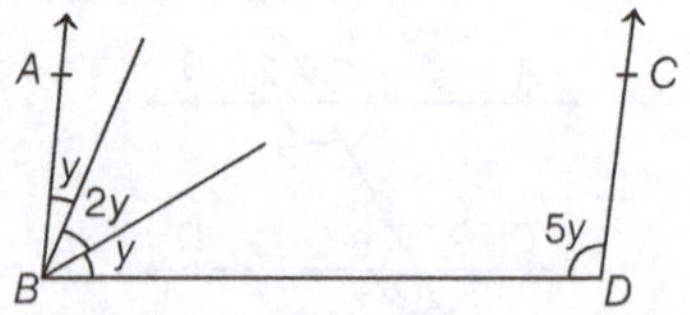

हल दिया है, $AB \parallel CD$ तथा BD एक तिर्यक रेखा है।

इसलिए, $\angle ABD + \angle CDB = 180^\circ$ [सहअंतः कोण]

$\Rightarrow$ $y + 2y + y + 5y = 180^\circ$

[$\because \angle ABD = y + 2y + y = 4y$ तथा $\angle CDB = 5y$]

$\Rightarrow$ $9y = 180^\circ$

$\Rightarrow$ $y = \frac{180^\circ}{9}$

$\Rightarrow$ $y = 20^\circ$

अतः y का मान 20° है।

उदाहरण 3 दी गई आकृति में, $m \parallel n$ तथा $\angle 1$ और $\angle 2$, $3:2$ के अनुपात में हैं, तब 1 से 8 तक के सभी कोण ज्ञात कीजिए।

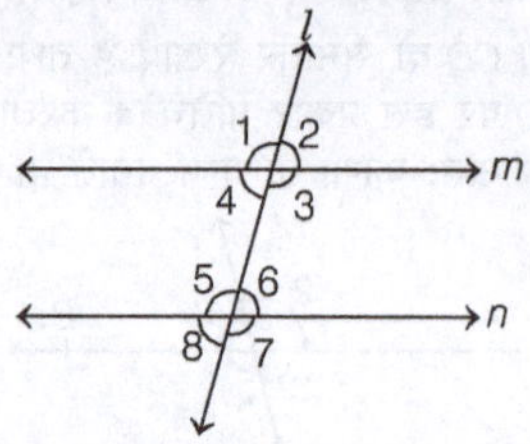

हल दिया है, $m \parallel n$ तथा $\angle 1$ और $\angle 2$, के बीच $3:2$ का अनुपात है।

तब, माना $\angle 1 = 3x$ तथा $\angle 2 = 2x$ ...(i)

यहाँ, एक रेखा m तथा इस पर आपतित किरण l है।

$\angle 1 + \angle 2 = 180^\circ$ [रैखिक युग्म अभिगृहीत से]

$\Rightarrow$ $3x + 2x = 180^\circ$

$\Rightarrow$ $x = \frac{180^\circ}{5} = 36^\circ$

x का मान समी (i) में रखने पर,

$\angle 1 = 3x = 3 \times 36^\circ = 108^\circ$

तथा $\angle 2 = 2x = 2 \times 36^\circ = 72^\circ$

यहाँ, $m \parallel n$ तथा l एक तिर्यक रेखा है।

तथा हम जानते हैं कि संगत कोण बराबर होते हैं।

$\therefore$ $\angle 1 = \angle 5 = 108^\circ$ तथा $\angle 2 = \angle 6 = 72^\circ$

साथ ही, हम जानते हैं कि एकांतर अंतः कोण बराबर होते हैं।

$\therefore$ $\angle 5 = \angle 3 = 108^\circ$ तथा $\angle 6 = \angle 4 = 72^\circ$

पुनः हम जानते हैं कि, संगत कोण बराबर होते हैं।

$\angle 3 = \angle 7 = 108^\circ$ तथा $\angle 4 = \angle 8 = 72^\circ$

अतः $\angle 1 = \angle 3 = \angle 5 = \angle 7 = 108^\circ$

तथा $\angle 2 = \angle 4 = \angle 6 = \angle 8 = 72^\circ$

उदाहरण 4 दी गई आकृति में, यदि $\angle 2 = 120^\circ$ तथा $\angle 5 = 60^\circ$ है, तब दर्शाइए कि $a \parallel b$

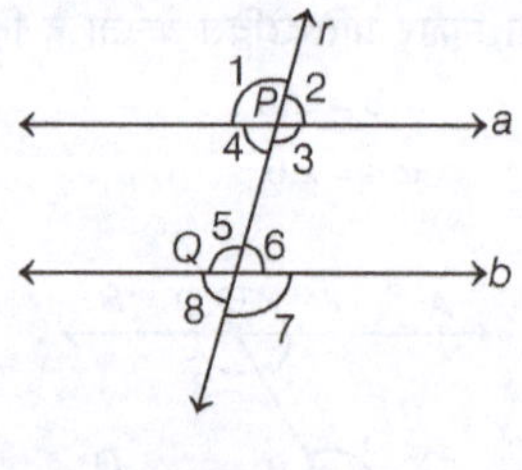

हल दिया है, $\angle 2 = 120^\circ$ तथा $\angle 5 = 60^\circ$

साथ ही, तिर्यक रेखा r दोनों रेखाओं a तथा b को क्रमशः P तथा Q पर प्रतिच्छेद करती हैं।

यहाँ, $\angle 2 = \angle 4$ [शीर्षाभिमुख कोण]

$\therefore$ $\angle 4 = \angle 2 = 120^\circ$

अब, $\angle 4 + \angle 5 = 120^\circ + 60^\circ \Rightarrow \angle 4 + \angle 5 = 180^\circ$

इसलिए $\angle 4$ तथा $\angle 5$ संपूरक कोण हैं।

चूँकि, a एक सरल रेखा है।

$\therefore$ $\angle 4 + \angle 3 = 180^\circ$ [रैखिक युग्म अभिगृहीत से]

$\Rightarrow$ $120^\circ + \angle 3 = 180^\circ \Rightarrow \angle 3 = 180^\circ - 120^\circ = 60^\circ$

अब, $\angle 7 = \angle 5 = 60^\circ$ [शीर्षाभिमुख कोण]

यहाँ, $\angle 7 + \angle 8 = 180^\circ$ [रैखिक युग्म अभिगृहीत से]

$\Rightarrow$ $60^\circ + \angle 8 = 180^\circ$

$\Rightarrow$ $\angle 8 = 180^\circ - 60^\circ = 120^\circ$

$\Rightarrow$ $\angle 6 = \angle 8 = 120^\circ$ [शीर्षाभिमुख कोण]

यहाँ, $\angle 3 + \angle 6 = 60^\circ + 120^\circ = 180^\circ$

इसलिए, $\angle 3$ और $\angle 6$ संपूरक कोण हैं।

अतः तिर्यक रेखा r रेखाओं a तथा b को इस प्रकार प्रतिच्छेदित करती है कि तिर्यक रेखा के एक तरफ के अंतः कोणों के युग्म का योग संपूरक है।

अतः रेखाएँ a और b परस्पर समांतर हैं। **इति सिद्धम्**

त्रिभुज (Triangle)

तीन प्रतिच्छेदी रेखाओं द्वारा बनाई गई एक बंद आकृति (Closed figure) त्रिभुज कहलाती है। एक त्रिभुज की तीन भुजाएँ, तीन कोण और तीन शीर्ष होते हैं। त्रिभुज को प्रतीक 'Δ' (डेल्टा) द्वारा प्रदर्शित करते हैं।

रेखाखंड AB, BC तथा CA एक त्रिभुज की तीन भुजा, $\angle A$, $\angle B$ और $\angle C$ इसके तीन कोण तथा A, B और C इसके तीन शीर्ष हैं।

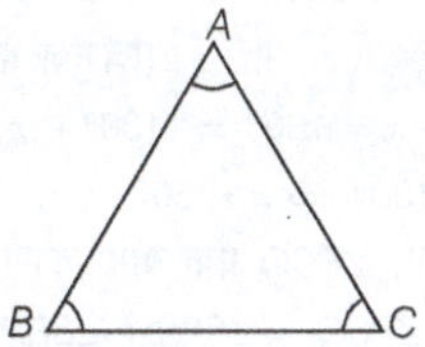

त्रिभुज के अंतः कोण (Interior Angles of a Triangle)

ΔABC में, कोण A, B और C को ΔABC के अंतः कोण कहते हैं।

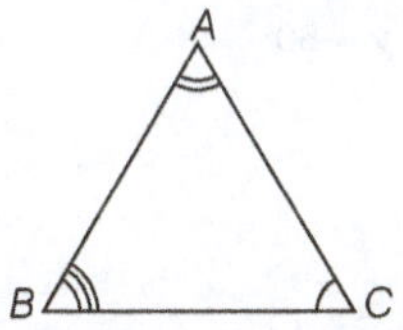

त्रिभुज का बहिष्कोण (Exterior Angles of a Triangle)

यदि ΔABC की भुजा BC को बिंदु D तक बढ़ाया जाए, तब प्राप्त $\angle ACD$ को ΔABC का बिंदु C पर बहिष्कोण (बाह्य कोण) कहते हैं, जबकि $\angle BAC$ तथा $\angle ABC$ को इसके अंतः अभिमुख (विपरीत) कोण कहते हैं।

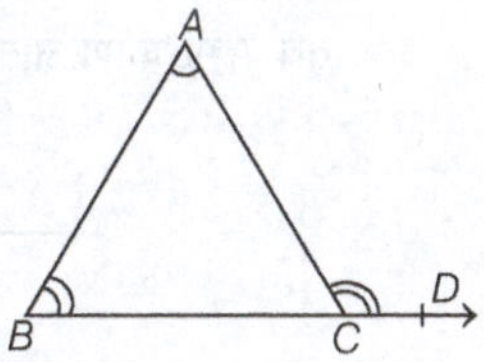

इसे बाह्य $\angle ACD$ द्वारा प्रदर्शित करते हैं।

प्रमेय 1 त्रिभुज के तीनों कोणों का योग 180° होता है।

दिया है एक ΔABC जिसमें कोणों को 1, 2 तथा 3, द्वारा प्रदर्शित किया गया है अर्थात् $\angle B = \angle 1, \angle C = \angle 2$ तथा $\angle A = \angle 3$

सिद्ध करना है

$$\angle 1 + \angle 2 + \angle 3 = 180^\circ$$

रचना बिंदु A से BC के समांतर एक रेखा PQ खींचिए।

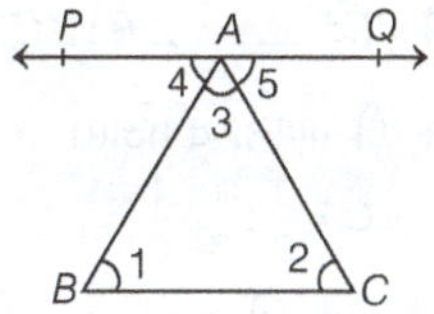

उपपत्ति यहाँ, $PQ \parallel BC$ तथा AB एक तिर्यक रेखा है

$\therefore$ $\angle 1 = \angle 4$ [एकांतर अंतः कोण] ...(i)

पुनः $PQ \parallel BC$ तथा AC एक तिर्यक रेखा है।

$\therefore$ $\angle 2 = \angle 5$ [एकांतर अंतः कोण] ...(ii)

समी (i) तथा (ii) को जोड़ने पर,

$$\angle 1 + \angle 2 = \angle 4 + \angle 5$$

दोनों पक्षों में $\angle 3$ जोड़ने पर,

$$\angle 1 + \angle 2 + \angle 3 = \angle 3 + \angle 4 + \angle 5$$

$\Rightarrow$ $\angle 1 + \angle 2 + \angle 3 = 180^\circ$

[$\because$ रेखा के किसी बिंदु पर बने कोणों का योगफल 180° होता है]

अतः त्रिभुज के तीनों कोणों का योगफल 180° होता है।

प्रमेय 2 यदि एक त्रिभुज की एक भुजा बढ़ाई जाए, तो इस प्रकार बना बहिष्कोण (Exterior angle) दोनों अंतः अभिमुख (विपरीत) कोणों के योग के बराबर होता है।

दिया है एक ΔABC जिसमें बहिष्कोण $\angle ACD$ बनाने के लिए भुजा BC को बिंदु D तक बढ़ाया गया है।

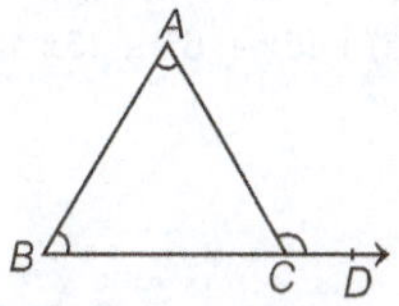

सिद्ध करना है, $\angle A + \angle B = \angle ACD$

उपपत्ति ΔABC में,

$\angle A + \angle B + \angle ACB = 180^\circ$ ...(i)

[त्रिभुज के कोणों के योग के गुण से]

यहाँ, BCD एक सरल रेखा है।

$\therefore$ $\angle ACB + \angle ACD = 180^\circ$ ...(ii)

समी (i) तथा (ii) से,

$$\angle A + \angle B + \angle ACB = \angle ACB + \angle ACD$$

$\Rightarrow$ $\angle A + \angle B = \angle ACD$ **इति सिद्धम्**

उदाहरण 5 कोणों $53^\circ, 64^\circ$ और 63° वाले कितने त्रिभुज खींचे जा सकते हैं? अपने उत्तर के लिए कारण दीजिए।

हल यहाँ, कोणों का योगफल $= 53^\circ + 64^\circ + 63^\circ = 180^\circ$

अतः दिए गए कोणों से एक त्रिभुज बनाया जा सकता है।

उदाहरण 6 ΔABC, में यदि $\angle A : \angle B : \angle C = \frac{1}{2}:\frac{1}{3}:\frac{1}{6}$, तब $\angle A$, $\angle B$ तथा $\angle C$ के मान की गणना कीजिए।

हल दिया है, $\angle A : \angle B : \angle C = \frac{1}{2}:\frac{1}{3}:\frac{1}{6}$

तब, माना $\angle A = \frac{x}{2}, \angle B = \frac{x}{3}$ तथा $\angle C = \frac{x}{6}$

ΔABC में हम जानते हैं कि

$$\angle A + \angle B + \angle C = 180°$$

[त्रिभुज के कोणों के योग के गुण से]

$$\Rightarrow \frac{x}{2}+\frac{x}{3}+\frac{x}{6} = 180°$$

$$\Rightarrow \frac{3x+2x+x}{6} = 180°$$

$$\Rightarrow 3x+2x+x = 180° \times 6 \Rightarrow 6x = 180° \times 6$$

$$\Rightarrow x = \frac{180° \times 6}{6} = 180°$$

अतः $\angle A = \frac{x}{2} = \frac{180°}{2} = 90°$, $\angle B = \frac{x}{3} = \frac{180°}{3} = 60°$

तथा $\angle C = \frac{x}{6} = \frac{180°}{6} = 30°$

उदाहरण 7 ΔABC में, यदि $\angle A = (2x - 5°)$, $\angle B = (5x + 5°)$ तथा $\angle C = (3x + 50°)$, है तब x तथा $\angle C$ के मान ज्ञात कीजिए।

हल दिया है, $\angle A = (2x - 5°)$,

$\angle B = (5x + 5°)$ तथा $\angle C = (3x + 50°)$

ΔABC में, $\angle A + \angle B + \angle C = 180°$

[त्रिभुज के कोणों के योग के गुण से]

$$\Rightarrow (2x - 5°) + (5x + 5°) + (3x + 50°) = 180°$$

$$\Rightarrow 10x + 50° = 180°$$

$$\Rightarrow 10x = 180° - 50°$$

$$\Rightarrow x = \frac{180° - 50°}{10} = \frac{130°}{10} = 13°$$

अतः $\angle A = (2x - 5°) = (2 \times 13° - 5°) = 26° - 5° = 21°$

$\angle B = (5x + 5°) = (5 \times 13° + 5°) = (65° + 5°) = 70°$

तथा $\angle C = (3x + 50°) = (3 \times 13° + 50°) = (39° + 50°) = 89°$

उदाहरण 8 दी गई आकृति में, यदि $QT \perp PR, \angle TQR = 40°$ है तथा $\angle SPR = 30°$, तब x और y के मान ज्ञात कीजिए।

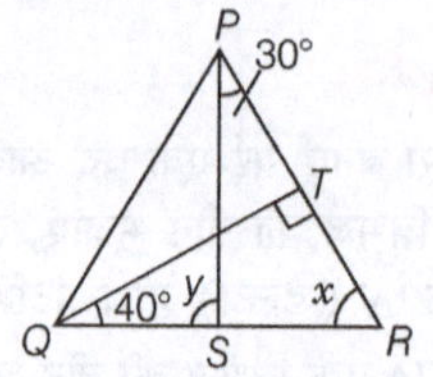

हल दिया है, $QT \perp PR$, $\angle TQR = 40°$ तथा $\angle SPR = 30°$

ΔTQR में, $\angle TQR + \angle QTR + \angle TRQ = 180°$

[त्रिभुज के कोणों के योग के गुण से]

$$\Rightarrow 40° + 90° + x = 180° \Rightarrow 130° + x = 180°$$

$$\Rightarrow x = 180° - 130° \Rightarrow x = 50°$$

अब, ΔPSR के लिए $\angle PSQ$ एक बाह्य कोण है।

$\therefore \angle PSQ = \angle SPR + \angle SRP$ [प्रमेय 2 से]

$$\Rightarrow y = 30° + x$$

$$\Rightarrow y = 30° + 50° \quad [\because x = 50°]$$

$$\Rightarrow y = 80°$$

अतः, $x = 50°$ तथा $y = 80°$

प्रश्नावली

1. एक तिर्यक रेखा l दो रेखाओं m तथा n को इस प्रकार प्रतिच्छेद करती है कि एकांतर अंतः कोणों के युग्म बराबर हैं, तब आप रेखाओं m और n के बारे में क्या कह सकते हो?

2. संलग्न आकृति में, $\angle 2$ तथा $\angle 8$ के युग्म को क्या कह सकते हैं।

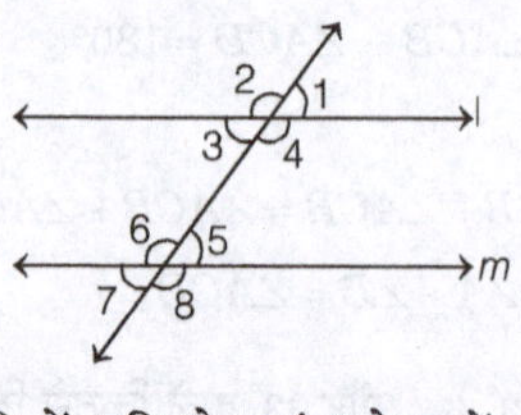

3. संलग्न आकृति में, यदि दो समांतर रेखाओं AB तथा CD को तिर्यक रेखा EF क्रमशः G तथा H पर प्रतिच्छेदित करे तथा $\angle 1$ व $\angle 2$, $3:2$ के अनुपात में हैं, तब $\angle 5$ व $\angle 6$ के मान ज्ञात कीजिए।

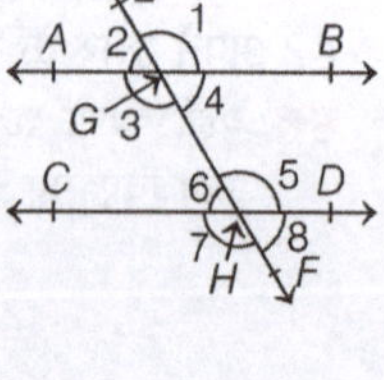

4. दी गई आकृति में, $m \parallel n$ तथा $\angle 1$ व $\angle 2$, $4:5$ के अनुपात में हैं, तब सभी कोण ज्ञात कीजिए।

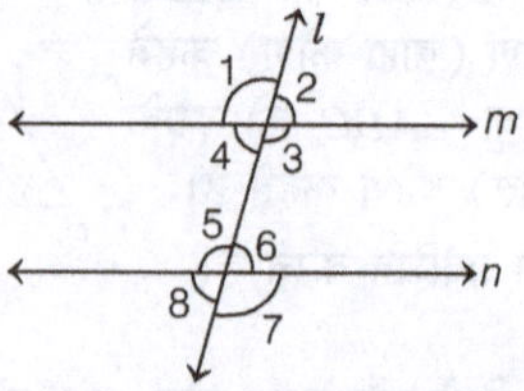

5. दी गई आकृति में, यदि $p \parallel q$ है, तब b का मान क्या होगा?

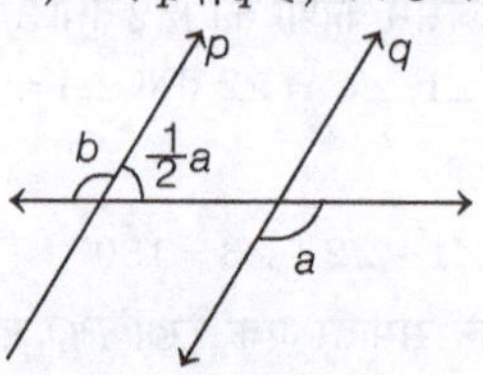

6. दी गई आकृति में, यदि $l \parallel m$ है, तब $\angle x$ का मान ज्ञात कीजिए।

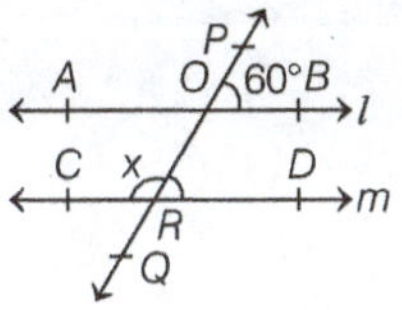

7. दी गई आकृति में, योग a, c तथा l का मान ज्ञात कीजिए।

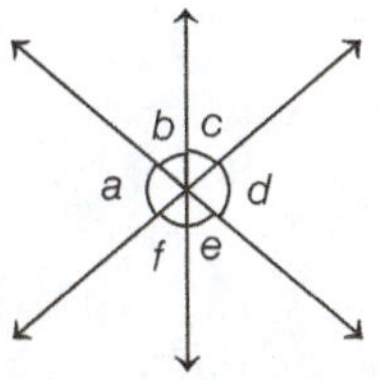

8. संलग्न आकृति में, तिर्यक रेखा l दो रेखाओं m तथा n को इस प्रकार प्रतिच्छेदित करती हैं कि $\angle 4 = 110^\circ$ तथा $\angle 7 = 65^\circ$ है। क्या $m \parallel n$ है? कारण दीजिए।

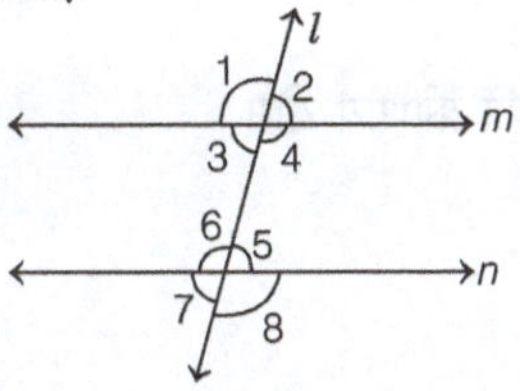

9. दी गई आकृति में, $l \parallel m$ तथा n एक तिर्यक रेखा इस प्रकार है कि $\angle 3 : \angle 8 = 1:2$ है, तब, $\angle 4$ और $\angle 3$ के मान ज्ञात कीजिए।

10. कोण 60°, 73° तथा 40° के साथ कितने त्रिभुजों को बनाया जा सकता है? अपने उत्तर का कारण दीजिए।

11. यदि त्रिभुज के कोण $1:2:3$ के अनुपात में हैं, तब कोण ज्ञात कीजिए।

12. ΔABC में, $\angle A : \angle B : \angle C = 2:4:4$ है, तब $\angle A, \angle B$ तथा $\angle C$ के मान ज्ञात कीजिए।

13. एक त्रिभुज के कोण $2:4:3$ के अनुपात में हैं, तब त्रिभुज का सबसे छोटा कोण ज्ञात कीजिए।

14. एक त्रिभुज के कोण $2:3:4$ के अनुपात में हैं, तब त्रिभुज के कोण ज्ञात कीजिए।

15. दी गई आकृति में, यदि $PQ \parallel RS$ है, तब m का मान ज्ञात कीजिए।

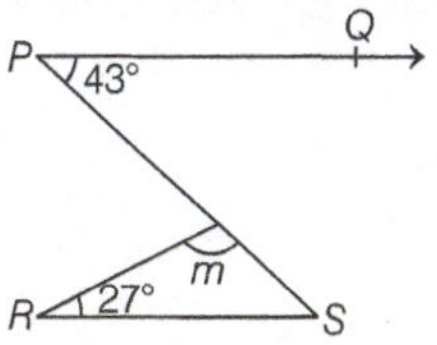

16. किसी त्रिभुज का एक कोण 65° है। यदि अन्य दो शेष कोणों का अंतर 35° है, तब शेष कोणों के मान ज्ञात कीजिए।

17. दी गई आकृति में, यदि $AB \parallel CD$ तथा $DE \parallel CF$ है, तब x का मान ज्ञात कीजिए।

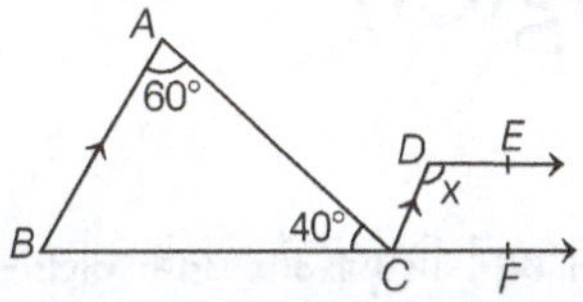

18. यदि किसी त्रिभुज का एक कोण 130° है तब अन्य दोनों कोणों के समद्विभाजकों के बीच का कोण ज्ञात कीजिए।

19. दी गई आकृति में, यदि $PS \perp l$ तथा $RQ \perp l$ है, तब y का मान ज्ञात कीजिए।

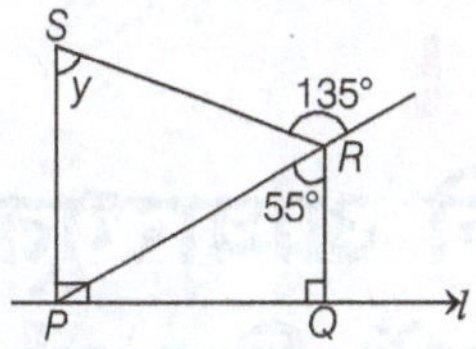

20. दी गई आकृति में, BD तथा CD क्रमशः $\angle B$ और $\angle C$ के समद्विभाजक हैं तब सिद्ध कीजिए कि $180^\circ + y = 2x$.

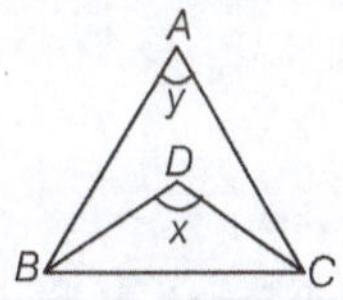

उत्तर

1. रेखाएँ समांतर हैं।

2. एकांतर बाह्य कोण

3. 108° तथा 72°

4. $\angle 1 = \angle 3 = \angle 5 = \angle 7 = 80^\circ$ तथा $\angle 2 = \angle 4 = \angle 6 = \angle 8 = 100^\circ$

5. $b = 120^\circ$

6. 120°

8. नहीं

9. $\angle 3 = 60^\circ$ तथा $\angle 4 = 120^\circ$

10. नहीं

11. 30°, 60°, 90°

12. $\angle A = 36^\circ, \angle B = 72^\circ, \angle C = 72^\circ$

13. 40°

14. 40°, 60°, 80°

15. 110°

16. 75°, 40°

17. 100°

18. 155°

19. 80°

अध्याय

07

त्रिभुज

(Triangles)

पिछली कक्षा में हमनें त्रिभुज और उनके अलग-अलग प्रतिबंधों के बारे में पढ़ा है, जैसे कि त्रिभुज की कोणीय योग गुण आदि। परंतु इस अध्याय में त्रिभुजों की सर्वांगसमता और उनके नियम के बारे में पढ़ेंगे।

टॉपिक 1

त्रिभुजों की आधारभूत संकल्पनाएँ तथा त्रिभुजों की सर्वांगसमता की कसौटी

टॉपिक्स

- *त्रिभुजों की आधारभूत संकल्पनाएँ तथा त्रिभुजों की सर्वांगसमता की कसौटी*
- *सर्वांगसम त्रिभुजों की कुछ और अधिक कसौटियाँ*

त्रिभुज (Triangle)

किसी समतल में तीन प्रतिच्छेदी रेखाओं से बनाई गई एक बंद समतलीय आकृति त्रिभुज कहलाती है। यहाँ, 'त्रि' से आशय 'तीन' है। एक त्रिभुज में तीन भुजाएँ, तीन कोण तथा तीन शीर्ष होते हैं तथा इसे चिह्न 'Δ' से प्रदर्शित करते हैं। आकृति में, त्रिभुज ABC दर्शाया गया है।

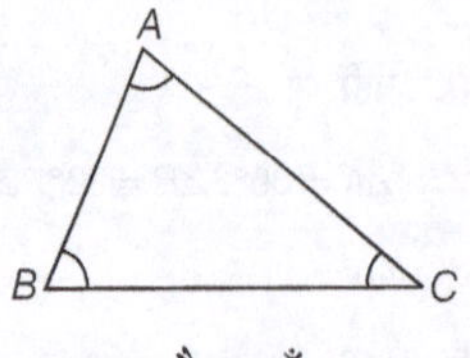

त्रिभुज ABC को ΔABC से प्रदर्शित किया जा सकता है, जहाँ AB, BC, CA तीन भुजाएँ, $\angle A, \angle B, \angle C$ तीन कोण तथा A, B, C तीन शीर्ष हैं। त्रिभुज के तीनों कोणों का योग 180° होता है।

त्रिभुजों का वर्गीकरण (Classification of Triangles)

त्रिभुजों को उनकी भुजाओं तथा उनके कोणों के आधार पर निम्न प्रकार वर्गीकृत किया गया है

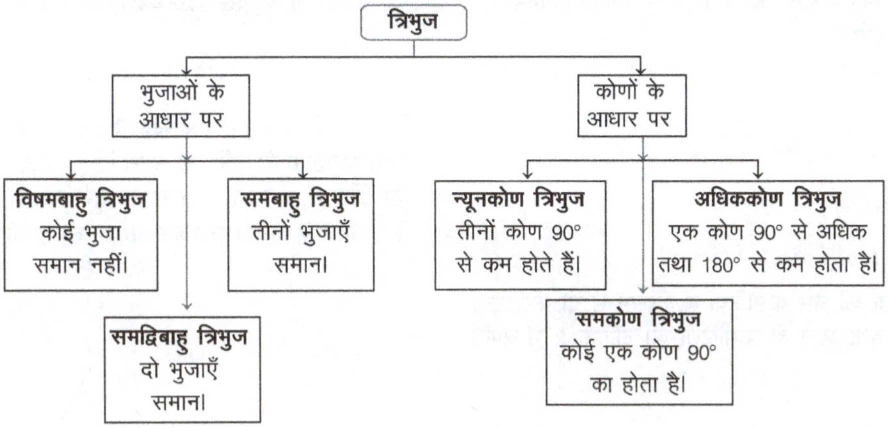

नोट समबाहु त्रिभुज में सभी भुजाएँ तथा सभी कोण बराबर होते हैं, इसलिए समबाहु त्रिभुज में प्रत्येक कोण 60° का होता है।

सर्वांगसम आकृतियाँ

(Congruent Figures)

दो आकृतियाँ सर्वांगसम कहलाती हैं, यदि वे समान आकृति तथा समान आकार की हों ('सर्वांगसम' का तात्पर्य-दो आकृतियाँ एक-दूसरे के संगत तथा आकार व आकृति में बराबर होती हैं)।

उदाहरण- समान त्रिज्या के दो वृत्त और समान (बराबर) भुजाओं के वर्ग सर्वांगसम होते हैं।

त्रिभुजों की सर्वांगसमता

(Congruence of Triangles)

दो त्रिभुज सर्वांगसम होते हैं, यदि एक त्रिभुज की भुजाएँ एवं कोण दूसरे त्रिभुज की संगत भुजाएँ तथा कोणों के बराबर हों।

या यदि एक त्रिभुज दूसरे त्रिभुज को पूर्णतया ढक लेता है, तब दोनों त्रिभुज सर्वांगसम होते हैं।

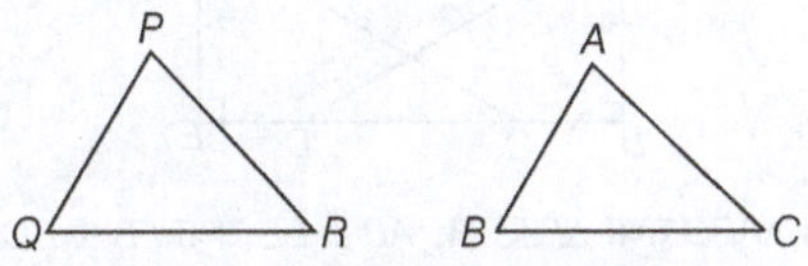

ऊपर दी गई परिभाषा से, यह स्पष्ट है कि

$$\angle P = \angle A, \angle Q = \angle B, \angle R = \angle C$$

और $PQ = AB, QR = BC, RP = CA$

यदि $\Delta PQR, \Delta ABC$ के सर्वांगसम हैं, तब हम $\Delta PQR \cong \Delta ABC$ लिखते हैं।

सर्वांगसम त्रिभुजों में संगत भाग बराबर होते हैं तथा इसे संक्षिप्त में **CPCT** भी लिखते हैं अर्थात् सर्वांगसम त्रिभुजों के संगत भाग बराबर होते हैं।

नोट $\Delta PQR \cong \Delta ABC$, $\Delta PQR \cong \Delta CBA$ के समान नहीं है (या $\Delta QPR \cong \Delta ABC$), क्योंकि प्रथम कथन कहता है कि

$PQ = AB, QR = BC, PR = AC$ तथा $\angle P = \angle A, \angle Q = \angle B, \angle R = \angle C$

जबकि द्वितीय कथन कहता है कि $PQ = CB, QR = BA, PR = CA$ तथा $\angle P = \angle C, \angle Q = \angle B, \angle R = \angle A$

(या $QP = AB, PR = BC, QR = AC, \angle Q = \angle A, \angle P = \angle B$ तथा $\angle R = \angle C$)

इसलिए त्रिभुजों की सर्वांगसमता को सांकेतिक रूप में लिखने के लिए उनके शीर्षों की संगतता को सही प्रकार से लिखना आवश्यक है।

उदाहरण 1 $\Delta ABC \cong \Delta RPQ$ यह दिया गया है। क्या यह कहना सत्य है कि $BC = QR$? क्यों? **[NCERT Exemplar]**

हल नहीं, क्योंकि हम जानते हैं कि दो त्रिभुज सर्वांगसम होंगे, यदि पहले त्रिभुज की भुजा तथा कोण, दूसरे त्रिभुज की संगत भुजा व संगत कोणों के बराबर हों।

यहाँ, $\Delta ABC \cong \Delta RPQ$

$\therefore$ $AB = RP, BC = PQ$

तथा $AC = RQ$

अतः यह कहना सत्य नहीं है कि $BC = QR$

उदाहरण 2 $\Delta ABC \cong \Delta FDE$ दिया गया है। यदि $AB = 5$ सेमी, $\angle B = 40°$ तथा $\angle A = 80°$, तब DF की लंबाई ज्ञात करो तथा $\angle E$ का मान ज्ञात करो।

हल दिया है, $AB = 5$ सेमी, $\angle B = 40°$ तथा $\angle A = 80°$

$\because$ $\Delta FDE \cong \Delta ABC$ [दिया है]

$\therefore$ $FD = AB = 5$ सेमी [CPCT से]

$\angle D = \angle B = 40°$ [CPCT से]

$\angle F = \angle A = 80°$ [CPCT से]

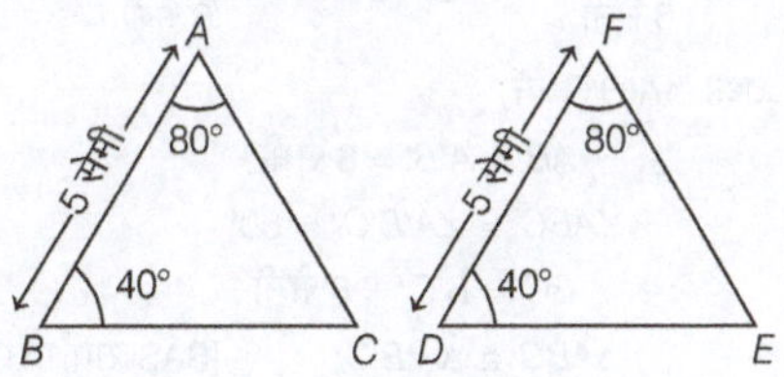

अब ΔFDE में,

$\angle F + \angle D + \angle E = 180°$

$\therefore \quad \angle E = 180° - 40° - 80°$ [त्रिभुज के कोण योग नियम से]

$= 60°$

अतः $DF = 5$ सेमी तथा $\angle E = 60°$ [$\because \angle D = 40°$ तथा $\angle F = 80°$]

त्रिभुजों की सर्वांगसमता के लिए कसौटियाँ

(Criteria for Congruence of Triangles)

यहाँ त्रिभुजों की सर्वांगसमता की चार कसौटियाँ है, जिसमें से दो कसौटियाँ का टॉपिक 1 में वर्णन है तथा अन्य दो कसौटियों का टॉपिक 2 में वर्णन करेंगे।

1. (भुजा-कोण-भुजा) (SAS) सर्वांगसमता नियम

दो त्रिभुज सर्वांगसम होते हैं, यदि एक त्रिभुज की दो भुजाएँ तथा उनके अंतर्गत कोण दूसरे त्रिभुज की दो भुजाओं और उनके अंतर्गत कोण के बराबर हों, तब ΔABC तथा ΔPQR में,

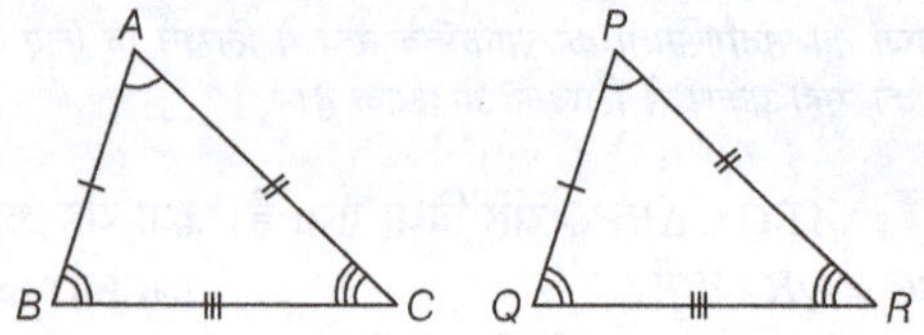

यदि $AB = PQ, \angle A = \angle P, AC = PR$

अथवा $AC = PR, \angle C = \angle R, CB = RQ$

अथवा $CB = RQ, \angle B = \angle Q, BA = QP$

तब, $\Delta ABC \cong \Delta PQR$

त्रिभुजों के सर्वांगसम होने के लिए यह बहुत महत्त्वपूर्ण है कि समान भुजाओं के अंतर्गत बने कोण समान हों।

नोट *सर्वांगसमता नियम ASS या SSA नहीं होता है।*

उदाहरण 3 दी गई आकृति में, $\angle B'A'C'$ के मान ज्ञात करो।

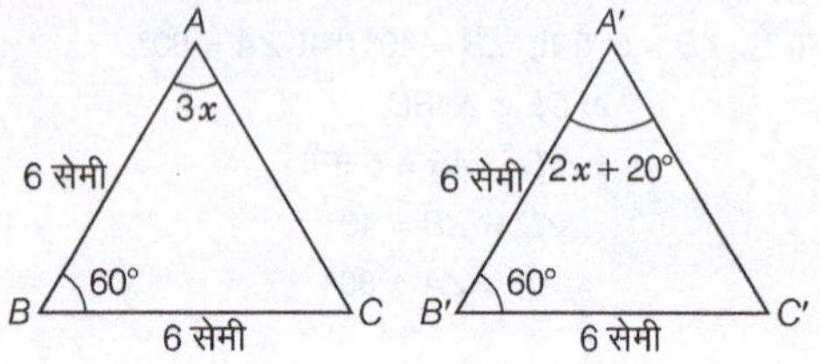

हल ΔABC तथा $\Delta A'B'C'$ में,

$AB = A'B' = 6$ सेमी [दिया है]

$\angle ABC = \angle A'B'C' = 60°$ [दिया है]

तथा $BC = B'C' = 6$ सेमी [दिया है]

$\therefore \quad \Delta ABC \cong \Delta A'B'C'$ [SAS सर्वांगसमता नियम से]

तब, $\angle BAC = \angle B'A'C'$ [CPCT से]

$\Rightarrow \quad 3x = 2x + 20°$ [आकृति से]

$\Rightarrow \quad 3x - 2x = 20°$

$\Rightarrow \quad x = 20°$

$\therefore \quad \angle B'A'C' = 2x + 20° = 2 \times 20° + 20° = 60°$

उदाहरण 4 AB एक रेखाखंड है तथा रेखा l, रेखाखंड AB का लंब समद्विभाजक है। यदि एक अन्य बिंदु P रेखा l पर स्थित है, तब दर्शाइए कि बिंदु P, A तथा B से समान दूरी पर हैं।

हल **दिया है** रेखा l रेखाखंड AB का लंब समद्विभाजक है।

$\therefore \quad AC = BC$ [$\because C$, AB का मध्य-बिंदु है]

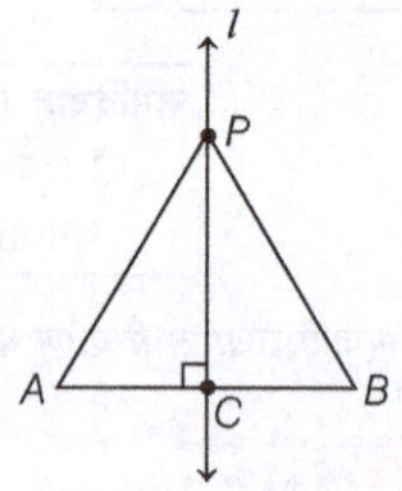

सिद्ध करना है P, A तथा B से समान दूरी पर है

अर्थात् $PA = PB$

उपपत्ति $\because$ रेखा l, AB का लंब समद्विभाजक है।

$\therefore \quad \angle ACP = \angle BCP = 90°$ ...(i)

ΔPCA तथा ΔPCB में, $\angle ACP = \angle BCP$ [$\because$ समी (i) से]

$AC = BC$ [दिया है]

तथा $PC = PC$ [उभयनिष्ठ भुजा]

$\therefore \quad \Delta PCA \cong \Delta PCB$ [SAS सर्वांगसमता नियम से]

तब, $PA = PB$ [CPCT से]

इति सिद्धम्

उदाहरण 5 दिए गए चित्र में, $AB \perp BC$ तथा $FE \perp BE$, यदि $BC = DE$ तथा $AB = EF$, तब सिद्ध कीजिए कि ΔABD, ΔFEC के सर्वांगसम हैं।

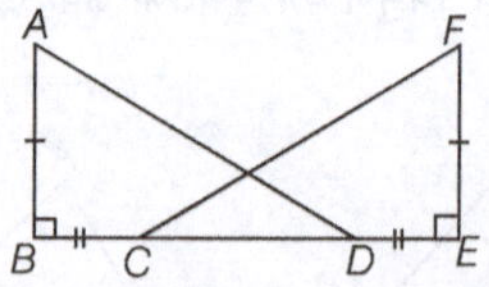

हल **दिया है** ΔABD तथा ΔFEC में, $AB \perp BE$ तथा $FE \perp BC$ हैं, जिसमें कि $BC = DE$ तथा $AB = EF$ है।

सिद्ध करना है $\Delta ABD \cong \Delta FEC$

उपपत्ति ΔABD तथा ΔFEC में,

$AB = FE$ [दिया है]

$BC = DE$ [दिया है]

$\Rightarrow \quad BC + CD = DE + CD$ [दोनों तरफ CD जोड़ने पर]

$\Rightarrow \quad BD = EC$ तथा $\angle ABD = \angle FEC$

[$\because AB \perp BE$ तथा $FE \perp AB$]

$\therefore \quad \Delta ABD \cong \Delta FEC$ [SAS सर्वांगसम नियम से]

इति सिद्धम्

उदाहरण 6 दिए गए चित्र में, ΔABC तथा ΔABD इस प्रकार हैं कि $AD = BC$, $\angle 1 = \angle 2$ तथा $\angle 3 = \angle 4$, सिद्ध कीजिए कि $BD = AC$

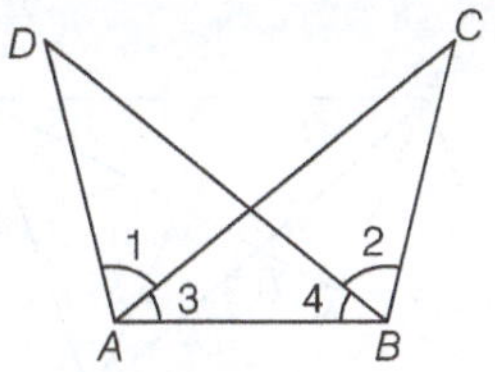

हल **दिया है,** ΔABC तथा ΔABD में,

$AD = BC$, $\angle 1 = \angle 2$

तथा $\angle 3 = \angle 4$

सिद्ध करना है $BD = AC$

उपपत्ति ΔABD तथा ΔABC में,

$\angle 1 = \angle 2$ तथा $\angle 3 = \angle 4$ [दिया है]

$\Rightarrow \angle 1 + \angle 3 = \angle 2 + \angle 4$

$\Rightarrow \angle DAB = \angle CBA$

$AB = AB$ [उभयनिष्ठ भुजा]

तथा $AD = BC$ [दिया है]

$\therefore \Delta ABD \cong \Delta BAC$ [SAS सर्वांगसमता नियम से]

तब, $BD = AC$ [CPCT से]

इति सिद्धम्

2. कोण-भुजा-कोण (ASA) सर्वांगसमता नियम

((Angle Side Angle) ASA Congruence Rule)

दो त्रिभुज सर्वांगसम होते हैं, यदि एक त्रिभुज के दो कोण और उनके अंतर्गत भुजा दूसरे त्रिभुज के दो कोणों और उनके अंतर्गत भुजा के बराबर हों।

ΔABC तथा ΔPQR में,

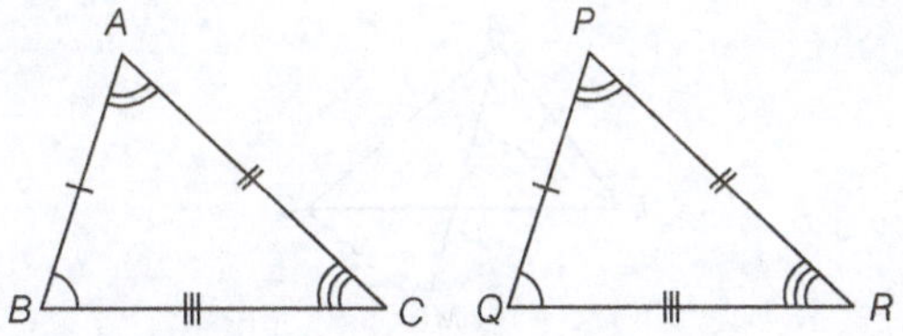

यदि $\angle B = \angle Q, BA = QP, \angle A = \angle P$

अथवा $\angle A = \angle P, AC = PR, \angle C = \angle R$

अथवा $\angle C = \angle R, CB = RQ, \angle B = \angle Q$

तब, $\Delta ABC \cong \Delta PQR$

यह नियम निम्नलिखित तरीके से भी सिद्ध किया जा सकता है

दिया है हमें दो त्रिभुज ΔABC तथा ΔPQR दिए गए हैं, जिसमें

$\angle B = \angle Q, \angle C = \angle R$

तथा $BC = QR$

सिद्ध करना है

$\Delta ABC \cong \Delta PQR$

उपपत्ति यहाँ तीन स्थितियाँ संभव हैं

स्थिति I जब $AB = PQ$

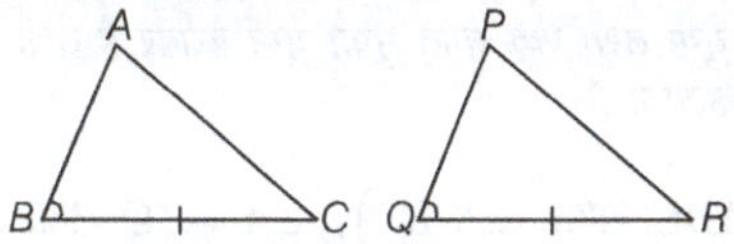

तब, ΔABC तथा ΔPQR में, $AB = PQ$

$\angle B = \angle Q$ [दिया है]

तथा $BC = QR$ [दिया है]

इसलिए, $\Delta ABC \cong \Delta PQR$ [SAS सर्वांगसमता नियम से]

स्थिति II जब $AB > PQ$

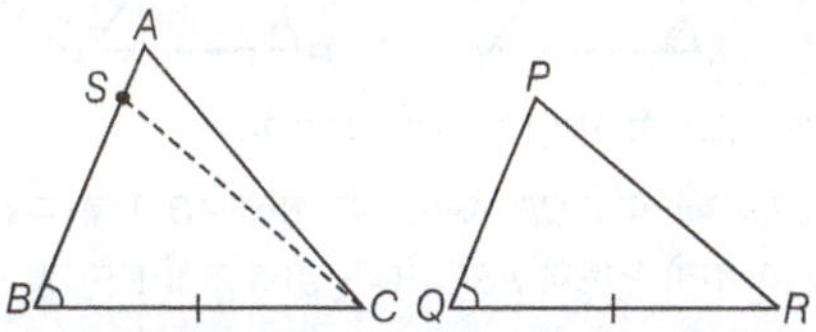

तब, AB पर बिंदु S लेते हैं, इस प्रकार कि $SB = PQ$

अब ΔSBC तथा ΔPQR में,

$SB = PQ$

$\angle B = \angle Q$ [दिया है]

तथा $BC = QR$ [दिया है]

अत: $\Delta SBC \cong \Delta PQR$ [SAS सर्वांगसमता नियम से]

$\therefore \angle SCB = \angle PRQ$ [CPCT से]

लेकिन $\angle ACB = \angle PRQ$ [दिया है]

अत: $\angle SCB = \angle ACB$

यह संभव होगा यदि S, A के संगत है।

तब, $SB = AB = PQ$

अत: $\Delta ABC \cong \Delta PQR$

स्थिति III जब $AB < PQ$

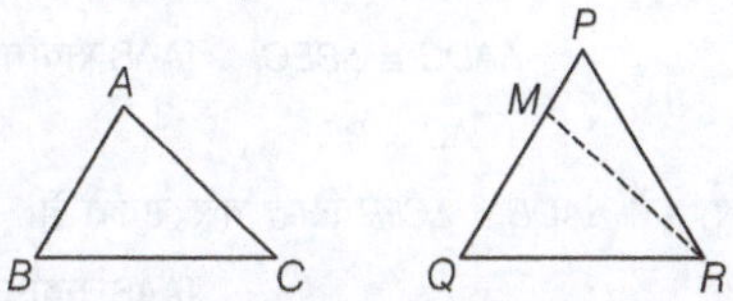

तब, PQ पर बिंदु M लेते हैं, इस प्रकार है कि $MQ = AB$

अब, स्थिति II की तरह प्रक्रिया दोहराने पर हमें प्राप्त होता है,

$MQ = AB = PQ$

$\therefore \Delta ABC \cong \Delta PQR$

अत: इन तीनों स्थितियों से हम निष्कर्ष प्राप्त करते हैं कि

$\Delta ABC \cong \Delta PQR$

नोट AAS सर्वांगसमता नियम भी होता है।

∵ त्रिभुज के तीनों कोणों का योग 180° होता है। यदि दो कोणों के युग्म बराबर हैं, तब तीसरा भाग भी बराबर होगा। इस प्रकार, दो त्रिभुज सर्वांगसम होते हैं। यदि कोणों के कोई दो युग्म तथा एक संगत भुजा युग्म बराबर है तथा यह AAS सर्वांगसम नियम कहलाता है।

उदाहरण 7 ΔABC तथा ΔPQR में, $\angle A = \angle Q$ तथा $\angle B = \angle R$ हैं। ΔPQR की कौन-सी भुजा ΔABC की भुजा AB के बराबर होनी चाहिए कि दोनों त्रिभुज सर्वांगसम हों? अपने उत्तर के लिए कारण दीजिए। **[NCERT Exemplar]**

हल दिया है, ΔABC तथा ΔQRP में, $\angle A = \angle Q$ तथा $\angle B = \angle R$

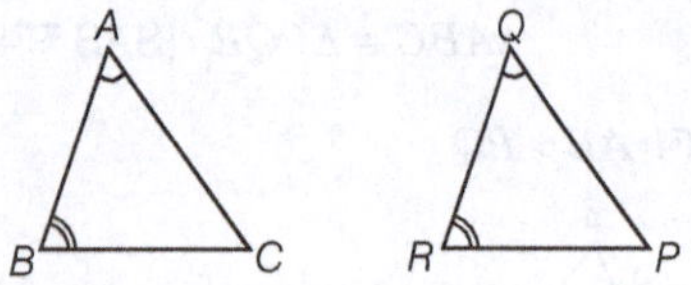

∵ AB तथा QR के अंतर्गत समान कोण हैं।

अतः ΔQRP की भुजा QR, ΔABC की भुजा AB के बराबर होनी चाहिए, इसलिए ये दोनों त्रिभुज ASA नियम द्वारा सर्वांगसम हैं।

उदाहरण 8 यदि ΔABC के शीर्ष लंब AD, BE तथा CF समान लंबाई के हैं, तब सिद्ध कीजिए कि ΔABC एक समबाहु त्रिभुज है।

हल **दिया है** ΔABC में, शीर्षलंब समान हैं

अर्थात् $AD = BE = CF$

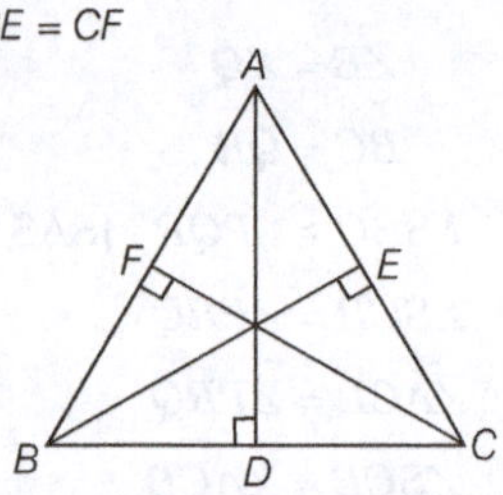

सिद्ध करना है ΔABC एक समबाहु त्रिभुज है अर्थात् $AB = BC = CA$

उपपत्ति ΔADC तथा ΔBEC में,

$\angle ADC = \angle BEC$ [प्रत्येक 90°]

$\angle ACD = \angle BCE$ [उभयनिष्ठ कोण]

तथा $AD = BE$ [दिया है]

∴ $\Delta ADC \cong \Delta BEC$ [AAS सर्वांगसमता नियम से]

तब, $AC = BC$ [CPCT से] ...(i)

इसी प्रकार, हम $\Delta ADB \cong \Delta CFB$ सिद्ध कर सकते हैं।

[AAS सर्वांगसमता नियम से]

तब, $AB = CB$ ...(ii)

समी (i) तथा (ii) से,

$AB = BC = AC$

अतः ΔABC एक समबाहु त्रिभुज है। **इति सिद्धम्**

उदाहरण 9 चतुर्भुज $ABCD$ में, लंब BM तथा DN, AC से इस प्रकार खींचे गए हैं, $BM = DN$। यदि $BR = 8$ सेमी, तब BD की लंबाई ज्ञात करो।

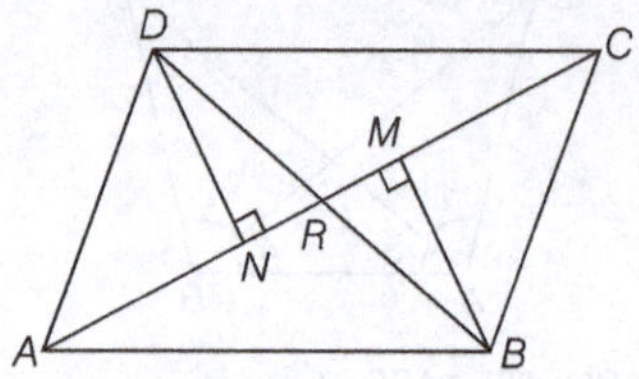

हल ΔDNR तथा ΔBMR में,

$DN = BM$ [दिया है]

$\angle DNR = \angle BMR$

[प्रत्येक 90°, क्योंकि $DN \perp AC$ तथा $BM \perp AC$]

तथा $\angle DRN = \angle BRM$ [शीर्षाभिमुख कोण से]

∴ $\Delta DNR \cong \Delta BMR$ [AAS सर्वांगसमता नियम से]

⇒ $DR = BR$ [CPCT से]

⇒ $2DR = 2BR$ [2 से गुणा करने पर]

⇒ $BD = 2BR$

⇒ $BD = 2 \times 8 = 16$ सेमी [दिया है, $BR = 8$ सेमी]

उदाहरण 10 AD एक माध्यिका है तथा AD को M तक बढ़ाते हुए, BL, CM क्रमशः B तथा C से खींचे गए लंब हैं, सिद्ध कीजिए कि $BL = CM$

हल **दिया है** AD एक माध्यिका है तथा AD को क्रमशः M तक बढ़ाते हुए, BL और CM क्रमशः B तथा C से खींचे गए लंब हैं।

सिद्ध करना है $BL = CM$

रचना BL तथा CM को मिलाये।

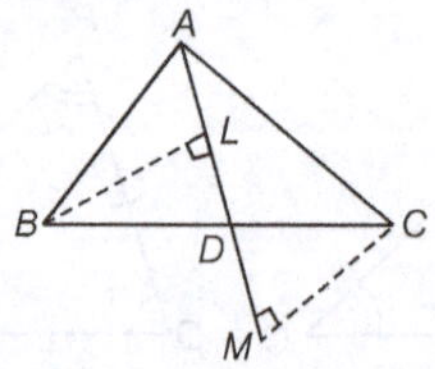

उपपत्ति ΔBDL तथा ΔCDM में,

$\angle BLD = \angle CMD$ [प्रत्येक 90°]

$\angle BDL = \angle CDM$ [शीर्षाभिमुख कोण से]

तथा $BD = CD$

[∵ AD माध्यिका है, इसलिए D, BC का मध्य-बिंदु है]

∴ $\Delta BDL \cong \Delta CDM$ [AAS सर्वांगसमता नियम से]

तब, $BL = CM$ [CPCT से]

इति सिद्धम्

त्रिभुज के कुछ गुणधर्म
(Some Properties of a Triangle)

पिछली दो त्रिभुज की सर्वांगसमता कसौटी की सहायता से त्रिभुज के कुछ गुणधर्म का अध्ययन कर सकते हैं जिसकी दो भुजाएँ समान हैं अर्थात् समद्विबाहु त्रिभुज

प्रमेय 1 समद्विबाहु त्रिभुज की समान भुजाओं के सम्मुख कोण बराबर होते हैं।

दिया है एक समद्विबाहु ΔABC, जिसमें $AB = AC$

सिद्ध करना है $\angle B = \angle C$

रचना $\angle A$ का समद्विभाजक खींचिए जो BC को बिंदु D पर काटता है।

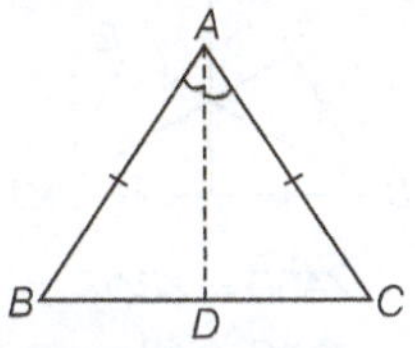

उपपत्ति ∵ $\angle A$ का समद्विभाजक AD है।

∴ $\angle BAD = \angle CAD$ ...(i)

ΔBAD तथा ΔCAD में, $AB = AC$ [दिया है]

$\angle BAD = \angle CAD$ [समी (i) से]

तथा $AD = AD$ [उभयनिष्ठ भुजा]

∴ $\Delta BAD \cong CAD$ [SAS सर्वांगसमता नियम से]

तब, $\angle ABD = \angle ACD$ [CPCT से]

अर्थात् $\angle B = \angle C$ **इति सिद्धम्**

प्रमेय 2 त्रिभुज के सम्मुख कोण की भुजा समान होती है।
[प्रमेय 1 का विलोम]

त्रिभुज के गुणधर्म और सर्वांगसमता पर आधारित समस्याएँ
(Problems Based on Properties and Congruence of Triangles)

त्रिभुज के गुणधर्म एवं सर्वांगसमता पर आधारित प्रश्नों को हल करने के लिए कोई विशेष विधि नहीं है। लेकिन इन प्रश्नों को हम निम्न उदाहरणों की सहायता से समझने की कोशिश करेंगे।

उदाहरण 11 समद्विबाहु ΔABC में, $AB = AC$, D तथा E, BC पर बिंदु इस प्रकार हैं कि $BE = CD$। दर्शाइए कि $AD = AE$

हल दिया है, ΔABC एक समद्विबाहु त्रिभुज है,

$AB = AC$ ...(i)

तथा D और E, BC पर इस प्रकार बिंदु हैं कि

$BE = CD$ ...(ii)

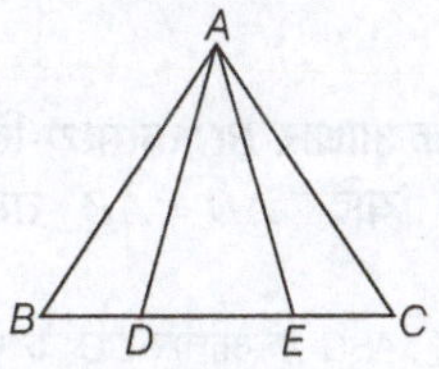

∵ $AB = AC$

इसलिए, $\angle C = \angle B$ ...(iii)

[समान भुजाओं के सम्मुख कोण बराबर होते हैं]

समी (ii) से, हम जानते हैं,

$BE = CD$

$BE - DE = CD - DE$ [दोनों तरफ DE घटाने पर]

⇒ $BD = CE$ ...(iv)

ΔABD तथा ΔACE में, $AB = AC$ [समी (i) से]

$\angle B = \angle C$ [समी (iii) से]

तथा $BD = CE$ [समी (iv) से]

$\Delta ABD \cong \Delta ACE$ [SAS सर्वांगसमता नियम से]

तब, $AD = AE$ [CPCT से]

इति सिद्धम्

उदाहरण 12 दिए गए चित्र में, ΔABC एक समद्विबाहु त्रिभुज है जिसमें $AB = AC$ तथा LM, BC के समांतर हैं। यदि $\angle A = 50°$, तो $\angle LMC$ का मान ज्ञात करो।

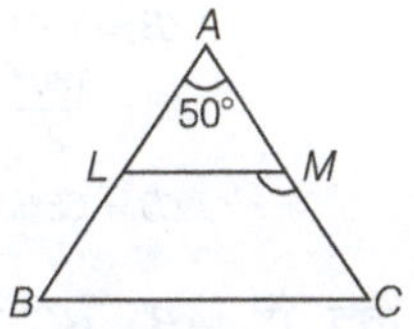

हल दिया है ΔABC एक समद्विबाहु त्रिभुज है जिसमें $AB = AC$

∴ $\angle ACB = \angle ABC$ ...(i)

[समान भुजाओं के सम्मुख कोण बराबर होते हैं]

त्रिभुज के कोण योग नियम से,

$\angle ABC + \angle ACB + \angle CAB = 180°$

⇒ $\angle ACB + \angle ACB + 50° = 180°$ [∵ समी (i) से]

⇒ $2\angle ACB = 130° \Rightarrow \angle ACB = 65°$

∵ $LM \parallel BC$

∴ $\angle LMC + \angle BCM = 180°$ [अंत: कोण से]

⇒ $\angle LMC + 65° = 180°$ [∵ $\angle BCM = \angle ACB$]

⇒ $\angle LMC = 115°$

उदाहरण 13 ΔABC में, O तथा P, क्रमशः भुजा AB तथा AC पर हैं। यदि $OA = \frac{1}{2} AB$, $PA = \frac{1}{2} AC$ तथा $OA = PA$ है, दर्शाइए कि $AB = AC$।

हल दिया है ΔABC में,

$OA = \frac{1}{2} AB$, $PA = \frac{1}{2} AC$

तथा $OA = PA$

सिद्ध करना है $AB = AC$

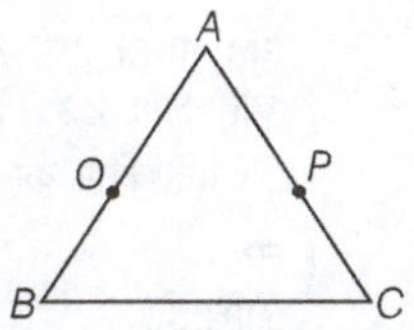

उपपत्ति हम जानते हैं कि

$OA = AP$

तथा $BO = OA$

⇒ $BO = AP$

∴ $AB = 2OB = 2AP$ ...(i)

∵ $PC = AP$

$AC = 2AP$ ...(ii)

समी (i) तथा समी (ii) से, $AB = AC$ **इति सिद्धम्**

उदाहरण 14 ΔABC में, यदि $AB = 3$ सेमी, $AC = 3$ सेमी तथा $\angle A = 50°$, तब $\angle B$ का मान ज्ञात करो।

हल दिया है, $AB = AC = 3$ सेमी

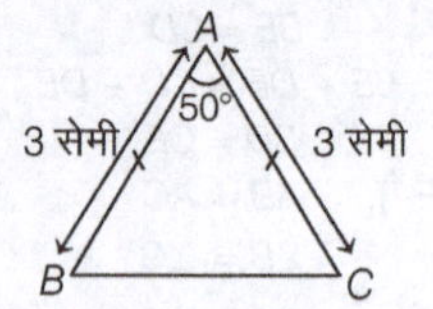

$\therefore \quad \angle C = \angle B$

[$\because$ एक त्रिभुज की समान भुजाओं के सम्मुख कोण बराबर होते हैं]

परंतु $\quad \angle A + \angle B + \angle C = 180°$

[त्रिभुज के कोण योग नियम से]

$\Rightarrow \quad 50° + \angle B + \angle B = 180°$

[$\because \angle A = 50°$ तथा $\angle C = \angle B$]

$\Rightarrow \quad 50° + 2\angle B = 180°$

$\Rightarrow \quad 2\angle B = 130°$

$\Rightarrow \quad \angle B = \frac{130°}{2}$

$\Rightarrow \quad \angle B = 65°$

उदाहरण 15 दिए गए चित्र में, $AB = BC$ तथा $AC = CD$, सिद्ध कीजिए कि $\angle BAD : \angle ADB = 3 : 1$

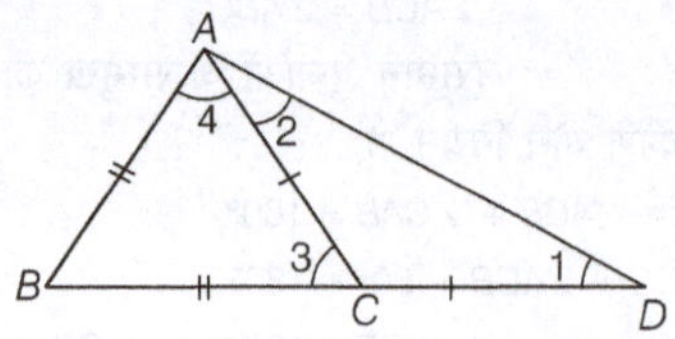

इस निष्कर्ष को उपयोग में लेते हुए कि त्रिभुज के बहिष्कोण का योग अंतः सम्मुख कोणों के योग के बराबर होता है तथा बराबर भुजाओं के सम्मुख कोण बराबर होते हैं, आवश्यक अनुपात प्राप्त करते है।

हल **दिया है** $AB = BC$ तथा $AC = CD$

सिद्ध करना है $\quad \angle BAD : \angle ADB = 3 : 1$

उपपत्ति $\quad CA = CD \quad$ [दिया है]

$\Rightarrow \quad \angle 1 = \angle 2 = x \quad$ [माना] ...(i)

[$\because$ समान भुजाओं के सम्मुख कोण बराबर होते हैं]

यह मानते हुए, ΔADC जिसकी भुजा DC को B तक बढ़ाने पर, हमें बहिष्कोण $\angle 3 = \angle 1 + \angle 2$ प्राप्त होते हैं।

[$\because$ बहिष्कोण का मान, अंतः सम्मुख कोणों के योग के बराबर होता है]

$\Rightarrow \quad \angle 3 = x + x = 2x \quad$ ...(ii)

साथ ही, $\quad BA = BC \quad$ [दिया है]

$\Rightarrow \quad \angle 3 = \angle 4 \quad$ ...(iii)

[$\because$ त्रिभुज के समान भुजाओं के सम्मुख कोण बराबर होते हैं]

समी (ii) तथा (iii) से, हमें प्राप्त है

$\angle 4 = 2x \quad$ ...(iv)

अब, $\quad \angle BAD = \angle BAC + \angle CAD$

$= \angle 4 + \angle 2$

$= 2x + x = 3x \quad$ [समी (i) तथा (iv) से]

अब, $\quad \angle BAD : \angle ADB = 3x : x \quad$ ...(v)

$\Rightarrow \quad \angle BAD : \angle ADB = 3 : 1 \quad$ **इति सिद्धम्**

उदाहरण 16 सिद्ध कीजिए कि समबाहु त्रिभुज की माध्यिका समान होती है।

हल माना ΔABC है जिसकी भुजाएँ $AB = BC = AC$ हैं, $\angle A = \angle B = \angle C = 60°$ तथा AD, BE और CF इसकी माध्यिकाएँ हैं।

सिद्ध करना है $\quad AD = BE = CF$

उपपत्ति ΔADC तथा ΔBEA में, हम जानते हैं कि

$$DC = EA \left[\because BC = AC \Rightarrow \frac{1}{2}BC = \frac{1}{2}AC\right]$$

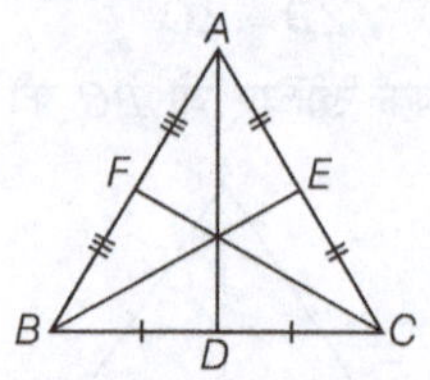

$\angle ACD = \angle BAE \quad$ [प्रत्येक 60°]

तथा $\quad AC = AB$

$\therefore \quad \Delta ADC \cong BEA \quad$ [SAS सर्वांगसमता नियम से]

तब, $\quad AD = BE \quad$ [CPCT से]

इसी प्रकार, $\quad BE = CF$

$\therefore \quad AD = BE = CF \quad$ **इति सिद्धम्**

उदाहरण 17 दी गई आकृति में, यदि $AC = BC$, $\angle DCA = \angle ECB$ तथा $\angle DBC = \angle EAC$, सिद्ध कीजिए $DC = EC$

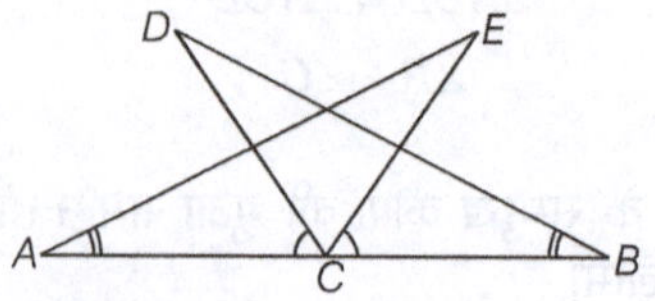

हल **दिया है** दी गई आकृति में,

$AC = BC$, $\angle DCA = \angle ECB$

तथा $\quad \angle DBC = \angle EAC$

सिद्ध करना है $EC = DC$

उपपत्ति ΔEAC तथा ΔDBC में,

$AC = BC$

$\angle ECB = \angle DCA$

$\Rightarrow \quad 180° - \angle ECA = 180° - \angle DCB$

$\Rightarrow \quad \angle ECA = \angle DCB$

$\angle DBC = EAC \quad$ [दिया है]

$\therefore \quad \Delta EAC \cong \Delta DBC \quad$ [ASA सर्वांगसमता नियम से]

अतः $\quad EC = DC \quad$ [CPCT से]

इमि सिद्धम्

उदाहरण 18 ΔABC के आधार BC के मध्य-बिंदु D तथा E इस प्रकार हैं कि $BD = CE$। यदि $AD = AE$ तब सिद्ध कीजिए कि $\Delta ABE \cong \Delta ACD$।

हल **दिया है** D तथा E, ΔABC के आधार BC के मध्य-बिंदु इस प्रकार है कि $BD = CE$ तथा $AD = AE$

सिद्ध करना है $\Delta ABE \cong \Delta ACD$

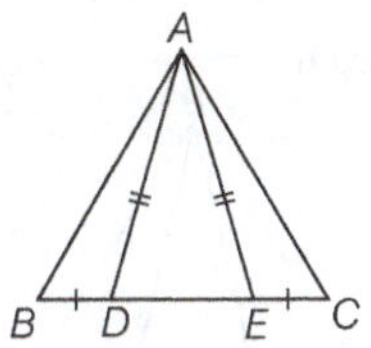

उपपत्ति ΔADE में, $AE = AD$ [दिया है]

$\angle ADE = \angle AED$

[$\because$ बराबर भुजाओं के सम्मुख कोण बराबर होते हैं]

$\angle ADC = \angle AEB$ ...(i)

[$\because \angle ADE = \angle ADC$ तथा $\angle AED = \angle AEB$]

अब, $BD = CE$ [दिया है]

दोनों तरफ DE जोड़ने पर, हमें प्राप्त होता है

$BD + DE = CE + DE$

$\Rightarrow$ $BE = CD$ ...(ii)

[$\because BE = BD + DE$ तथा $CD = CE + DE$]

ΔABE तथा ΔACD में, $BE = CD$ [समी (ii) से]

$\angle AEB = \angle ADC$ [समी (i) से]

तथा $AE = AD$ [दिया है]

$\Delta ABE \cong \Delta ACD$ [SAS सर्वांगसमता नियम से]

इति सिद्धम्

उदाहरण 19 दी गई आकृति में, $ABCD$ एक वर्ग है तथा ΔDEC एक समबाहु त्रिभुज है।

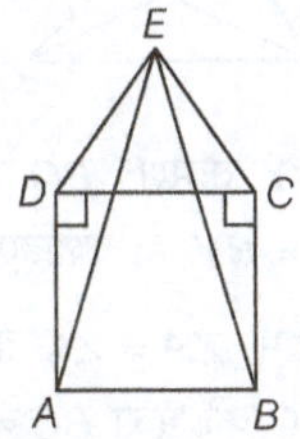

सिद्ध कीजिए

(i) $\Delta ADE \cong \Delta BCE$ (ii) $AE = BE$

(iii) $\angle DAE = 15°$

हल **दिया है** $ABCD$ एक वर्ग है तथा ΔDEC एक समबाहु त्रिभुज है।

सिद्ध करना है

(i) $\Delta ADE \cong \Delta BCE$

(ii) $AE = BE$

(iii) $\angle DAE = 15°$

उपपत्ति $ABCD$ एक वर्ग है तथा ΔDEC एक समबाहु त्रिभुज है। अतः आकृति से, हम जानते हैं कि

$\angle ADE = \angle ADC + \angle CDE$

$= 90° + 60° = 150°$ ...(i)

[$\because$ वर्ग का प्रत्येक कोण 90° का है तथा समबाहु त्रिभुज का प्रत्येक कोण 60° का होता है]

इस प्रकार, $\angle BCE = \angle BCD + \angle DCE$

$= 90° + 60° = 150°$ ...(ii)

[$\because$ वर्ग का प्रत्येक कोण 90° का है तथा समबाहु त्रिभुज का प्रत्येक कोण 60° का होता है।]

(i) ΔADE तथा ΔBCE में,

$AD = BC$ [वर्ग की भुजाएँ]

$DE = CE$ [समबाहु त्रिभुज की भुजाएँ]

तथा $\angle ADE = \angle BCE = 150°$ [समी (i) तथा (ii) से]

$\therefore$ $\Delta ADE \cong \Delta BCE$ [SAS सर्वांगसमता नियम से]

(ii) भाग (i) से, $\Delta ADE \cong \Delta BCE$

तब, $AE = BE$ [CPCT से]

(iii) ΔADE में, $AD = DE$ [$\because AD = DC = DE$]

$\angle AED = \angle DAE$

[$\because$ बराबर भुजाओं के सम्मुख कोण बराबर होते हैं] ...(iii)

अब, $\angle DAE + \angle AED + \angle ADE = 180°$

[त्रिभुज के कोण योग नियम से]

$\Rightarrow$ $\angle DAE + \angle DAE + 150° = 180°$ [समी (i) तथा (iii) से]

$\Rightarrow$ $2\angle DAE = 30°$

$\therefore$ $\angle DAE = 15°$

इति सिद्धम्

प्रश्नावली 7.1

1. ΔPQR में, यदि $\angle R = \angle P$, $QR = 4$ सेमी तथा $PR = 5$ सेमी, तब PQ की लंबाई ज्ञात कीजिए। **[NCERT Exemplar]**

2. दिए गए चित्र में, $AB = DE$, $BC = EF$ तथा $\angle ABC = \angle DEF$ हैं, तब दोनों त्रिभुजों में क्या संभव संबंध है?

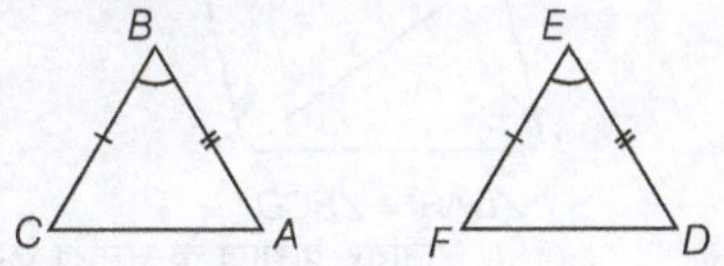

3. दिए गए चित्र में (आकृति में), कौन-से नियम से $\Delta ABC \cong \Delta DEF$ है?

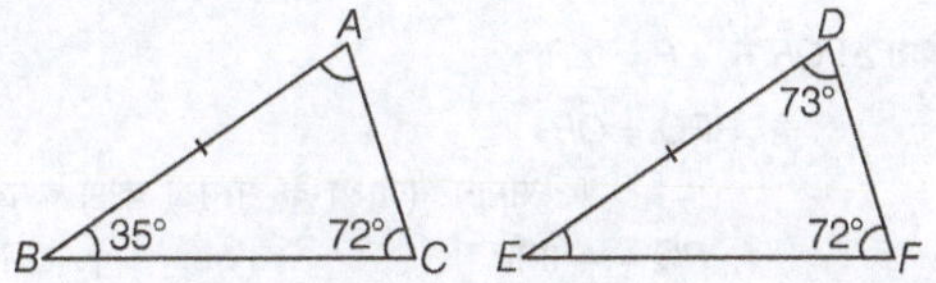

4. यदि $ABCD$ एक समांतर चतुर्भुज है, तब सिद्ध कीजिए कि ΔABD, ΔCDB के सर्वांगसम है।

5. आकृति में, ΔABC की समान भुजाओं AB और AC पर दो बिंदु P और Q इस प्रकार हैं कि $AP = AQ$ है। सिद्ध कीजिए कि $CP = BQ$ है।

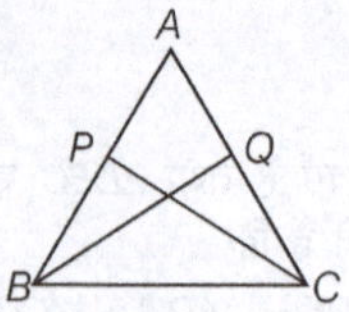

6. आकृति में, यदि $AB = AC$ तथा $\angle 1 = \angle 2$, तब सिद्ध कीजिए कि $\angle PBC = \angle PCB$

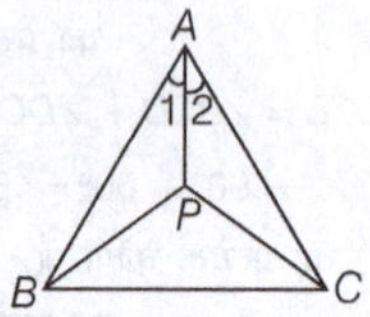

7. ΔABC की समान भुजाएँ AB तथा AC के मध्य-बिंदु क्रमशः E तथा F हैं, तब दर्शाइए कि $BF = CE$

8. दी गई आकृति में, $l \| m$ तथा M रेखाखंड AB का मध्य-बिंदु है। दर्शाइए कि M अन्य रेखा CD जिसके अंतिम बिंदु क्रमशः l तथा m हैं, का मध्य-बिंदु हैं।

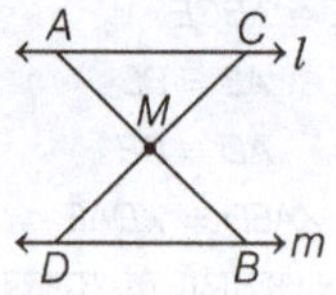

9. दी गई आकृति में, यदि $AB = AC$ तथा $DB = DC$, तब $\angle ABD$ का $\angle ACD$ से अनुपात ज्ञात कीजिए।

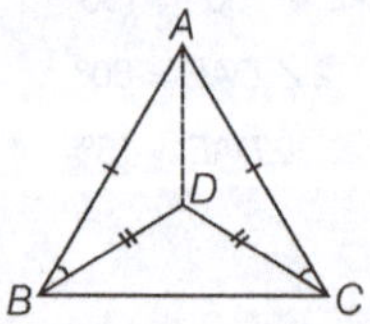

10. ΔABC तथा ΔPQR में, यदि $AB = AC, \angle C = \angle P$ तथा $\angle B = \angle Q$, तो सिद्ध कीजिए कि दो त्रिभुज समद्विबाहु हैं, परंतु सर्वांगसम नहीं हैं।

11. दी गई आकृति में, यदि $AB = BC$ तथा $AD = EC$, तब दर्शाइए कि $\Delta ABD \cong \Delta CBD$।

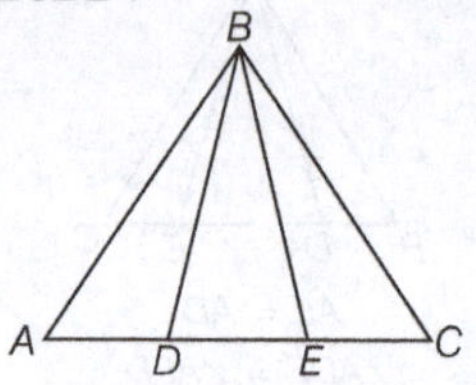

12. संलग्न चित्र में, PQR एक समद्विबाहु त्रिभुज है जिसमें $PQ = PR$ है, त्रिभुज की दो माध्यिकाएँ QS तथा RT हैं। सिद्ध कीजिए कि $QS = RT$।

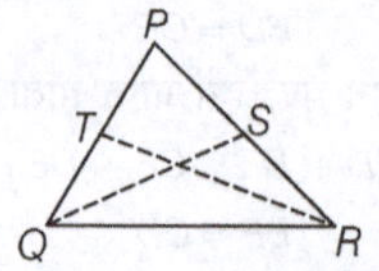

13. $\angle ABC$ के समद्विभाजक पर बिंदु P स्थित है। यदि रेखा P में से BA के समांतर, BC पर स्थित बिन्दु Q पर गुजरती है, तब सिद्ध कीजिए कि BPQ एक समद्विबाहु त्रिभुज है। **[NCERT Exemplar]**

14. चित्र में, $AB = AC$ तथा BE और CF, $\angle B$ तथा $\angle C$ के समद्विभाजक हैं, सिद्ध कीजिए कि $\Delta EBC \cong \Delta FCB$।

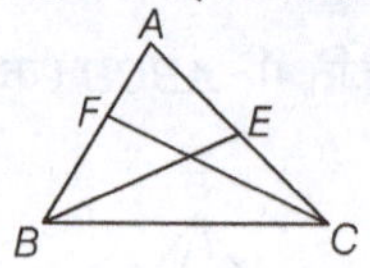

15. ΔPQR में, X तथा Y क्रमशः PQ तथा QR के बिंदु हैं। यदि $PQ = QR$ तथा $QX = RY$ है, दर्शाइए कि $PX = RY$।

16. ΔABC तथा ΔPQR में, $\angle A = \angle Q$ तथा $\angle B = \angle R$। ΔPQR की कौन-सी भुजा, ΔABC की भुजा BC के बराबर होनी चाहिए, ताकि दोनों त्रिभुज सर्वांगसम हो जाए? अपने उत्तर का कारण भी दीजिए। **[NCERT Exemplar]**

17. यदि त्रिभुज के एक शीर्ष से, शीर्षलंब विपरीत भुजा को विभाजित करता है, तो सिद्ध कीजिए कि त्रिभुज समद्विबाहु है।

18. ΔABC एक समद्विबाहु त्रिभुज है जिसकी भुजाएँ $AB = AC$ तथा LM, BC के समांतर है। यदि $\angle A = 60°$, $\angle LMC$ का मान ज्ञात करो।

संकेत एवं हल

1. **संकेत** ΔPQR में, $\angle P = \angle R$ [दिया है]

$\therefore \quad PQ = QR$

[$\because$ समान भुजाओं के सम्मुख कोण बराबर होते हैं]

$\Rightarrow \quad PQ = 4$ सेमी [$\because QR = 4$ सेमी]

2. SAS सर्वांगसम नियम से, $\Delta ABC \cong \Delta DEF$

3. ASA अथवा AAS सर्वांगसम नियम से

4. **संकेत** ΔABD तथा ΔCDB में, $AD = CB$

[समांतर चतुर्भुज में सम्मुख भुजाएँ बराबर होती हैं]

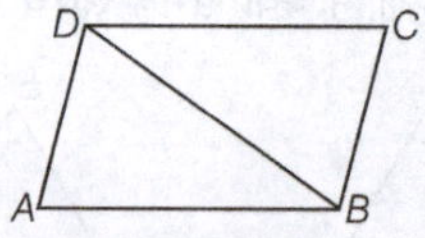

$\angle DAB = \angle BCD$

[समांतर चतुर्भुज के सम्मुख कोण बराबर होते हैं]

$AB = CD$ [समांतर चतुर्भुज की सम्मुख भुजाएँ बराबर होती हैं]

$\therefore \quad \Delta ABD \cong \Delta CDB$ [SAS सर्वांगसमता नियम से]

5. संकेत ΔACP तथा ΔABQ में,

$AC = AB$ [दिया है]

$AP = AQ$ [दिया है]

और $\angle A = \angle A$ [उभयनिष्ठ]

इसलिए, $\Delta ACP \cong \Delta ABQ$ [SAS सर्वांगसमता नियम से]

अतः $CP = BQ$ [CPCT से]

6. संकेत ΔAPB व ΔAPC में, $AB = AC$ [दिया है]

$\angle 1 = \angle 2$ [दिया है]

तथा $AP = AP$ [उभयनिष्ठ]

$\therefore \quad \Delta APB \cong \Delta APC$ [SAS सर्वांगसमता नियम से]

तब, $\angle ABP = \angle ACP$ [CPCT से] ...(i)

ΔABC में, $AB = AC$

$\therefore \quad \angle ABC = \angle ACB$ ...(ii)

[समान भुजाओं के सम्मुख कोण बराबर होते हैं]

समी (ii) में से समी (i) को घटाने पर,

$\angle PBC = \angle PCB$

7. संकेत ΔBFC तथा ΔCEB में,

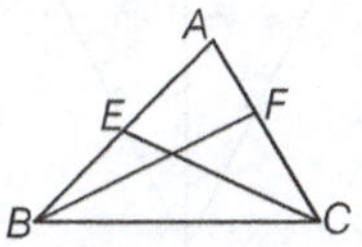

$FC = EB$

[$\because$ F तथा E, AC तथा AB के मध्य-बिंदु हैं]

$\angle FBC = \angle ECB$ [$\because AB = AC$]

तथा $BC = BC$ [उभयनिष्ठ भुजा]

$\therefore \quad \Delta BFC \cong \Delta CEB$ [SAS सर्वांगसमता नियम से]

तब, $BF = CE$ [CPCT से]

8. संकेत $\Delta AMC \cong \Delta DMB$ को केवल SAS सर्वांगसमता नियम द्वारा सिद्ध किया जाता है।

9. संकेत सर्वप्रथम $\Delta ADB \cong \Delta ADC$, SAS सर्वांगसमता नियम द्वारा सिद्ध करते हैं। तब दर्शाना है $\angle ABD = \angle ACD$ [CPCT से]

उत्तर 1 : 1

वैकल्पिक विधि

$\because \quad AB = AC$

$\therefore \quad \angle ABC = \angle ACB$

[$\because$ समान भुजाओं के सम्मुख कोण बराबर होते हैं]

इसी प्रकार, $\angle DBC = \angle DCB$

अब, $\angle ABC - \angle DBC = \angle ACB - \angle DCB$

$\Rightarrow \quad \angle ABD = \angle ACD$

$\Rightarrow \quad \dfrac{\angle ABD}{\angle ACD} = 1 \Rightarrow \angle ABD : \angle ACD = 1 : 1$

10. संकेत

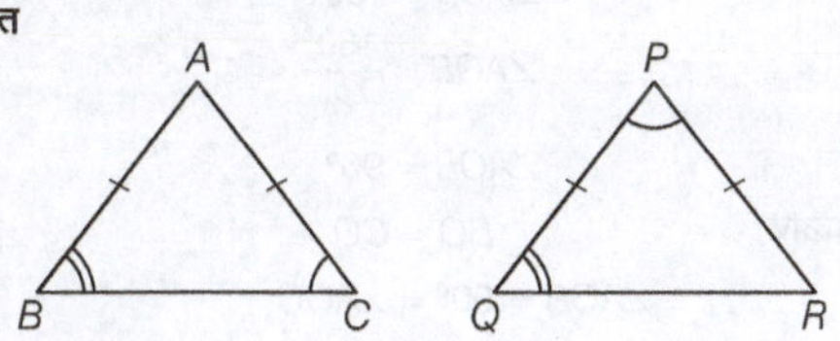

दिया है, $AB = AC$

$\Rightarrow \quad \angle C = \angle B$

$\because \quad \angle C = \angle P$ तथा $\angle B = \angle Q \Rightarrow \angle P = \angle Q$

$\therefore$ ΔABC तथा ΔPQR समद्विबाहु है।

परंतु दोनों त्रिभुज सर्वांगसमता कसौटी SAS या ASA का पालन नहीं करती। इसलिए, वे सर्वांगसम नहीं हैं।

11. उदाहरण 11 की भाँति स्वयं हल करें।

12. प्रश्न 7 की भाँति स्वयं हल करें।

13. संकेत दिया है, $AB \parallel PQ$

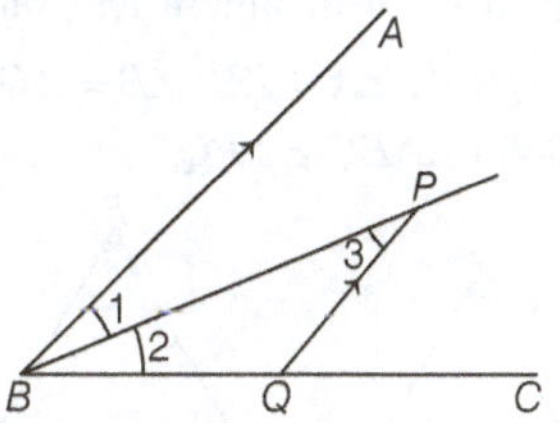

$\Rightarrow \quad \angle 1 = \angle 3$ [एकांतर अंतः कोण]

परंतु $\angle 1 = \angle 2$ [दिया है]

$\therefore \quad \angle 2 = \angle 3$

अतः ΔBPQ एक समद्विबाहु त्रिभुज है।

14. संकेत यहाँ, $\angle ABE = \angle EBC$ तथा $\angle ACF = \angle FCB$

$\therefore \quad AB = AC \Rightarrow \angle C = \angle B$

$\therefore \quad \angle EBC = \angle FCB$

$\therefore \quad \Delta EBC \cong \Delta FCB$ [SAS सर्वांगसमता नियम से]

15. प्रश्न 7 की भाँति स्वयं हल करें।

16. *RP*

17. संकेत ΔABD तथा ΔACD में,

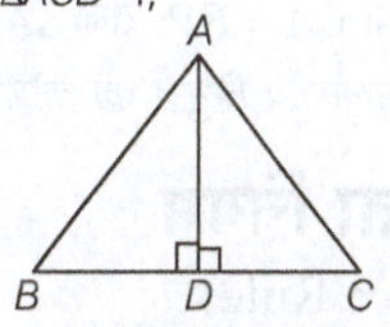

$AD = AD$ [उभयनिष्ठ भुजा]

$\angle ADB = \angle ADC = 90°$ तथा $BD = CD$

$\therefore \quad \Delta ABD \cong \Delta ACD$ [SAS सर्वांगसमता नियम से]

$\Rightarrow \quad AB = AC$ [CPCT से]

18. संकेत दिया है, $\angle A = 60°$

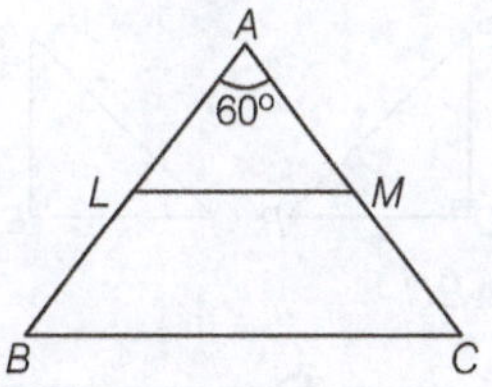

तथा $AB = AC$

$\Rightarrow \quad \angle C = \angle B = 60°$

अब, $\angle LMC + \angle C = 180°$

$\Rightarrow \quad \angle LMC = 180° - 60° = 120°$

टॉपिक 2

सर्वांगसमता त्रिभुजों की कुछ और अधिक कसौटियाँ

हम जानते हैं कि पहले त्रिभुज के तीनों कोणों की समानता दूसरे त्रिभुज के तीनों कोणों के समान हों यह सर्वांगसमता के लिए आवश्यक नहीं है। लेकिन पहले त्रिभुज की तीनों भुजाएँ दूसरे त्रिभुज की तीनों भुजाओं के बराबर हों, यह तथ्य दोनों त्रिभुजों के सर्वांगसम होने के लिए आवश्यक है।

जैसे ΔABC तथा ΔPQR में, $\angle A = \angle P$, $\angle B = \angle Q$

तथा $\angle C = \angle R$, लेकिन $\Delta ABC \ncong \Delta PQR$

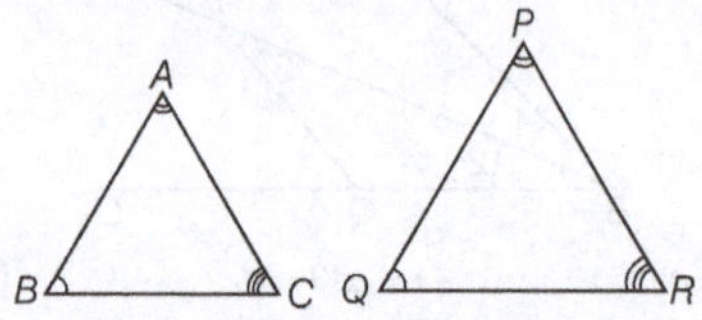

1. भुजा-भुजा-भुजा (SSS) सर्वांगसमता नियम (SSS Congruence Rule)

यदि एक त्रिभुज की तीनों भुजाएँ एक अन्य त्रिभुज की तीनों भुजाओं के बराबर हों, तो दोनों त्रिभुज सर्वांगसम होते हैं। ΔABC तथा ΔPQR में,

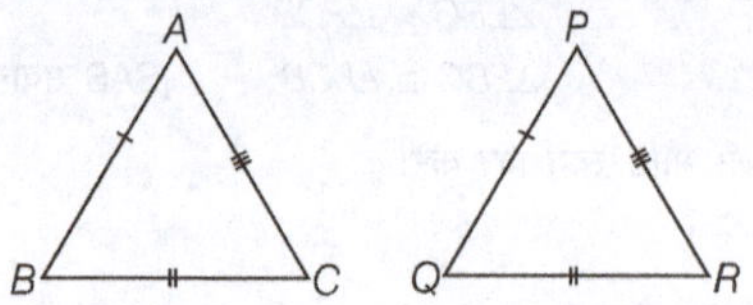

$AB = PQ$, $BC = QR$ तथा $CA = RP$, तब $\Delta ABC \cong \Delta PQR$

नोट *SSS सर्वांगसमता में समकोणीय त्रिभुज का कोण निहित नहीं है।*

2. RHS सर्वांगसमता नियम (RHS Congruence Rule)

यदि दो समकोण त्रिभुजों में एक त्रिभुज का कर्ण और एक भुजा क्रमशः दूसरे त्रिभुज के कर्ण और एक भुजा के बराबर हों, तो दोनों त्रिभुज सर्वांगसम होते हैं। समकोण ΔPQR तथा ΔABC में,

$PQ = AB$, $\angle Q = \angle B$ तथा $PR = AC$

या $QR = BC$, $\angle Q = \angle B$ तथा $PR = AC$

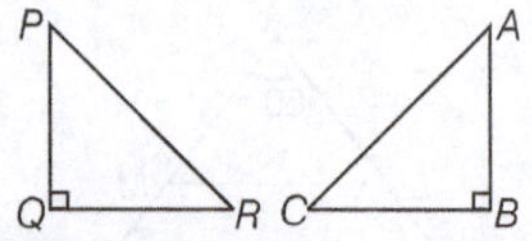

तब, $\Delta PQR \cong \Delta ABC$

SSS तथा RHS सर्वांगसमता नियम पर आधारित समस्याएँ (Problem Based on SSS and RHS Congruence Rule)

दी गई जानकारी से, हम सर्वांगसमता का नियम उपयोग में करते हैं। इन नियमों का उपयोग करने की कोई विधि नहीं है परंतु नियमों को किस प्रकार उपयोग में लिया जाता है, यह हम निम्नलिखित उदाहरणों से विस्तृत में समझेंगे।

उदाहरण 1 ΔABC तथा ΔDBC एक ही आधार BC पर बने दो त्रिभुज इस प्रकार हैं कि A तथा D, BC की विपरीत भुजा पर स्थित हैं, $AB = AC$ तथा $DB = DC$, दर्शाइए कि AD, BC का लंब समद्विभाजक है। **[NCERT Exemplar]**

हल दिया है, BC एक रेखाखंड है। A तथा D, BC के विपरीत भुजा पर स्थित बिंदु हैं।

इसलिए, $AB = AC$ ...(i)

तथा $DB = DC$ ...(ii)

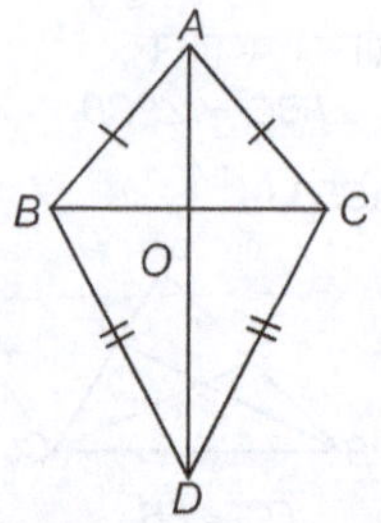

यहाँ, AD, BC को बिंदु O पर समद्विभाजित करता है।

ΔABD तथा ΔACD में,

$AB = AC$ [समी (i) से]

$DB = DC$ [समी (ii) से]

तथा $AD = AD$ [उभयनिष्ठ भुजा]

$\therefore$ $\Delta ABD \cong \Delta ACD$ [SSS सर्वांगसमता से]

तब, $\angle BAD = \angle CAD$ [CPCT से]

या $\angle BAO = \angle CAO$ ...(iii)

ΔABO तथा ΔACO में,

$AB = AC$ [समी (i) से]

$\angle BAO = \angle CAO$ [समी (iii) से]

तथा $AO = AO$ [उभयनिष्ठ भुजा]

$\therefore$ $\Delta ABO \cong \Delta ACO$ [SSS सर्वांगसमता से]

तब, $BO = CO$ [CPCT से] ...(iv)

तथा $\angle AOB = \angle AOC$ [CPCT से] ...(v)

$\because$ BC एक रेखा है तथा OA इस पर एक किरण है।

$\therefore$ $\angle AOB + \angle AOC = 180^\circ$ [रैखिक युग्म अभिगृहीत से]

$\Rightarrow$ $\angle AOB + \angle AOB = 180^\circ$ [समी (v) से]

$\Rightarrow$ $2\angle AOB = 180^\circ$

$\Rightarrow$ $\angle AOB = \dfrac{180^\circ}{2}$

$\Rightarrow$ $\angle AOB = 90^\circ$

इस प्रकार, $BO = CO$ [समी (iv) से]

तथा $\angle AOB = 90^\circ = \angle AOC$ [समी (v) से]

अतः AD, BC का लंब समद्विभाजक है। **इति सिद्धम्**

उदाहरण 2 दिए गए चित्र में, ΔABC की दो भुजाएँ AB, BC तथा एक माध्यिका AD दूसरे त्रिभुज ΔPQR संगत भुजा PQ, QR तथा माध्यिका PM के बराबर है। सिद्ध कीजिए कि $\Delta ABC \cong \Delta PQR$

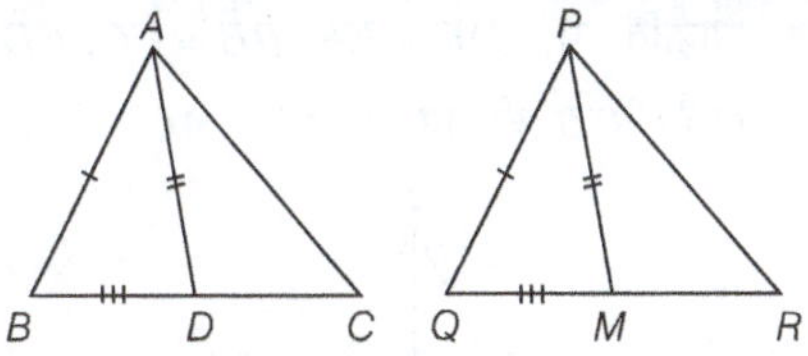

हल **दिया है** ΔABC की माध्यिका AD तथा ΔPQR की माध्यिका PM है, साथ ही $AB = PQ, BC = QR$ तथा $AD = PM$ है।

सिद्ध करना है $\Delta ABC \cong \Delta PQR$

उपपत्ति ΔABD तथा ΔPQM में,

$AB = PQ$ [दिया है]

$AD = PM$ [दिया है]

तथा $BD = QM$

$[\because BC = QR \Rightarrow \frac{1}{2} BC = \frac{1}{2} QR \Rightarrow BD = QM]$

$\therefore$ $\Delta ABD \cong \Delta PQM$ [SSS सर्वांगसमता नियम से]

तब, $\angle B = \angle Q$ [CPCT से]

ΔABC तथा ΔPQR में, हम जानते हैं

$AB = PQ$ [दिया है]

$BC = QR$ [दिया है]

तथा $\angle B = \angle Q$ [ऊपर सिद्ध किया है]

$\therefore$ $\Delta ABC \cong \Delta PQR$ [SAS सर्वांगसमता नियम से]

इति सिद्धम्

उदाहरण 3 दी गई आकृति में, ΔABC एक समबाहु त्रिभुज है। यदि शीर्ष A से शीर्षलंब AD खींचते है, तब सिद्ध कीजिए कि $AB = AC = 2BD$

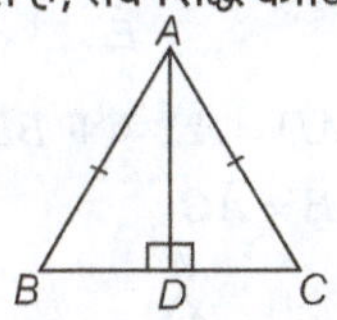

इस परिणाम का उपयोग करते हुये कि समबाहु त्रिभुज की सभी भुजाएँ बराबर होती हैं तथा शीर्ष के विपरीत भुजा पर डाला गया लंब, शीर्षलंब होता है। तब उपर्युक्त सर्वांगसमता नियम का प्रयोग करते हुये अभीष्ट परिणाम सिद्ध करेंगे।

हल **दिया है** ΔABC में, $AB = AC = BC$ [समबाहु त्रिभुज]

तथा $AD \perp BC$ [आधार पर लंब]

सिद्ध करना है $AB = AC = 2BD$

उपपत्ति ΔADB तथा ΔADC में,

$AB = AC$ [दिया है]

$AD = AD$ [उभयनिष्ठ भुजा]

तथा $\angle ADB = \angle ADC$ [प्रत्येक 90°]

$\therefore$ $\Delta ADB \cong ADC$ [RHS सर्वांगसमता नियम से]

तब, $BD = DC$ [CPCT से]

$\Rightarrow$ $BC = 2BD$

$\because$ $AB = AC = BC$

$\therefore$ $AB = AC = 2BD$ **इति सिद्धम्**

उदाहरण 4 दी गई आकृति में, यदि $AC, \angle BAD$ का समद्विभाजक इस प्रकार है कि $AD = AB = 3$ सेमी तथा $AC = 5$ सेमी। दर्शाइए कि $\Delta ABC \cong \Delta ADC$ तथा $BC = CD$।

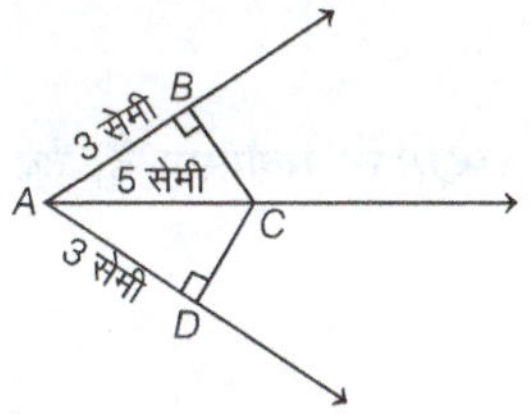

हल ΔABC तथा ΔADC में, $\angle ABC = \angle ADC$ [प्रत्येक 90°]

$AB = AD$ [दिया है]

तथा $AC = AC$ [उभयनिष्ठ भुजा]

$\therefore$ $\Delta ABC \cong ADC$ [RHS सर्वांगसमता नियम से]

तब, $BC = CD$ [CPCT से] **इति सिद्धम्**

उदाहरण 5 दी गई आकृति में, $BA \perp AC, DE \perp DF$ इस प्रकार है कि $BA = DE$ तथा $BF = EC$, दर्शाइए कि $\Delta ABC \cong \Delta DEF$

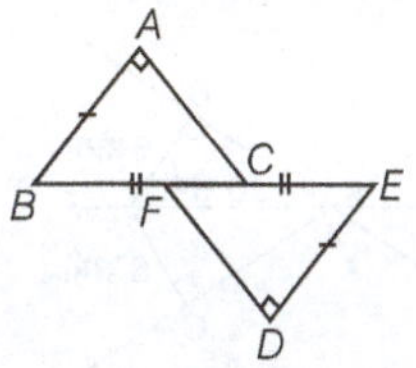

[NCERT Exemplar]

हल **दिया है** आकृति में, $BA \perp AC, DE \perp DF$

$BA = DE$ तथा $BF = EC$

सिद्ध करना है $\Delta ABC \cong \Delta DEF$

उपपत्ति हम जानते हैं, $BF = EC$ [दिया है]

CF दोनों तरफ जोड़ने पर हम प्राप्त करते है,

$BF + CF = EC + CF \Rightarrow BC = EF$ ...(i)

ΔABC तथा ΔDEF में,

$\angle A = \angle D = 90°$ $[\because BA \perp AC$ तथा $DE \perp DF]$

$BC = EF$ [समी (i) से]

तथा $BA = DE$ [दिया है]

$\therefore$ $\Delta ABC \cong \Delta DEF$ [RHS सर्वांगसमता नियम से]

इति सिद्धम्

उदाहरण 6 दी गई आकृति में, AB तथा CD, BD पर लंब है। साथ ही $AB = CD$ तथा $AF = CE$ भी है। सिद्ध कीजिए कि $BE = FD$

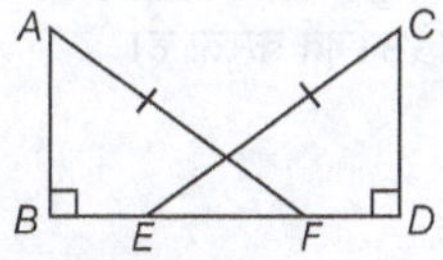

हल **दिया है** ΔABF तथा ΔCDE में,

$AB \perp BD$ तथा $CD \perp BD$ जिसमें $AB = CD$ तथा $AF = CE$

सिद्ध करना है $BE = FD$

उपपत्ति ΔABF तथा ΔCDE में,

$AB = CD$ [दिया है]

$AF = CE$ [दिया है]

तथा $\angle ABF = \angle CDE = 90°$

$\therefore$ $\Delta ABF \cong \Delta CDE$ [RHS सर्वांगसमता नियम से]

$\Rightarrow$ $BF = ED$ [CPCT से]

$\Rightarrow$ $BF - EF = ED - EF$ [दोनों तरफ EF घटाने पर]

$\Rightarrow$ $BE = FD$ **इति सिद्धम्**

प्रश्नावली 7.2

1. यदि ΔABC, ΔPQR के सर्वांगसम हैं, तब QR की लंबाई ज्ञात कीजिए।

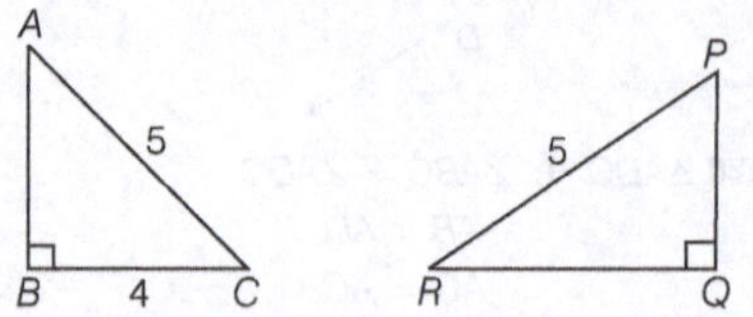

2. दी गई आकृति में, दो प्रतिच्छेदी रेखाएँ जो बिंदु A पर प्रतिच्छेद करती हैं, से बिंदु P समान दूरी पर है। सिद्ध कीजिए कि ΔABP तथा ΔACP सर्वांगसम हैं तथा AC की लंबाई 8 सेमी है।

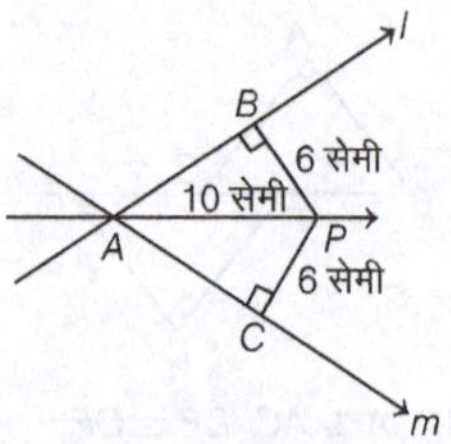

3. $ABCD$ एक वर्ग है, X तथा Y क्रमशः भुजाओं AD तथा BC के मध्य-बिंदु इस प्रकार है कि $AY = BX$, सिद्ध कीजिए कि $BY = AX$ तथा $\angle BAY = \angle ABX$।

4. दी गई आकृति में, $AB = DE$, $BC = EF$ तथा माध्यिका AP = माध्यिका DQ। सिद्ध कीजिए कि $\angle B = \angle E$

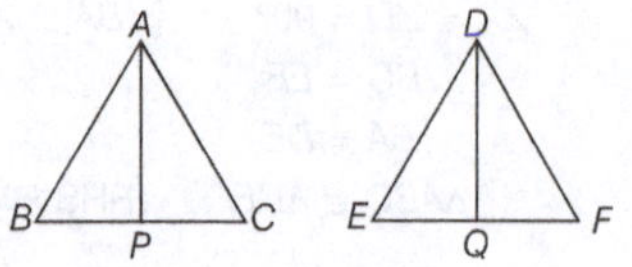

5. दी गई आकृति में, $AB = AC$, ΔABC में अंत: बिंदु D इस प्रकार है कि $\angle DBC = \angle DCB$, सिद्ध कीजिए कि भुजा AD, ΔABC के कोण $\angle BAC$ को समद्विभाजित करता है।

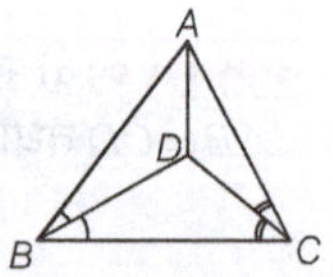

6. दी गई आकृति में, $DE = EF$, $BE = EC$, $ED \perp AB$ तथा $EF \perp AC$ है। सिद्ध कीजिए कि $AB = AC$

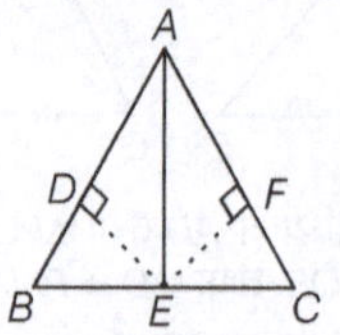

7. ΔABC में, $\angle B$ तथा $\angle C$ के समद्विभाजक P पर मिलते हैं। बिंदु P पर से रेखा LM, BC के समांतर खींचते हैं, इसे AB पर बिंदु L तथा AC पर बिंदु M पर मिलाते हैं। दर्शाइए कि

$$LM = BL + CM$$

8. ΔABC तथा ΔDBC दो समद्विबाहु त्रिभुज हैं जिनका समान आधार BC है। दर्शाइए कि $\angle ABD = \angle ACD$

9. दी गई आकृति में, $BA \perp AC$ तथा $DE \perp EF$ इस प्रकार हैं कि $BA = DE$ तथा $BF = DC$, सिद्ध कीजिए कि $AC = EF$

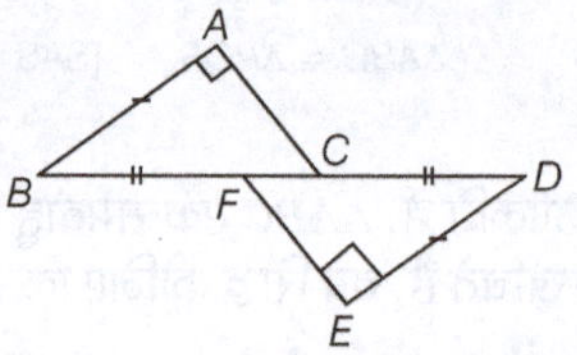

10. दी गई आकृति में, $AD = AE$ तथा $BD = EC$ सिद्ध कीजिए कि $AB = AC$

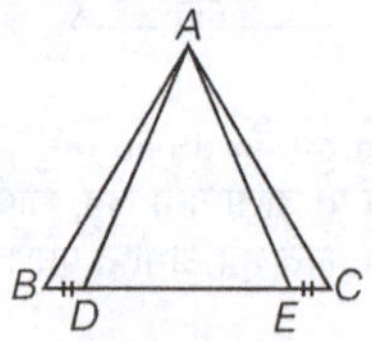

संकेत एवं हल

1. **संकेत** ∵ $\Delta ABC \cong \Delta PQR$
अतः $BC = QR$ [CPCT से] **उत्तर** 4

2. **संकेत** सर्वप्रथम सिद्ध करेंगे कि $\Delta ABP \cong \Delta ACP$, RHS सर्वांगसमता नियम से है तथा तब दर्शाएँगें कि पाइथागोरस प्रमेय से AC = 8 सेमी है।

3. **संकेत** सर्वप्रथम सिद्ध करेंगे कि SSA सर्वांगसमता नियम से $\Delta XAB \cong \Delta YBA$ हैं, तब दर्शाएँगें कि $BY = AX$ तथा CPCT से $\angle BAY = \angle ABX$ है।

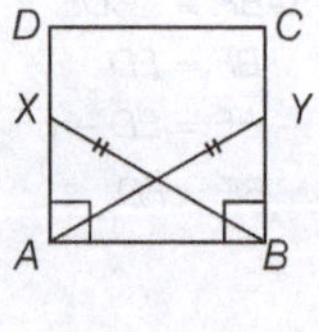

4. **संकेत** सर्वप्रथम सिद्ध करते हैं कि SSS सर्वांगसमता नियम से $\Delta APB \cong \Delta DQE$ है। तब CPCT से दर्शाएँगे कि $\angle B = \angle E$

5. सर्वप्रथम सिद्ध करते हैं कि SSA सर्वांगसमता नियम से, $\Delta ADB \cong \Delta ADC$ है, तब CPCT से दर्शाते हैं कि $\angle BAD = \angle CAD$

6. **संकेत** ΔBDE तथा ΔCFE में,

$DE = FE$ [दिया है]

$BE = CE$ तथा $\angle EDB = \angle EFC = 90°$ [दिया है]

∴ $\Delta BDE \cong \Delta CFE$ [RHS सर्वांगसमता नियम से]

⇒ $\angle B = \angle C$ [CPCT से]

⇒ $AB = AC$

7. संकेत $\therefore \angle 1 = \angle 2$ तथा $\angle 3 = \angle 4$ ...(i)

[$\because$ BP, $\angle B$ का समद्विभाजक है तथा CP, $\angle C$ का समद्विभाजक है]

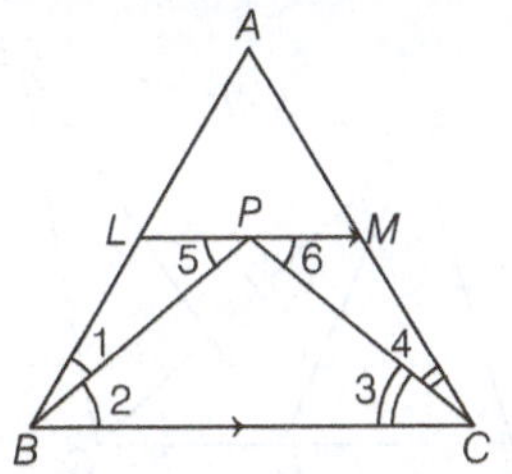

$\because$ $LM \parallel BC$

$\therefore$ $\angle 5 = \angle 2$ तथा $\angle 6 = \angle 3$ [एकांतर अंत:कोण] ...(ii)

समी (i) तथा (ii) से, हम जानते हैं

$\angle 1 = \angle 5$ तथा $\angle 4 = \angle 6$

$\therefore$ $LP = BL$ तथा $PM = CM$

[समान भुजाओं के सम्मुख कोण बराबर होते हैं]

अब, $LP + PM = BL + CM \Rightarrow LM = BL + CM$ जोकि आवश्यक निष्कर्ष है।

8. SSS सर्वांगसमता नियम का उपयोग करते हैं।

9. उदाहरण 5 की भाँति स्वयं हल करें।

10. संकेत $\because AD = AE$

$\therefore$ $\angle ADE = \angle AED$

[समान भुजाओं के सम्मुख कोण बराबर होते हैं]

अब, $180° - \angle ADE = 180° - \angle AED$

$\Rightarrow$ $\angle ADB = \angle AEC$ ...(i)

अब, समी (i) की सहायता से सिद्ध करते हैं $\Delta ADB \cong \Delta AEC$, SAS सर्वांगसमता नियम द्वारा, तब CPCT से दर्शाते हैं कि $AB = AC$

NCERT फोल्डर

प्रश्नावली 7.1

1. चतुर्भुज $ABCD$ में, $AC = AD$ है और AB, $\angle A$ को समद्विभाजित करता है (देखिए आकृति)। दर्शाइए कि $\Delta ABC \cong \Delta ABD$ है। BC और BD के बारे में आप क्या कह सकते हैं?

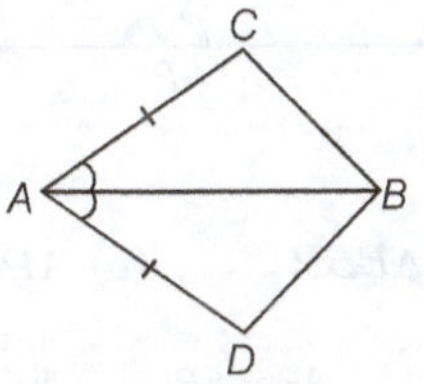

हल ΔABC तथा ΔABD में, $AC = AD$ [दिया है.

$\angle CAB = \angle DAB$ [$\because$ AB, $\angle A$ का समद्विभाजक है]

तथा $AB = AB$ [उभयनिष्ठ]

$\therefore$ $\Delta ABC \cong \Delta ABD$ [SAS सर्वांगसमता नियम से]

$\therefore$ $BC = BD$ [CPCT से]

अत: BC तथा BD समान हैं।

2. $ABCD$ एक चतुर्भुज है, जिसमें $AD = BC$ और $\angle DAB = \angle CBA$ है (देखिए आकृति)।

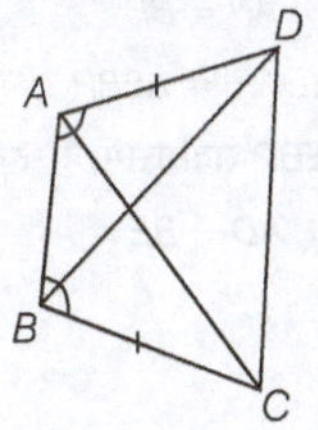

सिद्ध कीजिए कि

(i) $\Delta ABD \cong \Delta BAC$ (ii) $BD = AC$

(iii) $\angle ABD = \angle BAC$

हल (i) ΔABD तथा ΔBAC में,

$AD = BC$ [दिया है]

$\angle DAB = \angle CBA$ [दिया है]

तथा $AB = AB$ [उभयनिष्ठ]

$\therefore$ $\Delta ABD \cong \Delta BAC$ [SAS सर्वांगसमता नियम से]

(ii) चूँकि, $\Delta ABD \cong \Delta BAC$, अत: CPCT द्वारा $BD = AC$

(iii) चूँकि, $\Delta ABD \cong \Delta BAC$, अत: CPCT द्वारा $\angle ABD = \angle BAC$

3. एक रेखाखंड AB पर AD और BC दो बराबर लंब रेखाखंड हैं (देखिए आकृति)। दर्शाइए कि CD, रेखाखंड AB को समद्विभाजित करता है।

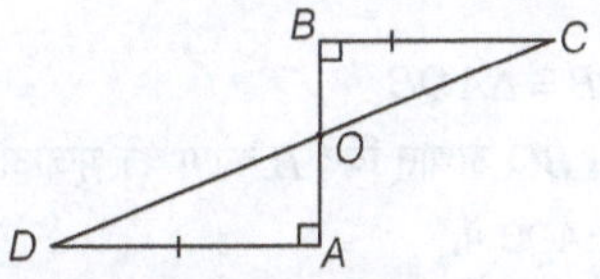

हल ΔAOD तथा ΔBOC में, $\angle AOD = \angle BOC$ [दिया है]

[$\because$ AB तथा CD बिंदु O पर प्रतिच्छेद करते हैं जोकि शीर्षाभिमुख कोण हैं]

$\angle DAO = \angle CBO = 90°$ [दिया है]

तथा $AD = BC$ [दिया है]

$\therefore$ $\Delta AOD \cong \Delta BOC$ [AAS सर्वांगसमता नियम से]

अत: $OA = OB$ [CPCT से]

AB का मध्य-बिंदु O है। अत: CD, AB को समद्विभाजित करता है।

4. l और m दो समांतर रेखाएँ हैं जिन्हें समांतर रेखाओं p और q का एक अन्य युग्म प्रतिच्छेदित करता है (देखिए आकृति)। दर्शाइए कि $\Delta ABC \cong \Delta CDA$ है।

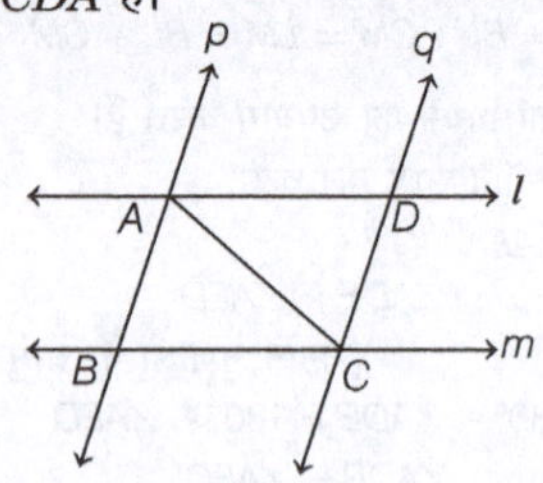

हल उपरोक्त आकृति में, दिया है

$\angle 1 = \angle 2$ [शीर्षाभिमुख कोण] ...(i)

$\angle 1 = \angle 6$ [संगत कोण] ...(ii)

$\angle 6 = \angle 4$ [संगत कोण] ...(iii)

समी (i), (ii) तथा (iii) से, $\angle 1 = \angle 4$ तथा $\angle 2 = \angle 4$ ...(iv)

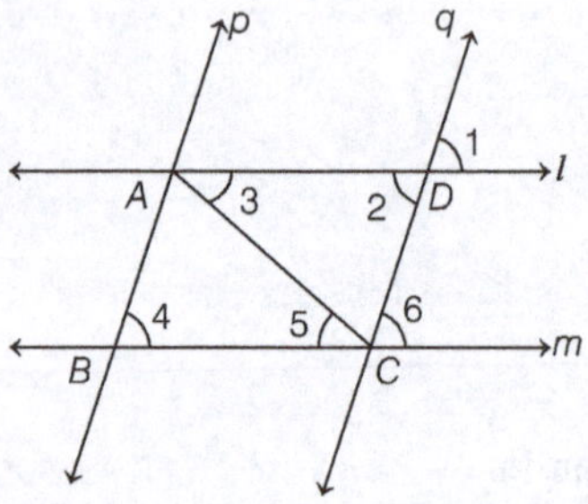

ΔABC तथा ΔCDA में, $\angle 4 = \angle 2$ [समी (iv) से]

$\angle 5 = \angle 3$ [एकांतर अंत:कोण]

तथा $AC = AC$ [उभयनिष्ठ]

$\therefore$ $\Delta ABC \cong \Delta CDA$ [AAS सर्वांगसमता नियम से]

5. रेखा l, $\angle A$ को समद्विभाजित करती है और B रेखा l पर स्थित कोई बिंदु है। BP और BQ, $\angle A$ की भुजाओं पर B से डाले गए लंब हैं (देखिए आकृति)।

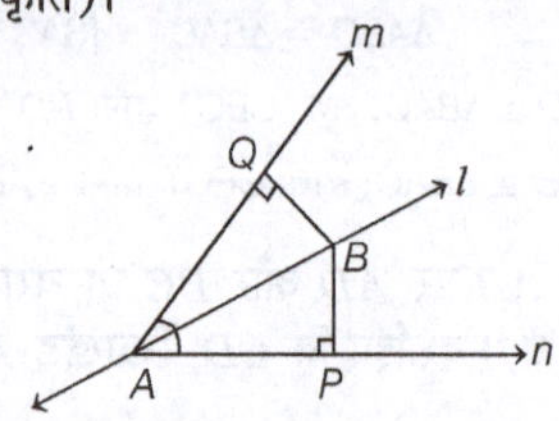

दर्शाइए कि

(i) $\Delta APB \cong \Delta AQB$

(ii) $BP = BQ$ अर्थात् बिंदु B कोण की भुजाओं से समदूरस्थ है।

हल ΔAPB तथा ΔAQB में,

$\angle APB = \angle AQB = 90°$ [दिया है]

$\angle PAB = \angle QAB$

[$\because$ $\angle PAQ$ को AB समद्विभाजित करती है]

तथा $AB = AB$ [उभयनिष्ठ]

$\therefore$ $\Delta APB \cong \Delta AQB$ [AAS सर्वांगसमता नियम से]

$\Rightarrow$ $BP = BQ$ [CPCT से]

अतः B, $\angle A$ की भुजाओं से समदूरस्थ है।

6. दी गई आकृति में, $AC = AE$, $AB = AD$ और $\angle BAD = \angle EAC$ है। दर्शाइए कि $BC = DE$ है।

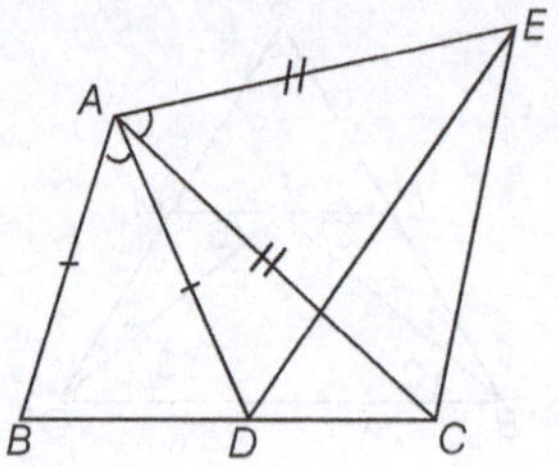

हल ΔABC तथा ΔADE में,

$AB = AD$ [दिया है]

$\angle BAD = \angle EAC$ [दिया है] ...(i)

समी (i) के दोनों पक्षों में $\angle DAC$ जोड़ने पर,

$\angle BAD + \angle DAC = \angle EAC + \angle DAC$

$\Rightarrow$ $\angle BAC = \angle DAE$

तथा $AC = AE$ [दिया है]

$\therefore$ $\Delta ABC \cong \Delta ADE$ [AAS सर्वांगसमता नियम से]

$\Rightarrow$ $BC = DE$ [CPCT से]

7. AB एक रेखाखंड है और P इसका मध्य-बिंदु है। D और E रेखाखंड AB के एक ही ओर स्थित दो बिंदु इस प्रकार हैं कि $\angle BAD = \angle ABE$ और $\angle EPA = \angle DPB$ है (देखिए आकृति)।

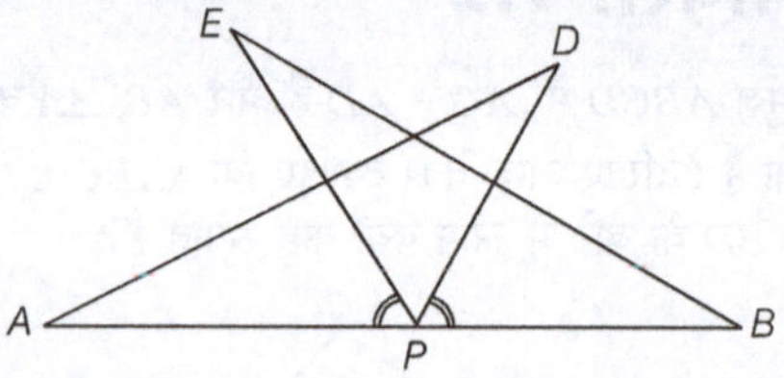

दर्शाइए कि

(i) $\Delta DAP \cong \Delta EBP$ (ii) $AD = BE$

हल (i) दिया है,

$AP = BP$ [$\because$ AB का मध्य-बिंदु P है] ...(i)

$\angle EPA = \angle DPB$ ...(ii)

तथा $\angle BAD = \angle ABE$ ...(iii)

समी (ii) के दोनों पक्षों में $\angle EPD$ जोड़ने पर,

$\angle EPA + \angle EPD = \angle DPB + \angle EPD$

$\Rightarrow$ $\angle DPA = \angle EPB$ ...(iv)

अब ΔDAP तथा ΔEBP में,

$\angle DPA = \angle EPB$ [समी (iv) से]

$\angle DAP = \angle EBP$ [दिया है]

तथा $AP = BP$ [समी (i) से]

$\therefore$ $\Delta DAP \cong \Delta EBP$ [ASA सर्वांगसमता नियम से]

(ii) चूँकि, $\Delta DAP \cong \Delta EBP$ सर्वांगसम है, तब CPCT द्वारा

$AD = BE$

8. एक समकोण ΔABC में, जिसमें $\angle C$ समकोण है, M कर्ण AB का मध्य-बिंदु है। C को M से मिलाकर D तक इस प्रकार बढ़ाया गया है कि $DM = CM$ है। बिंदु D को बिंदु B से मिला दिया जाता है (देखिए आकृति)।

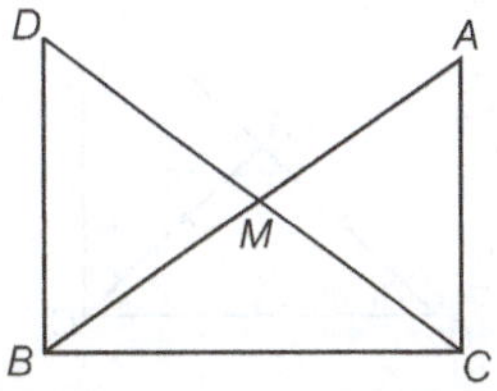

(i) $\Delta AMC \cong \Delta BMD$ (ii) $\angle DBC$ एक समकोण है।

(iii) $\Delta DBC \cong \Delta ACB$ (iv) $CM = \frac{1}{2} AB$

हल **दिया है** ΔACB जिसमें $\angle C = 90°$ तथा M, AB का मध्य-बिंदु है।

सिद्ध करना है

(i) $\Delta AMC \cong \Delta BMD$ (ii) $\angle DBC$ समकोण है

(iii) $\Delta DBC \cong \Delta ACB$ (iv) $CM = \frac{1}{2} AB$

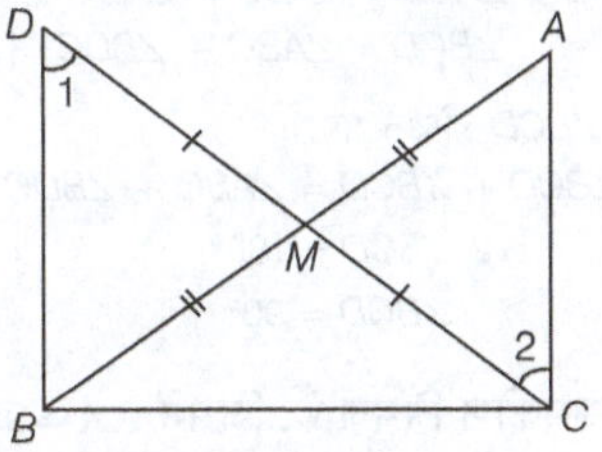

उपपत्ति (i) ΔAMC तथा ΔBMD में,

$AM = BM$ [दिया है M, AB का मध्य-बिंदु है]

$CM = DM$ [रचना से]

तथा $\angle AMC = \angle BMD$ [शीर्षाभिमुख कोण]

$\therefore$ $\Delta AMC \cong \Delta BMD$ [SAS सर्वांगसमता नियम से]

(ii) चूँकि, $\Delta AMC \cong \Delta BMD$

तब, CPCT द्वारा $AC = DB$ ...(i)

तथा $\angle 1 = \angle 2$

जोकि एकांतर कोण है।

$\therefore$ $BD \parallel CA$

अब, $BD \parallel CA$ तथा BC तिर्यक रेखा है।

$\therefore$ $\angle ACB + \angle CBD = 180°$ [अंत: कोणों का योग]

$\Rightarrow$ $90° + \angle CBD = 180°$

$\Rightarrow$ $\angle CBD = 90°$

$\Rightarrow$ $\angle DBC = 90°$

(iii) ΔDBC तथा ΔACB में,

$CB = BC$ [उभयनिष्ठ]

$DB = AC$ [समी (i) से]

तथा $\angle CBD = \angle BCA$ [प्रत्येक 90°]

$\therefore$ $\Delta DBC \cong \Delta ACB$ [SSA सर्वांगसमता नियम से]

(iv) चूँकि, $\Delta DBC \cong ACB$ सर्वांगसम है, तब CPCT द्वारा $DC = AB$

$\Rightarrow \frac{1}{2} DC = \frac{1}{2} AB \Rightarrow CM = \frac{1}{2} AB$ $\left[\because CM = \frac{1}{2} DC\right]$

इति सिद्धम्

प्रश्नावली 7.2

1. एक समद्विबाहु ΔABC में, जिसमें $AB = AC$ है, $\angle B$ और $\angle C$ के समद्विभाजक परस्पर बिंदु O पर प्रतिच्छेद करते हैं। A और O को जोड़िए, दर्शाइए कि

(i) $OB = OC$ (ii) AO, $\angle A$ को समद्विभाजित करता है।

इस परिणाम का उपयोग करते हुए कि समान भुजाओं के सम्मुख कोण समान होते हैं तथा इसके विलोम से भाग (i) दर्शाइए। SAS सर्वांगसमता नियम से $\Delta ABO \cong \Delta ACO$ दर्शाइए तथा भाग (ii) के लिए CPCT का प्रयोग करें।

हल (i) ΔABC में, $AB = AC$ [दिया है]

$\Rightarrow$ $\angle B = \angle C$

[$\because$ समान भुजाओं के सम्मुख कोण समान होते हैं]

$\Rightarrow$ $\frac{1}{2}\angle B = \frac{1}{2}\angle C$ [दोनों पक्षों में 2 से भाग देने पर]

$\Rightarrow$ $\angle OBC = \angle OCB$

तथा $\angle OBA = \angle OCA$ ...(i)

[$\because$ $\angle B$ तथा $\angle C$ के समद्विभाजक क्रमशः OB तथा OC हैं]

[$\because$ $\angle OBC = \frac{1}{2}\angle B$ तथा $\angle OCB = \frac{1}{2}\angle C$]

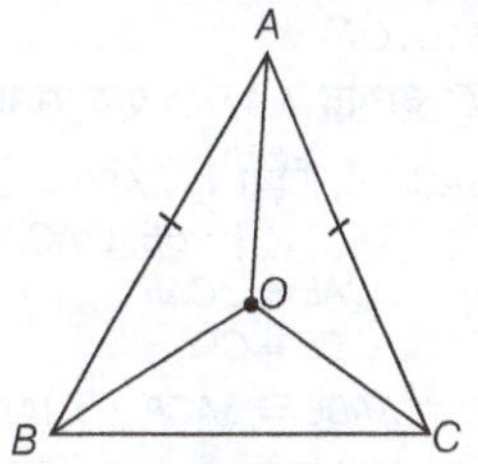

$\Rightarrow$ $OB = OC$ ...(ii)

[$\because$ समान कोणों की विपरीत भुजाएँ समान होती हैं]

(ii) ΔABO तथा ΔACO में,

$AB = AC$ [दिया है]

$\angle OBA = \angle OCA$ [समी (i) से]

तथा $OB = OC$ [समी (ii) से]

$\therefore$ $\Delta ABO \cong \Delta ACO$ [SAS सर्वांगसमता नियम से]

$\Rightarrow$ $\angle BAO = \angle CAO$ [CPCT से]

अतः AO, $\angle BAC$ का समद्विभाजक है। **इति सिद्धम**

2. दिए गए ΔABC में, AD भुजा BC का लंब समद्विभाजक है (देखिए आकृति)। दर्शाइए कि ΔABC एक समद्विबाहु त्रिभुज है, जिसमें $AB = AC$ है।

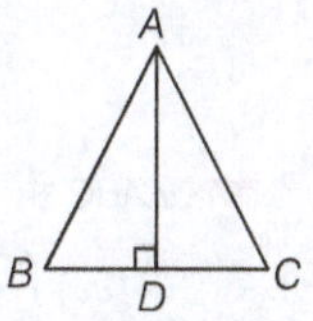

हल ΔADB तथा ΔADC में,

$DB = DC$ [$\because$ D, BC को समद्विभाजित करता है]

$\angle ADB = \angle ADC$ [$\because$ $AD \perp BC$]

तथा $AD = AD$ [उभयनिष्ठ]

$\therefore$ $\Delta ABD \cong \Delta ACD$ [SAS सर्वांगसमता नियम से]

$\Rightarrow$ $AB = AC$ [CPCT से]

अतः ΔABC एक समद्विबाहु त्रिभुज है। **इति सिद्धम**

3. **ABC एक समद्विबाहु त्रिभुज है, जिसमें बराबर भुजाओं AC और AB पर क्रमशः शीर्षलंब BE और CF खींचे गए हैं (देखिए आकृति)। दर्शाइए कि ये शीर्षलंब बराबर हैं।**

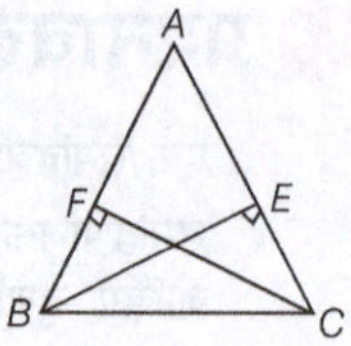

हल ΔAEB तथा ΔAFC में,

$\angle AEB = \angle AFC$ [$\because BE \perp AC, CF \perp AB$, प्रत्येक $90°$ है]

$\angle A = \angle A$ [उभयनिष्ठ]

तथा $AB = AC$ [दिया है]

$\therefore$ $\Delta ABE \cong \Delta ACF$ [AAS सर्वांगसमता नियम से]

$BE = CF$ [CPCT से] **इति सिद्धम्**

4. **ABC एक त्रिभुज है जिसमें AC और AB पर खींचे गए शीर्षलंब BE और CF बराबर हैं (देखिए आकृति)।**

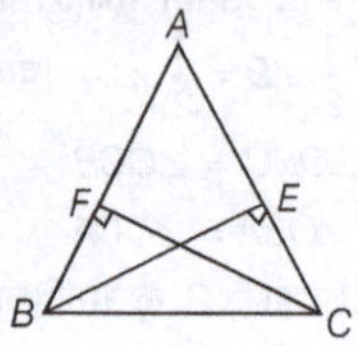

दर्शाइए कि

(i) $\Delta ABE \cong \Delta ACF$

(ii) $AB = AC$ अर्थात् ΔABC एक समद्विबाहु त्रिभुज है।

हल (i) ΔABE तथा ΔACF में, दिया है $\angle AEB = \angle AFC$

[$\because BE \perp AC, CF \perp AB$, प्रत्येक $90°$ है]

$\angle BAE = \angle CAF$ [उभयनिष्ठ]

तथा $BE = CF$ [दिया है]

$\therefore$ $\Delta ABE \cong \Delta ACF$ [AAS सर्वांगसमता नियम से]

(ii) चूँकि, $\Delta ABE \cong \Delta ACF$ सर्वांगसम है, तब CPCT द्वारा $AB = AC$

अतः ΔABC समद्विबाहु है। **इति सिद्धम्**

5. **दिए गए चित्र में, ABC और DBC समान आधार BC पर स्थित दो समद्विबाहु त्रिभुज हैं (देखिए आकृति)। दर्शाइए कि $\angle ABD = \angle ACD$ है।**

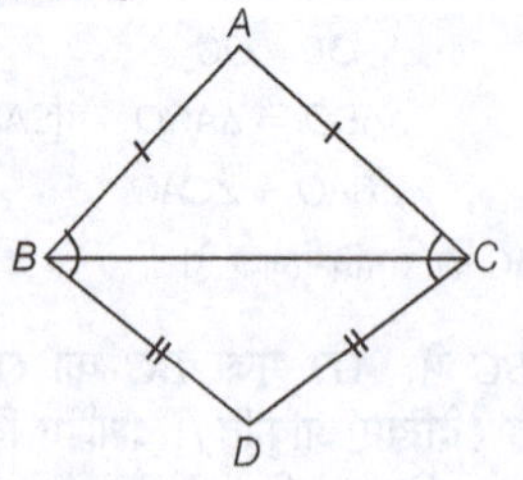

हल ΔABC में, $AC = AB$ [$\because \Delta ABC$ एक समद्विबाहु त्रिभुज है]

$\therefore$ $\angle ABC = \angle ACB$ ...(i)

[$\because$ समान भुजाओं के सम्मुख कोण समान होते हैं]

ΔDBC में, $CD = BD$ [$\because \Delta DBC$ एक समद्विबाहु त्रिभुज है]

$\therefore$ $\angle DBC = \angle DCB$ ...(ii)

[$\because$ समान भुजाओं के सम्मुख कोण समान होते हैं]

समी (i) तथा (ii) को जोड़ने पर,

$\angle ABC + \angle DBC = \angle ACB + \angle DCB$

$\Rightarrow$ $\angle ABD = \angle ACD$ **इति सिद्धम्**

6. **ABC एक समद्विबाहु त्रिभुज है, जिसमें $AB = AC$ है। भुजा BA बिंदु D तक इस प्रकार बढ़ाई गई है कि $AD = AB$ है (देखिए आकृति)। दर्शाइए कि $\angle BCD$ एक समकोण है।**

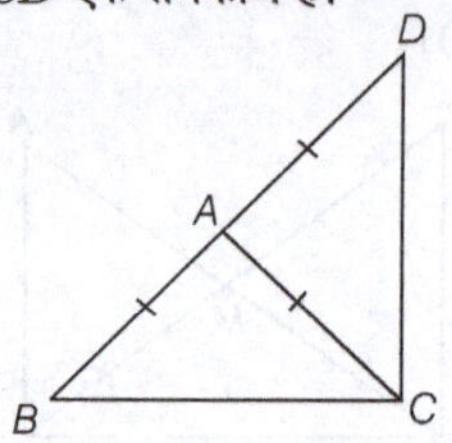

हल ΔABC में, $AB = AC$ [दिया है]

$\therefore$ $\angle ACB = \angle ABC$ ...(i)

[$\because$ समान भुजाओं के सम्मुख कोण समान होते हैं]

अब, $AB = AD$ [दिया है]

$\therefore$ $AC = AD$ [$\because AB = AC$]

अब ΔADC में, $AD = AC$ [उपरोक्त से]

$\Rightarrow$ $\angle ACD = \angle ADC$ ...(ii)

[$\because$ समान भुजाओं के सम्मुख कोण समान होते हैं]

समी (i) तथा (ii) को जोड़ने पर,

$\angle ACB + \angle ACD = \angle ABC + \angle ADC$

$\Rightarrow$ $\angle BCD = \angle ABC + \angle BDC$ [$\because \angle ADC = \angle BDC$]

दोनों पक्षों में $\angle BCD$ जोड़ने पर,

$\angle BCD + \angle BCD = \angle ABC + \angle BDC + \angle BCD$

$\Rightarrow$ $2\angle BCD = 180°$ [त्रिभुज के गुण द्वारा]

$\Rightarrow$ $\angle BCD = 90°$

7. **ABC एक समकोण त्रिभुज है, जिसमें $\angle A = 90°$ और $AB = AC$ है। $\angle B$ और $\angle C$ के मान ज्ञात कीजिए।**

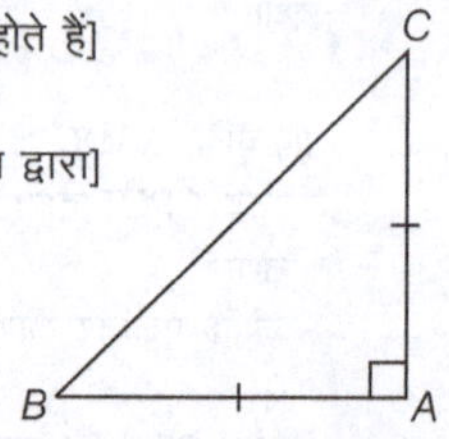

हल दिया है, $\angle A = 90°$ तथा $AB = AC$

$\Rightarrow$ $\angle C = \angle B$

[$\because$ समान भुजाओं के सम्मुख कोण समान होते हैं]

अब, $\angle A + \angle B + \angle C = 180°$

[त्रिभुज के गुण द्वारा]

$\Rightarrow$ $90° + \angle B + \angle B = 180°$

$\Rightarrow$ $2\angle B = 90°$

$\Rightarrow$ $\angle B = 45°$

$\therefore$ $\angle B = \angle C = 45°$

8. **दर्शाइए कि किसी समबाहु त्रिभुज का प्रत्येक कोण $60°$ होता है।**

हल माना ΔABC एक समबाहु त्रिभुज इस प्रकार है कि

$AB = BC = CA$ [समबाहु त्रिभुज के नियम से]

अब, $AB = AC$

$\Rightarrow$ $\angle C = \angle B$ ...(i)

[$\because$ समान भुजाओं के सम्मुख कोण समान होते हैं]

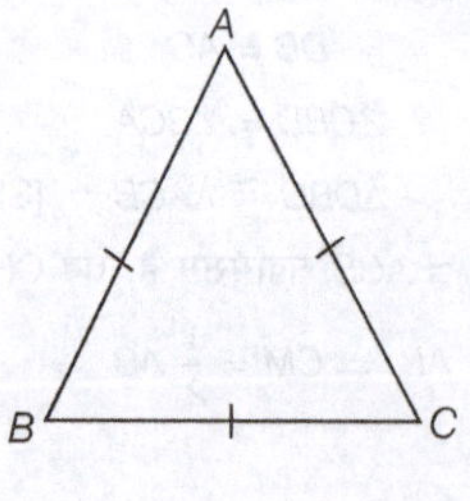

इसी प्रकार, $CB = CA \Rightarrow \angle B = \angle A$ ...(ii)

[∵ समान भुजाओं के सम्मुख कोण समान होते हैं]

समी (i) तथा (ii) से,

$\angle A = \angle B = \angle C$ ...(iii)

अब, $\angle A + \angle B + \angle C = 180°$ [त्रिभुज के गुण द्वारा]

$\angle A + \angle A + \angle A = 180°$ [समी (iii) से]

$3\angle A = 180° \Rightarrow \angle A = 60°$

अतः $\angle A = \angle B = \angle C = 60°$ **इति सिद्धम्**

प्रश्नावली 7.3

1. ΔABC और ΔDBC एक ही आधार BC पर बने दो समद्विबाहु त्रिभुज इस प्रकार हैं कि A और D भुजा BC के एक ही ओर स्थित हैं (देखिए आकृति)।

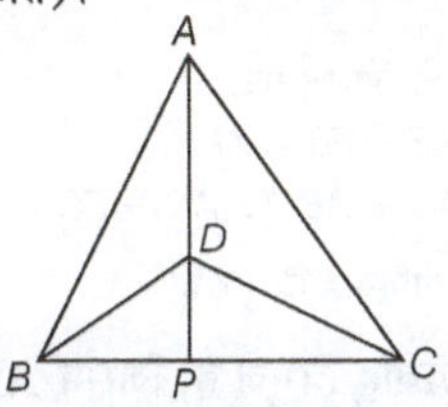

यदि AD बढ़ाने पर BC को P पर प्रतिच्छेद करें, तो दर्शाइए कि

(i) $\Delta ABD \cong \Delta ACD$

(ii) $\Delta ABP \cong \Delta ACP$

(iii) AP, $\angle A$ और $\angle D$ दोनों को समद्विभाजित करता है।

(iv) AP रेखाखंड BC का लंब समद्विभाजक है।

हल **दिया है** ΔABC तथा ΔDBC दो समद्विबाहु त्रिभुज उभयनिष्ठ आधार BC इस प्रकार रखते हैं कि $AB = AC$ तथा $DB = DC$

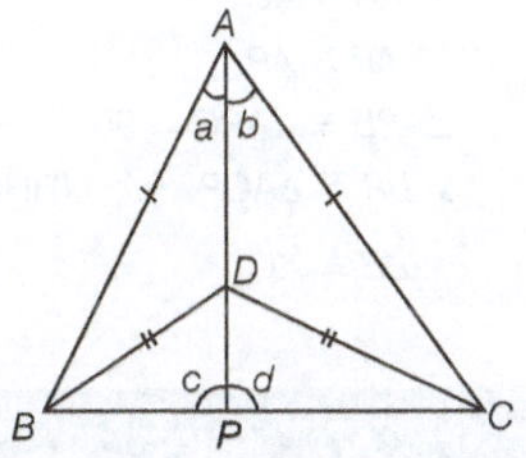

सिद्ध करना है

(i) $\Delta ABD \cong \Delta ACD$

(ii) $\Delta ABP \cong \Delta ACP$

(iii) AP, $\angle A$ के साथ-साथ $\angle D$ को भी समद्विभाजित करता है।

(iv) BC का लंबार्द्धक AP है।

उपपत्ति (i) ΔABD तथा ΔACD में,

$AB = AC$ [दिया है]

$BD = CD$ [दिया है]

तथा $AD = AD$ [उभयनिष्ठ]

∴ $\Delta ABD \cong \Delta ACD$ [SSS सर्वांगसमता नियम से]

$a = b$ [CPCT से]

(ii) ΔABP तथा ΔACP में,

$AB = AC$ [दिया है]

$a = b$ [ऊपर सिद्ध किया जा चुका है]

तथा $AP = AP$ [उभयनिष्ठ]

∴ $\Delta ABP \cong \Delta ACP$ [SAS सर्वांगसमता नियम द्वारा]

(iii) $a = b$ [ऊपर सिद्ध किया जा चुका है]

⇒ AP, $\angle A$ को समद्विभाजित करती है।

$\angle ADB = \angle ADC$ [∵ $\Delta ABD \cong \Delta ACD$]

⇒ $180° - \angle ADB = 180° - \angle ADC$

⇒ $\angle BDP = \angle CDP$ [रेखीय युग्म]

⇒ AP, $\angle D$ को समद्विभाजित करती है।

(iv) $BP = CP$ [∵ $\Delta ABP \cong \Delta ACP$]

तथा $c = d$ ...(i)

परन्तु $c + d = 180°$ [रेखीय युग्म]

∴ $c + c = 180° \Rightarrow c = 90°$ [समी (i) से]

⇒ $c = d = 90°$

अतः BC का लंबार्द्धक AP है। **इति सिद्धम्**

2. AD एक समद्विबाहु ΔABC का एक शीर्षलंब है, जिसमें $AB = AC$ है। दर्शाइए कि

(i) AD रेखाखंड BC को समद्विभाजित करती है।

(ii) AD, $\angle A$ को समद्विभाजित करती है।

हल (i) ΔADB तथा ΔADC में,

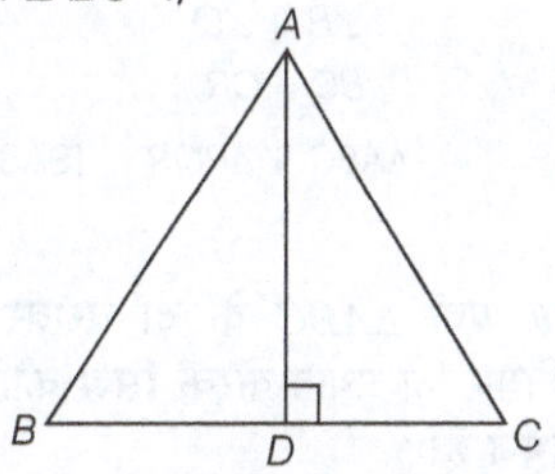

$AB = AC$ [दिया है]

$\angle ADB = \angle ADC = 90°$ [दिया है, $AD \perp BC$]

तथा $AD = AD$ [उभयनिष्ठ]

∴ $\Delta ADB \cong \Delta ADC$ [RHS सर्वांगसमता नियम से]

$BD = DC$ [CPCT से]

अतः AD, BC को समद्विभाजित करता है।

(ii) चूँकि, AD, BC को समद्विभाजित करती है, तब

$\angle BAD = \angle CAD$ [CPCT से]

⇒ AD, $\angle A$ को समद्विभाजित करती है। **इति सिद्धम्**

3. दिए गए चित्र में, एक ΔABC की दो भुजाएँ AB और BC तथा माध्यिका AM क्रमशः एक-दूसरे त्रिभुज की भुजाओं PQ और QR तथा माध्यिका PN के बराबर हैं (देखिए आकृति)। दर्शाइए कि

(i) $\Delta ABM \cong \Delta PQN$ (ii) $\Delta ABC \cong \Delta PQR$

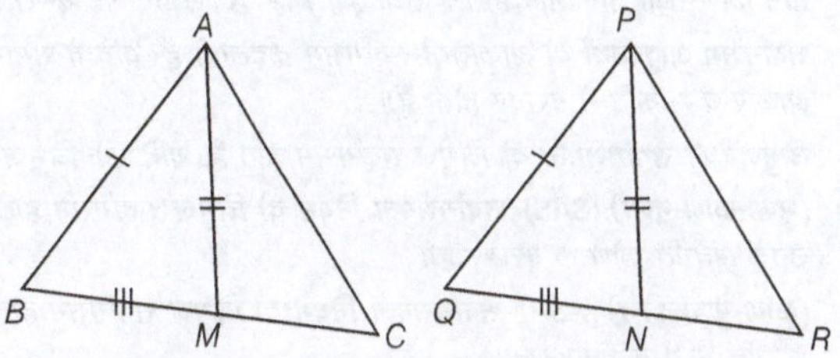

हल हम जानते हैं, माध्यिका विपरीत भुजा को समद्विभाजित करता है। इस गुण का प्रयोग करके दिए हुए भाग को दर्शाइए, सर्वांगसमता नियम SSS तथा SAS द्वारा क्रमशः।

दिया है, ΔABC की माध्यिका AM है।

$\Rightarrow \quad BM = MC = \frac{1}{2} BC$ ...(i)

[$\because$ M, BC को समद्विभाजित करता है]

ΔPQR की माध्यिका PN है।

$\Rightarrow \quad QN = NR = \frac{1}{2} QR$ ...(ii)

[$\because$ N, QR को समद्विभाजित करता है]

समी (i) व (ii) से,

$BC = QR$ [दिया है]

$\Rightarrow \quad \frac{1}{2} BC = \frac{1}{2} QR$ ...(iii)

$\therefore \quad BM = QN$ [समी (i) तथा (ii) से]

(i) ΔABM तथा ΔPQN में,

$AB = PQ$ [दिया है]

$AM = PN$ [दिया है]

तथा $BM = QN$ [समी (iii) से]

$\therefore \quad \Delta ABM \cong \Delta PQN$ [SSS सर्वांगसमता नियम से]

(ii) ΔABC तथा ΔPQR में,

$AB = PQ$ [दिया है]

$\angle B = \angle Q$ [$\because \Delta ABM \cong \Delta PQN$]

तथा $BC = QR$ [दिया है]

$\therefore \quad \Delta ABC \cong \Delta PQR$ [SAS सर्वांगसमता नियम से]

इति सिद्धम्

4. BE तथा CF एक ΔABC के दो बराबर शीर्षलंब हैं। RHS सर्वांगसमता नियम का प्रयोग करके सिद्ध कीजिए कि ΔABC एक समद्विबाहु त्रिभुज है।

हल ΔBEC तथा ΔCFB में, $\angle BEC = \angle CFB = 90°$

[$BE \perp AC$ तथा $CF \perp AB$, दिया है]

$BC = BC$ [उभयनिष्ठ]

तथा $BE = CF$ [दिया है]

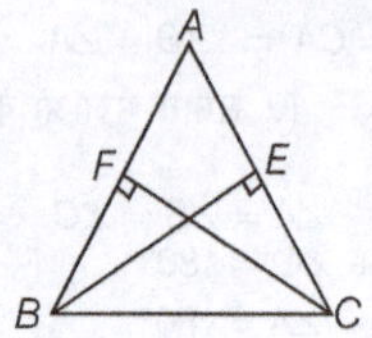

$\therefore \quad \Delta BEC \cong \Delta CFB$ [RHS सर्वांगसमता नियम से]

$\therefore \quad EC = FB$ [CPCT से] ...(i)

ΔAEB तथा ΔAFC में, $\angle A = \angle A$ [उभयनिष्ठ]

$\angle AEB = \angle AFC = 90°$

[$\because BE \perp AC$ तथा $CF \perp AB$]

तथा $EB = FC$ [दिया है]

$\therefore \quad \Delta AEB \cong \Delta AFC$ [AAS सर्वांगसमता नियम से]

$\therefore \quad AE = AF$ [CPCT से] ...(ii)

समी (i) तथा (ii) को जोड़ने पर,

$EC + AE = FB + AF$

$\Rightarrow \quad AC = AB$ [$\because AC = EC + AE$ तथा $AB = FB + AF$]

अतः ΔABC एक समद्विबाहु त्रिभुज है। **इति सिद्धम्**

5. ABC एक समद्विबाहु त्रिभुज है, जिसमें $AB = AC$ है। $AP \perp BC$ खींचकर दर्शाइए कि $\angle B = \angle C$ है।

हल ΔABP तथा ΔACP में,

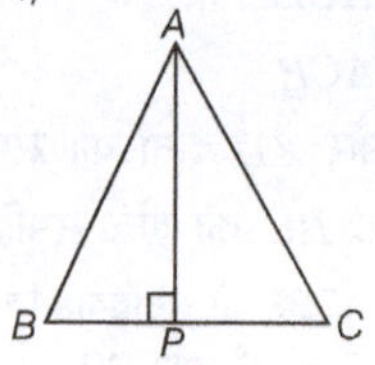

$AB = AC$ [दिया है]

$AP = AP$ [उभयनिष्ठ]

तथा $\angle APB = \angle APC = 90°$ [$\because AP \perp BC$]

$\therefore \quad \Delta ABP \cong \Delta ACP$ [RHS सर्वांगसमता नियम से]

$\Rightarrow \quad \angle B = \angle C$ [CPCT से] **इति सिद्धम्**

अध्याय : एक नजर में

- ***त्रिभुज*** *किसी समतल में तीन प्रतिच्छेदी रेखाओं से बनाई गई एक बंद समतलीय आकृति त्रिभुज कहलाती है। यहाँ, 'त्रि' से आशय 'तीन' है। एक त्रिभुज में तीन भुजाएँ, तीन कोण तथा तीन शीर्ष होते हैं तथा इसे चिह्न 'Δ' से प्रदर्शित करते हैं।*
- ***सर्वांगसम आकृतियाँ*** *दो आकृतियाँ सर्वांगसम कहलाती हैं, यदि वे समान आकृति तथा समान आकार की हों ('सर्वांगसम' का तात्पर्य-दो आकृतियाँ एक-दूसरे के संगत तथा आकार व आकृति में बराबर होती हैं)।*
- ***त्रिभुजों की सर्वांगसमता*** *दो त्रिभुज सर्वांगसम होते हैं, यदि एक त्रिभुज की भुजाएँ एवं कोण दूसरे त्रिभुज की संगत भुजाएँ तथा कोणों के बराबर हों।*
- ***(भुजा-कोण-भुजा) (SAS) सर्वांगसमता नियम*** *दो त्रिभुज सर्वांगसम होते हैं, यदि एक त्रिभुज की दो भुजाएँ तथा उनके अंतर्गत कोण दूसरे त्रिभुज की दो भुजाओं और उनके अंतर्गत कोण के बराबर हों।*
- ***(कोण-भुजा-कोण) (ASA) सर्वांगसमता नियम*** *दो त्रिभुज सर्वांगसम होते हैं, यदि एक त्रिभुज के दो कोण और उनके अंतर्गत भुजा दूसरे त्रिभुज के दो कोणों और उनके अंतर्गत भुजा के बराबर हों।*
- *समद्विबाहु त्रिभुज की समान भुजाओं के सम्मुख कोण बराबर होते हैं।*
- *त्रिभुज के सम्मुख कोण की भुजा समान होती है।*

परीक्षा अभ्यास

बहुविकल्पीय प्रश्न

1. ΔABC में, $BC = AB$ और $\angle B = 80°$ है, तब $\angle A$ बराबर है **[NCERT Exemplar]**

(a) 80° (b) 40°
(c) 50° (d) 100°

2. यदि $AB = QR$, $BC = RP$ और $CA = PQ$ है, तो **[NCERT Exemplar]**

(a) $\Delta ABC \cong \Delta PQR$
(b) $\Delta CBA \cong \Delta PRQ$
(c) $\Delta BAC \cong \Delta RPQ$
(d) $\Delta PQR \cong \Delta BCA$

3. यदि $PQ = DE$, $QR = EF$ तथा $PR = DF$ है, तब ΔPQR व ΔDEF की सर्वांगसमता के लिए कौन-सा प्रतिबंध होगा?

(a) SAS (b) ASA
(c) SSS (d) इनमें से कोई नहीं

4. यह दिया है कि $\Delta ABC \cong \Delta FDE$ है तथा $AB = 5$ सेमी, $\angle B = 40°$ और $\angle A = 80°$ है, तब निम्नलिखित में से कौन सत्य है? **[NCERT Exemplar]**

(a) DF = 5 सेमी, $\angle F$ = 60°
(b) DF = 5 सेमी, $\angle E$ = 60°
(c) DE = 5 सेमी, $\angle E$ = 60°
(d) DE = 5 सेमी, $\angle D$ = 40°

5. ΔDEF में, $\angle F = \angle D$ और $EF = 6$ सेमी और $DF = 7$ सेमी है, तब DE की लंबाई है

(a) 7 सेमी (b) 6 सेमी
(c) 5 सेमी (d) 4 सेमी

6. DEF एक समकोण त्रिभुज है जिसमें $\angle E = 90°$ और $DE = EF$ है, तब $\angle D$ व $\angle F$ के मान हैं

(a) 45° (b) 55°
(c) 65° (d) 60°

7. दी गई आकृति में $\angle PQR = 70°$, $RQ = RP$ तथा $PS = SR$ है, x का मान है

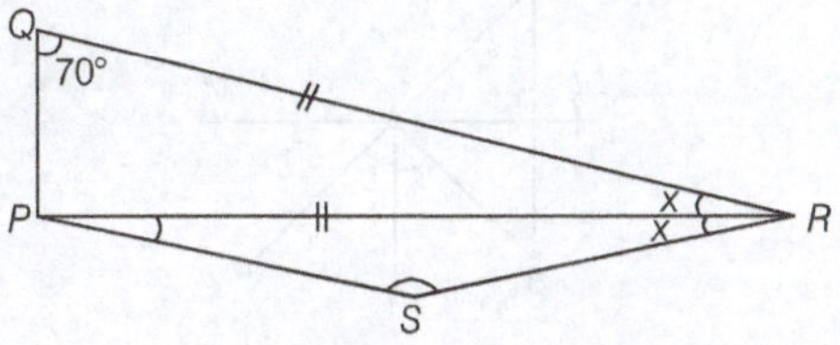

(a) 20° (b) 30°
(c) 40° (d) 50°

कथन-कारण प्रश्न

***निर्देश** (प्र.सं. 8-12) में एक कथन (A) तथा उसके नीचे कथन का कारण (R) दिया गया है। इन्हें ध्यानपूर्वक पढ़िए और इनके आधार पर निम्नलिखित में से उचित उत्तर का चयन कीजिए।*

(a) कथन (A) और कारण (R) दोनों सत्य हैं तथा कारण (R) कथन (A) की सही व्याख्या है।
(b) कथन (A) और कारण (R) दोनों सत्य हैं, परन्तु कारण (R) कथन (A) की सही व्याख्या नहीं है।
(c) यदि कथन (A) सही है, परन्तु कारण (R) गलत है।
(d) यदि कथन (A) गलत है, परन्तु कारण (R) सही है।

8. **कथन** (A) ΔABC और ΔPQR में, $AB = PQ$, $AC = PR$ तथा $\angle BAC = \angle QPR$

$\therefore$ $\Delta ABC \cong \Delta PQR$

कारण (R) दोनों त्रिभुज भुजा-भुजा-कोण सर्वांगसमता कसौटी द्वारा सर्वांगसम है।

9. **कथन** (A) एक समद्विबाहु त्रिभुज की बराबर भुजाओं के सम्मुख कोण बराबर होते हैं।

कारण (R) कथन (A) को त्रिभुजों के सर्वांगसमता नियम भुजा-भुजा-भुजा से सिद्ध कर सकते हैं।

10. **कथन** (A) दी गई आकृति में $x = 20°$ है

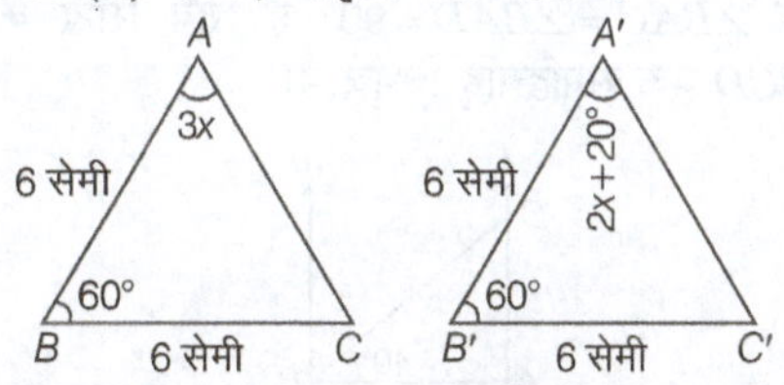

कारण (R) x का मान ज्ञात करने के लिए भुजा-भुजा-कोण सर्वांगसमता नियम का प्रयोग किया है।

11. **कथन** (A) दिए गए चित्रों में, $\Delta ABC \cong \Delta DEF$

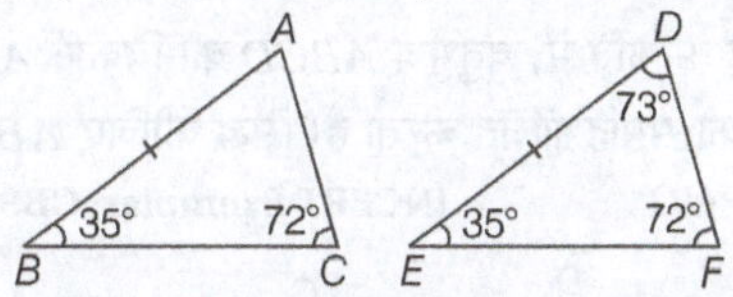

कारण (R) ΔABC व ΔDEF कोण-भुजा-कोण सर्वांगसमता नियम द्वारा सर्वांगसम है।

12. **कथन** (A) यदि $AB = QR$, $BC = RP$ और $CA = PQ$ है, तो $\Delta CBA \cong \Delta PRQ$

कारण (R) $\Delta CBA \cong \Delta PRQ$, भुजा-भुजा-भुजा सर्वांगसमता नियम द्वारा सत्य है।

अतिलघु उत्तरीय प्रश्न

13. क्या त्रिभुज का SSA सर्वांगसमता नियम है?

14. यदि त्रिभुज के दो शीर्षों से सम्मुख भुजाओं पर शीर्षलंब बराबर है, तब त्रिभुज किस प्रकार का बनेगा?

15. ΔABC में, यदि $BC = AB$ तथा $\angle B = 80°$ है, तो $\angle A$ का मान ज्ञात कीजिए। **[NCERT Exemplar]**

16. यदि दो त्रिभुजों के संगत कोण बराबर होते हैं तब वे सदैव सर्वांगसम होते हैं। क्या यह कथन सत्य है?

17. ΔABC तथा ΔPQR में, यह दिया गया है कि $\angle A = \angle R$, $\angle C = \angle P$ तथा $\angle B = \angle Q$ है। ज्ञात कीजिए या तो दोनों त्रिभुज समद्विबाहु हैं या सर्वांगसम हैं।

लघु उत्तरीय प्रश्न

18. दी गई आकृति में, यदि $BC = 2.6$ सेमी है, तब ज्ञात कीजिए $2BD + \frac{BC}{2}$

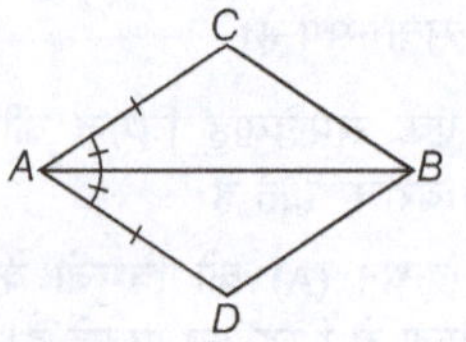

19. दी गई आकृति में, यदि $l || m$ है, $\angle ABC = \angle ABD = 40°$ तथा $\angle BAC = \angle BAD = 90°$ है, तब सिद्ध कीजिए कि ΔBCD एक समद्विबाहु त्रिभुज है।

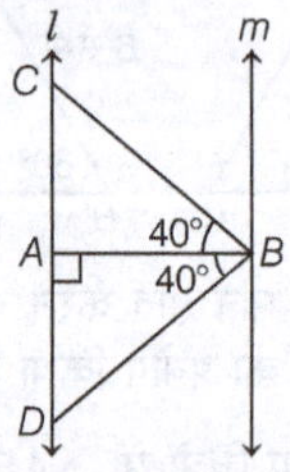

20. दी गई आकृति में, चतुर्भुज $ABCD$ का विकर्ण AC, $\angle A$ तथा $\angle C$ को समद्विभाजित करता है। सिद्ध कीजिए $AB = AD$ तथा $CB = CD$ **[NCERT Exemplar; CBSE 2011, 10]**

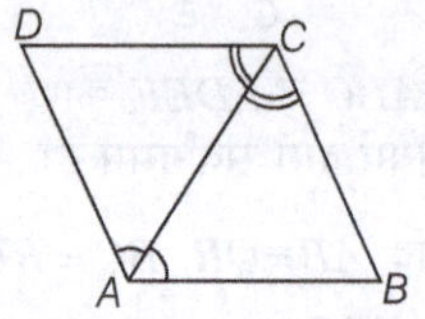

21. दी गई आकृति में, यदि $AB = AD$, $x = w$ तथा $y = z$, तब सिद्ध कीजिए $AP = AQ$। **[CBSE 2012, 10]**

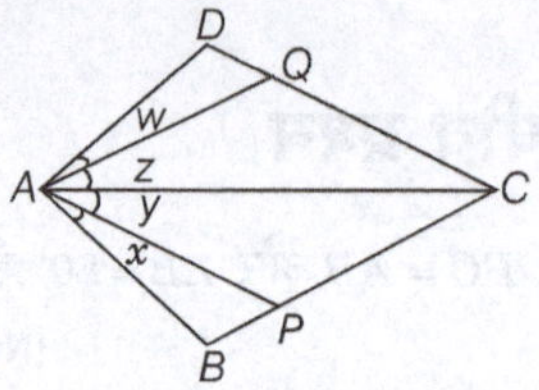

22. ΔABC एक त्रिभुज है, जिसमें $\angle B = 2\angle C$, BC का बिंदु D इस प्रकार है कि AD, $\angle BAC$ को समद्विभाजित करता है तथा $AB = CD$ है। सिद्ध कीजिए कि

$$\angle BAC = 72°$$

23. समकोण ΔABC में, B पर समकोण इस प्रकार है कि $\angle BCA = 2\angle CAB$, दर्शाइए कि कर्ण $AC = 2BC$ है। **[NCERT Exemplar]**

24. समद्विबाहु त्रिभुज, जिसमें $AB = AC$ है, $\angle B$ तथा $\angle C$ के समद्विभाजक एक-दूसरे को बिंदु O पर प्रतिच्छेद करते हैं। BO को बिंदु M तक बढ़ाते हैं। सिद्ध कीजिए कि $\angle MOC = \angle ABC$ **[NCERT Exemplar]**

25. यदि वर्ग $ABCD$ तथा दूसरे वर्ग $DPQR$ में कोई अन्य बिंदु P है, तब सिद्ध कीजिए $AP = CR$

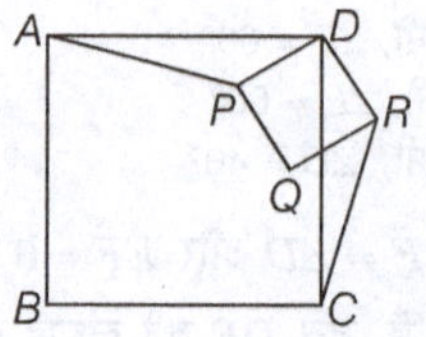

26. एक समतल दर्पण LM के सम्मुख स्थित बिंदु A पर रखी किसी वस्तु का प्रतिबिम्ब एक पक्षक D से बिंदु B पर देखता है जैसा कि आकृति में दर्शाया गया है। सिद्ध कीजिए कि यह प्रतिबिम्ब दर्पण के पीछे उतनी ही दूरी पर है जितनी दूरी पर वह वस्तु दर्पण के सम्मुख है। **[NCERT Exemplar]**

[संकेत CN दर्पण पर अभिलंब है। साथ ही आपतन कोण = परावर्तन कोण]

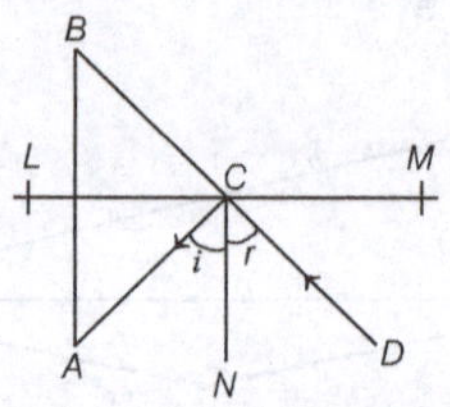

27. ΔABC की भुजाओं AB तथा AC के मध्य-बिंदु क्रमशः E तथा F हैं। CE तथा BF को क्रमशः X तथा Y तक बढ़ाते हैं, इस प्रकार $EX = CE$ तथा $FY = BF$ हैं।

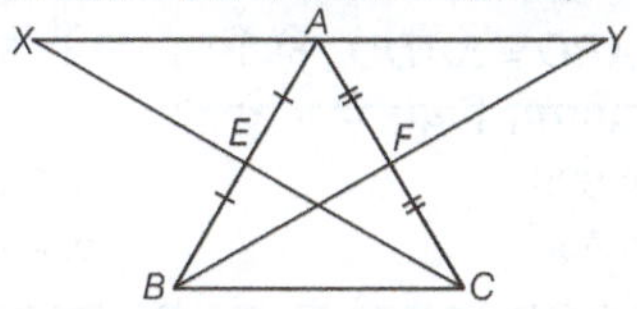

AX तथा AY को जोड़ते हैं। सिद्ध कीजिए कि

(i) $\Delta AEX \cong \Delta BEC$ तथा $\Delta AFY \cong \Delta CFB$

(ii) XAY एक सरल रेखा है।

28. $ABCD$ एक वर्ग है। AB का मध्य-बिंदु M है तथा $PQ \perp CM$ इस प्रकार है कि बिंदु P रेखा AD पर मिलता है तथा CB बिंदु Q तक बढ़ी हुई है।

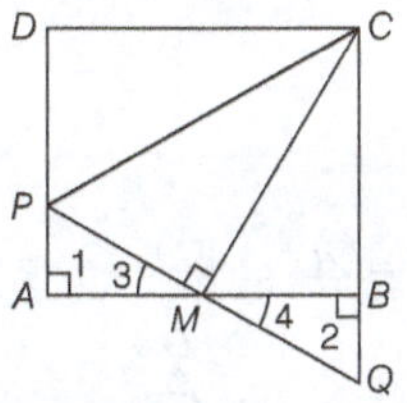

सिद्ध कीजिए

(i) $PA = BQ$ (ii) $CP = AB + PA$

29. लंबकोणीय ΔABC में, $\angle C = 90°$ है। कर्ण AB का मध्य-बिंदु M है। बिंदु C को M से मिलाये तथा बिंदु D तक इस प्रकार बढ़ाए कि $DM = CM$। बिंदु D को B से मिलाए। दिखाइए कि

(i) $\Delta AMC = \Delta BMD$ (ii) $\angle DBC = \angle ACB$

30. समद्विबाहु ΔABC में, जिसमें $AB = AC$ हैं, $\angle B$ तथा $\angle C$ के समद्विभाजक एक-दूसरे को बिंदु O पर प्रतिच्छेद करते हैं, दर्शाइए कि आसन्न बहिष्कोण $\angle DBA$, $\angle BOC$ के बराबर है। **[NCERT Exemplar]**

31. समकोण ΔABC में, एक न्यूनकोण अन्य कोण का दोगुना है। सिद्ध कीजिए कि कर्ण छोटी भुजा से दोगुना है।

32. ΔABC में, भुजाएँ AB और AC बराबर हैं तथा आधार BC को किसी बिंदु D तक बढ़ाएँ। बिंदु D से बढ़ी हुई रेखा BA पर DE लंब खींचे तथा बढ़ी हुई रेखा AC पर DF लंब खींचे। सिद्ध कीजिए BD, $\angle EDF$ का समद्विभाजक है।

दीर्घ उत्तरीय प्रश्न

33. दो रेखाएँ l तथा m एक-दूसरे को बिंदु O पर प्रतिच्छेद करती हैं तथा बिंदु O से गुजरती हुई रेखा n पर बिंदु P इस प्रकार है कि l तथा m से समान दूरी पर है। सिद्ध कीजिए कि l तथा m द्वारा बने कोण को n समद्विभाजित करता है। **[NCERT Exemplar]**

34. वर्ग $ABCD$ का अंतः बिंदु O इस प्रकार है कि OAB एक समबाहु त्रिभुज है। दर्शाइए कि ΔCOD एक समद्विबाहु त्रिभुज है। **[NCERT Exemplar]**

35. यदि ΔABC एक समकोण त्रिभुज है जो इस प्रकार है कि $AB = AC$ तथा कोण C का समद्विभाजक भुजा AB को बिंदु D पर प्रतिच्छेद करता है, तब सिद्ध कीजिए कि $AC + AD = BC$ **[NCERT Exemplar]**

36. चार भुजाओं वाले वर्ग $ABCD$ में बिंदु O इस प्रकार लिया गया है कि इसकी दूरी कोणीय बिंदुओं D तथा B से बराबर हैं। दर्शाइए कि AO तथा OC एक में ही (उसी) समान सरल रेखा पर है।

37. एक समलंब $ABCD$ को क्रमशः समांतर भुजाओं AB और DC के मध्य-बिंदु M और N को मिलाने वाला रेखाखंड दोनों भुजाओं AB और DC पर लंब है। सिद्ध कीजिए कि $AD = BC$ है।

38. दी गई आकृति में, $OA = OB, OC = OD$ तथा $\angle AOB = \angle COD$, सिद्ध कीजिए $AC = BD$

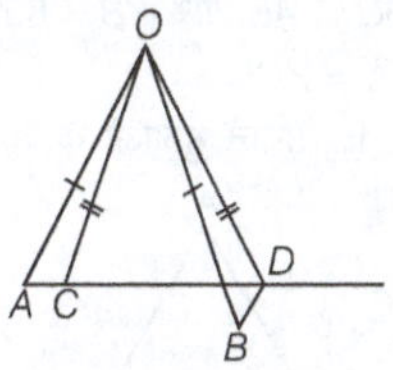

39. दी गई आकृति में, $ABCD$ एक वर्ग है तथा EF विकर्ण BD के समांतर है तथा $EM = FM$

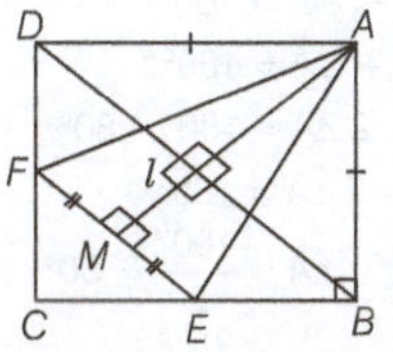

सिद्ध कीजिए

(i) $DF = BE$

(ii) AM, $\angle BAD$ को समद्विभाजित करता है।

40. दी गई आकृति में, QX तथा RX, ΔPQR के कोण क्रमशः $\angle PQR$ तथा $\angle PRQ$ के समद्विभाजक है। यदि $XS \perp QR$ तथा $XT \perp PQ$ है, तब सिद्ध कीजिए कि $\Delta XTQ \cong \Delta XSQ$ तथा PX, $\angle P$ को समद्विभाजित करती है।

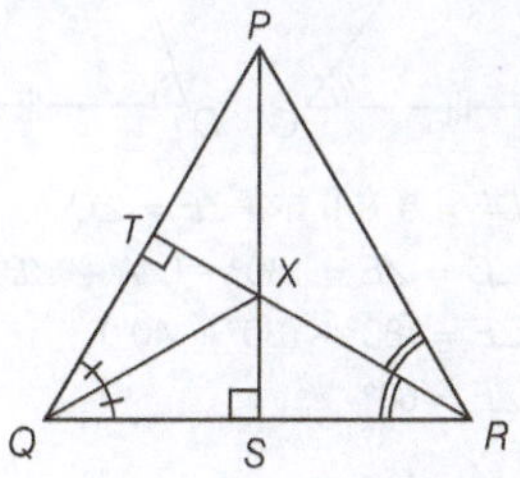

केस स्टडी आधारित प्रश्न

41. पवन कक्षा IX का विद्यार्थी है। उसके पिता ने एक वर्गाकार प्लॉट खरीदा है (जैसा कि आकृति में दर्शाया है)

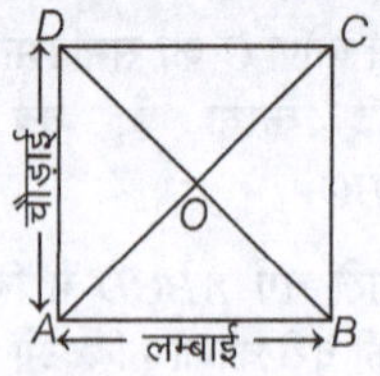

प्लॉट को देखने के पश्चात् उसके दिमाग में कुछ प्रश्न आते हैं, तब आकृति को देखने के पश्चात् उसके उत्तर दीजिए।

(i) $\angle AOB$ की माप है

(a) 70° (b) 80° (c) 90° (d) 100°

(ii) यदि $OA = 3$ सेमी है, तब OC का मान है

(a) 6 सेमी (b) 3 सेमी

(c) 9 सेमी (d) 7 सेमी

(iii) $\Delta ABO \cong \Delta ADO$ को सिद्ध करने के लिए कौन-सा सर्वांगसम नियम सत्य होगा?

(a) SSS (b) SAS

(c) ASA (d) AAS

(iv) यदि $OB = 5$ सेमी है, तब BD का मान होगा

(a) 10 सेमी (b) 6 सेमी

(c) 8 सेमी (d) 12 सेमी

(v) $\Delta ABC \cong \Delta BAD$ को सिद्ध करने के लिए कौन-सा सर्वांगसम नियम सत्य होगा?

(a) SSS (b) SAS

(c) ASA (d) AAS

संकेत एवं हल

1. (c) ΔABC में, $BC = AB$ और $\angle B = 80°$

$\therefore \quad \angle A = \angle C$

[$\because$ समान भुजाओं के सम्मुख कोण बराबर होते हैं]

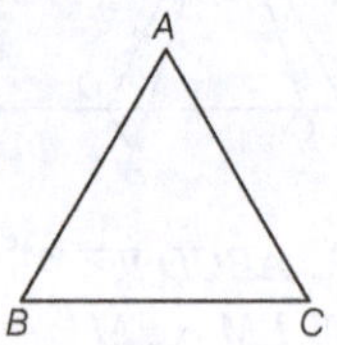

$\because \quad \angle A + \angle B + \angle C = 180°$

$\Rightarrow \quad \angle A + 80° + \angle A = 180°$

$\Rightarrow \quad 2\angle A = 180° - 80°$

$\Rightarrow \quad 2\angle A = 100°$

$\Rightarrow \quad \angle A = \dfrac{100°}{2} = 50°$

2. (b) $\because AB = QR, BC = RP$ तथा $CA = PQ$

$\therefore \Delta CBA \cong \Delta PRQ$ [SSS सर्वांगसमता नियम से]

3. (c) SSS सर्वांगसमता नियम

4. (b) $\because \quad DF = AB$ [$\because \Delta ABC \cong \Delta FDE$]

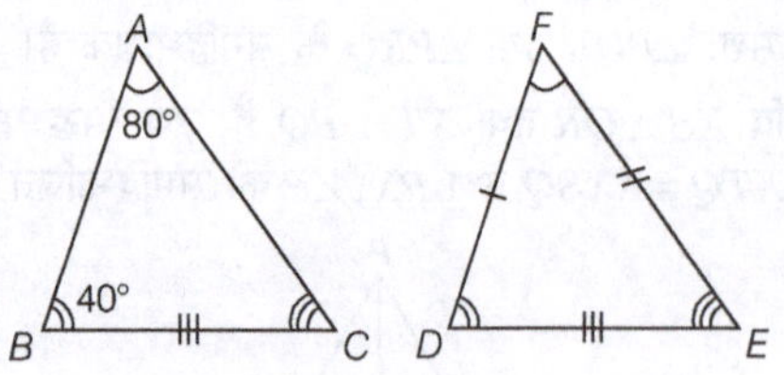

$DF = 5$ सेमी तथा $\angle E = \angle C$

$\angle C = \angle E = 180° - (\angle A + \angle B)$ [त्रिभुज के गुण द्वारा]

$\Rightarrow \quad \angle E = 180° - (80° + 40°)$

$\therefore \quad \angle E = 60°$

5. (b) $\because \quad \angle F = \angle D$ [दिया है]

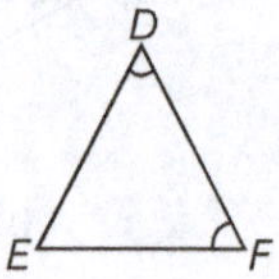

$\Rightarrow \quad DE = EF$ [$\because$ समान भुजाओं के सम्मुख कोण समान होते हैं]

$\Rightarrow \quad DE = 6$ सेमी

6. (a) दिया है, $\angle E = 90°, DE = EF$ तथा $\angle E = \angle F$

[$\because$ समान भुजाओं के सम्मुख कोण समान होते हैं]

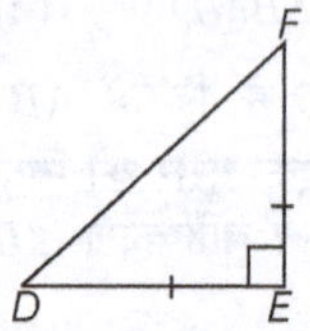

अब $\quad \angle D + \angle E + \angle F = 180°$ [त्रिभुज के गुण द्वारा]

$\Rightarrow \quad \angle D + 90° + \angle F = 180° \Rightarrow 2\angle D = 90°$

$\Rightarrow \quad \angle D = 45° \Rightarrow \angle D = \angle F = 45°$

7. (c) दी गई आकृति में, $\angle PQR = 70°, RQ = RP$ तथा $PS = SR$

$\therefore \Delta PQR$ में, $\quad \angle P = \angle Q = 70°$

$\because \quad \angle P + \angle Q + \angle R = 180°$

$\Rightarrow \quad 70° + 70° + x = 180° \Rightarrow x = 180° - 140° = 40°$

8. (c) कथन (A) ΔABC और ΔPQR में,

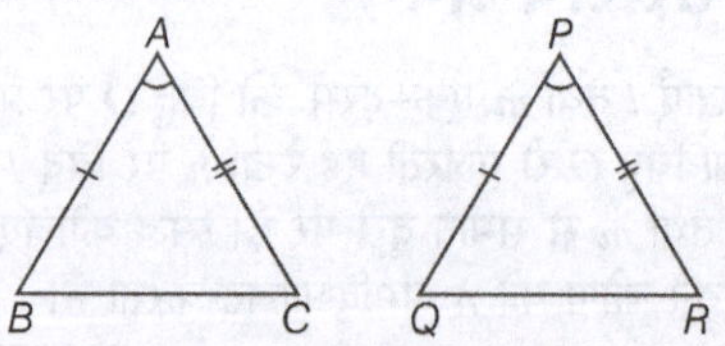

$AB = PQ$
$AC = PR$
$\angle BAC = \angle QPR$
$\therefore \Delta ABC \cong \Delta PQR$ [भुजा-कोण-भुजा सर्वांगसमता कसौटी से]
इसलिए, कथन (A) सही है।
कारण (R) कारण (R) गलत है।
अतः कथन (A) सही है, परन्तु कारण (R) गलत है।

9. (c) **कथन** (A) एक समद्विबाहु ΔABC में, $AB = AC$

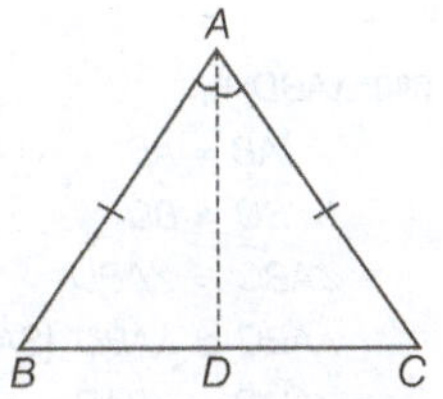

$\angle A$ का समद्विभाजक AD खींचिए जो BC को D पर मिलता है।
ΔABD तथा ΔACD में,
$AB = AC$ [दिया है]
$\angle BAD = \angle CAD$ [रचना से]
$AD = AD$ [उभयनिष्ठ]
$\therefore \Delta ABD \cong \Delta ACD$ [भुजा-कोण-भुजा सर्वांगसमता नियम से]
$\Rightarrow \angle B = \angle C$
इसलिए, कथन (A) सही है।
कारण (R) कारण (R) गलत है।
अत कथन (A) सही है, परन्तु कारण (R) गलत है।

10. (c) ΔABC और $\Delta A'B'C'$ में,
$AB = A'B' = 6$ सेमी
$\angle B = \angle B' = 60°$
$BC = B'C' = 6$ सेमी
$\therefore \Delta ABC \cong \Delta A'B'C'$ [भुजा-कोण-भुजा सर्वांगसमता से]
तब, $\angle A = \angle A' \Rightarrow 3x = 2x + 20° \Rightarrow x = 20°$
इसलिए, कथन (A) सही है।
कारण (R) कारण (R) गलत है।
अतः कथन (A) सही है, परन्तु कारण (R) गलत है।

11. (a) **कथन** (A) ΔABC और ΔDEF में,
$AB = DE$ [बराबर है]
$\angle B = \angle E = 35°$
$\angle C = \angle F = 72°$
$\therefore \Delta ABC \cong \Delta DEF$ [कोण-भुजा-कोण सर्वांगसमता नियम से]
इसलिए, कथन (A) सही है।
कारण (R) कारण (R) सही है।
अतः कथन (A) और कारण (R) दोनों सही हैं तथा कारण (R), कथन (A) की सही व्याख्या है।

12. (a) $AB = QR$, $BC = RP$ और $CA = PQ$

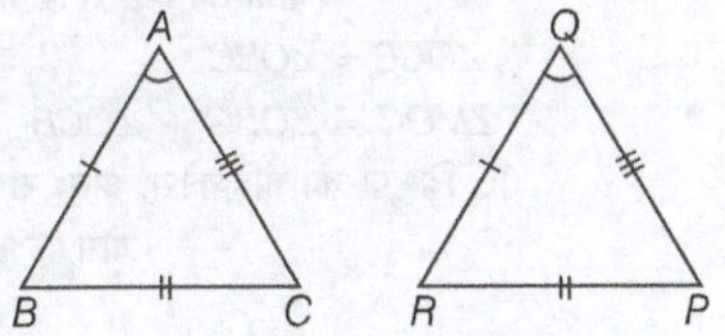

$\therefore \Delta ABC \cong \Delta QRP$ [भुजा-भुजा-भुजा सर्वांगसमता से]
इसलिए, कथन (A) सही है।
कारण (R) कारण (R) सही है।
अतः कथन (A) और कारण (R) दोनों सही हैं तथा कारण (R), कथन (A) की सही व्याख्या करता है।

13. SSA नियम त्रिभुजों की सर्वांगसमता के लिए नहीं है।

14. त्रिभुज के किन्हीं दो शीर्षों से डाले गए लंब यदि आपस में बराबर हों, तो त्रिभुज समद्विबाहु त्रिभुज होगा।

15. **संकेत** ΔABC में, $AB = BC$ [दिया है]
$\Rightarrow \angle C = \angle A$ ...(i)
[$\because$ समान भुजाओं के सम्मुख कोण बराबर होते हैं]
अब, $\angle A + \angle B + \angle C = 180°$
[त्रिभुज के तीनों कोणों का योग 180° होता है]
$\Rightarrow \angle A + 80° + \angle A = 180°$
[दिया है, $\angle B = 80°$, समी (i) से]
$\Rightarrow 2\angle A = 180° - 80° = 100°$
$\Rightarrow \angle A = 50°$

16. नहीं, यदि दो त्रिभुजों के संगत कोण बराबर होते हैं, तब वे सदैव सर्वांगसम नहीं होते हैं।

17. दोनों त्रिभुज ABC तथा PQR ना तो समद्विबाहु त्रिभुज हैं न सर्वांगसम हैं क्योंकि यहाँ तीनों कोणों से संबंधित कोई सर्वांगसम नियम नहीं है।

18. **संकेत** ΔACB तथा ΔADB में,
$AC = AD$ [दिया है]
$AB = AB$ [उभयनिष्ठ भुजा]
तथा $\angle BAC = \angle BAD$ [दिया है]
$\therefore \Delta ACB \cong \Delta ADB$ [SAS सर्वांगसमता नियम से]
तब, $BC = BD$ [CPCT से]
दिया है, $BC = 2.6$ सेमी
$\therefore BD = 2.6$ सेमी
अब, $2BD + \frac{BC}{2} = 2 \times 2.6 + \frac{2.6}{2}$
$= 5.2 + 1.3 = 6.5$ सेमी ...(i)

19. **संकेत** ΔBAC में, $\angle ACB + \angle ABC + \angle BAC = 180°$
[त्रिभुज के कोण योग नियम से]
$\therefore \angle ACB + 40° + 90° = 180°$
[$\because \angle ABC = 40°$ तथा $\angle BAC = 90°$]
$\Rightarrow \angle ACB = 180° - (40° + 90°)$
$= 180° - 130° = 50°$ ...(i)
तथा ΔBAD में, $\angle BAD + \angle ADB + \angle ABD = 180°$
[त्रिभुज कोण योग नियम से]
$\Rightarrow 90° + \angle ADB + 40° = 180°$
[$\because \angle BAD = 90°$ तथा $\angle ABD = 40°$]
$\Rightarrow \angle ADB = 180° - 130° = 50°$
ΔBCD में, $\angle BCD = \angle CDB = 50°$
[$\because \angle BCD = \angle ACB = 50°$ तथा $\angle CDB = \angle ADB = 50°$]
हम जानते हैं कि यदि एक त्रिभुज के दो कोण बराबर हैं, तब यह एक समद्विबाहु त्रिभुज होता है। अतः ΔBCD एक समद्विबाहु त्रिभुज है।
इति सिद्धम्

20. **संकेत** सर्वप्रथम, $\Delta ABC \cong \Delta ADC$ [ASA सर्वांगसमता नियम से]

तथा CPCT के प्रयोग से सिद्ध करेंगे

$$AB = AD \text{ तथा } CB = CD$$

21. **संकेत** $x = w$ ...(i)

तथा $y = z$ ...(ii)

समी (i) तथा (ii) को जोड़ने पर,

$$x + y = z + w \quad ...(iii)$$

अब, ΔADC तथा ΔABC को SAS सर्वांगसमता नियम से सर्वांगसमता सिद्ध करेंगे तथा CPCT द्वारा $AP = AQ$ सिद्ध करेंगे।

22. **संकेत** ΔABC में, दिया है

$$\angle B = 2\angle C \Rightarrow \angle B = 2y \quad [\angle C = y \text{ माना}]$$

$\because$ AD, $\angle BAC$ का समद्विभाजक है।

अतः माना $\angle BAD = \angle CAD = x$

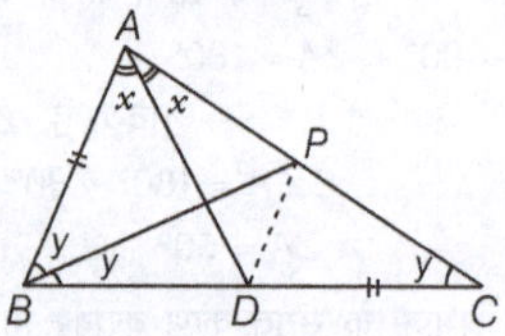

माना BP, $\angle ABC$ का समद्विभाजक है तथा PD को मिलाए।

ΔABC में,

$\angle CBP = \angle BCP = y \Rightarrow PC = BP$ ...(i)

[$\because$ त्रिभुज में समान कोण की सम्मुख भुजा बराबर होती हैं]

ΔABP तथा ΔDCP में,

$\angle ABP = \angle DCP = y$

[$\because \angle ABP = \angle CBP = y$ तथा $\angle DCP = \angle BCP = y$]

$AB = DC$ [दिया है]

तथा $BP = PC$ [समी (i) से]

$\therefore$ $\Delta ABP \cong \Delta DCP$ [SAS सर्वांगसमता नियम से]

$\Rightarrow$ $\angle BAP = \angle CDP$

तथा $AP = DP$ [CPCT से] ...(i)

$\Rightarrow$ $\angle CDP = 2x$

तथा $\angle ADP = \angle DAP = x$

[$\because$ त्रिभुज की समान भुजाओं के सम्मुख कोण बराबर होते हैं]

ΔABD में,

$\angle ADC = \angle ABD + \angle BAD$

[$\because$ त्रिभुज के बहिष्कोण का मान अंतः सम्मुख कोणों के योग के बराबर होता है]

$\Rightarrow$ $\angle ADP + \angle PDC = \angle ABD + \angle BAD$

[$\because \angle ADC = \angle ADP + \angle PDC$]

$\Rightarrow$ $x + 2x = 2y + x \Rightarrow x = y$ ...(ii)

ΔABC में, $\angle A + \angle B + \angle C = 180°$

[त्रिभुज के कोण योग नियम से]

$\Rightarrow$ $2x + 2y + y = 180°$

$\Rightarrow$ $2x + 2x + x = 180°$ [समी (i) से]

$\Rightarrow$ $5x = 180°$

$\Rightarrow$ $x = 36°$

$\therefore$ $\angle BAC = 2x = 2 \times 36° = 72°$ **इति सिद्धम्**

23. **संकेत दिया है** समकोण ΔABC में, $\angle B$ समकोण है तथा $\angle BCA = 2\angle CAB$

सिद्ध करना है $AC = 2BC$

रचना रेखा CB को बिंदु D तक इस प्रकार बढ़ाते है कि $BC = BD$ तथा AD को मिलाये।

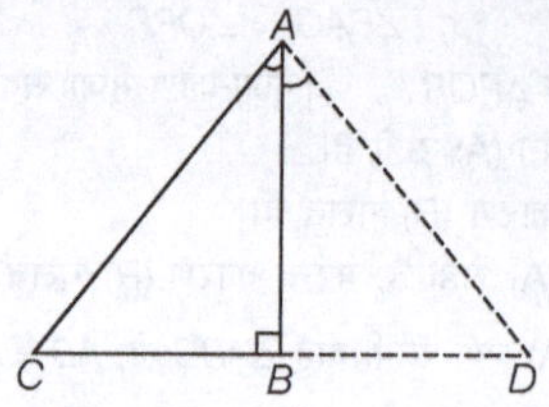

उपपत्ति ΔABC तथा ΔABD में,

$AB = AB$ [उभयनिष्ठ भुजा]

$BC = BD$ [रचना से]

तथा $\angle ABC = \angle ABD$ [प्रत्येक 90°]

$\Delta ABC \cong \Delta ABD$ [SAS सर्वांगसमता नियम से]

$\Rightarrow$ $\angle CAB = \angle BAD$ [CPCT से] ...(i)

तथा $AC = AD$ [CPCT से] ...(ii)

अब, $\angle CAD = \angle CAB + \angle BAD$

$\Rightarrow$ $\angle CAD = \angle CAB + \angle CAB$ [समी (i) से]

$\Rightarrow$ $\angle CAD = 2\angle CAB = \angle BCA$

[$\because \angle BCA = 2\angle CAB$]

$\Rightarrow$ $\angle CAD = \angle DCA$ [$\because \angle DCA = \angle BCA$] ...(iii)

समी (ii) से, $AC = AD \Rightarrow \angle ADC = \angle DCA$ ...(iv)

[$\because$ त्रिभुज के समान भुजाओं के सम्मुख कोण बराबर होते हैं]

समी (iii) तथा (iv) से,

$\angle CAD = \angle DCA = \angle ADC$

इस प्रकार, ΔACD एक समबाहु त्रिभुज है।

$\therefore$ $AC = CD$

$\Rightarrow$ $AC = 2BC$ [$\because BC = BD$]

इति सिद्धम्

24. **संकेत दिया है** समद्विबाहु ΔABC में $AB = AC$, $\angle B$ तथा $\angle C$ के समद्विभाजक रेखाएँ क्रमशः OB तथा OC इस प्रकार हैं कि जोकि एक-दूसरे को बिंदु O पर प्रतिच्छेद करती हैं तथा BO को M तक बढ़ाए।

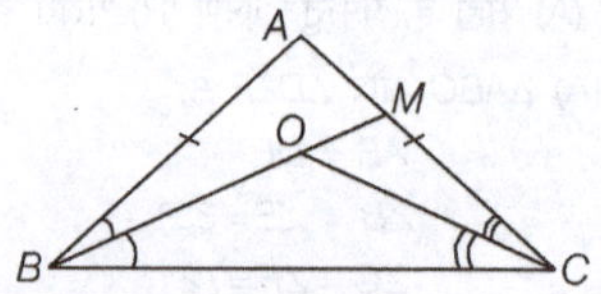

सिद्ध करना है $\angle MOC = \angle ABC$

उपपत्ति ΔABC में, $AB = AC$ [दिया है]

$\Rightarrow$ $\angle ACB = \angle ABC$

[$\because$ त्रिभुज के समान भुजाओं के सम्मुख कोण बराबर होते हैं]

$\Rightarrow$ $\frac{1}{2}\angle ACB = \frac{1}{2}\angle ABC$

[दोनों तरफ 2 से विभाजित करने पर]

$\Rightarrow$ $\angle OCB = \angle OBC$ ...(i)

$\because$ $\angle MOC = \angle OBC + \angle OCB$

[$\because$ त्रिभुज का बहिष्कोण, अंतः सम्मुख कोणों के योग के बराबर होता है]

$\Rightarrow \quad \angle MOC = \angle OBC + \angle OBC$ [समी (i) से]

$\Rightarrow \quad \angle MOC = 2\angle OBC$

$\Rightarrow \quad \angle MOC = \angle ABC$

[$\because OB, \angle B$ का समद्विभाजक है]

इति सिद्धम्

25. **संकेत दिया है** वर्ग $ABCD$ में कोई बिंदु P स्थित है तथा $DPQR$ एक दूसरा वर्ग है।

सिद्ध करना है $AP = CR$

उपपत्ति माना $\angle PDC = x$

तब, $\angle ADP = \angle ADC - \angle PDC = (90° - x)$ ...(i)

तथा $\angle CDR = \angle PDR - \angle PDC = (90° - x)$ ...(ii)

समी (i) तथा (ii) से, $\angle ADP = \angle CDR$ ...(iii)

ΔADP तथा ΔCDR में, $AD = CD$ [वर्ग की भुजाएँ]

$\angle ADP = \angle CDR$ [समी (iii) से]

तथा $DP = DR$ [वर्ग की भुजाएँ]

$\therefore \quad \Delta ADP \cong \Delta CDR$ [SAS सर्वांगसमता नियम से]

तब, $AP = CR$ [CPCT से] **इति सिद्धम्**

26. **संकेत** ΔOBC तथा ΔOAC में,

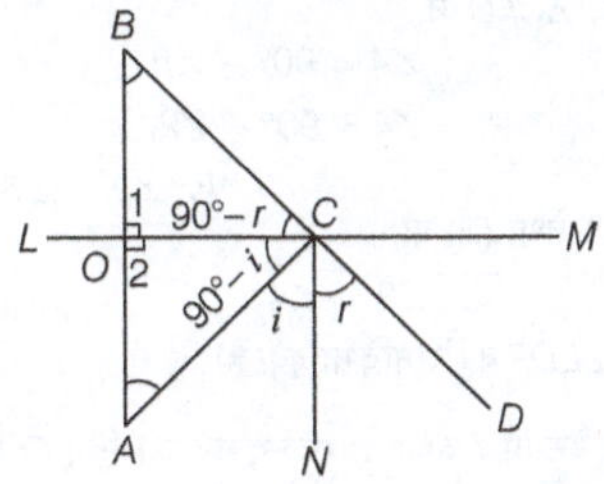

दिया है, $\angle 1 = \angle 2$ [प्रत्येक 90° है]

$i = r$ [$\because$ आपतन कोण = परावर्तन कोण]

तब, $90° - i = 90° - r$

$\Rightarrow \quad \angle ACO = \angle BCO$

तथा $OC = OC$ [उभयनिष्ठ]

$\therefore \quad \Delta OBC \cong \Delta OAC$ [ASA सर्वांगसमता नियम से]

$\Rightarrow \quad OB = OA$ [CPCT से]

इति सिद्धम्

27. **दिया है** ΔABC की भुजाएँ AB तथा AC के मध्य-बिंदु क्रमशः E तथा F हैं, CE तथा BF को क्रमशः बिंदुओं X तथा Y तक बढ़ाया है कि $EX = CE$ तथा $FY = BF$

सिद्ध करना है

(i) $\Delta AEX \cong \Delta BEC$ तथा $\Delta AFY \cong \Delta CFB$

(ii) XAY एक सरल रेखा है।

उपपत्ति (i) ΔAEX तथा ΔBEC में,

$AE = BE$ [$\because E, AB$ का मध्य-बिंदु है]

$\angle AEX = \angle BEC$ [शीर्षाभिमुख कोण]

तथा $EX = EC$ [दिया है]

$\therefore \quad \Delta AEX \cong \Delta BEC$ [SAS सर्वांगसमता नियम से]

तब, $\angle XAE = \angle CBE$ [CPCT से]

$\angle XAB = \angle CBA$

[$\because \angle XAE = \angle XAB$ तथा $\angle CBE = \angle CBA$]

लेकिन, जब एक तिर्यक रेखा AB, XA को बिंदु A पर तथा BC को बिंदु B पर मिलती है, तब $\angle XAB$ तथा $\angle CBA$ एकांतर कोण बनते हैं।

$\therefore \quad XA \parallel BC$ ...(i)

इसी प्रकार, यह सिद्ध किया जा सकता है

$\Delta AFY \cong \Delta CFB$ तथा $AY \parallel BC$ ...(ii)

समी (i) तथा समी (ii) से,

$BC \parallel XA$ तथा $BC \parallel AY$

अतः XAY एक सरल रेखा है। **इति सिद्धम्**

28. **दिया है** $ABCD$ एक वर्ग है, AB का मध्य-बिंदु M है तथा $PQ \perp CM$, AD को बिंदु P पर मिलता है तथा CB, Q तक बढ़ी हुई है।

सिद्ध करना है (i) $PA = BQ$

(ii) $CP = AB + PA$

उपपत्ति (i) ΔPAM तथा ΔQBM में,

$\angle 1 = \angle 2$ [प्रत्येक 90°]

$AM = BM$ [$\because AB$ का मध्य-बिंदु M है]

तथा $\angle 3 = \angle 4$ [शीर्षाभिमुख कोण]

$\therefore \quad \Delta PAM \cong \Delta QBM$ [ASA सर्वांगसमता नियम से]

तब, $MP = MQ$ [CPCT से]

तथा $PA = QB$ [CPCT से]

अतः $PA = BQ$

(ii) ΔCMP तथा ΔCMQ में,

$MP = MQ$ [ऊपर सिद्ध किया है]

$\angle CMP = \angle CMQ$ [प्रत्येक 90°]

तथा $CM = CM$ [उभयनिष्ठ भुजा]

$\therefore \quad \Delta CMP \cong \Delta CMQ$

[SAS सर्वांगसमता नियम से]

तब, $CP = CQ$ [CPCT से]

$\Rightarrow \quad CP = CB + BQ$ [$\because CQ = CB + BQ$]

$\Rightarrow \quad CP = AB + PA$

[$\because CB = AB$ वर्ग की एक भुजा तथा $BQ = PA$, ऊपर सिद्ध किया है]

इति सिद्धम्

29. ΔAMC तथा ΔBMD में,

$AM = BM$ [$\because M, AB$ का मध्य-बिन्दु है]

$CM = DM$

$\angle AMC = \angle BMD$ [शीर्षाभिमुख कोण]

$\Delta AMC \cong \Delta BMD$ [SAS सर्वांगसमता नियम से]

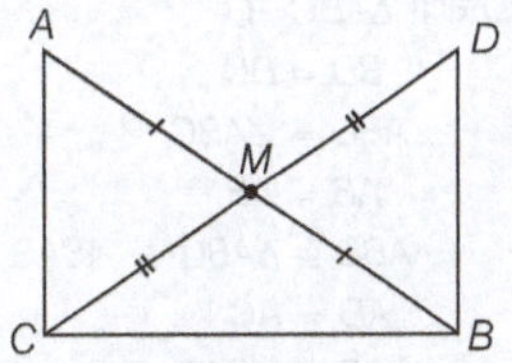

$\angle CAM = \angle DBM$ [CPCT से]

$\therefore \quad AC \parallel DB$

$\therefore \quad \angle C + \angle B = 180° \Rightarrow \angle B = 90°$

$\therefore \quad \angle B = \angle C = 90°$

30. **दिया है** ΔABC एक समद्विबाहु त्रिभुज है, जिसमें $AB = AC$, $\angle ABC$ तथा $\angle ACB$ के समद्विभाजक क्रमशः BO तथा CO एक-दूसरे को बिंदु O पर प्रतिच्छेद करते हैं।

सिद्ध करना है $\angle DBA = \angle BOC$

रचना रेखा CB को बिंदु D तक बढ़ाये।

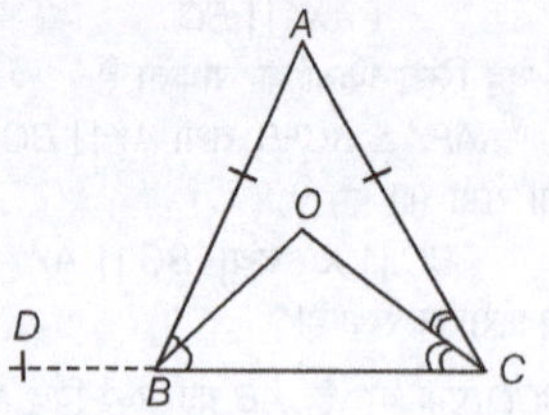

उपपत्ति ΔABC में, $AB = AC$

$\angle ACB = \angle ABC$

[∵ त्रिभुज की समान भुजाओं के सम्मुख कोण बराबर होते हैं]

$\Rightarrow \frac{1}{2}\angle ACB = \frac{1}{2}\angle ABC$

[दोनों तरफ 2 से भाग करने पर]

$\Rightarrow \angle OCB = \angle OBC$ ...(i)

[∵ BO तथा CO, $\angle ABC$ तथा $\angle ACB$ के समद्विभाजक है]

ΔBOC में, $\angle OBC + \angle OCB + \angle BOC = 180°$

[∵ त्रिभुज के कोण योग नियम से]

$\Rightarrow \angle OBC + \angle OBC + \angle BOC = 180°$ [समी (i) से]

$\Rightarrow 2\angle OBC + \angle BOC = 180°$

$\Rightarrow \angle ABC + \angle BOC = 180°$

[∵ BO, $\angle ABC$ का समद्विभाजक है]

$\Rightarrow 180° - \angle DBA + \angle BOC = 180°$

[∵ DBC एक सरल रेखा है]

$\Rightarrow -\angle DBA + \angle BOC = 0$

$\Rightarrow \angle DBA = \angle BOC$ **इति सिद्धम्**

31. माना ΔABC, जिसमें $\angle B$ समकोण है तथा $\angle C$, $\angle A$ का दोगुना है।

सिद्ध करना है $AC = 2BC$

रचना CB को बिंदु D तक इस प्रकार बढ़ाये कि $BD = BC$ तथा AD को मिलाये।

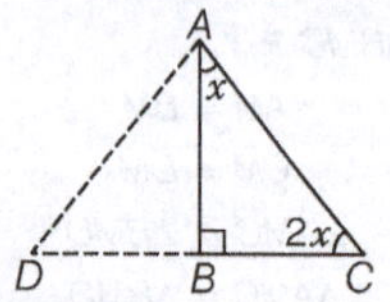

उपपत्ति ΔABD तथा ΔABC में,

$BD = BC$ [रचना से]

$\angle ABD = \angle ABC$ [प्रत्येक 90°]

तथा $AB = AB$ [उभयनिष्ठ भुजा]

∴ $\Delta ABD \cong \Delta ABC$ [SAS सर्वांगसमता नियम से]

तब, $AD = AC$ [CPCT से] ...(i)

तथा $\angle DAB = \angle CAB = x$ (माना) [CPCT से] ...(ii)

अब, $\angle DAC = \angle DAB + \angle CAB$

$\Rightarrow \angle DAC = x + x = 2x$ [समी (ii) से]

$\Rightarrow \angle DAC = \angle ACB$ [∵ $\angle ACB = 2x$]

$\Rightarrow DC = AD$

[∵ त्रिभुज की समान भुजाओं के सम्मुख कोण बराबर होते हैं]

$\Rightarrow 2BC = AD = AC$

[∵ $BC = DB$ तथा समी (i) से] **इति सिद्धम्**

32. ΔABC में, $AC = AB$ [दिया है]

$\Rightarrow \angle 1 = \angle 2$ ...(i)

[समान भुजाओं के विपरीत कोण समान होते हैं]

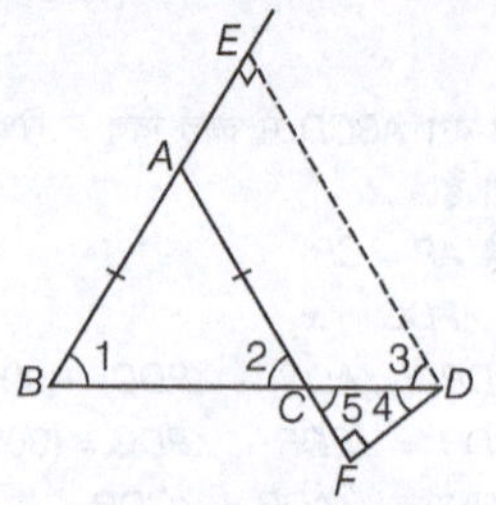

लंबकोणीय ΔBED में,

$\angle 1 + \angle 3 + \angle BED = 180°$

[त्रिभुज के कोण योग नियम से]

$\Rightarrow \angle 1 + \angle 3 + 90° = 180°$

[∵ $DE \perp BE \Rightarrow \angle BED = 90°$]

$\Rightarrow \angle 3 = 90° - \angle 1$ ...(ii)

इसी प्रकार, ΔCFD में,

$\Rightarrow \angle 4 = 90° - \angle 5$

$\Rightarrow \angle 4 = 90° - \angle 2$ ...(iii)

[∵ $\angle 2 = \angle 5$, शीर्षाभिमुख कोण]

समी (i), (ii) तथा (iii) से,

$\angle 3 = \angle 4$

अतः BD, $\angle EDF$ का समद्विभाजक है। **इति सिद्धम्**

33. **दिया है** दो रेखाएँ l तथा m एक-दूसरे को बिंदु O पर प्रतिच्छेद करती हैं। बिंदु O से गुजरती हुई रेखा n पर बिंदु P इस प्रकार है कि P, l तथा m से समान दूरी पर है अर्थात् $PQ = PR$

रचना $PQ \perp l$ तथा $PR \perp m$ खींचा

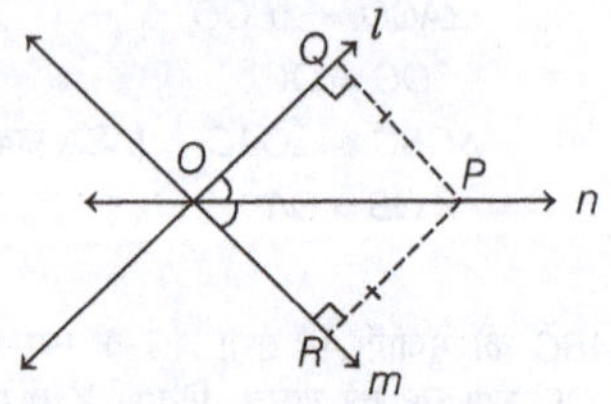

सिद्ध करना है l तथा m द्वारा बने कोण का n समद्विभाजक है अर्थात् n, $\angle QOR$ का समद्विभाजक है।

उपपत्ति ΔOQP तथा ΔORP में,

$\angle PQO = \angle PRO = 90°$

[∵ $PQ \perp l$ तथा $PR \perp m$]

$OP = OP$ [उभयनिष्ठ भुजा]

तथा $PQ = PR$ [दिया है]

∴ $\Delta OQP \cong \Delta ORP$ [RHS सर्वांगसमता नियम से]

$\Rightarrow \angle POQ = \angle POR$ [CPCT से]

अतः n, $\angle QOR$ का समद्विभाजक है। **इति सिद्धम्**

34. **दिया है** वर्ग $ABCD$ में अंतः बिंदु O इस प्रकार है कि ΔOAB एक समबाहु त्रिभुज है।

सिद्ध करना है ΔCOD एक समद्विबाहु त्रिभुज है।

परीक्षा अभ्यास

रचना OC तथा OD को मिलाए।

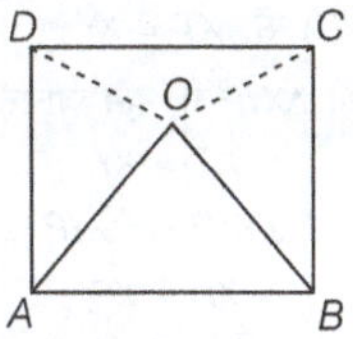

उपपत्ति $\because$ ΔAOB एक समबाहु त्रिभुज है।

$\therefore$ $\angle OAB = \angle OBA = 60°$ ...(i)

साथ ही, $\angle DAB = \angle CBA = 90°$ ...(ii)

[वर्ग $ABCD$ का प्रत्येक कोण $90°$ होता है]

समी (ii) में से समी (i) को घटाने पर,

$\angle DAB - \angle OAB = \angle CBA - \angle OBA = 90° - 60°$

अर्थात् $\angle DAO = \angle CBO = 30°$

ΔAOD तथा ΔBOC में, $AO = BO$

[$\because$ समबाहु त्रिभुज की सभी भुजाएँ बराबर होती हैं]

$\angle DAO = \angle CBO$ [ऊपर सिद्ध किया है]

तथा $AD = BC$ [$\because$ वर्ग की भुजा बराबर होती हैं]

$\Delta AOD \cong \Delta BOC$ [SAS सर्वांगसमता नियम से]

अतः $OD = OC$ [CPCT से]

ΔCOD में, $OC = OD$

अतः ΔCOD एक समद्विबाहु त्रिभुज है। **इति सिद्धम्**

35. **दिया है** समकोण ΔABC में, $AB = AC$ तथा CD, $\angle C$ का समद्विभाजक है।

सिद्ध करना है $AC + AD = BC$

रचना $DE \perp BC$ खींचे।

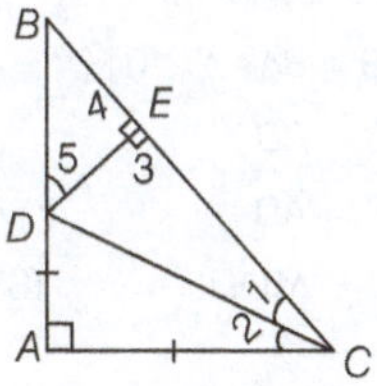

उपपत्ति समकोण ΔABC में, $AB = AC$ तथा BC एक कर्ण है।

$\therefore$ $\angle A = 90°$

ΔDAC तथा ΔDEC में, $\angle A = \angle 3 = 90°$

$\angle 1 = \angle 2$ [CD, $\angle C$ का समद्विभाजक है]

तथा $DC = DC$ [उभयनिष्ठ भुजा]

$\therefore$ $\Delta DAC \cong DEC$ [AAS सर्वांगसमता नियम से]

$\Rightarrow$ $DA = DE$ [CPCT से] ...(i)

तथा $AC = EC$ [CPCT से] ....(ii)

ΔABC में, $AB = AC$

$\angle C = \angle B$ ...(iii)

[$\because$ त्रिभुज में भुजाओं के सम्मुख कोण बराबर होते हैं]

पुनः ΔABC में, $\angle A + \angle B + \angle C = 180°$

[त्रिभुज के कोण योग नियम से]

$\Rightarrow$ $90° + \angle B + \angle B = 180°$

[$\because$ $\angle A = 90°$ तथा समी (iii) से]

$\Rightarrow$ $2\angle B = 180° - 90°$

$\Rightarrow$ $2\angle B = 90° \Rightarrow \angle B = 45°$

ΔBED में, $\angle 5 = 180° - (\angle B + \angle 4)$

[त्रिभुज के तीनों कोणों का योग $180°$ होता है]

$= 180° - (45° + 90°) = 180° - 135°$

$\angle 5 = 45°$,

$\therefore$ $\angle B = \angle 5$

$\Rightarrow$ $DE = BE$ ...(iv)

[$\because$ त्रिभुज के समान कोण की सम्मुख भुजा बराबर होती हैं]

समी (i) तथा (iv) से,

$DA = DE = BE$ ...(v)

$\because$ $BC = CE + EB = CA + DA$ [समी (ii) तथा (v) से]

$\therefore$ $AD + AC = BC$ **इति सिद्धम्**

36. **दिया है** चार समान भुजाओं से घिरे वर्ग $ABCD$ में अंतः बिंदु O इस प्रकार है कि $BO = OD$

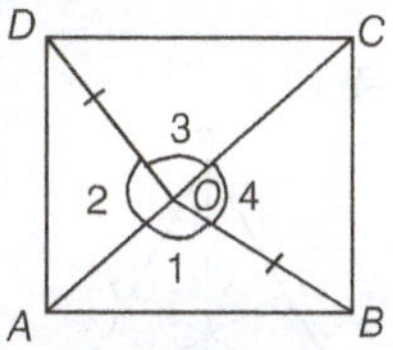

सिद्ध करना है AO तथा OC एक ही है तथा एक ही रेखा में है।

उपपत्ति ΔAOD तथा ΔAOB में,

$AD = AB$ [दिया है]

$AO = AO$ [उभयनिष्ठ भुजा]

तथा $OD = OB$ [दिया है]

$\therefore$ $\Delta AOD \cong \Delta AOB$ [SSS सर्वांगसमता नियम से]

तब, $\angle 1 = \angle 2$ [CPCT से] ...(i)

इसी प्रकार, $\angle 3 = \angle 4$ ...(ii)

लेकिन $\angle 1 + \angle 2 + \angle 3 + \angle 4 = 4$ समकोण

[$\because$ बिंदु O पर बनने वाले कोणों का योग चार समकोण है]

$\therefore$ $2\angle 2 + 2\angle 3 = 4$ समकोण [समी (i) तथा (ii) से]

$\Rightarrow$ $\angle 2 + \angle 3 = 180°$

$\because$ $\angle 2$ तथा $\angle 3$, रैखिक युग्म से है, अतः AO तथा OC एक ही सरल रेखा में हैं। अतः AC एक सरल रेखा है। **इति सिद्धम्**

37. दिया है $AM = MB$ [$\because$ M, AB का मध्य-बिंदु है]

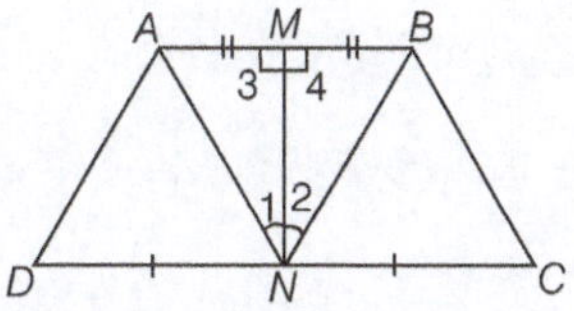

अब, ΔAMN तथा ΔBMN में,

$AM = MB$ [उपरोक्त से]

$\angle 3 = \angle 4$ [प्रत्येक $90°$ है]

$MN = MN$ [उभयनिष्ठ]

इस प्रकार, $\Delta AMN \cong \Delta BMN$

[SAS सर्वांगसमता नियम से]

$\therefore$ $\angle 1 = \angle 2$ [CPCT से]

तब, $90° - \angle 1 = 90° - \angle 2$

$\Rightarrow$ $\angle AND = \angle BNC$ ...(i)

अब, ΔADN तथा ΔBCN में,

$\angle AND = \angle BNC$ [समी (i) से]

$AN = BN$ [$\because \Delta AMN \cong \Delta BMN$]

$DN = NC$

[$\because N, CD$ का मध्य-बिंदु है (दिया है)]

$\therefore$ $\Delta ADN \cong \Delta BCN$ [SAS सर्वांगसमता नियम से]

अतः $AD = BC$ [CPCT से] **इति सिद्धम्**

38. संकेत SAS सर्वांगसमता नियम से, सिद्ध करें $\Delta AOC \cong \Delta BOD$

39. संकेत सर्वप्रथम $\Delta AFM \cong \Delta AEM$ दिखाए तथा सर्वांगसमता की सहायता से अभीष्ट परिणाम सिद्ध करें।

40. दिया है $\angle PQR$ तथा $\angle PRQ$ के समद्विभाजक क्रमशः QX तथा RX हैं। साथ ही, $XS \perp QR$ तथा $XT \perp PQ$ है।

सिद्ध करना है $\Delta XTQ \cong \Delta XSQ$ तथा PX, $\angle P$ को समद्विभाजित करती है।

रचना $XY \perp PR$ खींचे

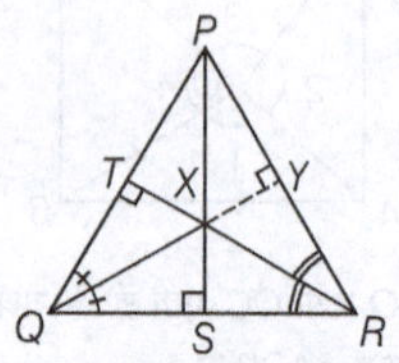

उपपत्ति ΔXTQ तथा ΔXSQ में,

$\angle TQX = \angle SQX$

[$\because QX$, $\angle PQR$ का समद्विभाजक है]

$\angle XTQ = \angle XSQ$ [प्रत्येक $90°$]

$QX = QX$ [उभयनिष्ठ भुजा]

$\therefore$ $\Delta XTQ \cong \Delta XSQ$ [AAS सर्वांगसमता नियम से]

तब, $XT = XS$ [CPCT से] ....(i)

इसी प्रकार, इसे भी सिद्ध किया जा सकता है

$\Delta XSR \cong \Delta XYR$ [AAS सर्वांगसमता नियम से]

तब, $XS = XY$ [CPCT से] ...(ii)

समी (i) तथा समी (ii) से, $XT = XY$

समकोण ΔXTP तथा ΔXYP में, हम जानते हैं

$XT = XY$ [ऊपर सिद्ध कर चुके हैं]

$\angle XTP = \angle XYP$ [प्रत्येक $90°$]

$XP = XP$ [उभयनिष्ठ भुजा]

$\Delta XTP \cong \Delta XYP$ [RHS सर्वांगसमता नियम से]

तब, $\angle XPT = \angle XPY$ [CPCT से]

अतः $\Delta XTQ \cong \angle XSQ$ तथा PX, $\angle P$ को समद्विभाजित करता है।

इति सिद्धम्

41. (i) (c) दिया है, चतुर्भुज $ABCD$ एक वर्ग है।

$\therefore$ $AC \perp BD$

इसलिए, $\angle AOB = \angle AOD = 90°$

(ii) (b) हम जानते हैं कि वर्ग के विकर्ण परस्पर समद्विभाजित करते हैं।

$\therefore$ $OC = AO = 3$ सेमी

(iii) (b) ΔABO तथा ΔADO में,

$BO = OD$ [दिया है]

$AO = AO$ [उभयनिष्ठ]

$\angle AOB = \angle AOD = 90°$

$\therefore$ $\Delta AOB \cong \Delta ADO$ [SAS सर्वांगसमता नियम से]

(iv) (a) चूँकि वर्ग के विकर्ण परस्पर समद्विभाजित करता है

इसलिए, $OD = 5$ सेमी

$\therefore$ $BD = 10$ [$\because BD = 2 \times OB$]

(v) (a) ΔABC तथा ΔBAD में,

$AB = BA$ [उभयनिष्ठ]

$AC = BD$ [दिया है]

$BC = AD$ [$\because AB = BC = DC = AD$]

$\therefore$ $\Delta ABC \cong \Delta BAD$ [SSS सर्वांगसमता नियम से]

Topics to be Assessed Formatively

त्रिभुज की असमिकाएँ

पिछले विषय में हम त्रिभुज की समान भुजाएँ तथा त्रिभुज के समान कोण के बारे में अध्ययन कर चुके हैं। कभी-कभी हम असमान वस्तुओं से गुजरते हैं तथा हमें उनकी तुलना करना आवश्यक है।

जैसे रेखाखंड PQ, रेखाखंड PS की तुलना में लंबाई में बड़ा है तथा $\angle P$, $\angle Q$ से बड़ा है।

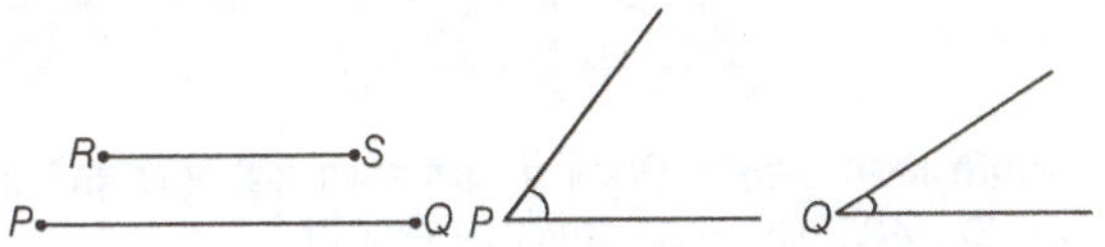

यहाँ असमान भुजाओं के मध्य तथा असमान कोण के मध्य कुछ संबंध हैं। ये संबंध प्रमेय के रूप में कहे गए हैं जोकि निम्न प्रकार से हैं।

प्रमेय 1 *यदि किसी त्रिभुज में दो भुजाएँ असमान हों तो अर्थात् बराबर न हों, तब त्रिभुज में बड़ी भुजा के सामने वाला कोण सदैव बड़ा होता है।*

दिया है ΔABC में, भुजा $AB > AC$

सिद्ध करना है $\angle ACB > \angle ABC$

रचना भुजा AB पर बिंदु D इस प्रकार लीजिए कि $AD = AC$ तथा CD को मिलाइए।

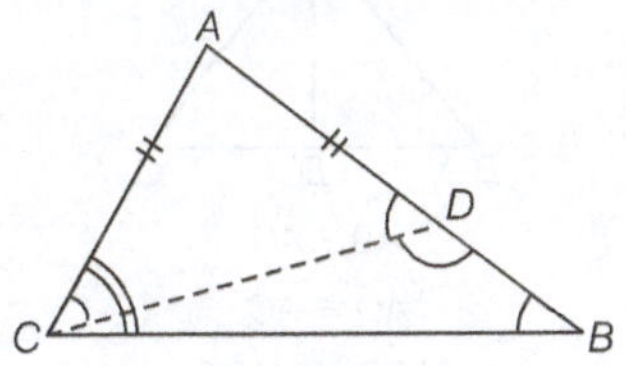

उपपत्ति ΔACD में, $AC = AD$ [रचना से]

$\therefore$ $\angle ADC = \angle ACD$

[$\because$ त्रिभुज में समान भुजाओं के सम्मुख कोण समान होते हैं] ...(i)

$\angle ADC$, ΔCDB का बहिष्कोण है।

$\therefore$ $\angle ADC > \angle DBC$ [बहिष्कोण प्रमेय से]

या $\angle ADC > \angle ABC$

[$\because \angle ABC = \angle DBC$] ...(ii)

समी (i) व (ii) से, $\angle ACD > \angle ABC$ परंतु $\angle ACB > \angle ACD$

अत: $\angle ACB > \angle ABC$ **इति सिद्धम्**

नोट *किसी त्रिभुज/चतुर्भुज की किसी एक भुजा को बढ़ाने पर, बढ़ी हुई भुजा तथा संलग्न रेखा पर बाहर की ओर बना कोण बहिष्कोण कहलाता है।*

प्रमेय 2 *यदि किसी त्रिभुज के दो कोणों की माप समान नहीं है, तब उस त्रिभुज में बड़े कोण की सम्मुख भुजा सदैव बड़ी होती है।*

दिया है ΔABC में, $\angle ACB > \angle ABC$

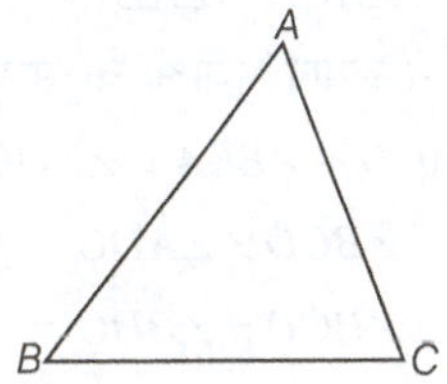

सिद्ध करना है $AB > AC$

उपपत्ति ΔABC में, भुजा AC व AB के लिए निम्न तीन स्थितियाँ हो सकती हैं, जिनमें से केवल एक स्थिति सत्य होगी।

I. $AB = AC$ II. $AB < AC$ III. $AB > AC$

स्थिति I. ΔABC में, यदि $AB = AC$ है, तो $\angle ACB = \angle ABC$

परंतु $\angle ACB > \angle ABC$ [दिया है]

$\therefore$ $\angle ACB \neq \angle ACB$

अत: $AB \neq AC$

स्थिति II. ΔABC में, यदि $AB < AC$ है, तो $\angle ABC > \angle ACB$

परंतु $\angle ACB > \angle ABC$ [दिया है]

$\therefore$ $\angle ABC \nless ACB$

अत: $AB \nless AC$

स्थिति III. ΔABC में, यदि $AB > AC$ है, तो $\angle ACB > \angle ABC$

परंतु $\angle ACB > \angle ABC$ [दिया है]

साथ ही, $AB \neq AC$ [स्थिति I से]

$AB \nless AC$ [स्थिति II से]

$\therefore$ $AB > AC$ अवश्य होगी।

अत: $AB > AC$ **इति सिद्धम्**

प्रमेय 3 *त्रिभुज की किन्हीं दो भुजाओं का योग सदैव तीसरी भुजा से बड़ा होता है।*

दिया है ABC एक त्रिभुज है।

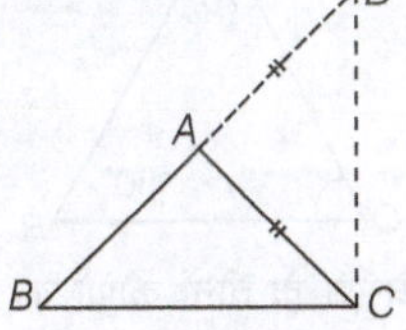

सिद्ध करना है

(i) $AB + AC > BC$

(ii) $AB + BC > AC$

(iii) $BC + AC > AB$

रचना भुजा BA को D तक इस प्रकार बढ़ाइए कि $AD = AC$ एवं CD को मिलाइए।

उपपत्ति ΔACD में, $AC = AD$ [रचना से]

$\therefore$ $\angle ACD = \angle ADC$

[$\because$ त्रिभुज में समान भुजाओं के सम्मुख कोण बराबर होते हैं]

अब, $\angle ACD + \angle BCA > \angle ADC$ [रचना से]

$\Rightarrow$ $\angle BCD > \angle ADC$ ...(i)

$\Rightarrow$ $\angle BCD > \angle BDC$ [$\because \angle ADC = \angle BDC$]

अब, ΔBDC में, $\angle BCD > \angle BDC$ [समी (i) से]

$\therefore$ $BD > BC$

[$\because$ त्रिभुज में बड़े कोण की सम्मुख भुजा सदैव बड़ी होती है]

$\Rightarrow$ $BA + AD > BC$ [$\because BD = BA + AD$]

$\Rightarrow$ $AB + AD > BC$ ...(ii)

परन्तु $AD = AC$ [रचना से] ...(iii)

समी (ii) व (iii) से, $AB + AC > BC$

इसी प्रकार, त्रिभुज की अन्य भुजाओं के लिए भी सिद्ध किया जा सकता है कि $AB + BC > AC$ तथा $BC + AC > AB$ **इति सिद्धम्**

उदाहरण 1 यदि a, b तथा c त्रिभुज की भुजाएँ हैं, तब त्रिभुज की कोई एक असमिका लिखिए।

हल त्रिभुज की दो भुजाओं का योग तीसरी भुजा से अधिक होता है।

अर्थात् $a + b > c$ या $b + c > a$ या $c + a > b$

उदाहरण 2 क्या भुजाओं की लंबाइयाँ 4 सेमी, 3 सेमी और 7 सेमी लेकर किसी त्रिभुज की रचना की जा सकती है? अपने उत्तर के कारण दीजिए

हल नहीं, क्योंकि यहाँ दो भुजाओं की लंबाइयों का योग तीसरी भुजा की लंबाई के बराबर है अर्थात् $4 + 3 = 7$, जबकि हमेशा एक त्रिभुज की दो भुजाओं की लंबाइयों का योग उसकी तीसरी भुजा की लंबाई से बड़ा होता है।

उदाहरण 3 ΔPQR में, $\angle P = 70°$ तथा $\angle R = 30°$, त्रिभुज की सबसे लंबी भुजा कौन-सी है? अपने उत्तर का कारण दीजिए।

हल दिया है, ΔPQR में, $\angle P = 70°$ तथा $\angle R = 30°$

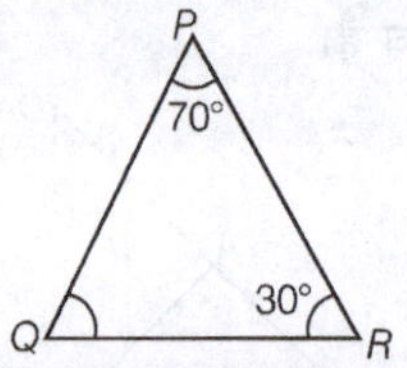

हम जानते हैं कि त्रिभुज के तीनों कोणों का योग 180° होता है।

$\therefore$ $\angle P + \angle Q + \angle R = 180°$

$\Rightarrow$ $70° + \angle Q + 30° = 180°$

$\Rightarrow$ $\angle Q = 180° - 100°$

$\Rightarrow$ $\angle Q = 80°$

यहाँ, $\angle Q$ सबसे बड़ा है, अतः PR सबसे लंबी भुजा है।

उदाहरण 4 सिद्ध कीजिए कि किसी भी त्रिभुज के तीनों शीर्षलंबों का योगफल उनकी तीनों भुजाओं के योगफल से कम होता है।

हल माना ΔABC के तीन शीर्षलंब CD, AE और BF हैं।

सिद्ध करना है $CD + AE + BF < AB + BC + CA$

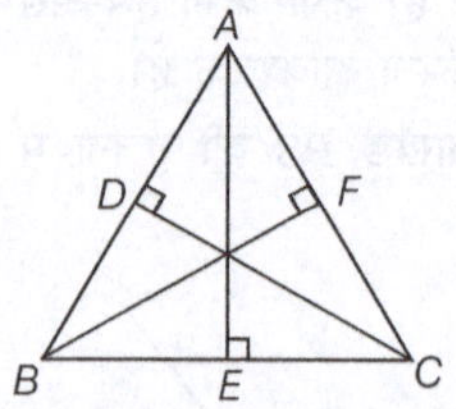

उपपत्ति किसी समकोण त्रिभुज में, कर्ण सबसे बड़ी भुजा होती है और ΔBCD, ΔABE और ΔABF समकोण त्रिभुज है।

इसलिए, $CD < BC$ ...(i)

$AE < AC$ ...(ii)

$BF < AB$ ...(iii)

समी (i), (ii) और (iii) को जोड़ने पर,

$CD + AE + BF < AB + BC + CA$ **इति सिद्धम्**

उदाहरण 5 ΔABC की भुजा BC का मध्य-बिंदु D इस प्रकार है कि $AD = AC$। दर्शाइए कि $AB > AD$ है।

हल दिया है ΔABC में, $AD = AC$

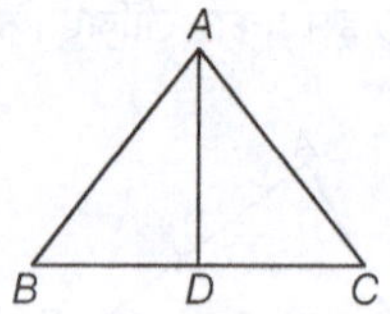

सिद्ध करना है $AB > AD$

उपपत्ति $\because$ $AD = AC$

$\therefore$ $\angle ACD = \angle ADC$ ...(i)

[$\because$ समान भुजाओं के सम्मुख कोण समान होते हैं]

अब, $\angle ADC$, ΔABD का बहिष्कोण है।

अर्थात् $\angle ADC > \angle ABD \Rightarrow \angle ACD > \angle ABD$ [$\because$ समी (i) से]

$\Rightarrow$ $\angle ACB > \angle ABC$

[$\because \angle ABD = \angle ABC$ तथा $\angle ACD = \angle ACB$]

$\Rightarrow$ $AB > AC$

[$\because$ बड़े कोण की सम्मुख भुजा बड़ी होती है]

$AB > AD$ [$\because AD = AC$, दिया है]

इति सिद्धम्

उदाहरण 6 दर्शाइए कि त्रिभुज की दो भुजाओं के मध्य अंतर, तीसरी भुजा से कम होता है।

हल माना कि ΔABC एक त्रिभुज है।

सिद्ध करना है $AC - AB < BC$, $BC - AC < AB$, $BC - AB < AC$

रचना AC पर बिंदु D इस प्रकार लेते हैं कि $AD = AB$ तथा BD को मिलाते हैं।

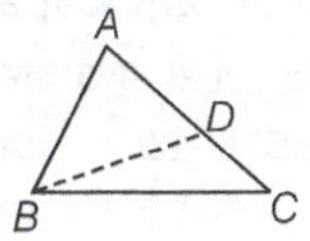

उपपत्ति ΔABD में, $\angle BDC$ बहिष्कोण है।

$\therefore \quad \angle BDC > \angle ABD$ ...(i)

[$\because$ बहिष्कोण का मान अंतःकोण से अधिक होता है]

ΔBDC में, $\angle ADB$ एक बहिष्कोण है।

$\therefore \quad \angle ADB > \angle DBC$ ...(ii)

[$\because$ बहिष्कोण का मान अंतःकोण से अधिक होता है]

ΔABD में, $AB = AD$ [रचना से]

$\Rightarrow \quad \angle ADB = \angle ABD$ ...(iii)

[$\because$ समान भुजाओं के सम्मुख कोण समान होते हैं]

समी (i) तथा (iii) से,

$\angle BDC > \angle ADB$ ...(iv)

$\Rightarrow \quad \angle BDC > \angle DBC$ [समी (ii) से]

$\Rightarrow \quad BC > CD$

[$\because$ बड़ी भुजा का सम्मुख कोण बड़ा होता है]

$\Rightarrow \quad CD < BC$

$\Rightarrow \quad AC - AD < BC$

$\Rightarrow \quad AC - AB < BC$ [$\because AD = AB$, रचना से]

इसी प्रकार, $BC - AC < AB$ तथा $BC - AB < AC$ **इति सिद्धम्**

उदाहरण 7 दी गई आकृति में, $\angle A$ का समद्विभाजक AD है, तब भुजाओं AB, AC तथा DC के मध्य संबंध बताइए।

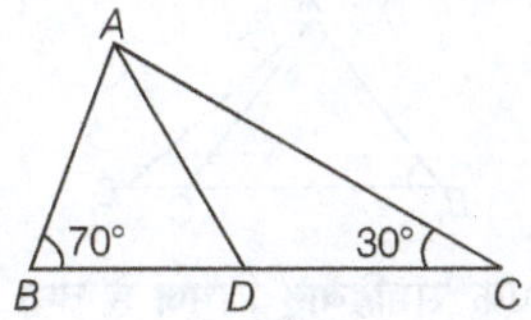

हल दिया है, AD, $\angle BAC$ का समद्विभाजक है।

ΔABC में, त्रिभुज के तीनों कोणों का योग 180° होता है।

$\therefore \quad \angle A = 180° - (\angle B + \angle C)$

$= 180° - (70° + 30°) = 80°$

$\Rightarrow \quad \angle BAD = \angle DAC = \frac{80°}{2} = 40°$

[$\because AD$, $\angle A$ का समद्विभाजक है]

ΔABD में, $\angle ADB = 180° - (\angle BAD + \angle ABD)$

[$\because$ त्रिभुज के तीनों कोणों का योग 180° होता है]

ΔADC में,

$\angle ADC = 180° - (\angle DAC + \angle ACD)$

[$\because$ त्रिभुज के तीनों कोणों का योग 180° होता है]

$= 180° - (40° + 30°)$

$= 180° - 70° = 110°$

तथा $\angle DCA < \angle CAD < \angle ADC$

[$\because \angle DCA = 30°, \angle CAD = 40°$ तथा $\angle ADC = 110°$]

$\Rightarrow \quad AD < DC < AC$

लेकिन $AB = AD$

$\therefore \quad AB < DC < AC$

उदाहरण 8 चतुर्भुज $ABCD$ में दर्शाइए कि $AB + BC + CD + DA < 2(BD + AC)$

हल **दिया है** $ABCD$ एक चतुर्भुज है।

सिद्ध करना है $AB + BC + CD + DA \angle 2 (BD + AC)$

रचना विकर्ण AC तथा BD को मिलाते हैं।

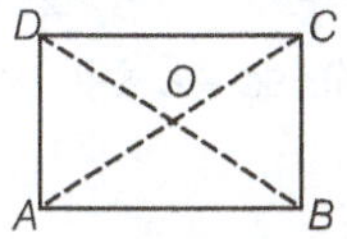

उपपत्ति ΔOAB में, $OA + OB > AB$ ...(i)

[$\because$ त्रिभुज की दो भुजाओं का योग तीसरी भुजा से अधिक होता है]

इसी प्रकार, ΔOBC में,

$OB + OC > BC$ ...(ii)

ΔOCD में, $OC + OD > CD$ ...(iii)

तथा ΔODA में, $OD + DA > DA$ ...(iv)

समी (i), (ii) तथा (iii) तथा (iv) को जोड़ने पर, हम प्राप्त करते हैं

$2[(OA + OB + OC + OD)] > AB + BC + CD + DA$

$\Rightarrow 2[(OA + OC) + (OB + OD)] > AB + BC + CD + DA$

$\Rightarrow 2(AC + BD) > AB + BC + CD + DA$

[$\because OA + OC = AC$ तथा $OB + OD = BD$]

$\Rightarrow AB + BC + CD + DA < 2(BD + AC)$ **इति सिद्धम्**

उदाहरण 9 सिद्ध कीजिए कि किसी त्रिभुज की किन्हीं दो भुजाओं का योग तीसरी भुजा पर खींची माध्यिका के दोगुने से अधिक होता है।

हल दी गई आकृति में, AD माध्यिका है।

हमें सिद्ध करना है कि $AB + AC > 2AD$ है।

AD को बिंदु E तक इस प्रकार बढ़ाइए कि $AD = DE$ है।

EC को मिलाइए।

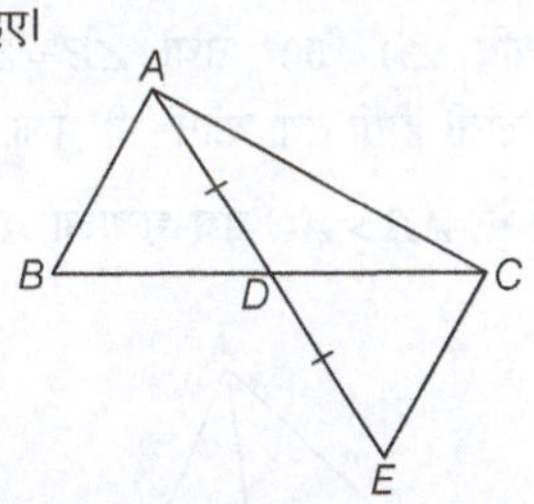

अब, ΔABD और ΔECD में,

$BD = CD$ [AD माध्यिका है]

$AD = DE$ [रचना द्वारा]

$\angle ADB = \angle EDC$ [शीर्षाभिमुख कोण]

इसलिए, $\Delta ABD \cong \Delta ECD$ [SAS सर्वांगसमता नियम से]

अतः $AB = EC$

[सर्वांगसम त्रिभुजों के संगत भाग] ...(i)

अब, ΔACE से, $AC + CE > AE$

इसलिए, $AC + AB > AD + DE$ [समी (i) से]

$\Rightarrow \quad AB + AC > AD + AD \Rightarrow AB + AC > 2AD$ **इति सिद्धम्**

उदाहरण 10 दी गई आकृति में, $AB = 8.5$ सेमी $BC = 6$ सेमी तथा $CA = 7.2$ सेमी $x°$, $y°$ तथा $z°$ को बढ़ते क्रम में लिखिए।

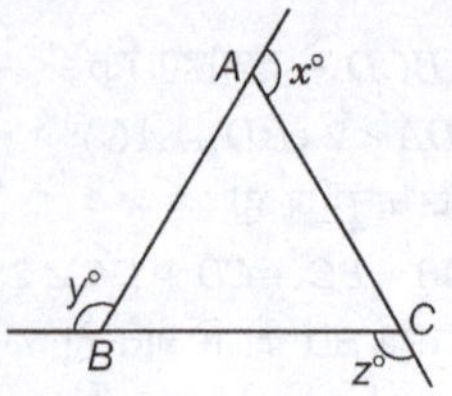

हल दिया है $AB = 8.5$ सेमी, $BC = 6$ सेमी, $CA = 7.2$ सेमी

$\therefore \quad AB > CA > BC \Rightarrow \angle C > \angle B > \angle A$

[$\because$ बड़ी भुजा का सम्मुख कोण बड़ा होता है]

असमिका के दोनों तरफ – 1 से गुणा करने पर,

$$-\angle C < -\angle B < -\angle A$$

[जब हम '–' से गुणा करते हैं तब असमिका परिवर्तित हो जाती है]

प्रत्येक पद में 180° जोड़ने पर,

$$(180° - \angle C) < (180° - \angle B) < (180° - \angle A)$$

$$z° < y° < x°$$ [त्रिभुज असमिका]

प्रश्नावली

1. क्या एक ऐसा त्रिभुज बनाना संभव है? जिसकी भुजाएँ 9 सेमी, 7 सेमी तथा 17 सेमी हैं। अपने उत्तर का कारण दीजिए।

2. ΔABC में, यदि $\angle A = 40°$ तथा $\angle B = 60°$ तब ΔABC की लंबी भुजा ज्ञात कीजिए।

3. दी गई आकृति में, ΔABC एक त्रिभुज है जिसकी भुजाएँ BC तथा DA क्रमशः बिंदु D तथा E तक बढ़ी हुई हैं, तब $AC > BC$ क्या यह सत्य है?

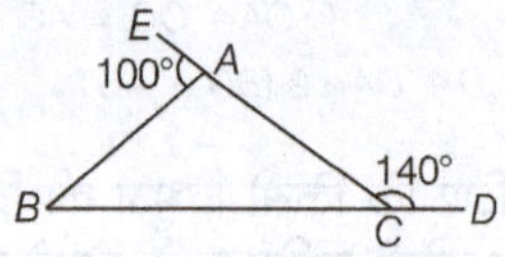

4. क्या भुजाओं की लंबाइयाँ 8 सेमी, 7 सेमी और 4 सेमी लेकर किसी त्रिभुज की रचना की जा सकती है? अपने उत्तर के लिए कारण भी दीजिए।

5. ΔABC में, यदि $\angle A = 50°$ तथा $\angle B = 30°$ तब त्रिभुज की कौन-सी भुजा लंबी होगी तथा कौन-सी भुजा छोटी होगी।

6. दी गई आकृति में, $AB > AC$ तब भुजाओं AB तथा AD के मध्य क्या संबंध है?

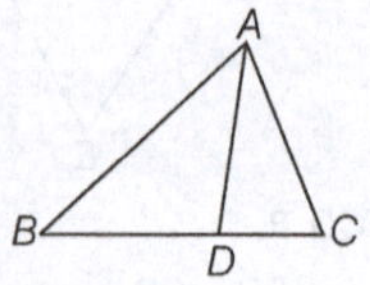

7. ΔABC का कोई अंतः बिंदु O है। दर्शाइए कि

$$OB + OC > AB + AC$$

8. चतुर्भुज ABC में दर्शाइए कि,

$$AB + BC + CD + DA > AC + BD$$

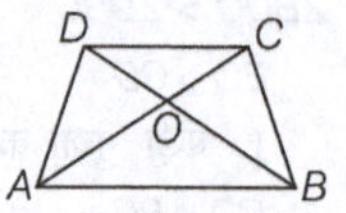

9. दी गई आकृति प्रश्न 8 में यदि AC, $\angle A$ का समद्विभाजक है, तब दर्शाइए कि

(i) $AB > BD$ (ii) $AC > CD$

10. दी गई आकृति में, यदि $\angle B = \angle C = 55°$ तथा $\angle D = 25°$, तब दर्शाइए कि $BC > CA$ तथा $CA < AD$ है।

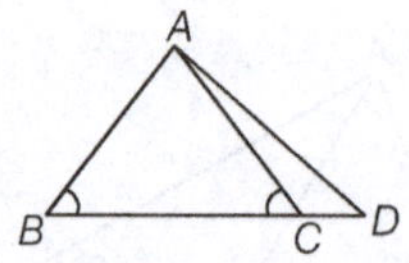

11. यदि ΔABC एक समद्विबाहु त्रिभुज है तथा $60° < A < 90°$, तब दर्शाइए कि $c < a < \sqrt{2}c$ है।

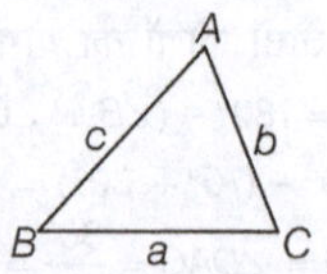

12. दी गई आकृति में, $PQ = PR$, सिद्ध कीजिए कि $PF > PE$।

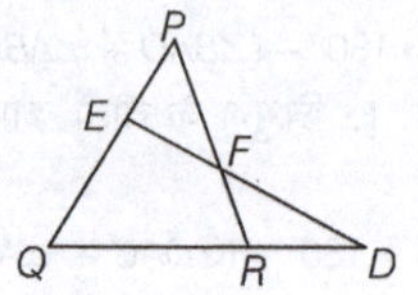

उत्तर

1. नहीं **2.** AB **5.** AB = लंबी भुजा तथा AC = छोटी भुजा

3. नहीं **4.** हाँ **6.** $AB > AD$

अध्याय

08

चतुर्भुज
(Quadrilaterals)

पिछले अध्यायों में हम त्रिभुजों के अनेक गुणों के बारे में अध्ययन कर चुके हैं। जैसा कि हमनें पढ़ा कि तीन असंरेख बिंदुओं को युग्मित रूप में जोड़ने पर जो आकृति प्राप्त होती है, वह त्रिभुज (Triangle) कहलाता है। इसी प्रकार, यदि एक समतल में चार बिंदु इस प्रकार स्थित हों, कि उनमें से तीन बिंदु असंरेखीय हों, तब इन चार बिंदुओं को क्रमागत जोड़ने से प्राप्त आकृति चतुर्भुज कहलाती है।

एक चतुर्भुज जिसकी सम्मुख भुजाएँ समांतर होती है, समांतर चतुर्भुज कहलाता है जिसे || gm द्वारा निरूपित करते हैं।

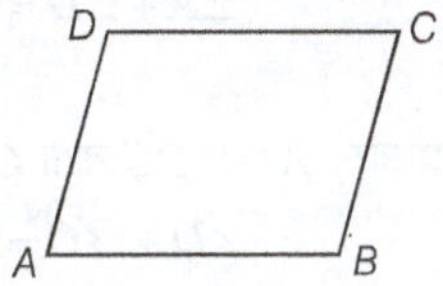

संलग्न आकृति में, $ABCD$ एक समांतर चतुर्भुज है, जिसमें $AB \parallel DC$ तथा $BC \parallel AD$ है।

टॉपिक्स
- *समांतर चतुर्भुज के गुणधर्म*
- *मध्य-बिंदु प्रमेय*

टॉपिक 1
समांतर चतुर्भुज के गुणधर्म

इस टॉपिक में, समांतर चतुर्भुज के गुणों व उपपत्तियों का अध्ययन करेंगे।

प्रमेय 1 *किसी समांतर चतुर्भुज का एक विकर्ण उसे दो सर्वांगसम त्रिभुजों में विभाजित करता है।*

दिया है $ABCD$ एक समांतर चतुर्भुज है, जिसमें एक विकर्ण AC है।

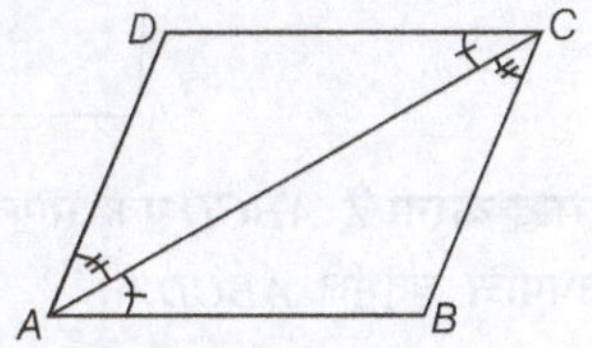

सिद्ध करना है $\Delta ABC \cong \Delta CDA$

उपपत्ति चूँकि $ABCD$ एक समांतर चतुर्भुज है।

$\therefore$ $AB \parallel DC$ तथा $BC \parallel AD$

ΔABC तथा ΔCDA में, $\angle BCA = \angle DAC$

[$\because BC \parallel AD$ तथा AC तिर्यक रेखा है, इसलिए एकांतर कोणों के युग्म बराबर होते हैं]

$\therefore$ $\angle BAC = \angle DCA$ [$\because AB \parallel DC$ तथा AC एक तिर्यक रेखा है]

$AC = AC$ [उभयनिष्ठ भुजाएँ]

इसलिए, एकांतर कोणों के युग्म बराबर होते हैं।

$\therefore$ $\Delta ABC \cong \Delta CDA$ [ASA सर्वांगसमता नियम से]

इसी प्रकार हम सिद्ध कर सकते हैं कि

$\Delta ABC \cong \Delta CDA$

अतः समांतर चतुर्भुज का विकर्ण उसे दो सर्वांगसम त्रिभुजों में विभाजित करता है।

प्रमेय 2 *एक समांतर चतुर्भुज में सम्मुख भुजाएँ बराबर होती हैं।*

दिया है $ABCD$ एक समांतर चतुर्भुज है।

सिद्ध करना है $AB = DC$ तथा $BC = AD$

रचना AC को मिलाये।

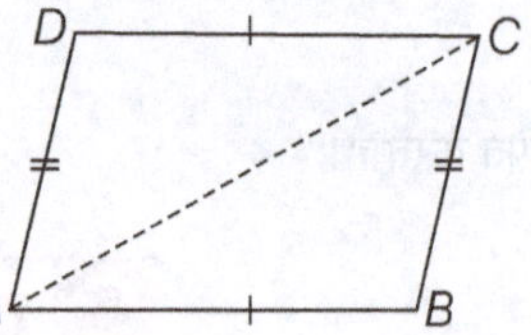

उपपत्ति हम जानते हैं कि समांतर चतुर्भुज का विकर्ण उसे दो सर्वांगसम त्रिभुजों में विभाजित करता है।

$\therefore$ $\Delta ABC \cong \Delta CDA$

तब, $AB = DC$ [CPCT से]

साथ ही, $\Delta ABC \cong \Delta CDA$

$\therefore$ $AD = BC$ [CPCT से]

अतः समांतर चतुर्भुज में सम्मुख भुजाएँ बराबर होती हैं।

प्रमेय 3 *यदि एक चतुर्भुज की सम्मुख भुजाओं का प्रत्येक युग्म बराबर हो, तब वह एक समांतर चतुर्भुज होता है।*

दिया है एक चतुर्भुज $ABCD$ है, जिसमें सम्मुख भुजाएँ बराबर हैं अर्थात् $AB = DC$ तथा $BC = AD$ है।

सिद्ध करना है $ABCD$ एक समांतर चतुर्भुज है अर्थात् $AB \parallel DC$ तथा $BC \parallel AD$ है।

रचना AC को मिलाये।

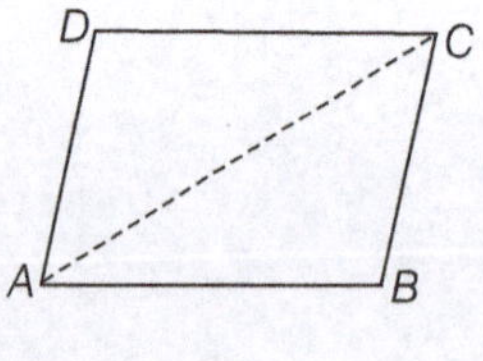

उपपत्ति ΔABC तथा ΔCDA में,

$AC = AC$ [उभयनिष्ठ भुजा]

$AB = DC$ [दिया है]

$BC = AD$ [दिया है]

$\therefore$ $\Delta ABC \cong \Delta CDA$ [SSS सर्वांगसमता नियम से]

तब $\angle BAC = \angle ACD$

तथा $\angle BCA = \angle CAD$ [CPCT से]

परंतु यह एकांतर कोणों के युग्म हैं।

$\therefore$ $AB \parallel CD$ तथा $BC \parallel AD$

अतः $ABCD$ एक समांतर चतुर्भुज है।

प्रमेय 4 *एक समांतर चतुर्भुज में सम्मुख कोण बराबर होते हैं।*

दिया है $ABCD$ एक समांतर चतुर्भुज है।

$\therefore$ $AB \parallel DC$ तथा $BC \parallel AD$

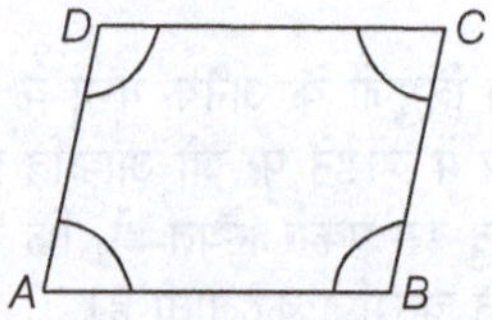

सिद्ध करना है $\angle A = \angle C$ तथा $\angle B = \angle D$

उपपत्ति चूँकि $AB \parallel DC$ तथा AD एक तिर्यक रेखा है।

तब, $\angle A + \angle D = 180°$ ...(i)

[क्रमागत अंतः कोण]

इसी प्रकार, $AD \parallel BC$ तथा CD एक तिर्यक रेखा है।

तब, $\angle D + \angle C = 180°$ ...(ii)

[क्रमागत अंतः कोण]

समी (i) व (ii) से,

$$\angle A + \angle D = \angle D + \angle C \Rightarrow \angle A = \angle C$$

इसी प्रकार, हम सिद्ध कर सकते हैं कि $\angle B = \angle D$

अतः समांतर चतुर्भुज में सम्मुख कोण बराबर होते हैं।

प्रमेय 5 *यदि एक चतुर्भुज में सम्मुख कोणों का प्रत्येक युग्म समान (बराबर) हो, तब वह एक समांतर चतुर्भुज होता है।*

दिया है $ABCD$ एक चतुर्भुज है जिसमें $\angle A = \angle C$ तथा $\angle B = \angle D$

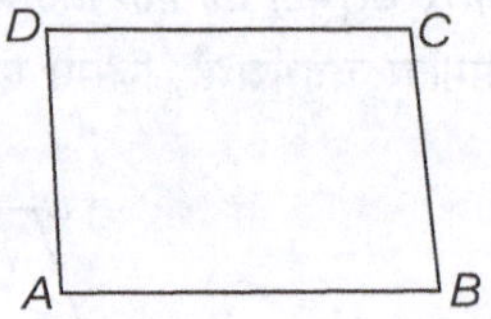

सिद्ध करना है $ABCD$ एक समांतर चतुर्भुज है।

उपपत्ति चतुर्भुज $ABCD$ में,

$\angle A = \angle C$ [दिया है] ...(i)

तथा $\angle B = \angle D$ [दिया है] ...(ii)

समी (i) तथा (ii) को जोड़ने पर,

$$\angle A + \angle B = \angle C + \angle D \quad \text{... (iii)}$$

या $$\angle A + \angle D = \angle B + \angle C \quad \text{...(iv)}$$

[समी (i) तथा (ii) के उपयोग से]

अब, चतुर्भुज के कोणों के योग गुणधर्म से,

$$\angle A + \angle B + \angle C + \angle D = 360° \quad \text{...(v)}$$

समी (iii) से, $\angle C + \angle D$ के मान समी (v) में रखने पर,

$$\angle A + \angle B + \angle A + \angle B = 360°$$

$$\Rightarrow \quad 2(\angle A + \angle B) = 360°$$

$$\Rightarrow \quad \angle A + \angle B = 180°$$

$$\therefore \quad \angle A + \angle B = \angle C + \angle D = 180°$$ [समी (iii) से]

चूँकि रेखा AB, AD तथा BC को क्रमशः बिंदु A व B पर इस प्रकार प्रतिच्छेदित करती है कि

$$\angle A + \angle B = 180°$$ [क्रमागत अंतः कोण]

$$\therefore \quad AD \parallel BC$$

समी (iv) से, $\angle B + \angle C$ का मान समी (v) में रखने पर,

$$2(\angle A + \angle D) = 360°$$

$$\Rightarrow \quad \angle A + \angle D = 180°$$

$$\therefore \quad \angle A + \angle D = \angle B + \angle C = 180°$$ [समी (iv) से]

चूँकि रेखा AD, AB व DC को क्रमशः A तथा D पर इस प्रकार प्रतिच्छेदित करती है, कि

$$\angle A + \angle D = 180°$$ [क्रमागत अंतः कोण]

$$\therefore \quad AB \parallel DC$$

अतः $ABCD$ एक समांतर चतुर्भुज है।

प्रमेय 6 *समांतर चतुर्भुज के विकर्ण एक-दूसरे को (परस्पर) समद्विभाजित करते हैं।*

दिया है $ABCD$ एक समांतर चतुर्भुज है, जिसके विकर्ण AC तथा BD परस्पर बिंदु O पर प्रतिच्छेद करते हैं।

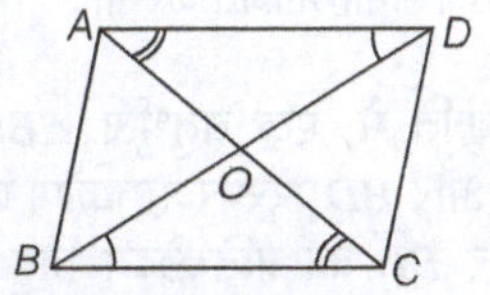

सिद्ध करना है $OA = OC$ तथा $OB = OD$

उपपति ΔAOD तथा ΔCOB में,

$\angle ADO = \angle CBO$ [$\because BC \parallel AD$ तथा BD तिर्यक रेखा इसलिए एकांतर कोण बराबर होंगे।]

$\angle DAO = \angle BCO$ [$\because BC \parallel AD$ तथा AC तिर्यक रेखा है, इसलिए एकांतर कोण बराबर होंगे]

तथा $AD = BC$ [समांतर चतुर्भुज $ABCD$ की सम्मुख भुजाएँ बराबर होती हैं]

$\therefore \quad \Delta AOD = \Delta COB$ [ASA सर्वांगसमता नियम से]

तब, $OA = OC$ तथा $OB = OD$ [CPCT से]

अतः समांतर चतुर्भुज के विकर्ण परस्पर समद्विभाजित करते हैं।

प्रमेय 7 *यदि एक चतुर्भुज के विकर्ण एक दूसरे को समद्विभाजित करें, तो वह एक समांतर चतुर्भुज होता है।*

दिया है $ABCD$ एक चतुर्भुज है जिसके विकर्ण AC तथा BD परस्पर बिंदु O पर समद्विभाजित करते हैं

अर्थात् $OA = OC$ और $OB = OD$

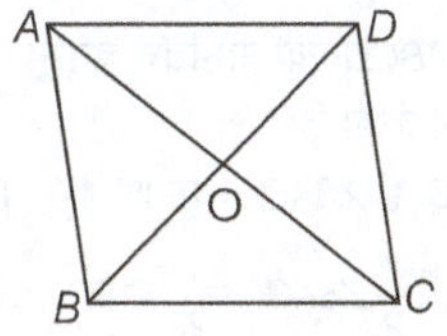

सिद्ध करना है $ABCD$ एक समांतर चतुर्भुज है।

उपपत्ति ΔAOB तथा ΔCOD में,

$OA = OC$ [दिया है]

$OB = OD$ [दिया है]

$\angle AOB = \angle COD$ [शीर्षाभिमुख कोण]

$\Delta AOB \cong \Delta COD$ [SAS सर्वांगसमता नियम से]

तब $\angle ODC = \angle OBA$ [CPCT से]

परंतु उपरोक्त एकांतर कोण तिर्यक रेखा BD द्वारा रेखा AB तथा DC को प्रतिच्छेद करने से प्राप्त होते हैं।

$\therefore \quad AB \parallel DC$

इसी प्रकार, $BC \parallel AD$

अतः $ABCD$ एक समांतर चतुर्भुज है।

समांतर चतुर्भुज के गुणधर्मों पर आधारित प्रश्न

उदाहरण 1 दो समांतर रेखाओं l और m को तिर्यक रेखा t पर प्रतिच्छेद करती है, तब दर्शाइए कि अंतः कोणों के समद्विभाजकों द्वारा निर्मित चतुर्भुज एक आयत होगा।

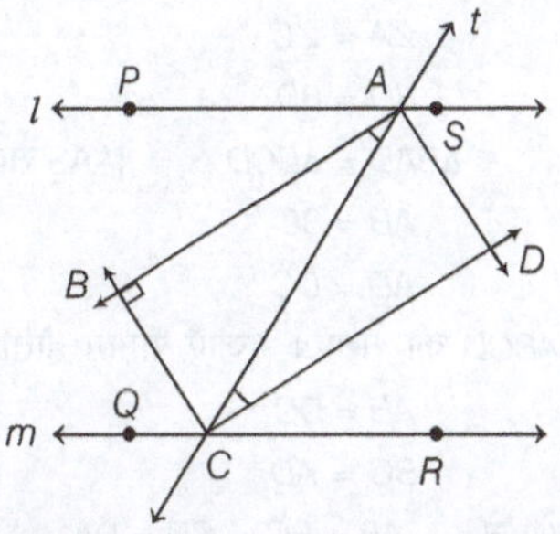

हल रेखाएँ l और m समांतर हैं अर्थात् $PS \parallel QR$ तथा तिर्यक रेखा t, PS और QR को क्रमशः बिंदुओं A और C पर प्रतिच्छेद करती हैं।

$\angle PAC$ तथा $\angle ACQ$ के समद्विभाजक बिंदु B पर तथा $\angle ACR$ तथा $\angle SAC$ के समद्विभाजक बिंदु D पर प्रतिच्छेद करते हैं।

हमें यहाँ दर्शाना है कि चतुर्भुज $ABCD$ एक आयत है।

चूँकि, $PS \parallel CR$ तथा t एक तिर्यक रेखा है।

$\therefore$ $\angle PAC = \angle ACR$ [एकांतर कोण]

$\Rightarrow$ $\frac{1}{2}\angle PAC = \frac{1}{2}\angle ACR$

$\Rightarrow$ $\angle BAC = \angle ACD$

उपरोक्त कोण तिर्यक रेखा AC द्वारा रेखाओं AB और CD को प्रतिच्छेदित करने से प्राप्त होते हैं।

इसलिए, $AB \parallel DC$

समान रूप से, $BC \parallel AD$

इसलिए, चतुर्भुज $ABCD$ एक समांतर चतुर्भुज है।

अब, PS एक सरल रेखा है।

इसलिए, $\angle PAC + \angle SAC = 180°$ [रैखिक युग्म अभिगृहीत]

$\Rightarrow$ $\frac{1}{2}\angle PAC + \frac{1}{2}\angle SAC = \frac{1}{2} \times 180°$

[दोनों पक्षों को $\frac{1}{2}$ से गुणा करने पर]

$\Rightarrow$ $\angle BAC + \angle DAC = 90°$

$\Rightarrow$ $\angle BAD = 90°$

यहाँ, समांतर चतुर्भुज $ABCD$ का एक कोण समकोण है।

इसलिए, $ABCD$ एक आयत है। **इति सिद्धम्**

उदाहरण 2 ***ABCD* एक आयत है, जिसमें विकर्ण *BD*, ∠*B* को समद्विभाजित करता है, तब दर्शाइए कि *ABCD* एक वर्ग है।**

[NCERT Exemplar]

हल **दिया है** आयत $ABCD$ में, विकर्ण BD, $\angle B$ को समद्विभाजित करता है।

सिद्ध करना है $ABCD$ एक वर्ग है।

रचना AC को मिलाये।

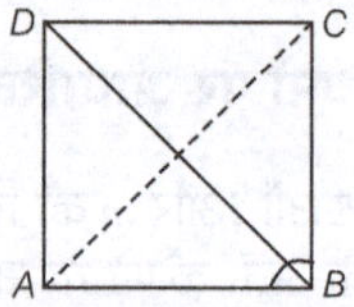

उपपत्ति ΔBAD तथा ΔBCD में, $\angle ABD = \angle CBD$ [दिया है]

तथा $\angle A = \angle C$ [प्रत्येक समकोण]

तथा $BD = BD$ [उभयनिष्ठ भुजा]

$\therefore$ $\Delta BAD = \Delta BCD$ [AAS सर्वांगसमता नियम से]

तब, $AB = BC$

तथा $AD = DC$ ...(i) [CPCT से]

परंतु आयत $ABCD$ की सम्मुख भुजाएँ समान होती हैं।

$\therefore$ $AB = DC$

तथा $BC = AD$ ... (ii)

समी (i) तथा (ii) से, $AB = BC = CD = DA$

अतः $ABCD$ एक वर्ग है। **इति सिद्धम्**

उदाहरण 3 **संलग्न आकृति में, एक वर्ग *ABCD* तथा *EF* || *BD* है। बिंदु *M*, *EF* का मध्य बिंदु है, तब सिद्ध कीजिए कि रेखा *AM*, ∠*BAD* को समद्विभाजित करेगा।**

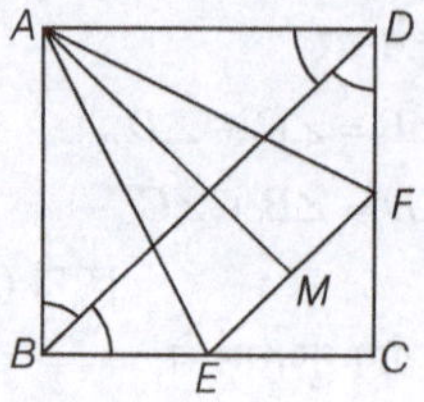

हल दिया है, $ABCD$ एक वर्ग तथा BD विकर्ण है।

$\therefore$ $\angle CBD = \angle CDB = \frac{1}{2} \times 90° = 45°$

[$\because$ वर्ग के विकर्ण परस्पर शीर्षों को समद्विभाजित करते हैं]

साथ ही, $FE \parallel BD$ [दिया है]

इसलिए, $\angle CEF = \angle CBD = 45°$ [संगत कोण]

तथा $\angle CFE = \angle CDB = 45°$ [संगत कोण]

$\Rightarrow$ $CE = CF$ [$\because$ समान कोणों की सम्मुख भुजाएँ बराबर होती हैं]

$\Rightarrow$ $BC - CE = CD - CF$ [$\because BC = CD$]

$\Rightarrow$ $BE = DF$ ...(i)

अब ΔABE तथा ΔADF में,

$AB = AD$ [वर्ग की भुजाएँ]

$\angle ABE = \angle ADF$ [प्रत्येक समकोण]

$BE = DF$ [समी (i) से]

$\Delta ABE \cong \Delta ADF$ [SAS सर्वांगसमता नियम से]

तब, $AE = AF$ [CPCT से] ...(ii)

तथा $\angle BAE = \angle DAF$ ... (iii)

अब ΔAEM तथा ΔAFM में,

$AE = AF$ [समी (ii) से]

$ME = MF$ [M, EF का मध्य बिंदु है]

$AM = AM$ [उभयनिष्ठ भुजा]

$\Delta AEM \cong \Delta AFM$ [SSS सर्वांगसमता नियम से]

अतः $\angle EAM = \angle FAM$ [CPCT से]...(iv)

समी (iii) तथा (iv) को जोड़ने पर,

$\angle BAE + \angle EAM = \angle DAF + \angle FAM$

$\Rightarrow$ $\angle BAM = \angle DAM$

अतः AM, $\angle BAD$ को समद्विभाजित करेगा। **इति सिद्धम्**

उदाहरण 4 **निम्न आकृति में, एक चतुर्भुज *ABCD* इस प्रकार है कि *AC* = *BD* तथा *AC* और *BD* परस्पर समकोण पर समद्विभाजित करते हैं। बिंदु *O*, *AC* और *BD* का प्रतिच्छेदन बिंदु है। तब, दर्शाइए कि *ABCD* एक वर्ग है।**

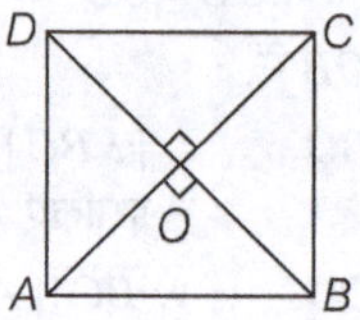

हल दिया है, $ABCD$ एक चतुर्भुज इस प्रकार है कि $AC = BD$ तथा AC व BD परस्पर बिंदु O पर समकोण समद्विभाजित करते हैं।

$\therefore$ $OA = OB = OC = OD$ [$\because AC = BD$] ...(i)

तथा $\angle AOB = \angle BOC = \angle COD = \angle DOA = 90°$ ... (ii)

हमें यहाँ सिद्ध करना है कि चतुर्भुज $ABCD$ एक वर्ग है।

अब ΔAOB में, $OA = OB$ [दिया है]

तथा $\angle AOB = 90°$ [दिया है]

$\therefore$ $\angle OAB = \angle OBA = 45°$

[समान भुजाओं के सम्मुख कोण बराबर होते हैं]

इस प्रकार सिद्ध कर सकते हैं कि

$\angle OAD = \angle ODA = 45°$

तथा $\angle OBC = \angle OCB = 45°$

तब, $\angle A = \angle BAD = \angle BAO + \angle OAD = 45° + 45°$

$\Rightarrow$ $\angle A = 90°$

इसी प्रकार, $\angle B = \angle ABC = \angle OBA + \angle OBC$

$= 45° + 45° = 90°$

साथ ही, $\angle C = 90°$ तथा $\angle D = 90°$

ΔAOB तथा ΔCOB में, $OA = OC$ [दिया है]

$OB = OB$ [उभयनिष्ठ भुजा]

तथा $\angle AOB = \angle BOC$ [दिया है]

$\therefore$ $\Delta AOB \cong \Delta COB$ [SAS सर्वांगसमता नियम से]

तब, $AB = BC$ [CPCT से]

इस प्रकार, सिद्ध कर सकते हैं कि

$BC = CD$ तथा $CD = AD$

अतः $AB = BC = CD = AD$

तथा $\angle A = \angle B = \angle C = \angle D = 90°$

अतः चतुर्भुज $ABCD$ एक वर्ग है। **इति सिद्धम्**

उदाहरण 5 निम्न आकृति में, एक समांतर चतुर्भुज $ABCD$ है जिसमें बिंदु P तथा Q सम्मुख भुजाओं AB और DC के मध्य-बिंदु है। यदि भुजा AQ, भुजा DP को बिंदु S तथा भुजा BQ, भुजा CP को बिंदु R पर प्रतिच्छेद करे, तब दर्शाइए कि

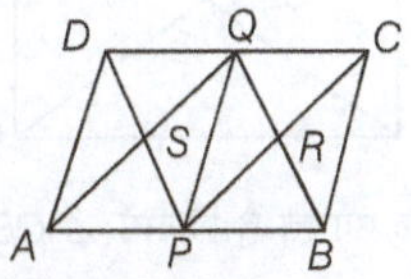

(i) $APCQ$ एक समांतर चतुर्भुज है।

(ii) $DPBQ$ एक समांतर चतुर्भुज है।

(iii) $PSQR$ एक समांतर चतुर्भुज है।

हल दिया है, $ABCD$ एक समांतर चतुर्भुज है।

$\therefore$ $AB \parallel DC, AB = DC$

तथा $AD \parallel BC, AD = BC$

$\because P$ तथा Q भुजाओं AB तथा CD के मध्य-बिंदु हैं।

(i) चतुर्भुज $APCQ$ में,

$AP \parallel QC$ [$\because AB \parallel DC$] ....(i)

अब, $AP = \frac{1}{2}AB$ तथा $QC = \frac{1}{2}DC$ .... (ii)

[$\because P$ तथा Q क्रमशः AB तथा CD के मध्य बिंदु है]

चूँकि, $AB = DC$ [दिया है]

$\Rightarrow$ $\frac{1}{2}AB = \frac{1}{2}CD$

$\Rightarrow$ $AP = QC$ [समी (ii) से]

यहाँ, $AP \parallel QC$ तथा $AP = QC$

अतः $APCQ$ एक समांतर चतुर्भुज है।

(ii) इसी प्रकार चतुर्भुज $DPBQ$ में,

$BP \parallel QD$

तथा $BP = QD$

$\therefore DPBQ$ एक समांतर चतुर्भुज है।

(iii) चूँकि, $DPBQ$ एक समांतर चतुर्भुज है।

$\therefore$ $DP \parallel QB$

$\Rightarrow$ $SP \parallel QR$ ...(iii)

तथा $APCQ$ भी एक समांतर चतुर्भुज है।

$\therefore$ $AQ \parallel PC$

$\Rightarrow$ $SQ \parallel PR$ ...(iv)

समी (iii) तथा (iv) से,

$SP \parallel QR$ तथा $SQ \parallel PR$

अतः $PSQR$ एक समांतर चतुर्भुज है। **इति सिद्धम्**

उदाहरण 6 दर्शाइए कि समांतर चतुर्भुज में दो क्रमागत कोणों के अर्द्धक परस्पर समकोण पर प्रतिच्छेद करते हैं।

हल **दिया है** $ABCD$ एक समांतर चतुर्भुज इस प्रकार है कि क्रमागत कोणों A तथा B के अर्द्धक बिंदु P पर प्रतिच्छेद करते हैं।

सिद्ध करना है $\angle APB = 90°$

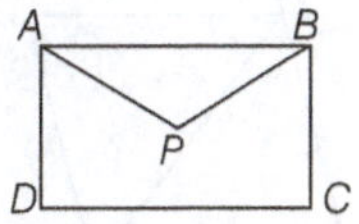

यहाँ, $\angle A + \angle B = 180°$ [$\because AD \parallel BC$ तथा $\angle A$ और $\angle B$ क्रमागत अंतः कोण हैं]

$\Rightarrow$ $\frac{1}{2}\angle A + \frac{1}{2}\angle B = 90°$ [दोनों पक्षों को 2 से भाग करने पर]

परंतु ΔAPB में,

$\frac{1}{2}\angle A + \frac{1}{2}\angle B + \angle APB = 180°$

[त्रिभुज के कोणों के योग गुणधर्म से]

$\Rightarrow$ $90° + \angle APB = 180°$ [समी (i) से]

$\Rightarrow$ $\angle APB = 90°$ **इति सिद्धम्**

उदाहरण 7 निम्न आकृति में, $PQRS$ एक समचतुर्भुज है। SQ और PR समचतुर्भुज के विकर्ण परस्पर बिंदु O पर प्रतिच्छेद करते हैं। यदि $\angle OPQ = 35°$ हो, तब $\angle ORS + \angle OQP$ का मान ज्ञात कीजिए।

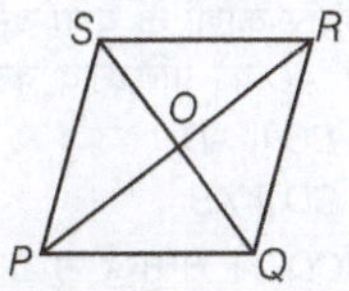

हल दिया है, $PQRS$ एक समचतुर्भुज है।

$\Rightarrow PQRS$ एक समांतर चतुर्भुज भी होगा।

चूँकि, $PQ \parallel SR$ तथा PR एक तिर्यक रेखा है।

$\therefore$ $\angle ORS = \angle OPQ = 35°$ [एकांतर कोण] ...(i)

साथ ही, समचतुर्भुज के विकर्ण परस्पर समकोण पर प्रतिच्छेद करते हैं।

$\therefore \quad \angle SOR = 90°$ ....(ii)

अब ΔSOR में,

$\angle RSO + \angle SOR + ORS = 180°$

[त्रिभुज के कोणों के योग गुणधर्म से]

$\Rightarrow \quad \angle RSO = 180° - \angle SOR - \angle ORS$

$\Rightarrow \quad \angle RSO = 180° - 90° - 35°$

[समी (i) तथा (ii) से]

$\Rightarrow \quad \angle RSO = 55°$

$\Rightarrow \quad \angle OQP = 55°$

[$\because PQ \parallel SR$ तथा QS तिर्यक रेखा है]...(iii)

$\therefore$ समी (i) तथा (iii) से,

$\angle ORS + \angle OQP = 35° + 55° = 90°$

उदाहरण 8 दिया है एक समद्विबाहु ΔABC है जिसमें $AB = AC$ है। भुजा AD, बाह्य $\angle PAC$ को समद्विभाजित करती है तथा $DC \parallel AB$ चित्र की सहायता से, दर्शाइए कि

(i) $\angle DAC = BCA$

(ii) $ABCD$ एक समांतर चतुर्भुज है।

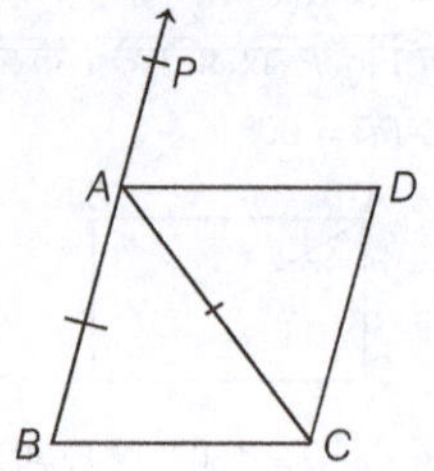

हल (i) दिया है, ΔABC एक समद्विबाहु त्रिभुज है जिसमें $AB = AC$

इसलिए, $\angle ACB = \angle ABC$ [$\because$ समान भुजाओं के सम्मुख कोण बराबर होते हैं]

अब, $\angle PAC = \angle ABC + \angle ACB$ [त्रिभुज के बाह्य कोण]

$\Rightarrow \quad \angle PAC = 2\angle ACB$ [$\because \angle ABC = \angle ACB$] ....(i)

चूँकि, भुजा AD, $\angle PAC$ को समद्विभाजित करती है।

इसलिए, $\angle PAC = 2\angle DAC$ ...(ii)

समी (i) तथा (ii) से,

$2\angle ACB = 2\angle DAC$

$\Rightarrow \quad \angle ACB = \angle DAC$ ...(iii)

(ii) समी (iii) से,

$\angle DAC = \angle BCA$

उपरोक्त कोण एकांतर कोणों के युग्म बनाते हैं, जब तिर्यक रेखा AC, रेखाखंड़ों BC और AD को प्रतिच्छेद करती है।

$\therefore \quad BC \parallel AD$

साथ ही, $\quad CD \parallel AB$ [दिया है]

चूँकि, चतुर्भुज $ABCD$ की सम्मुख भुजाओं के दोनों युग्म समांतर है इसलिए, $ABCD$ एक समांतर चतुर्भुज है। **इति सिद्धम्**

उदाहरण 9 दी गई आकृति में, $ABCD$ एक समचतुर्भुज है। यदि $\angle ABC = 68°$ है, तब $\angle ACD$ का मान ज्ञात कीजिए।

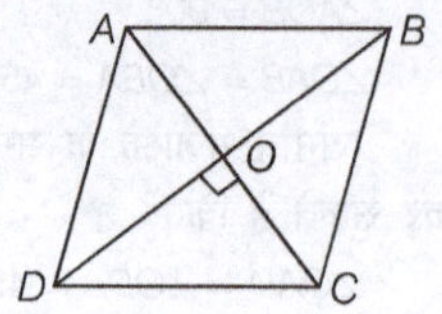

हल दिया है, $ABCD$ एक समचतुर्भुज है।

$\Rightarrow \quad \angle ADC = \angle ABC = 68°$ [$\because$ समांतर चतुर्भुज के सम्मुख कोण बराबर होते हैं]

अब, $\quad \angle ODC = \frac{1}{2}\angle ADC$

$\Rightarrow \quad \angle ODC = \frac{1}{2} \times 68° = 34°$

अब ΔOCD में,

$\angle OCD + \angle ODC + \angle COD = 180°$

[त्रिभुज के कोण योग गुणधर्म से]

$\Rightarrow \quad \angle OCD + 34° + 90° = 180°$

[$\because \angle COD = 90°$, समचतुर्भुज के विकर्ण परस्पर समकोण पर प्रतिच्छेद करते हैं]

$\Rightarrow \quad \angle OCD + 124° = 180°$

$\Rightarrow \quad \angle OCD = 180° - 124°$

$\Rightarrow \quad \angle OCD = 56°$ या $\angle ACD = 56°$

उदाहरण 10 निम्न आकृति में, $ABCD$ एक आयत है, जिसके विकर्ण AC और BD परस्पर बिंदु O पर प्रतिच्छेद करते हैं। यदि $\angle AOB = 32°$ है, तब $\angle OCD$ का मान ज्ञात कीजिए।

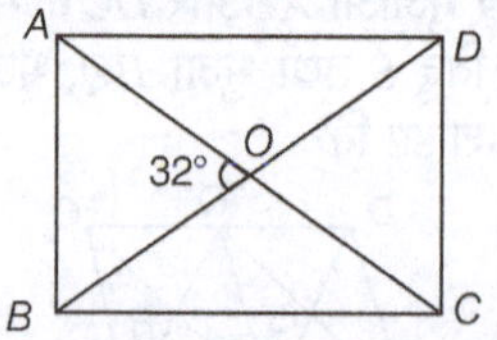

हल दिया है, $ABCD$ एक आयत है जिसमें $\angle AOB = 32°$

माना $\angle OCD = x$

चूँकि, आयत के विकर्ण बराबर तथा परस्पर समद्विभाजित करते हैं।

$\therefore \quad OD = OC$

$\Rightarrow \quad \angle OCD = \angle ODC = x$ [$\because$ समान भुजाओं के सम्मुख कोण बराबर होते हैं]

साथ ही, $\quad \angle AOB = \angle COD = 32°$ [$\because$ शीर्षाभिमुख कोण]

अब ΔOCD में,

$\angle COD + \angle OCD + \angle ODC = 180°$

[त्रिभुज के कोण योग गुणधर्म से]

$\Rightarrow \quad 32° + x + x = 180° \Rightarrow 2x + 32° = 180°$

$\Rightarrow \quad 2x = 180° - 32°$

$\Rightarrow \quad 2x = 148° \Rightarrow x = \frac{148°}{2} \Rightarrow x = 74°$

अतः $\angle OCD = 74°$

प्रश्नावली 8.1

1. निम्नलिखित कथनों के लिए अपने उत्तर का औचित्य दीजिए।

(i) चतुर्भुज $ABCD$ के तीन कोण बराबर हैं। क्या यह समांतर चतुर्भुज है? क्यों और क्यों नहीं?

(ii) चतुर्भुज $ABCD$ के विकर्ण AC तथा BD परस्पर बिंदु O पर इस प्रकार प्रतिच्छेद करते हैं कि $OA:OC = 3:2$, क्या $ABCD$ एक समांतर चतुर्भुज है?

(iii) $ABCD$ एक समांतर चतुर्भुज है यदि इसके विकर्ण बराबर हैं, तब $\angle ABC$ का मान ज्ञात कीजिए। **[NCERT Exemplar]**

2. दी गई आकृति में, $ABCD$ एक समांतर चतुर्भुज है। यहाँ बिंदु E तथा F क्रमशः सम्मुख भुजाओं AD और BC पर इस प्रकार स्थित हैं कि $ED = \frac{1}{2}AD$ तथा $BF = \frac{1}{3}BC$ है।

यदि $\angle ADF = 60°$ है, तब $\angle BFD$ का मान ज्ञात कीजिए।

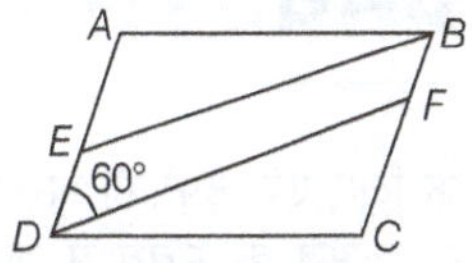

3. दी गई आकृति में, $PQRS$ एक समांतर चतुर्भुज है, जिसमें भुजा PQ को T तक इस प्रकार बढ़ाया गया कि $QT = PQ$, तब सिद्ध कीजिए कि ST भुजा RQ को समद्विभाजित करेगी।

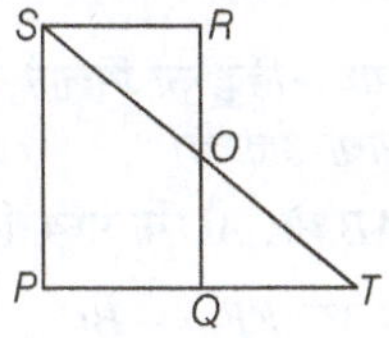

4. चतुर्भुज$ABCD$ एक समचतुर्भुज है एवं $\angle ABC = 56°$ है, तो $\angle DCA$ का मान ज्ञात कीजिए।

संकेत एवं हल

1. (i) यह आवश्यक नहीं है कि चतुर्भुज एक समांतर चतुर्भुज हो क्योंकि यदि $\angle A = \angle B = \angle C = 80°$ हो, तब $\angle D = 120°$

यहाँ, $\angle B \neq \angle D$

(ii) $ABCD$ एक समांतर चतुर्भुज नहीं है क्योंकि समांतर चतुर्भुज के विकर्ण परस्पर समद्विभाजित करते हैं। यहाँ, $OA \neq OC$

(iii) चूँकि, समांतर चतुर्भुज $ABCD$ के विकर्ण बराबर हैं। इसलिए यह एक आयत होगा। अतः $\angle ABC = 90°$

2. संकेत $ABCD$ एक समांतर चतुर्भुज है।

$\therefore \quad AD \parallel BC \Rightarrow AD \parallel BF$

तथा DF एक तिर्यक रेखा है।

$\therefore \quad \angle ADF + \angle BFD = 180° \Rightarrow \angle BFD = 180° - 60° = 120°$

3. संकेत $PQRS$ एक समांतर चतुर्भुज है।

$\therefore \quad PQ = SR$ ...(i)

दिया है, $\quad PQ = QT$ ...(ii)

समी (i) व (ii), से, $\quad PQ = SR = QT$

चूँकि, $\quad \Delta SOR \cong \Delta TOQ$ [ASA सर्वांगसमता नियम से]

तब, $\quad OQ = OR$ [CPCT से]

4. दिया है, $ABCD$ एक समचतुर्भुज है तथा $\angle ABC = 56°$

$\because \quad AB \parallel DC$ तथा AC एक तिर्यक रेखा है।

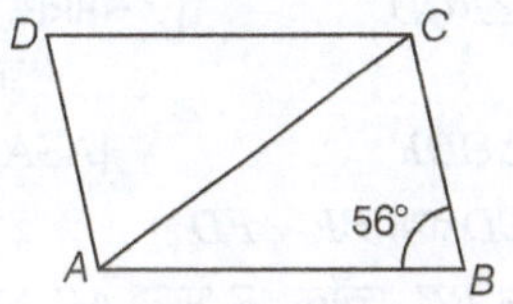

$\therefore \quad \angle DCB + \angle ABC = 180°$ [$\because$ अंतः कोणों का योग 180° होता है]

$\Rightarrow \quad \angle DCB = 180° - \angle ABC$

$= 180° - 56° = 124°$ [$\because \angle ABC = 56°$]

चूँकि विकर्ण AC, $\angle DCB$ को समद्विभाजित करता है।

अतः $\angle DCA = \frac{1}{2} \times 124° = 62°$

टॉपिक 2

मध्य-बिंदु प्रमेय

मध्य-बिंदु प्रमेय त्रिभुज के लिए एक उपयोगी परिणाम है, जिसकी सहायता से हम त्रिभुज व समांतर चतुर्भुज के संबंध में कुछ रोचक और उपयोगी परिणाम प्राप्त करेंगे।

मध्य-बिंदु प्रमेय (Mid-Point Theorem)

त्रिभुज की दो भुजाओं के मध्य-बिंदु को मिलाने वाला रेखाखंड तीसरी भुजा के समांतर तथा उसका आधा होता है।

दिया है ΔABC में, भुजा AB और AC के मध्य-बिंदु क्रमश: E तथा F हैं।

सिद्ध करना है $EF \parallel BC$ तथा $EF = \frac{1}{2} BC$

रचना शीर्ष C से $CD \parallel BA$ खींचे तथा भुजा EF को बिंदु D तक बढ़ाएँ।

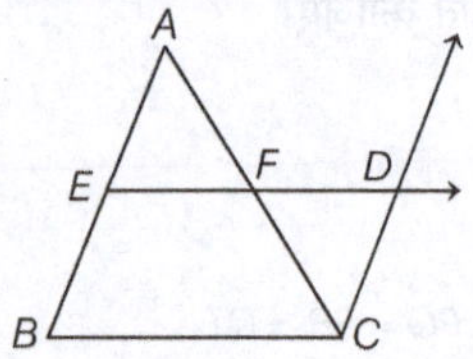

उपपत्ति ΔAEF तथा ΔCDF में,

$\angle AFE = \angle CFD$ [शीर्षाभिमुख कोण]

$AF = FC$ [$\because$ F भुजा AC का मध्य-बिंदु है]

तथा $\angle EAF = \angle FCD$ [$\because$ समांतर रेखाओं BA तथा CD के मध्य एकांतर कोण]

$\therefore$ $\Delta AEF \cong \Delta CDF$ [ASA सर्वांगसमता नियम से]

तब, $AE = CD$ तथा $EF = FD$ [CPCT से]...(i)

साथ ही, $AE = BE$ [चूँकि, E भुजा AB का मध्य-बिंदु है] ...(ii)

समी (i) तथा (ii) से,

$AE = BE = CD$ ... (iii)

तथा $BE \parallel CD$ [रचना से]

इसलिए, $BCDE$ एक समांतर चतुर्भुज है।

तब, $ED \parallel BC$ या $EF \parallel BC$

[$\because$ सम्मुख भुजाओं का एक युग्म समांतर और बराबर होता है]

तथा $ED = BC$

अब, $BC = ED = EF + FD$

$= 2EF$ [समी (i) से]

$\Rightarrow$ $EF = \frac{1}{2} BC$

अत: त्रिभुज की दो भुजाओं के मध्य-बिंदुओं को मिलाने वाला रेखाखंड तीसरी भुजा के समांतर तथा उसका आधा होता है। **इति सिद्धम्**

मध्य-बिंदु प्रमेय का विलोम

त्रिभुज की एक भुजा के मध्य-बिंदु से अन्य भुजा के समांतर खींची गई रेखा, तीसरी भुजा को उसके मध्य-बिंदु पर प्रतिच्छेदित करती है।

दिया है ΔABC में, E भुजा AB का मध्य-बिंदु तथा $EF \parallel BC$

सिद्ध करना है F, AC का मध्य-बिंदु है।

रचना $CM \parallel BA$ खींचे तथा भुजा EF को इस प्रकार बढ़ाये कि यह CM को D पर प्रतिच्छेद करे

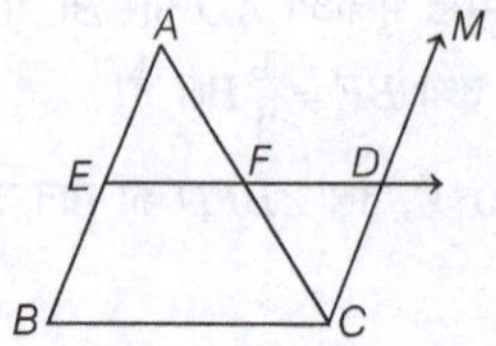

उपपत्ति ΔAEF तथा ΔCDF में,

$\angle FAE = \angle FCD$ [एकांतर कोण]

$\angle AEF = \angle FDC$ [एकांतर कोण]

तथा $CD = AE$ [$\because$ $BCDE$ एक समांतर चतुर्भुज है $\therefore CD = BE = AE$]

$\therefore$ $\Delta AEF \cong \Delta CDF$ [ASA सर्वांगसमता नियम से]

तब, $AF = CF$ [CPCT से]

अत: बिंदु F, AC का मध्य-बिंदु है।

वैकल्पिक विधि

माना F, AC का मध्य-बिंदु नहीं है तथा D, AC का मध्य-बिंदु है। ED को मिलाये।

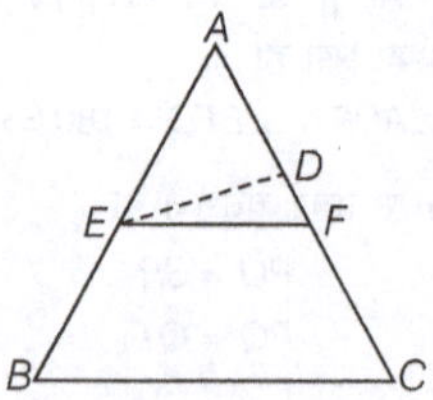

ΔABC में, बिंदु E भुजा AB का तथा बिंदु D भुजा AC का मध्य-बिंदु है।

तब, मध्य-बिंदु प्रमेय से,

$ED \parallel BC$ ...(i)

किंतु $EF \parallel BC$ [दिया है] ... (ii)

समी (i) व (ii) से, $ED \parallel EF \parallel BC$

परंतु यह समांतर रेखा अभिगृहीत का विरोधाभासी है।

इसलिए, हमारा यह मान लेना असत्य है कि AC का मध्य-बिंदु F नहीं है।

अत: AC का मध्य-बिंदु F है। **इति सिद्धम्**

उदाहरण 1 एक समबाहु ΔABC की भुजाओं AB, BC और CA के मध्य-बिंदु क्रमशः L, M और N है। दर्शाइए कि ΔLMN भी एक समबाहु त्रिभुज है।

हल **दिया है** समबाहु ΔABC जिसमें L, M और N क्रमशः भुजाओं AB, BC और CA के मध्य-बिंदु है।

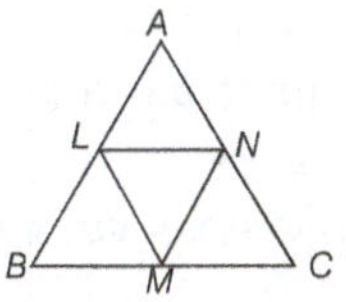

सिद्ध करना है ΔLMN एक समबाहु त्रिभुज है।

उपपत्ति चूँकि, L और N क्रमशः भुजाओं AB और BC के मध्य-बिंदु है।

$\therefore \quad LN = \frac{1}{2} BC \quad$ [मध्य-बिंदु प्रमेय से]

इसी प्रकार, $\quad LM = \frac{1}{2} AC$ तथा $MN = \frac{1}{2} AB$

अब, ΔABC एक समबाहु त्रिभुज है।

$\therefore \quad AB = BC = CA$

$\Rightarrow \quad \frac{1}{2} AB = \frac{1}{2} BC = \frac{1}{2} CA$

$\Rightarrow \quad MN = LN = LM$

अतः ΔLMN एक समबाहु त्रिभुज है। **इति सिद्धम्**

उदाहरण 2 E और F क्रमशः एक समलंब $ABCD$ की असमांतर AD और BC भुजाओं के मध्य-बिंदु क्रमशः E तथा F हैं। सिद्ध कीजिए कि $EF \parallel AB$ और $EF = \frac{1}{2}(AB + CD)$ है। **[NCERT Exemplar]**

[**संकेत** BE को मिलाइए तथा इसे बढ़ाई गई CD से G पर मिलने के लिए बढ़ाइए।]

हल दिया है, $ABCD$ एक समलंब चतुर्भज है, जिसमें $AB \parallel CD$ तथा E एवं F क्रमशः भुजाओं AD तथा BC के मध्य-बिंदु हैं। अब, BE को मिलाये तथा इसका विस्तार करते हैं जो रेखा CD को बिंदु G पर मिलती है।

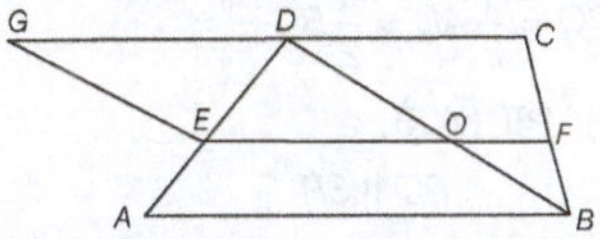

ΔGCB में, मध्य-बिंदु प्रमेय से,

$EF \parallel GC$

परंतु $\quad GC$ या $CD \parallel AB \quad$ [दिया है]

$\therefore \quad EF \parallel AB$

अब, रेखा BD खींचे जो रेखा EF को बिंदु O पर प्रतिच्छेद करती है।

ΔADB में, $AB \parallel EO$ तथा E भुजा AD का मध्य-बिंदु है।

$\therefore$ मध्य-बिंदु प्रमेय के विलोम से, O भुजा BD का मध्य-बिंदु है।

साथ ही, $\quad EO = \frac{1}{2} AB \quad$ ...(i)

ΔBDC में, $OF \parallel CD$ तथा O भुजा BD का मध्य-बिंदु है।

$\therefore \quad OF = \frac{1}{2} CD \quad$ [मध्य-बिंदु प्रमेय से] ...(ii)

अब, समी (i) तथा (ii) जोड़ने पर,

$$EO + OF = \frac{1}{2} AB + \frac{1}{2} CD$$

$$\Rightarrow \quad EF = \frac{1}{2}(AB + CD)$$

इति सिद्धम्

उदाहरण 3 l, m और n तीन समांतर रेखाएँ हैं, जो तिर्यक रेखाओं p और q द्वारा इस प्रकार प्रतिच्छेदित हैं कि l, m और n रेखा p पर समान अंतःखंड AB और BC काटती है। दर्शाइए कि l, m और n रेखा q पर भी समान अंतःखंड DE और EF काटती है।

हल **दिया है** $l \parallel m \parallel n$ और $AB = BC$

सिद्ध करना है $DE = EF$

रचना बिन्दु A को F से मिलाएँ।

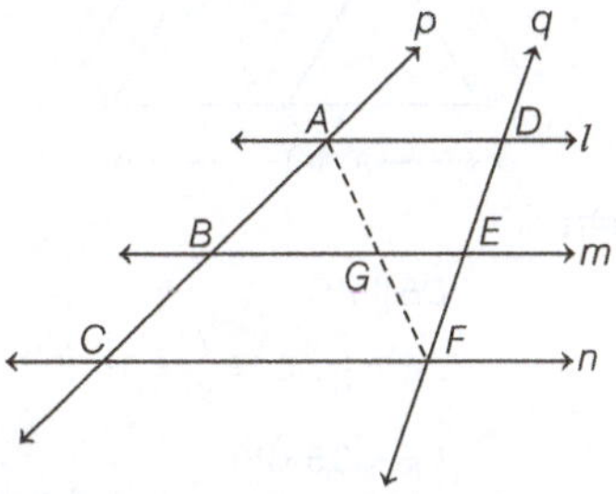

उपपत्ति ΔACF में, B भुजा AC का मध्य-बिंदु है। $\quad [\because AB = BC]$

तथा $\quad BG \parallel CF \quad [\because m \parallel n]$

मध्य-बिंदु प्रमेय के विलोम से, बिंदु G भुजा AF का मध्य-बिंदु होगा।

अब ΔAFD में, बिंदु G भुजा AF का मध्य-बिंदु है।

तथा $\quad GE \parallel AD \quad [\because l \parallel m]$

इसलिए, मध्य-बिंदु प्रमेय के विलोम से E भुजा DF का मध्य-बिंदु होगा।

तब, $\quad DE = EF$

अतः l, m तथा n रेखा q पर भी समान अंतःखंड DE और EF काटती हैं।

इति सिद्धम्

उदाहरण 4 ΔABC एक समद्विबाहु त्रिभुज है जिसमें $AB = AC$ है। D तथा E क्रमशः भुजाओं AB और AC के मध्य-बिंदु हैं तथा $DE = 3.5$ सेमी है, तब ΔABC का परिमाप ज्ञात कीजिए, जबकि $AD = 4.5$ सेमी हो।

हल दिया है, ΔABC में, $AB = AC$, D और E क्रमशः भुजाओं AB व AC के मध्य-बिंदु हैं तथा $AD = DB = 4.5$ सेमी

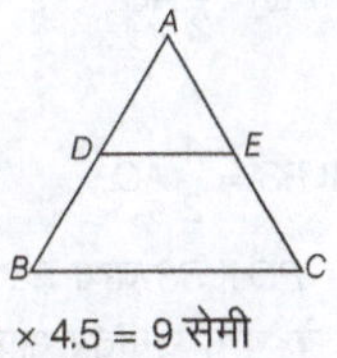

तब, $AB = 2AD = 2 \times 4.5 = 9$ सेमी

इसलिए, $AB = AC = 9$ सेमी

चूँकि, D तथा E क्रमशः भुजाओं AB और AC के मध्य-बिंदु हैं।

इसलिए मध्य-बिंदु प्रमेय से,

$DE \parallel BC$ तथा $DE = \frac{1}{2} BC$

तब, $\quad BC = 2DE = 2 \times 3.5$

$= 7$ सेमी $\quad [\because DE = 3.5$ सेमी$]$

अब, ΔABC का परिमाप $= AB + BC + CA$

$= 9 + 7 + 9 = 25$ सेमी

उदाहरण 5 ΔABC में, $AB = 5$ सेमी, $BC = 8$ सेमी तथा $CA = 7$ सेमी है। यदि D और E क्रमशः भुजाओं AB और BC के मध्य-बिंदु हैं, तब DE की लंबाई ज्ञात कीजिए। **[NCERT Exemplar]**

हल ΔABC में, $AB = 5$ सेमी, $BC = 8$ सेमी तथा $CA = 7$ सेमी

चूँकि, D और E क्रमशः भुजाओं AB और BC के मध्य-बिंदु हैं।

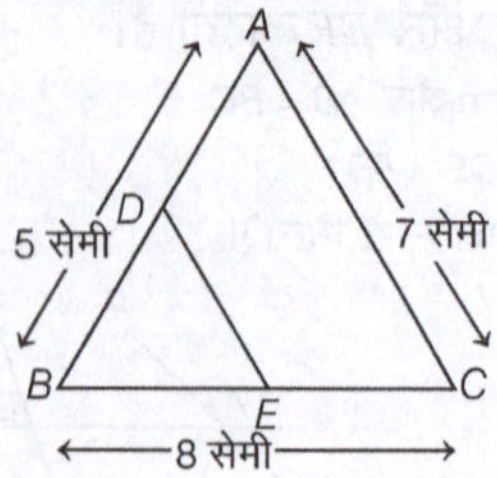

मध्य-बिंदु प्रमेय से,

$$DE \parallel AC$$

तथा $DE = \frac{1}{2}AC = \frac{7}{2} = 3.5$ सेमी

$\Rightarrow$ $DE = 3.5$ सेमी

अतः DE की लंबाई 3.5 सेमी है।

उदाहरण 6 $ABCD$ एक पतंग है, जिसमें $AB = AD$ तथा $CD = CB$ है। तब, सिद्ध कीजिए कि क्रमागत भुजाओं के मध्य-बिंदु को मिलाने से प्राप्त आकृति एक आयत होगी।

हल दी गई आकृति में, माना P, Q, R तथा S क्रमशः भुजाओं AB, BC, CD और DA के मध्य-बिंदु है।

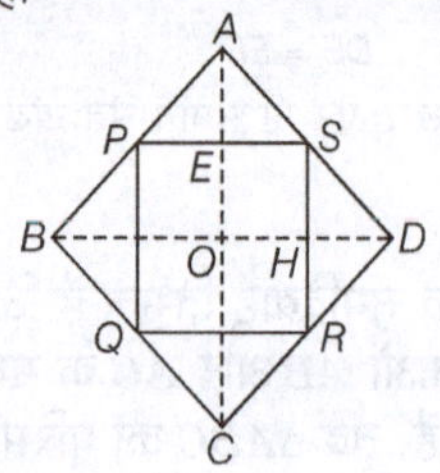

AC तथा BD को मिलाये जोकि परस्पर बिंदु O पर प्रतिच्छेद करते हैं।

अब ΔABC में, $PQ \parallel AC$

तथा $PQ = \frac{1}{2}AC$ [मध्य-बिंदु प्रमेय से] ...(i)

तथा ΔACD में,

$RS \parallel AC$ तथा $RS = \frac{1}{2}AC$ [मध्य-बिंदु प्रमेय से]... (ii)

समी (i) तथा (ii) से, $PQ \parallel RS$ तथा $PQ = RS$

चूँकि, सम्मुख भुजाओं के युग्म समांतर और बराबर होते हैं।

इसलिए, $PQRS$ एक समांतर चतुर्भुज है।

साथ ही, $AB = AD$ [दिया है] ... (iii)

इसलिए A, BD के लंबार्द्धक पर स्थित होगा।

अतः $CB = CD$ [दिया है] ...(iv)

इसी प्रकार, C, BD के लंबार्द्धक पर स्थित होगा।

समी (iii) तथा (iv) से, रेखा AC, BD का लंबार्द्धक होगा।

अर्थात् $AC \perp BD \Rightarrow \angle AOD = 90°$

स्पष्टतः $HS \parallel OE$ तथा $SE \parallel OH$

इसलिए, $SEOH$ एक समांतर चतुर्भुज है।

अतः $\angle ESH = \angle EOH = 90°$

इसलिए, समांतर चतुर्भुज $PQRS$ एक आयत है। **इति सिद्धम्**

उदाहरण 7 $ABCD$ एक समलंब है, जिसमें $AB \parallel DC$ तथा $AD = BC$ है। यदि P, Q, R और S क्रमशः भुजाओं BA, BD, CD और CA के मध्य-बिंदु है, तब दर्शाइए कि $PQRS$ एक समांतर चतुर्भुज होगा।

हल ΔABC में, P तथा S क्रमशः भुजाओं AB और AC के मध्य-बिंदु है।

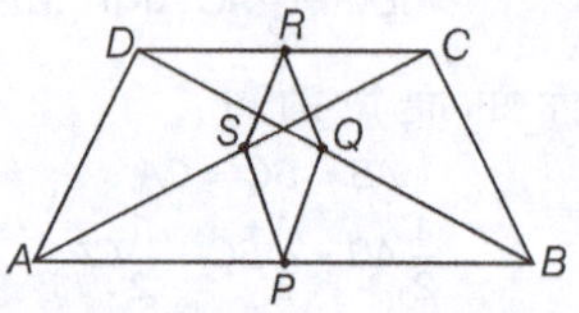

$\because$ $PS \parallel BC$ तथा $PS = \frac{1}{2}BC$ ... (i)

[मध्य-बिंदु प्रमेय से]

इसी प्रकार, $QR \parallel BC$ तथा $QR = \frac{1}{2}BC$ ... (ii)

समी (i) तथा (ii) से, $PS \parallel QR$

तथा $PS = QR$ ...(iii)

ΔACD में, S तथा R क्रमशः भुजाओं AC तथा CD के मध्य-बिंदु हैं।

$\therefore$ $SR \parallel AD$

तथा $SR = \frac{1}{2}AD = \frac{1}{2}BC$ [$AD = BC$, दिया है]...(iv)

इसी प्रकार, $PQ \parallel AD$

तथा $PQ = \frac{1}{2}AD = \frac{1}{2}BC$ ... (v)

अतः समी (iv) तथा (v) से,

$PQ \parallel SR$

तथा $PQ = SR$ ... (vi)

समी (iii) तथा (vi) से,

$PS = QR = SR = PQ$

तथा $PQ \parallel SR$ और $PS \parallel QR$

अतः $PQRS$ एक समचतुर्भुज है। **इति सिद्धम्**

प्रश्नावली 8.2

1. D तथा E क्रमशः ΔABC की भुजाओं AB और AC के मध्य-बिंदु है। यदि ΔABC का परिमाप = 38 सेमी है, तब ΔADE का परिमाप ज्ञात कीजिए।

2. D, E और F क्रमशः ΔABC की भुजाओं BC, CA और AB के मध्य-बिंदु है। यदि ΔABC का परिमाप 12.8 सेमी है, तब ΔDEF का परिमाप ज्ञात कीजिए।

3. ΔABC में, $AB = 13$ सेमी, $BC = 16$ सेमी तथा $AC = 8$ सेमी है, तब त्रिभुज की भुजाओं के मध्य-बिंदुओं को मिलाने से प्राप्त त्रिभुज का परिमाप ज्ञात कीजिए।

4. P, Q, R तथा S क्रमशः चतुर्भुज $ABCD$ की भुजाओं AB, BC, CD और DA के मध्य-बिंदु इस प्रकार है कि $AC \perp BD$ है, तब सिद्ध कीजिए कि $PQRS$ एक आयत है।

5. P, Q, R और S क्रमशः चतुर्भुज $ABCD$ की भुजाओं AB, BC, CD तथा DA के मध्य-बिंदु है, जिसमें $AC = BD$ है, तब सिद्ध कीजिए कि $PQRS$ एक समचतुर्भुज है। **[NCERT Exemplar]**

6. दी गई आकृति में, दिया है कि $BDEF$ तथा $FDCE$ समांतर चतुर्भुज है। यदि $BD = 8$ सेमी है, तब CD का मान ज्ञात कीजिए।

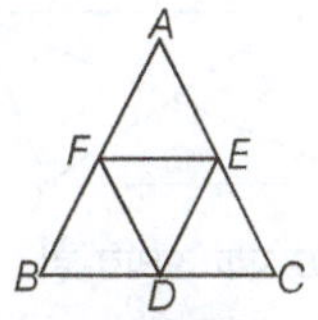

7. ΔABC में, AD माध्यिका तथा $DE \parallel AB$ इस प्रकार है कि बिंदु E, AC पर स्थित है, तब सिद्ध कीजिए कि BE दूसरी माध्यिका है।

8. ΔABC में, माध्यिका AD को बिंदु Y तक इस प्रकार बढ़ाये कि $AD = DY$, तब सिद्ध कीजिए कि $ABYC$ एक समांतर चतुर्भुज है।

संकेत एवं हल

1. **संकेत** $\because AB + BC + CA = 38$ सेमी

$\Rightarrow \frac{1}{2}AB + \frac{1}{2}BC + \frac{1}{2}CA = \frac{38}{2}$

$\Rightarrow \quad AD + DE + AE = 19$ सेमी

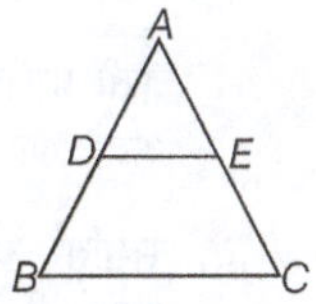

2. प्रश्न 1 की भाँति स्वयं हल करें। **उत्तर** 6.4 सेमी

3. **संकेत** $DF = \frac{1}{2}AC = \frac{8}{2} = 4$

$FE = \frac{1}{2}AB = \frac{13}{2} = 6.5$

$ED = \frac{1}{2}BC = \frac{16}{2} = 8$

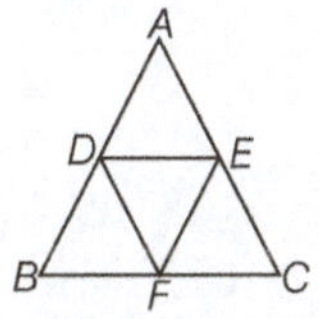

उत्तर 18.5 सेमी

4. **संकेत** $\because AC \perp BD$

$\therefore \quad \angle COD = \angle AOD = \angle AOB = \angle COB = 90°$

ΔADC में, मध्य-बिंदु प्रमेय से,

$SR \parallel AC$ तथा $SR = \frac{1}{2}AC$ ...(i)

इसी प्रकार, ΔABC में,

$PQ \parallel AC$ तथा $PQ = \frac{1}{2}AC$ ... (ii)

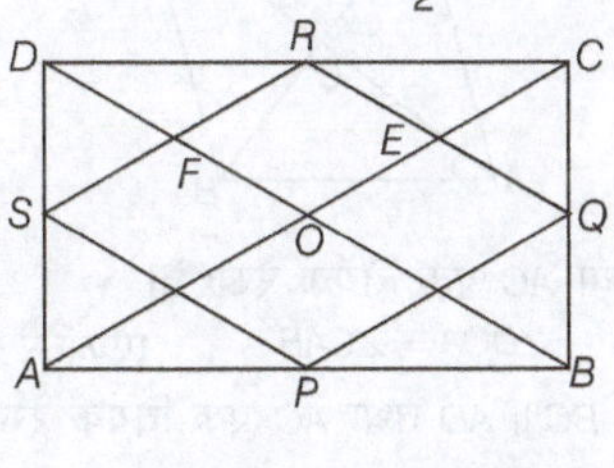

समी (i) तथा (ii) से, $PQ \parallel SR$ तथा $PQ = SR = \frac{1}{2}AC$ ...(iii)

इसी प्रकार, $SP \parallel RQ$ तथा $SP = RQ = \frac{1}{2}BD$ ... (iv)

चतुर्भुज $EOFR$ में, $OE \parallel FR$ तथा $OF \parallel ER$

$\therefore \quad \angle EOF = \angle ERF = 90°$

अतः $EOFR$ एक आयत है।

5. **संकेत** प्रश्न 4 की भाँति स्वयं हल करें।

यहाँ, $AC = BD$ [दिया है]

इसलिए, $SR = PQ = SP = RQ = \frac{1}{2}AC = \frac{1}{2}BD$

6. समांतर चतुर्भुज $BDEF$ में, $BD \parallel FE$ तथा $BD = FE$ ...(i)

समांतर चतुर्भुज $FDCE$ में, $DC \parallel FE$ तथा $DC = FE$ ... (ii)

समी (i) तथा (ii) से, $BD = DC = FE = 8$ सेमी

7. **संकेत** AD माध्यिका है, इसलिए D भुजा BC का मध्य-बिंदु है।

साथ ही, $DE \parallel AB$

इसलिए मध्य-बिंदु प्रमेय से, E, AC का मध्य-बिंदु है।

अतः BE माध्यिका है।

8. **संकेत** $\because AD$ माध्यिका है।

$\therefore \quad BD = DC$

तथा $\quad AD = DY$ [दिया है]

तब, $\quad \Delta ABD \cong \Delta YCD$

[SAS सर्वांगसमता नियम से]

$\therefore \quad AB = CY$

इसी प्रकार, $\quad AC = BY$

अतः $ABYC$ एक समांतर चतुर्भुज है।

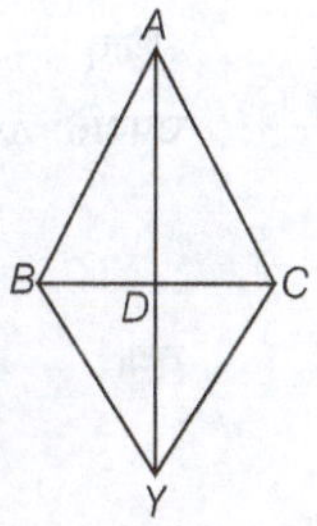

NCERT फोल्डर

प्रश्नावली 8.1

1. **यदि एक समांतर चतुर्भुज के विकर्ण बराबर हों, तो दर्शाइए कि वह एक आयत है।**

हल **दिया है** $ABCD$ एक समांतर चतुर्भुज है, जिसके विकर्ण AC तथा BD समान हैं अर्थात् $AC = BD$

सिद्ध करना है $ABCD$ एक आयत है।

उपपत्ति ΔABC तथा ΔDCB में,

$AB = CD$ [समांतर चतुर्भुज की सम्मुख भुजा]

$BC = CB$ [दोनों त्रिभुजों में उभयनिष्ठ है]

तथा $AC = BD$ [दिया है]

$\therefore$ $\Delta ABC \cong \Delta DCB$ [SSS सर्वांगसमता नियम से]

तब, $\angle ABC = \angle DCB$ ...(i) [CPCT से]

परन्तु $DC \parallel AB$ तथा तिर्यक रेखा CB इन्हें प्रतिच्छेद करती है।

$\therefore$ $\angle ABC + \angle DCB = 180°$

[$\because$ दोनों तिर्यक रेखा के एक ही ओर के अंतः कोण हैं]

$\Rightarrow$ $\angle ABC + \angle ABC = 180°$ [समी (i) से]

$\Rightarrow$ $2\angle ABC = 180°$

$\Rightarrow$ $\angle ABC = 90° = \angle DCB$

इस प्रकार, $ABCD$ एक समांतर चतुर्भुज है, जिसका एक कोण समकोण है। अतः $ABCD$ एक आयत है। **इति सिद्धम्**

2. **दर्शाइए कि एक वर्ग के विकर्ण बराबर होते हैं और परस्पर समकोण पर समद्विभाजित करते हैं।**

हल **दिया है** $ABCD$ एक वर्ग है, जिसके विकर्ण AC तथा BD बिंदु O पर प्रतिच्छेद करते हैं।

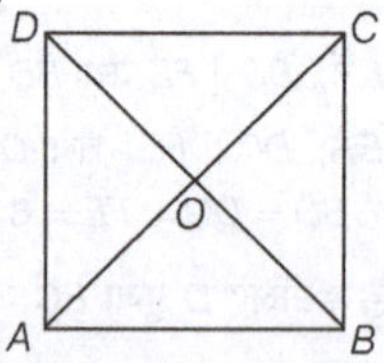

सिद्ध करना है विकर्ण बराबर होते हैं और परस्पर समकोण पर समद्विभाजित करते हैं

अर्थात् $AC = BD, OD = OB, OA = OC$ तथा $AC \perp BD$

उपपत्ति ΔABC तथा ΔBAD में,

$AB = BA$ [उभयनिष्ठ]

$BC = AD$ [वर्ग की भुजाएँ]

तथा $\angle ABC = \angle BAD = 90°$

[वर्ग का प्रत्येक कोण 90° होता है]

$\therefore$ $\Delta ABC \cong \Delta BAD$ [SAS सर्वांगसमता नियम से]

अतः $AC = BD$ [CPCT से]

ΔOAB तथा ΔOCD में,

$AB = DC$ [वर्ग की भुजाएँ]

$\angle OAB = \angle DCO$ [एकांतर कोण]

तथा $\angle OBA = \angle BDC$ [एकांतर कोण]

$\therefore$ $\Delta OAB \cong \Delta OCD$ [ASA सर्वांगसमता नियम से]

तब, $OA = OC$ तथा $OB = OD$ [CPCT से]

अब ΔAOB तथा ΔAOD में,

$OB = OD$ [पहले सिद्ध किया गया है]

$AB = AD$ [वर्ग की भुजा]

$AO = OA$ [उभयनिष्ठ]

$\therefore$ $\Delta AOB \cong \Delta AOD$ [SSS सर्वांगसमता नियम से]

तब, $\angle AOB = \angle AOD$ [CPCT से]

$\because$ $\angle AOB + \angle AOD = 180°$ [रैखिक युग्म]

$\therefore$ $\angle AOD + \angle AOD = 180°$

$\Rightarrow$ $2\angle AOD = 180°$

$\Rightarrow$ $\angle AOD = 90°$

$\therefore$ $\angle AOB = \angle AOD = 90°$

इसी प्रकार, $AO \perp BD$ अर्थात् $AC \perp BD$

अतः $AC = BD, OA = OC, OB = OD$ तथा $AC \perp BD$ **इति सिद्धम्**

3. **समांतर चतुर्भुज $ABCD$ का विकर्ण AC, $\angle A$ को समद्विभाजित करता है (देखिए आकृति)। दर्शाइए कि**

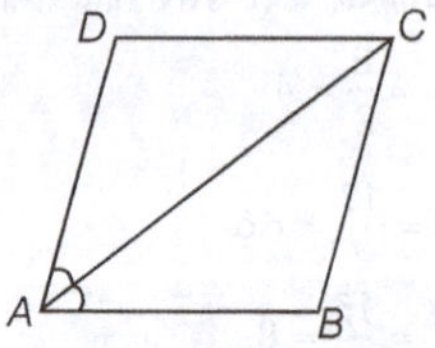

(i) यह $\angle C$ को भी समद्विभाजित करता है।

(ii) $ABCD$ एक समचतुर्भुज है।

हल (i) दिया है, समांतर चतुर्भुज $ABCD$ का विकर्ण AC, $\angle A$ को समद्विभाजित करता है

अर्थात् $\angle DAC = \angle BAC = \frac{1}{2}\angle BAD$ ...(i)

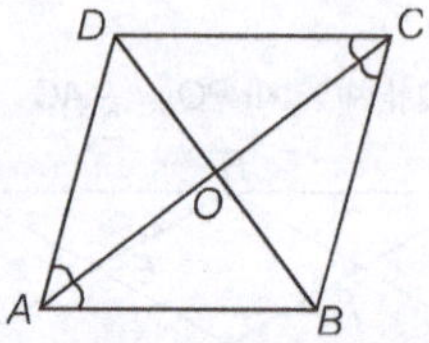

$AB \parallel CD$ तथा AC एक तिर्यक रेखा है।

$\therefore$ $\angle DCA = \angle CAB$ [एकांतर कोण के युग्म] ...(ii)

इसी प्रकार, $BC \parallel AD$ तथा AC एक तिर्यक रेखा है।

$\therefore$ $\angle BCA = \angle DAC$ [एकांतर कोण के युग्म] ...(iii)

समी (i), (ii) तथा (iii) से,

$\angle DAC = \angle BCA = \angle BAC = \angle DCA$ ...(iv)

अब, $\angle BCD = \angle BCA + \angle DCA$

$= \angle DAC + \angle CAB$

$= \angle BAD$

$\therefore$ विकर्ण AC, $\angle C$ को समद्विभाजित करता है।

(ii) समी (iv) से,

$\angle DAC = \angle DCA$

$\Rightarrow$ $CD = DA$

[$\because$ समान कोणों की विपरीत भुजाएँ समान होती हैं]

परंतु $AB = DC$ तथा $AD = BC$ [$\because$ $ABCD$ समांतर चतुर्भुज है]

$\therefore$ $AB = BC = CD = DA$

अतः $ABCD$ एक समचतुर्भुज है। **इति सिद्धम्**

4. **$ABCD$ एक आयत है, जिसमें विकर्ण AC दोनों कोणों A और C को समद्विभाजित करता है। दर्शाइए कि**

(i) $ABCD$ एक वर्ग है।

(ii) विकर्ण BD दोनों कोणों B और D को समद्विभाजित करता है।

हल **दिया है** $ABCD$ एक आयत है।

$\therefore$ $AB = CD$ तथा $BC = AD$ ...(i)

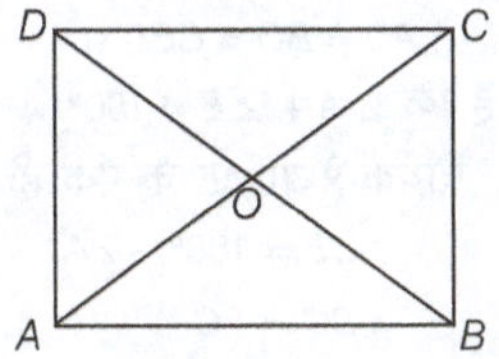

सिद्ध करना है

(i) $ABCD$ एक वर्ग है

अर्थात् $AB = BC = CD = DA$

(ii) विकर्ण BD, $\angle B$ के साथ-साथ $\angle D$ को भी समद्विभाजित करता है।

उपपत्ति

(i) ΔADC तथा ΔABC में,

$\angle DAC = \angle BAC$

[विकर्ण AC, $\angle A$ को समद्विभाजित करता है, दिया है]

$\angle DCA = \angle BCA$

तथा $AC = CA$ [उभयनिष्ठ]

$\therefore$ $\Delta ADC \cong \Delta ABC$ [ASA सर्वांगसमता नियम से]

तब $AD = AB$ [CPCT से]

तथा $CD = BC$ ...(ii)

समी (i) तथा (ii) से, $AB = BC = AD = CD$

अतः $ABCD$ एक वर्ग है।

(ii) ΔAOB तथा ΔCOB में,

$AB = BC$ [वर्ग की भुजाएँ]

$BO = OB$ [उभयनिष्ठ]

$OA = OC$

[$\because$ वर्ग के विकर्ण एक-दूसरे को समद्विभाजित करते हैं]

$\therefore$ $\Delta AOB \cong \Delta COB$ [SSS सर्वांगसमता नियम से]

तब, $\angle OBA = \angle OBC$ [CPCT से]

यह प्रदर्शित करता है कि BO या BD, $\angle B$ को समद्विभाजित करता है।

इसी प्रकार, ΔAOD तथा ΔCOD में,

$AD = CD$ [वर्ग की भुजाएँ]

$OD = DO$ [उभयनिष्ठ]

तथा $OA = OC$

[$\because$ वर्ग के विकर्ण एक-दूसरे को समद्विभाजित करते हैं]

$\therefore$ $\Delta AOD \cong \Delta COD$ [SSS सर्वांगसमता नियम से]

तब, $\angle ADO = \angle CDO$ [CPCT से]

यह प्रदर्शित करता है कि DO या DB $\angle D$ को समद्विभाजित करता है। **इति सिद्धम्**

5. **समांतर चतुर्भुज $ABCD$ के विकर्ण BD पर दो बिंदु P और Q इस प्रकार स्थित हैं कि $DP = BQ$ है (देखिए आकृति)।**

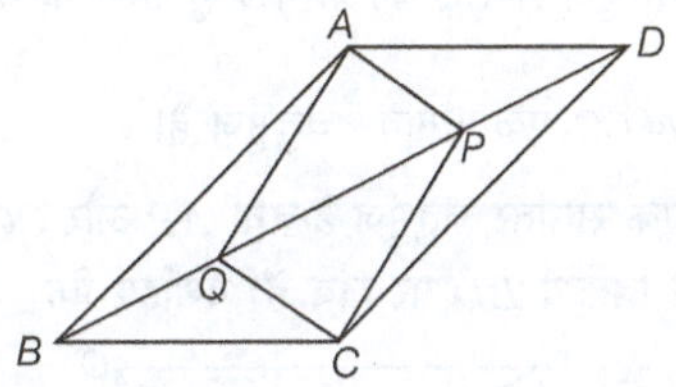

दर्शाइए कि

(i) $\Delta APD \cong \Delta CQB$ **(ii) $AP = CQ$**

(iii) $\Delta AQB \cong \Delta CPD$ **(iv) $AQ = CP$**

(v) $APCQ$ एक समांतर चतुर्भुज है।

हल दिया है, समांतर चतुर्भुज $ABCD$ के विकर्ण BD पर दो बिंदु P और Q इस प्रकार स्थित हैं कि

$DP = BQ$ ...(i)

(i) हमें सिद्ध करना है, $\Delta APD \cong \Delta CQB$

अब, ΔAPD तथा ΔCQB में,

$DP = BQ$ [दिया है]

$AD = BC$

[समांतर चतुर्भुज की सम्मुख भुजाएँ समान होती हैं]

$\because$ $AD \parallel BC$ तथा एक तिर्यक रेखा BD इन्हें प्रतिच्छेद करती है।

$\therefore$ $\angle ADP = \angle QBC$ [एकांतर अंतः कोण]

$\therefore$ $\Delta APD \cong \Delta CQB$ [SAS सर्वांगसमता नियम से]

(ii) $\because$ $\Delta APD \cong \Delta CQB$

$\therefore$ $AP = CQ$ [CPCT से]

(iii) यहाँ, हमें सिद्ध करना है कि $\Delta AQB \cong \Delta CPD$

अब, ΔAQB तथा ΔCPD में,

$BQ = DP$ [दिया है]

$AB = CD$

[समांतर चतुर्भुज की सम्मुख भुजाएँ समान होती हैं]

$\because$ $AB \parallel CD$ तथा एक तिर्यक रेखा BD इन्हें प्रतिच्छेद करती है।

$\therefore$ $\angle ABQ = \angle CDP$ [एकांतर अंतः कोण]

$\therefore$ $\Delta AQB \cong \Delta CPD$ [SAS सर्वांगसमता नियम से]

(iv) $\because$ $\Delta AQB \cong \Delta CPD$

$\therefore$ $AQ = CP$ [CPCT से]

(v) अब, ΔAPQ तथा ΔCQP में,

$AQ = CP$ [भाग (iv) से]

$AP = CQ$ [भाग (ii) से]

$PQ = QP$ [उभयनिष्ठ]

$\therefore$ $\Delta APQ \cong \Delta CQP$ [SSS सर्वांगसमता नियम से]

तब, $\angle APQ = \angle CQP$

तथा $\angle AQP = \angle CQP$ [CPCT से]

जब एक तिर्यक रेखा PQ रेखाखंड AP तथा QC को प्रतिच्छेद करती है, तब ये सभी समान कोण एकांतर कोण के युग्म बनाते हैं।

$\therefore$ $AP \parallel CQ$ तथा $AQ \parallel CP$

अब, चतुर्भुज $APCQ$ की सम्मुख भुजाओं के दोनों युग्म समांतर हैं।

अतः $APCQ$ एक समांतर चतुर्भुज है। **इति सिद्धम्**

6. ***ABCD* एक समांतर चतुर्भुज है तथा *AP* और *CQ* क्रमशः शीर्षों *A* और *C* से विकर्ण *BD* पर लंब हैं। दर्शाइए कि**

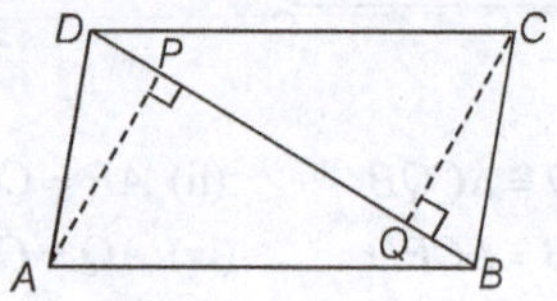

(i) $\Delta APB \cong \Delta CQD$

(ii) $AP = CQ$

हल दिया है, $ABCD$ एक समांतर चतुर्भुज है तथा AP और CQ क्रमशः शीर्षों A और C से विकर्ण BD पर लंब हैं।

$\because AB \parallel CD$ तथा BD एक तिर्यक रेखा है।

$\therefore$ $\angle CDB = \angle ABD$ ...(i)

(i) अब ΔCQD तथा ΔAPB में,

$CD = AB$ [समांतर चतुर्भुज की भुजाएँ हैं]

$\angle CQD = \angle APB = 90°$ [दिया है]

$\angle CDQ = \angle ABP$ [समी (i) से]

$\therefore$ $\Delta CQD \cong \Delta APB$ [AAS सर्वांगसमता नियम से]

(ii) $\because$ $\Delta APB \cong \Delta CQD$

$\therefore$ $AP = CQ$ [CPCT से]

इति सिद्धम्

7. ***ABCD* एक समलंब है, जिसमें *AB* || *DC* और *AD* = *BC* है (देखिए आकृति)। दर्शाइए कि**

(i) $\angle A = \angle B$

(ii) $\angle C = \angle D$

(iii) $\Delta ABC \cong \Delta BAD$

(iv) विकर्ण AC = विकर्ण BD

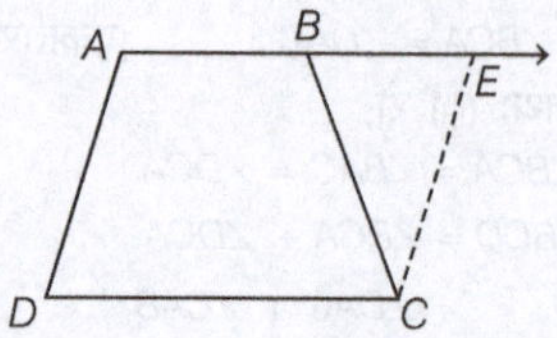

[**संकेत**—*AB को बढ़ाइए और C से होकर DA के समांतर एक रेखा खींचिए जो बढ़ी हुई भुजा AB को बिंदु E पर प्रतिच्छेद करे*]

हल दिया है, $ABCD$ एक समलंब चतुर्भुज है।

$AB \parallel CD$ तथा $AD = BC$

अब, रेखा AB का विस्तार करते हैं तथा एक रेखा CE खींचते हैं जो AD के समांतर है। रेखा CE, AB के बढ़े हुए भाग को बिंदु E पर मिलती है।

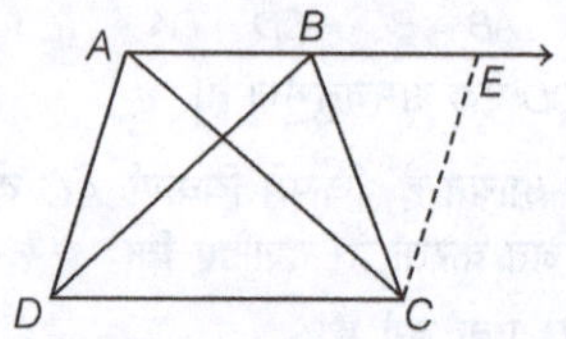

अब, $ADCE$ एक समांतर चतुर्भुज है।

$\therefore$ $AD \parallel CE$ तथा $AD = CE$

परंतु $AD = BC$ [दिया है]

$\therefore$ $AD = BC = CE$

(i) हम जानते हैं कि $\angle A + \angle E = 180°$

[$\because$ तिर्यक रेखा AE के एक ही ओर के अंतः कोण हैं]

$\Rightarrow$ $\angle E = 180° - \angle A$

चूँकि, $BC = EC$

$\therefore$ $\angle E = \angle CBE = 180° - \angle A$

साथ ही, $\angle ABC = 180° - \angle CBE$

[$\because$ ABE एक सरल रेखा है]

$= 180° - 180° + \angle A$

$\Rightarrow$ $\angle B = \angle A$ ...(i)

(ii) अब, $\angle A + \angle D = 180°$

[$\because$ तिर्यक रेखा AD के एक ही ओर के अंतः कोण हैं]

$\Rightarrow$ $\angle D = 180° - \angle A$

$\Rightarrow$ $\angle D = 180° - \angle B$ [समी (i) से] ...(ii)

साथ ही, $\angle C + \angle B = 180°$

[$\because$ तिर्यक रेखा BC के एक ही ओर के अंतः कोण हैं]

$\Rightarrow$ $\angle C = 180° - \angle B$ ...(iii)

समी (ii) तथा (iii) से, $\angle C = \angle D$

(iii) अब ΔABC तथा ΔBAD में,

$AB = BA$ [उभयनिष्ठ]

$AD = BC$ [दिया है]

$\angle A = \angle B$ [समी (i) से]

$\therefore$ $\Delta ABC \cong \Delta BAD$ [SAS सर्वांगसमता नियम से]

(iv) चूँकि, $\Delta ABC \cong \Delta BAD$ [ऊपर सिद्ध कर चुके हैं]

$\therefore$ $AC = BD$ [CPCT से]

इति सिद्धम्

प्रश्नावली 8.2

1. $ABCD$ एक चतुर्भुज है, जिसमें P, Q, R और S क्रमशः भुजाओं AB, BC, CD और DA के मध्य-बिंदु हैं। AC उसका एक विकर्ण है।

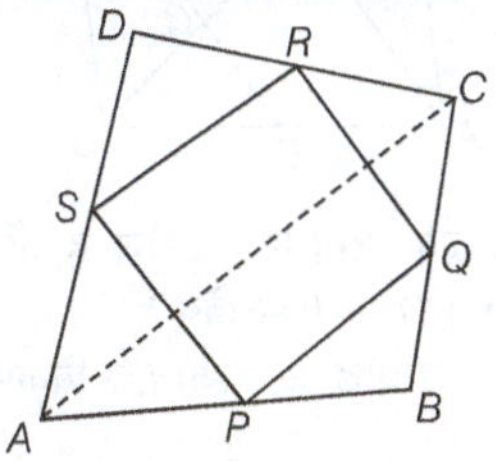

दर्शाइए कि

(i) $SR || AC$ और $SR = \frac{1}{2} AC$ (ii) $PQ = SR$

(iii) $PQRS$ एक समांतर चतुर्भुज है।

हल दिया है, P, Q, R और S क्रमशः भुजाओं AB, BC, CD तथा DA के मध्य-बिंदु हैं।

$\therefore$ $AP = PB, BQ = CQ$

$CR = DR$ तथा $AS = DS$

(i) ΔADC में, S भुजा AD का मध्य-बिंदु है तथा R भुजा DC का मध्य-बिंदु है। हम जानते हैं कि किसी त्रिभुज में दो भुजाओं के मध्य-बिंदुओ को मिलाने वाला रेखाखंड तीसरी भुजा के समांतर होता है।

$\therefore$ $SR || AC$ ...(i)

साथ ही $SR = \frac{1}{2} AC$ ...(ii)

(ii) इसी प्रकार, ΔABC में,

$PQ || AC$ ...(iii)

तथा $PQ = \frac{1}{2} AC$ ...(iv)

अब समी (ii) तथा (iv) से,

$SR = PQ = \frac{1}{2} AC$ ...(v)

(iii) अब समी (i) तथा (iii) से,

$PQ || SR$

तथा समी (v) से, $PQ = SR$

चूँकि, चतुर्भुज $PQRS$ की सम्मुख भुजाओं का युग्म बराबर तथा समान है।

इसलिए, $PQRS$ एक समांतर चतुर्भुज है। **इति सिद्धम्**

2. $ABCD$ एक समचतुर्भुज है और P, Q, R और S क्रमशः भुजाओं AB, BC, CD और DA के मध्य-बिंदु हैं। दर्शाइए कि चतुर्भुज $PQRS$ एक आयत है।

हल दिया है, $ABCD$ एक समचतुर्भुज है और P, Q, R और S क्रमशः भुजाओं AB, BC, CD और DA के मध्य-बिंदु हैं।

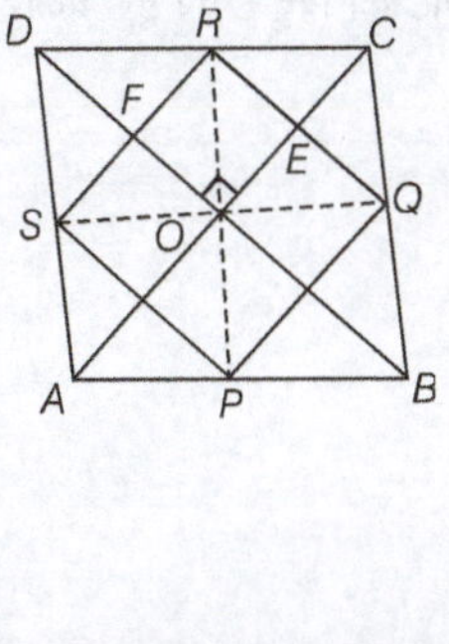

मध्य-बिंदु प्रमेय से,

ΔADC में, $SR || AC$ तथा $SR = \frac{1}{2} AC$ ...(i)

ΔABC में, $PQ || AC$ तथा $PQ = \frac{1}{2} AC$ ...(ii)

समी (i) तथा (ii) से, $PQ || SR$ तथा $PQ = SR = \frac{1}{2} AC$

$\therefore$ $PQRS$ एक समांतर चतुर्भुज है।

अब, हम जानते हैं कि समचतुर्भुज के विकर्ण एक-दूसरे को समकोण पर समद्विभाजित करते हैं।

$\therefore$ $\angle EOF = 90°$

अब ΔBCD में, CD तथा BC के मध्य-बिंदु R तथा Q क्रमशः हैं।

$\therefore$ $RQ || BD$ [मध्य-बिंदु प्रमेय से]

$\Rightarrow$ $RE || OF$

साथ ही, $SR || AC$ [समी (i) से]

$\Rightarrow$ $FR || OE$

$\therefore$ $OERF$ एक समांतर चतुर्भुज है।

इसलिए, $\angle ERF = \angle EOF = 90°$

[$\because$ चतुर्भुज के सम्मुख कोण बराबर होते हैं]

इस प्रकार, $PQRS$ एक समांतर चतुर्भुज है, जिसमें $\angle R = 90°$

अतः $PQRS$ एक आयत है। **इति सिद्धम्**

3. $ABCD$ एक आयत है, जिसमें P, Q, R और S क्रमशः भुजाओं AB, BC, CD और DA के मध्य-बिंदु हैं। दर्शाइए कि चतुर्भुज $PQRS$ एक समचतुर्भुज है।

हल दिया है, $ABCD$ एक आयत है।

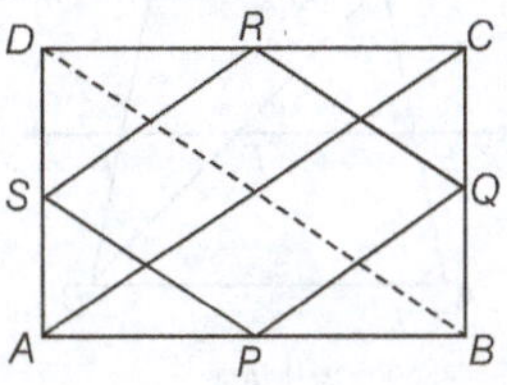

$\therefore$ $\angle A = \angle B = \angle C = \angle D = 90°$ तथा $AD = BC, AB = CD$

[$\because$ आयत में प्रत्येक कोण 90° का होता है तथा विपरीत भुजाएँ बराबर होती हैं]

साथ ही P, Q, R और S क्रमशः भुजाओं AB, BC, CD और DA के मध्य-बिंदु हैं।

ΔBDC में, DC तथा BC के मध्य-बिंदु क्रमशः R तथा Q हैं।

$\therefore$ $RQ || BD$ तथा $RQ = \frac{1}{2} BD$

तथा ΔADC में, $SR || AC$ तथा $SR = \frac{1}{2} AC$

आयत $ABCD$ में, $AC = BD$

$\therefore$ $RQ = SR$ ...(i)

अब, ΔASP तथा ΔBQP में,

$AP = BP$ [$\because$ P, AB का मध्य-बिंदु है]

$AS = BQ$

[$\because$ $AD = BC$ तथा AD तथा BC के मध्य-बिंदु क्रमशः S तथा Q हैं]

$\angle A = \angle B$ [प्रत्येक 90°]

$\therefore$ $\Delta ASP \cong \Delta BQP$ [SAS सर्वांगसमता नियम से]

तब, $SP = PQ$ [CPCT से] ...(ii)

इसी प्रकार, ΔRDS तथा ΔRCQ में,

$SD = CQ$

[$\because AD = BC$ तथा AD तथा BC के मध्य-बिंदु क्रमशः S तथा Q हैं]

$DR = RC$ [$\because R, DC$ का मध्य-बिंदु है]

$\angle C = \angle D$ [प्रत्येक $90°$]

$\therefore$ $\Delta RDS \cong \Delta RCQ$ [SAS सर्वांगसमता नियम से]

तब, $SR = RQ$ [CPCT से] ...(iii)

समी (i), (ii) तथा (iii) से स्पष्ट है कि चतुर्भुज $PQRS$ एक समचतुर्भुज है।

इति सिद्धम्

4. **$ABCD$ एक समलंब है, जिसमें $AB \parallel DC$ है। साथ ही, BD एक विकर्ण है और E भुजा AD का मध्य-बिंदु है। E से होकर एक रेखा AB के समांतर खींची गई है, जो BC को F पर प्रतिच्छेद करती (देखिए आकृति) है। दर्शाइए कि F भुजा BC का मध्य-बिंदु है।**

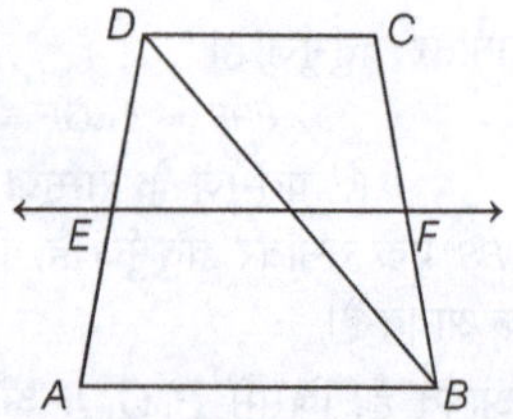

हल दिया है, $ABCD$ एक समलंब चतुर्भुज है, जिसमें $AB \parallel CD$ तथा E, भुजा AD का मध्य-बिंदु है तथा $EF \parallel AB$

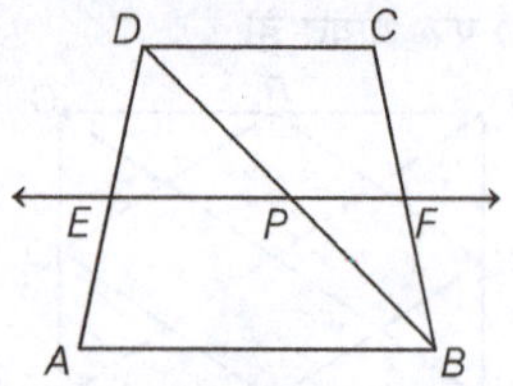

ΔABD में, $EP \parallel AB$ [दिया है]

तथा E, भुजा AD का मध्य-बिंदु है।

इसलिए मध्य-बिंदु प्रमेय के विलोम द्वारा, किसी त्रिभुज की एक भुजा के मध्य-बिंदु से दूसरी भुजा के समांतर खींची गई रेखा तीसरी भुजा को समद्विभाजित करती है।

$\therefore$ P भुजा BD का मध्य-बिंदु है।

इसी प्रकार, ΔBCD में, $PF \parallel CD$ [$\because EF \parallel AB$ तथा $AB \parallel CD$]

तथा P, भुजा BD का मध्य-बिंदु है।

इसलिए, मध्य-बिंदु प्रमेय के विलोम से F भुजा CB का मध्य-बिंदु है।

इति सिद्धम्

5. **एक समांतर चतुर्भुज $ABCD$ में E और F क्रमशः भुजाओं AB और CD के मध्य-बिंदु हैं (देखिए आकृति)। दर्शाइए कि रेखाखंड AF और EC विकर्ण BD को समत्रिभाजित करते हैं।**

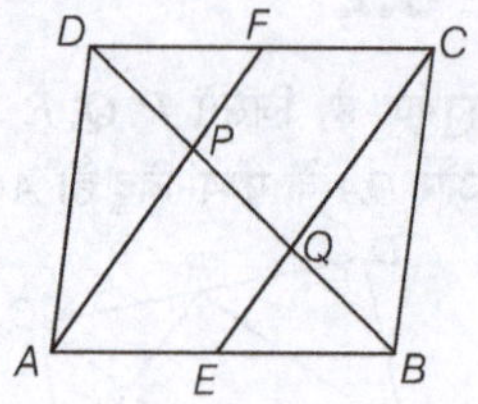

हल **दिया है** $ABCD$ एक समांतर चतुर्भुज है, जिसमें E और F क्रमशः भुजाओं AB और CD के मध्य-बिंदु हैं।

सिद्ध करना है रेखाखंड AF तथा EC विकर्ण BD को समत्रिभाजित करते हैं।

उपपत्ति चूँकि, $ABCD$ एक समांतर चतुर्भुज है।

$AB \parallel DC$ तथा $AB = DC$

[समांतर चतुर्भुज की सम्मुख भुजाएँ हैं]

$\Rightarrow$ $AE \parallel FC$ तथा $\frac{1}{2} AB = \frac{1}{2} DC$

$\Rightarrow$ $AE \parallel FC$ तथा $AE = FC$

$\therefore$ $AECF$ एक समांतर चतुर्भुज है।

तब, $AF \parallel EC$

$\Rightarrow$ $EQ \parallel AP$ तथा $FP \parallel CQ$

ΔBAP में, E भुजा AB का मध्य-बिंदु है तथा $EQ \parallel AP$

इसलिए, Q भुजा BP का मध्य-बिंदु होगा।

[मध्य-बिंदु प्रमेय के विलोम से]

$\therefore$ $BQ = PQ$ ...(i)

पुनः ΔDQC में, F भुजा DC का मध्य-बिंदु है तथा $FP \parallel CQ$

इसलिए P, भुजा DQ का मध्य-बिंदु होगा।

[मध्य-बिंदु प्रमेय के विलोम से]

$\therefore$ $QP = DP$ ...(ii)

समी (i) तथा (ii) से, $BQ = PQ = PD$

अतः रेखाखंड CE तथा AF विकर्ण BD को समत्रिभाजित करते हैं।

इति सिद्धम्

6. **ABC एक त्रिभुज है, जिसका $\angle C$ समकोण है। कर्ण AB के मध्य-बिंदु M से होकर BC के समांतर खींची गई रेखा AC को D पर प्रतिच्छेद करती है। दर्शाइए कि**

(i) D भुजा AC का मध्य-बिंदु है।

(ii) $MD \perp AC$

(iii) $CM = MA = \frac{1}{2} AB$

हल दिया है, ΔABC एक समकोण त्रिभुज है, जिसमें $\angle C = 90°$ तथा M भुजा AB का मध्य-बिंदु है।

साथ ही, कर्ण AB के मध्य-बिंदु M से BC के समांतर एक रेखा इस प्रकार खींची कि AC को बिंदु D पर इस प्रकार प्रतिच्छेदित करती है कि $MD \parallel BC$

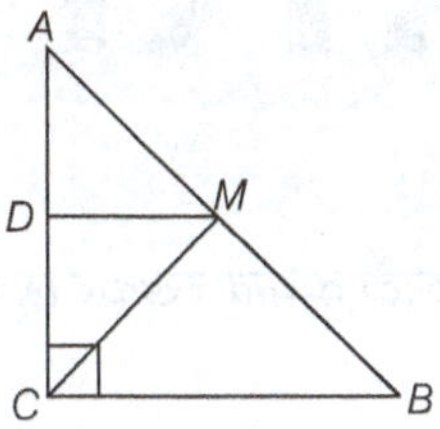

सिद्ध करना है

(i) D, AC का मध्य बिंदु है।

(ii) $MD \perp AC$

(iii) $CM = MA = \frac{1}{2} AB$

उपपत्ति

(i) ΔABC में, $BC \parallel MD$ तथा M भुजा AB का मध्य-बिंदु है।

$\therefore$ D भुजा AC का मध्य-बिंदु है। [मध्य-बिंदु प्रमेय के विलोम से]

(ii) चूँकि, $MD \parallel BC$ तथा CD एक तिर्यक रेखा है।

$\therefore \quad \angle ADM = \angle ACB$ [संगत कोण]

परन्तु $\angle ACB = 90°$

$\therefore \quad \angle ADM = 90° \Rightarrow MD \perp AC$

(iii) अब ΔADM तथा ΔCDM में,

$DM = MD$ [उभयनिष्ठ]

$AD = CD$ [$\because$ D भुजा AC का मध्य-बिंदु है]

$\angle ADM = \angle MDC$ [प्रत्येक कोण समकोण है]

$\therefore \quad \Delta ADM \cong \Delta CDM$ [SAS सर्वांगसमता नियम से]

तब, $CM = AM$ [CPCT से] ...(i)

साथ ही, M भुजा AB का मध्य-बिंदु है।

$\therefore \quad AM = BM = \frac{1}{2} AB$ ...(ii)

समी (i) तथा (ii) से,

$CM = AM = \frac{1}{2} AB$ इति सिद्धम्

अध्याय : एक नजर में

- *समांतर चतुर्भुज का विकर्ण उसे दो सर्वांगसम त्रिभुजों में विभाजित करता है।*
- *समांतर चतुर्भुज में,*
  - *(i) सम्मुख कोण बराबर होते हैं।*
  - *(ii) सम्मुख भुजाएँ बराबर होती हैं।*
  - *(iii) विकर्ण परस्पर समद्विभाजित करते हैं।*
- *एक चतुर्भुज समांतर चतुर्भज होगा, यदि*
  - *(i) इसकी सम्मुख भुजाएँ बराबर हैं।*
  - *(ii) इसके सम्मुख कोण बराबर हैं।*
  - *(iii) इसके विकर्ण परस्पर समद्विभाजित करते हैं।*
- *आयत के विकर्ण एक-दूसरे को समद्विभाजित करते हैं और बराबर होते हैं इसका विलोम भी सत्य है।*
- *समचतुर्भुज के विकर्ण एक-दूसरे को समद्विभाजित करते हैं इसका विलोम भी सत्य है।*
- *वर्ग के विकर्ण एक-दूसरे को समद्विभाजित करते हैं और बराबर होते हैं इसका विलोम भी सत्य है।*
- *किसी त्रिभुज की दो भुजाओं के मध्य-बिंदुओं को मिलाने वाला रेखाखंड, तीसरी भुजा के समांतर तथा उसका आधा होता है।*
- *किसी त्रिभुज की एक भुजा के मध्य-बिंदुओं से दूसरी भुजा के समांतर खींचा गया रेखाखंड तीसरी भुजा को समद्विभाजित करता है।*
- *किसी चतुर्भुज की भुजाओं के मध्य-बिंदुओं को क्रमागत मिलाने पर प्राप्त चतुर्भुज, समांतर चतुर्भुज होता है।*

परीक्षा अभ्यास

यहाँ अध्याय से संबंधित सभी संभावित प्रश्नों को दिया गया है, इन प्रश्नों का अभ्यास करके व याद रखकर छात्र अध्याय से संबंधित किसी भी प्रश्न का उत्तर दे पाएँगे।

बहुविकल्पीय प्रश्न

1. चतुर्भुज $PQRS$ की भुजाओं के मध्य-बिन्दुओं को, एक ही क्रम में मिलाने पर बना चतुर्भुज एक आयत होता है, यदि

(a) $PQRS$ एक आयत है

(b) $PQRS$ एक समान्तर चतुर्भुज है

(c) $PQRS$ के विकर्ण परस्पर लंब हों

(d) $PQRS$ के विकर्ण बराबर हों

2. चतुर्भुज $PQRS$ की भुजाओं के मध्य-बिन्दुओं को, एक ही क्रम में मिलाने पर बना चतुर्भुज एक समचतुर्भुज होता है, यदि

(a) $PQRS$ एक समचतुर्भुज है

(b) $PQRS$ एक समान्तर चतुर्भुज है

(c) $PQRS$ के विकर्ण परस्पर लंब हों

(d) $PQRS$ के विकर्ण बराबर हों

3. एक समांतर चतुर्भुज के लिए, निम्नलिखित में से कौन-सा कथन सत्य नहीं है? **[NCERT Exemplar]**

(a) सम्मुख भुजाएँ बराबर होती हैं

(b) सम्मुख कोण बराबर होते हैं

(c) सम्मुख कोण विकर्णों से समद्विभाजित होते हैं

(d) विकर्ण परस्पर समद्विभाजित करते हैं

कथन-कारण प्रश्न

***निर्देश** (प्र. सं. 4-8) में एक कथन (A) तथा उसके नीचे कथन का कारण (R) दिया गया है। इन्हें ध्यानपूर्वक पढ़िए और इनके आधार पर निम्नलिखित में से उचित उत्तर का चयन कीजिए।*

(a) कथन (A) और कारण (R) दोनों सत्य हैं तथा कारण (R) कथन (A) की सही व्याख्या है।

(b) कथन (A) और कारण (R) दोनों सत्य हैं, परन्तु कारण (R) कथन (A) की सही व्याख्या नहीं है।

(c) यदि कथन (A) सही है, परन्तु कारण (R) गलत है।

(d) यदि कथन (A) गलत है, परन्तु कारण (R) सही है।

4. **कथन** (A) एक समान्तर चतुर्भुज की सम्मुख भुजाएँ बराबर होती हैं।

कारण (R) एक समान्तर चतुर्भुज के सम्मुख कोण बराबर होते हैं।

5. **कथन** (A) यदि एक चतुर्भुज की सम्मुख भुजाओं का प्रत्येक युग्म बराबर है, तब वह एक समान्तर चतुर्भुज होता है।

कारण (R) समान्तर चतुर्भुज के विकर्ण परस्पर समद्विभाजित करते हैं।

6. **कथन** (A) दी गई आकृति में, $ABCD$ एक समान्तर चतुर्भुज है, तब x का मान 37° है।

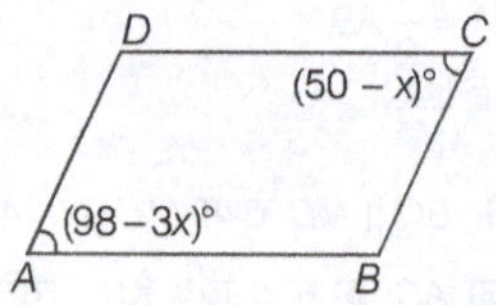

कारण (R) समान्तर चतुर्भुज के सम्मुख कोण सम्पूरक होते हैं।

7. **कथन** (A) दी गई आकृति में, $ABCD$ एक समान्तर चतुर्भुज है। यदि $\angle A = 65°$ है, तब $\angle B + \angle D = 230°$ है।

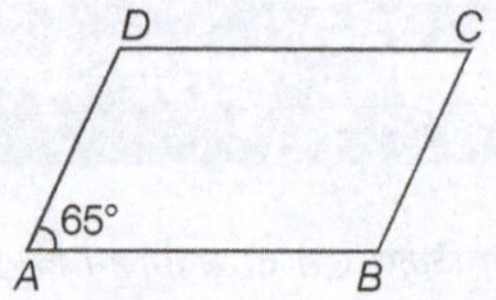

कारण (R) समान्तर चतुर्भुज के क्रमागत कोणों का योग 180° होता है अर्थात् समान्तर चतुर्भुज के क्रमागत कोण सम्पूरक होते हैं।

8. **कथन** (A) त्रिभुज की दो भुजाओं के मध्य बिन्दु को मिलाने वाला रेखाखण्ड तीसरी भुजा के समान्तर होता है।

कारण (R) यह मध्य बिन्दु प्रमेय है।

अतिलघु उत्तरीय प्रश्न

9. एक समांतर चतुर्भुज के विकर्ण परस्पर लंब होते हैं। क्या यह कथन सत्य है? अपने उत्तर का कारण भी दीजिए। **[NCERT Exemplar]**

10. यदि एक समांतर चतुर्भुज के दो सम्मुख कोण $(3x - 98)°$ तथा $(50 - x)°$ हैं, तो समांतर चतुर्भुज के प्रत्येक कोण की माप ज्ञात कीजिए।

11. दी गई आकृति में, $ABCD$ एक समांतर चतुर्भुज है। यदि $\angle A = 65°$ है, तब $(\angle B + \angle D)$ का मान ज्ञात कीजिए।

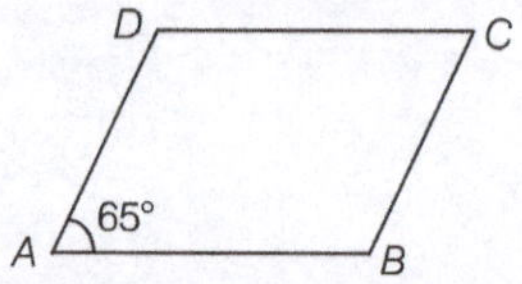

12. समांतर चतुर्भुज $ABCD$ में, विकर्ण AC तथा BD परस्पर बिंदु O पर प्रतिच्छेद करते हैं तथा $AC = 6.8$ सेमी और $BD = 5.6$ सेमी है, तब OC तथा OD के मान ज्ञात कीजिए।

13. ΔABC में, D, E और F क्रमशः भुजाओं AB, BC और AC के मध्य-बिंदु हैं, तब सिद्ध कीजिए कि चतुर्भुज $DECF$ एक समांतर चतुर्भुज है।

14. संलग्न आकृति में, $ABCD$ तथा $AEFG$ दो समांतर चतुर्भुज हैं। यदि $\angle C = 55°$ है, तब $\angle F$ का मान ज्ञात कीजिए।

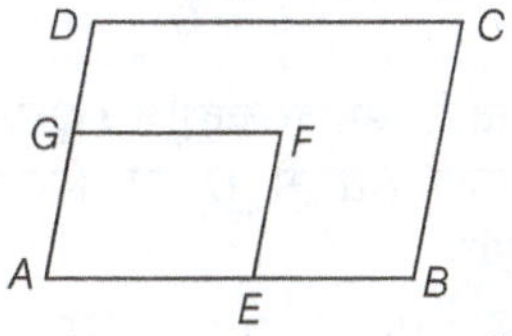

[NCERT Exemplar]

15. $ABCD$ एक समांतर चतुर्भुज है जिसमें $\angle ADC = 75°$ तथा भुजा AB को चित्र में दर्शाए अनुसार E तक बढ़ाया गया है, तब $(x + y)$ का मान ज्ञात कीजिए।

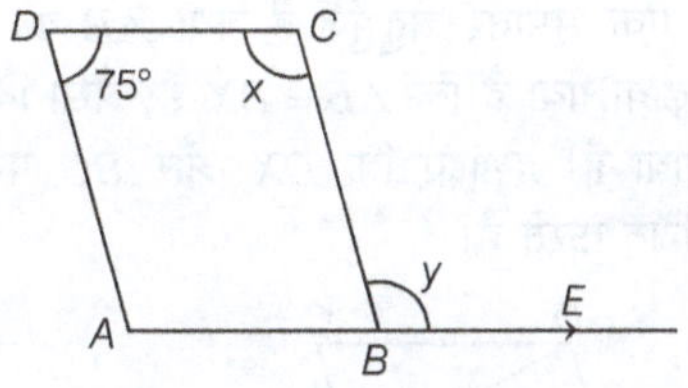

16. दी गई आकृति में, $ABCD$ एक समांतर चतुर्भुज है, तब कोणों x, y और z का योगफल क्या होगा?

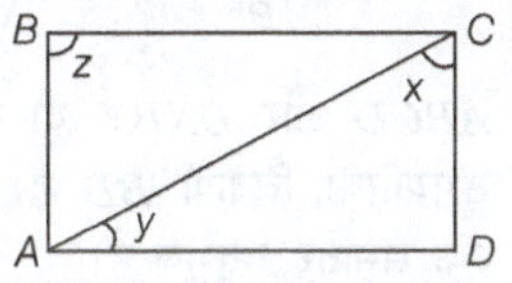

17. समांतर चतुर्भुज $ABCD$ के विकर्ण AC और BD एक-दूसरे को बिंदु O पर प्रतिच्छेद करते हैं। यदि $\angle DAC = 42°$ तथा $\angle AOB = 90°$, तो $\angle DBC$ का मान ज्ञात कीजिए।

लघु उत्तरीय प्रश्न

18. समांतर चतुर्भुज $ABCD$ के विकर्ण AC तथा BD एक-दूसरे को बिंदु O पर प्रतिच्छेद करते हैं। यदि $OA = 3$ सेमी तथा $OD = 2$ सेमी, तो AC तथा BD की लंबाई ज्ञात कीजिए। **[NCERT Exemplar]**

19. दी गई आकृति में, $ABCD$ एक समांतर चतुर्भुज है जिसमें $\angle B = 110°$ है, तब x और y के मान ज्ञात कीजिए।

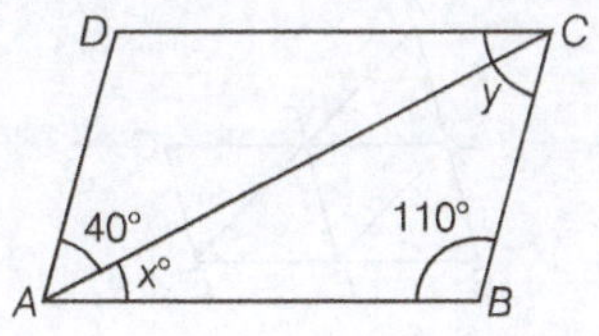

20. एक समांतर चतुर्भुज का परिमाप 32 सेमी है, यदि उसकी सबसे बड़ी भुजा की लंबाई 9.5 सेमी है, तब सबसे छोटी भुजा की लंबाई क्या होगी?

21. निम्न आकृति में, $AD, \Delta ABC$ की माध्यिका तथा E, भुजा AD का मध्य-बिंदु है। साथ ही, भुजा BE को बढ़ाने पर यह AC को F पर मिलती है, तब सिद्ध कीजिए कि $AF = \frac{1}{3} AC$ है।

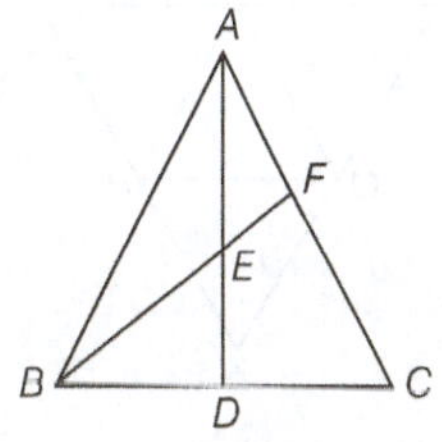

22. P और Q क्रमशः एक समांतर चतुर्भुज $ABCD$ की सम्मुख भुजाओं AD और BC पर स्थित बिंदु इस प्रकार हैं कि PQ विकर्ण AC और BD के प्रतिच्छेद बिंदु O से होकर जाता है। सिद्ध कीजिए कि PQ बिंदु O पर समद्विभाजित हो जाता है।

23. दी गई आकृति में, $ABCD$ एक समांतर चतुर्भुज है जिसमें E, भुजा BC का मध्य-बिंदु है। DE और AB को बढ़ाने पर यह F पर मिलती है, तब सिद्ध कीजिए कि $AF = 2AB$ है।

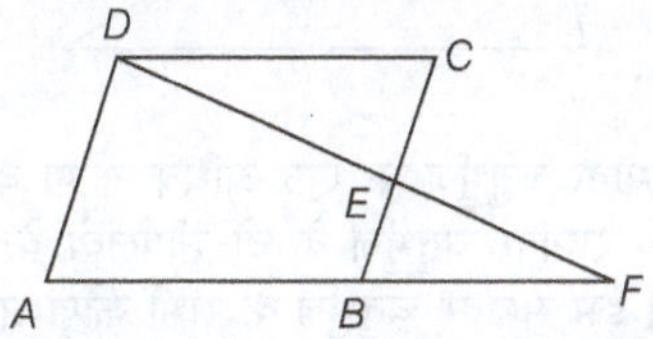

24. P और Q क्रमशः समांतर चतुर्भुज $ABCD$ की सम्मुख भुजाओं AB और CD पर स्थित बिंदु इस प्रकार है कि $AP = CQ$ (आकृति देखिए), तब दर्शाइए कि AC तथा PQ परस्पर समद्विभाजित करते हैं। **[NCERT Exemplar]**

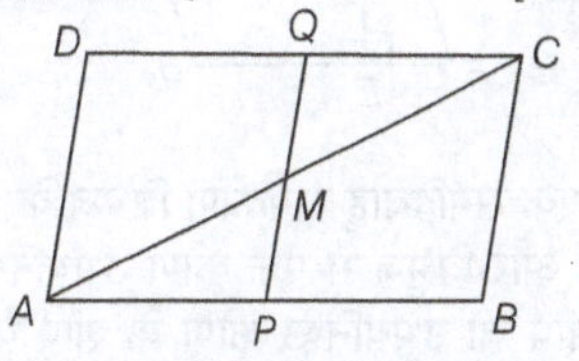

25. ΔABC में, AD माध्यिका तथा E, भुजा AD का मध्य-बिंदु है। BE को बढ़ाने पर यह AC को F पर मिलती है। यदि $AC = 9$ सेमी है, तब AF की लंबाई ज्ञात कीजिए।

26. $ABCD$ एक समांतर चतुर्भुज है। AM तथा BN क्रमशः A तथा B से DC और CD पर लंब हैं। यहाँ, DC तथा CD को बढ़ाया गया है, सिद्ध करें कि $AM = BN$

27. ΔABC में $AB = 5$ सेमी, $BC = 8$ सेमी तथा $CA = 7$ सेमी है। यदि D तथा E क्रमशः AB तथा BC का मध्य-बिंदु है, तो DE की लंबाई ज्ञात कीजिए।

28. PQR एक त्रिभुज है। यदि P, Q तथा R से रेखाएँ खींची जाती हैं जोकि क्रमशः भुजा QR, PR तथा PQ के समांतर है तथा चित्रानुसार ΔABC बनता है। सिद्ध करें कि $PQ = \frac{1}{2} AB$

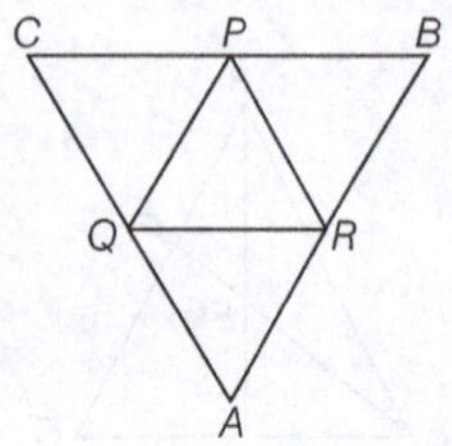

29. संलग्न आकृति में, $ABCD$ एक समलंब है, जिसमें $AB \parallel DC$ तथा F, भुजा BC का मध्य-बिंदु है। DF तथा AB को आगे बढ़ाने पर यह बिंदु E पर मिलती है तब दर्शाइए कि बिंदु F, DE का भी मध्य-बिंदु होगा।

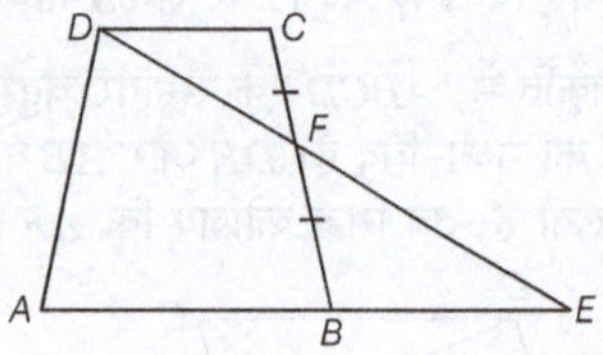

30. एक समांतर चतुर्भुज के एक अधिक कोण के शीर्ष से खींचे गए उस समांतर चतुर्भुज के दो शीर्षलंबों के बीच का कोण 60° है। इस समांतर चतुर्भुज के सभी कोण ज्ञात कीजिए। **[NCERT Exemplar]**

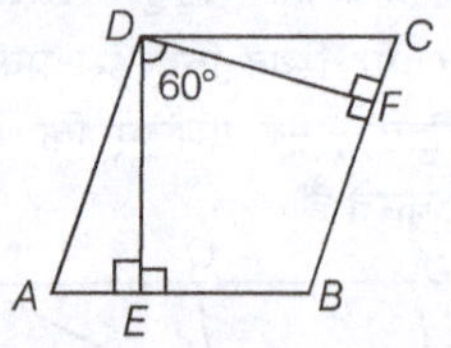

31. कोई वर्ग एक समद्विबाहु समकोण त्रिभुज के अंतर्गत इस प्रकार है कि वर्ग और त्रिभुज में एक कोण उभयनिष्ठ है। दर्शाइए कि वर्ग का शीर्ष जो उभयनिष्ठ कोण के शीर्ष के सम्मुख है कर्ण को समद्विभाजित करता है।

32. किसी समांतर चतुर्भुज का विकर्ण इसके एक कोण को समद्विभाजित करता है। सिद्ध करें कि यह समचतुर्भुज है। **[NCERT Exemplar]**

33. आकृति में, $PQRS$ एक समांतर चतुर्भुज है, जिसके विकर्ण O पर प्रतिच्छेद करते है। x और y के मान ज्ञात कीजिए। साथ ही इस समांतर चतुर्भुज के कोण भी ज्ञात कीजिए।

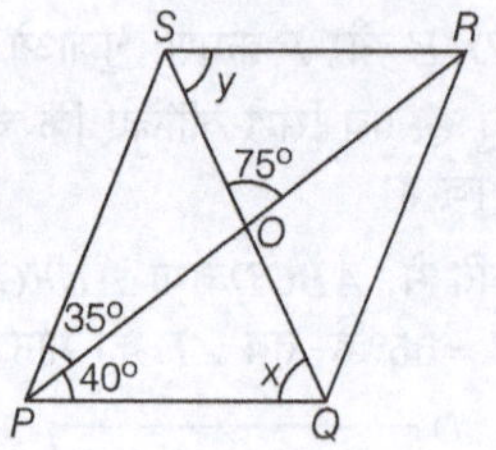

34. दी गई आकृति में, समांतर चतुर्भुज $PQRS$ में, $\angle P$ और $\angle Q$ के समद्विभाजक SR से O पर मिलते है, दर्शाइए कि $\angle POQ = 90°$.

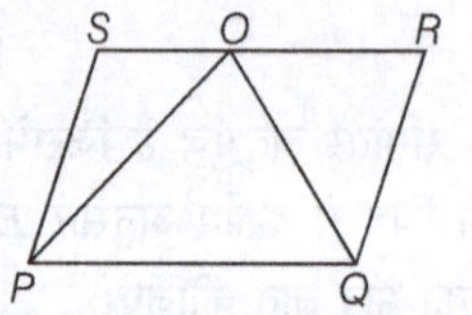

35. $ABCD$ एक समांतर चतुर्भुज है तथा AB को X तक इस प्रकार बढ़ाया गया है कि $AB = BX$ है, जैसा कि आकृति में दर्शाया गया है। दर्शाइए कि DX और BC परस्पर O पर समद्विभाजित करते है।

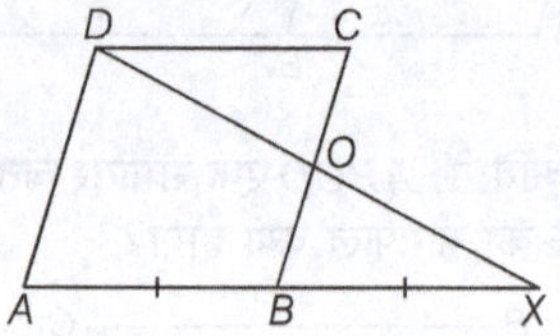

36. आकृति में, $ABCD$ और $DXBY$ दो समांतर चतुर्भुज है, जिनमें एक उभयनिष्ठ विकर्ण BD है। सिद्ध कीजिए कि $AYCX$ भी एक समांतर चतुर्भुज है।

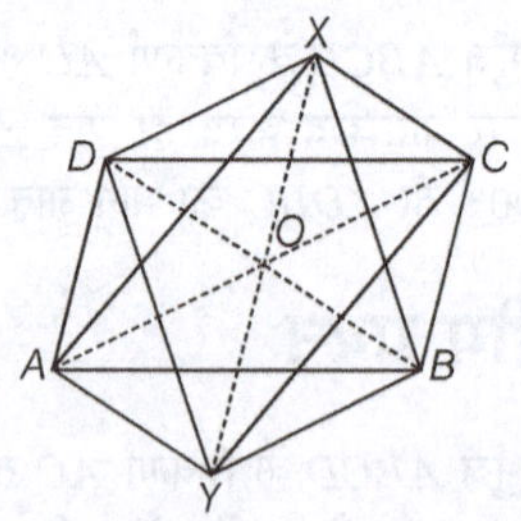

37. आकृति में D, E और F क्रमशः ΔABC की भुजाओं AB, BC और AC के मध्य बिंदु हैं। BA के समांतर CG खींची गई है, जो बढ़ाई गई DF को G पर मिलती है। सिद्ध कीजिए कि $\Delta DEF \cong \Delta FCG$ है।

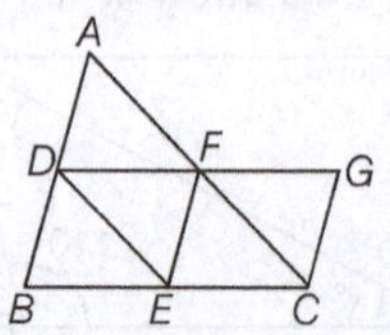

38. आकृति में, XYZ एक त्रिभुज है, जिसमें Y समकोण है। कर्ण XZ के मध्य-बिंदु M से एक रेखा खींची गई है जोकि YZ के समांतर है और XY को N पर प्रतिच्छेद करती है।

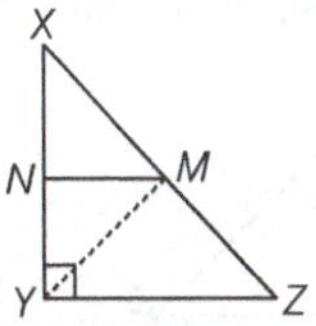

दर्शाइए कि

(i) XY का N मध्य-बिंदु है।

(ii) $YM = XM = \frac{1}{2} XZ$ है।

39. आकृति में, $PQRS$ एक समलंब है जिसमें $PQ \parallel SR$ है, QS एक विकर्ण है तथा PS का मध्य-बिंदु X है। X से होकर PQ के समांतर एक रेखा खींची गई है जो QR को Y पर तथा QS को O पर प्रतिच्छेद करती है। दर्शाइए कि Y भुजा QR का मध्य-बिंदु है।

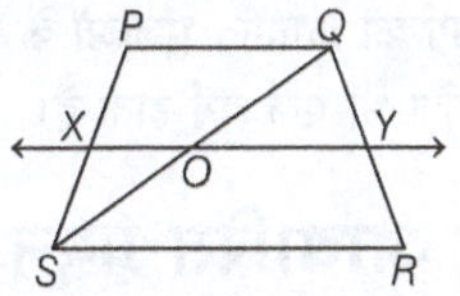

40. क्रमशः D, E और F एक ΔABC की AB, BC और CA भुजाओं के मध्य-बिंदु हैं। सिद्ध कीजिए D, E और F बिंदुओं को मिलाने से ΔABC चार सर्वांगसम त्रिभुजों में बँट जाता है। **[NCERT Exemplar]**

41. चतुर्भुज $ABCD$ के विकर्ण परस्पर लंब हैं, तब दर्शाइए कि इसकी भुजाओं के मध्य-बिंदु को मिलाने से प्राप्त चतुर्भुज एक आयत होगा।

42. सिद्ध कीजिए किसी समलंब के विकर्णों के मध्य-बिंदु को मिलाने वाली रेखा उस समलंब की समांतर भुजाओं के समांतर होती है। **[NCERT Exemplar]**

43. निम्न आकृति में, PS तथा RT, ΔPQR की माध्यिकाएँ हैं, तथा $SM \parallel RT$ है, तब दर्शाइए कि $QM = \frac{1}{4} PQ$ है।

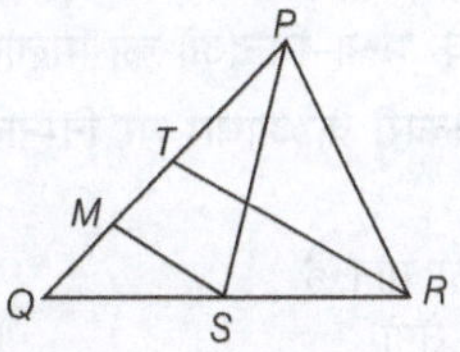

44. एक ΔABC के शीर्षों A, B और C से होकर क्रमशः भुजाओं BC, CA और AB के समांतर रेखाएँ RQ, PR और QP आकृति में दर्शाए अनुसार खींची गई हैं। दर्शाइए कि $BC = \frac{1}{2} QR$ है। **[NCERT Exemplar]**

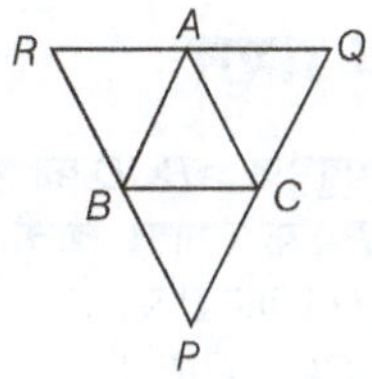

45. आकृति में, $ABCD$ एक समांतर चतुर्भुज है जिसमें P, DC का मध्य-बिंदु तथा Q, AC पर कोई बिंदु इस प्रकार है कि $CQ = \frac{1}{4} AC$ साथ ही, PQ को बढ़ाने पर यह AC को R पर मिलती है, तब सिद्ध कीजिए कि R, भुजा BC का मध्य-बिंदु है।

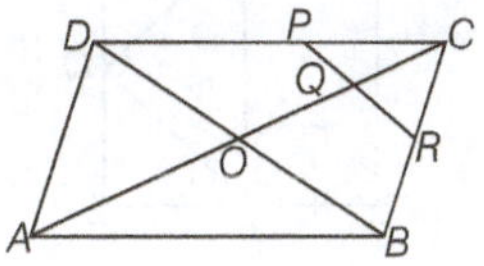

46. संलग्न आकृति में P, समांतर चतुर्भुज $ABCD$ की भुजा BC का मध्य-बिंदु इस प्रकार है कि $\angle BAP = \angle DAP$। तब, सिद्ध कीजिए कि $AD = 2CD$ **[NCERT Exemplar]**

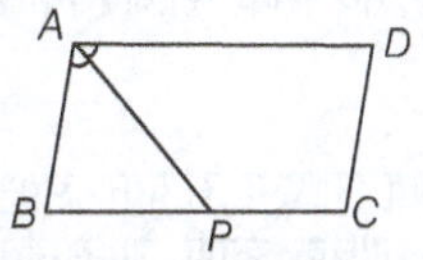

47. निम्न आकृति में, $PQRS$ एक वर्ग है। बिंदु M, PQ का मध्य-बिंदु है तथा $RM \perp AB$ है, तब सिद्ध कीजिए कि $RA = RB$

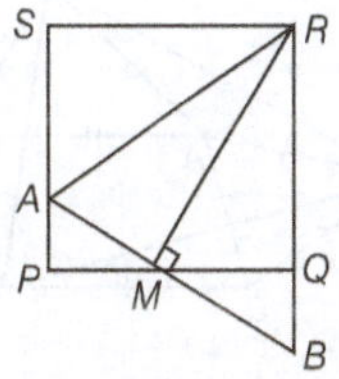

48. दी गई आकृति में, बिंदु A और B, रेखा m की दिशा में, $AD \perp m$ और $BE \perp m$ है जोकि रेखा m पर बिंदु D तथा E पर मिलतें है, यदि C भुजा AB का मध्य-बिंदु हो, तब सिद्ध कीजिए कि $CD = CE$

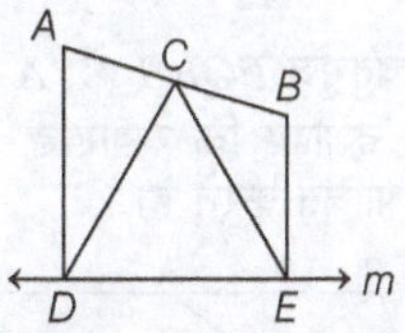

49. किसी ΔABC में माध्यिका AD को बिंदु P तक इस प्रकार बढ़ाया गया है कि $AD = DP$ है। सिद्ध कीजिए कि $ABPC$ एक समांतर चतुर्भुज हैं।

दीर्घ उत्तरीय प्रश्न

50. P एक समांतर चतुर्भुज $ABCD$ की भुजा CD का मध्य-बिंदु है। C से होकर PA के समांतर खींची गई रेखा AB को Q पर तथा बढ़ाई हुई DA को R पर मिलती है। सिद्ध कीजिए कि $DA = AR$ और $CQ = QR$ है। **[NCERT Exemplar]**

51. दी गई आकृति में, $ABCD$ एक वर्ग है। यदि $\angle PQR = 90°$ तथा $PB = QC = DR$ है, तब सिद्ध कीजिए कि $QB = RC$, $PQ = QR$ तथा $\angle QPR = 45°$

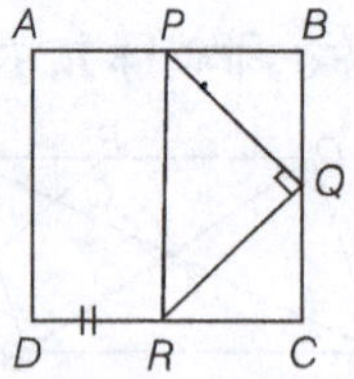

52. ABC एक त्रिभुज है। D, भुजा AB पर इस प्रकार है कि $AD = \frac{1}{4} AB$ तथा E, भुजा AC पर इस प्रकार है कि $AE = \frac{1}{4} AC$, तब सिद्ध कीजिए कि $DE = \frac{1}{4} BC$ है। **[NCERT Exemplar]**

53. दी गई आकृति में एक समांतर चतुर्भुज $ABCD$ है जिसमें $\angle PAQ$ एक अधिक कोण है। समांतर चतुर्भुज के बाह्य दो समबाहु त्रिभुज ABP तथा ADQ बनाए गए है, तब सिद्ध कीजिए कि ΔCPQ भी एक समबाहु त्रिभुज है।

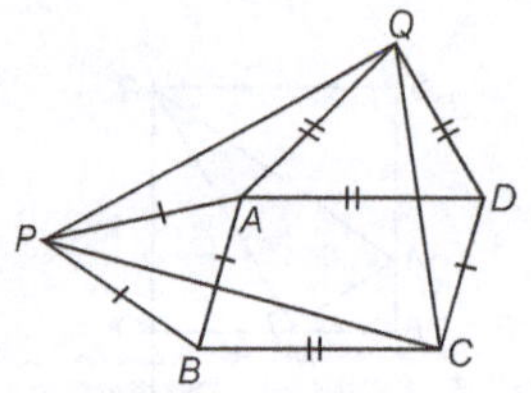

54. $ABCD$ एक चतुर्भुज है जिसके विकर्ण बराबर हैं तथा परस्पर समकोण पर समद्विभाजित करते हैं। सिद्ध कीजिए कि $ABCD$ एक वर्ग है।

55. दर्शाइए कि किसी आयत की भुजाओं के मध्य-बिंदुओं को क्रम से मिलाने पर बना चतुर्भुज एक समचतुर्भुज होता है।

56. किसी समांतर चतुर्भुज $PQRS$ में, A और B क्रमशः PQ के मध्य-बिन्दु है। दर्शाइए कि रेखाखंड AS और BQ विकर्ण PR को समत्रिभाजित करते हैं।

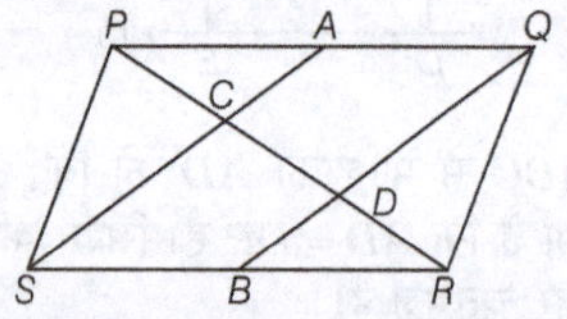

57. नीचे दी गई आकृति में, एक ΔABC है जिसकी भुजाओं AB और AC के मध्य-बिंदु क्रमशः P और Q है। PC और PB के मध्य-बिंदु क्रमशः R और S है, तब दर्शाइए कि BQ और SR एक-दूसरे को समद्विभाजित करते हैं।

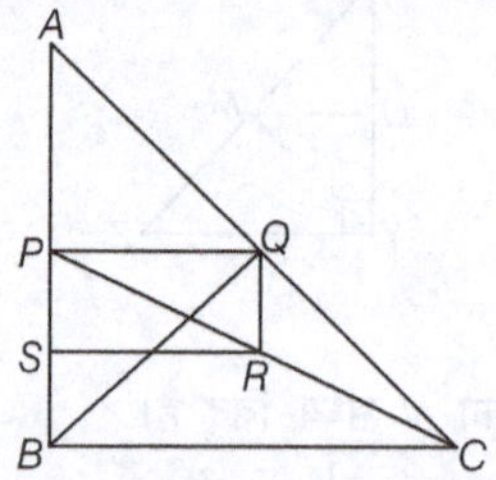

58. P, Q, R और S क्रमशः एक चतुर्भुज $ABCD$ की भुजाओं AB, BC, CD और DA के मध्य-बिंदु है जिसमें $AC = BD$ तथा $AC \perp BD$ है, तब सिद्ध कीजिए कि $PQRS$ एक वर्ग है। **[NCERT Exemplar]**

अथवा

दर्शाइए कि वर्ग की क्रमागत भुजाओं के मध्य-बिंदु को मिलाने से प्राप्त चतुर्भुज भी एक वर्ग होता है। **[NCERT Exemplar]**

केस स्टडी आधारित प्रश्न

59. शिक्षा निर्देशक, नीरजा मोदी स्कूल के आमन्त्रण पर एक कार्यक्रम में जाते हैं, अतिथि के स्वागत के लिए, छात्राएँ एक त्रिभुजाकार आकृति में रंगोली का निर्माण करती हैं।

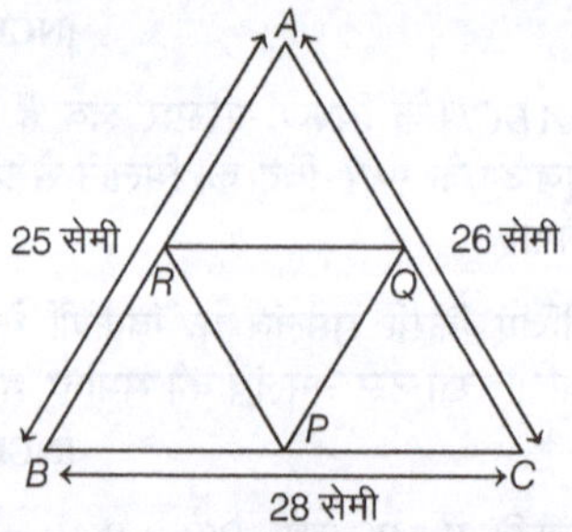

ΔABC की विमाएँ 26 सेमी, 28 सेमी तथा 25 सेमी हैं एवं ΔPQR के साथ-साथ मालाएँ भी रखी जाती हैं जोकि ΔABC की भुजाओं के मध्य-बिन्दुओं को मिलाने पर प्राप्त होता है।

उपरोक्त जानकारी के आधार पर निम्नलिखित प्रश्नों के उत्तर दीजिए।

(i) RQ का मान है
(a) 21 सेमी (b) 20 सेमी
(c) 14 सेमी (d) 16 सेमी

(ii) QP का मान है
(a) 13.5 सेमी (b) 12.5 सेमी
(c) 11.5 सेमी (d) 10.5 सेमी

(iii) PR का मान है

(a) 11 सेमी (b) 12 सेमी (c) 13 सेमी (d) 14 सेमी

(iv) माला की लम्बाई ज्ञात कीजिए।

(a) 29.5 सेमी (b) 32.5 सेमी
(c) 39.5 सेमी (d) 40.5 सेमी

(v) ΔABC का परिमाप ज्ञात करने का सूत्र लिखिए।

(a) $AB + BC + CA$ (b) $\frac{AB + BC + CA}{2}$
(c) $AB - BC + CA$ (d) $AB + BC - CA$

60. कक्षा IX के अध्यापक ने विद्यार्थियों को कुछ विभिन्न रंगों के पेपर दिए जोकि चतुर्भुजाकार आकृति के व्यर्थ उत्पादों को पुनर्चक्रण द्वारा निर्मित किए गए थे। इसके पश्चात् अध्यापक विद्यार्थियों को पेपर मोड़कर समान्तर चतुर्भुज बनाने के लिए कहती है।

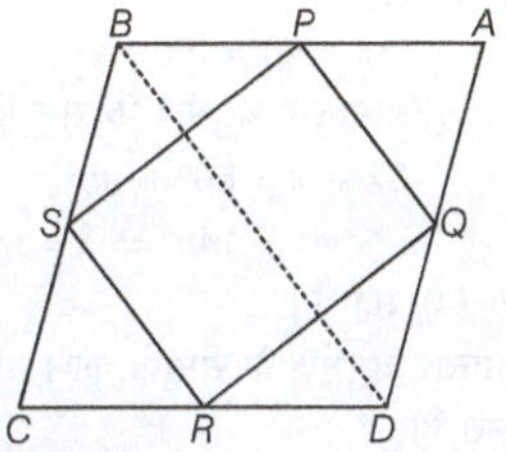

अध्यापक विद्यार्थियों से कुछ प्रश्न पूछती है। उनके उत्तर के लिए सही विकल्प का चयन कीजिए।

(i) पेपर को मोड़कर समान्तर चतुर्भुज कैसे बनाया जा सकता है?

(a) चतुर्भुज की भुजाओं को जोड़कर
(b) चतुर्भुज की भुजाओं के मध्य-बिन्दुओं को जोड़कर
(c) चतुर्भुज के शीर्षों को जोड़कर
(d) उपरोक्त में से कोई नहीं

(ii) निम्न में से कौन-सा प्रतिबन्ध सही है?

(a) $PQ = BD$ (b) $PQ = \frac{1}{2} BD$
(c) $3PQ = BD$ (d) $PQ = 2BD$

(iii) निम्न में से कौन-सा प्रतिबन्ध सही है?

(a) $2RS = BD$ (b) $RS = \frac{BD}{3}$
(c) $RS = BD$ (d) $RS = 2BD$

(iv) निम्न में से कौन-सा प्रतिबन्ध सही है?

(a) $PQ = \frac{SR}{2}$ (b) $PQ = SR$
(c) $PQ = \frac{SR}{3}$ (d) $4PQ = SR$

(v) चतुर्भुज $PQRS$ का परिमाप ज्ञात करने का सूत्र लिखिए

(a) $PQ + QR + RS + PS$
(b) $PQ - QR - RS + PS$
(c) $\frac{PQ + QR + RS + PS}{2}$
(d) $\frac{PQ + QR + RS + PS}{3}$

संकेत एवं हल

1. (c) दिया है, $PQRS$ एक चतुर्भुज है। A, B, C तथा D क्रमशः भुजाओं PQ, QR, RS और SP के मध्य-बिन्दु हैं। चतुर्भुज $ABCD$ एक आयत होगा, यदि $PQRS$ के विकर्ण लंबवत् हों।

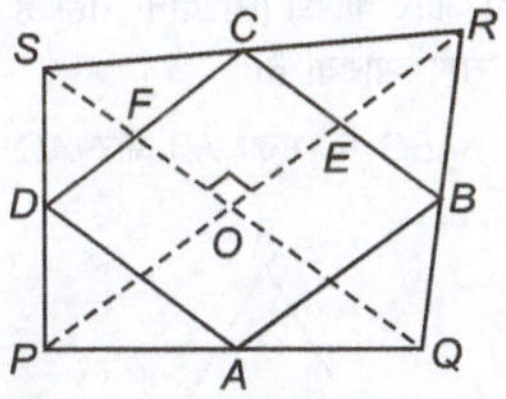

उपपत्ति यदि विकर्ण लंबवत् हो अर्थात् $SQ \perp PR$

तब, $\angle SOR = 90°$

ΔPSR में, $CD \parallel PR$ तथा $CD = \frac{1}{2} PR$ [मध्य-बिन्दु प्रमेयसे]

ΔPQR में,

$AB \parallel PR$ तथा $AB = \frac{1}{2} PR$ [मध्य-बिन्दु प्रमेय से]

$\therefore$ $AB \parallel CD$ तथा $AB = CD$

इसी प्रकार, $AD \parallel BC$ तथा $AD = BC$

अब, चतुर्भुज $OECF$ में, $CF \parallel OE$

$\therefore$ $\angle EOF = \angle ECF = 90°$

अतः $ABCD$ एक आयत है।

2. (d) दिया है $PQRS$ एक चतुर्भुज है तथा A, B, C एवं D क्रमशः भुजाओं PQ, QR, RS और SP के मध्य-बिन्दु हैं। तब, $ABCD$ एक समचतुर्भुज होगा, यदि $PQRS$ के विकर्ण समान हों।

उपपत्ति माना $PQRS$ के विकर्ण समान हैं, अर्थात् $PR = SQ$

ΔPSR में, मध्य-बिन्दु प्रमेय से,

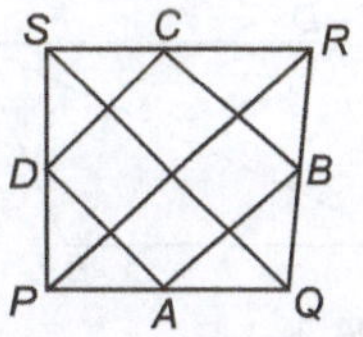

$DC \parallel PR$ तथा $DC = \frac{1}{2} PR$ ...(i)

ΔPQR में, मध्य-बिन्दु प्रमेय से,

$AB \parallel PR$ तथा $AB = \frac{1}{2} PR$ ...(ii)

समी (i) तथा (ii) से,

$AB \parallel DC$ तथा $AB = DC = \frac{1}{2} PR$ ...(iii)

इसी प्रकार,

$AD \parallel BC$ तथा $AD = BC = \frac{1}{2} SQ$

चूँकि $PR = SQ$

तब, $\quad AD = BC = \frac{1}{2} PR \quad \ldots(iv)$

समी (iii) तथा (iv) से, $\quad AB = BC = DC = AD$

$\therefore$ $ABCD$ एक समचतुर्भुज है।

3. (c) समांतर चतुर्भुज में, सम्मुख कोण विकर्णों से समद्विभाजित नहीं होते हैं।

4. (b) **कथन** (A) $ABCD$ एक समान्तर चतुर्भुज है जिसका एक विकर्ण AC है।

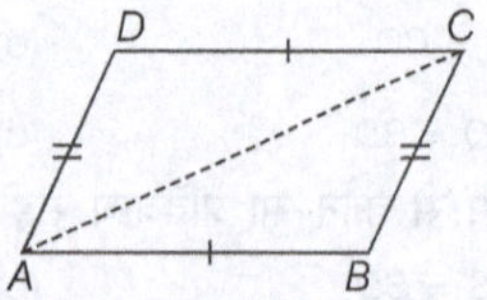

$\because$ $\quad \Delta ABC \cong \Delta CDA$

तब, $AB = DC$ और $AD = BC$

इसलिए, कथन (A) सही है।

कारण (R) $ABCD$ एक समान्तर चतुर्भुज है

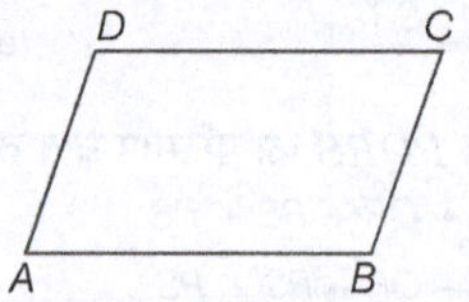

$\therefore$ $\quad AB \| DC$ तथा $BC \| AD$

तब, $\quad \angle A + \angle D = 180°$ $\quad$ [क्रमागत अन्त: कोण]

तथा $\quad \angle D + \angle C = 180°$ $\quad$ [क्रमागत अन्त: कोण]

$\therefore$ $\quad \angle A + \angle D = \angle D + \angle C$

$\Rightarrow$ $\quad \angle A = \angle C$

इसी प्रकार, $\angle B = \angle D$

इसलिए, कारण (R) सही है।

अत: कथन (A) और कारण (R) दोनों सही हैं, परन्तु कारण (R) कथन (A) की सही व्याख्या नहीं है।

5. (b) **कथन** (A) $ABCD$ एक समान्तर चतुर्भुज है, तब $AB = DC$ तथा $BC = AD$

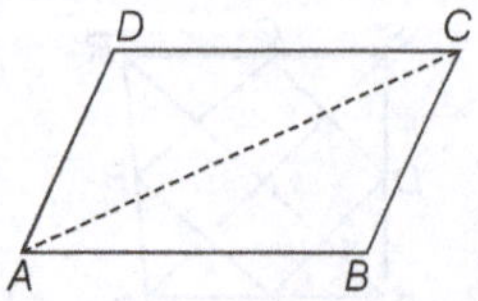

ΔABC तथा ΔCDA में,

$AC = AC$ $\quad$ [उभयनिष्ठ]

$AB = DC$ $\quad$ [दिया है]

$BC = AD$ $\quad$ [दिया है]

$\therefore$ $\Delta ABC \cong \Delta CDA$ $\quad$ [भुजा-भुजा-भुजा सर्वांगसमता नियम से]

तब, $\angle BAC = \angle ACD$ तथा $\angle BCA = \angle CAD$

$\therefore$ $AB \| CD$ तथा $BC \| AD$

अत: $ABCD$ एक समान्तर चतुर्भुज है।

इसलिए, कथन (A) सही है।

कारण (R) $ABCD$ एक समान्तर चतुर्भुज है जिसके विकर्ण AC तथा BD परस्पर बिन्दु O पर प्रतिच्छेद करते हैं।

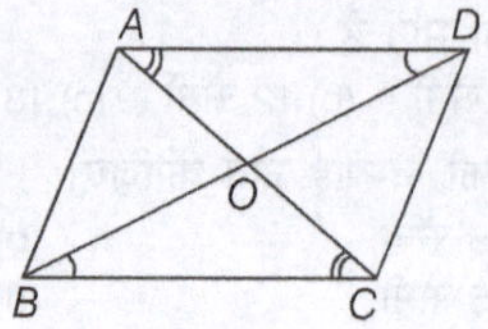

ΔAOD तथा ΔCOB में,

$\angle ADO = \angle CBO$ $\quad$ [एकान्तर कोण]

$\angle DAO = \angle BCO$ $\quad$ [एकान्तर कोण]

$AD = BC$ $\quad$ [सम्मुख भुजाएँ]

$\therefore$ $\quad \Delta AOD \cong \Delta COB$

तब, $OA = OC$ तथा $OB = OD$

इसलिए, कारण (R) सही है।

अत: कथन (A) और कारण (R) दोनों सही हैं, परन्तु कारण (R) कथन (A) की सही व्याख्या नहीं है।

6. (c) **कथन** (A) दी गई आकृति से,

$(3x - 98)° = (50 - x)°$

[$\because$ समान्तर चतुर्भुज के सम्मुख कोण बराबर होते हैं]

$\Rightarrow$ $\quad 3x + x = 50° + 98°$

$\Rightarrow$ $\quad 4x = 148° \Rightarrow x = 37°$

इसलिए, कथन (A) सही है।

कारण (R) समान्तर चतुर्भुज के सम्मुख कोण बराबर होते हैं। इसलिए, कारण (R) गलत है।

अत: कथन (A) सही है परन्तु कारण (R) गलत है।

7. (a) **कथन** (A) $\angle A = 65°$

$\therefore$ $\quad \angle B = 180° - 65°$ $\quad$ [$\because$ A और B क्रमागत कोण है]

$= 115°$

$\angle D = \angle B = 115°$ $\quad$ [सम्मुख कोण हैं]

$\therefore$ $\quad \angle B + \angle D = 115° + 115° = 230°$

इसलिए, कथन (A) सही है।

कारण (R) कारण (R) सही है।

अत: कथन (A) और कारण (R) दोनों सही हैं तथा कारण (R) कथन (A) की सही व्याख्या है।

8. (a) **कथन** (A) ΔABC में, भुजा AB और AC के मध्य बिन्दु क्रमशः E और F हैं

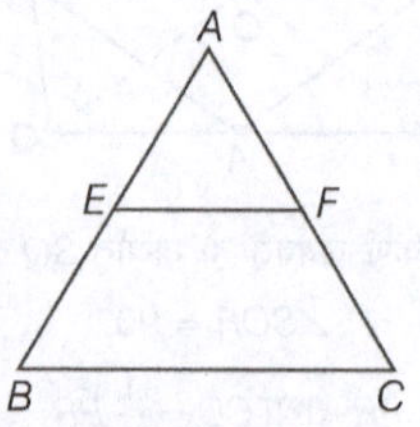

$\therefore$ $\quad \frac{AE}{BC} = \frac{AF}{FC}$ $\quad$ [थेल्स प्रमेय से]

$\frac{AE}{BE} + 1 = \frac{AF}{FC} + 1$

$\frac{AE + BE}{BE} = \frac{AF + FC}{FC}$

$\Rightarrow$ $\quad \frac{AB}{BE} = \frac{AC}{FC}$

$\Rightarrow$ $BC \| EF$, इसलिए कथन (A) सही है।

कारण (R) कारण (R) सही है।

अतः कथन (A) और कारण (R) दोनों सही हैं तथा कारण (R) कथन (A) की सही व्याख्या है।

9. नहीं, क्योंकि समांतर चतुर्भुज के विकर्ण परस्पर लंब नहीं होते हैं। ये केवल परस्पर समद्विभाजित करते हैं।

10. **संकेत** समांतर चतुर्भुज के सम्मुख कोण बराबर होते हैं।

उत्तर $37°, 143°, 37°, 143°$

11. $230°$

12. **संकेत** चूँकि, समांतर चतुर्भुज के विकर्ण परस्पर समद्विभाजित करते हैं।

$\therefore OC = \frac{1}{2}AC = \frac{1}{2} \times 6.8 = 3.4$ सेमी

तथा $OD = \frac{1}{2}BD = \frac{1}{2} \times 5.6 = 2.8$ सेमी

13. **संकेत** ΔABC में, भुजा AB तथा AC में मध्य बिंदु D तथा F हैं।

$\therefore$ मध्य बिंदु प्रमेय से,

$DF \parallel BC$ ...(i)

$\Rightarrow$ $DF \parallel EC$ तथा $DF = \frac{1}{2}BC$ ...(ii)

$\Rightarrow$ $DF = EC$ [$\because$ E, BC का मध्य-बिंदु है]

समी (i) तथा (ii) से,

$DF \parallel EC$ तथा $DF = EC$

चूँकि, चतुर्भुज $DECF$ की विपरीत भुजाओं का युग्म समान तथा समांतर है। इसलिए $DECF$ एक समांतर चतुर्भुज है।

14. $\angle F = 55°$

15. दिया है, समांतर चतुर्भुज $ABCD$ में,

$\angle ADC = 75°$ तथा $\angle ABC = 75°$

[$\because$ समांतर चतुर्भुज में, सम्मुख भुजाएँ बराबर होती हैं]

$\therefore$ $\angle CBE = y = 180° - \angle ABC = 105°$

तथा $x = 180° - 75° = 105°$

[$\because$ $\angle D + x = 180°$, जहाँ $DA \parallel CB$ तथा DC एक तिर्यक रेखा है]

$\therefore$ $x + y = 105° + 105° = 210°$

16. $x + y + z = 180°$

17. $48°$

18. $AC = 6$ सेमी तथा $BD = 4$ सेमी

19. $x = 30°$ और $y = 70°$

20. **संकेत** माना सबसे छोटी भुजा = x सेमी

दिया है, कि सबसे बड़ी भुजा = 9.5 सेमी

तथा परिमाप = 32 सेमी

$\Rightarrow$ 2 (बड़ी भुजा + छोटी भुजा) = 32

$\Rightarrow$ $9.5 + x = 16$

$\Rightarrow$ $x = 16 - 9.5$

$\Rightarrow$ $x = 6.5$ सेमी

21. **संकेत** $DP \parallel BF$ खींचिए।

ΔADP में, AD का मध्य-बिंदु E है तथा $EF \parallel DP$

$\therefore$ F, AP का मध्य-बिंदु है। ...(i)

[मध्य-बिंदु प्रमेय के विलोम से]

ΔFBC में, BC का मध्य-बिंदु D है तथा $DP \parallel BF$ है।

[$\because$ ΔABC की माध्यिका AD है]

$\therefore P$, FC का मध्य-बिंदु है। ...(ii)

[मध्य-बिंदु प्रमेय के विलोम से]

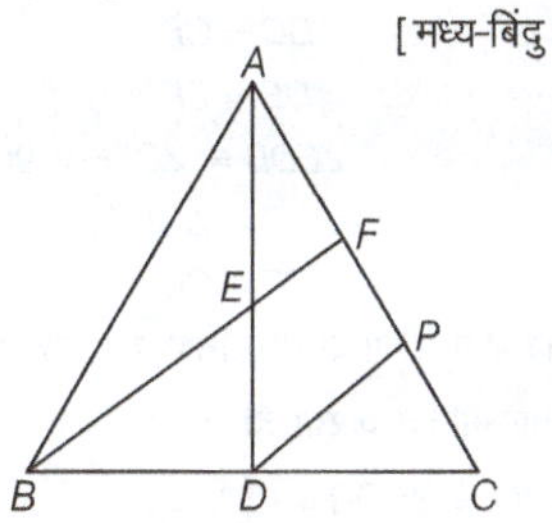

अतः $AF = FP = PC$

$\therefore$ $AF = \frac{1}{3}AC$ [समी (i) तथा (ii) से]

इति सिद्धम्

22. **संकेत**

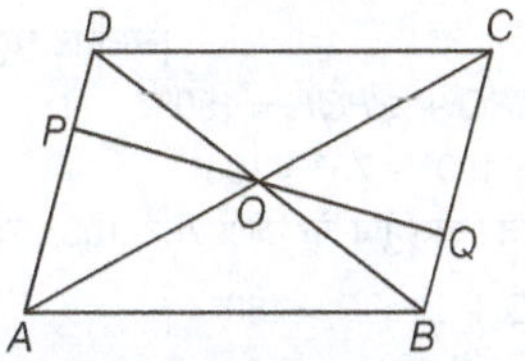

$\Delta ODP \cong \Delta OBQ$, ASA सर्वांगसम नियम का प्रयोग करके सिद्ध करें।

तब, $OQ = OP$ [CPCT से]

23. **संकेत** ΔDEC तथा ΔFEB में,

$\angle DEC = \angle BEF$ [शीर्षाभिमुख कोण]

$BE = CE$ [दिया है]

तथा $\angle DCE = \angle FBE$ [एकांतर कोण]

$\therefore$ $\Delta DEC \cong \Delta FEB$ [ASA सर्वांगसमता नियम से]

$\Rightarrow$ $DC = FB$ [CPCT से] ...(i)

साथ ही, $DC = AB$ [दिया है] ...(ii)

समी (i) तथा (ii) से, $AB = BF$

$\therefore$ $AF = 2AB$ **इति सिद्धम्**

24. **संकेत** $\Delta AMP \cong \Delta CMQ$, ASA सर्वांगसमता नियम का प्रयोग करके सिद्ध करें। तब, $AM = CM$ तथा $PM = QM$ [CPCT से]

25. प्रश्न 21 की भाँति स्वयं हल करें। **उत्तर** 3 सेमी

27. 3.5 सेमी

29. **संकेत** सर्वप्रथम, $\Delta FCD \cong \Delta FBE$, ASA सर्वांगसमता नियम का प्रयोग करते हुए सिद्ध करेंगे। तत्पश्चात्, अभीष्ट परिणाम सिद्ध करेंगे।

30. समांतर चतुर्भुज के कोण $60°, 120°, 60°$ और $120°$ हैं।

31. **संकेत** दिया है, ΔABC में, $\angle A = 90°$

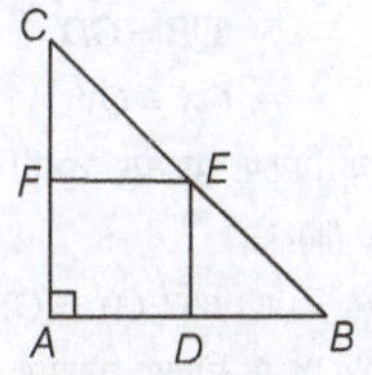

तथा $AB = AC$ ...(i)

माना $ADEF$ एक वर्ग है।

$\therefore$ $AD = AF$ ....(ii)

समी (i) से समी (ii) को घटाने पर,

$AB - AD = AC - AF \Rightarrow BD = CF$ ....(iii)

अब, ΔBED तथा ΔCEF में,

$BD = CF$ [समी (iii) से]

$DE = EF$ [वर्ग की भुजा]

$\angle EDB = \angle CFE = 90°$

$\therefore$ $\Delta BED \cong \Delta CEF$ [SAS नियम से]

तब, $BE = CE$

अतः वर्ग का शीर्ष E जोकि उभयनिष्ठ कोण के शीर्ष के सम्मुख है, कर्ण BC को समद्विभाजित करता है।

33. **संकेत** $\angle POQ = \angle SOR = 75°$ [शीर्षाभिमुख कोण]

ΔOPQ में, $x + 40° + 75° = 180°$

$\Rightarrow$ $x = 180° - 115° = 65°$

$\therefore$ $y = x = 65°$ [एकांतर कोण]

इसके अतिरिक्त, $\angle SRQ = \angle SPQ = 35° + 40° = 75°$

[समांतर चतुर्भुज के सम्मुख कोण]

साथ ही, $\angle SRQ + \angle PQR = 180°$

$\Rightarrow \angle PQR = 180° - 75° = 105°$

इसलिए समांतर चतुर्भुज के कोण 75°, 105°, 75° और 105° हैं।

34. **संकेत** $\angle SPQ + \angle RQP = 180°$

$\Rightarrow$ $\frac{1}{2}\angle SPQ + \frac{1}{2}\angle RQP = 90°$

$\Rightarrow$ $\angle OPQ + \angle OQP = 90°$ ...(i)

अब ΔOPQ में,

$\angle POQ + \angle OPQ + \angle OQP = 180°$

$\Rightarrow$ $\angle POQ + 90° = 180°$ [समी (i) से]

$\Rightarrow \angle POQ = 90°$

35. **संकेत** $AB = BX \Rightarrow BX = CD$ ...(i)

अब ΔODC और ΔOXB में,

$DC = XB$ [समी (i) से]

$\angle DOC = \angle XOB$ [शीर्षाभिमुख कोण]

तथा $\angle CDO = \angle BXO$ [एकांतर कोण, $CD \parallel BX$]

इसलिए $\Delta ODC \cong \Delta OXB$ [AAS सर्वागसमता नियम से]

$\Rightarrow OD = OX$ और $OC = OB$ [CPCT से]

अतः DX और BC परस्पर O पर समद्विभाजित करते हैं।

36. **संकेत** $ABCD$ एक समांतर चतुर्भुज है।

इसलिए, $OA = OC$ ...(i)

और $OB = OD$ ...(ii)

[समांतर चतुर्भुज के विकर्ण परस्पर समद्विभाजित करते हैं]

साथ ही, $DXBY$ एक समांतर चतुर्भुज है।

इसलिए, $OB = OD$

और $OX = OY$ ...(iii)

समांतर चतुर्भुज के विकर्ण परस्पर समद्विभाजित करते हैं।

अब समी (i) और (iii) से,

$OA = OC$ और $OX = OY$

अर्थात् चतुर्भुज $AYCX$ के विकर्ण परस्पर समद्विभाजित करते हैं।

अतः $AYCX$ एक समान्तर चतुर्भुज है।

37. **संकेत** $DF \parallel BE$ और $EF \parallel BD$

साथ ही, $CG \parallel BD$

इसलिए, $EF \parallel CG$ ...(i)

अतः $DF \parallel EC$ और $DF = EC$ [मध्य-बिंदु प्रमेय]

अतः $DFCE$ एक समांतर चतुर्भुज है।

इसलिए, $\Delta DEF \cong \Delta CFE$ ...(ii)

[किसी समान्तर चतुर्भुज का विकर्ण उसे दो सर्वांगसम त्रिभुजों में विभाजित करता है]

पुनः $DF \parallel EC$ और इसलिए $DG \parallel EC$ [मध्य-बिंदु प्रमेय]

अर्थात् $FG \parallel EC$ ...(iii)

और $EF \parallel CG$ [समी (i) से]...(iv)

इसलिए समी (iii) और (iv) से, $ECGF$ एक समान्तर चतुर्भुज है।

इसलिए, $\Delta CFE \cong \Delta FCG$ ...(v)

[विकर्ण समान्तर चतुर्भुज को दो सर्वांगसम त्रिभुजों में विभाजित करता है]

अतः समी (ii) और (v) से, हमें प्राप्त होता है

$\Delta DEF \cong \Delta FCG$ **इति सिद्धम्**

38. **संकेत** (i) XZ का मध्य-बिंदु M है और $MN \parallel YZ$ है।

इसलिए, XY का मध्य-बिंदु N है। [मध्य-बिंदु प्रमेय का विलोम]

(ii) साथ ही, $\angle XNM = \angle XYZ$ [संगत कोण]

अर्थात् $\angle XNM = 90° \Rightarrow \angle YNM = 90°$

अब ΔMXN और ΔMYN में,

$XN = YN$

[XY का मध्य-बिंदु N है भाग (i) में सिद्ध किया है]

$\angle XNM = \angle YNM$ [प्रत्येक कोण 90°]

$NM = NM$

इसलिए, $\Delta MXN \cong \Delta MYN$ [SAS सर्वांगसमता नियम से]

अतः $XM = YM$ [CPCT से]

चूँकि, XZ का मध्य-बिंदु M है।

इसलिए $XM = YM = \frac{1}{2}XZ$ **इति सिद्धम्**

39. **संकेत** ΔSPQ में, SP का मध्य-बिंदु X है और $XO \parallel PQ$ है।

अतः QS का मध्य-बिंदु O है। [मध्य-बिंदु प्रमेय के विलोम से] ...(i)

अब ΔQSR में,

QS का मध्य-बिंदु O है। [समी (i) से]

और $OY \parallel SR$ [दिया है]

इसलिए, QR का मध्य-बिंदु Y है। [मध्य-बिंदु प्रमेय के विलोम से]

इति सिद्धम्

40. **संकेत** $\because$ AB, BC तथा CA के मध्य-बिंदु क्रमशः D, E तथा F हैं। तब,

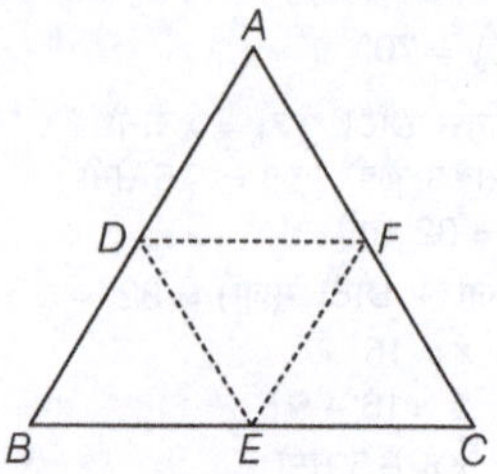

$AD = BD = \frac{1}{2}AB$, $BE = EC = \frac{1}{2}BC$

तथा $AF = CF = \frac{1}{2}AC$

अब मध्य-बिंदु प्रमेय से,

$EF \parallel BA$ तथा $EF = \frac{1}{2}AB = AD = BD$

$\Rightarrow EF \parallel DA$ तथा $EF = DA$

$\Rightarrow ADEF$ एक समांतर चतुर्भुज है।

$ED \parallel CA$ तथा $ED = \frac{1}{2} AC = AF = CF$

$\Rightarrow ED \parallel CF$ तथा $ED = CF$

$\Rightarrow EDFC$ एक समांतर चतुर्भुज है।

$DF \parallel BC$ तथा $EF = \frac{1}{2} BC = BE = CE$

$\Rightarrow DF \parallel BE$ तथा $DF = BE$

$\Rightarrow DFEB$ एक समांतर चतुर्भुज है।

अब, ΔADF तथा ΔEFD में, $AD = EF$

$AF = DE$

तथा $DF = FE$ [उभयनिष्ठ भुजा]

$\therefore \Delta ADF \cong \Delta EFD$ [SSS सर्वांगसमता नियम से]

इसी प्रकार, $\Delta DEF \cong \Delta DEB$

तथा $\Delta DEF \cong \Delta CFE$

41. NCERT फोल्डर प्रश्नावली 8.2 के प्रश्न 2 की भाँति स्वयं हल करें।

42. संकेत ΔCDN तथा ΔEBN में,

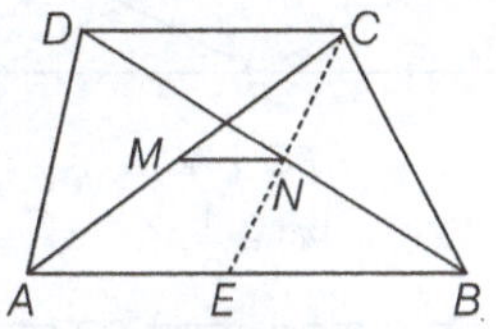

$DN = BN$

$\angle DCN = \angle BEN$

तथा $\angle CDN = \angle EBN$

$\therefore \Delta CDN \cong \Delta EBN$

[AAS सर्वांगसमता नियम से]

$\Rightarrow DC = EB$ तथा $CN = NE$ [CPCT से]

$\therefore N, CE$ का मध्य-बिंदु है।

अर्थात् ΔCAE में, AC तथा CE के मध्य-बिंदु क्रमशः M तथा N हैं।

$\therefore MN \parallel AE$ [मध्य-बिंदु प्रमेय से]

$\Rightarrow MN \parallel AB \parallel CD$ **इति सिद्धम्**

44. संकेत चतुर्भुज $BCAR$ में,

$BR \parallel CA$ तथा $BC \parallel RA$

इसलिए, $BCAR$ एक समांतर चतुर्भुज है।

$\therefore BC = RA$ ... (i)

अब, चतुर्भुज $BCQA$ में,

$BC \parallel AQ$ तथा $AB \parallel QC$

इसलिए, $BCQA$ एक समांतर चतुर्भुज है।

$\therefore BC = AQ$ ... (ii)

समी (i) व (ii) को जोड़ने पर,

$2BC = RQ \Rightarrow BC = \frac{1}{2} QR$

45. संकेत समांतर चतुर्भुज $ABCD$ में, $AO = OC$

[$\because$ समांतर चतुर्भुज के विकर्ण एक-दूसरे को समद्विभाजित करते हैं]

$AC = AO + OC \Rightarrow AC = 2OC$

$\therefore CQ = \frac{1}{4} AC = \frac{1}{4} \times (2OC) = \frac{1}{2} OC$

अतः Q, OC का मध्य-बिंदु है।

अब ΔCDO में, CD तथा CO का मध्य-बिंदु क्रमशः P तथा Q हैं।

$\therefore PQ \parallel DO \Rightarrow QR \parallel OB$

अब ΔCOB में, CO का मध्य-बिंदु Q है तथा

$QR \parallel OB$

इसलिए, R, BC का मध्य-बिंदु है। **इति सिद्धम्**

46. संकेत दिया है, $\angle BAP = \angle DAP$

तथा $\angle DAP = \angle APB$ [एकांतर अंत:कोण]

$\angle BAP = \angle APB$

$\Rightarrow BP = AB$

[सम्मुख कोणों की सम्मुख भुजाएँ बराबर होती हैं]

तथा $AB = CD$

$\Rightarrow BP = CD$ [$\because BP = AB$] ... (i)

साथ ही, $BC = 2BP$

$AD = 2BP$ [$\because BC = AD$] ... (ii)

समी (i) तथा (ii) से, $AD = 2CD$ **इति सिद्धम्**

49. संकेत ΔABC की माध्यिका AD को एक बिंदु P तक इस प्रकार बढ़ाया गया है कि $AD = DP$ है।

साथ ही, $BD = CD$ [क्योंकि BC का मध्य-बिंदु D है]

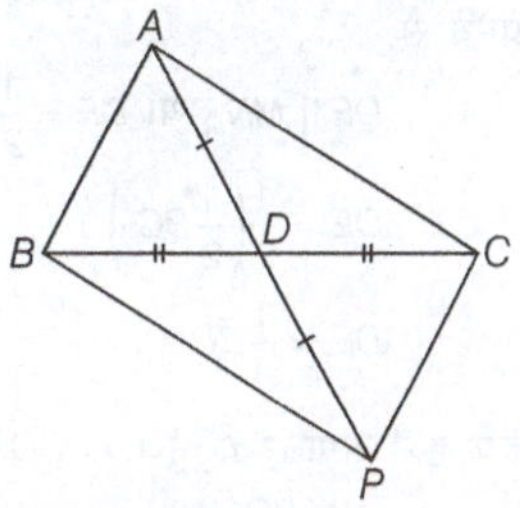

इसलिए $ABPC$ एक समांतर चतुर्भुज है, क्योंकि चतुर्भुज $ABPC$ के विकर्ण AP और BC परस्पर समद्विभाजित करते हैं।

50. संकेत (i) ΔDRC में,

P, DC का मध्य-बिंदु तथा $PA \parallel CR$

$\therefore A, DR$ का मध्य-बिंदु होगा।

$\Rightarrow DA = AR$ [मध्य-बिंदु प्रमेय के विलोम से]

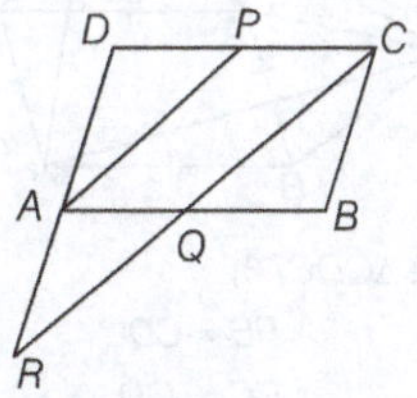

(ii) चूँकि, $ABCD$ एक समांतर चतुर्भुज है।

$\Rightarrow AB \parallel DC$

$\Rightarrow AQ \parallel DC$

ΔDRC में, A, DR का मध्य-बिंदु तथा $AQ \parallel DC$ है।

$\therefore Q, RC$ का मध्य-बिंदु होगा।

$\Rightarrow CQ = QR$ [मध्य-बिंदु प्रमेय के विलोम से]

51. संकेत माना M तथा N भुजाओं AB और AC के मध्य-बिंदु है।

$\therefore MN \parallel BC$ [मध्य-बिंदु प्रमेय से]

तथा $MN = \frac{1}{2} BC$ ...(i)

$\because M$, AB का मध्य-बिंदु है।

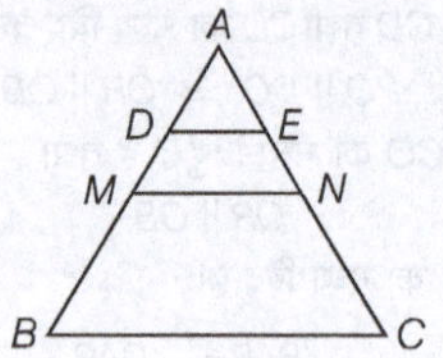

$\therefore \quad AM = \frac{1}{2}AB$

$\Rightarrow \quad \frac{1}{2}AM = \frac{1}{4}AB$

$\Rightarrow \quad \frac{1}{2}AM = AD$

इसलिए, D, AM का मध्य-बिंदु होगा।

इसी प्रकार, $AN = \frac{1}{2}AC$

$\Rightarrow \frac{1}{2}AN = \frac{1}{4}AC \Rightarrow \frac{1}{2}AN = AE$

इसलिए E, AN का मध्य-बिंदु होगा।

ΔAMN में, D तथा E क्रमशः भुजाओं AM तथा AN के मध्य-बिंदु हैं।

मध्य-बिंदु प्रमेय से,

$$DE \parallel MN \text{ तथा } DE = \frac{1}{2}MN$$

$\Rightarrow \quad DE = \frac{1}{2}\left(\frac{1}{2}BC\right)$ [समी (i) से]

$\Rightarrow \quad DE = \frac{1}{4}BC$ **इति सिद्धम्**

53. संकेत माना दिया हुआ समांतर चतुर्भुज $ABCD$ है।

तथा $\angle ABC = x$,

$\angle ADC = x$

$\Rightarrow \quad \angle BCD = 180° - x$

$\therefore \quad \angle PBC = x + 60°$ तथा $\angle QDC = x + 60°$ ...(i)

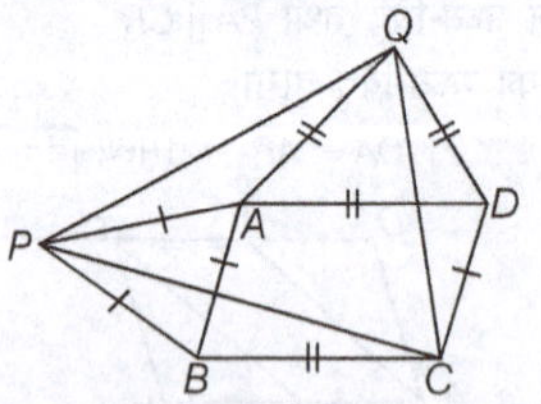

अब, ΔPBC तथा ΔQDC में,

$PB = CD$ [$\because PB = AB = CD$]

$BC = QD$ [$\because BC = AD = QD$]

तथा $\angle PBC = \angle QDC$ [समी (i) से]

$\Delta PBC \cong \Delta CDQ$

[SAS सर्वांगसमता नियम से]

अतः $CP = CQ$ [CPCT से]...(ii)

साथ ही, ΔPBC में $PB = BC$

$\Rightarrow \quad \angle BPC = \angle BCP$

$\angle PBC + \angle BPC + \angle BCP = 180°$

$\Rightarrow \quad \angle PBC + 2\angle BCP = 180°$

$\therefore \quad \angle BCP = \frac{180° - x - 60°}{2} = 60° - \frac{x}{2}$

इसी प्रकार, ΔQDC में, $\angle QCD = 60° - \frac{x}{2}$

$\therefore \quad \angle PCQ = \angle BCD - \angle BCP - \angle QCD$

$= 180° - x - \left(60° - \frac{x}{2}\right) - \left(60° - \frac{x}{2}\right) = 60°$ ...(iii)

ΔCPQ में, $CP = CQ$ [समी (ii) से]

$\Rightarrow \quad \angle CQP = \angle CPQ$

$\Rightarrow \quad \angle CPQ + \angle CQP + \angle PCQ = 180°$

$\Rightarrow \quad \angle CPQ + \angle CPQ + 60° = 180°$

$\Rightarrow \quad 2\angle CPQ = 180° - 60°$

$\Rightarrow \quad 2\angle CPQ = 120°$

$\Rightarrow \quad \angle CPQ = 60°$

$\Rightarrow \quad \angle CPQ = \angle CQP = \angle PCQ = 60°$

55. संकेत ΔABC में, P, और Q क्रमशः भुजाओं AB और BC के मध्य-बिंदु हैं।

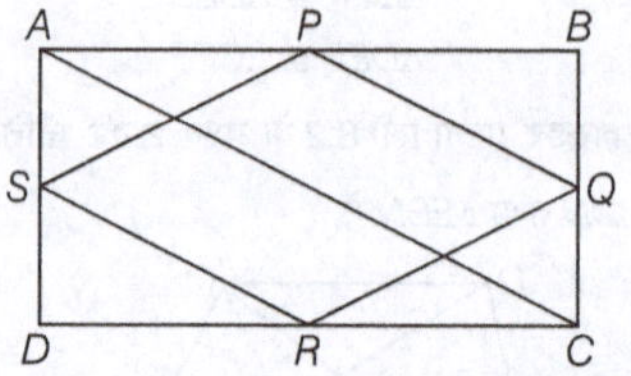

$PQ \parallel AC$

और $PQ = \frac{1}{2}AC$ ...(i)

ΔADC में, R और S क्रमशः भुजाओं CD और AD के मध्य-बिंदु हैं।

$SR \parallel AC$

और $SR = \frac{1}{2}AC$ ...(ii)

समी (i) और (ii) से प्राप्त होता है,

$PQ = RS$ और $PQ \parallel RS$ है। ...(iii)

चूँकि, सम्मुख भुजाओं का एक युग्म समान और समांतर है, इसलिए $PQRS$ एक समांतर चतुर्भुज है।

इसी प्रकार, हमें प्राप्त होता है

$PS = QR = \frac{1}{2}BD$

इसलिए, $PS = QR = \frac{1}{2}AC$ ...(iv)

[$AC = BD$, चूँकि किसी आयत के विकर्ण समान होते हैं]

समी (ii), (iii) और (iv) से,

$PQ = QR = RS = PS$

अतः $PQRS$ एक समचतुर्भुज है।

56. संकेत चतुर्भुज $AQBS$ में,

$AQ \parallel SB$ [समांतर चतुर्भुज की सम्मुख भुजाएँ]

$AQ = SB = \frac{1}{2}PQ$ [दिया है]

$\Rightarrow AQBS$ एक समांतर चतुर्भुज है।

ΔPQD में, $AC \parallel DQ$ और PQ का मध्य-बिंदु A है।

$\Rightarrow PD$ का मध्य-बिंदु C है। [मध्य-बिंदु प्रमेय के विलोम से]

$\Rightarrow PC = CD$ ...(i)

अब ΔSRC में, $SC \parallel BD$ तथा SR का मध्य-बिंदु B है।

$\Rightarrow RC$ का मध्य-बिंदु D है।

$\Rightarrow \quad CD = DR$ ...(ii)

समी (i) और (ii) से,

$$PC = CD = DR$$ इति सिद्धम्

58. **संकेत**

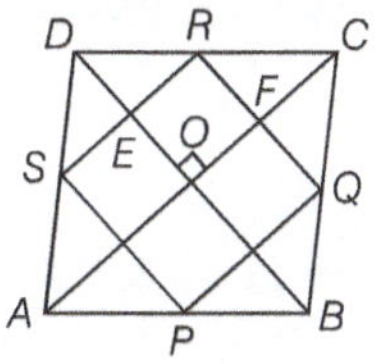

ΔADC में, मध्य-बिंदु प्रमेय से,

$$SR \,||\, AC \text{ तथा } SR = \frac{1}{2}AC \quad \text{... (ii)}$$

इसी प्रकार, ΔABC में मध्य-बिंदु प्रमेय से,

$$PQ \,||\, AC \text{ तथा } PQ = \frac{1}{2}AC \quad \text{...(ii)}$$

समी (i) तथा (ii) से,

$$PQ \,||\, SR$$

तथा $$PQ = SR = \frac{1}{2}AC \quad \text{... (iii)}$$

अब ΔABD में, मध्य-बिंदु प्रमेय से,

$$SP \,||\, BD \text{ तथा } SP = \frac{1}{2}BD = \frac{1}{2}AC \quad \text{...(iv)}$$

$[\because AC = BD]$

इसी प्रकार ΔBCD में,

$$RQ \,||\, BD \text{ तथा } RQ = \frac{1}{2}AC \quad \text{... (v)}$$

समी (iv) तथा (v) से,

$$SP = RQ = \frac{1}{2}AC \quad \text{... (vi)}$$

अब समी (iii) तथा (vi) से,

$$PQ = SR = SP = RQ$$

अतः $PQRS$ एक वर्ग है। इति सिद्धम्

59. (i) (c) चूँकि R तथा Q भुजाओं AB तथा CA के मध्य-बिन्दु हैं।

$$RQ \,||\, BC \text{ तथा } RQ = \frac{1}{2}BC \quad \text{[मध्य-बिन्दु प्रमेय से]}$$

$$\Rightarrow \quad RQ = \frac{1}{2} \times 28 \quad [\because BC = 28 \text{ सेमी}]$$

$$= 14 \text{ सेमी}$$

(ii) (b) चूँकि Q तथा R क्रमशः भुजाओं AC तथा BC के मध्य-बिन्दु हैं।

$$\therefore QP \,||\, AB \text{ तथा } QP = \frac{1}{2}AB$$

$$\therefore QP = \frac{1}{2} \times AB = \frac{1}{2} \times 25 = 12.5 \text{ सेमी}$$

(iii) (c) चूँकि P तथा R क्रमशः भुजाओं BC तथा AB के मध्य-बिन्दु हैं।

$$\therefore \quad PR \,||\, AC \text{ तथा } PR = \frac{1}{2}AC$$

अब, $$PR = \frac{1}{2} \times AC = \frac{1}{2} \times 26 = 13 \text{ सेमी}$$

(iv) (c) $\because RQ = 14$ सेमी, $QP = 12.5$ सेमी तथा $PR = 13$ सेमी

$\therefore$ माला की लम्बाई $= \Delta PQR$ का परिमाप

$$= RQ + QP + PR$$
$$= 14 + 12.5 + 13$$
$$= 39.5 \text{ सेमी}$$

(v) (a) ΔABC का परिमाप $= AB + BC + CA$

60. (i) (b) चतुर्भुज $ABCD$ की भुजाओं के मध्य-बिन्दुओं को मिलाने पर प्राप्त होता है।

(ii) (b) ΔABD में, P तथा Q, AB तथा AD के मध्य-बिन्दु हैं।

$$\therefore \quad PQ \,||\, BD$$

तथा $$PQ = \frac{1}{2}BD$$ [मध्य-बिन्दु प्रमेय]

(iii) (a) ΔBCD में, R तथा S क्रमशः CD तथा BC के मध्य-बिन्दु हैं।

$$\therefore \quad RS \,||\, BD$$

तथा $$RS = \frac{1}{2}BD$$

$$\Rightarrow \quad 2RS = BD$$

(iv) (b) $$\therefore PQ \,||\, BD \text{ तथा } PQ = \frac{1}{2}BD \quad \text{...(i)}$$

$$RS \,||\, BD \text{ तथा } RS = \frac{1}{2}BD \quad \text{...(ii)}$$

समी (i) तथा (ii) से,

$$PQ \,||\, SR \text{ तथा } PQ = SR$$

(v) (a) चतुर्भुज $PQRS$ का परिमाप $= PQ + QR + RS + PS$

अध्याय

09

वृत्त (Circle)

एक तल पर सभी बिंदुओं का समूह, जोकि तल पर उपस्थित एक निश्चित बिंदु से एक स्थिर दूरी पर स्थित हो, एक वृत्त कहलाता है स्थिर बिंदु को वृत्त का **केंद्र** (Centre) तथा स्थिर दूरी को वृत्त की **त्रिज्या** (Radius) कहते हैं। अन्य शब्दों में त्रिज्या वह रेखाखंड है जोकि केंद्र को वृत्त पर स्थित किसी बिंदु से मिलाता है। नीचे दी गई आकृति में, वृत्त का केंद्र *O* तथा त्रिज्या *OP* है।

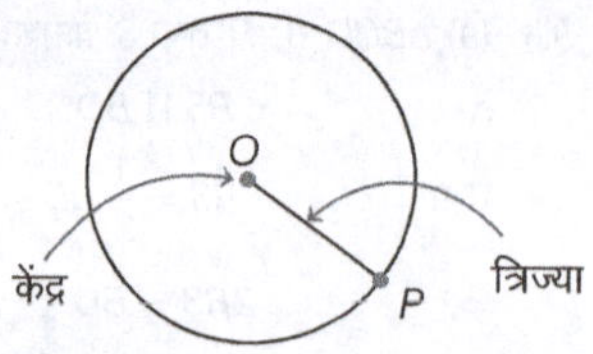

टॉपिक्स

- *जीवा द्वारा बिंदु पर अंतरित कोण*
- *केंद्र से जीवा पर लंब*
- *समान जीवाएँ और उनकी केंद्र से दूरियाँ*
- *एक वृत्त के चाप द्वारा अंतरित कोण तथा चक्रीय चतुर्भुज*

वृत्त द्वारा समतल के विभाजित भाग

(Parts of the Plane Divided by a Circle)

एक वृत्त उस एक समतल को जिस पर वह स्थित होता है, तीन भागों में विभाजित करता है, वह निम्न हैं

(i) वृत्त के अंदर, जिसे वृत्त का **अभ्यंतर** (Interior) भाग भी कहते हैं।

(ii) वृत्त पर

(iii) वृत्त के बाहर, जिसे वृत्त का **बहिर्भाग** (Exterior) भी कहते हैं।

वृत्त तथा इसके अभ्यंतर भाग (अर्थात् भाग (i) तथा भाग (ii)) मिलकर वृत्तीय क्षेत्र (Circular region) का निर्माण करते हैं।

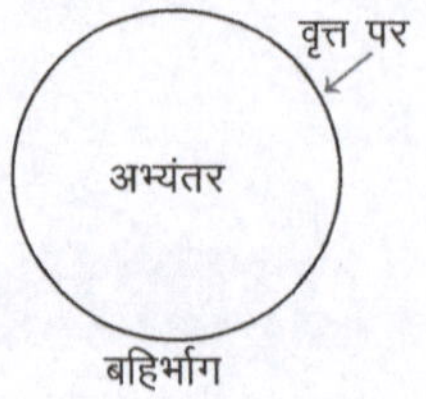

नोट

- *त्रिज्या का दो अर्थों में प्रयोग किया जाता है। एक रेखाखंड के रूप में तथा दूसरा इसकी लंबाई के रूप में।*
- *वह वृत्त जिनके केंद्र एक ही हो, संकेंद्रीय वृत्त कहलाते हैं।*
- *दो वृत्त परस्पर सर्वांगसम होंगे यदि और केवल यदि इनमें से किसी एक के ऊपर दूसरा वृत्त रखने पर ये एक-दूसरे को पूर्ण रूप से ढक लें। या यदि और केवल यदि उनकी त्रिज्याएँ समान हैं।*

टॉपिक 1
जीवा द्वारा बिंदु पर अंतरित कोण

वृत्त से संबंधित पद (Terms Related to Circle)

जीवा (Chord)

वृत्त की परिधि पर स्थित दो बिंदुओं को मिलाने वाले रेखाखंड को जीवा कहते हैं। यदि एक वृत्त पर दो बिंदु P तथा Q लें, तो रेखाखंड PQ वृत्त की एक जीवा कहलाती है।

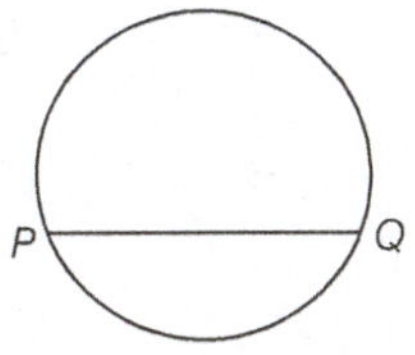

व्यास (Diameter)

वृत्त के केंद्र से होकर जाने वाली जीवा को वृत्त का व्यास कहते हैं। चित्र में PQ वृत्त का व्यास है। व्यास वृत्त की सबसे लंबी जीवा होती है, सभी व्यासों की लंबाइयाँ समान होती हैं जोकि त्रिज्या की दोगुना होती है।

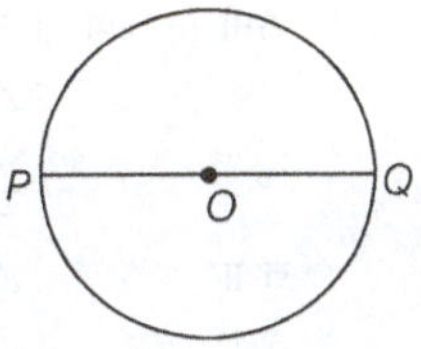

नोट *व्यास का रेखाखंड एवं लंबाई दोनों अर्थों में प्रयोग किया जाता है।*

परिधि (Circumference)

वृत्त की संपूर्ण लंबाई को वृत्त की परिधि कहते हैं।

चाप (Arc)

परिधि पर दो बिंदुओं के बीच के वृत्त के भाग को एक चाप कहते हैं। बिंदुओं P तथा Q के बीच के वृत्त के भागों में से एक बड़ा है तथा एक छोटा है।

बड़े भाग को दीर्घ चाप (Major arc) PQ कहते हैं तथा छोटे भाग को लघु चाप (Minor arc) PQ कहते हैं। लघु चाप PQ को $\overset{\frown}{PSQ}$ से व्यक्त करते हैं तथा दीर्घ चाप PQ को $\overset{\frown}{PRQ}$ से व्यक्त करते हैं, जहाँ R चाप P तथा Q के बीच में कोई बिंदु है।

अर्द्धवृत्त (Semi-circle)

वृत्त का एक व्यास इसको दो बराबर चापों में विभाजित करता है, दोनों चापों में से प्रत्येक चाप को अर्द्धवृत्त कहते हैं।

वृत्तखंड (Segment)

जीवा तथा प्रत्येक चाप के मध्य क्षेत्र को वृत्तीय क्षेत्र का खंड या वृत्तखंड कहते हैं।

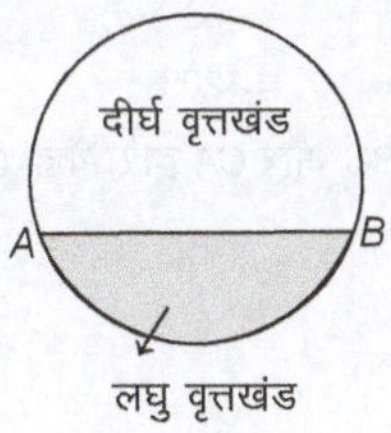

जीवा को वृत्तखंड का आधार कहते हैं जीवा के साथ लघु चाप द्वारा निर्मित वृत्तखंड को लघु वृत्तखंड तथा दीर्घ चाप द्वारा निर्मित वृत्तखंड को दीर्घ वृत्तखंड कहते हैं।

त्रिज्यखंड (Sector)

केंद्र को किसी चाप के सिरों से मिलाने वाली त्रिज्याओं एवं चाप के बीच के क्षेत्र को त्रिज्यखंड कहते हैं। त्रिज्यखंड दो प्रकार के होते हैं।

(i) लघु त्रिज्यखंड

(ii) दीर्घ त्रिज्यखंड

क्षेत्र OPQ लघु त्रिज्यखंड (Minor sector) तथा शेष वृत्तीय क्षेत्र दीर्घ त्रिज्यखंड (Major sector) है।

अर्द्ध-वृत्तीय भाग (Semi-Circles Region)

जब दो चाप अर्द्ध-वृत्तीय हों, तब दोनों वृत्तखंड तथा त्रिज्यखंड समान होंगे एवं प्रत्येक भाग को अर्द्ध-वृत्तीय भाग कहते हैं।

जीवा द्वारा एक बिंदु पर अंतरित कोण
(Angle subtended by a chord at a point)

हम जानते हैं कि यदि हम एक रेखाखंड PQ तथा एक बिंदु R, जोकि रेखा PQ पर स्थित न हो ऐसे लें, तब रेखाखंडों PR तथा QR को मिलाने पर हमें $\angle PRQ$ प्राप्त होगा, जोकि रेखाखंड PQ द्वारा बिंदु R पर अंतरित कोण कहलाता है।

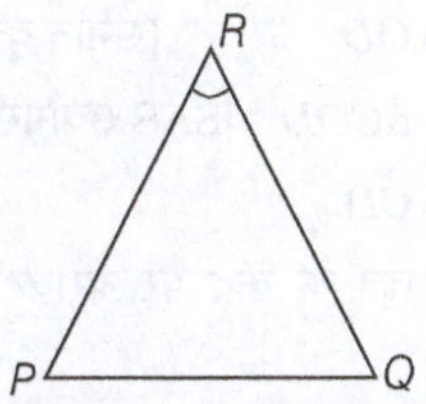

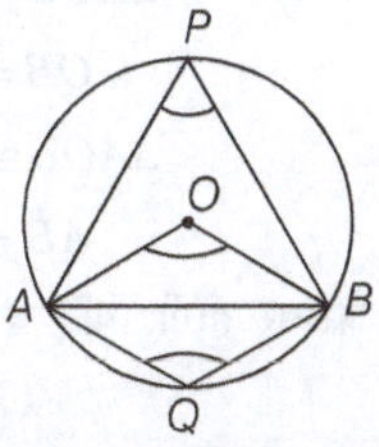

इसी प्रकार, एक वृत्त जिसका केंद्र O तथा जीवा AB और चित्र में दर्शाए अनुसार दो बिंदु P और Q लेते हैं तथा PA, PB, QA और QB को मिलाते हैं, तब हमें जीवा द्वारा बिंदुओं P और Q पर अंतरित कोण $\angle APB$ तथा $\angle AQB$ प्राप्त होते हैं। साथ ही, $\angle AOB$ जीवा AB द्वारा केंद्र O पर अंतरित कोण है।

प्रमेय 1 *वृत्त की बराबर जीवाएँ केंद्र पर बराबर कोण अंतरित करती हैं।*

दिया है एक वृत्त $C(O, r)$ है जिसकी दो जीवाएँ AB तथा CD इस प्रकार हैं कि $AB = CD$ तथा ये जीवाएँ वृत्त के केंद्र पर $\angle AOB$ तथा $\angle COD$ अंतरित करती हैं।

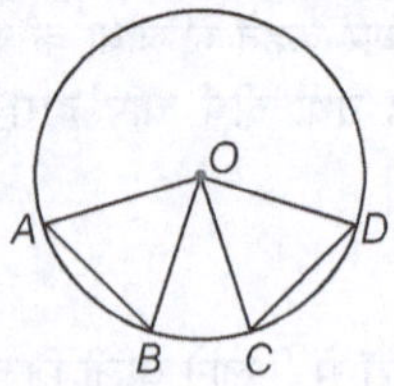

सिद्ध करना है $\angle AOB = \angle COD$

उपपत्ति ΔAOB तथा ΔCOD में,

$OA = OC$ [समान वृत्त की त्रिज्याएँ]

$OB = OD$ [समान वृत्त की त्रिज्याएँ]

$AB = CD$ [दिया है]

$\therefore$ $\Delta AOB \cong \Delta COD$ [SSS सर्वांगसमता नियम से]

तब, $\angle AOB = \angle COD$ [CPCT से] **इति सिद्धम्**

प्रमेय 2 *(प्रमेय 1 का विलोम) यदि एक वृत्त की जीवाओं द्वारा केंद्र पर अंतरित कोण बराबर हों, तो वे जीवाएँ बराबर होती हैं।*

दिया है एक वृत्त $C(O, r)$ जिसकी दो जीवाएँ AB एवं CD इस प्रकार हैं कि

$\angle AOB = \angle COD$

सिद्ध करना है $AB = CD$

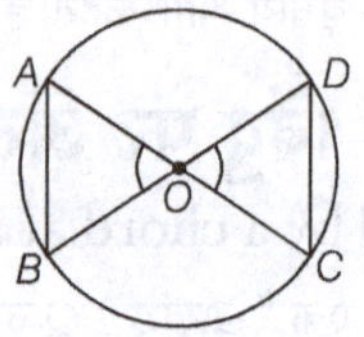

उपपत्ति ΔAOB तथा ΔCOD में,

$AO = CO$ [समान वृत्त की त्रिज्याएँ]

$\angle AOB = \angle COD$ [दिया है]

तथा $OB = OD$ [समान वृत्त की त्रिज्याएँ]

$\therefore$ $\Delta AOB \cong \Delta COD$ [SAS सर्वांगसमता नियम से]

इसलिए, $AB = CD$ [CPCT से]

अतः जीवाएँ बराबर होंगी, यदि वे वृत्त के केंद्र पर बराबर कोण अंतरित करती हैं।

इति सिद्धम्

उदाहरण 1 AB एक वृत्त की जीवा जिसका केंद्र 'O' है यदि $\angle AOB = 60^\circ$ है, तब सिद्ध कीजिए कि जीवा AB की लंबाई त्रिज्या की लंबाई के बराबर है।

हल माना वृत्त का केंद्र O तथा त्रिज्या r है तथा जीवा AB वृत्त के केंद्र पर $\angle AOB = 60^\circ$ का कोण बनाती है।

यहाँ, $OB = OA = r$ समान वृत्त की त्रिज्याएँ

$\Rightarrow$ $\angle OAB = \angle OBA$

अर्थात $\angle A = \angle B$ ...(i)

[$\because$ त्रिभुज की समान भुजाओं के सामने के कोण भी बराबर होते हैं]

ΔOAB में,

$\angle O + \angle A + \angle B = 180^\circ$ [कोण युग्म गुणधर्म से]

$\Rightarrow$ $60^\circ + \angle A + \angle B = 180^\circ$

$\Rightarrow$ $\angle A + \angle B = 120^\circ$ ...(ii)

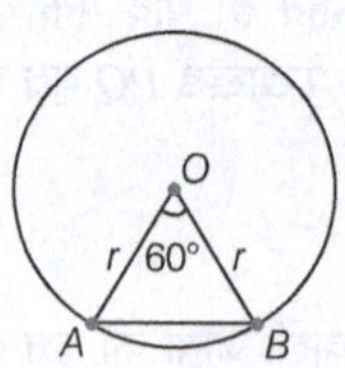

समी (i) तथा (ii) से,

$2\angle A = 120^\circ$

$\Rightarrow$ $\angle A = \frac{1}{2} \times 120^\circ = 60^\circ$

तथा $\angle B = 60^\circ$

अतः $\angle O = \angle A = \angle B = 60^\circ$

$\because$ ΔOAB एक समबाहु त्रिभुज है।

$\Rightarrow AB = OA = OB = r$ अर्थात् $AB = r$ **इति सिद्धम्**

उदाहरण 2 यदि A, B और C तीन बिंदु वृत्त पर इस प्रकार स्थित हैं कि $AB = BC = CA$ वृत्त का केंद्र O है, तब जीवाओं AB, BC तथा CA द्वारा केंद्र O पर अंतरित कोण का मान ज्ञात कीजिए।

हल दिया है, वृत्त पर तीन बिंदु A, B और C इस प्रकार स्थित हैं कि $AB = BC = CA$

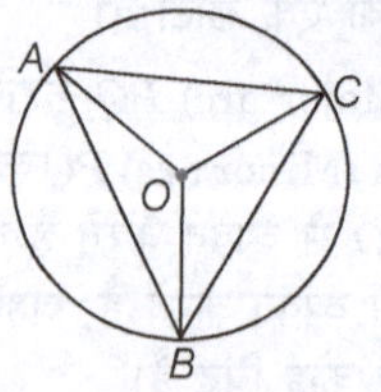

हम जानते हैं कि बराबर जीवाएँ वृत्त के केंद्र पर समान कोण अंतरित करती हैं।

इसलिए, $\angle AOB = \angle BOC = \angle AOC$ ...(i)

अब, $\angle AOB + \angle BOC + \angle AOC = 360^\circ$

[$\because$ एक ही बिंदु पर बनने वाले कोणों का योग 360° होता है]

$\Rightarrow$ $3\angle AOB = 360^\circ$ [समी (i) से]

$\Rightarrow$ $\angle AOB = \frac{360^\circ}{3}$

$= 120^\circ$

अतः जीवाओं AB, BC और CA द्वारा केंद्र 'O' पर अंतरित कोण का मान 120° है।

प्रश्नावली 9.1

1. उपयुक्त कारण के साथ, यह बताएँ कि निम्न कथन सत्य (T) अथवा असत्य है

(i) यदि दो जीवाएँ AB और AC O केंद्र वाले वृत्त में, OA की सम्मुख भुजा पर स्थित है, तब $\angle OAB = \angle OAC$

(ii) वृत्त के सर्वांगसम चाप केंद्र पर बराबर कोण बनाते हैं।

2. दी गई आकृति में, जीवाएँ AB तथा CD बराबर हैं यदि $\angle OBA = 55°$ है, तब $\angle COD$ की माप ज्ञात कीजिए।

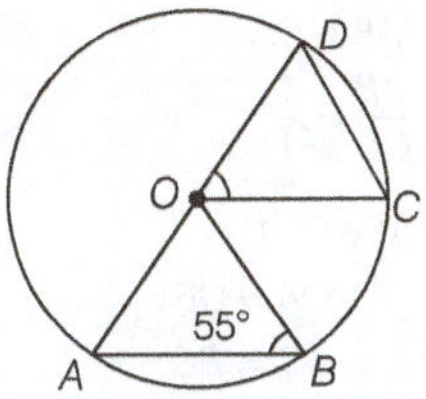

3. नीचे दी गई आकृति में, वृत्त का केंद्र O तथा $CD = DE = EF = GF$ है यदि $\angle COD = 40°$ है, तब प्रतिवर्ती $\angle COG$ का मान ज्ञात कीजिए।

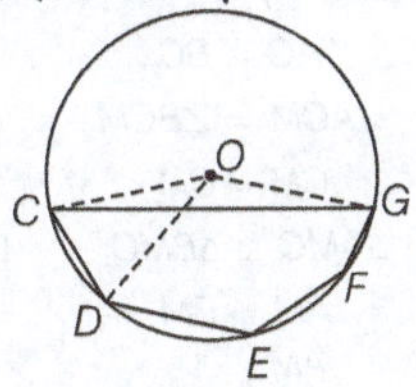

4. दी गई आकृति में, $\angle OAB = 30°$ तथा $\angle OCB = 57°$ हैं, तब $\angle BOC$ तथा $\angle AOC$ की माप ज्ञात कीजिए।

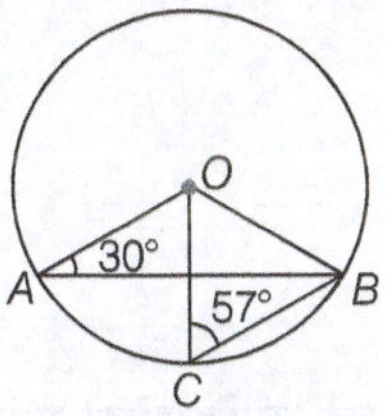

5. यदि वृत्त का केंद्र O तथा बिंदु A, B, C, D, E, F, G और H वृत्त पर इस प्रकार स्थित हैं कि

$AB = BC = CD = DE = EF = FG = GH = HA$

तब, $\angle AOB, \angle AOC, \angle DOF$ तथा $\angle EOH$ के मान ज्ञात कीजिए।

6. यदि वृत्त के चाप AXB तथा CYD सर्वांगसम हैं, तब AB तथा CD का अनुपात ज्ञात कीजिए।

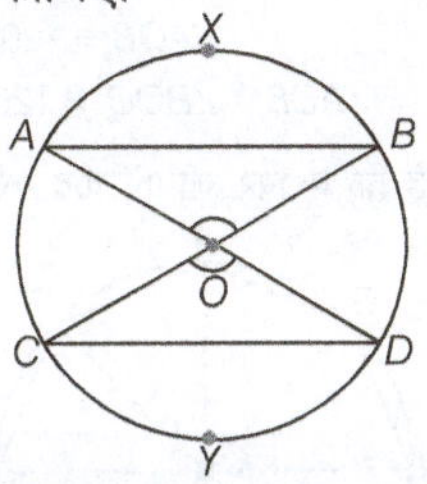

7. दी गई आकृति में, दो जीवाएँ AC और BC बराबर हैं तथा त्रिज्या OC, AB को बिंदु M पर प्रतिच्छेद करती हैं, तब $AM : BM$ का अनुपात ज्ञात कीजिए।

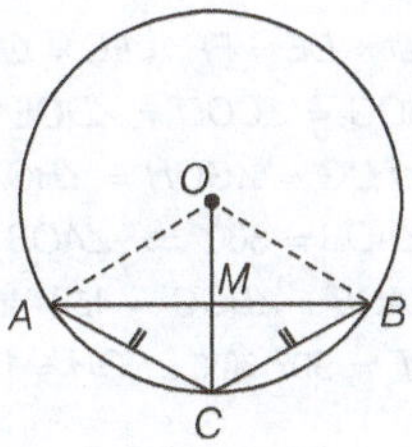

संकेत एवं हल

1. (i) असत्य, आकृति से स्पष्ट है कि, $\angle OAB \neq \angle OAC$

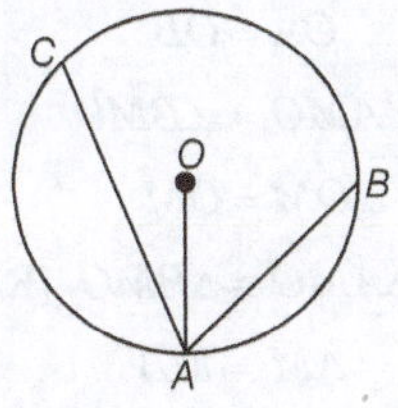

(ii) सत्य

2. संकेत चूँकि, $OA = OB$

$\Rightarrow \quad \angle OBA = \angle OAB = 55°$

$\therefore \quad \angle AOB = 180° - (55° + 55°) = 70°$

ΔOAB तथा ΔOCD में,

तथा $\quad OA = OC$

$OB = OD$ [वृत्त की त्रिज्याएँ]

तथा $\quad AB = CD$ [दिया है]

$\Delta OAB \cong \Delta OCD$ [SSS सर्वांगसमता नियम से]

अत: $\angle AOB = \angle COD \Rightarrow \angle COD = 55°$

3. **संकेत** चूँकि, बराबर जीवाएँ बराबर कोण बनाती हैं।

∴ $\angle COD = \angle DOE = \angle EOF = \angle FOG = 40^\circ$

प्रतिवर्ती $\angle COG = 360^\circ - (4 \times 40^\circ) = 200^\circ$

4. **संकेत** यहाँ, $OA = OB$ [समान वृत्त की त्रिज्याएँ]

⇒ $\angle OBA = \angle OAB = 30^\circ$ ...(i)

इसी प्रकार, $\angle OCB = \angle OBC = 57^\circ$ ...(ii)

अब ΔBOC में, $\angle BOC + \angle OCB + \angle OBC = 180^\circ$

⇒ $\angle BOC + 57^\circ + 57^\circ = 180^\circ$ [समी (ii) से]

⇒ $\angle BOC = 180^\circ - 114^\circ = 66^\circ$

अब ΔAOB में, $\angle AOB + \angle OAB + \angle OBA = 180^\circ$

⇒ $\angle AOB + 30^\circ + 30^\circ = 180^\circ$

⇒ $\angle AOB = 120^\circ$

अब, $\angle AOC = \angle AOB - \angle BOC = 120^\circ - 66^\circ = 54^\circ$

5. **संकेत** हम जानते हैं कि बराबर जीवाएँ केंद्र पर बराबर कोण बनाती हैं।

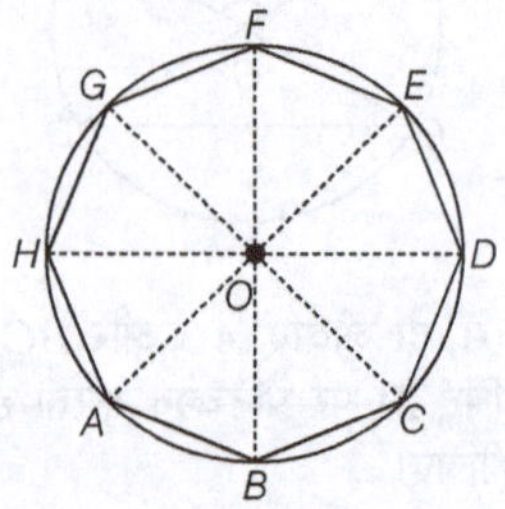

∴ $AB = BC = CD = DE = EF = FG = GH = HA$

⇒ $\angle AOB = \angle BOC = \angle COD = \angle DOE$

$= \angle EOF = \angle FOG = \angle GOH = \angle HOA$

∴ $8 \times \angle AOB = 360^\circ \Rightarrow \angle AOB = 45^\circ$

अब, $\angle AOC = \angle AOB + \angle BOC = 45^\circ + 45^\circ = 90^\circ$

इसी प्रकार, $\angle DOF = 90^\circ$ और $\angle EOH = 135^\circ$

6. **संकेत** माना वृत्त के चाप AXB तथा CYD हैं जिसके केंद्र व त्रिज्या क्रमशः O तथा r इकाई हैं,

इसलिए, $OA = OB = OC = OD = r$ ...(i)

∵ चाप $AXB \cong$ चाप CYD [दिया है]

∴ $\angle AOB = \angle COD$ ...(ii)

[वृत्त की सर्वांगसम जीवाएँ वृत्त पर बराबर कोण बनाती हैं]

ΔAOB तथा ΔCOD में,

$AO = CO$ [समी (i) से]

$BO = DO$ [समी (i) से]

तथा $\angle AOB = \angle COD$ [समी (ii) से]

∴ $\Delta AOB \cong \Delta COD$ [SAS सर्वांगसमता नियम से]

⇒ $AB = CD$

⇒ $\frac{AB}{CD} = \frac{1}{1}$ [CPCT से]

7. **संकेत** ΔOAC तथा ΔOBC में

$OA = OB$ [वृत्त की त्रिज्याएँ]

$AC = BC$ [दिया है]

तथा $OC = OC$ [उभयनिष्ठ]

∴ $\Delta OAC \cong \Delta OBC$ [SSS सर्वांगसमता नियम से]

⇒ $\angle ACO = \angle BCO$ ...(i)

पुनः ΔAMC तथा ΔBMC में,

$AC = BC$ [दिया है]

$\angle ACM = \angle BCM$ [समी (i) से]

तथा $CM = CM$ [उभयनिष्ठ]

∴ $\Delta AMC \cong \Delta BMC$ [SSS सर्वांगसमता नियम से]

⇒ $AM = BM$

⇒ $\frac{AM}{BM} = \frac{1}{1}$

टॉपिक 2
केंद्र से जीवा पर लंब

वृत्त से जीवा पर डाले गए लंब के गुणधर्म प्रमेय के रूप में नीचे दिए गए हैं।

प्रमेय 1 *एक वृत्त के केंद्र से एक जीवा पर डाला गया लंब जीवा को समद्विभाजित करता है।*

दिया है AB एक वृत्त की जीवा है जिसका केंद्र 'O' तथा $OM \perp AB$ है।

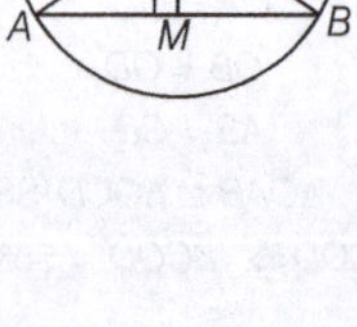

सिद्ध करना है OM, AB को समद्विभाजित करता है

अर्थात् $AM = MB$

रचना OA तथा OB को मिलाया।

उपपत्ति ΔAMO तथा $\angle BMO$ में,

$OA = OB$ [समान वृत्त की त्रिज्याएँ]

$\angle AMO = \angle BMO$ [प्रत्येक कोण समकोण]

तथा $OM = OM$ [उभयनिष्ठ भुजा]

∴ $\Delta AMO \cong \Delta BMO$ [RHS सर्वांगसमता नियम से]

तब, $AM = MB$ [CPCT से]

इति सिद्धम्

प्रमेय 2 *(प्रमेय 1 का विलोम) एक वृत्त के केंद्र से एक जीवा को समद्विभाजित करने के लिए खींची गई रेखा जीवा पर लंब होती है।*

दिया है AB एक वृत्त की जीवा है जिसका केंद्र O है केंद्र O से जीवा AB पर एक रेखा OM इस प्रकार खींची गई है कि बिंदु M, AB का मध्य-बिंदु हैं

अर्थात् $AM = MB$

सिद्ध करना है $OM \perp AB$

रचना OA तथा OB को मिलाया।

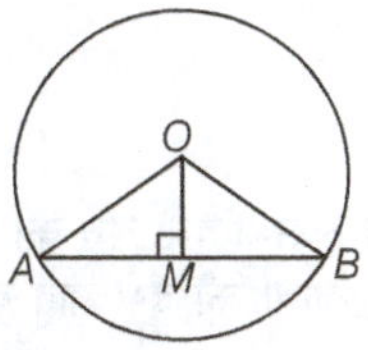

उपपत्ति ΔOAM तथा ΔOBM में,

$AM = MB$ [$\because AB$ का मध्य-बिंदु है]

$OA = OB$ [समान वृत्त की त्रिज्याएँ]

$OM = OM$ [उभयनिष्ठ भुजा]

$\therefore$ $\Delta OAM \cong \Delta OBM$ [SSS सर्वांगसमता नियम से]

तब, $\angle OMA = \angle OMB$ [CPCT से] ...(i)

अब, एक सरल रेखा है, इसलिए रैखिक युग्म अभिगृहीत से,

अब, $\angle OMA + \angle OMB = 180^\circ$

$\Rightarrow$ $2\angle OMA = 180^\circ$ [समी (i) से]

$\Rightarrow$ $\angle OMA = \dfrac{180^\circ}{2} = 90^\circ$

अतः $\angle OMA = \angle OMB = 90^\circ$

तब, $OM \perp AB$ **इति सिद्धम्**

नोट *उपरोक्त प्रमेयों का उपयोग अन्य प्रमेयों तथा परिणामों को सिद्ध करने में भी किया जाता है।*

केंद्र से जीवा पर डाले गए लंब पर आधारित प्रश्न

दी गई प्रमेयों की सहायता से, हम वृत्त के केंद्र/त्रिज्या से जीवा की लंबाई/दूरी ज्ञात कर सकते हैं, इस प्रकार के प्रश्नों को हल करने में, हम पाइथागोरस प्रमेय की भी सहायता लेते हैं।

उदाहरण 1 वृत्त की जीवा की लंबाई ज्ञात कीजिए जोकि वृत्त के केंद्र से 6 सेमी दूरी पर स्थित है तथा वृत्त की त्रिज्या 10 सेमी है।

हल दिया है, वृत्त की त्रिज्या = 10 सेमी

वृत्त के केंद्र से जीवा AB की दूरी = 6 सेमी

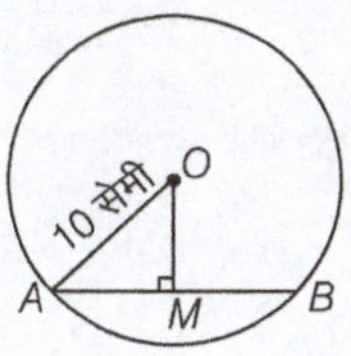

$OM \perp AB$ खींचा

तब, प्रमेय 1 से, OM जीवा AB को समद्विभाजित करेगा।

$\therefore$ $AM = MB$

समकोण ΔOMA में,

$OA = 10$ सेमी, $OM = 6$ सेमी

पाइथागोरस प्रमेय से,

$OA^2 = OM^2 + AM^2$

$\Rightarrow$ $10^2 = 6^2 + AM^2 \Rightarrow AM^2 = 100 - 36 = 64$

$\Rightarrow$ $AM = 8$ सेमी [धनात्मक वर्गमूल लेने पर]

$\therefore$ जीवा AB की लंबाई $= 2 \times AM = 2 \times 8 = 16$ सेमी

उदाहरण 2 दो वृत्तों की त्रिज्याएँ 10 सेमी और 8 सेमी हैं तथा वे एक दूसरे को प्रतिच्छेद करते हैं तथा उभयनिष्ठ जीवा की लंबाई 12 सेमी है, तब उनके केंद्रों के बीच की दूरी ज्ञात कीजिए।

हल माना 10 सेमी और 8 सेमी त्रिज्या वृत्तों के केंद्र क्रमशः O तथा O' हैं तथा उभयनिष्ठ जीवा PQ की लंबाई 12 सेमी है।

दिया है, $OP = 10$ सेमी, $O'P = 8$ सेमी तथा $PQ = 12$ सेमी

$\therefore$ $PL = \dfrac{1}{2}PQ = 6$ सेमी

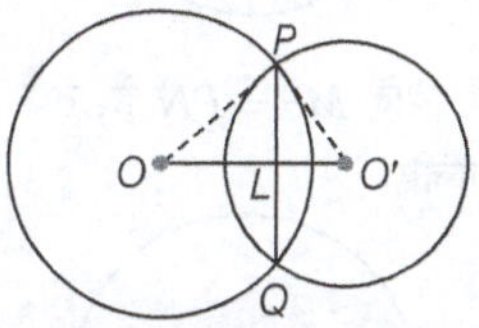

चूँकि, जब दो वृत्त एक-दूसरे को दो बिंदुओं पर प्रतिच्छेद करते हैं, तब उनके केंद्र उभयनिष्ठ जीवा के लंब समद्विभाजक पर स्थित होता है।

समकोण ΔOLP में,

$OP^2 = OL^2 + LP^2$ [पाइथागोरस प्रमेय से]

$\Rightarrow$ $OL = \sqrt{OP^2 - LP^2}$ [धनात्मक वर्गमूल लेने पर]

$= \sqrt{10^2 - 6^2} = \sqrt{100 - 36}$

$\sqrt{64} = 8$ सेमी

अब समकोण $\Delta O'LP$ में

$O'P^2 = O'L^2 + LP^2$ [पाइथागोरस प्रमेय से]

$\Rightarrow$ $O'L = \sqrt{O'P^2 - LP^2}$ [धनात्मक वर्गमूल लेने पर]

$= \sqrt{8^2 - 6^2} = \sqrt{64 - 36} = \sqrt{28} = 5.29$ सेमी

$\therefore$ उनके केंद्रों के बीच की दूरी OO'

$= OL + LO' = (8 + 5.29) = 13.29$ सेमी

उदाहरण 3 AB तथा CD वृत्त की दो जीवाएँ इस प्रकार हैं कि $AB = 6$ सेमी, $CD = 12$ सेमी तथा $AB || CD$ है यदि AB और CD के बीच की दूरी 3 सेमी है, तब वृत्त की त्रिज्या ज्ञात कीजिए।

हल दिया है, $AB = 6$ सेमी, $CD = 12$ सेमी तथा $PM = 3$ सेमी

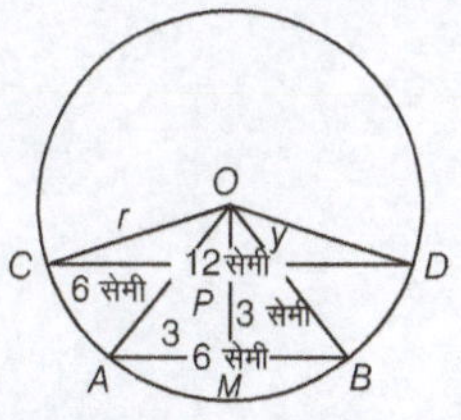

$\therefore \quad AM = MB = 3$ सेमी

तथा $\quad CP = PD = 6$ सेमी

माना $\quad OP = y \quad$ [दिया है]

साथ ही, $\quad PM = 3$ सेमी

ΔOCP एवं ΔOAM में

$\therefore \quad CP^2 + OP^2 = r^2$ तथा $AM^2 + OM^2 = r^2$

$\Rightarrow \quad CP^2 + OP^2 = AM^2 + OM^2 = r^2 \quad$ ...(i)

$\Rightarrow \quad 6^2 + y^2 = 3^2 + (3 + y)^2 \quad$ ...(ii)

$\Rightarrow \quad 36 + y^2 = 9 + 9 + y^2 + 6y$

$\Rightarrow \quad 6y = 18 \Rightarrow y = 3$ सेमी

$\therefore \quad r^2 = 6^2 + y^2 = 36 + 9 = 45 \quad$ [समी (i) से]

$\Rightarrow \quad r = 3\sqrt{5}$ सेमी $= 6.708 = 6.71$ सेमी

प्रश्नावली 9.2

1. संलग्न आकृति में, केंद्र O से जीवा AB पर लंब खींचा गया है। यदि $AB = 8$ सेमी है, तब AP तथा PB ज्ञात कीजिए।

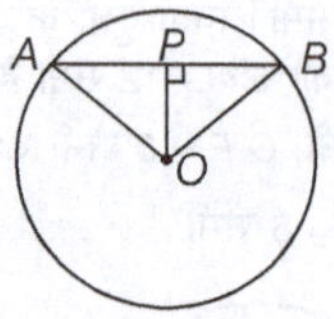

2. निम्न आकृति में, यदि $MP = PN$ है, तब $\angle OPN$ तथा $\angle OPM$ के मान ज्ञात कीजिए।

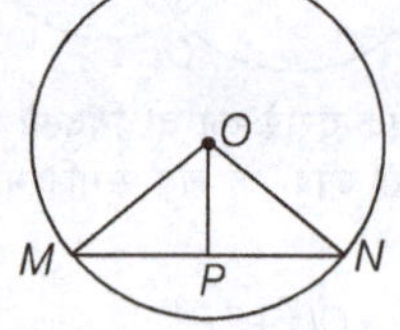

3. संलग्न आकृति में, दो संकेंद्रीय वृत्त जिनका केंद्र O है तथा A, B, C और D चार प्रतिच्छेदन बिंदु रेखा l पर स्थित है यदि $AB = 12$ सेमी तथा $BC = 8$ सेमी है, तब AB और CD की लंबाई ज्ञात कीजिए।

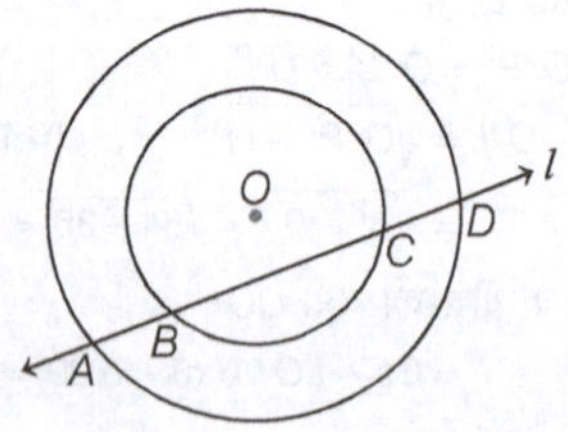

4. 10 सेमी त्रिज्या वाले वृत्त के केंद्र से 5 सेमी की दूरी पर स्थित जीवा की लंबाई ज्ञात कीजिए।

5. एक वृत्त की त्रिज्या 5 सेमी तथा वृत्त की जीवा की लंबाई 8 सेमी है। तब वृत्त के केंद्र से जीवा की दूरी ज्ञात कीजिए।

6. सिद्ध कीजिए कि वृत्त का वह व्यास जोकि वृत्त की जीवा को समद्विभाजित करता है साथ ही, वह वृत्त के केंद्र पर जीवा द्वारा अंतरित कोण को भी समद्विभाजित करेगा।

7. निम्न आकृति में, O तथा O' क्रमश: 20 सेमी और 37 सेमी त्रिज्याओं वाले वृत्तों के केंद्र हैं। यदि $AB = 29$ सेमी है, तब OO' की दूरी ज्ञात कीजिए।

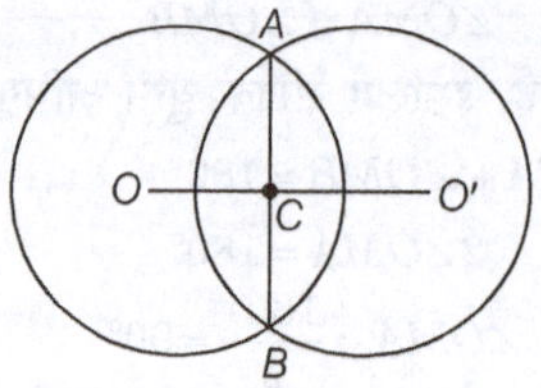

8. वृत्त की दो समांतर जीवाएँ जोकि 5 सेमी और 12 सेमी लंबाई की हैं तथा जिसका व्यास 13 सेमी है। तब जीवाओं के बीच की दूरी ज्ञात कीजिए, यदि वे केंद्र की विपरीत भुजाओं की तरफ स्थित हो।

9. वृत्त की दो समांतर जीवाओं की लंबाई क्रमश: 6 सेमी तथा 8 सेमी हैं। अगर छोटी जीवा केंद्र से 4 सेमी की दूरी पर हो तो दूसरी जीवा की केंद्र से दूरी ज्ञात कीजिए।

10. एक वृत्त की दो समांतर जीवाओं की लंबाई क्रमश: 6 सेमी और 8 सेमी है यदि लघु जीवा वृत्त के केंद्र से 4 सेमी की दूरी पर स्थित है, तब अन्य जीवा की वृत्त के केंद्र से दूरी क्या होगी?

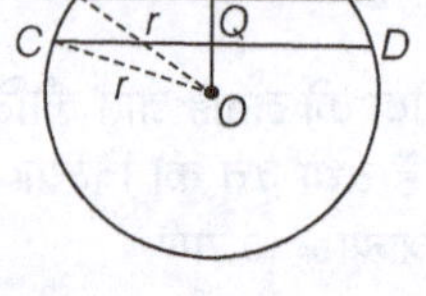

संकेत एवं हल

1. $AP = PB = 4$ सेमी

2. **संकेत** ΔOPM तथा ΔOPN में,

$OM = ON$ [वृत्त की त्रिज्याएँ]

$MP = PN$ [दिया है]

$OP = OP$ [उभयनिष्ठ]

$\therefore$ $\Delta OPM \cong \Delta OPN$ [SSS सर्वांगसमता नियम से]

$\therefore$ $\angle OPM = \angle OPN = 90^\circ$

3. **संकेत** $OP \perp BC$ खींचिए।

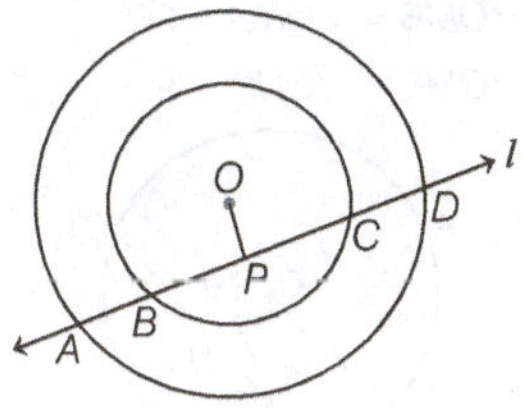

साथ ही, $OP \perp AD$

तब, $BP = PC = \frac{BC}{2} = \frac{8}{2} = 4$ सेमी

तथा $AP = PD = \frac{AD}{2} = \frac{12}{2} = 6$ सेमी

अतः $AB = AP - BP = 6 - 4 = 2$ सेमी

4. उदाहरण 1 की भाँति स्वयं हल करें। **उत्तर** 17.32 सेमी

5. उदाहरण 1 की भाँति स्वयं हल करें। **उत्तर** 3 सेमी

7. उदाहरण 2 की भाँति हल स्वयं करें। **उत्तर** 51 सेमी

8. **संकेत** ΔOBC में, $OB = \sqrt{(6.5)^2 - (2.5)^2} = \sqrt{36} = 6$

ΔOEF में, $OE = \sqrt{(6.5)^2 - (6)^2} = \sqrt{6.25} = 2.5$

$\therefore$ $BE = 6 + 2.5 = 8.5$ सेमी

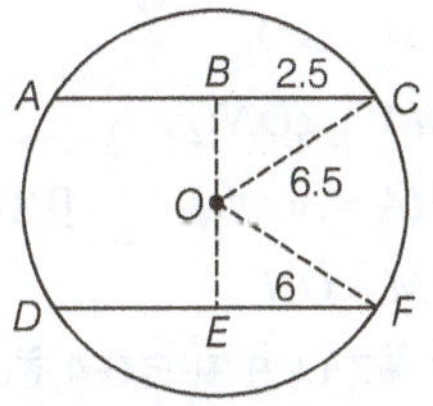

9. उदाहरण 3 की भाँति स्वयं हल करें। **उत्तर** 3 सेमी

10. उदाहरण 3 की भाँति स्वयं हल करें। **उत्तर** 3 सेमी, 5 सेमी

टॉपिक 3

समान जीवाएँ और उनकी केंद्र से दूरियाँ

एक बिंदु से रेखा की दूरी

(Distance at a Line from a Point)

किसी बिंदु से रेखा पर डाले गए लंब की लंबाई, बिंदु से रेखा की दूरी होती है। माना एक रेखा AB तथा कोई बिंदु P है। चूँकि एक रेखा पर असंख्य बिंदु होते हैं इसलिए इन बिंदुओं को P से मिलाने पर, हमें असंख्य रेखाखंड $PL_1, PL_2, PM, PL_3, PL_4$ आदि प्राप्त होते हैं। इन रेखाखंडों में से बिंदु P से रेखा AB पर खींचे गए लंब रेखाखंडों में से PM सबसे छोटा होगा। इस सबसे छोटी लंबाई PM को P से AB की दूरी के रूप में परिभाषित करते हैं।

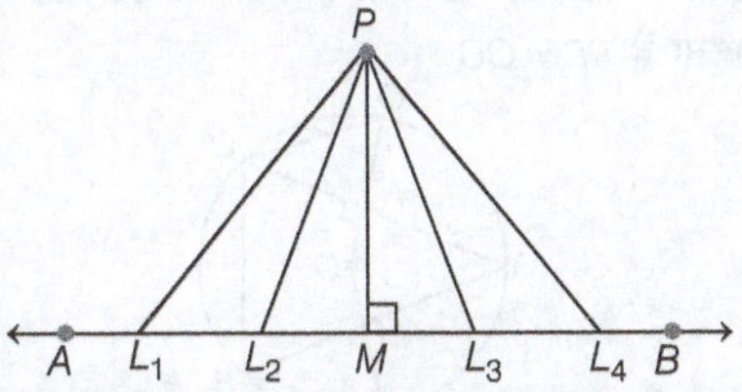

नोट यदि बिंदु रेखा पर स्थित है, तब रेखा की इससे दूरी शून्य है।

समान जीवाएँ एवं केंद्र से उनकी दूरियाँ

(Equal and their Distances from the Centre)

हम जानते हैं कि, एक वृत्त में असंख्य जीवाएँ हो सकती हैं। तथा हम एक वृत्त में जीवाएँ खींचकर जाँच कर सकते हैं कि लंबी जीवा, छोटी जीवा की तुलना में केंद्र के निकट होती है।

इसे हम विभिन्न लंबाइयों की जीवाएँ खींचकर तथा उनकी केंद्र से दूरियाँ मापकर जाँच कर सकते हैं कि वृत्त की सबसे बड़ी जीवा, व्यास है जिसकी केंद्र से दूरी शून्य है क्योंकि केंद्र इस पर स्थित है। यहाँ बराबर जीवाओं एवं केंद्र से उनकी दूरियों के मध्य कुछ संबंध (अर्थात् बराबर जीवाओं की लंबाई) है जोकि प्रमेय के रूप में नीचे दिए गए हैं।

प्रमेय 1 *एक वृत्त की (या सर्वांगसम वृत्तों की) बराबर जीवाएँ केंद्र से (या केंद्रों से) समान दूरी पर होती हैं।*

दिया है एक वृत्त जिसका केंद्र O तथा दो बराबर जीवाएँ AB और PQ हैं।

सिद्ध करना है AB तथा PQ, केंद्र O से समदूरस्थ है।

रचना $OM \perp AB$ तथा $ON \perp PQ$ खींचा। OA, OB, OP तथा OQ को मिलाया।

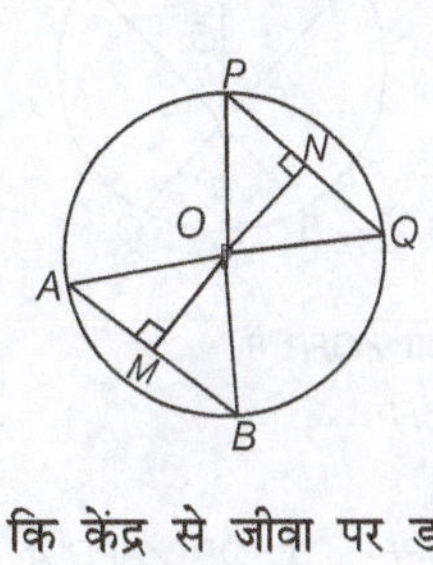

उपपत्ति हम जानते हैं कि केंद्र से जीवा पर डाला गया लंब जीवा को समद्विभाजित करता है।

$\therefore$ $AM = MB = \frac{1}{2}AB$ [$\because OM \perp AB$]

तथा $PN = NQ = \frac{1}{2}PQ$ [$\because ON \perp PQ$]

$\because$ जीवा $AB =$ जीवा PQ

$\Rightarrow$ $\frac{1}{2}AB = \frac{1}{2}PQ$

तब, $AM = MB = PN = NQ$

अब, ΔOMA तथा ΔONQ में,

$OA = OQ$ [समान वृत्त की त्रिज्याएँ]

$AM = NQ$ [सिद्ध किया है]

$\angle OMA = \angle ONQ$ [प्रत्येक कोण समकोण]

$\therefore$ $\Delta OMA \cong \Delta ONQ$ [RHS सर्वांगसमता नियम से]

तब, $OM = ON$ [CPCT से]

अत: रेखा PQ तथा AB केंद्र O से समदूरस्थ हैं।

प्रमेय 2 *(प्रमेय 1 का विलोम) एक वृत्त के केंद्र से समदूरस्थ जीवाएँ लंबाई में समान होती हैं।*

उदाहरण 1 आकृति में, वृत्त का केंद्र O तथा रेखा PO, $\angle APD$ को समद्विभाजित करता है, तब सिद्ध कीजिए कि $AB = CD$

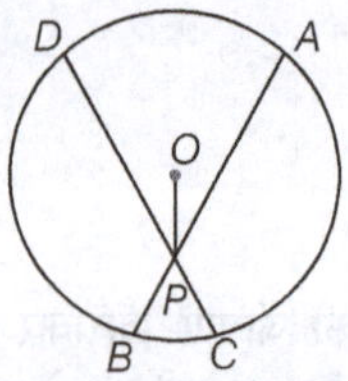

अथवा यदि एक वृत्त की दो प्रतिच्छेदी जीवाएँ प्रतिच्छेद बिंदु से गुजरने वाले व्यास से बराबर कोण बनाएँ, तब सिद्ध कीजिए कि ये जीवाएँ बराबर है।

हल माना AB तथा CD वृत्त की दो जीवाएँ हैं जिसका केंद्र O है तथा परस्पर बिंदु P पर प्रतिच्छेद करती है। MN एक व्यास है जोकि बिंदु P से इस प्रकार है कि MN (या OP) $\angle APD$ को समद्विभाजित करता है

अर्थात् $\angle APO = \angle DPO$

सिद्ध करना है $AB = CD$

रचना $OE \perp AB$ तथा $OF \perp CD$ खींचा

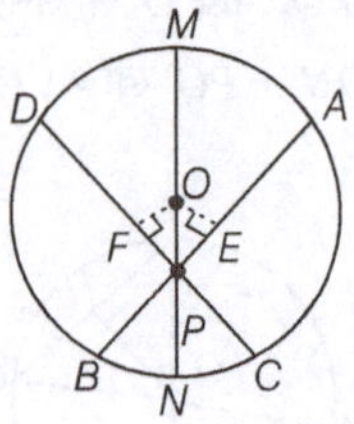

उपपत्ति ΔOEP तथा $\angle OFP$ में,

$\angle OEP = \angle OFP$ [प्रत्येक कोण समकोण]

$OP = OP$ [उभयनिष्ठ भुजा]

तथा $\angle OPE = \angle OPF$ [$\because$ OP, $\angle APD$ को समद्विभाजित करता है]

$\therefore$ $\Delta OEP \cong \Delta OFP$ [AAS सर्वांगसमता नियम से]

तब, $OE = OF$ [CPCT से]

अतः वृत्त के केंद्र O से जीवाएँ AB तथा CD समदूरस्थ हैं तथा हम जानते हैं कि वृत्त की वह जीवाएँ जो केंद्र से समदूरस्थ होती हैं, बराबर होती हैं।

$\therefore$ $AB = CE$ **इति सिद्धम्**

उदाहरण 2 दी गई आकृति में, एक वृत्त की बराबर जीवाएँ AB तथा CD हैं तथा जिसका केंद्र O है, एक-दूसरे को बिंदु E पर समकोण पर काटती हैं। यदि M तथा N क्रमशः AB और CD के मध्य-बिंदु है, तब सिद्ध कीजिए कि $OMEN$ एक वर्ग है।

हल चूँकि M तथा N क्रमशः AB और CD के मध्य-बिंदु हैं।

$\therefore$ $\angle OMB = \angle OND = 90°$

$\Rightarrow$ $\angle OME = \angle OND = 90°$

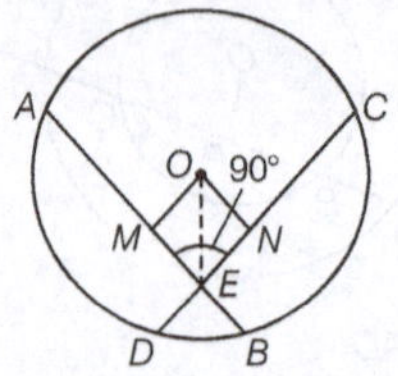

चूँकि, वृत्त की बराबर जीवाएँ केंद्र से समदूरस्थ होती हैं।

$\therefore$ $OM = ON$

अब, ΔOME तथा ΔONE में,

$OM = ON \Rightarrow \angle OME = \angle ONE$ [प्रत्येक कोण समकोण]

तथा $OE = OE$ [उभयनिष्ठ भुजा]

$\therefore$ $\Delta OME \cong \Delta ONE$ [RHS सर्वांगसमता नियम से]

इसलिए, $\angle MOE = \angle NOE = 45°$ [CPCT से]

तथा $\angle OEM = \angle OEN = 45°$ [CPCT से]

$\angle MON = \angle MOE + \angle NOE = 45° + 45° = 90°$

इसी प्रकार, $\angle MEN = 90°$

साथ ही, $OM = ON$

अतः $OMEN$ एक वर्ग है।

उदाहरण 3 दी गई आकृति में, वृत्त का केंद्र O है। यदि AB और AC वृत्त की जीवाएँ इस प्रकार हैं कि $AB = AC$, $OP \perp AB$ तथा $OQ \perp AC$ है, तब सिद्ध कीजिए कि $PB = QC$

हल **दिया है** AB और AC वृत्त की दो बराबर जीवाएँ है जिसका केंद्र O है साथ ही, बिंदु M पर $OP \perp AB$ तथा बिंदु N पर $OQ \perp AC$

सिद्ध करना है $PB = QC$

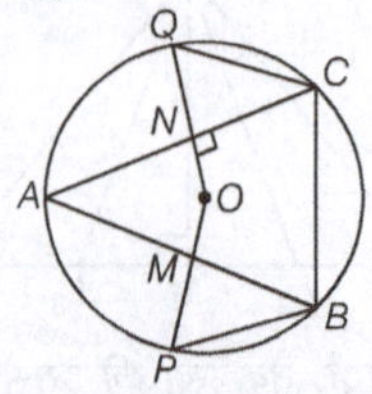

उपपत्ति हम जानते हैं कि, वृत्त के केंद्र से जीवा पर डाला गया लंब जीवा को समद्विभाजित करता है।

$\therefore$ $AM = MB = \frac{1}{2}AB$ [$\because OP \perp AB$]

तथा $AN = NC = \frac{1}{2}AC$ [$\because OQ \perp AC$]

चूँकि $AB = AC$

$\therefore \quad \frac{1}{2}AB = \frac{1}{2}AC$

$\Rightarrow \quad AM = MB = AN = NC$ ...(i)

अब, ΔPMB तथा ΔQNC में,

$MB = NC$ [समी (i) से]

$\angle PMB = \angle QNC$ [प्रत्येक समकोण]

$OM = ON$ ...(ii)

[∵ वृत्त की बराबर जीवाएँ केंद्र से समदूरस्थ होती हैं]

$OP = OQ$ ...(iii) [समान वृत्त की त्रिज्याएँ]

$\Rightarrow \quad OP - OM = OQ - ON$

[समी (iii) में से समी (ii) को घटाने पर]

$\Rightarrow \quad PM = QN$

$\therefore \quad \Delta PMB \cong \Delta QNC$ [SAS सर्वांगसमता नियम से]

$\Rightarrow \quad PB = QC$ [CPCT से]

इति सिद्धम्

प्रश्नावली 9.3

1. निम्न आकृति में, बिंदु P से रेखा AB के बीच की सबसे न्यूनतम दूरी ज्ञात कीजिए।

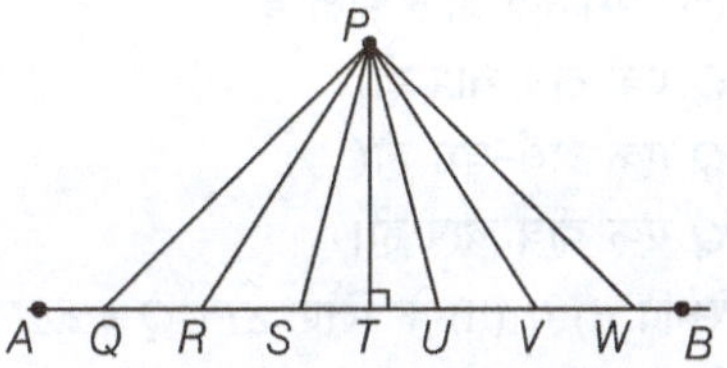

2. समान वृत्त के केंद्र पर बराबर जीवाओं द्वारा अंतरित कोण क्या होगा ?

3. एक वृत्त के चाप AB और CD इस प्रकार हैं कि $\overline{AB} = \overline{CD}$, तब AB और CD की लंबाइयों का अनुपात क्या होगा ?

4. वृत्त की दो बराबर जीवाएँ क्रमशः AB और CD हैं जिसका केंद्र O है यदि $OM \perp AB$ तथा $ON \perp CD$ है, तब सिद्ध कीजिए कि $\angle OMN = \angle ONM$

5. निम्न आकृति में, PQ तथा RS वृत्त की दो जीवाएँ हैं जिसका केंद्र O है यदि $PQ = RS$ तथा $ON = 3$ सेमी है, तब OM ज्ञात कीजिए।

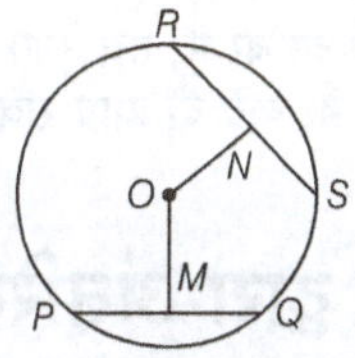

6. यदि वृत्त की दो जीवाएँ जिनका एक उभयनिष्ठ अंत: बिंदु हैं वे उभयनिष्ठ अंत: बिंदु से व्यास से समान कोण पर झुकी हुई हों, तब सिद्ध कीजिए कि जीवाएँ बराबर होंगी।

7. भुजा OD, वृत्त की जीवा AB पर लंब है जिसका केंद्र O है। यदि BC व्यास है, तब सिद्ध कीजिए कि $CA = 2OD$ है।

8. यदि वृत्त की दो बराबर जीवाएँ वृत्त में परस्पर प्रतिच्छेद करती हैं, तब सिद्ध कीजिए एक जीवा का वृत्तखंड, अन्य जीवा के संगत वृत्तखंड के बराबर होगा।

संकेत एवं हल

1. न्यूनतम दूरी PT है।

2. समान कोण अंतरित होंगे।

3. 1:1

4. संकेत

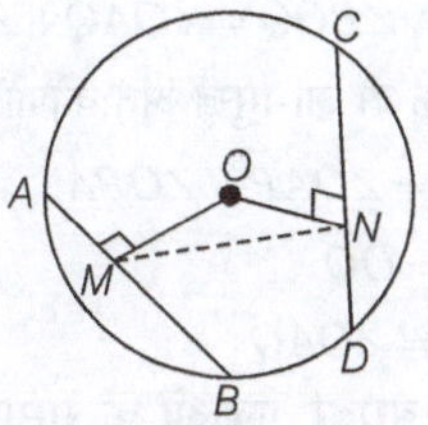

चूँकि दो जीवाएँ बराबर हैं, इसलिए यह केंद्र से समदूरस्थ होगा।

ΔOMN में,

बराबर भुजाओं के सम्मुख कोण बराबर होते हैं।

$\therefore \quad OM = ON \Rightarrow \angle ONM = \angle OMN$

5. संकेत चूँकि, वृत्त की बराबर जीवाएँ समदूरस्थ होती हैं।

$\therefore \quad OM = ON = 3$ सेमी

6. संकेत ΔOAB तथा ΔOCB में,

$\angle ABO = \angle CBO$ [दिया है]

$OB = OB$ [उभयनिष्ठ]

तथा $OA = OC$ [वृत्त की त्रिज्याएँ]

$\Rightarrow \quad \Delta OAB \cong \Delta OCB$ [SSA सर्वांगसमता नियम से]

$AB = CB$

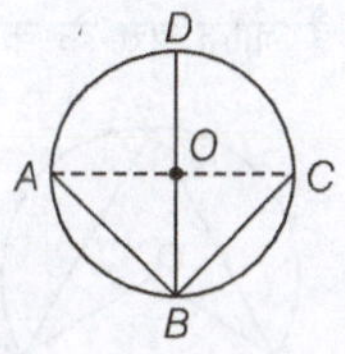

8. उदाहरण 1 की भाँति स्वयं हल करें।

टॉपिक 4

एक वृत्त के चाप द्वारा अंतरित कोण तथा चक्रीय चतुर्भुज

वृत्त के सर्वांगसम चाप

(Congruent Arcs of a Circle)

दो सर्वांगसम वृत्तों के चाप या एक ही वृत्त के दो चाप सर्वांगसम कहलाते हैं, यदि और केवल यदि इनमें से कोई एक अन्य का प्रस्तुतीकरण इस प्रकार है कि वह उससे पूरी तरह से घिरा हुआ हो।

वृत्त की सर्वांगसम जीवाओं के संगत सर्वांगसम चाप

(Congruent arces Corresponding to Congruent Chords of a Circle)

यदि किसी वृत्त की दो जीवाएँ बराबर हैं, तब उनके संगत चाप सर्वांगसम होंगे तथा इसका विलोम भी सत्य है, यदि दो चाप सर्वांगसम हैं तब उनकी संगत जीवाएँ बराबर होंगी।

एक वृत्त के चाप द्वारा अंतरित कोण

(Angle Subtendend by an Arc of a Circle)

हम जानते हैं कि, जीवा (व्यास से अन्य) वृत्त को दो भिन्न चापों-दीर्घ चाप एवं लघु चाप में काटती है। चाप द्वारा केंद्र पर अंतरित कोण भी संगत जीवा द्वारा केंद्र पर अंतरित कोण से इस आशय से परिभाषित किया जाता है कि लघु चाप कोण को अंतरित करता है तथा दीर्घ चाप संगत प्रतिवर्ती कोण को अंतरित करता है।

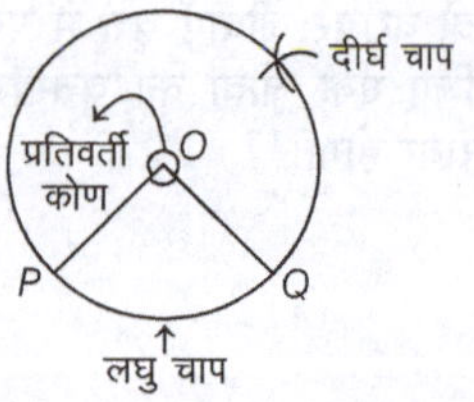

दी गई आकृति में, लघु चाप PQ द्वारा O पर अंतरित कोण POQ तथा दीर्घ चाप PQ द्वारा O पर अंतरित संगत प्रतिवर्ती कोण POQ है।

नोट *किसी वृत्त के सर्वांगसम चाप (या बराबर चाप) केंद्र पर बराबर कोण अंतरित करते हैं।*

वृत्त के किसी बिंदु पर तथा चाप द्वारा केंद्र पर अंतरित कोण के मध्य संबंध

माना कि एक वृत्त जिसका केंद्र O तथा इसका चाप AB है। यहाँ, चाप AB द्वारा अंतरित कोण $\angle AOB$ है जोकि वृत्त के केंद्र पर है।

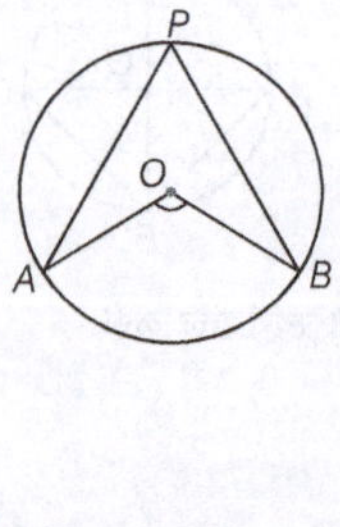

साथ ही, चाप AB $(\overset{\frown}{AB})$ द्वारा बिंदु P पर अंतरित कोण $\angle APB$ है। जोकि वृत्त के शेष भाग पर स्थित है। अब, वृत्त के किसी बिंदु पर तथा चाप द्वारा केंद्र पर अंतरित कोणों के मध्य संबंध को प्रमेय के रूप में समझेंगे जोकि निम्नवत् हैं

प्रमेय 1 *एक चाप द्वारा केंद्र पर अंतरित कोण वृत्त के शेष भाग के किसी बिंदु पर अंतरित कोण का दोगुना होता है।*

दिया है एक वृत्त $C(O, r)$ का एक चाप PQ वृत्त के केंद्र O पर $\angle POQ$ तथा परिधि के शेष भाग पर स्थित बिंदु A पर $\angle PAQ$ अंतरित करता है। यहाँ आकृति से, हमें तीन स्थितियाँ प्राप्त होती हैं

(i) जब PQ एक लघु चाप हो।

(ii) जब PQ एक अर्ध-वृत्त हो।

तथा (iii) जब PQ एक दीर्घ चाप हो।

सिद्ध करना है स्थिति (i) व (ii) के लिए $\angle POQ = 2\angle PAQ$

तथा स्थिति (iii) के लिए प्रतिवर्ती $\angle POQ = 2\angle PAQ$

रचना AO को मिलाया तथा इसे बिंदु B तक बढ़ाया।

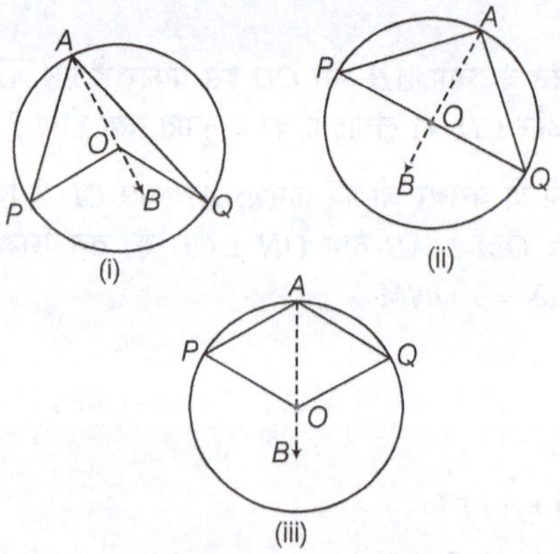

उपपत्ति हम जानते हैं कि त्रिभुज का एक बहिष्कोण, अन्य दो अंत: अभिमुख कोणों के योग के बराबर होता है।

इसलिए, ΔOAQ के लिए, $\angle BOQ = \angle OAQ + \angle OQA$ ...(i)

त्रिभुज का बहिष्कोण उसके दो अभिमुख अंत:कोणों के योग के बराबर हो।

ΔOAP के लिए, $\angle BOP = \angle OAP + \angle OPA$ ...(ii)

अब ΔOAQ में, $OA = OQ$ [समान वृत्त की त्रिज्याएँ]

$\Rightarrow$ $\angle OQA = \angle OAQ$

[$\because$ त्रिभुज की बराबर भुजाओं के सम्मुख कोण बराबर होते हैं]

तब समी (i) से, $\angle BOQ = \angle OAQ + \angle OAQ$

$\Rightarrow$ $\angle BOQ = 2\angle OAQ$ ...(iii)

इसी प्रकार, ΔOAP में, $\angle OAP = \angle OPA$

तब, समी (ii) से, $\angle BOP = 2\angle OAP$ ...(iv)

समी (iii) तथा (iv) को जोड़ने पर,

$$\angle BOQ + \angle BOP = 2\angle OAQ + 2\angle OAP$$

$\Rightarrow \angle POQ = 2(\angle OAQ + \angle OAP) \Rightarrow \angle POQ = 2\angle PAQ$ ...(v)

स्थिति (i) तथा (ii) के लिए, हमारे पास यह परिणाम है तथा स्थिति (iii) के लिए $\angle POQ$ को समी (v) में प्रतिवर्ती $\angle POQ$ से प्रतिस्थापित करने पर, हमें प्रतिवर्ती $\angle POQ = 2\angle PAQ$ प्राप्त होता है, जहाँ PQ दीर्घ चाप है।

नोट $\angle ADC = 2$ प्रतिवर्ती $\angle ABC$

प्रमेय 2 *एक ही वृत्तखंड के कोण बराबर होते हैं।*

दिया है एक वृत्त $C(O, r)$ है जिसका एक चाप PQ है जोकि इसे दो वृत्तखंडों में बाँटता है जहाँ $\angle PAQ$ तथा $\angle PCQ$ एक ही वृत्तखंड में बने कोण हैं।

सिद्ध करना है $\angle PAQ = \angle PCQ$

रचना OP तथा OQ को मिलाया।

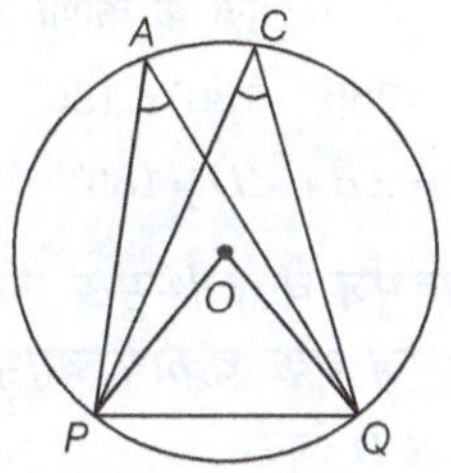

उपपत्ति यहाँ, लघु चाप PQ केंद्र पर $\angle POQ$ तथा वृत्त की शेष परिधि के बिंदु A पर $\angle PAQ$ अंतरित करता है।

तब, $\angle POQ = 2\angle PAQ$ [प्रमेय 1 से] ...(i)

इसी प्रकार, $\angle POQ = 2\angle PCQ$ ...(ii)

समी (i) तथा (ii) से, $2\angle PAQ = 2\angle PCQ$

$\Rightarrow \angle PAQ = \angle PCQ$ **इति सिद्धम्**

प्रमेय 3 *किसी अर्द्धवृत्त में बना कोण एक समकोण होता है।*

दिया है एक वृत्त $C(O, r)$ का एक व्यास PQ है तथा $\angle PRQ$ इसके अर्द्धवृत्त में बना कोई कोण है।

सिद्ध करना है $\angle PRQ = 90°$

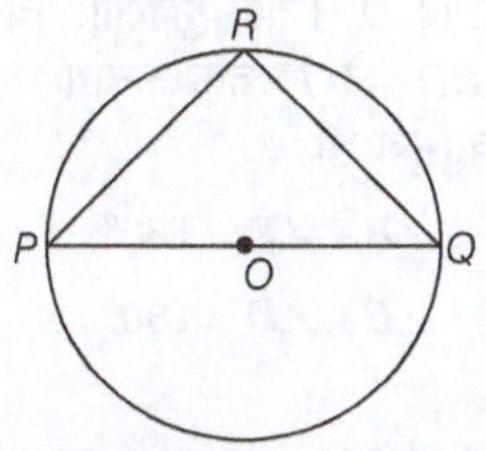

उपपत्ति हम जानते हैं वृत्त के किसी चाप द्वारा केंद्र पर अंतरित कोण, शेष परिधि पर अंतरित कोण का दोगुना होता है।

$$\angle POQ = 2\angle PRQ \Rightarrow 180° = 2\angle PRQ$$

[$\because$ POQ एक सीधी रेखा है $\therefore \angle POQ = 180°$]

$\Rightarrow 2\angle PRQ = 180° \Rightarrow \angle PRQ = 90°$

अतः अर्द्धवृत्त में बना कोण समकोण होता है **इति सिद्धम्**

प्रमेय 4 *यदि किन्हीं दो बिंदुओं को मिलाने वाला रेखाखंड अपने एक ही ओर स्थित दो बिंदुओं पर समान कोण अंतरित करता हो, तो सिद्ध करो कि ये चारों एक ही वृत्त पर स्थित होंगे अर्थात् एक वृत्तीय (Concyclic) होंगे।*

दिया है AB एक रेखाखंड है तथा बिंदु C तथा D इसके एक ही ओर स्थित दो बिंदु इस प्रकार हैं कि

$$\angle ACB = \angle ADB$$

सिद्ध करना है A, B, C तथा D एक ही वृत्त पर स्थित हैं।

रचना तीन अरेखीय बिंदु A, C तथा B से गुजरने वाला एक वृत्त खींचा।

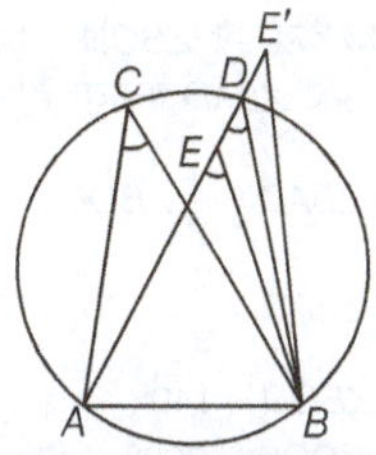

उपपत्ति माना कि वृत्त बिंदु D से नहीं गुजरेगा, तब यह AD को बिंदु E (या E') पर प्रतिच्छेद करेगा (या AD को बढ़ाने पर)। EB (या $E'B$) को मिलाया।

अब, $\angle ACB = \angle AEB$ [एक ही वृत्तखंड के कोण]

परंतु, $\angle ACB = \angle ADB$ [दिया है]

$\therefore \angle AEB = \angle ADB$

यह तब तक संभव नहीं है जब तक E, D के संपाती न हो। इसी प्रकार E' को भी D के संपाती होना चाहिए।

अतः A, B, C और D चक्रीय बिंदु हैं। **इति सिद्धम्**

उदाहरण 1 दी गई आकृति में, O वृत्त का केंद्र है तथा चाप ABC की माप $100°$ है, तब $\angle ADC$ तथा $\angle ABC$ के मान ज्ञात कीजिए।

हल दिया है, चाप ABC, वृत्त के केंद्र पर $\angle AOC = 100°$ तथा वृत्त के शेष भाग के किसी बिंदु पर $\angle ADC$ बनाता है।

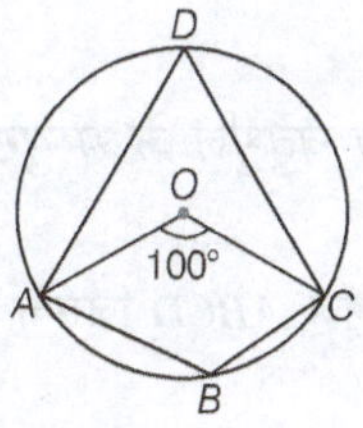

$\therefore \angle ADC = \frac{1}{2}(\angle AOC)$ [प्रमेय 1 से]

$= \frac{1}{2}(100°) = 50°$

इसी प्रकार, $\angle ABC = \frac{1}{2}$(प्रतिवर्ती$\angle AOC$)

$\Rightarrow \angle ABC = \frac{1}{2}(360° - 100°) = \frac{1}{2}(260°) = 130°$

अतः $\angle ADC = 50°$

तथा $\angle ABC = 130°$

उदाहरण 2 दी गई आकृति में, O दिए गए वृत्त का केंद्र है। चाप BCD द्वारा वृत्त के केंद्र पर अंतरित कोण 140° है। यदि BC को बिंदु P तक बढ़ाया गया हो, तो $\angle BAD$ तथा $\angle DCB$ का मान ज्ञात कीजिए।

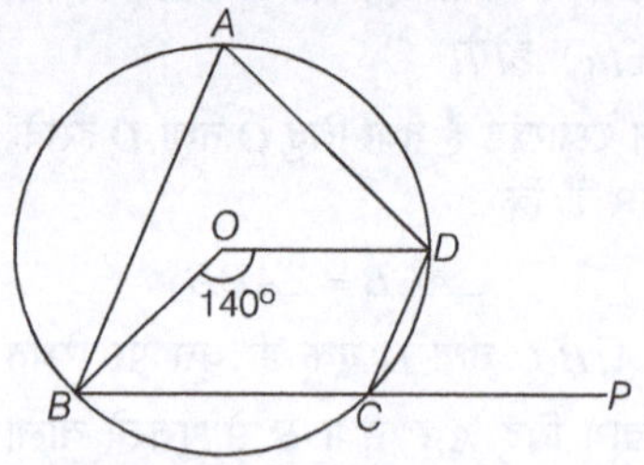

हल चूँकि चाप BCD वृत्त के केंद्र पर $\angle BOD = 140^\circ$ बनाता है तथा परिधि के शेष भाग पर बिंदु A पर $\angle BAD$ बनाता है।

$\therefore \quad \angle BAD = \frac{1}{2}\angle BOD$ [प्रमेय 1 से]

$\Rightarrow \quad \angle BAD = \frac{1}{2} \times 140^\circ = 70^\circ$

$\because \quad \angle BOD = 140^\circ$

$\therefore \quad \angle DOB = 360^\circ - 140^\circ = 220^\circ$

अतः $\angle BCD = \frac{1}{2}\angle DOB = \frac{1}{2} \times 220^\circ = 110^\circ$

चक्रीय चतुर्भुज (Cyclic Quadrilateral)

एक चतुर्भुज $ABCD$ चक्रीय चतुर्भुज कहलाता है, यदि चारों शीर्ष A, B, C और D चक्रीय हों अर्थात् A, B, C और D वृत्त की परिधि पर स्थित हों। आकृति में, $ABCD$ एक चक्रीय चतुर्भुज है।

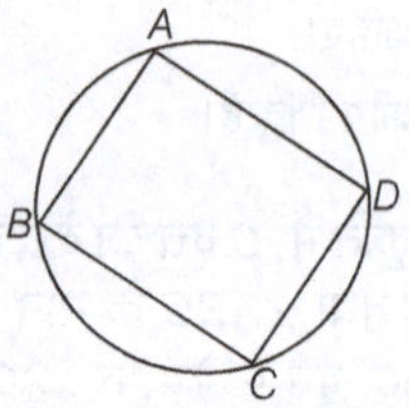

चक्रीय चतुर्भुज के सम्मुख कोणों के मध्य संबंध प्रमेय के रूप में नीचे दिया है।

प्रमेय 5 *किसी चक्रीय चतुर्भुज के सम्मुख (अभिमुख) कोणों का योग 180° होता है।*

दिया है एक चक्रीय चतुर्भुज $ABCD$ जिसके शीर्ष एक वृत्त $C(O, r)$ पर स्थित है।

सिद्ध करना है $\angle A + \angle C = \angle B + \angle D = 180^\circ$

रचना OB तथा OD को मिलाया।

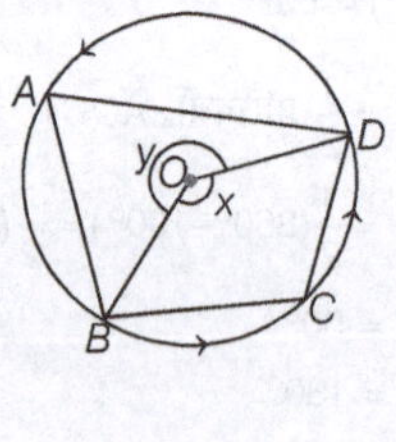

उपपत्ति यहाँ चाप BCD केंद्र पर $\angle BOD$ तथा वृत्त के शेष भाग के बिंदु पर $\angle BAD$ अंतरित करता है।

माना $\angle BOD = x$

तब, $\angle A = \angle BAD = \frac{1}{2}x$ [प्रमेय 1 से] ...(i)

इसी प्रकार, $\angle C = \angle BCD = \frac{1}{2}y$ [प्रमेय 1 से]

[प्रतिवृत्ति $\angle BOD = y$] ...(ii)

समी (i) तथा (ii) को जोड़ने पर,

$$\angle A + \angle C = \frac{1}{2}x + \frac{1}{2}y = \frac{1}{2}(x + y)$$

$$= \frac{1}{2} \times 360^\circ = 180^\circ$$

तथा $\angle B + \angle D = 360^\circ - (\angle A + \angle C)$

[$\because$ चतुर्भुज के कोणों का योग 360° होता है]

$$= 360^\circ - 180^\circ = 180^\circ$$

अतः $\angle A + \angle C = \angle B + \angle D = 180^\circ$ **इति सिद्धम्**

प्रमेय 6 *यदि एक चतुर्भुज के अभिमुख कोणों के युग्म का योग 180° है, तब वह चतुर्भुज एक चक्रीय चतुर्भुज होगा।*

दिया है एक चतुर्भुज $ABCD$ जिसमें

$\angle A + \angle C = 180^\circ$

या $\angle B + \angle D = 180^\circ$

सिद्ध करना है $ABCD$ एक चक्रीय चतुर्भुज है।

रचना बिंदुओं A, B और C से वृत्त की रचना की।

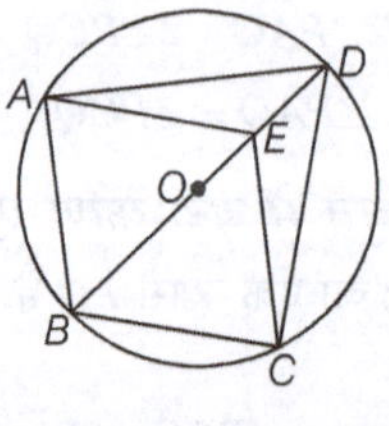

उपपत्ति माना कि वृत्त बिंदु D से नहीं गुजरेगा, तब यह BD को बिंदु E पर प्रतिच्छेद करेगा (या BD को E तक बढ़ाया) EC को मिलाया। तब, $ABCE$ एक चक्रीय चतुर्भुज है।

$\therefore \quad \angle B + \angle E = 180^\circ$ ...(i)

साथ ही, $\angle B + \angle D = 180^\circ$ ...(ii) [दिया है]

समी (i) तथा (iii) से,

$$\angle B + \angle E = \angle B + \angle D = \angle E = \angle D$$

यह तब तक संभव नहीं है जब E, D के संपाती न हो।

अतः हमारा अनुमान बिंदु D, वृत्त पर स्थित नहीं है, गलत था।

इसलिए, बिंदु D वृत्त पर स्थित है।

अतः $ABCD$ एक चक्रीय चतुर्भुज है। **इति सिद्धम्**

उदाहरण 3 सिद्ध कीजिए कि किसी चतुर्भुज के अंतः कोणों के समद्विभाजकों से बना चतुर्भुज भी चक्रीय चतुर्भुज होता है।

हल दिया है माना एक चतुर्भुज $ABCD$ है जिसमें अंतः कोणों A, B, C और D के कोणों के समद्विभाजक क्रमशः AH, BF, CF तथा DH एक चतुर्भुज $EFGH$ बनाते हैं $EFGH$ एक चक्रीय चतुर्भुज है।

सिद्ध करना है $\angle E + \angle G = 180^\circ$ या $\angle F + \angle H = 180^\circ$

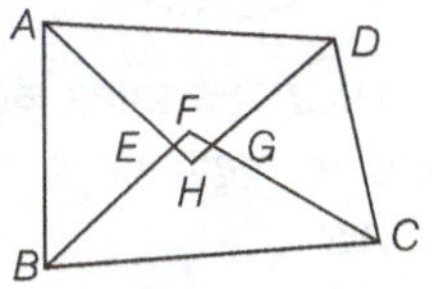

उपपत्ति चूँकि $\angle FEH = \angle AEB = 180^\circ - \angle EAB - \angle EBA$

[$\because$ ΔAEB में, $\angle EAB + \angle EBA + \angle AEB = 180^\circ$]

$= 180^\circ - \frac{1}{2}(2\angle EAB + 2\angle EBA)$

$= 180^\circ - \frac{1}{2}(\angle A + \angle B)$ ...(i)

[$\because$ AH तथा BF क्रमशः $\angle A$ और $\angle B$ के समद्विभाजक है]

इसी प्रकार, $\angle FGH = \angle CGD = 180^\circ - \angle GCD - \angle GDC$

$= 180^\circ - \frac{1}{2}(\angle C + \angle D)$ ...(ii)

समी (i) तथा (ii) को जोड़ने पर,

$\angle FEH + \angle FGH = 180^\circ - \frac{1}{2}(\angle A + \angle B) + 180 - \frac{1}{2}(\angle C + \angle D)$

$= 360^\circ - \frac{1}{2}(\angle A + \angle B + \angle C + \angle D)$

$= 360^\circ - \frac{1}{2} \times 360^\circ$

[$\because$ चतुर्भुज के कोणों का योग 360° होता है]

$= 360^\circ - 180^\circ = 180^\circ$

इसलिए, प्रमेय 6 से, चतुर्भुज $EFGH$ एक चक्रीय चतुर्भुज है।

उदाहरण 4 दी गई आकृति में, यदि $\angle DBC = 80^\circ$ तथा $\angle BAC = 40^\circ$ है, तब $\angle BCD$ ज्ञात कीजिए। साथ ही, यदि $AB = BC$ है, तब $\angle ECD$ ज्ञात कीजिए।

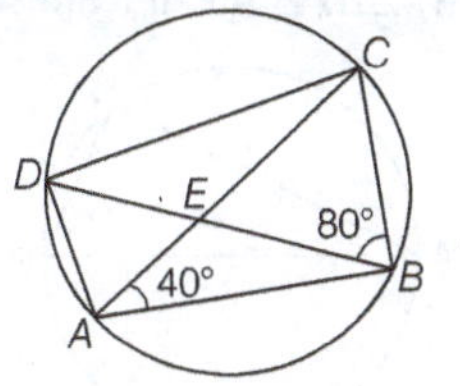

हल दिया है, $\angle DBC = 80^\circ$ तथा $\angle BAC = 40^\circ$

जीवा CD को लेकर हमें, वृत्त के समान वृत्तखंड के कोण $\angle CBD$ तथा $\angle CAD$ ज्ञात करने हैं।

$\therefore$ $\angle CBD = \angle CAD \Rightarrow 80^\circ = \angle CAD$

$\Rightarrow$ $\angle CAD = 80^\circ$

अब, $\angle BAD = \angle BAC + \angle CAD$

$\Rightarrow$ $\angle BAD = 40^\circ + 80^\circ = 120^\circ$ ...(i)

चूँकि, $ABCD$ एक चक्रीय चतुर्भुज है।

$\therefore$ $\angle BAD + \angle BCD = 180^\circ$

$\Rightarrow$ $120^\circ + \angle BCD = 180^\circ$ [समी (i) से]

$\Rightarrow$ $\angle BCD = 60^\circ$

यदि $AB = BC$ है, तब ΔABC में,

$\angle ACB = \angle BAC$

[$\because$ त्रिभुज की बराबर भुजाओं के सम्मुख कोण भी बराबर होते हैं]

$\Rightarrow$ $\angle ACB = 40^\circ$

$\therefore$ $\angle ECD = \angle BCD - \angle ACB$

$= 60^\circ - 40^\circ$

$= 20^\circ$

प्रश्नावली 9.4

1. दी गई आकृति में, यदि $\angle AOB = 100^\circ$ है, तब $\angle APB$ का मान ज्ञात कीजिए।

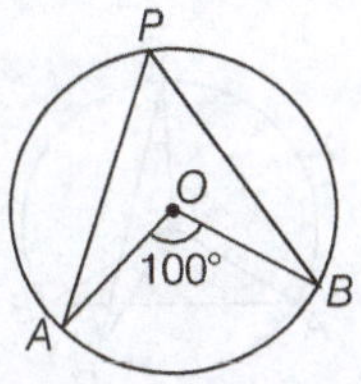

2. दी गई आकृति में, $\angle ACB = 70^\circ$ है, तब $\angle ADB$ का मान ज्ञात कीजिए।

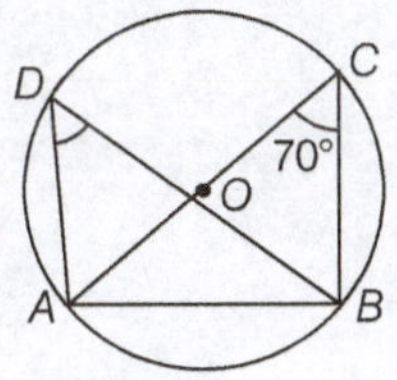

3. दी गई आकृति में, $\angle ACB = 40$ है, तब $\angle OAB$ का मान ज्ञात कीजिए।

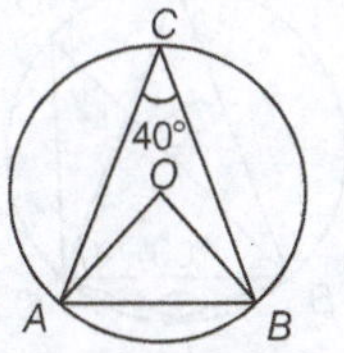

4. दी गई आकृति में, O वृत्त का केंद्र है तथा जीवाओं AP और BP को क्रमशः R तथा Q तक बढ़ाया गया है। यदि $\angle QPR = 35^\circ$ है, तब $\angle AOB$ का मान ज्ञात कीजिए।

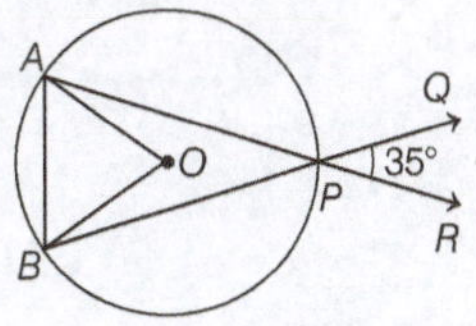

5. यदि एक वृत्त के चाप AXB तथा CYB सर्वांगसम हों, तब AB तथा CD का अनुपात ज्ञात कीजिए।

6. दी गई आकृति में, $\angle APB$ का मान ज्ञात कीजिए।

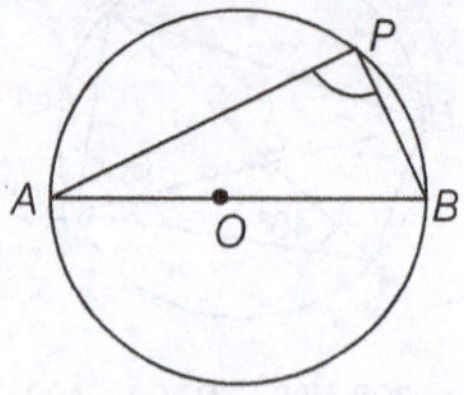

7. दी गई आकृति में, O वृत्त का केंद्र तथा $BA = AC$ है। यदि $\angle ABC = 50°$ है, तब $\angle BOC$ तथा $\angle BDC$ के मान ज्ञात कीजिए।

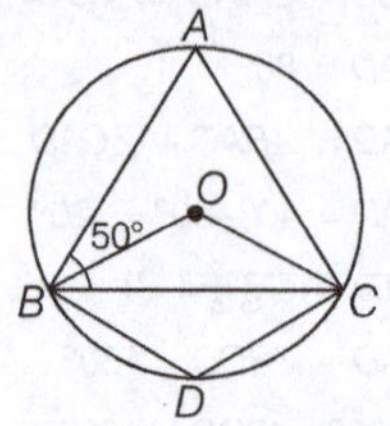

8. दी गई आकृति में, O वृत्त का केंद्र, BC इसकी जीवा तथा A वृत्त पर स्थित कोई बिंदु है। यदि $\angle BAC = a$ तथा $\angle OBC = b$ है, तब $a + b$ का मान ज्ञात कीजिए।

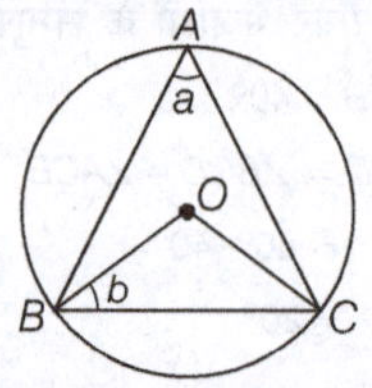

9. दी गई आकृति में, ΔABC एक त्रिभुज है जोकि O केंद्र वाले त्रिभुज में इस प्रकार अंतर्निहीत है कि $AB = AC$ तथा $\angle BEC = 100°$ है, तब x और y के मान ज्ञात कीजिए।

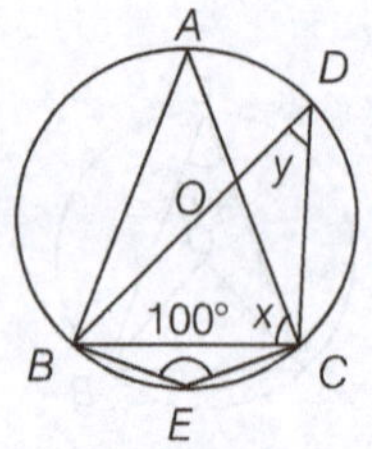

10. दी गई आकृति में, $x + y$ का मान ज्ञात कीजिए।

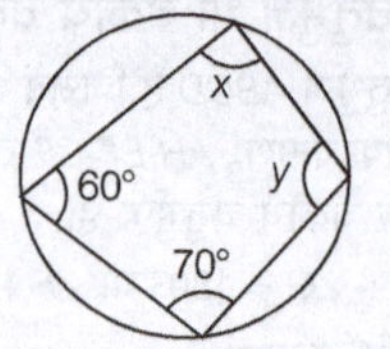

11. दी गई आकृति में, $ABCD$ एक समांतर चतुर्भुज है। A, B और C से जाने वाला वृत्त CD को बढ़ाने पर E पर मिलता है। तब सिद्ध कीजिए कि $AD = AE$

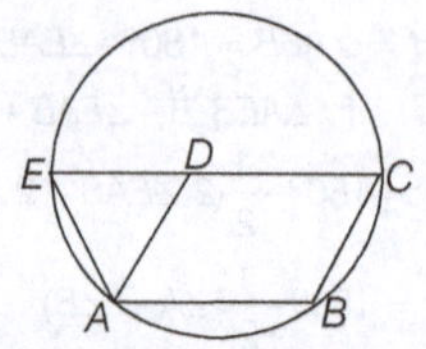

12. दी गई आकृति में, P तथा Q दो वृत्तों के केंद्र हैं जोकि परस्पर B तथा C पर प्रतिच्छेद करते हैं तथा ACD एक सरल रेखा है, तब x, y और z के मान ज्ञात कीजिए।

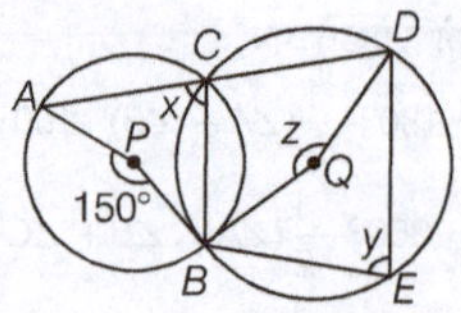

13. $ABCD$ एक समांतर चतुर्भुज है तथा एक वृत्त बिंदुओं A और B से इस प्रकार खींचा जाता है कि यह AD को P पर तथा BC को Q पर प्रतिच्छेद करता है तब सिद्ध कीजिए कि P, Q, C और D चक्रीय चतुर्भुज है। **[NCERT Exemplar]**

14. दी गई आकृति में, AB तथा CD वृत्त की दो जीवाएँ एक-दूसरे को बिंदु E पर प्रतिच्छेद करती हैं, तब सिद्ध कीजिए कि

$\angle AEC = \frac{1}{2} \times$ (चाप CXA द्वारा केंद्र पर अंतरित कोण + चाप DYB द्वारा केंद्र पर अंतरित कोण) **[NCERT Exemplar]**

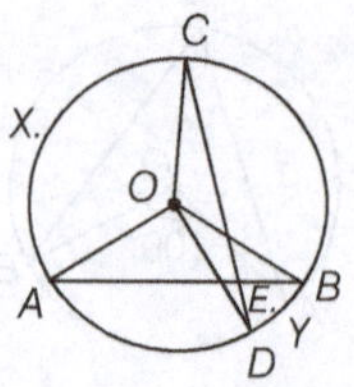

संकेत एवं हल

1. $\angle APB = \frac{1}{2}\angle AOB = \frac{1}{2}\times 100^\circ = 50^\circ$

2. **संकेत** $\angle ADB = \angle ACB = 70^\circ$

[वृत्त के एक ही वृत्तखंड के कोण बराबर होते हैं]

3. **संकेत** अब, $\angle AOB = 2\angle ACB = 2\times 40^\circ = 80^\circ$

$\therefore \angle OAB + \angle ABO + \angle AOB = 180^\circ$

यहाँ $2\angle OAB + 80^\circ = 180^\circ$

$\Rightarrow \angle OAB = 50^\circ$

4. **संकेत** $\angle APB = 35^\circ$

$\therefore \angle AOB = 2\angle APB = 2\times 35^\circ = 70^\circ$

5. $AB : CD = 1 : 1$

6. $\angle APB = 90^\circ$ [$\because$ अर्द्धवृत्त में बना कोण समकोण होता है]

7. **संकेत** यहाँ, $\angle ABC = \angle ACB = 50^\circ$

$\therefore \angle BAC + \angle ABC + \angle ACB = 180^\circ$

$\Rightarrow \angle BAC + 50^\circ + 50^\circ = 180^\circ$

$\Rightarrow \angle BAC = 80^\circ$

इसके पश्चात् उदाहरण 1 की भाँति स्वयं हल करें।

उत्तर 160° तथा 100°

8. **संकेत** यहाँ, $\angle BOC = 2a$

ΔOBC में, $b + 2a + b = 180^\circ$

$\Rightarrow a + b = 90^\circ$

9. **संकेत** यहाँ, $\angle BEC + \angle BAC = 180^\circ$

$\Rightarrow 100^\circ + \angle BAC = 180^\circ$

$\Rightarrow \angle BAC = 80^\circ = y$

चूँकि, BD वृत्त का व्यास है।

$\therefore \angle BCD = 90^\circ$

$\Rightarrow \angle CBD = 180^\circ - (y + 90^\circ)$

$= 180^\circ - (80^\circ + 90^\circ) = 10^\circ$

साथ ही, $\angle BAC = \angle BDC$ [$\because$ एक ही आधार के कोण हैं]

$\Rightarrow \angle BAC = 80^\circ$

ΔABC में, $80^\circ + x + x = 180^\circ$

$\Rightarrow x = 50^\circ$

10. $x + y = 230^\circ$

12. $x = 75^\circ$, $y = 75^\circ$ तथा $z = 150^\circ$

13. **संकेत** यहाँ, PQ को मिलाया।

अब, $\angle 1 = 180^\circ - \angle BQP$

$\Rightarrow \angle 1 = \angle A$ [चक्रीय चतुर्भुज के गुण से]

परंतु, $\angle A = \angle C$ [समांतर चतुर्भुज के सम्मुख कोण]

$\therefore \angle 1 = \angle C$ ...(i)

परंतु $\angle C + \angle D = 180^\circ$

[$\because$ एक ही भुजा पर सह: अंत: कोणों का योग 180° होता है।]

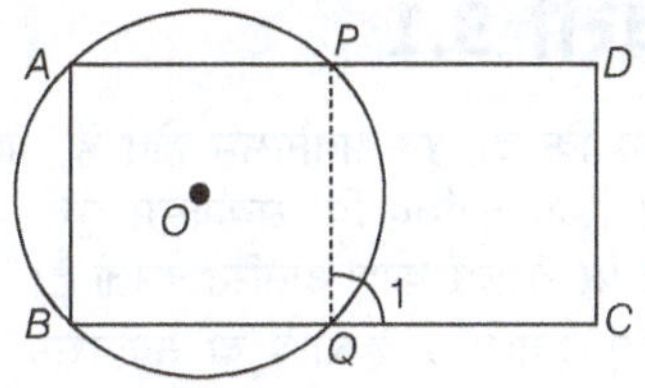

$\Rightarrow \angle 1 + \angle D = 180^\circ$ [समी (i) से]

अतः चतुर्भुज $QCDP$ चक्रीय है।

इसलिए, बिंदु P, Q, C और D चक्रीय हैं।

14. **संकेत** यहाँ, $\angle 1 = 2\angle 6$ ...(i)

तथा $\angle 3 = 2\angle 7$ ...(ii)

ΔAOC में, $OC = OA$ [वृत्त की त्रिज्याएँ]

$\angle OCA = \angle 4$

ΔAOC में, $\angle AOC + \angle OCA + \angle OAC = 180^\circ$

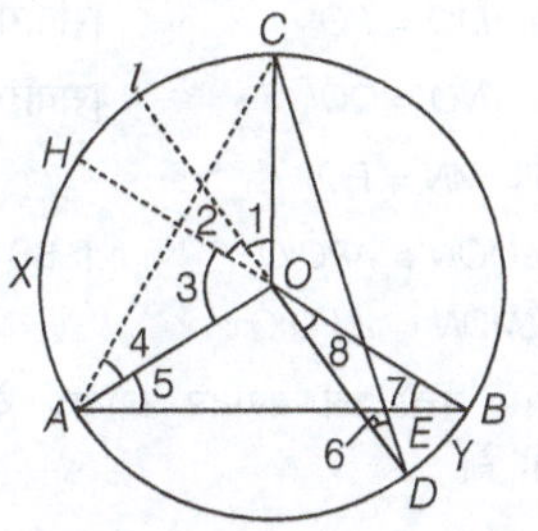

$\Rightarrow \angle AOC + \angle 4 + \angle 4 = 180^\circ$

$\Rightarrow \angle AOC = 180^\circ - 2\angle 4$ ...(iii)

अब ΔAEC में,

$\angle AEC = 180^\circ - (\angle ECA + \angle CAE)$

$\Rightarrow \angle AEC = 180^\circ - [(\angle ECO + \angle OCA) + \angle CAO + OAE]$

$= 180^\circ - (\angle 6 + \angle 4 + \angle 4 + \angle 5)$

[ΔOCD में, $\angle 6 = \angle ECO$ बराबर भुजाओं के सम्मुख कोण बराबर होते हैं]

$= 180^\circ - (2\angle 4 + \angle 5 + \angle 6)$

$= 180^\circ - (180^\circ - \angle AOC + \angle 7 + \angle 6)$

[समी (iii) से तथा ΔAOB में, $\angle 5 = \angle 7$]

$= \angle AOC - \frac{\angle 3}{2} - \frac{\angle 1}{2}$

$= \angle AOC - \frac{\angle 1}{2} - \frac{\angle 2}{2} - \frac{\angle 3}{2} + \frac{\angle 2}{2}$

[समी (i) तथा (ii) से]

$= \angle AOC - \frac{1}{2}(\angle 1 + \angle 2 + \angle 3) + \frac{\angle 8}{2}$

[$\because \angle 2 = \angle 8$ शीर्षाभिमुख कोण]

$= \angle AOC - \frac{\angle AOC}{2} + \frac{\angle DOB}{2}$

$\Rightarrow \angle AEC = \frac{1}{2}(\angle AOC + \angle DOB)$

NCERT फोल्डर

प्रश्नावली 9.1

1. ज्ञात कीजिए कि दो वृत्त सर्वांगसम होते हैं, यदि उनकी त्रिज्याएँ बराबर हों। सिद्ध कीजिए कि सर्वांगसम वृत्तों की बराबर जीवाएँ उनके केंद्रों पर बराबर कोण अंतरित करती हैं।

हल **दिया है** केंद्रों O तथा O' के साथ दो सर्वांगसम वृत्तों की दो समान जीवाएँ MN तथा PQ हैं।

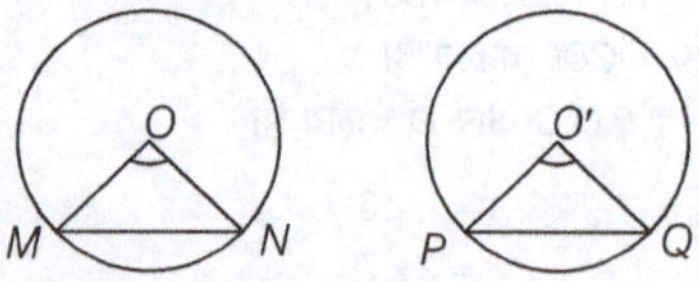

सिद्ध करना है $\angle MON = \angle PO'Q$

उपपत्ति ΔMON तथा $\Delta PO'Q$ में,

$MO = PO'$ [सर्वांगसम वृत्तों की त्रिज्याएँ]

$NO = QO'$ [सर्वांगसम वृत्तों की त्रिज्याएँ]

तथा $MN = PQ$ [दिया है]

$\Delta MON \cong \Delta PO'Q$ [SSS सर्वांगसमता नियम से]

$\therefore$ $\angle MON = \angle PO'Q$ [CPCT से]

अतः सर्वांगसम वृत्तों की बराबर जीवाएँ केंद्रों पर समान कोण अंतरित करती हैं।

2. सिद्ध कीजिए कि यदि सर्वांगसम वृत्तों की जीवाएँ उनके केंद्रों पर बराबर कोण अंतरित करें, तो जीवाएँ बराबर होती हैं।

हल **दिया है** सर्वांगसम वृत्तों की दो जीवाएँ MN तथा PQ इस प्रकार हैं कि इन जीवाओं द्वारा वृत्तों के केंद्र O तथा O' पर अंतरित कोण बराबर होते हैं।

अर्थात् $\angle MON = \angle PO'Q$ $MN = PQ$

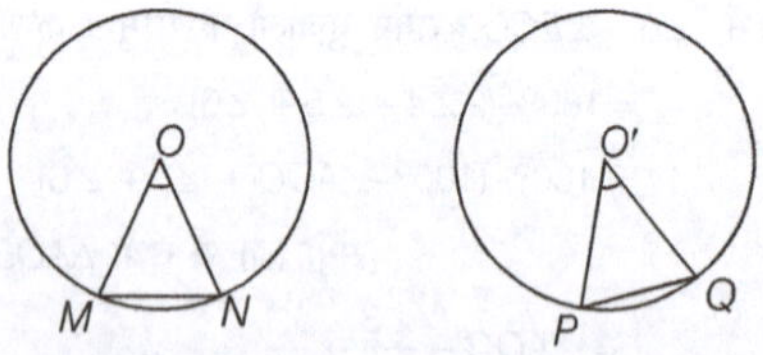

सिद्ध करना है

उपपत्ति ΔMON तथा $\Delta PO'Q$ में,

$MO = PO'$ [सर्वांगसम वृत्तों की त्रिज्याएँ]

$NO = QO'$ [सर्वांगसम वृत्तों की त्रिज्याएँ]

तथा $\angle MON = \angle PO'Q$ [दिया है]

$\Delta MON \cong \Delta PO'Q$

[SAS सर्वांगसमता नियम से]

अतः $MN = PQ$ [CPCT से]

अतः जीवाएँ बराबर होंगी यदि वे उनके केंद्रों पर बराबर कोण अंतरित करती हैं। **इति सिद्धम्**

प्रश्नावली 9.2

1. 5 सेमी तथा 3 सेमी त्रिज्या वाले दो वृत्त दो बिंदुओं पर प्रतिच्छेद करते हैं तथा उनके केंद्रों के बीच की दूरी 4 सेमी है। उभयनिष्ठ जीवा की लंबाई ज्ञात कीजिए।

हल त्रिज्या 5 सेमी तथा 3 सेमी के वृत्तों के केंद्र क्रमशः O तथा O' हैं। माना AB इनकी उभयनिष्ठ जीवा है।

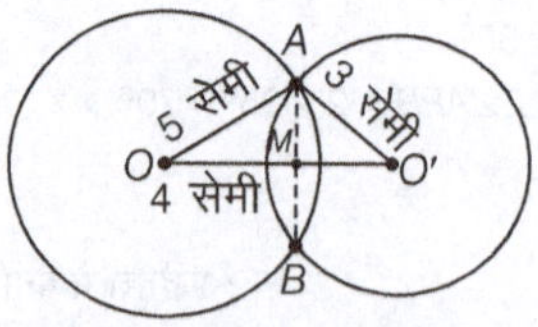

दिया है, $OA = 5$ सेमी, $O'A = 3$ सेमी

तथा $OO' = 4$ सेमी

$\therefore$ $AO'^2 + OO'^2 = 3^2 + 4^2 = 9 + 16 = 25 = OA^2$

इसलिए $OO'A$, समकोण त्रिभुज है जो O पर समकोण है।

$\Delta OO'A$ का क्षेत्रफल $= \frac{1}{2} \times O'A \times OO'$

$= \frac{1}{2} \times 3 \times 4 = 6$ वर्ग इकाई ...(i)

तथा $\Delta OO'A$ का क्षेत्रफल $= \frac{1}{2} \times OO' \times AM$

$= \frac{1}{2} \times 4 \times AM = 2\ AM$ ...(ii)

समी (i) तथा (ii) से, $2\ AM = 6 \Rightarrow AM = 3$

चूँकि जब दो वृत्त दो बिंदुओं पर प्रतिच्छेद करते हैं, तब इनके केंद्र उभयनिष्ठ जीवा के लंबार्द्धक पर स्थित होते हैं।

$AB = 2 \times AM = 2 \times 3 = 6$ सेमी

2. यदि एक वृत्त की दो समान जीवाएँ वृत्त के अंदर प्रतिच्छेद करें, तो सिद्ध कीजिए कि एक जीवा के खंड दूसरी जीवा के संगत खंडों के बराबर हैं।

हल **दिया है** केंद्र O के साथ एक वृत्त की दो जीवाएँ MN तथा AB हैं, MN तथा AB बिंदु P पर प्रतिच्छेद करती हैं तथा $MN = AB$ है।

सिद्ध करना है $MP = PB$ तथा $PN = AP$

रचना $OD \perp MN$ तथा $OC \perp AB$ खींचिए। OP को मिलाइए।

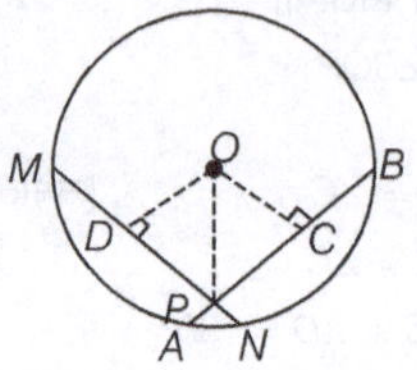

उपपत्ति $\because DM = DN = \frac{1}{2} MN$

[केंद्र से लंब जीवा को समद्विभाजित करता है]

तथा $AC = CB = \frac{1}{2} AB$

[केंद्र से लंब जीवा को समद्विभाजित करता है]

$MD = BC$ तथा $DN = AC$ $[\because MN = AB]$ ...(i)

ΔODP तथा ΔOPC में,

$OD = OC$

[वृत्त की समान जीवाएँ केंद्र से समदूरस्थ होती हैं]

$\angle ODP = \angle OCP = 90°$

$OP = OP$ [उभयनिष्ठ]

$\Delta ODP \cong \Delta OCP$ [RHS सर्वांगसमता नियम से]

$\therefore$ $DP = PC$ [CPCT से] ...(ii)

समी (i) तथा (ii) को जोड़ने पर,

$MD + DP = BC + PC$

$MP = PB$

समी (i) में से समी (ii) को घटाने पर,

$DN - DP = AC - PC$

$PN = AP$

अतः $MP = PB$ तथा $PN = AP$ **इति सिद्धम्**

3. **यदि एक वृत्त की दो समान जीवाएँ वृत्त के अंदर प्रतिच्छेद करें, तो सिद्ध कीजिए कि प्रतिच्छेद बिंदु को केंद्र से मिलाने वाली रेखा जीवाओं से बराबर कोण बनाती हैं।**

हल **दिया है** केंद्र O के साथ एक वृत्त की जीवाएँ RQ तथा MN हैं। MN तथा RQ बिंदु P पर प्रतिच्छेद करती हैं तथा $MN = RQ$ है।

सिद्ध करना है $\angle OPC = \angle OPB$

रचना $OC \perp RQ$ तथा $OB \perp MN$ खींचते हैं। OP को मिलाया।

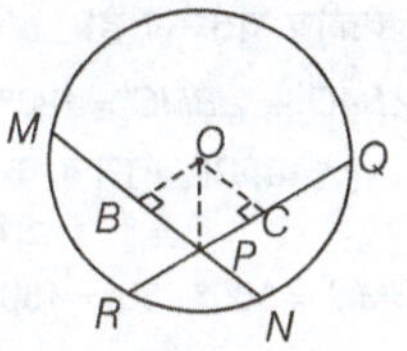

उपपत्ति ΔOCP तथा ΔOBP में,

$\angle OCP = \angle OBP = 90°$ [प्रत्येक 90°]

$OP = OP$ [उभयनिष्ठ]

$OC = OB$

[$\because$ एक वृत्त की समान जीवाएँ केंद्र से समदूरस्थ होती हैं]

$\Delta OCP \cong \Delta OBP$ [RHS सर्वांगसमता नियम से]

$\therefore$ $\angle OPC = \angle OPB$ [CPCT से]

या $\angle OPQ = \angle OPM$ **इति सिद्धम्**

4. **यदि एक रेखा दो संकेंद्री वृत्तों (एक ही केंद्र वाले वृत्त) को, जिनका केंद्र O है, A, B, C और D पर प्रतिच्छेद करें, तो सिद्ध कीजिए $AB = CD$ है।**

हल माना रेखा l पर O से लंब OP है। चूँकि एक वृत्त के केंद्र से जीवा पर डाला गया लंब इसे समद्विभाजित करता है।

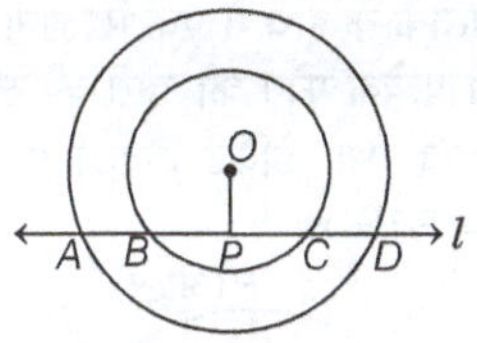

अब, छोटे वृत्त की एक जीवा BC तथा $OP \perp BC$ है।

$\therefore$ $BP = PC$ ...(i)

चूँकि बड़े वृत्त की एक जीवा AD तथा $OP \perp AD$ है।

$\therefore$ $AP = PD$ ...(ii)

समी (ii) में से समी (i) को घटाने पर,

$AP - BP = PD - PC$

$\Rightarrow$ $AB = CD$ **इति सिद्धम्**

5. **एक पार्क में बने 5 मी त्रिज्या वाले वृत्त पर खड़ी तीन लड़कियाँ रेशमा, सलमा एवं मनदीप खेल रही हैं। रेशमा एक गेंद को सलमा के पास, सलमा मनदीप के पास तथा मनदीप रेशमा के पास फेंकती हैं। यदि रेशमा तथा सलमा के बीच और सलमा तथा मनदीप के बीच की प्रत्येक दूरी 6 मी हो, तो रेशमा और मनदीप के बीच की दूरी क्या है?**

हल माना वृत्त का केंद्र O है तथा रेशमा, सलमा और मनदीप वृत्त पर क्रमशः बिंदुओं R, S तथा M द्वारा प्रदर्शित हैं। $OP \perp RM$ तथा $ON \perp RS$ खींचो।

माना $RP = x$ मी

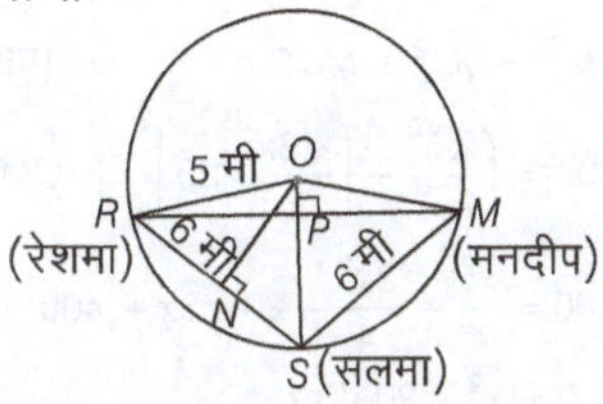

ΔORS का क्षेत्रफल $= \frac{1}{2} \times x \times 5 = \frac{5x}{2}$ मी^{2} ...(i)

[ΔORM में, RM एक जीवा है, अतः $OP \perp RM$]

पुनः ΔORS का क्षेत्रफल

$= \frac{1}{2} \times RS \times ON = \frac{1}{2} \times 6 \times 4 = 12$ मी^{2} ...(ii)

[$\because RS$ एक जीवा है, अतः $ON \perp RS$
समकोण ΔRNO मे, पाइथागोरस प्रमेय से, $OR^2 = RN^2 + NO^2$
$\Rightarrow 5^2 = 3^2 + NO^2 \Rightarrow NO^2 = 25 - 9 = 16 \Rightarrow NO = 4$ सेमी]

समी (i) तथा (ii) से, $\frac{5x}{2} = 12 \Rightarrow x = \frac{24}{5} = RP$

चूँकि RM का मध्य-बिंदु P है।

$\therefore$ $RM = 2RP = 2 \times \frac{24}{5} = \frac{48}{5} = 9.6$ मी

अतः रेशमा तथा मनदीप के बीच की दूरी 9.6 मी है।

6. 20 मी त्रिज्या का एक गोल पार्क (वृत्ताकार) एक कॉलोनी में स्थित है। तीन लड़के अंकुर, सैय्यद तथा डेविड इसकी परिसीमा पर बराबर दूरी पर बैठे हैं और प्रत्येक के हाथ में एक खिलौना टेलीफोन आपस में बात करने के लिए है। प्रत्येक फोन की डोरी की लंबाई ज्ञात कीजिए।

हल माना अंकुर, सैय्यद तथा डेविड बिंदुओं P, Q तथा R पर खड़े हैं।
माना $PQ = QR = PR = x$

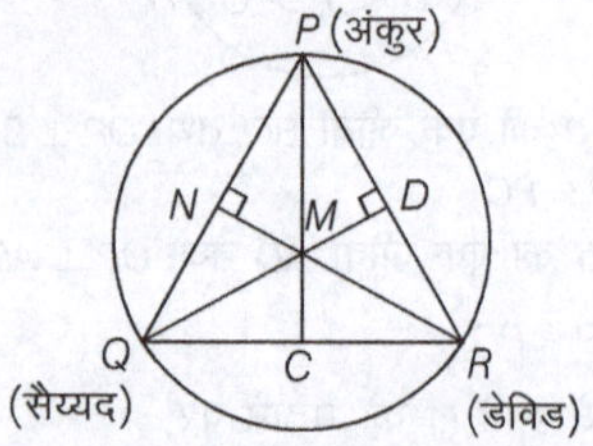

अतः PQR एक समबाहु त्रिभुज है। त्रिभुज की भुजाओं पर शीर्षों से शीर्षलंब PC, QD तथा RN खींचते हैं तथा ये शीर्षलंब वृत्त के केंद्र M पर प्रतिच्छेद करते हैं।

चूँकि PQR एक समबाहु त्रिभुज है, अतः ये शीर्षलंब इसकी भुजाओं को समद्विभाजित करते हैं।

ΔPQC में,

$$PQ^2 = PC^2 + QC^2 \quad \text{[पाइथागोरस प्रमेय से]}$$

$$\Rightarrow \quad x^2 = PC^2 + \left(\frac{x}{2}\right)^2 \quad \left[\because QC = \frac{1}{2}QR = \frac{x}{2}\right]$$

$$\therefore \quad PC = \frac{\sqrt{3}x}{2}$$

अब, $MC = PC - PM = \frac{\sqrt{3}x}{2} - 20$ [$\because PM =$ त्रिज्या $= 20$ मी]

ΔQCM में, $QM^2 = QC^2 + MC^2$ [पाइथागोरस प्रमेय से]

$$\therefore \quad (20)^2 = \left(\frac{x}{2}\right)^2 + \left(\frac{\sqrt{3}x}{2} - 20\right)^2 \quad [\because QM = \text{त्रिज्या} = 20 \text{ मी}]$$

$$\Rightarrow \quad 400 = \frac{x^2}{4} + \frac{3x^2}{4} - 20\sqrt{3}x + 400$$

$$\Rightarrow \quad 0 = x^2 - 20\sqrt{3}x$$

$$x(x - 20\sqrt{3}) = 0 \Rightarrow x = 0$$

या $\quad x - 20\sqrt{3} = 0 \Rightarrow x = 0$ या $x = 20\sqrt{3}$

$$\Rightarrow \quad x^2 = 20\sqrt{3}x \Rightarrow x = 20\sqrt{3}$$

क्योंकि किसी समबाहु त्रिभुज की भुजा की लंबाई शून्य नहीं हो सकती है।

अतः $\quad PQ = QR = PR = 20\sqrt{3}$ मी

प्रश्नावली 9.3

1. आकृति में, केंद्र O वाले एक वृत्त पर तीन बिंदु A, B और C इस प्रकार हैं कि $\angle BOC = 30°$ तथा $\angle AOB = 60°$ हैं। यदि चाप ABC के अतिरिक्त वृत्त पर D एक बिंदु है, तो $\angle ADC$ ज्ञात कीजिए।

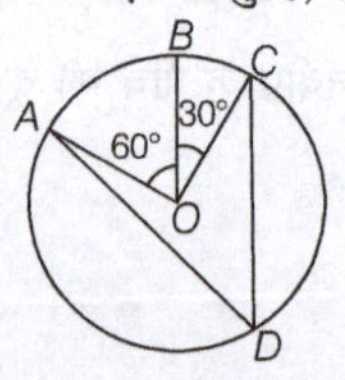

हल $\because \angle AOC = \angle AOB + \angle BOC = 60° + 30° = 90°$

अतः वृत्त के केंद्र पर चाप ABC, $90°$ कोण बनाता है।

$$\angle ADC = \frac{1}{2}\angle AOC$$

[$\because$ एक चाप द्वारा केंद्र पर अंतरित कोण वृत्त के शेष भाग के किसी बिंदु पर अंतरित कोण का दोगुना होता है]

$$= \frac{1}{2} \times 90° = 45°$$

2. किसी वृत्त की एक जीवा वृत्त की त्रिज्या के बराबर है। जीवा द्वारा लघु चाप के किसी बिंदु पर अंतरित कोण ज्ञात कीजिए तथा दीर्घ चाप के किसी बिंदु पर भी अंतरित कोण ज्ञात कीजिए।

हल माना BC एक जीवा है, जो त्रिज्या के बराबर है। OB तथा OC को मिलाते हैं।

दिया है, $\quad BC = OB = OC$

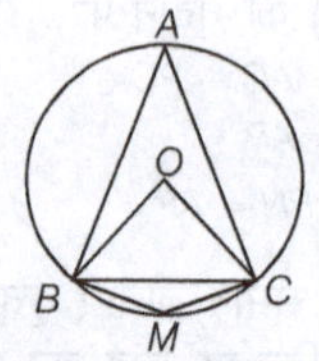

अतः ΔOBC एक समबाहु त्रिभुज है।

$$\angle BOC = 60°$$

$$\therefore \quad \angle BAC = \frac{1}{2}\angle BOC = \frac{1}{2} \times 60° = 30°$$

[$\because$ एक चाप द्वारा केंद्र पर अंतरित कोण वृत्त के शेष भाग के किसी बिंदु पर अंतरित कोण का दोगुना होता है]

यहाँ, $ABMC$ एक चक्रीय चतुर्भुज है।

$$\therefore \quad \angle BAC + \angle BMC = 180°$$

[$\because$ चक्रीय चतुर्भुज के सम्मुख कोणों के प्रत्येक युग्म का योग $180°$ होता है]

$$\angle BMC = 180° - 30° = 150°$$

3. आकृति में, $\angle PQR = 100°$ है, जहाँ P, Q तथा R केंद्र O वाले एक वृत्त पर स्थित बिंदु हैं। $\angle OPR$ ज्ञात कीजिए।

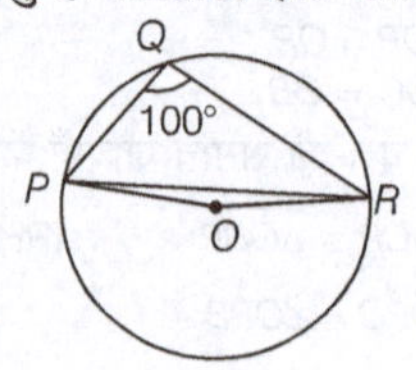

हल $\because$ प्रतिवर्ती $\angle POR = 2\angle PQR$

$$= 2 \times 100°$$

$$= 200°$$

[चूँकि एक चाप द्वारा केंद्र पर अंतरित कोण वृत्त के शेष भाग के किसी बिंदु पर अंतरित कोण का दोगुना होता है]

चूँकि ΔOPR में, $\angle POR = 360° - 200° = 160°$ ...(i)

पुनः ΔOPR में, $\quad OP = OR$ [वृत्त की त्रिज्याएँ]

$$\therefore \quad \angle OPR = \angle ORP \quad \text{[समद्विबाहु त्रिभुज के गुण से]}$$

ΔPOR में, $\angle OPR + \angle ORP + \angle POR = 180°$ ...(ii)

[$\because$ त्रिभुज के तीनों कोणों का योग $180°$ होता है]

समी (i) तथा (ii) से,

$$\angle OPR + \angle OPR + 160° = 180°$$
$$2\angle OPR = 180° - 160° = 20°$$
$$\Rightarrow \quad \angle OPR = \frac{20°}{2} = 10°$$

4. आकृति में, $\angle ABC = 69°$ और $\angle ACB = 31°$ हो, तो $\angle BDC$ ज्ञात कीजिए।

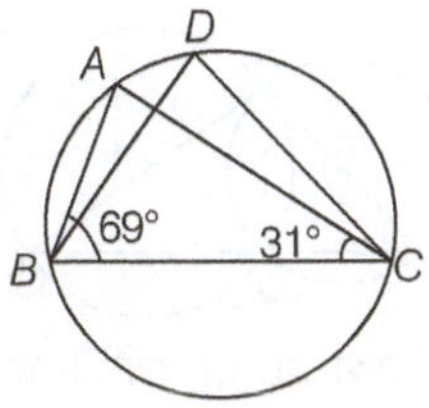

हल ∵ $\angle BDC = \angle BAC$ ...(i)

[चूँकि एक ही वृत्तखंड के कोण बराबर होते हैं]

अब, ΔABC में,

$\angle A + \angle B + \angle C = 180°$

[चूँकि त्रिभुज के तीनों कोणों का योग 180° होता है]

$\Rightarrow \quad \angle A + 69° + 31° = 180°$

$\Rightarrow \quad \angle A + 100° = 180°$

$\therefore \quad \angle A = 180° - 100° = 80°$

$\Rightarrow \quad \angle BAC = 80°$

∴ समी (i) से, $\angle BDC = 80°$

5. आकृति में, एक वृत्त पर A, B, C और D चार बिंदु हैं। AC और BD एक बिंदु E पर इस प्रकार प्रतिच्छेद करते हैं कि $\angle BEC = 130°$ तथा $\angle ECD = 20°$ है। $\angle BAC$ ज्ञात कीजिए।

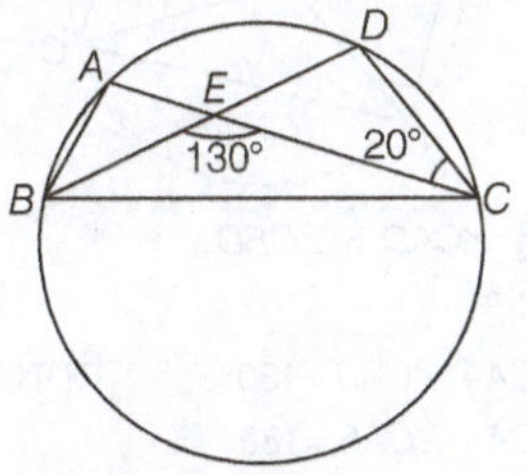

हल $\therefore \quad \angle AEB = 180° - 130° = 50°$ [रेखीय युग्म] ...(i)

$\angle CED = \angle AEB = 50°$ [शीर्षाभिमुख कोण]

पुनः $\angle ABD = \angle ACD$

[चूँकि एक ही वृत्तखंड के कोण बराबर होते हैं]

$\Rightarrow \quad \angle ABE = \angle ECD = 20°$ ...(ii)

∴ ΔABE में, $\angle A + \angle B + \angle E = 180°$

[∵ त्रिभुज के तीनों कोणों का योग 180° होता है]

$\angle A + 20° + 50° = 180°$ [समी (i) तथा (ii) से]

$\Rightarrow \quad \angle A + 70° = 180°$

$\Rightarrow \quad \angle A = 180° - 70° = 110°$

अतः $\angle BAC = 110°$

6. $ABCD$ एक चक्रीय चतुर्भुज है जिसके विकर्ण एक बिंदु E पर प्रतिच्छेद करते हैं। यदि $\angle DBC = 70°$ और $\angle BAC = 30°$ हो, तो $\angle BCD$ ज्ञात कीजिए। पुनः यदि $AB = BC$ हो, तो $\angle ECD$ ज्ञात कीजिए।

हल चूँकि एक वृत्तखंड में बने कोण बराबर होते हैं।

∵ $\angle BDC = \angle BAC$

∴ $\angle BDC = 30°$

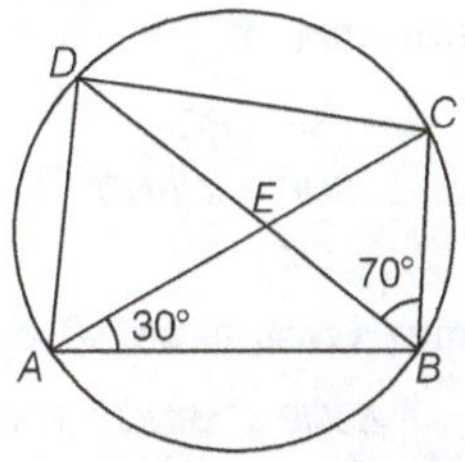

ΔBCD में, $\angle BDC + \angle DBC + \angle BCD = 180°$

[∵ त्रिभुज के तीनों कोणों का योग 180° होता है]

$\Rightarrow \quad 30° + 70° + \angle BCD = 180°$

[दिया है, $\angle DBC = 70°$ तथा $\angle BDC = 30°$]

$\Rightarrow \quad \angle BCD = 180° - 30° - 70° = 80°$

यदि $AB = BC$, तब $\angle BCA = \angle BAC = 30°$

[∵ एक त्रिभुज में बराबर भुजाओं के सम्मुख कोण बराबर होते हैं]

अब, $\angle ECD = \angle BCD - \angle BCA = 80° - 30° = 50°$

[∵ $\angle BCD = 80°$ तथा $\angle BCA = 30°$]

अतः $\angle BCD = 80°$ तथा $\angle ECD = 50°$

7. यदि एक चक्रीय चतुर्भुज के विकर्ण उसके शीर्षों से जाने वाले वृत्त के व्यास हों, तो सिद्ध कीजिए कि वह एक आयत है।

हल **दिया है** एक चक्रीय चतुर्भुज $NQPM$ के विकर्ण NP तथा QM उसके शीर्षों M, P, Q तथा N से जाने वाले वृत्त के व्यास हैं।

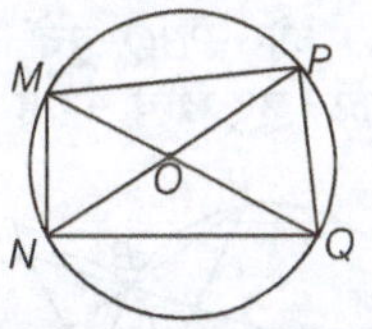

सिद्ध करना है चतुर्भुज $NQPM$ एक आयत है।

उपपत्ति $ON = OP = OQ = OM$ [वृत्त की त्रिज्याएँ]

अब, $ON = OP = \frac{1}{2}NP$

तथा $OM = OQ = \frac{1}{2}MQ$

∴ $NP = MQ$

अतः चतुर्भुज $MPQN$ के विकर्ण बराबर हैं तथा परस्पर एक-दूसरे को समद्विभाजित करते हैं।

अतः चतुर्भुज $NQPM$ एक आयत है।

8. यदि एक समलंब की असमांतर भुजाएँ बराबर हों, तो सिद्ध कीजिए कि वह चक्रीय है।

हल **दिया है** समलंब $PQRS$ की असमांतर भुजाएँ PS तथा QR बराबर हैं।

सिद्ध करना है $PQRS$ एक चक्रीय समलंब है।

रचना $SM \perp PQ$ तथा $RN \perp PQ$ खींचिए।

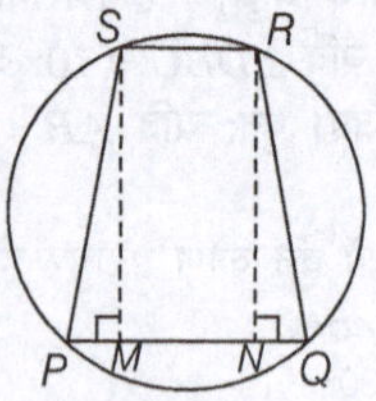

उपपत्ति ΔSMP तथा ΔRNQ में,

$SP = RQ$ [दिया है]

$\angle SMP = \angle RNQ$ [प्रत्येक 90°]

तथा $SM = RN$

[चूँकि दो समांतर रेखाओं के बीच की दूरी सदैव बराबर होती हैं]

$\Delta SMP \cong \Delta RNQ$ [RHS सर्वांगसमता नियम से]

अतः $\angle P = \angle Q$ [CPCT से]

तथा $\angle PSM = \angle QRN$

अब, $\angle PSM = \angle QRN$

$\therefore$ $90° + \angle PSM = 90° + \angle QRN$

[दोनों पक्षों में 90° जोड़ने पर]

$\Rightarrow$ $\angle MSR + \angle PSM = \angle NRS + \angle QRN$

[$\because \angle MSR = \angle NRS = 90°$]

$\Rightarrow$ $\angle PSR = \angle QRS$ अर्थात् $\angle S = \angle R$

अतः $\angle P = \angle Q$ तथा $\angle R = \angle S$ ...(i)

$\therefore$ $\angle P + \angle Q + \angle R + \angle S = 360°$

[चूँकि एक चतुर्भुज के सभी कोणों का योग 360° होता है]

$\therefore$ $2(\angle S + \angle Q) = 360°$ [समी (i) से]

$\angle S + \angle Q = 180°$

अतः $PQRS$ एक चक्रीय समलंब है। **इति सिद्धम्**

9. दो वृत्त दो बिंदुओं B और C पर प्रतिच्छेद करते हैं। B से जाने वाले दो रेखाखंड ABD और PBQ वृत्तों को A, D और P, Q पर क्रमशः प्रतिच्छेद करते हुए खींचे गए हैं (देखिए आकृति)।

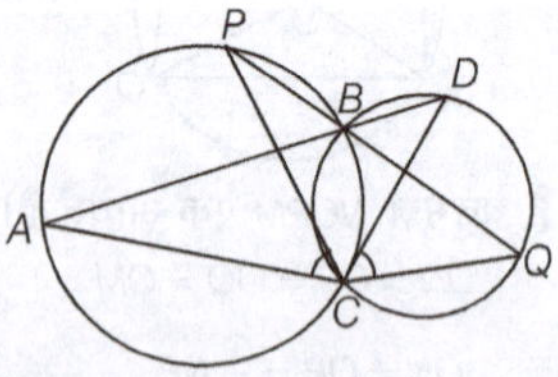

सिद्ध कीजिए कि $\angle ACP = \angle QCD$ है।

हल **दिया है** दो वृत्त दो बिंदुओं B और C पर प्रतिच्छेद करते हैं। B से जाने वाले दो रेखाखंड ABD और PBQ वृत्तों को A, D और P, Q पर क्रमशः प्रतिच्छेद करते हुए खींचे गए हैं।

सिद्ध करना है $\angle ACP = \angle QCD$

उपपत्ति प्रथम वृत्त में, $\angle ACP = \angle ABP$ [एक ही वृत्तखंड के कोण] ...(i)

द्वितीय वृत्त में, $\angle QCD = \angle QBD$ [एक ही वृत्तखंड के कोण] ...(ii)

$\angle ABP = \angle QBD$ [शीर्षाभिमुख कोण]

समी (i) तथा (ii) से, $\angle ACP = \angle QCD$ **इति सिद्धम्**

10. यदि किसी त्रिभुज की दो भुजाओं को व्यास मानकर वृत्त खींचे जाएँ, तो सिद्ध कीजिए कि इन वृत्तों का प्रतिच्छेद बिंदु तीसरी भुजा पर स्थित है।

हल **दिया है** किसी ΔABC की दो भुजाओं AC तथा AB को व्यास मानकर दो वृत्त खींचे जाते हैं। दोनों वृत्त परस्पर एक-दूसरे को बिंदु D पर प्रतिच्छेद करते हैं।

सिद्ध करना है भुजा BC पर बिंदु D स्थित है।

रचना AD को मिलाइए।

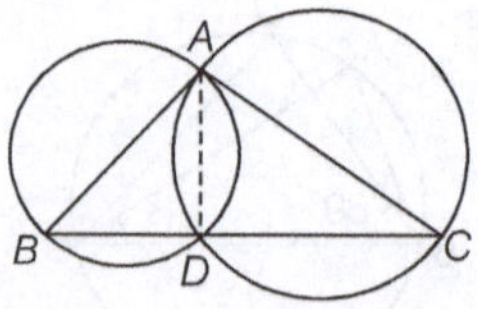

उपपत्ति चूँकि AC तथा AB दो वृत्तों के व्यास हैं।

$\angle ADB = 90°$ ...(i)

[चूँकि एक अर्द्धवृत्त का कोण है.

तथा $\angle ADC = 90°$ ...(ii)

[चूँकि एक अर्द्धवृत्त का कोण है.

समी (i) तथा (ii) को जोड़ने पर,

$\angle ADB + \angle ADC = 90° + 90° = 180°$

अतः BCD एक सरल रेखा है।

अतः D, भुजा BC पर स्थित है। **इति सिद्धम्**

11. उभयनिष्ठ कर्ण AC वाले दो समकोण ΔABC और ΔADC हैं। सिद्ध कीजिए कि $\angle CAD = \angle CBD$ हैं।

हल **दिया है** उभयनिष्ठ कर्ण AC वाले दो समकोण ΔABC और ΔADC हैं।

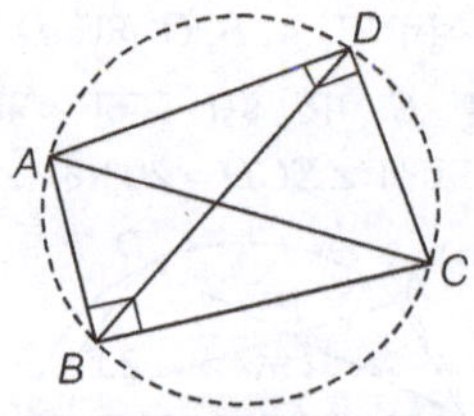

सिद्ध करना है $\angle CAD = \angle CBD$

उपपत्ति ΔABC में,

$\angle ABC + \angle BCA + \angle CAB = 180°$ [त्रिभुज के कोण योग गुण से]

$\Rightarrow$ $90° + \angle BCA + \angle CAB = 180°$

$\Rightarrow$ $\angle BCA + \angle CAB = 90°$ ...(i)

ΔADC में,

$\angle ADC + \angle CAD + \angle ACD = 180°$

$\Rightarrow$ $90° + \angle CAD + \angle ACD = 180°$

$\Rightarrow$ $\angle CAD + \angle ACD = 90°$ ...(ii)

समी (i) तथा (ii) को जोड़ने पर,

$\angle BCA + \angle CAB + \angle CAD + \angle ACD = 180°$

$\Rightarrow$ $(\angle BCA + \angle ACD) + (\angle CAD + \angle CAB) = 180°$

$\Rightarrow$ $\angle BCD + \angle BAD = 180°$

इसी प्रकार, $\angle A + \angle C = 180°$ ...(iii)

दिया है, $\angle B + \angle D = 180°$ ...(iv)

समी (iii) तथा (iv) से, स्पष्ट है कि चतुर्भुज $ABCD$ के विपरीत कोण का योग 180° है अतः $ABCD$ एक चक्रीय चतुर्भुज है।

हम जानते हैं कि एक ही वृत्तखंड में बने कोण बराबर होते हैं।

$\therefore \quad \angle CAD = \angle CBD$ **इति सिद्धम्**

12. सिद्ध कीजिए कि चक्रीय समांतर चतुर्भुज आयत होता है।

हल **दिया है** एक वृत्त के अंतर्गत एक समांतर चतुर्भुज $PQRS$ है।

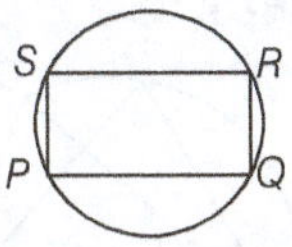

सिद्ध करना है $PQRS$ एक आयत है।

उपपत्ति चूँकि $PQRS$ एक चक्रीय चतुर्भुज है

$\therefore \quad \angle P + \angle R = 180°$ ...(i)

[$\because$ एक चक्रीय चतुर्भुज में सम्मुख कोणों का योग 180° होता है]

परंतु $\angle P = \angle R$ ...(ii)

[$\because$ समांतर चतुर्भुज के सम्मुख कोण बराबर होते हैं]

समी (i) तथा (ii) से,

$\angle P + \angle P = 180°$

$\Rightarrow \quad 2\angle P = 180°$

$\Rightarrow \quad \angle P = 90° = \angle P = \angle R = 90°$

इसी प्रकार, $\angle Q = \angle S = 90°$

$\therefore PQRS$ का प्रत्येक कोण 90° है।

अतः $PQRS$ एक आयत है। **इति सिद्धम्**

अध्याय : एक नजर में

- *एक वृत्त, किसी तल में स्थित ऐसे बिंदुओं का समूह होता है जोकि एक दिए गए नियत बिंदु से सदैव एक निश्चित दूरी पर स्थित हो। यहाँ, नियत बिंदु उस वृत्त का केंद्र कहलाता है।*
- *एक वृत्त में, व्यास सबसे बड़ी जीवा होती है।*
- *संपूर्ण वृत्त की लंबाई को वृत्त की परिधि कहते हैं।*
- *किसी वृत्त का एक सतत् भाग, वृत्त का चाप कहलाता है।*
- *जीवा तथा प्रत्येक चाप के मध्य क्षेत्र को वृत्तीय क्षेत्र का खंड या वृत्तखंड कहते हैं।*
- *लघु चाप द्वारा जीवा के साथ बनाए गए खंड को लघु वृत्तखंड तथा दीर्घ चाप द्वारा जीवा के साथ बनाए गए खंड को दीर्घ वृत्तखंड कहते हैं।*
- *एक वृत्त के केंद्र से जीवा पर डाला गया लंब जीवा को समद्विभाजित करता है।*
- *एक वृत्त के केंद्र से जीवा को समद्विभाजित करने के लिए खींची गई रेखा जीवा पर लंब होती है।*
- *एक वृत्त की (या सर्वांगसम वृत्तों की) बराबर जीवाएँ केंद्र से (या केंद्रों से) समान दूरी पर होती है।*
- *किसी वृत्त के सर्वांगसम चाप (या बराबर चाप) केंद्र पर बराबर कोण अंतरित करते हैं।*
- *एक चाप द्वारा केंद्र पर अंतरित कोण वृत्त के शेष भाग के किसी बिंदु पर अंतरित कोण का दोगुना होता है।*
- *एक ही वृत्तखंड के कोण बराबर होते हैं।*
- *चक्रीय चतुर्भुज के सम्मुख कोणों के प्रत्येक युग्म का योग 180° होता है।*
- *यदि किसी चतुर्भुज के सम्मुख कोणों के एक युग्म का योग 180° हो, तो चतुर्भुज चक्रीय होता है।*
- *यदि किसी वृत्त के दो चाप सर्वांगसम हों, तो उनकी संगत जीवाएँ बराबर होती हैं और विलोमतः यदि किसी वृत्त की दो जीवाएँ बराबर हों, तो उसके संगत चाप (लघु, दीर्घ) सर्वांगसम होते हैं।*
- *एक वृत्त के केंद्र से समदूरस्थ जीवाएँ लंबाई में समान होती हैं।*
- *एक बिंदु से एक रेखा पर लंब की लंबाई, रेखा की बिंदु से दूरी होती है। वृत्त की बराबर जीवाएँ केंद्र पर बराबर कोण अंतरित करती हैं।*
- *यदि एक वृत्त की जीवाओं द्वारा केंद्र पर अंतरित कोण बराबर हों, तो वे जीवाएँ बराबर होती हैं।*
- *यदि दो बिंदुओं को मिलाने वाला रेखाखंड, उसको अंतर्विष्ट करने वाली रेखा के एक ओर स्थित दो अन्य बिंदुओं पर समान कोण अंतरित करे, तो चारों बिंदु एक वृत्त पर स्थित होते हैं (अर्थात् वे चक्रीय होते हैं)।*

परीक्षा अभ्यास

बहुविकल्पीय प्रश्न

1. किसी वृत्त का AD एक व्यास है और AB एक जीवा है। यदि $AD = 40$ सेमी तथा $AB = 32$ सेमी है, तो वृत्त के केंद्र से AB की दूरी है **[NCERT Exemplar]**

(a) 17 सेमी (b) 15 सेमी (c) 4 सेमी (d) 12 सेमी

2. निम्न आकृति में, यदि $OA = 5$ सेमी, $AB = 8$ सेमी तथा OD, जीवा AB पर लंब है, तो CD बराबर है **[NCERT Exemplar]**

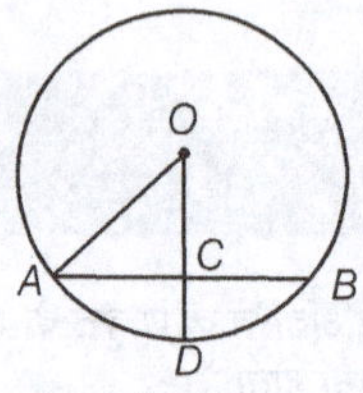

(a) 2 सेमी (b) 3 सेमी (c) 4 सेमी (d) 5 सेमी

3. निम्न आकृति में, यदि $OP = 10$ सेमी, $PQ = 16$ सेमी तथा OS, जीवा PQ पर लम्ब है, तो RS बराबर है

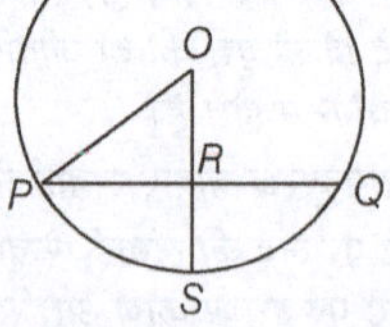

(a) 2 सेमी (b) 3 सेमी (c) 4 सेमी (d) 5 सेमी

4. निम्न आकृति में, यदि $OA = 17$ सेमी तथा $CD = 2$ सेमी, तब AC बराबर है

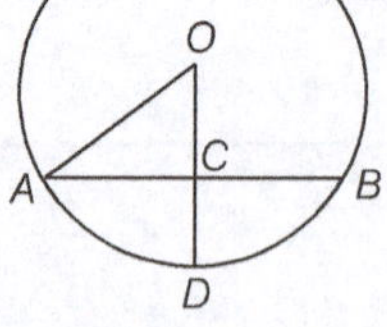

(a) 8 सेमी (b) 16 सेमी
(c) 24 सेमी (d) 36 सेमी

5. निम्नलिखित में से कौन-सा कथन सत्य है?

(a) केंद्र को वृत्त पर किसी बिंदु से मिलाने वाला रेखाखंड वृत्त की त्रिज्या होती है

(b) एक वृत्त में समान लंबाई की परिमित जीवाएँ होती हैं

(c) यदि एक वृत्त में तीन बराबर भागों में बाँट दिया जाए, तो प्रत्येक भाग दीर्घ चाप होता है

(d) त्रिज्यखंड, जीवा एवं संगत चाप के बीच का क्षेत्र होता है

6. दी गई आकृति में, यदि $\angle DAB = 60°$ तथा $\angle ABD = 50°$ है, तो $\angle ACB$ बराबर है **[NCERT Exemplar]**

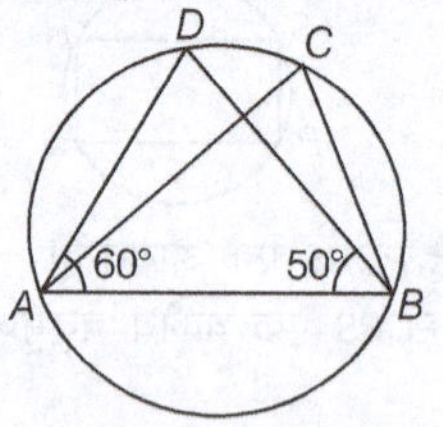

(a) 60° (b) 50° (c) 70° (d) 80°

7. निम्न चित्र में, यदि बिंदु O, वृत्त PQR का केंद्र है तथा $\angle POR$ की माप 140° है, तो $\angle PQR$ की माप होगी **[NCERT Exemplar]**

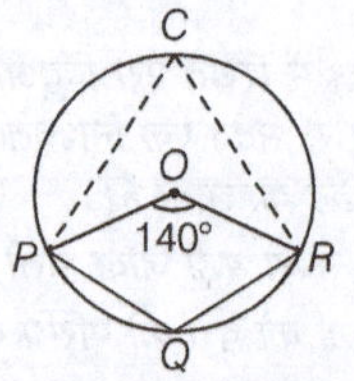

(a) 230° (b) 130° (c) 110° (d) 65°

8. निम्न चित्र में, $ABCD$ एक चक्रीय चतुर्भुज है, जिसकी भुजा DC को बिंदु E तक बढ़ाया गया है। यदि $\angle BAD = 70°$ हो, तो $\angle BCE$ की माप होगी **[NCERT Exemplar]**

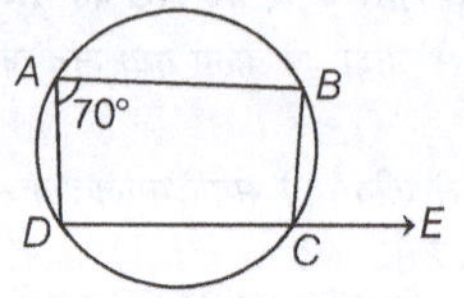

(a) 60° (b) 100° (c) 70° (d) 40°

9. दी गई आकृति में, $\angle ABC = 120°$ है जहाँ A, B तथा C केन्द्र O वाले एक वृत्त पर स्थित बिन्दु हैं, $\angle OAC$ का मान है

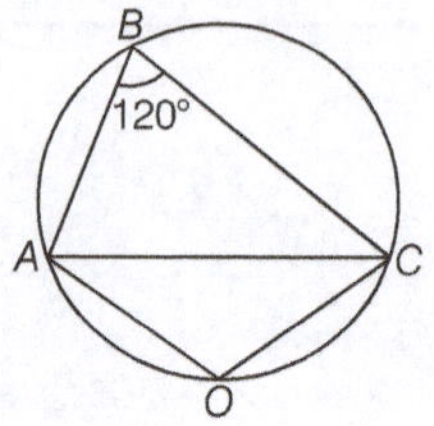

(a) 10° (b) 20° (c) 30° (d) 40°

10. $PQRS$ एक चक्रीय चतुर्भुज है जिसके विकर्ण एक बिन्दु O पर प्रतिच्छेद करते हैं यदि $\angle SQR = 50°$ और $\angle QPR = 60°$ हो, तो $\angle ORQ$ का मान है

(a) 10° (b) 30° (c) 20° (d) 40°

कथन-कारण प्रश्न

निर्देश (प्र.सं. 11-15) में एक कथन (A) तथा उसके नीचे कथन का कारण (R) दिया गया है। इन्हें ध्यानपूर्वक पढ़िए और इनके आधार पर निम्नलिखित में से उचित उत्तर का चयन कीजिए।

(a) कथन (A) और कारण (R) दोनों सत्य हैं तथा कारण (R) कथन (A) की सही व्याख्या है।

(b) कथन (A) और कारण (R) दोनों सत्य हैं, परन्तु कारण (R) कथन (A) की सही व्याख्या नहीं है।

(c) यदि कथन (A) सही है, परन्तु कारण (R) गलत है।

(d) यदि कथन (A) गलत है, परन्तु कारण (R) सही है।

11. कथन (A) जीवा की लम्बाई जो 10 सेमी त्रिज्या के वृत्त के केन्द्र से 5 सेमी दूरी पर है, 17.32 सेमी है।

कारण (R) वृत्त के केन्द्र से जीवा पर डाला गया लम्ब जीवा को समद्विभाजित करता है।

12. कथन (A) एक वृत्त के दो व्यास परस्पर समकोण पर प्रतिच्छेद करते हैं। तब, इनके अन्त: बिन्दुओं को मिलाने पर बना चतुर्भुज एक आयत होता है।

कारण (R) अर्द्धवृत्त में बना कोण समकोण होता है।

13. कथन (A) $ABCD$ एक चक्रीय चतुर्भुज है। AB तथा DC को बढ़ाने पर E पर मिलती है। तब, $\angle ECB = \angle EDA$

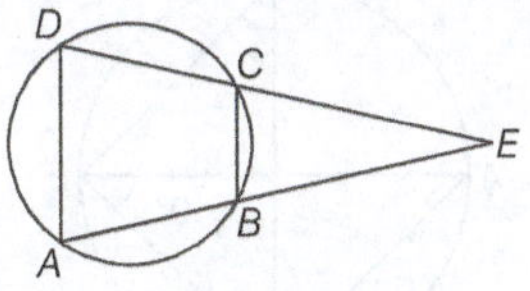

कारण (R) चक्रीय चतुर्भुज में बाह्य कोण सम्मुख अन्त: कोण के बराबर होता है।

14. कथन (A) दी गई आकृति में, $\angle ACB = 40°$ है, तब $\angle OAB = 40°$ है।

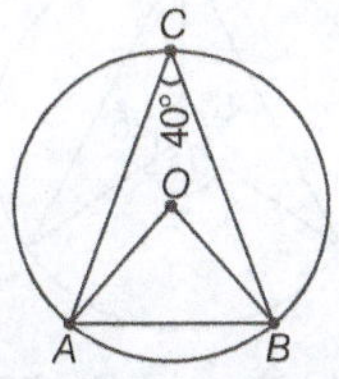

कारण (R) वृत्त के चाप द्वारा केन्द्र पर बना कोण परिधि पर उस चाप द्वारा बने कोण का दो गुना होता है।

15. कथन (A) दी गई आकृति में, $\angle APB = 90°$ जबकि AB वृत्त का व्यास है।

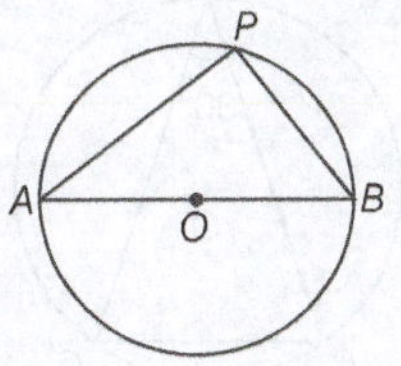

कारण (R) अर्द्धवृत्त में बना कोण समकोण होता है।

अतिलघु उत्तरीय प्रश्न

16. दी गई आकृति में, AOC वृत्त का व्यास तथा चाप $AXB = \frac{1}{2}$ चाप BYC है, तब $\angle BOC$ का मान ज्ञात कीजिए। **[NCERT Exemplar]**

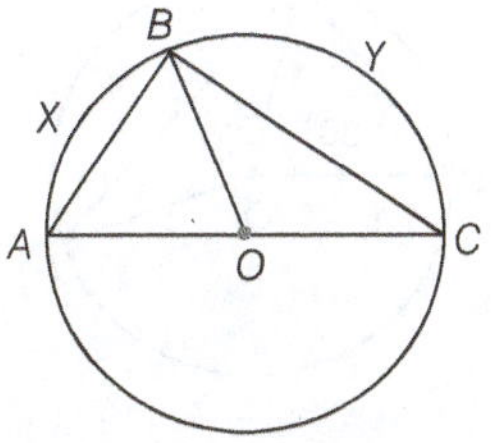

17. दी गई आकृति में, यदि $\angle DAB = 60°$ तथा $\angle ABD = 50°$ है, तब $\angle ACB$ का मान ज्ञात कीजिए। **[NCERT Exemplar]**

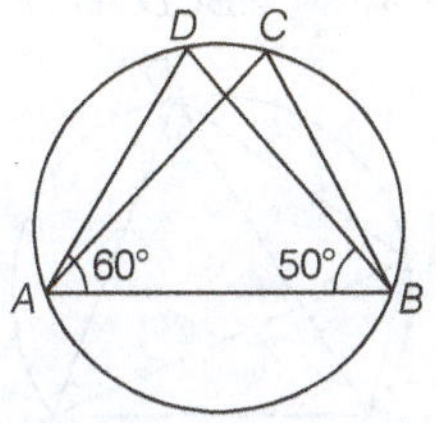

18. दी गई आकृति में, यदि $\angle POQ = 80°$ है, तब $\angle PAQ$ और $\angle PCQ$ का मान ज्ञात कीजिए।

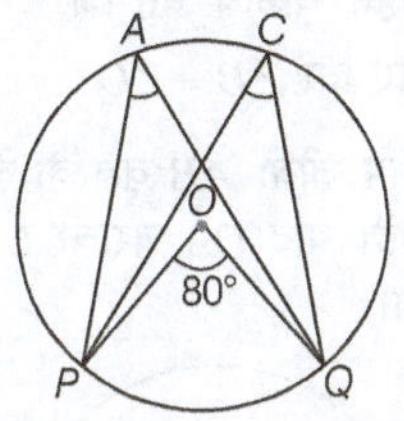

19. दी गई आकृति में, यदि वृत्त की जीवाएँ AB और CD एक-दूसरे को समकोण पर प्रतिच्छेद करती हैं, तब $x + y$ का मान ज्ञात कीजिए।

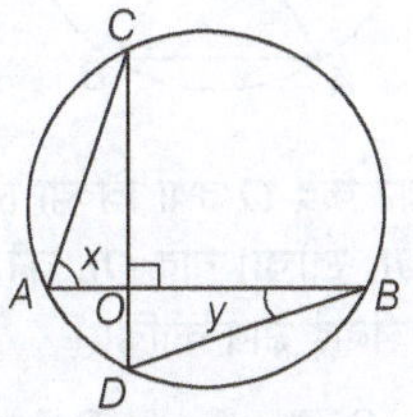

20. दी गई आकृति में, O वृत्त का केंद्र तथा $\angle BDC = 42°$ है, तब $\angle ACB$ का मान ज्ञात कीजिए।

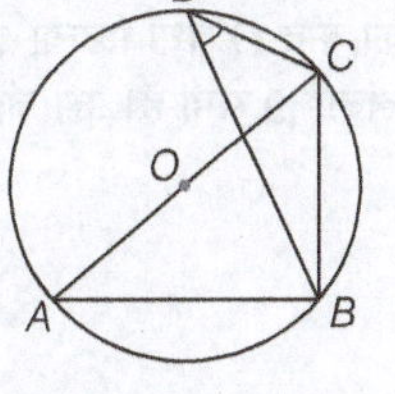

21. दी गई आकृति में, वृत्त पर तीन बिंदु A, B और C इस प्रकार स्थित हैं कि केंद्र O पर जीवाओं AB तथा AC द्वारा अंतरित कोण क्रमशः 80° और 120° हैं, तब $\angle BAC$ का मान ज्ञात कीजिए।

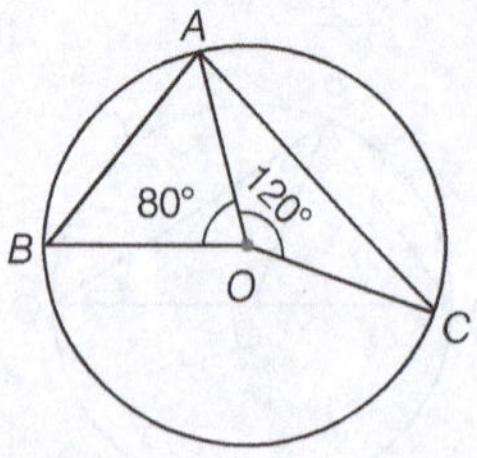

22. दी गई आकृति में, $ABCD$ एक चक्रीय चतुर्भुज है। जिसमें AC तथा BD इसके विकर्ण हैं यदि $\angle DBC = 60^\circ$ तथा $\angle BAC = 30^\circ$ है, तब $\angle BCD$ का मान ज्ञात कीजिए।

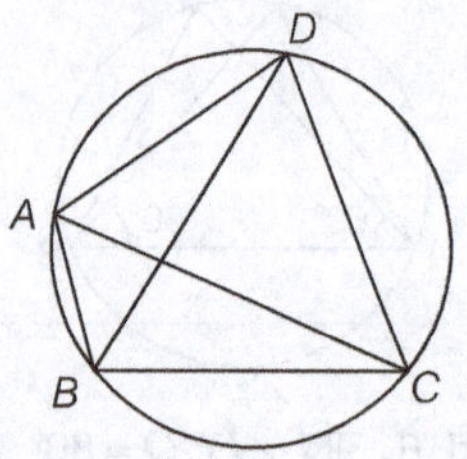

23. यदि $ABCD$ एक चक्रीय चतुर्भुज है जिसमें $AD \parallel BC$ है, तब सिद्ध कीजिए कि $\angle B = \angle C$

24. दी गई आकृति में जीवा AB वृत्त के केंद्र पर 60° का कोण अंतरित करती है। यदि OA बराबर 5 सेमी है, तब AB की लंबाई ज्ञात करो।

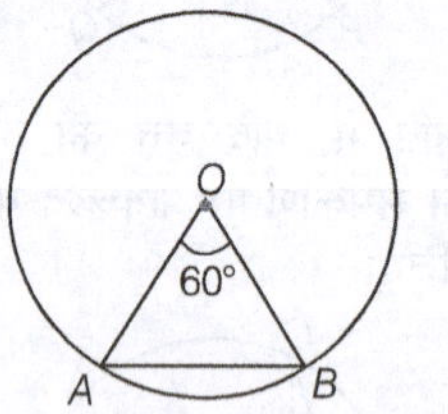

25. एक वृत्त जिसका केंद्र O तथा त्रिज्या 5 सेमी है जिससे जीवा AB पर लंब OL खींचा। यदि OL की लंबाई 3 सेमी है, तब जीवा AB की लंबाई ज्ञात कीजिए।

26. दो सकेंद्रीय वृत्त जिसका केंद्र O दिया गया है। एक रेखा वृत्तों को क्रमशः A, B, C तथा D पर काटती हैं यदि $AB = 10$ सेमी है, तो CD की लंबाई ज्ञात कीजिए।

27. एक वृत्त जिसका केंद्र O तथा त्रिज्या 7.5 सेमी है इस वृत्त की एक जीवा की लंबाई 9 सेमी है। इस जीवा की केंद्र से दूरी ज्ञात कीजिए।

28. दी गई आकृति में, यदि AOB वृत्त का व्यास है तथा $AC = BC$, तो $\angle CAB$ का मान ज्ञात कीजिए।

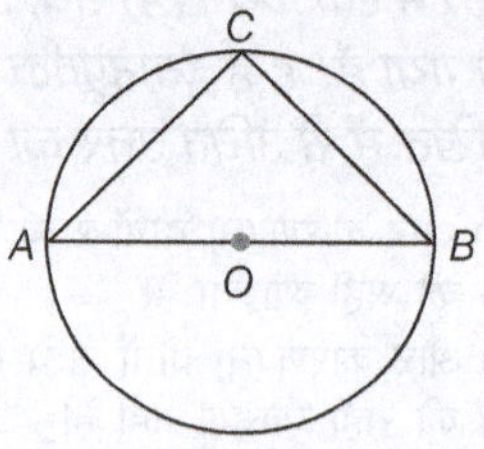

29. दी गई आकृति में, एक वृत्त जिसका केंद्र O तथा $\angle PQR = 100^\circ$, जहाँ P, Q, R वृत्त पर स्थित बिंदु है, तो परिवृत्त $\angle POR$ का मान ज्ञात करो।

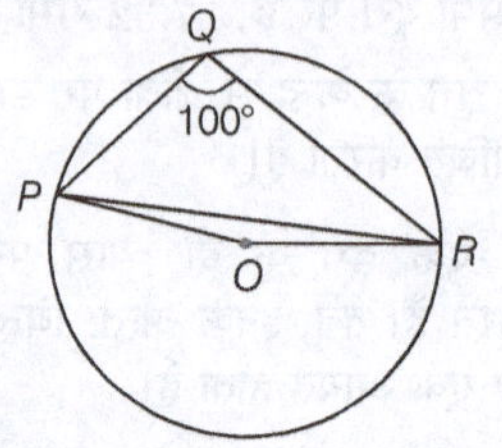

30. एक वृत्त जिसका केंद्र O है, तो दी गई आकृति में x का मान ज्ञात करो।

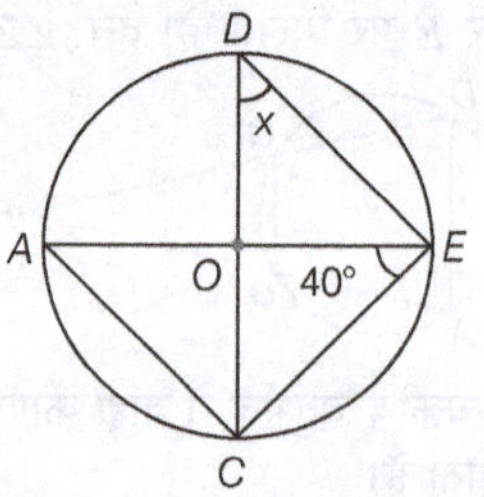

31. निम्न आकृति में O वृत्त का केंद्र है, तो x का मान ज्ञात कीजिए।

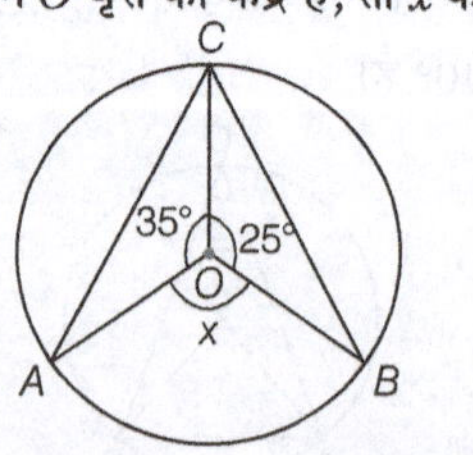

32. दी गई आकृति में, ABC एक त्रिभुज है जिसका $\angle BAC = 30^\circ$ है। सिद्ध कीजिए कि BC की लंबाई त्रिभुज ABC के परिवृत्त की त्रिज्या के बराबर है, जहाँ O वृत्त का केंद्र है।

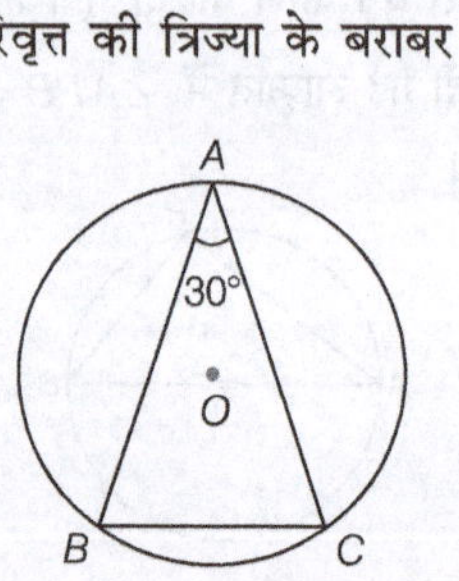

33. निम्न आकृति में, BC वृत्त का व्यास है तथा $\angle BAO = 60°$, तो $\angle ADC$ का मान ज्ञात करो। **[NCERT Exemplar]**

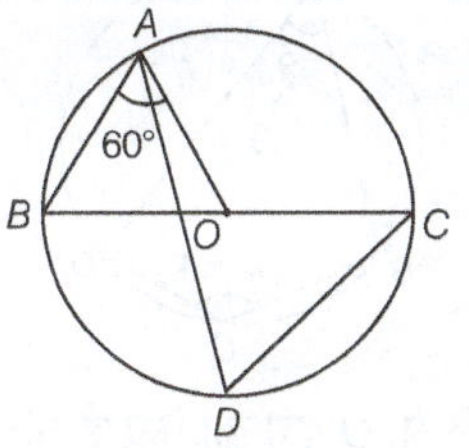

34. यदि $AB = 12$ सेमी, $BC = 16$ सेमी तथा AB, BC पर लंबवत् है, तो बिंदु A, B, C से गुजरने वाले वृत्त की त्रिज्या ज्ञात कीजिए। **[NCERT Exemplar]**

लघु उत्तरीय प्रश्न

35. दी गई आकृति में, यदि $OA = 5$ सेमी, $AB = 8$ सेमी तथा OD, AB पर लंब है, तब CD की लंबाई ज्ञात कीजिए। **[NCERT Exemplar]**

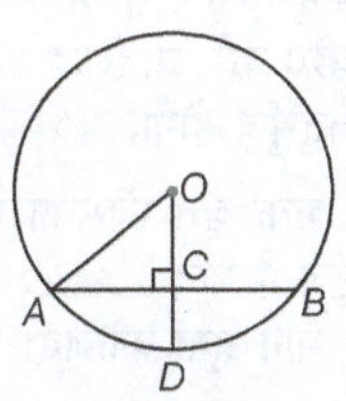

36. सिद्ध कीजिए कि वृत्त की जीवा का समकोणीय समद्विभाजक वृत्त के संगत चाप को भी समद्विभाजित करता है।

37. यदि एक वृत्त $PXAQBY$ की एक जीवा AB का लंब समद्विभाजक वृत्त को P और Q बिंदुओं पर प्रतिच्छेद करता है, तो सिद्ध कीजिए कि $\widehat{PXA} \cong \widehat{PYB}$ है।

38. दी गई आकृति में, P वृत्त का केंद्र है तब सिद्ध कीजिए कि $\angle XPZ = 2(\angle XZY + \angle YXZ)$

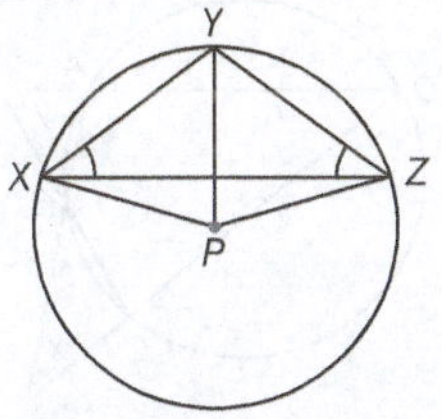

39. सिद्ध कीजिए कि दो समांतर जीवाओं के मध्य-बिंदुओं को मिलाने वाली रेखा केंद्र से होकर गुजरती है।

40. आकृति में, $ABCD$ एक चक्रीय चतुर्भुज तथा O वृत्त का केंद्र है यदि $\angle BOD = 160°$, है तब $\angle BPD$ का मान ज्ञात कीजिए।

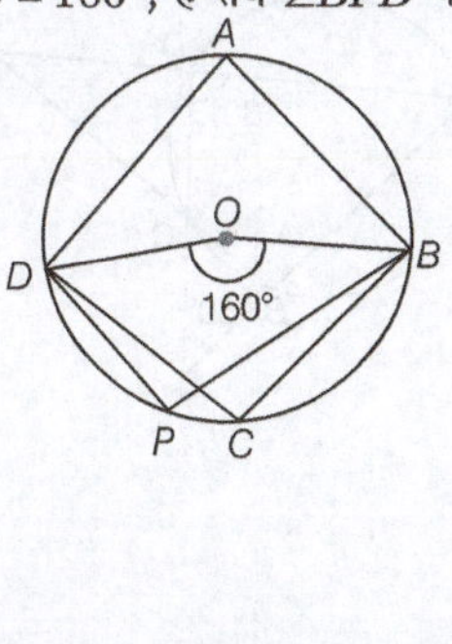

41. AB और AC वृत्त की दो बराबर जीवाएँ हैं, तब सिद्ध कीजिए कि $\angle BAC$ का समद्विभाजक वृत्त के केंद्र से होकर गुजरेगा।

42. यदि वृत्त की दो जीवाओं के मध्य-बिंदुओं को मिलाने वाली रेखा वृत्त के केंद्र से होकर गुजरती हैं, तब सिद्ध कीजिए कि जीवाएँ परस्पर समांतर हैं। **[NCERT Exemplar]**

43. जीवा ED, व्यास AC के समांतर है, तब $\angle CED$ का मान ज्ञात कीजिए।

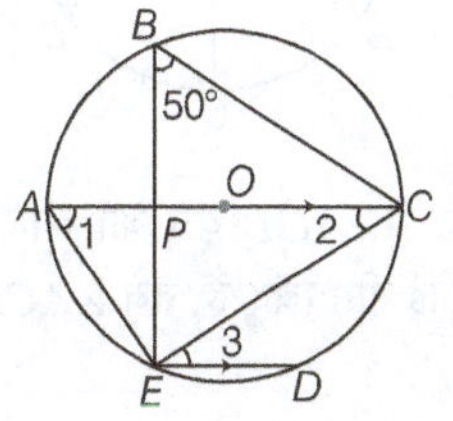

44. यदि O वृत्त का केंद्र है, तब दी गई आकृति में x का मान ज्ञात कीजिए।

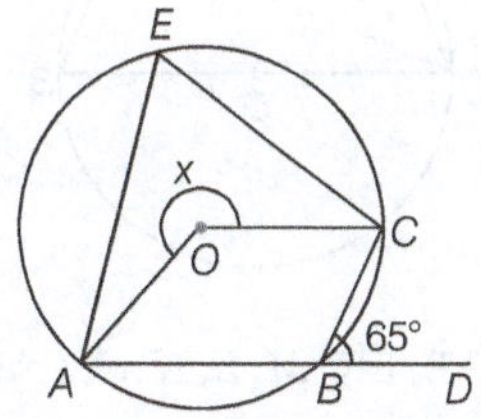

45. दी गई आकृति में, O वृत्त का केंद्र है, तब x का मान ज्ञात कीजिए।

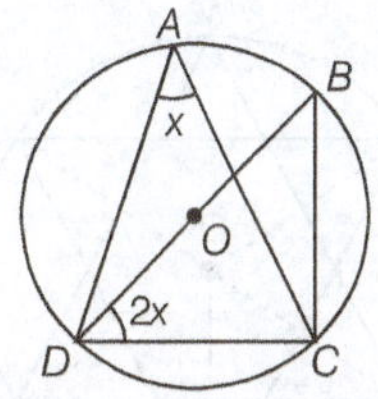

46. दी गई आकृति में, $\angle ADC = 130°$ तथा जीवा $BC = BE$ हैं, तब $\angle CBE$ का मान ज्ञात कीजिए। **[NCERT Exemplar]**

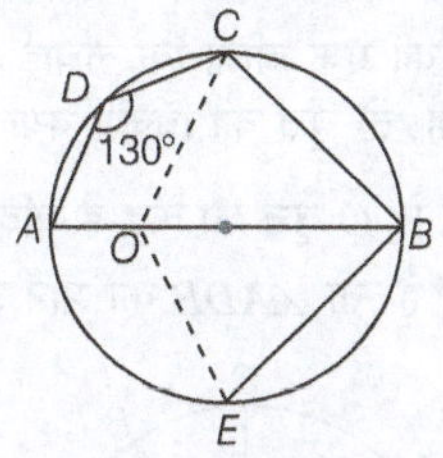

47. यदि BM और CN, ΔABC की भुजाओं AC और AB पर खींचे गए लंब हैं, तब सिद्ध कीजिए कि B, C, M और N चक्रीय है। **[NCERT Exemplar]**

48. यदि किसी चक्रीय चतुर्भुज की सम्मुख भुजाओं का एक युग्म बराबर है, तो सिद्ध कीजिए कि इसके विकर्ण भी बराबर हैं।

49. दी गई आकृति में, AC व्यास है। AB तथा AD बराबर जीवाएँ हैं। यदि $\angle AED = 110°$ है, तब $\angle BAD$ का मान ज्ञात कीजिए।

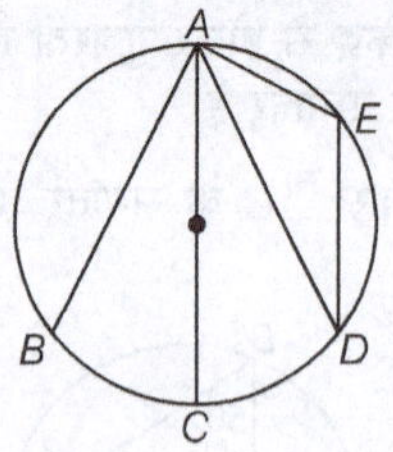

50. दी गई आकृति में, AOB वृत्त का व्यास तथा C, D और E अर्द्धवृत्त पर कोई तीन बिंदु हैं, तब $\angle ACD + \angle BED$ का मान ज्ञात कीजिए।

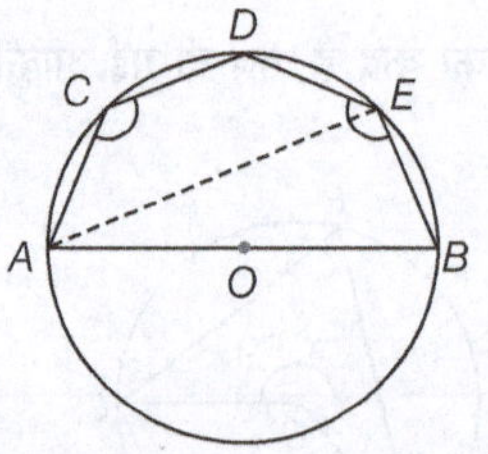

51. दी गई आकृति में, बिंदु M, R, N, S, P और Q चक्रीय हैं, तब $\angle PQR + \angle OPR + \angle NMS + \angle OSN$ का मान ज्ञात कीजिए, यदि O वृत्त का केंद्र है।

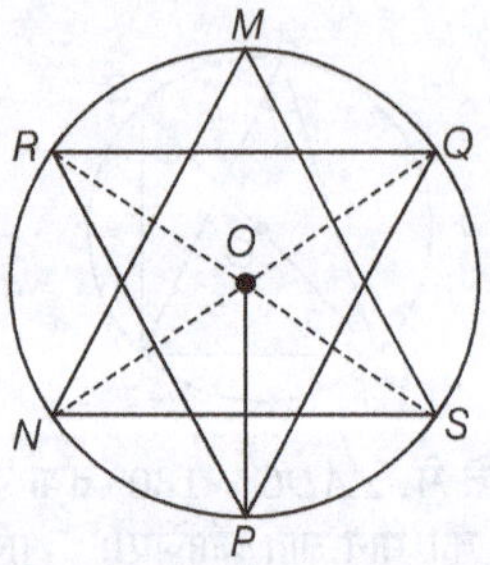

52. यदि एक वृत्त की एक जीवा कि लंबाई 16 सेमी तथा केंद्र से दूरी 15 सेमी है, तो वृत्त की त्रिज्या क्या होगी?

53. दी गई आकृति में, O वृत्त का केंद्र है यदि $\angle AOC = 50°$ तथा $\angle COB = 30°$ है, तो $\angle ADB$ का मान ज्ञात कीजिए।

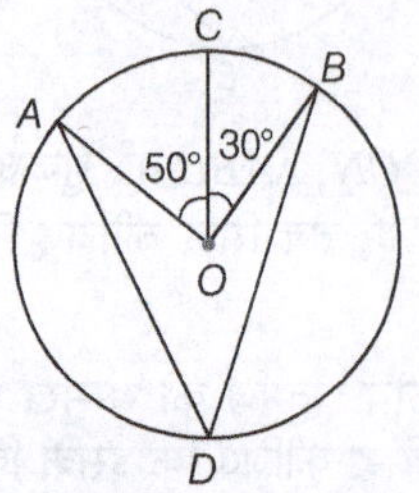

54. दी गई आकृति में, x का मान ज्ञात कीजिए।

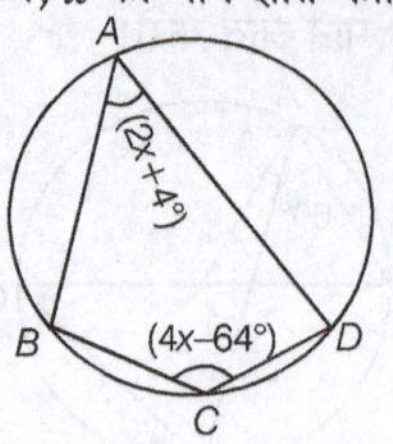

55. दी गई आकृति में, O वृत्त का केंद्र है यदि $\angle ADB = 30°$ और $\angle ABC = 40°$, तो $\angle CAB$ का मान ज्ञात कीजिए।

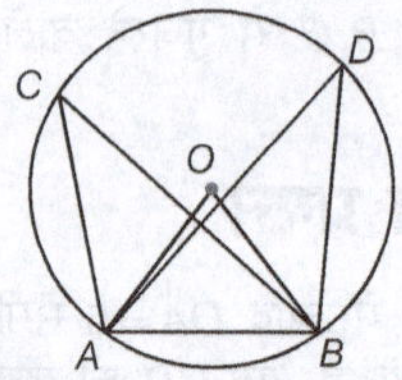

56. यदि एक समद्विबाहु त्रिभुज में आधार के समांतर रेखा समान भुजाओं को प्रतिच्छेद करे, तो सिद्ध कीजिए कि इस प्रकार बना चतुर्भुज चक्रीय चतुर्भुज होगा।

57. निम्न आकृति में, एक वृत्त जिसका केंद्र O है तथा $ABCE$ एक चक्रीय चतुर्भुज है यदि $\angle AEC = 110°$ है, तो $\angle ABC$ तथा $\angle ADC$ का मान ज्ञात कीजिए।

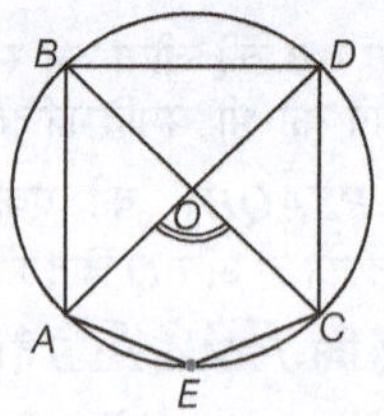

58. निम्न आकृति में, यदि $y = 3x$, तो x का मान ज्ञात कीजिए।

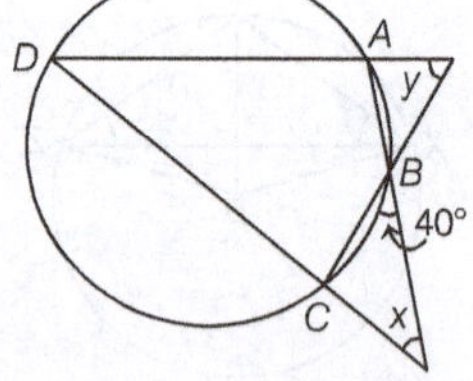

59. दी गई आकृति में, चक्रीय चतुर्भुज $ABCD$ में भुजा AB तथा DC को बढ़ाया जो E पर मिलती है। भुजा AD तथा BC को बढ़ाया जो F पर मिलती है यदि $\angle ADC = 80°$ तथा $\angle BEC = 50°$, तो $\angle DAB$ और $\angle CFD$ का मान ज्ञात करो।

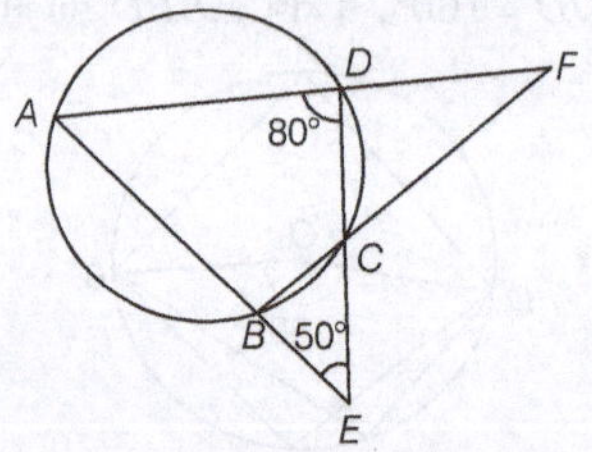

60. दी गई आकृति में, $ABCD$ एक चक्रीय चतुर्भुज है, जिसमें AC तथा BD विकर्ण है यदि $\angle DBC = 55°$ और $\angle BAC = 45°$ तो $\angle BCD$ का मान ज्ञात कीजिए।

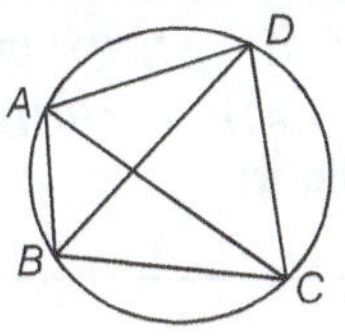

61. निम्न आकृति में, यदि O वृत्त का केंद्र है एवं $\angle ADC = 120°$ है, तो $\angle BAC$ का मान ज्ञात कीजिए।

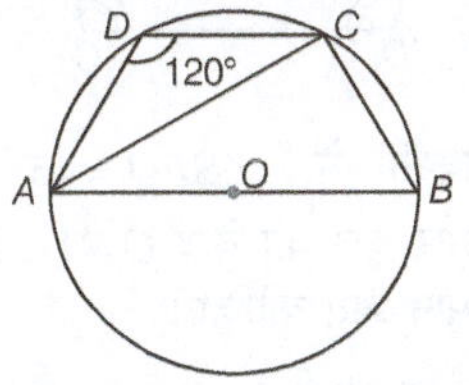

62. सिद्ध कीजिए कि वृत्त की दो बराबर जीवाओं के मध्य-बिंदुओं को मिलाने वाली रेखा जीवा के साथ बराबर कोण बनाती है।

63. ΔABC का परिकेंद्र O है तब सिद्ध कीजिए कि $\angle OBC + \angle BAC = 90°$

64. ΔABC का परिकेंद्र O है तथा D, आधार BC का मध्य बिंदु है, तब सिद्ध कीजिए कि $\angle BOD = \angle A$

65. $ABCD$ एक ऐसा चतुर्भुज है कि AB इस चतुर्भुज के परिगत वृत्त का एक व्यास है तथा $\angle ADC = 130°$ है, तब $\angle BAC$ ज्ञात कीजिए। **[NCERT Exemplar]**

66. दी गई आकृति में, O वृत्त का केंद्र, $BD = OD$ तथा $CD \perp AB$ है, तब $\angle CAB$ ज्ञात कीजिए।

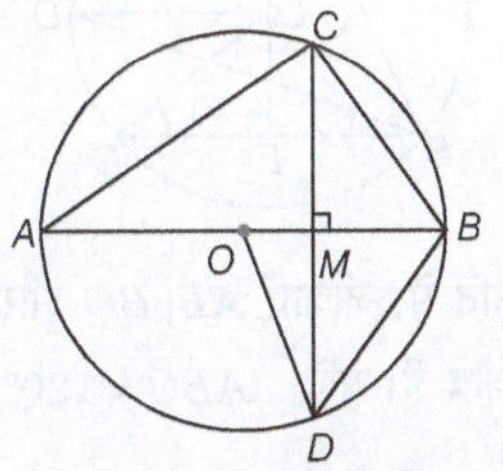

67. केंद्र O और O' वाले दो वृत्त बिंदुओं A और B पर प्रतिच्छेद करते हैं। A (या B) से होकर एक रेखा PQ रेखाखंड OO' के समांतर खींची जाती है, जो वृत्तों को P और Q पर प्रतिच्छेद करती है। सिद्ध कीजिए कि $PQ = 2OO'$ है।

68. एक वृत्त की त्रिज्या $\sqrt{2}$ सेमी है। 2 सेमी लंबाई वाली जीवा द्वारा यह वृत्त दो वृत्तखंडों में विभाजित किया जाता है। सिद्ध कीजिए कि इस जीवा द्वारा दीर्घ वृत्तखंड के किसी बिंदु पर बना कोण 45° है।

69. दी गई आकृति में, यदि $\frac{x}{3} = \frac{y}{4} = \frac{z}{5}$, तब x, y और z के मानों की गणना कीजिए।

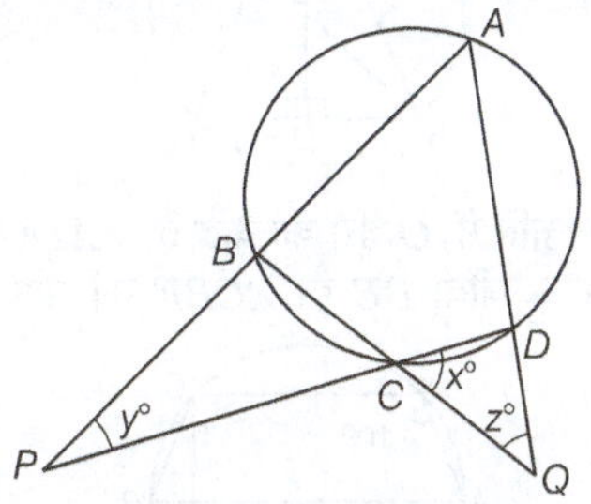

70. दो बराबर जीवाओं AB और CD को बढ़ाने पर एक-दूसरे को बिंदु P पर प्रतिच्छेद करती हैं, तब सिद्ध कीजिए कि $PB = PD$

71. सिद्ध कीजिए कि समद्विबाहु त्रिभुज कि बराबर भुजाओं में से किसी पर भी खींचा गया वृत्त व्यास अर्थात् आधार को समद्विभाजित करता है।

72. यदि एक समलंब चतुर्भुज की असमांतर भुजाएँ बराबर हों, तब सिद्ध कीजिए कि यह एक चक्रीय चतुर्भुज है।

73. दी गई आकृति में, O वृत्त का केंद्र तथा $\angle BCO = 30°$ है, तब x और y के मान ज्ञात कीजिए।

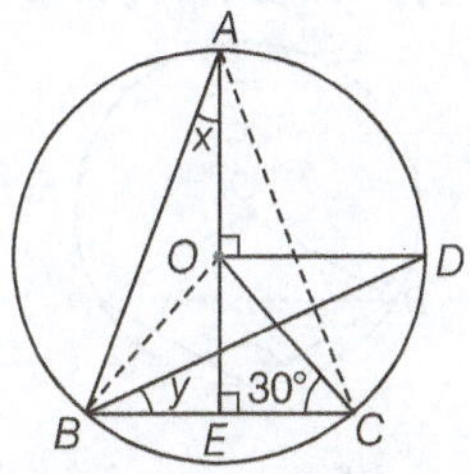

74. यदि एक चक्रीय चतुर्भुज $ABCD$ के सम्मुख कोणों के समद्विभाजक इस चतुर्भुज के परिगत वृत्त को P और Q बिंदुओं पर प्रतिच्छेद करते हैं, तो सिद्ध कीजिए कि PQ इस वृत्त का व्यास है।

75. सिद्ध कीजिए कि, यदि वृत्त की कोई दो जीवाएँ खींची जाती हैं तो वह जीवा जो केंद्र के निकट होगी, बड़ी होगी।

76. AB और AC त्रिज्या r वाले एक वृत्त की दो जीवाएँ इस प्रकार हैं कि $AB = 2AC$ है। यदि p और q क्रमशः केंद्र से AB और AC की दूरियाँ हैं, तो सिद्ध कीजिए कि $4q^2 = p^2 + 3r^2$ है। **[NCERT Exemplar]**

77. सिद्ध कीजिए कि समकोण त्रिभुज के कर्ण के मध्य-बिंदु इसके शीर्षों से समदूरस्थ होते हैं।

78. आकृति में, यदि O किसी ΔABC का परिकेंद्र है तथा $OD \perp BC$ है, तो सिद्ध कीजिए कि $\angle BOD = \angle A$ है।

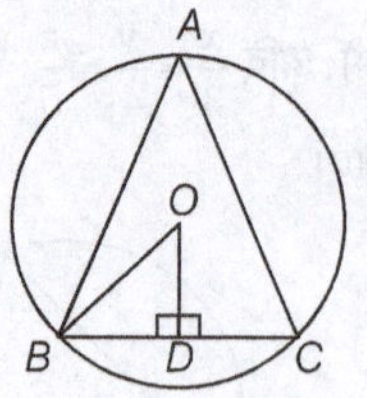

79. दी हुई आकृति में, O वृत्त का केंद्र है, $\angle ADC = 110°$ है तथा जीवा BC = जीवा BE है। $\angle CBE$ की माप ज्ञात कीजिए।

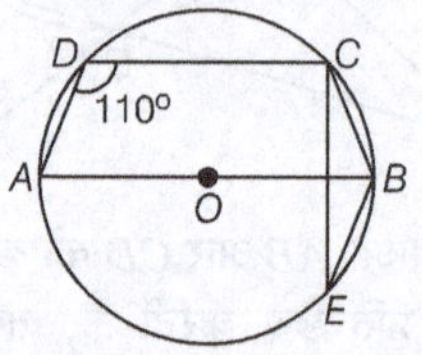

80. दी हुई आकृति में, O वृत्त का केंद्र है तथा $\angle AOB = 110°$ है। x, y और z के मान ज्ञात कीजिए।

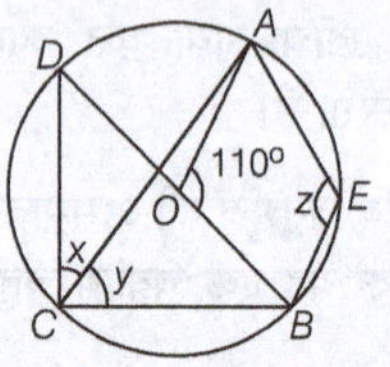

81. दी गई आकृति में, O वृत्त का केंद्र है। यदि $\angle BAC = x$ और $\angle OBC = y$ है, तो सिद्ध कीजिए कि $x - y = 90°$ है।

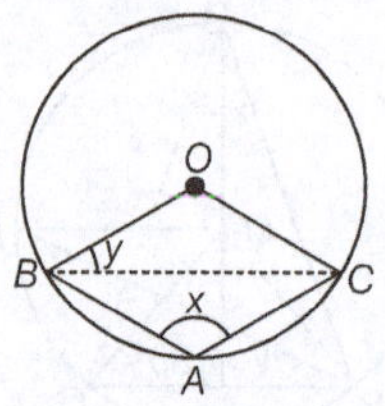

82. किसी समांतर चतुर्भुज $ABCD$ के शीर्षों A, B और C से होकर जाने वाला वृत्त भुजा CD को बिंदु P पर प्रतिच्छेद करता है, जैसा कि आकृति में दर्शाया गया है। सिद्ध कीजिए कि $\angle APD = \angle ADP$ है।

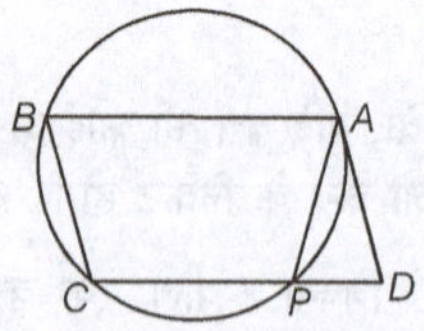

83. दी हुई आकृति में, यदि O वृत्त का केंद्र है, $BD = OD$ और $CD \perp AB$ है, तो $\angle CAB$ और $\angle BCD$ के मान ज्ञात कीजिए।

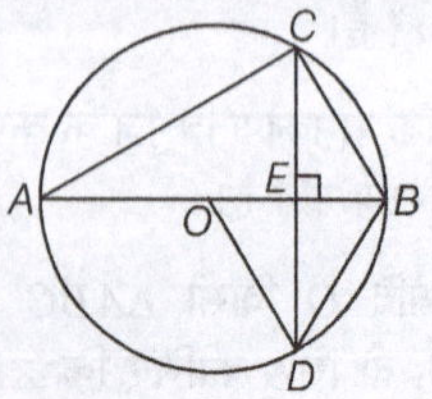

84. $ABCD$ एक चक्रीय चतुर्भुज इस प्रकार है कि $\angle B = 5\angle D$ है तथा $\angle C = 3\angle A$ है। इस चतुर्भुज के प्रत्येक कोण की माप ज्ञात कीजिए।

85. दी हुई आकृति में, $ABCD$ एक चतुर्भुज है, जिसमें $AD = BC$ और $\angle ADC = \angle BCD$ है। दर्शाइए कि A, B, C और D एक वृत्तीय है।

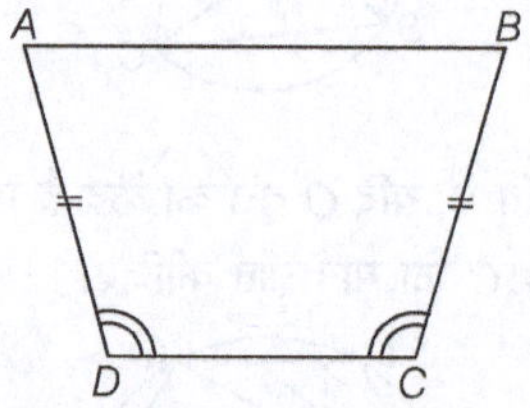

86. दी हुई आकृति में, $\angle SPQ = 45°$, $\angle POT = 150°$, $PS \parallel TU$ और वृत्त का केंद्र O है। $\angle RQT$, $\angle RTQ$ और $\angle PUT$ के मान ज्ञात कीजिए।

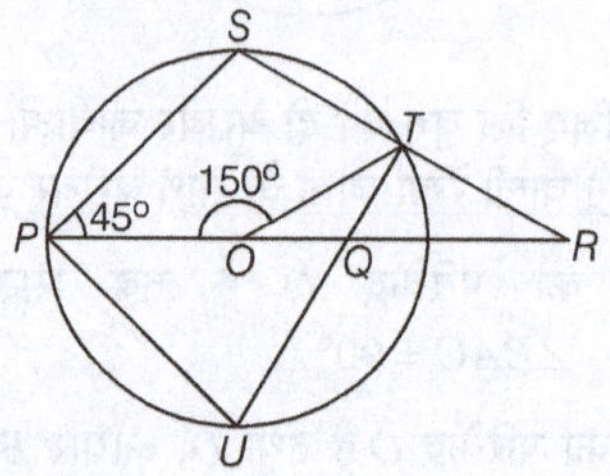

87. दी हुई आकृति में, O वृत्त का केंद्र है तथा $\angle BCO = 40°$ है। यदि बिंदु O पर रेखा CE तब AE पर लंब है, तब x, y और z के मान ज्ञात कीजिए।

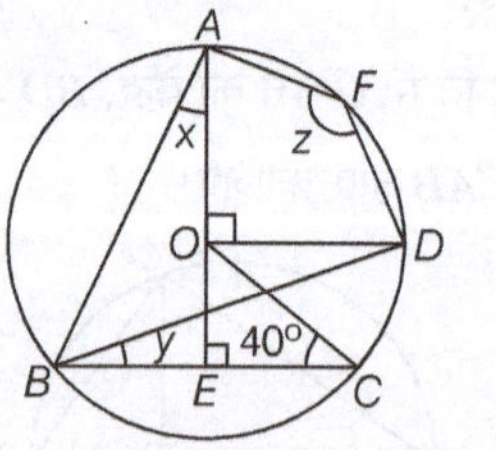

88. दी हुई आकृति में, जीवाएँ AB, BC और CD बराबर हैं तथा O वृत्त का केंद्र है। यदि $\angle ABC = 120°$ है, तो निम्न के मान ज्ञात कीजिए

(i) $\angle BAC$ (ii) $\angle BEC$
(iii) $\angle COD$ (iv) $\angle BOD$

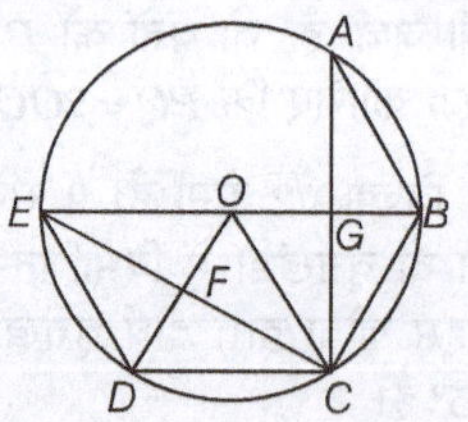

केस स्टडी आधारित प्रश्न

89. भारत सरकार विकलांग व्यक्तियों को आत्मनिर्भर बनाने के लिए निरन्तर प्रयत्नशील है। इसी क्रम में तीन विकलांग व्यक्तियों को A, B तथा C स्थितियों पर तीन STD बूथ खुलवाए गए हैं जैसा कि चित्र में दर्शाया गया है। चित्र में दर्शाए अनुसार तीनों STD बूथ परस्पर बराबर दूरी पर हैं।

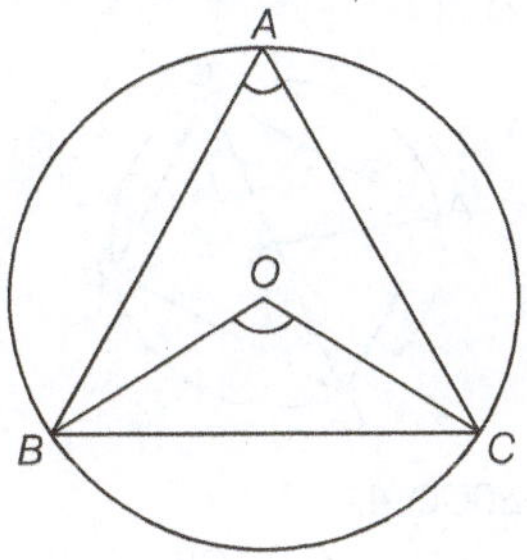

उपरोक्त सूचना के आधार पर, निम्नलिखित प्रश्नों के उत्तर दीजिए।

(i) दी गई आकृति में किस प्रकार का त्रिभुज है?
(a) समबाहु त्रिभुज (b) समद्विबाहु त्रिभुज
(c) समकोण त्रिभुज (d) विषमकोण त्रिभुज

(ii) $\angle ABC$ की माप है
(a) 45° (b) 60°
(c) 30° (d) 90°

(iii) यदि $AB = 6$ सेमी है, तब $BC + CA$ का मान है
(a) 10 सेमी (b) 12 सेमी
(c) 14 सेमी (d) 16 सेमी

(iv) $\angle BOC$ की माप है
(a) 90° (b) 100° (c) 120° (d) 50°

(v) $(\angle OBC + \angle OCB)$ की माप है
(a) 60° (b) 30° (c) 45° (d) 90°

संकेत एवं हल

1. (d) सर्वप्रथम, केंद्र O से, $OL \perp AB$ खींचते हैं।
चूँकि एक वृत्त के केंद्र से एक जीवा पर डाला गया लंब जीवा को समद्विभाजित करता है।

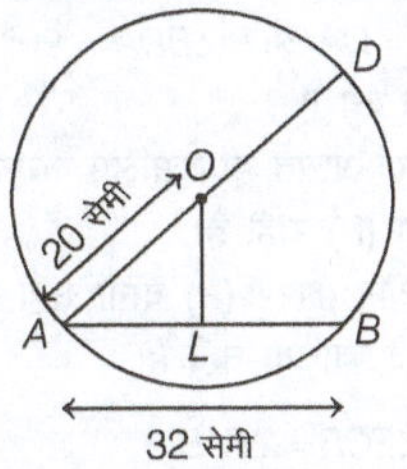

$\therefore AL = LB = \frac{1}{2} AB = 16$ सेमी

समकोण ΔOLA में, $OA^2 = OL^2 + AL^2$ [पाइथागोरस प्रमेय से]

$\Rightarrow \quad (20)^2 = OL^2 + (16)^2$

$\left[\because AD = 40 \text{ सेमी} \therefore OA = \frac{AD}{2} = 20 \text{सेमी}\right]$

$\Rightarrow \quad 400 = OL^2 + 256$

$\Rightarrow \quad OL^2 = 400 - 256 = 144$

$\therefore \quad OL = \sqrt{144} = 12$

अतः केंद्र से जीवा की दूरी 12 सेमी है।

2. (a) दिया है, $OA = 5$ सेमी तथा $AB = 8$ सेमी
वृत्त के केंद्र से जीवा पर डाला गया लंब जीवा को समद्विभाजित करता है।

$\therefore \quad AC = \frac{AB}{2} = \frac{8}{2} = 4$ सेमी

अब, समकोण ΔOCA में,

$OC^2 = OA^2 - AC^2 = 25 - 16 = 9 \Rightarrow OC = 3$

$\therefore \quad CD = OD - OC = 5 - 3 = 2$ सेमी

3. (c) दिया है, $OP = 10$ सेमी तथा $PQ = 16$ सेमी
वृत्त के केन्द्र से जीवा पर डाला गया लम्ब जीवा को समद्विभाजित करता है।

$\therefore \quad PR = \frac{PQ}{2} = \frac{16}{2} = 8$ सेमी

अब, समकोण ΔORP में,

$OR^2 = OP^2 - PR^2$

$= 10^2 - 8^2$

$= 100 - 64 = 36$

$OR = 6$ सेमी

$\therefore \quad RS = 10 - 6 = 4$ सेमी

4. (a) दिया है, $OA = 17$ सेमी तथा $CD = 2$ सेमी

$\therefore \quad OC = 17 - 2 = 15$ सेमी

अतः समकोण ΔOCA में,

$OA^2 = OC^2 + AC^2$

$\Rightarrow \quad AC^2 = 17^2 - 15^2$

$= 289 - 225 = 64$

$\Rightarrow \quad AC = 8$ सेमी

5. (a) सत्य, क्योंकि वृत्त के केंद्र तथा वृत्त पर स्थित प्रत्येक बिंदु की दूरी स्थिर होती है, जो त्रिज्या के बराबर होती है।
यहाँ, (b), (c) और (d) कथन असत्य हैं।

6. (c) $\because \angle ADB = \angle ACB$ [$\because$ एक ही वृत्तखंड के कोण हैं]...(i)

ΔABD में, $\angle A + \angle D + \angle B = 180°$

[$\because$ त्रिभुज के अंतः कोणों का योग = 180°]

$\therefore \quad 60° + \angle D + 50° = 180°$

$\Rightarrow \quad \angle D = 180° - 110° = 70°$

समी (i) से, $\angle ACB = 70°$

7. (c) चित्र में, $\angle POR = 140°$ [दिया है]

$\therefore \quad \angle PCR = \frac{1}{2}\angle POR = \frac{1}{2} \times 140° = 70°$

$\because$ $PQRC$ एक चक्रीय चतुर्भुज है।

$\therefore \quad \angle PCR + \angle PQR = 180°$

$\Rightarrow \quad 70° + \angle PQR = 180°$

$\Rightarrow \quad \angle PQR = 180° - 70° = 110°$

8. (c) चित्र में, $ABCD$ एक चक्रीय चतुर्भुज है।

$\therefore \quad \angle DCB + \angle BAD = 180°$

$\Rightarrow \quad \angle DCB + 70° = 180°$ [$\because \angle BAD = 70°$, दिया है]

$\Rightarrow \quad \angle DCB = 180° - 70° = 110°$

$\therefore \quad \angle BCE = 180° - \angle DCB = 180° - 110° = 70°$

[रैखिक युग्म कोण]

9. (c) $\because$ प्रतिवर्ती $AOC = 2\angle ABC = 2 \times 120° = 240°$

चूँकि ΔAOC में,

$\angle AOC = 360° - 240° = 120°$ ...(i)

पुनः ΔOAC में,

$OA = OC$ [$\because$ वृत्त की त्रिज्या]

$\therefore \quad \angle OAC = \angle OCA$

ΔAOC में,

$\angle OAC + \angle OCA + \angle AOC = 180°$

$\Rightarrow \quad 2\angle OAC = 180° - 120° = 60°$

$\Rightarrow \quad \angle OAC = 30°$

10. (a) चूँकि एक वृत्तखण्ड में बने कोण बराबर होते हैं

$\because \quad \angle QSR = \angle QPR$

$\therefore \quad \angle QSR = 60°$

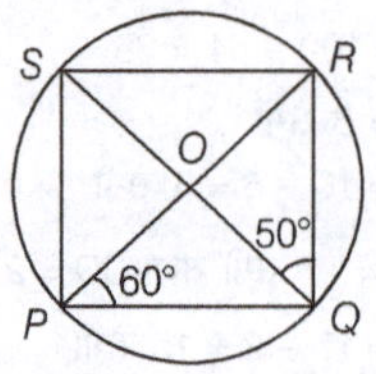

ΔQRS में,

$\angle QSR + \angle SQR + \angle QRS = 180°$

$\Rightarrow \quad 60° + 50° + \angle QRS = 180°$

$\Rightarrow \quad \angle QRS = 180° - 110° = 70°$

$\because PQ = QR$ तब $\angle QRP = \angle QPR = 60°$

अब, $\angle ORQ = \angle QRS - \angle QRP = 70° - 60° = 10°$

11. (a) **कथन** (A) माना PQ एक जीवा है तथा O वृत्त का केन्द्र है।

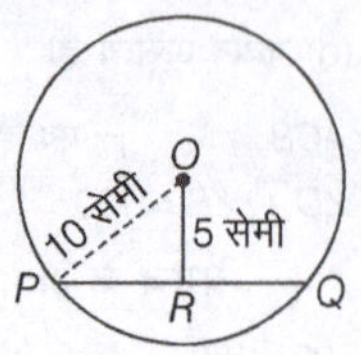

$OP = 10$ सेमी, $OR = 5$ सेमी

समकोण ΔORP में,

$PR = \sqrt{(OP)^2 - (OR)^2}$

$= \sqrt{100 - 25} = \sqrt{75} = 8.66$ सेमी

$\therefore$ जीवा की लम्बाई, $PQ = 2 \times PR = 2 \times 8.66 = 17.32$ सेमी

इसलिए, कथन (A) सही है।

कारण (R) कारण (R) सही है।

अतः कथन (A) और कारण (R) दोनों सही हैं तथा कारण (R) कथन (A) की सही व्याख्या है।

12. (b) **कथन** (A) माना AB और CD एक वृत्त के दो लम्बवत् व्यास हैं जिसका केन्द्र O है।

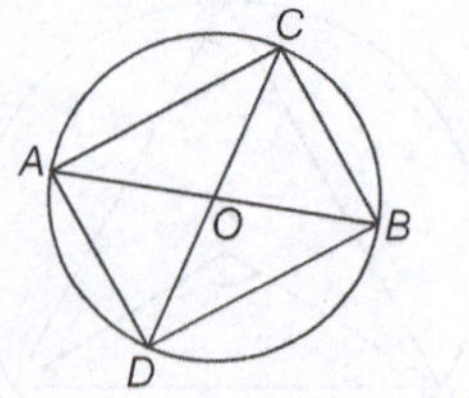

ΔAOC और ΔBOC में,

$OA = OB$ [वृत्त की त्रिज्याएँ]

$\angle AOC = \angle BOC$ [प्रत्येक 90°]

तथा $OC = OC$ [उभयनिष्ठ]

$\therefore \quad \Delta AOC \cong \Delta BOC$

तब, $AC = BC$

साथ ही, $\angle ACB = 90°$

इसी प्रकार, $BC = BD$ और $\angle CBD = 90°$

$DB = DA$ और $\angle BDA = 90°$

अतः $ACBD$ एक वर्ग है

अर्थात् $ACBD$ एक आयत है। इसलिए कथन (A) सही है।

कारण (R) कारण (R) सही है।

अतः कथन (A) और कारण (R) दोनों सही हैं तथा कारण (R) कथन (A) की सही व्याख्या नहीं है।

13. (d) **कथन** (A) $\angle ECB = \angle EAD$

इसलिए, कथन (A) गलत है।

कारण (R) कारण (R) सही है।

अतः कथन (A) गलत है, परन्तु कारण (R) सही है।

14. (d) **कथन** (A) दी गई आकृति में, $\angle ACB = 40°$

$\therefore \quad \angle AOB = 2 \times 40°$

[केन्द्र पर बना कोण परिधि पर बने कोण का दो गुना होता है]

$= 80°$

ΔAOB में, $OA = OB$

$\therefore \quad \angle OAB = \angle OBA = \frac{180° - 80°}{2} = 50°$

इसलिए, कथन (A) गलत है।

कारण (R) कारण (R) सही है।

अतः कथन (A) गलत है परन्तु कारण (R) सही है।

15. (a) **कथन** (A) $\angle APB = 90°$ क्योंकि अर्द्धवृत्त में बना कोण समकोण होता है।

इसलिए, कथन (A) सही है।

कारण (R) कारण (R) सही है।

अतः कथन (A) और कारण (R) दोनों सही हैं तथा कारण (R) कथन (A) की सही व्याख्या है।

16. **संकेत** ∵ चाप $AXB = \frac{1}{2} \times$ चाप BYC

∴ $\angle AOB = \frac{1}{2} \times \angle BOC$ ...(i)

साथ ही, $\angle AOB + \angle BOC = 180^\circ$ [रैखिक युग्म अभिगृहीत]

⇒ $\frac{1}{2}\angle BOC + \angle BOC = 180^\circ$ [समी (i) से]

⇒ $\frac{3}{2}\angle BOC = 180^\circ \Rightarrow \angle BOC = 180^\circ \times \frac{2}{3}$

∴ $\angle BOC = 120^\circ$

17. NCERT फोल्डर प्रश्नावली 9.3 के प्रश्न 4 की भाँति स्वयं हल करें।
उत्तर 70°

18. **संकेत** ∵ $\angle POQ = 2\angle PAQ \Rightarrow \angle PAQ = \frac{1}{2}\angle POQ = 40^\circ$

एक चाप द्वारा केंद्र पर अंतरित कोण वृत्त के शेष भाग के किसी बिंदु पर अंतरित कोण का दोगुना होता है।

∴ $\angle PAQ = \angle PCQ = 40^\circ$

[एक ही वृत्तखंड में बने कोण बराबर होते हैं]

19. **संकेत** ΔDOB में, $\angle DOB + \angle ODB + \angle OBD = 180^\circ$

⇒ $x + 90^\circ + y = 180^\circ$

⇒ $x + y = 90^\circ$

20. **संकेत** ΔABC में,

$\angle ABC + \angle BAC + \angle ACB = 180^\circ$

⇒ $90^\circ + 42^\circ + \angle ACB = 180^\circ$

उत्तर 48°

21. **संकेत** ∵ $\angle BAC = \frac{1}{2}\angle BOC$

अब, $\angle BOC = 360^\circ - (\angle AOB + \angle AOC)$

$= 360^\circ - (120^\circ + 80^\circ) = 160^\circ$

∴ $\angle BAC = \frac{1}{2}(\angle BOC) = 80^\circ$

22. $\angle BCD = 90^\circ$

23. **संकेत** दिया हुआ $ABCD$ एक चक्रीय चतुर्भुज है तथा $AD \parallel BC$

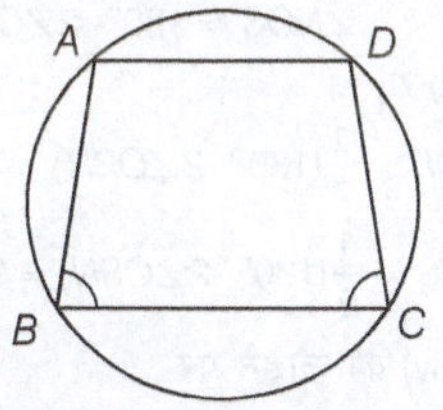

∴ $\angle A + \angle B = 180^\circ$ ...(i)

[रेखा AB के अंतः कोणों का योग]

∴ $\angle A + \angle C = 180^\circ$ ...(ii)

[चक्रीय चतुर्भुज के सम्मुख कोणों का योग]

समी (ii) में से समी (i) को घटाने पर,

$\angle A + \angle B - \angle A - \angle C = 0 \Rightarrow \angle B = \angle C$

24. **संकेत** ΔAOB एक समबाहु त्रिभुज है। **उत्तर** $AB = 5$ सेमी

25. केंद्र से जीवा पर डाला गया लंब जीवा को समद्विभाजित करता है।
उत्तर 8 सेमी

26. 10 सेमी

27. **संकेत** केंद्र से जीवा पर लंब डालो, जो इसे समद्विभाजित करें।
उत्तर 6 सेमी

28. 45° **29.** प्रतिवर्ती $\angle POR = 200^\circ$

30. 50° **31.** 300°

32. **संकेत** $\angle BOC = 2 \times \angle BAC = 2 \times 30^\circ = 60^\circ$

ΔBOC में, $BO = OC$ [∵ एक ही वृत्त की त्रिज्याएँ हैं]

⇒ $\angle OBC = \angle OCB$

अब, त्रिभुज के कोण योग गुण से,

$\angle OBC = \angle OCB = 60^\circ$

⇒ ΔABC समबाहु है।

33. 60° **34.** 10 सेमी

35. **संकेत** ∵ $AC = CB = \frac{1}{2}AB = \frac{1}{2} \times 8 = 4$ सेमी

तथा $OA = 5$ सेमी

समकोण ΔOCA में,

$AO^2 = AC^2 + OC^2$

⇒ $OC^2 = 25 - 16 = 9 \Rightarrow OC = 3$ सेमी

अब, $OA = OD$

∴ $CD = OD - OC = 5 - 3 = 2$ सेमी

36. **संकेत** ΔOLA तथा ΔOLB में,

$OA = OB$ [समान वृत्त की त्रिज्याएँ]

$\angle ALO = \angle BLO$ [प्रत्येक समकोण]

$OL = OL$ [उभयनिष्ठ]

∴ $\Delta OLA \cong \Delta OLB$ [RHS सर्वांगसमता नियम से]

तब $\angle AOL = \angle BOL$

∴ $\overset{\frown}{AQ} = \overset{\frown}{BQ}$

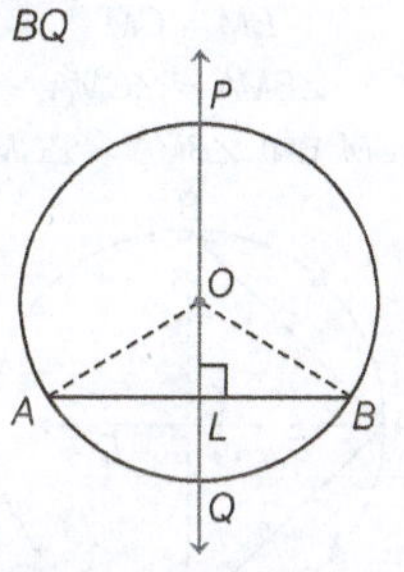

37. **संकेत** माना केंद्र O के साथ एक वृत्त की जीवा AB है। माना जीवा AB का लंब समद्विभाजक PQ है, जो M पर प्रतिछेद करता है तथा ये हमेशा O से होकर गुजरता है। AP तथा BP को मिलाइए।

ΔAPM तथा ΔBPM में,

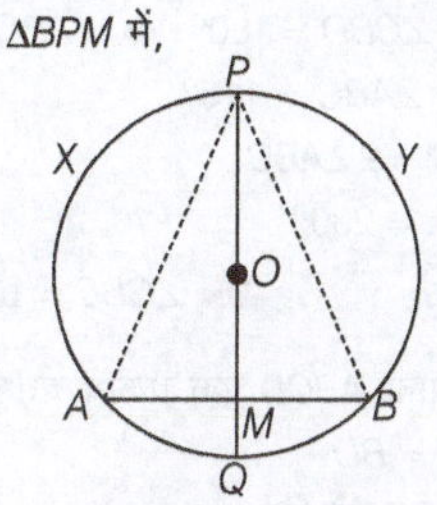

$AM = MB$ [समद्विभाजित जीवा]

$\angle PMA = \angle PMB$ [प्रत्येक 90°]

$PM = PM$ [उभयनिष्ठ]

$\therefore \quad \Delta APM \cong \Delta BPM$ [SAS सर्वांगसमता नियम से]

$\therefore \quad PA = PB$ [CPCT से]

$\overset{\frown}{PXA} = \overset{\frown}{PYB}$ **इति सिद्धम्**

38. संकेत चूँकि चाप XY बिंदु Z पर $\angle XZY$ बनाता है

$\angle XPY = 2\angle XZY$ ...(i)

इसी प्रकार, $\angle YPZ = 2\angle YXZ$ ...(ii)

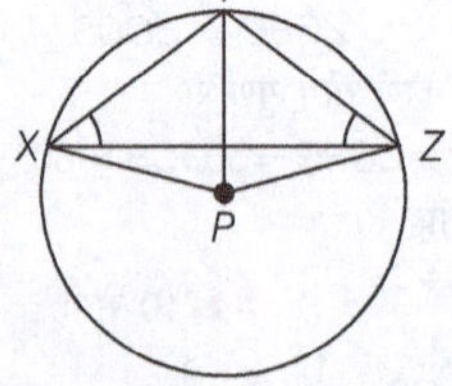

समी (i) तथा (ii) को जोड़ने पर,

$\Rightarrow \quad \angle XPZ = 2(\angle XZY + \angle YXZ)$

40. संकेत $\because \angle BAD = \frac{1}{2}\angle BOD = \frac{1}{2} \times 160^\circ = 80^\circ$

अब, $ABPD$ एक चक्रीय चतुर्भुज है।

$\therefore \quad \angle BAD + \angle BPD = 180^\circ$

$\Rightarrow \quad 80^\circ + \angle BPD = 180^\circ$

$\angle BPD = 100^\circ$

41. संकेत उपपत्ति ΔBAM तथा ΔCAM में,

$AB = AC$ [दिया है]

$\angle BAM = \angle CAM$ [दिया है]

तथा $AM = AM$ [उभयनिष्ठ भुजा]

$\therefore \quad \Delta BAM \cong \Delta CAM$ [SAS सर्वांगसमता नियम से]

$\Rightarrow \quad BM = CM$ [CPCT से]

तथा $\angle BMA = \angle CMA$ [CPCT से]

इसलिए, $BM = CM$ तथा $\angle BMA = \angle CMA = 90^\circ$

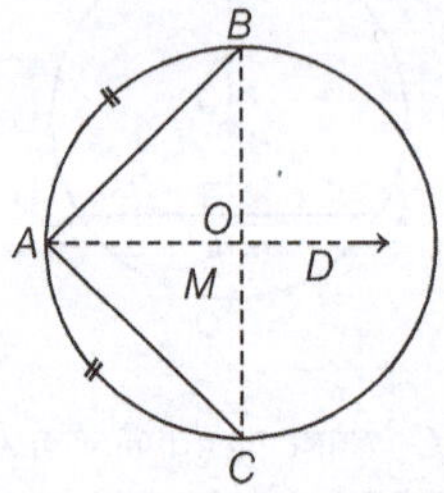

43. $\angle CED = 40^\circ$

44. संकेत $\angle ABC + \angle CBD = 180^\circ \Rightarrow \angle ABC + 65^\circ = 180^\circ$

$\Rightarrow \quad \angle ABC = 115^\circ$

प्रतिवर्ती $\angle AOC = 2\angle ABC$

$x = 230^\circ$

45. $x = 30^\circ$ **46.** $\angle CBE = 100^\circ$

48. संकेत दिया है, माना $ABCD$ एक चक्रीय चतुर्भुज है।

सिद्ध करना $AC = BD$

रचना AC तथा BD को मिलाइए।

उपपत्ति ΔAOD तथा ΔBOC में,

$\angle DAO = \angle CBO$ [समान वृत्तखंड के कोण]

$\angle ODA = \angle OCB$

$AD = BC$ [दिया है]

$\Delta AOD \cong \Delta BOC$ [ASA से]

$OA = OB$ ...(i)

$OC = OD$ ...(ii)

समी (i) व (ii) को जोड़ने पर,

$AC = BD$

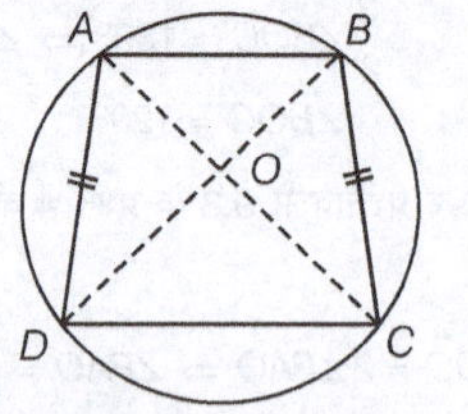

49. संकेत चूँकि $AB = AD$

$\therefore \quad \angle ABD = \angle ADB = 70^\circ$

अब, ΔABD में, $\angle BAD + \angle ABD + \angle ADB = 180^\circ$

$\Rightarrow \quad \angle BAD = 180^\circ - 140^\circ$ [$\because \angle ABD = \angle ADB$]

$= 40^\circ$

50. संकेत $\because ACDE$ एक चक्रीय चतुर्भुज है

$\therefore \quad \angle ACD + \angle AED = 180^\circ$ ...(i)

साथ ही, $\angle AEB = 90^\circ$ [अर्द्धवृत्त में बना कोण] ...(ii)

समी (i) तथा (ii) से,

$\angle ACD + \angle AED + \angle AEB = 180^\circ + 90^\circ$

$\Rightarrow \quad \angle ACD + \angle BED = 270^\circ$

51. चूँकि M, R, N, P, S तथा Q चक्रीय हैं।

स्पष्टत: $\angle PQR = \frac{1}{2}\angle POR$ ...(i)

तथा $\angle NMS = \frac{1}{2}\angle NOS$ ...(ii)

अब, $\angle OPR = x$

तब, $\angle POR = 180^\circ - 2x$

अर्थात् $\angle POR = 180^\circ - 2\angle OPR$

इसी प्रकार, $\angle NOS = 180^\circ - 2\angle OSN$

समी (i) तथा (ii) से,

$\angle PQR = \frac{1}{2}(180^\circ - 2\angle OPR) = 90^\circ - \angle OPR$ ...(iii)

तथा $\angle NMS = \frac{1}{2}(180^\circ - 2\angle OSN) = 90^\circ - \angle OSN$ ...(iv)

समी (iii) तथा (iv) को जोड़ने पर,

$\angle PQR + \angle NMS + \angle OPR + \angle OSN = 180^\circ$

52. 17 सेमी **53.** 40°

54. 40° **55.** 110°

57. $\angle ABC = 70^\circ = \angle ADC$ **58.** 25°

59. $\angle BAD = 50^\circ, \angle CFD = 30^\circ$

60. 80° **61.** 30°

65. 40° **66.** $\angle CAB = 30^\circ$

69. संकेत माना $\frac{x}{3} = \frac{y}{4} = \frac{z}{5} = k$ (माना)

तब, $x = 3k$, $y = 4k$ तथा $z = 5k$

ΔDCQ में, $\angle CDQ = 180^\circ - 8k$

चक्रीय चतुर्भुज के गुण से,

$$180^\circ - (180^\circ - 8k) + \angle CBA = 180^\circ$$

$$\Rightarrow \quad \angle CBA = 180^\circ - 8k$$

$$\therefore \quad \angle PBC = 180^\circ - \angle ABC = 8k = 180^\circ - (180^\circ - 8k)$$

ΔPBC में,

$$4k + 3k + 8k = 180^\circ \Rightarrow k = 12^\circ$$

$\therefore\ x = 36^\circ,\ y = 48^\circ$ तथा $z = 60^\circ$

73. $x = 30^\circ$ तथा $y = 15^\circ$

76. संकेत माना $AC = a$ तब $AB = 2a$

वृत्त के केंद्र O से जीवाओं AC तथा AB पर लंब डाले जाते हैं, जो क्रमशः M तथा N पर मिलते हैं।

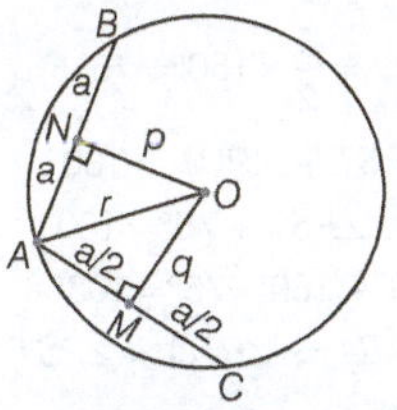

$$AM = MC = \frac{a}{2}$$

तथा $AN = NB = a$

ΔOAM तथा ΔOAN में,

$$AO^2 = AM^2 + MO^2 \quad \text{[पाइथागोरस प्रमेय से]}$$

$$\Rightarrow \quad AO^2 = \left(\frac{a}{2}\right)^2 + q^2 \quad \ldots(i)$$

तथा $AO^2 = (AN)^2 + (NO)^2$ [पाइथागोरस प्रमेय से]

$$\Rightarrow \quad AO^2 = (a)^2 + p^2 \quad \ldots(ii)$$

समी (i) तथा (ii) से,

$$\left(\frac{a}{2}\right)^2 + q^2 = a^2 + p^2$$

$$\Rightarrow \quad \frac{a^2}{4} + q^2 = a^2 + p^2$$

$$\Rightarrow \quad a^2 + 4q^2 = 4a^2 + 4p^2$$

$$\Rightarrow \quad 4q^2 = 3a^2 + 4p^2$$

$$\Rightarrow \quad 4q^2 = p^2 + 3(a^2 + p^2) \Rightarrow 4q^2 = p^2 + 3r^2$$

[$\because$ समकोण ΔOAN में, $r^2 = a^2 + p^2$]

78. संकेत सर्वप्रथम OC को मिलाइए।

$$\angle BOC = 2\angle A \quad \ldots(i)$$

[वृत्त के केंद्र पर बना कोण किसी दूसरे बिंदु पर बने कोण का दोगुना होता है]

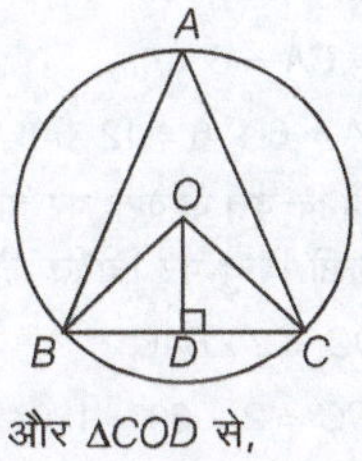

साथ ही, ΔBOD और ΔCOD से,

$OB = OC$ [एक वृत्त की त्रिज्याएँ]

$\angle ODB = \angle ODC$ [प्रत्येक समकोण]

$OD = OD$ [उभयनिष्ठ]

इसलिए, $\Delta BOD \cong \Delta COD$ [RHS द्वारा]

$\Rightarrow \quad \angle BOD = \angle COD$ [CPCT]

$\Rightarrow \quad \angle BOD = \frac{1}{2}\angle BOC = \frac{1}{2} \times 2\angle A$ [समी (i) से]

$= \angle A$ **इति सिद्धम्**

79. संकेत OC और OE को मिलाइए, जैसा कि आकृति में दर्शाया गया है।

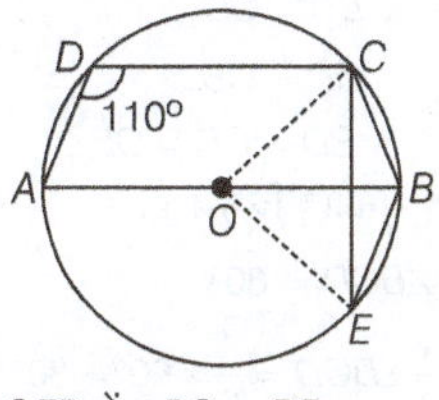

ΔOCB और ΔOEB में, $BC = BE$ [दिया हैं]

$OC = OE$ [वृत्त की त्रिज्याएँ]

$OB = OB$ [उभयनिष्ठ]

इसलिए, $\Delta OCB \cong \Delta OEB$ [SSS सर्वांगसमता से]

अतः $\angle OBC = \angle OBE$ [CPCT से]

80. संकेत $\angle AOD = 180^\circ - 110^\circ = 70^\circ$ [रैखिक युग्म]

इसलिए, $x = \frac{1}{2}\angle AOD = \frac{1}{2} \times 70^\circ = 35^\circ$

[वृत्त के केंद्र पर बना कोण शेष वृत्त के किसी बिंदु पर बने कोण का दोगुना होता है]

पुनः BOD एक व्यास है।

इसलिए, $\angle BCD = 90^\circ$ [अर्द्धवृत्त में बना कोण]

$$\Rightarrow \quad x + y = 90^\circ$$

$$\Rightarrow \quad 35^\circ + y = 90^\circ$$

$$\Rightarrow \quad y = 90^\circ - 35^\circ = 55^\circ$$

अब, $AEBC$ एक चक्रीय चतुर्भुज है।

इसलिए, $z + y = 180^\circ$

[चक्रीय चतुर्भुज के सम्मुख कोण]

$$\Rightarrow \quad z + 55^\circ = 180^\circ$$

$$\Rightarrow \quad z = 180^\circ - 55^\circ = 125^\circ$$

81. संकेत दिया है, $OB = OC$ [एक ही वृत्त की त्रिज्याएँ]

इसलिए, $\angle OBC = \angle OCB$

[समान भुजाओं के सम्मुख कोण]

इसलिए, $\angle OCB = y$

परंतु $\angle BOC + \angle OBC + \angle OCB = 180^\circ$

[किसी त्रिभुज का कोण योग गुण से]

इसलिए, $\angle BOC + y + y = 180^\circ$

$$\Rightarrow \quad \angle BOC = 180^\circ - 2y$$

इसलिए, प्रतिवर्ती $\angle BOC = 360^\circ - (180^\circ - 2y)$

$= 180^\circ + 2y$

परंतु $\angle BAC = \frac{1}{2}$ प्रतिवर्ती $\angle BOC$

[किसी वृत्त के केंद्र पर बना कोण वृत्त के शेष भाग पर बने कोण का दोगुना होता है]

$$\Rightarrow \quad x = \frac{1}{2}(180^\circ + 2y)$$

$$\Rightarrow \quad x = 90^\circ + y$$

अथवा $x - y = 90^\circ$ **इति सिद्धम्**

82. **संकेत** $\angle APD = \angle ABC$ [चक्रीय चतुर्भुज का बाह्य कोण] ... (i)

साथ ही, $\angle ADP = \angle ABC$ ... (ii)

[समांतर चतुर्भुज के सम्मुख कोण]

इसलिए, समी (i) तथा (ii) से,

$\angle APD = \angle ADP$ **इति सिद्धम्**

83. **संकेत** $BD = OD$ [दिया है]

परंतु $OD = OB$ [एक वृत्त की त्रिज्याएँ]

इसलिए, $BD = OD = OB$

अर्थात् BOD एक समबाहु त्रिभुज है।

अतः $\angle OBD = \angle BOD = 60°$

अब, $\angle BCD = \frac{1}{2}\angle BOD = \frac{1}{2}\times 60° = 30°$

साथ ही, $\Delta BCE \cong \Delta BDE$ [SAS सर्वांगसम से]

इसलिए, $\angle CBE = \angle OBD$ [CPCT से]

$\Rightarrow$ $\angle CBE = 60°$

अतः $\angle CAB = 180° - 90° - 60° = 30°$ $[\angle ACB = 90°]$

84. **संकेत** $\angle A + \angle C = 180°$

$\Rightarrow$ $\angle A + 3\angle A = 180°$

$\Rightarrow$ $4\angle A = 180°$

$\Rightarrow$ $\angle A = \frac{180°}{4} = 45°$

साथ ही, $\angle B + \angle D = 180°$

[एक चक्रीय चतुर्भुज के सम्मुख कोण]

$\Rightarrow$ $5\angle D + \angle D = 180°$

$6\angle D = 180°$

$\Rightarrow$ $\angle D = \frac{180°}{6} = 30°$

इसलिए, $\angle A = 45°, \angle B = 5\times 30° = 150°, \angle C = 3\times 45° = 135°$

और $\angle D = 30°$

85. **संकेत** $AM \perp CD$ और $BN \perp CD$ खींचिए।

अब, $\angle ADC + \angle ADM = 180°$ [रैखिक युग्म]

$\Rightarrow$ $\angle ADM = 180° - \angle ADC$

$\Rightarrow$ $\angle ADM = 180° - \angle BCD$

$[\angle ADC = \angle BCD$ दिया है$]$

$\Rightarrow$ $\angle ADM = \angle BCN$ [रैखिक युग्म]

अब, ΔADM और ΔBCN में,

$AD = BC$ [दिया है]

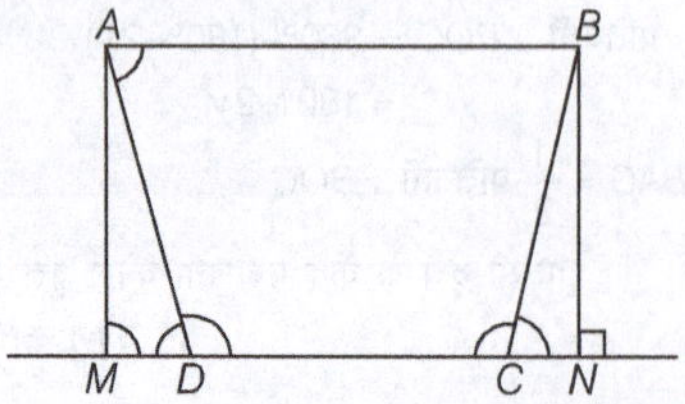

$\angle ADM = \angle BNC$ [ऊपर दर्शाया है]

$\angle AMD = \angle BNC$ [प्रत्येक समकोण]

इसलिए, $\Delta ADM \cong \Delta BCN$ [AAS]

$\Rightarrow$ $AM = BN$ [CPCT से]

$\Rightarrow$ $AB || CD$

इसलिए, $\angle BAD + \angle ADC = 180°$

[तिर्यक रेखा के एक ही ओर बने अंतःकोण]

$\Rightarrow$ $\angle BAD + \angle BCD = 180°$

$[\angle ADC = \angle BCD$ दिया है$]$

इसलिए, चतुर्भुज $ABCD$ में, सम्मुख कोण BAD और BCD संपूरक हैं। अतः $ABCD$ एक चक्रीय चतुर्भुज है

अर्थात् A, B, C और D एक वृत्तीय है।

86. **संकेत** $\angle POT = 150°$ है।

इसलिए, $\angle PUT = \frac{1}{2}\angle POT$ [केंद्र पर बना कोण दोगुना होता है]

$= \frac{1}{2}\times 150° = 75°$ ...(i)

परंतु $\angle PST + \angle PUT = 180°$

$\Rightarrow$ $\angle PST + 75° = 180°$ [समी (i) से]

$\Rightarrow$ $\angle PST + 180° - 75° = 105°$

$PS || TU \Rightarrow \angle RTQ = \angle PST = 105°$

साथ ही ΔPSR से,

$\angle PSR + \angle SPR + \angle SRP = 180°$ [संगत कोण]...(ii)

$\Rightarrow$ $105° + 45° + \angle SRP = 180°$

$\Rightarrow$ $\angle SRP = 180° - 150° = 30°$

इसलिए ΔRTQ से,

$\angle RTQ + \angle RQT + \angle TRQ = 180°$

$\Rightarrow$ $105° + \angle RQT + 30° = 180°$

[समी (ii) तथा (iii) से]

$\Rightarrow$ $\angle RQT = 180° - 135° = 45°$

87. $x = 25°, y = 20°, z = 135°$

88. (i) 30° (ii) 30° (iii) 60° (iv) 120°

89. (i) (a) यहाँ, A, B तथा C तीनों STD बूथों को दर्शाते हैं जैसा कि तीनों बराबर दूरी पर हैं।

$\therefore$ $AB = BC = CA$

अतः ΔABC एक समबाहु त्रिभुज है।

(ii) (b) $\because$ ΔABC एक समबाहु त्रिभुज है।

$\therefore$ $AB = BC = CA$

इसलिए, $\angle ABC = \angle BAC = \angle BCA = 60°$

(iii) (b) $\because$ ΔABC एक समबाहु त्रिभुज है।

$\therefore$ $AB = BC = CA$

इसलिए, $BC = CA = 6$ सेमी

अब, $BC + CA = 6 + 6 = 12$ सेमी

(iv) (c) हम जानते हैं कि वृत्त के केन्द्र पर चाप द्वारा निर्मित कोण वृत्त के शेष भाग के किसी बिन्दु पर निर्मित कोण का दोगुना होता है।

$\therefore$ $\angle BOC = 2\angle BAC$

$\Rightarrow$ $\angle BOC = 2\times 60° = 120°$

(v) (a) ΔOBC में,

$\angle DBC + \angle BOC + \angle OCB = 180°$

$\Rightarrow \angle OBC + \angle OCB = 180° - 120° = 60°$

Topics to be Assessed Formatively

वृत्त से संबंधित पद (Term Related to Circle)

चाप (Arc)

परिधि पर दो बिंदुओं के बीच के वृत्त के भाग को एक चाप कहते हैं। बिंदुओं P तथा Q के बीच के वृत्त के भागों में से एक बड़ा है तथा एक छोटा है।

बड़े भाग को दीर्घ चाप (Major arc) PQ कहते हैं तथा छोटे भाग को लघु चाप (Minor arc) PQ कहते हैं। लघु चाप PQ को $\widehat{PSQ}$ से व्यक्त करते हैं तथा दीर्घ चाप PQ को $\widehat{PRQ}$ से व्यक्त करते हैं, जहाँ R चाप P तथा Q के बीच में कोई बिंदु है।

अर्द्धवृत्त (Semi-circle)

वृत्त का एक व्यास इसको दो बराबर चापों में विभाजित करता है, दोनों चापों में से प्रत्येक चाप को अर्द्धवृत्त कहते हैं।

वृत्तखंड (Segment)

जीवा तथा प्रत्येक चाप के मध्य क्षेत्र को वृत्तीय क्षेत्र का खंड या वृत्तखंड कहते हैं।

जीवा को वृत्तखंड का आधार कहते हैं जीवा के साथ लघु चाप द्वारा निर्मित वृत्तखंड को लघु वृत्तखंड तथा दीर्घ चाप द्वारा निर्मित वृत्तखंड को दीर्घ वृत्तखंड कहते हैं।

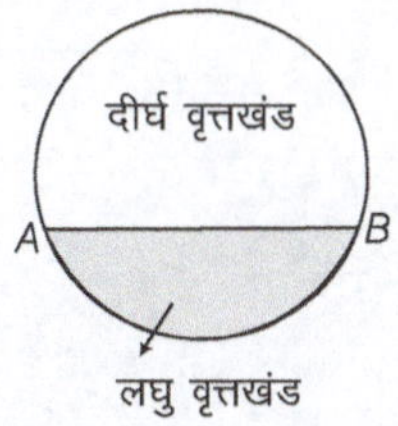

त्रिज्यखंड (Sector)

केंद्र को किसी चाप के सिरों से मिलाने वाली त्रिज्याओं एवं चाप के बीच के क्षेत्र को त्रिज्यखंड कहते हैं। त्रिज्यखंड दो प्रकार के होते हैं।

(i) लघु त्रिज्यखंड (ii) दीर्घ त्रिज्यखंड

क्षेत्र OPQ लघु त्रिज्यखंड (Minor sector) तथा शेष वृत्तीय क्षेत्र दीर्घ त्रिज्यखंड (Major sector) है।

अर्द्ध-वृत्तीय भाग (Semi-Circles Region)

जब दो चाप अर्द्ध-वृत्तीय हों, तब दोनों वृत्तखंड तथा त्रिज्यखंड समान होंगे एवं प्रत्येक भाग को अर्द्ध-वृत्तीय भाग कहते हैं।

जीवा द्वारा एक बिंदु पर अंतरित कोण

(Angle subtended by a chord at a point)

हम जानते हैं कि यदि हम एक रेखाखंड PQ तथा एक बिंदु R, जोकि रेखा PQ पर स्थित न हो ऐसे लें, तब रेखाखंडों PR तथा QR को मिलाने पर हमें $\angle PRQ$ प्राप्त होगा, जोकि रेखाखंड PQ द्वारा बिंदु R पर अंतरित कोण कहलाता है।

इसी प्रकार, एक वृत्त जिसका केंद्र O तथा जीवा AB और चित्र में दर्शाए अनुसार दो बिंदु P और Q लेते हैं तथा PA, PB, QA और QB को मिलाते हैं, तब हमें जीवा द्वारा बिंदुओं P और Q पर अंतरित कोण $\angle APB$ तथा $\angle AQB$ प्राप्त होते हैं। साथ ही, $\angle AOB$ जीवा AB द्वारा केंद्र 'O' पर अंतरित कोण है।

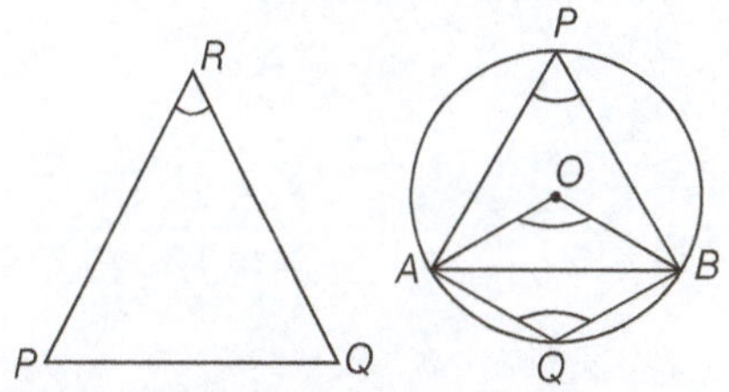

तीन बिंदुओं से जाने वाला वृत्त

(Circle Passing through Three Points)

माना कि हम बिंदु P लेते हैं, तब हम इस बिंदु से जाने वाले जितने भी चाहे उतने वृत्त खीच सकते हैं।

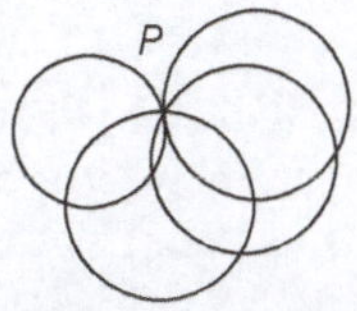

एक बिंदु से जाने वाले वृत्त

अब माना कि हम दो बिंदु P और Q लेते हैं, तब बिंदु P और Q से, अनंत संख्या में वृत्त खींचे जा सकते हैं।

अब, यदि हम तीन संरेखीय बिंदु लें, तब हम तीन बिंदुओं द्वारा एक भी वृत्त नहीं खींच सकते हैं।

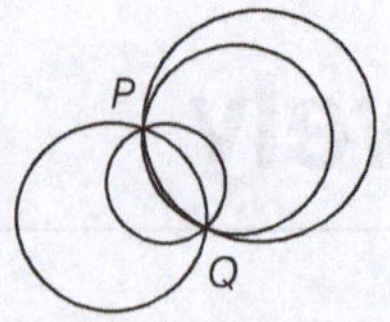

दो बिंदुओं से जाने वाले वृत्त

यदि तीन बिंदु एक रेखा पर स्थित हों (संरेखीय बिंदु), तब तीसरा बिंदु वृत्त के अंदर या बाहर स्थित होगा जोकि दो बिंदुओं से गुजरता है।

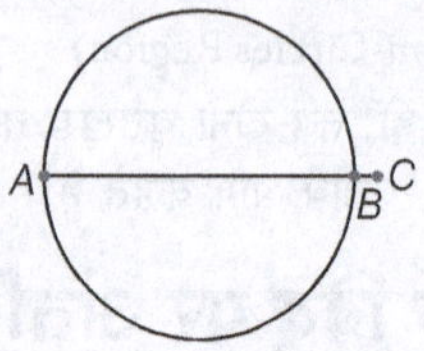

तीन संरेखीय बिंदुओं में से दो बिंदुओं से जाने वाला वृत्त

अब, माना हम तीन असंरेखीय बिंदु A, B तथा C लें (अर्थात् जोकि एक रेखा पर स्थित न हो) तब AB तथा BC के लंब समद्विभाजक क्रमशः PQ और RS खींचते हैं जोकि परस्पर बिंदु O पर प्रतिच्छेद करते हैं। अतः बिंदु O वह बिंदु है जो बिंदुओं A, B और C से समान दूरी पर स्थित है क्योंकि रेखाखंड के लंब समद्विभाजक का प्रत्येक बिंदु उसके अंत बिंदुओं से बराबर दूरी पर स्थित होता है। इसी प्रकार यदि हम एक ही वृत्त खींचे जिसका केंद्र O तथा त्रिज्या OA है, तब यह बिंदुओं B और C से भी गुजरेगा जोकि एक तीन असंरेखीय बिंदुओं से गुजरने वाला वृत्त है।

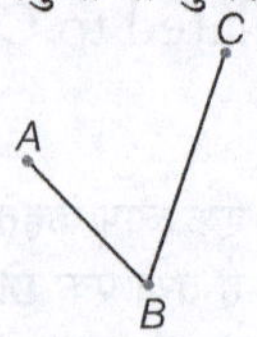

तीन असंरेखीय बिंदु

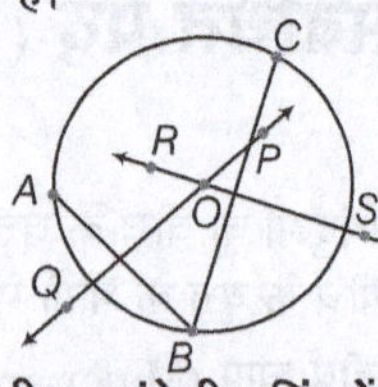

तीन असंरेखीय बिंदुओं से जाने वाला वृत्त

अब, हम निम्न प्रमेयों को सिद्ध करेंगे।

नोट *तीन दिए गए असंरेखीय बिंदुओं से होकर जाने वाला एक और केवल एक वृत्त है।*

अध्याय

10

हीरोन का सूत्र

(Heron's Formula)

पिछली कक्षाओं में, हमनें विभिन्न प्रकार की समतल आकृतियों जैसे– वर्ग, आयत, चतुर्भुज तथा कुछ विशिष्ट प्रकार के त्रिभुजों (समकोण त्रिभुज, समबाहु त्रिभुज तथा समद्विबाहु त्रिभुज) का परिमाप व क्षेत्रफल ज्ञात करने के सूत्रों का अध्ययन किया है। इस अध्याय में हम सामान्य त्रिभुजों के क्षेत्रफल हीरोन के सूत्र द्वारा ज्ञात करने के बारे में सीखेंगे।

टॉपिक्स

- त्रिभुज
- त्रिभुज का परिमाप व अर्द्ध-परिमाप
- हीरोन का सूत्र

त्रिभुज (Triangle)

तीन प्रतिच्छेदी रेखाओं द्वारा बनाई गई एक बंद आकृति त्रिभुज कहलाती है। एक त्रिभुज में तीन भुजाएँ, तीन कोण और तीन शीर्ष होते हैं।

ΔABC में,

(i) A, B और C तीन शीर्ष हैं। (ii) AB, BC और CA तीन भुजाएँ हैं।

(iii) $\angle A, \angle B$ और $\angle C$ तीन कोण हैं।

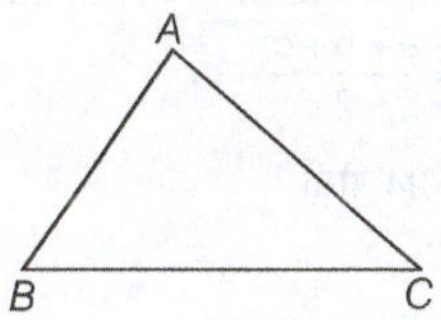

त्रिभुज की सीमाओं के लिए अंदर स्थित भाग को त्रिभुज का क्षेत्रफल कहते हैं। क्षेत्रफल का मात्रक वर्ग इकाई होता है।

त्रिभुज का परिमाप व अर्द्ध-परिमाप

(Perimeter and Semi-perimeter of a Triangle)

एक त्रिभुज की तीनों भुजाओं की लंबाईयों का योग, त्रिभुज का परिमाप कहलाता है।

ΔABC में, माना $AB = c, BC = a, CA = b$

अर्थात् ΔABC का परिमाप, $2s = a + b + c$

या $s = \dfrac{a+b+c}{2}$

जहाँ s, ΔABC के अर्द्ध-परिमाप को दर्शाता है।

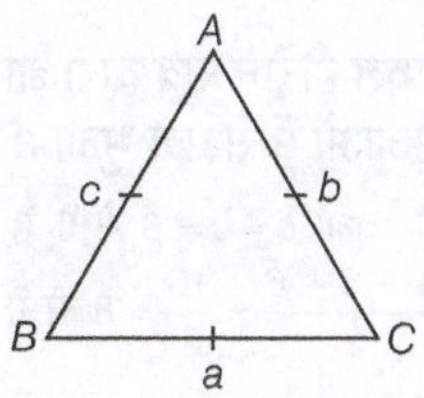

उदाहरण 1 यदि समद्विबाहु त्रिभुज का परिमाप 11 सेमी व एक असमान भुजा की लंबाई 5 सेमी हो, तब इसकी बराबर भुजाओं की लंबाई ज्ञात कीजिए।

हल माना दिए गए समद्विबाहु त्रिभुज की बराबर भुजाएँ b सेमी है।

∴ त्रिभुज का परिमाप,

$$2s = b + b + 5 \quad [\because 2s = a + b + c]$$

$$\Rightarrow 11 = 2b + 5$$

$$\Rightarrow 2b = 11 - 5$$

$$\Rightarrow 2b = 6$$

$$\Rightarrow b = \frac{6}{2} = 3 \text{ सेमी}$$

हीरोन का सूत्र (Heron's Formula)

हीरोन ने त्रिभुज की तीन भुजाओं पर आधारित क्षेत्रफल ज्ञात करने का लोकप्रिय सूत्र दिया जिसे हीरोन का सूत्र के नाम से जाना जाता है।

माना ΔABC की तीन भुजाओं की लंबाई a, b और c हैं।

तब, ΔABC का क्षेत्रफल $= \sqrt{s(s-a)(s-b)(s-c)}$

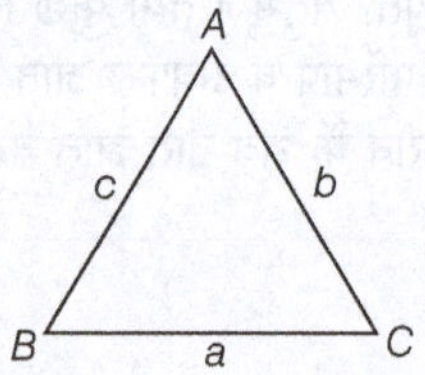

जहाँ, s त्रिभुज का अर्द्ध-परिमाप है तथा $s = \frac{a+b+c}{2}$

उपरोक्त सूत्र उस स्थिति में सहायक होता है जब त्रिभुज की ऊँचाई को सरलतापूर्वक ज्ञात न किया जा सके। सामान्यत: हीरोन सूत्र का उपयोग विषमबाहु त्रिभुज का क्षेत्रफल ज्ञात करने में किया जाता है।

उदाहरण 2 उस त्रिभुज का क्षेत्रफल ज्ञात कीजिए जिसकी भुजाएँ क्रमशः 12 सेमी, 16 सेमी और 20 सेमी है।

हल माना त्रिभुज की भुजाएँ a=12 सेमी, b=16 सेमी और c=20 सेमी है।

हम जानते हैं कि अर्द्ध-परिमाप, $s = \frac{a+b+c}{2}$

$$\therefore \quad s = \frac{12+16+20}{2} = \frac{48}{2} = 24 \text{ सेमी}$$

हीरोन सूत्र के नियम से,

त्रिभुज का क्षेत्रफल $= \sqrt{s(s-a)(s-b)(s-c)}$

$$= \sqrt{24(24-12)(24-16)(24-20)}$$

$$= \sqrt{24 \times 12 \times 8 \times 4} = \sqrt{9216} = 96 \text{ सेमी}^2$$

अत: दिए गए त्रिभुज का क्षेत्रफल 96 सेमी^{2} है।

उदाहरण 3 समद्विबाहु त्रिभुज का क्षेत्रफल हीरोन सूत्र द्वारा ज्ञात कीजिए जिसका आधार 4 सेमी तथा बराबर भुजाओं में से एक भुजा 6 सेमी हो।

हल माना त्रिभुज की भुजाएँ a= 4 सेमी, तथा $b = c$ = 6 सेमी है, तब

अर्द्ध-परिमाप, $s = \frac{a+b+c}{2} = \frac{4+6+6}{2} = \frac{16}{2} = 8$ सेमी

अब, समद्विबाहु त्रिभुज का क्षेत्रफल

$$= \sqrt{s(s-a)(s-b)(s-c)} \quad \text{[हीरोन सूत्र से]}$$

$$= \sqrt{8(8-4)(8-6)(8-6)}$$

$$= \sqrt{8 \times 4 \times 2 \times 2} = \sqrt{128} = 8\sqrt{2} \text{ सेमी}^2$$

अत: समद्विबाहु त्रिभुज का क्षेत्रफल $8\sqrt{2}$ सेमी^{2} है।

उदाहरण 4 किसी त्रिभुज की भुजाओं की लंबाई 35 सेमी, 54 सेमी और 61 सेमी है, तब इसका क्षेत्रफल ज्ञात कीजिए।

हल दोनों भिन्न सूत्रों द्वारा प्राप्त त्रिभुज के क्षेत्रफल को बराबर रखकर हल करते हैं जिससे अभीष्ट लंबाई प्राप्त होती है।

माना ΔABC में, AB=35 सेमी, BC=54 सेमी तथा CA=61 सेमी

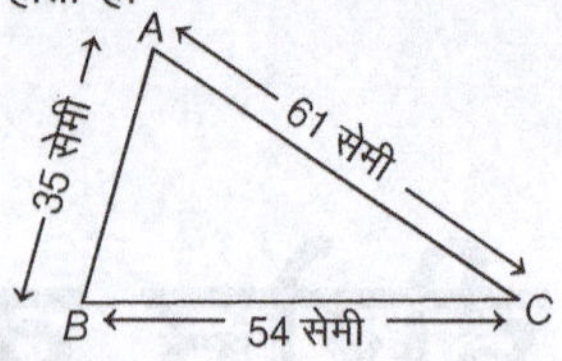

अब, $s = \frac{35+54+61}{2}$

$$= \frac{150}{2} = 75 \text{ सेमी}$$

ΔABC का क्षेत्रफल $= \sqrt{75(75-35)(75-54)(75-61)}$

[हीरोन के सूत्र, $\Delta = \sqrt{s(s-a)(s-b)(s-c)}$ से]

$$= \sqrt{75 \times 40 \times 21 \times 14}$$

$$= \sqrt{25 \times 3 \times 4 \times 2 \times 5 \times 7 \times 3 \times 7 \times 2}$$

$$= 5 \times 2 \times 2 \times 3 \times 7\sqrt{5}$$

$$= 420\sqrt{5} \text{ सेमी}^2$$

उदाहरण 5 त्रिभुज की भुजाओं की लंबाई 3 : 4 : 5 के अनुपात में है तथा परिमाप 144 सेमी है, तब त्रिभुज का क्षेत्रफल ज्ञात कीजिए।

हल दिया है, परिमाप = 144 सेमी तथा भुजाओं का अनुपात = 3 : 4 : 5

अनुपातों का योग = 3 + 4 + 5 = 12

∴ पहली भुजा $a = 144 \times \frac{3}{12} = 36$ सेमी

दूसरी भुजा $b = 144 \times \frac{4}{12} = 48$ सेमी

तीसरी भुजा $c = 144 \times \frac{5}{12} = 60$ सेमी

अब, त्रिभुज का अर्द्ध-परिमाप

$$s = \frac{a+b+c}{2} = \frac{36+48+60}{2} = \frac{144}{2} = 72 \text{ सेमी}$$

त्रिभुज का क्षेत्रफल

$$= \sqrt{s(s-a)(s-b)(s-c)} \quad \text{[हीरोन के सूत्र से]}$$

$$= \sqrt{72 \times (72-36)(72-48)(72-60)}$$

$$= \sqrt{72 \times 36 \times 24 \times 12}$$

$$= \sqrt{(36)^2 \times (24)^2}$$

$$= 36 \times 24 = 864 \text{ सेमी}^2$$

अत: दिए गए त्रिभुज का क्षेत्रफल 864 सेमी^{2} है।

उदाहरण 6 किसी त्रिभुजाकार पार्क की भुजाएँ 8 मी, 10 मी तथा 6 मी है, तब इस पार्क में से 2 मी व्यास के वृत्ताकार भाग को हटाकर शेष क्षेत्रफल पर गुलाब की बागवानी की जाती है। तब बताए कि कितने क्षेत्र पर गुलाब की बागवानी की गई है? [π = 3.14 लीजिए]

हल माना त्रिभुज की भुजाएँ है

a=8 मी, b= 10 मी और c = 6 मी

अब, त्रिभुज का अर्द्ध-परिमाप,

$$s = \frac{a+b+c}{2}$$

$$= \frac{8+10+6}{2} = \frac{24}{2}$$

$$= 12 \text{ मी}$$

त्रिभुजाकार भाग का क्षेत्रफल,

$= \sqrt{s(s-a)(s-b)(s-c)}$ [हीरोन सूत्र से]

$= \sqrt{12(12-8)(12-10)(12-6)}$

$= \sqrt{12 \times 4 \times 2 \times 6} = 24$ मी^{2}

तथा वृत्ताकार भाग का क्षेत्रफल $= \pi r^2$

$= 3.14 \times 1^2$ $\left[\because r = \frac{d}{2} = \frac{2}{2} = 1\right]$

$= 3.14$ मी^{2}

$\therefore$ गुलाब की बागवानी के लिए उपर्युक्त क्षेत्र

= त्रिभुज का क्षेत्रफल – वृत्त का क्षेत्रफल

$= 24 - 3.14 = 20.86$ मी^{2}

उदाहरण 7 **विभिन्न रंगों (लाल तथा सफेद) के कपड़ों के 12 त्रिभुजाकार टुकड़ों की सिलाई करके एक शंक्वाकार टैंट बनाया जाता है। यदि प्रत्येक टुकड़े की माप क्रमशः 10 सेमी, 20 सेमी और 20 सेमी है।**

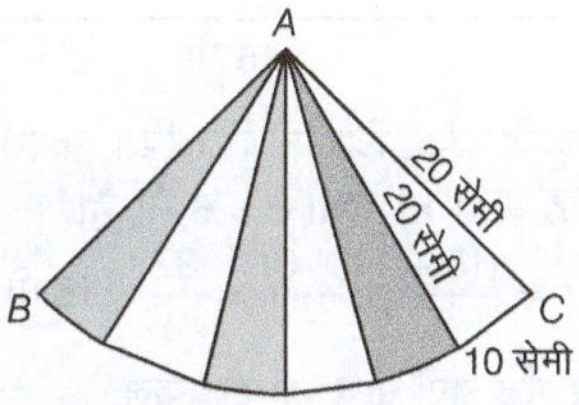

(i) शंक्वाकार टैंट बनाने में लाल रंग का कितना कपड़ा लगेगा?

(ii) सफेद रंग के त्रिभुजाकार टुकड़ों की कुल लंबाई ज्ञात कीजिए।

हल (i) शंक्वाकार टैंट में, कपड़ों के टुकड़े त्रिभुजाकार रूप में है जिसकी भुजाएँ क्रमशः 10 सेमी, 20 सेमी और 20 सेमी है।

माना $a = 10$ सेमी, $b = 20$ सेमी और $c = 20$ सेमी

तब, त्रिभुज का अर्द्ध-परिमाप

$s = \frac{a+b+c}{2}$

$= \frac{10+20+20}{2}$

$= \frac{50}{2} = 25$ सेमी

तथा त्रिभुज का क्षेत्रफल

$= \sqrt{s(s-a)(s-b)(s-c)}$ [हीरोन सूत्र द्वारा]

$= \sqrt{25(25-10)(25-20)(25-20)}$

$= \sqrt{25 \times 15 \times 5 \times 5}$

$= \sqrt{5 \times 5 \times 3 \times 5 \times 5 \times 5}$

$= 5 \times 5\sqrt{15}$

$= 25\sqrt{15}$ सेमी^{2}

अतः लाल रंग के एक त्रिभुजाकार टुकड़े का क्षेत्रफल $25\sqrt{15}$ सेमी^{2} है।

चूँकि, टैंट दो रंगों के 12 टुकड़ों से मिलकर बना है, इसलिए लाल रंग के 6 टुकड़ों का क्षेत्रफल $= 6 \times 25\sqrt{15} = 150\sqrt{15}$ सेमी^{2}

(ii) एक त्रिभुजाकार टुकड़े का परिमाप

$2s = 10 + 20 + 20$

$= 50$ सेमी

$\therefore$ 6 सफेद रंग के टुकड़ों का परिमाप

$= 6 \times$ एक त्रिभुजाकार टुकड़े का परिमाप

$= 6 \times 50 = 300$ सेमी

NCERT फोल्डर

प्रश्नावली 10.1

1. एक यातायात संकेत बोर्ड पर 'आगे स्कूल है' लिखा है और यह भुजा a वाले एक समबाहु त्रिभुज के आकार का है। हीरोन के सूत्र का प्रयोग करके इस बोर्ड का क्षेत्रफल ज्ञात कीजिए। यदि संकेत बोर्ड का परिमाप 180 सेमी है, तो इसका क्षेत्रफल क्या होगा?

हल हम जानते हैं कि एक समबाहु त्रिभुज की तीनों भुजाएँ बराबर होती हैं। अतः सभी भुजाएँ a के बराबर हैं।

त्रिभुज का परिमाप = 180 सेमी [दिया है]

$\Rightarrow \quad a + a + a = 180 \Rightarrow 3a = 180 \Rightarrow \quad a = 60$ सेमी

$\therefore \quad s = \frac{a+a+a}{2} = \frac{180}{2} \quad [\because 2s = a + b + c]$

$= 90$ सेमी

समबाहु त्रिभुज का क्षेत्रफल

$= \sqrt{s(s-a)(s-a)(s-a)}$ [हीरोन के सूत्र से]

$= \sqrt{90(90-60)(90-60)(90-60)}$

$= \sqrt{30 \times 3 \times 30 \times 30 \times 30} = 30 \times 30\sqrt{3}$

$= 900\sqrt{3}$ सेमी^{2}

2. किसी फ्लाईओवर की त्रिभुजाकार दीवार को विज्ञापनों के लिए प्रयोग किया जाता है। दीवार की भुजाओं की लंबाईयाँ 122 मी, 22 मी और 120 मी हैं (देखिए आकृति)। इस विज्ञापन से प्रतिवर्ष ₹5000 प्रति मी^{2} की प्राप्ति होती है। एक कंपनी ने एक दीवार का विज्ञापन देने के लिए 3 महीने के लिए किराए पर लिया। उसने कुल कितना किराया दिया?

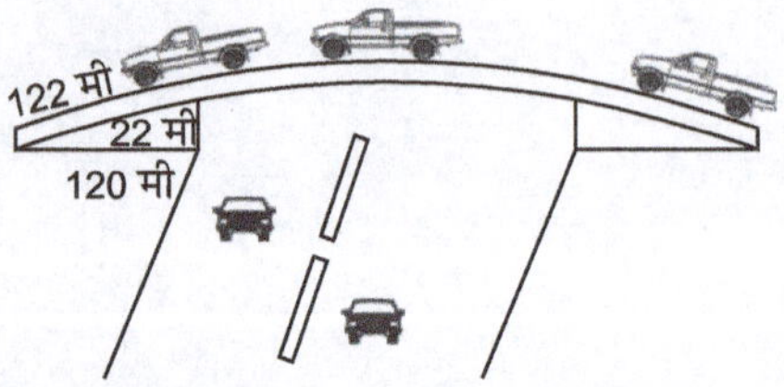

हल माना $a = 122$ मी, $b = 22$ मी, $c = 120$ मी

दिया है, $b^2 + c^2 = (22)^2 + (120)^2 = 484 + 14400$

$= 14884 = (122)^2 = a^2$

अतः पार्श्वीय दीवार समकोण त्रिभुजाकार आकृति में है।

त्रिभुजाकार पार्श्वीय दीवार का क्षेत्रफल $= \left(\frac{1}{2} \times b \times c\right)$

$= \left(\frac{1}{2} \times 22 \times 120\right) = 11 \times 120 = 1320$ मी^{2}

अब, वार्षिक किराया = ₹ 5000 प्रति मी^{2}

$\therefore$ महीने का किराया = ₹ $5000 \times \frac{1}{12}$ प्रति मी^{2}

चूँकि कंपनी ने दीवारों को 3 महीने के लिए किराए पर लिया है।

अतः 3 महीने के लिए कंपनी द्वारा दिया गया किराया

$= 1320 \times \frac{5000}{12} \times 3$

$= 110 \times 5000 \times 3 =$ ₹ 1650000

3. किसी पार्क में एक फिसल पट्टी (slide) बनी हुई है। इसकी पार्श्वीय दीवारों (side walls) में से एक दीवार पर किसी रंग से पेंट किया गया है और उस पर 'पार्क को हरा-भरा और साफ रखिए' लिखा हुआ है (देखिए आकृति)। यदि इस दीवार की विमाएँ 15 मी, 11 मी और 6 मी हैं, तो रंग से पेंट हुए भाग का क्षेत्रफल ज्ञात कीजिए।

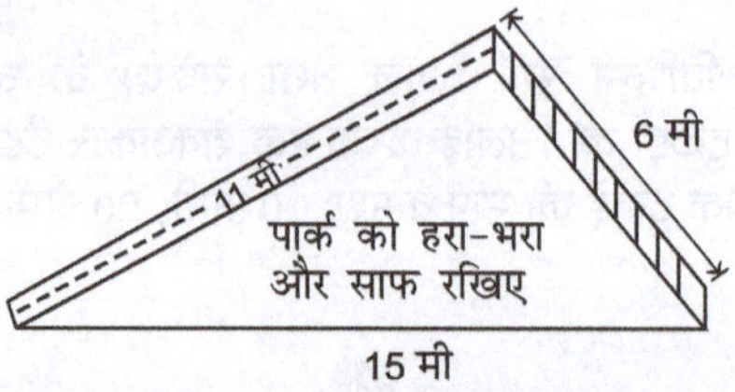

हल दी गई आकृति एक त्रिभुज निरूपित करती है जिसकी भुजाएँ, $a = 15$ मी, $b = 11$ मी तथा $c = 6$ मी हैं।

अब, $\quad s = \frac{(15 + 11 + 6)}{2} = \frac{32}{2} = 16$ मी

अतः रंग से पेंट हुए भाग का क्षेत्रफल

हीरोन के सूत्र, $\Delta = \sqrt{s(s-a)(s-b)(s-c)}$ से

$= \sqrt{16(16-15)(16-11)(16-6)}$

$= \sqrt{16 \times 1 \times 5 \times 10}$

$= \sqrt{2 \times 2 \times 2 \times 2 \times 5 \times 5 \times 2} = 20\sqrt{2}$ मी^{2}

अतः रंग से पेंट हुए भाग का क्षेत्रफल $20\sqrt{2}$ मी^{2} है।

4. उस त्रिभुज का क्षेत्रफल ज्ञात कीजिए जिसकी दो भुजाएँ 18 सेमी और 10 सेमी हैं तथा उसका परिमाप 42 सेमी है।

हल माना एक त्रिभुज की भुजाएँ, $a = 18$ सेमी, $b = 10$ सेमी तथा c हैं।

दिया है, परिमाप = 42 सेमी

$\Rightarrow \quad a + b + c = 42$

$\Rightarrow \quad 18 + 10 + c = 42$

$\Rightarrow \quad c = 42 - 28 = 14$ सेमी

अब, $\quad s = \frac{a+b+c}{2} = \frac{42}{2} = 21$ सेमी

$\therefore$ त्रिभुज का क्षेत्रफल $= \sqrt{s(s-a)(s-b)(s-c)}$

[हीरोन के सूत्र से]

$= \sqrt{21(21-18)(21-10)(21-14)}$

$= \sqrt{21 \times 3 \times 11 \times 7}$

$= \sqrt{7 \times 3 \times 3 \times 11 \times 7} = 21\sqrt{11}$ सेमी^{2}

5. एक त्रिभुज की भुजाओं का अनुपात 12 : 17 : 25 है और उसका परिमाप 540 सेमी है। इस त्रिभुज का क्षेत्रफल ज्ञात कीजिए।

हल माना त्रिभुज की भुजाएँ $a = 12x$, $b = 17x$ तथा $c = 25x$ हैं।

तब हम जानते हैं कि

$a + b + c = 540$ [त्रिभुज का परिमाप]

$\therefore \quad 12x + 17x + 25x = 540$

$\Rightarrow \quad 54x = 540$

$\Rightarrow \quad x = 10$

अतः त्रिभुज की भुजाएँ $a = 12 \times 10$ सेमी, $b = 17 \times 10$ सेमी तथा $c = 25 \times 10$ सेमी अर्थात् $a = 120$ सेमी, $b = 170$ सेमी तथा $c = 250$ सेमी

दिया है, $s = \frac{a+b+c}{2} = \frac{540}{2} = 270$ सेमी

$\therefore$ क्षेत्रफल $= \sqrt{s(s-a)(s-b)(s-c)}$ [हीरोन के सूत्र से]

$= \sqrt{270\,(270-120)\,(270-170)\,(270-250)}$

$= \sqrt{27 \times 10 \times 150 \times 100 \times 20}$

$= 100\sqrt{27 \times 15 \times 10 \times 2}$

$= 100\sqrt{9 \times 3 \times 3 \times 5 \times 10 \times 2}$

$= 100\sqrt{9 \times 3 \times 3 \times 10 \times 10}$

$= 100 \times 3 \times 3 \times 10 = 9000$ सेमी^{2}

6. एक समद्विबाहु त्रिभुज का परिमाप 30 सेमी है और उसकी बराबर भुजाएँ 12 सेमी लम्बाई की हैं। इस त्रिभुज का क्षेत्रफल ज्ञात कीजिए।

हल माना समद्विबाहु ΔABC में, $AB = AC = 12$ सेमी [दिया है]

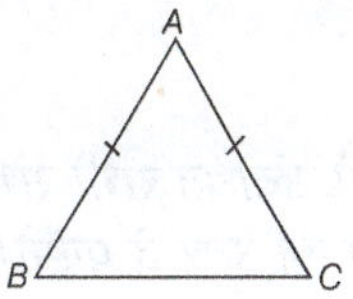

समद्विबाहु त्रिभुज परिमाप = 30 सेमी

$\Rightarrow \quad AB + AC + BC = 30 \Rightarrow 12 + 12 + BC = 30$

$\Rightarrow \quad BC = 30 - 24 \Rightarrow BC = 6$ सेमी

दिया है, $s = \frac{a+b+c}{2} = \frac{30}{2} = 15$ सेमी

समद्विबाहु त्रिभुज का क्षेत्रफल $= \sqrt{s\,(s-a)\,(s-b)\,(s-c)}$ [हीरोन के सूत्र से]

$= \sqrt{15\,(15-12)\,(15-12)\,(15-6)}$

$= \sqrt{15 \times 3 \times 3 \times 9}$

$= \sqrt{5 \times 3 \times 3 \times 3 \times 3 \times 3}$

$= 9\sqrt{15}$ सेमी^{2}

अध्याय : एक नजर में

- त्रिभुज का परिमाप, त्रिभुज की तीनों भुजाओं के योगफल के बराबर होता है, जिसे '2s' द्वारा निरूपित करते हैं।

  $\therefore 2s = (a+b+c)$ इकाई $\Rightarrow s = \frac{a+b+c}{2}$ इकाई

  यहाँ, s को त्रिभुज का अर्द्ध-परिमाप कहते हैं।

- त्रिभुज का क्षेत्रफल ज्ञात करने के लिए हीरोन द्वारा प्रतिपादित किए गए सूत्र को, हीरोन का सूत्र कहते हैं।

  हीरोन के सूत्र के अनुसार इसका क्षेत्रफल $= \sqrt{s(s-a)(s-b)(s-c)}$ वर्ग इकाई जहाँ, a, b, c त्रिभुज की भुजाएँ तथा s अर्द्ध-परिमाप है।

परीक्षा अभ्यास

यहाँ अध्याय से संबंधित सभी संभावित प्रश्नों को दिया गया है, इन प्रश्नों का अभ्यास करके व याद रखकर छात्र अध्याय से संबंधित किसी भी प्रश्न का उत्तर दे पाएँगे।

बहुविकल्पीय प्रश्न

1. यदि त्रिभुज का परिमाप 32 सेमी है तथा $a = 8$ सेमी और $b = 11$ सेमी है, तो त्रिभुज की तीसरी भुजा c बराबर होगी

(a) $8\sqrt{30}$ सेमी (b) $\sqrt{30}$ सेमी
(c) 13 सेमी (d) 32 सेमी

2. एक त्रिभुज की भुजाएँ 56 सेमी, 60 सेमी और 52 सेमी लंबाई की हैं, तब त्रिभुज का क्षेत्रफल है **[NCERT Exemplar]**

(a) 1322 सेमी^{2} (b) 1311 सेमी^{2}
(c) 1344 सेमी^{2} (d) 1392 सेमी^{2}

3. यदि किसी विषमबाहु त्रिभुज की भुजाएँ 40 सेमी, 24 सेमी व 32 सेमी है तो त्रिभुज का क्षेत्रफल होगा

(a) 384 वर्ग सेमी (b) 348 वर्ग सेमी
(c) 386 वर्ग सेमी (d) 300 वर्ग सेमी

4. एक त्रिभुजाकार भाग की भुजाएँ 51 मी, 37 मी और 20 मी है जिसमें फूलों की क्यारी लगानी है। यदि एक क्यारी 17 मी^{2} का स्थान घेरती हों, तब क्यारियों की संख्या होगी।

(a) 16 (b) 17
(c) 18 (d) 19

कथन-कारण प्रश्न

***निर्देश** (प्र. सं. 5-9) में एक कथन (A) तथा उसके नीचे कथन का कारण (R) दिया गया है। इन्हें ध्यानपूर्वक पढ़िए और इनके आधार पर निम्नलिखित में से उचित उत्तर का चयन कीजिए।*

(a) कथन (A) और कारण (R) दोनों सत्य हैं तथा कारण (R) कथन (A) की सही व्याख्या है।
(b) कथन (A) और कारण (R) दोनों सत्य हैं, परन्तु कारण (R) कथन (A) की सही व्याख्या नहीं है।
(c) यदि कथन (A) सही है, परन्तु कारण (R) गलत है।
(d) यदि कथन (A) गलत है, परन्तु कारण (R) सही है।

5. कथन (A) 2 सेमी भुजा वाले समबाहु त्रिभुज का क्षेत्रफल $\sqrt{3}$ सेमी^{2} है।

कारण (R) यदि एक समबाहु त्रिभुज की भुजा a है, तब समबाहु त्रिभुज का क्षेत्रफल $\frac{\sqrt{3}}{4}a^2$ वर्ग इकाई है।

6. कथन (A) यदि एक त्रिभुज की भुजाएँ 7 सेमी, 9 सेमी तथा 12 सेमी हैं, तब त्रिभुज का क्षेत्रफल $14\sqrt{5}$ सेमी^{2} है।

कारण (R) यदि एक त्रिभुज की तीनों भुजाएँ दी गई हैं, तब त्रिभुज का क्षेत्रफल सदैव हीरोन के सूत्र द्वारा ज्ञात नहीं किया जा सकता है।

7. कथन (A) यदि एक त्रिभुज की दो भुजाएँ 8 सेमी और 11 सेमी हैं तथा इसका परिमाप 32 सेमी है, तब त्रिभुज का क्षेत्रफल $8\sqrt{30}$ सेमी^{2} है।

कारण (R) एक त्रिभुज की भुजाएँ a, b तथा c हो, तो हीरोन सूत्र से त्रिभुज का क्षेत्रफल $\sqrt{s(s-a)(s-b)(s-c)}$ के बराबर होता है जहाँ s त्रिभुज का अर्द्ध परिमाप है।

8. कथन (A) एक त्रिभुज की भुजाएँ 3 : 5 : 7 के अनुपात में हैं तथा इसका परिमाप 300 मी है। त्रिभुज का क्षेत्रफल $1500\sqrt{3}$ मी^{2} है।

कारण (R) त्रिभुज की तीनों भुजाओं का अनुपात और परिमाप दिया होने पर हीरोन के सूत्र द्वारा त्रिभुज का क्षेत्रफल ज्ञात नहीं किया जा सकता है।

9. कथन (A) एक समबाहु त्रिभुज की भुजा 10 सेमी है। हीरोन सूत्र द्वारा त्रिभुज का क्षेत्रफल $100\sqrt{3}$ सेमी^{2} है।

कारण (R) हीरोन के सूत्र द्वारा समबाहु त्रिभुज का क्षेत्रफल ज्ञात किया जा सकता है।

अतिलघु उत्तरीय प्रश्न

10. एक त्रिभुजाकार बोर्ड के किनारे 6 सेमी, 8 सेमी और 10 सेमी लंबाई के है इस पर 0.09 प्रति सेमी^{2} की दर से पेंट कराने का व्यय ज्ञात कीजिए।

11. समबाहु त्रिभुज का क्षेत्रफल ज्ञात कीजिए जिसकी भुजा a इकाई है।

12. यदि किसी त्रिभुज की भुजाएं 13 सेमी, 14 सेमी और 15 सेमी है। इसका क्षेत्रफल ज्ञात कीजिए।

13. उस त्रिभुज का क्षेत्रफल ज्ञात करो जिसका परिमाप 32 सेमी है, एक भुजा 11 सेमी है तथा अन्य दो भुजाओं का अंतर 5 सेमी है।

लघु उत्तरीय प्रश्न

14. त्रिभुज का क्षेत्रफल ज्ञात कीजिए जिसकी भुजाएँ क्रमशः

(i) 8 सेमी, 9 सेमी, 13 सेमी

(ii) 5 सेमी, 8 सेमी, 11 सेमी

(iii) 12 सेमी, 13 सेमी, 5 सेमी

15. त्रिभुज की भुजाएँ 7 सेमी, 9 सेमी और 14 सेमी है, तब इसका क्षेत्रफल ज्ञात कीजिए।

16. एक त्रिभुज की भुजाओं की लंबाई क्रमशः 35 सेमी, 54 सेमी और 61 सेमी है, तब इसका क्षेत्रफल ज्ञात कीजिए।

17. समबाहु त्रिभुज की एक भुजा 8 सेमी है, तब इसका क्षेत्रफल ज्ञात कीजिए।

18. त्रिभुज की भुजाएँ 11 सेमी, 60 सेमी और 61 सेमी है, तब इसका क्षेत्रफल ज्ञात कीजिए।

19. एक फ्लाईओवर की त्रिभुजाकार पार्श्व दीवारों को विज्ञापन के लिए प्रयोग किया जाता है। दीवारों की भुजाएँ 13 मी, 14 मी तथा 15 मी हैं। विज्ञापनों से एक वर्ष में ₹ 2000 प्रति मी^{2} की दर से आय होती है। एक कंपनी इनमें से एक दीवार को 6 महीने के लिए किराए पर लेती है। उस कंपनी ने कितना किराया दिया होगा?

20. एक त्रिभुज का परिमाप 50 सेमी है। त्रिभुज की एक भुजा, छोटी भुजा से 4 सेमी लंबी है तथा तीसरी भुजा, छोटी भुजा के दोगुने से 6 सेमी कम है। त्रिभुज का क्षेत्रफल ज्ञात कीजिए।

21. एक त्रिभुजाकार खेत का परिमाप 450 मी तथा इसकी भुजाओं में अनुपात 13 : 12 : 5 है। खेत का क्षेत्रफल ज्ञात कीजिए।

22. एक त्रिभुजाकार मैदान की भुजाएँ क्रमशः 5 मी, 7 मी और 8 मी है, तो मैदान को ₹ 10 प्रति मी^{2} समतल कराने का खर्चा ज्ञात कीजिए। **[CCE 2010]**

दीर्घ उत्तरीय प्रश्न

23. त्रिभुजाकार भाग का परिमाप 420 मी तथा इसकी भुजाओं का अनुपात 6 : 7 : 8 है, तब त्रिभुजाकार भाग का क्षेत्रफल ज्ञात कीजिए। **[NCERT Exemplar]**

24. संलग्न आकृति में, छायांकित भाग के क्षेत्रफल की गणना कीजिए। **[NCERT Exemplar]**

केस स्टडी आधारित प्रश्न

25. राज के भाई राजेश की शादी में, दो विभिन्न लाल तथा सफेद रंगों के 12 त्रिभुजाकार भागों के कपड़ों द्वारा शंक्वाकार टैंट निर्मित किया गया है। जिसमें प्रत्येक भाग की माप 10 सेमी, 20 सेमी तथा 20 सेमी है।

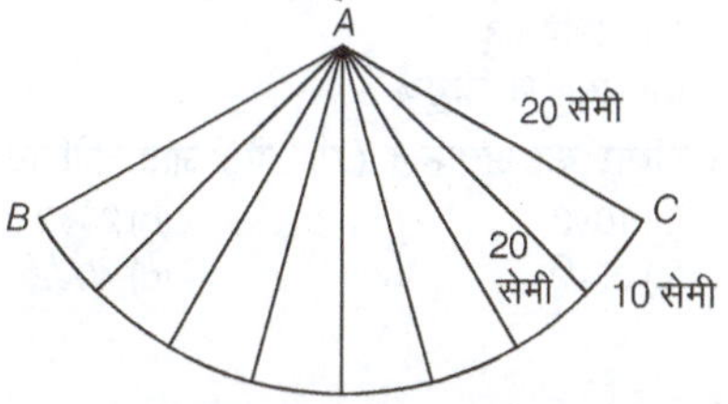

(i) त्रिभुज का क्षेत्रफल ज्ञात करने का सूत्र लिखिए (हीरोन सूत्र द्वारा)

(a) $\sqrt{s(s+a)(s+b)(s+c)}$

(b) $\sqrt{s(s-a)(s-b)(s-c)}$

(c) $\sqrt{\frac{s(s+a)(s+b)(s+c)}{2}}$

(d) इनमें से कोई नहीं

(ii) एक लाल रंग के त्रिभुज का अर्द्ध-परिमाप ज्ञात कीजिए।

(a) 35 सेमी (b) 30 सेमी

(c) 25 सेमी (d) 20 सेमी

(iii) एक लाल रंग के त्रिभुज का क्षेत्रफल ज्ञात कीजिए।

(a) $35\sqrt{15}$ सेमी^{2} (b) $45\sqrt{15}$ सेमी^{2}

(c) $25\sqrt{15}$ सेमी^{2} (d) $55\sqrt{15}$ सेमी^{2}

(iv) एक शंक्वाकार टैंट बनाने के लिए लाल रंग के कितने कपड़ों की आवश्यकता होगी?

(a) $125\sqrt{15}$ सेमी^{2} (b) $150\sqrt{15}$ सेमी^{2}

(c) $165\sqrt{15}$ सेमी^{2} (d) $180\sqrt{15}$ सेमी^{2}

(v) सफेद रंग के त्रिभुजाकार भागों की कुल लम्बाई ज्ञात कीजिए।

(a) 200 सेमी (b) 300 सेमी

(c) 350 सेमी (d) 400 सेमी

26. हरित प्रभाव का आशय उन विधियों एवं उत्पादों से है, जो पर्यावरणीय मैत्रिक उत्पाद है एवं मानव स्वास्थ्य तथा पर्यावरण गुणवत्ता को सुरक्षित बनाए रखने में सहायक है। रमेश उसकी कॉलोनी में स्थित एक पार्क की दीवार पर एक सन्देश 'पार्क को हरा-भरा तथा स्वच्छ बनाए रखें' लिखता है (आकृति में दिखाया गया है)। यदि त्रिभुज की भुजाएँ 15 मी, 11 मी तथा 6 मी हैं, तब निम्नलिखित प्रश्नों के उत्तर दीजिए।

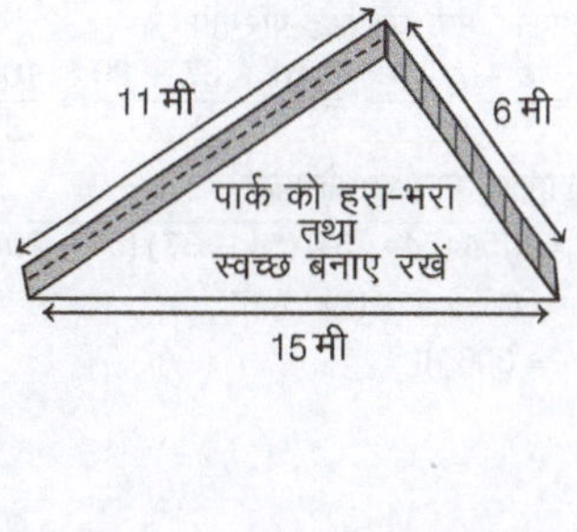

(i) त्रिभुज का अर्द्ध-परिमाप ज्ञात कीजिए।
(a) 14 मी (b) 16 मी
(c) 18 मी (d) 20 मी

(ii) प्रश्न में दर्शाया गया त्रिभुज किस प्रकार का है?
(a) समबाहु
(b) विषमबाहु
(c) समद्विबाहु
(d) समकोण त्रिभुज

(iii) दीवार का क्षेत्रफल (मी² में) ज्ञात कीजिए
(a) $10\sqrt{2}$ (b) $20\sqrt{2}$
(c) $30\sqrt{2}$ (d) $40\sqrt{2}$

(iv) दीवार पर रंग करने का खर्चा ज्ञात कीजिए, यदि रंगने का खर्चा ₹ 8 प्रति मी² की दर से हो
(a) ₹ 220 (b) ₹ 221
(c) ₹ 226 (d) ₹ 228

(v) त्रिभुज का क्षेत्रफल ज्ञात करने का सूत्र लिखिए।
(a) $\sqrt{s(s+a)(s+b)(s+c)}$
(b) $\sqrt{s(s-a)(s-b)(s-c)}$
(c) $\sqrt{\dfrac{s(s+a)(s+b)(s+c)}{2}}$
(d) $2\sqrt{s(s+a)(s+b)(s+c)}$

संकेत एवं हल

1. (c) दिया है, त्रिभुज का परिमाप = 32 सेमी

तथा $a = 8$ सेमी और $b = 11$ सेमी

$\because$ त्रिभुज का परिमाप $= a + b + c$

$\therefore \quad 32 = 8 + 11 + c$

$\Rightarrow \quad c = 32 - 19 = 13$ सेमी

2. (c) माना $a = 56$ सेमी, $b = 60$ सेमी, $c = 52$ सेमी

तब, $s = \dfrac{a+b+c}{2} = \dfrac{56+60+52}{2} = \dfrac{168}{2} = 84$ सेमी

$\therefore$ त्रिभुज का क्षेत्रफल

$= \sqrt{84(84-56)(84-60)(84-52)}$ [हीरोन के सूत्र से]

$= \sqrt{84 \times 28 \times 24 \times 32}$

$= \sqrt{4 \times 7 \times 3 \times 4 \times 7 \times 4 \times 2 \times 3 \times 4 \times 4 \times 2}$

$= \sqrt{(4)^6 \times (7)^2 \times (3)^2} = (4)^3 \times 7 \times 3 = 1344$ सेमी²

3. (a) माना $a = 40$ सेमी, $b = 24$ तथा $c = 32$ सेमी

$\because \quad s = \dfrac{a+b+c}{2} = \dfrac{40+24+32}{2}$

$= \dfrac{96}{2} = 48$ सेमी

हीरोन के सूत्र से,

$\Delta = \sqrt{s(s-a)(s-b)(s-c)}$

$= \sqrt{48(48-40)(48-24)(48-32)}$

$= \sqrt{48 \times 8 \times 24 \times 16}$

$= \sqrt{16 \times 3 \times 8 \times 24 \times 16}$

$= \sqrt{(16)^2 \times (24)^2}$

$= 16 \times 24 = 384$ सेमी²

4. (c) त्रिभुजाकार भाग का अर्द्ध-परिमाप

$s = \dfrac{a+b+c}{2} = \dfrac{51+37+20}{2} = \dfrac{108}{2} = 54$ मी

तथा त्रिभुजाकार भाग का क्षेत्रफल

$= \sqrt{54(54-51)(54-37)(54-20)}$

$= (17 \times 2 \times 3 \times 3)$ मी²

$= 306$ मी²

अब, क्यारियों की संख्या

$= \dfrac{\text{त्रिभुजाकार भाग का क्षेत्रफल}}{\text{एक क्यारी द्वारा घेरे गए भाग का क्षेत्रफल}}$

$= \dfrac{2 \times 3 \times 3 \times 17}{17} = 18$

5. (a) **कथन** (A) समबाहु त्रिभुज की भुजा = 2 सेमी

$\therefore \quad a = 2$ सेमी, $b = 2$ सेमी, $c = 2$ सेमी

$s = \dfrac{a+b+c}{2} = \dfrac{2+2+2}{2} = 3$

हीरोन के सूत्र से, त्रिभुज का क्षेत्रफल

$= \sqrt{s(s-a)(s-b)(s-c)}$

$= \sqrt{3(3-2)(3-2)(3-2)}$

$= \sqrt{3 \times 1 \times 1 \times 1} = \sqrt{3}$ सेमी²

इसलिए, कथन (A) सही है।

कारण (R) समबाहु त्रिभुज की भुजा $= a$

$\therefore \quad a = a, b = a, c = a$

$s = \dfrac{a+b+c}{2} = \dfrac{a+a+a}{2} = \dfrac{3a}{2}$

हीरोन के सूत्र से, त्रिभुज का क्षेत्रफल

$= \sqrt{s(s-a)(s-b)(s-c)}$

$= \sqrt{\dfrac{3a}{2}\left(\dfrac{3a}{2}-a\right)\left(\dfrac{3a}{2}-a\right)\left(\dfrac{3a}{2}-a\right)}$

$= \sqrt{\dfrac{3a}{2} \times \dfrac{a}{2} \times \dfrac{a}{2} \times \dfrac{a}{2}} = \dfrac{\sqrt{3}}{4}a^2$

इसलिए, कारण (R) सही है।

अतः कथन (A) और कारण (R) दोनों सही हैं तथा कारण (R) कथन (A) की सही व्याख्या है।

6. (c) **कथन** (A) त्रिभुज की भुजाएँ, $a = 7$ सेमी, $b = 9$ सेमी तथा $c = 12$ सेमी

$\therefore \quad s = \dfrac{a+b+c}{2} = \dfrac{7+9+12}{2} = \dfrac{28}{2} = 14$

त्रिभुज का क्षेत्रफल $= \sqrt{s(s-a)(s-b)(s-c)}$

$= \sqrt{14(14-7)(14-9)(14-12)}$

$= \sqrt{14 \times 7 \times 5 \times 2}$

$= \sqrt{2 \times 7 \times 7 \times 5 \times 2} = 14\sqrt{5}$ सेमी²

इसलिए, कथन (A) सही है।

कारण (R) कारण (R) गलत है।
अतः कथन (A) सही है, परन्तु कारण (R) गलत है।

7. (*a*) **कथन** (A) त्रिभुज की दो भुजाएँ, $a = 8$ सेमी, $b = 11$ सेमी

त्रिभुज का परिमाप = 32

$\Rightarrow \quad a + b + c = 32$

$\Rightarrow \quad 8 + 11 + c = 32$

$\Rightarrow \quad c = 13$

तथा $s = \frac{32}{2} = 16$

त्रिभुज का क्षेत्रफल $= \sqrt{s(s-a)(s-b)(s-c)}$
$= \sqrt{16(16-8)(16-11)(16-13)}$
$= \sqrt{16 \times 8 \times 5 \times 3} = 8\sqrt{30}$ सेमी^{2}

इसलिए, कथन (A) सही है।
कारण (R) कारण (R) सही है।
अतः कथन (A) और कारण (R) दोनों सही हैं तथा कारण (R) कथन (A) की सही व्याख्या है।

8. (*c*) **कथन** (A) माना त्रिभुज की भुजाएँ $3x, 5x, 7x$ हैं।

परिमाप = 300

$\Rightarrow \quad 3x + 5x + 7x = 300$

$\Rightarrow \quad 15x = 300$

$\Rightarrow \quad x = 20$

$\therefore$ भुजाएँ $a = 60, b = 100, c = 140$

$s = 150$

त्रिभुज का क्षेत्रफल $= \sqrt{s(s-a)(s-b)(s-c)}$
$= \sqrt{150(150-60)(150-100)(150-140)}$
$= \sqrt{150 \times 90 \times 50 \times 10}$
$= 1500\sqrt{3}$ मी^{2}

इसलिए, कथन (A) सही है।
कारण (R) कारण (R) गलत है।
अतः कथन (A) सही है, परन्तु कारण (R) गलत है।

9. (*d*) **कथन** (A) समबाहु त्रिभुज की भुजा, $a = 10$ सेमी

$\therefore \quad a = 10, b = 10, c = 10$

$s = \frac{a+b+c}{2} = \frac{10+10+10}{2} = 15$ सेमी

त्रिभुज का क्षेत्रफल $= \sqrt{s(s-a)(s-b)(s-c)}$
$= \sqrt{15(15-10)(15-10)(15-10)}$
$= \sqrt{15 \times 5 \times 5 \times 5} = 25\sqrt{3}$ सेमी^{2}

इसलिए, कथन (A) गलत है।
कारण (R) कारण (R) सही है।
अतः कथन (A) गलत है, परन्तु कारण (R) सही है।

10. ₹ 2.16

11. $\frac{\sqrt{3}}{4}a^2$ वर्ग इकाई

12. उदाहरण 2 की भाँति स्वयं हल करें। **उत्तर** 84 सेमी^{2}

13. **संकेत** माना त्रिभुज की भुजाएँ 11 सेमी, x सेमी, y सेमी हैं।

$\therefore \quad x + y + 11 = 32$

$\Rightarrow \quad x + y = 21$

$x - y = 5$

$\Rightarrow \quad x = 13$ तथा $y = 8$ **उत्तर** $8\sqrt{30}$ सेमी^{2}

14. (i) **संकेत** अभीष्ट क्षेत्रफल $= \sqrt{s(s-a)(s-b)(s-c)}$
$= \sqrt{15 \times 7 \times 6 \times 2}$
$= 6\sqrt{35}$ सेमी^{2}

उत्तर $6\sqrt{35}$ मी^{2}

(ii) भाग (i) की भाँति स्वयं हल करें। **उत्तर** $2\sqrt{14}$ सेमी^{2}

(iii) भाग (i) की भाँति स्वयं हल करें। **उत्तर** $10\sqrt{21}$ सेमी^{2}

15. प्रश्न 14 (i) की भाँति स्वयं हल करें। **उत्तर** $12\sqrt{5}$ सेमी^{2}

16. उदाहरण 4 की भाँति स्वयं हल करें। **उत्तर** 939.15 सेमी^{2},

17. **संकेत** समबाहु त्रिभुज का परिमाप, $2s = 3$ (भुजा)

$\Rightarrow \quad 2s = 3 \times 8 \Rightarrow s = 12$ सेमी

$\therefore$ त्रिभुज का क्षेत्रफल $= \sqrt{12(12-8)(12-8)(12-8)}$
$= \sqrt{12 \times 4 \times 4 \times 4}$ **उत्तर** $16\sqrt{3}$ सेमी^{2}

18. **संकेत** यहाँ, $s = \frac{a+b+c}{2} = \frac{11+60+61}{2} = \frac{132}{2} = 66$ सेमी

अब, त्रिभुज का क्षेत्रफल
$= \sqrt{66(66-11)(66-60)(66-61)}$
$= 11 \times 6 \times 5$ **उत्तर** 330 सेमी^{2}

19. **संकेत** यहाँ, त्रिभुजाकार पार्श्व की भुजाएँ $a = 13$ मी, $b = 14$ मी और $c = 15$ मी

$\therefore$ अर्द्ध-परिमाप $= \frac{13+14+15}{2} = \frac{42}{2} = 21$ मी

त्रिभुजाकार पार्श्व का क्षेत्रफल
$= \sqrt{s(s-a)(s-b)(s-c)}$
$= \sqrt{21(21-13)(21-14)(21-15)} = 84$ मी^{2}

एक वर्ष में विज्ञापन द्वारा आय $= 84 \times 2000$ [$\because$ 1 मी^{2} = ₹2000]
= ₹168000

अतः कंपनी द्वारा दिया गया किराया $= \frac{1}{2}(168000)$ = ₹84000

20. 109.6 सेमी^{2}

21. NCERT फोल्डर प्रश्नावली 10.1 के प्रश्न 5 की भाँति स्वयं हल करें। **उत्तर** 6750 मी^{2}

22. **संकेत** व्यय = क्षेत्रफल × दर **उत्तर** ₹ 173

23. **संकेत** त्रिभुज का परिमाप, $2s = 6x + 7x + 8x$

$\Rightarrow \quad 420 = 21x \Rightarrow x = 20$ मी

$\therefore \quad a = 6x = 120$ मी, $b = 7x = 140$ मी

तथा $c = 8x = 160$ मी

उत्तर $2100\sqrt{15}$ मी^{2}

24. यहाँ, $s_1 = \frac{120+122+22}{2} = 132$ मी

$\therefore \quad \Delta_1 = \sqrt{132(132-120)(132-122)(132-22)}$
$= \sqrt{132 \times 12 \times 10 \times 110} = 1320$ मी^{2}

तथा $s_2 = \frac{24+26+22}{2} = 36$

$\therefore \quad \Delta_2 = \sqrt{36(36-24)(36-26)(36-22)}$
$= \sqrt{36 \times 12 \times 10 \times 14} = 245.93$ मी^{2}

$\therefore$ छायांकित भाग का क्षेत्रफल $= \Delta_1 - \Delta_2$

उत्तर 1074.07 मी^{2}

25. (i) (b) त्रिभुज का क्षेत्रफल $= \sqrt{s(s-a)(s-b)(s-c)}$

(ii) (c) शंक्वाकार टैन्ट में, कपड़े त्रिभुजाकार रूप में हैं जिसकी भुजाएँ 10 सेमी, 20 सेमी तथा 20 सेमी हैं।

$\therefore a = 10$ सेमी, $b = 20$ सेमी तथा $c = 20$ सेमी

इसलिए, $s = \frac{a+b+c}{2} = \frac{10+20+20}{2}$

$= \frac{50}{2} = 25$ सेमी

(iii) (c) $\because s = 25$ सेमी

$\therefore$ त्रिभुज का क्षेत्रफल $= \sqrt{s(s-a)(s-b)(s-c)}$

$= \sqrt{25(25-10)(25-20)(25-20)}$

$= \sqrt{25 \times 15 \times 5 \times 5}$

$= \sqrt{5 \times 5 \times 5 \times 3 \times 5 \times 5}$

$= 5 \times 5\sqrt{15} = 25\sqrt{15}$ सेमी^{2}

(iv) (b) चूँकि, एक लाल रंग के त्रिभुजाकार कपड़े का क्षेत्रफल $25\sqrt{15}$ सेमी^{2} है तथा टैन्ट दो रंगों के 12 भागों द्वारा बना हुआ है। इसलिए लाल रंग के कपड़े वाले भाग की संख्या 6 होगी

अतः अभीष्ट कपड़े का क्षेत्रफल $= 6 \times 25\sqrt{15}$

$= 150\sqrt{15}$ सेमी^{2}

(v) (b) एक त्रिभुजाकार भाग का परिमाप $= 10 + 20 + 20$

$= 50$ सेमी

$\therefore$ 6 सफेद रंग के भागों का कुल परिमाप

$= 6 \times$ एक त्रिभुजाकार भाग का परिमाप

$= 6 \times 50$

$= 300$ सेमी

26. (i) (b) दिया है, $a = 15$ मी, $b = 11$ मी तथा $c = 6$ मी

$\therefore$ अर्द्ध-परिमाप $(s) = \frac{a+b+c}{2}$

$= \frac{15+11+6}{2}$

$= \frac{32}{2} = 16$ मी

(ii) (b) चूँकि, त्रिभुज की तीनों भुजाएँ असमान हैं, इसलिए दिया गया त्रिभुज विषमबाहु है।

(iii) (b) $\because s = 16$ मी

अब, दीवार का क्षेत्रफल $= \sqrt{16(16-15)(16-11)(16-6)}$

$= \sqrt{16 \times 1 \times 5 \times 10}$

$= \sqrt{4 \times 4 \times 1 \times 5 \times 5 \times 2}$

$= 4 \times 5\sqrt{2}$

$= 20\sqrt{2}$ मी^{2}

(iv) (c) $\because$ दीवार का क्षेत्रफल $= 20\sqrt{2}$ मी^{2}

$\therefore$ रंग करने का खर्च $= 20\sqrt{2} \times 8 = 160\sqrt{2}$

$= 160 \times 1.41$

$=$ ₹ 225.6

$=$ ₹ 226 (लगभग)

(v) (b) त्रिभुज का क्षेत्रफल $= \sqrt{s(s-a)(s-b)(s-c)}$

Topics to be Assessed Formatively

चतुर्भुज (Quadrilateral)

एक समतल आकृति जोकि चार रेखाखंडों द्वारा घिरी हुई हो, चतुर्भुज कहलाती है।

एक चतुर्भुज जिसकी भुजाएँ तथा एक विकर्ण दिए हों, उसका क्षेत्रफल, उसे दो त्रिभुजों में विभाजित करके और फिर हीरोन के सूत्र का प्रयोग करके ज्ञात किया जा सकता है।

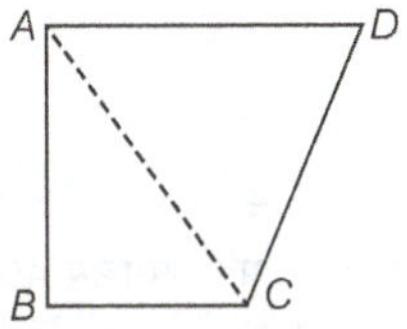

चतुर्भुज $ABCD$ का क्षेत्रफल

$= \Delta ABC$ का क्षेत्रफल $+ \Delta ADC$ का क्षेत्रफल

निम्नलिखित उदाहरण द्वारा इस प्रकार के अनुप्रयोगों का अध्ययन करते हैं।

उदाहरण 1 एक चतुर्भुज $ABCD$ का क्षेत्रफल ज्ञात कीजिए जिसकी भुजाएँ क्रमशः $AB = 7$ सेमी, $BC = 6$ सेमी $CD = 12$ सेमी, $DA = 15$ सेमी और विकर्ण $AC = 9$ सेमी है।

हल यहाँ विकर्ण AC, चतुर्भुज $ABCD$ को दो त्रिभुजाकार भागों ABC तथा ACD में विभाजित करता है।

$\therefore$ चतुर्भुज $ABCD$ का क्षेत्रफल $= \Delta ABC$ का क्षेत्रफल $+ \Delta CAD$ का क्षेत्रफल

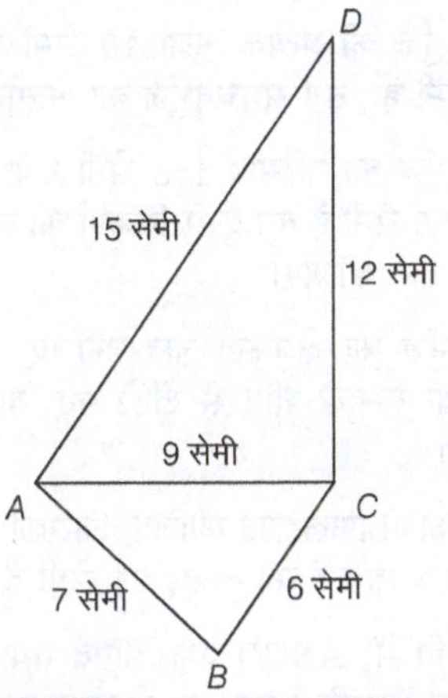

त्रिभुज ABC के लिए,

माना $a = 6, b = 7, c = 9$

$$s = \frac{a+b+c}{2} = \frac{6+7+9}{2} = 11 \text{ सेमी}$$

$\therefore \Delta ABC$ का क्षेत्रफल $= \sqrt{s(s-a)(s-b)(s-c)}$ [हीरोन के सूत्र से]

$= \sqrt{11(11-6)(11-7)(11-9)}$

$= \sqrt{11 \times 5 \times 4 \times 2} = \sqrt{440}$ सेमी^{2}

$= 20.98$ सेमी^{2}

इसी प्रकार, त्रिभुज CDA के लिए,

$$s = \frac{9+12+15}{2} = 18 \text{ सेमी}$$

$\therefore \Delta CDA$ का क्षेत्रफल $= \sqrt{18(18-9)(18-12)(18-15)}$

$= \sqrt{18 \times 9 \times 6 \times 3}$

$= \sqrt{18 \times 9 \times 6 \times 3} = 54$ सेमी^{2}

अतः चतुर्भुज $ABCD$ का क्षेत्रफल

$= \Delta ABC$ का क्षेत्रफल $+ \Delta CAD$ का क्षेत्रफल

$= (20.98 + 54)$ सेमी^{2}

$= 74.98$ सेमी^{2}

उदाहरण 2 एक चतुर्भुज $ABCD$ का क्षेत्रफल ज्ञात कीजिए जिसकी भुजाएँ क्रमशः 9 मी, 40 मी, 28 मी तथा 15 मी है और पहली दो भुजाओं के मध्य का कोण समकोण है।

हल माना $ABCD$ दिया गया चतुर्भुज इस प्रकार है कि

$\angle ABC = 90°$ तथा $AB = 9$ मी, $BC = 40$ मी,

$CD = 28$ मी, $AD = 15$ मी

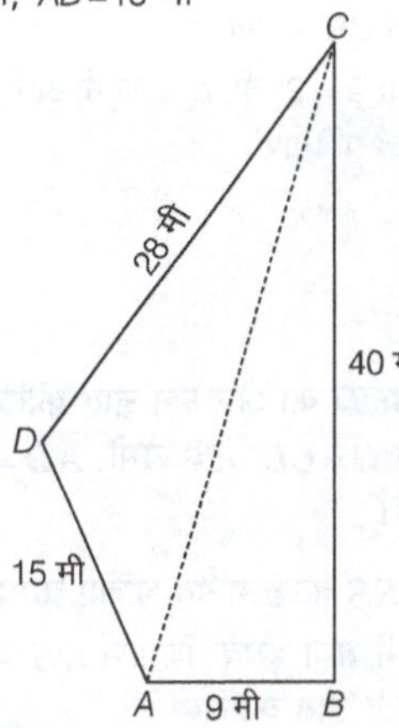

समकोण ΔABC में,

$AC^2 = AB^2 + BC^2$ [पाइथागोरस प्रमेय द्वारा]

$\Rightarrow AC^2 = 9^2 + 40^2 = 1681$

$\Rightarrow AC = 41$ मी

यहाँ, ΔABC एक समकोण त्रिभुज है।

$\therefore \Delta ABC$ का क्षेत्रफल $= \frac{1}{2}$ (आधार $\times$ ऊँचाई) $= \frac{1}{2}(AB \times BC)$

$= \frac{1}{2}(9 \times 40)$ मी$^2 = 180$ मी^{2}

ΔACD में, $AC = 41$ मी, $CD = 28$ मी, तथा $DA = 15$ मी

माना $a = AC = 41$ मी, $b = CD = 28$ मी तथा $c = DA = 15$ मी

तब $s = \frac{1}{2}(a+b+c) = \frac{1}{2}(41+28+15) = 42$

$= \sqrt{s(s-a)(s-b)(s-c)}$

$= \sqrt{42(42-41)(42-28)(42-15)}$

$= \sqrt{42 \times 1 \times 14 \times 27} = \sqrt{14 \times 3 \times 14 \times 27}$

$= 14 \times 9 = 126$ मी^{2}

अतः चतुर्भुज $ABCD$ का क्षेत्रफल

$= (\Delta ABC$ का क्षेत्रफल $+ (\Delta CAD$ का क्षेत्रफल)

$= (180 + 126)$ मी$^2 = 306$ मी^{2}

उदाहरण 3 एक खेत समलंब के आकार का है जिसकी समांतर भुजाएँ क्रमशः 20 मी और 42 मी है। इसकी असमांतर भुजाएँ क्रमशः 21 मी और 23 मी है। इस खेत का क्षेत्रफल ज्ञात कीजिए।

हल माना $ABCD$ एक दिया गया समलंब है जिसमें $AB \| DC$ है।

तब, $AB = 42$ मी, $CD = 20$ मी, $AD = 21$ मी तथा $BC = 23$ मी

अब $CE \| DA$ खींचा तथा समांतर चतुर्भुज $AECD$ को पूर्ण किया।

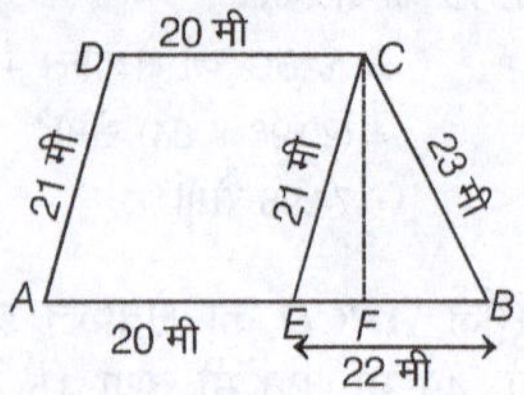

तब $CE = 21$ मी और $AE = 20$ मी

[चूँकि समांतर चतुर्भुज में सम्मुख भुजाएँ बराबर और समांतर होती हैं]

अब, $BE = AB - AE \Rightarrow BE = 42 - 20 = 22$ मी

माना $CF \perp AB$ और $CF = h$ मी

अब ΔEBC में, माना $a = 21$ मी, $b = 23$ मी और $c = 22$ मी

तब, ΔEBC का अर्द्ध-परिमाप

$$s = \frac{a+b+c}{2} = \frac{21+23+22}{2} = \frac{66}{2} = 33 \text{ मी}$$

तथा ΔEBC का क्षेत्रफल

$= \sqrt{s(s-a)(s-b)(s-c)}$ [हीरोन सूत्र द्वारा]

$= \sqrt{33(33-21)(33-23)(33-22)}$

$= \sqrt{33 \times 12 \times 10 \times 11} = 66\sqrt{10}$ मी ...(i)

ΔEBC का क्षेत्रफल $= \frac{1}{2} \times$ आधार $\times$ ऊँचाई $= \frac{1}{2} \times BE \times CF$

$\Rightarrow \quad 66\sqrt{10} = \frac{1}{2} \times 22 \times h$ [समी (i) से]

$\Rightarrow \quad h = \frac{66\sqrt{10} \times 2}{22}$

$\Rightarrow \quad h = 6\sqrt{10}$ मी

अब, समलंब $ABCD$ का क्षेत्रफल

$= \frac{1}{2} \times$ (समांतर भुजाओं का योग) $\times$ ऊँचाई

$= \frac{1}{2} \times (20 + 42) \times 6\sqrt{10} = \frac{62}{2} \times 6\sqrt{10}$

$= 186\sqrt{10}$ मी^{2}

अतः दिए गए समलंब का क्षेत्रफल $186\sqrt{10}$ मी^{2} है।

प्रश्नावली

1. एक चतुर्भुज $ABCD$ का क्षेत्रफल ज्ञात कीजिए जिसमें $AB = 16$ सेमी, $BC = CD = 26$ सेमी, $AD = 12$ सेमी और विकर्ण $BD = 20$ सेमी है।

2. एक चतुर्भुज $PQRS$ की क्रमागत भुजाएँ क्रमशः 42 सेमी, 21 सेमी, 29 सेमी, 34 सेमी तथा इसके विकर्ण QS की लंबाई 20 सेमी है, तब इसका क्षेत्रफल ज्ञात कीजिए।

3. एक समलंब की समांतर भुजाएँ क्रमशः 60 सेमी, 77 सेमी तथा अन्य भुजाएँ 25 सेमी और 26 सेमी है, तब समलंब का क्षेत्रफल ज्ञात कीजिए।

4. एक खेत समांतर चतुर्भुज के आकार का है जिसकी भुजाएँ 60 मी और 40 मी तथा इसके विकर्णों में से एक विकर्ण की लंबाई 80 मी है, तब समांतर चतुर्भुज का क्षेत्रफल ज्ञात कीजिए।

5. समचतुर्भुज के दो विकर्ण क्रमशः 4 सेमी तथा 6 सेमी है, तब समचतुर्भुज का क्षेत्रफल ज्ञात कीजिए।

6. यदि समांतर चतुर्भुज का क्षेत्रफल 64 सेमी^{2} तथा आधार 12 सेमी है, तब समांतर चतुर्भुज का शीर्षलंब ज्ञात कीजिए।

7. समांतर चतुर्भुज का आधार तथा संगत शीर्षलंब क्रमशः 10 सेमी और 3.5 सेमी है, तब समांतर चतुर्भुज का क्षेत्रफल ज्ञात कीजिए।

8. यदि समचतुर्भुज की प्रत्येक भुजा 10 सेमी तथा एक विकर्ण की लंबाई 16 सेमी हो, तब समचतुर्भुज का क्षेत्रफल ज्ञात कीजिए।

9. यदि समचतुर्भुज का परिमाप 146 सेमी तथा इसके विकर्णों में से एक विकर्ण 55 सेमी है तब दूसरे विकर्ण की लंबाई तथा समचतुर्भुज का क्षेत्रफल ज्ञात कीजिए।

10. समांतर चतुर्भुज का क्षेत्रफल ज्ञात कीजिए, जिसका एक विकर्ण 6.8 सेमी तथा सम्मुख शीर्ष से खींचे गए विकर्ण की लंबवत् दूरी 7.5 सेमी हो।

11. समचतुर्भुज का क्षेत्रफल ज्ञात कीजिए, जिसकी प्रत्येक भुजा 20 सेमी तथा इसके एक विकर्ण की लंबाई 24 सेमी है।

12. संलग्न आकृति में, $ABCD$ एक आयत तथा DEC एक समबाहु त्रिभुज है, तब छायांकित भाग का क्षेत्रफल ज्ञात कीजिए।

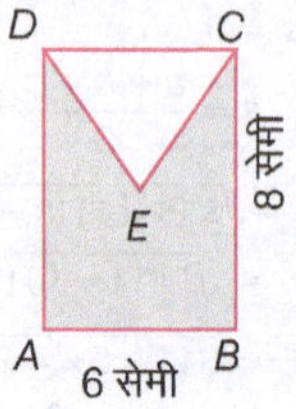

13. संलग्न आकृति में, ΔABC की भुजाएँ क्रमशः $AB = 7.5$ सेमी, $AC = 6.5$ सेमी और $BC = 7$ सेमी है आधार BC पर, ΔABC के समान क्षेत्रफल वाला समांतर चतुर्भुज ΔCED बनाया गया है, तब समांतर चतुर्भुज की ऊँचाई DF ज्ञात कीजिए।

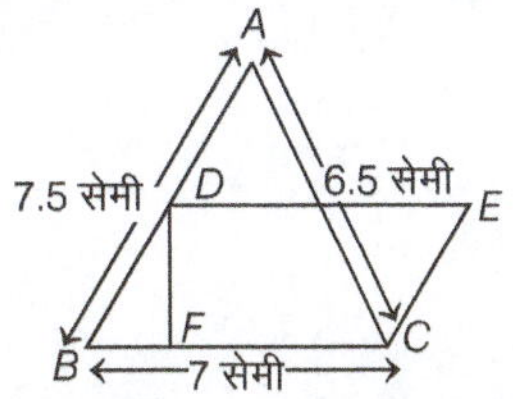

14. नीचे दी गई आकृति में, समलंब $PQRS$ का क्षेत्रफल ज्ञात कीजिए, जिसकी ऊँचाई PQ है।

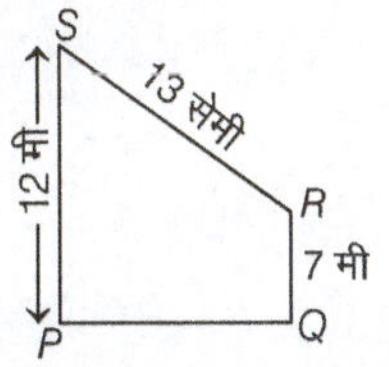

15. एक पतंग वर्ग के आकार में है जिसका विकर्ण 40 सेमी तथा अन्य समद्विबाहु त्रिभुज का आधार 6 सेमी व भुजाएँ 4 सेमी है, तब संलग्न आकृति का क्षेत्रफल ज्ञात कीजिए।

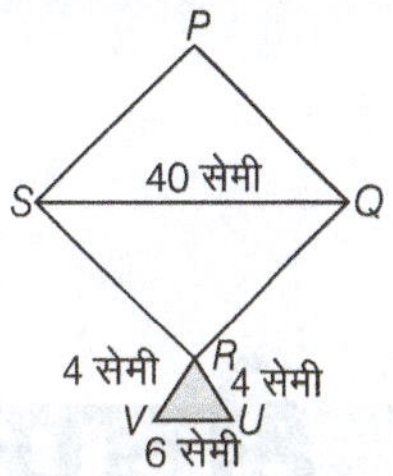

16. एक त्रिभुज तथा समांतर चतुर्भुज का आधार तथा क्षेत्रफल समान है। यदि त्रिभुज की भुजाएँ क्रमशः 13 सेमी, 14 सेमी तथा 15 सेमी हो तथा समांतर चतुर्भुज का आधार 14 सेमी हो, तब समांतर चतुर्भुज की ऊँचाई ज्ञात कीजिए।

उत्तर

1. 336 सेमी^{2}
2. 546 सेमी^{2}
3. 1644 सेमी^{2}
4. $600\sqrt{15}$ मी^{2}
5. 12 सेमी^{2}
6. 5.53 सेमी^{2}
7. 35 सेमी^{2}
8. 96 सेमी^{2}
9. 48 सेमी
10. 1320 सेमी^{2}
11. 51 सेमी^{2}
12. $(48 - 9\sqrt{3})$ सेमी^{2}
13. 114 मी^{2}
14. 3 सेमी
15. $(800+3\sqrt{7})$ सेमी^{2}
16. 6 सेमी

अध्याय

11

पृष्ठीय क्षेत्रफल और आयतन

(Surface Areas and Volumes)

अभी तक हमनें उन्हीं आकृतियों का अध्ययन किया है जिनकी केवल लंबाई व चौड़ाई हैं अर्थात् जिन्हें हम अपनी अभ्यास पुस्तिका पर बना सकते हैं। ये समतल आकृतियाँ (Plane figures) कहलाती हैं।
इस अध्याय में, हम कुछ ठोस आकृतियों जैसे– शंकु तथा गोले का अध्ययन करेंगे अर्थात् वह आकृतियाँ जिनकी लंबाई, चौड़ाई तथा ऊँचाई हैं। यहाँ, हम इन आकृतियों के पृष्ठीय क्षेत्रफलों एवं आयतनों को ज्ञात करने के बारे में भी अध्ययन करेंगे।

टॉपिक 1
लंबवृत्तीय शंकु का पृष्ठीय क्षेत्रफल तथा आयतन

टॉपिक्स

लंबवृत्तीय शंकु (Right Circular Cone)

किसी समकोण त्रिभुज को उसकी समकोण बनाने वाली भुजाओं में से किसी एक भुजा के परित: घुमाने पर कर्ण द्वारा जनित वक्रपृष्ठ तथा शेष तीसरी भुजा द्वारा निर्मित वृत्तीय समतल से प्राप्त ठोस या त्रिविमीय आकृति को **लंबवृत्तीय शंकु** अथवा **शंकु** कहते हैं। *जैसे*–आइसक्रीम का कोन, लट्टू, जोकर की टोपी, आदि।

संलग्न चित्र में, एक समकोण ΔOPA को उसकी भुजा OP के परित: घुमाने पर कर्ण OA और शेष भुजा AB द्वारा एक लम्बवृत्तीय शंकु OAB प्राप्त होता है जिसका आधार ACB है।

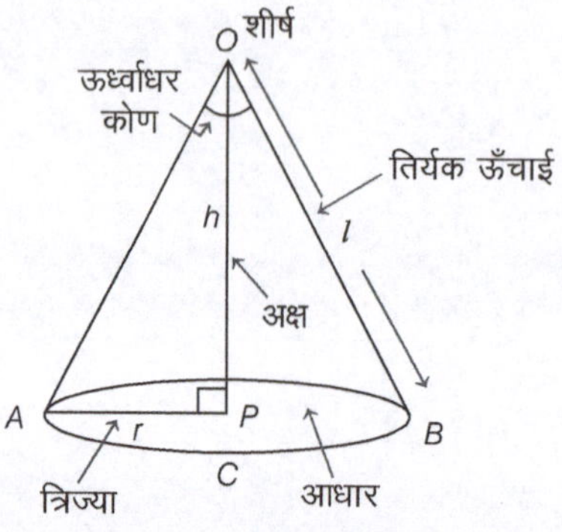

शंकु से संबंधित पद

- **शीर्ष** स्थिर बिंदु O शंकु का शीर्ष कहलाता है।
- **अक्ष** स्थिर रेखा OP शंकु का अक्ष कहलाती है।
- **आधार** वृत्त ABC को लंबवृत्तीय शंकु का आधार कहते हैं।
- **तिर्यक ऊँचाई** शीर्ष से वृत्तीय आधार के किनारे पर स्थित किसी भी बिंदु को मिलाने वाली रेखाखंड की लंबाई शंकु की तिर्यक ऊँचाई कहलाती है। चित्र में, OB शंकु की तिर्यक ऊँचाई है।
- **ऊर्ध्वाधर कोण** $\angle AOB$ को शंकु का ऊर्ध्वाधर कोण कहते हैं।
- **ऊँचाई** शीर्ष से आधार के केंद्र को मिलाने वाली रेखाखंड की लंबाई शंकु की ऊँचाई कहलाती है। चित्र में, OP शंकु की ऊँचाई है।
- **त्रिज्या** वृत्तीय आधार की त्रिज्या AP को शंकु की त्रिज्या कहते हैं।

नोट
- यदि शंकु का आधार वृत्तीय है परंतु अक्ष, आधार पर समकोणीय नहीं है, तब शंकु, लंबवृत्तीय शंकु नहीं होगा [आकृति (a) में देखिए]।
- यदि शंकु का आधार वृत्तीय नहीं है, तब शंकु, लंबवृत्तीय शंकु नहीं होगा। [आकृति (b) में देखिए]

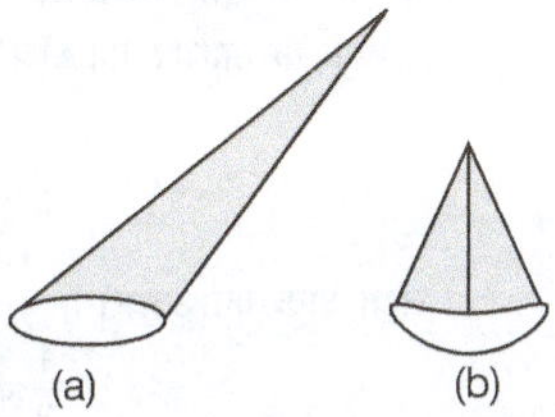

l, r तथा h के मध्य संबंध

माना शंकु की तिर्यक ऊँचाई l, त्रिज्या (r) तथा ऊँचाई (h) हैं, तब l, r और h के मध्य संबंध

$$l^2 = r^2 + h^2$$

या $l = \sqrt{r^2 + h^2}$ इकाई [धनात्मक वर्गमूल लेने पर]

शंकु का पृष्ठीय क्षेत्रफल
(Curved Surface Area of a Cone)

एक शंकु जिसकी तिर्यक ऊँचाई l तथा आधार की त्रिज्या r है, तब वक्रपृष्ठीय क्षेत्रफल निम्नवत् होगा।

शंकु का वक्रपृष्ठीय क्षेत्रफल $= \frac{1}{2} l \times 2\pi r$

∴ **शंकु का वक्रपृष्ठीय क्षेत्रफल $= \pi rl$**

शंकु का कुल पृष्ठीय क्षेत्रफल
(Total Surface Area of a Cone)

यदि शंकु के आधार को हटा दिया जाए, तब त्रिज्या r के कागज के वृत्तीय भाग की भी आवश्यकता होगी।

∴ शंकु का कुल पृष्ठीय क्षेत्रफल = वक्रपृष्ठीय क्षेत्रफल + आधार का क्षेत्रफल

$$= \pi rl + \pi r^2$$

शंकु का कुल पृष्ठीय क्षेत्रफल $= \pi r(l + r)$ वर्ग इकाई

उदाहरण 1 एक शंकु की ऊँचाई तथा आधार की त्रिज्या क्रमशः 16 सेमी तथा 12 सेमी हैं। शंकु के वक्रपृष्ठ का क्षेत्रफल तथा कुल पृष्ठ का क्षेत्रफल ज्ञात कीजिए। $(\pi = 3.14)$

हल दिया है, शंकु की ऊँचाई $(h) = 16$ सेमी

तथा आधार की त्रिज्या $(r) = 12$ सेमी

हम जानते हैं कि $l^2 = h^2 + r^2$

$\Rightarrow$ $l = \sqrt{h^2 + r^2}$ [धनात्मक वर्गमूल लेने पर]

$\Rightarrow$ $l = \sqrt{(16)^2 + (12)^2} = \sqrt{256 + 144}$

$= \sqrt{400} = 20$ सेमी

अब, शंकु के वक्रपृष्ठ का क्षेत्रफल

$= \pi rl = 3.14 \times 12 \times 20$

$= 756.6$ सेमी^{2}

तथा शंकु का कुल पृष्ठीय क्षेत्रफल $= \pi rl + \pi r^2$

$= 753.6 + 3.14 \times 12 \times 12$

$= 753.6 + 452.16 = 1205.76$ सेमी^{2}

उदाहरण 2 दो शंकुओं के व्यास समान हैं। यदि उनकी तिर्यक ऊँचाई 5 : 4 के अनुपात में हैं, तो उनके वक्रपृष्ठ के क्षेत्रफलों का अनुपात ज्ञात कीजिए।

हल दिया है, दो शंकुओं के व्यास समान हैं।

∴ शंकुओं की त्रिज्या भी समान होगी।

माना r प्रत्येक शंकुओं की त्रिज्या तथा तिर्यक ऊँचाई $5x$ तथा $4x$ हैं।

हम जानते हैं कि

शंकु के वक्रपृष्ठ का क्षेत्रफल $= \pi rl$

तो, पहले शंकु के वक्रपृष्ठ का क्षेत्रफल $= \pi r \times 4x$

तथा दूसरे शंकु के वक्रपृष्ठ का क्षेत्रफल $= \pi r \times 5x$

∴ अभीष्ट अनुपात $= \frac{\pi r \times 5x}{\pi r \times 4x} = 5 : 4$

उदाहरण 3 एक भुट्टा (Corn cob) कुछ-कुछ शंकु जैसे आकार का है। जिसके सबसे चौड़े सिरे की त्रिज्या 2.1 सेमी है और इसकी लंबाई (ऊँचाई) 20 सेमी है। यदि भुट्टे के प्रत्येक 1 वर्ग सेमी पृष्ठ पर चार दाने हों, तो ज्ञात कीजिए कि पूरे भुट्टे पर कुल कितने दाने होंगे?

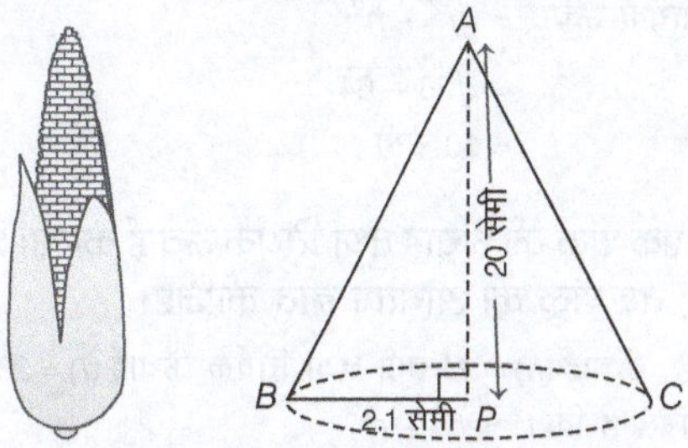

हल चूँकि भुट्टे के दाने उसके वक्रपृष्ठ पर ही होते हैं, इसलिए हमें दानों की संख्या ज्ञात करने के लिए भुट्टे के वक्रपृष्ठीय क्षेत्रफल को ज्ञात करना होगा।

$r =$ शंक्वाकार भुट्टे के आधार की त्रिज्या $= 2.1$ सेमी

$h =$ शंक्वाकार भुट्टे की ऊँचाई $= 20$ सेमी

माना शंक्वाकार भुट्टे की तिर्यक् ऊँचाई l है।

$\therefore \quad l = \sqrt{r^2 + h^2} = \sqrt{(2.1)^2 + (20)^2}$

$= \sqrt{4.41 + 400} = \sqrt{404.41}$

$= 20.11$ सेमी

$\therefore$ भुट्टे का वक्रपृष्ठीय क्षेत्रफल $= \pi rl$

$= \frac{22}{7} \times 2.1 \times 20.11$

$= 132.726$

$= 132.73$ सेमी^{2}

अतः भुट्टे पर कुल दानों की संख्या = भुट्टे का वक्रपृष्ठीय क्षेत्रफल $\times$ 1 वर्ग सेमी में दानों की संख्या

$= 132.73 \times 4 = 530.92 = 531$

अतः भुट्टे पर कुल दानों की संख्या 531 होगी।

शंकु का आयतन (Volume of a Cone)

वह शंकु जिसकी त्रिज्या (r) तथा ऊँचाई (h) है, तब

शंकु का आयतन $= \frac{1}{3}\pi r^2 h$ घन इकाई

उदाहरण 4 एक शंकु की त्रिज्या और ऊँचाई 3 : 4 के अनुपात में हैं। यदि इसका आयतन 301.44 सेमी^{3} है, तब इसकी त्रिज्या और तिर्यक ऊँचाई ज्ञात कीजिए। ($\pi = 3.14$)

हल माना शंकु की त्रिज्या और तिर्यक ऊँचाई क्रमशः $3x$ और $4x$ हैं।

दिया है, शंकु का आयतन = 301.44 सेमी^{3}

$\Rightarrow \quad \frac{1}{3}\pi r^2 h = 301.44$

$\Rightarrow \quad \frac{1}{3} \times 3.14 \times 3x \times 3x \times 4x = 301.44$

$\Rightarrow \quad x^3 = \frac{301.44}{3 \times 4 \times 3.14}$

$\Rightarrow \quad x^3 = \frac{301.44}{37.68} = 8$

$\Rightarrow \quad x = 2$

$\therefore$ त्रिज्या $(r) = 3x = 6$ सेमी और ऊँचाई $(h) = 4x = 8$ सेमी

अब, तिर्यक ऊँचाई $= \sqrt{r^2 + h^2}$

$= \sqrt{36 + 64}$

$= 10$ सेमी

उदाहरण 5 एक शंकु की ऊँचाई तथा तिर्यक ऊँचाई क्रमशः 21 सेमी तथा 28 सेमी हैं, तब शंकु का आयतन ज्ञात कीजिए।

हल दिया है, ऊँचाई $(h) = 21$ सेमी तथा तिर्यक ऊँचाई $(l) = 28$ सेमी

हम जानते हैं कि $l^2 = h^2 + r^2$

$\Rightarrow \quad r^2 = l^2 - h^2$

$\Rightarrow \quad r = \sqrt{l^2 - h^2}$ [धनात्मक वर्गमूल लेने पर]

$= \sqrt{(28)^2 - (21)^2}$

$= 7\sqrt{16 - 9} = 7\sqrt{7}$ सेमी

अतः शंकु का आयतन $= \frac{1}{3}\pi r^2 h$

$= \frac{1}{3} \times \frac{22}{7} \times 7\sqrt{7} \times 7\sqrt{7} \times 21 = 7546$ सेमी^{3}

उदाहरण 6 एक शंक्वाकार तंबू में 11 लोगों के बैठने की जगह हैं। यदि प्रत्येक व्यक्ति को फर्श पर 4 वर्ग मी जगह तथा 20 घन मी सांस लेने के लिए हवा चाहिए, तो शंकु की ऊँचाई ज्ञात कीजिए।

हल माना शंकु के आधार की त्रिज्या r मी तथा ऊँचाई h मी है। चूँकि तंबू में 11 व्यक्तियों को बिठाया जा सकता है तथा प्रत्येक व्यक्ति को फर्श पर 4 वर्ग मी स्थान तथा 20 घन मी हवा की आवश्यकता होती है।

$\therefore$ शंकु के आधार का क्षेत्रफल, $\pi r^2 = 11 \times 4$ मी^{2} $= 44$

$\Rightarrow \quad r^2 = 44 \times \frac{7}{22} = 14$

$\Rightarrow \quad r = \sqrt{14}$ मी

तथा शंकु का आयतन,

$\frac{1}{3}\pi r^2 h = 11 \times 20$ मी^{3} $= 220$

$\frac{1}{3} \times \frac{22}{7} \times (\sqrt{14})^2 \times h = 220$

$\Rightarrow \quad h = \frac{220 \times 3 \times 7}{22 \times 14} = 15$ मी

$\therefore$ शंकु की ऊँचाई = 15 मी

उदाहरण 7 एक शंकु की ऊँचाई 16 सेमी तथा इसके आधार की त्रिज्या 12 सेमी है, तब इसका वक्रपृष्ठीय क्षेत्रफल तथा संपूर्ण पृष्ठीय क्षेत्रफल ज्ञात कीजिए।

हल दिया है, शंकु की ऊँचाई $(h) = 16$ सेमी

तथा आधार की त्रिज्या $(r) = 12$ सेमी

हम जानते हैं कि $\quad l^2 = h^2 + r^2$

$\Rightarrow \quad l = \sqrt{h^2 + r^2}$ [धनात्मक वर्गमूल लेने पर]

$\Rightarrow \quad l = \sqrt{(16)^2 + (12)^2} = \sqrt{256 + 144}$

$\Rightarrow \quad l = \sqrt{400} = 20$ सेमी

अब, शंकु का वक्रपृष्ठीय क्षेत्रफल

$= \pi rl = 3.14 \times 12 \times 20$

$= 753.6$ सेमी^{2}

तथा शंकु का संपूर्ण पृष्ठीय क्षेत्रफल $= \pi rl + \pi r^2$

$= 753.6 + 3.14 \times 12 \times 12$

$= 753.6 + 452.16$

$= 1205.76$ सेमी^{2}

प्रश्नावली 11.1

1. एक शंकु के आधार का व्यास तथा ऊँचाई क्रमश: 14 सेमी और 24 सेमी है, तब शंकु का वक्रपृष्ठीय क्षेत्रफल ज्ञात कीजिए।
2. उस शंकु का वक्रपृष्ठीय क्षेत्रफल ज्ञात कीजिए जिसके आधार की परिधि एवं तिर्यक ऊँचाई क्रमश: 88 सेमी और 2 सेमी हैं।
3. उस शंकु का वक्रपृष्ठ क्षेत्रफल ज्ञात कीजिए जिसके आधार का क्षेत्रफल एवं ऊँचाई क्रमश: 154 सेमी^{2} और 24 सेमी हैं।
4. एक शंकु की त्रिज्या एवं ऊर्ध्वाधर ऊँचाई क्रमश: 5 सेमी और 12 सेमी है इसका वक्रपृष्ठ क्षेत्रफल ज्ञात कीजिए।
5. 16 मी ऊँचाई के एक ठोस शंकु के आधार की परिधि 33 मी है, तब शंकु का संपूर्ण पृष्ठीय क्षेत्रफल ज्ञात कीजिए। [$\pi = \frac{22}{7}$ लीजिए]
6. लंबवृत्तीय शंकु का आयतन ज्ञात कीजिए यदि

   (i) $l = 24$ सेमी, $h = 21$ सेमी (ii) $l = 13$ सेमी, $h = 5$ सेमी

   (iii) $l = 5$ सेमी, $h = 3$ सेमी (iv) $l = 2.5$ सेमी, $h = 5$ सेमी
7. यदि एक शंकु की ऊँचाई एवं आयतन क्रमश: 15 सेमी और 500π सेमी^{3} है, तब शंकु के आधार की त्रिज्या ज्ञात कीजिए।
8. यदि एक लंबवृत्तीय शंकु का आयतन एवं आधार का क्षेत्रफल क्रमश: 48π सेमी^{3} तथा 12π सेमी^{2} है, तब शंकु की ऊँचाई ज्ञात कीजिए।
9. यदि एक शंकु की ऊँचाई एवं त्रिज्या को तीन गुना कर दिया जाए, तब नए शंकु के आयतन एवं वास्तविक शंकु के आयतन का अनुपात ज्ञात कीजिए।
10. एक शंक्वाकार बर्तन की धारिता (लीटर में) ज्ञात कीजिए जिसकी ऊँचाई 8 सेमी तथा तिर्यक ऊँचाई 10 सेमी है।
11. एक 9 सेमी भुजा वाले घन से काटे जा सकने वाले सबसे बड़े लंबवृत्तीय शंकु का आयतन ज्ञात कीजिए।
12. 3.5 सेमी त्रिज्या व 12 सेमी ऊँचाई वाली शंक्वाकार कोन में कितनी आइसक्रीम आयेगी।

संकेत एवं हल

1. **संकेत** $l = \sqrt{(7)^2 + (24)^2} = 25$ सेमी

   शंकु का वक्रपृष्ठीय क्षेत्रफल $= \frac{22}{7} \times \frac{14}{2} \times 25 = 550$ सेमी^{2}

2. **संकेत** आधार की परिधि, $2\pi r = 88 \Rightarrow r = 14$ सेमी

   $\therefore$ वक्रपृष्ठ क्षेत्रफल $= \pi r l = \frac{22}{7} \times 14 \times 2 = 88$ सेमी^{2}

3. **संकेत** आधार का क्षेत्रफल, $\pi r^2 = 154$

   $\Rightarrow r^2 = \frac{154 \times 7}{22} \Rightarrow r = 7 \Rightarrow \quad l = \sqrt{(24)^2 + (7)^2} = 25$ सेमी

   शंकु के वक्रपृष्ठ का क्षेत्रफल $= \pi r l$ **उत्तर** 550 सेमी^{2}

4. उदाहरण 1 की भाँति स्वयं हल करें। **उत्तर** 240.10 सेमी^{2}

5. **संकेत** परिधि, $2\pi r = 33 \Rightarrow r = \frac{33 \times 7}{2 \times 22} = \frac{21}{4} = 5.25$ मी

   $l = \sqrt{\left(\frac{21}{4}\right)^2 + (16)^2} = 16.84$ मी

   शंकु का संपूर्ण पृष्ठीय क्षेत्रफल $= \pi r(l + r)$

   $= \frac{22}{7} \times 5.25 \ (16.84 + 5.25) = 364.485$ मी^{2}

6. उदाहरण 5 की भाँति स्वयं हल करें। **उत्तर** (i) 2970 सेमी^{3}

7. **संकेत** शंकु का आयतन $= \frac{1}{3}\pi r^2 h = 500\pi$

   $\Rightarrow \frac{1}{3} r^2 (15) = 500 \Rightarrow r^2 = \frac{500}{5} = 100 \Rightarrow r = 10$ सेमी

8. **संकेत** शंकु के आधार का क्षेत्रफल, $\pi r^2 = 12\pi \Rightarrow r^2 = 12$

   शंकु का आयतन, $\frac{1}{3}\pi r^2 h = 48\pi$

   $\Rightarrow \quad \frac{1}{3} \times 12 \times h = 48$

   $\Rightarrow \quad h = 12$ सेमी

9. **संकेत** वास्तविक शंकु का आयतन $= \frac{1}{3}\pi r^2 h$

   नए शंकु का आयतन $= \frac{1}{3}\pi (3r)^2 3h = 9\pi r^2 h$,

   अभीष्ट अनुपात $= \frac{9\pi r^2 h}{\frac{1}{3}\pi r^2 h} = \frac{27}{1}$ या 27 : 1

10. **संकेत** $r^2 = \sqrt{l^2 - h^2} = \sqrt{(10)^2 - (8)^2} = \sqrt{36} \Rightarrow r = 6$

    बर्तन की धारिता $= \frac{1}{3}\pi r^2 h = \frac{1}{3} \times \frac{22}{7} \times 6 \times 6 \times 8$ सेमी^{3}

    $= 301.71 \times \frac{1}{1000}$ लीटर

    उत्तर 0.30171 लीटर

11. 190.93 सेमी^{3}

12. **संकेत** आइसक्रीम की मात्रा = शंकु का आयतन

    $= \frac{1}{3}\pi r^2 h$

    उत्तर 154 सेमी^{3}

टॉपिक 2

गोले तथा अर्द्धगोले का पृष्ठीय क्षेत्रफल और आयतन

गोला (Sphere)

गोला एक ठोस त्रिविमीय आकृति है, जोकि आकाश में स्थित उन सभी बिन्दुओं का समुच्चय होता है, जो एक स्थिर बिन्दु से अचर दूरी पर स्थित होते हैं। यह स्थिर बिन्दु गोले का **केन्द्र** (Centre) कहलाता है। दूसरे शब्दों में, "एक अर्द्धवृत्त (Semi-circle) के व्यास को अक्ष मानकर उसके चारों ओर घुमाने से जो ठोस बनता है, गोला कहलाता है।"

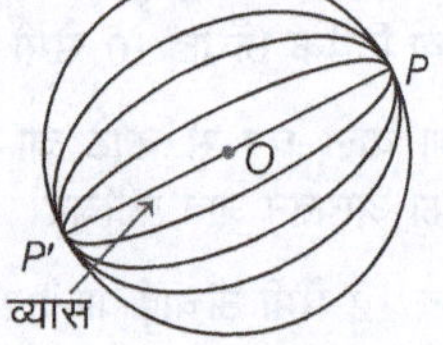

उदाहरण— क्रिकेट की गेंद, काँच की गोलियाँ, आदि।
ये सभी देखने में एक जैसी होती हैं परन्तु इनके आकार अलग-अलग होते हैं।

गोले का पृष्ठीय क्षेत्रफल

(Surface Area of a Sphere)

यदि किसी गोले की त्रिज्या r है, तो गोले का पृष्ठीय क्षेत्रफल (वक्रपृष्ठ या सम्पूर्ण पृष्ठ) r त्रिज्या के वृत्त के क्षेत्रफल का चार गुना होता है
अर्थात् गोले का पृष्ठीय क्षेत्रफल = 4 × वृत्त का क्षेत्रफल

गोले का पृष्ठीय क्षेत्रफल $= 4\pi r^2$ वर्ग इकाई

उदाहरण 1 उस गोले का पृष्ठीय क्षेत्रफल ज्ञात कीजिए जिसका व्यास 30 सेमी है।

हल दिया है, गोले का व्यास = 30 सेमी

$\therefore$ गोले की त्रिज्या $= \frac{30}{2} = 15$ सेमी

अब, गोले का पृष्ठीय क्षेत्रफल $= 4\pi r^2 = 4 \times \frac{22}{7} \times (15)^2$

$= 4 \times \frac{22}{7} \times 15 \times 15$

$= 2828.57$ सेमी^{2}

अर्द्धगोला (Hemisphere)

किसी गोले के केंद्र से होकर जाने वाला समतल, उस गोले को दो बराबर भागों में विभाजित करता है।
इनमें से प्रत्येक भाग **अर्द्धगोला** कहा जाता है।

प्रत्येक अर्द्धगोले की त्रिज्या गोले की त्रिज्या के बराबर होती है।

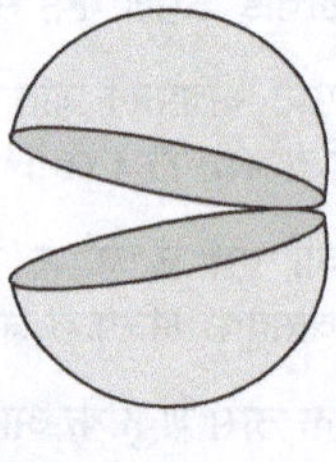

अर्द्धगोले का पृष्ठीय क्षेत्रफल

अर्द्धगोले का पृष्ठीय क्षेत्रफल, समान त्रिज्या के गोले के वक्रपृष्ठ क्षेत्रफल का आधा होता है

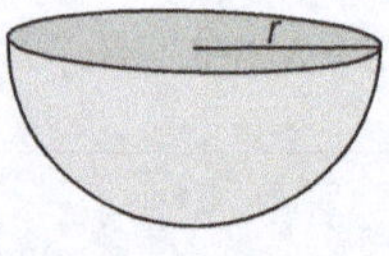

अर्थात् यदि किसी अर्द्धगोले की त्रिज्या r है, तब

अर्द्धगोले का वक्रपृष्ठीय क्षेत्रफल $= \frac{1}{2} \times 4\pi r^2$

अर्द्धगोले का वक्रपृष्ठीय क्षेत्रफल $= 2\pi r^2$ वर्ग इकाई

जहाँ, r त्रिज्या है।
साथ ही, अर्द्धगोले के आधार का क्षेत्रफल $= \pi r^2$
इसलिए, अर्द्धगोले का संपूर्ण पृष्ठीय क्षेत्रफल
= अर्द्धगोले का वक्रपृष्ठीय क्षेत्रफल + अर्द्धगोले के आधार का क्षेत्रफल
$= 2\pi r^2 + \pi r^2$

अर्द्धगोले का संपूर्ण पृष्ठीय क्षेत्रफल $= 3\pi r^2$ वर्ग इकाई

जहाँ, r एक त्रिज्या है।

उदाहरण 2 एक गुंबद जिसकी छत अर्द्धगोलाकार है गुंबद की आंतरिक और बाहरी व्यास क्रमशः 24 सेमी और 25 सेमी है। यदि 1 वर्ग सेमी, पृष्ठ को रंग करवाने का खर्च 7 पैसा हो, तो छत को बाहर तथा अंदर से रंग करवाने का खर्च ज्ञात कीजिए। (किनारे का क्षेत्रफल नगण्य लें)

हल माना अर्द्धगोलाकार बर्तन की आंतरिक तथा बाहरी त्रिज्याएँ क्रमशः r सेमी और R सेमी हैं।

दिया है, $R = 12.5$ सेमी तथा $r = 12$ सेमी

गुंबद का बाहरी पृष्ठीय क्षेत्रफल $= 2\pi R^2 = 2 \times \frac{22}{7} \times (12.5)^2$ सेमी^{2}

गुंबद का आंतरिक पृष्ठीय क्षेत्रफल $= 2\pi r^2 = 2 \times \frac{22}{7} \times (12)^2$ सेमी^{2}

पुताई किया गया संपूर्ण पृष्ठीय क्षेत्रफल

$$= 2 \times \frac{22}{7} \times (12.5)^2 + 2 \times \frac{22}{7} \times 12^2$$

$$= 2 \times \frac{22}{7} \times \left\{\left(\frac{25}{2}\right)^2 + 12^2\right\}$$

$$= 2 \times \frac{22}{7} \times \left(\frac{625}{4} + 144\right) = \frac{13211}{7} \text{ सेमी}^2$$

अतः 7 पैसे प्रति वर्ग सेमी की दर से पुताई करवाने की कुल लागत

$$= \left(\frac{13211}{7} \times \frac{7}{100}\right) = ₹132.11$$

उदाहरण 3 **एक खोखले अर्द्धगोलीय बर्तन के आंतरिक और बाहरी व्यास क्रमशः 24 सेमी और 25 सेमी हैं। यदि 1 वर्ग सेमी पृष्ठ को रंगवाने का व्यय ₹ 0.05 है, तो संपूर्ण बर्तन को रंगवाने की कुल लागत ज्ञात कीजिए। ($\pi = \frac{22}{7}$ उपयोग कीजिए)**

हल माना अर्द्धगोलीय बर्तन की बाहरी और भीतरी त्रिज्याएँ क्रमशः R सेमी और r सेमी हैं।

दिया है, $R = 12.5$ सेमी और $r = 12$ सेमी

बर्तन का बाहरी पृष्ठीय क्षेत्रफल $= 2\pi R^2$

बर्तन का आंतरिक पृष्ठीय क्षेत्रफल $= 2\pi r^2$

शीर्ष घेरे का क्षेत्रफल $= \pi R^2 - \pi r^2$

$\therefore$ रंग किया गया संपूर्ण क्षेत्रफल $= (2\pi R^2 + 2\pi r^2 + \pi R^2 - \pi r^2)$

रंग किया गया संपूर्ण क्षेत्रफल $= \pi(3R^2 + r^2)$

$$= \frac{22}{7} \times [3 \times (12.5)^2 + (12)^2]$$

$$= \frac{22}{7} \times \left\{3 \times \left(\frac{25}{2}\right)^2 + (12)^2\right\}$$

$$= \frac{22}{7} \times [468.75 + 144]$$

$$= \frac{22}{7} \times 612.75 = \frac{13480.5}{7} \text{ सेमी}^2$$

रंग किया गया संपूर्ण क्षेत्रफल = 1925.78 सेमी^{2}

अतः रंगने की कुल लागत = (1925.78 × 0.05) = ₹ 96.28

गोले का आयतन (Volume of a Sphere)

यदि किसी गोले की त्रिज्या r है, तब

$$\text{गोले का आयतन} = \frac{4}{3}\pi r^3 \text{ घन इकाई}$$

खोखले गोले का आयतन (गोलीय कोश) (Volume of Hollow Sphere)

यदि एक अर्द्धगोले की बाहरी और आंतरिक त्रिज्याएँ क्रमशः R और r हैं, तब

खोखले गोले (गोलीय कोश) का आयतन

= बाहरी गोले का आयतन – आंतरिक गोले का आयतन

$$= \frac{4}{3}\pi R^3 - \frac{4}{3}\pi r^3 = \frac{4}{3}\pi(R^3 - r^3)$$

$$\text{खोखले गोले (गोलीय कोश) का आयतन} = \frac{4}{3}\pi(R^3 - r^3) \text{ घन इकाई}$$

उदाहरण 4 **एक ठोस शीशे के घन की कोर की माप 44 सेमी है इसको पिघलाकर 2 सेमी त्रिज्या के कितने गोलाकार छर्रे बनाए जा सकते हैं।**

हल माना कुल छर्रों की संख्या x है।

गोलाकार छर्रे की त्रिज्या = 2 सेमी

$\therefore$ एक गोलाकार छर्रे का आयतन $= \frac{4}{3}\pi \times (2)^3$

$$= \frac{4}{3} \times \frac{22}{7} \times 8 \text{ सेमी}^3$$

$\therefore x$ गोलाकार छर्रों का आयतन $= \frac{4}{3} \times \frac{22}{7} \times 8 \times x$ सेमी^{3}

ठोस घन का आयतन $= (44)^3$ सेमी^{3}

स्पष्टतः x गोलाकार छर्रों का आयतन = घन का आयतन

$$\Rightarrow \frac{4}{3} \times \frac{22}{7} \times 8 \times x = (44)^3$$

$$\Rightarrow \frac{4}{3} \times \frac{22}{7} \times 8 \times x = 44 \times 44 \times 44$$

$$\Rightarrow x = \frac{44 \times 44 \times 44 \times 3 \times 7}{4 \times 22 \times 8} = 2541$$

अतः कुल गोलाकार छर्रों की संख्या = 2541

उदाहरण 5 **1 सेमी त्रिज्या के एक ताँबे के गोले को 100 सेमी लंबे तार में खींचा जाता है। तार की त्रिज्या ज्ञात कीजिए।**

हल दिया है, ताँबे के गोले की त्रिज्या = 1 सेमी

$\therefore$ ताँबे के गोले का आयतन $= \frac{4}{3} \times \frac{22}{7} \times 1 \times 1 \times 1$

[$\because$ गोले का आयतन $= \frac{4}{3}\pi r^3$]

$$= \frac{88}{21} \text{ सेमी}^3$$

स्पष्टतः 100 सेमी लंबाई का तार एक बेलन है। माना तार की त्रिज्या r सेमी है।

$\therefore$ तार का आयतन $= \frac{22}{7} \times r^2 \times 100$

$= \frac{2200}{7} r^2$ सेमी^{3} [$\because$ तार का आयतन $= \pi r^2 h$]

स्पष्टतः तार का आयतन = ताँबे के गोले का आयतन

$$\Rightarrow \frac{2200}{7} r^2 = \frac{88}{21} \Rightarrow r^2 = \frac{88}{21} \times \frac{7}{2200} = \frac{1}{75}$$

$$\Rightarrow r = \sqrt{\frac{1}{75}} = \frac{1}{5\sqrt{3}} = 0.11 \text{ सेमी}$$

अतः तार की त्रिज्या 0.11 सेमी है।

अर्द्धगोले का आयतन (Volume of Hemisphere)

अर्द्धगोले का आयतन गोले के आयतन का आधा भाग होता है अर्थात्

अर्द्धगोले का आयतन $= \frac{1}{2} \times$ गोले का आयतन $= \frac{1}{2} \times \frac{4}{3}\pi r^3$

$$\text{अर्द्धगोले का आयतन} = \frac{2}{3}\pi r^3 \text{ घन इकाई}$$

उदाहरण 6 **दो अर्द्धगोलों के आयतनों का अनुपात 8 : 27 है, तब उनकी त्रिज्याओं का अनुपात क्या होगा?**

हल माना दोनों अर्द्धगोलों के आयतन V_1 तथा V_2 हैं।

दिया है, $V_1 : V_2 = 8 : 27 \Rightarrow \frac{2}{3}\pi r_1^3 : \frac{2}{3}\pi r_2^3 = 8 : 27$

[$\because$ अर्द्धगोले का आयतन $= \frac{2}{3}\pi r^3$]

$$\Rightarrow r_1^3 : r_2^3 = 8 : 27 \Rightarrow r_1 : r_2 = 2 : 3$$

प्रश्नावली 11.2

1. गोले का पृष्ठीय क्षेत्रफल ज्ञात कीजिए जिसकी त्रिज्याएँ क्रमशः

(i) 3.5 सेमी (ii) 5.6 सेमी
(iii) 10 सेमी (iv) 2.5 सेमी

2. गोले का संपूर्ण पृष्ठ ज्ञात कीजिए जिसका व्यास क्रमशः

(i) 12 सेमी (ii) 22 सेमी
(iii) 7.5 सेमी (iv) 14 सेमी

3. एक खिलौना अर्द्धगोले के आकार में है जिसकी त्रिज्या 3.5 सेमी है। तब इसका वक्रपृष्ठ तथा संपूर्ण पृष्ठीय क्षेत्रफल ज्ञात कीजिए।

4. यदि एक गोले की त्रिज्या दोगुनी कर दी जाती है, तब प्रथम गोले एवं दूसरे गोले के आयतनों का अनुपात ज्ञात कीजिए।

5. अर्द्धगोले का वक्रपृष्ठीय क्षेत्रफल ज्ञात कीजिए जिसकी त्रिज्याएँ क्रमशः

(i) 10 सेमी (ii) 22 सेमी
(iii) 14 सेमी (iv) 18 सेमी

6. उस गोले का आयतन ज्ञात कीजिए जिसका व्यास क्रमशः

(i) 2.1 सेमी (ii) 32 सेमी
(iii) 8 सेमी (iv) 12 सेमी
(v) 9 सेमी

7. एक दुकानदार के पास 10 सेमी त्रिज्या का एक लड्डू है इसे तोड़कर 5 सेमी त्रिज्या के कितने लड्डू बनाए जा सकते हैं।

8. अर्द्धगोले का आयतन ज्ञात कीजिए जिसकी त्रिज्याएँ क्रमशः

(i) 22 सेमी (ii) 14 सेमी
(iii) 9 सेमी (iv) 25 सेमी

9. अर्द्धगोलाकार कटोरे के किनारों की परिधि 132 सेमी है, तब कटोरे का आयतन ज्ञात कीजिए।

10. दो अर्द्धगोलों के आयतनों का अनुपात 27 : 125 है, तब त्रिज्याओं का अनुपात ज्ञात कीजिए।

11. यदि एक बेलन जिसकी ऊँचाई इसके व्यास की $\frac{2}{3}$ गुनी है तथा आयतन 4 सेमी त्रिज्या के गोले के आयतन के समान है, तब बेलन के आधार की त्रिज्या ज्ञात कीजिए।

12. यदि गोले की त्रिज्या को तीन गुना कर दिया जाए, तब नए गोले के आयतन एवं वास्तविक गोले के आयतन का अनुपात ज्ञात कीजिए।

13. दो गोले के आयतनों का अनुपात 64 : 27 है तब इनकी त्रिज्याओं का अनुपात ज्ञात कीजिए।

संकेत एवं हल

1. उदाहरण 1 की भाँति स्वयं हल करें।
उत्तर (i) 154 सेमी^{2} (ii) 394.24 सेमी^{2} (iii) 1257.14 सेमी^{2}
(iv) 78.57 सेमी^{2}

2. (i) 452.57 सेमी^{2} (ii) 1521.14 सेमी^{2}
(iii) 176.78 सेमी^{2} (iv) 616 सेमी^{2}

3. **संकेत** अर्द्धगोले का वक्रपृष्ठीय क्षेत्रफल $= 2\pi r^2 = 2\pi(3.5)^2$
संपूर्ण पृष्ठीय क्षेत्रफल $= 3\pi r^2 = 3\pi(3.5)^2$ **उत्तर** 77 सेमी^{2}, 115.5 सेमी^{2}

4. 1 : 8

5. **संकेत** अर्द्धगोले का वक्रपृष्ठीय क्षेत्रफल $= 2\pi r^2$ **उत्तर** (i) 628 सेमी^{2}
(ii) 3042.28 सेमी^{2} (iii) 1232 सेमी^{2} (iv) 2036.57 सेमी^{2}

6. **संकेत** गोले का आयतन $= \frac{4}{3}\pi r^3$ **उत्तर** (i) 4.851 सेमी^{3}
(ii) 17164.19 सेमी^{3} (iii) 268.19 सेमी^{3} (iv) 905.14 सेमी^{3}
(v) 381.86 सेमी^{3}

7. उदाहरण 4 की भाँति स्वयं हल करें। **उत्तर** 8

8. **संकेत** अर्द्धगोले का आयतन $= \frac{2}{3}\pi r^3$ **उत्तर** (i) 2788.76 सेमी^{3}
(ii) 718.67 सेमी^{3} (iii) 190.93 सेमी^{3} (iv) 4092.26 सेमी^{3}

9. **संकेत** कटोरे की परिधि, $2\pi r = 132 \Rightarrow r = \frac{132 \times 7}{2 \times 22} = 21$ सेमी

कटोरे का आयतन $= \frac{2}{3}\pi(21)^3$ **उत्तर** 19404 सेमी^{3}

10. उदाहरण 6 की भाँति स्वयं हल करें। **उत्तर** 3 : 5

11. **संकेत** माना बेलन की त्रिज्या r सेमी तथा ऊँचाई h सेमी हैं।

$$h = \frac{2}{3}(\text{व्यास}) = \frac{2}{3} \times 2r = \frac{4r}{3}$$

$\Rightarrow$ बेलन का आयतन = 4 सेमी त्रिज्या वाले गोले का आयतन

$$\Rightarrow \quad \pi r^2 h = \frac{4}{3}\pi \times (4)^3$$

$$\Rightarrow \quad r^3 = 4^3 \Rightarrow r = 4 \text{ सेमी}$$

12. अभीष्ट अनुपात $= \frac{3}{\frac{4}{3}(3r)^3} = \frac{1}{27}$ **उत्तर** 1 : 27

13. **संकेत** दो गोलों के आयतनों का अभीष्ट अनुपात = 64 : 27

$$\Rightarrow \quad \frac{4}{3}\pi r_1^3 : \frac{4}{3}\pi r_2^3 = 6427$$

$$\Rightarrow \quad r_1^3 : r_2^3 = 64 : 27$$

$$\Rightarrow \quad r_1 : r_2 = 4:3$$

NCERT फोल्डर

प्रश्नावली 11.1

जब तक अन्यथा न कहा जाए, $\pi = \frac{22}{7}$ लीजिए।

1. एक शंकु के आधार का व्यास 10.5 सेमी है और इसकी तिर्यक ऊँचाई 10 सेमी है। इसका वक्रपृष्ठीय क्षेत्रफल ज्ञात कीजिए।

हल दिया है, शंकु के आधार का व्यास = 10.5 सेमी

त्रिज्या $(r) = \frac{10.5}{2} = 5.25$ सेमी

तथा तिर्यक ऊँचाई $(l) = 10$ सेमी

$\therefore$ शंकु का वक्रपृष्ठीय क्षेत्रफल $= \pi r l = \frac{22}{7} \times 5.25 \times 10 = 165$ सेमी^{2}

2. एक शंकु का कुल पृष्ठीय क्षेत्रफल ज्ञात कीजिए, जिसकी तिर्यक ऊँचाई 21 मी है और आधार का व्यास 24 मी है।

हल दिया है, तिर्यक ऊँचाई $(l) = 21$ मी तथा व्यास = 24 मी

$$r = \frac{24}{2} = 12 \text{ मी}$$

$\therefore$ संपूर्ण पृष्ठीय क्षेत्रफल $= \pi r(l + r) = \pi \times 12(21 + 12)$

$= \pi \times 12 \times 33 = 396\,\pi$

$= 396 \times \frac{22}{7}$

$= \frac{8712}{7} = 1244\frac{4}{7}$ मी^{2}

3. एक शंकु का वक्रपृष्ठीय क्षेत्रफल 308 सेमी^{2} है और इसकी तिर्यक ऊँचाई 14 सेमी है। ज्ञात कीजिए

(i) आधार की त्रिज्या। (ii) शंकु का कुल पृष्ठीय क्षेत्रफल।

हल दिया है, तिर्यक ऊँचाई $(l) = 14$ सेमी

एक शंकु का वक्रपृष्ठीय क्षेत्रफल = 308 सेमी^{2}

$\therefore$ $\pi r l = 308$

$\Rightarrow$ $\frac{22}{7} \times r \times 14 = 308 \Rightarrow r = \frac{308}{22 \times 2} \Rightarrow r = 7$ सेमी

(i) त्रिज्या, $r = 7$ सेमी

(ii) शंकु का संपूर्ण पृष्ठीय क्षेत्रफल $= \pi r(r + l) = \frac{22}{7} \times 7(7 + 14)$

$= 22 \times 21 = 462$ सेमी^{2}

4. शंकु के आकार का एक तंबू 10 मी ऊँचा है और उसके आधार की त्रिज्या 24 मी है। ज्ञात कीजिए

(i) तंबू की तिर्यक ऊँचाई।

(ii) तंबू में लगे कैनवास की लागत, यदि 1 मी^{2} कैनवास की लागत ₹ 70 है।

हल दिया है, शंक्वाकार तंबू की ऊँचाई $h = 10$ मी, $r = 24$ मी

(i) $\because$ $l = \sqrt{r^2 + h^2}$

$\therefore$ $l = \sqrt{(24)^2 + 10^2}$

$= \sqrt{576 + 100} = \sqrt{676} = 26$ मी

अतः शंकु के आकार के एक तंबू की तिर्यक ऊँचाई 26 मी है।

(ii) तंबू बनाने के लिए आवश्यक कैनवास

= तंबू का वक्रपृष्ठीय क्षेत्रफल

$= \pi r l = \pi \times 24 \times 26 = 624\,\pi$ मी^{2}

$\because$ 1 मी^{2} कैनवास की लागत = 70

624π मी^{2} कैनवास की लागत $= 70 \times 624\,\pi = 70 \times 624 \times \frac{22}{7}$

$= 10 \times 624 \times 22 =$ ₹ 137280

अतः कैनवास की लागत ₹ 137280 है।

5. 8 मी ऊँचाई और आधार की त्रिज्या 6 मी वाले एक शंकु के आकार का तंबू बनाने में 3 मी चौड़े तिरपाल की कितनी लंबाई लगेगी? यह मानकर चलिए कि इसकी सिलाई और कटाई में 20 सेमी तिरपाल अतिरिक्त लगेगा। ($\pi = 3.14$ का प्रयोग कीजिए)

हल माना एक शंकु के आकार के तंबू की त्रिज्या, ऊँचाई तथा तिर्यक ऊँचाई क्रमशः r, h तथा l हैं।

दिया है, $r = 6$ मी, $h = 8$ मी

$\because$ $l = \sqrt{r^2 + h^2}$

$\therefore$ $l = \sqrt{6^2 + 8^2} = \sqrt{36 + 64} = \sqrt{100} = 10$ मी

तंबू के लिए प्रयोग हुए कैनवास का क्षेत्रफल

= शंकु का वक्रपृष्ठीय क्षेत्रफल

$= \pi r l = 3.14 \times 6 \times 10 = 188.4$ मी^{2}

आवश्यक तिरपाल की लंबाई $= \frac{\text{तिरपाल का आवश्यक क्षेत्रफल}}{\text{तिरपाल की चौड़ाई}} = \frac{188.4}{3}$

[$\because$ तिरपाल की चौड़ाई = 3, दिया है]

= 62.8 मी

सिलाई और कटाई के लिए अभीष्ट अतिरिक्त तिरपाल लगेगा = 20 सेमी

= 0.2 मी

अतः तिरपाल की अभीष्ट कुल लंबाई = 62.8 + 0.2 = 63 मी

6. शंकु के आधार की एक गुम्बज की तिर्यक ऊँचाई और आधार का व्यास क्रमशः 25 मी और 14 मी हैं। इसके वक्रपृष्ठ पर ₹ 210 प्रति 100 मी^{2} की दर से सफेदी कराने का व्यय ज्ञात कीजिए।

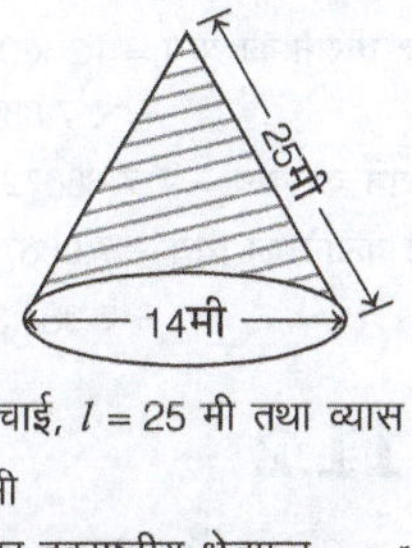

हल दिया है, तिर्यक ऊँचाई, $l = 25$ मी तथा व्यास = 14 मी

$\therefore$ त्रिज्या, $r = 7$ मी

शंक्वाकार गुम्बज का वक्रपृष्ठीय क्षेत्रफल $= \pi r l$

$= \frac{22}{7} \times 7 \times 25 = 22 \times 25 = 550$ मी^{2}

$\because$ प्रति 100 मी^{2} सफेदी कराने का व्यय = ₹ 210

$\therefore$ प्रति 1 मी^{2} सफेदी कराने का व्यय = ₹ $\frac{210}{100}$

$\therefore$ 550 मी^{2} सफेदी कराने का व्यय $= \frac{210 \times 550}{100} =$ ₹ 1155

7. एक जोकर की टोपी एक शंकु के आकार की है, जिसके आधार की त्रिज्या 7 सेमी और ऊँचाई 24 सेमी हैं। इसी प्रकार की 10 टोपियाँ बनाने के लिए आवश्यक गत्ते का क्षेत्रफल ज्ञात कीजिए।

हल दिया है, $r = 7$ सेमी, $h = 24$ सेमी

हम जानते हैं कि $l = \sqrt{h^2 + r^2}$

$\therefore \quad l = \sqrt{(24)^2 + 7^2} = \sqrt{576 + 49} = \sqrt{625} = 25$ सेमी

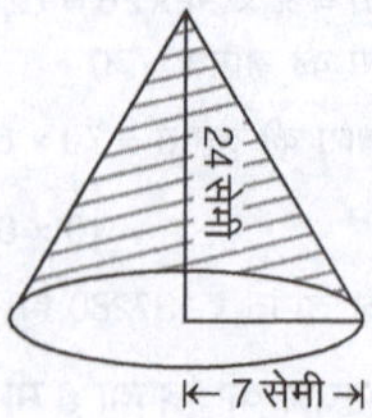

जोकर की टोपी का वक्रपृष्ठीय क्षेत्रफल $= \pi r l = \frac{22}{7} \times 7 \times 25$

$= 22 \times 25 = 550$ सेमी^{2}

$\because$ 1 टोपी को बनाने के लिए आवश्यक गत्ता = 550 सेमी^{2}

$\therefore$ 10 टोपियों को बनाने के लिए आवश्यक गत्ता $= 550 \times 10 = 5500$ सेमी^{2}

8. किसी बस स्टॉप को पुराने गत्ते से बने 50 खोखले शंकुओं द्वारा सड़क से अलग किया हुआ है। प्रत्येक शंकु के आधार का व्यास 40 सेमी है और ऊँचाई 1 मी है। यदि इन शंकुओं के बाहरी पृष्ठों को पेन्ट करवाना है और पेन्ट की दर ₹ 12 प्रति मी^{2} है, तो इनके पेन्ट कराने में कितनी लागत आएगी?
($\pi = 3.14$ और $\sqrt{1.04} = 1.02$ का प्रयोग कीजिए)

हल दिया है, व्यास = 40 सेमी

$\therefore$ त्रिज्या, $r = \frac{40}{2} = 20$ सेमी $= \frac{20}{100} = 0.2$ मी $\quad \left[\because 1 \text{ सेमी} = \frac{1}{100} \text{ मी}\right]$

तथा ऊँचाई = 1 मी

$\because \quad l = \sqrt{r^2 + h^2}$

$\therefore \quad l = \sqrt{(0.2)^2 + 1^2} = \sqrt{0.04 + 1} = \sqrt{1.04} = 1.02$ मी

शंकु का वक्रपृष्ठीय क्षेत्रफल $= \pi r l = 3.14 \times 0.2 \times 1.02$

$= 0.64056$ मी^{2}

प्रति मी^{2} पेन्ट कराने का व्यय = ₹ 12

$\therefore$ 0.64056 मी^{2} पेन्ट कराने का व्यय $= 12 \times 0.64056$

= ₹ 7.68672

एक शंकु के पेन्ट कराने का व्यय = ₹ 7.68672

$\therefore$ 50 शंकुओं के पेन्ट कराने का व्यय $= 7.68672 \times 50 = 384.336$

= ₹ 384.34

प्रश्नावली 11.2

जब तक अन्यथा न कहा जाए, $\pi = \frac{22}{7}$ लीजिए।

1. निम्न त्रिज्या वाले गोले का पृष्ठीय क्षेत्रफल ज्ञात कीजिए।
(i) 10.5 सेमी (ii) 5.6 सेमी (iii) 14 सेमी

हल (i) दिया है, r = गोले की त्रिज्या = 10.5 सेमी

$\therefore$ गोले का वक्रपृष्ठीय क्षेत्रफल $= 4\pi r^2$

$= 4 \times \frac{22}{7} \times 10.5 \times 10.5$

$= 88 \times 1.5 \times 10.5$

$= 1386$ सेमी^{2}

(ii) दिया है, r = गोले की त्रिज्या = 5.6 सेमी

$\therefore$ गोले का वक्रपृष्ठीय क्षेत्रफल $= 4\pi r^2$

$= 4 \times \frac{22}{7} \times 5.6 \times 5.6 = 88 \times 0.8 \times 5.6$

$= 394.24$ सेमी^{2}

(iii) दिया है, r = गोले की त्रिज्या = 14 सेमी

$\therefore$ गोले का वक्रपृष्ठीय क्षेत्रफल $= 4\pi r^2$

$= 4 \times \frac{22}{7} \times 14 \times 14$

$= 88 \times 2 \times 14 = 2464$ सेमी^{2}

2. निम्न व्यास वाले गोलों का पृष्ठीय क्षेत्रफल ज्ञात कीजिए।
(i) 14 सेमी (ii) 21 सेमी (iii) 3.5 सेमी

हल (i) दिया है, व्यास = 14 सेमी

$\therefore$ गोले की त्रिज्या, $r = 7$ सेमी

गोले का वक्रपृष्ठीय क्षेत्रफल

$= 4\pi r^2 = 4 \times \frac{22}{7} \times 7^2 = 4 \times 22 \times 7 = 616$ सेमी^{2}

(ii) दिया है, व्यास = 21 सेमी

$r = \frac{21}{2} = 10.5$ सेमी

$\therefore$ गोले का वक्रपृष्ठीय क्षेत्रफल $= 4\pi r^2 = 4 \times \frac{22}{7} \times 10.5 \times 10.5$

$= 88 \times 1.5 \times 10.5 = 1386$ सेमी^{2}

(iii) दिया है, व्यास = 3.5 सेमी

$\therefore \quad r = \frac{3.5}{2} = 1.75$ सेमी

$\therefore$ गोले का वक्रपृष्ठीय क्षेत्रफल $= 4\pi r^2 = 4 \times \frac{22}{7} \times 1.75 \times 1.75$

$= \frac{269.50}{7} = 38.5$ सेमी^{2}

3. 10 सेमी त्रिज्या वाले एक अर्द्धगोले का कुल पृष्ठीय क्षेत्रफल ज्ञात कीजिए। ($\pi = 3.14$ लीजिए)

हल दिया है, $r = 10$ सेमी

एक अर्द्धगोले का कुल पृष्ठीय क्षेत्रफल $= 3\pi r^2 = 3 \times (3.14) \times (10)^2$

$= 9.42 \times 100 = 942$ सेमी^{2}

4. एक गोलाकार गुब्बारे में हवा भरने पर, उसकी त्रिज्या 7 सेमी से 14 सेमी हो जाती है। इन दोनों स्थितियों में, गुब्बारे के पृष्ठीय क्षेत्रफलों का अनुपात ज्ञात कीजिए।

हल माना प्रारंभिक त्रिज्या, $r_1 = 7$ सेमी

वृद्धि के पश्चात्, $r_2 = 14$ सेमी

प्रारंभिक गुब्बारे के लिए वक्रपृष्ठीय क्षेत्रफल, $A_1 = 4\pi r_1^2$

$= 4 \times \frac{22}{7} \times 7 \times 7 = 88 \times 7 = 616$ सेमी^{2}

वृद्धि के पश्चात् गुब्बारे का वक्रपृष्ठीय क्षेत्रफल, $A_2 = 4\pi r_2^2$

$= 4 \times \frac{22}{7} \times 14 \times 14 = 88 \times 28 = 2464$ सेमी^{2}

$\therefore$ अभीष्ट अनुपात $= A_1 : A_2 = 616 : 2464 = 1 : 4$

5. पीतल से बने एक अर्द्धगोलाकार कटोरे का आंतरिक व्यास 10.5 सेमी है। ₹16 प्रति 100 सेमी² की दर से इसके आंतरिक पृष्ठ पर कलई कराने का व्यय ज्ञात कीजिए।

हल दिया है, आंतरिक व्यास = 10.5 सेमी

आंतरिक त्रिज्या $= \frac{10.5}{2} = 5.25$ सेमी

अर्द्धगोले के आंतरिक भाग का वक्रपृष्ठीय क्षेत्रफल $= 2\pi r^2$

$= 2 \times \frac{22}{7} \times (5.25)^2$

$= 2 \times \frac{22}{7} \times 5.25 \times 5.25 = 173.25$ सेमी²

∵ 100 सेमी² की दर से इसके आंतरिक पृष्ठ पर कलई कराने का व्यय = ₹ 16

∴ 173.25 सेमी² की दर से इसके आंतरिक पृष्ठ पर कलई कराने का व्यय

$= \frac{16 \times 173.25}{100}$ = ₹ 27.72

6. उस गोले की त्रिज्या ज्ञात कीजिए जिसका पृष्ठीय क्षेत्रफल 154 सेमी² है।

हल गोले का वक्रपृष्ठीय क्षेत्रफल = 154 सेमी²

∴ $4\pi r^2 = 154 \Rightarrow 4 \times \frac{22}{7} \times r^2 = 154$

$\Rightarrow r^2 = \frac{154 \times 7}{22 \times 4} = 12.25 \Rightarrow r = \sqrt{12.25}$

∴ $r = 3.5$ सेमी

अतः गोले की त्रिज्या 3.5 सेमी है।

7. चन्द्रमा का व्यास पृथ्वी के व्यास का लगभग एक-चौथाई है। इन दोनों के पृष्ठीय क्षेत्रफलों का अनुपात ज्ञात कीजिए।

हल माना पृथ्वी का व्यास $= d_1$

तब, चन्द्रमा का व्यास $= \frac{1}{4} d_1$

∴ पृथ्वी की त्रिज्या, $r_1 = \frac{d_1}{2}$

चन्द्रमा की त्रिज्या, $r_2 = \frac{d_1}{2 \times 4} = \frac{d_1}{8}$

पृथ्वी का वक्रपृष्ठीय क्षेत्रफल, $S_1 = 4\pi r_1^2 = 4\pi \left(\frac{d_1}{2}\right)^2 = \pi d_1^2$

चन्द्रमा का वक्रपृष्ठीय क्षेत्रफल, $S_2 = 4\pi \left(\frac{d_1}{8}\right)^2 = 4\pi \frac{d_1^2}{64} = \frac{\pi d_1^2}{16}$

अतः पृष्ठीय क्षेत्रफलों का अनुपात

$S_1 : S_2 = \frac{\pi d_1^2}{1} : \frac{\pi d_1^2}{16} \Rightarrow S_1 : S_2 = 16 : 1$

8. एक अर्द्धगोलाकार कटोरा 0.25 सेमी मोटी स्टील से बना है। इस कटोरे की आंतरिक त्रिज्या 5 सेमी है। कटोरे का बाहरी वक्रपृष्ठीय क्षेत्रफल ज्ञात कीजिए।

हल कटोरे की बाहरी त्रिज्या = (आंतरिक त्रिज्या + मोटाई)

= (5 + 0.25) = 5.25 सेमी

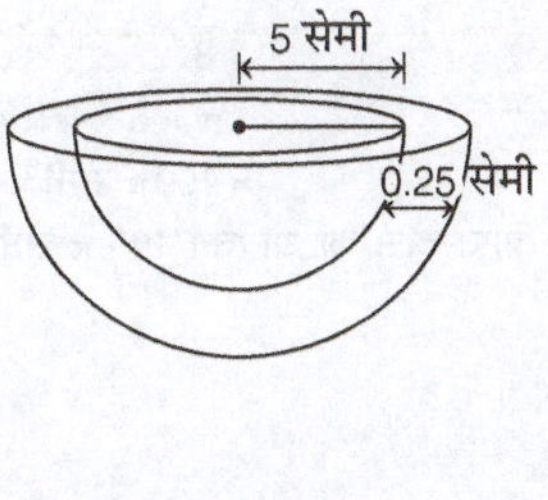

कटोरे का बाहरी वक्रपृष्ठीय क्षेत्रफल $= 2\pi r^2$

$= 2 \times \frac{22}{7} \times 5.25 \times 5.25 = 173.25$ सेमी²

9. एक लंबवृत्तीय बेलन, त्रिज्या r वाले एक गोले को पूर्णतया घेरे हुए है। (देखिए आकृति)

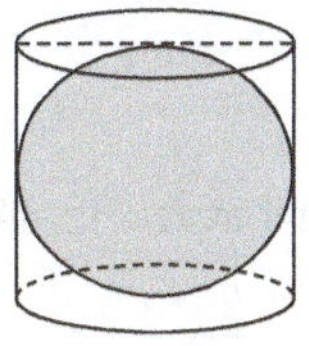

ज्ञात कीजिए

(i) गोले का पृष्ठीय क्षेत्रफल। (ii) बेलन का वक्रपृष्ठीय क्षेत्रफल।

(iii) ऊपर (i) और (ii) में प्राप्त क्षेत्रफलों का अनुपात।

हल दिया है, गोले की त्रिज्या $= r$

बेलन की त्रिज्या = गोले की त्रिज्या $= r$

बेलन की ऊँचाई = व्यास $= 2r$

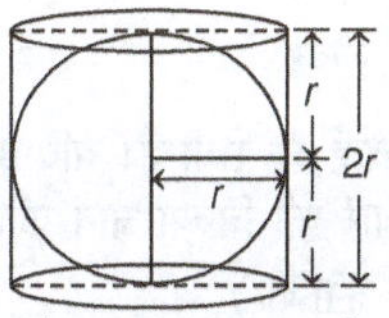

(i) गोले का वक्रपृष्ठीय क्षेत्रफल, $A_1 = 4\pi r^2$

(ii) बेलन का वक्रपृष्ठीय क्षेत्रफल, $A_2 = 2\pi r h = 2\pi \times r \times 2r = 4\pi r^2$

(iii) अभीष्ट अनुपात $= A_1 : A_2 = 4\pi r^2 : 4\pi r^2 = 1 : 1$

प्रश्नावली 11.3

जब तक अन्यथा न कहा जाए, $\pi = \frac{22}{7}$ *लीजिए।*

1. उस लंबवृत्तीय शंकु का आयतन ज्ञात कीजिए, जिसकी

(i) त्रिज्या 6 सेमी और ऊँचाई 7 सेमी है।

(ii) त्रिज्या 3.5 सेमी और ऊँचाई 12 सेमी है।

हल (i) दिया है, $r = 6$ सेमी तथा $h = 7$ सेमी

तब लंबवृत्तीय शंकु का आयतन $= \frac{1}{3}\pi r^2 h = \frac{1}{3} \times \frac{22}{7} \times 6^2 \times 7$

$= \frac{22}{3} \times 6 \times 6 = 22 \times 12 = 264$ सेमी³

(ii) दिया है, $r = 3.5$ सेमी तथा $h = 12$ सेमी

∴ शंकु का आयतन $= \frac{1}{3}\pi r^2 h = \left(\frac{1}{3} \times \frac{22}{7} \times 3.5 \times 3.5 \times 12\right)$

$= (22 \times 0.5 \times 3.5 \times 4) = 154$ सेमी³

2. शंकु के आकार के उस बर्तन की लीटरों में धारिता ज्ञात कीजिए, जिसकी

(i) त्रिज्या 7 सेमी और तिर्यक ऊँचाई 25 सेमी है।

(ii) ऊँचाई 12 सेमी और तिर्यक ऊँचाई 13 सेमी है।

हल (i) दिया है, $r = 7$ सेमी तथा $l = 25$ सेमी

हम जानते हैं कि $l^2 = r^2 + h^2$

$\Rightarrow h = \sqrt{l^2 - r^2} = \sqrt{25^2 - 7^2}$

$= \sqrt{625 - 49} = \sqrt{576} = 24$ सेमी

शंक्वाकार बर्तन की धारिता $= \frac{1}{3}\pi r^2 h = \frac{1}{3} \times \frac{22}{7} \times 7 \times 7 \times 24$

$= 22 \times 7 \times 8 = 1232$ सेमी^{3}

$= \frac{1232}{1000} = 1.232$ लीटर

$\left[\because 1 \text{ सेमी}^3 = \frac{1}{1000} \text{लीटर}\right]$

(ii) दिया है, $h = 12$ सेमी तथा $l = 13$ सेमी

हम जानते हैं कि $l^2 = h^2 + r^2$

$\Rightarrow r = \sqrt{l^2 - h^2} = \sqrt{13^2 - 12^2} = \sqrt{169 - 144} = \sqrt{25} = 5$ सेमी

$\therefore$ शंक्वाकार बर्तन की धारिता $= \frac{1}{3}\pi r^2 h$

$= \frac{1}{3} \times \frac{22}{7} \times 5 \times 5 \times 12 = \frac{22 \times 100}{7}$ सेमी^{3} $= \frac{22 \times 100}{7 \times 1000}$

$\left[\because 1 \text{ सेमी}^3 = \frac{1}{1000} \text{लीटर}\right]$

$= 0.314$ लीटर

3. एक शंकु की ऊँचाई 15 सेमी है। यदि इसका आयतन 1570 सेमी^{3} है, तो इसके आधार की त्रिज्या ज्ञात कीजिए। ($\pi = 3.14$ प्रयोग कीजिए)

हल दिया है, एक शंकु का आयतन = 1570 सेमी^{3}

$\therefore \quad \frac{1}{3}\pi r^2 h = 1570$

$\Rightarrow \quad \frac{1}{3} \times 3.14 \times r^2 \times 15 = 1570 \Rightarrow r^2 = \frac{1570}{3.14 \times 5} = \frac{15700}{157}$

$\therefore \quad r = 10$ सेमी

अतः आधार की त्रिज्या = 10 सेमी

4. यदि 9 सेमी ऊँचाई वाले एक लंबवृत्तीय शंकु का आयतन 48π सेमी^{3} है, तो इसके आधार का व्यास ज्ञात कीजिए।

हल दिया है, लंबवृत्तीय शंकु का आयतन = 48π सेमी^{3}

$\therefore \quad \frac{1}{3}\pi r^2 h = 48\pi$

$\Rightarrow \quad \frac{1}{3} r^2 \times 9 = 48 \quad [\because h = 9 \text{ सेमी, दिया है}]$

$\Rightarrow \quad r^2 = 16 \Rightarrow r = 4$ सेमी

अतः आधार का व्यास $= 2r = 2 \times 4 = 8$ सेमी

5. ऊपरी व्यास 3.5 मी वाले शंकु के आकार का एक गड्ढा 12 मी गहरा है। इसकी धारिता किलोलीटर में कितनी है?

हल दिया है, व्यास = 3.5 मी

$\therefore$ त्रिज्या, $r = \frac{3.5}{2}$ मी तथा $h = 12$ मी

$\therefore$ शंक्वाकार गड्ढे की धारिता $= \frac{1}{3}\pi r^2 h = \frac{1}{3} \times \frac{22}{7} \times \left(\frac{3.5}{2}\right)^2 \times 12$

$= \frac{1}{3} \times \frac{22}{7} \times \frac{3.5}{2} \times \frac{3.5}{2} \times 12$

$= 22 \times 0.5 \times 3.5$

$= 38.5$ मी^{3} $\quad [\because 1 \text{ मी}^3 = 1 \text{ किलोलीटर}]$

$= 38.5$ किलोलीटर

6. एक लंबवृत्तीय शंकु का आयतन 9856 सेमी^{3} है। यदि इसके आधार का व्यास 28 सेमी है, तो ज्ञात कीजिए
(i) शंकु की ऊँचाई। (ii) शंकु की तिर्यक ऊँचाई।
(iii) शंकु का वक्रपृष्ठीय क्षेत्रफल।

हल (i) दिया है, $d = 28$ सेमी $\Rightarrow r = 14$ सेमी

$\because$ एक लंबवृत्तीय शंकु का आयतन = 9856 सेमी^{3}

$\therefore \quad \frac{1}{3}\pi r^2 h = 9856$

$\Rightarrow \quad \frac{1}{3} \times \frac{22}{7} \times 14^2 \times h = 9856$

$\Rightarrow \quad h = \frac{9856 \times 3 \times 7}{22 \times 14 \times 14}$

$\therefore \quad h = \frac{448 \times 3}{28}$

$= 48$ सेमी

अतः शंकु की ऊँचाई 48 सेमी है।

(ii) दिया है, $h = 48$ सेमी तथा $r = 14$ सेमी

$\because \quad l = \sqrt{h^2 + r^2}$

$= \sqrt{48^2 + 14^2}$

$= \sqrt{2304 + 196} = \sqrt{2500}$

$\therefore \quad l = 50$ सेमी

अतः शंकु कि तिरछी ऊँचाई 50 सेमी है।

(iii) शंकु का वक्रपृष्ठीय क्षेत्रफल $= \pi r l = \frac{22}{7} \times 14 \times 50$

$= 44 \times 50$

$= 2200$ सेमी^{2}

7. भुजाओं 5 सेमी, 12 सेमी और 13 सेमी वाले एक समकोण ΔABC की भुजा 12 सेमी के परितः घुमाया जाता है। इस प्रकार प्राप्त ठोस का आयतन ज्ञात कीजिए।

हल जब एक समकोण ΔABC को भुजा AB के परितः घुमाया जाता है, तो इस प्रकार हमें संलग्न आकृति की तरह एक शंकु प्राप्त होता है।

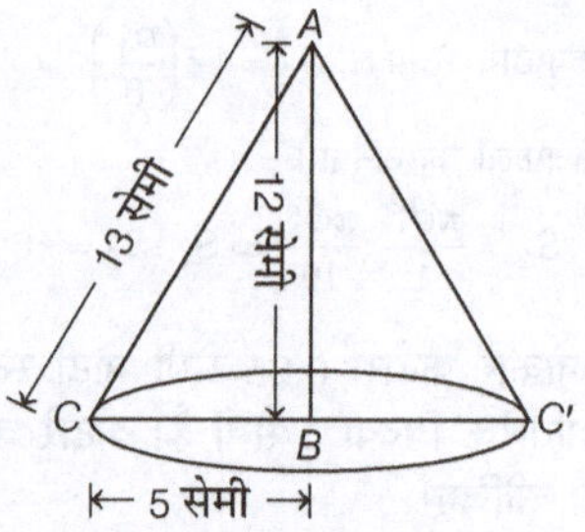

इस प्रकार, प्राप्त ठोस का आयतन $= \frac{1}{3}\pi r^2 h$

$= \frac{1}{3} \times \pi \times 5 \times 5 \times 12$

$= \pi \times 5 \times 5 \times 4$

$= 100\pi$ सेमी^{3}

अतः इस प्रकार प्राप्त ठोस का आयतन 100π सेमी^{3} है।

8. यदि प्रश्न 7 के ΔABC को यदि भुजा 5 सेमी के परितः घुमाया जाए, तो इस प्रकार प्राप्त ठोस का आयतन ज्ञात कीजिए। प्रश्नों 7 और 8 में प्राप्त किए गए दोनों ठोसों के आयतनों का अनुपात भी ज्ञात कीजिए।

हल जब समकोण ΔABC को भुजा BC (= 5 सेमी), के परितः घुमाया जाता है, तो इस प्रकार हमें संलग्न आकृति की तरह एक शंकु प्राप्त होता है।

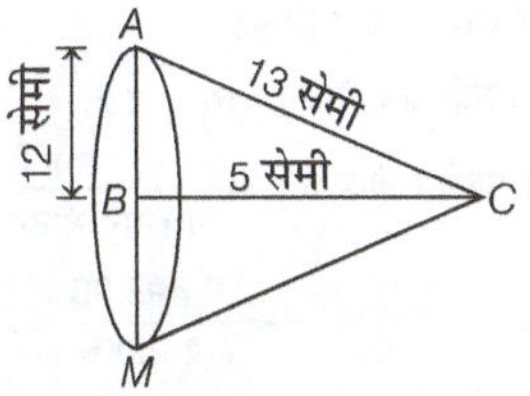

इस प्रकार, प्राप्त ठोस का आयतन $(V_1) = \frac{1}{3}\pi r^2 h$

$$= \frac{1}{3} \times \pi \times 12 \times 12 \times 5 = 240\pi \text{ सेमी}^3$$

प्रश्न 7 में, जब एक समकोण ΔABC को भुजा $AB = 12$ सेमी के परितः घुमाया जाता है, तब आयतन V_2 प्राप्त होता है।

अर्थात् $V_2 = 100\,\pi$ सेमी^{3}

अतः $\frac{V_2}{V_1} = \frac{100\pi}{240\pi} = \frac{10}{24} = \frac{5}{12}$

अतः अभीष्ट अनुपात 5 : 12 है।

9. गेहूँ की एक ढेरी 10.5 मी व्यास और ऊँचाई 3 मी वाले एक शंकु के आकार की है। इसका आयतन ज्ञात कीजिए। इन ढेरों को वर्षा से बचाने के लिए कैनवास से ढका जाना है। वाँछित कैनवास का क्षेत्रफल ज्ञात कीजिए।

हल दिया है, $d = 10.5$ मी, $r = \frac{10.5}{2} = 5.25$ मी तथा $h = 3$ मी

$\because$ $l = \sqrt{r^2 + h^2} = \sqrt{(5.25)^2 + 3^2} = \sqrt{27.5625 + 9}$

$= \sqrt{36.5625} = 6.046 = 6.05$ मी

$\therefore$ गेहूँ के शंकु की ढेरी का आयतन $= \frac{1}{3}\pi r^2 h$

$$= \frac{1}{3} \times \frac{22}{7} \times 5.25 \times 5.25 \times 3 = 86.625 \text{ मी}^3$$

आवश्यक कैनवास का क्षेत्रफल = ढेरी का वक्रपृष्ठीय क्षेत्रफल

$= \pi r l = \frac{22}{7} \times 5.25 \times 6.05$

$= 22 \times 0.75 \times 6.05 = 99.825$ मी^{2}

प्रश्नावली 11.4

जब तक अन्यथा न कहा जाए, $\pi = \frac{22}{7}$ लीजिए।

1. उस गोले का आयतन ज्ञात कीजिए, जिसकी त्रिज्या निम्न है

(i) 7 सेमी (ii) 0.63 मी

हल (i) दिया है, $r = 7$ सेमी

$\therefore$ गोले का आयतन $= \frac{4}{3}\pi r^3 = \frac{4}{3} \times \frac{22}{7} \times (7)^3 = \frac{88 \times 7 \times 49}{3 \times 7}$

$= \frac{4312}{3} = 1437\frac{1}{3}$ सेमी^{3}

(ii) दिया है, $r = 0.63$ मी

गोले का आयतन $= \frac{4}{3}\pi r^3 = \frac{4}{3} \times \frac{22}{7}(0.63)^3$

$= \frac{4}{3} \times \frac{22}{7} \times 0.63 \times 0.63 \times 0.63$

$= 88 \times 0.9 \times 0.21 \times 0.63$

$= 10.478$ मी^{3} $= 10.48$ मी^{3}

2. उस ठोस गोलाकार गेंद द्वारा हटाए गए (विस्थापित) पानी का आयतन ज्ञात कीजिए, जिसका व्यास निम्न है

(i) 28 सेमी (ii) 0.21 मी

हल (i) दिया है, $d = 28$ सेमी $\Rightarrow$ $r = 14$ सेमी

ठोस गोलाकार गेंद द्वारा हटाए गए (विस्थापित) पानी का आयतन

$= \frac{4}{3}\pi r^3 = \frac{4}{3} \times \frac{22}{7} \times (14)^3$

$= \frac{4}{3} \times \frac{22}{7} \times 14 \times 14 \times 14 = 11498.66$ सेमी^{3}

(ii) ठोस गोलाकार गेंद का व्यास = 0.21 मी

$\therefore$ त्रिज्या $= \left(\frac{0.21}{2}\right) = 0.105$ मी

ठोस गोलाकार गेंद द्वारा हटाए गए (विस्थापित) पानी की मात्रा

= गोले का आयतन

$= \frac{4}{3}\pi r^3$

$= \frac{4}{3} \times \frac{22}{7} \times 0.105 \times 0.105 \times 0.105$

$= 0.004851$ मी^{3}

3. धातु की एक गेंद का व्यास 4.2 सेमी है। यदि इस धातु का घनत्व 8.9 ग्राम प्रति सेमी^{3} है, तो इस गेंद का द्रव्यमान ज्ञात कीजिए।

हल दिया है, $d = 4.2$ सेमी $\Rightarrow r = 2.1$ सेमी

धातु की गेंद का आयतन $= \frac{4}{3}\pi r^3 = \frac{4}{3} \times \frac{22}{7} \times (2.1)^3$

$= \frac{4}{3} \times \frac{22}{7} \times 2.1 \times 2.1 \times 2.1 = 38.808$ सेमी^{3}

प्रति सेमी^{3} धातु का घनत्व = 8.9 ग्राम

38.808 सेमी^{3} धातु का घनत्व $= 38.808 \times 8.9 = 345.39$ ग्राम

अतः गेंद का द्रव्यमान = 345.39 ग्राम

4. चन्द्रमा का व्यास पृथ्वी के व्यास का लगभग एक-चौथाई है। चन्द्रमा का आयतन पृथ्वी के आयतन की कौन-सी भिन्न है?

हल माना पृथ्वी का व्यास d_2 है।

दिया है, चन्द्रमा का व्यास $(d_1) = \frac{1}{4} \times$ पृथ्वी का व्यास

$d_1 = \frac{1}{4}d_2$

अतः चन्द्रमा की त्रिज्या $= \frac{d_1}{2} = \frac{d_2}{8}$

पृथ्वी की त्रिज्या $= \frac{d_2}{2}$

$\therefore$ पृथ्वी का आयतन $(V_1) = \frac{4}{3}\pi\left(\frac{d_2}{2}\right)^3$

$= \frac{4}{3}\pi \times \frac{d_2^3}{8}$

$\therefore$ चन्द्रमा का आयतन $(V_2) = \frac{4}{3}\pi\left(\frac{d_2}{8}\right)^3 = \frac{4}{3}\pi\frac{d_2^3}{512}$

$\therefore$ अभीष्ट भिन्न $= \frac{V_1}{V_2} = \dfrac{\frac{4}{3}\pi\left(\frac{d_2^3}{8}\right)}{\frac{4}{3}\pi\left(\frac{d_2^3}{512}\right)} = \frac{512}{8} = \frac{64}{1}$

5. **व्यास 10.5 सेमी वाले एक अर्द्धगोलाकार कटोरे में कितने लीटर दूध आ सकता है?**

हल व्यास = 10.5 सेमी $\Rightarrow$ त्रिज्या, $r = 5.25$ सेमी

एक अर्द्धगोले का आयतन $= \frac{2}{3}\pi r^3 = \frac{2}{3} \times \frac{22}{7} \times 5.25 \times 5.25 \times 5.25$

$= 303.1875$ सेमी^{3}

$\therefore$ अर्द्धगोलाकार कटोरे में आ सकने वाला दूध $= \frac{303.1875}{1000}$ लीटर $\left[\because 1 \text{ सेमी}^3 = \frac{1}{1000} \text{ लीटर}\right]$

= 0.303 लीटर (लगभग)

6. **एक अर्द्धगोलाकार टंकी 1 सेमी मोटी एक लोहे की चादर (sheet) से बनी है। यदि इसकी आंतरिक त्रिज्या 1 मी है, तो इस टंकी के बनाने में लगे लोहे का आयतन ज्ञात कीजिए।**

हल आंतरिक त्रिज्या (r_1) = 1 मी = 100 सेमी

बाहरी त्रिज्या $(r_2) = (100 + 1)$ [$\because$ आंतरिक त्रिज्या + मोटाई]

= 101 सेमी

बाहरी आयतन $= \frac{2}{3}\pi(101)^3$ $\left[\because \text{आयतन} = \frac{2}{3}\pi r^3\right]$

आंतरिक आयतन $= \frac{2}{3}\pi(100)^3$

अतः टंकी के बनाने में लगे लोहे का आयतन

= (बाहरी आयतन – आंतरिक आयतन)

$= \frac{2}{3}\pi[(101)^3 - (100)^3]$

$= \frac{2}{3} \times \frac{22}{7}(101 - 100)[(101)^2 + 101 \times 100 + (100)^2]$

$= \frac{2}{3} \times \frac{22}{7}(10201 + 10100 + 10000) = \frac{44}{21}(30301)$

$= 63487.80$ सेमी^{3} $= \frac{63487.80}{100 \times 100 \times 100}$ मी^{3}

$= 0.063$ मी^{3} (लगभग)

7. **उस गोले का आयतन ज्ञात कीजिए, जिसका पृष्ठीय क्षेत्रफल 154 सेमी² है।**

हल दिया है, गोले का पृष्ठीय क्षेत्रफल = 154 सेमी^{2}

$\therefore \quad 4\pi r^2 = 154 \Rightarrow 4 \times \frac{22}{7} r^2 = 154$

$\Rightarrow \quad r^2 = \frac{154 \times 7}{22 \times 4} \Rightarrow r = \frac{7}{2}$ सेमी

अतः गोले का आयतन $= \frac{4}{3}\pi\left(\frac{7}{2}\right)^3 = \frac{4}{3} \times \frac{22}{7} \times \frac{7}{2} \times \frac{7}{2} \times \frac{7}{2}$

$= \frac{11 \times 7 \times 7}{3} = 179.666 = 179.67$ सेमी^{3}

8. **किसी भवन का गुंबद एक अर्द्धगोले के आकार का है। अंदर से, इसमें सफेदी कराने में ₹ 498.96 व्यय हुए। यदि सफेदी कराने की दर ₹ 2 प्रति वर्ग मीटर है, तो ज्ञात कीजिए**

(i) गुम्बद का आंतरिक वक्रपृष्ठीय क्षेत्रफल।

(ii) गुम्बद के अंदर की हवा का आयतन।

हल सफेदी कराने का व्यय = ₹ 498.96

प्रति वर्ग मीटर सफेदी कराने का व्यय = ₹ 2

(i) गुम्बद का पृष्ठीय क्षेत्रफल $= \dfrac{\text{सफेदी कराने का व्यय}}{\text{प्रति वर्ग मीटर सफेदी कराने का व्यय}}$

$= \frac{₹\ 498.96}{₹\ 2.00} = 249.48$ मी^{2}

अभीष्ट पृष्ठीय क्षेत्रफल = 249.48 मी^{2}

$\therefore \quad 2\pi r^2 = 249.48 \Rightarrow 2 \times \frac{22}{7} \times r^2 = 249.48$

$\Rightarrow \quad r^2 = \frac{249.48 \times 7}{44} \Rightarrow r^2 = 36.69$

$\therefore \quad r = 6.3$ मी

(ii) गुम्बद के अंदर की हवा का आयतन $= \frac{2}{3}\pi r^3 = \frac{2}{3} \times \frac{22}{7} \times (6.3)^3$

$= 523.908$ मी^{3} (लगभग)

9. **लोहे के 27 ठोस गोलों को पिघलाकर, जिनमें से प्रत्येक की त्रिज्या r है और पृष्ठीय क्षेत्रफल S है, एक बड़ा गोला बनाया जाता है जिसका पृष्ठीय क्षेत्रफल S' है। ज्ञात कीजिए**

(i) नए गोले की त्रिज्या (r')। (ii) S और S' का अनुपात।

हल (i) ठोस लोहे के गोले का आयतन $= \frac{4}{3}\pi r^3$

नए गोले का आयतन $= 27 \times \frac{4}{3}\pi r^3$

$\therefore \quad \frac{4}{3}\pi r'^3 = 36\pi r^3$

$r'^3 = \frac{36 \times 3r^3}{4} = 27r^3 = (3r)^3$

$\Rightarrow \quad r' = 3r$

नए गोले की त्रिज्या, $r' = 3r$

(ii) ठोस लोहे के गोले का पृष्ठीय क्षेत्रफल $(S) = 4\pi r^2$

नए गोले का पृष्ठीय क्षेत्रफल $(S') = 4\pi(r')^2 = 4\pi(3r)^2 = 36\pi r^2$

$\therefore$ अभीष्ट अनुपात $= S : S' = 4\pi r^2 : 36\pi r^2 = 1 : 9$

10. **दवाई का एक कैप्सूल (capsule) 3.5 मिमी व्यास का एक गोला (गोली) है। इस कैप्सूल को भरने के लिए कितनी दवाई (मिमी³ में) की आवश्यकता होगी?**

हल दिया है, कैप्सूल का व्यास = 3.5 मिमी

$\Rightarrow \quad$ त्रिज्या, $r = \frac{3.5}{2}$ मिमी

$\therefore$ कैप्सूल का आयतन $= \frac{4}{3}\pi r^3$

$= \frac{4}{3} \times \frac{22}{7} \times \frac{3.5}{2} \times \frac{3.5}{2} \times \frac{3.5}{2} = \frac{11 \times 0.5 \times 3.5 \times 3.5}{3}$

$= 22.45833 = 22.46$ मिमी^{3}

अध्याय : एक नजर में

- किसी ठोस आकृति का क्षेत्रफल, उस आकृति द्वारा घिरे हुए कुल स्थान का मापन होता है जिसे सदैव वर्ग इकाई में मापा जाता है। पृष्ठीय क्षेत्रफल को संपूर्ण पृष्ठीय क्षेत्रफल भी कहा जाता है।
- ठोस वस्तु/निकाय द्वारा घेरे गए स्थान के माप को उस वस्तु/निकाय का आयतन कहते हैं। आयतन सदैव घन इकाई में मापा जाता है।
- किसी समकोण त्रिभुज को उसकी समकोण बनाने वाली दो भुजाओं में से, एक भुजा के परितः घुमाने पर कर्ण द्वारा उत्पादित वक्रपृष्ठ तथा शेष तीसरी भुजा द्वारा निर्मित वृत्तीय समतल से बनी बंद त्रिविमीय आकृति को लंबवृत्तीय शंकु कहते हैं।
- l, r और h के मध्य संबंध, $l = \sqrt{r^2 + h^2}$
- शंकु का वक्रपृष्ठीय क्षेत्रफल या पार्श्व पृष्ठीय क्षेत्रफल $= \pi rl$
- संपूर्ण या कुल पृष्ठीय क्षेत्रफल = पार्श्व पृष्ठीय क्षेत्रफल + आधार का क्षेत्रफल

  $$= \pi rl + \pi r^2 = \pi r(l + r)$$
- गोला अंतरिक्ष में स्थित उन सभी बिंदुओं का समूह, जोकि एक नियत बिंदु से एक समान दूरी पर स्थित हो, एक गोला कहलाता है।

  गोले का आयतन $= \frac{4}{3}\pi r^3$ घन इकाई

  गोले का वक्रपृष्ठीय क्षेत्रफल $= 4\pi r^2$ वर्ग इकाई
- गोलीय कोश दो ठोस संकेंद्रीय गोलों के अंतर को गोलीय कोश कहते हैं।
- गोलीय कोश का आयतन $= \frac{4}{3}\pi(R^3 - r^3)$ घन इकाई
- अर्द्ध गोला (Hemisphere) किसी गोले के केंद्र से होकर जाने वाला समतल, उस गोले को दो बराबर भागों में विभाजित करता है। इनमें से प्रत्येक भाग को अर्द्धगोला कहते हैं।

  अर्द्धगोले का आयतन $= \frac{2}{3}\pi r^3$

  अर्द्धगोले का वक्रपृष्ठीय क्षेत्रफल $= 2\pi r^2$

  संपूर्ण या कुल पृष्ठीय क्षेत्रफल $= 2\pi r^2 + \pi r^2 = 3\pi r^2$

परीक्षा अभ्यास

बहुविकल्पीय प्रश्न

1. एक लंबवृत्तीय शंकु के आधार का व्यास 10 सेमी तथा ऊँचाई 12 सेमी है। शंकु का वक्रपृष्ठ होगा **[NCERT Exemplar]**

(a) 50π सेमी^{2} (b) 65π सेमी^{2}
(c) 60π सेमी^{2} (d) 120π सेमी^{2}

2. एक गोले की त्रिज्या 7 सेमी है। गोले के संपूर्ण पृष्ठ की माप होगी **[NCERT Exemplar]**

(a) 281π सेमी^{2} (b) 196π सेमी^{2}
(c) 207π सेमी^{2} (d) 361π सेमी^{2}

3. यदि एक गोले का व्यास 18 सेमी है, तो उसका आयतन होगा

(a) 792π सेमी^{3} (b) 592π सेमी^{3}
(c) 972π सेमी^{3} (d) 892π सेमी^{3}

कथन-कारण प्रश्न

निर्देश (प्र.सं. 4-8) में एक कथन (A) तथा उसके नीचे कथन का कारण (R) दिया गया है। इन्हें ध्यानपूर्वक पढ़िए और इनके आधार पर निम्नलिखित में से उचित उत्तर का चयन कीजिए।

(a) कथन (A) और कारण (R) दोनों सत्य हैं तथा कारण (R) कथन (A) की सही व्याख्या है।
(b) कथन (A) और कारण (R) दोनों सत्य हैं, परन्तु कारण (R) कथन (A) की सही व्याख्या नहीं है।
(c) यदि कथन (A) सही है, परन्तु कारण (R) गलत है।
(d) यदि कथन (A) गलत है, परन्तु कारण (R) सही है।

4. **कथन** (A) 28 सेमी व्यास वाली अर्द्धवृत्ताकार शीट को मोड़कर एक शंक्वाकार प्याली बनाई जाती है, तब प्याली की गहराई और धारिता क्रमशः 12.12 सेमी और 622.26 सेमी^{3} हैं।

कारण (R) जब एक अर्द्धवृत्ताकार शीट को शंक्वाकार प्याली के रूप में मोड़ा जाता है, तब शीट की त्रिज्या प्याली की तिर्यक ऊँचाई के बराबर होती है तथा शीट की परिधि शंकु के आधार की परिधि के बराबर होती है।

5. **कथन** (A) एक धात्विक गोले की त्रिज्या 4 सेमी है। यदि धातु का घनत्व 10 ग्राम प्रति सेमी^{3} हो, तब गोले का द्रव्यमान 2 किग्रा है।

कारण (R) r त्रिज्या के गोले का आयतन $\frac{4}{3}\pi r^3$ है।

6. **कथन** (A) एक लम्बवृत्तीय शंकु की त्रिज्या 7 सेमी, तिर्यक ऊँचाई 10 सेमी है, तब इसका वक्रपृष्ठीय क्षेत्रफल 220 सेमी^{2} है।

कारण (R) एक शंकु की ऊँचाई 16 सेमी तथा इसके आधार की त्रिज्या 12 सेमी है। इसका कुल वक्रपृष्ठीय क्षेत्रफल 1206.85 सेमी^{2} है।

7. **कथन** (A) एक अर्द्धगोलीय कटोरे की त्रिज्या 3.5 सेमी है। इस कटोरे में 89.8 सेमी^{3} पानी आ सकता है।

कारण (R) r त्रिज्या वाले अर्द्धगोले का आयतन $\frac{2}{3}\pi r^3$ होता है।

8. **कथन** (A) एक अर्द्धगोले की त्रिज्या 7 सेमी है। इसका कुल पृष्ठीय क्षेत्रफल 462 सेमी^{2} है।

कारण (R) r त्रिज्या वाले अर्द्धगोले का कुल पृष्ठीय क्षेत्रफल $2\pi r^2$ होता है।

अतिलघु उत्तरीय प्रश्न

9. एक गोले का आयतन $905\frac{1}{7}$ सेमी^{3} है, तब इसका व्यास ज्ञात कीजिए।

10. एक गोले का आयतन 38808 सेमी^{3} है, तब इसकी त्रिज्या ज्ञात कीजिए।

11. एक शंक्वाकार पीपे की ऊँचाई ज्ञात कीजिए जिसके आधार की त्रिज्या 30 सेमी तथा तिर्यक ऊँचाई 50 सेमी है।

12. यदि एक गोले का पृष्ठीय क्षेत्रफल 676π सेमी^{2} है, तब इसकी त्रिज्या ज्ञात कीजिए।

13. यदि किसी गोले की त्रिज्या (r) को आधा कर दिया जाए, तब इसका नया आयतन ज्ञात कीजिए।

14. यदि एक गोले का आयतन तथा पृष्ठीय क्षेत्रफल संख्यात्मक रूप में समान है, तब इसकी त्रिज्या ज्ञात कीजिए।

15. एक लंबवृत्तीय शंकु की त्रिज्या और वक्रपृष्ठीय क्षेत्रफल क्रमशः 14 सेमी और 660 सेमी^{2} हैं। इसकी तिर्यक ऊँचाई ज्ञात कीजिए।

16. एक अर्धवृत्ताकार कागज की शीट, जिसका व्यास 30 सेमी है, को मोड़कर एक खुला कप बनाया गया है। शंकु की तिर्यक ऊँचाई ज्ञात कीजिए।

17. दो लंबवृत्तीय शंकुओं की त्रिज्याएँ समान हैं। यदि इनकी तिर्यक ऊँचाईयों में अनुपात 5 : 4 हो, तो इनके वक्रपृष्ठीय क्षेत्रफलों में अनुपात ज्ञात कीजिए।

18. उस शंकु की ऊँचाई ज्ञात कीजिए जिसकी त्रिज्या 9 सेमी और तिर्यक ऊँचाई 15 सेमी है।

19. एक शंक्वाकार पहाड़ की तिर्यक ऊँचाई 2.5 किमी और आधार का क्षेत्रफल 1.54 किमी^{2} है। पहाड़ की ऊँचाई ज्ञात कीजिए।

20. उस शंकु का संपूर्ण पृष्ठीय क्षेत्रफल ज्ञात कीजिए जिसकी त्रिज्या $\frac{a}{2}$ और तिर्यक ऊँचाई $2b$ है।

21. 2 सेमी त्रिज्या और 5 सेमी तिर्यक ऊँचाई वाले शंकु का संपूर्ण पृष्ठीय क्षेत्रफल ज्ञात कीजिए।

22. मंदिर के अर्धगोलाकार गुंबद का पृष्ठीय क्षेत्रफल ज्ञात कीजिए, जबकि इसकी त्रिज्या 17 मी है और इसके बाहर पेंट करवाया जाना है।

23. उस गोले की त्रिज्या ज्ञात कीजिए जिसका पृष्ठीय क्षेत्रफल 704 सेमी^{2} है।

24. यदि किसी गोले की त्रिज्या को दोगुना कर दिया जाता है, तो नए गोले के पृष्ठीय क्षेत्रफल का मूल गोले के पृष्ठीय क्षेत्रफल से अनुपात ज्ञात कीजिए।

25. एक 9 सेमी त्रिज्या वाले ठोस अर्धगोले का संपूर्ण पृष्ठीय क्षेत्रफल ज्ञात कीजिए।

लघु उत्तरीय प्रश्न

26. यदि एक लंबवृत्तीय शंकु की त्रिज्या को आधा तथा ऊँचाई को दोगुना कर दिया जाए, तब नए शंकु का आयतन क्या होगा?

27. एक लंबवृत्तीय शंकु 8.4 सेमी ऊँचा है तथा इसके आधार की त्रिज्या 2.1 सेमी है यदि इसे पिघलाकर एक गोला बनाया जाता है, गोले की त्रिज्या क्या होगी?

28. धातु के तीन गोले जिनकी त्रिज्याएँ क्रमशः 6 मी, 8 मी और 10 मी हैं। उन्हें पिघलाकर एक ठोस गोला बनाया गया, तब परिणामी गोले की त्रिज्या क्या होगी?

29. यदि एक गोले के आयतन को इसके पृष्ठीय क्षेत्रफल द्वारा विभाजित किया जाता है, तब परिणाम 27 प्राप्त होता है, गोले की त्रिज्या ज्ञात कीजिए।

30. एक शंकु की त्रिज्या एवं तिर्यक ऊँचाई का अनुपात 4 : 7 है। यदि इसका वक्रपृष्ठीय क्षेत्रफल 792 सेमी^{2} है, तब इसकी त्रिज्या ज्ञात कीजिए।

31. एक शंक्वाकार तंबू की ऊँचाई तथा आधार का व्यास क्रमशः 16 मी और 24 मी है। तब 210 प्रति मी^{2} की लागत से कैनवास की कुल लागत ज्ञात कीजिए।

32. एक शंकु की त्रिज्या और ऊँचाई का अनुपात 3:4 है यदि इसका आयतन 301.44 सेमी^{3}, तब इसकी त्रिज्या क्या होगी?

33. शंकु की ऊँचाई ज्ञात कीजिए जबकि उसकी तिर्यक ऊँचाई 25 सेमी है और वक्रपृष्ठीय क्षेत्रफल 550 सेमी^{2} है।

34. यदि एक गोले का संपूर्ण पृष्ठीय क्षेत्रफल 5544 सेमी^{2} है, तो इसका व्यास ज्ञात कीजिए।

35. एक ठोस अर्धगोले का वक्रपृष्ठीय क्षेत्रफल 2772 सेमी^{2} हो, तो इसका संपूर्ण पृष्ठीय क्षेत्रफल ज्ञात कीजिए।

36. एक ठोस शंकु का वजन ज्ञात कीजिए जिसके आधार का व्यास 14 सेमी और ऊँचाई 51 सेमी है। यदि धातु का वजन 10 ग्राम प्रति घन सेमी है।

37. एक समकोणीय त्रिभुज जिसकी समकोण बनाने वाली भुजाओं की लंबाईयाँ 6.3 सेमी तथा 10 सेमी हैं, सबसे बड़ी भुजा के सापेक्ष घुमाया जाता है। इस प्रकार बने हुए ठोस का आयतन ज्ञात कीजिए तथा वक्रपृष्ठीय क्षेत्रफल भी ज्ञात करें।

38. 12 मी ऊँचे और 3.5 मी आधार की त्रिज्या वाले एक शंकु के आकार का तंबू बनाने में 5 मी चौड़े कपड़े की कितनी लंबाई लगेगी? ($\pi = \frac{22}{7}$ का प्रयोग कीजिए)

39. एक गोले की त्रिज्या 5 सेमी है यदि त्रिज्या में 5% की वृद्धि कर की जाए, तब आयतन में कितने प्रतिशत की वृद्धि होगी।

40. यदि एक गोले की त्रिज्या को दोगुना कर दिया जाए, तब इसके आयतन में कितने प्रतिशत वृद्धि होगी।

41. दो गोलों के आयतनों का अनुपात 64:27 है, यदि उनकी त्रिज्याओं का योग 21 सेमी है, तब इनकी त्रिज्याएँ ज्ञात कीजिए।

42. यदि एक शंकु की ऊँचाई दोगुनी कर दी जाए, तब ज्ञात कीजिए कि इसके आयतन में कितने प्रतिशत वृद्धि होगी।

43. एक दुकानदार के पास 5 सेमी त्रिज्या का एक लड्डू है। इतनी ही सामग्री में 2.5 सेमी त्रिज्या वाले कितने लड्डू बनाए जा सकते हैं।

44. 28 सेमी व्यास वाली एक अर्द्धवृत्ताकार धातु की चादर को मोड़कर एक शंकु के आकार का खुला कप बनाया गया है। इस कप की धारिता ज्ञात कीजिए।

45. एक ही धातु के बने दो ठोस गोलों का भार 5920 ग्राम और 740 ग्राम है। यदि छोटे गोले का व्यास 5 सेमी है, तो बड़े गोले की त्रिज्या ज्ञात कीजिए।

46. चावल की एक ढेरी 2.1 मी त्रिज्या तथा 2.8 मी ऊँचाई वाले एक शंकु के आकार की है। यदि इस ढेरी को वर्षा से बचाने के लिए केनवास से पूरा ढँकना हो, तो केनवास का क्षेत्रफल ज्ञात कीजिए।

47. एक शंकु की वक्रपृष्ठीय क्षेत्रफल 12320 वर्ग सेमी है। यदि आधार की त्रिज्या 56 सेमी हो, तो इसकी ऊँचाई ज्ञात कीजिए।

दीर्घ उत्तरीय प्रश्न

48. एक लंबवृत्तीय शंकु का आयतन $\frac{2200}{7}$ सेमी^{2} तथा इसका व्यास 10 सेमी है, तब इसका वक्रपृष्ठीय क्षेत्रफल ज्ञात कीजिए।

($\pi = \frac{22}{7}$ लीजिए)

49. एक लंबवृत्तीय शंकु 5.4 सेमी ऊँचा तथा इसके आधार की त्रिज्या 2 सेमी है इसे पिघलाकर अन्य लंबवृत्तीय शंकु में बदल दिया जाए जिसके आधार की त्रिज्या 1.5 सेमी है, तब नए शंकु की ऊँचाई ज्ञात कीजिए।

50. 165 मी^{2} क्षेत्रफल वाले एक कपड़े को 5 मी त्रिज्या वाले एक शंक्वाकार तंबू के रूप में बनाया जाता है।

(i) इस तंबू में कितने विद्यार्थी बैठ सकते हैं, यदि औसतन एक विद्यार्थी भूमि पर $\frac{5}{7}$ मी^{2} स्थान घेरता है?

(ii) इस शंकु का आयतन ज्ञात कीजिए।

51. त्रिज्या 9 सेमी का एक त्रिज्याखंड जिसकी केंद्रीय कोण 120° है इसकी दो त्रिज्याओं को इस प्रकार आपस में मिलाया है कि एक शंकु प्राप्त होता है, तब ज्ञात कीजिए।

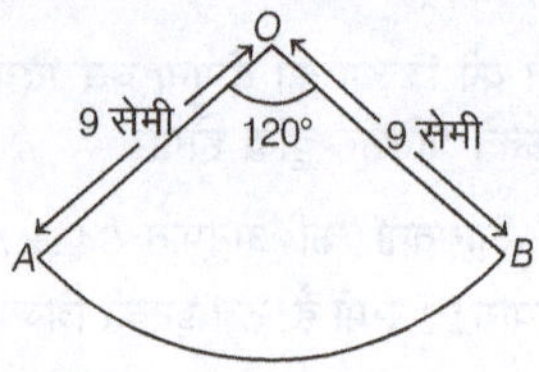

(i) शंकु की तिर्यक ऊँचाई

(ii) शंकु के आधार की त्रिज्या

(iii) शंकु का आयतन

(iv) शंकु का संपूर्ण पृष्ठीय क्षेत्रफल

52. एक अर्धगोलाकार गुंबद 1 सेमी मोटी धातु की शीट से बनाया गया है। यदि गुंबद की आंतरिक त्रिज्या 99 सेमी हो, तो इसको बनाने में प्रयुक्त धातु का आयतन ज्ञात कीजिए। इसका बाह्य पृष्ठीय क्षेत्रफल भी ज्ञात कीजिए। ($\pi = \frac{22}{7}$ लीजिए)

53. 3 सेमी त्रिज्या वाले सीसे के गोले को पिघलाकर तीन अलग-अलग माप वाले गोले बनाए गए हैं, तीसरे गोले का व्यास ज्ञात कीजिए जबकि पहले दो गोलों का व्यास 1 सेमी और 1.25 सेमी हैं।

54. एक गोले का पृष्ठीय क्षेत्रफल 5544 सेमी^{2} है। इसका आयतन ज्ञात कीजिए।

55. दो गोलों के आयतनों का अनुपात 64 : 343 है। इनके पृष्ठीय क्षेत्रफलों का अनुपात ज्ञात कीजिए।

केस स्टडी आधारित प्रश्न

56. रमेश नामक एक किसान अपने खेत में भुट्टे की फसल उगाता है। भुट्टे में एण्टी ऑक्सीडेन्ट, कैरोटीन वर्णक, ल्यूटेन विटामिन B आदि महत्वपूर्ण तत्त्व होते हैं जोकि शरीर की वृद्धि में आवश्यक है।

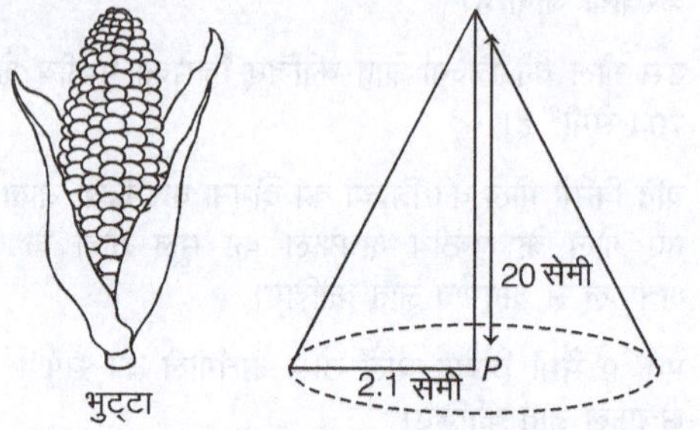

भुट्टे की आकृति दर्शाई गई है जोकि एक शंकु के रूप में है जिसकी त्रिज्या 2.1 सेमी तथा लम्बाई 20 सेमी है।

उपरोक्त जानकारी के आधार पर निम्नलिखित प्रश्नों के उत्तर दीजिए

(i) शंक्वाकार भुट्टे की तिर्यक ऊँचाई होगी
(a) 19.11 सेमी (b) 20.11 सेमी
(c) 18.11 सेमी (d) 21.11 सेमी

(ii) शंकु का वक्रपृष्ठ क्षेत्रफल ज्ञात करने का सूत्र लिखिए।
(a) $\pi r^2 h$ (b) πrl
(c) $2\pi rh$ (d) $2\pi r(r+h)$

(iii) शंक्वाकार भुट्टे का वक्रपृष्ठीय क्षेत्रफल ज्ञात कीजिए।
(a) 132.73 सेमी^{2} (b) 122.73 सेमी^{2}
(c) 112.73 सेमी^{2} (d) 102.73 सेमी^{2}

(iv) यदि भुट्टे के प्रत्येक 1 सेमी^{3} क्षेत्र में औसतन चार अनाज के दाने हों, तब पूरे भुट्टे में अनाज के दानों की संख्या क्या होगी?
(a) 532 (b) 531 (c) 432 (d) 431

(v) सम्पूर्ण पृष्ठीय क्षेत्रफल ज्ञात करने का सूत्र लिखिए।
(a) πrl (b) $\pi r(r+l)$
(c) $2\pi rh$ (d) $\pi r^2 h$

संकेत एवं हल

1. (*b*) दिया है, लंबवृत्तीय शंकु का व्यास = 10 सेमी

$\therefore$ लंबवृत्तीय शंकु की त्रिज्या, $r = \frac{\text{व्यास}}{2} = \frac{10}{2} = 5$ सेमी

तथा लंबवृत्तीय शंकु की ऊँचाई, $h = 12$ सेमी

हम जानते हैं कि

$$l^2 = h^2 + r^2$$

$\Rightarrow$ $l^2 = (12)^2 + (5)^2 = 144 + 25 = 169$

$\Rightarrow$ $l = \sqrt{169} = 13$ सेमी

$\therefore$ शंकु का वक्रपृष्ठ $= \pi rl = \pi \times 5 \times 13 = 65\pi$ सेमी^{2}

अतः शंकु का वक्रपृष्ठ 65π सेमी^{2} है।

2. (*b*) दिया है, गोले की त्रिज्या, $r = 7$ सेमी

$\therefore$ गोले का संपूर्ण पृष्ठ $= 4\pi r^2 = 4 \times \pi \times (7)^2 = 196\pi$ सेमी^{2}

3. (*c*) दिया है, गोले का व्यास = 18 सेमी

$\therefore$ गोले की त्रिज्या, $r = \frac{\text{व्यास}}{2} = \frac{18}{2} = 9$ सेमी

तब, गोले का आयतन $= \frac{4}{3}\pi r^3 = \frac{4}{3}\pi(9)^3$

$= \frac{4}{3}\pi \times 9 \times 9 \times 9 = 972\pi$ सेमी^{3}

4. (*a*) **कथन** (A) शीट की त्रिज्या, $r = \frac{28}{2} = 14$ सेमी

शंक्वाकार प्याली की तिर्यक ऊँचाई, $l = 14$ सेमी

माना प्याली की त्रिज्या r तथा गहराई h है।

$\therefore$ शंक्वाकार प्याली की परिधि = शीट की परिधि

$\Rightarrow$ $2\pi r = \pi \times 14$

$\Rightarrow$ $r = 7$ सेमी

$\because$ $l^2 = r^2 + h^2$

$\Rightarrow$ $96 = 49 + h^2$

$\Rightarrow$ $h^2 = 147$

$\Rightarrow$ $h = 12.12$ सेमी

प्याली की धारिता $= \frac{1}{3}\pi r^2 h$

$= \frac{1}{3} \times \frac{22}{7} \times 7 \times 7 \times 12.12$

$= 622.26$

इसलिए, कथन (A) सही है।

कारण (R) कारण (R) सही है और कथन (A) की सही व्याख्या है।

अतः कथन (A) और कारण (R) दोनों सही हैं तथा कारण (R) कथन (A) की सही व्याख्या है।

5. (*d*) **कथन** (A) गोले की त्रिज्या, $r = 4$ सेमी

धात्विक गोले का आयतन $= \frac{4}{3}\pi r^3$

$= \frac{4}{3}\pi (4)^3$

$= \frac{256\,\pi}{3}$ सेमी^{3}

धातु का घनत्व = 10 ग्राम प्रति सेमी^{3}

$\therefore$ गोले का द्रव्यमान = आयतन $\times$ घनत्व

$= \frac{256}{3} \times 3.14 \times 10 = 2679.5$ ग्राम

$= 2.68$ किग्रा

इसलिए, कथन (A) सही नहीं है।

कारण (R) कारण (R) सही है।

अतः कथन (A) गलत है, परन्तु कारण (R) सही है।

6. (*b*) **कथन** (A) शंकु की त्रिज्या, $r = 7$ सेमी

शंकु की तिर्यक ऊँचाई, $l = 10$ सेमी

$\therefore$ शंकु का वक्र पृष्ठीय क्षेत्रफल $= \pi rl$

$= \frac{22}{7} \times 7 \times 10 = 220$ सेमी^{2}

इसलिए, कथन (A) सही है।

कारण (R) शंकु की ऊँचाई, $h = 16$ सेमी

शंकु की त्रिज्या, $r = 12$ सेमी

$\therefore$ $l = \sqrt{r^2 + h^2} = \sqrt{144 + 256}$

$= \sqrt{400} = 20$ सेमी

$\therefore$ शंकु का कुल पृष्ठीय क्षेत्रफल $= \pi rl + \pi r^2$

$= \frac{22}{7} \times 12 \times 20 + \frac{22}{7} \times 144$

$= 754.28 + 452.57 = 1206.85$ सेमी^{2}

इसलिए, कारण (R) सही है।

अतः कथन (A) और कारण (R) दोनों सही हैं तथा कारण (R) कथन (A) की सही व्याख्या नहीं है।

7. (*a*) **कथन** (A) अर्द्धगोलीय कटोरे की त्रिज्या, $r = 3.5$ सेमी

$\therefore$ कटोरे में पानी का आयतन $= \frac{2}{3}\pi r^3$

$= \frac{2}{3} \times \frac{22}{7} \times 3.5 \times 3.5 \times 3.5 = 89.8$ सेमी^{3}

इसलिए, कथन (A) सही है।

कारण (R) कारण (R) सही है जो कथन (A) की सही व्याख्या है।

अतः कथन (A) और कारण (R) दोनों सही हैं तथा कारण (R) कथन (A) की सही व्याख्या करता है।

8. (*c*) **कथन** (A) अर्द्धगोले की त्रिज्या, $r = 7$ सेमी

अर्द्धगोले का कुल पृष्ठीय क्षेत्रफल $= 3\pi r^2$

$= 3 \times \frac{22}{7} \times 7 \times 7$

$= 462$ सेमी^{2}

इसलिए, कथन (A) सही है।

कारण (R) कारण (R) गलत है।

अतः कथन (A) सही है, परन्तु कारण (R) गलत है।

9. 12 सेमी

10. 21 सेमी

11. **संकेत** $\because$ $\sqrt{r^2 + h^2} = 50$

$\Rightarrow$ $\sqrt{30^2 + h^2} = 50$

$\Rightarrow$ $h^2 = 1600$

$\Rightarrow$ $h = 40$ सेमी

12. **संकेत** $\because 4\pi r^2 = 676\pi \Rightarrow r = 13$ सेमी

13. $\frac{1}{6}\pi r^3$

14. **संकेत** $\because \frac{4}{3}\pi r^3 = 4\pi r^2 \Rightarrow r = 3$ सेमी

15. **संकेत** $\because \pi rl = 660$

$\Rightarrow \frac{22}{7} \times 14 \times l = 660$

$\Rightarrow l = \frac{660 \times 7}{22 \times 14} = 15$ सेमी

16. शंकु की तिर्यक ऊँचाई $= \frac{30}{2} = 15$ सेमी

17. **संकेत** माना शंकुओं की तिर्यक ऊँचाइयाँ $5x$ और $4x$ हैं।
इसलिए, वक्रपृष्ठीय क्षेत्रफलों का अनुपात

$$= \frac{\pi r_1 l_1}{\pi r_2 l_2} = \frac{\pi r \times 5x}{\pi r \times 4x} = \frac{5}{4}$$

$\therefore$ अभीष्ट अनुपात = 5 : 4

18. **संकेत** माना शंकु की ऊँचाई (h), त्रिज्या (r) तथा तिर्यक ऊँचाई (l) है।

$\therefore l^2 = r^2 + h^2$

$\Rightarrow h^2 = l^2 - r^2 = 225 - 81 = 144$

$\Rightarrow h = 12$ सेमी

19. **संकेत** $\pi r^2 = 1.54$

$\Rightarrow \frac{22}{7} r^2 = 1.54$

$\Rightarrow r^2 = \frac{1.54 \times 7}{22} = \frac{154 \times 7}{2200} = \frac{7 \times 7}{100}$

$\Rightarrow r = \frac{7}{10} = 0.7$ किमी

अब, $l^2 = r^2 + h^2$ से, हमें प्राप्त होता है

$(2.5)^2 = (0.7)^2 + h^2$

$\Rightarrow h^2 = 6.25 - 0.49$

$\Rightarrow h^2 = 5.76$

$\Rightarrow h = \sqrt{5.76} = 2.4$ किमी

20. **संकेत** कुल पृष्ठीय क्षेत्रफल
$= \pi rl + \pi r^2$, जहाँ त्रिज्या r और तिर्यक ऊँचाई l है।

$\therefore$ कुल पृष्ठीय क्षेत्रफल $= \pi \times \frac{a}{2} \times 2b + \pi \left(\frac{a}{2}\right)^2$

$$= \pi ab + \frac{\pi a^2}{4}$$

21. 14π सेमी^{2}

22. **संकेत** अभीष्ट क्षेत्रफल जिस पर पेंट होनी है

$= 2\pi r^2 = 2 \times \frac{22}{7} \times 17 \times 17$

$= 1816.57$ मी^{2}

23. **संकेत** $\because 4\pi r^2 = 704$

$\Rightarrow 4 \times \frac{22}{7} \times r^2 = 704$

$\Rightarrow r^2 = \frac{704 \times 7}{4 \times 22} = 56 \Rightarrow r = 2\sqrt{14}$ सेमी

24. **संकेत** नई त्रिज्या $= 2r$ है
दोनों गोलों के पृष्ठीय क्षेत्रफल $4\pi r^2$ और $4\pi (2r)^2$ हैं
अर्थात् $4\pi r^2$ और $16\pi r^2$ हैं।
इसलिए, अभीष्ट अनुपात $= 16\pi r^2 : 4\pi r^2 = 4 : 1$

25. **संकेत** कुल पृष्ठीय क्षेत्रफल $= 3\pi r^2$

$= 3 \times \frac{22}{7} \times 81 = 763.71$ सेमी^{2}

26. नए शंकु का आयतन $= \frac{1}{2}$ [पुराने शंकु का आयतन]

27. **संकेत** $\because \frac{1}{3}\pi r^2 h = \frac{4}{3}\pi R^3 \Rightarrow 4R^3 = r^2 h$

$\Rightarrow R = \frac{21}{10} = 2.1$

अतः गोले की त्रिज्या 2.1 सेमी है।

28. **संकेत** $\because \frac{4}{3}\pi r_1^3 + \frac{4}{3}\pi r_2^3 + \frac{4}{3}\pi r_3^3 = \frac{4}{3}\pi R^3$

$\Rightarrow \frac{4}{3}\pi [r_1^3 + r_2^3 + r_3^3] = \frac{4}{3}\pi R^3$

$\Rightarrow r_1^3 + r_2^3 + r_3^3 = R^3$

$\Rightarrow R^3 = 216 + 512 + 1000 = 1728$

$\Rightarrow R = 12$ मी

29. **संकेत** $\because \frac{\frac{4}{3}\pi r^3}{4\pi r^2} = 27 \Rightarrow \frac{1}{3} r = 27$

$\Rightarrow r = 27 \times 3 = 81$ इकाई

30. **संकेत** $\because \frac{22}{7} \times 4x \times 7x = 792$

$\Rightarrow 88x^2 = 792$

$\Rightarrow x^2 = \frac{792}{88} = 9 \Rightarrow x = 3$

अतः शंकु की त्रिज्या $= 4x = 4 \times 3 = 12$ सेमी

31. NCERT फोल्डर 11.1 के प्रश्न 4 की भाँति स्वयं हल करें।
उत्तर ₹ 158400

32. **संकेत** $\because \frac{1}{3}\pi r^2 h = 301.44$

$\Rightarrow r^2 h = \frac{904.32 \times 7}{22}$

$\Rightarrow r^3 \times \frac{4r}{3} = 287.73$

$\Rightarrow r^3 = \frac{287.73 \times 3}{4}$

$\Rightarrow r^3 = 215.78 \Rightarrow r = 5.99 \approx 6$

अतः शंकु की त्रिज्या 6 सेमी है।

33. **संकेत** $\pi rl = 550$

$\Rightarrow \frac{22}{7} \times r \times 25 = 550$

$\Rightarrow r = \frac{550 \times 7}{22 \times 25} = 7$ सेमी

अब, $r^2 + h^2 = l^2$ से, हमें प्राप्त होता है

$7^2 + h^2 = 25^2$

$\Rightarrow h^2 = 625 - 49 = 576$

$\Rightarrow h = 24$ सेमी

34. 42 सेमी

35. 4158 सेमी^{2}

36. **संकेत** दिया है, $r = 7$ सेमी तथा $h = 51$ सेमी

$$\therefore \text{द्रव्यमान} = \left(\frac{1}{3} \times \frac{22}{7} \times 7^2 \times 51\right) \times \frac{10}{1000}$$

= 26.180 किग्रा

37. **संकेत** $\because$ $l = \sqrt{r^2 + h^2} = \sqrt{(6.3)^2 + 100} = \sqrt{139.69}$

= 11.82 सेमी

$$\therefore \text{आयतन} = \frac{1}{3} \times \frac{22}{7} \times (6.3)^2 \times 10$$

= 415.8 सेमी^{3}

तथा वक्रपृष्ठ का क्षेत्रफल $= \frac{22}{7} \times 6.3 \times 11.82 = 234.03$ सेमी^{2}

38. **संकेत** दिया है, $r = 3.5$ मी तथा $h = 12$ मी

$\therefore$ $l = \sqrt{r^2 + h^2} = \sqrt{12^2 + 3.5^2} = 12.5$ मी

तंबू का वक्रपृष्ठीय क्षेत्रफल $= \frac{22}{7} \times \frac{7}{2} \times \frac{25}{2}$

= 137.5 मी^{2}

$\therefore$ तंबू बनाने के लिए उपयोग की गई कपड़े की लंबाई

$$= \frac{\text{क्षेत्रफल}}{\text{चौड़ाई}} = \frac{137.5}{5} = 27.5 \text{ मी}$$

39. **संकेत** दिया है, $r_1 = 5$ सेमी तथा $r_2 = r_1 + r_1$ का 20%

$$= 5 + \frac{20 \times 5}{100} = 6 \text{ सेमी}$$

$\therefore$ त्रिज्या (r_1) वाले गोले का आयतन

$$= \frac{4}{3} \times \pi \times 125$$

तथा त्रिज्या (r_2) वाले गोले का आयतन

$$= \frac{4}{3} \times \pi \times 216$$

आयतनों में अंतर $= \frac{4}{3}\pi\,[216 - 125] = \frac{4}{3}\pi(91)$

अतः आयतन में प्रतिशत वृद्धि $= \dfrac{\frac{4}{3}\pi(91)}{\frac{4}{3}\pi(125)} \times 100 = \frac{364}{5} = 72.8\%$

40. प्रश्न 39 की भाँति स्वयं हल करें। **उत्तर** 800%

41. **संकेत** $\because$ $\dfrac{V_1}{V_2} = \dfrac{\frac{4}{3}\pi r_1^3}{\frac{4}{3}\pi r_2^3} = \dfrac{64}{27}$

$\Rightarrow$ $\left(\dfrac{r_1}{r_2}\right)^3 = \dfrac{64}{27}$

$\Rightarrow$ $\dfrac{r_1}{r_2} = \dfrac{4}{3}$

अब, $4x + 3x = 21$ [दिया है]

$\Rightarrow$ $7x = 21$

$\Rightarrow$ $x = 3$

$\therefore$ त्रिज्याएँ $4 \times 3 = 12$ सेमी तथा $3 \times 3 = 9$ सेमी

42. 100%

43. टॉपिक 2 के उदाहरण 4 की भाँति स्वयं हल करें। **उत्तर** 8

44. **संकेत** शंक्वाकार कप की धारिता

$$= \frac{1}{3}\pi r^2 h = \frac{1}{3} \times \frac{22}{7} \times 7 \times 7 \times 12.12$$

= 622.16 सेमी^{3}

45. **संकेत** $\because$ $\dfrac{V_1}{V_2} = \dfrac{\frac{5920}{D}}{\frac{740}{D}}$ [जहाँ, D = घनत्व है]

$\Rightarrow$ $\dfrac{\frac{4}{3}\pi r_1^3}{\frac{4}{3}\pi r_2^3} = \dfrac{5920}{740}$

$\Rightarrow$ $\left(\dfrac{r_1}{r_2}\right)^3 = \dfrac{592}{74}$

$\Rightarrow$ $r_1^3 = \dfrac{592}{74} \times \dfrac{125}{8} = 125$

$\Rightarrow$ $r_1 = 5$ सेमी

46. **संकेत** अभीष्ट केनवास $= \pi r l$

अब, $l^2 = r^2 + h^2$

$\Rightarrow$ $l^2 = (2.1)^2 + (2.8)^2 = (3.5)^2$

$\Rightarrow$ $l = 3.5$ मी

इसलिए, अभीष्ट केनवास $= \pi r l = \frac{22}{7} \times 2.1 \times 3.5$

= 23.1 मी^{2}

47. **संकेत** हमें प्राप्त है, $\pi r l = 12320$ सेमी^{2}, $r = 56$ सेमी

इसलिए, हमें प्राप्त है

$$\frac{22}{7} \times 56 \times l = 12320$$

$\Rightarrow$ $l = \dfrac{12320 \times 7}{22 \times 56} = \dfrac{1120}{2 \times 8} = 70$ सेमी

इसलिए, $l^2 = r^2 + h^2$ से, हमें प्राप्त होता है

$(70)^2 = (56)^2 + h^2$

$\Rightarrow$ $h^2 = (70)^2 - (56)^2$

$= (70 + 56)(70 - 56)$

$\Rightarrow$ $h^2 = 126 \times 14 = 14 \times 14 \times 9$

$\Rightarrow$ $h = 14 \times 3 = 42$ सेमी

इसलिए, शंकु की ऊँचाई 42 सेमी है।

48. NCERT फोल्डर 11.3 के प्रश्न 6 की भाँति स्वयं हल करें। **उत्तर** 204.29 सेमी^{2}

49. **संकेत** $\because$ $V_1 = \frac{1}{3}\pi r_1^2 h_1 = \frac{1}{3} \times \pi \times (2)^2 \times 5.4$

तथा $V_2 = \frac{1}{3}\pi r_2^2 h_2 = \frac{1}{3} \times \pi \times (1.5)^2 \times h_2$

प्रश्नानुसार, $V_1 = V_2$

$\Rightarrow \frac{1}{3} \times \pi \times (2)^2 \times 5.4 = \frac{1}{3} \times \pi \times (1.5)^2 \times h_2$

$\Rightarrow$ $h_2 = \dfrac{4 \times 5.4}{2.25} = 9.6$ सेमी

50. **संकेत** (i) अभीष्ट विद्यार्थियों की संख्या $= \dfrac{25\pi}{\dfrac{5}{7}}$

$= \dfrac{25}{5} \times \dfrac{22}{7} \times 7 = 110$

(ii) अब, $\pi r l = 165$

$\therefore \quad l = \dfrac{165 \times 7}{22 \times 5} = 10.5$ मी

तथा $h = \sqrt{l^2 - r^2} = 9.23$ मी

$\therefore$ शंकु का आयतन $= \dfrac{1}{3}\pi r^2 h = \dfrac{1}{3} \times \dfrac{22}{7} \times 25 \times 9.23$

$= 241.7$ मी^{3}

51. **संकेत** (i) तिर्यक ऊँचाई = 9 सेमी

(ii) $\because 2\pi r = \dfrac{\theta}{360°} \times 2\pi r_1$

$\Rightarrow \quad 2\pi r = \dfrac{120°}{360°} \times 2\pi \times 9$

$\Rightarrow \quad 6\pi \Rightarrow r = 3$

(iii) शंकु का आयतन $= \dfrac{1}{3}\pi r^2 h = \dfrac{1}{3} \times \pi(3)^2 \times 6\sqrt{2}$

$= 18\pi\sqrt{2}$ सेमी^{3}

(iv) संपूर्ण पृष्ठीय क्षेत्रफल $= \dfrac{\theta}{360°} \times \pi(r_1)^2 + \pi r^2$

$= \dfrac{120°}{360°} \times \pi(9)^2 + \pi(3)^2$

52. **संकेत** गुंबद की आंतरिक त्रिज्या = 99 सेमी

इसलिए, बाह्य त्रिज्या = (99 + 1) = 100 सेमी

इसलिए, प्रयुक्त धातु का आयतन $= \dfrac{2}{3}\pi r_1^3 - \dfrac{2}{3}\pi r_2^3$

$= \dfrac{2}{3}\pi(100^3 - 99^3)$

$= \dfrac{2}{3} \times \dfrac{22}{7} \times (100 - 99)(100^2 + 99^2 + 100 \times 99)$

$= \dfrac{44}{21} \times (10000 + 9801 + 9900)$

$= \dfrac{44}{21} \times 29701$

$= \dfrac{44 \times 4243}{3} = \dfrac{186692}{3}$ सेमी^{3}

इसका बाह्य पृष्ठीय क्षेत्रफल $= 2\pi r_1^2 = 2 \times \dfrac{22}{7} \times (100)^2$

$= \dfrac{440000}{7}$ सेमी^{2}

53. **संकेत** माना कि तीसरे गोले का व्यास d सेमी है।

इसलिए, दी गई स्थिति के अनुसार,

$\dfrac{4}{3}\pi \times \left(\dfrac{3}{2}\right)^3 = \dfrac{4}{3}\pi \times \left(\dfrac{1}{2}\right)^3 + \dfrac{4}{3}\pi \times \left(\dfrac{1.25}{2}\right)^3 + \dfrac{4}{3}\pi \times \left(\dfrac{d}{2}\right)^3$

$\Rightarrow \quad \dfrac{27}{8} = \dfrac{1}{8} + \dfrac{1.953125}{8} + \dfrac{d}{8}$

$\Rightarrow \quad d = 27 - 1 - 1.953125 = 24.046875$ सेमी

54. **संकेत** $\quad 4\pi r^2 = 5544$

$\Rightarrow \quad 4 \times \dfrac{22}{7} \times r^2 = 5544$

$\Rightarrow \quad r^2 = \dfrac{5544 \times 7}{4 \times 22} = 63 \times 7$

$\Rightarrow \quad r = 7 \times 3 = 21$ सेमी

अतः गोले का आयतन $= \dfrac{4}{3}\pi r^3$

$= \dfrac{4}{3} \times \dfrac{22}{7} \times 21 \times 21 \times 21$

$= 38808$ सेमी^{3}

55. **संकेत** माना उसकी त्रिज्याएँ r_1 और r_2 हैं।

इसलिए, $\quad \dfrac{4}{3}\pi r_1^3 : \dfrac{4}{3}\pi r_2^3 = 64 : 343$

$\Rightarrow \quad \dfrac{r_1^3}{r_2^3} = \dfrac{64}{343}$

$\Rightarrow \quad \left(\dfrac{r_1}{r_2}\right)^3 = \left(\dfrac{4}{7}\right)^3$

$\Rightarrow \quad \dfrac{r_1}{r_2} = \dfrac{4}{7}$

अब, उनके पृष्ठीय क्षेत्रफलों का अनुपात है

$4\pi r_1^2 : 4\pi r_2^2 = \dfrac{4\pi r_1^2}{4\pi r_2^2}$

$\Rightarrow \quad \left(\dfrac{r_1}{r_2}\right)^2 = \left(\dfrac{4}{7}\right)^2 = \dfrac{16}{49}$

इस प्रकार, अभीष्ट अनुपात 16 : 49 है।

56. (i) (b) दिया है, त्रिज्या $(r) = 2.1$ सेमी तथा लम्बाई $(h) = 20$ सेमी

तब, $l = \sqrt{r^2 + h^2}$

$= \sqrt{(2.1)^2 + (20)^2}$

$= \sqrt{4.41 + 400} = \sqrt{404.41} = 20.11$ सेमी

(ii) (b) शंकु का वक्रपृष्ठीय क्षेत्रफल $= \pi r l$

(iii) (a) $\because r = 2.1,\ l = 20.11$

$\therefore$ प्रत्येक भुट्टे का वक्रपृष्ठीय क्षेत्रफल $= \pi r l$

$= \dfrac{22}{7} \times 2.1 \times 20.11$

$= 132.726$

$= 132.73$ सेमी^{2}

(iv) (b) चूँकि, अनाज के दाने भुट्टे के वक्रपृष्ठ पर स्थित हैं।

इसलिए, भुट्टे पर अनाज के दानों की कुल संख्या

= प्रत्येक भुट्टे का वक्रपृष्ठीय क्षेत्रफल

× 1 सेमी^{2} पर अनाज के दानों की संख्या

$= 132.73 \times 4$

$= 530.92 = 531$

(v) (b) शंकु का कुल पृष्ठीय क्षेत्रफल $= \pi r(r + l)$

Topics to be Assessed Formatively

घनाभ का पृष्ठीय क्षेत्रफल

(Surface Area of a Cuboid)

माना एक घनाभ जिसकी लंबाई l, चौड़ाई b तथा ऊँचाई h इकाई है, तब

(i) **कुल पृष्ठीय क्षेत्रफल** घनाभ का पृष्ठीय क्षेत्रफल अथवा कुल पृष्ठीय क्षेत्रफल = छ: आयताकार फलकों के क्षेत्रफलों का योग

$= lb + lb + bh + bh + hl + hl$

पृष्ठीय क्षेत्रफल या कुल पृष्ठीय क्षेत्रफल $= 2(lb + bh + hl)$ वर्ग इकाई

अर्थात् संपूर्ण अथवा कुल पृष्ठीय क्षेत्रफल = 2 (लंबाई × चौड़ाई + चौड़ाई × ऊँचाई + ऊँचाई × लंबाई)

(ii) **पार्श्व पृष्ठीय क्षेत्रफल** यदि घनाभ की छ: फलकों में से, ऊपरी और तल वाली फलकों को सम्मिलित नहीं किया जाए, तब शीर्ष चार फलकों के क्षेत्रफल को घनाभ का पार्श्व पृष्ठीय क्षेत्रफल कहते हैं।

पार्श्व पृष्ठीय क्षेत्रफल = चार आयताकार फलकों का क्षेत्रफल जिसमें ऊपरी व तलीय फलक सम्मिलित नहीं है

$= bh + bh + lh + lh$

$= 2(l + b)h$

घनाभ का पार्श्व पृष्ठीय क्षेत्रफल $= 2(l + b)h$ वर्ग इकाई

अथवा

घनाभ का पार्श्व पृष्ठीय क्षेत्रफल = (आधार का परिमाप) × ऊँचाई

(iii) घनाभ का विकर्ण $= \sqrt{l^2 + b^2 + h^2}$ इकाई

नोट कमरे की चारों दीवारों का क्षेत्रफल = घनाभ का पार्श्व पृष्ठीय क्षेत्रफल $= 2(l + b)h$, घनाभ की कुल लंबाई = घनाभ की 12 कोरों की कुल लंबाई = घनाभ की सभी फलकों के अर्द्ध-परिमाप का योग $= 4(l + b + h)$ इकाई

उदाहरण 1 एक घनाभ की लंबाई, चौड़ाई व ऊँचाई क्रमशः 8 मी, 6 मी तथा 4 मी है, तब इसका कुल पृष्ठीय क्षेत्रफल, विकर्ण तथा चारों दीवारों का क्षेत्रफल ज्ञात कीजिए।

हल दिया है, घनाभ की लंबाई $(l) = 8$ मी, चौड़ाई $(b) = 6$ मी तथा ऊँचाई $(h) = 4$ मी

$\therefore$ घनाभ का कुल पृष्ठीय क्षेत्रफल $= 2(lb + bh + hl)$

$= 2(8 \times 6 + 6 \times 4 + 4 \times 8) = 2(48 + 24 + 32)$

$= 2 \times 104 = 208$ मी^{2}

घनाभ का विकर्ण $= \sqrt{l^2 + b^2 + h^2} = \sqrt{(8)^2 + (6)^2 + (4)^2}$

$= \sqrt{64 + 36 + 16}$

$= \sqrt{116} = 10.77$ मी

तथा घनाभ की चारों दीवारों का क्षेत्रफल

$= 2(l + b)h = 2(8 + 6) \times 4$

$= 2 \times 14 \times 4 = 112$ मी^{2}

उदाहरण 2 यदि एक घनाभ की विमाएँ 1:2:3 के अनुपात में है तथा इसका कुल पृष्ठीय क्षेत्रफल 88 मी^{2} है, तब घनाभ की विमाएँ ज्ञात कीजिए।

हल दिया है, घनाभ की विमाओं का अनुपात 1 : 2 : 3 के अनुपात में हैं इसलिए, माना घनाभ की विमाएँ x मी, $2x$ मी तथा $3x$ मी हैं।

तब, कुल पृष्ठीय क्षेत्रफल $= 2(lb + bh + hl)$

$= 2(x \times 2x + 2x \times 3x + 3x \times x)$

परंतु दिया गया क्षेत्रफल = 88 मी^{2}

$\therefore \quad 2(x \times 2x + 2x \times 3x + 3x \times x) = 88$

$\Rightarrow \quad 2(2x^2 + 6x^2 + 3x^2) = 88$

$\Rightarrow \quad 2 \times 11x^2 = 88 \Rightarrow 22x^2 = 88$

$\Rightarrow \quad x^2 = \frac{88}{22}$

$\Rightarrow \quad x^2 = 4 \Rightarrow x^2 = 2^2$

$\Rightarrow \quad x = 2$ मी

[धनात्मक वर्गमूल लेने पर]

$\therefore \quad 2x = 2 \times 2 = 4$ मी तथा $3x = 3 \times 2 = 6$ मी

अतः घनाभ की विमाएँ 2 मी, 4 मी तथा 6 मी हैं।

उदाहरण 3 एक घनाभाकार आकृति के तेल के पीपे की विमाएँ 30 सेमी × 40 सेमी × 50 सेमी है, तब इसी प्रकार के 20 पीपे बनाने की कुल लागत ज्ञात कीजिए, जबकि एक पीपे की प्रति वर्ग मी की लागत ₹ 20 है।

हल यहाँ, तेल का पीपा घनाकार आकृति में है जिसकी

लंबाई $(l) = 30$ मी, चौड़ाई $(b) = 40$ मी तथा ऊँचाई $(h) = 50$ मी

एक पीपे का पृष्ठीय क्षेत्रफल $= 2(lb + bh + hl)$

$= 2(30 \times 40 + 40 \times 50 + 30 \times 50) = 2(1200 + 2000 + 1500)$

$= 2 \times 4700 = 9400$ सेमी^{2}

अब, 20 पीपों का कुल पृष्ठीय क्षेत्रफल $= 20 \times 9400 = 188000$ सेमी^{2}

$= \frac{188000}{10000}$ मी^{2} $\left[\because (100 \text{ सेमी})^2 = (1 \text{ मी})^2 \Rightarrow 1 \text{ सेमी}^2 = \frac{1}{10000} \text{ मी}^2\right]$

$= 18.8$ मी^{2}

दिया है, पीपे के 1मी^{2} की लागत = ₹ 20

$\therefore$ पीपे के 18.8 मी^{2} की कुल लागत = ₹ 20 × 18.8 = ₹ 376

अतः इसी प्रकार के 20 तेल के पीपों की कुल लागत ₹ 376 है।

उदाहरण 4 एक आयताकार बक्से की विमाएँ 2 : 3 : 4 के अनुपात में है यदि इसको ₹ 4 प्रति मी^{2} तथा ₹ 4.50 प्रति मी^{2} की दो भिन्न दरों द्वारा कागज की पन्नी को ढकने के खर्च का अंतर ₹ 416 हो, तब बॉक्स की विमाएँ ज्ञात कीजिए।

हल माना बक्से की विमाएँ $2x$ मी, $3x$ मी और $4x$ मी है।

$\therefore$ पृष्ठीय क्षेत्रफल $= 2(2x \times 3x + 3x \times 4x + 4x \times 2x)$

[$\because$ पृष्ठीय क्षेत्रफल $= 2(lb + bh + lh)$]

$= 2(6x^2 + 12x^2 + 8x^2) = 2 \times 26x^2 = 52x^2$

₹ 4 प्रति मी^{2} की दर से कागज की पन्नी को ढकने का व्यय

$52x^2 \times 4 = ₹\ 208\ x^2$

₹ 4.50 प्रति मी^{2} की दर से कागज की पन्नी को ढकने का व्यय

$4.50 \times 52x^2 = ₹\ 234x^2$

प्रश्नानुसार,

दोनों व्ययों में अंतर = 416

$\Rightarrow \quad 234x^2 - 208x^2 = 416$

$\Rightarrow \quad 26x^2 = 416$

$\Rightarrow \quad x^2 = 16$

$\Rightarrow \quad x = 4$ [धनात्मक वर्गमूल लेने पर]

अतः बक्से की विमाएँ 8 मी, 12 मी तथा 16 मी हैं।

घन का पृष्ठीय क्षेत्रफल (Surface Area of a Cube)

माना घन की प्रत्येक कोर a इकाई है, तब

(i) घन का पृष्ठीय क्षेत्रफल = छः फलकों के क्षेत्रों का योगफल

$= 2(aa + aa + aa)$

$= 2(a^2 + a^2 + a^2)$

$= 6a^2$ वर्ग इकाई

(ii) घन का पार्श्व पृष्ठीय क्षेत्रफल = घन की चार फलकों के क्षेत्रफलों का योग जिसमें ऊपरी एवं तलीय फलक सम्मिलित नहीं है

$= 2(aa + aa)$

$\Rightarrow$ पार्श्व पृष्ठीय क्षेत्रफल $= 4a^2$ वर्ग इकाई

(iii) घन का विकर्ण $= \sqrt{a^2 + a^2 + a^2} = \sqrt{3a^2}$

$\therefore$ घन का विकर्ण $= \sqrt{3}a$ इकाई

नोट *घन की कुल लंबाई = घन की सभी 12 फलकों की लंबाई = 12a इकाई [जहाँ, a इकाई घन की कोर है]*

उदाहरण 5 घन का पृष्ठीय क्षेत्रफल एवं विकर्ण ज्ञात कीजिए जिसकी प्रत्येक कोर 11 सेमी है।

हल दिया है, घन की कोर $(a) = 11$ सेमी

$\therefore$ घन का पृष्ठीय क्षेत्रफल $= 6a^2$ [$\because$ घन की कोर $= a$]

$= 6(11)^2 = 6 \times 121$

$= 726$ सेमी^{2}

तथा घन का विकर्ण $= \sqrt{3}a = 11\sqrt{3}$ सेमी

उदाहरण 6 एक घन का कुल पृष्ठीय क्षेत्रफल 486 सेमी^{2} है, तब इसका पार्श्व पृष्ठीय क्षेत्रफल ज्ञात कीजिए।

हल दिया है, घन का कुल पृष्ठीय क्षेत्रफल = 486 सेमी^{2}

परंतु हम जानते हैं कि, घन का कुल पृष्ठीय क्षेत्रफल $= 6a^2$

[$\because a =$ घन की कोर]

$\therefore \quad 6a^2 = 486$

$\Rightarrow \quad a^2 = \frac{486}{6} = 81$

$\Rightarrow \quad a = \sqrt{81} = 9$ सेमी [धनात्मक वर्गमूल लेने पर]

हम जानते हैं कि, घन का पार्श्व पृष्ठीय क्षेत्रफल

$= 4a^2 = 4(a)^2 = 4 \times 81 = 324$ सेमी

घनाभ का आयतन (Volume of a Cuboid)

माना घनाभ की लंबाई l, चौड़ाई b तथा ऊँचाई h हैं।

तब, घनाभ का आयतन = लंबाई × चौड़ाई × ऊँचाई

अथवा घनाभ का आयतन $= lbh$ घन इकाई

साथ ही,

घनाभ का आयतन = आधार का क्षेत्रफल × ऊँचाई

आयतन का मापन घन इकाई में किया जाता है।

उदाहरण 7 एक घनाभाकार पानी की टंकी की लंबाई 4 मी, चौड़ाई 5 मी तथा गहराई 8 मी है, तब इसमें कितने लीटर पानी आ सकता है।

हल दिया है, घनाभाकार पानी की टंकी की लंबाई = 4 मी

चौड़ाई = 5 मी तथा ऊँचाई = 8 मी

टंकी का आयतन = टंकी की धारिता

= लंबाई × चौड़ाई × ऊँचाई $= 4 \times 5 \times 8 = 160$ मी^{3}

$\therefore$ पानी की मात्रा जो टंकी में आ सकती है।

$= 160 \times 1000$ [$\because$ 1 मी^{1} = 1000 लीटर]

= 160000 लीटर

उदाहरण 8 घनाभ की तीन आसन्न फलकों के क्षेत्रफल x, y और z हैं यदि इसका आयतन V है, तब इसका आयतन ज्ञात कीजिए।

हल माना घनाभ की विमाएँ l, b और h हैं।

दिया है, घनाभ की तीन आसन्न फलकों के क्षेत्रफल x, y और z हैं।

$\therefore \quad x = lb, y = bh$ और $z = hl$ ...(i)

तथा घनाभ का आयतन $= V$

$\therefore \quad V = lbh$

दोनों पक्षों का वर्ग करने पर,

$V^2 = l^2b^2h^2 = (lb)(bh)(hl)$

$\Rightarrow \quad V^2 = xyz$ [समी (i) से]

$\Rightarrow \quad V = \sqrt{xyz}$ [धनात्मक वर्गमूल लेने पर]

घन का आयतन (Volume of a Cube)

हम जानते हैं कि घन की लंबाई, चौड़ाई और ऊँचाई सभी बराबर होते हैं। यदि घन की एक भुजा (या कोर) a इकाई है, तब

घन का आयतन $= l \times b \times h = a \times a \times a$

घन का आयतन $= a^3 =$ (भुजा)^3 घन इकाई

उदाहरण 9 यदि एक घन का आयतन 2197 घन सेमी है, तब इसका पृष्ठीय क्षेत्रफल और घन का विकर्ण ज्ञात कीजिए।

हल दिया है, घन का आयतन = 2197 घन सेमी

$\Rightarrow$ (भुजा)^3 = 2197 [$\because$ घन का आयतन = (भुजा)^3]

घन की भुजा $= \sqrt[3]{2197} = 13$ सेमी [दोनों पक्षों में घनमूल लेने पर]

अब, घन का पृष्ठीय क्षेत्रफल = (भुजा)^2

$= 6(13)^2$ सेमी^{2} $= 1014$ सेमी^{2}

साथ ही, घन के विकर्ण की लंबाई $= \sqrt{3}$ भुजा

$= \sqrt{3} \times 13 = 22.517$ सेमी

लंबवृत्तीय बेलन का पृष्ठीय क्षेत्रफल

(Surface Area of a Right Circular Cylinder)

हम जानते हैं किसी आयताकार पृष्ठ को उसकी किसी एक भुजा के परित: घुमाने से लंबवृत्तीय बेलन प्राप्त होता है। इसलिए आयताकार पृष्ठ का क्षेत्रफल बेलन का वक्रपृष्ठीय क्षेत्रफल तथा आयताकार पृष्ठ की लंबाई, वृत्तीय आधार की परिधि के बराबर होता है।

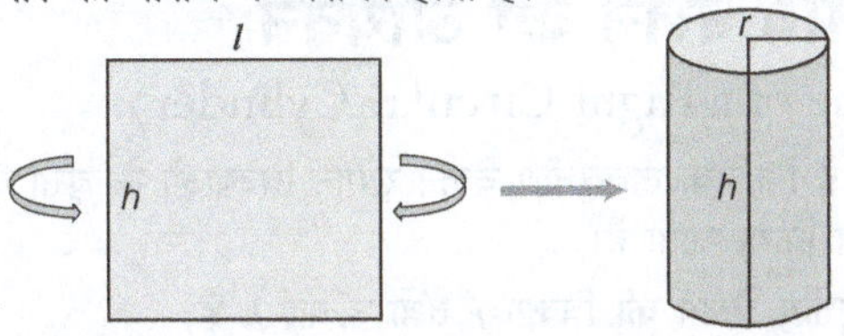

∴ बेलन का वक्रपृष्ठीय क्षेत्रफल = आयताकार पृष्ठ का क्षेत्रफल

= आयताकार पृष्ठ की लंबाई × ऊँचाई

= बेलन के आधार की परिधि × ऊँचाई

[∵ आयताकार पृष्ठ की लंबाई = आधार की परिधि]

बेलन का वक्रपृष्ठीय क्षेत्रफल $= 2\pi rh$ वर्ग इकाई

लंबवृत्तीय बेलन का कुल पृष्ठीय क्षेत्रफल

(Total Surface Area of a Right Circular Cylinder)

बेलन के कुल पृष्ठीय क्षेत्रफल के लिए, हम बेलन के वक्रपृष्ठीय क्षेत्रफल के साथ दोनों वृत्तीय आधारों के क्षेत्रफलों को भी लेंगे।

इसलिए, बेलन का कुल पृष्ठीय क्षेत्रफल

= बेलन का वक्रपृष्ठीय क्षेत्रफल + दोनों वृत्तीय आधारों का क्षेत्रफल

$= 2\pi rh + \pi r^2 + \pi r^2 = 2\pi rh + 2\pi r^2$

$= 2\pi r(h + r)$ वर्ग इकाई

बेलन का कुल पृष्ठीय क्षेत्रफल $= 2\pi r(h + r)$ वर्ग इकाई

जहाँ, r = आधार की त्रिज्या तथा h = बेलन की ऊँचाई

नोट *यहाँ बेलन के लिए 'बेलन की त्रिज्या' से आशय 'बेलन के आधार की त्रिज्या से है।'*

खोखले बेलन का पृष्ठीय क्षेत्रफल

(Surface Area of Hollow Cylinder)

समान ऊँचाई और भिन्न-भिन्न त्रिज्या वाले दो समाक्ष बेलनों से सीमाबद्ध ठोस को खोखला बेलन कहते हैं।

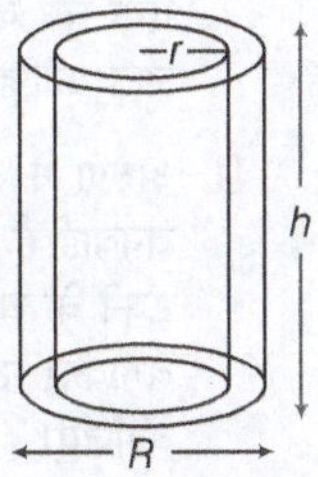

माना किसी खोखले बेलन की बाहरी त्रिज्या R, भीतरी त्रिज्या r तथा ऊँचाई h हैं। खोखले बेलन के आधार का क्षेत्रफल $= \pi(R^2 - r^2)h$ वर्ग इकाई

खोखले बेलन का वक्रपृष्ठ

= बाह्य पृष्ठीय क्षेत्रफल + आंतरिक पृष्ठीय क्षेत्रफल

$= 2\pi Rh + 2\pi rh = 2\pi h(R + r)$ वर्ग इकाई

खोखले बेलन का संपूर्ण पृष्ठ = वक्रपृष्ठीय क्षेत्रफल + दोनों सिरों का क्षेत्रफल

$= 2\pi h(R + r) + 2\pi(R^2 - r^2)$

$= 2\pi(R + r)(R + h - r)$ वर्ग इकाई

खोखले बेलन का संपूर्ण पृष्ठ $= 2\pi(R + r)(R + h - r)$ वर्ग इकाई

उदाहरण 10 एक लंबवृत्तीय बेलन के वक्रपृष्ठीय क्षेत्रफल तथा कुल पृष्ठीय क्षेत्रफल का अनुपात 1 : 3 है। तब, बेलन की ऊँचाई व त्रिज्या के बीच का अनुपात ज्ञात कीजिए।

हल माना बेलन की त्रिज्या $= r$ तथा ऊँचाई $= h$

तब, वक्रपृष्ठीय क्षेत्रफल $= 2\pi rh$

तथा कुल पृष्ठीय क्षेत्रफल $= 2\pi r(h + r)$

प्रश्नानुसार, वक्रपृष्ठीय क्षेत्रफल : कुल पृष्ठीय क्षेत्रफल = 1 : 3

$\Rightarrow \dfrac{2\pi rh}{2\pi r(h + r)} = \dfrac{1}{3}$

$\Rightarrow \dfrac{h}{h + r} = \dfrac{1}{3}$

$\Rightarrow 3h = h + r \Rightarrow 2h = r$

$\Rightarrow \dfrac{h}{r} = \dfrac{1}{2}$

$\therefore h : r = 1 : 2$

अत: बेलन की ऊँचाई व त्रिज्या के मध्य अभीष्ट अनुपात 1 : 2 है।

उदाहरण 11 एक 44 सेमी × 18 सेमी माप के आयताकार कागज के टुकड़े को उसकी लंबाई के सापेक्ष घुमाकर एक बेलन बनाया जाता है, तब बेलन की त्रिज्या ज्ञात कीजिए।

हल दिया है, आयताकार कागज की माप = 44 सेमी × 18 सेमी

यहाँ, लंबाई = 44 सेमी तथा चौड़ाई = 18 सेमी

माना बेलन के आधार की त्रिज्या $= r$

∵ आयताकार टुकड़े को उसकी लंबाई के सापेक्ष घुमाने पर लंबवृत्तीय बेलन प्राप्त होता है।

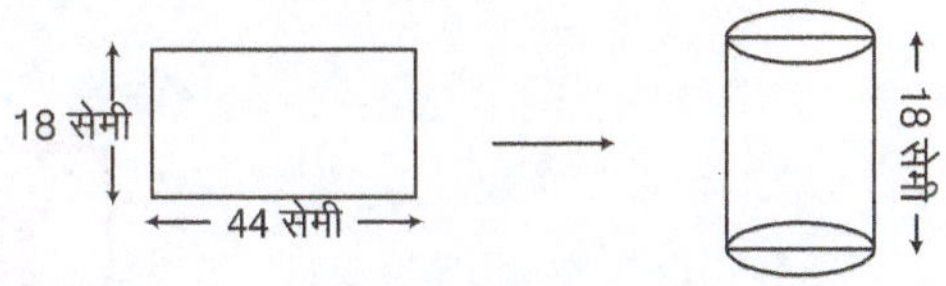

∴ बेलन के आधार की परिधि = कागज की लंबाई

$\therefore 2\pi r = 44$

$\Rightarrow 2 \times \dfrac{22}{7} \times r = 44$

$\Rightarrow r = \dfrac{44 \times 7}{2 \times 22} = 7$

अत: बेलन की त्रिज्या 7 सेमी है।

उदाहरण 12 एक 20 सेमी लंबाई के लोहे के पाइप का बाहरी व्यास 25 सेमी के बराबर है। यदि पाइप की मोटाई 1 सेमी है, तो पाइप का संपूर्ण पृष्ठीय क्षेत्रफल ज्ञात कीजिए।

हल दिया है, लोहे के पाइप की लंबाई $(h) = 20$ सेमी

बाहरी व्यास = 25 सेमी

$\Rightarrow$ बाहरी त्रिज्या $= \dfrac{25}{2} = 12.5$ सेमी

पाइप की मोटाई = 1 सेमी

$\therefore$ आंतरिक त्रिज्या = बाहरी त्रिज्या − पाइप की मोटाई

$= 12.5 - 1 = 11.5$ सेमी

अब, पाइप का संपूर्ण पृष्ठीय क्षेत्रफल

= (बाहरी वक्रपृष्ठ) + (आंतरिक वक्रपृष्ठ) + 2 (वृत्त के आधार का क्षेत्रफल)

$= 2\pi Rh + 2\pi rh + 2(\pi R^2 - \pi r^2)$

$= 2\pi(R + r)(h + R - r)$

$= 2 \times \frac{22}{7} \times (12.5 + 11.5) \times (20 + 12.5 - 11.5)$ सेमी^{2}

$= 2 \times \frac{22}{7} \times 24 \times 21$ सेमी^{2}

$= 3168$ सेमी^{2}

उदाहरण 13 **किसी बेलन के बाहरी वक्रपृष्ठ को रंगवाने का 1.50 प्रति वर्ग सेमी की दर से कुल व्यय ₹ 660 है। यदि बेलन की ऊँचाई 2 मी है, तब बेलन के आधार पर वक्रपृष्ठीय क्षेत्रफल ज्ञात कीजिए।**

हल दिया है, बेलन की ऊँचाई = 2 मी

= 200 सेमी [$\because$ 1 मी = 100 सेमी]

रंगने का कुल व्यय = ₹ 660

बेलन के बाहरी वक्रपृष्ठ को रंगने की दर = 1.50 प्रति सेमी^{2}

अब, रंगने का कुल व्यय = बेलन का वक्रपृष्ठीय क्षेत्रफल × वक्रपृष्ठ क्षेत्रफल को रंगने की दर

$\Rightarrow$ 660 = वक्रपृष्ठीय क्षेत्रफल × 1.50

वक्रपृष्ठ क्षेत्रफल $= \frac{660}{1.50}$

$\Rightarrow$ $2\pi rh = 440$

[$\because$ बेलन का वक्रपृष्ठीय क्षेत्रफल $= 2\pi rh$]

$\Rightarrow$ $2 \times \frac{22}{7} \times r \times 200 = 440$

$\Rightarrow$ $r = \frac{440 \times 7}{2 \times 22 \times 200}$

$\Rightarrow$ $r = \frac{35}{100}$ सेमी

$\therefore$ बेलन के आधार का वक्रपृष्ठीय क्षेत्रफल

= बेलन के आधार की परिधि $= 2\pi r$

$= 2 \times \frac{22}{7} \times \frac{35}{100}$

$= 2.2$ सेमी

लंबवृत्तीय बेलन का आयतन

(Volume of a Right Circular Cylinder)

हम जानते हैं कि एक लंबवृत्तीय बेलन समान त्रिज्याओं के वृत्तों के उपयोग द्वारा निर्मित किया जाता है।

माना लंबवृत्तीय बेलन की त्रिज्या r तथा ऊँचाई h है,

तब, बेलन का आयतन = बेलन द्वारा घेरे हुए स्थान की माप

= वृत्तीय आधार का क्षेत्रफल × ऊँचाई

बेलन का आयतन = $\pi r^2 h$ घन इकाई

उदाहरण 14 **एक बेलनाकार पात्र टंकी की धारिता ज्ञात कीजिए जिसकी ऊँचाई 4 मी तथा आधार का व्यास 8 मी है।**

हल दिया है, बेलनाकार टंकी की ऊँचाई = 4 मी तथा व्यास = 8 मी

$\therefore$ त्रिज्या $= \frac{8}{2} = 4$ मी

बेलनाकार टंकी की धारिता = बेलन का आयतन

[$\because r =$ त्रिज्या, $h =$ ऊँचाई]

$= \pi r^2 h = \frac{22}{7} \times (4)^2 \times 4$

$= \frac{22 \times 4 \times 4 \times 4}{7}$

$= \frac{1408}{7}$

$= 201.14$ मी^{2}

प्रश्नावली

1. एक बक्से का पृष्ठीय क्षेत्रफल ज्ञात कीजिए जिसकी लंबाई 40 सेमी, चौड़ाई 27 सेमी तथा ऊँचाई 10 सेमी है।
2. 12 मी लंबाई, 9 मी चौड़ाई तथा 8 मी ऊँचाई वाले कमरे में रखी जाने वाली सबसे बड़ी छड़ की लंबाई ज्ञात कीजिए।
3. एक घनाभ जिसकी विमाएँ 80 सेमी × 40 सेमी × 20 सेमी है, तब इसका पार्श्व पृष्ठीय क्षेत्रफल ज्ञात कीजिए।
4. एक 4 सेमी के घन को काटकर 1 सेमी के घन बनाए गए हैं। इन सभी छोटे घनों का संपूर्ण पृष्ठीय क्षेत्रफल ज्ञात कीजिए।
5. एक घनाभ जिसकी लंबाई 12 सेमी, चौड़ाई 9 मी तथा ऊँचाई 8 मी है, इसका कुल पृष्ठीय क्षेत्रफल ज्ञात कीजिए।
6. यदि एक घन के विकर्ण की लंबाई $8\sqrt{3}$ सेमी है, तब इसका पृष्ठीय क्षेत्रफल ज्ञात कीजिए।
7. एक घन का पार्श्व पृष्ठीय क्षेत्रफल 512 सेमी^{2} है, तब घन की भुजा ज्ञात कीजिए।
8. अरुण ने अपने घर के लिए ढक्कन वाली घनाकार पानी की टंकी बनवाई है जिसका प्रत्येक बाहरी किनारा 2.5 मी लंबा है। वह इस टंकी के बाहरी पृष्ठ पर आधार को छोड़ते हुए 25 सेमी भुजा वाली वर्गाकार टाइले लगवाता है, तब वांछित टाइलों की संख्या ज्ञात कीजिए।
9. एक घनाभाकार पानी की टंकी की लंबाई 8 मी, चौड़ाई 4 मी तथा गहराई 3 मी है, तब इसमें कितने लीटर पानी आ सकता है?

10. एक घनाभाकार पानी की टंकी में 50000 लीटर पानी आ सकता है यदि टंकी की लंबाई एवं गहराई क्रमश: 250 सेमी तथा 10 मी है, तब टंकी की चौड़ाई ज्ञात कीजिए।

11. एक घन का आयतन $648\sqrt{3}$ सेमी^{3} है, तब इसका कुल पृष्ठीय क्षेत्रफल ज्ञात कीजिए।

12. घन की एक फलक का परिमाप 40 मी है, तब घन का आयतन ज्ञात कीजिए।

13. एक घन का आयतन 2744 सेमी^{3} है, तब इसका कुल पृष्ठीय क्षेत्रफल ज्ञात कीजिए।

14. एक घनाभ जिसकी कोर क्रमश: 18 सेमी, 15 सेमी तथा 2 सेमी है। इसको पिघलाकर 3 सेमी कोर वाले कितने घन बनाएँ जा सकते हैं।

15. यदि एक बेलन का वक्रपृष्ठीय क्षेत्रफल 1760 सेमी^{2} तथा इसके आधार की त्रिज्या 14 सेमी है, तब इसकी ऊँचाई ज्ञात कीजिए।

16. दो बेलनों की ऊँचाइयों का अनुपात 5 : 3 तथा उनकी त्रिज्याओं का अनुपात 2 : 3 है, तब उनके वक्रपृष्ठीय क्षेत्रफलों का अनुपात ज्ञात कीजिए।

17. एक बेलन आयताकार कागज को उसकी लंबाई के सापेक्ष मोड़कर बनाया गया है जिसकी विमाएँ 8.8 सेमी $\times$ 2.8 सेमी है, तब बेलन की त्रिज्या ज्ञात कीजिए।

18. एक बेलन का वक्रपृष्ठीय क्षेत्रफल 660 सेमी^{2} तथा इसके आधार की त्रिज्या 5 सेमी है, तब इसकी ऊँचाई ज्ञात कीजिए।

19. यदि किसी बेलन के आधार का व्यास तथा ऊँचाई क्रमश: 6 सेमी और 14 सेमी हैं, तब इसका आयतन ज्ञात कीजिए।

20. एक वृक्ष का तना बेलनाकार है और इसकी परिधि 176 सेमी है। यदि तने की लंबाई 3 मी हो, तो ज्ञात कीजिए कि लकड़ी का कितना आयतन इस तने से प्राप्त हो सकता है?

21. एक बेलन में, यदि त्रिज्या को आधा तथा ऊँचाई को दोगुना कर दिया जाए, तब इसका आयतन ज्ञात कीजिए।

22. एक लंबवृत्तीय बेलन के आयतन की गणना कीजिए यदि इसके आधार की त्रिज्या 14 सेमी और ऊँचाई 14 सेमी है।

23. एक ठोस बेलन का आयतन 6237 सेमी^{3} है यदि इसकी ऊँचाई 4.5 सेमी है, तब इसकी त्रिज्या ज्ञात कीजिए।

24. किसी बेलन की त्रिज्या तथा ऊँचाई का अनुपात 5 : 7 तथा इसका आयतन 550 सेमी^{3} है, तब इसकी त्रिज्या ज्ञात कीजिए।

25. एक लंबवृत्तीय बेलन का वक्र-पृष्ठीय क्षेत्रफल 4400 सेमी^{2} तथा इसके आधार की परिधि 110 सेमी है, तब बेलन की ऊँचाई ज्ञात कीजिए।

उत्तर

1. 3500 सेमी^{2} **2.** 17 सेमी
3. 4800 सेमी^{2} **4.** 384 सेमी^{2}
5. 552 सेमी^{2} **6.** 384 सेमी^{2}
7. $8\sqrt{2}$ सेमी **8.** 500
9. 96000 लीटर **10.** 2 मी
11. 648 सेमी^{2} **12.** 1000 मी^{3}
13. 1176 सेमी^{2} **14.** 20
15. 20 सेमी **16.** 10 : 9
17. 1.4 सेमी **18.** 21 सेमी
19. 396 सेमी^{2} **20.** 0.74 मी^{3}
21. आधा **22.** 8624 सेमी^{3}
23. 21 सेमी **24.** 5 सेमी
25. $h = 40$ सेमी

अध्याय

12

सांख्यिकी (Statistics)

सांख्यिकी के अंग्रेजी शब्द 'Statistics' की व्युत्पत्ति लैटिन शब्द 'Status' से हुई है, जिसका आशय एक राजनैतिक राज्य से है। वास्तविक रूप में सांख्यिकी लोगों के जीवन के विभिन्न बिंदुओं से संबंधित उन आँकड़ों का संग्रहण होता था जोकि राज्य के विकास के लिए उपयोगी होते थे। सांख्यिकी शब्द का प्रयोग इसके एकवचन तथा बहुवचन दोनों रूपों में किया जाता है।

(i) एकवचन रूप में, सांख्यिकी को संख्यात्मक आँकड़ों के संग्रहण, प्रस्तुतीकरण, विश्लेषण तथा विवेचना के रूप में व्यक्त करने में किया जाता है।

(ii) बहुवचन रूप में, सांख्यिकी से अभिप्राय किसी निश्चित उद्देश्य की पूर्ति हेतु एकत्रित संख्यात्मक आँकड़ों अथवा प्रेक्षणों से है।

समय के साथ-साथ इसका कार्य क्षेत्र भी बढ़ता चला गया और सांख्यिकी का संबंध केवल आँकड़ों के संग्रहण और प्रस्तुतीकरण से नहीं रह गया है, अपितु इसका संबंध वर्गीकरण और उनका विश्लेषण करने से भी हो गया।

आँकड़े का आलेखीय निरूपण
(Graphical Representation of Data)

हम जानते हैं कि चित्रों और आलेख की सहायता से आँकड़ों का अध्ययन अधिक स्पष्ट और सुगमता से किया जा सकता है जबकि आँकड़े कितने भी जटिल हों।

आँकड़ों को चित्रों और आलेख द्वारा प्रस्तुत करना, आँकड़ों का **आलेखीय निरूपण** (Graphical representation) कहलाता है।

प्रमुखत: आलेखीय निरूपण निम्न हैं

1. दण्ड आलेख 2.आयत चित्र 3. बारंबारता बहुभुज

1. दण्ड आलेख (Bar Graph)

दण्ड आलेख आँकड़ों का एक चित्रीय निरूपण होता है जिसमें प्राय: एक अक्ष (मान लीजिए X-अक्ष) पर एक चर को प्रकट करने वाले एकसमान चौड़ाई के दण्ड खींचे जाते हैं जिनके बीच में बराबर-बराबर दूरियाँ छोड़ी जाती हैं। चर के मान दूसरे अक्ष (मान लीजिए Y-अक्ष) पर दिखाए जाते हैं और दण्डों की ऊँचाइयाँ चर के मानों पर निर्भर करती हैं।

टॉपिक्स

- *आँकड़े का आलेखीय निरूपण*

उदाहरण 1 निम्नलिखित सारणी किसी एक दिन में दिल्ली के किसी व्यस्त चौराहे से गुजरने वाले वाहनों की संख्या भिन्न-भिन्न समय अंतरालों पर दर्शाती है।

समय अंतराल घंटों में	8 – 9 पूर्वाह	9 – 10 पूर्वाह	10 – 11 पूर्वाह	11 – 12 पूर्वाह	12 – 13 दोपहर	13 – 14 अपराह	14 – 15 अपराह
वाहनों की संख्या	300	400	350	250	200	150	100

उपरोक्त आँकड़ों को एक दण्ड आलेख द्वारा निरूपित कीजिए।

हल यहाँ सात समय अंतराल दिए गए हैं, अतः हम क्षैतिज अक्ष (X-अक्ष) पर समान दूरी पर 7 समान चौड़ाई के दण्ड बनाते हैं। जिसकी ऊँचाइयाँ आँकड़ों के मान के समानुपाती है।

इस प्रकार प्राप्त दण्ड आलेख चित्र में दर्शाया गया है

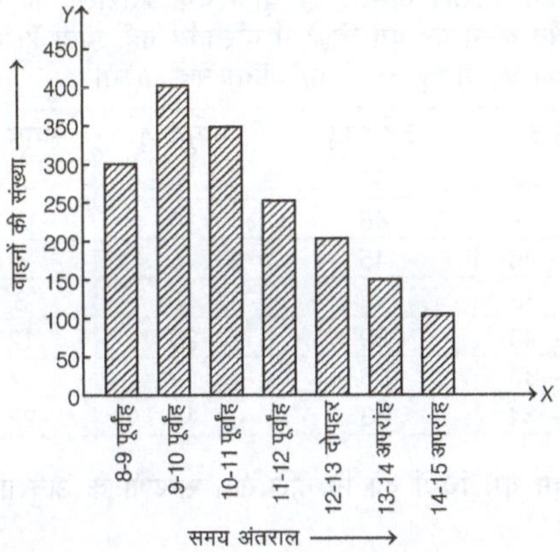

2. **आयत चित्र** (Histogram)

यह सतत् वर्ग अंतरालों के लिए प्रयुक्त दण्ड आरेख की भाँति निरूपण का एक रूप है।

जिसके रचना के चरण निम्न हैं

- हम एक उपयुक्त पैमाना लेकर वर्ग सीमा को क्षैतिज अक्ष तथा बारंबारता को ऊर्ध्वाधर अक्ष पर निरूपित करते हैं।
- अब, हम वर्ग-अंतराल के अनुसार समान चौड़ाई और संगत वर्ग-अंतरालों की बारंबारताओं को लंबाइयाँ मानकर आयत (या आयताकार दण्ड) बनाते हैं।

क्योंकि क्रमागत आयतों के बीच कोई रिक्त स्थान नहीं है इसलिए परिणामी आलेख एक ठोस आकृति के समान दिखाई देगा। इस आलेख को आयत चित्र (histogram) कहा जाता है।

उदाहरण 2 निम्नलिखित सारणी 100 छात्रों द्वारा एक प्रवेश परीक्षा में प्राप्त अंकों को प्रदर्शित करती है।

प्राप्तांक	0-10	10-20	20-30	30-40	40-50	50-60	60-70	70-80
छात्रों की संख्या (बारंबारता)	4	10	16	22	20	18	8	2

इन आँकड़ों को एक आयत चित्र के रूप में प्रस्तुत कीजिए।

हल यहाँ, हम एक उचित पैमाना लेकर वर्ग-अंतराल को X-अक्ष के अनुदिश तथा बारंबारताओं को Y-अक्ष के अनुदिश निरूपित करते हैं।

वर्ग-अंतरालों को आधार तथा उनकी संगत बारंबारताओं के समान ऊँचाई लेकर हम दिए गए बारंबारता बंटन का आयत चित्र प्राप्त करने के लिए आयत बनाते हैं जैसा कि चित्र में प्रदर्शित किया गया है।

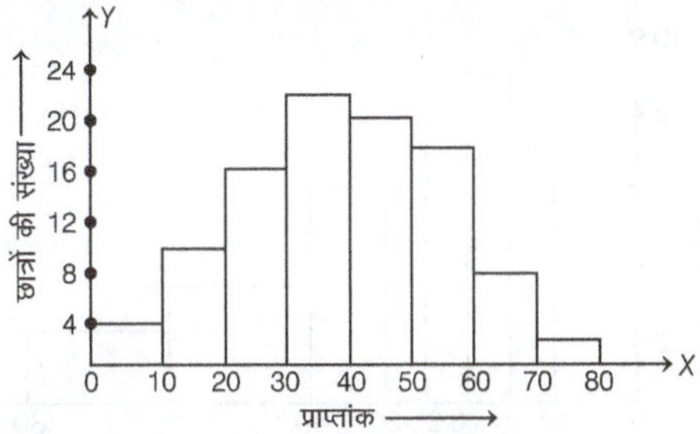

असमान वर्ग अंतराल वाले बंटन के लिए आयत चित्र

हम जानते हैं कि आयत चित्र में, आयतों का क्षेत्रफल बारंबारताओं के समानुपाती होता है परंतु इस स्थिति में आयतों की चौड़ाइयाँ विचरण करती है इसलिए, आयतों की लंबाइयों (अर्थात् बारंबारताओं) में कुछ परिवर्तन करने की आवश्यकता होती है जिससे कि क्षेत्रफल पुनः बारंबारताओं के समानुपाती हो जाए। इसके लिए समायोजित बारंबारता ज्ञात की जाती है। समायोजित बारंबारता की गणना निम्न सूत्र के द्वारा की जाती है

$$\text{समायोजित बारंबारता} = \frac{\text{न्यूनतम वर्ग माप}}{\text{वर्ग माप}} \times \text{वर्ग की बारंबारता}$$

उदाहरण 3 निम्नलिखित आँकड़ों को निरूपित करने वाला आयत चित्र खींचिए।

साप्ताहिक मजदूरी (₹ में)	10 – 15	15 – 20	20 – 25	25 – 30	30 – 40	40 – 60	60 – 80
श्रमिकों की संख्या (बारंबारता)	7	9	8	5	12	12	8

हल यहाँ वर्ग-अंतराल असमान चौड़ाई के हैं। अतः हम सर्वप्रथम प्रत्येक वर्ग की समायोजित बारंबारता का परिकलन करेंगे। न्यूनतम वर्ग माप $15 - 10 = 5$ है। अतः समायोजित बारंबारताओं की गणना निम्नलिखित सूत्र द्वारा की जाएगी

$$\text{समायोजित बारंबारता} = \frac{\text{न्यूनतम वर्ग माप}}{\text{वर्ग माप}} \times \text{वर्ग की बारंबारता}$$

समायोजित बारंबारताएँ निम्नलिखित सारणी में परिकलित की गई हैं

साप्ताहिक मजदूरी (₹ में)	बारंबारता	समायोजित बारंबारता
10 – 15	7	$\frac{5}{5} \times 7 = 7$
15 – 20	9	$\frac{5}{5} \times 9 = 9$
20 – 25	8	$\frac{5}{5} \times 8 = 8$
25 – 30	5	$\frac{5}{5} \times 5 = 5$
30 – 40	12	$\frac{5}{10} \times 12 = 6$
40 – 60	12	$\frac{5}{20} \times 12 = 3$
60 – 80	8	$\frac{5}{20} \times 8 = 2$

अब, हम वर्ग सीमाओं को आधार तथा संगत समायोजित बारंबारताओं को ऊँचाई लेकर आयत बनाते हैं।

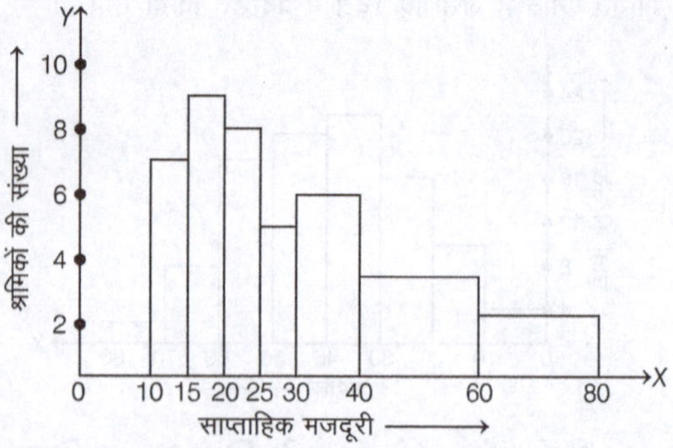

3. **बारंबारता बहुभुज** (Frequency Polygons)

आवृत्ति बहुभुज या बारंबारता बहुभुज, वह बहुभुज है जिसे आयत चित्र में विभिन्न आयतों की ऊपरी भुजाओं के मध्य-बिंदुओं को X-अक्ष से एक रेखा से मिलाकर प्राप्त किया जाता है। बारंबारता बहुभुज को बिना आयत चित्र को खींचे स्वतंत्र रूप से भी बनाया जा सकता है। इसके लिए हमें आँकड़ों में प्रयुक्त वर्ग अंतरालों के मध्य बिंदुओं (वर्ग-चिह्न) की आवश्यकता होती है जिसे निम्न सूत्र के द्वारा ज्ञात किया जाता है

$$\text{वर्ग चिह्न} = \frac{\text{ऊपरी सीमा} + \text{निम्न सीमा}}{2}$$

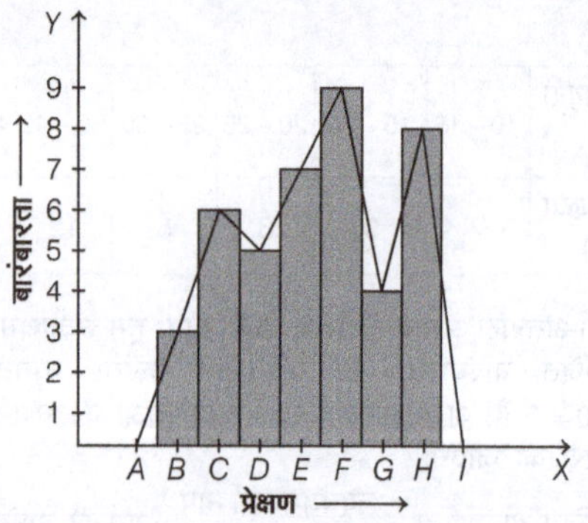

आइए, अब उचित पैमाना लेकर वर्ग चिह्न को ऊर्ध्वाधर अक्ष (X-अक्ष) पर तथा बारंबारताओं को क्षैतिज अक्ष (Y-अक्ष) के अनुदिश निरूपित करते हैं इसके पश्चात् वर्ग चिह्नों को मिलाकर अभीष्ट बारंबारता बहुभुज प्राप्त करते हैं।

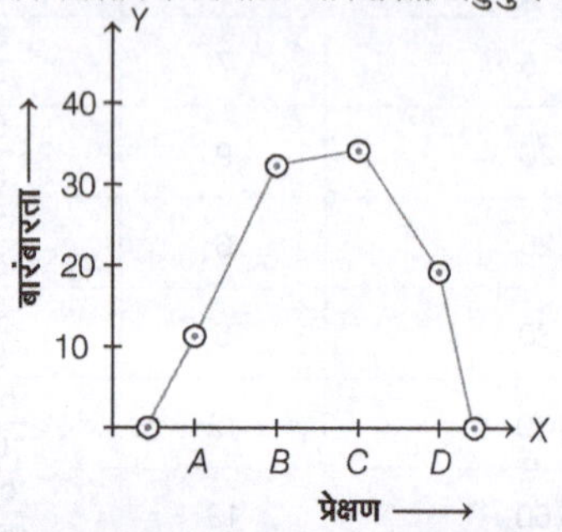

नोट बारंबारता बहुभुज पूर्ण करने के लिए, हम कल्पना करते हैं कि पहले वर्ग अंतराल से पूर्व बारंबारता शून्य तथा अंतिम अंतराल के पश्चात् बारंबारता एक है।

उदाहरण 4 कक्षा चार के छात्रों के दो समूहों के पठन योग्यता परीक्षा के अंक निम्नलिखित हैं। एक ही अक्षों पर प्रत्येक समूह के लिए बारंबारता बहुभुज निर्मित कीजिए।

अंक	समूह A	समूह B
50 – 52	4	2
47 – 49	10	3
44 – 46	15	4
41 – 43	18	8
38 – 40	20	12
35 – 37	12	17
32 – 34	13	22
योग	92	68

हल यहाँ, वर्ग-अंतराल असतत् है चूँकि वर्ग अंतरालों को सतत् रूप में परिवर्तित करने पर वर्ग चिह्नों में परिवर्तन नहीं होता है। अतः यहाँ हम वर्ग-चिह्नों को सतत् रूप में परिवर्तित नहीं करेंगे।

अंक	वर्ग चिह्न	समूह A	समूह B
50 – 52	51	4	2
47 – 49	48	10	3
44 – 46	45	15	4
41 – 43	42	18	8
38 – 40	39	20	12
35 – 37	36	12	17
32 – 34	33	13	22

अब हम वर्ग चिह्नों को निम्नलिखित सारणी के अनुसार परिकलित करेंगे।

हम एक उचित पैमाना लेकर वर्ग चिह्नों को X-अक्ष पर तथा बारंबारताओं को Y-अक्ष पर निरूपित करते हैं।

समूह A के लिए बारंबारता बहुभुज प्राप्त करने के लिए हम बिंदुओं (51, 4), (48, 10), (45, 15), (42, 18), (39, 20), (36, 12) तथा (33, 13) को अंकित करते हैं तथा इन बिंदुओं को रेखाखंडों द्वारा जोड़ते हैं।

समूह B के लिए बारंबारता बहुभुज प्राप्त करने के लिए हम बिंदुओं (51, 2), (48, 3), (45, 4), (42, 8), (39, 12), (36, 17) तथा (33, 22) को समान पैमाने पर अंकित करते हैं तथा इन बिंदुओं को बिंदुवार रेखाखंडों द्वारा जोड़ते हैं।

दोनों बारंबारता बहुभुज चित्र में प्रदर्शित किए गए हैं।

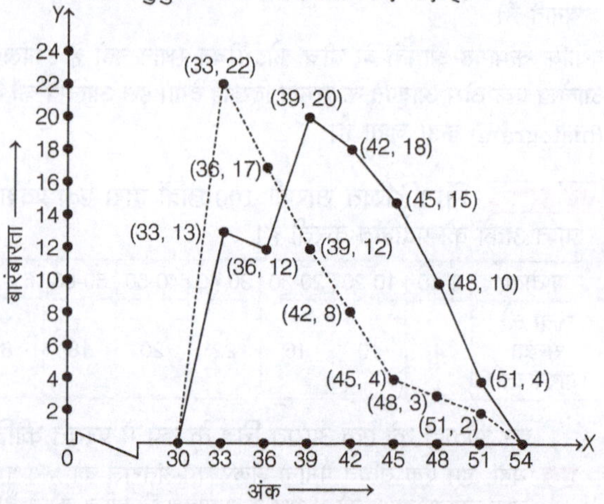

NCERT फोल्डर

प्रश्नावली 12.1

1. एक संगठन ने पूरे विश्व में 15-44 (वर्षों में) की आयु वाली महिलाओं में बीमारी और मृत्यु के कारणों का पता लगाने के लिए किए गए सर्वेक्षण से निम्नलिखित आँकड़े (प्रतिशत में) प्राप्त किए

क्र.सं.	कारण	महिला मृत्यु दर (प्रतिशत में)
1.	जनन स्वास्थ्य अवस्था	31.8
2.	तंत्रिका मनोविकारों अवस्था	25.4
3.	क्षति	12.4
4.	हृदय वाहिका अवस्था	4.3
5.	श्वसन अवस्था	4.1
6.	अन्य कारण	22.0

(i) ऊपर दी गई सूचनाओं को आलेखीय रूप में निरूपित कीजिए।

(ii) कौन-सी अवस्था पर विश्व की महिलाओं के खराब स्वास्थ्य और मृत्यु का बड़ा कारण है?

(iii) अपनी अध्यापिका की सहायता से ऐसे दो कारणों का पता लगाने का प्रयास कीजिए जिनकी ऊपर (ii) में मुख्य भूमिका रही हो।

हल (i) हम इन आँकड़ों का दण्ड आलेख निम्नलिखित चरणों में बनाते हैं। ध्यान दीजिए कि दूसरे स्तंभ में दिया गया मात्रक 'प्रतिशत (%)' में है।

1. कोई भी पैमाना (scale) लेकर हम अक्ष पर कारणों (चर) को निरूपित करते हैं क्योंकि यहाँ दण्ड की चौड़ाई का कोई महत्त्व नहीं होता परन्तु स्पष्टता के लिए हम सभी दण्ड समान चौड़ाई के लेते हैं और उनके बीच समान दूरी बनाए रखते हैं। माना एक कारण को एक मात्रक से निरूपित किया गया है।
2. हम महिला मृत्यु दर (%) को ऊर्ध्वाधर अक्ष पर निरूपित करते हैं। यहाँ, हम 1 मात्रक = 4% ले सकते हैं।
3. अपने पहले कारण अर्थात् जनन स्वास्थ्य अवस्था को निरूपित करने के लिए हम 1 मात्रक की चौड़ाई 31.8 मात्रक की ऊँचाई वाला एक आयताकार दण्ड बनाते हैं।
4. इसी प्रकार, दो क्रमागत दण्डों के बीच 1 मात्रक का खाली स्थान छोड़कर अन्य कारणों को निरूपित किया जाता है।

अब निम्न ग्राफ खींचते हैं

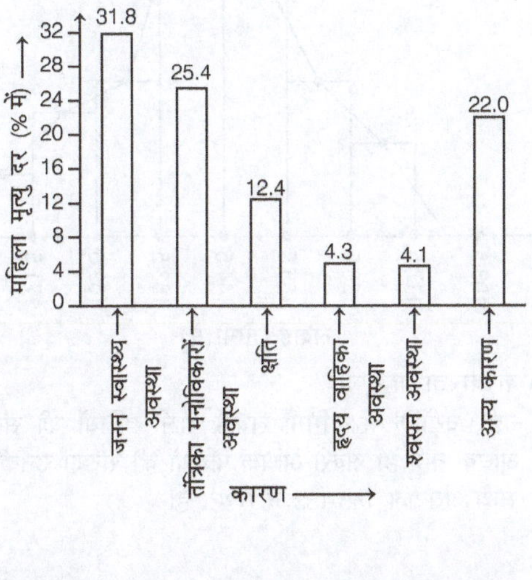

(ii) उपरोक्त ग्राफ से हम देख सकते हैं कि ''जनन स्वास्थ्य अवस्था'' पर विश्व की महिलाओं के खराब स्वास्थ्य और मृत्यु का बड़ा कारण है, क्योंकि यह अन्य कारणों में सबसे अधिक प्रतिशतता अर्थात् 31.8% रखता है।

(iii) उपरोक्त सारणी से तभ्य निम्नवत् हैं

(a) स्वास्थ्य सुविधाओं की कमी

(b) उपचार के सही ज्ञान की कमी

2. भारतीय समाज के विभिन्न क्षेत्रों में प्रति हजार लड़कों पर लड़कियों की (निकटतम दस तक की) संख्या के आँकड़े नीचे दिए गए हैं

क्षेत्र	प्रति हजार लड़कों पर लड़कियों की संख्या
अनुसूचित जाति	940
अनुसूचित जनजाति	970
गैर अनुसूचित जाति/जनजाति	920
पिछड़े जिले	950
गैर पिछड़े जिले	920
ग्रामीण	930
शहरी	910

(i) ऊपर दी गई सूचनाओं को एक दण्ड आलेख द्वारा निरूपित कीजिए।

(ii) कक्षा में चर्चा करके, बताइए कि आप इस आलेख से कौन-कौन से निष्कर्ष निकाल सकते हैं।

हल (i) हम इन आँकड़ों का दण्ड आलेख निम्नलिखित चरणों में बनाते हैं। ध्यान दीजिए कि दूसरे स्तम्भ में दिया गया मात्रक प्रति हजार लड़कों पर लड़कियों की संख्या है।

(a) कोई भी पैमाना (scale) लेकर हम अक्ष पर क्षेत्रों (चर) को निरूपित करते हैं, क्योंकि यहाँ दण्ड की चौड़ाई का कोई महत्त्व नहीं होता है परन्तु स्पष्टता के लिए हम सभी दण्ड समान चौड़ाई के लेते हैं और उनके बीच समान दूरी बनाए रखते हैं। माना एक क्षेत्र को एक मात्रक से निरूपित किया गया है।

(b) हम प्रति हजार लड़कों पर लड़कियों की संख्या को ऊर्ध्वाधर अक्ष पर निरूपित करते हैं। यहाँ, हम 1 मात्रक = 100 का चयन करते हैं। अब, हम निम्न ग्राफ खींचते है

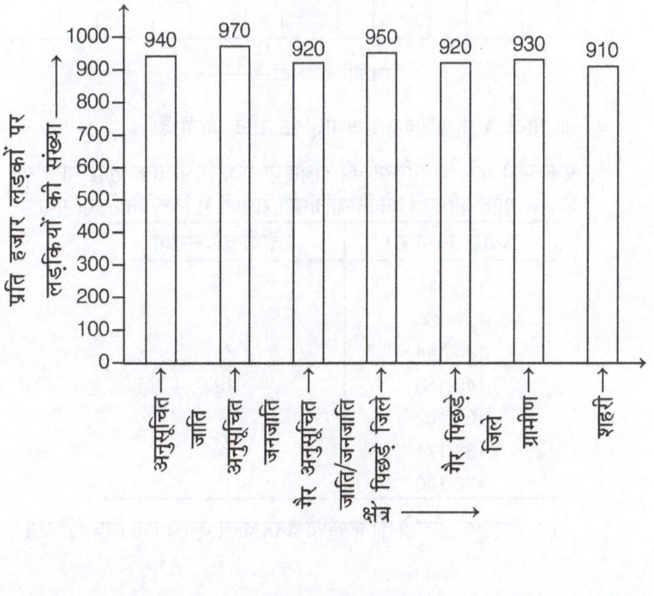

(ii) उपरोक्त ग्राफ से, हम देखते हैं कि ''अनुसूचित जनजाति'' की लड़कियों का भारतीय समाज के विभिन्न क्षेत्रों में एक मुख्य क्षेत्र है क्योंकि यह प्रति हजार लड़कों पर लड़कियों की संख्या अर्थात् 970 रखती है।

3. एक राज्य के विधान सभा के चुनाव में विभिन्न राजनीतिक पार्टियों द्वारा जीती गई सीटों के परिणाम नीचे दिए गए हैं

राजनीतिक पार्टी	A	B	C	D	E	F
जीती गई सीट	75	55	37	29	10	37

(i) मतदान के परिणामों को निरूपित करने वाला एक दण्ड आलेख खीचिए।

(ii) किस राजनीतिक पार्टी ने अधिकतम सीटें जीती हैं?

हल (i) हम इन आँकड़ों का दण्ड आलेख निम्नलिखित चरणों में बनाते हैं। ध्यान दीजिए कि दूसरे स्तंभ में दिया गया मात्रक 'जीती गई सीट' है।

1. कोई भी पैमाना (scale) लेकर हम अक्ष पर राजनीतिक पार्टियों (चर) को निरूपित करते हैं क्योंकि यहाँ दण्ड की चौड़ाई का कोई महत्त्व नहीं होता है परंतु स्पष्टता के लिए हम सभी दण्ड समान चौड़ाई के लेते हैं और उनके बीच समान दूरी बनाए रखते हैं। माना एक राजनीतिक पार्टी को एक मात्रक से निरूपित किया गया है।
2. हम जीती गई सीटों को ऊर्ध्वाधर अक्ष पर निरूपित करते हैं। यहाँ, हम 1 मात्रक = 10 का चयन करते हैं।

अब, हम निम्न ग्राफ खींचते हैं

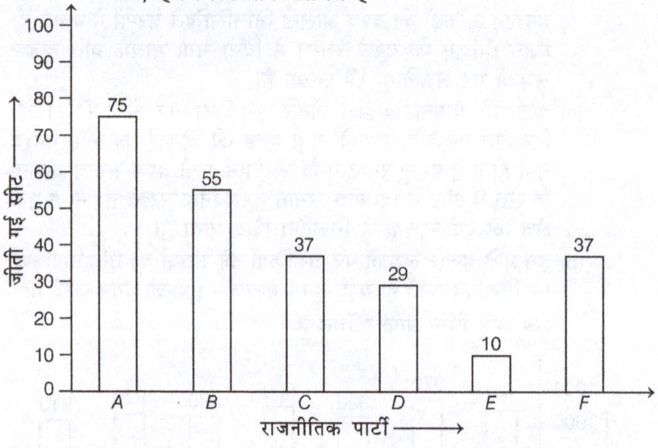

(ii) पार्टी A ने अधिकतम अर्थात् 75 सीटें जीती हैं।

4. एक पौधे की 40 पत्तियों की लंबाईयाँ एक मिमी तक शुद्ध मापी गई हैं और प्राप्त आँकड़ों को निम्नलिखित सारणी में निरूपित किया गया है

लंबाई (मिमी में)	पत्तियों की संख्या
118-126	3
127-135	5
136-144	9
145-153	12
154-162	5
163-171	4
172-180	2

(i) दिए हुए आँकड़ों को निरूपित करने वाला एक आयत चित्र खीचिए।

(ii) क्या इन्हीं आँकड़ों को निरूपित करने वाला कोई अन्य उपरोक्त आलेख है?

(iii) क्या यह सही निष्कर्ष है कि 153 मिमी लंबाई वाली पत्तियों की संख्या सबसे अधिक है? क्यों?

हल (i) हम जानते हैं कि आयत चित्र में आयतों के क्षेत्रफल संगत बारंबारताओं के समानुपाती होते हैं। ऊपर दिए गए आँकड़ों को संशोधित करके निम्न संशोधित सारणी बनाते हैं

लंबाई (मिमी में)	बारंबारता	वर्ग की चौड़ाई
117.5-126.5	3	9
126.5-135.5	5	9
135.5-144.5	9	9
144.5-153.5	12	9
153.5-162.5	5	9
162.5-171.5	4	9
171.5-180.5	2	9

अब, इन संशोधित आँकड़ों को आलेखीय रूप में इस प्रकार निरूपित करते हैं

1. हम एक उपयुक्त पैमाना लेकर लंबाई को क्षैतिज अक्ष पर निरूपित करते हैं। हम पैमाना 1 सेमी = 9 मिमी ले सकते हैं। साथ ही, क्योंकि पहला वर्ग अंतराल 117.5 से प्रारंभ हो रहा है न कि शून्य से, इसलिए एक निकुंच (kink) का चिह्न बनाकर या अक्ष में एक विच्छेद दिखाकर, इसे हम आलेख पर दर्शा सकते हैं।
2. हम एक उपयुक्त पैमाने के अनुसार पत्तियों की संख्या (बारंबारता) को ऊर्ध्वाधर अक्ष पर निरूपित करते हैं। साथ ही, क्योंकि अधिकतम बारंबारता 12 है इसलिए हमें एक ऐसे पैमाने का चयन करना होता है जिससे कि उसमें यह अधिकतम बारंबारता आ सके।
3. अब, हम वर्ग अंतराल के अनुसार समान चौड़ाई और संगत वर्ग अंतरालों की बारंबारताओं को लंबाइयाँ मानकर आयत (आयताकार दण्ड) बनाते हैं।
4. इस प्रकार हमें जो आलेख प्राप्त होता है, उसे नीचे आकृति में दिखाया गया है। यह आकृति आयत चित्र के साथ बारंबारता बहुभुज भी है।

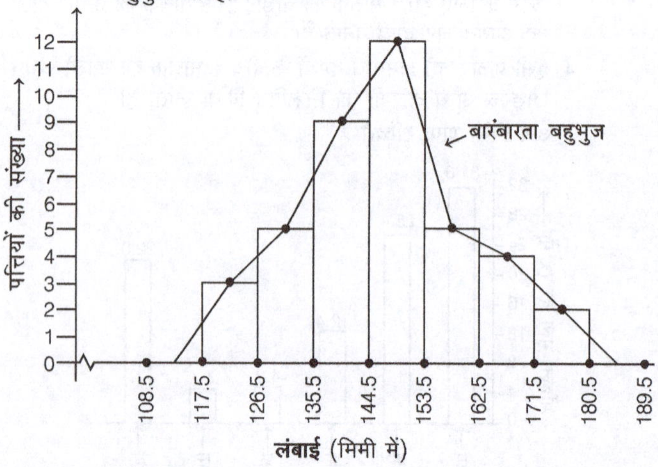

(ii) बारंबारता बहुभुज।

(iii) नहीं, क्योंकि 153 मिमी लंबाई वाली पत्तियों की संख्या सबसे अधिक नहीं है। सबसे अधिक पत्तियों की संख्या उनकी लंबाई के साथ अंतराल 145-153 में स्थित है।

5. नीचे की सारणी में 400 नियॉन लैंपों के जीवनकाल दिए गए हैं

जीवनकाल (घंटों में)	लैंपों की संख्या
300-400	14
400-500	56
500-600	60
600-700	86
700-800	74
800-900	62
900-1000	48

(i) एक आयत चित्र की सहायता से दी हुई सूचनाओं को निरूपित कीजिए।

(ii) कितने लैंपों के जीवनकाल 700 घंटों से अधिक हैं?

हल (i) सबसे पहले हम दिए गए आंकड़ों की एक संशोधित सारणी बनाएँगे।

जीवनकाल (घंटों में)	बारंबारता	वर्ग की चौड़ाई
300-400	14	100
400-500	56	100
500-600	60	100
600-700	86	100
700-800	74	100
800-900	62	100
900-1000	48	100

अब, हम दी गई सारणी के लिए एक आयत चित्र खींचते हैं।

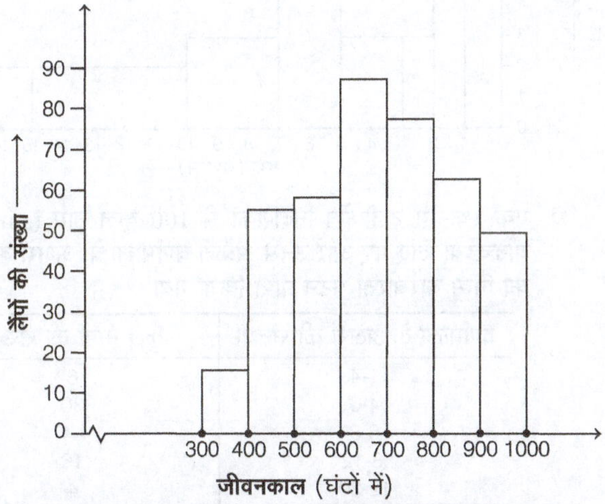

(ii) 184 लैंपों के जीवनकाल 700 घंटों से अधिक हैं अर्थात्
74 + 62 + 48 = 184

6. नीचे की दो सारणियों में प्राप्त किए गए अंकों के अनुसार दो सेक्शनों के विद्यार्थियों का बंटन दिया गया है

सेक्शन A		सेक्शन B	
अंक	बारंबारता	अंक	बारंबारता
0-10	3	0-10	5
10-20	9	10-20	19
20-30	17	20-30	15
30-40	12	30-40	10
40-50	9	40-50	1

दो बारंबारता बहुभुजों की सहायता से एक ही आलेख पर दोनों सेक्शनों के विद्यार्थियों के प्राप्तांक निरूपित कीजिए। दोनों बहुभुजों का अध्ययन करके दोनों सेक्शनों के निष्पादनों की तुलना कीजिए।

हल यहाँ, दिए गए आँकड़ों की संशोधित सारणियाँ बनाते हैं।
सेक्शन A के लिए,

वर्ग अंतराल	वर्ग चिह्न	बारंबारता
0-10	5	3
10-20	15	9
20-30	25	17
30-40	35	12
40-50	45	9

सेक्शन B के लिए,

वर्ग अंतराल	वर्ग चिह्न	बारंबारता
0-10	5	5
10-20	15	19
20-30	25	15
30-40	35	10
40-50	45	1

अब, बारंबारता बहुभुज वक्र निम्न है

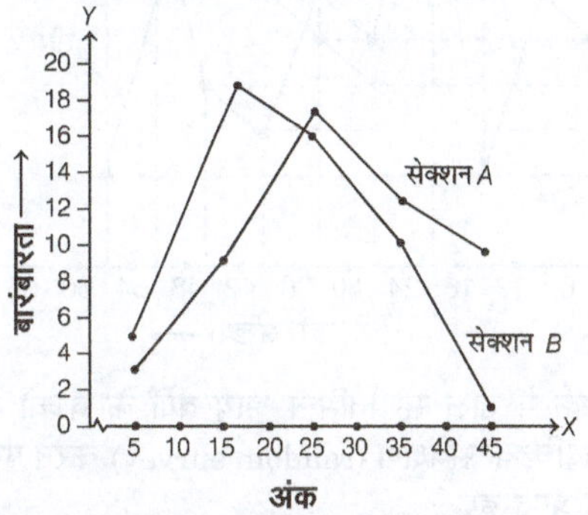

बहुभुज से स्पष्ट है कि सेक्सन A की योजना सेक्शन B की तुलना में अधिक है।

7. एक क्रिकेट मैच में दो टीमों A और B द्वारा प्रथम 60 गेंदों में बनाए गए रन नीचे दिए गए हैं

गेंदों की संख्या	टीम A	टीम B
1-6	2	5
7-12	1	6
13-18	8	2
19-24	9	10
25-30	4	5
31-36	5	6
37-42	6	3
43-48	10	4
49-54	6	8
55-60	2	10

बारंबारता बहुभुज की सहायता से एक ही आलेख पर दोनों टीमों के आँकड़े निरूपित कीजिए।

[**संकेत**—*पहले वर्ग अंतरालों को सतत् बनाइए।*]

हल सर्वप्रथम, एक सतत् वर्ग अंतराल संशोधित सारणी बनाते हैं।

गेंदों की संख्या	वर्ग चिह्न	टीम A	टीम B
0.5-6.5	3.5	2	5
6.5-12.5	9.5	1	6
12.5-18.5	15.5	8	2
18.5-24.5	21.5	9	10
24.5-30.5	27.5	4	5
30.5-36.5	33.5	5	6
36.5-42.5	39.5	6	3
42.5-48.5	45.5	10	4
48.5-54.5	51.5	6	8
54.5-60.5	57.5	2	10

अब, हम उपरोक्त आँकड़ों की सहायता से एक बारंबारता बहुभुज का आलेख बनाएँगे।

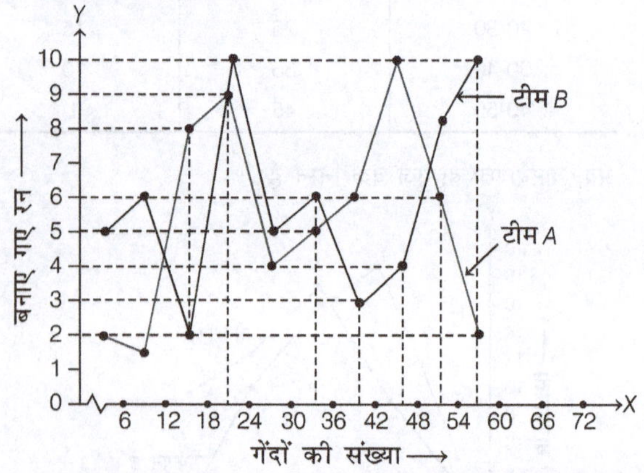

8. एक पार्क में खेल रहे विभिन्न आयु वर्गों के बच्चों की संख्या का एक यादृच्छिक सर्वेक्षण (random survey) करने पर निम्नलिखित आँकड़े प्राप्त हुए

आयु (वर्षों में)	बच्चों की संख्या
1-2	5
2-3	3
3-5	6
5-7	12
7-10	9
10-15	10
15-17	4

ऊपर दिए आँकड़ों को निरूपित करने वाला एक आयत चित्र खींचिए।

हल हम जानते हैं कि आयतों के क्षेत्रफल आयत चित्र की बारंबारताओं के समानुपाती होते हैं। यहाँ, आयतों की चौड़ाई विचरण करती है। अतः हमें आयतों की लंबाइयों में कुछ परिवर्तन (modification) करने की आवश्यकता होती है जिससे कि क्षेत्रफल पुनः बारंबारताओं के समानुपाती हो जाए। इसके लिए निम्न चरणों का पालन करते हैं

1. न्यूनतम वर्ग चौड़ाई वाला एक वर्ग अंतराल लेते हैं। उपरोक्त आँकड़ों में न्यूनतम वर्ग चौड़ाई 1 है।
2. तब आयतों की लंबाईयों में इस प्रकार परिवर्तन करते हैं जिससे कि वह वर्ग चौड़ाई 1 के समानुपाती हो जाए।

अब, हमें निम्न सारणी प्राप्त होती है

आयु (वर्षों में)	बच्चों की संख्या (बारंबारता)	वर्ग की चौड़ाई	आयत की लंबाई
1-2	5	1	$\frac{5}{1}\times 1=5$
2-3	3	1	$\frac{3}{1}\times 1=3$
3-5	6	2	$\frac{6}{2}\times 1=3$
5-7	12	2	$\frac{12}{2}\times 1=6$
7-10	9	3	$\frac{9}{3}\times 1=3$
10-15	10	5	$\frac{10}{5}\times 1=2$
15-17	4	2	$\frac{4}{2}\times 1=2$

अतः परिवर्ती चौड़ाई वाला सही आयत चित्र नीचे दिखाया गया है।

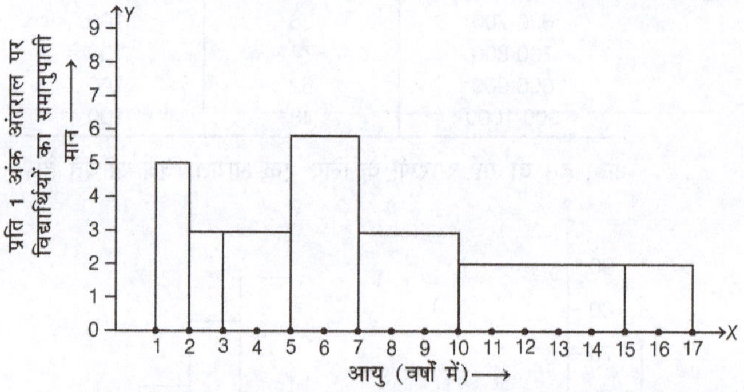

9. एक स्थानीय टेलीफोन निर्देशिका से 100 कुल नाम (surname) यादृच्छया लिए गए और उनसे अंग्रेजी वर्णमाला के अक्षरों की संख्या का निम्न बारंबारता बंटन प्राप्त किया गया

वर्णमाला के अक्षरों की संख्या	कुल नामों की संख्या
1-4	6
4-6	30
6-8	44
8-12	16
12-20	4

(i) दी हुई सूचनाओं को निरूपित करने वाला एक आयत चित्र खींचिए।

(ii) वह वर्ग अंतराल बताइए जिसमें अधिकतम संख्या में कुल नाम हैं।

हल (i) हम जानते हैं कि आयतों के क्षेत्रफल आयत चित्र की बारंबारताओं के समानुपाती होते हैं। यहाँ.आयतों की चौड़ाई विचरण करती है। अतः हमें आयतों की लंबाइयों में कुछ परिवर्तन (modification) करने की आवश्यकता होती है जिससे कि क्षेत्रफल पुनः बारंबारताओं के समानुपाती हो जाए।

इसके लिए निम्न चरणों का पालन करते हैं

1. न्यूनतम वर्ग चौड़ाई वाला एक वर्ग अंतराल लेते हैं। उपरोक्त आँकड़ों में न्यूनतम चौड़ाई 2 है।

2. तब आयतों की लंबाईयों में इस प्रकार परिवर्तन करते हैं जिससे कि वह वर्ग चौड़ाई 2 के समानुपाती हो जाए। क्योंकि हमने प्रत्येक स्थिति में 2 अंकों के अंतराल पर ये लंबाईयाँ परिवर्तित की हैं इसलिए हम कह सकते हैं कि इन लंबाईयों के "प्रति 2 अंक अंतराल पर कुल नामों के समानुपाती मान" हैं।

यहाँ, हम न्यूनतम वर्ग आकार 2 के साथ दिए गए आँकड़ों के द्वारा एक संशोधित सारणी बनाते हैं

वर्णमाला के अक्षरों की संख्या	कुल नामों की संख्या	वर्ग की चौड़ाई	आयत की लंबाई
1-4	6	3	$(6/3)\times 2 = 4$
4-6	30	2	$(30/2)\times 2 = 30$
6-8	44	2	$(44/2)\times 2 = 44$
8-12	16	4	$(16/4)\times 2 = 8$
12-20	4	8	$(4/8)\times 2 = 1$

परिवर्ती चौड़ाई वाला सही आयत चित्र आकृति में नीचे दिखाया गया है।

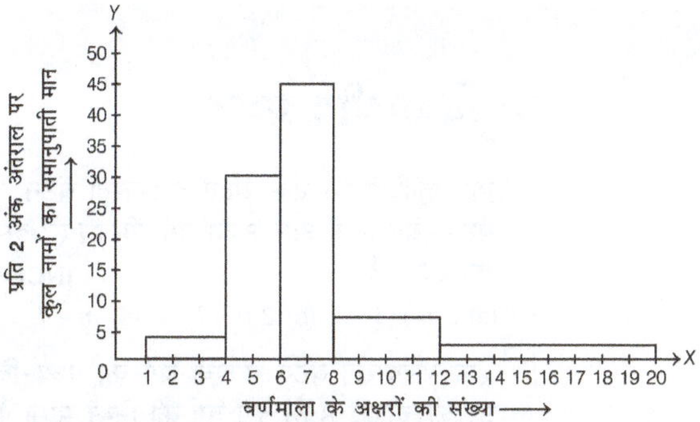

(ii) अंतराल 6-8 में कुल नामों की अधिकतम संख्या है।

अध्याय : एक नजर में

- *दण्ड आलेख सांख्यिकीय आँकड़ों का दण्डों के रूप में सचित्र निरूपण होता है जिसमें आयतों की चौड़ाई एक समान रहती है तथा एक-दूसरे से समान दूरी पर क्षैतिज या ऊर्ध्वाधर रूप से सीधे निरूपित रहते हैं।*
- *यदि दिए गए वर्ग-अंतराल असमान चौड़ाई (आकार) के हों, तब सर्वप्रथम बारंबारता को निम्न सूत्र द्वारा समायोजित करते हैं*

$$\text{समायोजित बारंबारता} = \frac{\text{न्यूनतम वर्ग माप}}{\text{वर्ग माप}} \times \text{वर्ग की बारंबारता}$$

- *बारंबारता बहुभुज वह बहुभुज है जिसे आयतचित्र में सभी आयतों के ऊपरी ऊर्ध्वाधर मध्य बिंदुओं को क्रमागत मिलाने पर प्राप्त किया जाता है।*
- *बारंबारता बहुभुज को बिना आयत चित्र खींचे स्वतंत्र रूप से भी बनाया जा सकता है। इसके लिए सर्वप्रथम वर्ग-अंतराल का वर्ग चिह्न निम्न सूत्र द्वारा ज्ञात करते हैं*

$$\text{वर्ग अंतराल} = \frac{\text{ऊपरी सीमा} + \text{निम्न सीमा}}{2}$$

परीक्षा अभ्यास

बहुविकल्पीय प्रश्न

1. मान लीजिए कि एक सतत् बारंबारता बंटन में एक वर्ग का मध्य-बिंदु m है और उच्च वर्ग सीमा l है। इस वर्ग की निम्न वर्ग सीमा है **[NCERT Exemplar]**

(a) $2m + l$ (b) $2m - l$ (c) $m - l$ (d) $m - 2l$

2. एक बारंबारता बंटन में एक वर्ग का मध्य-बिंदु 12 है तथा उसकी चौड़ाई 8 है। इस वर्ग की निम्न सीमा है **[NCERT Exemplar]**

(a) 6 (b) 7 (c) 8 (d) 12

3. बारंबारता बंटन का एक आयत चित्र खींचने के लिए वर्ग 25-45 की समायोजित बारंबारता है **[NCERT Exemplar]**

वर्ग अंतराल	5-10	10-15	15-25	25-45	45-75
बारंबारता	6	9	10	12	15

(a) 6 (b) 5 (c) 3 (d) 2

कथन-कारण प्रश्न

निर्देश (प्र. सं. 4-8) में एक कथन (A) तथा उसके नीचे कथन का कारण (R) दिया गया है। इन्हें ध्यानपूर्वक पढ़िए और इनके आधार पर निम्नलिखित में से उचित उत्तर का चयन कीजिए।

(a) कथन (A) और कारण (R) दोनों सत्य हैं तथा कारण (R) कथन (A) की सही व्याख्या है।

(b) कथन (A) और कारण (R) दोनों सत्य हैं, परन्तु कारण (R) कथन (A) की सही व्याख्या नहीं है।

(c) यदि कथन (A) सही है, परन्तु कारण (R) गलत है।

(d) यदि कथन (A) गलत है, परन्तु कारण (R) सही है।

4. **कथन** (A) दण्ड आरेख में दण्ड की लम्बाई स्वतन्त्र चर के मान को दर्शाती है तथा दण्डों के बीच की दूरी परतन्त्र चर के मान को दर्शाती है।

कारण (R) दण्ड आरेख में स्वतन्त्र चर को किसी एक अक्ष पर दर्शाया जाता है।

5. **कथन** (A) आयत चित्र सतत् वर्ग अन्तराल तथा समान और असमान वर्ग अन्तराल में खींचे जा सकते हैं।

कारण (R) आयत चित्र में प्रत्येक वर्ग की संयोजित

बारम्बारता $= \dfrac{\text{न्यूनतम वर्ग माप}}{\text{वर्ग माप}} \times$ वर्ग की बारम्बारता होती है।

6. **कथन** (A) आयत चित्र में सभी दण्डों की ऊँचाई समान होती है।

कारण (R) आयत चित्र में दण्डों की चौड़ाई समान और असमान हो सकती है।

7. **कथन** (A) बारम्बारता बहुभुज आयत चित्र से प्राप्त किया जा सकता है।

कारण (R) बारम्बारता बहुभुज आयत चित्र के दण्डों के ऊपरी सिरों के मध्य बिन्दुओं को मिलाने से प्राप्त होता है।

8. **कथन** (A) बारम्बारता बहुभुज में बहुभुज के शीर्ष बिन्दु वर्ग अन्तराल और दण्ड की ऊँचाई के मध्य बिन्दु होते हैं।

कारण (R) बारम्बारता बहुभुज में मध्य बिन्दुओं को मिलाने वाली रेखा से बने आरेख को रेखाचित्र कहते हैं।

अतिलघु उत्तरीय प्रश्न

9. वर्गीकृत बारंबारता बंटन में, वर्ग अंतराल 1-10, 11-20, 21-30, ... में वर्ग चौड़ाई ज्ञात कीजिए।

10. एक बारंबारता बंटन के वर्ग चिह्न 15, 20, 25, ... है तब वर्ग चिह्न 20 के संगत वर्ग ज्ञात कीजिए।

11. क्या यह कहना सही है कि आयत चित्र में प्रत्येक आयत का क्षेत्रफल संगत वर्ग अंतराल की माप के समानुपाती होता है? यदि नहीं, तो कथन को सही रूप में लिखिए।

12. बारंबारता सारणी

प्राप्तांक	0-20	20-40	40-60	60-100
विद्यार्थियों की संख्या	10	15	20	25

को आलेखीय रूप से नीचे दर्शाए अनुसार निरूपित किया गया है

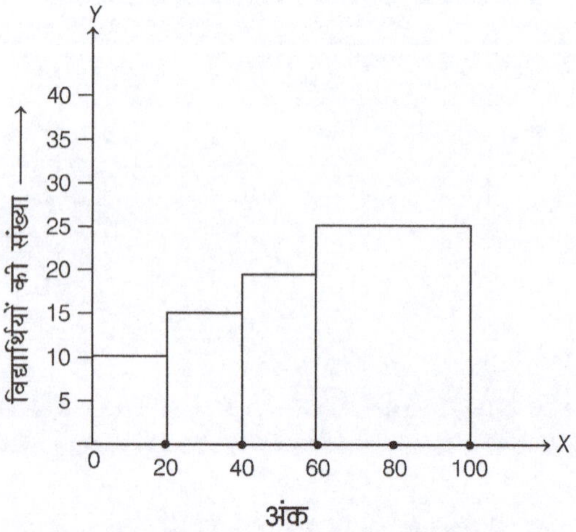

क्या आप सोचते हैं कि यह निरूपण सही है? क्यों?

13. यदि किसी वर्ग-अंतराल का मध्य मान 42 और वर्ग चौड़ाई 10 हो, तब ऊपरी ओर निम्न सीमाएँ क्या होगी?

लघु उत्तरीय प्रश्न

14. 100 व्यक्तियों के भार (किग्रा में) का बंटन नीचे दिया गया है।

भार (किग्रा में)	बारंबारता
40-45	13
45-50	25
50-55	28
55-60	15
60-65	12
65-70	5
70-75	2

उपरोक्त बंटन के लिए आयत चित्र निर्मित कीजिए।

15. किसी बारंबारता बंटन के वर्ग चिह्न 47, 52, 57, 62, 67, 72, 77, 82, 87, 97, 97 और 102 हैं तब वर्ग आकार और वर्ग सीमा ज्ञात कीजिए।

दीर्घ उत्तरीय प्रश्न

16. नीचे दिए गया दण्ड आलेख किसी एक दिन में विशेष समय अंतरालों में दिल्ली के किसी चौराहे से गुजरने वाले वाहनों की संख्या को दर्शाता है।

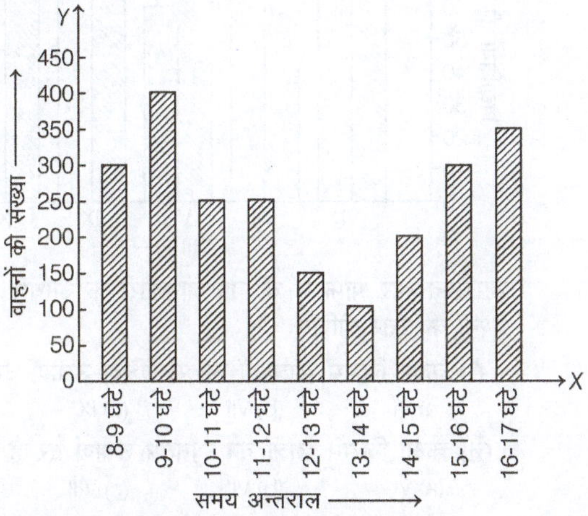

दण्ड आलेख को पढ़कर निम्न प्रश्नों के उत्तर दो

(i) दण्ड आलेख क्या निरूपित करता है?

(ii) प्रति घंटे गुजरने वाले वाहनों की संख्या किस समय अंतराल में सबसे अधिक है?

(iii) प्रति घंटे गुजरने वाले वाहनों की संख्या किस समय अंतराल में सबसे कम है?

(iv) किसी भी दिन में चौराहे से गुजरने वाले वाहनों की संख्या क्या है?

17. निम्नलिखित सारणी किसी गाँव में आयु समूह (10 – 57 वर्ष) में स्थित साक्षर परिवारों की संख्या को दर्शाती है

आयु समूह (वर्षों में)	परिवारों की संख्या (बारंबारता)
10-17	300
18-25	980
26-33	740
34-41	580
42-49	260
50-57	140
कुल	3000

दिए गए आँकड़ों को आयत चित्र द्वारा प्रस्तुत कीजिए।

18. दी गई बारंबारता सारणी के लिए बारंबारता बहुभुज बनाइए।

वर्ग अंतराल	बारंबारता
0-5	2
5-10	3
10-15	4
15-20	1
20-25	5
25-30	3

19. निम्नलिखित सारणी के लिए, एक बारंबारता बहुभुज और एक आयतचित्र बनाइए

वर्ग अंतराल	बारंबारता
50 – 55	12
55 – 60	8
60 – 65	14
65 – 70	10
70 – 75	6

20. निम्नलिखित पशुओं की जीवन प्रत्याशा से संबंधित आँकड़ों को दण्ड आलेख रूप में निरूपित कीजिए।

पशुओं के नाम	जीवन प्रत्याशा
कुत्ता	10
घोड़ा	20
गाय	20

21. किसी स्थान पर 50 विद्यार्थी, अपने घर से विद्यालय जाने के विभिन्न परिवहन साधनों का उपयोग करते हैं जो निम्नवत् हैं

परिवहन के साधन	विद्यार्थियों की संख्या
बस	16
मोटर साइकिल	20
रिक्शा	8
अन्य	6

उपरोक्त आँकड़ों का दण्ड आलेख बनाइए।

22. निम्नलिखित आँकड़ों का आयत चित्र निर्मित कीजिए।

वर्ग-अंतराल	100-150	150-200	200-250	250-300
बारंबारता	6	8	5	4

23. निम्नलिखित आँकड़ों के लिए, आयत चित्र बनाइए।

वर्ग	2-4	4-6	6-8	8-12	12-20
बारंबारता	8	10	22	24	6

24. निम्नलिखित आँकड़ों के लिए, बारंबारता बहुभुज की रचना कीजिए।

वर्ग चिह्न	बारंबारता
5	5
10	12
15	18
20	17
25	22
30	27

25. किसी विद्यालय में 206 विद्यार्थियों के दैनिक व्यय का विवरण निम्नवत् हैं।

उपरोक्त आँकड़ों से बारंबारता बहुभुज की रचना कीजिए।

दैनिक व्यय (₹ में)	0-5	5-10	10-15	15-20	20-25	25-30	30-35	35-40
विद्यार्थियों की संख्या (बारंबारता)	10	16	30	42	50	30	16	12

केस स्टडी आधारित प्रश्न

26. राजस्थान सरकार कस्बे के 150 परिवारों का सर्वे कराती है एवं प्रत्येक परिवार में सदस्यों की संख्या को रिकॉर्ड किया जाता है तथा आँकड़ों को निम्नलिखित बार आलेख द्वारा दर्शाया जाता है।

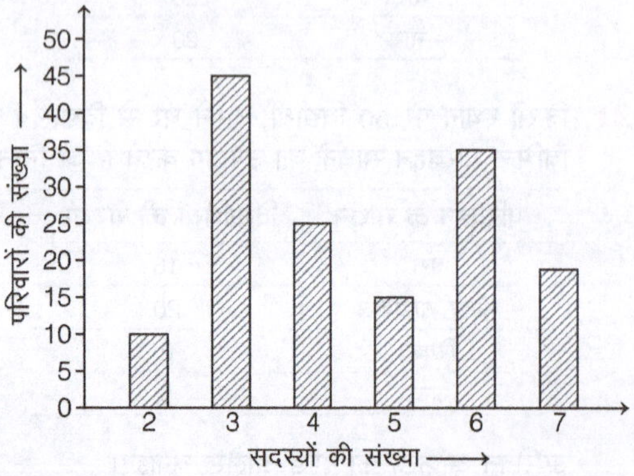

(i) बार आलेख किस प्रकार की सूचना प्रदान करता है?
(a) सदस्यों की संख्या (b) परिवारों की संख्या
(c) कस्बों की संख्या (d) कस्बे की जनसंख्या

(ii) कितने परिवार में प्रत्येक 2 सदस्यों की संख्या है?
(a) 5 (b) 10
(c) 30 (d) 45

(iii) कितने परिवार में सदस्यों की संख्या 6 है?
(a) 30 (b) 35
(c) 45 (d) 25

(iv) कितने सदस्य अकेले रहते हैं?
(a) 0 (b) 1
(c) 2 (d) 3

(v) किस प्रकार का परिवार सर्वनिष्ठ है?
(a) 3 सदस्य (b) 4 सदस्य
(c) 5 सदस्य (d) 6 सदस्य

27. निम्नलिखित बार आलेख सैकण्डरी विद्यालय में वार्षिक परीक्षा के परिणाम को दर्शाता है

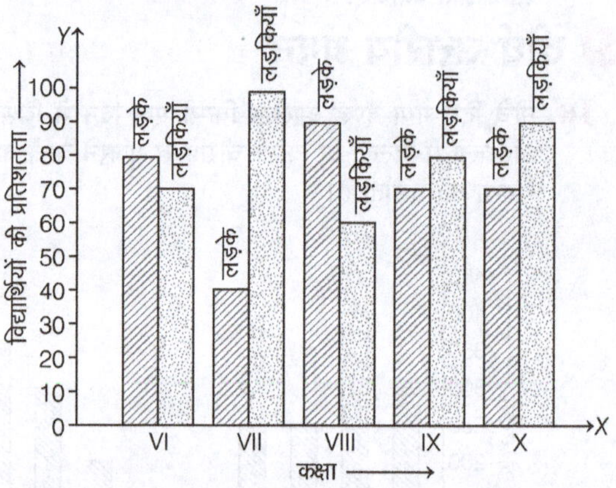

उपरोक्त बार ग्राफ में दी गई जानकारी के आधार पर निम्न प्रश्नों के उत्तर दीजिए

(i) कक्षा जिसमें छात्राओं का सर्वाधिक उत्तीर्ण दर है
(a) VI (b) VII (c) IX (d) X

(ii) कक्षा जिसमें छात्रों का न्यूनतम उत्तीर्ण दर है
(a) VI (b) VII (c) VIII (d) IX

(iii) वह कक्षा जिसमें छात्रों का उत्तीर्ण दर बराबर है
(a) (VI, VII) (b) (VII, VIII)
(c) (VI, IX) (d) (IX, X)

(iv) कक्षा VIII में छात्र तथा छात्राओं के उत्तीर्ण दर का अन्तर है
(a) 30% (b) 50%
(c) 60% (d) 70%

(v) कक्षा X में छात्राओं तथा कक्षा VI के छात्रों के उत्तीर्ण दर का योगफल होगा
(a) 170% (b) 160%
(c) 150% (d) 140%

28. निम्नलिखित बार आलेख दिल्ली में NCT की सरकार द्वारा लाड़ली स्कीम के अन्तर्गत अनुमोदित बजट को दर्शाता है।

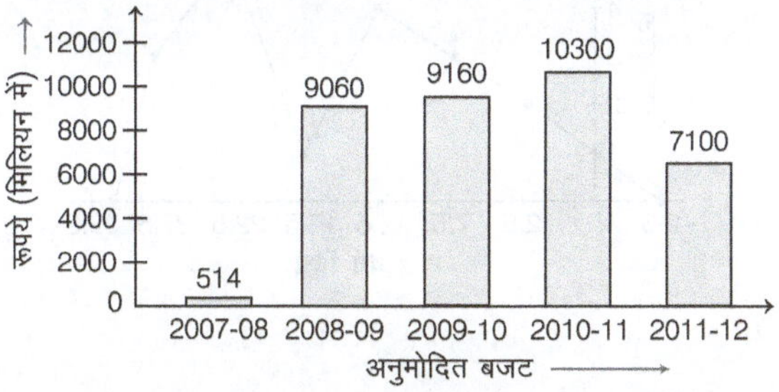

यह स्कीम जनवरी 2008 में प्रारम्भ होती है।

उपरोक्त आलेख का अध्ययन कर निम्नलिखित प्रश्नों के उत्तर दीजिए

(i) वह वर्ष ज्ञात कीजिए, जिसमें बजट 514 मिलियन रुपए था।

(a) 2008-09 (b) 2007-08
(c) 2009-10 (d) 2011-12

(ii) वह वर्ष ज्ञात कीजिए, जिसमें बजट न्यूनतम था।

(a) 2007-08 (b) 2008-09
(c) 2009-10 (d) 2010-11

(iii) वह वर्ष ज्ञात कीजिए, जिसमें बजट अधिकतम था।

(a) 2007-08 (b) 2008-09
(c) 2009-10 (d) 2010-11

(iv) वह वर्ष ज्ञात कीजिए, जिसमें बजट ₹ 9160 मिलियन था।

(a) 2007-08 (b) 2008-09
(c) 2009-10 (d) 2010-11

(v) वह वर्ष ज्ञात कीजिए, जिसमें बजट ₹ 7100 मिलियन था।

(a) 2009-10 (b) 2010-11
(c) 2011-12 (d) 2008-09

संकेत एवं हल

1. (*b*) माना एक सतत् बारंबारता बंटन में x तथा y क्रमशः निम्न तथा उच्च वर्ग सीमा है।

अब, एक वर्ग का मध्य-बिंदु $= \frac{x+y}{2} = m$ [दिया है]

$\therefore \quad x + y = 2m$

$\Rightarrow \quad x + l = 2m$

[$\because y = l$ = उच्च वर्ग सीमा (दिया है)]

$\Rightarrow \quad x = 2m - l$

अतः वर्ग की निम्न वर्ग सीमा $2m - l$ है।

2. (c) माना x तथा y एक बारंबारता बंटन में क्रमशः उच्च तथा निम्न वर्ग सीमा है।

अब, एक वर्ग का मध्यमान $= \frac{x+y}{2} = 12$ [दिया है]

$\Rightarrow \quad x + y = 24$ ...(i)

तथा वर्ग की चौड़ाई = 8 [दिया है]

$\Rightarrow \quad x - y = 8$ ...(ii)

समी (i) तथा (ii) को हल करने पर,

$x = 16$ तथा $y = 8$

अतः वर्ग की निम्न सीमा 8 है।

3. (c) यहाँ, न्यूनतम वर्ग चौड़ाई = 5

अंतराल 25-45 की चौड़ाई = 20

$\therefore$ समायोजित बारंबारता $= \frac{\text{बारंबारता}}{\text{अंतराल 25-45 की वर्ग चौड़ाई}} \times$ न्यूनतम वर्ग चौड़ाई

$= \frac{12}{20} \times 5 = \frac{12}{4} = 3$

4. (*d*) **कथन** (A) कथन (A) गलत है, क्योंकि परतन्त्र चर का कोई मान नहीं होता है।

कारण (R) कारण (R) सही है।

अतः कथन (A) गलत है, परन्तु कारण (R) सही है।

5. (*b*) **कथन** (A) कथन (A) सही है।

कारण (R) कारण (R) सही है।

अतः कथन (A) और कारण (R) दोनों सही हैं परन्तु कारण (R) कथन (A) की सही व्याख्या नहीं है।

6. (*d*) **कथन** (A) कथन (A) गलत है।

कारण (R) कारण (R) सही है।

अतः कथन (A) गलत है तथा कारण (R) सही है।

7. (*a*) **कथन** (A) कथन (A) सही है।

कारण (R) कारण (R) सही है और कथन (A) की सही व्याख्या है।

अतः कथन (A) और कारण (R) दोनों सही है तथा कारण (R) कथन (A) की सही व्याख्या है।

8. (*b*) **कथन** (A) कथन (A) सही है।

कारण (R) कारण (R) सही है, किन्तु कथन (A) की सही व्याख्या नहीं है।

अतः कथन (A) और कारण (R) दोनों सही हैं परन्तु कारण (R) कथन (A) की सही व्याख्या नहीं है।

9. 10

10. 17.5 - 22.5

11. यह सही नहीं है क्योंकि एक आयत चित्र में, आयतों के क्षेत्रफल संगत बारंबारताओं के समानुपाती होते हैं।

12. नहीं, यहाँ आयतों की चौड़ाईयाँ विचरण करती है।

अतः हमें आयतों की लंबाईयों में कुछ परिवर्तन करने की आवश्यकता होती है जिससे कि क्षेत्रफल पुनः बारंबारताओं के समानुपाती हो जाए।

13. निम्न सीमा = 37 तथा ऊपरी सीमा = 47

14.

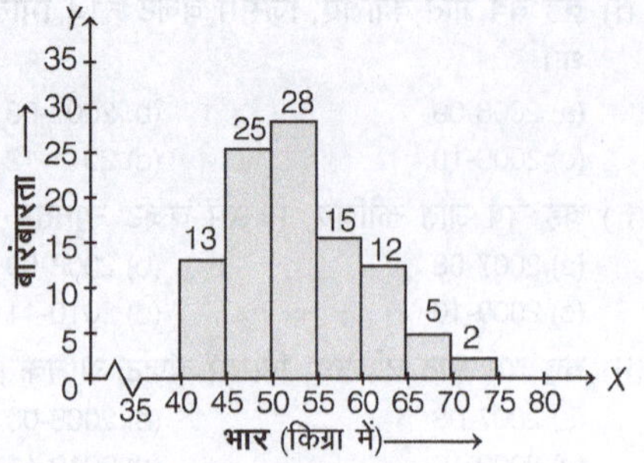

15. वर्ग आकार = 5

निम्न सीमा = 44.5 और ऊपरी सीमा = 49.5

16. (i) दण्ड आलेख किसी दिन में विभिन्न समयांतरालों में दिल्ली के किसी एक चौराहे से गुजरने वाले वाहनों की संख्या को दर्शाता है।

(ii) 9 से 10 बजे के समय अंतराल में अधिकतम वाहन गुजरते हैं।

(iii) 13 से 14 बजे के समय अंतराल में कम-से-कम वाहन गुजरते हैं।

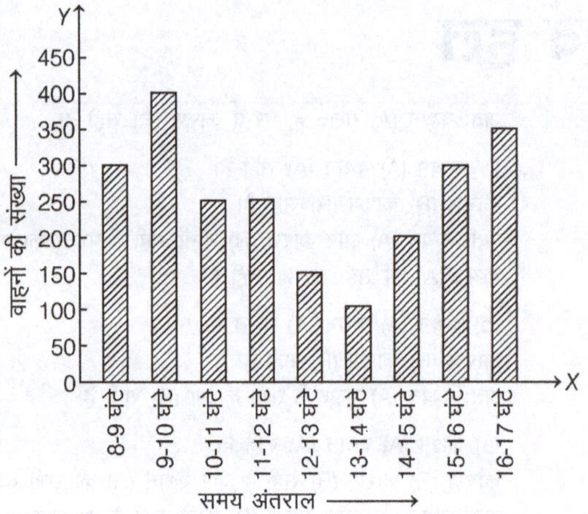

(iv) चौराहे से किसी एक दिन में गुजरने वाले वाहनों की कुल संख्या

= 300 + 400 + 250 + 250 + 150 + 100 + 200 + 325 + 375 = 2350

17.

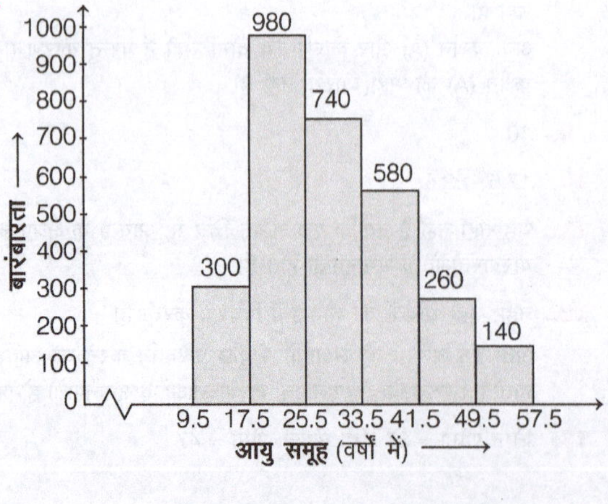

18.

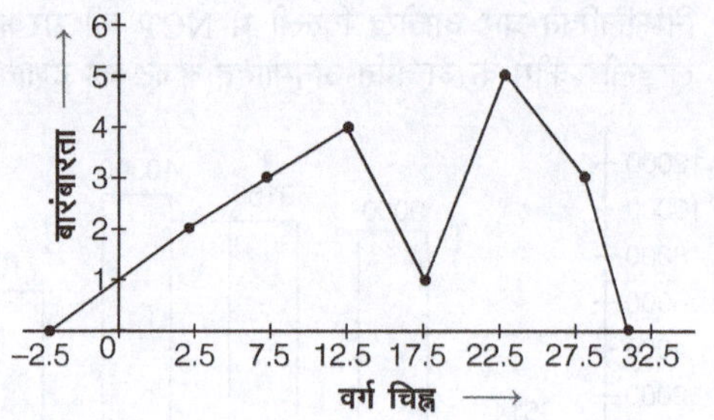

19.

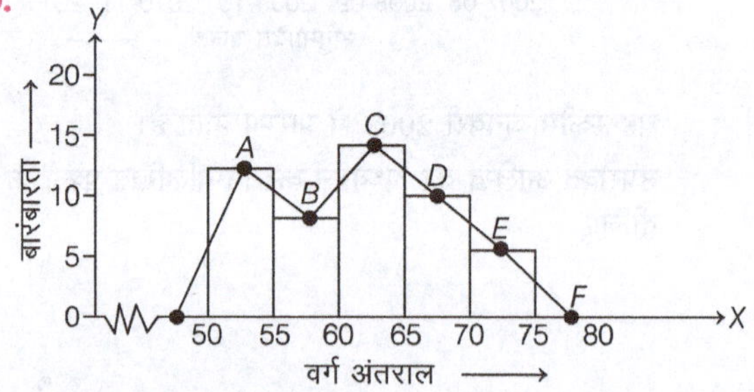

20. उदाहरण 1 की भाँति स्वयं हल करें।

21. उदाहरण 1 की भाँति स्वयं हल करें।

22. उदाहरण 2 की भाँति स्वयं हल करें।

23. उदाहरण 3 की भाँति स्वयं हल करें।

24. उदाहरण 4 की भाँति स्वयं हल करें।

25. उदाहरण 4 की भाँति स्वयं हल करें।

26. (i) (a) बार आलेख कॉलोनी के 150 परिवारों में प्रत्येक में सदस्यों की संख्या को दर्शाता है।

(ii) (b) स्पष्टतः 10 परिवारों में प्रत्येक में 2 सदस्य हैं।

(iii) (b) स्पष्टतः 35 परिवारों में प्रत्येक में 6 सदस्य हैं।

(iv) (a) स्पष्टतः, यहाँ कोई सदस्य अकेला नहीं रहता है।

(v) (a) सर्वनिष्ठ परिवार वह है जिसमें सदस्यों की संख्या 3 है।

27. (i) (b) कक्षा VII में छात्राओं का सर्वाधिक उत्तीर्ण दर अर्थात् 100% है।

(ii) (b) कक्षा VII में छात्रों का न्यूनतम उत्तीर्ण दर अर्थात् 40% है।

(iii) (d) आलेख से स्पष्ट है कि कक्षा IX तथा X में छात्रों का उत्तीर्ण दर बराबर अर्थात् 70% है।

(iv) (a) कक्षा VIII में, छात्रों तथा छात्राओं का उत्तीर्ण दर क्रमशः 90% तथा 60% है।

∴ अभीष्ट अन्तर = 90 − 60 = 30%

(v) (a) कक्षा X में छात्राओं का उत्तीर्ण दर 90% तथा कक्षा VI में छात्रों का उत्तीर्ण दर 80% है।

∴ अभीष्ट योगफल = 90 + 80 = 170%

28. (i) (b) वर्ष 2007-08 में बजट ₹ 514 मिलियन था।

(ii) (a) बजट 2007-08 में निम्नतम था।

(iii) (d) बजट 2010-11 में अधिकतम था।

(iv) (c) वर्ष 2009-10 में, बजट ₹ 9160 मिलियन था।

(v) (c) वर्ष 2011-12 में, बजट ₹ 7100 मिलियन था।

Topics to be Assessed Formatively

आँकड़ों का संग्रह (Collection of Date)

आँकड़े किसी निश्चित उद्देश्य के लिए संग्रह किए गए संख्यात्मक तथ्यों एवं अन्य सूचनाओं (प्रेक्षण/सूचना) को आँकड़े कहा जाता है। सांख्यिकीय आँकड़ों के दो प्रकार होते हैं।

(i) प्राथमिक आँकड़े (ii) द्वितीयक तथा गौण आँकड़े

- **प्राथमिक आँकड़े** (Primary data) जब स्वयं अंवेषक (Investigator) अपने दिमाग में एक निश्चित उद्देश्य रखकर सूचनाओं को एकत्रित करता है, तो इस प्रकार एकत्रित किए गए आँकड़ों को प्राथमिक आँकड़े (Primary data) कहा जाता है।
- **द्वितीयक या गौण आँकड़े** (Secondary data) जहाँ किसी स्रोत (Source) से, जिसमें सूचनाएँ पहले से ही एकत्रित हैं, आँकड़े प्राप्त किए गए हों तो उन आँकड़ों को द्वितीयक या गौण आँकड़े (Secondary data) कहा जाता है।

आँकड़ों का प्रस्तुतीकरण (Presentation of Data)

आँकड़ों के प्रस्तुतीकरण से आशय संग्रहित आँकड़ों को सरल रूप में व्यवस्थित करने से है जिससे अनुसंधान कर्ता द्वारा सरलतापूर्वक विश्लेषण एवं निर्वचन किया जा सके।

आँकड़ों के प्रस्तुतीकरण के विभिन्न तरीके हैं जिनमें से प्रमुखत: निम्नवत हैं

आरोही अथवा अवरोही क्रम में आँकड़ों का प्रस्तुतीकरण (Presentation of Data in Ascending or Descending Order)

गणित की परीक्षा में 10 विद्यार्थियों के प्राप्तांक नीचे दिए गए हैं

55, 36, 95, 73, 60, 42, 25, 78, 75, 62

इस रूप में प्रस्तुत आँकड़ों को **यथाप्राप्त आँकड़े** (Raw data) कहा जाता है। अब, हम प्राप्त किए गए अंकों को आरोही क्रम में इस प्रकार रखते हैं:

25, 36, 42, 55, 60, 62, 73, 75, 78, 95

इस प्रकार स्पष्ट रूप से देख सकते हैं कि न्यूनतम प्राप्तांक 25 और अधिकतम प्राप्तांक 95 हैं।

यहाँ, आँकड़ों के अधिकतम और न्यूनतम मानों के अंतर को आँकड़ों का **परिसर** (Range) कहा जाता है।

परिसर = अधिकतम मान − न्यूनतम मान

यहाँ, परिसर = 95 − 25 = 70

नोट *यदि यथा प्राप्त आँकड़ों को परिमाण के आरोही या अवरोही क्रम में व्यवस्थित किया जाए, तो इस प्रकार के आँकड़ों को सारणीबद्ध आँकड़े कहते हैं।*

अवर्गीकृत बारंबारता बंटन रूप में आँकड़ों का प्रस्तुतीकरण (Presentation of Data in the form of Ungrouped Frequency Distribution)

यदि (आँकड़ों में) प्रेक्षणों की संख्या अधिक है तो उन्हें आरोही या अवरोही क्रम में व्यवस्थित करने में अधिक समय लगता है। प्रेक्षणों की इस स्थिति में, आँकड़ों को अवर्गीकृत बारंबारता बंटन विधि द्वारा सरलतापूर्वक प्रस्तुत किया जा सकता है। अत: दिए गए आँकड़ों को अवर्गीकृत बारंबारता बंटन या बारंबारता बंटन सारणी के रूप में प्रस्तुत करने के लिए हम एक स्तंभ में प्रेक्षणों की तथा दूसरे स्तंभ में संगत बारंबारता को लिखते हैं।

नोट *दिए गए आँकड़ों में कोई प्रेक्षण जितनी बार आता है, वह उस प्रेक्षण की बारंबारता कहलाती है।*

उदाहरण 1 एक विद्यालय की नवीं कक्षा के 30 विद्यार्थियों द्वारा (100 अंकों में से) प्राप्त किए गए अंक लिखिए। प्राप्त किए गए अंक

10 20 36 92 95 40 50 56 60 70

92 88 80 70 72 70 36 40 36 40

92 40 50 50 56 60 70 60 60 88

उपरोक्त आँकड़ों को बारंबारता बंटन सारणी के रूप में प्रस्तुत कीजिए।

हल अभीष्ट बारंबारता बंटन सारणी निम्नवत् है

अंक	विद्यार्थियों की संख्या (बारंबारता)	अंक	विद्यार्थियों की संख्या (बारंबारता)
10	1	70	4
20	1	72	1
36	3	80	1
40	4	88	2
50	3	92	3
56	2	95	1
60	4		
		कुल योग	30

वर्गीकृत बारंबारता बंटन रूप में आँकड़ों का प्रस्तुतीकरण (Presentation of Data in the Form of Group Frequency Distribution)

जब दिए गए आँकड़ों में प्रेक्षणों की संख्या अधिक हो तथा महत्तम एवं न्यूनतम प्रेक्षणों में अधिक अंतर हो अर्थात् $(x_1, x_2, \ldots . x_n)$ तब आँकड़ों को अवर्गीकृत बारंबारता बंटन रूप में प्रस्तुत करना सुविधाजनक नहीं होता है।

तब, हम आँकड़ों को इस प्रकार प्रस्तुत करने के लिए कि पाठक इसका अर्थ सुगमता (सरलता) से निकाल सकें, इन आँकड़ों को 20 - 39, 30 - 39, ... आदि समूहों में रखकर छोटा कर लेते हैं। इन समूहों को **वर्ग** या **वर्ग-अंतराल** कहा जाता है और इनके माप को **वर्ग माप** या **वर्ग चौड़ाई** कहा जाता है। जोकि यहाँ 10 है।

प्रत्येक वर्ग की निम्नतम संख्या को **निम्न वर्ग सीमा** (Lower class limit) और अधिकतम संख्या को **ऊपरी वर्ग सीमा** (Upper class limit) कहा जाता है। जैसे–वर्ग 20-29 में 20 निम्न वर्ग सीमा है और 29 ऊपरी वर्ग सीमा है। निम्न वर्ग सीमा तथा उपरि वर्ग सीमा के अंतर को वर्ग अंतराल कहा जाता है। किसी वर्ग विशेष में आने वाले प्रेक्षणों की संख्या उस वर्ग की **बारंबारता** अथवा **वर्ग-बारंबारता** कहलाती है।

वर्गीकृत बारंबारता बंटन के प्रकार

(Types of Grouped Frequency distribution)

(i) **अपवर्जी रूप** (सतत् रूप) वह बारंबारता बंटन जिसमें प्रत्येक वर्ग की उच्च सीमा उस वर्ग में सम्मिलित नहीं होती तथा निम्न सीमा वर्ग में सम्मिलित होती है, तो वर्गीकरण के इस रूप को अपवर्जी रूप कहते हैं।

जैसे— वर्ग 0 – 10 में, हम 0 को सम्मिलित करेंगे परंतु 10 को नहीं और इसी प्रकार वर्ग 10 – 20 में, हम 10 को सम्मिलित तथा 20 को सम्मिलित नहीं करेंगे।

(ii) **समावेशी रूप** (असतत् रूप) वह बारंबारता बंटन जिसमें प्रत्येक वर्ग की उच्च सीमा और निम्न सीमा दोनों ही वर्ग में सम्मिलित की जाती है, तो वर्गीकरण के इस रूप को समावेशी रूप कहते हैं।

जैसे— वर्ग 0 – 10 में, हम दोनों 0 और 10 को सम्मिलित करेंगे इसी प्रकार वर्ग 11 – 20 में, 11 और 20 को सम्मिलित किया जाएगा आदि।

उदाहरण 2 एक विद्यालय की नवीं कक्षा के 20 विद्यार्थियों द्वारा (50 अंकों में से) प्राप्त किए गए अंक लीजिए।

42, 40, 41, 6, 8, 30, 34, 37, 14, 12,
47, 43, 49, 21, 23, 4, 10, 17, 35, 36

उपरोक्त आँकड़ों को वर्गीकृत आँकड़ों के निम्न रूप में प्रस्तुत कीजिए।

(i) अपवर्जी रूप (ii) समावेशी रूप

हल दिए गए आँकड़ों को समूह के रूप में निम्नवत् वर्गीकृत कर सकते हैं।

(i) **अपवर्जी रूप में**

अंक (वर्ग अंतराल)	मिलान चिह्न	विद्यार्थियों की संख्या (बारंबारता)
0-10	|||	3
10-20	||||	4
20-30	||	2
30-40	|||| (काटा हुआ)	5
40-50	|||| (काटा हुआ) |	6

(ii) **समावेशी रूप में**

अंक (वर्ग अंतराल)	विद्यार्थियों की संख्या (बारंबारता)
0-10	4
11-20	3
21-30	3
31-40	5
41-50	5

असतत् रूप को सतत् रूप में परिवर्तित करने की विधि

किसी वर्ग अंतराल को सतत् रूप में परिवर्तित करने के लिए, सर्वप्रथम हमें एक वर्ग की ऊपरी सीमा और उसके बाद के वर्ग की निम्न सीमा के बीच का अंतर ज्ञात करना होता है। इसके पश्चात् हम इस अंतर के आधे भाग को प्रत्येक ऊपरी सीमा में जोड़ देते हैं और इसी अंतर को प्रत्येक निम्न सीमा में से घटा देते हैं। जैसे— माना दो वर्ग अंतराल 11–20 और 21–30 है।

यहाँ, वर्ग 21–30 की निम्न सीमा = 21

तथा वर्ग 11–20 की ऊपरी सीमा = 20

अब, अंतर = 21 – 20 = 1

$\therefore$ अंतर का आधा $= \frac{1}{2} = 0.5$

इसलिए, वर्ग 11–20 से निर्मित नया वर्ग-अंतराल

(11–0.5)–(20 + 0.5), अर्थात् (10.5-20.5) है। इस प्रक्रिया को आगे बढ़ाने पर सतत् वर्ग 10.5-20.5 और 20.5-30.5 प्राप्त होते हैं

उदाहरण 3 निम्नलिखित बारंबारता बंटन सारणी में, एक बस के 38 यात्रियों के भार दिए गए हैं।

भार (किग्रा में)	यात्रियों की संख्या
31 – 35	10
36 – 40	6
41 – 45	12
46 – 50	5
51 – 55	1
56 – 60	4
कुल	38

अब, यदि 35.5 किग्रा और 40.5 किग्रा भार वाले दो और यात्री बस में आ जाए, तब उन्हें किस वर्ग अंतराल में रखा जाएगा?

यदि हम उन्हें दी गई सारणी में सम्मिलित नहीं कर सकते, तब उनके लिए नई सारणी निर्मित कीजिए।

हल हम उन्हें उस अंतरालों में नहीं रख सकते जिनकी अंतिम संख्या 35 या 40 हो क्योंकि यहाँ अंतराल असतत् रूप में है।

अब, वर्ग 32 – 35 और 36 – 40 के लिए,

36 – 40 की निम्न सीमा = 36

और 31 – 35 की ऊपरी सीमा = 35

ऊपरी और निम्न सीमा के बीच का अंतर = 36 – 35 = 1

$\therefore$ अंतर का आधा $= \frac{1}{2} = 0.5$

इस प्रकार 31 – 35 से निर्मित नया वर्ग अंतराल
(31 – 0.5) – (35 + 0.5) = 30.5 – 35.5 है।

इस प्रक्रिया को आगे बढ़ाने पर निम्नलिखित सतत् वर्ग प्राप्त होते हैं
30.5-35.5, 35.5-40.5, 40.5-45.5, 45.5-50.5, 50.5-55.5, 55.5-60.5

परंपरा के अनुसार, हम 35.5 को वर्ग 35.5 – 40.5 में रखते हैं समान रूप से, हम 40.5 को वर्ग 40.5 – 45.5 में रखते हैं।

इसके पश्चात् अब नए भार 35.5 किग्रा और 45.5 किग्रा को क्रमश: 35.5 – 40.5 और 40.5 – 45.5 में सम्मिलित किया जाएगा।

उपरोक्त भारों को सम्मिलित करने से प्राप्त नई सारणी निम्नवत् है

भार (किग्रा में)	मिलान चिह्न	यात्रियों की संख्या
30.5-35.5	𝍸 𝍸	10
35.5-40.5	𝍸 ||	7
40.5-45.5	𝍸 𝍸 |||	13
45.5-50.5	𝍸	5
50.5-55.5	|	1
55.5-60.5	||||	4
योग		40

उदाहरण 4 एक विद्यालय के 40 विद्यार्थियों द्वारा (60 अंकों में से) प्राप्त किए गए अंक निम्नवत् है।

4, 7, 9, 8, 9, 10, 8, 15, 16, 33, 15, 23, 27, 35, 38, 18, 20, 25, 28, 32, 43, 48, 36, 39, 24, 42, 45, 47, 28, 19, 39, 29, 34, 49, 50, 23, 34, 42, 32, 18

उपरोक्त के लिए, वर्गीकृत बारंबारता सारणी निर्मित कीजिए।

हल यहाँ, हम दिए गए आँकड़ों को 0 – 10, 10 – 20, ... 50 – 60 के समूह में बाँटते हैं तब, अभीष्ट वर्गीकृत बारंबारता बंटन सारणी निम्नवत् है।

वर्ग अंतराल	मिलान चिह्न	विद्यार्थियों की संख्या (बारंबारता)
0-10	𝍸 |	6
10-20	𝍸 ||	7
20-30	𝍸 ||||	9
30-40	𝍸 𝍸	10
40-50	𝍸 ||	7
50-60	|	1
योग		40

केंद्रीय प्रवत्ति की माप

आँकड़ों का किसी एक संख्या के आस-पास रहने की प्रवृत्ति को केंद्रीय प्रवृत्ति कहते हैं। केंद्रीय प्रवृत्ति की माप चर का वह विशेष मान है, जो सभी आँकड़ों अथवा उन आँकड़ों से संबद्ध बारंबारता बंटन की विशेषताओं का वर्णन करता है अर्थात् किसी बारंबारता बंटन के लिए केंद्रीय प्रवृत्ति की माप वह मान है, जो संपूर्ण बंटन का प्रतिनिधि होता है।

जैसे— यदि किसी स्कूल की कक्षा X के विद्यार्थियों की आयु के बारे में विचार किया जाए, तो यह देखने को मिलता है कि समस्त आँकड़े अर्थात् सभी विद्यार्थियों की आयु एक ही अंक के आस-पास (कक्षा X के लिए 15 वर्ष) रहती है। केंद्रीय प्रवृत्ति की माप को केंद्रीय मान स्थान निर्धारण माप अथवा औसत भी कहते हैं।

केंद्रीय प्रवृत्ति की मापों के मुख्य प्रकार निम्नलिखित हैं

- समांतर माध्य (Arithmetic mean) अथवा माध्य (Mean)
- माध्यिका (Median)
- बहुलक (Mode)

समांतर माध्य (Arithmetic Mean)

अनेक प्रेक्षणों का माध्य (या औसत) सभी प्रेक्षणों के मानों के योग को प्रेक्षणों की कुल संख्या से भाग देने पर प्राप्त होता है। इसे प्रतीक $\bar{x}$ से निरूपित किया जाता है।

$$\text{समांतर माध्य, } \bar{x} = \frac{\text{सभी प्रेक्षणों का योग}}{\text{प्रेक्षणों की कुल संख्या}}$$

(i) अवर्गीकृत आँकड़ों का माध्य

माना दिए गए n प्रेक्षण या पद $x_1, x_2, x_3, \ldots, x_n$ हैं, तो इन प्रेक्षणों या पदों का समांतर माध्य,

$$\bar{x} = \frac{\text{सभी पदों के मानों का योगफल}}{\text{पदों की संख्या}} = \frac{x_1 + x_2 + \ldots + x_n}{n}$$

$$\bar{x} = \frac{1}{n}\sum_{i=1}^{n} x_i$$

जहाँ, $x_1, x_2, x_3, \ldots, x_n$ पद तथा n पदों की संख्या है। यह प्रतीक 'Σ' सिग्मा का प्रयोग योग को निरूपित करने के लिए किया जाता है।

उदाहरण 1 निम्न प्राप्तांकों का समांतर माध्य ज्ञात कीजिए।

12, 18, 13, 15, 16

हल दिए गए प्राप्तांक 12, 18, 13, 15 तथा 16 हैं।

प्राप्तांकों का योगफल = 12 + 18 + 13 + 15 + 16 = 74

तथा प्राप्तांकों की संख्या = 5

$$\text{समांतर माध्य} = \frac{\text{प्राप्तांकों का योगफल}}{\text{प्राप्तांकों की कुल संख्या}} = \frac{74}{5} = 14.8$$

(ii) अवर्गीकृत परंतु सारणीबद्ध आँकड़ों का माध्य

जब आँकड़ों के भिन्न-भिन्न पदों के मानों के साथ उनकी संगत बारंबारताएँ दी गई हों, तब आँकड़े अवर्गीकृत परंतु सारणीबद्ध कहलाते हैं।

माना $x_1, x_2, x_3, \ldots\ldots, x_n$ चर x के n मान हैं तथा इन मानों की संगत बारंबारताएँ $f_1, f_2, f_3, \ldots\ldots f_n$ हैं, तब

$$\text{समांतर माध्य} = \frac{\left(\text{पदों के मानों तथा संगत बारंबारताओं के गुणनफलों का योगफल}\right)}{\text{बारंबारताओं का योगफल}}$$

$$\bar{x} = \frac{x_1 f_1 + x_2 f_2 + \ldots + x_n f_n}{f_1 + f_2 + \ldots + f_n}$$

अर्थात् $$\bar{x} = \frac{\sum_{i=1}^{n} f_i x_i}{\sum_{i=1}^{n} f_i}$$

नोट *दिए गए आँकड़ों में किसी पद की जितनी बार पुनरावृत्ति होती है, वह संख्या उस पद की बारंबारता कहलाती है।*

उदाहरण 2 निम्न बारंबारता सारणी के लिए समांतर माध्य ज्ञात कीजिए।

चर	1	2	3	4
बारंबारता	5	4	6	14

हल समांतर माध्य के लिए सारणी निम्न है

x_i	f_i	$f_i x_i$
1	5	5
2	4	8
3	6	18
4	14	56
योग	$\Sigma f_i = 29$	$\Sigma f_i x_i = 87$

यहाँ, $\Sigma f_i = 29$ तथा $\Sigma f_i x_i = 87$

$\therefore$ समांतर माध्य, $\bar{x} = \frac{\Sigma f_i x_i}{\Sigma f_i}$

$= \frac{87}{29} = 3$

समांतर माध्य के गुण (Properties of Arithmetic Mean)

माना n पदों $x_1, x_2, x_3, x_4, \ldots, x_n$ का समांतर $\bar{x}$ है, तब

- $(x_1 - \bar{x}) + (x_2 - \bar{x}) + (x_3 - \bar{x}) + \ldots + (x_n - \bar{x}) = 0$
- यदि प्रत्येक पद में P जोड़ दिए जाए, तो नया समांतर माध्य $(\bar{x} + P)$ होगा।
- यदि प्रत्येक पद में से P घटा दिया जाए, तो नया समांतर माध्य $(\bar{x} - P)$ होगा।
- यदि प्रत्येक पद में अशून्य संख्या P से गुणा कर दी जाए, तो नया समांतर माध्य $P\bar{x}$ होगा।
- यदि प्रत्येक पद को अशून्य संख्या P से भाग कर दिया जाए, तो नया समांतर माध्य $\left(\frac{\bar{x}}{P}\right)$ होगा।

उदाहरण 3 50 संख्याओं का समांतर माध्य 80 है। यदि प्रत्येक संख्या में 2 की वृद्धि कर दी जाए, तो नया समांतर माध्य ज्ञात कीजिए।

हल माना 50 संख्याएँ क्रमशः $x_1, x_2, x_3, \ldots x_{50}$ हैं।

दिया है, 50 संख्याओं का समांतर माध्य = 80

$\Rightarrow$ समांतर माध्य $= \frac{\text{संख्याओं का योग}}{\text{कुल संख्या}} = 80$

$\Rightarrow \frac{x_1 + x_2 + x_3 + \ldots + x_{50}}{50} = 80$

$\Rightarrow x_1 + x_2 + \ldots + x_{50} = 80 \times 50 = 4000$ ...(i)

प्रश्नानुसार, प्रत्येक संख्या में 2 की वृद्धि कर दी जाती है, तब

नया समांतर माध्य

$= \frac{(x_1 + 2) + (x_2 + 2) + \cdots + (x_{50} + 2)}{50}$

$= \frac{(x_1 + x_2 + \ldots + x_{50}) + (2 + 2 + \ldots 50 \text{ बार})}{50}$

$= \frac{(x_1 + x_2 + \ldots + x_{50}) + 100}{50} = \frac{4000 + 100}{50}$

[समी (i) से मान रखने पर]

$= \frac{4100}{50} = 82$

उदाहरण 4 16 संख्याओं का समांतर माध्य 50 है। यदि प्रत्येक संख्या में 5 घटाया जाएँ, तो नया समांतर माध्य ज्ञात कीजिए।

हल माना 16 संख्याएँ क्रमशः $x_1, x_2, \ldots, x_{16}$ है।

$\therefore$ माध्य $= \frac{x_1 + x_2 + \ldots + x_{16}}{16}$

प्रश्नानुसार, $\frac{x_1 + x_2 + \ldots + x_{16}}{16} = 50$

$\Rightarrow x_1 + x_2 + \ldots + x_{16} = 50 \times 16 = 800$

प्रश्नानुसार, प्रत्येक संख्या में 5 को घटाया जाता है।

$\therefore$ नया समांतर माध्य $= \frac{(x_1 - 5) + (x_2 - 5) + \ldots + (x_{16} - 5)}{16}$

$= \frac{(x_1 + x_2 + \ldots + x_{16}) - 80}{16} = \frac{800 - 80}{16}$

$= \frac{720}{16} = 45$

अतः नया समांतर माध्य 45 है।

वैकल्पिक विधि

हम जानते हैं कि यदि प्रत्येक पद में P घटा दिया जाए तो नया समांतर माध्य $(\bar{x} - P)$ होता है। यहाँ, प्रत्येक संख्या में 5 घटाया गया है।

$\therefore$ नया समांतर माध्यम = 50 − 5 = 45

माध्यिका (Median)

आँकड़ों को उनके परिमाण के अनुसार आरोही क्रम (ascending order) अथवा अवरोही क्रम (descending order) में व्यवस्थित किया जाए, तो ठीक मध्य में आने वाले पद का मान माध्यिका (median) कहलाता है।

माध्यिका आँकड़ों को दो भागों में इस प्रकार विभाजित करती है कि एक भाग के प्रत्येक पद का मान माध्यिका से कम तथा दूसरे भाग के प्रत्येक पद का मान माध्यिका से अधिक होता है।

अवर्गीकृत आँकड़ों के लिए माध्यिका (Median of ungrouped or Individual Series)

अवर्गीकृत आँकड़ों के लिए माध्यिका ज्ञात करने के लिए सर्वप्रथम दिए गए आँकड़ों को आरोही या अवरोही क्रम में व्यवस्थित करते हैं।

यदि पदों की संख्या n एक विषम संख्या है, तब

माध्यिका $= \left(\frac{n+1}{2}\right)$ वें पद का मान

यदि पदों की संख्या n एक सम संख्या है, तब

$$\text{माध्यिका} = \frac{\left(\frac{n}{2}\right) \text{ वें पद का मान} + \left(\frac{n}{2} + 1\right) \text{ वें पद का मान}}{2}$$

उदाहरण 5 क्रिकेट टीम के 11 खिलाड़ियों के रनों का स्कोर निम्न प्रकार है 35, 28, 16, 31, 32, 50, 14, 45, 56, 0, 20

स्कोर की माध्यिका ज्ञात कीजिए।

हल दिए गए आँकड़ों 35, 28, 16, 31, 32, 50, 14, 45, 56, 0 और 20 हैं।

आँकड़ों को आरोही क्रम में लिखने पर,

0, 14, 16, 20, 28, 31, 32, 35, 45, 50, 56

यहाँ, पदों की संख्या, $n = 11$ [जोकि एक विषम संख्या है]

$\therefore$ माध्यिका $= \left(\frac{n+1}{2}\right)$ वें पद का मान $= \left(\frac{11+1}{2}\right)$ वें पद का मान

$= \left(\frac{12}{2}\right)$ वें पद का मान = 6 वें पद का मान = 31

अतः दिए गए आँकड़ों की अभीष्ट माध्यिका 31 है।

उदाहरण 6 6, 9, 11, 14, 18, 22, 28, 31, 34 और 43 की माध्यिका ज्ञात कीजिए।

हल दी गई संख्याओं का आरोही क्रम निम्न है

6, 9, 11, 14, 18, 22, 28, 31, 34 और 43

यहाँ, पदों की संख्या, $n = 10$ [जोकि एक सम संख्या है]

$\therefore$ माध्यिका $= \dfrac{\left(\frac{n}{2}\right)\text{वें पद का मान} + \left(\frac{n}{2}+1\right)\text{वें पद का मान}}{2}$

$= \dfrac{\left(\frac{10}{2}\right)\text{वें पद का मान} + \left(\frac{10}{2}+1\right)\text{वें पद का मान}}{2}$

$= \dfrac{\text{5वें पद का मान + 6वें पद का मान}}{2}$

$= \dfrac{18+22}{2} = \dfrac{40}{2} = 20$

बहुलक (Mode)

सांख्यिकीय ऑकड़ो में जिस पद की बारंबारता सबसे अधिक होती है अर्थात् जो पद सबसे अधिक बार आता है, बहुलक कहलाता है।

बहुलक = दिए गए आँकड़ों में सबसे अधिक बारंबारता वाले पद का मान

अवर्गीकृत आकड़ों का बहुलक ज्ञात करने के लिए इसके पदों को आरोही या अवरोही क्रम में व्यवस्थित करते हैं और देखते हैं कि किस पद की बारंबारता सबसे अधिक है अर्थात् कौन-सा पद सबसे अधिक बार आ रहा है। जिस पद की बारंबारता सबसे अधिक होगी, वही पद दी गई सारणी का अभीष्ट बहुलक होता है।

दिए गए आँकड़ों को बहुलक ज्ञात करने के लिए यह आवश्यक नहीं है कि इसके पदों को अवश्य ही आरोही क्रम में व्यवस्थित किया जाए। आरोही या अवरोही क्रम में व्यवस्थित किए बिना भी आँकड़ों का बहुलक ज्ञात किया जा सकता है। यह व्यवस्थिकरण केवल सुविधा के लिए किया जाता है।

उदाहरण 7 आँकड़ों 19, 38, 25, 36, 38, 25, 18, 38, 25, 38, और 19 का बहुलक ज्ञात कीजिए।

हल दिए गए आँकड़ों को आरोही क्रम में व्यवस्थित करने पर, 18, 19, 19, 25, 25, 25, 36, 38, 38, 38, 38 स्पष्ट है कि 38 की बारंबारता सबसे अधिक 4 है। अतः अभीष्ट बहुलक 38 है।

उदाहरण 8 निम्नलिखित आँकड़ों के लिए माध्य, माध्यिका तथा बहुलक ज्ञात कीजिए।

23, 25, 28, 25, 16, 23, 17, 22, 25, 25

हल सर्वप्रथम, दिए गए आँकड़ों को आरोही क्रम में लिखने पर,

16, 17, 22, 23, 23, 25, 25, 25, 25, 28

उपरोक्त आँकड़ों की सारणी निम्नवत् है

पद (x)	बारंबारता (f)	$f(x)$
16	1	16
17	1	17
22	1	22
23	2	46
25	4	100
28	1	28
कुल	$N = \Sigma f = 10$	$\Sigma fx = 229$

अब, $\Sigma fx = 229$

और $\Sigma f = 10$

$\therefore$ माध्य $= \frac{\Sigma fx}{\Sigma f} = \frac{229}{10} = 22.9$

यहाँ, $n = 10$ [सम]

$\therefore$ माध्यिका $= \frac{1}{2}\left[\left(\frac{n}{2}\right)\text{ वें पद का मान} + \left(\frac{n}{2}+1\right)\text{वें पद का मान}\right]$

$= \frac{1}{2}$ [5 वें पद का मान + 6 वें पद का मान]

$= \frac{1}{2}(23 + 25) = 24$

बहुलक = वह चर जिसकी बारंबारता सर्वाधिक है = 25

प्रश्नावली

1. निम्नलिखित आँकड़ों का परिसर ज्ञात कीजिए।

36, 34, 48, 56, 72, 82

2. निम्नलिखित आँकड़ों का परिसर ज्ञात कीजिए।

70, 66, 71, 38, 55, 62, 63, 41, 40, 39, 34

3. वर्ग अंतरालों 0 – 20, 20 – 40, 40 – 60,..... का वर्ग माप ज्ञात कीजिए।

4. निम्नलिखित आँकड़ों में वर्ग 20 – 25 की बारंबारता ज्ञात कीजिए।

18, 19, 12, 13, 21, 27, 29, 22, 23, 26, 21, 17, 23, 24

5. दिए गए बारंबारता बंटन को सतत् वर्गीकृत बारंबारता बंटन रूप में परिवर्तित कीजिए।

वर्ग-अंतराल	बारंबारता
100-103	8
104-107	8
108-111	17
112-115	10
116-119	5
120-123	6

6. एक टोकरी में से 20 आम यादृच्छया चुने जाते हैं जिनके भार (किग्रा में) निम्नवत् है।

22, 28, 32, 15, 12, 18, 26, 32, 36, 34, 33, 34, 39, 31, 33, 28, 29, 30, 27, 22

तब, एक वर्गीकृत बारंबारता बंटन सारणी बनाइए, जिसमें वर्ग माप 5 को इस प्रकार लीजिए कि पहला वर्ग अंतराल 10 – 15 हो। (जोकि सम्मिलित ना हो)।

7. एक विद्यालय में 20 विद्यार्थियों द्वारा (30 अंकों में से) प्राप्त किए गए अंक निम्न हैं

22, 24, 20, 18, 17, 15, 20, 25, 29, 23, 21, 18,

12, 13, 19, 22, 24, 27, 13, 19

उपरोक्त आँकड़ों को बारंबारता बंटन सारणी के रूप में प्रस्तुत कीजिए।

8. एक विद्यालय में 30 विद्यार्थियों द्वारा (50 अंकों में से) प्राप्त किए गए अंक निम्न हैं

40, 13, 38, 16, 27, 30, 7, 3, 24, 19, 39, 26, 7, 33, 19, 21, 13, 41, 17, 19, 17, 12, 7, 10, 1, 9, 21, 14, 47, 45

उपरोक्त आँकड़ों को समावेशी रूप में प्रदर्शित कीजिए।

9. संख्याओं 48, 42, 39, 46, 51, 57, 59, 42, 43, 47 का समांतर माध्य क्या है?

10. यदि 10 विद्यार्थियों का भार (किग्रा में) 15, 17, 18, 20, 19, 17, 22, 24, 18, 20 है तब 10 विद्यार्थियों का औसत भार ज्ञात कीजिए।

11. 20 प्रेक्षणों का समांतर माध्य 11 है यदि प्रत्येक संख्या में 3 जोड़ दिए जाए, तो 20 प्रेक्षणों का नया समांतर माध्य ज्ञात कीजिए।

12. 12 प्रेक्षणों का समांतर माध्य 24 है यदि प्रत्येक प्रेक्षण को 3 से विभाजित कर दिया जाए, तो नया समांतर माध्य ज्ञात कीजिए।

13. निम्नलिखित बारंबारता बंटन का समांतर माध्य ज्ञात कीजिए।

बारंबारता (f_i)	चर (x_i)
4	4
8	6
14	8
11	10
3	12

14. यदि 10 प्रेक्षणों का समांतर माध्य 12 है तथा प्रत्येक प्रेक्षण में 10 जोड़ दिया जाए, तो नया समांतर माध्य क्या होगा?

15. किसी प्रेक्षणों के समूह का समांतर माध्य a है यदि प्रत्येक प्रेक्षण को b से गुणा कर दिया जाए तत्पश्चात् प्रत्येक गुणनफल में से c को घटा दिया जाए, तब प्रेक्षणों के समूह का नया समांतर माध्य ज्ञात कीजिए।

16. 7 विद्यार्थियों का भार (किग्रा में) दिया गया है

32.5, 36.4, 39.2, 41.3, 42.9, 37.2, 41.2

तब, माध्यिका ज्ञात कीजिए।

17. निम्नलिखित आँकड़ों के लिए माध्यिका ज्ञात कीजिए।

2.0025, 2.0205, – 2.06, – 2.206, – 2.006

18. 15 विद्यार्थियों द्वारा प्राप्त किए गए अंकों (30 अंकों में से) का बहुलक ज्ञात कीजिए।

20, 22, 26, 15, 22, 24, 14, 16, 18, 30, 22, 23, 25, 26, 22

19. निम्नलिखित आँकड़ों के लिए बहुलक ज्ञात कीजिए।

पद (x)	बारंबारता (f)
10	5
12	6
13	3
14	4
17	8

20. निम्नलिखित आँकड़ों के लिए माध्य, माध्यिका तथा बहुलक ज्ञात कीजिए।

10, 8, 7, 10, 5, 14, 10, 8, 14, 17

उत्तर

1. 48

2. 37

3. 20

4. 6

5.

वर्ग अंतराल	बारंबारता
99.5 – 103.5	8
103.5 – 107.5	8
107.5 – 111.5	17
111.5 – 115.5	10
115.5 – 119.5	5
119.5 – 123.5	6

6.

वर्ग अंतराल	बारंबारता
10 – 15	1
15 – 20	2
20 – 25	2
25 – 30	5
30 – 35	8
35 – 40	2

7.

वर्ग-अंतराल	बारंबारता
10 – 15	3
15 – 20	6
20 – 25	8
25 – 30	3

8.

वर्ग-अंतराल	बारंबारता
0 – 10	7
11 – 20	10
21 – 30	6
31 – 40	4
41 – 50	3

9. 47.4

10. 19 किग्रा

11. 14

12. 8

13. 8.05

14. 22

15. ab, $ab - c$

16. 39.2

17. – 2.006

18. 22

19. 17

20. 10.3, 10, 10

CHAPTERS TO BE ASSESSED FORMATIVELY

- समांतर चतुर्भुजों और त्रिभुजों का क्षेत्रफल
- ज्यामितीय रचनाएँ
- प्रायिकता

अध्याय

13

समांतर चतुर्भुजों और त्रिभुजों के क्षेत्रफल

(Areas of Parallelograms and Triangles)

एक सरल बंद आकृति (Simple closed figure) द्वारा तल का घिरा हुआ अर्थात् परिबद्ध भाग उस आकृति का संगत तलीय क्षेत्र (Planar region) कहलाता है। इस तलीय क्षेत्र के परिमाण (Magnitude) या माप (Measure) को उस आकृति का क्षेत्रफल (Area) कहते हैं। इस क्षेत्रफल (परिमाण या माप) को सदैव एक संख्या (किसी मात्रक (इकाई) में) द्वारा व्यक्त किया जाता है। जैसे 8 सेमी^{2}, 38 मी^{2}, 18 हेक्टेयर आदि। पिछली कक्षाओं में हम समतल आकृतियों जैसे त्रिभुजों, आयतों, वर्गों इत्यादि का क्षेत्रफल कुछ सूत्रों की सहायता से ज्ञात करने के बारे में अध्ययन कर चुके हैं। इस अध्याय के अंतर्गत, हम इन आकृतियों के क्षेत्रफलों के बीच संबंध का उस प्रतिबंध के अंतर्गत अध्ययन करेंगे, जब ये आकृतियाँ समान आधार तथा समांतर रेखाओं के मध्य स्थित होती हैं।

टॉपिक्स

- *एक ही आधार पर और एक ही समांतर रेखाओं के बीच समांतर चतुर्भुज*
- *एक ही आधार और एक ही समांतर रेखाओं के बीच स्थित त्रिभुज*

सर्वांगसम आकृतियाँ (Congruent Figures)

दो आकृतियाँ सर्वांगसम कहलाती हैं, यदि उनके आकार और माप समान हों।
अन्य शब्दों में, यदि दो आकृतियाँ A और B सर्वांगसम हों, तब हम एक अक्स कागज (Tracing paper) का उपयोग करके, एक आकृति को दूसरी आकृति पर इस प्रकार रख सकते हैं कि एक आकृति दूसरी आकृति को पूर्ण रूप से ढक लें।

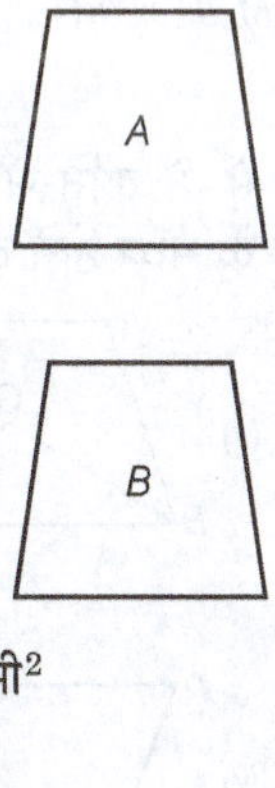

अत: यदि दो आकृतियाँ A तथा B सर्वांगसम हैं, तब उनके क्षेत्रफल अवश्य ही बराबर होने चाहिए।
परंतु उपरोक्त कथन का विलोम सत्य नहीं है। दूसरे शब्दों में, समान क्षेत्रफलों वाली दो आकृतियों का सर्वांगसम होना आवश्यक नहीं हैं।
जैसे- माना एक आयत (A) जिसकी भुजाएँ 16 सेमी और 4 सेमी हैं का क्षेत्रफल $= 4 \times 16 = 64$ सेमी^{2}
तथा एक वर्ग B जिसकी भुजाएँ 8 सेमी हैं का क्षेत्रफल $= (8)^2 = 64$ सेमी^{2}

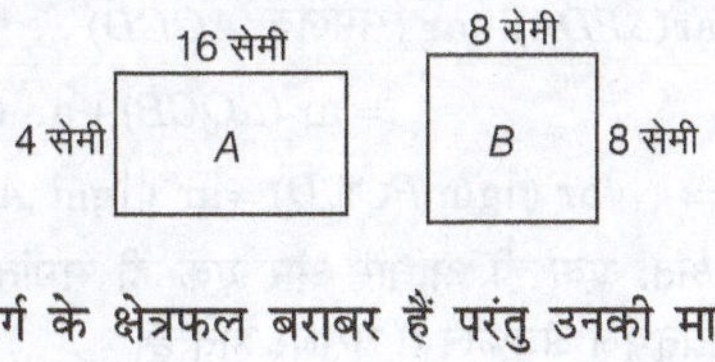

यहाँ, स्पष्ट है कि आयत और वर्ग के क्षेत्रफल बराबर हैं परंतु उनकी माप समान नहीं हैं, इसलिए ये सर्वांगसम आकृतियाँ नहीं हैं।

टॉपिक 1

एक ही आधार पर और एक ही समांतर रेखाओं के बीच समांतर चतुर्भुज

एक ही आधार पर और एक ही समांतर रेखाओं के बीच आकृतियाँ

(Figures on the same base and between the same Parallels)

दो आकृतियाँ एक ही आधार और एक ही समांतर रेखाओं के बीच स्थित कहलाती हैं, यदि उनमें एक उभयनिष्ठ आधार (या भुजा) हो तथा उभयनिष्ठ आधार के सम्मुख प्रत्येक आकृति के शीर्ष (या का शीर्ष) उस आधार के समांतर किसी रेखा पर स्थित हो।

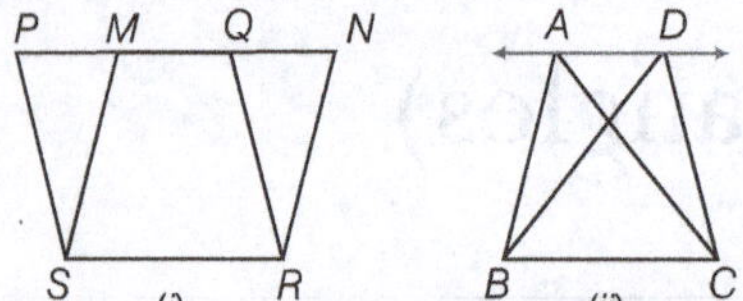

जैसे— आकृति (i) में, *PQRS* एक समांतर चतुर्भुज और *MQRS* एक समलंब एक ही आधार *SR* पर स्थित है जिसमें समांतर चतुर्भुज *PQRS* के सम्मुख शीर्ष *P* और *Q* तथा समलंब *MQRS* के सम्मुख शीर्ष *M* और *Q* आधार *SR* के समांतर रेखा *PN* पर स्थित हैं। इसलिए, दोनों आकृतियाँ एक ही आधार *SR* और समांतर रेखाओं *SR* और *PN* के बीच स्थित हैं।

इसी प्रकार, आकृति (ii) में, ΔABC और ΔDBC एक ही आधार *BC* और एक ही समांतर रेखाओं *BC* और *AD* के बीच स्थित हैं।

नोट *संलग्न चित्र में, ΔDQR और ΔPQR एक ही आधार QR स्थित है, परंतु एक ही समांतर रेखाओं QR व PM के मध्य स्थित नहीं हैं, क्योंकि शीर्ष D, रेखा PM पर स्थित नहीं है।*

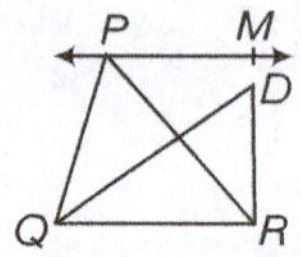

उदाहरण 1 निम्नलिखित आकृतियों में से कौन-सी आकृति एक ही आधार और एक ही समांतर रेखाओं के मध्य होने का उदाहरण हैं।

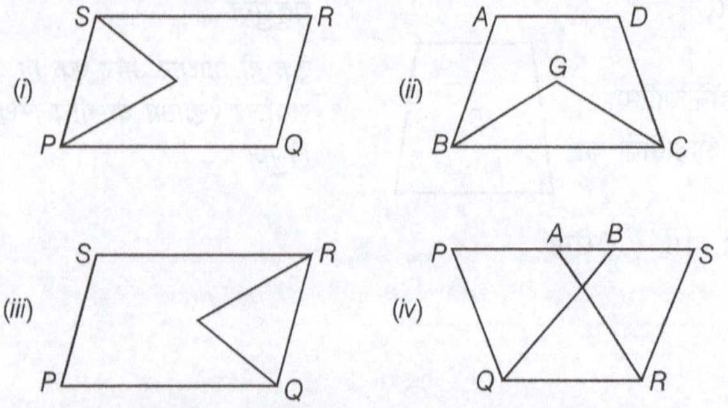

हल केवल आकृति (iv) एक ही आधार *QR* और एक ही समांतर रेखाएँ *QR* और *PS* के बीच स्थित होने का उदाहरण है।

एक ही आधार और समान समांतर रेखाओं के बीच स्थित समांतर चतुर्भुजों के क्षेत्रफल

(Areas at Parallelograms as the same base and between the same Parallels)

अब हम एक ही आधार और एक ही समांतर रेखाओं के बीच स्थित दो समांतर चतुर्भुजों की रचना करते हैं इन दोनों समांतर चतुर्भुजों के क्षेत्रफल बराबर होंगे। इस संबंध को हम निम्नलिखित प्रमेय की सहायता से सत्यापित कर सकते हैं।

प्रमेय 1 *एक ही आधार और एक ही समांतर रेखाओं के मध्य स्थित समांतर चतुर्भुज क्षेत्रफल में बराबर होते हैं।*

माना *ABCD* तथा *PQCD* दो समांतर चतुर्भुज हैं जोकि एक ही आधार *DC* और एक ही समांतर रेखाओं *PB* और *DC* के बीच स्थित हैं।

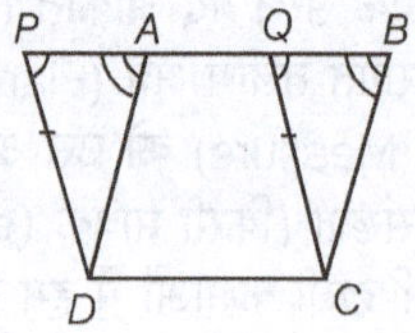

सिद्ध करना है

समांतर चतुर्भुज *ABCD* का क्षेत्रफल
= समांतर चतुर्भुज *PQCD* का क्षेत्रफल

या ar (||gm *ABCD*) = ar (||gm *PQCD*)

उपपत्ति ΔPDA तथा ΔQCB में,

$\angle DPA = \angle CQB$ ...(i)

[$PD || QC$ और तिर्यक रेखा *PB* से संगत कोण]

$\angle PAD = \angle QBC$ ...(ii)

[$AD || BC$ और तिर्यक रेखा *PB* से संगत कोण]

तब $\angle PDA = \angle QCB$ ...(iii)

[त्रिभुज के कोण योग गुणधर्म से]

साथ ही, $PD = QC$ ...(iv)

[समांतर चतुर्भुज की सम्मुख भुजाएँ बराबर होती हैं]

इसलिए, $\Delta PDA \cong \Delta QCB$ ...(v)

[*ASA* सर्वांगसमता नियम से]

$\therefore$ ar (ΔPDA) = ar (ΔQCB)

[सर्वांगसम आकृतियों के क्षेत्रफल बराबर होते हैं]

अब, समी (v) के दोनों पक्षों में समलंब *AQCD* का क्षेत्रफल जोड़ने पर,

ar(ΔPDA) + ar (समलंब *AQCD*)

= ar (ΔQCB) + ar (समलंब *AQCD*)

$\Rightarrow$ ar (||gm *PQCD*) = ar (||gm *ABCD*)

अत: एक ही आधार और एक ही समांतर रेखाओं के मध्य स्थित समांतर चतुर्भुज क्षेत्रफल में बराबर होते हैं।

इति सिद्धम्

उपप्रमेय 1 *किसी समांतर चतुर्भुज का क्षेत्रफल उसके आधार तथा संगत ऊंचाई के गुणनफल के बराबर होता है।*

माना $ABCD$ एक समांतर चतुर्भुज है जिसमें AB आधार तथा AL संगत ऊँचाई है।

सिद्ध करना है ar $(||\text{gm } ABCD) = AB \times AL$

रचना $BM \perp CD$ तथा $AL \perp CD$ खींचते हुए आयत $ALMB$ को पूर्ण कीजिए।

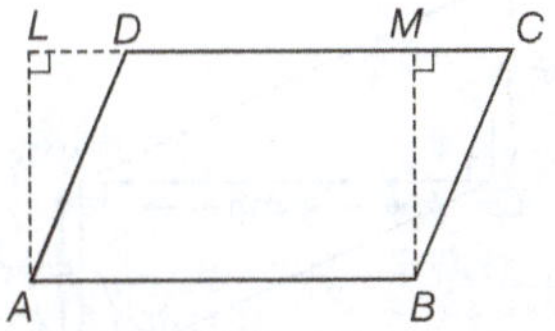

उपपत्ति स्पष्टत: $||\text{gm } ABCD$ और आयत $ALMB$ एक ही आधार AB और एक ही समांतर रेखाओं AB और LC के मध्य स्थित हैं।

$\therefore$ ar $(||\text{gm} ABCD) =$ ar (आयत $ABML$) $= AB \times AL$

अत: समांतर चतुर्भुज का क्षेत्रफल = आधार × ऊँचाई **इति सिद्धम्**

उपप्रमेय 2 *बराबर आधारों तथा एक ही समांतर रेखाओं के मध्य स्थित समांतर चतुर्भुजों के क्षेत्रफल बराबर होते हैं।*

माना $ABCD$ तथा $PQRS$ दो समांतर चतुर्भुज हैं जोकि बराबर आधार AB और PQ तथा एक ही समांतर रेखाओं AQ और DR के बीच स्थित हैं।

सिद्ध करना है ar $(||\text{gm } ABCD) =$ ar $(||\text{gm } PQRS)$

रचना AQ को दोनों तरफ बढ़ाकर $DL \perp AB$ और $RM \perp PQ$ खींचिए।

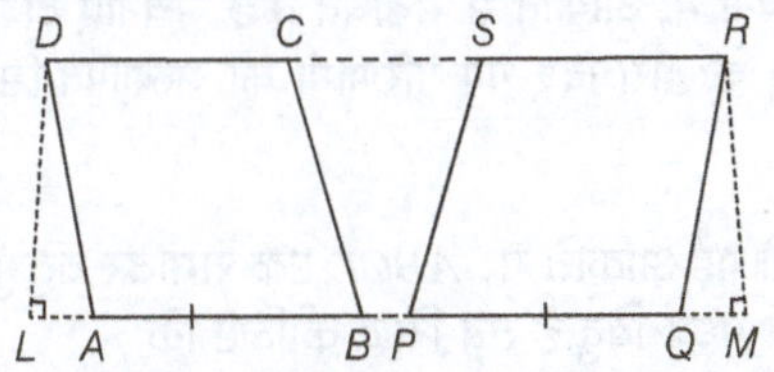

उपपत्ति $\because$ $AB = PQ$ तथा हम जानते हैं कि समांतर रेखाओं के बीच लंब दूरी बराबर होती है, इसलिए $DL = RM$

अब, ar $(||\text{gm } ABCD) = AB \times DL$ ...(i)

तथा ar $(||\text{gm} PQRS) = PQ \times RM = PQ \times DL$ ...(ii)

[$\because$ समांतर चतुर्भुज का क्षेत्रफल = आधार × ऊँचाई]

समी (i) व (ii) से,

$\Rightarrow$ ar $(||\text{gm } ABCD) =$ ar $(||\text{gm} PQRS)$ [$\because$ $AB = PQ$] **इति सिद्धम्**

उपप्रमेय 3 *यदि एक त्रिभुज और समांतर चतुर्भुज एक ही आधार और एक ही समांतर रेखाओं के मध्य स्थित हों, तब सिद्ध कीजिए कि त्रिभुज का क्षेत्रफल समांतर चतुर्भुज के क्षेत्रफल का आधा होता है।*

माना ΔABP तथा $||\text{gm } ABCD$ एक ही आधार AB और एक ही समांतर रेखाओं AB और PC के बीच स्थित हैं।

सिद्ध करना है ar $(\Delta ABP) = \frac{1}{2}$ ar $(||\text{gm } ABCD)$

रचना एक अन्य समांतर चतुर्भुज $ABQP$ प्राप्त करने के लिए $BQ || AP$ खींचिए।

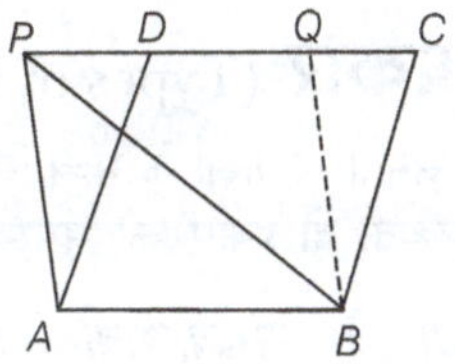

उपपत्ति चूँकि, समांतर चतुर्भुज $ABCD$ और $ABQP$ एक ही आधार AB और एक ही समांतर रेखाओं AB और PC के बीच स्थित हैं।

इसलिए, प्रमेय से,

ar $(||\text{gm } ABCD) =$ ar $(||\text{gm } ABQP)$ ...(i)

अब, विकर्ण PB, समांतर चतुर्भुज $ABQP$ को दो सर्वांगसम त्रिभुजों (ΔABP व ΔQPB) में विभाजित करता है।

$\therefore$ ar $(\Delta ABP) =$ ar (ΔQPB) ...(ii)

अब ar $(\Delta ABP) +$ ar $(\Delta QPB) =$ ar $(||\text{gm } ABQP)$

$\Rightarrow$ ar $(\Delta ABP) + (\Delta ABP) =$ ar $(||\text{gm } ABQP)$ [समी (ii) से]

$\Rightarrow$ 2 ar $(\Delta ABP) =$ ar $(||\text{gm } ABQP)$

$\Rightarrow$ ar $(\Delta ABP) = \frac{1}{2}$ ar $(||\text{gm } ABQP)$

$\Rightarrow$ ar $(\Delta ABP) = \frac{1}{2}$ ar $(||\text{gm } ABCD)$ [समी (i) से]

इति सिद्धम्

वैकल्पिक विधि

रचना AB को दोनों तरफ बढ़ाकर $PL \perp AB$ तथा $CM \perp AB$, खींचिए

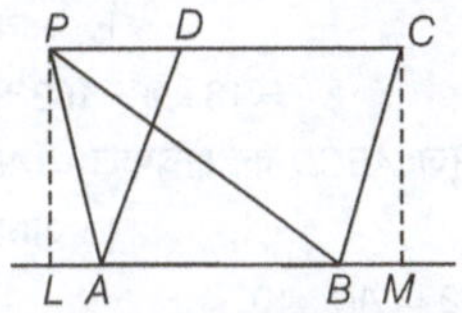

उपपत्ति चूँकि L, A, B तथा M संरेखीय हैं तथा $AB || PC$

$\therefore$ $PL = CM$ ..(i)

[$\because$ समांतर रेखाओं के बीच की लंब दूरी सदैव बराबर होती हैं]

अब, ar $(\Delta ABP) = \frac{1}{2} \times AB \times PL$

[$\because$ त्रिभुज का क्षेत्रफल $= \frac{1}{2} \times$ आधार × ऊँचाई]

$\Rightarrow$ ar $(\Delta ABP) = \frac{1}{2} \times AB \times CM$ [समी (i) से]

$\Rightarrow$ ar $(\Delta ABP) = \frac{1}{2}$ ar $(||\text{gm } ABCD)$ **इति सिद्धम्**

$\because$ ar $(||\text{gm } ABCD) = AB \times CM$

नोट
- *त्रिभुज का क्षेत्रफल $= \frac{1}{2} \times$ आधार × ऊँचाई*
- *समलंब का क्षेत्रफल $= \frac{1}{2} \times$ (समांतर भुजाओं का योग) × उनके बीच की दूरी*
- *समांतर चतुर्भुज के विकर्ण उसे चार समान क्षेत्रफल वाले त्रिभुजों में बाँटते हैं।*

समस्याओं के प्रकार (Types of Problems)

समान आधार और समान समांतर रेखाओं के मध्य स्थित समांतर चतुर्भुजों के क्षेत्रफलों पर आधारित मुख्यतः दो प्रकार की समस्याएँ निम्न हैं

प्रकार I *विभिन्न पदों के संख्यात्मक मानों की गणना पर आधारित समस्याएँ*

इस प्रकार के प्रश्नों में हमें, समांतर चतुर्भुज के कुछ पदों के संख्यात्मक मान दिए गए होते हैं तथा दी गई सूचनाओं के आधार पर अन्य पदों के मान ज्ञात करने होते हैं जैसे— समांतर चतुर्भुज की भुजाएँ, क्षेत्रफल, क्षेत्रफलों का अनुपात इत्यादि।

उदाहरण 2 निम्न आकृति में, $ABCD$ एक समांतर चतुर्भुज है जिसमें $AE \perp DC$ तथा $CF \perp AD$ है यदि $CD = 18$ सेमी, $AE = 9$ सेमी तथा $CF = 10$ सेमी है, तब AD का मान ज्ञात कीजिए।

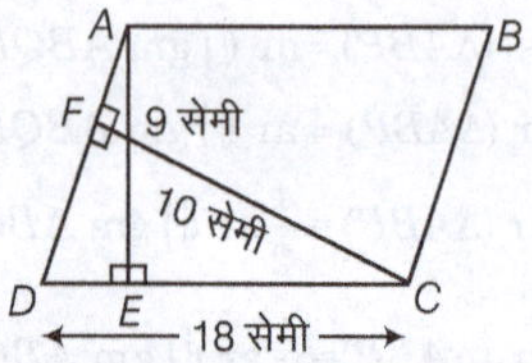

हल दिया है, $CD = 18$ सेमी, $AE = 9$ सेमी तथा $CF = 10$ सेमी

हम जानते हैं कि,

समांतर चतुर्भुज का क्षेत्रफल = आधार × ऊँचाई

$\therefore$ ar (||gm $ABCD$) = $CD \times AE$

[$\because$ आधार = CD, ऊँचाई = AE]

$= 18 \times 9 = 162$ सेमी^{2} ...(i)

पुनः समांतर चतुर्भुज $ABCD$ का क्षेत्रफल = $AD \times CF$

[$\because$ आधार = AD, ऊँचाई = CF]

$\Rightarrow$ $162 = AD \times 10$ [समी (i) से]

$\therefore$ $AD = \frac{162}{10} = 16.2$ सेमी

उदाहरण 3 किसी समद्विबाहु त्रिभुज का परिमाप 32 सेमी तथा इसका आधार 12 सेमी है इसकी बराबर भुजाओं में से एक भुजा समांतर चतुर्भुज का विकर्ण बनाती है, तब समांतर चतुर्भुज का क्षेत्रफल ज्ञात कीजिए।

हल माना ABC एक समद्विबाहु त्रिभुज है जिसमें आधार $BC = 12$ सेमी, परिमाप = 32 सेमी तथा AC, समांतर चतुर्भुज $ABCD$ का विकर्ण है। $AM \perp BC$ खींचिए।

इसलिए, $BM = CM = \frac{12}{2} = 6$ सेमी

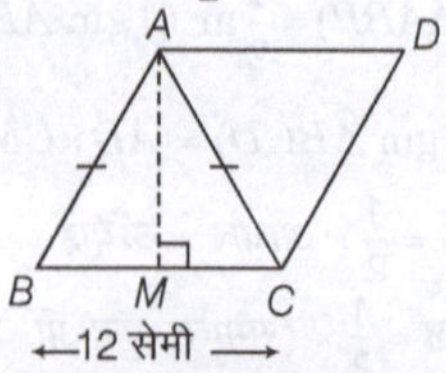

साथ ही, $AB = AC = \frac{32 - 12}{2} = 10$ सेमी

अब $AM = \sqrt{AC^2 - CM^2} = \sqrt{10^2 - 6^2}$

$= \sqrt{100 - 36} = \sqrt{64} = 8$ सेमी

$\therefore$ समांतर चतुर्भुज $ABCD$ का क्षेत्रफल = $BC \times AM$

$= 12 \times 8 = 96$ सेमी^{2}

उदाहरण 4 निम्न आकृति में एक चतुर्भुज $PQRS$ इस प्रकार है कि विकर्ण $QS \perp SR$ साथ ही $QS \perp PQ$ है, तब ar (चतुर्भुज $PQRS$) का मान ज्ञात कीजिए।

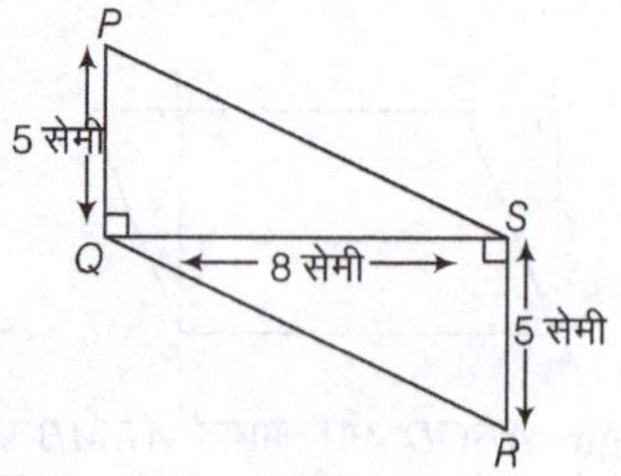

हल यहाँ, $\angle PQS = \angle QSR$ [प्रत्येक समकोण]

परंतु ये एकांतर कोण हैं।

$\therefore$ $PQ \parallel SR$ ...(i)

साथ ही, $PQ = SR$ [प्रत्येक 5 सेमी, दिया है]

चूँकि, सम्मुख भुजाओं का युग्म बराबर और समांतर है।

इसलिए, $PQRS$ एक समांतर चतुर्भुज है

अतः ar (||gm $PQRS$) = आधार × संगत ऊँचाई = $5 \times 8 = 40$ सेमी^{2}

प्रकार II *दिए गए परिणामों को सत्यापित/सिद्ध करने पर आधारित समस्याएँ*

इस प्रकार के प्रश्नों में, आकृति से संबंधित कुछ सूचनाएँ दी गई होती हैं इन दी गई सूचनाओं के द्वारा दिए गए परिणामों को सत्यापित/सिद्ध करना होता है।

उदाहरण 5 दी गई आकृति में, $ABCD$ एक समांतर चतुर्भुज है तथा E, भुजा BC का मध्य-बिंदु है तब सिद्ध कीजिए कि

ar (ΔDEC) = $\frac{1}{4}$ ar (||gm $ABCD$)

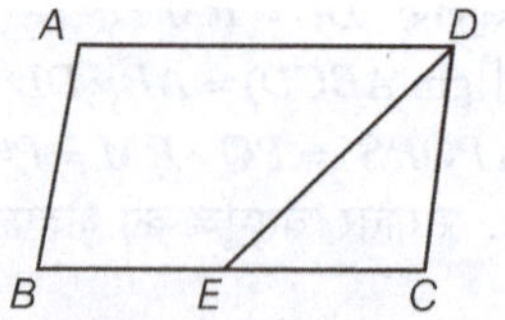

हल दिया है $ABCD$ एक समांतर चतुर्भुज है तथा E, भुजा BC का मध्य-बिंदु है।

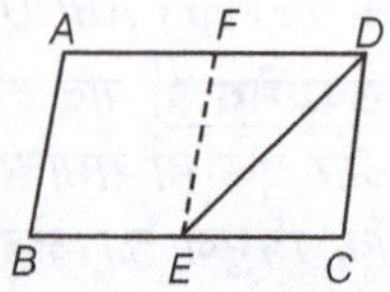

सिद्ध करना है

ar (ΔDEC) = $\frac{1}{4}$ ar (||gm $ABCD$)

रचना, बिंदु E से, $EF \parallel CD$ खींचिए।

जोकि भुजा AD को F पर मिलती है।

उपपत्ति स्पष्टतः F, AD का मध्य-बिंदु है।

[$\because$ समांतर चतुर्भुज की एक भुजा के मध्य-बिंदु से खींची गई समांतर रेखा सम्मुख भुजा को समद्विभाजित करती है]

अतः $ABEF$ तथा $FECD$ समांतर चतुर्भुज हैं।

[$\because$ सम्मुख भुजाएँ समांतर होती हैं]

अब, चूँकि समांतर चतुर्भुज $ABEF$ तथा $FECD$ समान आधार AB और CD तथा समान समांतर रेखाओं AD और BC के मध्य स्थित हैं।

$\therefore \quad ar(||gm\ ABEF) = ar(||gm\ FECD)$

$\Rightarrow \quad ar(||gm\ FECD) = \frac{1}{2} ar(||gm\ ABCD)$

[$\because$ $ar(||gm\ ABCD) = ar(||gm\ ABEF) + ar(||gm\ FECD)$]

$\Rightarrow \quad ar(\Delta EDF) + ar(\Delta DEC) = \frac{1}{2} ar(||gm\ ABCD)$

$\Rightarrow \quad 2\ ar(\Delta DEC) = \frac{1}{2} ar(||gm\ ABCD)$

[$\because$ समांतर चतुर्भुज के विकर्ण इसे दो सर्वांगसम त्रिभुजों में विभाजित करते हैं]

$\therefore \quad ar(\Delta EDF) = ar(\Delta DEC)$

$\Rightarrow \quad ar(\Delta DEC) = \frac{1}{4} ar(||gm\ ABCD)$ **इति सिद्धम्**

उदाहरण 6 दी गई आकृति में, $ABCD$ तथा $PBCQ$ दो समांतर चतुर्भुज हैं। यदि R, PB पर स्थित कोई बिंदु है तब दर्शाए कि

$ar(\Delta QRC) = \frac{1}{2} ar(||gm\ ABCD)$

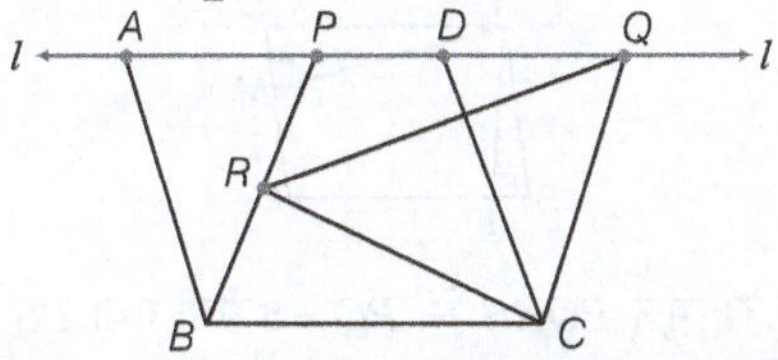

हल दिया है $ABCD$ तथा $PBCQ$ समांतर चतुर्भुज हैं तथा बिंदु R, PB पर स्थित है।

सिद्ध करना है $ar(\Delta QRC) = \frac{1}{2} ar(||gm\ ABCD)$

उपपत्ति यहाँ समांतर चतुर्भुज $PBCQ$ तथा $ABCD$ समान आधार BC तथा समान समांतर रेखाओं BC और AQ के मध्य स्थित हैं।

इसलिए,

$ar(||gm\ PBCQ) = ar(||gm\ ABCD)$ ....(i)

अब, चूँकि ΔQRC तथा समांतर चतुर्भुज $PBCQ$ समान आधार CQ तथा समान समांतर रेखाओं CQ और BP के बीच स्थित हैं।

इसलिए, $ar(\Delta QRC) = \frac{1}{2} ar(||gm\ PBCQ)$ ...(ii)

समी (i) तथा (ii) से,

$ar(\Delta QRC) = \frac{1}{2} ar(||gm\ ABCD)$ **इति सिद्धम्**

उदाहरण 7 समांतर चतुर्भुज $ABCD$ के विकर्ण बिंदु O पर प्रतिच्छेद करते हैं। O से एक रेखा खींची गई है जो AD तथा BC को क्रमशः बिंदु P तथा Q पर प्रतिच्छेदित करती हैं। सिद्ध कीजिए कि रेखाखंड PQ समांतर चतुर्भुज को दो बराबर क्षेत्रफल वाले भागों में विभाजित करती है।

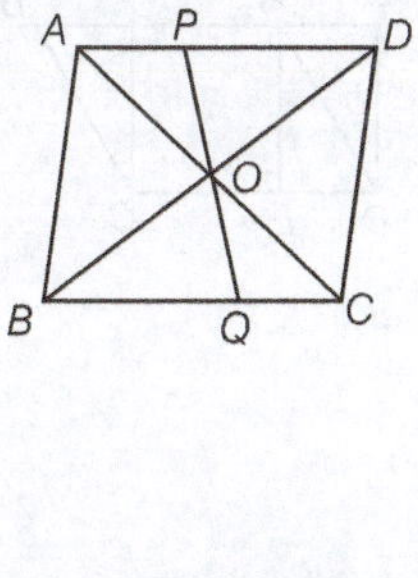

हल दिया है एक समांतर चतुर्भुज $ABCD$ जिसके विकर्ण AC और BD परस्पर बिंदु O पर प्रतिच्छेद करते हैं साथ ही, रेखा PQ, BC को Q पर तथा AD को P पर प्रतिच्छेद करती है।

सिद्ध करना है रेखाखंड PQ समांतर चतुर्भुज $ABCD$ को दो बराबर क्षेत्रफल वाले भागों में विभाजित करती है अर्थात्

$ar(\text{चतुर्भुज } ABQP) = ar(QPDC)$

उपपत्ति

यहाँ, AC समांतर चतुर्भुज $ABCD$ का विकर्ण है।

$\therefore \quad ar(\Delta ABC) = ar(\Delta ADC)$

$= \frac{1}{2} ar(||gm\ ABCD)$ ...(i)

ΔAOP तथा ΔCOQ में,

$OA = OC$ [$\because$ समांतर चतुर्भुज के विकर्ण परस्पर समद्विभाजित करते हैं]

$\angle AOP = \angle COQ$ [शीर्षाभिमुख कोण]

$\angle OAP = \angle OCQ$ [एकांतर अंतः कोण]

So, $\Delta AOP \cong \Delta COQ$ [ASA सर्वांगसमता नियम से]

$\therefore \quad ar(\Delta AOP) = ar(\Delta COQ)$

[चूँकि, सर्वांगसम आकृतियों के क्षेत्रफल बराबर होते हैं]

दोनों पक्षों में $ar(OPDC)$ जोड़ने पर,

$ar(\Delta AOP) + ar(OPDC) = ar(\Delta COQ) + ar(OPDC)$

$\Rightarrow \quad ar(\Delta ADC) = ar(QPDC)$

$\Rightarrow \quad \frac{1}{2} ar(||gm\ ABCD) = ar(QPDC)$ [समी (i) से]

या $ar(QPDC) = \frac{1}{2} ar(||gm\ ABCD)$ ...(ii)

इसी प्रकार, $ar(ABQP) = \frac{1}{2} ar(||gm\ ABCD)$ ...(iii)

समी (ii) तथा (iii) से,

$ar(ABQP) = ar(QPDC)$ **इति सिद्धम्**

अतः PQ, समांतर चतुर्भुज को दो बराबर भागों में विभाजित करता है।

उदाहरण 8 $ABCD$ एक समलंब है जिसकी समांतर भुजाएँ $AB = a$ सेमी और $DC = b$ सेमी हैं E तथा F असमांतर भुजाओं के मध्य-बिंदु हैं, तब $ar(ABFE)$ तथा $ar(EFCD)$ का अनुपात ज्ञात कीजिए। **[NCERT Exemplar]**

हल दिया है, $AB = a$ सेमी, $DC = b$ सेमी तथा $AB || DC$ साथ ही, E तथा F क्रमशः भुजाओं AD तथा BC के मध्य बिंदु हैं इसलिए, DC, EF तथा AB, EF के मध्य की दूरी भी समान माना h होगी।

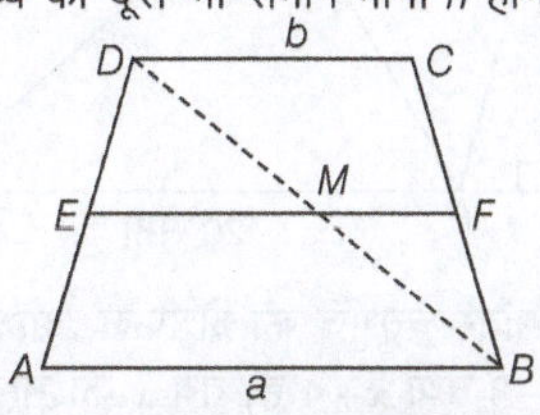

BD को मिलाइए जोकि EF को M पर काटता है।

अब, ΔABD में E, AD का मध्य बिंदु तथा $EM || AB$ है।

इसलिए, M, BD का मध्य बिंदु होगा।

साथ ही $EM = \frac{1}{2} AB$ [मध्य बिंदु प्रमेय से] ...(i)

इसी प्रकार ΔCBD में,

$$MF = \frac{1}{2}CD \quad \text{...(ii)}$$

समी (i) तथा (ii) को जोड़ने पर,

$$EM + MF = \frac{1}{2}AB + \frac{1}{2}CD$$

$$\Rightarrow \quad EF = \frac{1}{2}(AB + CD) = \frac{1}{2}(a+b)$$

$\therefore$ समलंब $ABFE$ का क्षेत्रफल

= $\frac{1}{2}$ × (समांतर भुजाओं का योग) × (समांतर भुजाओं के बीच की दूरी)

$$= \frac{1}{2}\left[a + \frac{1}{2}(a+b)\right] \times h = \frac{1}{4}(3a+b)h$$

तथा समलंब $EFCD$ का क्षेत्रफल

$$= \frac{1}{2}\left[b + \frac{1}{2}(a+b)\right] \times h = \frac{1}{4}(3b+a)h$$

अतः अभीष्ट अनुपात = $\frac{ABFE \text{ का क्षेत्रफल}}{EFCD \text{ का क्षेत्रफल}} = \frac{\frac{1}{4}(3a+b)h}{\frac{1}{4}(3b+a)h}$

$$= \frac{(3a+b)}{(a+3b)} \text{ या } (3a+b):(a+3b)$$

प्रश्नावली 13.1

1. निम्नलिखित आकृति में में, कौन-सी आकृति एक ही आधार और एक ही समांतर रेखाओं के बीच स्थित है।

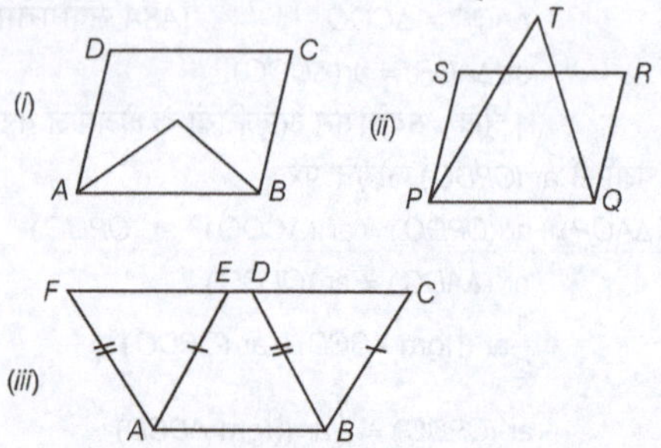

2. दी गई आकृति में, आयत $EFGH$ का क्षेत्रफल 400 सेमी^{2} है यदि भुजा EF पर कोई बिंदु L है, तब ΔLGH का क्षेत्रफल ज्ञात कीजिए।

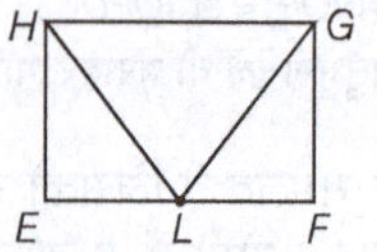

3. दी गई आकृति में, $PQRS$ एक समांतर चतुर्भुज है, तब ΔPQX का क्षेत्रफल ज्ञात कीजिए।

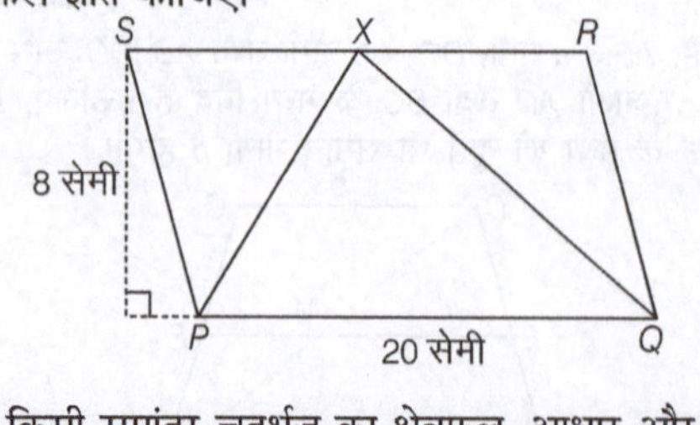

4. यदि किसी समांतर चतुर्भुज का क्षेत्रफल, आधार और संगत ऊँचाई क्रमशः x^2, $x-3$ तथा $x+4$ है, तब x का मान ज्ञात कीजिए।

5. एक आयत और समांतर चतुर्भुज एक ही आधार और समान समांतर रेखाओं के बीच स्थित हैं यदि समांतर चतुर्भुज की ऊँचाई 4 सेमी तथा आयत के आधार की लंबाई 8 सेमी हो, तब समांतर चतुर्भुज का क्षेत्रफल ज्ञात कीजिए।

6. दी गई आकृति में, $ABCD$ एक समांतर चतुर्भुज है, $AL \perp BC$, $AM \perp CD$, $AL = 4$ सेमी और $AM = 5$ सेमी है यदि $BC = 6.5$ सेमी है, तब CD का मान ज्ञात कीजिए।

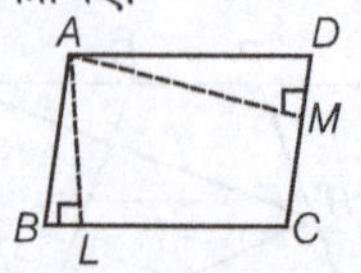

7. समांतर चतुर्भुज $PQRS$ में, $PQ = 8$ सेमी तथा $PS = 3$ सेमी है। यदि ar (|| gm $PQRS$) = 48 सेमी^{2} है, तब SM तथा QT का मान ज्ञात कीजिए। (नीचे दी गई आकृति देखिए)

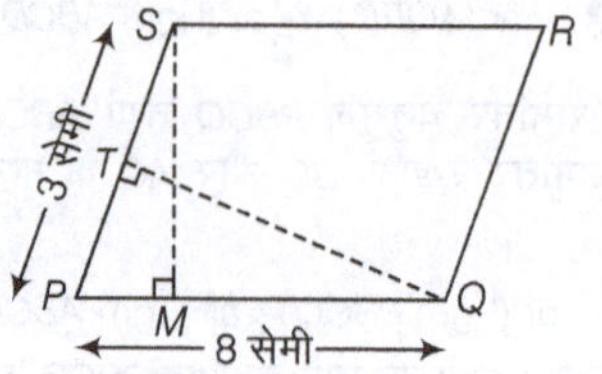

8. $ABCD$ एक समांतर चतुर्भुज है यदि $AB = 7.2$ सेमी तथा भुजाओं AB और AD की संगत ऊँचाइयाँ क्रमशः 10 सेमी और 8 सेमी हैं, तब AD का मान ज्ञात कीजिए।

9. एक समद्विबाहु त्रिभुज का परिमाप 16 सेमी है तथा इसका आधार 6 सेमी है त्रिभुज की बराबर भुजाओं में से एक भुजा समांतर चतुर्भुज का विकर्ण बनाती है, तब समांतर चतुर्भुज का क्षेत्रफल ज्ञात कीजिए।

10. संलग्न आकृति में, $ABCD$ एक समांतर चतुर्भुज तथा $EFCD$ एक आयत है। $AL \perp CD$ तथा $CF \perp AB$ है, तब सिद्ध कीजिए कि

ar (|| gm $ABCD$) = ar ($EFCD$)

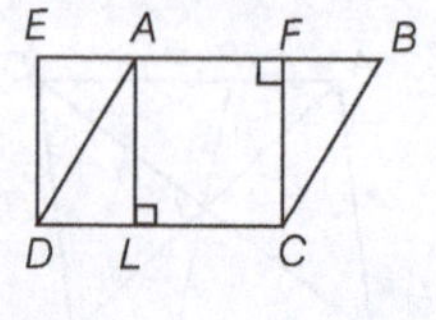

11. दी गई आकृति में, यदि $l || m$ तथा चतुर्भुज $ABCD, CDEF$ तथा $EFGH$ समांतर चतुर्भुज हैं तब सिद्ध कीजिए कि

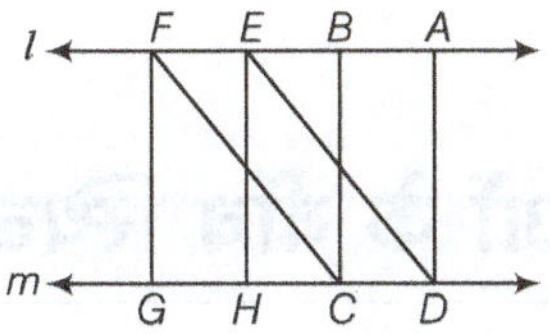

$$ar(|| gm\ ABCD) = ar(|| gm\ EFGH)$$

12. समलंब $ABCD$ में, $AB||DC$ तथा L, भुजा BC का मध्य-बिंदु है बिंदु L से, एक रेखा $PQ||AD$ इस प्रकार खींची जाती है कि वह AB को P पर तथा DC को Q पर मिलती है, तब सिद्ध कीजिए कि $ar(ABCD) = ar(APQD)$ **[NCERT Exemplar]**

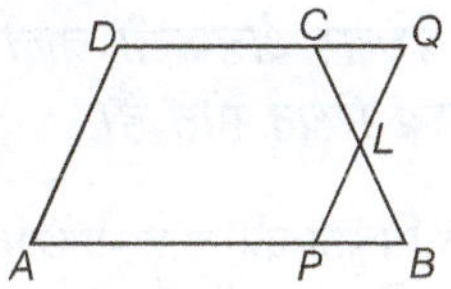

13. दी गई आकृति में, $ABCD$ एक समांतर चतुर्भुज है जिसमें $AB || CD$ तथा $BC || AD$ है। यदि बिंदु P तथा Q, भुजा BA तथा CD को 2:5 के अनुपात में विभाजित करते हैं, तो सिद्ध कीजिए कि $ar(|| gm\ APQD) = \frac{5}{2} ar(|| gm\ PBCQ)$

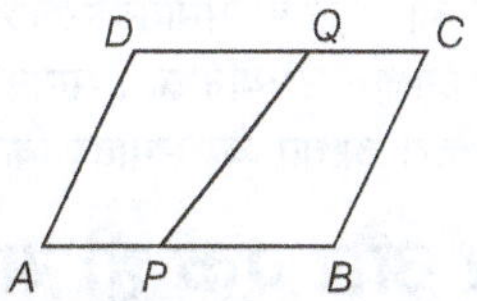

14. सिद्ध कीजिए कि किसी समांतर चतुर्भुज की सम्मुख भुजाओं के मध्य बिंदुओं मिलाने वाला रेखाखंड, इसे बराबर क्षेत्रफल वाले दो समांतर चतुर्भुजों में विभाजित करता है।

उत्तर व संकेत

1. (iii)

2. **संकेत** यहाँ, त्रिभुज तथा समांतर चतुर्भुज समान आधार और समान समांतर रेखाओं के बीच स्थित हैं इसलिए त्रिभुज का क्षेत्रफल, समांतर चतुर्भुज के क्षेत्रफल का आधा होगा।

$\therefore \Delta LGH$ का क्षेत्रफल $= \frac{1}{2}(400) = 200$ सेमी^{2}

3. 80 सेमी^{2}

4. **संकेत** समांतर चतुर्भुज का क्षेत्रफल = आधार × ऊँचाई

$\therefore \quad x^2 = (x-3) \times (x+4)$

$\Rightarrow \quad x^2 = x^2 + x - 12$

$\Rightarrow \quad x = 12$

5. आयत का क्षेत्रफल $= 4 \times 8 = 32$ सेमी^{2}

6. उदाहरण 2 की भाँति स्वयं हल करें। **उत्तर** 5.2 सेमी

7. उदाहरण 2 की भाँति स्वयं हल करें।
उत्तर $SM = 6$ सेमी, $QT = 16$ सेमी

8. उदाहरण 2 की भाँति स्वयं हल करें। **उत्तर** 9 सेमी

9. उदाहरण 3 की भाँति स्वयं हल करें। **उत्तर** 24 सेमी^{2}

10. **संकेत** एक ही आधार और समान समांतर रेखाओं के मध्य स्थित समांतर चतुर्भुजों का क्षेत्रफल बराबर होता है।

11. प्रश्न 10 की भाँति स्वयं हल करें।

12. **संकेत** ΔCLQ तथा ΔBLP में,

$CL = BL$ [$\because L, BC$ का मध्य-बिंदु है]

$\angle LCQ = \angle LBP$ [एकांतर अंतः कोण चूँकि BC तिर्यक रेखा है]

$\angle CQL = \angle LPB$ [एकांतर अंतः कोण चूँकि PQ तिर्यक रेखा है]

$\therefore \quad \Delta CLQ \cong \Delta BLP$ [AAS सर्वांगसमता नियम से]

तब, $ar(\Delta CLQ) = ar(\Delta BLP)$

[$\because$ सर्वांगसम त्रिभुजों के क्षेत्रफल बराबर होते हैं] ...(i)

अब, $ar(ABCD) = ar(APQD) - ar(\Delta CQL) + ar(\Delta BLP)$

$= ar(APQD) - ar(\Delta BPL) + ar(\Delta BLP)$ [समी (i) से]

$\Rightarrow \quad ar(ABCD) = ar(APQD)$

13. उदाहरण 7 की भाँति स्वयं हल करें।

14. उदाहरण 7 की भाँति स्वयं हल करें।

टॉपिक 2

एक ही आधार और एक ही समांतर रेखाओं के बीच स्थित त्रिभुज

दो त्रिभुज एक ही आधार और एक ही समांतर रेखाओं के बीच स्थित त्रिभुज कहलाते हैं यदि उनके आधार उभयनिष्ठ (समान) हों, तथा उभयनिष्ठ आधार के सम्मुख शीर्ष, उस आधार के समांतर किसी रेखा पर स्थित हों।

एक ही आधार और एक ही समांतर रेखाओं के बीच स्थित त्रिभुजों का क्षेत्रफल

(Areas of Triangles on the same base and between the same Parallels)

प्रमेय 1 *एक ही आधार (या बराबर आधारों) और एक ही समांतर रेखाओं के मध्य स्थित त्रिभुज क्षेत्रफल में बराबर होते हैं।*

माना ΔPQR और ΔSQR एक ही आधार QR और एक ही समांतर रेखाओं PS और QR के मध्य स्थित हैं।

सिद्ध करना है $\quad ar(\Delta PQR) = ar(\Delta SQR)$

रचना $AR \| PQ$ तथा $BR \| SQ$ खींचिए जिससे दो समांतर चतुर्भुज $PQRA$ तथा $SQRB$ प्राप्त होते हैं।

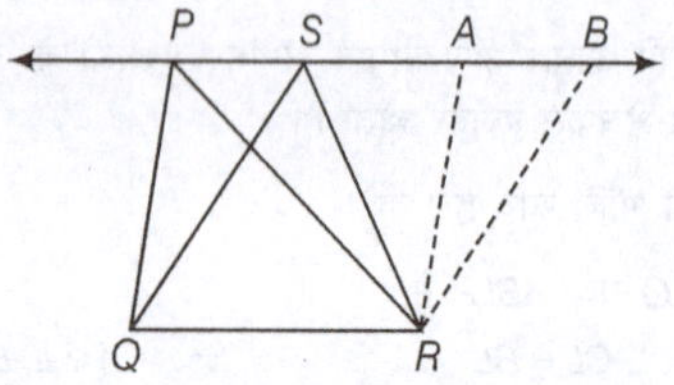

उपपत्ति यहाँ, समांतर चतुर्भुज $PQRA$ और $SQRB$ एक ही आधार QR एक ही समान समांतर रेखाओं QR और PB के मध्य स्थित हैं।

$\therefore \quad ar(\| gm\ PQRA) = ar(\| gm\ SQRB) \quad ...(i)$

अब, समांतर चतुर्भुज $PQRA$ में, विकर्ण PR इसे दो सर्वांगसम त्रिभुजों में विभाजित करता है।

$\therefore \quad \Delta PQR \cong \Delta PRA$

तब, $\quad ar(\Delta PQR) = ar(\Delta PRA)$

$\Rightarrow \quad ar(\Delta PQR) = \frac{1}{2} ar(\| gm\ PQRA) \quad ...(ii)$

इसी प्रकार, समांतर चतुर्भुज $SQRB$ में, विकर्ण SR इसे दो सर्वांगसम त्रिभुजों में विभाजित करता है।

$\therefore \quad \Delta SQR \cong \Delta SRB$

तब, $\quad ar(\Delta SQR) = ar(\Delta SRB)$

$\Rightarrow \quad ar(\Delta SQR) = \frac{1}{2} ar(\| gm\ SQRB) \quad ...(iii)$

समी (i), (ii) तथा (iii) से,

$ar(\Delta PQR) = ar(SQR)$

अतः एक ही आधार और एक ही समांतर रेखाओं के बीच स्थित त्रिभुज क्षेत्रफल में बराबर होते हैं। **इति सिद्धम्**

नोट
- *किसी त्रिभुज का क्षेत्रफल इसके आधार (भुजा) तथा संगत शीर्षलंब (शीर्ष से आधार पर डाले गए लंब की दूरी) के गुणनफल के आधे के बराबर होता है।*
- *एक ही आधार वाले और बराबर क्षेत्रफलों वाले त्रिभुजों में संगत शीर्ष लंबों की लंबाई बराबर होती है।*

प्रमेय 2 *(प्रमेय 1 का विलोम) एक ही आधार (या बराबर आधारों) वाले और बराबर क्षेत्रफलों वाले दो त्रिभुज, एक ही समांतर रेखाओं के मध्य स्थित होते हैं।*

उदाहरण 1 दर्शाइए कि त्रिभुज की कोई माध्यिका उसे बराबर क्षेत्रफल वाले दो त्रिभुजों में विभाजित करती है।

हल **दिया है** एक ΔABC जिसमें AD माध्यिका है।

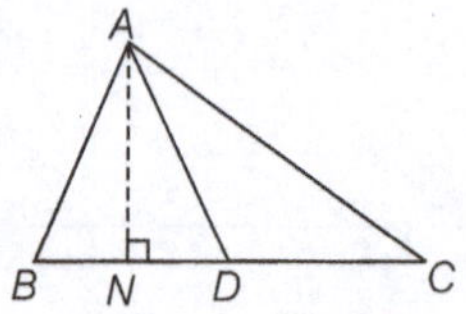

सिद्ध करना है $ar(\Delta ABD) = ar(ACD)$

रचना $AN \perp BC$ खींचिए।

उपपत्ति क्योंकि AD, ΔABC की माध्यिका है।

इसलिए भुजा BC का मध्य-बिंदु D है।

$\Rightarrow \quad BD = DC \quad ...(i)$

अब, $\quad ar(\Delta ABD) = \frac{1}{2} \times BD \times AN$

[$\because$ त्रिभुज का क्षेत्रफल $= \frac{1}{2} \times$ आधार $\times$ ऊँचाई]

$= \frac{1}{2} \times CD \times AN$ [समी (i) से]

$\Rightarrow \quad ar(\Delta ABD) = ar(\Delta ACD)$

अतः त्रिभुज की माध्यिका इसे बराबर क्षेत्रफल वाले दो त्रिभुजों में विभाजित करती है।

नोट *उपरोक्त उदाहरण के कथन को एक परिणाम के रूप में सदैव याद रखें।*

उदाहरण 2 दी गई आकृति में, $ABCD$ एक चतुर्भुज है BP को भुजा AC के समांतर खींचा गया है तथा BP, DC को बढ़ाने पर बिंदु P पर मिलती है, तब सिद्ध कीजिए।

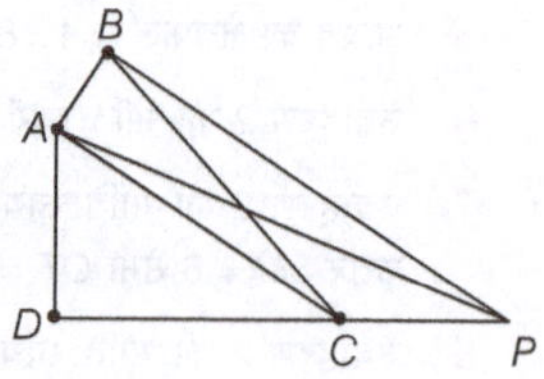

$ar(\Delta ADP) = ar($ चतुर्भुज $ABCD)$

हल **दिया है** $ABCD$ एक चतुर्भुज है जिसमें $BP \| AC$

सिद्ध करना है $ar(\Delta ADP) = ar($ चतुर्भुज $ABCD)$

उपपत्ति यहाँ, ΔACB तथा ΔACP एक ही आधार AC और एक ही समांतर रेखाओं AC और BP के बीच स्थित हैं।

इसलिए, प्रमेय से $ar(\Delta ACB) = ar(\Delta ACP)$

दोनों पक्षों में, $ar(\Delta ADC)$ जोड़ने पर,

$ar(\Delta ACB) + ar(\Delta ADC) = ar(\Delta ACP) + ar(\Delta ADC)$

$\Rightarrow \quad ar(ABCD) = ar(\Delta ADP)$ **इति सिद्धम्**

उदाहरण 3 $ABCD$ एक समांतर चतुर्भुज है जिसमें भुजा BC को E तक इस प्रकार बढ़ाया गया है कि $CE = BC$. AE भुजा CD को F पर मिलती है यदि ar $(\Delta DFB) = 3$ सेमी^{2} है, तब समांतर चतुर्भुज $ABCD$ का क्षेत्रफल ज्ञात कीजिए। **[NCERT Exemplar]**

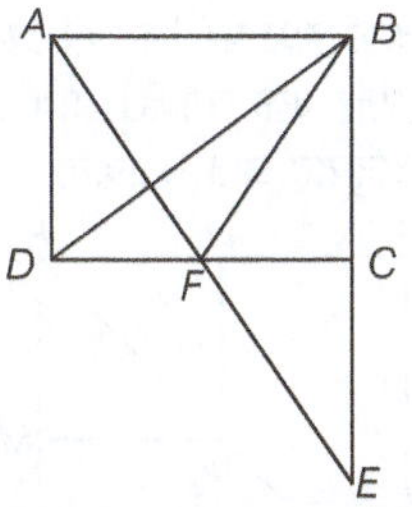

हल दिया है, $ABCD$ एक समांतर चतुर्भुज है जिसमें $CE = BC$, अर्थात् C भुजा BE का मध्य-बिंदु है।

साथ ही, ar $(\Delta DFB) = 3$ सेमी^{2}

चूँकि ΔDFB तथा ΔADF एक ही आधार DF और एक ही समांतर रेखाओं AB और DF के बीच स्थित हैं।

$\therefore$ ar $(\Delta ADF) =$ ar (ΔDFB)
$= 3$ सेमी^{2} ...(i)

अब, ΔABE में, मध्य बिंदु प्रमेय के विलोम से,
$EF = AF$ ...(ii)
[$\because$ C, BE का मध्य-बिंदु है]

ΔADF तथा ΔCFE में, $\angle AFD = \angle CFE$ [शीर्षाभिमुख कोण]
$AF = EF$ [समी (ii) से]
तथा $\angle DAF = \angle CEF$ [एकांतर अंतः कोण]

$\therefore$ $\Delta ADF \cong \Delta ECF$ [ASA सर्वांगसमता नियम से]

$\Rightarrow$ ar $(\Delta ADF) =$ ar (ΔCFE)
[$\because$ सर्वांगसम आकृतियों के क्षेत्रफल बराबर होते हैं]

$\therefore$ ar $(\Delta CFE) =$ ar $(\Delta ADF) = 3$ सेमी^{2} ...(iii)
[समी (i) से]

अब, ΔBFE में, C भुजा BE का मध्य बिंदु है इसलिए CF, ΔBFE की माधयिका होगी।

$\therefore$ ar $(\Delta CEF) =$ ar (ΔBFC)
[$\because$ त्रिभुज की माध्यिका उसे दो बराबर क्षेत्रफलों वाले त्रिभुजों में विभाजित करती है]

समी (iii) से, ar $(\Delta BFC) = 3$ सेमी^{2} ...(iv)

अब, ar $(\Delta BDC) =$ ar $(\Delta DFB) +$ ar (ΔBFC)
$= 3 + 3 = 6$ सेमी^{2} [समी (i) तथा (iv) से]

समांतर चतुर्भुज $ABCD$ में,
ar $(\Delta ABD) =$ ar (ΔBDC)
[$\because$ समांतर चतुर्भुज के विकर्ण उसे दो बराबर क्षेत्रफल वाले त्रिभुजों में विभाजित करते हैं]

या ar $(\Delta BDC) = \frac{1}{2}$ ar (||gm $ABCD$)

$\therefore$ ar (||gm $ABCD$) $= 2$ ar (ΔBDC)
$= 2 \times 6 = 12$ सेमी^{2}

अतः समांतर चतुर्भुज $ABCD$ का क्षेत्रफल 12 सेमी^{2} है।

उदाहरण 4 निम्न आकृति में, $ABCD$ एक समांतर चतुर्भुज है बिंदु P तथा Q, भुजा BC को समत्रिभाजित करते हैं तब सिद्ध कीजिए। कि ar $(\Delta APQ) =$ ar $(\Delta DPQ) = \frac{1}{6}$ ar (||gm $ABCD$)

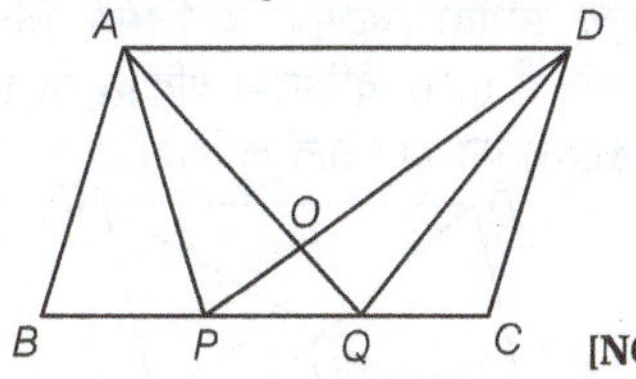

[NCERT Exemplar]

हल **दिया है** $ABCD$ एक समांतर चतुर्भुज है बिंदु P तथा Q भुजा BC को समत्रिभाजित करते हैं

$\therefore$ $BP = PQ = QC$

सिद्ध करना है

ar $(\Delta APQ) =$ ar $(\Delta DPQ) = \frac{1}{6}$ ar (||gm $ABCD$)

रचना विकर्ण BD को मिलाइए।

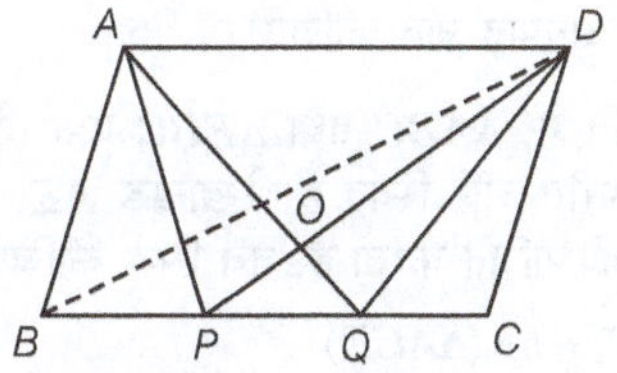

उपपत्ति

चूँकि ΔAPQ तथा ΔDPQ एक ही आधार PQ और एक ही समांतर रेखाओं AD और PQ के बीच स्थित हैं।

$\therefore$ ar $(\Delta APQ) =$ ar (ΔDPQ) ...(i)

ΔDBQ में, $BP = PQ$ [दिया है]

चूँकि P, भुजा BQ का मध्य-बिंदु है तथा DP, ΔDBQ की माध्यिका है।

इसलिए

ar $(\Delta DBP) =$ ar (ΔDPQ) ...(ii)
[$\because$ त्रिभुज की माध्यिका उसे दो बराबर क्षेत्रफल वाले त्रिभुजों में विभाजित करती है]

इसी प्रकार,

ar $(\Delta DPQ) =$ ar (ΔDQC) ...(iii)

समी (ii) तथा (iii) से,

ar$(\Delta DBP) =$ ar$(\Delta DPQ) =$ ar(ΔDQC)

$\Rightarrow$ ar$(\Delta DPQ) = \frac{1}{3}ar(\Delta DBC)$ ...(iv)

साथ ही हम जानते है कि,

ar$(\Delta DBC) = \frac{1}{2}$ar(||gm $ABCD$) ...(v)
[$\because$ समांतर चतुर्भुज का विकर्ण उसे दो बराबर क्षेत्रफल वाले त्रिभुजों में विभाजित करता है]

समी (iv) तथा (v) से,

ar $(\Delta DPQ) = \frac{1}{3}\left[\frac{1}{2}\text{ar (||gm } ABCD)\right] = \frac{1}{6}$ar (||gm $ABCD$) ...(vi)

समी (i) तथा (vi) से,

ar $(\Delta APQ) =$ ar $(\Delta DPQ) = \frac{1}{6}$ar (||gm $ABCD$) **इति सिद्धम्**

प्रश्नावली 13.2

1. *ABCD* एक समांतर चतुर्भुज है जिसमें बिंदु '*O*' विकर्णों का प्रतिच्छेदन बिंदु है (चित्र देखिए)। यदि ar (ΔAOD) = 4 सेमी^{2} है, तब ar (ΔAOB) का मान ज्ञात कीजिए।

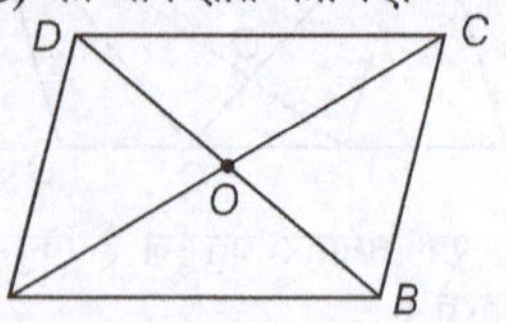

2. ΔPQR एक समबाहु त्रिभुज है जिसमें $PM \perp QR$ है, तब दशाईए कि ar (ΔPQM) = ar (ΔPRM)

3. यदि एक त्रिभुज और एक वर्ग समान आधार और एक ही समांतर रेखाओं के मध्य स्थित हैं। तब त्रिभुज के क्षेत्रफल का, वर्ग के क्षेत्रफल से अनुपात ज्ञात कीजिए।

4. निम्न आकृति में, ΔABC तथा ΔEBC एक ही आधार *BC* और *BC* के विपरीत ओर स्थित हैं। रेखाखंड *AE*, रेखा *BC* को बिंदु '*D*' पर समद्विभाजित करता है, तब सिद्ध कीजिए कि

ar (ΔABE) = ar (ΔACE)

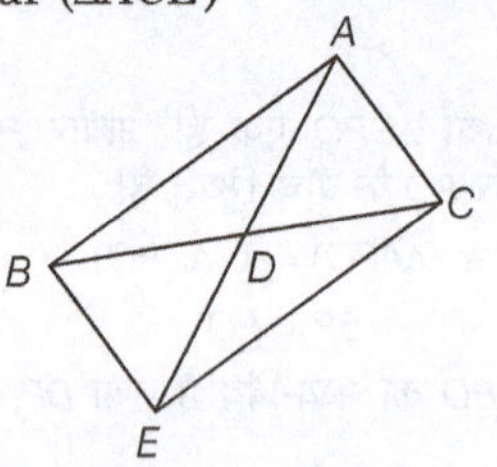

5. दी गई आकृति में, $AD || BC$ दिया है, तब सिद्ध कीजिए कि

ar (ΔCGD) = ar (ΔABG)

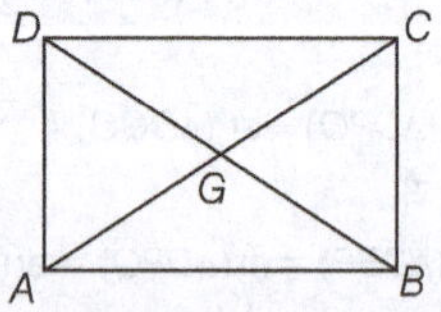

6. निम्न आकृति में, *MNOL* तथा *PMNQ* दो समांतर चतुर्भुज हैं। *R*, भुजा *MP* पर कोई बिंदु है। दिखाइए कि

$$\text{ar}(\Delta NRQ) = \frac{1}{2}\text{ar}(|| \text{gm } \angle MNO)$$

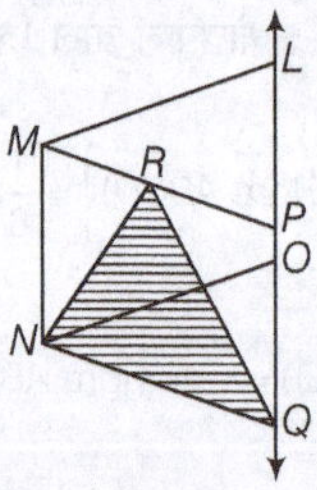

7. *PQRS* एक वर्ग है। *N* और *M* क्रमशः भुजाओं *SR* और *QR* के मध्य बिंदु है। विकर्ण *PR* पर बिंदु *O* इस प्रकार है कि *OP* = *OR* दिखाइए कि *ONRM* एक वर्ग है। साथ ही, ΔORM और *PQRS* के क्षेत्रफलों का अनुपात ज्ञात कीजिए।

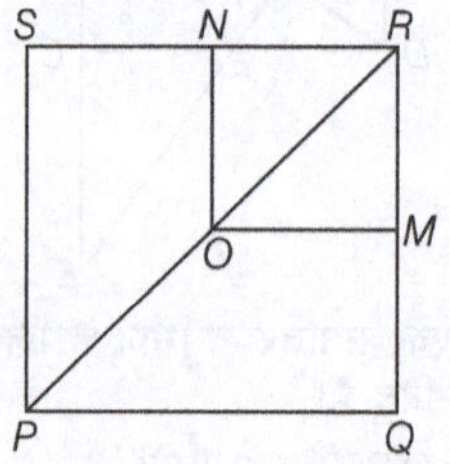

8. *PQRS* एक समलंब चतुर्भुज है जिसमें *PS* तथा *QR* समांतर भुजाएँ हैं। भुजा *PQ* पर कोई बिंदु *A* तथा भुजा *SR* पर कोई बिंदु *B* इस प्रकार है कि $AB || QR$ यदि ΔPBQ का क्षेत्रपल 17 सेमी^{2} है, तब ΔASR का क्षेत्रफल ज्ञात कीजिए।

9. *ABCD* एक समांतर चतुर्भुज है जिसमें *X* तथा *Y* क्रमशः भुजाओं *BC* तथा *CD* के मध्य-बिंदु है, तब सिद्ध कीजिए

$$\text{ar}(\Delta AXY) = \frac{3}{8}\text{ar}(|| \text{gm } ABCD)$$

10. ΔABC के आधार *BC* को बिंदु '*D*' पर इस प्रकार विभाजित किया कि $BD = \frac{1}{2}DC$ है, तब सिद्ध कीजिए कि

$$\text{ar}(\Delta ABD) = \frac{1}{3}\text{ar}(\Delta ABC)$$

11. निम्न आकृति में, *D*, ΔABC की भुजा *AB* का मध्य-बिंदु है। *E*, भुजा *CD* का तथा *F*, भुजा *AE* का मध्य-बिंदु है, तब सिद्ध कीजिए कि $8 \times \text{ar}(\Delta AFD) = \text{ar}(\Delta ABC)$

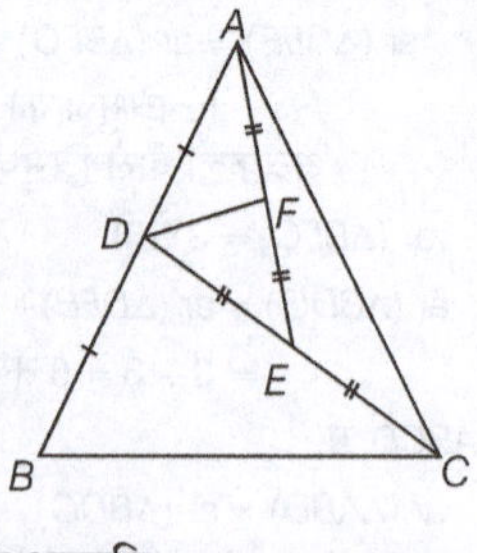

12. **HOTS** संलग्न आकृति में, *X* और *Y* क्रमशः भुजाओं *AC* तथा *AB* के मध्य-बिंदु हैं। $QP || BC$ और *CYQ* तथा *BXP* सरल रेखाएँ हैं, तब सिद्ध कीजिए कि

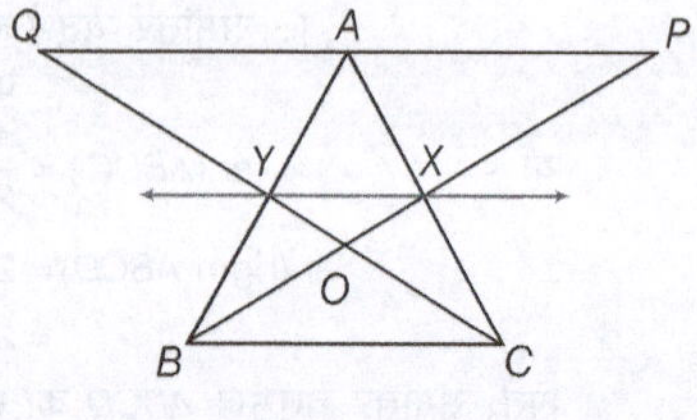

ar (ΔABP) = ar (ΔACQ) **[NCERT Exemplar]**

उत्तर व संकेत

1. **संकेत** समांतर चतुर्भुज के विकर्ण चतुर्भुज को समान क्षेत्रफलों में विभाजित करते हैं।

$\therefore$ ar (ΔAOD) = ar (ΔAOB) = 4 सेमी^{2}

2. **संकेत** समबाहु त्रिभुज में, लंब रेखा QR एक माध्यिका है तथा माध्यिका त्रिभुज को बराबर क्षेत्रफलों में विभाजित करती है।

3. **उत्तर** 1 : 2

5. **संकेत** चूँकि ΔABC तथा ΔBCD एक ही आधार और एक ही समांतर रेखाओं के बीच स्थित हैं।

इसलिए, त्रिभुजों के क्षेत्रफल बराबर होंगे।

$\therefore$ ar (ΔABC) = ar (ΔBCD)

$\Rightarrow$ ar (ΔABC) − ar (ΔBCG) = ar (ΔBCD) − ar (ΔBCG)

$\Rightarrow$ ar (ΔABG) = ar (ΔCGD)

6. **संकेत** यहाँ समांतर चतुर्भुज $LMNO$ और $PMNQ$ समान आधार MN और एक ही समांतर रेखाओं $MN \parallel LQ$ के मध्य स्थित है।

$\therefore$ ar ($\parallel$gm $LMNO$) = ar ($\parallel$gm $PMNQ$) ...(i)

साथ ही, ΔNRQ और समांतर चतुर्भुज $PMNQ$ समान आधार NQ और एक ही समांतर रेखाओं $NQ \parallel MP$ के मध्य स्थित है।

$\therefore$ ar $(\Delta NRQ) = \frac{1}{2}$ar ($\parallel$gm $PMNQ$) ...(ii)

समी (i) और (ii) से,

ar $(\Delta NRQ) = \frac{1}{2}$ar ($\parallel$gm $LMNO$)

साथ ही, ΔNRQ और समांतर चतुर्भुज $PMNQ$ समान आधार NQ और एक ही समांतर रेखाओं $NQ \parallel MP$ के मध्य स्थित है।

7. **उत्तर** 1 : 8

8. **संकेत** अब, ar (ΔSAR) = ar (ΔSAB) + ar (ΔABR) ...(i)

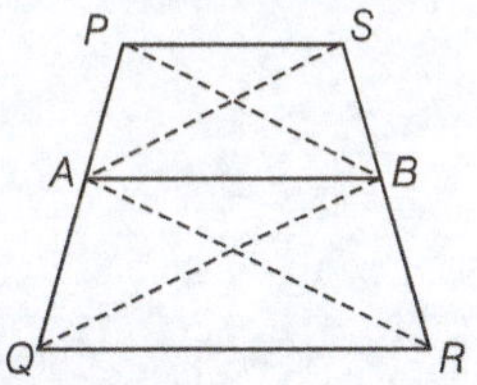

तथा ar (ΔPBQ) = ar (ΔPBA) + ar (ΔABQ) ...(ii)

साथ ही, ar (ΔABQ) = ar (ΔABR) ...(iii)

तथा ar (ΔPBA) = ar (ΔSAB) ...(iv)

समी (iii) तथा (iv) को जोड़ने पर,

ar (ΔABQ) + ar (ΔPBA) = ar (ΔABR) + ar (ΔSAB)

$\therefore$ ar (ΔPBQ) = ar (ΔSAR)

या ar (ΔASR) = ar (ΔPBQ) = 17 सेमी^{2}

9. **संकेत** ar $(\Delta CYX) = \frac{1}{4}$ar (ΔDBC) तथा

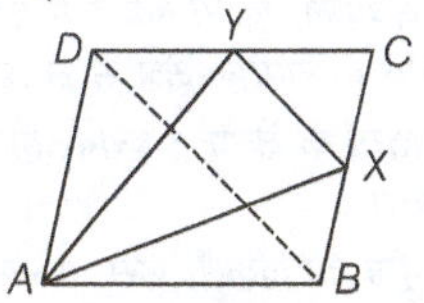

ar $(\Delta DBC) = \frac{1}{2}$ar ($\parallel$gm $ABCD$)

$\therefore$ ar$(\Delta CYX) = \frac{1}{8}$ar($\parallel$gm $ABCD$)

इसी प्रकार,

ar(ΔAYD) = ar$(\Delta ABX) = \frac{1}{4}$ar($\parallel$gm $ABCD$)

अब, ar (ΔAYX) = ar ($\parallel$gm $ABCD$) − [ar (ΔABX) + ar (ΔAYD) + ar (ΔCYX)]

10. प्रश्न 9 की भाँति स्वयं हल करें।

11. **संकेत** दी गई आकृति में, D, ΔABC की भुजा AB का मध्य-बिंदु है।

चूँकि DF, ΔADE की एक माध्यिका है, इसलिए

ar $(\Delta AFD) = \frac{1}{2}$ar (ΔADE)

$= \frac{1}{2} \times \frac{1}{2}$ar (ΔADC)

$= \frac{1}{4} \times \frac{1}{2}$ ar (ΔABC)

$\Rightarrow$ 8 ar (ΔAFD) = ar (ΔABC)

12. **संकेत** यहाँ, ΔBYC और ΔBXC एक ही आधार BC और एक ही समांतर रेखाओं BC और XY के बीच स्थित हैं।

इसलिए, ar (ΔBYC) = ar (ΔBXC)

$\Rightarrow$ ar (ΔBYC) − ar (ΔBOC)

= ar (ΔBXC) − ar (ΔBOC) [ar(ΔBOC) घटाने पर)]

$\Rightarrow$ ar (ΔBOY) = ar (ΔCOX)

$\Rightarrow$ ar (ΔBOY) + ar (ΔXOY)

= ar (ΔCOX) + ar (ΔXOY) [ar(ΔXOY) जोड़ने पर]

$\Rightarrow$ ar (ΔBYX) = ar (ΔCXY) ...(i)

अतः हम देखते हैं कि चतुर्भुज $XYAP$ और $YXAQ$ समान आधार XY तथा समान समांतर रेखाओं XY और PQ के बीच स्थित हैं।

$\therefore$ ar $(XYAP)$ = ar $(YXAQ)$ ... (ii)

समी (i) तथा (ii) को जोड़ने पर,

ar (ΔBYX) + ar $(XYAP)$ = ar (ΔCXY) + ar $(YXAQ)$

$\Rightarrow$ ar (ΔABP) = ar (ΔACQ)

अध्याय : एक नजर में

- किसी आकृति का क्षेत्रफल, किसी इकाई में एक आंकिक संख्या होती है जोकि उस आकृति के समतल क्षेत्र से समबद्ध होती है।
- दो सर्वांगसम आकृतियों के क्षेत्रफल बराबर होते हैं किंतु इसका विलोम सदैव सत्य नहीं होता।
- किसी समांतर चतुर्भुज का विकर्ण, उसे दो समान क्षेत्रफलों वाले त्रिभुजों में विभाजित करता है।
- दो आकृतियाँ, समान आधार व समान समांतर रेखाओं के बीच की आकृतियाँ कहलाती हैं यदि उनमें से एक भुजा, उभयनिष्ठ भुजा हो अर्थात् आधार समान हो तथा उभयनिष्ठ आधार के सम्मुख प्रत्येक आकृति के शीर्ष (या का शीर्ष) उस आधार के समांतर किसी रेखा पर स्थित हो।
- एक ही आधार और एक ही समांतर रेखाओं के बीच स्थित समांतर चतुर्भुजों के क्षेत्रफल बराबर होते हैं।
- एक ही आधार और एक ही समांतर रेखाओं के बीच स्थित त्रिभुजों के क्षेत्रफल बराबर होते हैं।
- किसी समांतर चतुर्भुज का क्षेत्रफल, इसके आधार व संगत ऊँचाई के गुणनफल के बराबर होता है।
- समान आधार व समान समांतर रेखाओं के बीच स्थित समांतर चतुर्भुजों का क्षेत्रफल समान होता है।
- यदि एक त्रिभुज व एक समांतर चतुर्भुज समान आधार तथा समान समांतर रेखाओं के बीच स्थित हैं तब त्रिभुज का क्षेत्रफल, समांतर चतुर्भुज के क्षेत्रफल का आधा होता है।
- किसी त्रिभुज का क्षेत्रफल, इसकी एक भुजा व उसकी संगत ऊँचाई के गुणनफल का आधा होता है।
- यदि दो त्रिभुजों के क्षेत्रफल व आधार समान हैं, तब उनकी संगत ऊँचाइयाँ भी समान होंगी।
- यदि दो त्रिभुजों के क्षेत्रफल व आधार बराबर हैं, तब दोनों त्रिभुज समान समांतर रेखाओं के बीच स्थित होंगे।
- किसी त्रिभुज की माध्यिका उसे दो बराबर क्षेत्रफल वाले त्रिभुजों में विभाजित करती है।

परीक्षा अभ्यास

अतिलघु उत्तरीय प्रश्न

1. दो समांतर चतुर्भुज बराबर आधारों पर और एक ही समांतर रेखाओं के बीच स्थित हैं। तब उनके क्षेत्रफलों का अनुपात क्या होगा ? **[NCERT Exemplar]**

2. एक त्रिभुज और एक समांतर चतुर्भुज एक ही आधार पर और एक ही समांतर रेखाओं के बीच स्थित हैं, तब त्रिभुज के क्षेत्रफल का समांतर चतुर्भुज के क्षेत्रफल से अनुपात क्या है?

3. दी गई आकृति में, समांतर चतुर्भुज $ABCD$ का क्षेत्रफल 120 सेमी^{2} है, तब BC की लंबाई ज्ञात कीजिए।

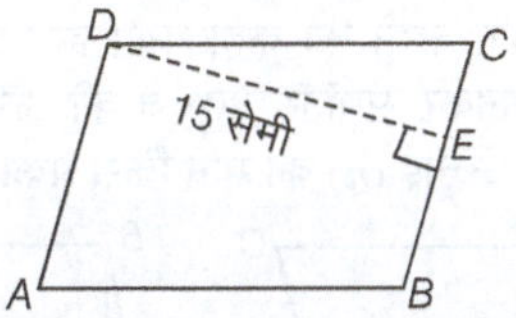

4. BD, चतुर्भुज $ABCD$ का एक विकर्ण है AM और CN क्रमशः बिंदु A और C से, BD पर डाले गये लंब हैं तब दर्शाइए कि

ar (चतुर्भुज $ABCD$) $= \frac{1}{2} BD(AM + CN)$

5. $PQRS$ एक समांतर चतुर्भुज है जिसका क्षेत्रफल 180 सेमी^{2} है तथा A विकर्ण QS पर स्थित कोई बिंदु है। तब ΔASR का क्षेत्रफल 90 सेमी है यह कथन सत्य है अथवा असत्य? **[NCERT Exemplar]**

6. समांतर चतुर्भुज $ABCD$ में, $AB = 10$ सेमी तथा भुजाओं AB और AD के संगत ऊँचाई क्रमशः 7 सेमी और 8 सेमी हैं, तब AD का मान ज्ञात कीजिए।

7. दिए गए चित्र में, $ABCD$ एक आयत है, जिसमें $CD = 6$ सेमी और $AD = 8$ सेमी हैं। समांतर चतुर्भुज $CDBF$ का क्षेत्रफल ज्ञात कीजिए।

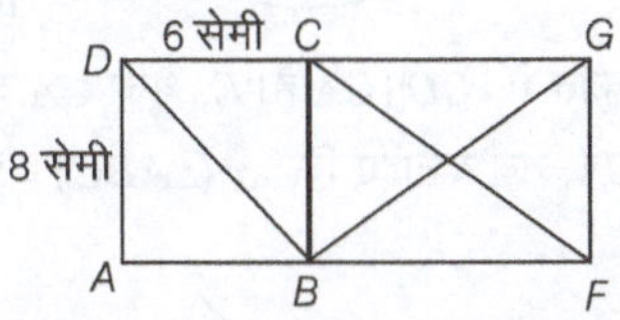

8. $ABCD$ एक समांतर चतुर्भुज है तथा Q, भुजा AD पर कोई बिंदु है। यदि ar$(\Delta QBC) = 10$ सेमी^{2}, तब ar(ΔQAB) + ar(ΔQDC) का मान ज्ञात कीजिए।

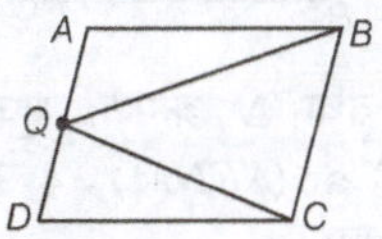

लघु उत्तरीय प्रश्न

9. चतुर्भुज $ABCD$ में, दिया है कि M, भुजा AC का मध्य-बिंदु है तब सिद्ध कीजिए कि

ar (चतुर्भुज $ABMD$) = ar (चतुर्भुज $DMBC$)

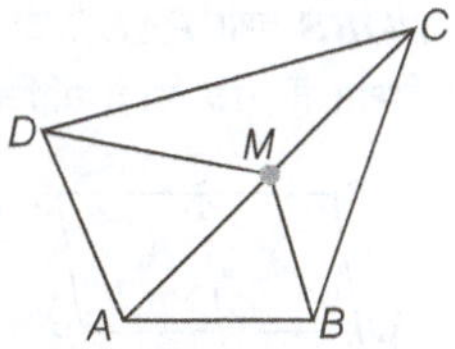

10. $ABCD$ एक समांतर चतुर्भुज है जिसमें X, भुजा AB का मध्य-बिंदु है। यदि ar $(\Delta ABC) = 24$ सेमी^{2} है, तब ar $(AXCD)$ का मान ज्ञात कीजिए। **[NCERT Exemplar]**

11. ΔABC की माध्यिकाएँ BE और CF , बिंदु G पर प्रतिच्छेद करती हैं, तब सिद्ध कीजिए कि

ar (ΔGBC) = ar (चतुर्भुज $AFGE$)

12. $ABCD$ एक समलंब है जिसमें E, भुजा AB पर कोई बिंदु है यदि $AD \parallel EC$ तथा $DE \parallel BC$ है, तब ar (ΔDAE): ar (ΔBEC) का अनुपात ज्ञात कीजिए।

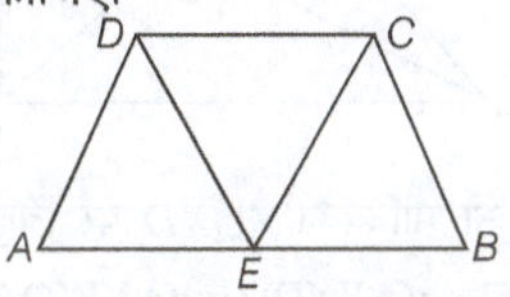

13. ΔABC और ΔBDE दो समबाहु त्रिभुज इस प्रकार हैं कि D, भुजा BC का मध्य-बिंदु है, तब सिद्ध कीजिए कि

ar $(\Delta BDE) = \frac{1}{4}$ ar (ΔABC) **[NCERT Exemplar]**

14. ΔABC में, यदि L और M क्रमशः AB और AC भुजाओं पर इस प्रकार स्थित बिंदु हैं कि $LM \parallel BC$ है। तब सिद्ध कीजिए कि ar (ΔLOB) = ar (ΔMOC), जहाँ O भुजाओं MB तथा LC का प्रतिच्छेदन बिंदु है। **[NCERT Exemplar]**

15. निम्न आकृति में, $CD \parallel AE$ तथा $CY \parallel BA$ है तब सिद्ध कीजिए कि ar (ΔCBX) = ar (ΔAXY) **[NCERT Exemplar]**

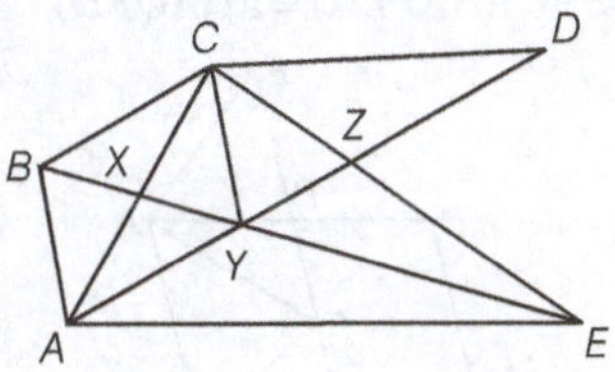

16. ΔLMN में, भुजा LN पर X तथा Y बिंदु इस प्रकार हैं कि $LX = XY = YN$ है। बिंदु X से, LM के समांतर एक रेखा खीची गई हैं जोकि भुजा MN को Z पर मिलती है (आकृति में देखिए)।

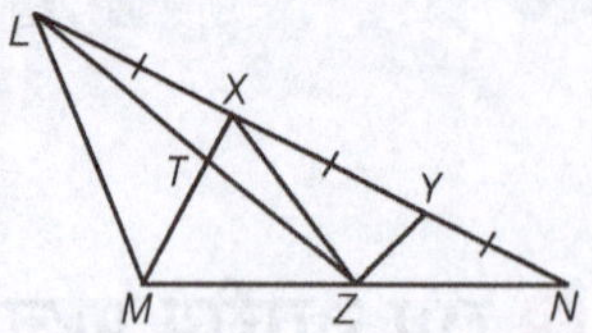

सिद्ध कीजिए कि $\text{ar}(\Delta LZY) = \text{ar}$ (चतुर्भुज $MZYX$)

[NCERT Exemplar]

17. निम्न आकृति में, $PQRS$ तथा $PABC$ दो समांतर चतुर्भुज समान आधार पर स्थित हैं, तब सिद्ध कीजिए कि $QC \parallel BR$ है,

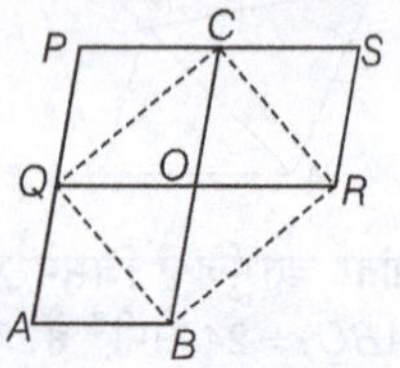

18. चतुर्भुज $PQRS$ में, विकर्ण PR और QS एक-दूसरे को बिंदु O पर इस प्रकार काटते हैं कि $\text{ar}(\Delta POS) = \text{ar}(\Delta QOR)$

यदि भुजाओं PQ और SR के बीच की दूरी 4 सेमी है, $PQ = 3$ सेमी और $SR = 7$ सेमी तब $\text{ar}(PQRS)$ ज्ञात कीजिए।

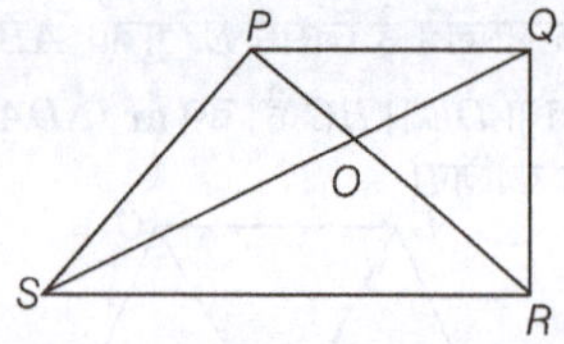

19. XD, ΔXYZ की माध्यिका है। XD पर बिंदु E इस प्रकार है कि $XE = ED$, तब $\text{ar}(\Delta YXD) : \text{ar}(\Delta XEZ)$ का मान ज्ञात कीजिए।

20. दी गई आकृति में, समांतर चतुर्भुज का क्षेत्रफल 80 सेमी^{2} है, तो निम्न के मान ज्ञात कीजिए

(i) ar(|| gm $ABEF$) (ii) ar(ΔABD)

(iii) ar(ΔBEF)

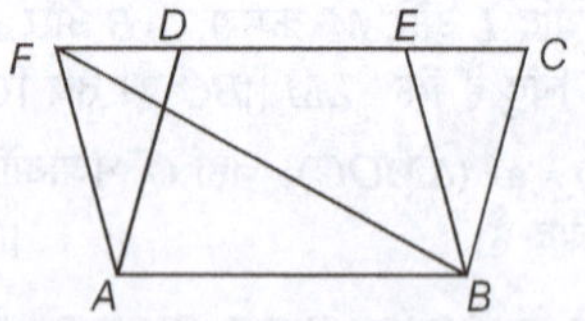

21. दी गई आकृति में, $ABCD$ और $AEFD$ दो समांतर चतुर्भुज हैं। सिद्ध कीजिए कि $\text{ar}(\Delta PEA) = \text{ar}(\Delta QFD)$

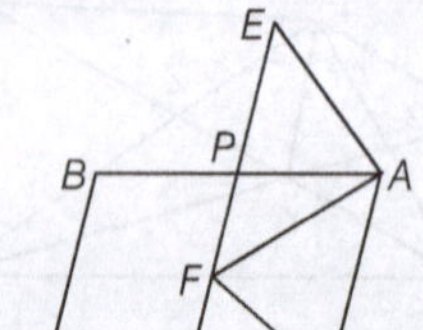

22. आयत $ABCD$, 10 सेमी त्रिज्या के वृत्त के एक चतुर्थांश में बना है। यदि $AD = 2\sqrt{5}$ सेमी है, तब आयत का क्षेत्रफल ज्ञात कीजिए।

23. समांतर चतुर्भुज $ABCD$ का क्षेत्रफल 90 वर्ग सेमी है, तब निम्न के मान ज्ञात कीजिए

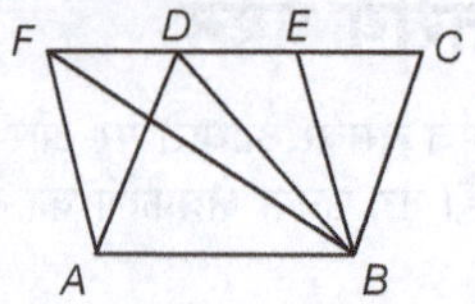

(i) ar (|| gm $ABEF$) (ii) ar (ΔABD)

(iii) ar (ΔBEF)

[NCERT Exemplar]

24. किसी कक्षा में, एक अध्यापक ने विद्यार्थियों के दो समूहों को समान क्षेत्रफल वाले कार्ड बोर्ड के दो भाग दिए जोकि समांतर चतुर्भुज के आकार में हैं। पहले समूह को AB आधार मानकर समांतर चतुर्भुज का क्षेत्रफल ज्ञात करने को कहा गया। इसी प्रकार, दूसरे समूह को AD आधार मानकर समांतर चतुर्भुज की ऊँचाई (h) ज्ञात करने को कहा गया, तब ऊँचाई (h) का मान किस प्रकार ज्ञात कर सकते हैं?

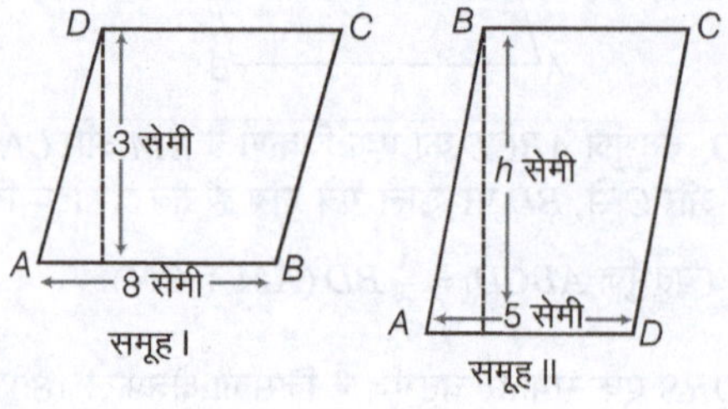

25. $PQRS$ एक आयत है जोकि 13 सेमी त्रिज्या वाले वृत्त के चतुर्थांश के अंतर्गत है। A, भुजा PQ पर स्थित कोई बिंदु है। यदि $PS = 5$ सेमी है, तब दर्शाइए कि $\text{ar}(\Delta PAS) \le 30$ सेमी^{2}

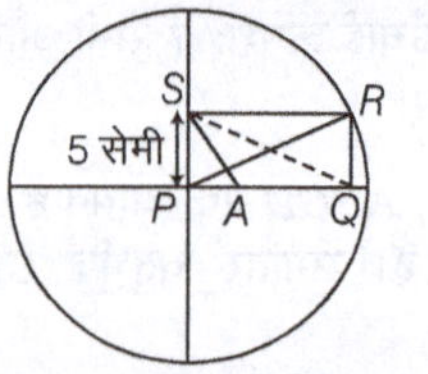

[NCERT Exemplar]

26. दी गई आकृति में, $BD \parallel CA$ है। E, भुजा CA का मध्य बिंदु है तथा $BD = \frac{1}{2} CA$, तब दर्शाइए कि $\text{ar}(\Delta ABC) = 2\,\text{ar}(\Delta DBC)$

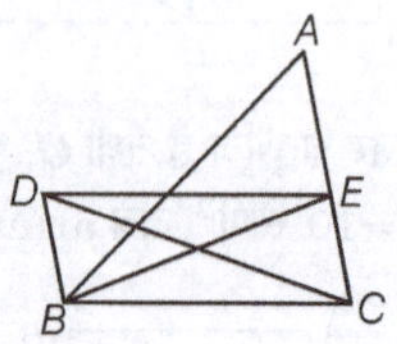

[NCERT Exemplar]

27. ΔDEF में, M तथा N क्रमशः भुजाओं EF और DE के मध्य-बिंदु है। यदि $\text{ar}(\Delta ENM) = 4$ सेमी^{2} है, तब $\text{ar}(\Delta DEF)$ का मान ज्ञात कीजिए।

28. O एक समांतर चतुर्भुज $PQRS$ के विकर्ण PR पर स्थित कोई बिंदु है। (आकृति देखिए), तब दर्शाइए कि ar (ΔPSO) = ar (ΔPQO) है।

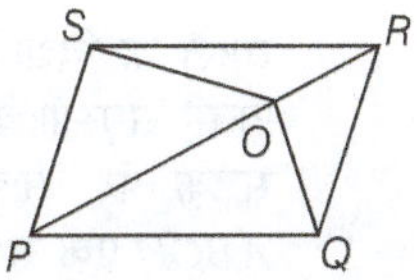

[NCERT Exemplar]

29. संलग्न आकृति में, $ABCDE$ एक पंचभुज है। AC के समांतर खींची गई भुजा BP बढ़ाई गई DC को P पर तथा AD के समांतर खींची गई EQ बढ़ाई गई CD से Q पर मिलती है। तब सिद्ध कीजिए कि ar $(ABCDE)$ = ar (ΔAPQ) **[NCERT Exemplar]**

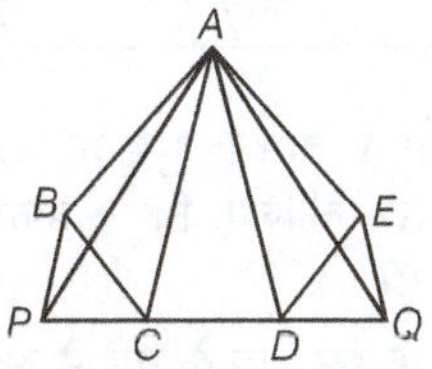

30. समांतर चतुर्भुज $ABCD$ की भुजा BC पर कोई बिंदु 'E' है। AE तथा DC को बढ़ाने पर यह बिंदु 'F' पर मिलती है तब सिद्ध कीजिए कि ar (ΔADF) = ar (चतुर्भुज $ABFC$) **[NCERT Exemplar]**

31. ΔABC की माध्यिकाएँ परस्पर बिंदु 'G' पर प्रतिच्छेद करती हैं, यदि उनमें से एक माध्यिका AD है, तब सिद्ध कीजिए

(i) ar $(\Delta ABD) = 3 \times$ ar (ΔBGD)

(ii) ar $(\Delta ACD) = 3 \times$ ar (ΔCGD)

(iii) ar $(\Delta BGC) = \frac{1}{3} \times$ ar (ΔABC)

32. दी गई आकृति में, यदि $BE = 2EC$ तथा ar$(\Delta ABC) = 60$ सेमी^{2}, तब ΔAEC का क्षेत्रफल ज्ञात कीजिए।

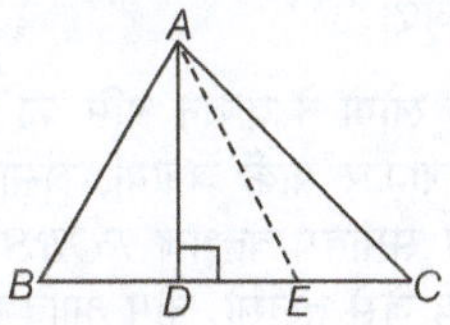

दीर्घ उत्तरीय प्रश्न

33. संलग्न आकृति में, $PSDA$ एक समांतर चतुर्भुज है जिसमें भुजा PS पर दो बिंदु Q तथा R इस प्रकार स्थित हैं कि $PQ = QR = RS$ तथा $PA \parallel QB \parallel RC$ है तब सिद्ध कीजिए कि

ar (ΔPQE) = ar (ΔCFD) **[NCERT Exemplar]**

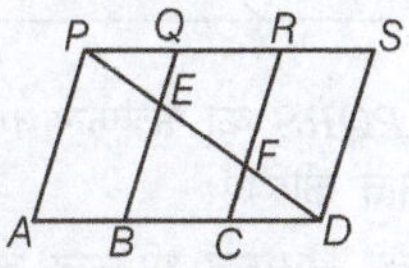

34. $ABCD$ एक समलंब चतुर्भुज है जिसमें $AB \parallel PC$, $DC = 30$ सेमी और $AB = 50$ सेमी है यदि X और Y क्रमश: भुजाओं AD तथा BC के मध्य बिंदु हैं, तब सिद्ध कीजिए कि

ar $(DCYX) = \frac{7}{9}$ ar $(XYBA)$

35. $PQRS$ एक समलंब चतुर्भुज है जिसमें $PQ \parallel RS$ तथा X और Y बिंदु भुजाओं PS तथा RQ पर इस प्रकार स्थित हैं कि $SX = XP$ तथा $RY = YQ$ है। यदि $SR = 40$ सेमी तथा $PQ = 60$ सेमी है तब ar $(SRYX)$: ar $(PQRS)$ का अनुपात ज्ञात कीजिए।

36. दी गई आकृति में, $PQRS$ एक वर्ग तथा T और U क्रमश: भुजाओं PS और QR के मध्य-बिंदु हैं यदि $PQ = 8$ सेमी है, तब ΔOTS का क्षेत्रफल ज्ञात कीजिए।

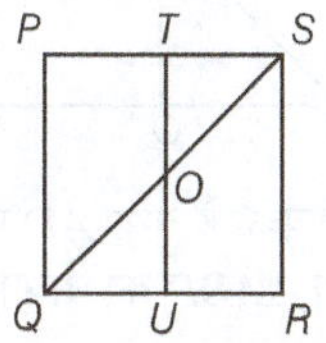

37. ΔABC में, D भुजा AB का मध्य-बिंदु है तथा P भुजा BC पर स्थित कोई बिंदु है। यदि रेखाखंड $CQ \parallel PD$ भुजा AB से Q पर मिलता है (आकृति में) तो सिद्ध कीजिए कि

ar $(\Delta BPQ) = \frac{1}{2}$ ar (ΔABC) है।

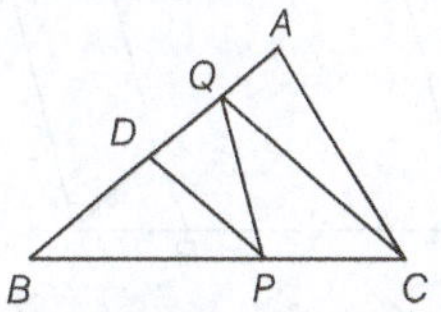

[NCERT Exemplar]

38. दी गई आकृति में, $ABCD$ और $EFGD$ दो समांतर चतुर्भुज हैं तथा G, CD का मध्य-बिंदु है, तब सिद्ध कीजिए कि

ar$(\Delta DPC) = \frac{1}{2}$ ar$(EFGD)$

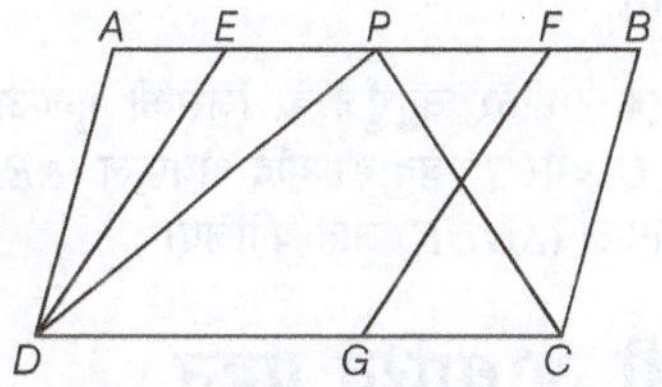

39. $ABCD$ एक समांतर चतुर्भुज है। P, AB का मध्य-बिंदु है। BD और CP, बिंदु Q पर इस प्रकार प्रतिच्छेद करते हैं कि $CQ : QP = 3 : 1$ यदि $ar(\Delta PBQ) = 10$ सेमी^{2}, तब समांतर चतुर्भुज $ABCD$ का क्षेत्रफल ज्ञात कीजिए।

40. ABC एक त्रिभुज है। जिसमें D, BC का मध्य-बिंदु है। E और F क्रमश: DC और AE के मध्य-बिंदु हैं। यदि ΔABC का क्षेत्रफल 16 सेमी^{2} है, तब ΔDEF का क्षेत्रफल ज्ञात कीजिए।

41. $ABCD$ एक समलंब है जिसमें $AB \parallel DC$ और $DC = 40$ सेमी, $AB = 60$ सेमी, यदि X और Y क्रमश: AD और BC के मध्य-बिंदु हैं तब सिद्ध कीजिए कि (i) $DCYX$ एक समलंब है।

(ii) ar(समलंब $DCYX$) $= \frac{9}{11}$ ar (समलंब $XYBA$)

42. दी गई आकृति में, $ABCD$ एक वर्ग है तथा T और U क्रमश: AD और BC के मध्य-बिंदु हैं। ΔOTD का क्षेत्रफल ज्ञात कीजिए। यदि $AB=12$ सेमी।

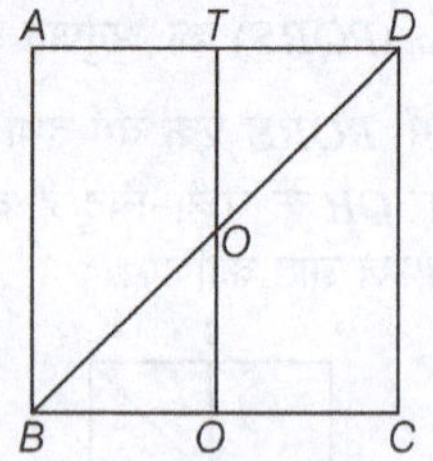

43. ΔABC में, AD माध्यिका है तथा AD पर बिंदु P इस प्रकार है कि $AP:PD=1:3$, तो ΔABP का क्षेत्रफल ज्ञात कीजिए।

44. आकृति में, $MNOP$ और $OQSN$ समांतर चतुर्भुज हैं। दर्शाइए कि $\frac{\text{क्षेत्रफल } (\Delta QTO)}{\text{क्षेत्रफल } (\Delta STO)} = \frac{\text{क्षेत्रफल } (\Delta SRN)}{\text{क्षेत्रफल } (\Delta TSN)}$ है।

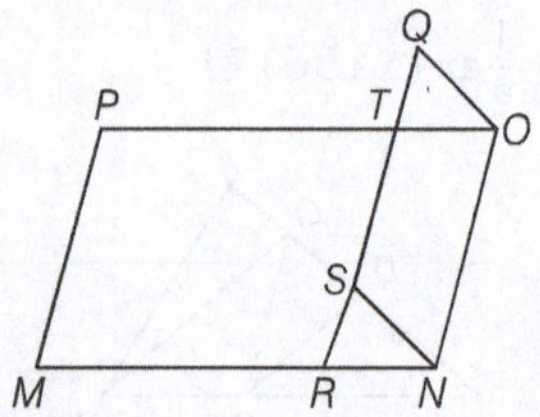

45. ΔABC में भुजाओं AB, AC और BC के मध्य-बिंदु क्रमश: P, Q और R इस प्रकार हैं कि $BP=AP, AP=CQ$ और $BR=CR$ है। दर्शाइए कि $PAQR$ एक समांतर चतुर्भुज है। यदि क्षेत्रफल $(\Delta PBR)=4$ सेमी^{2} है, तो समांतर चतुर्भुज $PAQR$ का क्षेत्रफल ज्ञात कीजिए।

46. $EFGH$ एक समांतर चतुर्भुज है, जिसकी भुजाओं EH और GF पर क्रमश: U और T बिंदु हैं। यदि क्षेत्रफल $(\Delta EHT)=16$ सेमी^{2} हो, तो क्षेत्रफल (ΔGUF) ज्ञात कीजिए।

केस स्टडी आधारित प्रश्न

47. शिक्षा के प्रति जागरूकता उत्पन्न करने के लिए, एक विद्यालय ने 'सर्व शिक्षा अभियान' रैली का आयोजन किया। सभी विद्यार्थियों को त्रिभुजाकार बैनर्स पर उपरोक्त वाक्य लिखने को कहा गया। विद्यार्थियों ने त्रिभुजाकार भाग में माध्यिकाएँ खींचकर उसे तीन समान भागों में विभाजित कर दिया।

(i) सिद्ध कीजिए कि

$$\text{ar}(\Delta AGB)=\text{ar}(\Delta AGC)$$
$$=\text{ar}(\Delta BGC)=\frac{1}{3}\text{ar}(\Delta ABC)$$

(ii) इस अभियान से कौन-सा मूल्य प्रदर्शित होता है?

48. स्कूल के विद्यार्थियों ने लोगों को स्कूल का रास्ता ढूँढ़ने में, बिना किसी समस्या के स्कूल तक पहुँचने में मदद करने के लिए मुख्य सड़क पर 'साइन बोर्ड' लगाने का निश्चय किया। साइन बोर्ड $ABCD$ एक समांतर चतुर्भुज की आकृति में है, जैसा कि आकृति में दर्शाया गया है। **[CBSE 2014]**

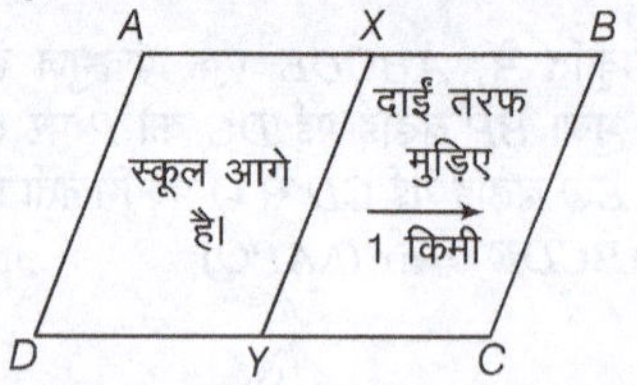

(i) यदि X और Y क्रमश: भुजाओं AB और CD के मध्य-बिंदु हैं, तो सिद्ध कीजिए कि क्षेत्रफल $(AXYD)=$ क्षेत्रफल $(BXYC)$ है।

(ii) विद्यार्थियों के इस भाव के बारे में आप क्या कह सकते हैं?

49. धूम्रपान के खतरों के बारे में जागरूकता उत्पन्न करने के लिए, एक विद्यालय ने 'धूम्रपान निषेध' अभियान शुरू किया। विद्यार्थियों को आकृति में दर्शाए अनुसार त्रिभुजाकार बैनर्स बनाने के लिए कहा गया। बैनर का डिजाइन इस प्रकार है कि AD माध्यिका है और AD का मध्य-बिंदु E है।

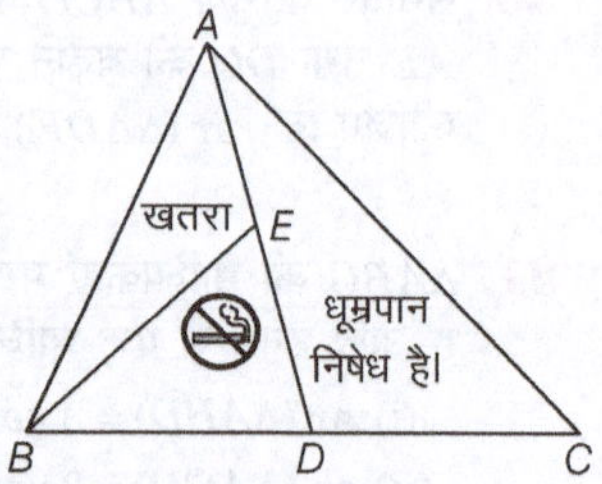

(i) दर्शाइए कि क्षेत्रफल $(\Delta BED)=\frac{1}{4}$ क्षेत्रफल (ΔABC)

(ii) क्या आप सोचते हैं कि ऐसे अभियान चलाने चाहिए? उचित कारण दीजिए।

50. एक सोसाइटी के लोगों ने वीरान भूमि का बेहतर उपयोग करने के लिए उसमें त्रिभुजाकार पार्क बनाया, जैसा कि आकृति में दर्शाया गया है। यह एक समांतर चतुर्भुज $PQRS$ की आकृति में है। शेष भूमि पर औषधीय जैसे तुलसी, नीम आदि लगाने का निश्चय किया गया।

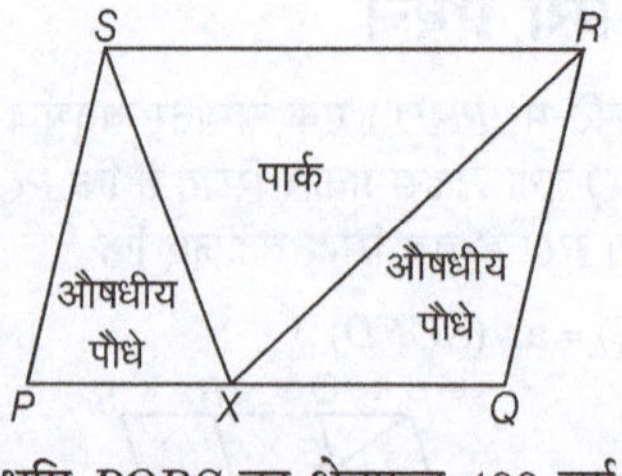

(i) यदि भूमि $PQRS$ का क्षेत्रफल 400 वर्ग मी है, तो पार्क का क्षेत्रफल ज्ञात कीजिए।

(ii) उस क्षेत्र का क्षेत्रफल भी ज्ञात कीजिए जिसे औषधीय पौधे लगाने के लिए प्रयोग किया जाएगा।

(iii) उपरोक्त स्थिति द्वारा कौन-सा मूल्य प्रदर्शित किया गया है?

संकेत एवं हल

1. 1 : 1

2. 1:2

3. $BC = 8$ सेमी

4. **संकेत** प्रश्नानुसार,

$$\text{ar(चतुर्भुज } ABCD) = \text{ar}(\Delta ABD) + \text{ar}(\Delta BCD)$$
$$= \frac{1}{2}(BD \times AM) + \frac{1}{2}(BD \times CN)$$
$$= \frac{1}{2}BD(AM + CN)$$

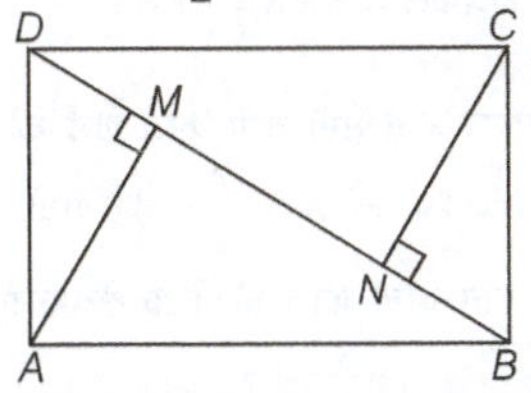

5. **संकेत** असत्य, चूँकि $PQRS$ का क्षेत्रफल = 180 सेमी^{2}
QS इसका विकर्ण है जो कि इसे बराबर क्षेत्रफलों वाले दो त्रिभुज में विभाजित करता है।

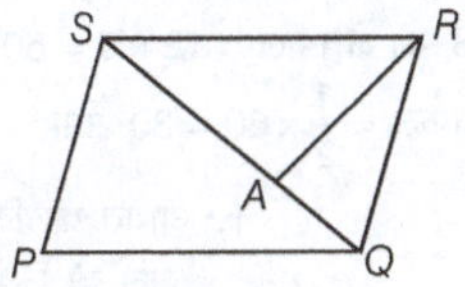

$\therefore$ ΔRQS का क्षेत्रफल = 90 सेमी^{2}
QS पर कोई बिंदु A है।
अतः ΔASR का क्षेत्रफल < ΔSRQ का क्षेत्रफल

6. **उत्तर** 8.75 सेमी

7. **उत्तर** 48 सेमी^{2}

8. **उत्तर** 10 सेमी^{2}

9. **संकेत** चूँकि ΔABC की माध्यिका BM उसे दो बराबर क्षेत्रफल वाले त्रिभुजों में विभाजित करती है।

$\therefore$ $\quad$ $\text{ar}(\Delta ABM) = \text{ar}(\Delta BMC)$ $\quad$ ...(i)

इसी प्रकार, $\quad$ $\text{ar}(\Delta AMD) = \text{ar}(\Delta DMC)$ $\quad$ ...(ii)

[$\because$ DM माध्यिका है]

समी (i) तथा (ii) को जोड़ने पर,
ar (चतुर्भुज $ABMD$) = ar (चतुर्भुज $DMBC$)

10. **संकेत** $ABCD$ एक समांतर चतुर्भुज है तथा X, AB का मध्य-बिंदु है।

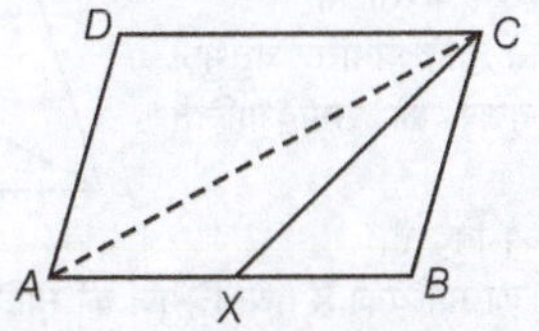

चूँकि समांतर चतुर्भुज का विकर्ण उसे समान क्षेत्रफलों वाले दो त्रिभुजों में विभाजित करता है।

$\therefore$ $\quad$ ar (||gm $ABCD$) = 48 सेमी^{2}

अब, $\quad$ $\text{ar}(\Delta BCX) = \frac{1}{2} \times 24$

[$\because$ CX, ΔABC की माध्यिका है]

= 12 सेमी^{2}

अब, ar $(AXCD) = 48 - 12 = 36$ सेमी^{2}

11. **संकेत** दिया है, BE और CF, ΔABC की माध्यिकाएँ हैं।
हम जानते हैं कि माध्यिका, त्रिभुज को दो बराबर क्षेत्रफल वाले त्रिभुजों में विभाजित करती हैं।

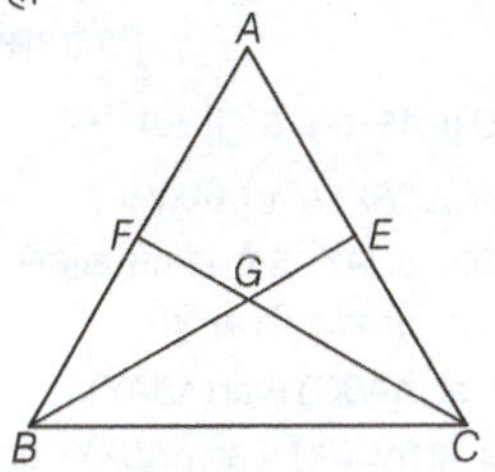

$\therefore$ $\quad$ $\text{ar}(\Delta FBC) = \text{ar}(\Delta AFC)$

$\Rightarrow$ $\quad$ $\text{ar}(\Delta FBC) = \frac{1}{2}\text{ar}(\Delta ABC)$ $\quad$ ...(i)

इसी प्रकार, $\text{ar}(\Delta AEB) = \frac{1}{2}\text{ar}(\Delta ABC)$ $\quad$ ...(ii)

समी (i) व (ii) से, $\text{ar}(\Delta FBC) = \text{ar}(\Delta AEB)$
दोनों पक्षों से ar (ΔGBF) घटाने पर,
$\text{ar}(\Delta FBC) - \text{ar}(\Delta GBF) = \text{ar}(\Delta AEB) - \text{ar}(\Delta GBF)$

$\Rightarrow$ $\quad$ $\text{ar}(\Delta GBC)$ = ar (चतुर्भुज $AFGE$)

12. **संकेत** दिया है, $ABCD$ एक समलंब है
जहाँ, $AB \parallel DC \Rightarrow AE \parallel DC$
साथ ही, $\quad$ $AD \parallel EC$
यहाँ, $AECD$ समांतर चतुर्भुज तथा DE विकर्ण है।

$\therefore$ $\quad$ $\text{ar}(\Delta DAE) = \text{ar}(\Delta DEC)$ $\quad$ ...(i)

इसी प्रकार, $\quad$ $\text{ar}(\Delta DEC) = \text{ar}(\Delta CEB)$ $\quad$ ...(ii)

समी (i) व (ii) से, $\text{ar}(\Delta DAE) : \text{ar}(\Delta CEB) = 1:1$

13. **संकेत** दिया है, ΔABC और ΔBDE समबाहु त्रिभुज है।

$\therefore$ ΔABC का क्षेत्रफल $= \frac{\sqrt{3}}{4}(BC)^2$ $\quad$ ...(i)

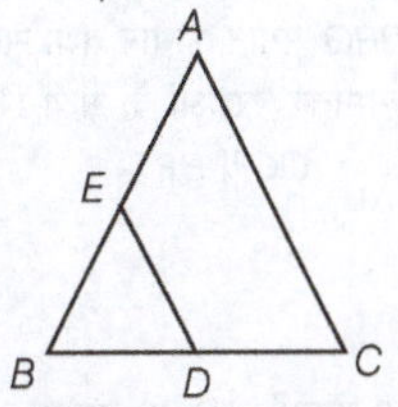

तथा D, BC का मध्य-बिंदु है।

$\therefore$ $\quad$ $BD = CD = \frac{1}{2}BC$

तब, ΔBDE का क्षेत्रफल $= \frac{\sqrt{3}}{4}(BD)^2 = \frac{\sqrt{3}}{4}\left(\frac{BC}{2}\right)^2 = \frac{\sqrt{3}}{4}\frac{(BC)^2}{4}$ $\quad$ ...(ii)

समी (i) और (ii) से, $\text{ar}(\Delta BDE) = \frac{1}{4}\text{ar}(\Delta ABC)$

14. संकेत उपपत्ति चूँकि ΔLBC तथा ΔMBC दोनों समान आधार BC और समान समांतर रेखाओं BC और LM के बीच स्थित हैं।

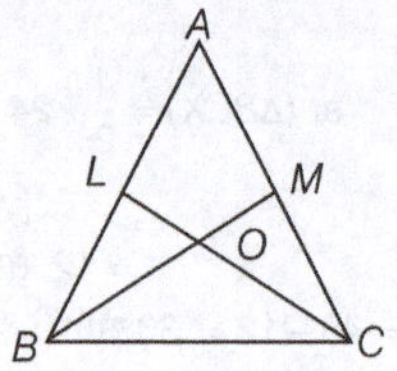

$\therefore \quad ar(\Delta LBC) = ar(\Delta MBC)$

$\Rightarrow ar(\Delta LOB) + ar(\Delta BOC) = ar(\Delta MOC) + ar(\Delta BOC)$

$\Rightarrow \quad ar(\Delta LOB) = ar(\Delta MOC)$

[दोनों पक्षों से (ΔBOC) घटाने पर]

15. संकेत दिया है $CD \parallel AE$ तथा $CY \parallel BA$

सिद्ध करना है $ar(\Delta CBX) = ar(\Delta AXY)$

उपपत्ति ΔABC और ΔBAY दोनों समान आधार AB और एक ही समांतर रेखाओं AB और CY के मध्य स्थित हैं।

$\therefore \quad ar(\Delta ABC) = ar(\Delta BAY)$

$\Rightarrow \quad ar(\Delta ABX) + ar(\Delta CBX) = ar(\Delta ABX) + ar(\Delta AXY)$

$\Rightarrow \quad ar(\Delta CBX) = ar(\Delta AXY)$

16. संकेत उपपत्ति चूँकि ΔXMZ तथा ΔZLX समान आधार XZ और समान समांतर रेखाओं LM और XZ के बीच स्थित हैं।

$\therefore \quad ar(\Delta XMZ) = ar(\Delta ZLX) \quad \ldots(i)$

समी (i) के दोनों पक्षों में (ΔXYZ) जोड़ने पर,

$ar(\text{चतुर्भुज } MZYX) = ar(\Delta LZY)$

17. संकेत उपपत्ति यहाँ, $ar(\parallel gm\ PQRS) = ar(\parallel gm\ PABC)$

दोनों पक्षों से $ar(\parallel gm\ QOCP)$ घटाने पर,

$ar(\parallel gm\ PQRS) - ar(\parallel gm\ QOCP) = ar(\parallel gm\ PABC)$
$-ar(\parallel gm\ QOCP)$

$\Rightarrow \quad ar(\parallel gm\ ORSC) = ar(\parallel gm\ ABOQ)$

$\Rightarrow \quad 2 \times ar(\Delta ORC) = 2 \times ar(\Delta OBQ)$

[$\because$ समांतर चतुर्भुज का विकर्ण उसे दो बराबर क्षेत्रफल वाले त्रिभुजों में विभाजित करता है]

$\Rightarrow \quad ar(\Delta ORC) = ar(\Delta OBQ)$

दोनों पक्षों में $ar(\Delta OBR)$ जोड़ने पर

$ar(\Delta ORC) + ar(\Delta OBR) = ar(\Delta OBQ) + ar(\Delta OBR)$

$\Rightarrow \quad ar(\Delta BRC) = ar(\Delta BRQ)$

अब, ΔBRC और ΔBRQ समान आधार तथा समान क्षेत्रफल रखते हैं इसलिए दोनों त्रिभुज समान समांतर रेखाओं के मध्य स्थित होंगे।

अतः $\quad QC \parallel BR$

18. 20 सेमी^{2}

19. 2 : 1

20. (i) 80 सेमी^{2} (ii) 40 सेमी^{2} (iii) 40 सेमी^{2}

21. संकेत उपपत्ति चतुर्भुज $PQDA$ में,

$AP \parallel DQ$

[$\because$ समांतर चतुर्भुज $ABCD$ में, $BA \parallel CD$]

तथा $\quad PQ \parallel AD$

[$\because$ समांतर चतुर्भुज $AEFD$ में, $FE \parallel DA$]

इसलिए $PQDA$ समांतर चतुर्भुज है।

साथ ही, समांतर चतुर्भुज $PQDA$ और $AEFD$ समान आधार AD और एक ही समांतर रेखाओं AD व EQ के मध्य स्थित हैं।

$\therefore \quad ar(\parallel gm\ PQDA) = ar(\parallel gm\ AEFD)$

दोनों पक्षों में से $ar(APFD)$ घटाने पर

$ar(\parallel gm\ PQDA) - ar(APFD) = ar(|gm\ AEFD) - ar(APFD)$

$\Rightarrow \quad ar(\Delta QFD) = ar(\Delta PEA)$

22. 40 सेमी^{2}

23. टॉपिक 2 की प्रमेय-1 का प्रयोग करें।

(i) 90 सेमी^{2} (ii) 45 सेमी^{2} (iii) 45 सेमी^{2}

24. संकेत समूह I के लिए,

कार्ड बोर्ड का आधार = 8 सेमी तथा कार्ड बोर्ड की ऊँचाई = 3 सेमी

$\therefore$ कार्ड बोर्ड का क्षेत्रफल $= 8 \times 3 = 24$ सेमी^{2}

समूह II के लिए

कार्ड बोर्ड का आधार = 5 सेमी तथा कार्ड बोर्ड की ऊँचाई = h सेमी

तब, $\quad 5 \times h = 24 \Rightarrow h = \frac{24}{5} = 4.8$ सेमी

अतः ऊँचाई का मान दोनों कार्ड बोर्डों के क्षेत्रफलों की तुलना से ज्ञात कर सकते हैं।

25. संकेत दिया है, $PS = 5$ सेमी तथा वृत्त की त्रिज्या, $PR = 13$ सेमी

ΔPQR में, $PR^2 = PQ^2 + RQ^2$ [पाइथागोरस प्रमेय से]

$\Rightarrow \quad PQ^2 = PR^2 - RQ^2 = (13)^2 - (5)^2 \Rightarrow PQ = 12$ सेमी

अब, आयत $PQRS$ का क्षेत्रफल $= 12 \times 5 = 60$ सेमी^{2}

$\Rightarrow \Delta PSQ$ का क्षेत्रफल $= \frac{1}{2} \times 60 = 30$ सेमी^{2}

[$\because$ आयत का विकर्ण उसे बराबर क्षेत्रफल वाले दो त्रिभुजों में विभाजित करता है]

अब A, PQ पर कोई बिंदु है। इसलिए ΔAPS का क्षेत्रफल, A की स्थिति पर निर्भर करता है।

यदि A, बिंदु Q पर है, तब क्षेत्रफल 30 सेमी^{2} होगा।

$\therefore \quad ar(\Delta PAS) \le 30$ सेमी^{2}

26. संकेत हम जानते हैं कि त्रिभुज की माध्यिका, उसे दो बराबर क्षेत्रफलों वाले त्रिभुज में विभाजित करती है।

$\therefore \quad ar(\Delta ABE) = ar(\Delta EBC)$

$\Rightarrow \quad ar(\Delta EBC) = \frac{1}{2} ar(\Delta ABC) \quad \ldots(i)$

साथ ही, $\quad ar(\Delta DBC) = ar(\Delta EBC) \quad \ldots(ii)$

समी (i) व (ii) से,

$\Rightarrow \quad ar(\Delta ABC) = 2\,ar(\Delta DBC)$

27. $ar(\Delta DEF) = 16$ सेमी^{2}

28. संकेत रचना SQ को मिलाइए जो PR को बिंदु B पर प्रतिच्छेद करती है।

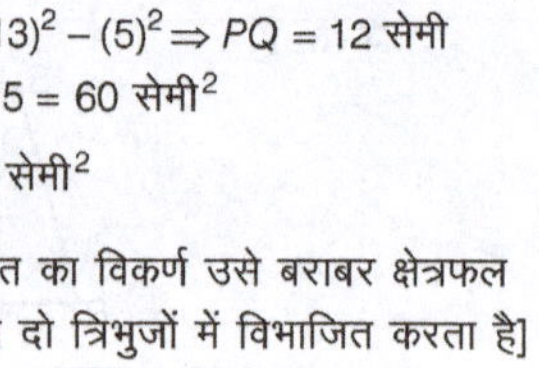

उपपत्ति हम जानते हैं कि समांतर चतुर्भुज के विकर्ण एक-दूसरे को समद्विभाजित करते हैं।

$\therefore B$, SQ का मध्य बिंदु है।

तब PB, ΔQPS की माध्यिका है तथा त्रिभुज की माध्यिका उसे बराबर क्षेत्रफल वाले दो त्रिभुजों में विभाजित करती है।

$\therefore \quad ar(\Delta BPQ) = ar(\Delta BPS) \quad \ldots(i)$

साथ ही OB, ΔOSQ की माध्यिका है

$\therefore \quad ar(\Delta OBQ) = ar(\Delta OBS) \quad \ldots(ii)$

समी (i) और (ii) को जोड़ने पर

ar (ΔBPQ) + ar (ΔOBQ) = ar (ΔBPS) + ar (ΔOSB)

$\Rightarrow$ ar (ΔPQO) = ar (ΔPSO)

29. **संकेत** हम जानते हैं कि, समान आधार और एक ही समांतर रेखाओं के बीच स्थित त्रिभुजों के क्षेत्रफल बराबर होते हैं।

$\therefore$ ar (ΔADE) = ar (ΔADQ) ...(i)

ar (ΔCAB) = ar (ΔCAP) ...(ii)

समी (i) व (ii) को जोड़ने पर,

ar (ΔADE) + ar (ΔCAB) = ar (ΔADQ) + ar (ΔCAP)

दोनों पक्षों में, ar (ΔCDA) जोड़ने पर अभीष्ट परिणाम प्राप्त होता है।

30. **संकेत** हम जानते हैं कि, समान आधार और एक ही समांतर रेखाओं के बीच स्थित त्रिभुजों के क्षेत्रफल बराबर होते हैं।

$\therefore$ ar (ΔACB) = ar (ΔAFB) ...(i)

साथ ही, ar (ΔACB) = ar (ΔADC) ...(ii)

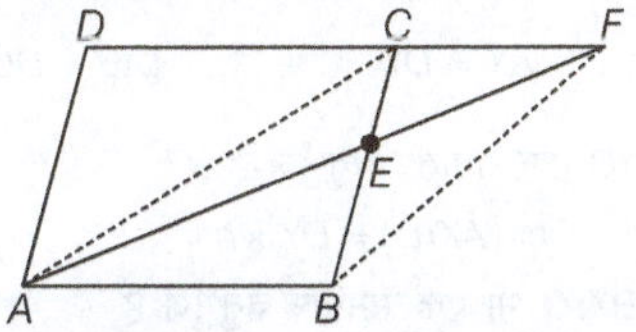

समी (i) व (ii) को जोड़ने पर,

ar (ΔADC) = ar (ΔAFB)

ar (ΔADC) + ar (ΔACF) = ar (ΔAFB) + ar (ΔACF)

$\Rightarrow$ ar (ΔADF) = ar (चतुर्भुज $ABFC$)

31. **संकेत** स्पष्टतः G, ΔABC का केंद्रक है जो माध्यिका को 2 : 1 के अनुपात में विभाजित करता है।

$\therefore$ $AG : GD = 2 : 1$

$BG : GE = 2 : 1$ तथा $CG : GF = 2 : 1$ ...(i)

(i) चूँकि, ΔABD तथा ΔBGD समान आधार व समान ऊँचाई के संगत हैं।

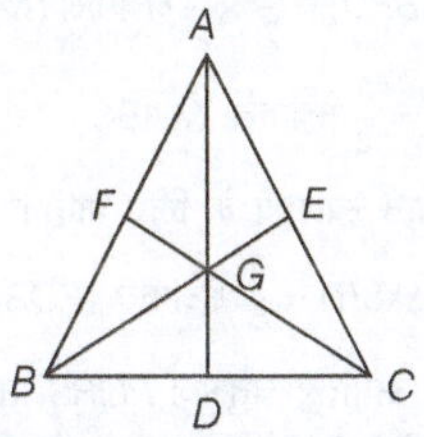

$$\therefore \frac{\text{ar}(\Delta ABD)}{\text{ar}(\Delta BGD)} = \frac{\frac{1}{2} \times BD \times AD}{\frac{1}{2} \times BD \times GD}$$

$$\Rightarrow \frac{\text{ar}(\Delta ABD)}{\text{ar}(\Delta BGD)} = \frac{AD}{GD} = \frac{AG + GD}{GD} = \frac{AG}{GD} + 1 = \frac{2}{1} + 1 = \frac{3}{1}$$

[समी (i) से]

$\Rightarrow$ ar $(\Delta ABD) = 3 \times$ ar (ΔBGD) ...(ii)

इति सिद्धम्

(ii) इसी प्रकार, ΔACD तथा ΔCGD समान आधार पर स्थित हैं।

$$\therefore \frac{\text{ar}(\Delta ACD)}{\text{ar}(\Delta CGD)} = \frac{2}{1} + 1 = \frac{3}{1}$$

$\Rightarrow$ ar $(\Delta ACD) = 3 \times$ ar (ΔCGD) ...(iii) **इति सिद्धम्**

(iii) समी (ii) तथा (iii) को जोड़ने पर,

ar (ΔABD) + ar (ΔACD) = 3 ar (ΔBGD) + 3 ar (CGD)

$\Rightarrow$ ar (ΔABC) = 3 ar (ΔBGC)

$\Rightarrow$ ar $(\Delta BGC) = \frac{1}{3}$ ar (ΔABC) **इति सिद्धम्**

32. 20 सेमी^{2}

33. **संकेत** चतुर्भुज $PABQ$ में, $PQ \parallel AB$ [$\because PS \parallel AD$]

तथा $PA \parallel QB$ [दिया है]

इसलिए, $PABQ$ समांतर चतुर्भुज है

$\therefore$ $PQ = AB$ ...(i)

इसी प्रकार, $QBCR$ समांतर चतुर्भुज है।

$\therefore$ $QR = BC$ ...(ii)

तथा $RCDS$ भी समांतर चतुर्भुज है।

$\therefore$ $RS = CD$ ...(iii)

परंतु $PQ = QR = RS$ [दिया है]

समी (i), (ii) व (iii) से

$PQ = QR = RS = AB = BC = CD$ ...(iv)

अब, $\Delta PQE \cong \Delta DCF$ [ASA सर्वांगसमता नियम से]

तब, ar (ΔPQE) = ar (ΔDCF) या ar (ΔCFD)

34. टॉपिक 1 के उदाहरण 8 की भाँति स्वयं हल करें।

35. टॉपिक 1 के उदाहरण 8 की भाँति स्वयं हल करें।

[**संकेत** समांतर चतुर्भुज $PQRS$ की ऊँचाई = $2h$] **उत्तर** 9 : 20

36. **संकेत** ASA सर्वांगसमता नियम से $\Delta TOS \cong \Delta ODQ$ सिद्ध कीजिए तब

$OS = QO$

अब TS और OT ज्ञात करके ΔPTS का क्षेत्रफल ज्ञात कीजिए।

उत्तर 8 सेमी^{2}

37. **संकेत** चूँकि D, AB का मध्य-बिंदु है, तब ΔABC में CD माध्यिका होगी।

$\therefore$ ar $(\Delta BCD) = \frac{1}{2}$ ar (ΔABC) ...(i)

चूँकि ΔPDQ और ΔPDC समान आधार PD और समान समांतर रेखाओं PD और CQ के बीच स्थित हैं।

$\therefore$ ar (ΔPDQ) = ar (ΔPDC)

ar $(\Delta BCD) = \frac{1}{2}$ ar (ΔABC) [समी (i) से]

$\Rightarrow$ ar (ΔBDP) + ar $(\Delta PDC) = \frac{1}{2}$ ar (ΔABC)

$\Rightarrow$ ar (ΔBDP) + ar $(\Delta PDQ) = \frac{1}{2}$ ar (ΔABC)

[$\because$ ar (ΔPDC) = ar (ΔPDQ)]

$\Rightarrow$ ar $(\Delta BPQ) = \frac{1}{2}$ ar (ΔABC)

39. 160 सेमी^{2}

40. 2 सेमी^{2}

42. 18 सेमी^{2}

43. $\frac{1}{8}$ ar (ΔABC)

44. **संकेत** SO और TN को मिलाइए।

क्षेत्रफल (ΔSTO) = क्षेत्रफल $(\angle TSN)$ [समान आधार TS और समान समांतर रेखाओं TS और ON के मध्य बने त्रिभुज] ...(i)

अब, ΔQTO और ΔSRN में,

$OQ = NS$ [समांतर चतुर्भुज की सम्मुख भुजाएँ]

$\angle TQO = \angle RSN$ [संगत कोण, $OQ \parallel SN$]

और $\angle QTO = \angle SRN$ [संगत कोण, $PO \parallel MN$]

इसलिए, $\Delta QTO = \Delta SRN$ [AAS सर्वांगसमता से]

$\Rightarrow$ क्षेत्रफल (ΔQTO) = क्षेत्रफल (ΔSRN) ...(ii)

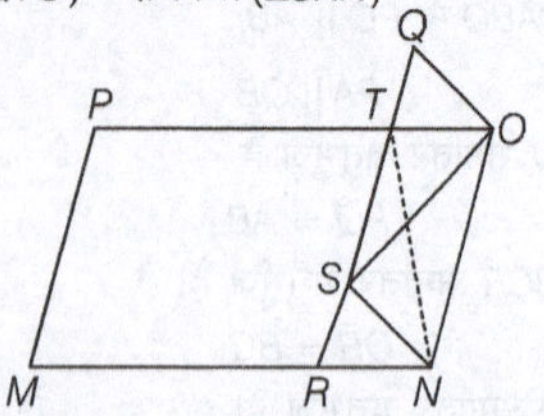

समी (i) और (ii) से,

$$\frac{\text{क्षेत्रफल } (\Delta QTO)}{\text{क्षेत्रफल } (\Delta STO)} = \frac{\text{क्षेत्रफल } (\Delta SRN)}{\text{क्षेत्रफल } (\Delta TSN)} \text{ है।}$$

45. संकेत $QR \parallel AB$

और $QR = \frac{1}{2}AB = AP$ [मध्य-बिंदु प्रमेय] ...(i)

साथ ही, $PR \parallel AC$

और $PR = \frac{1}{2}AC = AQ$ [मध्य-बिंदु प्रमेय] ...(ii)

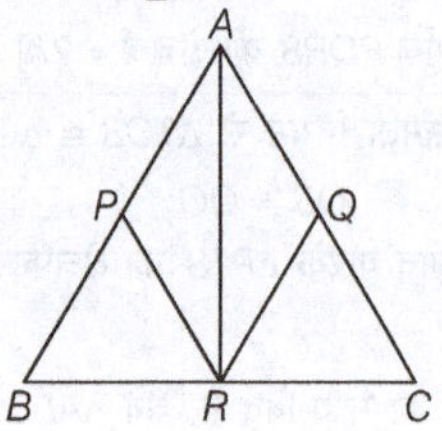

समी (i) तथा (ii) से,

$PAQR$ एक समांतर चतुर्भुज है। [सम्मुख भुजाएँ समांतर हैं]

अब, ΔABR से,

क्षेत्रफल (ΔPBR) = क्षेत्रफल (ΔAPR) [ΔARB की माध्यिका RP है]

$\therefore$ क्षेत्रफल $(\Delta APR) = 4$ सेमी^{2}

इसलिए, समांतर चतुर्भुज $PAQR$ का क्षेत्रफल

$= 2 \times$ क्षेत्रफल $(\Delta APR) = 2 \times 4$ सेमी$^2 = 8$ सेमी^{2}

46. संकेत क्षेत्रफल $(\Delta ETH) = \frac{1}{2}$ क्षेत्रफल $(EFGH)$

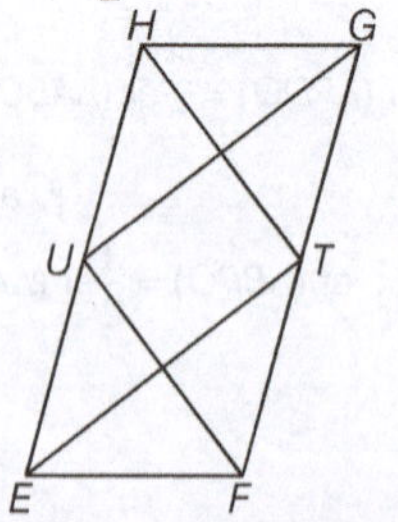

[त्रिभुज और समांतर चतुर्भुज समान आधार EH और समान समांतर रेखाओं EH और GF के मध्य बने हैं] ...(i)

साथ ही, क्षेत्रफल $(\Delta GUF) = \frac{1}{2}$ क्षेत्रफल $(EFGH)$

[त्रिभुज और समांतर चतुर्भुज समान आधार GF और समान समांतर रेखाओं GF और EH के मध्य बने हैं] ...(ii)

समी (i) और (ii) से,

क्षेत्रफल (ΔETH) = क्षेत्रफल (ΔGUF)

परंतु, क्षेत्रफल $(\Delta ETH) = 16$ सेमी^{2} है। [दिया है]

इसलिए, क्षेत्रफल $(\Delta GUF) = 16$ सेमी^{2} है।

47. (i) प्रश्न 23 की भाँति स्वयं हल करें।

(ii) शिक्षा के प्रति जागरूकता का ज्ञान होता है।

48. संकेत (i) माना समांतर चतुर्भुज $ABCD$ के आधार DC की संगत ऊँचाई h है।

$\because$ $AX \parallel DY$ [$\because AB \parallel DC$]

$\Rightarrow$ $AX = DY$ [$AB = DC \Rightarrow \frac{1}{2}AB = \frac{1}{2}DC$]

इसलिए, $AXYD$ एक समांतर चतुर्भुज है।

$\therefore$ ar $(AXYD) = DY \times h$ ...(i)

इसी प्रकार, $BXYC$ भी एक समांतर चतुर्भुज है

$\therefore$ ar $(BXYC) = YC \times h = DY \times h$ [$\because DY = YC$] ...(ii)

समी (i) व (ii) से, ar $(AXYD)$ = ar $(BXYC)$

(ii) विद्यार्थियों का यह भाव प्रशंसा योग्य है एवं इसे बढ़ावा देना चाहिए।

49. संकेत (i) क्षेत्रफल $(\Delta ABD) = \frac{1}{2}$ क्षेत्रफल (ΔABC)

[चूँकि ΔABC की माध्यिका AD है] ...(i)

तथा क्षेत्रफल $(\Delta BED) = \frac{1}{2}$ क्षेत्रफल (ΔABD)

[चूँकि ΔABD की माध्यिका BE है]

इसलिए, क्षेत्रफल $(\Delta BED) = \frac{1}{2} \times \frac{1}{2}$ क्षेत्रफल (ΔABC) [समी (i) से]

$= \frac{1}{4}$ क्षेत्रफल (ΔABC)

(ii) हाँ, क्योंकि धूम्रपान स्वास्थ्य के लिए हानिकारक है।

50. संकेत (i) क्षेत्रफल $(\Delta XSR) = \frac{1}{2}$ क्षेत्रफल $(PQRS)$

[क्योंकि ΔXSR और समांतर चतुर्भुज $PQRS$ समान आधार SR और समान समांतर रेखाएँ SR और PQ के मध्य हैं]

इसलिए, पार्क का क्षेत्रफल = क्षेत्रफल $(\Delta XSR) = \frac{1}{2} \times 400$ वर्ग मी

$= 200$ वर्ग मी

(ii) औषधीय पौधों के लिए प्रयोग किया क्षेत्र $= (400 - 200) = 200$ वर्ग मी

(iii) **मूल्यः** औषधीय पौधों के उत्पादन और उनके प्रयोग को बढ़ावा देने के लिए भी प्रोत्साहन।

अध्याय

14

ज्यामितीय रचनाएँ

(Geometrical Constructions)

पिछली कक्षाओं में, हमनें अध्ययन किया है कि किस प्रकार एक वृत्त, एक रेखाखंड का लंब समद्विभाजक, 30°, 45°, 60°, 90° और 120 ° के कोणों एवं दिए गए कोण के समद्विभाजक की रचना की जाती है। परंतु उपरोक्त रचनाओं के लिए स्पष्ट कारण नहीं बताए गए थे। इस अध्याय में, हम इनमें से कुछ की रचनाएँ कारण सहित बताते हुए कि क्यों ये रचनाएँ प्रामाणिक हैं, उनका अध्ययन करेंगे।

टॉपिक्स

- *कुछ आधारभूत रचनाएँ*
- *त्रिभुज की कुछ रचनाएँ*

टॉपिक 1

कुछ आधारभूत रचनाएँ

रचना 1

एक दिए गए कोण के समद्विभाजक की रचना करना।

किसी दिए गए कोण (माना $\angle ABC$) को समद्विभाजित करने के लिए निम्न चरण का प्रयोग करते हैं

रचना के चरण

चरण I सर्वप्रथम $\angle ABC$ बनाने के लिए, B को केंद्र मानकर तथा कोई त्रिज्या लेकर एक चाप लगाइए जो किरण BA और BC को क्रमशः माना E और D पर प्रतिच्छेद करता है।

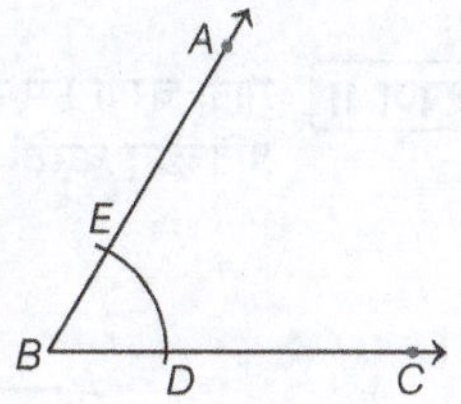

चरण II पुनः D और E को केंद्र मानकर तथा $\frac{1}{2}DE$ से बड़ी त्रिज्या लेकर चाप लगाइए जो माना एक-दूसरे को F पर प्रतिच्छेद करते हैं।

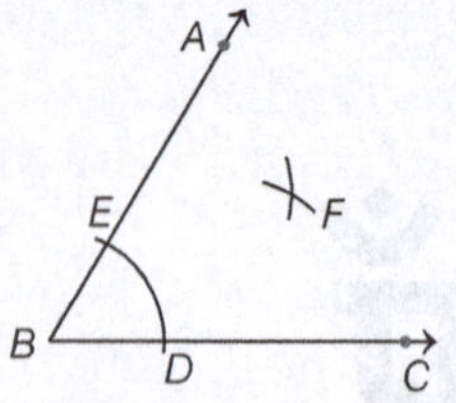

चरण III किरण BF खींचिए। यही किरण BF, $\angle ABC$ का अभीष्ट समद्विभाजक है।

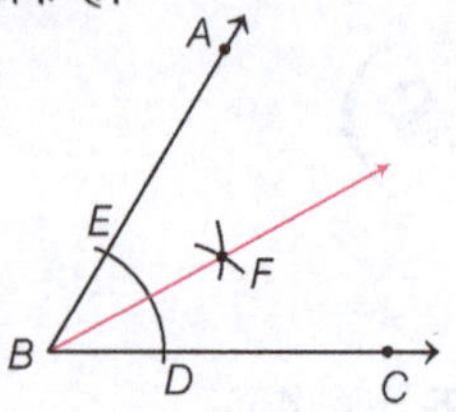

सत्यापन EF और DF को मिलाया

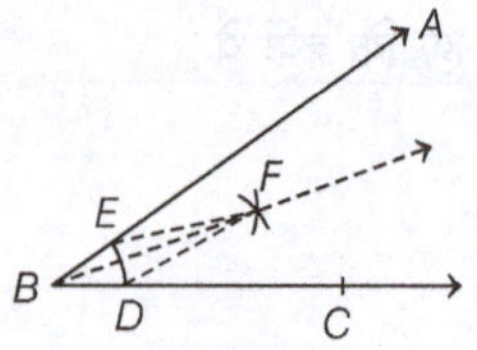

ΔBEF तथा ΔBDF में,

$BE = BD$ [एक ही चाप की त्रिज्याएँ]

$EF = DF$ [समान त्रिज्या वाले चाप]

$BF = BF$ [उभयनिष्ठ भुजा]

$\therefore \quad \Delta BEF \cong \Delta BDF$

[SSS सर्वांगसमता नियम से]

तब $\angle EBF = \angle DBF$ [CPCT द्वारा]

अतः BF, $\angle ABC$ का कोण समद्विभाजक है।

उदाहरण 1 60° के कोण के समद्विभाजक की रचना कीजिए तथा रचना का औचित्य कीजिए।

हल रचना के चरण

(i) सर्वप्रथम एक रेखाखंड BC खींचा तथा $\angle ABC = 60°$ बनाया। इसके बाद B को केंद्र मानकर एवं कोई त्रिज्या लेकर एक चाप लगाया जोकि भुजाओं BA और BC को क्रमशः माना E और D बिंदुओं पर प्रतिच्छेद करता है।

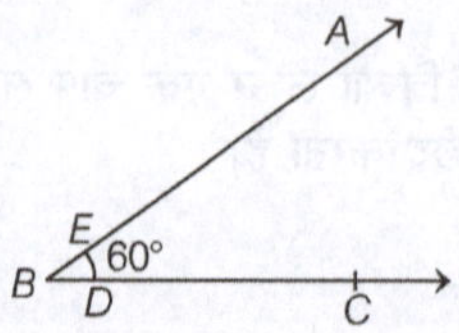

(ii) अब, D और E को केंद्र मानकर तथा $\frac{1}{2}DE$ से बड़ी त्रिज्या लेकर एक चाप लगाइए जोकि माना परस्पर बिंदु F पर प्रतिच्छेद करते हैं।

(iii) किरण BF खींची। यहाँ किरण BF, $\angle ABC$ का अभीष्ट समद्विभाजक है।

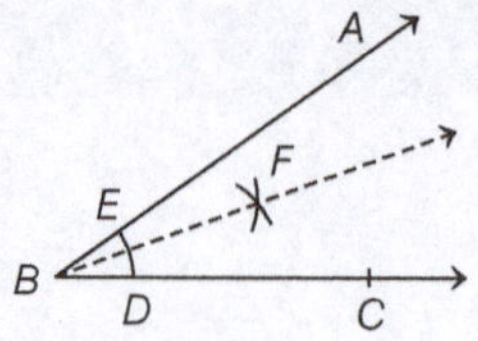

सत्यापन DF और EF को मिलाइए।

अब, ΔBEF तथा ΔBDF में,

$BE = BD$ [एक ही चाप की त्रिज्याएँ]

$EF = DF$ [समान त्रिज्या वाले चाप]

$BF = BF$ [उभयनिष्ठ]

अतः $\Delta BEF \cong \Delta BDF$ [SSS नियम]

इससे प्राप्त होता है $\angle EBF = \angle DBF$ [CPCT द्वारा]

$\because \quad \angle EBD = \angle EBF + \angle DBF$

इसलिए, $\frac{\angle EBD}{2} = \angle EBF = \angle DBF \Rightarrow \frac{60°}{2} = \angle EBF = \angle DBF$

$\angle EBF = \angle DBF = 30°$

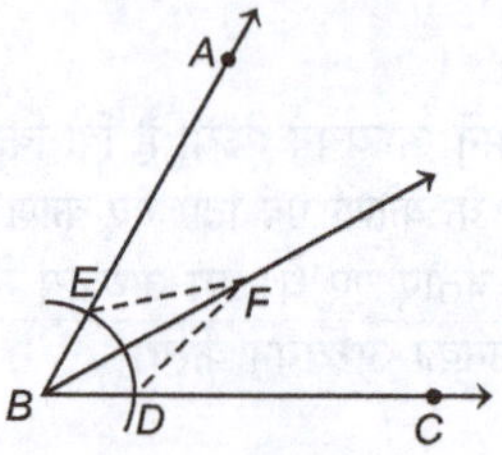

अतः BF, दिए गए कोण का समद्विभाजक है।

रचना 2

एक दिए गए रेखाखंड के लंब समद्विभाजक (लंबार्द्धक) की रचना करना।

यदि दिए गए किसी लंबाई के रेखाखंड का लंब समद्विभाजक खींचना हो, तब हम निम्नलिखित चरणों का उपयोग करते हैं।

रचना के चरण

चरण I सर्वप्रथम एक रेखाखंड AB खींचा, अब A और B को केंद्र मानकर तथा $\frac{1}{2}AB$ से अधिक त्रिज्या लेकर रेखाखंड AB के दोनों ओर (एक-दूसरे को प्रतिच्छेद करते हुए) चाप लगाते हैं।

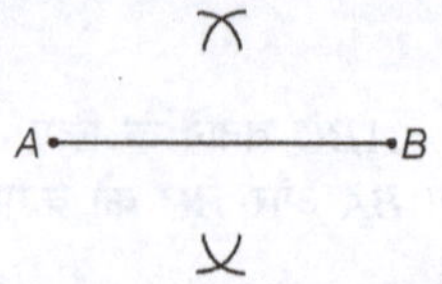

चरण II माना चरण I में खींचे गए चाप एक-दूसरे को P और Q पर प्रतिच्छेद करते हैं। PQ को मिलाते हैं।

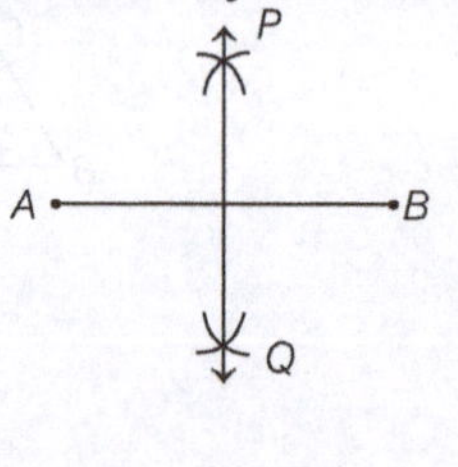

चरण III माना PQ, AB को बिंदु M पर प्रतिच्छेद करता है, तब रेखा PMQ, AB का अभीष्ट लंब समद्विभाजक है।

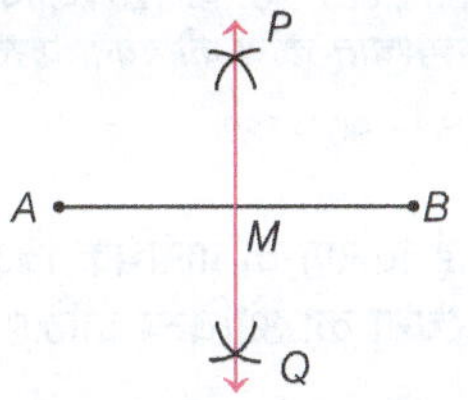

सत्यापन बिंदु A और B को P और Q से मिलाते हैं। जिससे AP, AQ, BP तथा BQ प्राप्त होते हैं।

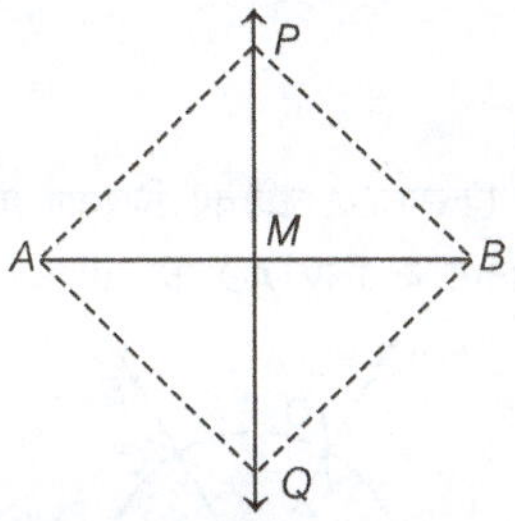

ΔPAQ तथा ΔPBQ में,

$AP = BP$ [समान त्रिज्या वाले चाप]

$AQ = BQ$ [समान त्रिज्या वाले चाप]

$PQ = PQ$ [उभयनिष्ठ]

अत: $\Delta PAQ \cong \Delta PBQ$ [SSS नियम]

इसलिए $\angle APM = \angle BPM$ [CPCT द्वारा]

अब, ΔPMA तथा ΔPMB में,

$AP = BP$ [समान त्रिज्या वाले चाप]

$PM = PM$ [उभयनिष्ठ]

$\angle APM = \angle BPM$

[ऊपर सिद्ध किया जा चुका है]

अत: $\Delta PMA \cong \Delta PMB$ [SAS नियम]

इसलिए, $AM = BM$

और $\angle PMA = \angle PMB$ ...(i)[CPCT द्वारा]

क्योंकि $\angle PMA + \angle PMB = 180°$ ...(ii)

[रैखिक युग्म अभिगृहीत]

समी (i) तथा (ii) से, हम प्राप्त करते हैं,

$\angle PMA = \angle PMB = 90°$

अत: PQ अर्थात् PMQ, रेखाखंड AB का लंब समद्विभाजक है।

उदाहरण 2 7 सेमी लंबाई के रेखाखंड का लंबार्द्धक खींचिए तथा अपनी रचना का औचित्य दीजिए।

हल **रचना के चरण**

(i) सर्वप्रथम एक रेखाखंड $AB = 7$ सेमी खींचिए, अब A और B को केंद्र मानकर तथा $\frac{1}{2}AB$ (3.5 सेमी से अधिक) त्रिज्या लेकर रेखाखंड AB के दोनों ओर चाप लगाते हैं।

(ii) माना कि चरण (I) में लगाए गए चाप एक-दूसरे को बिंदु P और Q पर प्रतिच्छेद करते हैं।

PQ को मिलाया जोकि AB को बिंदु 'M' पर मिलाती है।

अतः रेखा PQ अर्थात् PMQ रेखाखंड AB का अभीष्ट लंब समद्विभाजक है।

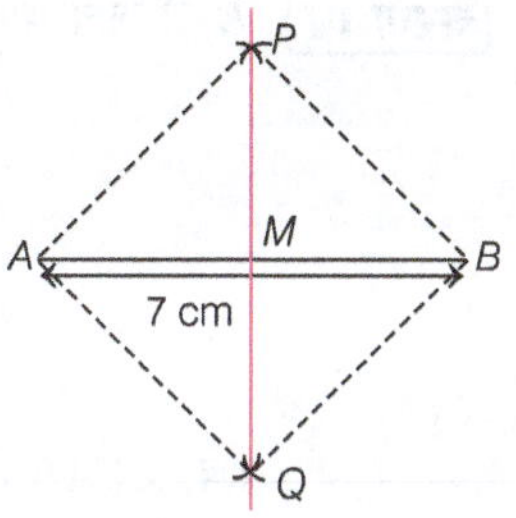

सत्यापन

AP, AQ, BP और BQ को मिलाया।

ΔPAQ और ΔPBQ में

$AP = BP$ [समान त्रिज्या वाले चाप]

$AQ = BQ$ [समान त्रिज्या वाले चाप]

$PQ = PQ$ [उभयनिष्ठ भुजा]

$\therefore$ $\Delta PAQ \cong \Delta PBQ$ [SSS सर्वांगसमता नियम से]

$\therefore$ $\angle APM = \angle BPM$ ...(i) [CPCT द्वारा]

अब, ΔPMA तथा ΔPMB में,

$PM = PM$ [उभयनिष्ठ भुजा]

$\angle APM = \angle BPM$ [समी (i) से]

$AP = BP$ [समान त्रिज्या वाले चाप]

$\therefore$ $\Delta PMA \cong \Delta PMB$ [SAS सर्वांगसमता नियम से]

$AM = BM$ [CPCT द्वारा]

तथा $\angle AMP = \angle BMP$ ...(ii)

अब, $\angle AMP + \angle BMP = 180°$ [रैखिक युग्म अभिगृहीत]

$\Rightarrow$ $\angle AMP = \angle BMP = 90°$ [समी (ii) से]

अतः PMQ, रेखाखंड AB का अभीष्ट लंब समद्विभाजक है।

रचना 3

एक दी गई किरण के प्रारंभिक बिंदु पर 60° के कोण की रचना करना।

माना एक किरण AB (माना) जिसका प्रारंभिक बिंदु A दिया गया है तथा हमें रेखाखंड AB के प्रारंभिक बिंदु A पर 60° का कोण बनाना है, तब हम निम्नलिखित चरणों का प्रयोग करते हैं।

रचना के चरण

चरण I सर्वप्रथम, एक किरण AB खींचिए जिसका प्रारंभिक बिंदु A है।

चरण II बिंदु A को केंद्र मानकर और कोई त्रिज्या लेकर एक वृत्त का चाप खींचते हैं, जो AB को माना एक बिंदु D पर प्रतिच्छेद करता है।

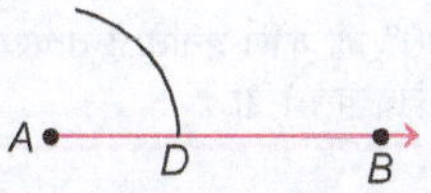

चरण III D को केंद्र मानकर और उसी त्रिज्या, जो पहले ली गई थी, से एक चाप खींचते हैं, जो चरण (II) में खींचे गए चाप को बिंदु E पर प्रतिच्छेद करता है।

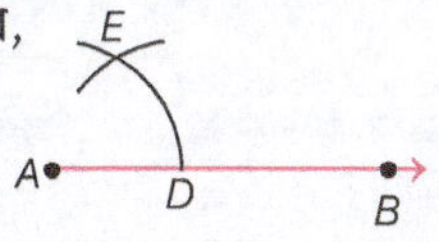

चरण IV E से जाने वाली किरण AC खींचते हैं।

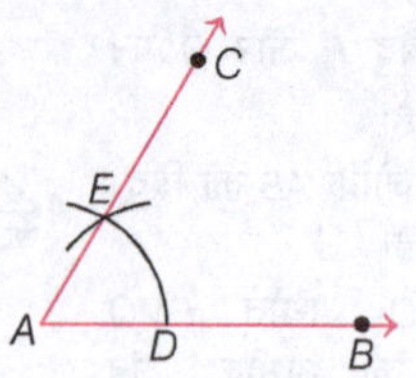

तब, $\angle CAB$ ही $60°$ का अभीष्ट कोण है।

उपपत्ति DE को मिलाते हैं।

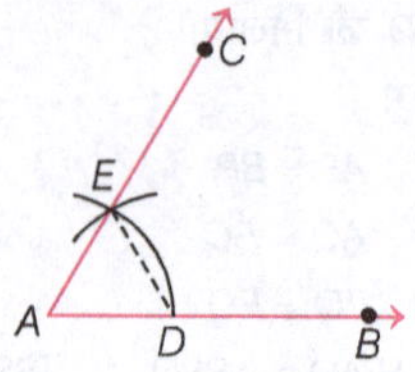

तब $\quad AE = AD = DE \quad$ [रचना से]

अत: ΔEAD एक समबाहु त्रिभुज है तब,

$$\angle AED = \angle EAD$$

$$= \angle ADE = 60°$$

अत: $\quad \angle CAB = \angle EAD = 60°$

अन्य कुछ कोणों की रचना (60° के अतिरिक्त)

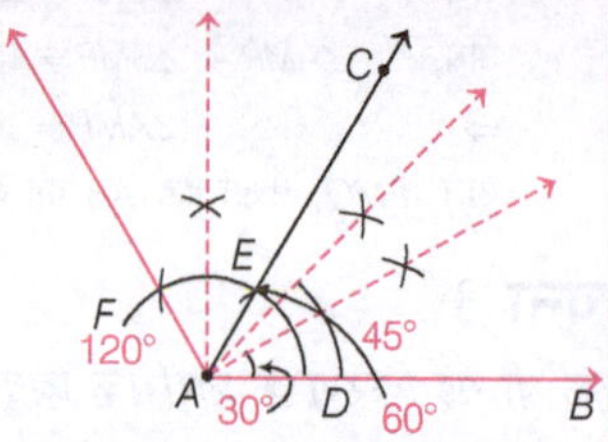

- $30°$ का कोण बनाने के लिए, सर्वप्रथम $60°$ का कोण बनाते हैं एवं इसे समद्विभाजित करते हैं।
- $15°$ का कोण बनाने के लिए, चूँकि $15° = \frac{30°}{2}$ इसलिए, प्रथमतया $30°$ का कोण बनाकर इसे समद्विभाजित करते हैं।
- $120°$ का कोण बनाने के लिए, चूँकि $120° = 60° + 60°$ इसलिए, रचना 3 के चरण III के पश्चात्, हम बिंदु E को केंद्र लेकर तथा पूर्व में ली गई समान त्रिज्या के साथ एक चाप खींचते हैं जो कि चरण II में खींचे गए चाप को बिंदु F पर प्रतिच्छेद करता है। AF को मिलाने पर, हमें $120°$ का अभीष्ट कोण प्राप्त होता है।
- $90°$ का कोण बनाने के लिए, चूँकि $90° = 60° + 30° = 60° + \frac{60°}{2}$ इसलिए, सर्वप्रथम उपरोक्त रचना की सहायता से $120°$ का कोण बनाते हैं तथा $\angle FAC$ को समद्विभाजित करते हैं। (आकृति में देखिए)
- $45°$ का कोण बनाने के लिए, चूँकि $45° = \frac{90°}{2}$ इसलिए, सर्वप्रथम उपरोक्त रचना की सहायता से $90°$ का कोण बनाते हैं तत्पश्चात् $45°$ का कोण प्राप्त करने हेतु इसे समद्विभाजित करते हैं।

नोट *किसी भी दिए गए कोण की माप की रचना के लिए, सर्वप्रथम हम इसे दो कोणों अथवा अधिक कोणों के योग अथवा अंतर या गुणन के रूप में लिखते हैं जिनमें से एक कोण 15°, 30°, 60°, 90° या 120° आदि है। (जिसकी रचना ज्ञात हो) में से कोई एक हो, तत्पश्चात् कोण की रचना करते हैं।*

जैसे– 75° = 60°+15°, 105° = 90°+15°

उदाहरण 3 एक दी गई किरण के प्रारंभिक बिंदु पर $150°$ के कोण की रचना कीजिए तथा रचना का औचित्य दीजिए।

यहाँ, 150° को 150° = 120°+30° भी लिख सकते हैं, इसलिए 150° का कोण बनाने के लिए, सर्वप्रथम हम 120° का कोण बनाएँगे तत्पश्चात् इसमें 30° का कोण जोड़ेंगे।

हल रचना के चरण

(i) सर्वप्रथम एक किरण OA खींचिए जिसका प्रारंभिक बिंदु O है।

(ii) किरण OA' बनाने के लिए AO को A' तक बढ़ाया।

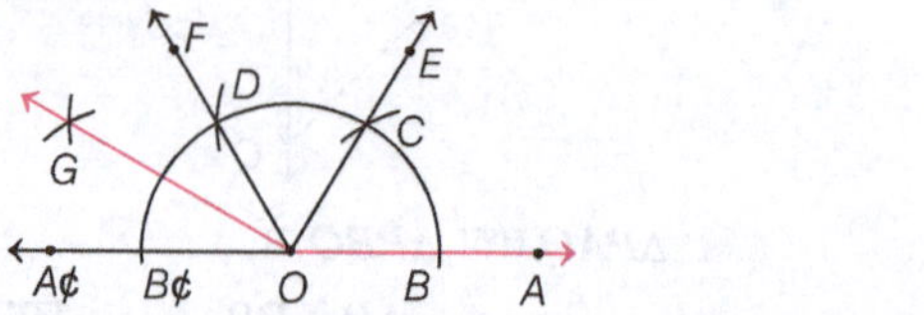

(iii) बिंदु O को केंद्र मानकर और कोई त्रिज्या लेकर एक वृत्त का चाप बनाते हैं जोकि OA को बिंदु B तथा OA' को बिंदु B' पर प्रतिच्छेद करता है।

(iv) बिंदु B को केंद्र मानकर और पूर्व में ली गई समान त्रिज्या लेकर एक वृत्त का चाप खींचते हैं जोकि पूर्व में खींचे गए चाप को C पर प्रतिच्छेद करता है।

(v) बिंदु C को केंद्र मानकर और पूर्व में ली गई समान त्रिज्या लेकर एक वृत्त का चाप खींचते हैं जो कि चरण (iii) में खींचे गए चाप को बिंदु D पर प्रतिच्छेद करता है।

(vi) बिंदु C से गुजरने वाली किरण OE तथा D से गुजरने वाली किरण OF खींची। तब, $\angle EOA = 60°$, $\angle FOE = 60°$ तथा $\angle FOA' = 60°$

(vii) अब, D और B' को केंद्र मानकर तथा $\frac{1}{2}B'D$ से अधिक त्रिज्या लेकर दो चाप खींचते हैं जोकि एक-दूसरे को बिंदु G पर प्रतिच्छेद करता है।

(viii) किरण OG खींचिए, जोकि $\angle B'OF$ का समद्विभाजक है। अत: $\angle GOA$, $150°$ का अभीष्ट कोण है।

सत्यापन

$\angle B'OG = \angle FOG = \frac{1}{2}\angle B'OF = \frac{1}{2}(60°) = 30°$

अत: $\angle GOA = \angle FOG + \angle FOE + \angle EOA = 30° + 60° + 60° = 150°$

चाँदे द्वारा $\angle GOA$ को मापने पर, हमें $\angle GOA = 150°$ प्राप्त होता है। अत: हमारी रचना सत्यापित है।

प्रश्नावली 14.1

1. चाँदे की सहायता से 108° के माप के कोण की रचना कर इसको समद्विभाजित कीजिए।

2. चाँदे की सहायता से 40° के माप के कोण की रचना कर इसको समद्विभाजित कर सत्यापित कीजिए।

3. चाँदे की सहायता से, 130° के माप के कोण की रचना कीजिए तथा दिए गए कोण से, 65° के माप के कोण की रचना कीजिए।

4. चाँदे की सहायता से, 68° के माप के कोण की रचना कीजिए तथा दिए गए कोण से, 17° के माप के कोण की रचना कीजिए।

5. एक रेखाखंड के लंब समद्विभाजक की रचना कीजिए जिसकी लंबाई 12 सेमी है।

6. परकार एवं पटरी की सहायता से एक रेखाखंड $AB = 10$ सेमी की रचना कीजिए तथा इसे दो बराबर भागों में विभाजित कीजिए।

7. रेखाखंड के दोनों सिरों पर 90° के कोण युग्म की रचना कीजिए।

8. परकार एवं पटरी की सहायता से $52\frac{1}{2}°$ के कोण की रचना कीजिए।

9. परकार एवं पटरी की सहायता से 37.5° के कोण की रचना कीजिए तथा रचना के चरणों को भी लिखिए।

उत्तर व संकेत

1. उदाहरण 1 की भाँति स्वयं हल करें।

2. उदाहरण 1 की भाँति स्वयं हल करें।

3. उदाहरण 1 की भाँति स्वयं हल करें।

4. उदाहरण 1 की भाँति स्वयं हल करें। (**संकेत** सर्वप्रथम 34° का कोण प्राप्त करने के लिए 68° के कोण को समद्विभाजित करेंगे तत्पश्चात् 17° का कोण प्राप्त करने के लिए पुनः इसे समद्विभाजित करेंगे)

5. उदाहरण 2 की भाँति स्वयं हल करें।

6. उदाहरण 2 की भाँति स्वयं हल करें।

7. **संकेत** सर्वप्रथम एक कोण 60° का बनाया (माना $\angle ABC$) पुनः किरण BA के बिंदु B पर 60° का कोण इस प्रकार बनाया कि $\angle DBA = 60°$ तथा $\angle DBC = 120°$ अब, $\angle MBA = 30°$ प्राप्त करने के लिए $\angle DBA$ को समद्विभाजित करेंगे।

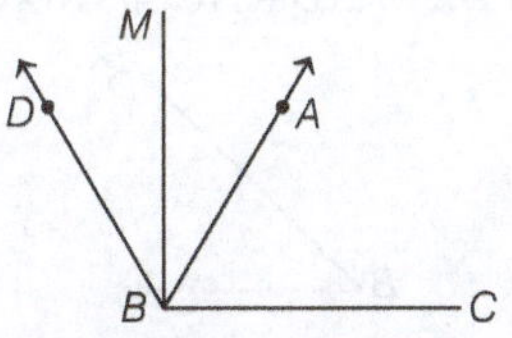

अतः $\angle MBC = 90°$ प्राप्त हुआ।

90° का कोण बनाने के लिए बिंदु C पर समान प्रक्रिया को पुनः दोहराएँ।

8. **संकेत** सर्वप्रथम 120° का कोण (माना $\angle ABC$) बनाया तत्पश्चात् 90° का कोण $\angle DBC$ बनाया। इसलिए $\angle ABD = 120° - 90° = 30°$

$\angle EBD = \frac{30°}{2} = 15°$ को प्राप्त करने के लिए $\angle ABD$ को समद्विभाजित किया।

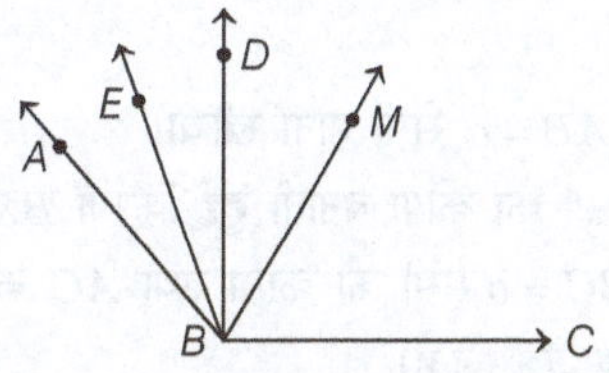

$\angle EBC = 15° + 90° = 105°$, अब $\angle MBC = \frac{105°}{2} = 52\frac{1}{2}°$ प्राप्त करने के लिए $\angle EBC$ को समद्विभाजित किया।

9. **संकेत** सर्वप्रथम उदाहरण 3 में दर्शाए अनुसार 150° का कोण खींचा। माना यह $\angle ABC$ है।

अब, $\angle DBC = \frac{150°}{2} = 75°$ प्राप्त करने के लिए इसे समद्विभाजित किया।

पुनः $\angle MBC = \frac{75°}{2} = 37.5°$ प्राप्त करने के लिए $\angle DBC$ को समद्विभाजित किया।

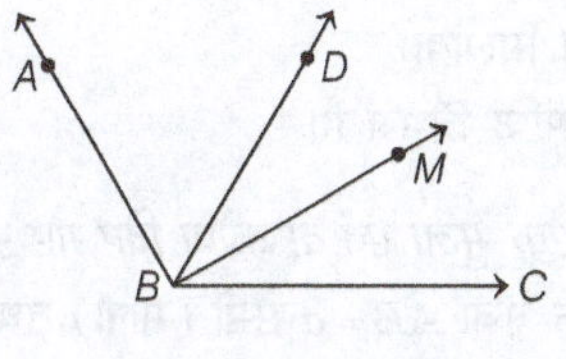

टॉपिक 2

त्रिभुज की कुछ रचनाएँ

हम जानते हैं कि, किसी त्रिभुज में छः अवयव, तीन भुजाएँ और तीन कोण होते हैं। अतः किसी त्रिभुज की रचना के लिए कम-से-कम उसके तीन अवयव दिया होना आवश्यक है परंतु तीन अवयव के सभी संचय (Combinations) इसकी रचना के लिए पर्याप्त नहीं है।

उदाहरण— यदि दो भुजाएँ तथा एक कोण (बीच का कोण नहीं) दिए हों, तो अद्वितीय रूप से त्रिभुज की रचना सदैव संभव नहीं है।

विभिन्न स्थितियों में त्रिभुज की कुछ आधारभूत रचनाएँ

विभिन्न स्थितियों में त्रिभुज की कुछ आधारभूत रचनाएँ नीचे दी गई है। जोकि अद्वितीय त्रिभुज की रचना में सहायक हैं।

स्थिति I *जब दो भुजाएँ एवं उनके मध्य का कोण दिया गया हो।*

माना ΔABC की दो भुजाएँ $AB = a$ सेमी, $BC = b$ सेमी तथा उनके मध्य का कोण अर्थात् $\angle ABC = x^\circ$

रचना के चरण

- सर्वप्रथम आधार $AB = a$ सेमी माना खींचा।
- अब, बिंदु B पर x° का कोण बनाती हुई किरण BX खींची।
- किरण BX से, $BC = b$ सेमी को काटा तथा AC को मिलाया।

अतः ΔABC अभीष्ट त्रिभुज है।

स्थिति II *जब त्रिभुज की तीन भुजाएँ दी गई हों।*

माना ΔABC की तीन भुजाएँ $AB = a$ सेमी, $BC = b$ सेमी तथा $CA = c$ सेमी है।

रचना के चरण

- सर्वप्रथम, आधार $BC = b$ सेमी (माना) खींचा।
- अब B और C को केंद्र मानकर, त्रिज्या a सेमी और c सेमी के दो चाप लगाए जोकि परस्पर बिंदु A पर प्रतिच्छेद करते हैं।
- AB तथा AC को मिलाया।

अतः ΔABC ही अभीष्ट त्रिभुज है।

स्थिति III *जब एक भुजा एवं दो कोण दिए गए हो।*

माना ΔABC की एक भुजा $AB = a$ सेमी (माना) तथा कोण $\angle A = x^\circ$ तथा $\angle B = y^\circ$ है।

रचना के चरण

- सर्वप्रथम, आधार $AB = a$ सेमी खींचा।
- अब, बिंदुओं A और B से x° तथा y° के कोण बनाती हुई किरणें AX और BY खींची जोकि परस्पर बिंदु C पर मिलती है।
- AC तथा CB को मिलाया।

अतः ΔABC ही अभीष्ट त्रिभुज है।

स्थिति IV *जब त्रिभुज का आधार एवं शीर्षलंब दिया गया हो।*

माना ΔABC का आधार $BC = m$ सेमी तथा शीर्षलंब n सेमी हैं।

रचना के चरण

- सर्वप्रथम, आधार $BC = m$ सेमी तथा इसका लंब-समद्विभाजक OQ (माना) खींचा, जोकि BC को P (माना) पर मिलता है।
- PO के साथ, $PA = n$ सेमी काटा।
- AB तथा AC को मिलाया। अतः ΔABC ही अभीष्ट त्रिभुज है।

कुछ विशेष स्थितियों में त्रिभुजों की रचनाएँ

रचना 1

दिए हुए आधार, एक आधार कोण तथा अन्य दो भुजाओं के योग द्वारा त्रिभुज की रचना करना।

एक त्रिभुज ABC में, आधार BC, आधार कोण (माना $\angle B$) तथा दो भुजाओं का योग $(AB + AC)$ दिया हो, तथा हमें ΔABC की रचना करना होती है, तब रचना के लिए, हम निम्न चरणों का उपयोग करते हैं।

चरण I सर्वप्रथम आधार BC खींचिए और बिंदु B पर दिए कोण के बराबर $\angle XBC$ बनाए।

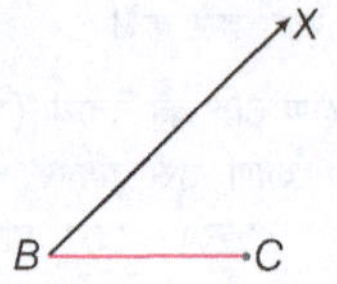

चरण II किरण BX से $AB + AC$ के बराबर रेखाखंड BD काटते हैं।

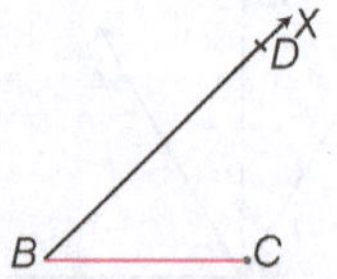

चरण III DC को मिलाया।

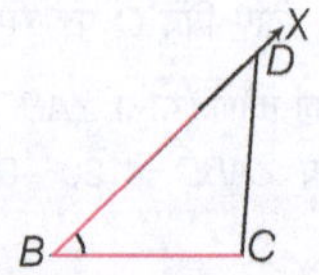

अब, हम निम्नलिखित दो विधियों का उपयोग कर सकते हैं।

विधि I

चरण IV DC का लंब समद्विभाजक, PQ खीचते हैं।

चरण V माना PQ, BD को बिंदु A पर प्रतिच्छेद करता है तब, AC को मिलाया।

अब, ABC अभीष्ट त्रिभुज है।

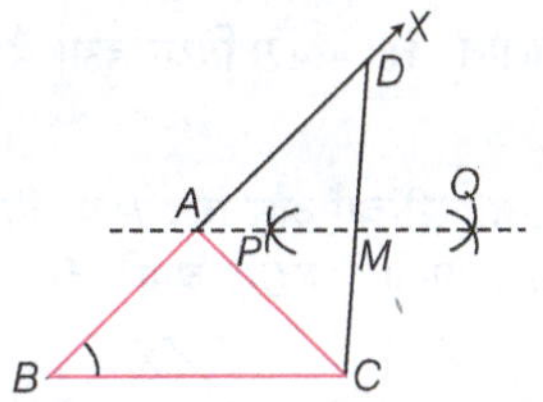

सत्यापन आधार BC तथा $\angle B$ बनाते हैं।

चूँकि, PQ, CD का लंब समद्विभाजक है तथा A इस पर स्थित हैं।

इसलिए, $AD = AC$

[$\because \Delta AMD \cong \Delta AMC$, SAS नियम से]

अब, $AB = BD - AD = BD - AC$

$\Rightarrow AB + AC = BD$

विधि II

चरण IV बिंदु C पर $\angle BDC$ के बराबर $\angle DCY$ बनाते है।

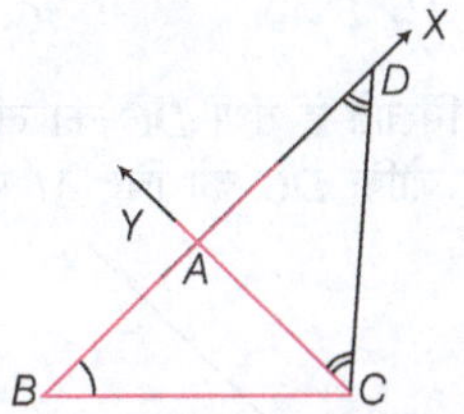

चरण V माना CY, BX को A पर प्रतिच्छेदित करती है।

तब ABC अभीष्ट त्रिभुज है।

सत्यापन आधार BC तथा $\angle B$ बनाते हैं।

$\angle ACD$ में, $\angle ACD = \angle ADC$ [रचना से]

$\therefore AD = AC$

[चूँकि, त्रिभुज के बराबर कोणों की सम्मुख भुजाएँ बराबर होती हैं]

अब, $AB = BD - AD = BD - AC$

$\Rightarrow AB + AC = BD$

नोट *तब यदि योग $AB + BC \le BC$ हो, त्रिभुज की रचना संभव नहीं होगी।*

उदाहरण 1 एक ΔABC की रचना कीजिए, जिसमें $BC = 7$ सेमी, $\angle B = 75°$ और $AB + AC = 13$ सेमी हो। इसका औचित्य भी दीजिए।

हल दिया है ΔABC में, $BC = 7$ सेमी, $\angle B = 75°$ तथा $AB + AC = 13$ सेमी है।

रचना के चरण

1. आधार $BC = 7$ सेमी खींचिए।
2. बिंदु B पर $\angle XBC = 75°$ बनाते हैं।
3. किरण BX से $AB + AC = 13$ सेमी के बराबर का एक रेखाखंड BD काटते हैं।
4. DC को मिलाते हैं।
5. DC का लंब समद्विभाजक PQ खींचा जोकि, BD को A पर मिलता है।
6. अब AC को मिलाया। तब हमें अभीष्ट त्रिभुज ABC प्राप्त होगा।

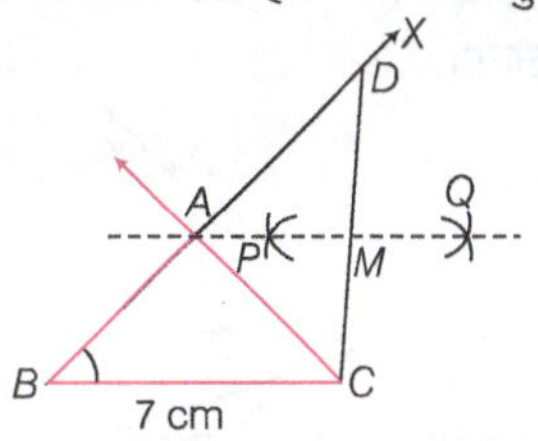

सत्यापन

आधार BC तथा $\angle B$ बनाते हैं।

चूँकि PQ, CD का लंब समद्विभाजक है तथा A इस पर स्थित हैं।

$\therefore AD = AC$ [$\because \Delta AMD \cong \Delta AMC$, SAS नियम से]

अब, $AB = BD - AD = BD - AC \Rightarrow AB + AC = BD$

नोट *अतः रचना सत्यापित है।*

रचना 2

एक त्रिभुज की रचना करना जिसका आधार, एक आधार कोण तथा अन्य दो भुजाओं का अंतर दिया हो।

कभी कभी आधार (माना BC), आधार कोण (माना $\angle B$) तथा दूसरी दो भुजाओं का अंतर (जैसे $AB - AC$ तथा $AC - AB$) दिया होता है। ΔABC की रचना स्थितियों के अनुसार निम्न चरण प्रयोग करते हैं।

स्थिति I

माना $AB > AC$ अर्थात् $AB - AC$ दिया हो।

रचना के चरण

चरण I आधार BC खींचिए और बिंदु B पर दिए गए कोण के बराबर $\angle XBC$ बनाइए।

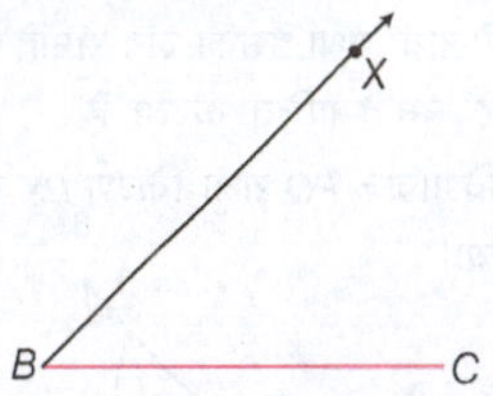

चरण II किरण BX से, $AB - AC$ के बराबर रेखाखंड BD काटिए।

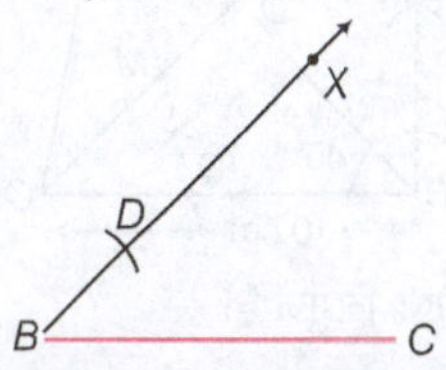

चरण III DC को मिलाया तथा इसका लंब समद्विभाजक PQ खींचा जोकि CD को बिंदु M पर समद्विभाजित करता है।

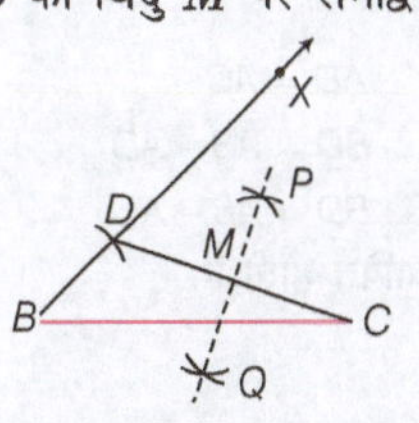

चरण IV माना PQ, BX को बिंदु A प्रतिच्छेद करता है। AC को मिलाया।

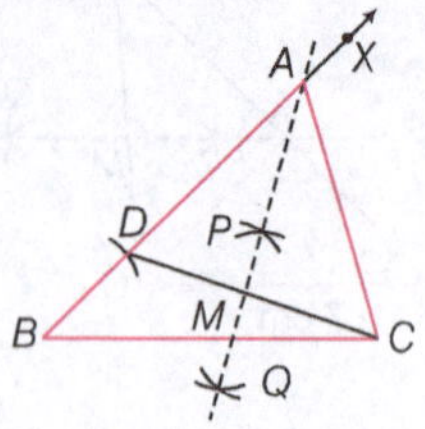

अतः ABC अभीष्ट त्रिभुज है।

सत्यापन

दिए गए मापन के अनुसार, आधार BC तथा $\angle B$ बनाते हैं।

चूँकि बिंदु A, DC के लंब समद्विभाजक पर स्थित है।

$\therefore \quad AD = AC$

[$\because \Delta AMD \cong \Delta AMC$, SAS नियम से]

इसलिए, $\quad BD = AB - AD = AB - AC$

उदाहरण 2 एक ΔABC की रचना कीजिए जिसमें $BC = 10$ सेमी, $\angle B = 45°$ तथा $AB - AC = 5$ सेमी हो। औचित्य भी दीजिए।

हल दिया है, $BC = 10$ सेमी, $\angle B = 45°$ तथा $AB - AC = 5$ सेमी

रचना के चरण

(i) सर्वप्रथम, आधार $BC = 10$ सेमी खींचिएँ।
बिंदु B पर, $\angle CBX = 45°$ बनाते हैं।

(ii) यहाँ, $AB - AC = 5$ सेमी
$\therefore AB > AC$ अर्थात् यहाँ प्रथम स्थिति लागू होगी।
अब, किरण BX से $AB - AC = 5$ सेमी के बराबर रेखाखंड BD काटते हैं।

(iii) अब, CD को मिलाया तथा इसका लंब समद्विभाजक PQ खींचा जोकि CD को M पर समद्विभाजित करता है।

(iv) माना लंब समद्विभाजक PQ तथा किरण BX का प्रतिच्छेद बिंदु A है। AC को मिलाया।

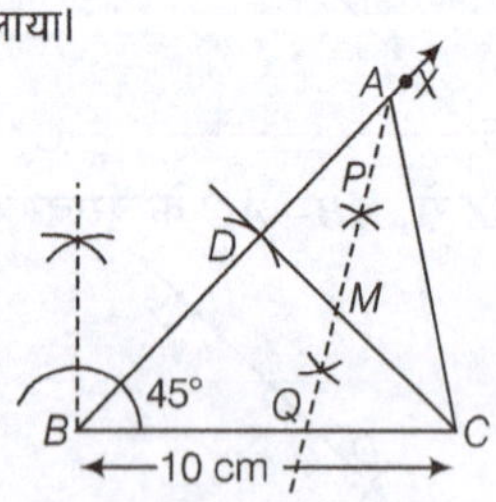

अतः ABC अभीष्ट त्रिभुज है।

सत्यापन

आधार BC तथा $\angle B$ बनाए। चूँकि बिंदु A, DC के लंब समद्विभाजक पर स्थित है।

$\therefore \quad AD = AC$

$BD = AB - AD$

$BD = AB - AC$

अतः रचना सत्यापित होती है।

स्थिति II

माना $AB < AC$ है अर्थात् $AC - AB$ दिया हुआ है।

रचना के चरण

चरण I आधार BC खींचिएँ और बिंदु B पर दिए गए कोण के बराबर एक कोण, माना $\angle XBC$ बनाते हैं।

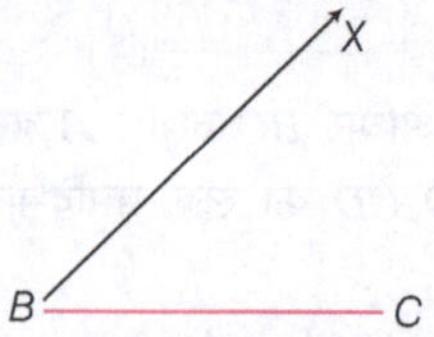

चरण II आधार BC के विपरीत दिशा में बढ़ी हुई रेखा BX से $AC - AB$ के बराबर एक रेखाखंड BD काटते हैं।

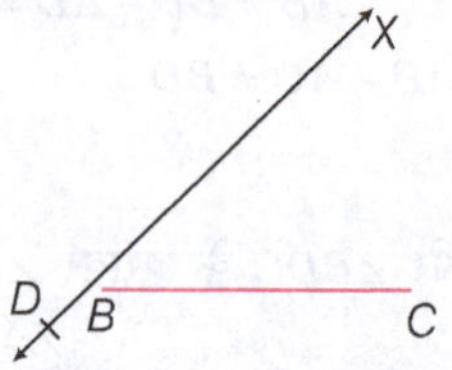

चरण III DC को मिलाते है तथा DC का लंब समद्विभाजक PQ खींचते है जोकि DC को बिंदु M पर प्रतिच्छेद करता है।

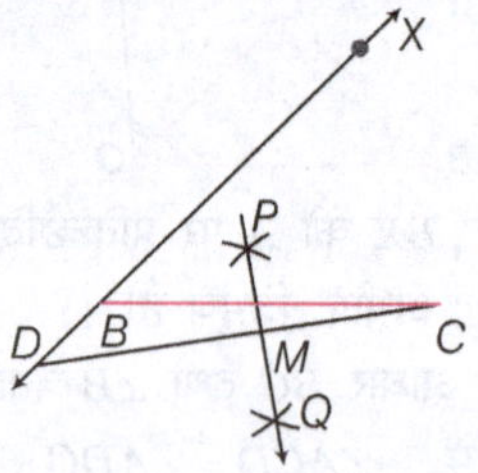

चरण IV माना PQ, BX को बिंदु A पर प्रतिच्छेद करती है। AC को मिलाते हैं, तब ABC अभीष्ट त्रिभुज है।

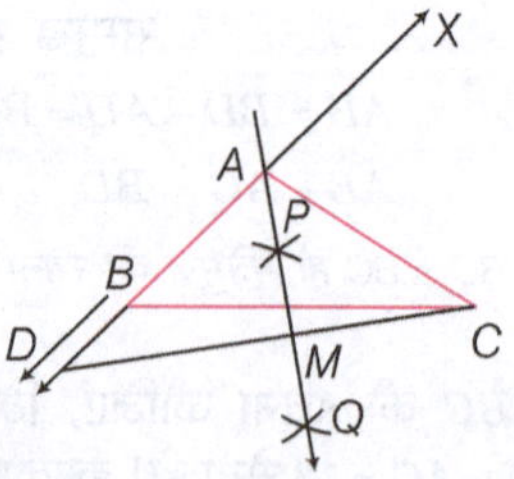

सत्यापन

दिए गए मापन के अनुसार, आधार BC तथा $\angle B$ बनाते हैं।

चूँकि बिंदु A, DC के लंब समद्विभाजक पर स्थित है।

$\therefore \quad AD = AC$

इसलिए, $\quad BD = AD - AB$

$= AC - AB$

नोट *त्रिभुज की रचना संभव नहीं होगी, यदि दो भुजाओं का अंतर, तीसरी भुजा के बराबर अथवा अधिक हो।*

उदाहरण 3 एक ΔPQR की रचना कीजिए, जिसमें $QR = 6.5$ सेमी, $\angle Q = 60°$ तथा $PR - PQ = 1.5$ सेमी तथा औचित्य भी दीजिए।

हल दिया है, ΔPQR में, $QR = 6.5$ सेमी, $\angle Q = 60°$

तथा $PR - PQ = 1.5$ सेमी

रचना के चरण

(i) आधार $QR = 6.5$ सेमी खीचते हैं।

बिंदु Q पर, $\angle XQR = 60°$ बनाते हैं,

यहाँ, $PR - PQ = 1.5$ सेमी

$\therefore \quad PR > PQ$

यहाँ, आधार कोण Q वाली भुजा तीसरी भुजा से छोटी है, इसलिए स्थिति II लागू होगी।

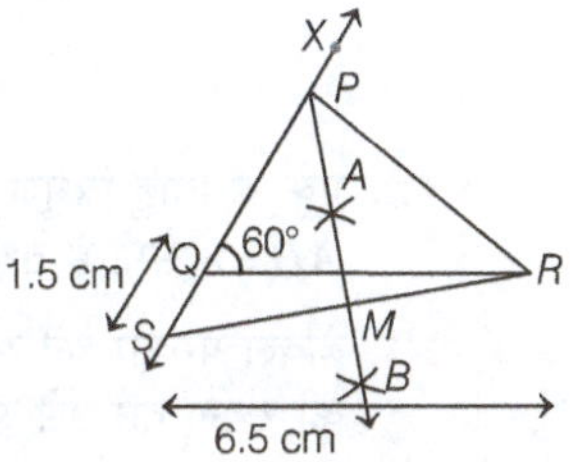

(ii) रेखा QS से $QS = PR - PQ = 1.5$ सेमी के बराबर रेखाखंड QS, QR से विपरीत ओर बढ़ाई गई QX से काटते हैं।

(iii) SR को मिलाते हैं तथा इसका लंब समद्विभाजक AB खीचते हैं जोकि SR को M पर प्रतिच्छेद करता है।

(iv) माना SX तथा लंब समद्विभाजक AB का प्रतिच्छेद बिंदु 'P' है, तब PR को मिलाया। अतः PQR अभीष्ट त्रिभुज है।

सत्यापन

दिए गए माप के अनुसार, आधार QR तथा $\angle Q$ बनाए।

चूँकि, AB, SR का लंब समद्विभाजक है तथा P इस पर स्थित है।

$\therefore \quad PS = PR$

अब, $\quad QS = PS - PQ \Rightarrow QS = PR - PQ$

अतः रचना सत्यापित होती है।

प्रश्नावली 14.2

1. ΔABC की रचना कीजिए, जिसमें $AB = 5$ सेमी, $BC = 4$ सेमी तथा $\angle B = 100°$ है। कोण के समद्विभाजक की भी रचना कीजिए।

2. ΔABC की रचना कीजिए, जिसमें $AB = 4$ सेमी, $BC = 3$ सेमी तथा $AC = 5$ सेमी है।

3. एक त्रिभुज की रचना कीजिए जिसकी भुजाओं की माप क्रमशः 4.5 सेमी, 5 सेमी और 5.3 सेमी है। इसमें सबसे बड़े कोण को भी समद्विभाजित कीजिए।

4. एक ΔABC की रचना कीजिए, जिसमें $AB = 5$ सेमी, $\angle A = 45°$ तथा $\angle B = 60°$ है।

5. एक समद्विबाहु ΔABC की रचना कीजिए जिसमें असमान भुजा $BC = 6$ सेमी तथा शीर्षलंब $AD = 4$ सेमी है। साथ ही, बराबर भुजाओं की माप भी लिखिए।

6. एक ΔABC की रचना कीजिए, जिसमें $BC = 4$ सेमी, $\angle C = 60°$ तथा $AB + AC = 8$ सेमी है।

7. एक समकोण त्रिभुज की रचना कीजिए जिसका आधार 5 सेमी है तथा इसके कर्ण व अन्य भुजा का योग 25 सेमी है।

8. एक ΔABC की रचना कीजिए, जिसमें $AB = 6$ सेमी, $\angle A = 45°$ तथा $AC - BC = 2$ सेमी है।

9. एक समकोण ΔABC की रचना कीजिए, जिसमें $AB = 5.6$ सेमी, $BC = 4.5$ सेमी तथा $\angle C = 90°$ है।

10. एक समबाहु त्रिभुज की रचना कीजिए जिसके शीर्षलंब की माप 4.5 सेमी है।

11. एक समबाहु त्रिभुज की रचना कीजिए जिसके शीर्षलंब की माप 5 सेमी है।

उत्तर व संकेत

1. त्रिभुज की कुछ आधारभूत रचनाओं की स्थिति I की भाँति स्वयं हल करें।

2. त्रिभुज की कुछ आधारभूत रचनाओं की स्थिति II की भाँति स्वयं हल करें।

3. त्रिभुज की कुछ आधारभूत रचनाओं की स्थिति II की भाँति स्वयं हल करें। [चूँकि, सबसे बड़ी भुजा का सम्मुख कोण बड़ा होता है, इसलिए लंबाई 5.3 सेमी की भुजा के सामने वाले कोण को समद्विभाजित करेंगे]

4. त्रिभुज की कुछ आधारभूत रचनाओं की स्थिति III की भाँति स्वयं हल करें।

5. त्रिभुज की कुछ आधारभूत रचनाओं की स्थिति IV की भाँति स्वयं हल करें।

6. उदाहरण 1 की भाँति स्वयं हल करें।

7. उदाहरण 1 की भाँति स्वयं हल करें।

8. उदाहरण 2 की भाँति स्वयं हल करें।

9. **संकेत** $BC = 4.5$ सेमी खींचा। भुजा BC के बिंदु C पर 90° का कोण इस प्रकार बनाया कि $\angle BCD = 90°$ बिंदु B से 5.6 सेमी का एक चाप लगाया जोकि CD को A पर मिलता है। अतः ABC अभीष्ट त्रिभुज है।

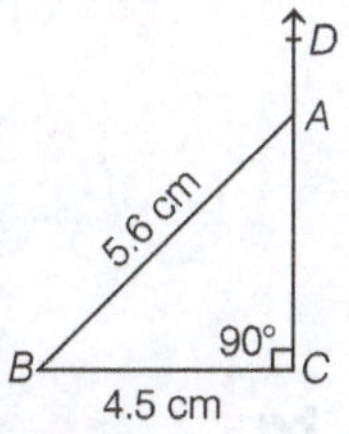

10. **संकेत** किरण XY खींची इसका लंब समद्विभाजक PQ खींचा जोकि XY को बिंदु M पर प्रतिच्छेद करता है। MP के साथ, $MA = 4.5$ सेमी काटा। AM के दोनों तरफ बिंदु A पर 30° का कोण बनाया जोकि MX और MY को क्रमशः B और C पर प्रतिच्छेद करते हैं। अतः ABC अभीष्ट त्रिभुज है।

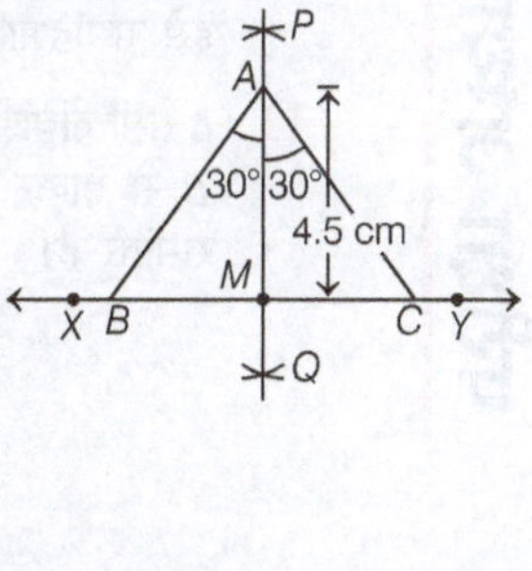

11. प्रश्न 11 की भाँति स्वयं हल करें।

परीक्षा अभ्यास

यहाँ अध्याय से संबंधित सभी संभावित प्रश्नों को दिया गया है, इन प्रश्नों का अभ्यास करके व याद रखकर छात्र अध्याय से संबंधित किसी भी प्रश्न का उत्तर दे पाएँगे।

अतिलघु उत्तरीय प्रश्न

1. क्या पटरी और परकार की सहायता से $32\frac{1}{2}°$ के कोण की रचना करना संभव है?

2. क्या 67.5° के कोण की रचना की जा सकती है?

3. 175° के कोण का समद्विभाजक लिखिए।

4. दी गई आकृति में, $\angle MNO = 60°$, रचना की सहायता से $\angle MNA = \angle ANB + \angle BNO$ तथा $\angle ANB = \angle BNO$, तब $\angle BNO$ की माप ज्ञात कीजिए।

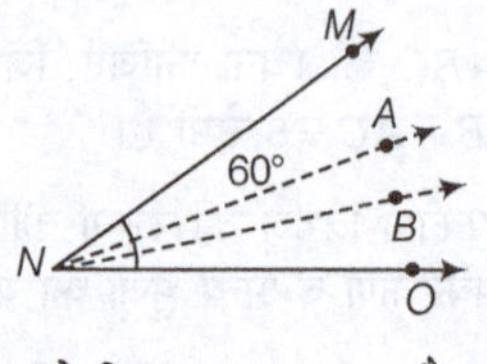

5. यदि $AB = 6$ सेमी तथा $\angle A = 45°$ है, तब $(BC + AC)$ के किस मान के लिए ΔABC की रचना संभव है।

6. क्या एक ΔABC की रचना की जा सकती है। जिसमें, $AB = 5$ सेमी, $\angle A = 45°$ तथा $BC + AC = 5$ सेमी है।

7. यदि $AB = 7$ सेमी और $\angle A = 75°$ है, तब $(BC - AC)$ के किस मान के लिए ΔABC की रचना संभव है?

8. एक ΔABC की रचना की जा सकती है जिसमें $BC = 6$ सेमी, $\angle C = 30°$ और $AC - AB = 4$ सेमी है?

लघु उत्तरीय प्रश्न

9. एक रेखाखंड $AB = 12$ सेमी खींचिए। इसे $\frac{3}{4}$ वें भाग में विभाजित कीजिए तथा AB के $\frac{3}{4}$ वें भाग की लंबाई को मापिए।

10. चाँदे की सहायता से 110° का एक कोण खींचिए और फिर इसे समद्विभाजित कीजिए।

11. 4 सेमी लंबाई का एक रेखाखंड AB खींचिए। क्रमशः A और B से होकर, AB पर लंब रेखाएँ खींचिए। क्या ये रेखाएँ समांतर है।

12. एक समबाहु त्रिभुज की रचना कीजिए जिसकी भुजा $AB = 6$ सेमी है तथा रचना का औचित्य भी दीजिए।

13. केवल परकार की सहायता से एक त्रिभुज के बहिष्कोण की रचना कर इसे समद्विभाजित कीजिए।

14. त्रिभुज ABC की रचना कीजिए जिसमें $AB = 6$ सेमी, $BC = 8$ सेमी और $AC = 7.5$ सेमी।

15. ΔABC की रचना कीजिए जिसमें $AB = 5.2$ सेमी, $\angle A = 30°$ और $\angle B = 75°$ हो।

16. एक समकोण त्रिभुज की रचना कीजिए जिसका आधार 10 सेमी तथा कर्ण एवं अन्य भुजा का योग 16 सेमी।

17. एक समबाहु त्रिभुज की रचना कीजिए जिसमें से एक शीर्षलंब की माप 6 सेमी है।

18. एक समकोण ΔABC की रचना कीजिए जिसका आधार 6 सेमी एवं समकोण को सम्मिलित करते हुए अन्य भुजा $AB = 10$ सेमी है।

19. 10 सेमी लंबाई का एक रेखाखंड SR खींचिए। इसे परकार एवं पटरी की सहायता से 4 बराबर भागों में बाँटिए।

20. केवल परकार एवं पटरी की सहायता से, $7\frac{1}{2}°$ के कोण की रचना कीजिए।

21. एक ΔSTV की रचना कीजिए, जिसमें $\angle T = 150°$, $TV = 3$ सेमी तथा $ST + VS = 8$ सेमी है।

22. एक ΔABC की रचना कीजिए जिसमें $BC = 3.6$ सेमी. $\angle B = 30°$ तथा $AB - AC = 1.3$ सेमी है।

23. तिर्यक रेखा t द्वारा प्रतिच्छेदित रेखाएँ l और m खींचिए। तिर्यक रेखा के एक ही ओर के अंत: कोणों के समद्विभाजकों की रचना कीजिए।

24. एक ΔABC की रचना कीजिए जिसका परिमाप 12 सेमी तथा इसकी भुजाओं का अनुपात $3:4:5$ है।

25. एक ΔABC की रचना कीजिए जिसमें $\angle B = 60°$, $\angle C = 75°$ तथा शीर्ष A से आधार BC पर डाले गए लंब की लंबाई 5 सेमी है।

26. ΔABC की रचना कीजिए जिसमें $BC = 9$ सेमी, $\angle B = 75°$ तथा $AB + AC = 15$ सेमी हो।

27. ΔKLM की रचना कीजिए, यदि $KM = 5$ सेमी, $\angle L = 30°$ तथा $KL + KM = 9.4$ सेमी।

28. ΔABC की रचना कीजिए जिसमें $BC = 5$ सेमी, $\angle B = 30°$ तथा $AC - AB = 3$ सेमी हो।

29. ΔPQR की रचना कीजिए जिसमें $QR = 3$ सेमी, $\angle PQR = 45°$ तथा $QP - PR = 2$ सेमी हो।

30. ΔABC की रचना कीजिए जिसमें $BC = 5.2$ सेमी, कोण $B = 30°$ तथा अन्य दो भुजाओं का अंतर 3.5 सेमी हो।

31. एक समद्विबाहु समकोण त्रिभुज की रचना कीजिए जिसका कर्ण 8 सेमी हो।

32. एक रेखाखंड $PQ = 16$ सेमी खींचों, इसे परकार एवं पटरी की सहायता से चार समान भागों में विभाजित कीजिए तथा प्रत्येक भाग का माप भी ज्ञात कीजिए।

33. एक समकोण त्रिभुज की रचना कीजिए जिसका कर्ण 5.3 सेमी तथा एक अन्य भुजा 4.5 सेमी।

दीर्घ उत्तरीय प्रश्न

34. कारण दीजिए

(i) पटरी और परकार की सहायता से 22.5° के कोण की रचना संभव है।

(ii) एक ΔABC की रचना संभव नहीं है यदि दिया है कि $BC = 7$ सेमी, $\angle B = 45°$ तथा $AB - AC = 10$ सेमी है।

(iii) हम परकार और पटरी की सहायता से 67.5° के कोण की रचना कर सकते हैं।

(iv) यदि $EF = 5.5$ सेमी, $\angle E = 75°$ तथा $DE - DF = 2$ सेमी है, तब ΔDEF की रचना संभव है।

35. एक समद्विबाहु ΔABC की रचना कीजिए जिसमें आधार $BC = 4$ सेमी तथा A से BC पर डाले गए लंब एवं भुजा AB का योग $= 6.5$ सेमी हैं।

36. एक ΔABC की रचना कीजिए जिसमें $BC = 6.8$ सेमी, $\angle B = 45°$ तथा $\angle C = 45°$ है तथा $\angle B$ व $\angle C$ के समद्विभाजकों की रचना कीजिए जोकि परस्पर बिंदु 'O' पर प्रतिच्छेद करते हैं, तब $\angle BOC$ का माप ज्ञात कीजिए।

उत्तर व संकेत

1. नहीं, यह संभव नहीं है।

क्योंकि $32.5° = \frac{1}{2} \times 65°$ तथा 65° की रचना पटरी और परकार की सहायता से नहीं कि जा सकती है।

2. हाँ, क्योंकि $67.5 = \frac{135°}{2} = \frac{1}{2}(90° + 45°)$

3. 175° का समद्विभाजक $= \frac{175°}{2} = 87.5°$ **उत्तर** 87.5°

4. **संकेत** $\because$ $\angle MNO = 60°$

$\therefore$ $\angle ANO = \frac{60°}{2} = 30°$

तथा $\angle ANO$ का समद्विभाजक,

$\angle BNO = \frac{30°}{2} = 15°$

5. ΔABC की रचना के लिए $(BC + AC)$ का मान अवश्य रूप से, 6 सेमी से अधिक होना चाहिए।

6. नहीं

7. ΔABC की रचना के लिए $(BC - AC)$ का मान अवश्य रूप से 7 सेमी से कम होना चाहिए।

8. हाँ, चूँकि $AC - AB < BC$ अर्थात् $AC < AB + BC$ है।

9. **संकेत**

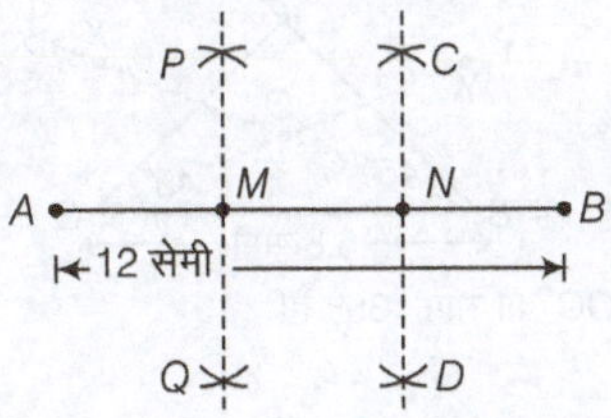

$AN = \frac{3}{4} \times AB = \frac{3}{4} \times 12 = 9$ सेमी

अतः AN की लंबाई 9 सेमी है।

10. **संकेत** यहाँ, $\angle AXB = 110°$

तथा $\angle AXC = \frac{1}{2} \angle A \times B$

$= \frac{1}{2} \times 110° = 55°$

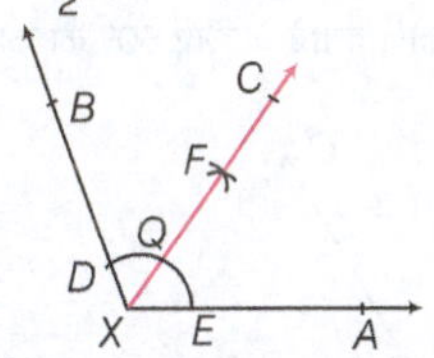

11. **संकेत** हम जानते हैं कि, यदि दो रेखाएँ समांतर होती हैं, तब उनके बीच कोण 0° या 180° होता है।

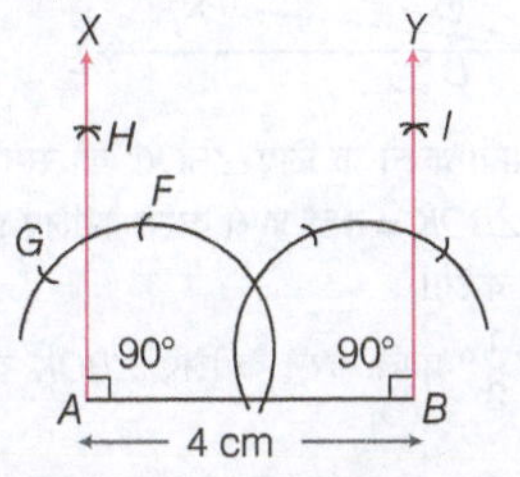

12. **संकेत** $AB = 6$ सेमी खींचा।

भुजा AB के बिन्दु A तथा B से 6 सेमी के चाप लगायें जिनका प्रतिच्छेदी बिन्दु C है। A तथा B को C से मिलाया। अतः ABC अभीष्ट समबाहु त्रिभुज है।

13. प्रश्नावाली 11.2 के प्रश्न 2 की भाँति स्वयं हल करें।

14. प्रश्नावाली 11.2 के प्रश्न 4 की भाँति स्वयं हल करें।

15. प्रश्नावाली 11.2 के प्रश्न 7 की भाँति स्वयं हल करें।

16. प्रश्नावली 11.2 के प्रश्न 11 की भाँति स्वयं हल करें।

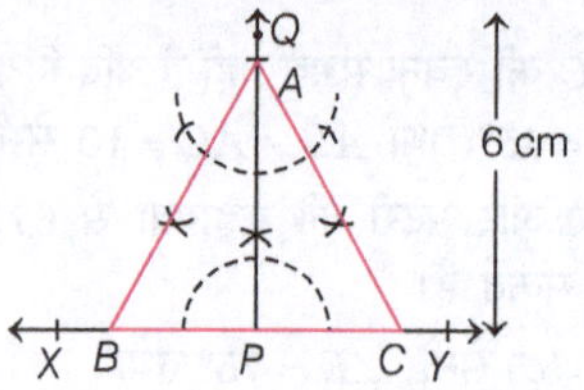

17. **संकेत**

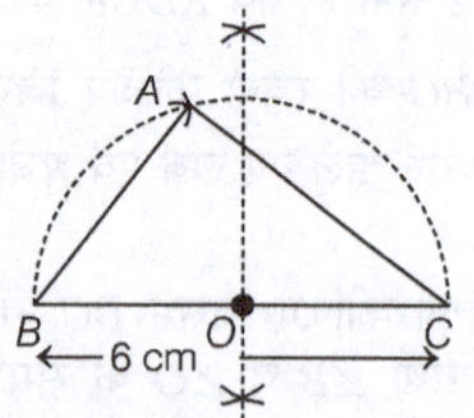

18.

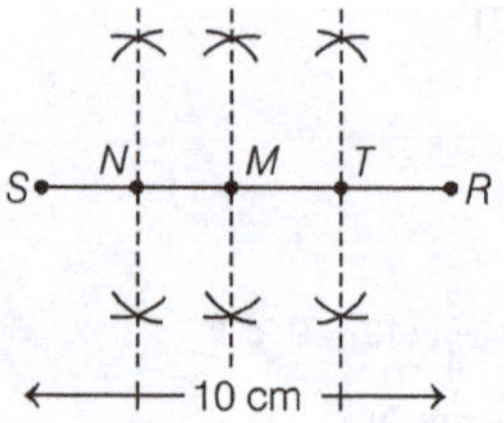

19. **संकेत रचना के चरण**

यहाँ, $7\frac{1}{2}^\circ = \frac{60^\circ}{8}$

$= \frac{1}{2} \times \frac{1}{2} \times \frac{1}{2} \times 60^\circ$

इसलिए, $7\frac{1}{2}^\circ$ का कोण बनाने के लिए 60° का कोण बनाना पड़ेगा।

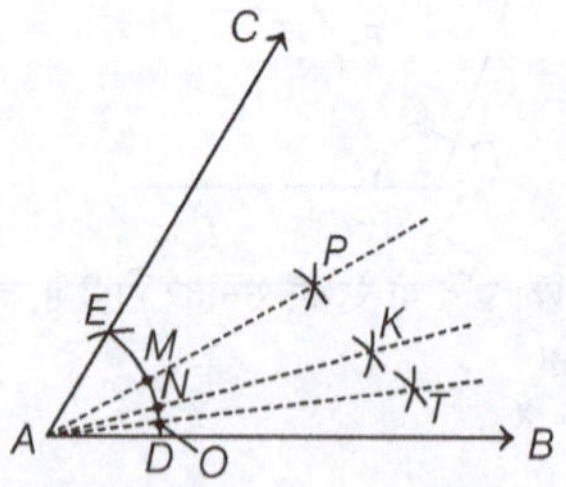

$\angle BOP = 30^\circ$ प्राप्त करने के लिए $\angle BOC$ को समद्विभाजित करना पड़ेगा तत्पश्चात् $\angle BOK = 15^\circ$ प्राप्त करने के लिए इसे पुनः $\angle BOP$ को समद्विभाजित करेंगे।

पुनः $\angle BOT = 7\frac{1}{2}^\circ$ प्राप्त करने के लिए $\angle BOK$ को समद्विभाजित करेंगे।

20. टॉपिक 2 के उदाहरण 1 की भाँति स्वयं हल करें।

21. टॉपिक 2 के उदाहरण 2 की भाँति स्वयं हल करें।

22.

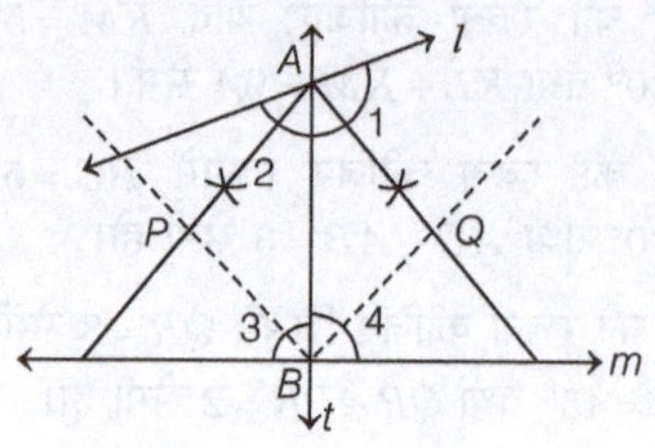

23.

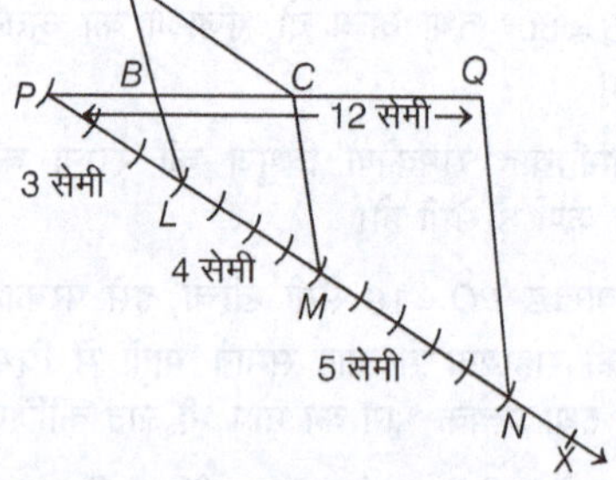

24.

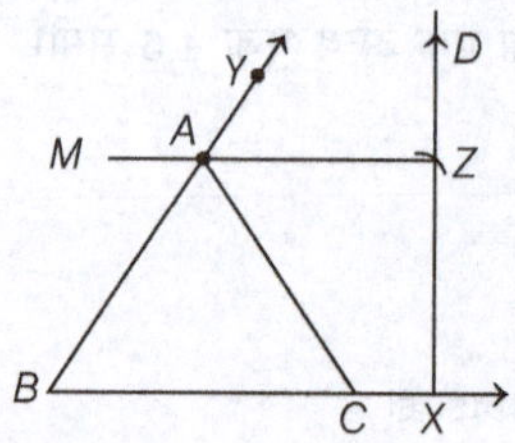

25. टॉपिक 2 के उदाहरण 1 की भाँति स्वयं हल करें।

26. टॉपिक 2 के उदाहरण 1 की भाँति स्वयं हल करें।

27. टॉपिक 2 के उदाहरण 3 की भाँति स्वयं हल करें।

28. टॉपिक 2 के उदाहरण 2 की भाँति स्वयं हल करें।

29. टॉपिक 2 के उदाहरण 2 की भाँति स्वयं हल करें।

30. **संकेत** एक रेखाखंड $PQ = 8$ सेमी खींचों तथा बिंदु P एवं Q पर 45°, 45° का कोण बनाओ।

31. प्रश्न 20 की भाँति स्वयं हल करें।

32. (i) हाँ, यह संभव है,

चूँकि $22\frac{1}{2}^\circ = \frac{1}{2} \times 45^\circ$

(ii) हाँ, ΔABC की रचना संभव नहीं है।

(iii) हाँ, चूँकि $67.5 = 45^\circ + 22.5^\circ$

(iv) हाँ, क्योंकि त्रिभुज की दो भुजाओं का अंतर तीसरी भुजा से कम है।

33.

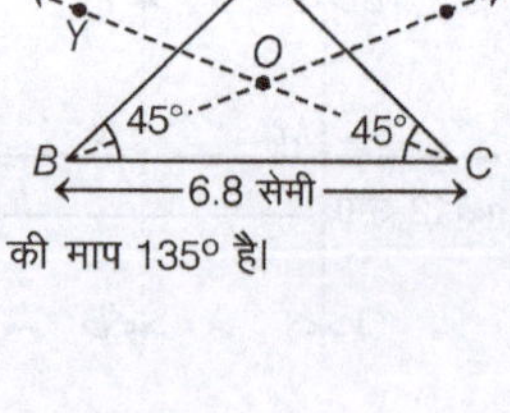

यहाँ, $\angle BOC$ की माप 135° है।

अध्याय

15

प्रायिकता
(Probability)

अपने दैनिक जीवन में हमें इस प्रकार के कथन सुनने को मिलते हैं जिनमें प्राय: संदेह, संयोग, संभवत: आदि शब्द प्रयुक्त होते हैं।

(i) अनिल द्वारा वार्षिक परीक्षा उत्तीर्ण करने का संयोग 50-50 हैं।

(ii) मुझे संदेह है कि वह परीक्षा में उत्तीर्ण होगा।

(iii) आज वर्षा होने की संभावना सबसे अधिक है।

उपरोक्त कथनों में प्रयुक्त 'संयोग', 'संदेह', 'संभवत:' आदि शब्दों में अनिश्चितता की भावना बनी रहती है। यहाँ कथन में, 50-50 संयोग से आशय है कि अनिल परीक्षा उत्तीर्ण कर भी सकता है और नहीं भी। हम यहाँ अनिल के परीक्षा में उत्तीर्ण होने के 50-50 संयोग का पूर्वानुमान उसके अध्ययन के प्रति सजगता एवं कठिन परिश्रम के आधार पर कर रहे हैं। इसी प्रकार, अन्य स्थितियों में अनिश्चितता या संभवता को हम प्रायिकता को सख्यात्मक रूप में माप सकते हैं। इस अध्याय में, हम प्रायिकता की संकल्पना का अध्ययन निश्चितता अथवा अनिश्चितता के मापन के रूप में करेंगे।

टॉपिक्स

- कुछ आधारभूत पद
- प्रायोगिक प्रायिकता

प्रायिकता किसी घटना के घटित होने के संयोग का अध्ययन है। प्रायिकता की अवधारणा को स्पष्ट रूप से समझने के लिए इससे संबंधित कुछ महत्त्वपूर्ण पदों का अध्ययन आवश्यक है।

कुछ आधारभूत पद (Some Basic Terms)

- **अभिप्रयोग** (Experiment) वह क्रिया जिसमें एक या एक से अधिक सुपरिभाषित परिणाम प्राप्त होते हैं, उसे अभिप्रयोग कहते हैं। जैसे—यदि एक सिक्के को 20 बार उछाला जाता है तो सिक्के की प्रत्येक उछाल को एक अभिप्रयोग कहा जाता है जिसके फलस्वरूप या तो चित या पट प्राप्त होता है। यहाँ, चित और पट आने को **परिणाम** (outcomes) कहा जाता है।

अभिप्रयोग दो प्रकार के होते हैं जोकि निम्नवत् हैं

1. **अनिश्चयात्मक अथवा यादृच्छिक प्रयोग** (Random Experiment) ऐसे प्रयोग जिन्हें समान परिस्थितियों में दोहराए जाने पर भी प्रत्येक बार समान परिणाम प्राप्त नहीं होता अर्थात् ऐसे प्रयोग जिन्हें करने पर एक से अधिक संभावित परिणामों में से कोई एक परिणाम प्राप्त होता है तथा अन्य किसी विशेष परिणाम को प्राप्त करने का निश्चित अनुमान नहीं लगाया जा सकता, यादृच्छिक या अनिश्चयात्मक प्रयोग कहलाते हैं।

   जैसे कि एक निष्पक्ष सिक्के को उछालना एक यादृच्छिक प्रयोग है क्योंकि यदि हम सिक्के को उछालते हैं तब यह निश्चित है कि चित (head) या पट (tail) में से कोई एक परिणाम आएगा, परंतु यदि हम सिक्के को बार-बार उछालते हैं, तब प्रत्येक बार परिणाम समान नहीं होगा परंतु यह निश्चित होगा कि या तो चित या पट प्राप्त होगा।

2. **निश्चयात्मक प्रयोग** (Deterministic Experiment) ऐसे प्रयोग जिनको समान परिस्थितियों में दोहराए जाने पर हर बार एक ही परिणाम प्राप्त होता हो, निश्चयात्मक प्रयोग कहलाते हैं।

जैसे कि एक असंतुलित सिक्के जिसके दोनों तरफ या तो चित या पट हो, को 20 बार उछालने पर, समान परिणाम प्राप्त होगा।

- **घटना** (Event) प्रयोग के एक संभवतः परिणाम या परिणामों के संग्रह को घटना कहते हैं। जैसे—सिक्के को उछालने पर चित आना एक घटना है।
- **घटना का घटित होना** (Occurrence of an Event) यादृच्छिक प्रयोग से संबंधित घटना E का घटित होना, तब कहा जाता है जब प्रारंभिक घटनाओं में से एक घटना, E के परिणाम से संबंधित हो।

जैसे—एक पासे को उछालने पर यदि परिणाम 4 प्राप्त होता है तो हम कह सकते हैं कि निम्नलिखित में से प्रत्येक घटना घटित हो चुकी है

(i) सम संख्या आने की। (ii) 2 से बड़ी संख्या आने की।

(iii) 5 से छोटी संख्या आने की।

- **प्रारंभिक घटना** (Elementary Event) किसी यादृच्छिक प्रयोग की वह घटना जिसमें केवल एक परिणाम प्राप्त हो, प्रारंभिक या सरल घटना कहलाती है। जैसे—एक सिक्के को उछालने पर प्राप्त संभावित परिणाम चित या पट है। यदि हम परिभाषित करें कि

E_1 = सिक्के के ऊपरी पृष्ठ पर चित आता है।

तथा E_2 = सिक्के के ऊपरी पृष्ठ पर पट आता है।

तब, E_1 और E_2 सिक्का उछालने के यादृच्छिक प्रयोग से जुड़ी दो प्रारंभिक या सरल घटनाएँ हैं।

- **मिश्रित घटना** (Compound Event) किसी यादृच्छिक प्रयोग से संबंधित ऐसी घटना जोकि दो या दो से अधिक सरल घटनाओं को मिलाने पर प्राप्त होती है, मिश्रित घटना कहलाती हैं।

जैसे—दो सिक्कों को एक साथ उछालने के यादृच्छिक प्रयोग में, यदि हम केवल चित आने की घटना को परिभाषित करें, तब इसे सरल घटनाओं (अथवा परिणामों) के संग्रह HT या TH द्वारा परिभाषित किया जाता है।

नोट

- *यादृच्छिक उछाल से यहाँ आशय सिक्के के बिना किसी बाधा व पक्षपात के स्वतंत्र रूप से गिरने से है।*
- *सिक्का सिक्के के दो पक्ष होते हैं चित (H) और पट (T)*
- *पासा एक पासा घन के आकार में होता है जिसकी फलकों पर अंक 1, 2, 3, 4, 5 और 6 अंकित होते हैं। कभी-कभी फलकों पर संख्या के स्थान पर उतने ही बिंदु बने होते हैं।*

प्रायोगिक प्रायिकता
(Experimental Probability)

यदि यादृच्छिक प्रयोगों से संबंधित घटना 'E' है तब घटना 'E' के घटित होने की **प्रायोगिक** (Experiment) या **आनुभविक** (Empirical) प्रायिकता निम्नलिखित है

$$P(E) = \frac{\text{अभिप्रयोगों की संख्या जिनमें घटना } (E) \text{ घटी है}}{\text{अभिप्रयोगों की कुल संख्या}}$$

या $$P(E) = \frac{\text{अभिप्रयोगों की संख्या जिनमें घटना } (E) \text{ घटी है}}{\text{प्रयोगों के घटने की कुल संख्या}}$$

अतः आनुभविक प्रायिकता किए गए अभिप्रयोगों की संख्या और इन अभिप्रयोगों से प्राप्त परिणामों की संख्या पर निर्भर करती है। अन्य शब्दों में, किसी घटना के घटित होने अथवा घटित न होने की प्रतिशतता को प्रायिकता कहते हैं। जैसे—एक सिक्के को 1000 बार उछालने पर निम्नलिखित घटनाएँ प्राप्त होती हैं $E_1 = 455$ बार चित आता है

तथा $E_2 = 545$ बार पट आता है।

तब, चित आने की प्रायिकता $P(E_1) = \frac{455}{1000} = 0.455$

तथा पट आने की प्रायिकता $P(E_2) = \frac{545}{1000} = 0.545$

प्रायिकता से संबंधित महत्त्वपूर्ण बिंदु

(i) किसी घटना के घटित होने की प्रायिकता सदैव 0 और 1 के बीच में होत है अर्थात् $0 \le P(E) \le 1$ प्रतिशत रूप में, यह 0% से 100 % के बीच में स्थित होती है।

(ii) यदि किसी घटना A की प्रायिकता 1 है अर्थात् $P(A) = 1$, तब घटना A का निश्चित घटना (Sure or Certain event) कहते हैं।

(iii) यदि किसी घटना B की प्रायिकता '0' है अर्थात् $P(B) = 0$, तब घटना B को असंभव घटना (Impossible event) कहते हैं।

(iv) किसी प्रयोग के सभी संभव परिणामों की प्रायिकताओं का योगफल 1 होत है।

(v) $P(E) + P$ (E नहीं) $= 1$ या
$P(E) = 1 - P$ (E नहीं) या P (E नहीं) $= 1 - P(E)$

(vi) किसी घटना की आनुभविक प्रायिकता कभी भी ऋणात्मक नहीं हो सकती है।

उदाहरण 1 2 बच्चों वाले 1500 परिवारों का यादृच्छया चयन किया गया है और निम्नलिखित आँकड़े लिख लिए गए हैं

परिवार में लड़कियों की संख्या	2	1	0
परिवारों की संख्या	102	675	723

यादृच्छया चुने गए उस परिवार की प्रायिकता ज्ञात कीजिए जिसमें

(i) दो लड़कियाँ हों (ii) एक लड़की हो

(iii) कोई लड़की न हो।

हल यहाँ, परिवारों की कुल संख्या = अभिप्रयोगों की कुल संख्या = 1500

(i) माना $E_1 = 2$ लड़कियों वाले परिवार को चुनने की घटना तब दो लड़कियाँ रखने वाले परिवारों की संख्या = 102

$\therefore$ अभीष्ट प्रायिकता, $P(E_1) = \frac{102}{1500} = 0.068$

(ii) माना E_2 = एक लड़की वाले परिवार को चुनने की घटना तब एक लड़की रखने वाले परिवारों की संख्या = 675

$\therefore$ अभीष्ट प्रायिकता, $P(E_2) = \frac{675}{1500} = 0.45$

(iii) माना E_3 = कोई लड़की नहीं वाले परिवार को चुनने की घटना तब कोई भी लड़की न रखने वाले परिवारों की संख्या = 723

$\therefore$ अभीष्ट प्रायिकता, $P(E_3) = \frac{723}{1500} = 0.482$

नोट *उपरोक्त प्रश्न में, उत्तर को सत्यापित करने के लिए सभी परिणामों की प्रायिकताओं का योगफल = 0.068 + 0.45 + 0.482 = 1*

उदाहरण 2 दो सिक्कों को एक साथ 1000 बार उछालने पर हमें निम्न परिणाम प्राप्त होते हैं

दो चित	: 210 बार
एक चित	: 550 बार
कोई भी चित नहीं	: 240 बार

इनमें से प्रत्येक घटना के घटने की प्रायिकता ज्ञात कीजिए।

हल दी गई घटनाओं को निम्न प्रकार से परिभाषित करते हैं

E_1= दो चितों का आना, E_2= एक चित का आना, E_3= कोई चित नहीं आना

अभिप्रयोगों की कुल संख्या =1000

उन अभिप्रयोगों की कुल संख्या जिसमें घटना E_1 घटित होती है =210

उन अभिप्रयोगों की कुल संख्या जिसमें घटना E_2 घटित होती है =550

उन अभिप्रयोगों की कुल संख्या जिसमें घटना E_3 घटित होती है =240

$$\therefore P(E_1) = \frac{\text{उन अभिप्रयोगों की संख्या जिसमें घटना } E_1 \text{ घटित होती है}}{\text{अभिप्रयोगों की कुल संख्या}}$$

$$= \frac{210}{1000} = 0.21$$

$$P(E_2) = \frac{\text{उन अभिप्रयोगों की संख्या जिसमें घटना } E_2 \text{ घटित होती है}}{\text{अभिप्रयोगों की कुल संख्या}}$$

$$= \frac{550}{1000} = 0.55$$

$$P(E_3) = \frac{\text{उन अभिप्रयोगों की संख्या जिसमें घटना } E_3 \text{ घटित होती है}}{\text{अभिप्रयोगों की कुल संख्या}}$$

$$= \frac{240}{1000} = 0.24$$

उदाहरण 3 एक विद्यार्थी के मासिक यूनिट परीक्षा में प्राप्तांकों के प्रतिशत निम्नवत् हैं

यूनिट परीक्षा	I	II	III	IV	V
प्राप्तांक अंकों का प्रतिशत	58	74	76	62	85

इन आँकड़ों के आधार पर इस बात की प्रायिकता ज्ञात कीजिए कि एक यूनिट परीक्षा में वह विद्यार्थी

(i) प्रथम श्रेणी अर्थात् कम-से-कम 60% अंक प्राप्त करता है।

(ii) 70% और 80% के बीच अंक प्राप्त करता है।

(iii) श्रेष्ठता अर्थात् 75% अथवा ऊपर अंक प्राप्त करता है।

(iv) 65% अंकों से कम अंक प्राप्त करता है।

हल यूनिट परीक्षाओं की कुल संख्या = 5

(i) उन यूनिट परीक्षाओं की संख्या जिनमें, विद्यार्थी प्रथम श्रेणी प्राप्त करता है अर्थात् कम-से-कम 60% अंक प्राप्त करता है = 4

$\therefore P$ (विद्यार्थी प्रथम श्रेणी प्राप्त करता है) $= \frac{4}{5} = 0.8$

(ii) उन परीक्षाओं की संख्या जिनमें, विद्यार्थी 70% और 80% के मध्य अंक प्राप्त करता है = 2

$\therefore P$ (विद्यार्थी 70% और 80% के बीच अंक प्राप्त करता है)

$$= \frac{2}{5} = 0.4$$

(iii) उन परीक्षाओं की संख्या, जिनमें विद्यार्थी श्रेष्ठता प्राप्त करता है = 2

$\therefore P$ (चुना हुआ विद्यार्थी श्रेष्ठता प्राप्त करता है) $= \frac{2}{5} = 0.4$

(iv) उन परीक्षाओं की संख्या जिनमें विद्यार्थी 65% से कम अंक प्राप्त करता है = 2

$\therefore P$ (विद्यार्थी 65% से कम अंक प्राप्त करता है) $= \frac{2}{5} = 0.4$

उदाहरण 4 पैक किए गए प्रत्येक डिब्बे में बल्बों की संख्या 40 है। इनमें से 700 डिब्बों में खराब बल्बों की संख्या ज्ञात करने के लिए जाँच की गई तथा इसके परिणाम निम्नलिखित सारणी में दिए गए हैं

खराब बल्बों की संख्या	0	1	2	3	4	5	6	6 से अधिक
बारंबारता	400	180	48	41	18	8	3	2

इन डिब्बों में से एक डिब्बा यादृच्छिक रूप से चुना जाता है। इसकी क्या प्रायिकता है कि इस डिब्बे में

(i) कोई बल्ब खराब नहीं होगा?

(ii) खराब बल्बों की संख्या 2 से 6 तक होगी?

(iii) 4 से कम खराब बल्ब होंगे?

हल डिब्बों की कुल संख्या = 700

(i) कोई बल्ब खराब नहीं होने वाले डिब्बों की संख्या = 400

$\therefore$ प्रायिकता (डिब्बे में कोई बल्ब खराब नहीं होगा) $= \frac{400}{700} = \frac{4}{7}$

(ii) खराब बल्बों की संख्या 2 से 6 तक रखने वाले डिब्बों की संख्या

$= 48 + 41 + 18 + 8 + 3 = 118$

$\therefore$ प्रायिकता (डिब्बे में खराब बल्बों की संख्या 2 से 6 तक होगी)

$$= \frac{118}{700} = \frac{59}{350}$$

(iii) 4 से कम खराब बल्ब रखने वाले डिब्बों की संख्या

$= 400 + 180 + 48 + 41 = 669$

$\therefore$ प्रायिकता (डिब्बे में 4 से कम खराब बल्ब होंगे) $= \frac{669}{700}$

उदाहरण 5 टेलीफोन निर्देशिका के एक पृष्ठ पर 200 टेलीफोन नंबर हैं उनके इकाई स्थान पर अंको (उदाहरण के लिए, संख्या 25828573 में, इकाई स्थान पर 3 का अंक है) की बारंबारता बंटन सारणी नीचे दी गई है

अंक	0	1	2	3	4	5	6	7	8	9
बारंबारता	22	26	22	22	20	10	14	28	16	20

यदि पृष्ठ देखे बिना एक नंबर यादृच्छया चुना जाता है, तब प्रायिकता ज्ञात कीजिए कि उसमें इकाई स्थान पर 6 हो।

हल यहाँ, टेलीफोन निर्देशिका के एक पृष्ठ पर 200 टेलीफोन नंबर दिए गए हैं

$\therefore$ चुने गए टेलीफोन नंबरों की कुल संख्या =200

दिया है इकाई के स्थान पर अंक 6 की बारंबारता 14 है।

$\therefore$ अभीष्ट प्रायिकता

$$= \frac{\text{6 की बारंबारता}}{\text{चुने गए टेलीफोन नंबरों की कुल संख्या}} = \frac{14}{200} = 0.07$$

उदाहरण 6 एक मौसम केंद्र के रिकार्ड के अवलोकन से पता चलता है कि पूर्व 250 क्रमागत दिनों में किए गए मौसम के पूर्वानुमानों में से 175 बार उसके पूर्वानुमान सही रहे हैं।

(i) एक दिए हुए दिन पर पूर्वानुमान के सही होने की प्रायिकता क्या होगी?

(ii) दिए हुए दिन पर पूर्वानुमान के सही न होने की प्रायिकता क्या होगी?

हल दिया है,

दिनों की कुल संख्या जिनके रिकार्ड उपलब्ध हैं =250

उन दिनों की संख्या जिनके लिए पूर्वानुमान सही था =175

उन दिनों की संख्या जिनके लिए पूर्वानुमान सही नहीं था =250−175=75

(i) दिए हुए दिन पर पूर्वानुमान के सही होने की प्रायिकता

$= \dfrac{\text{उन दिनों की संख्या जिनके लिए पूर्वानुमान सही था}}{\text{उन दिनों की कुल संख्या जिनके रिकार्ड उपलब्ध हैं}}$

$= \dfrac{175}{250} = 0.7$

(ii) दिए हुए दिन पर पूर्वानुमान के सही नहीं होने की प्रायिकता

$= \dfrac{\text{उन दिनों की संख्या जिनके लिए पूर्वानुमान सही नहीं था}}{\text{उन दिनों की कुल संख्या जिनके रिकार्ड उपलब्ध हैं}}$

$= \dfrac{75}{250} = 0.3$

उदाहरण 7 एक टायर निर्माता कंपनी तय की गई उन दूरियों का एक रिकार्ड रखती थी, जिसके पहले टायर बदलने की आवश्यकता पड़ी। निम्न सारणी में 1000 स्थितियों के परिणामों को दर्शाया गया है।

दूरी (किमी में)	4000 से कम	4000 से 9000 तक	9000 से 14000 तक	14000 से अधिक
टायरों की संख्या	20	210	325	445

यदि आप इस कंपनी से टायर खरीदते हैं, तो इस बात की प्रायिकता क्या होगी कि

(i) 4000 किमी की दूरी पूरी करने से पूर्व इसे बदलने की आवश्यकता होगी।

(ii) यह 9000 किमी से भी अधिक की दूरी तक चलेगा।

(iii) 4000 किमी और 14000 किमी के बीच की कोई दूरी तय करने के बाद इसे बदलना आवश्यक होगा।

हल यहाँ 1000 स्थितियों के परिणाम दिए गए हैं

∴ अभिप्रयोगों की कुल संख्या = 1000

(i) 4000 किमी दूरी तय करने से पूर्व बदले गए टायरों की कुल संख्या = 20

∴ P (4000 किमी दूरी तय करने से पहले टायर बदलना आवश्यक हो) $= \dfrac{20}{1000} = 0.02$

(ii) 9000 किमी से अधिक दूरी तय करने के बाद बदलने वाले टायरों की संख्या = 325 + 445 = 770

∴ P (टायर 9000 किमी से अधिक दूरी तक चलेगा) $= \dfrac{770}{1000} = 0.77$

(iii) 4000 किमी और 14000 किमी के मध्य की दूरी तय करने के बाद बदलने वाले टायरों की संख्या = 210 + 325 = 535

∴ P(4000 किमी और 14000 किमी के मध्य कोई दूरी तय करने के बाद टायर को बदलना आवश्यक है) $= \dfrac{535}{1000} = 0.535$

उदाहरण 8 विद्यार्थी द्वारा परीक्षा में ग्रेड A, B, C और D प्राप्त करने की प्रायिकताएँ क्रमशः 0.35, 0.25, 0.35 और 0.05 हैं, तब प्रायिकता ज्ञात कीजिए कि

(i) एक विद्यार्थी अधिकतम ग्रेड C प्राप्त करता है।

(ii) एक विद्यार्थी कम-से-कम ग्रेड C प्राप्त करता है।

हल माना E_1, E_2, E_3 और E_4 क्रमशः ग्रेड A,B,C और D प्राप्त होने की घटनाओं को दर्शाते हैं।

तब, $P(E_1) = 0.35, P(E_2) = 0.25,$
$P(E_3) = 0.35$ और $P(E_4) = 0.05$

(i) एक विद्यार्थी जो अधिकतम ग्रेड C प्राप्त करता है ग्रेड D भी प्राप्त कर सकता है।

∴ P (अधिकतम ग्रेड C प्राप्त करना)
$= P$ (ग्रेड C प्राप्त करना) $+ D$ (ग्रेड D प्राप्त करना)
$= 0.35 + 0.05 = 0.40$

अतः विद्यार्थी द्वारा अधिकतम ग्रेड C प्राप्त करने की प्रायिकता 0.40 है।

(ii) एक विद्यार्थी जो कम-से-कम ग्रेड C प्राप्त करता है। ग्रेड A व B भी प्राप्त कर सकता है।

∴ P (कम-से-कम ग्रेड C प्राप्त करना)
$= P$ (ग्रेड A प्राप्त करना) $+ P$ (ग्रेड B प्राप्त करना) $+ P$ (ग्रेड C प्राप्त करना)
$= 0.35 + 0.25 + 0.35$
$= 0.95$

अतः विद्यार्थी द्वारा कम-से-कम ग्रेड C प्राप्त करने की प्रायिकता 0.95 है।

उदाहरण 9 एक पेटी में 90 डिस्क (discs) हैं, जिन पर 1 से 90 तक संख्याएँ अंकित हैं। यदि इस पेटी में से एक डिस्क यादृच्छया निकाली जाती है, तो इसकी प्रायिकता ज्ञात कीजिए कि इस डिस्क पर अंकित होगी

(i) दो अंकों की एक संख्या

(ii) एक पूर्ण वर्ग संख्या

(iii) 5 से विभाज्य एक संख्या

हल (i) पेटी में कुल डिस्क = 90

माना E_1 = दो अंकों की संख्या {10,11,...,90} चुनने की घटना

∴ दो अंकों की कुल संख्याएँ = 81

दो अंकों की एक संख्या चुनने की प्रायिकता $= \dfrac{81}{90} = \dfrac{9}{10}$

(ii) माना E_2 = एक पूर्ण वर्ग संख्या {1, 4, 9, 16, 25, 36, 49, 64, 81} चुनने की घटना

∴ पूर्ण वर्ग संख्याओं की कुल संख्या = 9

एक पूर्ण वर्ग संख्या चुनने की प्रायिकता $= \dfrac{9}{90} = \dfrac{1}{10}$

(iii) माना E_3 = 5 से विभाज्य एक संख्या चुनने की घटना
= {5, 10, 15, 20, 25, 30, 35, 40, 45, 50, 55, 60, 65, 70, 75, 80, 85, 90}

∴ 5 से विभाज्य कुल संख्याएँ = 18

अतः अभीष्ट प्रायिकता $= \dfrac{18}{90} = \dfrac{1}{5}$

परीक्षा अभ्यास

अतिलघु उत्तरीय प्रश्न

1. क्या किसी घटना कि आनुभविक प्रायिकता एक ऋणात्मक संख्या हो सकती है? यदि नहीं तो क्यों?

2. क्या किसी घटना की आनुभविक प्रायिकता 1 से अधिक हो सकती है? अपने उत्तर का औचित्य दीजिए।

3. पृथ्वी के चारों ओर सूर्य के चक्कर लगाने की प्रायिकता ज्ञात कीजिए।

4. एक पासे को 50 बार फेंकनें पर प्राप्त परिणाम नीचे सारणी में दिए गए हैं

परिणाम	1	2	3	4	5	6
फेंकनें की संख्या	11	9	8	5	7	10

यदि एक पासे को यादृच्छया फेंका जाता है, तो 8 प्राप्त होने की प्रायिकता क्या होगी?

5. एक पासे को 6 बार फेंकनें पर उस पर आने वाली संख्या को नीचे सारणी में दिया गया है

पासे पर प्राप्त संख्या	1	2	3	4	5	6
बारंबारता	1	1	1	1	1	1

तब अभाज्य संख्या आने की प्रायिकता क्या होगी?

6. 2 बच्चों वाले कुछ परिवारों का सर्वे किया गया तथा निम्न आँकड़े रिकॉर्ड किए गए

परिवार में लड़कियों की संख्या	0	1	2
परिवार की संख्या	111	714	375

यदि यादृच्छिक रूप से एक परिवार चुना जाता है तब इसकी प्रायिकता अभिकलित कीजिए कि उस परिवार में ठीक एक लड़की है।

7. एक संग्रह में से 80 बल्ब यादृच्छिक रूप से चुने जाते हैं और उनके जीवन कालों (घंटों में) को निम्नलिखित सारणी के रूप में रिकार्ड किया गया है

जीवन काल (घंटों में)	300	500	700	900	1100
बारंबारता	10	12	23	25	10

इस संग्रह में से एक बल्ब यादृच्छिक रूप से चुना जाता है। इस बल्ब का जीवन काल 1150 घंटे होने की प्रायिकता है।

8. गणित की एक पुस्तक में 250 पेज हैं जिनमें से एक पेज यादृच्छया चुना जाता है तब प्रायिकता क्या होगी जब चुने गए पेज की संख्या एक पूर्ण वर्ग है?

9. जाँच कीजिए कि $\frac{8}{7}$ में आनुभविक प्रायिकता हो सकती है। अथवा नहीं। कारण भी दीजिए।

लघु उत्तरीय प्रश्न

10. 16-20 वर्ष की आयु के 400 युवाओं पर किए सर्वे में यह पाया गया कि 191 के पास उनके अपने चुनाव पहचान पत्र हैं। यदि एक व्यस्क को यादृच्छिक रूप से चुना जाता है, तो प्रायिकता ज्ञात कीजिए कि उसके पास अपना चुनाव पहचान पत्र नहीं होगा।

11. 19-36 महीने की आयु वाले 364 बच्चों पर किए गए एक सवे में यह पाया गया कि 91 बच्चे आलू के चिप्स खाना पसंद करते हैं। इनमें से एक बच्चा यदि यादृच्छिक रूप से चुना जाता है, तो इसकी प्रायिकता ज्ञात कीजिए कि वह बच्चा आलू के चिप्स पसंद नहीं करेगा।

12. एक पासे को 200 बार उछाला जाता है तथा 6 प्राप्त होने पर उसे अंकित किया जाता है, यदि उपरोक्त सूचना से अभिकलित आनुभविक प्रायिकता $\frac{2}{5}$ है, तब पासे पर 6 कितनी बार प्राप्त हुआ होगा?

13. किसी कक्षा के विद्यार्थियों की एक मेडिकल परीक्षा में निम्नलिखित रक्त समूह रिकॉर्ड किए गए

रक्त समूह	A	AB	B	O
विद्यार्थियों का समूह	10	13	12	5

इस कक्षा में से एक विद्यार्थी यादृच्छिक रूप से चुना जाता है इस विद्यार्थी का रक्त समूह B होने की प्रायिकता ज्ञात कीजिए।

14. 16-20 वर्ष आयु वर्ग के 800 युवाओं पर किए गए सर्वे में पाया गया कि 294 वयस्कों के पास चुनाव पहचान पत्र है यदि एक वयस्क को यादृच्छिक रूप से चुना जाए तो प्रायिकता ज्ञात की उसके पास अपना चुनाव पहचान पत्र नहीं है।

15. नमक के 12 पैकेट हैं, जिन पर 2 किग्रा अंकित किया गया है। जबकि वास्तव में नमक के पैकेट के भार (किग्रा में) निम्नलिखित हैं

1.950, 2.020, 2.060, 1.980, 2.030, 1.970,

2.040, 1.990, 1.985, 2.025, 2.000, 1.980

उपरोक्त पैकेटों में से एक पैकेट यादृच्छया चुना जाता है तब प्रायिकता ज्ञात कीजिए कि चुने गए पैकेट का भार 2 किग्रा से अधिक है।

16. दो सिक्कों को 1000 बार उछाला जाता है और इनके परिणाम निम्नलिखित प्रकार से रिकॉर्ड किए जाते हैं

चितों की संख्या	2	1	0
बारंबारता	200	550	250

इस सूचना के आधार पर अधिकतम एक चित की प्रायिकता ज्ञात कीजिए।

17. एक फुटबॉल मैच में, एक गोलकीपर ने दूसरी टीम के 40 प्रयत्नों में से 32 प्रयत्नों में गोल होने से रोका। तब प्रायिकता ज्ञात कीजिए कि वह दूसरी टीम गोल कर देगी।

18. टेलीफोन निर्देशिका के एक पृष्ठ पर 160 टेलीफोन नंबर है। उनके इकाई स्थान पर अंकों का बारंबारता बंटन नीचे सारणी में दिया गया है

अंक	0	1	2	3	4	5	6	7	8	9
बारंबारता	19	16	18	21	14	11	15	16	13	17

यदि एक नंबर यादृच्छया चुना जाता है तब प्रायिकता ज्ञात कीजिए कि उसके इकाई स्थान पर चुनी गई संख्या 7 है।

19. एक पासे को 50 बार उछालने पर प्राप्त परिणाम नीचे लिखे गए हैं

परिणाम	1	2	3	4	5	6
बारंबारता	8	9	6	7	12	8

एक पासे को यादृच्छया फेंका जाता है तब सम संख्या आने की प्रायिकता क्या होगी?

20. खेल दिवस के मौके पर रस्साकसी की प्रतियोगिता में अध्यापकों तथा विद्यार्थियों, प्रत्येक के लिए 20 सदस्यों वाली टीमों का चयन किया जाता है। भाग लेने वाले प्रतिभागियों की संख्या निम्नवत् है

अध्यापक		विद्यार्थी	
पुरुष	महिला	पुरुष	महिला
12	18	20	10

तब प्रायिकता ज्ञात कीजिए कि यादृच्छया चुना गया व्यक्ति

(i) एक पुरुष अध्यापक है।

(ii) एक महिला विद्यार्थी है।

21. तीन सिक्कों को एकसाथ 150 बार उछाला गया है तथा इनमें विभिन्न परिणामों की बारंबारताएँ निम्न हैं

पटों की संख्या	0	1	2	3
बारंबारता	25	30	32	63

तब, प्रायिकता की गणना कीजिए, जब

(i) कम-से-कम 2 पट हो (ii) केवल 1 पट हो

22. एक संग्रह में से 80 बल्ब यादृच्छिक रूप से चुने जाते हैं और उनके जीवन कालों (घंटों में) को निम्नलिखित बारंबारता सारणी के रूप में रिकॉर्ड किया गया

जीवन काल (घंटों में)	300	500	700	900	1100
बारंबारता	10	15	23	25	7

इस संग्रह में एक बल्ब यादृच्छिक रूप से चुना जाता है। इस बल्ब का जीवन काल 900 घंटे से कम होने की प्रायिकता क्या होगी?

23. एक पासे को 50 बार उछालने पर उस पर संख्या 1, 23 बार प्राप्त होती है तब अगली बार पासा उछालने पर 1 के अतिरिक्त दूसरी संख्या प्राप्त होने की प्रायिकता ज्ञात कीजिए।

24. 9वीं कक्षा की एक पुस्तक में 200 पेज हैं। एक पेज यादृच्छया चुना जाता है। पेज पर 10 से विभाज्य संख्या होने की प्रायिकता ज्ञात कीजिए।

25. एक प्रश्न के सही उत्तर का अनुमान लगाने की प्रायिकता $\frac{x}{5}$ है। यदि सही अनुमान न लगाने की प्रायिकता $\frac{2x}{3}$ है, तो x का मान ज्ञात कीजिए।

26. एक पासे को 200 बार उछालने पर प्राप्त आँकड़े निम्न हैं

परिणाम	1	2	3	4	5	6
बारंबारता	25	35	40	28	42	30

प्रायिकता ज्ञात कीजिए कि पासे पर प्राप्त संख्या

(i) सम अभाज्य संख्या है।

(ii) 3 का गुणक है।

27. कक्षा XII के 80 विद्यार्थियों के जन्मदिन के महीने के आँकड़े निम्न सारणी में दिए गए हैं

Jan	Feb	Mar	Apr	May	June	July	Aug	Sept	Oct	Nov	Dec
5	6	7	4	10	3	5	10	6	8	8	8

एक विद्यार्थी का जन्म उस महीने में जिसमें स्वतंत्रता दिवस और गणतंत्र दिवस मनाए जाते हैं, होने की प्रायिकता ज्ञात कीजिए।

28. यदि किसी खिलाड़ी के प्रतियोगिता जीतने की प्रायिकता, उसके हारने हटाने की प्रायिकता के दोगुने से $\frac{1}{6}$ कम है, तो प्रतियोगिता जीतने की प्रायिकता ज्ञात कीजिए।

29. यदि किसी घटना के सफल होने और सफल न होने की प्रायिकताओं का अंतर $\frac{3}{17}$ है, तो घटना सफल होने और सफल न होने की प्रायिकताएँ ज्ञात कीजिए।

30. दो सिक्कों को एकसाथ 1000 बार उछालने पर निम्न परिणाम प्राप्त होते हैं

(i) दो पट $\rightarrow$ 210 बार

(ii) एक पट $\rightarrow$ 550 बार

(iii) कोई भी पट नहीं $\rightarrow$ 240 बार

इनमें से प्रत्येक घटना के घटने की प्रायिकता ज्ञात कीजिए।

31. गणित के बारे में विद्यार्थियों का रहस्य जानने के लिए, 200 विद्यार्थियों के विचार प्राप्त किए गए जिनके आँकड़े निम्न सारणी में दर्शाए गए हैं।

रहस्य	पसंद	नापसंद
विद्यार्थियों की संख्या	135	65

प्रायिकता ज्ञात कीजिए कि एक यादृच्छया चुना गया विद्यार्थी
(i) गणित पसंद करता है। (ii) गणित पसंद नहीं करता।

32. 2 बच्चों वाले कुछ परिवारों का यादृच्छया चयन किया जाता है और निम्नलिखित आँकड़ें लिख लिए जाते हैं

परिवारों में लड़कियों की संख्या	0	1	2
परिवारों की संख्या	109	706	204

यादृच्छया चुने गए उस परिवार की प्रायिकता ज्ञात कीजिए, जिसमें

(i) कोई लड़की न हो। (ii) एक लड़की हो।

(iii) 2 लड़कियाँ हों।

33. एक कंपनी ने यादृच्छया 4000 परिवार चुनकर एक घर की आय स्तर और टेलीविजन की संख्या के बीच संबंध स्थापित करने के लिए उनका सर्वेक्षण किया। एकत्रित किए गए आँकड़े नीचे सारणी में दिए गए हैं

मासिक आय (₹ में)	प्रति परिवार टेलीविजनों की संख्या			
	0	1	2	2 से अधिक
10000 से कम	20	80	10	0
10000-14999	10	240	60	0
15000-19999	0	380	120	30
20000-24999	0	520	370	80
25000 या इससे अधिक	0	1100	760	220

प्रायिकता ज्ञात कीजिए कि चुने गए परिवार

(i) की आय ₹ (10000 – 14999) प्रतिमाह है और उसके पास ठीक 1 टेलीविजन है।

(ii) की आय प्रतिमाह ₹ 25000 या इससे अधिक है और उसके पास 2 टेलीविजन है।

(iii) जिसके पास एक भी टेलीविजन नहीं है।

34. एक कंपनी द्वारा उत्पादन किए गए आचार को विभिन्न माप वाली शीशियों/पाउच में भरने का साप्ताहिक रिकॉर्ड इस प्रकार है

पाउच (थैली)	50 ग्राम	200 ग्राम	500 ग्राम	1000 ग्राम
शीशी	200	300	400	200

प्रायिकता ज्ञात कीजिए कि यादृच्छया बेचा गया आचार

(i) 1/2 किग्रा की शीशी है।

(ii) कम से कम 200 ग्राम की शीशी है।

35. एक विशेष दिन पर कुछ शहरों का अधिकतम तापमान (सेल्सियस में) नीचे दिया गया है

अधिकतम तापमान (C° में)	10-15	16-20	21-25	26-30	31-35	36-40
शहरों की संख्या	1	2	18	21	19	18

(i) 16°C और 30°C के मध्य अधिकतम तापमान स्थित होने की प्रायिकता ज्ञात कीजिए।

(ii) 25°C से कम न्यूनतम तापमान होने की प्रायिकता ज्ञात कीजिए।

36. किसी विद्यार्थी द्वारा मासिक यूनिट परीक्षा में प्राप्त किए गए अंकों का प्रतिशत नीचे दिया गया है

यूनिट टेस्ट	I	II	III	IV	V
अंकों की प्रतिशतता	70	72	65	68	85

तब, प्रायिकता ज्ञात कीजिए कि विद्यार्थी ने

(i) 70% अंक से अधिक प्राप्त किए हो।

(ii) 90% अंक से अधिक प्राप्त किए हो।

37. यदि किसी घटना की सफलता और असफलता की प्रायिकताओं का अंतर $\frac{5}{19}$ है, तब घटना की सफलता और असफलता की प्रायिकताएँ ज्ञात कीजिए।

38. निम्न सारणी किसी विद्यार्थी द्वारा यूनिट परीक्षा में प्राप्त किए गए अंक (150 में से) दर्शाती है।

यूनिट परीक्षा	I	II	III	IV	V	VI
अंक (150 में से)	72	96	105	80	125	139

तब विद्यार्थी द्वारा अगली यूनिट परीक्षा में 80 % या इससे अधिक अंक प्राप्त करने की प्रायिकता ज्ञात कीजिए साथ ही, 80% से कम अंक प्राप्त करने की प्रायिकता भी ज्ञात कीजिए।

39. तीन सिक्कों को एक साथ 400 बार उछालने पर प्राप्त परिणामों की बारंबारताएँ निम्नलिखित हैं

परिणाम	बारंबारताएँ
3 चित्र	103
2 चित्र	124
1 चित्र	98
एक भी चित्र नहीं	x

(i) एक भी चित्र नहीं आने की प्रायिकता ज्ञात कीजिए।
(ii) 1 चित्र आने की प्रायिकता ज्ञात कीजिए।
(iii) ठीक 2 चित्र आने की प्रायिकता ज्ञात कीजिए।

40. बीजों के 5 थैलों में से प्रत्येक से यादृच्छया 50 बीज निकाले जाते हैं तथा उन्हें उगाने की अनुकूल परिस्थितियों में रखा जाता है। 20 दिन बाद प्रत्येक थैले से निकाले गए बीजों में से उगे हुए बीजों की गणना की जाती है जोकि निम्न हैं

थैले	1	2	3	4	5
उगे हुए बीजों की संख्या	40	48	42	39	41

प्रायिकता ज्ञात कीजिए कि
(i) एक थैले से 40 से अधिक बीज उगे हैं।
(ii) एक थैले से 49 बीज उगे हैं।
(iii) एक थैले से 35 से अधिक बीज उगे हैं।

41. 40 विद्यार्थियों के घरों की उनके विद्यालय से दूरियाँ (किमी में) निम्न हैं

4, 19, 7, 13, 3, 10, 9, 14, 10, 12, 7, 2, 20, 13, 8, 9, 15, 19, 3, 5, 10, 10, 5, 15, 15, 11, 11, 15, 7, 16, 15, 7, 12, 16, 18, 6, 20, 2, 3, 2

एक विद्यार्थी को यादृच्छया चुना जाता है, तब प्रायिकता ज्ञात कीजिए कि वह
(i) विद्यालय से अधिकतम 15 किमी की दूरी पर रहता है।
(ii) विद्यालय से 1 किमी तक की दूरी में रहता है।

42. 1500 परिवारों का एक सर्वे किया गया तथा उनके घर पर काम करने वाली नौकरानियों के बारे में निम्न आँकड़ें रिकॉर्ड किए गए।

नौकरानियों के प्रकार	केवल कुछ समय के लिए	केवल पूरे समय के लिए	दोनों
परिवारों की संख्या	800	370	250

इनमें से एक परिवार को यादृच्छिक रूप से चुना जाता है। इसकी प्रायिकता ज्ञात कीजिए कि चुने हुए परिवार में हैं
(i) दोनों प्रकार की नौकरानियाँ
(ii) कुछ समय के लिए नौकरानी
(iii) कोई नौकरानी नहीं है।

43. किसी विशिष्ट प्रश्न के सही उत्तर का अनुमान लगाने की प्रायिकता $\frac{x}{3}$ है। यदि सही उत्तर का अनुमान नहीं लगाने की प्रायिकता $\frac{x}{5}$ है, तो x का मान ज्ञात कीजिए।

44. कक्षा XII के 100 विद्यार्थियों के जन्म मास का ब्यौरा इस प्रकार है

जनवरी	5
फरवरी	6
मार्च	7
अप्रैल	8
मई	10
जून	14
जुलाई	7
अगस्त	10
सितम्बर	7
अक्टूबर	8
नवम्बर	10
दिसम्बर	8

प्रायिकता ज्ञात कीजिए कि यादृच्छिक रूप से चुना गया विद्यार्थी मई या जून में पैदा हुआ था।

45. निम्नलिखित तालिका में किसी विद्यालय के विशेष सेक्शन के कक्षा IX के 40 विद्यार्थियों के जन्म के दर्शाए हैं

जन्म का माह	विद्यार्थियों की संख्या
जनवरी	3
फरवरी	4
मार्च	2
अप्रैल	2
मई	5
जून	1
जुलाई	2
अगस्त	6
सितम्बर	3
अक्टूबर	4
नवम्बर	4
दिसम्बर	4

यदि एक विद्यार्थी को यादृच्छया चुना जाए, तो प्रायिकता ज्ञात कीजिए कि विद्यार्थी का जन्म
(i) आखिर के अर्द्धवर्ष में हुआ है।
(ii) 31 दिवस वाले माह में हुआ है।
(iii) 30 दिवस वाले माह में हुआ है।

दीर्घ उत्तरीय प्रश्न

46. तीन सिक्कों को एकसाथ 150 बार उछालने पर हमें निम्न परिणाम प्राप्त होते हैं

परिणाम	3 पट	2 पट	1 पट	कोई पट नहीं
बारंबारता	24	45	72	9

तब निम्न घटनाओं की प्रायिकता ज्ञात कीजिए
(i) 3 पट (ii) 2 पट
(iii) 1 पट (iv) कोई भी पट नहीं

47. किसी एक फैक्ट्री में 30 मजदूरों की दैनिक मजदूरी (₹ में) की बारंबारता बंटन सारणी निम्न है

दैनिक मजदूरी (₹ में)	110-130	130-150	150-170	170-190	190-210	210-230	230-250
मजदूरों की संख्या	3	4	5	6	5	4	3

यदि एक मजदूर यादृच्छया चुना जाता है, तो प्रायिकता ज्ञात कीजिए कि उसका वेतन
(i) ₹ 150 से कम है। (ii) कम-से-कम ₹ 210 है।
(iii) ₹ 150 के बराबर अथवा इससे अधिक लेकिन ₹ 210 से कम है।
(iv) ₹190 - ₹250 के बीच में है।

48. एक टायर बनाने वाली कंपनी तय की गई उन दूरियों का एक रिकार्ड रखती थी, जिसके पहले टायर बदलने की आवश्यकता पड़ी। निम्न सारणी में विभिन्न स्थितियों के परिणामों को, दिखाया गया है

दूरी (किमी में)	1500 से अधिक	1100 -1500	700 -1100	300 -700	300 से कम
टायरों की संख्या	250	150	120	200	80

यदि आप इस कंपनी से टायर खरीदते हैं, तो इस बात की प्रायिकता क्या होगी कि
(i) 700 किमी दूरी पूरी करने से पहले इसे बदलने की जरूरत होगी।
(ii) यह 1100 किमी से भी अधिक की दूरी तक चलेगा।
(iii) 300 किमी से 1500 किमी के बीच की कोई दूरी तय करने के बाद इसे बदलना आवश्यक होगा।
(iv) 1500 किमी से भी अधिक दूरी तय करने के बाद इसे बदलना आवश्यक होगा।

49. पिछले 200 कार्य दिवसों में, किसी मशीन द्वारा निर्मित खराब पुर्जों की संख्या निम्नलिखित सारणी में दी गई है

खराब पुर्जों की संख्या	0	1	2	3	4	5	6
दिन	50	32	22	18	12	12	10
खराब पुर्जों की संख्या	7	8	9	10	11	12	13
दिन	10	10	8	6	6	2	2

इसकी प्रायिकता निर्धारित कीजिए कि कल के उत्पादन में
(i) कोई खराब पुर्जा नहीं होगा।
(ii) कम-से-कम एक खराब पुर्जा होगा।
(iii) 5 से अधिक खराब पुर्जे नहीं होंगे।
(iv) 13 से अधिक खराब पुर्जे होंगे।

50. दो पासों को 500 बार उछाला जाता है। प्रत्येक बार दोनों पासों पर आने वाली संख्याओं के योग को उनकी बारंबारताओं के साथ निम्न सारणी में लिखा गया है

योग	2	3	4	5	6	7	8	9	10	11	12
बारंबारता	14	30	42	55	72	75	70	53	46	28	15

यदि पासों को एक बार और उछाला जाता है, तो निम्न की प्रायिकता ज्ञात कीजिए।
(i) योग 3 प्राप्त होने की
(ii) योग 10 से अधिक प्राप्त होने की
(iii) योग 5 या 5 से कम प्राप्त होने की
(vi) योग 8 और 12 के बीच प्राप्त होने की।

51. निम्न सारणी में, एक मेले में दिन के विभिन्न समय में आने वाले दर्शकों की संख्या दी गई है।

समय	दर्शकों की संख्या
9 am - 11 am	175
11 am - 1 pm	125
1 pm - 3 pm	225
3 pm - 5 pm	200
5 pm - 7 pm	120

प्रायिकता ज्ञात कीजिए कि यादृच्छया चुना गया एक दर्शक
(i) 1 बजे के बाद परंतु 5 बजे से पहले आया है।
(ii) सुबह 9 बजे से सांय 1 बजे के बीच आया है।
(iii) 5 बजे के बाद आया है।
(iv) 3 बजे से 5 बजे के बीच आया है।

52. एक माँ ने मासिक फीस के आधार के स्कूलों की संख्या के आँकड़े एकत्रित किया, ताकि वह अपने बच्चे के दाखिले के लिए स्कूल का चयन कर सके। आँकड़े निम्न प्रकार हैं—

मासिक स्कूल फीस (₹ में)	स्कूलों की संख्या
250-500	14
500-750	16
750-1000	18
1000-1250	12
1250-1500	14
1500-1750	8
1750-2000	8

यदि यादृच्छया एक स्कूल को चुना जाता है, तो प्रायिकता ज्ञात कीजिए कि वहाँ

(i) न्यूनतम फीस हो।

(ii) अधिकतम फीस हो।

(iii) ₹ 1000 से कम फीस हो।

(iv) ₹ 1000 या उससे अधिक परंतु ₹ 1500 से कम फीस हो।

53. नीचे दी गई सारणी एक दिन में विभिन्न लोगों द्वारा अपने ऑफिस पहुँचने के लिए विभिन्न प्रकार के यातायात के साधनों के प्रयोग को दर्शाती है

यातायात के प्रकार	लोगों की संख्या
कार और मेट्रो	1800
बस और मेट्रो	2200
केवल मेट्रो	2500
केवल कार	1500
केवल बस	1000

प्रायिकता ज्ञात कीजिए कि यादृच्छया चुना गया व्यक्ति प्रयोग करता है

(a) ऑफिस पहुँचने के लिए बस और मेट्रो का

(b) ऑफिस पहुँचने के लिए केवल कार का

(c) ऑफिस पहुँचने के लिए केवल मेट्रो का

(d) ऑफिस पहुँचने के लिए केवल बस का

54. एक विद्यालय ने एक ऐडवेन्चर कैम्प सुनियोजित किया, जिसमें विद्यार्थियों को कनाटल ले जाया गया। निम्न सारणी विभिन्न प्रकार के ऐडवेन्चर क्रियाकलापों में विद्यार्थियों की प्रतिभागिता को दर्शाती है

प्रकार I ट्रेक करना

प्रकार II ट्रेक करना और पहाड़ चढ़ना

प्रकार III ट्रेक करना, पहाड़ चढ़ना और रैपलिंग

प्रकार IV ट्रेकिंग, रैपलिंग और रैफ्टिंग

क्रियाकलाप के प्रकार	विद्यार्थियों की संख्या
प्रकार I	75
प्रकार II	62
प्रकार III	55
प्रकार IV	36
सभी	22

प्रायिकता ज्ञात कीजिए कि यादृच्छया चुने गए विद्यार्थी ने भाग लिया है (i) प्रकार III के क्रियाकलाप में

(ii) सभी क्रियाकलाप में

(iii) प्रकार I के क्रियाकलाप में

(iv) प्रकार II और टाइप IV के क्रियाकलाप में

55. एक छोटे शहर में यादृच्छया सर्वे द्वारा विभिन्न आयु वर्ग की महिलाओं की साबुन के प्रयोग के बारे में जानकारी ली गई तथा आँकड़े नीचे दर्शाए अनुसार रिकॉर्ड हुए

आयु वर्ग (वर्षों में)	डव	पियर्स	मैडिमिक्स	हर्बल
5-12	53	30	10	7
13-23	21	49	35	15
23-35	42	50	33	25
35 से ऊपर	20	20	25	35

प्रायिकता ज्ञात कीजिए कि यादृच्छया चुनी गई महिला की आयु का वर्ग

(a) 13-23 वर्ष है तथा उसे पीयर्स पसन्द है।

(b) 35 वर्ष से ऊपर है तथा उसे मैडिमिक्स पसन्द है।

(c) 5-12 वर्ष है तथा उसे डव पसन्द है।

केस स्टडी आधारित प्रश्न

56. बीजों के 6 थैलों में से प्रत्येक थैले में से यादृच्छया 50 बीज चुनकर उन्हें ऐसी मानकीकृत अवस्थाओं में रखा गया जो अंकुरण के अनुकूल हैं। 30 दिन बाद प्रत्येक थैले से प्रत्येक संग्रह में अंकुरित हुए बीजों की संख्या गिनकर नीचे दर्शाए अनुसार एक सारणी में लिखी गई है

थैला	1	2	3	4	5	6
अंकुरित बीजों की संख्या	42	40	47	36	41	46

(i) प्रायिकता ज्ञात कीजिए कि एक थैले में 40 से अधिक बीज अंकुरित हुए हों।

(ii) इस क्रिया द्वारा कौन-सा मूल्य प्रदर्शित होता है।

57. एक बीमा कंपनी ने आयु और दुर्घटनाओं के बीच के संबंध को ज्ञात करने के लिए एक जयपुर शहर में यादृच्छया 2000

चालकों को चुना। प्राप्त किए गए आँकड़ें निम्न सारणी में दिए गए हैं

चालकों की आयु (वर्षों में)	एक वर्ष में घटी दुर्घटनाएँ				
	0	1	2	3	3 से अधिक
18-27	440	160	110	61	35
28-50	505	125	60	21	18
50 से अधिक	360	45	35	15	9

शहर से यादृच्छया चुने गए चालक के लिए निम्नलिखित दुर्घटनाओं की प्रायिकता ज्ञात कीजिए।

(i) 18-27 वर्ष की आयु का जिसके साथ एक वर्ष में ठीक-ठीक 3 दुर्घटनाएँ घटी हैं।

(ii) 28-50 वर्ष की आयु का जिसके साथ एक वर्ष में एक या अधिक दुर्घटनाएँ घटी हैं।

(iii) जिसके साथ एक वर्ष में कोई दुर्घटना नहीं घटी है।

(iv) इन आँकड़ों से आप कौन-से मूल्य का स्मरण करते हैं?

58. एक विद्यालय में, 100 विद्यार्थी वन महोत्सव में भाग लेते हैं और एक-दूसरे की पौधा उगाने में सहायता करते हैं उनके द्वारा रोपित पौधों के आँकड़े निम्न हैं

पौधों के नाम	गुलाब	रातरानी	चमेली	सूरजमुखी
पौधों की संख्या	32	28	16	24

तब, प्रायिकता ज्ञात कीजिए कि रोपित पौधा है

(i) गुलाब (ii) सुरजमुखी

(iii) रातरानी

(iv) यहाँ किस मूल्य का प्रदर्शन होता है?

59. दो बच्चों वाले 1500 परिवारों को यादृच्छया चुना गया और निम्नलिखित आँकड़ों को रिकॉर्ड किया गया

परिवारों में लड़कियों की संख्या	0	1	2
परिवारों की संख्या	150	975	375

यदि यादृच्छया एक परिवार को चुना जाता है, तो प्रायिकता ज्ञात कीजिए कि परिवार में,

(i) कोई लड़की नहीं हो (ii) एक लड़की हो

(iii) दो लड़कियाँ हों

प्रत्येक परिवार में लड़की होना क्यों महत्त्वपूर्ण है ? क्यों लड़कियों के गर्भपात को तुरन्त रोकना चाहिए।

60. 1500 परिवारों को यादृच्छया चुना गया और निम्नलिखित आँकड़े रिकॉर्ड किए गए

एक परिवार में लड़कियों की संख्या	0	1	2
परिवारों की संख्या	325	800	375

यदि एक परिवार को यादृच्छया चुना जाता है, तो प्रायिकता ज्ञात कीजिए कि इसमें

(i) कोई लड़की नहीं हो

(ii) कम-से-कम एक लड़की हो

प्रत्येक परिवार में एक लड़की क्यों महत्त्वपूर्ण है ?

संकेत एवं हल

1. नहीं, क्योंकि प्रायिकता का मान सदैव 0 से 1 के बीच में होता है।

2. नहीं, क्योंकि प्रायिकता सदैव 0 से 1 के बीच में होती है।

3. 0

4. **संकेत** कुल फेंकों की संख्या = 50

8 प्राप्त होने पर फेंकनें की संख्या = 0

$\therefore$ अभीष्ट प्रायिकता $= \frac{0}{50} = 0$

5. **संकेत** पासे पर प्राप्त अभाज्य संख्याएँ 2, 3 और 5 हैं।

$\therefore$ अभाज्य संख्या प्राप्त करने के कुल तरीके $= 1 + 1 + 1 = 3$

अतः अभीष्ट प्रायिकता $= \frac{3}{6} = \frac{1}{2}$

6. उदाहरण 1 की भाँति स्वयं हल करें। **उत्तर** 0.595

7. बल्बों की संख्या जिनका जीवनकाल 1150 घंटे है = 0

कुल बल्ब = 80

$\therefore$ अभीष्ट प्रायिकता $= \frac{0}{80} = 0$

8. **संकेत** पेजों की कुल संख्या = 250

चुने गए पेज पर संभव पूर्ण वर्ग संख्याएँ 1, 4, 9, 16, 25, 36, 49, 64, 81, 100, 121, 144, 169, 196, 225 हैं।

$\therefore$ पूर्ण वर्ग संख्या वाले पेजों की कुल संख्या = 15

अतः अभीष्ट प्रायिकता $= \frac{15}{250} = \frac{3}{50}$

9. नहीं, क्योंकि प्रायिकता का मान 1 से अधिक नहीं हो सकता है।

10. **संकेत** कुल युवाओं की संख्या = 400

अपना चुनाव पहचान पत्र रखने वाले युवाओं की संख्या = 191

$\therefore$ अपना चुनाव पहचान पत्र न रखने वाले युवाओं की संख्या

$= 400 - 191 = 209$

अतः अभीष्ट प्रायिकता $= \frac{209}{400}$

11. **संकेत** कुल बच्चों की संख्या = 364

आलू के चिप्स पसंद नहीं करने वाले बच्चों की संख्या

$= 364 - 91 = 273$

अतः अभीष्ट प्रायिकता $= \frac{273}{364} = 0.75$

12. संकेत पासे को 200 बार उछाला जाता है।
माना x बार पासे पर 6 प्राप्त होता है,
तब 6 प्राप्त होने की प्रायिकता $= \frac{x}{200}$
परंतु दिया है, प्रायिकता $= \frac{2}{5}$
$\therefore \quad \frac{x}{200} = \frac{2}{5} \Rightarrow x = \frac{2}{5} \times 200 = 80$
अतः पासे पर 6, 80 बार प्राप्त होता है।

13. NCERT फोल्डर के प्रश्न 13 की भाँति स्वयं हल करें। **उत्तर** $\frac{3}{10}$

14. प्रश्न 10 की भाँति स्वयं हल करें। **उत्तर** $\frac{253}{400}$

15. संकेत कुल पैकेटों की संख्या = 12
2 किग्रा से अधिक भार वाले पैकेटों की संख्या = 5
$\therefore$ अभीष्ट प्रायिकता $= \frac{5}{12}$

16. संकेत कुल उछालों की संख्या = 1000
अधिकतम एक चित्त प्राप्त होने के लिए उछालों की संख्या = 0
चित के लिए उछालों की संख्या + 1 चित के लिए उछालों की संख्या
= 250 + 550 = 800
$\therefore$ अभीष्ट प्रायिकता $= \frac{800}{1000} = \frac{4}{5}$

17. प्रश्न 11 की भाँति स्वयं हल करें। **उत्तर** $\frac{1}{5}$

18. उदाहरण 5 की भाँति स्वयं हल करें। **उत्तर** $\frac{1}{10}$

19. प्रश्न 5 की भाँति स्वयं हल करें। **उत्तर** $\frac{12}{25}$

20. संकेत (i) अध्यापकों की कुल संख्या = 12 + 18 = 30
पुरुष अध्यापकों की संख्या = 12
$\therefore$ अभीष्ट प्रायिकता $= \frac{12}{30} = \frac{2}{5}$
(ii) विद्यार्थियों की कुल संख्या = 20 + 10 = 30
महिला विद्यार्थियों की संख्या = 10
$\therefore$ अभीष्ट प्रायिकता $= \frac{10}{30} = \frac{1}{3}$

21. संकेत तीन सिक्कों के उछालों की कुल संख्या = 150
(i) कम-से-कम दो पट प्राप्त करने के उछालों की संख्या = 2 और 3 पट प्राप्त करने के उछालों की संख्या = 32 + 63 = 95
$\therefore$ अभीष्ट प्रायिकता $= \frac{95}{150} = \frac{19}{30}$
(ii) केवल 1 पट प्राप्त करने के उछालों की संख्या = 30
$\therefore$ अभीष्ट प्रायिकता $= \frac{30}{150} = \frac{1}{5}$

22. संकेत 900 घंटे से कम जीवन काल वाले बल्बों की संख्या
= 10 + 15 + 23= 48
$\therefore$ अभीष्ट प्रायिकता $= \frac{48}{80} = \frac{3}{5}$

23. संकेत पासे पर संख्या 1 प्राप्त होने की प्रायिकता $= \frac{23}{50}$
$\therefore$ पासे पर 1 के अतिरिक्त अन्य संख्या प्राप्त करने की प्रायिकता
= 1− संख्या 1 प्राप्त करने की प्रायिकता
$= 1 - \frac{23}{50} = \frac{27}{50}$

24. संकेत 10 से विभाज्य संख्याएँ 10, 20, 30, 40, 50, 60, 70, 80, 90, 100, 110, 120, 130, 140, 150, 160, 170, 180, 190 और 200 हैं।
$\therefore$ अभीष्ट प्रायिकता $= \frac{20}{200} = \frac{1}{10}$

25. संकेत किसी प्रश्न का उत्तर या तो सही हो सकता है या गलत हो सकता है। अतः यहाँ अभिप्रयोग के केवल दो संभव परिणाम है।
$\therefore$ सही अनुमान लगाने की प्रायिकता + सही अनुमान न लगाने की प्रायिकता = 1
$\Rightarrow \quad \frac{x}{5} + \frac{2x}{3} = 1$
$\Rightarrow \quad \frac{3x + 10x}{15} = 1$
$\Rightarrow \quad \frac{13}{15}x = 1 \Rightarrow x = \frac{15}{13}$

26. प्रश्न 19 की भाँति स्वयं हल करें।
उत्तर (i) $\frac{7}{40}$ (ii) $\frac{7}{20}$

27. संकेत गणतंत्र दिवस जनवरी में और स्वतंत्रता दिवस अगस्त में मनाया जाता है
$\therefore$ अभीष्ट प्रायिकता $= \frac{5 + 10}{80} = \frac{15}{80} = 0.1875$

28. संकेत माना हारने की प्रायिकता $= x$
तब जीतने की प्रायिकता $= 2x - \frac{1}{6}$
यहाँ अभिप्रयोग के केवल दो परिणाम संभव है। (हार या जीत)
$\therefore \quad x + 2x - \frac{1}{6} = 1 \Rightarrow 3x = 1 + \frac{1}{6} \Rightarrow x = \frac{7}{18}$
अतः जीतने की प्रायिकता $= 2 \times \frac{7}{18} - \frac{1}{6} = \frac{11}{18}$

29. संकेत माना सफल होने की प्रायिकता $= x$
तब असफल होने की प्रायिकता $= 1 - x$
प्रश्नानुसार, $x - (1 - x) = \frac{3}{17} \Rightarrow 2x = \frac{3}{17} + 1 = \frac{20}{17}$
$\Rightarrow \quad x = \frac{10}{17}$
अतः सफल होने की प्रायिकता $\frac{10}{17}$ और असफल होने की प्रायिकता $1 - \frac{10}{17} = \frac{7}{17}$ है।
इसी प्रकार माना सफल होने की प्रायिकता $= 1 - x$
तब असफल होने की प्रायिकता $= x$
तब अभीष्ट प्रायिकता $\frac{7}{17}$ तथा $\frac{10}{17}$ हैं।

30. उदाहरण 2 की भाँति स्वयं हल करें।
(i) 0.21 (ii) 0.55 (iii) 0.24

परीक्षा अभ्यास

31. NCERT फोल्डर के प्रश्न 7 की भाँति स्वयं हल करें।
उत्तर (i) 0.675 (ii) 0.325

32. उदाहरण 1 की भाँति स्वयं हल करें।
उत्तर (i) $\frac{109}{1019}$ (ii) $\frac{706}{1019}$ (iii) $\frac{204}{1019}$

33. **संकेत** (i) ₹ 10000–14999 प्रतिमाह आय और 1 टेलीविजन वाले परिवारों की संख्या = 240

$\therefore$ अभीष्ट प्रायिकता = $\frac{240}{4000} = 0.06$

(ii) ₹ 25000 या इससे अधिक आय और 2 टेलीविजन वाले परिवारों की संख्या = 760

$\therefore$ अभीष्ट प्रायिकता = $\frac{760}{4000} = 0.19$

(iii) एक भी टेलीविजन नहीं वाले परिवारों की संख्या = 20 + 10 = 30

$\therefore$ अभीष्ट प्रायिकता = $\frac{30}{4000} = \frac{3}{400}$

34. **संकेत**
(i) अभीष्ट प्रायिकता = $\frac{\frac{1}{2} \text{ किग्रा की शीशीयों की संख्या}}{\text{शीशीयों की कुल संख्या}}$

$= \frac{400}{1100} = \frac{4}{11}$

(ii) अभीष्ट प्रायिकता

$= \frac{\text{(200 ग्राम + 500 ग्राम + 1000 ग्राम) की शीशीयों की संख्या}}{\text{शीशीयों की कुल संख्या}}$

$= \frac{300 + 400 + 200}{1100} = \frac{9}{11}$

35. शहरों की कुल संख्या = 1 + 2 + 18 + 21 + 19 + 18 = 79

(i) अभीष्ट प्रायिकता

$= \frac{\text{16°C से 30°C के मध्य तापमान वाले शहरों की संख्या}}{\text{शहरों की कुल संख्या}}$

$= \frac{2 + 18 + 21}{79} = \frac{41}{79}$

(ii) अभीष्ट प्रायिकता

$= \frac{\text{25°C से कम तापमान वाले शहरों की संख्या}}{\text{शहरों की कुल संख्या}}$

$= \frac{1 + 2 + 18}{79} = \frac{21}{79}$

36. उदाहरण 3 की भाँति स्वयं हल करें
उत्तर (i) $\frac{2}{5}$ (ii) 0

37. प्रश्न 29 की भाँति स्वयं हल करें। **उत्तर** $\frac{12}{19}, \frac{7}{19}$ या $\frac{7}{19}, \frac{12}{19}$

38. **संकेत** विद्यार्थी द्वारा 150 में से प्राप्त किए गए 80% अंक

$= 150 \times \frac{80}{100} = 120$

$\therefore$ 80% या इससे अधिक अंक प्राप्त करने की प्रायिकता

$= \frac{\text{120 या अधिक अंक प्राप्त करने वाली परीक्षाओं की संख्या}}{\text{कुल परीक्षाओं की संख्या}}$

$= \frac{2}{6} = \frac{1}{3}$

80% से कम अंक प्राप्त करने की प्रायिकता $= 1 - \frac{1}{3} = \frac{2}{3}$

39. **संकेत** उछालों की कुल संख्या = 400

$\therefore$ एक भी चित न प्राप्त होने की उछालों की संख्या = x

$= 400 - (103 + 124 + 98)$

$= 400 - 325 = 75$

(i) एक भी चित नहीं आने की प्रायिकता = $\frac{75}{400} = \frac{3}{16}$

(ii) 1 चित आने की प्रायिकता = $\frac{98}{400} = \frac{49}{200}$

(iii) निश्चित रूप से 2 चित आने की प्रायिकता = $\frac{124}{400} = \frac{31}{100}$

40. **संकेत** (i) अभीष्ट प्रायिकता = $\frac{40 + 48 + 42 + 41}{250} = 0.684$

(ii) अभीष्ट प्रायिकता = $\frac{0}{250} = 0$

(iii) अभीष्ट प्रायिकता = 1

चूँकि सभी थैलों में 35 से अधिक बीज उगे हैं।

41. **संकेत** (i) अभीष्ट प्रायिकता

$= \frac{\text{अधिकतम 15 किमी की दूरी में रहने वाले विद्यार्थियों की संख्या}}{\text{कुल विद्यार्थियों की संख्या}}$

$= \frac{33}{40}$

(ii) चूँकि कोई भी विद्यार्थी 1 किमी तक की दूरी में नहीं रहता है इसलिए अभीष्ट प्रायिकता = 0

42. **संकेत** (a) P (दोनों प्रकार की नौकरानियाँ) $= \frac{250}{1500} = \frac{1}{6}$ है।

(b) P (कुछ समय के लिए नौकरानी) $= \frac{860}{1500} = \frac{43}{75}$ है।

(c) P (कोई नौकरानी नहीं)

$= \frac{1500 - 860 - 370 - 250}{1500} = \frac{20}{1500} = \frac{1}{75}$ है।

43. **संकेत** हमें प्राप्त है, $\frac{x}{3} + \frac{x}{5} = 1 \Rightarrow \frac{5x + 3x}{15} = 1$

$\Rightarrow 8x = 15 \Rightarrow x = \frac{15}{8}$

इसलिए x का मान $\frac{15}{8}$ है।

44. **संकेत** विद्यार्थियों की संख्या जो मई या जून में पैदा हुए हैं

= 10 + 14 = 24

विद्यार्थियों की कुल संख्या = 100

इसलिए, अभीष्ट प्रायिकता = $\frac{24}{100} = \frac{6}{25}$

45. **संकेत** (a) विद्यार्थियों की संख्या जोकि आखिर के अर्द्धवर्ष में हुए हैं

= 2 + 6 + 3 + 4 + 4 + 4 = 23

इसलिए, P (वर्ष के आखिर अर्द्ध में पैदा हुए) = $\frac{23}{40}$ है।

(b) विद्यार्थियों की संख्या जो 31 दिवस वाले माह में पैदा हुए हैं

= 3 + 2 + 5 + 2 + 6 + 4 + 4 = 26

इसलिए, P (31 दिन वाले माह में पैदा हुए) = $\frac{26}{40} = \frac{13}{20}$ है।

(c) विद्यार्थियों की संख्या जो 30 दिन वाले माह में पैदा हुए हैं
$= 2 + 1 + 3 + 4 = 10$

इसलिए, P (30 दिन वाले माह में पैदा हुए) $= \frac{10}{40} = \frac{1}{4}$ है।

46. NCERT फोल्डर के प्रश्न 4 की भाँति स्वयं हल करें।
उत्तर (i) 0.16 (ii) 0.30 (iii) 0.48 (iv) 0.06

47. संकेत कुल मजदूरों की संख्या = 30

(i) प्रायिकता (वेतन ₹ 150 से कम है)

$$= \frac{\text{₹ 150 से कम वेतन वाले मजदूरों की संख्या}}{\text{मजदूरों की कुल संख्या}}$$

$$= \frac{3+4}{30} = \frac{7}{30}$$

(ii) प्रायिकता (वेतन कम-से-कम ₹ 210 है)

$$= \frac{\text{₹ 210 या अधिक वेतन वाले मजदूरों की संख्या}}{\text{मजदूरों की कुल संख्या}}$$

$$= \frac{4+3}{30} = \frac{7}{30}$$

(iii) प्रायिकता (₹ 150 या अधिक परंतु ₹ 210 से कम वेतन)

$$= \frac{5+6+5}{30} = \frac{16}{30} = \frac{8}{15}$$

(iv) प्रायिकता (वेतन ₹ 190 से ₹ 250 है)

$$= \frac{5+4+3}{30} = \frac{12}{30} = \frac{2}{5}$$

48. उदाहरण 7 की भाँति स्वयं हल करें।
उत्तर (i) $\frac{7}{20}$ (ii) $\frac{1}{2}$ (iii) $\frac{47}{80}$ (iv) $\frac{5}{16}$

49. संकेत (i) प्रायिकता (कोई खराब पुर्जा नहीं होगा)

$$= \frac{\text{दिनों की संख्या जिनमें कोई खराब पुर्जा नहीं बनता}}{\text{दिनों की कुल संख्या}}$$

$$= \frac{50}{200} = \frac{1}{4} = 0.25$$

(ii) प्रायिकता (कम से कम एक खराब पुर्जा होगा।)

$$= \frac{\text{दिनों की संख्या जिनमें कम से कम 1 खराब पुर्जा बनता है}}{\text{दिनों की कुल संख्या}}$$

$$= \frac{32+22+18+12+12+10+10+10+8+6+6+2+2}{200}$$

$$= \frac{150}{200} = 0.75$$

(iii) प्रायिकता (5 से अधिक खराब पुर्जे नहीं होंगे)

$$= \frac{\text{दिनों की संख्या जिनमें 0, 1, 2, 3, 4, 5 खराब पुर्जे नहीं बनते हैं}}{\text{दिनों की कुल संख्या}}$$

$$= \frac{50+32+22+18+12+12}{200} = \frac{146}{200} = 0.73$$

(iv) किसी भी दिन 13 से अधिक खराब पुर्जे नहीं बनाए जाते हैं।
$\therefore$ अभीष्ट प्रायिकता = 0

50. प्रश्न 49 की भाँति स्वयं हल करें।
उत्तर (i) 0.06 (ii) 0.086 (iii) 0.282 (iv) 0.254

51. संकेत
दर्शकों की कुल संख्या $= 175 + 125 + 225 + 200 + 120 = 845$

(i) 1 बजे के बाद परंतु 5 बजे से पहले आए दर्शकों की संख्या
$= 225 + 200 = 425$

$\therefore$ अभीष्ट प्रायिकता $= \frac{425}{845} = 0.50$

इसी प्रकार अन्य भाग स्वयं हल करें
उत्तर (i) 0.355 (ii) 0.142 (iii) 0.236

52. (i) $\frac{7}{45}$ (ii) $\frac{4}{45}$ (iii) $\frac{8}{15}$ (iv) $\frac{13}{45}$

53. (a) $\frac{11}{45}$ (b) $\frac{1}{6}$ (c) $\frac{5}{18}$ (d) $\frac{1}{9}$

54. (a) $\frac{11}{50}$ (b) $\frac{11}{125}$ (c) $\frac{3}{10}$ (d) $\frac{49}{125}$

55. (a) $\frac{49}{470}$ (b) $\frac{5}{94}$ (c) $\frac{56}{470}$

56. (i) प्रश्न 40 की भाँति स्वयं हल करें। **उत्तर** 0.72
(ii) एक अच्छे कृषि उत्पादन और किसानों के उत्थान के लिए बीजों के उन्नत अंकुरण के लिए अनुकूल स्थितियाँ उत्पन्न करने के बारे में जागरुकता उत्पन्न करना।

57. (i) $\frac{61}{2000}$ (ii) $\frac{14}{125}$ (iii) $\frac{261}{400}$
(iv) ड्राइवरों को गाड़ी चलाते समय सावधान होना चाहिए और दुर्घटनाओं पर रोकथाम लगानी चाहिए।

58. (i) $\frac{8}{25}$ (ii) $\frac{6}{25}$ (iii) $\frac{7}{25}$
(iv) इस प्रश्न में विद्यार्थियों के आपसी सौहार्द व पर्यावरणीय संरक्षण के मूल्य का ज्ञान होता है।

59. (i) P (कोई लड़की नहीं) $= \frac{150}{1500} = \frac{1}{10}$ है।

(ii) P (एक लड़की है) $= \frac{975}{1500} = \frac{39}{60} = \frac{13}{20}$ है।

(iii) P (दो लड़की है) $= \frac{375}{1500} = \frac{25}{100} = \frac{1}{4}$ है।

समाज में पुरुषों और औरतों की संख्या में उचित अनुपात (1 : 1) वांछनीय होना चाहिए। इसके बिना, परिवार व्यवस्था खत्म हो सकती है। परिवार में लड़की होना महत्त्वपूर्ण है, क्योंकि अंततः वही व्यस्क औरत बनती है। लड़कियों के गर्भपात को तुरन्त रोकना चाहिए ताकि लड़कियों की कमी न हो और अंततः लड़कों और लड़कियों के बीच उचित लैंगिक अनुपात हो।

60. (i) P (कोई लड़की नहीं) $= \frac{325}{1500} = \frac{65}{300} = \frac{13}{60}$ है।

(ii) P (कम-से-कम एक लड़की)

$$= \frac{800+375}{1500} = \frac{1175}{1500} = \frac{235}{300} = \frac{47}{60} \text{ है।}$$

परिवार में लड़की होना महत्त्वपूर्ण है, क्योंकि इसी से समाज में पुरुषों और औरतों के बीच सही अनुपात रहता है।

सैम्पल पेपर 1

CBSE कक्षा 9 की परीक्षा के लिए नवीनतम पैटर्न पर आधारित सैम्पल पेपर

गणित (अनसॉल्वड)

सामान्य निर्देश

निम्नलिखित निर्देशों को बहुत सावधानी से पढ़िए और उनका सख्ती से पालन कीजिए :

(i) इस प्रश्न-पत्र में 38 प्रश्न हैं। सभी प्रश्न अनिवार्य हैं।

(ii) यह प्रश्न-पत्र पाँच खण्डों में विभाजित है- क, ख, ग, घ एवं ङ।

(iii) खण्ड क में प्रश्न संख्या 1 से 18 तक बहुविकल्पीय (MCQ) तथा प्रश्न संख्या 19 एवं 20 अभिकथन एवं तर्क आधारित एक-एक अंक के प्रश्न हैं।

(iv) खण्ड ख में प्रश्न संख्या 21 से 25 तक अतिलघु उत्तरीय (VSA) प्रकार के दो-दो अंकों के प्रश्न हैं।

(v) खण्ड ग में प्रश्न संख्या 26 से 31 तक लघु उत्तरीय (SA) प्रकार के तीन-तीन अंकों के प्रश्न हैं।

(vi) खण्ड घ में प्रश्न संख्या 32 से 35 तक दीर्घ उत्तरीय (LA) प्रकार के पाँच-पाँच अंकों के प्रश्न हैं।

(vii) खण्ड ङ में प्रश्न संख्या 36 से 38 तक प्रकरण अध्ययन आधारित चार-चार अंकों के प्रश्न हैं। प्रत्येक प्रकरण अध्ययन में आंतरिक विकल्प दो-दो अंकों के प्रश्न में दिया गया है।

(viii) प्रश्न-पत्र में समग्र विकल्प नहीं दिया गया है। यद्यपि खण्ड ख के 2 प्रश्नों में, खण्ड ग के 2 प्रश्नों में, खण्ड घ के 2 प्रश्नों में तथा खण्ड ङ के 3 प्रश्नों में आंतरिक विकल्प का प्रावधान दिया गया है।

(ix) जहाँ आवश्यक हो स्वच्छ आकृतियाँ बनाइए। जहाँ आवश्यक हो $\pi = \frac{22}{7}$ लीजिए, यदि अन्यथा न दिया गया हो।

(x) कैल्कुलेटर का उपयोग वर्जित है।

समय : 3 घंटे *पूर्णांक : 80*

खण्ड-क

इस खण्ड में बहुविकल्पीय प्रश्न (MCQ) हैं, जिनमें प्रत्येक प्रश्न 1 अंक का है

1. निम्नलिखित में से कौन-सा एक कथन सत्य है?

(a) शून्य एक अपरिमेय संख्या है

(b) सभी धनात्मक पूर्णांकों के वर्गमूल अपरिमेय होते हैं

(c) प्रत्येक पूर्णांक एक पूर्ण संख्या होती है

(d) प्रत्येक प्राकृत संख्या एक पूर्ण संख्या होती है

2. यदि $p(x) = 5x^2 - 3x + 7$ है, तो $p(1)$ बराबर है

(a) 7 (b) 9

(c) 5 (d) 1

3. $x = 5$ व $y = 2$ निम्नलिखित रैखिक समीकरण का एक हल है

(a) $x + 2y = 7$

(b) $5x + 2y = 7$

(c) $x + y = 7$

(d) $5x + y = 7$

4. दो चरों वाले रैखिक समीकरण $2x + 0 \cdot y + 11 = 0$ के किसी भी हल का रूप होता है

(a) $\left(-\frac{11}{2}, 0\right)$ (b) $\left(0, -\frac{11}{2}\right)$

(c) $\left(0, \frac{9}{2}\right)$ (d) $(-9, 0)$

5. ΔABC में, $AB = AC$ और $\angle B = 50°$ है, तब $\angle C$ बराबर है

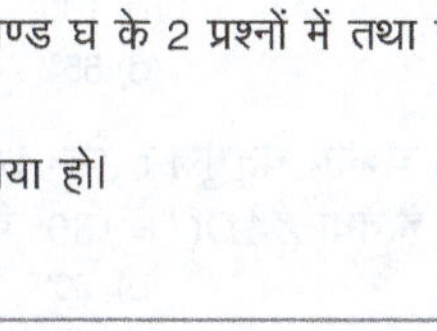

(a) 40° (b) 50° (c) 80° (d) 130°

6. यदि $AB = QR$, $BC = RP$ और $CA = PQ$ है, तो

(a) $\Delta ABC \cong \Delta PQR$ (b) $\Delta CBA \cong \Delta PRQ$
(c) $\Delta BAC \cong \Delta RPQ$ (d) $\Delta PQR \cong \Delta BCA$

7. दी गई आकृति में, यदि $\angle DAB = 60°$, $\angle ABD = 50°$ है, तो $\angle ACB$ बराबर है

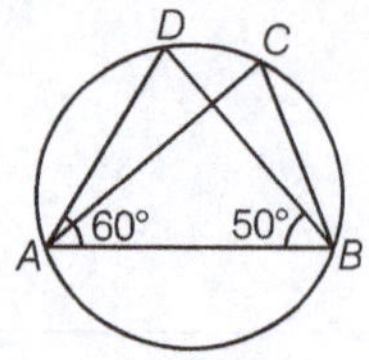

(a) 60° (b) 50° (c) 70° (d) 80°

8. निम्न चित्र में, यदि बिंदु O, वृत्त PQR का केंद्र है तथा $\angle POR$ की माप 140° है, तो $\angle PQR$ की माप होगी

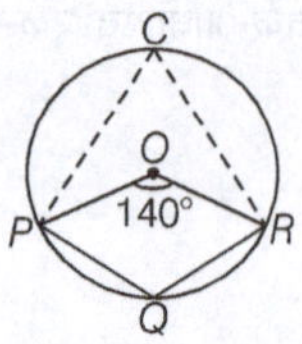

(a) 230° (b) 130°
(c) 110° (d) 65°

9. $ABCD$ एक ऐसा चक्रीय चतुर्भुज है कि AB इस चतुर्भुज के परिगत वृत्त का एक व्यास है तथा $\angle ADC = 130°$ है। तब $\angle BAC$ बराबर है

(a) 80° (b) 50°
(c) 40° (d) 30°

10. एक लंबवृत्तीय शंकु की त्रिज्या 6 सेमी तथा ऊँचाई 8 सेमी है। शंकु की तिर्यक ऊँचाई होगी

(a) 7 सेमी (b) 12 सेमी
(c) 10 सेमी (d) 17 सेमी

11. यदि किसी शंकु की त्रिज्या 4 सेमी और तिर्यक ऊँचाई 5 सेमी है, तो इसका आयतन होगा

(a) 16π सेमी^{3} (b) 14π सेमी^{3}
(c) 12π सेमी^{3} (d) 18π सेमी^{3}

12. एक लंबवृत्तीय शंकु के आधार का व्यास 10 सेमी तथा ऊँचाई 12 सेमी है। शंकु का वक्रपृष्ठ होगा

(a) 50π वर्ग सेमी (b) 65π वर्ग सेमी
(c) 60π वर्ग सेमी (d) 120π वर्ग सेमी

13. एक अर्द्धगोला कटोरा 0.35 सेमी मोटी स्टील से बना है। इस कटोरे की आन्तरिक त्रिज्या 7 सेमी है तब कटोरे का बाह्य वक्रपृष्ठीय क्षेत्रफल है

(a) 319.57 सेमी^{2} (b) 329.57 सेमी^{2}
(c) 339.57 सेमी^{2} (d) 349.57 सेमी^{2}

14. यदि एक गोले का व्यास 18 सेमी है, तो उसका आयतन होगा

(a) 792π सेमी^{3} (b) 592π सेमी^{3}
(c) 972π सेमी^{3} (d) 892π सेमी^{3}

15. $2^{\frac{2}{3}} \times 2^{\frac{1}{3}}$ का मान है

(a) 2^3 (b) 3^2
(c) 2 (d) $\frac{1}{2}$

16. $252^2 - 251^2$ का मान है

(a) 303 (b) 503
(c) 403 (d) 603

17. बिंदु $(-3, 5)$ स्थित है

(a) प्रथम चतुर्थांश में (b) द्वितीय चतुर्थांश में
(c) तृतीय चतुर्थांश में (d) चतुर्थ चतुर्थांश में

18. यह ज्ञात है कि यदि $x + y = 10$ हो, तो $x + y + z = 10 + z$ होगा। यूक्लिड की अभिगृहीत, जो इस कथन को स्पष्ट करती है, निम्नलिखित है

(a) पहली अभिगृहीत
(b) दूसरी अभिगृहीत
(c) तीसरी अभिगृहीत
(d) चौथी अभिगृहीत

निर्देश प्रश्न संख्या 19 और 20 अभिकथन एवं तर्क आधारित प्रश्न है और प्रत्येक प्रश्न का 1 अंक है। दो कथन दिए गए है जिनमें एक को अभिकथन (A) तथा दूसरे को तर्क (R) द्वारा अंकित किया गया है। इन प्रश्नों के सही उत्तर नीचे दिए गए कोडों (a), (b), (c) और (d) में से चुनकर दीजिए।

(a) अभिकथन (A) और तर्क (R) दोनों सही हैं और तर्क (R), अभिकथन (A) की सही व्याख्या करता है।
(b) अभिकथन (A) और तर्क (R) दोनों सही हैं, परन्तु तर्क (R), अभिकथन (A) की सही व्याख्या नहीं करता है।
(c) अभिकथन (A) सही है, परन्तु तर्क (R) गलत है।
(d) अभिकथन (A) गलत है, परन्तु तर्क (R) सही है।

19. **अभिकथन** (A) $\frac{1}{2}$ और $\frac{1}{5}$ के बीच की परिमेय संख्या $\frac{7}{10}$ है।

तर्क (R) परिमेय संख्याओं a और b के बीच की परिमेय संख्या $\frac{1}{2}(a + b)$ होती है

20. **अभिकथन** (A) बिन्दु $(-4, 3)$ द्वितीय चतुर्थांश में स्थित है।

तर्क (R) यदि किसी बिन्दु का चिन्ह $(+, -)$ रूप का हो, तब वह बिन्दु द्वितीय चतुर्थांश में स्थित होता है।

खण्ड–ख

इस खण्ड में अतिलघु उत्तरीय (VSA) प्रकार के प्रश्न हैं, जिनमें प्रत्येक प्रश्न 2 अंक का है

21. दी गई समीकरण $2x-5y=7$ में, y को x के पदों में व्यक्त कीजिए। जाँच कीजिए कि $(-3, -2)$ दी गई समीकरण का हल है।

22. दी गई आकृति में, यदि $BC=2.6$ सेमी है, तब ज्ञात कीजिए कि $2BD+\frac{BC}{2}$

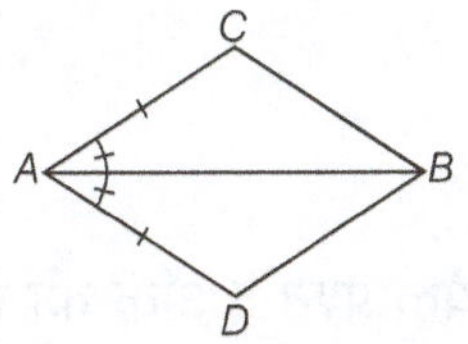

23. $ABCD$ एक ऐसा चतुर्भुज है कि A, शीर्षों B, C और D से होकर जाने वाले वृत्त का केंद्र है। सिद्ध कीजिए कि

$$\angle CBD+\angle CDB=\frac{1}{2}\angle BAD$$

24. निम्नलिखित के बीच एक परिमेय तथा एक अपरिमेय संख्या ज्ञात कीजिए।

(i) $-\frac{2}{5}$ और $\frac{1}{2}$ (ii) 0.15 और 0.16

अथवा

$\frac{(243)^{\frac{n}{5}}\cdot 3^{2n+1}}{9^n\times 3^{n-1}}$ का मान ज्ञात कीजिए।

25. $27p^3-\frac{1}{216}-\frac{9}{2}p^2+\frac{1}{4}p$ के गुणनखंड ज्ञात कीजिए।

अथवा

एक त्रिभुजाकार बाग की भुजाएँ 51 मी, 37 मी और 20 मी हैं जिसमें फूलों की क्यारी लगानी है। यदि एक क्यारी 9 मी^{2} का स्थान घेरती हो, तब क्यारियों की संख्या ज्ञात कीजिए।

खण्ड–ग

इस खण्ड में लघु उत्तरीय (SA) प्रकार के प्रश्न हैं, जिनमें प्रत्येक प्रश्न 3 अंक का है

26. उभयनिष्ठ कर्ण AC वाले दो समकोण ΔABC और ΔADC हैं। सिद्ध कीजिए कि $\angle CAD=\angle CBD$ हैं।

27. दी गई आकृति में, बिंदु M, R, N, S, P और Q चक्रीय हैं, तब $\angle PQR+\angle OPR+\angle NMS+\angle OSN$ का मान ज्ञात कीजिए, यदि O वृत्त का केंद्र है।

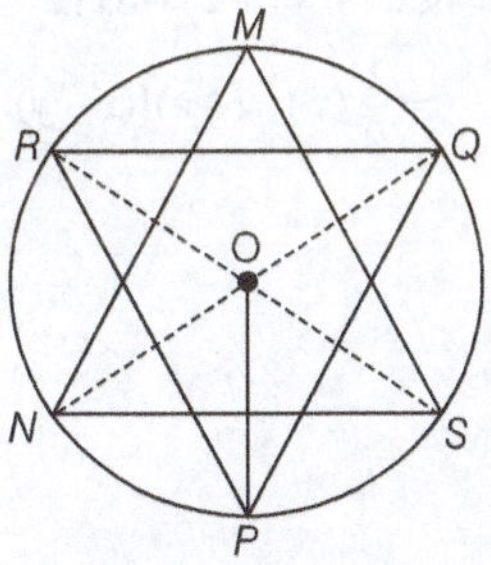

अथवा

AB और AC वृत्त की दो बराबर जीवाएँ हैं, तब सिद्ध कीजिए कि $\angle BAC$ का समद्विभाजक वृत्त के केंद्र से होकर गुजरेगा।

28. निम्नलिखित आँकड़ों को निरूपित करने वाला आयत चित्र खींचिए।

साप्ताहिक मजदूरी (₹ में)	श्रमिकों की संख्या (बारंबारता)
10-15	7
15-20	9
20-25	8
25-30	5
30-40	12
40-60	12
60-80	8

29. दी गई आकृति में, $\angle BAC=80°$, $CA=CB$ तथा $BD=CD$ है, तब $\angle x, \angle y$ और $\angle z$ के मान ज्ञात कीजिए।

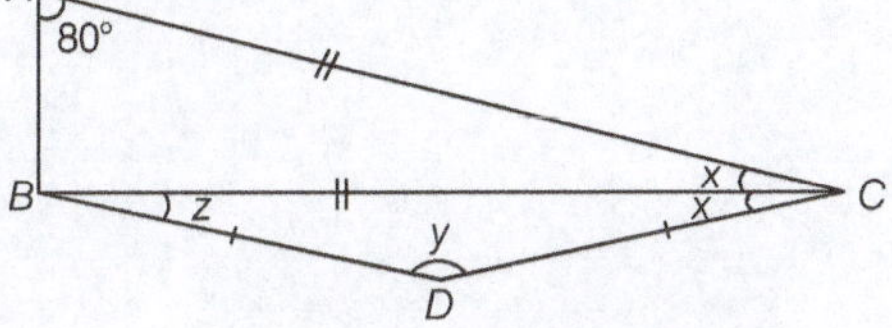

30. यदि वर्ग $ABCD$ तथा दूसरे वर्ग $DPQR$ में कोई अन्य बिंदु P है, तब सिद्ध कीजिए कि $AP = CR$

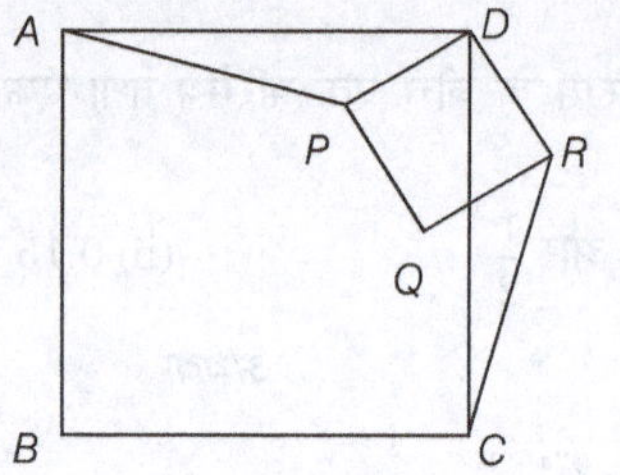

31. किसी वृत्त की एक जीवा वृत्त की त्रिज्या के बराबर है। जीवा द्वारा लघु चाप के किसी बिंदु पर अंतरित कोण ज्ञात कीजिए तथा दीर्घ चाप के किसी बिंदु पर भी अंतरित कोण ज्ञात कीजिए।

अथवा

संख्या रेखा पर $\sqrt{2}$ को व्यक्त कीजिए।

खण्ड–घ

इस खण्ड में दीर्घ उत्तरीय (LA) प्रकार के प्रश्न है, जिनमें प्रत्येक प्रश्न 5 अंक का है

32. यदि a और b दोनों परिमेय संख्याएँ हैं तथा $\frac{\sqrt{11}-\sqrt{7}}{\sqrt{11}+\sqrt{7}} = a - b\sqrt{77}$ है, तब a तथा b के मान ज्ञात कीजिए।

अथवा

$\frac{1}{\sqrt{7}+\sqrt{3}-\sqrt{2}}$ का परिमेयीकरण कीजिए।

33. ΔABC और ΔDBC एक ही आधार BC पर बने दो समद्विबाहु त्रिभुज इस प्रकार हैं कि A और D भुजा BC के एक ही ओर स्थित हैं। यदि AD बढ़ाने पर BC को P पर प्रतिच्छेद करें, तो दर्शाइए कि

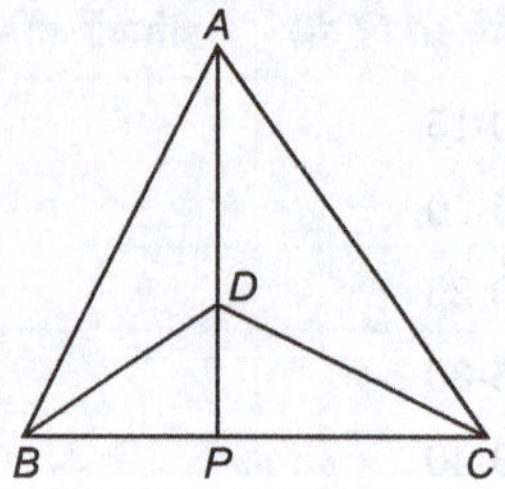

(i) $\Delta ABD \cong \Delta ACD$

(ii) $\Delta ABP \cong \Delta ACP$

(iii) AP रेखाखंड BC का लंब समद्विभाजक है।

34. किसी भवन का गुंबद एक अर्द्धगोले के आकार का है। अंदर से, इसमें सफेदी कराने में ₹ 498.96 व्यय हुए। यदि सफेदी कराने की दर ₹ 2 प्रति वर्ग मीटर है, तो ज्ञात कीजिए

(i) गुंबद का आंतरिक वक्रपृष्ठीय क्षेत्रफल।

(ii) गुंबद के अंदर की हवा का आयतन।

अथवा

एक अर्द्धगोलाकार टंकी 1 सेमी मोटी एक लोहे की चादर (sheet) से बनी है। यदि इसकी आन्तरिक त्रिज्या 1 मी है, तो इस टंकी के बनाने में लगे लोहे का आयतन ज्ञात कीजिए।

35. सत्यापित कीजिए $x^3 + y^3 + z^3 - 3xyz$

$$= \frac{1}{2}(x+y+z)[(x-y)^2 + (y-z)^2 + (z-x)^2]$$

खण्ड–ङ

इस खण्ड में 3 प्रकरण आधारित प्रश्न हैं, जिनमें प्रत्येक प्रश्न 4 अंका का है

36. कक्षा-IX में, कुल विद्यार्थियों की संख्या के वर्ग का $\frac{1}{8}$वे भाग ने ऐतिहासिक स्मारक देखने की योजना बनाई, विद्यार्थियों की संख्या का $\frac{7}{8}$वे भाग ने वृद्धाश्रम देखने की योजना बनाई तथा 10 विद्यार्थी गरीब बच्चों को पढ़ाने की योजना बनाते हैं।

उपरोक्त सूचना के आधार पर, निम्नलिखित प्रश्नों के उत्तर दीजिए।

(i) विद्यार्थियों की कुल संख्या को x के बहुपद के रूप में लिखिए। (1)

(ii) बहुपद में x का गुणांक लिखिए। (1)

(iii) यदि कुल विद्यार्थियों की संख्या 64 है, तब कितने विद्यार्थी ऐतिहासिक स्मारक देखने गए? (2)

अथवा

यदि $x = 2$, तब बहुपद का मान ज्ञात कीजिए। (2)

37. रोहन कक्षा-IX का विद्यार्थी है, जो जयपुर के पर्यटक स्थल की यात्रा करने के लिए ओला कैब बुक करता है, शहर में टैक्सी का किराया इस प्रकार है कि पहले किलोमीटर का किराया ₹ 8 है और उसके बाद की दूरी के लिए प्रति किलोमीटर का किराया ₹ 5 है।

उपरोक्त सूचना के आधार पर, निम्नलिखित प्रश्नों के उत्तर दीजिए।

(i) माना तय की गई दूरी x किमी हो और कुल किराया ₹ y हो, इस सूचना के लिए रैखिक समीकरण लिखिए। (1)

(ii) उपरोक्त समीकरण को $ax + by + c = 0$ से तुलना कीजिए तथा $(a + b + c)$ का मान ज्ञात कीजिए। (1)

(iii) यदि तय की गई कुल दूरी 11 किमी है, तब कुल किराया ज्ञात कीजिए। (2)

अथवा

यदि पहले किलोमीटर का किराया ₹ 12 है और उसके बाद की दूरी के लिए प्रति किलोमीटर का किराया ₹ 8, तब इस सूचना के लिए रैखिक समीकरण लिखिए। (2)

38. दो मित्र विक्की तथा लव एकसाथ व्यापार शुरू करते हैं। उन्होंने अपनी पूँजी को चर व्यय के आधार पर बाँटने का निर्णय लिया। उन दोनों साझेदारों द्वारा लगाई गई पूँजी का बहुपद $6x^2 + 11x - 35$ है, जोकि उसके द्वारा प्रत्यक्ष रूप से लगाई पूंजियों का गुणनफल है।

उपरोक्त सूचना के आधार पर निम्नलिखित प्रश्नों के उत्तर दीजिए।

(i) विक्की तथा लव का कुल व्यय (जब $x = 10$) होगा (1)

(ii) विक्की तथा लव के भिन्न-भिन्न भाग क्या होंगे? (1)

(iii) x का मान क्या होगा, जब उनके द्वारा लगाई गई पूँजी बराबर हो? (2)

अथवा

उनके व्यय का योगफल क्या होगा? (2)

सैम्पल पेपर 2

CBSE कक्षा 9 की परीक्षा के लिए नवीनतम पैटर्न पर आधारित सैम्पल पेपर

गणित (अनसॉल्वड)

सामान्य निर्देश

निम्नलिखित निर्देशों को बहुत सावधानी से पढ़िए और उनका सख्ती से पालन कीजिए :

(i) इस प्रश्न-पत्र में 38 प्रश्न हैं। सभी प्रश्न अनिवार्य हैं।

(ii) यह प्रश्न-पत्र पाँच खण्डों में विभाजित है- क, ख, ग, घ एवं ङ।

(iii) खण्ड क में प्रश्न संख्या 1 से 18 तक बहुविकल्पीय (MCQ) तथा प्रश्न संख्या 19 एवं 20 अभिकथन एवं तर्क आधारित एक-एक अंक के प्रश्न हैं।

(iv) खण्ड ख में प्रश्न संख्या 21 से 25 तक अतिलघु उत्तरीय (VSA) प्रकार के दो-दो अंकों के प्रश्न हैं।

(v) खण्ड ग में प्रश्न संख्या 26 से 31 तक लघु उत्तरीय (SA) प्रकार के तीन-तीन अंकों के प्रश्न हैं।

(vi) खण्ड घ में प्रश्न संख्या 32 से 35 तक दीर्घ उत्तरीय (LA) प्रकार के पाँच-पाँच अंकों के प्रश्न हैं।

(vii) खण्ड ङ में प्रश्न संख्या 36 से 38 तक प्रकरण अध्ययन आधारित चार-चार अंकों के प्रश्न हैं। प्रत्येक प्रकरण अध्ययन में आंतरिक विकल्प दो-दो अंकों के प्रश्न में दिया गया है।

(viii) प्रश्न-पत्र में समग्र विकल्प नहीं दिया गया है। यद्यपि खण्ड ख के 2 प्रश्नों में, खण्ड ग के 2 प्रश्नों में, खण्ड घ के 2 प्रश्नों में तथा खण्ड ङ के 3 प्रश्नों में आंतरिक विकल्प का प्रावधान दिया गया है।

(ix) जहाँ आवश्यक हो स्वच्छ आकृतियाँ बनाइए। जहाँ आवश्यक हो $\pi = \frac{22}{7}$ लीजिए, यदि अन्यथा न दिया गया हो।

(x) कैल्कुलेटर का उपयोग वर्जित है।

समय : 3 घंटे ***पूर्णांक : 80***

खण्ड–क

इस खण्ड में बहुविकल्पीय प्रश्न (MCQ) हैं, जिनमें प्रत्येक प्रश्न 1 अंक का है

1. यदि $p(x) = x^2 - 2\sqrt{2}x + 1$ है, तो $p(2\sqrt{2})$ बराबर है

(a) 0 (b) 1
(c) $4\sqrt{2}$ (d) $8\sqrt{2} + 1$

2. 2 तथा 3 के बीच परिमेय संख्या है

(a) 2.0100100001 (b) $\sqrt{6}$
(c) $\frac{6}{2}$ (d) $4 - \sqrt{2}$

3. $\{2 - 3(2 - 3)^3\}^3$ का मान होगा

(a) 5 (b) 125 (c) $\frac{1}{5}$ (d) –125

4. किसी लंबवृत्तीय शंकु के आधार पर व्यास तथा ऊँचाई क्रमश: 7 सेमी और 12 सेमी है। इस शंकु का आयतन (सेमी^{3} में) है

(a) 88 (b) 112
(c) 154 (d) 616

5. समीकरण $x + 2y = 7$ का निम्नलिखित में से कौन-सा हल है?

(a) $x = 3, y = 5$
(b) $x = 3, y = -5$
(c) $x = 3, y = 2$
(d) $x = 0, y = 7$

6. यदि $PQ = DE$, $QR = EF$ तथा $PR = DF$ है, तब ΔPQR व ΔDEF की सर्वांगसमता के लिए कौन-सा प्रतिबंध होगा?

(a) SAS (b) ASA
(c) SSS (d) इनमें से कोई नहीं

7. $x^3 - 18x + 81$ के गुणनखण्ड हैं

(a) $(x - 9)^2$
(b) $(x - 9)(x + 9)$
(c) $(x + 3)(x + 27)$
(d) $(x - 3)(x - 9)$

8. दो चरों वाले रैखिक समीकरण $2x + 0 \cdot y + 11 = 0$ के किसी भी हल का रूप होता है

(a) $\left(-\frac{11}{2}, 0\right)$ (b) $\left(0, -\frac{11}{2}\right)$

(c) $\left(0, \frac{9}{2}\right)$ (d) (−9, 0)

9. निम्न आकृति में, यदि $OP \| RS$, $\angle OPQ = 105°$ और $\angle QRS = 135°$ है, तो $\angle PQR$ बराबर है

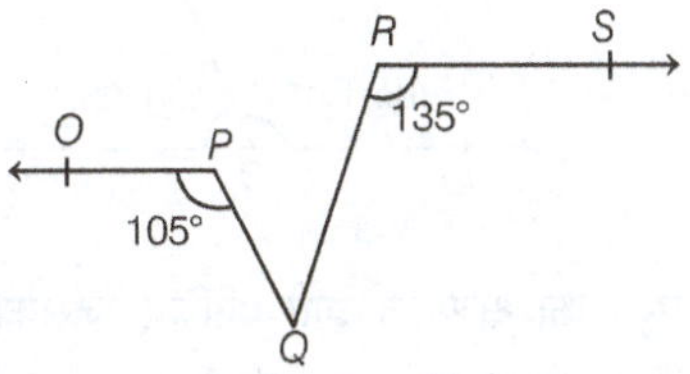

(a) 40° (b) 50° (c) 60° (d) 70°

10. ΔPQR में, $\angle R = \angle P$ तथा $QR = 4$ सेमी और $PR = 5$ सेमी है, तब PQ की लंबाई है

(a) 4 सेमी (b) 5 सेमी

(c) 2 सेमी (d) 2.5 सेमी

11. एक लंबवृत्तीय शंकु की त्रिज्या 6 सेमी तथा ऊँचाई 8 सेमी है। शंकु की तिर्यक ऊँचाई होगी

(a) 7 सेमी (b) 12 सेमी

(c) 10 सेमी (d) 17 सेमी

12. एक गोले की त्रिज्या 7 सेमी है। गोले के सम्पूर्ण पृष्ठ की माप होगी

(a) 281π वर्ग सेमी

(b) 196π वर्ग सेमी

(c) 207π वर्ग सेमी

(d) 361π वर्ग सेमी

13. समान आधार की त्रिज्या के दो बेलनों की ऊँचाइयों में 2 : 5 का अनुपात है। वक्रपृष्ठों का अनुपात होगा

(a) 2 : 5 (b) 5 : 2

(c) 3 : 2 (d) 2 : 3

14. $\frac{36}{100}$ का दशमलव प्रसार है

(a) असांत आवर्ती (b) सांत

(c) असांत अनावर्ती (d) इनमें से कोई नहीं

15. एक बिंदु तृतीय चतुर्थांश में स्थित है। उसकी X-अक्ष तथा Y-अक्ष से दूरी क्रमशः 2 तथा 3 इकाई है, उस बिन्दु के निर्देशांक होंगे

(a) (3, 2) (b) (−3, −2)

(c) (4, 3) (d) (3, 4)

16. एक समद्विबाहु समकोण त्रिभुज का क्षेत्रफल 18 सेमी^{2} है। इसकी समान भुजा की लंबाई है

(a) 6 सेमी (b) 12 सेमी

(c) 18 सेमी (d) 24 सेमी

17. यदि $AB = QR$, $BC = RP$ और $CA = PQ$ है, तो

(a) $\Delta ABC \cong \Delta PQR$

(b) $\Delta CBA \cong \Delta PRQ$

(c) $\Delta BAC \cong \Delta RPQ$

(d) $\Delta PQR \cong \Delta BCA$

18. किसी वृत्त का AD एक व्यास है और AB एक जीवा है। यदि $AD = 40$ सेमी तथा $AB = 32$ सेमी है, तो वृत्त के केंद्र से AB की दूरी है

(a) 17 सेमी (b) 15 सेमी

(c) 4 सेमी (d) 12 सेमी

निर्देश प्रश्न संख्या 19 और 20 अभिकथन एवं तर्क आधारित प्रश्न है और प्रत्येक प्रश्न का 1 अंक है। दो कथन दिए गए है जिनमें एक को अभिकथन (A) तथा दूसरे को तर्क (R) द्वारा अंकित किया गया है। इन प्रश्नों के सही उत्तर नीचे दिए गए कोडों (a), (b), (c) और (d) में से चुनकर दीजिए।

(a) अभिकथन (A) और तर्क (R) दोनों सही हैं और तर्क (R), अभिकथन (A) की सही व्याख्या करता है।

(b) अभिकथन (A) और तर्क (R) दोनों सही हैं, परन्तु तर्क (R), अभिकथन (A) की सही व्याख्या नहीं करता है।

(c) अभिकथन (A) सही है, परन्तु तर्क (R) गलत है।

(d) अभिकथन (A) गलत है, परन्तु तर्क (R) सही है।

19. **अभिकथन** (A) दो बराबरो से बराबर घटाने पर प्राप्त शेषफल बराबर होते हैं।

तर्क (R) सभी समकोण परस्पर बराबर होते हैं।

20. **अभिकथन** (A) दी गई आकृति में, $\angle ACD$ का मान 100° होगा यदि $\angle ABC = 60°$ तथा $\angle BAC = 40°$ है।

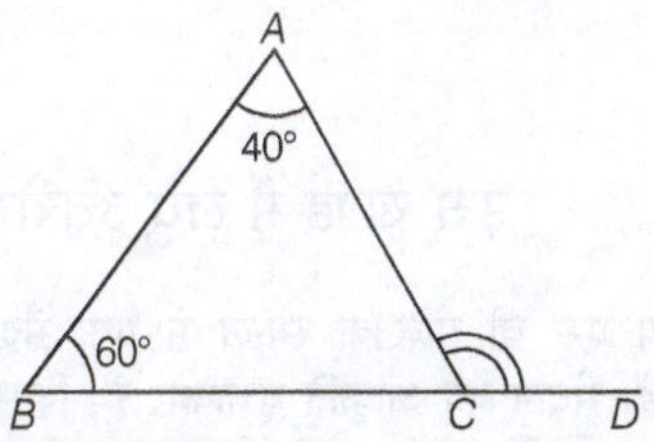

तर्क (R) यदि किसी त्रिभुज की एक भुजा बढ़ा दी जाए, तो इस प्रकार बना बहिष्कोण दो सुदूर अंत: कोणों के योग के बराबर होता है।

खण्ड–ख

इस खण्ड में अतिलघु उत्तरीय (VSA) प्रकार के प्रश्न हैं, जिनमें प्रत्येक प्रश्न 2 अंक का है

21. 100 व्यक्तियों के भार (किग्रा में) का बंटन नीचे दिया गया है

भार (किग्रा में)	40-45	45-50	50-55	55-60	60-65	65-70	70-75
बारंबारता	13	25	28	15	12	5	2

उपरोक्त बंटन के लिए आयत चित्र निर्मित कीजिए।

अथवा

बारंबारता सारणी

प्राप्तांक	0-20	20-40	40-60	60-100
विद्यार्थियों की संख्या	10	15	20	25

को आलेखीय रूप से नीचे दर्शाए अनुसार निरूपित किया गया है

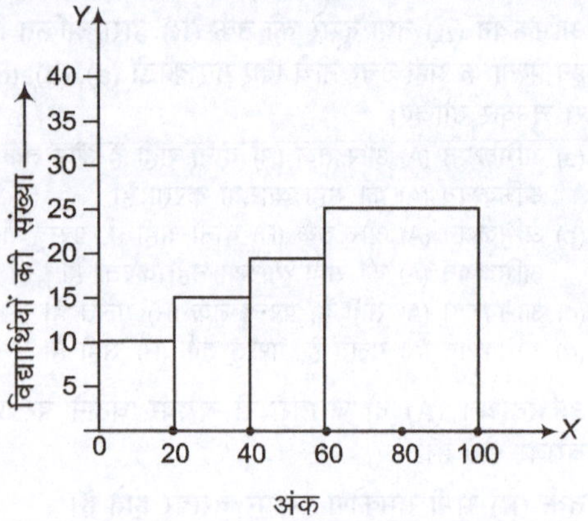

क्या आप सोचते हैं कि यह निरूपण सही है? क्यों?

22. निम्न चित्र में, AOB एक सरल रेखा है। तब, x तथा $\angle BOC$ के मान ज्ञात कीजिए।

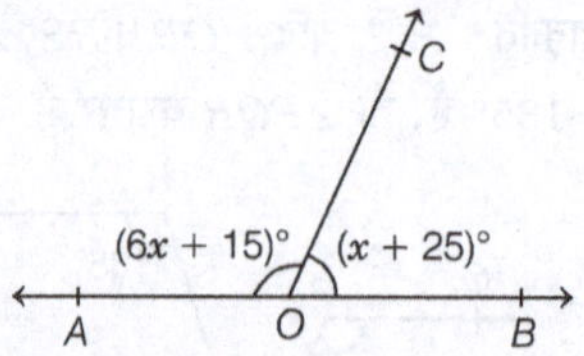

23. उस त्रिभुज का क्षेत्रफल ज्ञात कीजिए जिसकी भुजाओं की लंबाई 13 सेमी, 14 सेमी तथा 15 सेमी है।

24. निम्न चित्र में, $\angle B'A'C'$ का मान ज्ञात कीजिए।

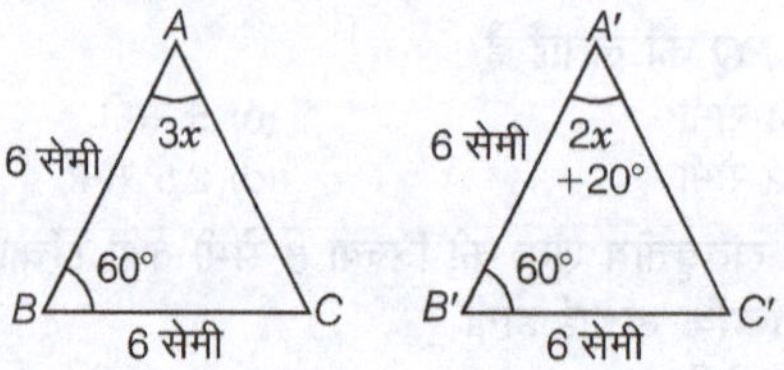

25. यदि $49x^2 - b = \left(7x + \frac{1}{2}\right)\left(7x - \frac{1}{2}\right)$, तब b का मान ज्ञात कीजिए।

अथवा

क्या $\left(\frac{8}{15}\right)^3 - \left(\frac{1}{3}\right)^3 - \left(\frac{1}{5}\right)^3 = \frac{8}{75}$ है?

उपरोक्त प्रश्न में, बिना घन किए अपने उत्तर का निष्कर्ष कैसे निकालेंगे?

खण्ड–ग

इस खण्ड में लघु उत्तरीय (SA) प्रकार के प्रश्न हैं, जिनमें प्रत्येक प्रश्न 3 अंक का है

26. विद्यालय एस वी पब्लिक स्कूल में एक मैदान है, जहाँ विद्यार्थी खेलते हैं। मैदान की आकृति वृत्ताकार है, जिसका व्यास 50 मी है। मैदान में 14 मी लंबाई का एक रेखाखंड खींचा जाता है। ($\pi = 3.14$ का प्रयोग करें)

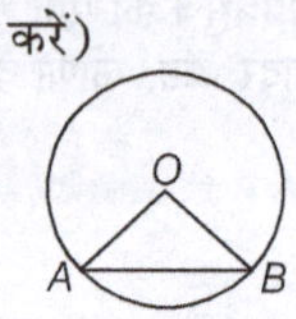

(i) वृत्त का परिमाप ज्ञात कीजिए।

(ii) केंद्र से रेखाखंड की लंबवत् दूरी ज्ञात कीजिए।

अथवा

(i) दिए गए चित्र में, यदि $\angle AOB = 90°$ तथा $\angle ABC = 30°$ हो, तब $\angle CAO$ का मान ज्ञात कीजिए।

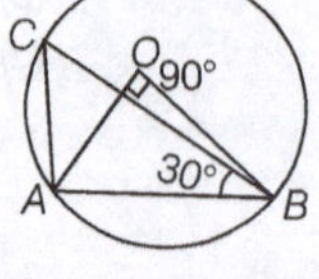

(ii) एक चक्रीय चतुर्भुज $ABCD$ इस प्रकार है कि AB इसके बाहर बने परिवृत्त का व्यास है तथा $\angle ADC = 140°$, तब $\angle BAC$ का मान ज्ञात कीजिए।

27. दी गई आकृति में, AB, CD तथा PQ तीनों रेखाएँ बिंदु 'O' पर संगामी हैं। यदि $\angle AOP = 5y$, $\angle QOD = 2y$ तथा $\angle BOC = 5y$ है, तब y का मान ज्ञात कीजिए।

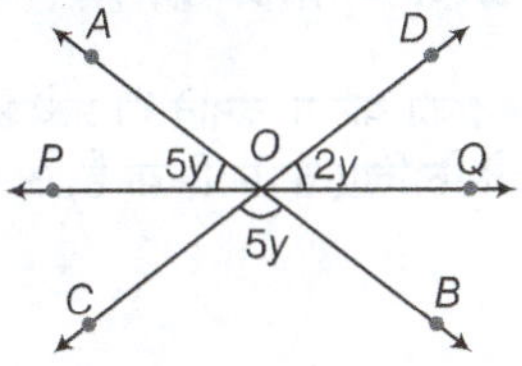

28. यदि वृत्त के चाप AXB तथा CYD सर्वांगसम हैं, तब AB तथा CD का अनुपात ज्ञात कीजिए।

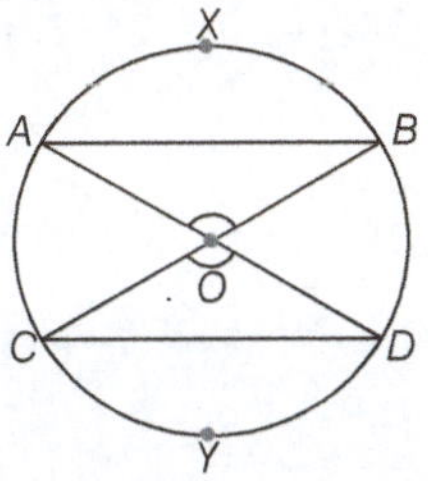

29. एक त्रिभुजाकार मैदान का परिमाप 300 मी है तथा उसकी भुजाओं का अनुपात क्रमशः 13 : 12 : 5 है। उस मैदान का क्षेत्रफल ज्ञात कीजिए।

30. P और Q क्रमशः एक समांतर चतुर्भुज $ABCD$ की सम्मुख भुजाओं AB और CD के मध्य-बिंदु हैं। AQ, DP को S पर प्रतिच्छेद करता है तथा BQ, CP को R पर प्रतिच्छेद करता है। सिद्ध कीजिए कि $PRQS$ एक समांतर चतुर्भुज है।

31. निम्न चित्र में, रेखाएँ XY तथा MN, बिंदु O पर प्रतिच्छेद करती हैं। यदि $\angle POY = 90°$ और $a : b = 3 : 7$ हो, तो c का मान ज्ञात कीजिए।

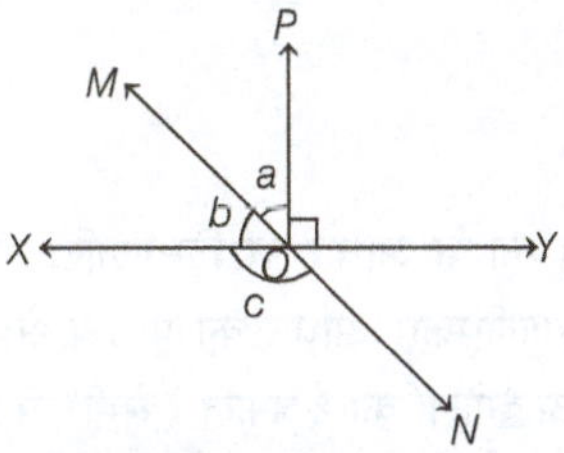

अथवा

यदि $27^x = \dfrac{9}{3^x}$, तब x का मान ज्ञात कीजिए।

खण्ड–घ

इस खण्ड में दीर्घ उत्तरीय (LA) प्रकार के प्रश्न है, जिनमें प्रत्येक प्रश्न 5 अंक का है

32. ΔABC एक समद्विबाहु त्रिभुज है, जिसमें $AB = AC$ तथा BD और CE त्रिभुज की दो माध्यिकाएँ हैं, तो सिद्ध करो कि $BD = CE$।

अथवा

दिए गए चित्र में, एक ΔABC की दो भुजाएँ AB और BC तथा माध्यिका AM क्रमशः एक-दूसरे त्रिभुज की भुजाओं PQ और QR तथा माध्यिका PN के बराबर है। (देखिए आकृति) दर्शाइए कि

(i) $\Delta ABM \cong \Delta PQN$ (ii) $\Delta ABC \cong \Delta PQR$

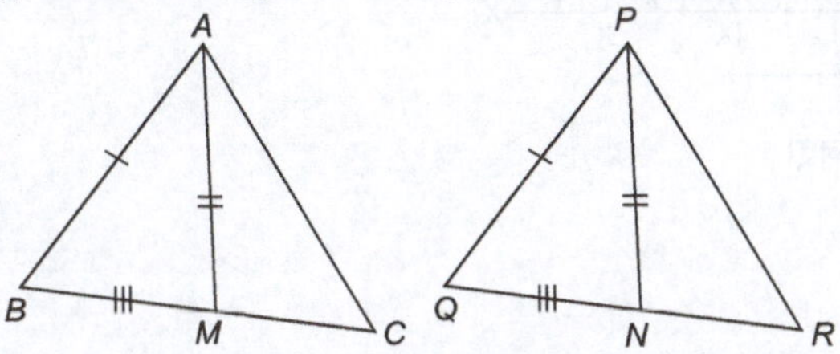

33. सरल कीजिए

$$\frac{(a^2-b^2)^3+(b^2-c^2)^3+(c^2-a^2)^3}{(a-b)^3+(b-c)^3+(c-a)^3}$$

34. दो गोले के आयतनों का अनुपात 64 : 27 है, तब इनकी त्रिज्याओं का अनुपात ज्ञात कीजिए।

अथवा

एक समकोण त्रिभुज की समकोण बनाने वाली भुजाएँ 15 सेमी और 8 सेमी है। उसे कर्ण के परितः घुमाया जाता है। इस प्रकार उत्पादित ठोस का आयतन और सम्पूर्ण पृष्ठ π के पदों में ज्ञात कीजिए।

35. यदि $a+b+c=5$ और $ab+bc+ca=15$ है, तब $(a+b)^3+(b+c)^3+(a+c)^3-3(a+b)(b+c)(a+c)$ का मान ज्ञात कीजिए।

खण्ड–ङ

इस खण्ड में 3 प्रकरण आधारित प्रश्न हैं, जिनमें प्रत्येक प्रश्न 4 अंका का है

36. कक्षा-IX के 50 विद्यार्थी एक वृद्धाश्रम को देखने तथा वहाँ बुजुर्ग व्यक्तियों के साथ पूरे दिन रहने की योजना बनाते हैं। प्रत्येक विद्यार्थी ने कार्डबोर्ड का प्रयोग करके अर्द्धगोलीयकार फूलदान (चित्र में दिखाया गया है) बुजुर्ग व्यक्तियों को उपहार देने के लिए तैयार किया है, अर्द्धगोलीयकार फूलदान की त्रिज्या 2.1 सेमी तथा ऊँचाई 2.1 सेमी हैं।

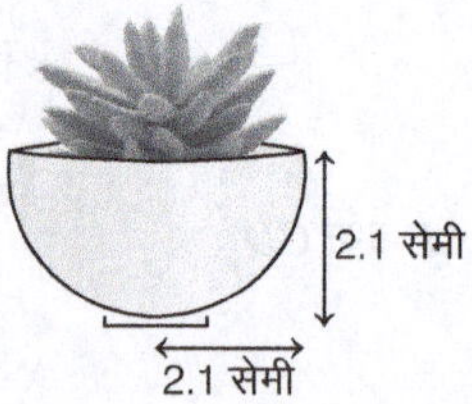

उपरोक्त सूचना के आधार पर निम्नलिखित प्रश्नों के उत्तर दीजिए।

(i) अर्द्धगोलीयकार आधार का पृष्ठीय क्षेत्रफल (सेमी^{2} में) ज्ञात कीजिए। (1)

(ii) 50 अर्द्धगोलों का क्षेत्रफल (सेमी^{2} में) में ज्ञात कीजिए। (1)

(iii) ₹ 15 प्रति 100 सेमी^{2} की दर से कार्डबोर्ड खरीदने का खर्च ज्ञात कीजिए। (2)

अथवा

अर्द्धगोले के आयतन के लिए सूत्र लिखिए। (2)

37. निम्नलिखित बार आलेख सैकण्डरी विद्यालय में वार्षिक परीक्षा के परिणाम को दर्शाता है

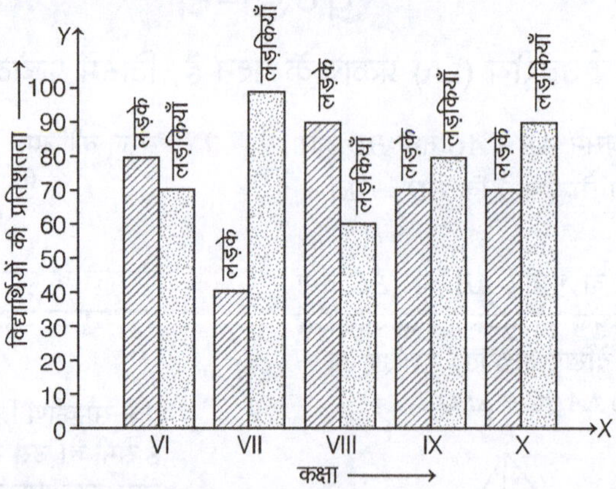

उपरोक्त बार ग्राफ में दी गई जानकारी के आधार पर निम्न प्रश्नों के उत्तर दीजिए।

(i) कक्षा जिसमें छात्राओं का सर्वाधिक उत्तीर्ण दर है (1)

(ii) कक्षा जिसमें छात्रों का न्यूनतम उत्तीर्ण दर है (1)

(iii) कक्षा VIII में छात्र तथा छात्राओं के उत्तीर्ण दर का अन्तर है (2)

अथवा

कक्षा X में छात्राओं तथा कक्षा VI के छात्रों के उत्तीर्ण दर का योगफल होगा (2)

38. आपके स्कूल में खेल-कूद क्रियाकलाप आयोजित करने के लिए एक आयताकार मैदान $ABCD$ में, चूने से परस्पर 1 मी की दूरी पर पंक्तियाँ बनाई गई हैं। AD के अनुदिश परस्पर 1 मी की दूरी पर 100 गमले रखे गए हैं, जैसा कि आकृति में दर्शाया गया है। निहारिका दूसरी पंक्ति में AD के 1/4 भाग के बराबर की दूरी दौड़ती है और वहाँ एक हरा झंडा गाड़ देती है। प्रीत आठवीं पंक्ति में AD के 1/5 भाग के बराबर की दूरी दौड़ती है और वहाँ एक लाल झण्डा गाड़ देती है। जिसे निम्न चित्र में दिखाया गया है।

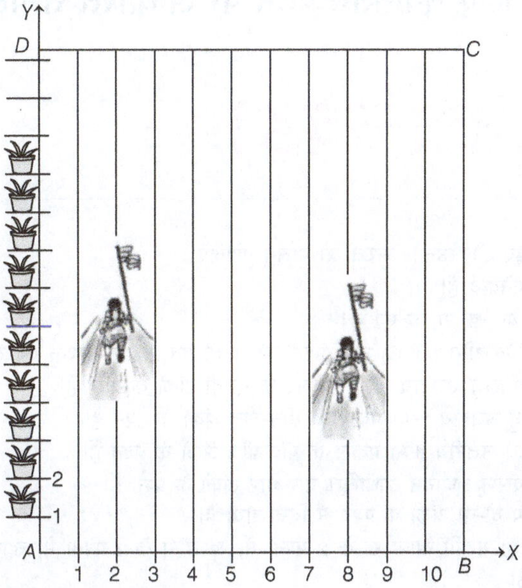

उपरोक्त सूचना के आधार पर निम्नलिखित प्रश्नों के उत्तर दीजिए।

(i) हरे झण्डे के निर्देशांक लिखिए। (1)

(ii) लाल झण्डे के निर्देशांक लिखिए। (1)

(iii) लाल झण्डा स्थित है (2)

अथवा

यदि दो बिंदुओं के निर्देशांक $A(2,25)$ तथा $B(8,20)$ है, तब (B की कोटि) − (A की कोटि) ज्ञात कीजिए। (2)

सैम्पल पेपर 3

CBSE कक्षा 9 की परीक्षा के लिए नवीनतम पैटर्न पर आधारित सैम्पल पेपर

गणित (अनसॉल्वड)

सामान्य निर्देश

निम्नलिखित निर्देशों को बहुत सावधानी से पढ़िए और उनका सख्ती से पालन कीजिए :

(i) इस प्रश्न-पत्र में 38 प्रश्न हैं। सभी प्रश्न अनिवार्य हैं।

(ii) यह प्रश्न-पत्र पाँच खण्डों में विभाजित है- क, ख, ग, घ एवं ङ।

(iii) खण्ड क में प्रश्न संख्या 1 से 18 तक बहुविकल्पीय (MCQ) तथा प्रश्न संख्या 19 एवं 20 अभिकथन एवं तर्क आधारित एक-एक अंक के प्रश्न हैं।

(iv) खण्ड ख में प्रश्न संख्या 21 से 25 तक अतिलघु उत्तरीय (VSA) प्रकार के दो-दो अंकों के प्रश्न हैं।

(v) खण्ड ग में प्रश्न संख्या 26 से 31 तक लघु उत्तरीय (SA) प्रकार के तीन-तीन अंकों के प्रश्न हैं।

(vi) खण्ड घ में प्रश्न संख्या 32 से 35 तक दीर्घ उत्तरीय (LA) प्रकार के पाँच-पाँच अंकों के प्रश्न हैं।

(vii) खण्ड ङ में प्रश्न संख्या 36 से 38 तक प्रकरण अध्ययन आधारित चार-चार अंकों के प्रश्न हैं। प्रत्येक प्रकरण अध्ययन में आंतरिक विकल्प दो-दो अंकों के प्रश्न में दिया गया है।

(viii) प्रश्न-पत्र में समग्र विकल्प नहीं दिया गया है। यद्यपि खण्ड ख के 2 प्रश्नों में, खण्ड ग के 2 प्रश्नों में, खण्ड घ के 2 प्रश्नों में तथा खण्ड ङ के 3 प्रश्नों में आंतरिक विकल्प का प्रावधान दिया गया है।

(ix) जहाँ आवश्यक हो स्वच्छ आकृतियाँ बनाइए। जहाँ आवश्यक हो $\pi = \frac{22}{7}$ लीजिए, यदि अन्यथा न दिया गया हो।

(x) कैल्कुलेटर का उपयोग वर्जित है।

समय : 3 घंटे — **पूर्णांक : 80**

खण्ड–क

इस खण्ड में बहुविकल्पीय प्रश्न (MCQ) हैं, जिनमें प्रत्येक प्रश्न 1 अंक का है

1. दो चरों वाले रैखिक समीकरण $2x - 0y + 9 = 0$ के किसी भी हल का रूप होता है

(a) $\left(-\frac{9}{2}, 0\right)$ (b) $\left(n, -\frac{9}{2}\right)$

(c) $\left(0, -\frac{9}{2}\right)$ (d) $(-9, 0)$

2. व्यंजक $x^4 + 4$ के गुणनखण्ड क्रमशः होंगे

(a) $(x^2 + 2x + 2)(x^2 - 2x + 2)$

(b) $(x^2 + 2x + 2)(x^2 + 2x - 2)$

(c) $(x^2 - 2x - 2)(x^2 - 2x + 2)$

(d) $(x^2 + 2)(x^2 - 2)$

3. यह दिया है कि $\Delta PQR \cong \Delta FDE$ है तथा $PQ = 7$ सेमी, $\angle Q = 50°$ और $\angle P = 70°$ है, तब निम्नलिखित में से कौन सत्य है?

(a) $DF = 7$ सेमी, $\angle E = 60°$

(b) $DF = 7$ सेमी, $\angle E = 70°$

(c) $DF = 5$ सेमी, $\angle E = 70°$

(d) $DF = 8$ सेमी, $\angle E = 90°$

4. बहुपद $p(x)$ में से बहुपद $q(x)$ घटाइए, जबकि $p(x) = 3x^7 - 2x^2 + 3$ तथा $q(x) = x^6 - 3x^4 + x^2 + x$ है।

(a) $3x^7 + x^6 + 3x^4 - x^2 - x + 3$

(b) $3x^7 - x^6 + 3x^4 - 3x^2 - x + 3$

(c) $3x^7 + x^6 + 3x^4 + 3x^2 + x + 3$

(d) उपरोक्त में से कोई नहीं

5. एक ΔPQR में, $\angle R = \angle P$ तथा $QR = 4$ सेमी और $PR = 5$ सेमी है, तब PQ की लंबाई है

(a) 4 सेमी (b) 5 सेमी

(c) 2 सेमी (d) 2.5 सेमी

6. $(\sqrt{3}+\sqrt{7})^2$ का सरल रूप है

(a) $10+2\sqrt{21}$ (b) $7+5\sqrt{21}$
(c) $5+7\sqrt{21}$ (d) $10+5\sqrt{35}$

7. $x+1$, निम्नलिखित में से कौन-से बहुपद का एक गुणनखण्ड है?

(a) x^3+x^2+x+1
(b) $x^4+x^3+x^2+x+1$
(c) $x^4+3x^3+3x^2+x+1$
(d) $x^3-x^2-(2+\sqrt{2})x+\sqrt{2}$

8. $y=3x+5$ के लिए निम्नलिखित विकल्पों में से कौन-सा विकल्प सत्य है?

(a) एक अद्वितीय हल है
(b) केवल दो हल हैं
(c) अपरिमित रूप से अनेक हल हैं
(d) कोई हल नहीं है

9. यदि बिंदु (3, 4) समीकरण $3y=ax+7$ के आलेख पर स्थित है, तो a का मान है

(a) 3 (b) 5 (c) $\frac{5}{3}$ (d) $\frac{3}{5}$

10. संलग्न आकृति में, POQ एक रेखा है, x का मान है

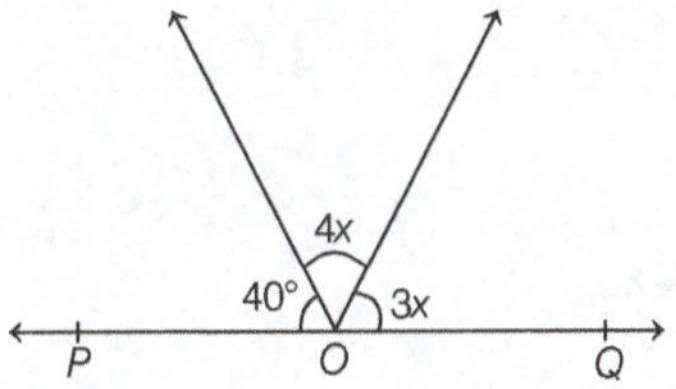

(a) 20° (b) 25°
(c) 30° (d) 35°

11. दी गई आकृति में, यदि POQ एक रेखा है, तो x का मान होगा

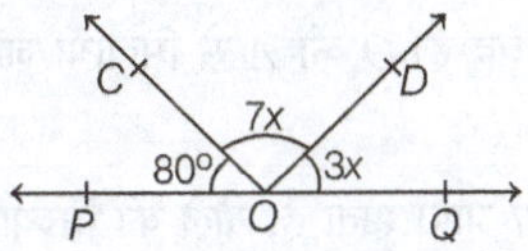

(a) 10° (b) 15°
(c) 20° (d) 25°

12. निम्न चित्र में, $ABCD$ एक चक्रीय चतुर्भुज है, जिसकी भुजा DC को, बिन्दु E तक बढ़ाया गया है। यदि $\angle BAD = 70°$ हो, तो $\angle BCE$ की माप होगी

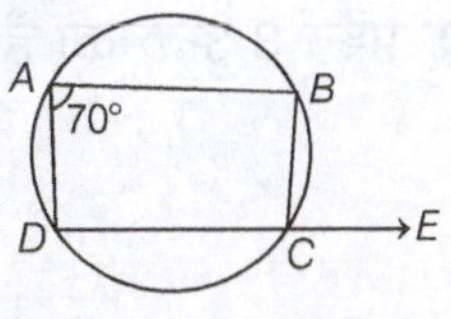

(a) 60° (b) 100° (c) 70° (d) 40°

13. एक लंबवृत्तीय शंकु के आधार का व्यास 10 सेमी तथा ऊँचाई 12 सेमी है। शंकु का वक्रपृष्ठ होगा

(a) 50π वर्ग सेमी (b) 65π वर्ग सेमी
(c) 60π वर्ग सेमी (d) 120π वर्ग सेमी

14. एक लंबवृत्तीय शंकु का वक्रपृष्ठीय क्षेत्रफल होगा, जिसकी तिर्यक ऊँचाई 10 सेमी व आधार की त्रिज्या 7 सेमी है।

(a) 440 वर्ग सेमी (b) 220 वर्ग सेमी
(c) 314 वर्ग सेमी (d) 420 वर्ग सेमी

15. एक गोले की त्रिज्या 7 सेमी है। गोले के संपूर्ण पृष्ठ की माप होगी

(a) 281π वर्ग सेमी (b) 196π वर्ग सेमी
(c) 207π वर्ग सेमी (d) 361π वर्ग सेमी

16. किसी शंकु की ऊँचाई और तिर्यक ऊँचाई क्रमश: 21 सेमी और 28 सेमी हैं। इसका आयतन ज्ञात कीजिए।

(a) 7546 (b) 9546
(c) 8546 (d) 10546

17. यदि त्रिभुज का परिमाप 32 सेमी है तथा $a=8$ सेमी और $b=11$ सेमी है, तो त्रिभुज की तीसरी भुजा c बराबर होगी

(a) $8\sqrt{30}$ सेमी (b) $\sqrt{30}$ सेमी
(c) 13 सेमी (d) 32 सेमी

18. यदि किसी समद्विबाहु समकोणिक त्रिभुज का क्षेत्रफल 18 वर्ग सेमी है, तब इसका परिमाप कितना होगा?

(a) $8+\sqrt{2}$ सेमी (b) $6(2+\sqrt{2})$ सेमी
(c) $4(1+2\sqrt{2})$ सेमी (d) $12\sqrt{2}$ सेमी

निर्देश प्रश्न संख्या 19 और 20 अभिकथन एवं तर्क आधारित प्रश्न है और प्रत्येक प्रश्न का 1 अंक है। दो कथन दिए गए है जिनमें एक को अभिकथन (A) तथा दूसरे को तर्क (R) द्वारा अंकित किया गया है। इन प्रश्नों के सही उत्तर नीचे दिए गए कोडों (a), (b), (c) और (d) में से चुनकर दीजिए।

(a) अभिकथन (A) और तर्क (R) दोनों सही हैं और तर्क (R), अभिकथन (A) की सही व्याख्या करता है।
(b) अभिकथन (A) और तर्क (R) दोनों सही हैं, परन्तु तर्क (R), अभिकथन (A) की सही व्याख्या नहीं करता है।
(c) अभिकथन (A) सही है, परन्तु तर्क (R) गलत है।
(d) अभिकथन (A) गलत है, परन्तु तर्क (R) सही है।

19. **अभिकथन** (A) एक त्रिभुज की भुजाएँ 8 मी, 9 मी, 13 मी हैं। इस त्रिभुज का क्षेत्रफल $12\sqrt{35}$ मी^{2} होगा।

तर्क (R) यदि त्रिभुज की भुजाएँ a, b, c हैं, तब त्रिभुज का क्षेत्रफल $=\sqrt{s(s-a)(s-b)(s-c)}$, जहाँ $s=\frac{a+b+c}{2}$ है।

20. **अभिकथन** (A) वर्ग अन्तराल 70-80 का मध्यमान 75 है।

तर्क (R) किसी वर्ग अन्तराल का मध्यमान $=\frac{\text{उच्च सीमा} + \text{निम्न सीमा}}{2}$ होता है।

खण्ड–ख

इस खण्ड में अतिलघु उत्तरीय (VSA) प्रकार के प्रश्न हैं, जिनमें प्रत्येक प्रश्न 2 अंक का है

21. निम्न चित्र में, यदि $x + y = w + z$ हो, तो सिद्ध कीजिए कि AOB एक रेखा है।

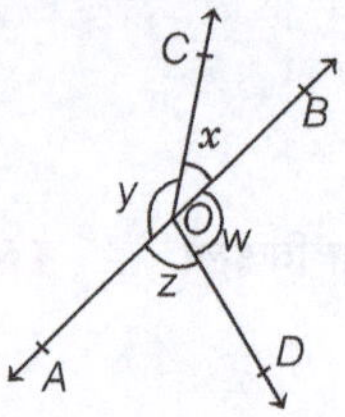

अथवा

दिखाइए कि $\dfrac{x^{a(b-c)}}{x^{b(a-c)}} \div \left(\dfrac{x^b}{x^a}\right)^c = 1$

22. निम्नलिखित दंड आलेख 100 विद्यार्थियों के 50 अंकों में से प्राप्त किए गए अंकों को दर्शाता है।

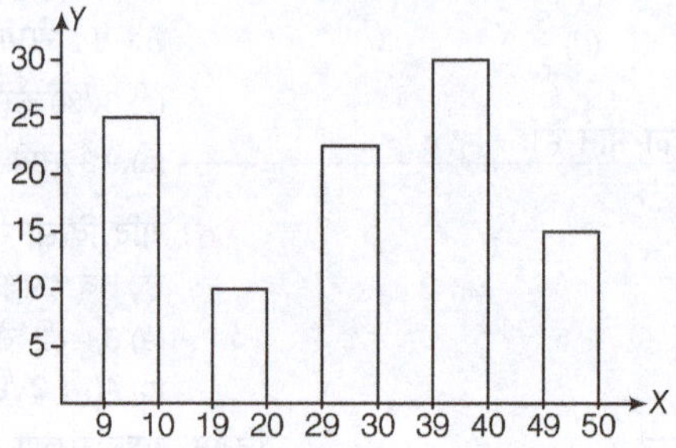

(i) 20 से कम अंक प्राप्त करने वाले विद्यार्थियों की संख्या क्या होगी?

(ii) 39 से अधिक अंक प्राप्त करने वाले विद्यार्थियों की संख्या क्या होगी?

23. समद्विबाहु त्रिभुज का क्षेत्रफल ज्ञात कीजिए, जिसका परिमाप 30 सेमी तथा प्रत्येक बराबर भुजाएँ 12 सेमी हैं।

24. D और E क्रमश: ΔABC की भुजा AB और AC के मध्य-बिंदु हैं तथा O भुजा BC पर कोई बिंदु है। O को A से मिलाया जाता है। यदि P और Q क्रमश: OB और OC के मध्य-बिंदु हैं, तो सिद्ध कीजिए $PDEQ$ एक समांतर चतुर्भुज है।

25. यदि एक गोले के आयतन को इसके पृष्ठीय क्षेत्रफल द्वारा विभाजित किया जाता है, तब परिणाम 27 प्राप्त होता है, गोले की त्रिज्या ज्ञात कीजिए।

अथवा

एक गोले की त्रिज्या 5 सेमी है यदि त्रिज्या में 5% की वृद्धि कर की जाए, तब आयतन में कितने प्रतिशत की वृद्धि होगी?

खण्ड–ग

इस खण्ड में लघु उत्तरीय (SA) प्रकार के प्रश्न हैं, जिनमें प्रत्येक प्रश्न 3 अंक का है

26. यदि $xyz = 1$, तब सिद्ध कीजिए कि $(1 + x + y^{-1})^{-1} + (1 + y + z^{-1})^{-1}$

अथवा

यदि $a + b + c = 5$ और $ab + bc + ca = 10$ है, तो सिद्ध कीजिए कि $a^3 + b^3 + c^3 - 3abc = -25$

27. दिए गए चित्र में, चतुर्भुज $PQRS$ और चतुर्भुज $PBCD$ दो समांतर चतुर्भुज हैं। सिद्ध कीजिए कि $\angle R = \angle C$ और $\angle Q = \angle D$

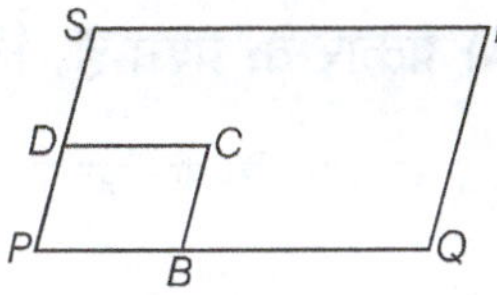

28. निम्न चित्र में, $PQRS$ एक समांतर चतुर्भुज है। M तथा N भुजाओं PQ व RS मध्य-बिंदु हैं, तो सिद्ध कीजिए कि $PMRN$ एक समांतर चतुर्भुज है।

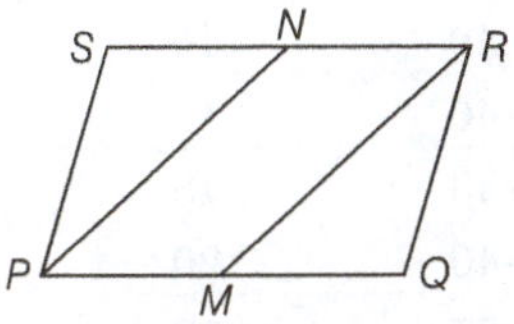

29. किसी शहर के वरिष्ठ नागरिकों द्वारा महिलाओं की 15 - 44 (वर्षों में) की आयु के बीच बीमारी और मौत के कारणों के लिए एक सर्वेक्षण किया गया। प्राप्त आँकड़े नीचे दी गए हैं

कारण	महिला मृत्यु दर (% में)
जनन स्वास्थ दशाएँ (RHS)	31.8
तंत्रिका मनोविकारी अवस्था (NS)	25.4
ह्रदय वाहिका अवस्था (CS)	4.3
चोट	12.4
श्वसन अवस्था (RS)	4.1
अन्य कारण	22.0

उपरोक्त आँकड़ों को एक दंड आलेख द्वारा प्रदर्शित कीजिए।

30. निम्न आकृति में, X और Y क्रमशः AC और BC के मध्य-बिंदु हैं तथा $AX = CY$ है। दर्शाइए कि $AC = BC$ है।

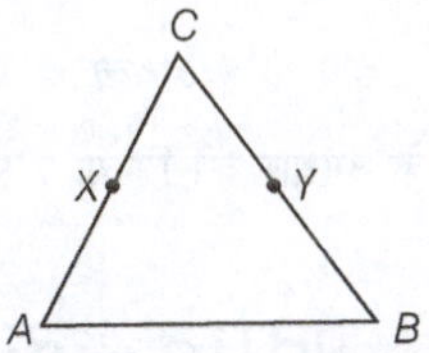

31. यदि दो वृत्त एक-दूसरे को दो बिंदुओं पर प्रतिच्छेद करते हैं, तब सिद्ध कीजिए कि उनके केंद्र उभयनिष्ठ जीवा के लंबद्विभाजक पर स्थित होंगे।

अथवा

एक समलंब $ABCD$ की समांतर भुजाएँ AB एवं DC हैं तथा E भुजा AD का मध्य-बिंदु है। बिंदु E से होकर जाने वाली तथा भुजा AB के समांतर खींची गई रेखा भुजा BC से बिंदु F पर मिलती है। सिद्ध कीजिए कि F भुजा BC का मध्य-बिंदु है।

खण्ड–घ

इस खण्ड में दीर्घ उत्तरीय (LA) प्रकार के प्रश्न है, जिनमें प्रत्येक प्रश्न 5 अंक का है

32. कक्षा चार के छात्रों के दो समूहों के पठन योग्यता परीक्षा के अंक निम्नलिखित हैं। एक ही अक्षों पर प्रत्येक समूह के लिए बारंबारता बहुभुज निर्मित कीजिए।

अंक	समूह A	समूह B
50–52	4	2
47–49	10	3
44–46	15	4
41–43	18	8
38–40	20	12
35–37	12	17
32–34	13	22
योग	92	68

अथवा

निम्नलिखित आँकड़ों को आयत चित्र द्वारा प्रदर्शित कीजिये।

साप्ताहिक मजदूरी (₹ में)	10- 15	15-20	20- 25	25-30	30-40	40-60	60-80
श्रमिकों की संख्या (बारंबारता)	7	9	8	5	12	12	8

33. यदि आयत की भुजाओं के मध्य-बिंदुओं को मिलाया जाए, तो सिद्ध कीजिए कि प्राप्त रेखाखंडों से एक समचतुर्भुज निर्मित होता है।

34. यदि $x = 3$ और $x = 0$ बहुपद $2x^3 - 8x^2 + ax + b$ के शून्यक हों, तब a और b के मान ज्ञात कीजिए। माना दिया गया बहुपद $p(x)$ है यदि $x = 3$ और $x = 0$ बहुपद $p(x)$ के शून्यक हैं, तब यह मान बहुपद को संतुष्ट करेंगे अर्थात् $p(3) = 0$ और $p(0) = 0$

35. एक अर्द्धगोलाकार टंकी 1 सेमी मोटी एक लोहे की चादर (sheet) से बनी है। यदि इसकी आंतरिक त्रिज्या 1 मी है, तो इस टंकी के बनाने में लगे लोहे का आयतन ज्ञात कीजिए।

अथवा

एक जोकर की टोपी एक शंकु के आकार की है, जिसके आधार की त्रिज्या 7 सेमी और ऊँचाई 24 सेमी हैं। इसी प्रकार की 10 टोपियाँ बनाने के लिए आवश्यक गत्ते का क्षेत्रफल ज्ञात कीजिए।

खण्ड–ङ

इस खण्ड में 3 केस स्टडी आधारित प्रश्न हैं, जिनमें प्रत्येक प्रश्न 4 अंक का है

36. निम्नलिखित बार आलेख दिल्ली में NCT की सरकार द्वारा लाड़ली स्कीम के अन्तर्गत अनुमोदित बजट को दर्शाता है।

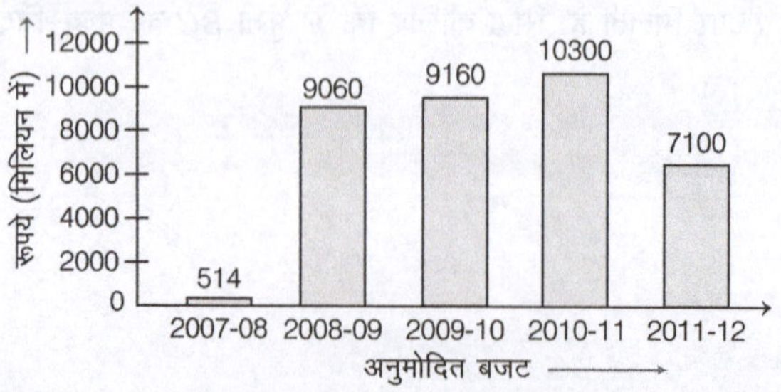

यह स्कीम जनवरी 2008 में प्रारम्भ होती है।

उपरोक्त आलेख का अध्ययन कर निम्नलिखित प्रश्नों के उत्तर दीजिए

(i) वह वर्ष ज्ञात कीजिए, जिसमें बजट 514 मिलियन रुपए था। (1)

(ii) वह वर्ष ज्ञात कीजिए, जिसमें बजट न्यूनतम था। (1)

(iii) वह वर्ष ज्ञात कीजिए, जिसमें बजट अधिकतम था। (2)

अथवा

वह वर्ष ज्ञात कीजिए, जिसमें बजट ₹ 9160 मिलियन था। (2)

37. निम्नलिखित चित्र में तीन STD बूथ; A, B तथा C पर स्थापित किए गए हैं तथा ये विकलांग व्यक्तियों द्वारा संचालित किए जाते हैं तीनों बूथ एक-दूसरे से समान दूरी पर हैं जिसे निम्नलिखित चित्र में दिखाया गया है

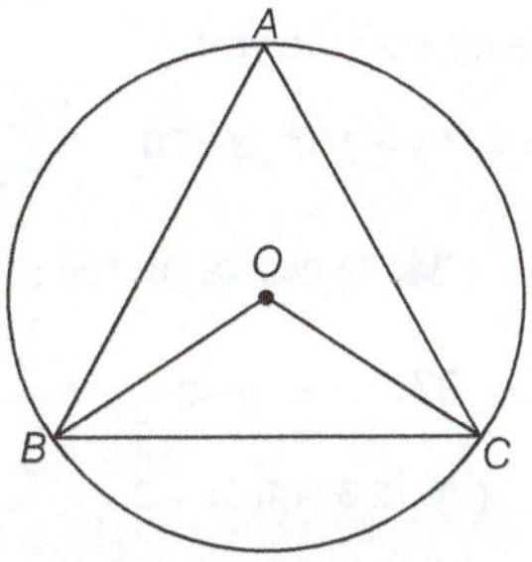

उपरोक्त चित्र पर आधारित निम्नलिखित प्रश्नों के उत्तर दीजिए।

(i) $\angle BAC$ का मान ज्ञात कीजिए। (1)

(ii) $\angle BOC$ का मान ज्ञात कीजिए। (1)

(iii) $(\angle OBC + \angle OCB)$ का मान ज्ञात कीजिए। (2)

अथवा

यदि $AB = 8$ सेमी, तब $(BC + CA)$ का मान ज्ञात कीजिए। (2)

38. अपने जन्मदिन पर सोनिया ने एक अनाथ आश्रम में चॉकलेट बाँटी। उसने प्रत्येक बच्चे को 5 चॉकलेट तथा बड़ों को कुल 20 चॉकलेट दी। बच्चों की संख्या x तथा बाँटी गई चॉकलेटों की संख्या y लीजिए।

उपरोक्त सूचना के आधार पर निम्नलिखित प्रश्नों के उत्तर दीजिए।

(i) इसके लिए एक रैखिक समीकरण है (1)

(ii) यदि उसने 145 चॉकलेट बाँटी हों, तो आश्रम में कितने बच्चे थे? (1)

(iii) यदि वहाँ 20 बच्चे हों, तो बाँटी गई चॉकलेटों की संख्या बताइए। (2)

अथवा

यदि $x = 30$, तब y का मान ज्ञात कीजिए। (2)

उत्तरमाला

सैम्पल पेपर 1

1. (d) **2.** (b) **3.** (c) **4.** (a) **5.** (b) **6.** (b) **7.** (c) **8.** (c) **9.** (c) **10.** (c)
11. (a) **12.** (b) **13.** (c) **14.** (c) **15.** (c) **16.** (b) **17.** (b) **18.** (b) **19.** (a) **20.** (c)

21. $y=\frac{2x-7}{5}$; हल नहीं है **22.** 6.5 सेमी

24. (i) परिमेय संख्या = 0, अपरिमेय संख्या =0.1511 51115
(ii) परिमेय संख्या = 0.151, अपरिमेय संख्या =0.1515515551 अथवा 9

25. $\left(3p-\frac{1}{6}\right)^3$ **27.** 180° **29.** $x=20°, y=140°, z=20°$ **31.** 150°, 30°

32. $a=\frac{9}{2}, b=\frac{1}{2}$ अथवा $\frac{3\sqrt{3}-4\sqrt{2}+\sqrt{42}-\sqrt{7}}{10}$ **34.** (i) 249.48 मी^{2} (ii) 523.908 मी^{3} अथवा 0.063 मी^{3}

36. (i) $\frac{x^2}{8}+\frac{7}{8}x+10$ (ii) $\frac{7}{8}$ (iii) 512 अथवा $\frac{49}{4}$ **37.** (i) $5x-y+3=0$ (ii) 7 (iii) ₹ 58 अथवा $8x-y+4=0$

38. (i) ₹ 675 (ii) $(2x+7), (3x-5)$ या $(3x-5), (2x+7)$ (iii) 12 अथवा $5x+2$

सैम्पल पेपर 2

1. (b) **2.** (c) **3.** (b) **4.** (c) **5.** (c) **6.** (c) **7.** (a) **8.** (a) **9.** (c) **10.** (a)
11. (c) **12.** (b) **13.** (b) **14.** (b) **15.** (b) **16.** (a) **17.** (b) **18.** (d) **19.** (b) **20.** (a)

22. $x=20°, \angle BOC=45°$ **23.** 84 सेमी^{2} **24.** 60° **25.** $b=\frac{1}{4}$ अथवा निष्कर्ष यह निकलता है कि यदि $a+b+c=0$, तो $a^3+b^3+c^3=3abc$

26. (i) 157 मी (ii) 24 मी अथवा (i) 60° (i) 50° **27.** 15° **28.** 1 : 1 **29.** 3000 मी^{2} **31.** 117° अथवा $\frac{1}{2}$

33. $(a+b)(b+c)(c+a)$ **34.** 4 : 3 अथवा 320π सेमी^{3}, 136π सेमी^{2} **35.** − 200

36. (i) 27.69 मी^{2} (ii) 1385 मी^{2} (iii) ₹ 4.15 अथवा $\frac{2}{3}\pi r^3$ **37.** (i) VII (ii) VI (iii) 30% अथवा 170%

38. (i) (2, 25) (ii) (8, 20) (iii) प्रथम चतुर्थांश अथवा 6

सैम्पल पेपर 3

1. (a) **2.** (a) **3.** (a) **4.** (b) **5.** (a) **6.** (a) **7.** (a) **8.** (c) **9.** (c) **10.** (a)
11. (a) **12.** (c) **13.** (b) **14.** (b) **15.** (b) **16.** (a) **17.** (c) **18.** (b) **19.** (d) **20.** (a)

22. (i) 25 (ii) 45 **23.** $9\sqrt{15}$ सेमी^{2} **25.** 81 इकाई अथवा 72.8% **34.** $a=6, b=0$ **35.** 0.063 मी^{3} अथवा 5500 सेमी^{2}

36. (i) 2007-08 (ii) 2007-08 (iii) 2010-11 अथवा 2009-10 **37.** (i) 30° (ii) 120° (iii) 60° अथवा 16 सेमी

38. (i) $y=5x+20$ (ii) 25 (iii) 120 अथवा 170